Organização Judiciária
e Estatutos Profissionais Forenses

Organização Judiciária e Estatutos Profissionais Forenses

2013 · 8ª Edição

Salvador da Costa
Juiz Conselheiro Jubilado

Rita da Costa
Licenciada em Direito

ALMEDINA

ORGANIZAÇÃO JUDICIÁRIA
E ESTATUTOS PROFISSIONAIS FORENSES
AUTORES
SALVADOR DA COSTA
RITA DA COSTA
EDITOR
EDIÇÕES ALMEDINA, S.A.
Rua Fernandes Tomás, nºs 76, 78, 80
3000-167 Coimbra
Tel.: 239 851 904 · Fax: 239 851 901
www.almedina.net · editora@almedina.net
DESIGN DE CAPA
FBA.
PRÉ-IMPRESSÃO
EDIÇÕES ALMEDINA, S.A.
IMPRESSÃO | ACABAMENTO
PAPELMUNDE, SMG, LDA.
V. N. de Famalicão

Dezembro, 2012
DEPÓSITO LEGAL
352578/12

Apesar do cuidado e rigor colocados na elaboração da presente obra, devem os diplomas legais dela constantes ser sempre objecto de confirmação com as publicações oficiais.
Toda a legislação contida na presente obra encontra-se actualizada de acordo com os diplomas publicados em Diário da República, independentemente de terem já iniciado a sua vigência ou não.
Os textos legislativos apresentam a grafia com que foram publicados em Diário da República. Por determinação da RCM 8/2011, de 25-01, a partir de 1 de Janeiro de 2012 tornou-se obrigatória a aplicação do Acordo Ortográfico à publicação do Diário da República, razão pela qual coexistem ambas as grafias.
Toda a reprodução desta obra, por fotocópia ou outro qualquer processo, sem prévia autorização escrita do Editor, é ilícita e passível de procedimento judicial contra o infractor.

 GRUPOALMEDINA

BIBLIOTECA NACIONAL DE PORTUGAL – CATALOGAÇÃO NA PUBLICAÇÃO
COSTA, Salvador da, 1939-   , e outro
Organização judiciária e estatutos profissionais
forenses / Salvador da Costa, Rita da Costa. - 8ª ed.
(Texto da lei)
ISBN 978-972-40-5023-2
I – COSTA, Rita da
CDU 347

I – À Guisa de Introdução

Nas últimas duas décadas, os orgãos legislativos desenvolveram intensíssima atividade, numa primeira fase em termos de criação de novas previsões e ou estatuições e, depois, em termos de alteração de normas preexistentes.

Não obstante o estado avançado dos meios informáticos, confrontados com tal inflação legislativa, os profissionais forenses em especial e os juristas em geral têm experimentado enorme dificuldade de alcançar o domínio das normas que vão surgindo dispersas por imenso número de diplomas.

No que concerne à organização judiciária directa ou indirectamente ligada aos tribunais da ordem judicial, constata-se que no último quadrimestre de 1997 ocorreu a alteração da Constituição, e, em 1998, a da Lei sobre a Organização, Funcionamento e Processo do Tribunal Constitucional e do Estatuto do Ministério Público e, em 1999, a alteração da Lei de Organização e Funcionamento dos Tribunais e do respetivo Regulamento, dos Estatutos dos Magistrados Judiciais, do Ministério Público, dos Funcionários de Justiça e dos Solicitadores.

O estudo do processo civil em geral não prescinde do conhecimento da organização judiciária, por entre ambos decorrer uma significativa conexão, em termos de o primeiro se desenvolver no âmbito da segunda.

A dispersão de leis relativas a matérias conexas dificulta a pesquisa, o estudo e a interpretação, já a compilação facilita essa tarefa aos profissionais de foro, aos docentes, aos discentes e ao público em geral.

Foi esse desiderato de facilitação que envolveu a feitura, em fins de 1999, da 1ª edição deste compêndio, que abrangeu, por um lado, os diplomas legislativos que versavam direta ou indiretamente sobre a organização judiciária concernente à ordem judicial e, por outro, os estatutos das profissões forenses.

Nessa perspetiva, incluiram-se nesta compilação as normas constitucionais pertinentes, a Lei da Organização e Funcionamento dos Tribunais, o Regulamento daquela Lei, a Lei da Organização, Funcionamento e Processo do Tribunal Constitucional, os Estatutos dos Magistrados Judiciais, do Ministério Público e dos Funcionários de Justiça, da Ordem dos Advogados, este complementado pelas normas relativas ao estágio da advocacia e às sociedades de advogados, o dos Solicitadores e o dos Assessores Judiciais, com uma ou outra anotação de esclarecimento.

Esgotada a primeira edição em abril de 2000, publicou-se a segunda, que passou incluir a estrutura e o funcionamento do Centro de Estudos Judiciários.

Entretanto, ocorreu significativa alteração da lei de organização e funcionamento dos tribunais judiciais e dos estatutos da Ordem dos Advogados e da Câmara dos Solicitadores justificativa da publicação, em abril de 2003, da terceira edição.

Depois disso, ocorreu nova alteração à lei de organização e funcionamento dos tribunais judiciais e ao estatuto dos funcionários de justiça, e a publicação dos estatutos dos juízes militares e dos assessores militares do Ministério Público, do novo Estatuto da Ordem dos Advogados e do novo regime das sociedades de advogados, pelo que, esgotada a terceira edição, face a tais alterações, publicou-se a quarta edição.

Entretanto ocorreu nova alteração, por um lado, à Lei de Organização e Funcionamento dos Tribunais Judiciais, aos Estatutos dos Magistrados Judiciais, do Ministério Público, dos Funcionários de Justiça e dos Solicitadores, e, por outro, ao Regulamento Nacional de Estágios e ao Regulamento dos Laudos de Honorários da Ordem dos Advogados, e foram criados novos julgados de paz, pelo que, esgotada a 4ª edição, no princípio do ano de 2007, publicou-se a quinta edição.

Depois disso, ocorreu profunda alteração, por um lado, da lei relativa à organização judiciária, inserindo a nova lei um novo mapa judiciário, e dos estatutos profissionais forenses, designadamente o dos magistrados judiciais e o do Ministério Público, e, por outro, no que concerne aos advogados, do Regulamento do Regime de Inscrição e do Regulamento Nacional de Estágio, e, finalmente, à estrutura e funcionamento do Centro de Estudos Judiciários, o que motivou, esgotada a quinta edição, a publicação da sexta edição.

Em virtude de se ter esgotado o respetivo tempo de aplicação, retiraram-se do compêndio as normas relativas aos instrumentos de gestão do Conselho Superior da Magistratura para a eliminação das pendências processuais, incluindo as concernentes ao concurso de seleção de juristas para o exercício temporário da função judicial.

Em contrapartida, nela se inseriram o Regulamento da Nova Lei de Organização e Funcionamento dos Tribunais Judiciais, o novo diploma relativo à Organização das Comarcas Piloto, a alteração do antigo Regulamento, o Estatuto Disciplinar dos Trabalhadores da Função Pública e o regime da organização e funcionamento do Conselho Superior da Magistratura.

Considerando a aplicação simultânea, em tempo não determinado, das leis de organização judiciária de 1999 e de 2008, e das normas de pretérito e de presente do Estatuto dos Magistrados Judiciais de 1985, e do Ministério Público de 1985 e de 1986, incluiram-se umas e outras em títulos autónomos, para facilitar a sua seleção e aplicação.

Entretanto, ocorreu a alteração do Estatuto da Ordem dos Advogados, do Regulamento de Inscrição de Advogados e de Advogados Estagiários, do Regulamento Nacional de Estágio dos Advogados, dos Estatutos dos Magistrados Judiciais e do Ministério Público e das Leis de Organização e Funcionamento dos Tribunais Judiciais, e esgotou-se a sexta edição.

Em face disso, publicou-se a sétima edição, atualizando o seu objecto, inserindo, de novo, o regime dos atos próprios dos advogados e dos solicitadores e os estatutos do administrador da insolvência e dos peritos avaliadores.

Subsequentemente, ocorreu a alteração de alguns dos diplomas insertos neste compêndio, designadamente os Estatutos dos Magistrados Judiciais e do Ministério Público, bem como a extinção de órgãos jurisdicionais e a criação de novos tribunais, esgotando-se, entretanto, a 7ª edição, o que justificou a publicação da 8ª edição.

Aqui fica, assim, este modesto e insignificante trabalho de compendiação, motivado pela ideia de facilitar a tarefa de quem tem que ensinar, aprender ou operar no ou para o foro, com o desejo de que não fique muito aquém daquilo que foi o nosso desígnio.

novembro de 2012

II – Legislação Sobre a Organização Judiciária e os Estatutos Profissionais Forenses

1. A Constituição da República Portuguesa e os Tribunais

PARTE I
DIREITOS E DEVERES FUNDAMENTAIS

TÍTULO I
Princípios gerais

ARTIGO 20º
Acesso ao direito e tutela jurisdicional efectiva

1 – A todos é assegurado o acesso ao direito e aos tribunais para defesa dos seus direitos e interesses legalmente protegidos, não podendo a justiça ser denegada por insuficiência de meios económicos.[1]

2 – Todos têm direito, nos termos da lei, à informação e consulta jurídicas, ao patrocínio judiciário e a fazer-se acompanhar por advogado perante qualquer autoridade.

3 – A lei define e assegura a adequada protecção do segredo de justiça.

4 – Todos têm direito a que uma causa em que intervenham seja objecto de decisão em prazo razoável e mediante processo equitativo.

5 – Para defesa dos direitos, liberdades e garantias pessoais, a lei assegura aos cidadãos procedimentos judiciais caracterizados pela celeridade e prioridade, de

---

[1] Sobre o direito à informação jurídica, à consulta jurídica e ao apoio judiciário nas modalidades de dispensa do pagamento de taxa de justiça e demais encargos com o processo e de patrocínio judiciário rege a Lei nº 34/2004, de 29 de julho.

modo a obter tutela efectiva e em tempo útil contra ameaças ou violações desses direitos.

PARTE III
ORGANIZAÇÃO DO PODER POLÍTICO

TÍTULO V
Tribunais

CAPÍTULO I
Princípios gerais

ARTIGO 202º
Função jurisdicional

1 – Os tribunais são os órgãos de soberania com competência para administrar a justiça em nome do povo.

2 – Na administração da justiça incumbe aos tribunais assegurar a defesa dos direitos e interesses legalmente protegidos dos cidadãos, reprimir a violação da legalidade democrática e dirimir os conflitos de interesses públicos e privados.

3 – No exercício das suas funções os tribunais têm direito à coadjuvação das outras autoridades.

4 – A lei poderá institucionalizar instrumentos e formas de composição não jurisdicional de conflitos.

ARTIGO 203º
Independência

Os tribunais são independentes e apenas estão sujeitos à lei.

ARTIGO 204º
Apreciação da inconstitucionalidade

Nos feitos submetidos a julgamento não podem os tribunais aplicar normas que infrinjam o disposto na Constituição ou os princípios nela consignados.

ARTIGO 205º
Decisões dos tribunais

1 – As decisões dos tribunais que não sejam de mero expediente são fundamentadas na forma prevista na lei.

2 – As decisões dos tribunais são obrigatórias para todas as entidades públicas e privadas e prevalecem sobre as de quaisquer outras autoridades.

3 – A lei regula os termos da execução das decisões dos tribunais relativamente a qualquer autoridade e determina as sanções a aplicar aos responsáveis pela sua inexecução.

ARTIGO 206º
Audiências dos tribunais

As audiências dos tribunais são públicas, salvo quando o próprio tribunal decidir o contrário, em despacho fundamentado, para salvaguarda da dignidade das pessoas e da moral pública ou para garantir o seu normal funcionamento.

ARTIGO 207º
Júri, participação popular e assessoria técnica

1 – O júri, nos casos e com a composição que a lei fixar, intervém no julgamento dos crimes graves, salvo os de terrorismo e os de criminalidade altamente organizada, designadamente quando a acusação ou a defesa o requeiram.

2 – A lei poderá estabelecer a intervenção de juízes sociais no julgamento de questões de trabalho, de infracções contra a saúde pública, de pequenos delitos, de execução de penas ou outras em que se justifique uma especial ponderação dos valores sociais ofendidos.

3 – A lei poderá estabelecer ainda a participação de assessores tecnicamente qualificados para o julgamento de determinadas matérias.

ARTIGO 208º
Patrocínio forense

A lei assegura aos advogados as imunidades necessárias ao exercício do mandato e regula o patrocínio forense como elemento essencial à administração da justiça.

CAPÍTULO II
Organização dos Tribunais

ARTIGO 209º
Categorias de tribunais

1 – Além do Tribunal Constitucional, existem as seguintes categorias de tribunais.

a) O Supremo Tribunal de Justiça e os tribunais judiciais de primeira e de segunda instância;

b) O Supremo Tribunal Administrativo e os demais tribunais administrativos e fiscais.

c) O Tribunal de Contas.[2]

2 – Podem existir tribunais marítimos, tribunais arbitrais e julgados de paz.

3 – A lei determina os casos e as formas em que os tribunais previstos nos números anteriores se podem constituir, separada ou conjuntamente, em tribunais de conflitos.

---

[2] A Organização e Processo do Tribunal de Contas consta da Lei nº 98/87, de 26 de agosto, alterada pelas Leis nºs 97-B/98, de 31 de dezembro, 1/2001, de 4 de janeiro, 55-B/2004, de 30 de dezembro, 84/2006, de 29 de agosto, 35/2007, de 13 de agosto, 3-B/2010, de 28 de abril, 61/2011, de 7 de dezembro, e 2/2012, de 6 de janeiro.

4 – Sem prejuízo do disposto quanto aos tribunais militares, é proibida a existência de tribunais com competência exclusiva para o julgamento de certas categorias de crimes.

ARTIGO 210º
Supremo Tribunal de Justiça e instâncias

1 – O Supremo Tribunal de Justiça é o órgão superior da hierarquia dos tribunais judiciais, sem prejuízo da competência própria do Tribunal Constitucional.

2 – O Presidente do Supremo Tribunal de Justiça é eleito pelos respectivos juízes.

3 – Os tribunais de primeira instância são, em regra, os tribunais de comarca, aos quais se equiparam os referidos no nº 2 do artigo seguinte.

4 – Os tribunais de segunda instância são, em regra, os tribunais da Relação.

5 – O Supremo Tribunal de Justiça funcionará como tribunal de instância nos casos que a lei determinar.

ARTIGO 211º
Competência e especialização dos tribunais judiciais

1 – Os tribunais judiciais são os tribunais comuns em matéria cível e criminal e exercem jurisdição em todas as áreas não atribuídas a outras ordens judiciais.

2 – Na primeira instância pode haver tribunais com competência específica e tribunais especializados para o julgamento de matérias determinadas.

3 – Da composição dos tribunais de qualquer instância que julguem crimes de natureza estritamente militar fazem parte um ou mais juízes militares, nos termos da lei.

4 – Os tribunais da Relação e o Supremo Tribunal de Justiça podem funcionar em secções especializadas.

ARTIGO 212º
Tribunais administrativos e fiscais

1 – O Supremo Tribunal Administrativo é o órgão superior da hierarquia dos tribunais administrativos e fiscais, sem prejuízo da competência própria do Tribunal Constitucional.

2 – O Presidente do Supremo Tribunal Administrativo é eleito de entre e pelos respectivos juízes.

3 – Compete aos tribunais administrativos e fiscais o julgamento das acções e recursos contenciosos que tenham por objecto dirimir os litígios emergentes das relações jurídicas administrativas e fiscais.

ARTIGO 213º
Tribunais militares

Durante a vigência do estado de guerra serão constituídos tribunais militares com competência para o julgamento de crimes de natureza estritamente militar.

ARTIGO 214º
Tribunal de Contas

1 – O Tribunal de Contas é o órgão supremo de fiscalização da legalidade das despesas públicas e de julgamento das contas que a lei mandar submeter-lhe, competindo-lhe nomeadamente:

a) Dar parecer sobre a Conta Geral do Estado, incluindo a da segurança social;
b) Dar parecer sobre as contas das Regiões Autónomas dos Açores e da Madeira;
c) Efectivar a responsabilidade por infracções financeiras, nos termos da lei;
d) Exercer as demais competências que lhe forem atribuídas por lei.

2 – O mandato do Presidente do Tribunal de Contas tem a duração de quatro anos, sem prejuízo do disposto na alínea *m)* do artigo 133º.

3 – O Tribunal de Contas pode funcionar descentralizadamente, por secções regionais, nos termos da lei.

4 – Nas Regiões Autónomas dos Açores e da Madeira há secções do Tribunal de Contas com competência plena em razão da matéria na respectiva região, nos termos da lei.

CAPÍTULO III
Estatuto dos juízes

ARTIGO 215º
Magistratura dos tribunais judiciais

1 – Os juízes dos tribunais judiciais formam um corpo único e regem-se por um só estatuto.

2 – A lei determina os requisitos e as regras de recrutamento dos juízes dos tribunais judiciais de primeira instância.

3 – O recrutamento dos juízes dos tribunais judiciais de segunda instância faz-se com prevalência do critério do mérito, por concurso curricular entre juízes da primeira instância.

4 – O acesso ao Supremo Tribunal de Justiça faz-se por concurso curricular aberto aos magistrados judiciais e do Ministério Público e a outros juristas de mérito, nos termos que a lei determinar.

ARTIGO 216º
Garantias e incompatibilidades

1 – Os juízes são inamovíveis, não podendo ser transferidos, suspensos, aposentados ou demitidos senão nos casos previstos na lei.

2 – Os juízes não podem ser responsabilizados pelas suas decisões, salvas as excepções consignadas na lei.

3 – Os juízes em exercício não podem desempenhar qualquer outra função pública ou privada, salvo as funções docentes ou de investigação científica de natureza jurídica, não renumeradas, nos termos da lei.

4 – Os juízes em exercício não podem ser nomeados para comissões de serviço estranhas à actividade dos tribunais sem autorização do conselho superior competente.

5 – A lei pode estabelecer outras incompatibilidades com o exercício da função de juiz.

ARTIGO 217º
Nomeação, colocação, transferência e promoção de juízes

1 – A nomeação, a colocação, a transferência e a promoção dos juízes dos tribunais judiciais e o exercício da acção disciplinar competem ao Conselho Superior da Magistratura, nos termos da lei.

2 – A nomeação, a colocação, a transferência e a promoção dos juízes dos tribunais administrativos e fiscais, bem como o exercício da acção disciplinar, competem ao respectivo conselho superior, nos termos da lei.

3 – A lei define as regras e determina a competência para a colocação, transferência e promoção, bem como para o exercício da acção disciplinar em relação aos juízes dos restantes tribunais, com salvaguarda das garantias previstas na Constituição.

ARTIGO 218º
Conselho Superior da Magistratura

1 – O Conselho Superior da Magistratura é presidido pelo Presidente do Supremo Tribunal de Justiça e composto pelos seguintes vogais:

a) Dois designados pelo Presidente da República;
b) Sete eleitos pela Assembleia da República;
c) Sete juízes eleitos pelos seus pares, de harmonia com o princípio da representação proporcional.

2 – As regras sobre garantias dos juízes são aplicáveis a todos os vogais do Conselho Superior da Magistratura.

3 – A lei poderá prever que do Conselho Superior da Magistratura façam parte funcionários de justiça, eleitos pelos seus pares, com intervenção restrita à discussão e votação das matérias relativas à apreciação do mérito profissional e ao exercício da função disciplinar sobre os funcionários de justiça.

CAPÍTULO IV
Ministério Público

ARTIGO 219º
Funções e estatuto

1 – Ao Ministério Público compete representar o Estado e defender os interesses que a lei determinar, bem como, com observância do disposto no número seguinte e nos termos da lei, participar na execução da política criminal definida pelos órgãos de soberania, exercer a acção penal orientada pelo princípio da legalidade e defender a legalidade democrática.

2 – O Ministério Público goza de estatuto próprio e de autonomia, nos termos da lei.

3 – A lei estabelece formas especiais de assessoria junto do Ministério Público nos casos dos crimes estritamente militares.

4 – Os agentes do Ministério Público são magistrados responsáveis, hierarquicamente subordinados, e não podem ser transferidos, suspensos, aposentados ou demitidos senão nos casos previstos na lei.

5 – A nomeação, colocação, transferência e promoção dos agentes do Ministério Público e o exercício da acção disciplinar competem à Procuradoria-Geral da República.

ARTIGO 220º
Procuradoria-Geral da República

1 – A Procuradoria-Geral da República é o órgão superior do Ministério Público, com a composição e a competência definidas na lei.

2 – A Procuradoria-Geral da República é presidida pelo Procurador-Geral da República e compreende o Conselho Superior do Ministério Público, que inclui membros eleitos pela Assembleia da República e membros de entre si eleitos pelos magistrados do Ministério Público.

3 – O mandato do Procurador-Geral da República tem a duração de seis anos, sem prejuízo do disposto na alínea *m)* do artigo 133º.

TÍTULO VI
Tribunal Constitucional

ARTIGO 221º
Definição

O Tribunal Constitucional é o tribunal ao qual compete especificamente administrar a justiça em matérias de natureza jurídico-constitucional.

ARTIGO 222º
Composição e estatuto dos juízes

1 – O Tribunal Constitucional é composto por treze juízes, sendo dez designados pela Assembleia da República e três cooptados por estes.

2 – Seis de entre os juízes designados pela Assembleia da República ou cooptados são obrigatoriamente escolhidos de entre juízes dos restantes tribunais e os demais de entre juristas.

3 – O mandato dos juízes do Tribunal Constitucional tem a duração de nove anos e não é renovável.

4 – O Presidente do Tribunal Constitucional é eleito pelos respectivos juízes.

5 – Os juízes do Tribunal Constitucional gozam das garantias de independência, inamovibilidade, imparcialidade e irresponsabilidade e estão sujeitos às incompatibilidades dos juízes dos restantes tribunais.

6 – A lei estabelece as imunidades e as demais regras relativas ao estatuto dos juízes do Tribunal Constitucional.

ARTIGO 223º
Competência

1 – Compete ao Tribunal Constitucional apreciar a inconstitucionalidade e a ilegalidade, nos termos dos artigos 277º e seguintes.

2 – Compete também ao Tribunal Constitucional:

a) Verificar a morte e declarar a impossibilidade física permanente do Presidente da República, bem como verificar os impedimentos temporários do exercício das suas funções;

b) Verificar a perda do cargo de Presidente da República, nos casos previstos no nº 3 do artigo 129º e no nº 3 do artigo 130º;

c) Julgar em última instância a regularidade e a validade dos actos do processo eleitoral, nos termos da lei;

d) Verificar a morte e declarar a incapacidade para o exercício da função presidencial de qualquer candidato a Presidente da República, para efeitos do disposto no nº 3 do artigo 124º;

e) Verificar a legalidade da constituição de partidos políticos e suas coligações, bem como apreciar a legalidade das suas denominações, siglas e símbolos, e ordenar a respectiva extinção, nos termos da Constituição e da lei;

f) Verificar previamente a constitucionalidade e a legalidade dos referendos nacionais, regionais e locais, incluindo a apreciação dos requisitos relativos ao respectivo universo eleitoral;

g) Julgar a requerimento dos Deputados, nos termos da lei, os recursos relativos à perda de mandato e às eleições realizadas na Assembleia da República e nas assembleias legislativas regionais;

h) Julgar as acções de impugnação de eleições e deliberações de órgãos de partidos políticos que, nos termos da lei, sejam recorríveis.

3 – Compete ainda ao Tribunal Constitucional exercer as demais funções que lhe sejam atribuídas pela Constituição e pela lei.

ARTIGO 224º
Organização e funcionamento

1 – A lei estabelece as regras relativas à sede, à organização e ao funcionamento do Tribunal Constitucional.

2 – A lei pode determinar o funcionamento do Tribunal Constitucional por secções, salvo para efeito da fiscalização abstracta da constitucionalidade e da legalidade.

3 – A lei regula o recurso para o pleno do Tribunal Constitucional das decisões contraditórias das secções no domínio de aplicação da mesma norma.

2. Lei de Organização e Funcionamento dos Tribunais Judiciais de 1999[3]

CAPÍTULO I
Disposições gerais

ARTIGO 1º
Definição

Os tribunais judiciais são orgãos de soberania com competência para administrar a justiça em nome do povo.

ARTIGO 2º
Função jurisdicional

Incumbe aos tribunais judiciais assegurar a defesa dos direitos e interesses legalmente protegidos, reprimir a violação da legalidade democrática e dirimir os conflitos de interesses públicos e privados.

ARTIGO 3º
Independência dos tribunais

Os tribunais judiciais são independentes e apenas estão sujeitos à lei.

ARTIGO 4º
Independência dos juízes

1 – Os juízes julgam apenas segundo a Constituição e a lei.

2 – A independência dos juízes é assegurada pela existência de um orgão privativo de gestão e disciplina da magistratura judicial, pela inamovibilidade e pela não sujei-

---

[3] Aprovada pela Lei nº 3/99, de 3 de Janeiro, retificada pela Declaração nº 7/99, de 16 de fevereiro, alterada pelas Leis nºs 101/99, de 26 de julho, 105/2003, de 10 de dezembro, 42/2005, de 29 de agosto, 115/2009, de 12 de outubro, 43/2010, de 3 de setembro, e 46/2011, de 24 de Junho, e pelos Decretos-Leis nºs 323//2001, de 17 de dezembro, 38/2003, de 8 de março, 53/2004, de 18 de março, 76-A/2006, de 29 de março, 8/2007, de 17 de janeiro, 303/2007, de 24 de agosto, e 295/2009, de 13 de outubro.

ção a quaisquer ordens ou instruções, salvo o dever de acatamento das decisões proferidas em via de recurso por tribunais superiores.

3 – Os juízes não podem ser responsabilizados pelas suas decisões, salvo as excepções consignadas na lei.

ARTIGO 5º
Autonomia do Ministério Público

1 – O Ministério Público é o órgão encarregado de, nos tribunais judiciais, representar o Estado, exercer a acção penal e defender a legalidade democrática e os interesses que a lei determinar.

2 – O Ministério Público goza de autonomia, nos termos da lei.

3 – A autonomia do Ministério Público caracteriza-se pela sua vinculação a critérios de legalidade e objectividade e pela exclusiva sujeição dos magistrados e agentes do Ministério Público às directivas, ordens e instruções previstas na lei.

ARTIGO 6º
Advogados

1 – Os advogados participam na administração da justiça, competindo-lhes, de forma exclusiva e com as excepções previstas na lei, exercer o patrocínio das partes.

2 – No exercício da sua actividade, os advogados gozam de discricionariedade técnica e encontram-se apenas vinculados a critérios de legalidade e às regras deontológicas próprias da profissão.

ARTIGO 7º
Tutela jurisdicional

1 – A todos é assegurado o acesso aos tribunais judiciais para defesa dos seus direitos e interesses legalmente protegidos, não podendo a justiça ser denegada por insuficiência de meios económicos.

2 – Lei própria regula o acesso aos tribunais judiciais em caso de insuficiência de meios económicos.

ARTGO 8º
Decisões dos tribunais

1 – As decisões dos tribunais judiciais são obrigatórias para todas as entidades públicas e privadas e prevalecem sobre as de quaisquer outras autoridades.

2 – A lei regula os termos da execução das decisões dos tribunais judiciais relativamente a qualquer autoridade e determina as sanções a aplicar aos responsáveis pela sua inexecução.

ARTIGO 9º
Audiências

As audiências dos tribunais judiciais são públicas, salvo quando o próprio tribunal, em despacho fundamentado, decidir o contrário, para salvaguarda da dignidade das pessoas e da moral pública ou para garantir o seu normal funcionamento.

ARTIGO 10º
Funcionamento dos tribunais

1 – As audiências e sessões dos tribunais judiciais decorrem, em regra, na respectiva sede.

2 – Quando o interesse da justiça ou outras circunstâncias ponderosas o justifiquem, os tribunais judiciais podem reunir em local diferente na respectiva circunscrição ou fora desta.

ARTIGO 11º
Ano judicial

1 – O ano judicial corresponde ao ano civil.

2 – A abertura do ano judicial é assinalada pela realização de uma sessão solene, onde usam da palavra, de pleno direito, o Presidente do Supremo Tribunal de Justiça, o Procurador-Geral da República e o Bastonário da Ordem dos Advogados.

ARTIGO 12º
Férias judiciais

As férias judiciais decorrem de 22 de Dezembro a 3 de Janeiro, do domingo de Ramos à segunda-feira de Páscoa e de 16 de Julho a 31 de Agosto.[4]

ARTIGO 13º
Coadjuvação

1 – No exercício das suas funções, os tribunais judiciais têm direito à coadjuvação das autoridades.

2 – O disposto no número anterior abrange, sempre que necessário, a guarda das instalações e a manutenção da ordem pelas forças de segurança.

ARTIGO 14º
Assessores

1 – O Supremo Tribunal de Justiça e os tribunais da relação dispõem de assessores que coadjuvam os magistrados judiciais e os magistrados do Ministério Público.

2 – Haverá também assessores nos tribunais judiciais de 1ª instância, quando o volume ou a complexidade do serviço o justifiquem.

CAPÍTULO II
Organização e competência dos tribunais judiciais

SECÇÃO I
Organização judiciária

ARTIGO 15º
Divisão judiciária

1 – O território divide-se em distritos judiciais, círculos judiciais e comarcas.

---

[4] Redação decorrente do artigo 1º da Lei nº 43/2010, de 3 de setembro.

2 – Pode proceder-se, por portaria do Ministro da Justiça, ao desdobramento de circunscrições ou à agregação de comarcas, ouvidos o Conselho Superior da Magistratura, a Procuradoria-Geral da República e a Ordem dos Advogados.[5]

3 – Em caso de desdobramento de circunscrições, o serviço é distribuído entre os vários tribunais segundo a área territorial atribuída a cada um, sem prejuízo da prática de actos e da realização de diligências em toda a circunscrição.

ARTIGO 16º
Categorias dos tribunais

1 – Há tribunais judiciais de 1ª e de 2ª instância e o Supremo Tribunal de Justiça.

2 – Os tribunais judiciais de 2ª instância denominam-se tribunais da Relação e designam-se pelo nome da sede do município em que se encontrem instalados.

3 – Os tribunais judiciais de 1ª instância são, em regra, os tribunais de comarca, aplicando-se à sua designação o disposto no número anterior.

4 – Os tribunais judiciais de 1ª instância são tribunais de primeiro acesso e de acesso final, de acordo com a natureza, complexidade e volume de serviço, sendo a sua classificação feita mediante portaria do Ministro da Justiça, ouvidos o Conselho Superior da Magistratura, a Procuradoria-Geral da República e a Ordem dos Advogados.[6]

5 – O disposto no número anterior não obsta a que no mesmo tribunal possa haver juízes classificados de primeiro acesso e de acesso final.

SECÇÃO II
Competência

ARTIGO 17º
Extensão e limites da competência

1 – Na ordem interna, a competência reparte-se pelos tribunais judiciais segundo a matéria, a hierarquia, o valor e o território.

2 – A lei de processo fixa os factores de que depende a competência internacional dos tribunais judiciais.

ARTIGO 18º
Competência em razão da matéria

1 – São da competência dos tribunais judiciais as causas que não sejam atribuídas a outra ordem jurisdicional.

2 – O presente diploma determina a competência em razão da matéria entre os tribunais judiciais, estabelecendo as causas que competem aos tribunais de competência específica.

---

[5] A agregação de comarcas a que este normativo se refere consta da Portaria nº 412-D/99, de 7 de junho.
[6] O elenco dos tribunais de primeiro acesso a que este normativo se refere, e, por exclusão de partes, os de acesso final, constam da Portaria nº 950/2001, de 3 de agosto.

ARTIGO 19º
Competência em razão da hierarquia

1 – Os tribunais judiciais encontram-se hierarquizados para efeito de recurso das suas decisões.

2 – Em regra, o Supremo Tribunal de Justiça conhece, em recurso, das causas cujo valor exceda a alçada dos tribunais da relação e estes das causas cujo valor exceda a alçada dos tribunais judiciais de 1ª instância.

3 – Em matéria criminal, a competência é definida na respectiva lei de processo.

ARTIGO 20º
Competência em razão de valor

A lei de processo determina o tribunal em que a acção deve ser instaurada em face do valor da causa.

ARTIGO 21º
Competência territorial

1 – O Supremo Tribunal de Justiça tem competência em todo o território, os tribunais da Relação no respectivo distrito judicial e os tribunais judiciais de 1ª instância, na área das respectivas circunscrições.

2 – Havendo no distrito judicial mais do um tribunal da Relação é aplicável o disposto no nº 3 do art. 15º.

3 – A lei de processo indica os factores que determinam, em cada caso, o tribunal territorialmente competente.

ARTIGO 22º
Lei reguladora da competência

1 – A competência fixa-se no momento em que a acção se propõe, sendo irrelevantes as modificações de facto que ocorram posteriormente.

2 – São igualmente irrelevantes as modificações de direito, excepto se for suprimido o orgão a que a causa estava afecta ou lhe for atribuída competência de que inicialmente carecesse para o conhecimento da causa.

ARTIGO 23º
Proibição de desaforamento

Nenhuma causa pode ser deslocada do tribunal competente para outro, a não ser nos casos especialmente previstos na lei.

ARTIGO 24º
Alçadas[7]

1 – Em matéria cível a alçada dos tribunais da Relação é de € 30 000 e a dos tribunais de 1ª instância é de € 5000.

---

[7] A correspondência do escudo ao euro foi fixada pelo artigo 3º do Decreto-Lei nº 323/2001, de 14 de dezembro. A alteração do valor das alçadas ocorreu por via do artigo 5º do Decreto-Lei nº 303//2007, de 24 de agosto.

2 – Em matéria criminal não há alçada, sem prejuízo das disposições processuais relativas à admissibilidade de recurso.

3 – A admissibilidade dos recursos por efeito das alçadas é regulada pela lei em vigor ao tempo em que foi instaurada a acção.

CAPÍTULO III
Supremo Tribunal de Justiça

SECÇÃO I
Disposições gerais

ARTIGO 25º
Definição e sede

1 – O Supremo Tribunal de Justiça é o orgão superior da hierarquia dos tribunais judiciais, sem prejuízo da competência própria do Tribunal Constitucional.

2 – O Supremo Tribunal de Justiça tem sede em Lisboa.

ARTIGO 26º
Poderes de cognição

Fora dos casos previstos na lei, o Supremo Tribunal de Justiça apenas conhece de matéria de direito.

SECÇÃO II
Organização e funcionamento

ARTIGO 27º
Organização

1 – O Supremo Tribunal de Justiça compreende secções em matéria cível, em matéria penal e em matéria social.

2 – No Supremo Tribunal de Justiça há ainda uma secção para julgamento dos recursos das deliberações do Conselho Superior da Magistratura, constituída pelo mais antigo dos seus vice-presidentes, que tem voto de qualidade, e por um juíz de cada secção, anual e sucessivamente designado, tendo em conta a respectiva antiguidade.

ARTIGO 28º
Funcionamento

1 – O Supremo Tribunal de Justiça funciona, sob a direcção de um presidente, em plenário do tribunal, em pleno das secções especializadas e por secções.

2 – O plenário do tribunal é constituído por todos os juízes que compõem as secções e só pode funcionar com a presença de, pelo menos, três quartos dos juízes em exercício.

3 – Ao pleno das secções especializadas ou das respectivas secções conjuntas é aplicável, com as necessárias adaptações, o disposto no número anterior.

4 – Os juízes tomam assento alternadamente à direita e à esquerda do presidente, segundo a ordem de antiguidade.

ARTIGO 29º
Preenchimento das secções

1 – O Conselho Superior da Magistratura fixa, sempre que o julgar conveniente, sob proposta do Presidente do Supremo Tribunal de Justiça, o número de juízes que compõem cada secção.

2 – Cabe ao Presidente do Supremo Tribunal de Justiça distribuir os juízes pelas secções, tomando sucessivamente em conta o seu grau de especialização, a conveniência do serviço e a preferência manifestada.

3 – O Presidente do Supremo Tribunal de Justiça pode autorizar a mudança de secção ou a permuta entre juízes de secções diferentes, com observância do disposto no número anterior.

4 – Quando o relator mudar de secção, mantém-se a sua competência e a dos seus adjuntos que tenham tido visto para julgamento.

ARTIGO 29º-A
Juízes militares

No Supremo Tribunal de Justiça há um juiz militar por cada ramo das Forças Armadas e um da GNR.[8]

ARTIGO 30º
Sessões

As sessões têm lugar segundo agenda, devendo a data e hora das audiências constar de tabela afixada, com antecedência, no átrio do tribunal.

ARTIGO 31º
Conferência

Na conferência participam os juízes que nela devam intervir.

ARTIGO 32º
Turnos

1 – No Supremo Tribunal de Justiça organizam-se turnos para o serviço urgente durante as férias judiciais ou quando o serviço o justifique.

2 – Os turnos são organizados, respectivamente, pelo presidente do Supremo Tribunal de Justiça e pelo procurador-geral da República, com prévia audição dos magistrados e, sempre que possível, com a antecedência de 60 dias.

---

[8] A Lei nº 105/2003, de 10 de dezembro, inseriu este artigo e os artigos 29º-A e 50º-A e alterou os artigos 56º, 80º, 98º e 105º.

SECÇÃO III
Competência

ARTIGO 33º
Competência do plenário

Compete ao Supremo Tribunal de Justiça, funcionando em plenário:

a) Julgar os recursos de decisões proferidas pelo pleno das secções criminais;
b) *(Revogada.)*
c) Exercer as demais competências conferidas por lei.

ARTIGO 34º
Especialização das secções

1 – As secções cíveis julgam as causas que não estejam atribuídas a outras secções, as secções criminais julgam as causas de natureza penal e as secções sociais julgam as causas referidas no artigo 85º.

2 – As causas referidas nos artigos 89º, 89º-A e 89º-B são distribuídas sempre à mesma secção cível.

ARTIGO 35º
Competências do pleno das secções

1 – Compete ao pleno das secções, segundo a sua especialização:

a) Julgar o Presidente da República, o Presidente da Assembleia da República e o Primeiro-Ministro pelos crimes praticados no exercício das suas funções;
b) Julgar os recursos de decisões proferidas em primeira instância pelas secções;
c) Uniformizar a jurisprudência, nos termos da lei de processo.

2 – *(Revogado.)*

ARTIGO 36º
Competência das secções

Compete às secções, segundo a sua especialização:

a) Julgar os recursos que não sejam da competência do pleno das secções especializadas;
b) Julgar processos por crimes cometidos por juízes do Supremo Tribunal de Justiça e dos tribunais da relação e magistrados do Ministério Público que exerçam funções junto destes tribunais, ou equiparados, e recursos em matéria contra-ordenacional a eles respeitantes;
c) Julgar as acções propostas contra juízes do Supremo Tribunal de Justiça e dos tribunais da Relação e magistrados do Ministério Público que exerçam funções junto destes tribunais, ou equiparados, por causa das suas funções;
d) *(Revogada.)*
e) *(Revogada.)*

f) Conhecer dos pedidos de *habeas corpus*, em virtude de prisão ilegal;

g) Conhecer dos pedidos de revisão de sentenças penais, decretar a anulação de penas inconciliáveis e suspender a execução das penas quando decretada a revisão;

h) Decidir sobre o pedido de atribuição de competência a outro tribunal da mesma espécie e hierarquia, nos casos de obstrução ao exercício da jurisdição pelo tribunal competente;

i) Julgar, por intermédio do relator, os termos dos recursos a este cometidos pela lei de processo;

j) Praticar, nos termos da lei de processo, os actos jurisdicionais relativos ao inquérito, dirigir a instrução criminal, presidir ao debate instrutório e proferir despacho de pronúncia ou não pronúncia nos processos referidos na alínea *a)* do nº 1 do artigo anterior e na alínea *b)* do presente artigo;

l) Exercer as demais competências conferidas por lei.

ARTIGO 37º
Julgamento nas secções

1 – Fora dos casos previstos na lei de processo e nas alíneas *i)* e *j)* do artigo anterior, o julgamento nas secções é efectuado por três juízes, cabendo a um juiz as funções de relator e aos outros as de adjuntos.

2 – A intervenção dos juízes de cada secção no julgamento faz-se, nos termos da lei de processo, segundo a ordem de precedência.

3 – Quando numa secção não seja possível obter o número de juízes exigido para o exame do processo e decisão da causa, são chamados a intervir os juízes de outra secção da mesma especialidade, começando-se pelos imediatos ao juiz que tiver aposto o último visto; não sendo possível chamar a intervir juízes da mesma especialidade, são chamados os da secção social, se a falta ocorrer na secção cível ou na secção criminal, e os da secção cível, se a falta ocorrer na secção social.

SECÇÃO IV
Juízes do Supremo Tribunal de Justiça

ARTIGO 38º
Quadro de juízes

1 – O quadro dos juízes do Supremo Tribunal de Justiça é fixado em Decreto-Lei.

2 – Nos casos previstos no nº 2 do artigo 11º, no nº 1 do artigo 54º e no nº 1 do artigo 138º da Lei nº 21/85, de 30 de Julho, o quadro a que se refere o número anterior é automaticamente aumentado em número correspondente de lugares, a extinguir quando retomarem o serviço efectivo os juízes que se encontrem nas mencionadas situações.

3 – Os juízes nomeados para os lugares acrescidos a que se refere o número anterior manter-se-ão como juízes além do quadro, até ocuparem as vagas que lhes competirem.

ARTIGO 39º
Juízes além do quadro

1 – Quando o serviço o justificar, designadamente pelo número ou pela complexidade dos processos, o Conselho Superior da Magistratura pode propor a criação, no Supremo Tribunal de Justiça, de lugares além do quadro.

2 – Os lugares a que se refere o número anterior extinguem-se decorridos dois anos sobre a data da sua criação, mantendo-se na situação de além do quadro os juízes para eles nomeados, até ocuparem as vagas que lhes competirem, nos termos do nº 3 do artigo anterior.

3 – A nomeação de juízes, nos termos da presente disposição, obedece às regras gerais de provimento de vagas.

4 – A criação de lugares referida no nº 1 efectua-se por portaria conjunta dos Ministros das Finanças, Adjunto e da Justiça.

SECÇÃO V
Presidência

ARTIGO 40º
Presidente

1 – Os juízes que compõem o quadro do Supremo Tribunal de Justiça elegem, de entre si e por escrutínio secreto, o Presidente do Tribunal.

2 – É eleito o juiz que obtiver mais de metade dos votos validamente expressos; se nenhum obtiver esse número de votos, procede-se a segundo sufrágio, a que concorrem apenas os dois juízes mais votados, aplicando-se, no caso de empate, o critério da antiguidade na categoria.

3 – Em caso de empate no segundo sufrágio, considera-se eleito o mais antigo dos dois juízes.

ARTIGO 41º
Precedência

O Presidente do Supremo Tribunal de Justiça tem precedência entre todos os juízes.[9]

ARTIGO 42º
Duração do mandato de Presidente

1 – O mandato de Presidente do Supremo Tribunal de Justiça tem a duração de três anos, não sendo admitida a reeleição para terceiro mandato consecutivo.

---

[9] A organização e a composição do Gabinete de Apoio ao Presidente do Supremo Tribunal de Justiça foi aprovada pelo Decreto-Lei nº 188/2000, de 12 de agosto, alterado pelo Decreto-Lei nº 74/2002, de 26 de março.

2 – O Presidente cessante mantém-se em funções até à tomada de posse do novo Presidente.

ARTIGO 43º
Competência do Presidente[10]

1 – Compete ao Presidente do Supremo Tribunal de Justiça:

a) Presidir ao plenário do tribunal, ao pleno das secções especializadas e, quando a elas assista, às conferências;

b) Homologar as tabelas das sessões ordinárias e convocar as sessões extraordinárias;

c) Apurar o vencido nas conferências;

d) Votar sempre que a lei o determine, assinando, neste caso, o acordão;

e) Dar posse aos vice-presidentes, aos juízes, ao secretário do tribunal e aos presidentes dos tribunais da relação;

f) Orientar superiormente os serviços da secretaria judicial;

g) Exercer acção disciplinar sobre os funcionários de justiça em serviço no tribunal, relativamente a penas de gravidade inferior à de multa;

h) Exercer as demais funções conferidas por lei.

2 – Das decisões proferidas nos termos da alínea *g)* do número anterior cabe reclamação para o plenário do Conselho Superior da Magistratura.

3 – Compete ao presidente do Supremo Tribunal de Justiça conhecer dos conflitos de jurisdição cuja apreciação não pertença ao tribunal de conflitos e, ainda, dos conflitos de competência que ocorram entre:

a) Os plenos das secções;

b) As secções;

c) Os tribunais da Relação;

d) Os tribunais da Relação e os tribunais de 1ª instância;

e) Os tribunais de 1ª instância de diferentes distritos judiciais ou sedeados na área de diferentes tribunais da Relação.

4 – A competência referida no número anterior é delegável nos vice-presidentes.

ARTIGO 44º
Vice-presidentes

1 – O Presidente do Supremo Tribunal de Justiça é coadjuvado por dois vice-presidentes.

2 – À eleição e ao exercício do mandato dos vice-presidentes aplica-se o disposto relativamente ao Presidente, sem prejuízo do que, quanto à eleição, se estabelece nos números seguintes.

3 – Havendo eleição simultânea dos vice-presidentes, consideram-se eleitos os juízes que tiverem obtido maior número de votos.

---

[10] Os nºs 3 e 4 deste artigo foram inseridos pelo artigo 5º do Decreto-Lei nº 303/2007, de 24 de agosto.

4 – Em caso de obtenção de igual número de votos, procede-se a segundo sufrágio, a que concorrem apenas os juízes entre os quais o empate se verificou.

5 – Subsistindo o empate no segundo sufrágio, consideram-se eleitos o juiz ou os juízes mais antigos na categoria.

ARTIGO 45º
Substituição do Presidente

1 – Nas suas faltas e impedimentos, o Presidente é substituído pelo vice-presidente mais antigo no cargo ou, se for igual a antiguidade dos vice-presidentes, pelo mais antigo na categoria.

2 – Faltando ou estando impedidos ambos os vice-presidentes, o Presidente é substituído pelo juíz mais antigo em exercício.

3 – Tendo em conta as necessidades de serviço, o Conselho Superior da Magistratura, sob proposta do Presidente do tribunal, determina os casos em que os vice-presidentes podem ser isentos ou privilegiados na distribuição dos processos.

ARTIGO 46º
Presidentes de secção

1 – Cada secção é presidida pelo mais antigo na categoria dos seus juízes.

2 – Compete ao presidente de secção presidir às secções e exercer, com as devidas adaptações, as funções referidas nas alíneas b), c) e d) do nº 1 do artigo 43º.

CAPÍTULO IV
Tribunais da Relação

SECÇÃO I
Disposições gerais

ARTIGO 47º
Definição

1 – Os tribunais da Relação são, em regra, tribunais de 2ª instância.

2 – Em cada distrito judicial há um ou mais tribunais da Relação.

ARTIGO 48º
Serviços comuns

Nos distritos judiciais em que exista mais de um tribunal da Relação, os serviços comuns, para efeitos administrativos, funcionam no tribunal da sede do respectivo distrito.

ARTIGO 49º
Representação do Ministério Público

1 – Nos tribunais da Relação da sede do distrito judicial, o Ministério Público é representado pelos procuradores-gerais distritais.

2 – Nos restantes tribunais da Relação, o Ministério Público é representado pelo procurador-geral adjunto que o Conselho Superior do Ministério Público designar.[11]

3 – Os procuradores-gerais-adjuntos mencionados no número anterior são designados em comissão de serviço e integram as procuradorias-gerais distritais da respectiva área territorial, podendo ser coadjuvados por procuradores-gerais-adjuntos ou por procuradores da República.

4 – Os procuradores-gerais-adjuntos referidos no nº 2 dirigem e coordenam a actividade do Ministério Público no respectivo tribunal, conferem posse aos procuradores da República e aos procuradores-adjuntos na comarca sede daquele, podendo ainda ser-lhes delegada pelo procurador-geral distrital a competência a que se referem as alíneas e) e f) do nº 1 do artigo 58º da Lei nº 60/98, de 27 de Agosto.

ARTIGO 50º
Quadro de juízes

1 – O quadro dos juízes dos tribunais da Relação é fixado em decreto-lei.

2 – Quando o serviço o justifique, designadamente pelo número ou complexidade dos processos, o Conselho Superior da Magistratura pode destacar para os tribunais da Relação os juízes auxiliares que se mostrem necessários.

3 – O destacamento efectua-se por um ano, pode ser renovado por iguais períodos e depende da anuência do juiz e de cabimento orçamental.

4 – A remuneração base dos juízes auxiliares corresponde ao primeiro escalão remuneratório dos juízes dos tribunais da Relação.

5 – O Conselho Superior da Magistratura pode deliberar que o destacamento ocasione abertura de vaga no lugar de origem.

ARTIGO 50º-A
Juízes militares

Os quadros de juízes dos tribunais da Relação de Lisboa e do Porto prevêem um juiz militar por cada ramo das Forças Armadas e um da GNR.

SECÇÃO II
Organização e funcionamento

ARTIGO 51º
Organização

1 – Os tribunais da Relação compreendem secções em matéria cível, em matéria penal e em matéria social.

2 – Sempre que o volume ou complexidade do serviço o justifique, podem ser criadas secções sociais, de família e menores e de comércio, propriedade intelectual e da concorrência, regulação e supervisão.

---

[11] O nº 2 do artigo 4º da Lei nº 143/99, de 31 de agosto, prescreve que os procuradores-gerais-adjuntos a que se refere o nº 2 do artigo 49º do Lei nº 3/99, de 13 de janeiro, têm direito a um subsídio igual ao atribuído aos procuradores-gerais distritais, nos termos do nº 2 do artigo 98º da Lei nº 60/98, de 27 de agosto.

3 – Quando não existirem secções em matéria social, de família e menores ou de comércio, propriedade intelectual e da concorrência, regulação e supervisão, por não se verificar a situação excepcional referida no número anterior, cabe ao tribunal da Relação da sede do distrito judicial ou, consoante os casos, do distrito mais próximo, onde existam tais secções, julgar os recursos das decisões nas respectivas matérias.

ARTIGO 52º
Funcionamento

Os tribunais da Relação funcionam, sob a direção de um presidente, em plenário e por secções.

ARTIGO 53º
Turnos

1 – É aplicável aos tribunais da Relação o disposto no nº 1 do artigo 32º.

2 – Os turnos são organizados, respectivamente, pelos presidentes dos tribunais da Relação, pelos procuradores-gerais distritais ou pelos procuradores-gerais-adjuntos a que se refere o nº 1 do artigo 49º, com prévia audição dos magistrados e, sempre que possível, com a antecedência de 60 dias.

ARTIGO 54º
Disposições subsidiárias

É aplicável aos tribunais da Relação, com as necessárias adaptações, o disposto nos nºs 2 e 4 do artigo 28º e nos artigos 29º a 31º.

SECÇÃO III
Competência

ARTIGO 55º
Competência do plenário

Compete aos tribunais da Relação, funcionando em plenário, exercer as demais competências conferidas por lei.[12]

ARTIGO 56º
Competência das secções

1 – Compete às secções, segundo a sua especialização:

a) Julgar recursos;

b) Julgar as acções propostas contra juízes de direito e juízes militares de 1ª instância, procuradores da República e procuradores-adjuntos, por causa das suas funções;

c) Julgar processos por crimes cometidos pelos magistrados e juízes militares referidos na alínea anterior e recursos em matéria contra-ordenacional a eles respeitantes;

d) (Revogada.)

---

[12] Redação decorrente do artigo 5º do Decreto-Lei nº 303/2007, de 24 de agosto.

e) Julgar os processos judiciais de cooperação judiciária internacional em matéria penal;

f) Julgar os processos de revisão e confirmação de sentença estrangeira, sem prejuízo da competência legalmente atribuída a outros tribunais;

g) Conceder o *exequatur* às decisões proferidas pelos tribunais eclesiásticos;

h) Julgar, por intermédio do relator, os termos dos recursos que lhe estejam cometidos pela lei de processo;

i) Praticar, nos termos da lei de processo, os actos jurisdicionais relativos ao inquérito, dirigir a instrução criminal, presidir ao debate instrutório e proferir despacho de pronúncia ou não pronúncia nos processos referidos na alínea *c)*;

j) Exercer as demais competências conferidas por lei.

2 – *(Revogado.)*

ARTIGO 57º
Disposições subsidiárias

1 – É aplicável aos tribunais da Relação, com as necessárias adaptações, o disposto no artigo 34º, no nº 2 do artigo 35º e no artigo 37º.

2 – *(Revogado.)*

SECÇÃO IV
Presidência

ARTIGO 58º
Presidente

1 – Os juízes que compõem o quadro do tribunal da Relação elegem, de entre si e por escrutínio secreto, o presidente do tribunal.

2 – É aplicável à eleição e ao exercício do mandato de presidente da Relação, com as necessárias adaptações, o disposto nos nºs 2 e 3 do artigo 40º e no artigo 42º.

ARTIGO 59º
Competência do presidente

1 – À competência do presidente do tribunal da Relação é aplicável, com as necessárias adaptações, o disposto nas alíneas *a)* a *d)*, *f)*, *g)* e *h)* do nº 1 do artigo 43º.

2 – O presidente do tribunal da Relação é competente para conhecer dos conflitos entre tribunais da 1ª instância sedeados na área do respectivo tribunal, podendo delegar essa competência no vice-presidente.[13]

3 – Compete ainda ao presidente dar posse ao vice-presidente, aos juízes, ao secretário do tribunal e aos juízes de direito da sede do respectivo tribunal da Relação.

---

[13] Este normativo foi inserido pelo artigo 5º do Decreto-Lei nº 303/2007, de 24 de agosto.

4 – Às decisões proferidas em matéria disciplinar é aplicável o disposto no nº 2 do artigo 43º.

ARTIGO 60º
Vice-presidente

1 – O presidente do tribunal da Relação é coadjuvado e substituído por um vice-presidente.

2 – É aplicável à eleição e ao exercício do mandato de vice-presidente o disposto no artigo 58º.

3 – Nas suas faltas e impedimentos, o vice-presidente é substituído pelo mais antigo dos juízes em exercício.

4 – É aplicável ao vice-presidente o preceituado no nº 3 do artigo 45º.

ARTIGO 61º
Disposição subsidiária

É aplicável aos tribunais da Relação, com as necessárias adaptações, o disposto no artigo 46º.

CAPÍTULO V
Tribunais judiciais de 1ª instância

SECÇÃO I
Disposições gerais

ARTIGO 62º
Tribunais de comarca

1 – Os tribunais judiciais de 1ª instância são, em regra, os tribunais de comarca.

2 – Quando o volume ou a natureza do serviço o justificarem, podem existir na mesma comarca vários tribunais.

ARTIGO 63º
Área de competência

1 – Salvo o disposto no número seguinte, a área de competência dos tribunais judiciais de 1ª instância é a comarca.

2 – Podem existir tribunais com competência sobre uma ou mais circunscrições referidas no nº 1 do artigo 15º, ou sobre áreas especialmente definidas na lei.

ARTIGO 64º
Outros tribunais de 1ª instância

1 – Pode haver tribunais de 1ª instância de competência especializada e de competência específica.

2 – Os tribunais de competência especializada conhecem de matérias determinadas, independentemente da forma de processo aplicável; os tribunais de competência específica conhecem de matérias determinadas pela espécie de acção ou pela

forma de processo aplicável, conhecendo ainda de recursos das decisões das autoridades administrativas em processo de contra-ordenação, nos termos do nº 2 do artigo 102º.

3 – Em casos justificados, podem ser criados tribunais de competência especializada mista.

ARTIGO 65º
Desdobramento de tribunais

1 – Os tribunais judiciais podem desdobrar-se em juízos.

2 – Nos tribunais de comarca os juízos podem ser de competência genérica, especializada ou específica.

3 – Os tribunais de comarca podem ainda desdobrar-se em varas, com competência específica, quando o volume e a complexidade do serviço o justifiquem.

4 – Em cada tribunal, juízo ou vara exercem funções um ou mais juízes de direito.

ARTIGO 66º
Círculos judiciais

1 – A área territorial dos círculos judiciais abrange a de uma ou várias comarcas.

2 – Em cada círculo judicial exercem funções dois ou mais juízes de direito, designados por juízes de círculo.

3 – O disposto no número anterior não prejudica o funcionamento próprio dos tribunais desdobrados em varas.

ARTIGO 67º
Funcionamento

1 – Os tribunais judiciais de 1ª instância funcionam, consoante os casos, como tribunal singular, como tribunal colectivo ou como tribunal do júri.

2 – Nos casos previstos na lei, podem fazer parte dos tribunais juízes sociais, designados de entre pessoas de reconhecida idoneidade.

3 – Quando não for possível a designação ou a intervenção dos juízes sociais, o tribunal é constituído pelo juiz singular ou pelo colectivo, conforme os casos.

4 – A lei pode prever a colaboração de técnicos qualificados quando o julgamento da matéria de facto dependa de conhecimentos especiais.

ARTIGO 68º
Substituição dos juízes de direito

1 – Os juízes de direito são substituídos, nas suas faltas e impedimentos, sucessivamente:

a) Por outro juiz de direito;

b) Por pessoa idónea, licenciada em direito, designada pelo Conselho Superior da Magistratura.

2 – Nos tribunais com mais de um juízo, o juiz do 1º juízo é substituído pelo do 2º, este pelo do 3º, e assim sucessivamente, por forma a que o juiz do último juízo seja substituído pelo do 1º.

3 – O disposto no número anterior é aplicável aos tribunais com mais de uma vara, bem como, com as devidas adaptações, às substituições nos juízos ou varas com mais de um juiz.

4 – Quando recaia na pessoa a que se refere a alínea b) do nº 1, a substituição é restrita à prática de actos de carácter urgente.

5 – A substituição que se prolongue por período superior a 30 dias é remunerada por despacho do Ministro da Justiça, sob parecer favorável do Conselho Superior da Magistratura.

6 – A remuneração a que se refere o número anterior tem como limites um quinto e a totalidade do vencimento do juiz substituto ou um quinto e a totalidade do valor do índice 100 da escala indiciária dos magistrados judiciais, se o substituto for alguma das pessoas mencionadas na alínea b) do nº 1.

ARTIGO 69º
Acumulação de funções

1 – Ponderando as necessidades do serviço, o Conselho Superior da Magistratura pode, com carácter excepcional, determinar que um juiz, obtida a sua anuência, exerça funções em mais de um juízo ou em mais de um tribunal, ainda que de circunscrição diferente.

2 – É aplicável à acumulação de funções o disposto nos nºs 5 e 6 do artigo anterior.

ARTIGO 70º
Juízes auxiliares

1 – É aplicável aos tribunais judiciais de 1ª instância o disposto nos nºs 2, 3 e 5 do artigo 50º.

2 – A remuneração dos juízes auxiliares corresponde à que lhes competiria se exercessem funções como efectivos nos tribunais para que são destacados.

ARTIGO 71º
Quadro complementar de juízes

1 – Na sede de cada distrito judicial há uma bolsa de juízes para destacamento em tribunais da respectiva circunscrição em que se verifique falta ou o impedimento dos seus titulares ou a vacatura do lugar, em circunstâncias que, pelo período de tempo previsível de ausência ou de preenchimento de lugar, conjugado com o volume de serviço, desaconselhem o recurso aos regimes de substituição ou de acumulação de funções constantes dos artigos 68º e 69º.[14]

2 – Quando houver excesso de juízes para prover às situações referidas no número anterior, os juízes excedentários são destacados para tribunais que se encon-

---

[14] O quadro complementar de juízes a que se reporta este normativo consta da Portaria nº 680/2009, de 25 de junho, que revogou a Portaria nº 412-A/A/99, de 7 de junho, e o seu regulamento é a Deliberação do Conselho Superior da Magistratura, nº 1420/2000, de 31 de outubro de 2000, publicada no *Diário da República*, II Série, de 17 de novembro de 2000.

trem nas condições previstas nas disposições conjugadas do artigo anterior e do nº 2 do artigo 50º.

3 – Os juízes são nomeados em comissão de serviço, pelo período de três anos, auferindo, quando destacados, ajudas de custo nos termos da lei geral, sem limite de tempo.

4 – O número de juízes é fixado por portaria conjunta dos Ministros das Finanças, Adjunto e da Justiça, sob proposta do Conselho Superior da Magistratura.

5 – Cabe ao Conselho Superior da Magistratura efectuar a gestão das bolsas de juízes e regular o seu destacamento.[15]

ARTIGO 72º
Turnos de distribuição

1 – Nos tribunais com mais de um juízo há um juiz de turno, que preside à distribuição e decide as questões com ela relacionadas.

2 – Com excepção dos que tenham lugar em férias judiciais de Verão, os turnos são quinzenais e têm início nos dias 1 e 16 de cada mês, seguindo-se a ordem de numeração dos juízos e, em cada um, a ordem de antiguidade dos juízes.

ARTIGO 73º
Serviço urgente

1 – Nos tribunais judiciais de 1ª instância organizam-se turnos para assegurar o serviço urgente durante as férias judiciais.

2 – São ainda organizados turnos, fora do período referido no número anterior, para assegurar o serviço urgente previsto no Código de Processo Penal e na Organização Tutelar de Menores que deva ser executado aos sábados e feriados que não recaiam em domingo.

3 – A organização dos turnos a que se referem os números anteriores cabe, conforme os casos, ao presidente do tribunal da Relação e ao respectivo procurador-geral-adjunto, com prévia audição dos magistrados e, sempre que possível, com antecedência de 60 dias.

4 – Pelo serviço prestado nos termos do nº 2 é devido suplemento remuneratório[16].

---

[15] O Decreto-Lei nº 28/2009, de 28 de janeiro, que procedeu à regulamentação, com carácter experimental e provisório, da Lei nº 52/2008, de 28 de agosto, estabeleceu no seu artigo 49º que os quadros complementares previstos neste artigo poderão dispor de juízes auxiliares até ao limite de metade do número de juízes previstos na portaria que define o número de juízes da bolsa para cada distrito judicial.

[16] A organização de turnos para assegurar o referido o serviço urgente durante o ano de 2012 consta do Aviso do Ministro da Justiça nº 24722/2011, de 20 de dezembro, publicado no *Diário da República*, 2ª série, nº 247, de 27 de dezembro de 2011.

ARTIGO 74º
Presidência do tribunal para efeitos administrativos

1 – Para efeitos administrativos, a presidência do tribunal é atribuída ao respectivo juiz de direito.

2 – Nos tribunais em que haja mais de um juiz de direito, a presidência para efeitos administrativos compete, por períodos bianuais, a cada juiz titular, começando pelo da primeira vara ou juízo ou, sendo vários, pelo da 1ª secção, seguindo-se escalonadamente a ordem dos demais.

3 – Sem prejuízo do disposto no número anterior, sempre que estiverem instalados no mesmo edifício diversos tribunais, a presidência, para efeitos de administração geral, cabe ao mais antigo dos respectivos presidentes.

4 – A presidência dos serviços afectos ao Ministério Público considera-se atribuída aos respectivos magistrados.

ARTIGO 75º
Competência administrativa do presidente do tribunal

1 – Compete ao presidente, em matéria administrativa:

a) Orientar superiormente os serviços das secretarias judiciais;
b) Dar posse ao secretário judicial;
c) Exercer a acção disciplinar sobre os funcionários de justiça relativamente às penas de gravidade inferior à de multa;
d) Elaborar anualmente um relatório sobre o estado dos serviços;
e) Exercer as demais funções conferidas por lei.

2 – Das decisões proferidas nos termos da alínea *c)* do número anterior cabe reclamação nos termos da lei.

ARTIGO 76º
Administradores dos tribunais

1 – Nos tribunais cuja dimensão o justifique, os respectivos presidentes são coadjuvados por administradores a quem compete, designadamente:

a) Preparar e elaborar o projecto de orçamento;
b) Propor ou proceder às aquisições de bens e serviços e administrar os bens de consumo;
c) Gerir os meios de telecomunicações e assegurar a gestão dos contratos de manutenção e assistência técnica;
d) Providenciar pela conservação das instalações e dos bens e equipamento comuns e tomar ou propor medidas para a sua racional utilização;
e) Velar pela segurança do edifício, das pessoas que o frequentam e dos bens nele existentes;
f) Regular a utilização de parques ou lugares de estacionamento de veículos.

2 – O Secretário-Geral do Ministério da Justiça, e os Directores-Gerais dos Serviços Judiciários e do Gabinete de Gestão Financeira do Ministério da Justiça podem delegar nos administradores dos tribunais as competências necessárias ao adequado desempenho das suas funções.

3 – O recrutamento, provimento e estatuto dos administradores dos tribunais consta de lei própria.

SECÇÃO II
Tribunais de competência genérica

ARTIGO 77º
Competência

1 – Compete aos tribunais de competência genérica:
a) Preparar e julgar os processos relativos a causas não atribuídas a outro tribunal;
b) Proceder à instrução criminal, decidir quanto à pronúncia e exercer as funções jurisdicionais relativas ao inquérito, onde não houver tribunal ou juiz de instrução criminal;
c) Exercer, no âmbito do processo de execução, as competências previstas no Código de Processo Civil, em circunscrições não abrangidas pela competência de outro tribunal;
d) Cumprir os mandados, cartas, ofícios e telegramas que lhes sejam dirigidos pelos tribunais ou autoridades competentes;
e) Julgar os recursos das decisões das autoridades administrativas em processos de contra-ordenação, salvo o disposto nos artigos 89º, 92º e 97º;
f) Exercer as demais competências conferidas por lei.

2 – Quando a lei de processo determinar o impedimento do juiz, este é substituído nos termos do artigo 68º.

SECÇÃO III
Tribunais e juízos de competência especializada

SUBSECÇÃO I
Espécies de tribunais

ARTIGO 78º
Espécies

Podem ser criados os seguintes tribunais de competência especializada:
a) De instrução criminal;
b) De família;
c) De menores;
d) Do trabalho;
e) De comércio;
f) Da propriedade intelectual;
g) Da concorrência, regulação e supervisão;
h) Marítimos;
i) De execução das penas.

SUBSECÇÃO II
Tribunais de instrução criminal

ARTIGO 79º
Competência

1 – Compete aos tribunais de instrução criminal proceder à instrução criminal, decidir quanto à pronúncia e exercer as funções jurisdicionais relativas ao inquérito.

2 – Quando o interesse ou a urgência da investigação o justifique, os juízes em exercício de funções de instrução criminal podem intervir, em processos que lhes estejam afectos, fora da sua área territorial de competência.

ARTIGO 80º
Casos especiais de competência

1 – A competência a que se refere o nº 1 do artigo anterior, quanto aos crimes enunciados no nº 1 do artigo 47º da Lei nº 60/98, de 27 de Agosto, cabe a um tribunal central de instrução criminal, quando a actividade criminosa ocorrer em comarcas pertencentes a diferentes distritos judiciais.

2 – A competência dos tribunais de instrução criminal da sede dos distritos judiciais abrange a área do respectivo distrito relativamente aos crimes a que se refere o número anterior, quando a actividade criminosa ocorrer em comarcas pertencentes a diferentes círculos judiciais.

3 – Nas comarcas em que o movimento processual o justifique e sejam criados Departamentos de Investigação e Acção Penal (DIAP), serão também criados tribunais de instrução criminal com competência circunscrita à área da comarca ou comarcas abrangidas.

4 – A competência a que se refere o nº 1 do artigo anterior, quanto aos crimes estritamente militares, cabe às secções de instrução criminal militar dos tribunais de instrução criminal de Lisboa e do Porto, com jurisdição nas áreas indicadas no Código de Justiça Militar; à medida que o movimento processual o justifique, podem ser criadas idênticas secções noutros tribunais, com jurisdição numa ou mais áreas definidas no artigo 15º.

5 – O disposto nos números anteriores não prejudica a competência do juiz de instrução da área onde os actos jurisdicionais, de carácter urgente, relativos ao inquérito, devam ser realizados.

SUBSECÇÃO III
Tribunais de família

ARTIGO 81º
Competência relativa a cônjuges e ex-cônjuges

Compete aos tribunais de família preparar e julgar:

a) Processos de jurisdição voluntária relativos a cônjuges;

b) Acções de separação de pessoas e bens e de divórcio, sem prejuízo do disposto no nº 2 do artigo 1773º do Código Civil;

c) Inventários requeridos na sequência de acções de separação de pessoas e bens e de divórcio, bem como os procedimentos cautelares com aqueles relacionados;
d) Acções de declaração de inexistência ou de anulação do casamento civil;
e) Acções intentadas com base no artigo 1647º e no nº 2 do artigo 1648º do Código Civil;
f) Acções e execuções por alimentos entre cônjuges e entre ex-cônjuges.

ARTIGO 82º
Competência relativa a menores e filhos maiores

1 – Compete igualmente aos tribunais de família:

a) Instaurar a tutela e a administração de bens;
b) Nomear pessoa que haja de celebrar negócios em nome do menor e, bem assim, nomear curador geral que represente extrajudicialmente o menor sujeito ao poder paternal;
c) Constituir o vínculo da adopção;
d) Regular o exercício do poder paternal e conhecer das questões a este respeitantes;
e) Fixar os alimentos devidos a menores e aos filhos maiores ou emancipados a que se refere o artigo 1880º do Código Civil e preparar e julgar as execuções por alimentos;
f) Ordenar a entrega judicial de menores;
g) Autorizar o representante legal dos menores a praticar certos actos, confirmar os que tenham sido praticados sem autorização e providenciar acerca da aceitação de liberalidades;
h) Decidir acerca da caução que os pais devam prestar a favor dos filhos menores;
i) Decretar a inibição, total ou parcial, e estabelecer limitações ao exercício do poder paternal, previstas no artigo 1920º do Código Civil;
j) Proceder à averiguação oficiosa de maternidade, de paternidade ou para impugnação da paternidade presumida;
l) Decidir, em caso de desacordo dos pais, sobre o nome e apelidos do menor.

2 – Compete ainda aos tribunais de família:

a) Havendo tutela ou administração de bens, determinar a remuneração do tutor ou administrador, conhecer da escusa, exoneração ou remoção do tutor, administrador ou vogal do conselho de família, exigir e julgar as contas, autorizar a substituição da hipoteca legal e determinar o reforço e substituição da caução prestada e nomear curador especial que represente o menor extrajudicialmente;
b) Nomear curador especial que represente o menor em qualquer processo tutelar;
c) Converter, revogar e rever a adopção, exigir e julgar as contas do adoptante e fixar o montante dos rendimentos destinados a alimentos do adoptado;
d) Decidir acerca do reforço e substituição da caução prestada a favor dos filhos menores;
e) Exigir e julgar as contas que os pais devam prestar;
f) Conhecer de quaisquer outros incidentes nos processos referidos no número anterior.

SUBSECÇÃO IV
Tribunais de menores

ARTIGO 83º
Competência

1 – Compete aos tribunais de menores decretar medidas relativamente a menores que, tendo completado 12 anos e antes de perfazerem 16 anos, se encontrem em alguma das seguintes situações:

a) Mostrem dificuldade séria de adaptação a uma vida social normal, pela sua situação, comportamento ou tendência que hajam revelado;

b) Se entreguem à mendicidade, vadiagem, prostituição, libertinagem, abuso de bebidas alcoólicas ou uso ilícito de drogas;

c) Sejam agentes de algum facto qualificado pela lei penal como crime, contravenção ou contra-ordenação.

2 – A competência dos tribunais de menores é extensiva a menores com idade inferior a 12 anos quando os pais ou o representante legal não aceitem a intervenção tutelar ou reeducativa de instituições oficiais ou oficializadas não judiciárias.

3 – Ressalvados os casos em que a competência caiba, por lei, às instituições referidas no nº 2, independentemente da idade, os tribunais de menores são ainda competentes para:

a) Decretar medidas relativamente a menores que sejam vítimas de maus tratos, de abandono ou de desamparo ou se encontrem em situações susceptíveis de porem em perigo a sua saúde, segurança, educação ou moralidade;

b) Decretar medidas relativamente a menores que, tendo atingido os 14 anos, se mostrem gravemente inadaptados à disciplina da família, do trabalho ou do estabelecimento de educação e assistência em que se encontrem internados;

c) Decretar medidas relativamente a menores que se entreguem à mendicidade, vadiagem, prostituição, libertinagem, abuso de bebidas alcoólicas ou uso de drogas, quando tais actividades não constituírem nem estiverem conexionadas com infracções criminais;

d) Apreciar e decidir pedidos de protecção de menores contra o exercício abusivo de autoridade na família ou nas instituições a que estejam entregues.

4 – Quando, durante o cumprimento de medida, o menor com mais de 16 anos cometer alguma infracção criminal, o tribunal pode conhecer desta, para o efeito de rever a medida em execução, se a personalidade do menor e as circunstâncias pouco graves do facto assim o aconselharem.

5 – Cessa a competência do tribunal quando o processo nele der entrada depois de o menor atingir 18 anos, caso em que é arquivado.

ARTIGO 84º
Constituição

1 – O tribunal de menores funciona, em regra, com um só juiz.

2 – Nos processos em que se presuma a aplicação de medida de internamento e no caso previsto no nº 4 do artigo anterior, o julgamento pertence a um tribunal constituído pelo juiz, que preside, e por dois juízes sociais.

SUBSECÇÃO V
Tribunais do trabalho

ARTIGO 85º
Competência cível

Compete aos tribunais do trabalho conhecer, em matéria cível:

a) Das questões relativas à anulação e interpretação dos instrumentos de regulamentação colectiva do trabalho que não revistam natureza administrativa;

b) Das questões emergentes de relações de trabalho subordinado e de relações estabelecidas com vista à celebração de contratos de trabalho;

c) Das questões emergentes de acidentes de trabalho e doenças profissionais;

d) Das questões de enfermagem ou hospitalares, de fornecimento de medicamentos emergentes da prestação de serviços clínicos, de aparelhos de prótese e ortopedia ou de quaisquer outros serviços ou prestações efectuados ou pagos em benefício de vítimas de acidentes de trabalho ou doenças profissionais;

e) Das acções destinadas a anular os actos e contratos celebrados por quaisquer entidades responsáveis com o fim de se eximirem ao cumprimento de obrigações resultantes da aplicação da legislação sindical ou do trabalho;

f) Das questões emergentes de contratos equiparados por lei aos de trabalho;

g) Das questões emergentes de contratos de aprendizagem e de tirocínio;

h) Das questões entre trabalhadores ao serviço da mesma entidade, a respeito de direitos e obrigações que resultem de actos praticados em comum na execução das suas relações de trabalho ou que resultem de acto ilícito praticado por um deles na execução do serviço e por motivo deste, ressalvada a competência dos tribunais criminais quanto à responsabilidade civil conexa com a criminal;

i) Das questões entre instituições de previdência ou de abono de família e seus beneficiários, quando respeitem a direitos, poderes ou obrigações legais, regulamentares ou estatutárias de umas ou outros, sem prejuízo da competência própria dos tribunais administrativos e fiscais;

j) Das questões entre associações sindicais e sócios ou pessoas por eles representados, ou afectados por decisões suas, quando respeitem a direitos, poderes ou obrigações legais, regulamentares ou estatutárias de uns ou de outros;

l) Dos processos destinados à liquidação e partilha de bens de instituições de previdência ou de associações sindicais, quando não haja disposição legal em contrário;

m) Das questões entre instituições de previdência ou entre associações sindicais, a respeito da existência, extensão ou qualidade de poderes ou deveres legais, regulamentares ou estatutários de um deles que afecte o outro;

n) Das execuções fundadas nas suas decisões ou noutros títulos executivos, ressalvada a competência atribuída a outros tribunais;

o) Das questões entre sujeitos de uma relação jurídica de trabalho ou entre um desses sujeitos e terceiros, quando emergentes de relações conexas com a relação de trabalho, por acessoriedade, complementariedade ou dependência, e o pedido se cumule com outro para o qual o tribunal seja directamente competente;

p) Das questões reconvencionais que com a acção tenham relações de conexão referidas na alínea anterior, salvo no caso de compensação, em que é dispensada a conexão;

q) Das questões cíveis relativas à greve;

r) Das questões entre comissões de trabalhadores e as respectivas comissões coordenadoras, a empresa ou trabalhadores desta;

s) Das questões relativas ao controlo da legalidade da constituição, dos estatutos e da actividade das associações sindicais, associações de empregadores e comissões de trabalhadores;

t) Das demais questões que por lei lhes sejam atribuídas.[17]

ARTIGO 86º
Competência contravencional

Compete aos tribunais do trabalho conhecer e julgar, em matéria contravencional:

a) As transgressões de normas legais e convencionais reguladoras das relações de trabalho;

b) As transgressões de normas legais ou regulamentares sobre encerramento de estabelecimentos comerciais ou industriais, ainda que sem pessoal ao seu serviço;

c) As transgressões de normas legais ou regulamentares sobre higiene, salubridade e condições de segurança dos locais de trabalho;

d) As transgressões de preceitos legais relativos a acidentes de trabalho e doenças profisssionaais;

e) As infracções de natureza contravencional relativas à greve;

f) As demais infracções de natureza contravencional cujo conhecimento lhes seja atribuído por lei.

ARTIGO 87º
Competência em matéria de contra-ordenações

Compete aos tribunais do trabalho julgar os recursos das decisões das autoridades administrativas em processos de contra-ordenação nos domínios laboral e da segurança social.[18]

ARTIGO 88º
Constituição do tribunal colectivo

1 – Nas causas referidas nas alíneas *a)*, *b)*, *e)*, *f)*, *g)*, e *q)* do artigo 85º em que deva intervir o colectivo, o tribunal é constituído pelo colectivo e por dois juízes sociais.

---

[17] A redação das alíneas *s)* e *t)* deste artigo resultou do artigo 4º do Decreto-Lei nº 295/2009, de 13 de outubro, retificado pela Declaração nº 86/2009, de 23 de novembro.

[18] O Tribunal Constitucional, no Acórdão nº 19/2011, de 12 de janeiro, publicado no *Diário da República*, 2ª Série, de 16 de fevereiro de 2011, julgou que este normativo não colide com a *reserva de jurisdição administrativa* constante do do nº 3 do artigo 212º da Constituição.

2 – Nas causas referidas na alínea *f)* do artigo 85º, um dos juízes sociais deve ser nomeado na qualidade de trabalhador independente e outro na qualidade de trabalhador assalariado.

3 – Nas restantes causas a que se refere o nº 1, um dos juízes sociais é recrutado de entre entidades patronais e outro de entre trabalhadores assalariados.

SUBSECÇÃO VI
Tribunais de comércio

ARTIGO 89º
Competência

1 – Compete aos tribunais de comércio preparar e julgar:

a) O processo de insolvência se o devedor for uma sociedade comercial ou a massa insolvente integrar uma empresa;[19]
b) As acções de declaração de inexistência, nulidade e anulação do contrato de sociedade;
c) As acções relativas ao exercício de direitos sociais;
d) As acções de suspensão e de anulação de deliberações sociais;
e) As acções de liquidação judicial de sociedades;
f) *(Revogada.)*
g) As acções a que se refere o Código do Registo Comercial;
h) *(Revogada.)*
i) Acções de dissolução de sociedade anónima europeia;
j) Acções de dissolução de sociedades gestoras de participações sociais.

2 – Compete ainda aos tribunais de comércio julgar:

a) *(Revogada.)*
b) As impugnações dos despachos dos conservadores do registo comercial, bem como as impugnações das decisões proferidas pelos conservadores no âmbito dos procedimentos administrativos de dissolução e de liquidação de sociedades comerciais;
c) *(Revogada.)*

3 – A competência a que se refere o nº 1 abrange os respectivos incidentes e apensos, bem como a execução das decisões.

---

[19] A redação desta alínea resultou do artigo 14º do Decreto-Lei nº 8/2007, de 17 de janeiro. O Tribunal Constitucional tinha julgado inconstitucional, por violação da alínea *p)* do nº 1 do artigo 165º da Constituição, a norma do artigo 29º do Decreto-Lei nº 76-A//2006, de 29 de março, na parte em que atribuiu aos tribunais de comércio a competência para preparar e julgar os processos de insolvência (Acórdão nº 690/2006, de 19 de dezembro, *Diário da República*, II Série, de 31 de janeiro de 2007).

SUBSECÇÃO VII
Tribunal da Propriedade Intelectual

ARTIGO 89º-A
Competência

1 – Compete ao tribunal da propriedade intelectual conhecer das questões relativas a:

a) Acções em que a causa de pedir verse sobre direitos de autor e direitos conexos;

b) Acções em que a causa de pedir verse sobre propriedade industrial, em qualquer das modalidades previstas na lei;

c) Acções de nulidade e de anulação previstas no Código da Propriedade Industrial;

d) Recursos de decisões do Instituto Nacional da Propriedade Industrial que concedam ou recusem qualquer direito de propriedade intelectual ou sejam relativas a transmissões, licenças, declarações de caducidade ou a quaisquer outros actos que afectem, modifiquem ou extingam direios de propriedade industrial;

e) Recurso e revisão das decisões ou de quaisquer outras medidas legalmente susceptíveis de impugnação tomadas pelo Instituto Nacional da Propriedade Industrial, em processo de contra-ordenação.

f) Acções de declaração em que a causa de pedir verse sobre nomes de domínio na Internet;

g) Recursos das decisões da Fundação para a Computação Científica Nacional, enquanto entidade competente para o registo de nomes de domínio de PT, que registem, recusem o registo ou removam um nome de domínio de PT;

h) Acções em que a causa de pedir verse sobre firmas ou denominações sociais;

i) Recursos das decisões do Instituto dos Registos e do Notariado relativas à admissibilidade de firmas e denominações no âmbito do regime jurídico do Registo Nacional de Pessoas Colectivas.

j) Acções em que a causa de pedir verse sobre a prática de actos de concorrência desleal em matéria de propriedade industrial;

l) Medidas de obtenção e preservação de prova e de prestação de informações quando requeridas no âmbito da protecção de direitos de propriedade intelectual e direitos de autor.

2 – A competência a que se refere o número anterior abrange os respectivos incidentes e apensos, bem como a execução das decisões.

SUBSECÇÃO VIII
Tribunal da Concorrência, Regulação e Supervisão

ARTIGO 89º-B
Competência

1 – Compete ao tribunal da concorrência, regulação e supervisão conhecer das questões relativas a recurso, revisão e execução das decisões, despachos e demais medidas em processo de contra-ordenação legalmente susceptíveis de impugnação:

a) Da Autoridade da Concorrência (AdC);
b) Da Autoridade Nacional de Comunicações (ICP-ANACOM);
c) Do Banco de Portugal (BP);
d) Da Comissão do Mercado de Valores Mobiliários (CMVM);
e) Da Entidade Reguladora para a Comunicação Social (ERC);
f) Do Instituto de Seguros de Portugal (ISP);
g) Das demais entidades administrativas independentes com funções de regulação e supervisão.

2 – Compete ainda aos juízes da concorrência, regulação e supervisão conhecer das questões relativas a recurso, revisão e execução:

a) Das decisões da AdC proferidas em procedimentos administrativos a que se refere o regime jurídico da concorrência, bem como da decisão ministerial prevista no artigo 34.º do Decreto-Lei n.º 10/2003, de 18 de Janeiro;
b) Das demais decisões da AdC que admitam recurso, nos termos previstos no regime jurídico da concorrência.

3 – As competências referidas nos números anteriores abrangem os respetivos incidentes e apensos.

SUBSECÇÃO IX
Tribunais Marítimos

ARTIGO 90º
Competência

Compete aos tribunais marítimos conhecer das questões relativas a:

a) Indemnizações devidas por danos causados ou sofridos por navios, embarcações e outros engenhos flutuantes, ou resultantes da sua utilização marítima, nos termos gerais de direito;
b) Contratos de construção, reparação, compra e venda de navios, embarcações e outros engenhos flutuantes, desde que destinados ao uso marítimo;
c) Contratos de transporte por via marítima ou contrato de transporte combinado ou multimodal;
d) Contratos de transporte por via fluvial ou por canais, nos limites do quadro I anexo ao Regulamento Geral das Capitanias;
e) Contratos de utilização marítima de navios, embarcações e outros engenhos flutuantes, designadamente os de fretamento e os de locação financeira;
f) Contratos de seguro de navios, embarcações e outros engenhos flutuantes destinados ao uso marítimo e suas cargas;
g) Hipotecas e privilégios sobre navios e embarcações, bem como quaisquer garantias reais sobre engenhos flutuantes e suas cargas;
h) Processos especiais relativos a navios, embarcações, outros engenhos flutuantes e suas cargas;
i) Procedimentos cautelares sobre navios, embarcações e outros engenhos flutuantes, respectiva carga e bancas e outros valores pertinentes aos navios, embarca-

ções e outros engenhos flutuantes, bem como solicitação preliminar à capitania para suster a saída das coisas que constituam objecto de tais procedimentos;

j) Avarias comuns ou avarias particulares, incluindo as que digam respeito a outros engenhos flutuantes destinados ao uso marítimo;

l) Assistência e salvação marítimas;

m) Contratos de reboque e contratos de pilotagem;

n) Remoção de destroços;

o) Responsabilidade civil emergente de poluição do mar e outras águas sob a sua jurisdição;

p) Utilização, perda, achado ou apropriação de aparelhos ou artes de pesca ou de apanhar mariscos, moluscos e plantas marinhas, ferros, aprestos, armas, provisões e mais objectos destinados à navegação ou à pesca, bem como danos produzidos ou sofridos pelo mesmo material;

q) Danos causados nos bens do domínio público marítimo;

r) Propriedade e posse de arrojos e de coisas provenientes ou resultantes das águas do mar ou restos existentes, que jazem nos respectivos solo ou subsolo ou que provenham ou existam nas águas interiores, se concorrer interesse marítimo;

s) Presas;

t) Todas as questões em geral sobre matérias de direito comercial marítimo;

u) Recursos das decisões do capitão do porto proferidas em processo de contra-ordenação marítima.

SUBSECÇÃO X
Tribunais de execução das penas

ARTIGO 91º
Competência[20]

1 – Após o trânsito em julgado da sentença que determinou a aplicação de pena ou medida privativa da liberdade, compete ao tribunal de execução das penas acompanhar e fiscalizar a respectiva execução e decidir da sua modificação, substituição e extinção, sem prejuízo do disposto no artigo 371º-A do Código de Processo Penal.

2 – Compete ainda ao tribunal de execução das penas acompanhar e fiscalizar a execução da prisão e do internamento preventivos, devendo as respectivas decisões ser comunicadas ao tribunal à ordem do qual o arguido cumpre a medida de coacção.

3 – Sem prejuízo de outras disposições legais, compete aos tribunais de execução das penas, em razão da matéria:

a) Homologar os planos individuais de readaptação, bem como os planos terapêuticos e de reabilitação de inimputável e de imputável portador de anomalia psíquica internado em estabelecimento destinado a inimputáveis, e as respectivas alterações;

b) Conceder e revogar licenças de saída jurisdicionais;

---

[20] Redação introduzida pelas Leis nºs 115/2009, de 12 de outubro, e 40/2010, de 3 de setembro.

c) Conceder e revogar a liberdade condicional, a adaptação à liberdade condicional e a liberdade para prova;

d) Homologar a decisão do director-geral dos Serviços Prisionais de colocação do recluso em regime aberto no exterior, antes da respectiva execução;

e) Determinar a execução da pena acessória de expulsão, declarando extinta a pena de prisão, e determinar a execução antecipada da pena acessória de expulsão;

f) Convocar o conselho técnico sempre que o entenda necessário ou quando a lei o preveja;

g) Decidir processos de impugnação de decisões dos serviços prisionais;

h) Definir o destino a dar à correspondência retida;

i) Declarar perdidos e dar destino aos objectos ou valores apreendidos aos reclusos;

j) Decidir sobre a modificação da execução da pena de prisão relativamente a reclusos portadores de doença grave, evolutiva e irreversível ou de deficiência grave e permanente ou de idade avançada;

l) Ordenar o cumprimento da prisão em regime contínuo em caso de faltas de entrada no estabelecimento prisional não consideradas justificadas por parte do condenado em prisão por dias livres ou em regime de semidetenção;

m) Rever e prorrogar a medida de segurança de internamento de inimputáveis;

n) Decidir sobre a prestação de trabalho a favor da comunidade e sobre a sua revogação, nos casos de execução sucessiva de medida de segurança e de pena privativas da liberdade;

o) Determinar o internamento ou a suspensão da execução da pena de prisão em virtude de anomalia psíquica sobrevinda ao agente durante a execução da pena de prisão e proceder à sua revisão;

p) Determinar o cumprimento do resto da pena ou a continuação do internamento pelo mesmo tempo, no caso de revogação da prestação de trabalho a favor da comunidade ou da liberdade condicional de indivíduo sujeito a execução sucessiva de medida de segurança e de pena privativas da liberdade;

q) Declarar a caducidade das alterações ao regime normal de execução da pena, em caso de simulação de anomalia psíquica;

r) Declarar cumprida a pena de prisão efectiva que concretamente caberia ao crime cometido por condenado em pena relativamente indeterminada, tendo sido recusada ou revogada a liberdade condicional;

s) Declarar extinta a pena de prisão efectiva, a pena relativamente indeterminada e a medida de segurança de internamento;

t) Emitir mandados de detenção, de captura e de libertação;

u) Informar o ofendido da libertação ou da evasão do recluso, nos casos previstos nos artigos 23º e 97º do Código da Execução das Penas e Medidas Privativas da Liberdade;

v) Instruir o processo de concessão e revogação do indulto e proceder à respectiva aplicação;

x) Proferir a declaração de contumácia e decretar o arresto de bens, quanto a condenado que dolosamente se tiver eximido, total ou parcialmente, à execução de pena de prisão ou de medida de internamento;

z) Decidir sobre o cancelamento provisório de factos ou decisões inscritos no registo criminal;

aa) Julgar o recurso sobre a legalidade da transcrição nos certificados do registo criminal.

ARTIGO 92º
Extensão da competência[21]

Compete ainda ao tribunal de execução das penas garantir os direitos dos reclusos, pronunciando-se sobre a legalidade das decisões dos serviços prisionais nos casos e termos previstos na lei.

SUBSECÇÃO XI
Espécies de juízos

ARTIGO 93º
Espécies

Podem ser criados juízos de competência especializada cível e de competência especializada criminal.

ARTIGO 94º
Juízos de competência especializada cível

Aos juízos de competência especializada cível compete a preparação e o julgamento dos processos de natureza cível não atribuídos a outros tribunais.

ARTIGO 95º
Juízos de competência especializada criminal

Aos juízos de competência especializada criminal compete:

a) A preparação, o julgamento e os termos subsequentes das causas crime não atribuídas a outros tribunais;

b) Nas comarcas não abrangidas pela plenitude dos tribunais de menores, a prática dos actos que, nessa matéria, é atribuída aos tribunais de competência genérica;

c) Nas comarcas não abrangidas pela competência dos tribunais de instrução criminal, a prática dos actos referidos na alínea b) do nº 1 do artigo 77º;

d) O julgamento dos recursos das decisões das autoridades administrativas em processos de contra-ordenação, salvo o disposto nos artigos 87º, 89º, 90º e 102º.

---

[21] Alterado pela Lei nº 115/2009, de 12 de outubro, vigente desde 10 de abril de 2010.

SECÇÃO IV
Tribunais de competência específica

ARTIGO 96º
Varas e juízos de competência específica

1 – Podem ser criadas as seguintes varas e juízos de competência específica:

a) Varas cíveis;
b) Varas criminais;
c) Juízos cíveis;
d) Juízos criminais;
e) Juízos de pequena instância cível;
f) Juízos de pequena instância criminal;
g) Juízos de execução.

2 – Em casos justificados podem ser criadas varas com competência mista, cível e criminal.

ARTIGO 97º
Varas cíveis

1 – Compete às varas cíveis:

a) A preparação e julgamento das acções declarativas cíveis de valor superior à alçada do tribunal de relação em que a lei preveja a intervenção do tribunal colectivo;
b) Exercer, nas acções executivas fundadas em título que não seja judicial, de valor superior à alçada dos tribunais da relação, as competências previstas no Código de Processo Civil, em circunscrições não abrangidas pela competência de outro tribunal;
c) A preparação e julgamento dos procedimentos cautelares a que correspondam acções da sua competência;
d) Exercer as demais competências conferidas por lei.

2 – Onde não houver tribunais de família e de comércio, é extensivo às acções em matéria de família e de comércio o disposto na alínea a) do número anterior.

3 – São remetidos às varas cíveis os processos pendentes nos juízos cíveis em que se verifique alteração do valor susceptível de determinar a sua competência.

4 – São ainda remetidos às varas cíveis, para julgamento e ulterior devolução, os processos que não sejam originariamente da sua competência, ou certidão das necessárias peças processuais, nos casos em que a lei preveja, em determinada fase da sua tramitação, a intervenção do tribunal colectivo.

5 – Nas varas cíveis compete ao juiz da causa ou ao juiz a quem for distribuído o processo o exercício das funções previstas no artigo 108º, com as devidas adaptações.

ARTIGO 98º
Varas criminais

1 – Compete às varas criminais proferir despacho nos termos dos artigos 311º a 313º do Código de Processo Penal e proceder ao julgamento e termos subsequentes nos processos de natureza criminal da competência do tribunal colectivo ou do júri.

2 – As varas criminais das comarcas de Lisboa e do Porto têm competência para o julgamento de crimes estritamente militares, nos termos do Código de Justiça Militar.

ARTIGO 99º
Juízos cíveis

Compete aos juízos cíveis preparar e julgar os processos de natureza cível que não sejam de competência das varas cíveis e dos juízos de pequena instância cível.

ARTIGO 100º
Juízos criminais

Compete aos juízos criminais proferir despacho nos termos dos artigos 311º a 313º do Código de Processo Penal e proceder ao julgamento e termos subsequentes nos processos de natureza criminal não atribuídos às varas criminais e aos juízos de pequena instância criminal.

ARTIGO 101º
Juízos de pequena instância cível

Compete aos juízos de pequena instância cível preparar e julgar as causas cíveis a que corresponda a forma de processo sumaríssssimo e as causas cíveis não previstas no Código de Processo Civil a que corresponda processo especial e cuja decisão não seja susceptível de recurso ordinário.

ARTIGO 102º
Juízos de pequena instância criminal

1 – Compete aos juízos de pequena instância criminal preparar e julgar as causas a que corresponda a forma de processo sumário, abreviado e sumaríssimo.

2 – Compete ainda aos juízos de pequena instância criminal julgar os recursos das decisões das autoridades administrativas em processo de contra-ordenação, salvo o disposto nos artigos 87º, 89º e 90º.

ARTIGO 102º-A
Juízos de execução

1 – Compete aos juízos de execução exercer, no âmbito dos processos de execução de natureza cível, as competências previstas no Código de Processo Civil.

2 – Estão excluídas do número anterior os processos atribuídos aos tribunais de família e menores, aos tribunais do trabalho, aos tribunais de comércio e aos tribunais marítimos e as execuções de sentenças proferidas por tribunal criminal que, nos termos da lei processual penal, não devam correr perante o tribunal civil.

3 – Compete também aos juízos de execução exercer, no âmbito dos processos de execução por dívida de custas cíveis e multas aplicadas em processo civil, as competências previstas no Código de Processo Civil não atribuídas aos tribunais de competência especializada referidos no número anterior.

SECÇÃO V
Execução das decisões

ARTIGO 103º
Execução das decisões

Sem prejuízo da competência dos juízos de execução, os tribunais de competência especializada e de competência específica são competentes para executar as respectivas decisões.[22]

SECÇÃO VI
Tribunal singular, colectivo e do júri

SUBSECÇÃO I
Tribunal singular

ARTIGO 104º
Composição e competência

1 – O tribunal singular é composto por um juiz.
2 – Compete ao tribunal singular julgar os processos que não devam ser julgados pelo tribunal colectivo ou do júri.

SUBSECÇÃO II
Tribunal colectivo

ARTIGO 105º
Composição

1 – O tribunal colectivo é composto por três juízes.
2 – Salvo disposição em contrário, nos tribunais de comarca, ainda que desdobrados em juízos de competência especializada, o tribunal colectivo é constituído por dois juízes de círculo e pelo juiz do processo.
3 – Nas varas cíveis, nas varas criminais e nas varas com competência mista, o tribunal colectivo é constituído por juízes privativos.
4 – Os quadros das varas criminais de Lisboa e do Porto prevêem um juiz militar por cada ramo das Forças Armadas e um da GNR, os quais intervêm nos termos do disposto no Código de Justiça Militar.
5 – Nos restantes tribunais, o Conselho Superior da Magistratura designa os juízes necessários à constituição do tribunal colectivo, devendo a designação, sempre que posssível, recair em juízes privativos do tribunal.

ARTIGO 106º
Competência

Compete ao tribunal colectivo julgar:

---

[22] Alteração decorrente do artigo 9º da Lei nº 42/2005, de 29 de agosto.

a) Em matéria penal, os processos a que se refere o artigo 14º do Código de Processo Penal;
b) As questões de facto nas acções de valor superior à alçada dos tribunais da Relação e nos incidentes e execuções que sigam os termos do processo de declaração e excedam a referida alçada, sem prejuízo dos casos em que a lei de processo exclua a sua intervenção;
c) As questões de direito, nas acções em que a lei de processo o determine.

ARTIGO 107º
Presidente do tribunal colectivo

1 – O tribunal colectivo é presidido:

a) Nos tribunais a que se refere o nº 2 do artigo 105º, por um dos juízes de círculo;
b) Nos tribunais em que o colectivo é constituído por juízes privativos, pelo juiz do processo;
c) Nos restantes tribunais, pelo juiz do processo.

2 – Nos casos da alínea *a)* do número anterior, a presidência dos tribunais colectivos será equitativamente distribuída pelos juízes de círculo.

3 – Compete ao Conselho Superior da Magistratura efectuar a distribuição a que se refere o número anterior, ouvidos os respectivos juízes.

ARTIGO 108º
Competência do presidente

1 – Compete ao presidente do tribunal colectivo:

a) Dirigir as audiências de discussão e julgamento;
b) Elaborar os acórdãos nos julgamentos penais;
c) Proferir a sentença final nas acções cíveis;
d) Suprir as deficiências das sentenças e dos acordãos referidos nas alíneas anteriores, esclarecê-los, reformá-los e sustentá-los nos termos das leis de processo;
e) Exercer as demais competências atribuídas por lei.

2 – Compete ainda ao presidente do tribunal colectivo o julgamento no caso previsto no nº 5 do artigo 334º do Código de Processo Penal.

ARTIGO 109º
Sessões do tribunal colectivo

A organização do programa das sessões do tribunal colectivo compete, ouvidos os demais juízes:

a) Ao mais antigo como juiz de círculo, no caso da alínea *a)* do nº 1 do artigo 107º, ou, em caso de igual antiguidade, ao mais antigo como juiz;
b) Ao mais antigo dos juízes, no caso da alínea *b)* do nº 1 do mesmo artigo;
c) Ao juiz do processo, no caso da alínea *c)* do nº 1 do mesmo artigo.

SUBSECÇÃO III
Tribunal do júri

ARTIGO 110º
Composição

1 – O tribunal do júri é constituído pelo presidente do tribunal colectivo, que preside, pelos restantes juízes e por jurados.
2 – Lei própria regula o número, recrutamento e selecção dos jurados.

ARTIGO 111º
Competência

1 – Compete ao tribunal do júri julgar os processos a que se refere o artigo 13º do Código de Processo Penal, salvo se tiverem por objecto crimes de terrorismo ou se referirem a criminalidade altamente organizada.
2 – A intervenção do júri no julgamento é definida pela lei de processo.

SUBSECÇÃO IV
Arrendamento rural

ARTIGO 112º
Composição do tribunal

1 – Nas acções que tenham por objecto questões de arrendamento rural, integram o tribunal dois juízes sociais.
2 – Dos juízes sociais, um é recrutado de entre senhorios e outro de entre rendeiros.

CAPÍTULO VI
Ministério Público

ARTIGO 113º
Ministério Público

1 – O Ministério Público é representado:
 a) No Supremo Tribunal de Justiça, pelo Procurador-Geral da República;
 b) Nos tribunais da Relação, pelos procuradores-gerais distritais e por procuradores-gerais-adjuntos;
 c) Nos tribunais de 1ª instância, por procuradores da República e por procuradores-adjuntos.

2 – Nas sedes de círculos judiciais e nos tribunais em que os juízes, para efeitos remuneratórios, são equiparados a juiz de círculo, há, pelo menos, um procurador da República.
3 – Os magistrados referidos no nº 1 fazem-se substituir nos termos do Estatuto do Ministério Público.

4 – É aplicável ao Ministério Público, com as necessárias adaptações, o disposto nos nºs 2 a 5 do artigo 50º e nos artigos 70º e 71º[23].

CAPÍTULO VII
Mandatários judiciais

ARTIGO 114º
Advogados

1 – A lei assegura aos advogados as imunidades necessárias ao exercício do mandato e regula o patrocínio forense como elemento essencial à administração da justiça.

2 – Para a defesa dos direitos e garantias individuais, os advogados podem requerer a intervenção dos orgãos jurisdicionais competentes.

3 – A imunidade necessária ao desempenho eficaz do mandato forense é assegurada aos advogados pelo reconhecimento legal e garantia de efectivação, designadamente:

a) Do direito à protecção do segredo profissional;
b) Do direito ao livre exercício do patrocínio e ao não sancionamento pela prática de actos conformes ao estatuto da profissão;
c) Com direito à especial protecção das comunicações com o cliente e à preservação do sigilo da documentação relativa ao exercício da defesa.

ARTIGO 115º
Solicitadores

Os solicitadores são auxiliares da administração da justiça, exercendo o mandato judicial nos casos e com as limitações previstos na lei.

ARTIGO 116º
Ordem dos Advogados e Câmara dos Solicitadores

1 – A Ordem dos Advogados e a Câmara dos Solicitadores têm direito ao uso exclusivo das instalações que ocupam nos edifícios dos tribunais judiciais ou lhes estejam reservadas nos projectos desses edifícios.

2 – Os mandatários judiciais têm direito ao uso exclusivo das instalações que, em vista das suas funções, lhes sejam destinadas nos tribunais judiciais.

CAPÍTULO VIII
Instalação dos tribunais

ARTIGO 117º
Supremo Tribunal de Justiça e tribunais da Relação

A instalação do Supremo Tribunal de Justiça e dos tribunais da Relação constitui encargo directo do Estado.

---

[23] O referido quadro complementar de procuradores-adjuntos e de juízes foi estabelecido na Portaria nº 680/99, de 7 de junho, revogatória da Portaria nº 412-A/99, de 7 de junho.

ARTIGO 118º
Tribunais de 1ª instância

1 – Os encargos com a reparação, remodelação ou construção de edifícios destinados a instalação de tribunais judiciais de 1ª instância são suportados pela administração central, salvo acordo, em sentido diverso, entre o Ministério da Justiça e os municípios.

2 – As obras de conservação urgente são suportadas pela administração central e realizadas pelos municípios.

CAPÍTULO IX
Secretarias judiciais

SECÇÃO I
Disposições gerais

ARTIGO 119º
Funções

O expediente dos tribunais é assegurado por secretarias, com a composição e as competências previstas na presente lei e no seu regulamento.

ARTIGO 120º
Composição

1 – As secretarias compreendem serviços judiciais, compostos por uma secção central e por uma ou mais secções de processos, e serviços do Ministério Público.

2 – As secretarias podem ainda compreender serviços administrativos e secções de serviço externo.

ARTIGO 121º
Secretarias-gerais

1 – Nos tribunais judiciais de 1ª instância em que a natureza e o volume de serviço o justifiquem, haverá secretarias com funções de centralização administrativa, designadas por secretarias-gerais.

2 – As secretarias-gerais podem abranger um ou mais tribunais ou um ou mais serviços do Ministério Público.

ARTIGO 121º-A
Secretarias de execução

Podem ser criadas secretarias com competência para, através de oficiais de justiça, efectuar as diligências necessárias à tramitação do processo comum de execução[24].

---

[24] O disposto neste artigo foi densificado pelas Portarias nºs 969/2003, de 13 de setembro, 1029/2004, de 10 de agosto, e 1322/2004, de 16 de outubro.

ARTIGO 122º
Horário de funcionamento

1 – As secretarias funcionam, nos dias úteis, das 9 às 12 horas e 30 minutos e das 13 horas e 30 minutos às 17 horas.

2 – O disposto no número anterior não prejudica a instituição, por despacho do Ministro da Justiça, de horário contínuo.

3 – As secretarias encerram ao público uma hora antes do termo do horário diário.

4 – As secretarias funcionam igualmente aos sábados e feriados que não recaiam em domingo, quando seja necessário assegurar serviço urgente, em especial o previsto no Código de Processo Penal e na Organização Tutelar de Menores.

ARTIGO 123º
Entrada nas secretarias

1 – A entrada nas secretarias é vedada a pessoas estranhas aos serviços.

2 – Mediante autorização do funcionário que chefiar a secretaria, é permitida a entrada a quem, em razão do seu especial interesse nos actos ou processos, a ela deva ter acesso.

3 – O disposto no nº 1 não é aplicável aos mandatários judiciais.

ARTIGO 124º
Quadros de pessoal

A criação ou alteração dos quadros de pessoal das secretarias faz-se por portaria conjunta dos Ministros das Finanças, Adjunto e da Justiça.

SECÇÃO II
Registo e arquivo

ARTIGO 125º
Registo de peças processuais e processos

1 – As peças processuais e os processos apresentados nas secretarias são registados em livros próprios.

2 – O director-geral dos Serviços Judiciários pode determinar a substituição dos diversos livros por suportes informáticos.

3 – Depois de registados, as peças processuais e os processsos só podem sair da secretaria nos casos expressamente previstos na lei e mediante as formalidades por ela estabelecidas, cobrando-se recibo e averbando-se a saída.

4 – Será incentivado o uso de meios electrónicos para transmissão e tratamento de documentos judiciais, e para a sua divulgação, nos termos da lei, junto dos cidadãos.

ARTIGO 126º
Arquivo

1 – Consideram-se findos para efeito de arquivo:

a) Os processos cíveis, decorridos três meses após o trânsito em julgado da decisão final;
b) Os processos penais, decorridos três meses após o trânsito em julgado da decisão absolutória ou de outra decisão final não condenatória, da extinção da pena ou da medida de segurança;
c) Os processos em que se verifique a interrupção da instância;
d) Os processos de inquérito, decorridos três meses após despacho de arquivamento;
e) Os demais processos a cargo do Ministério Público, logo que preenchido o seu fim.

2 – Os processos, livros e papéis ingressam no arquivo do tribunal após a fiscalização do Ministério Público e a correição, consoante os casos, do juiz ou do magistrado do Ministério Público.

ARTIGO 127º
Conservação e eliminação de documentos

O Ministro da Justiça define, por portaria, o regime de conservação e eliminação de documentos em arquivo.[25]

ARTIGO 128º
Fiéis depositários

1 – Os funcionários que chefiam as secretarias, secções e serviços são fiéis depositários do arquivo, valores, processos e objectos que a elas digam respeito.

2 – Os funcionários referidos no número anterior devem conferir o inventário após aceitarem o respectivo cargo.

CAPÍTULO X
Disposições finais e transitórias

ARTIGO 129º
Juízes de círculo

1 – Os juízes de círculo são nomeados de entre juízes de direito com mais de dez anos de serviço e classificação não inferior a *Bom com distinção*.

2 – Constituem factores atendíveis na nomeação, por ordem decrescente de preferência, a classificação de serviço e a antiguidade.

3 – Na falta de juízes de direito com os requisitos constantes do nº 1, à nomeação é aplicável o disposto no número anterior.

ARTIGO 130º
Equiparação a juiz de círculo

1 – O preceituado no artigo anterior aplica-se à nomeação dos juízes dos tribunais de família, dos tribunais de família e menores, dos tribunais de comércio, dos

---

[25] O Regulamento de Conservação Arquivística dos Tribunais Judiciais consta da Portaria nº 1003/99, de 10 de novembro.

tribunais marítimos, dos tribunais de instrução criminal referidos no artigo 80º, dos tribunais de trabalho, dos tribunais de execução das penas e das varas.

2 – Os juízes a que se refere o número anterior são equiparados, para efeitos remuneratórios, a juízes de círculo.

ARTIGO 131º
Juízes de instrução criminal

1 – Nas comarcas em que não haja tribunal de instrução criminal, pode o Conselho Superior da Magistratura, sempre que o movimento processual o justifique, determinar a afectação de juízes de direito, em regime de exclusividade, à instrução criminal.

2 – O disposto no número anterior é aplicável à comarca ou comarcas em que não se encontre sediado o tribunal de instrução criminal e se integrem na respectiva área de jurisdição.

3 – Enquanto se mantiver a afectação referida nos números anteriores, o quadro de magistrados considera-se aumentado do número de unidades correspondente.

ARTIGO 132º
Utilização da informática

A informática será utilizada para o tratamento de dados relativos à gestão dos tribunais judiciais e à tramitação processual, com respeito pelas disposições constitucionais e legais em vigor[26].

ARTIGO 136º
Alteração da classificação dos tribunais

1 – As referências feitas na lei a comarcas ou lugares de ingresso consideram-se feitas a tribunais ou juízos de primeiro acesso.

2 – Nenhum magistrado pode ser obrigatoriamente transferido por motivo de alteração da classificação dos tribunais ou juízos nos termos dos nºs 4 e 5 do artigo 16º.

ARTIGO 137º
Tribunais de recuperação da empresa e de falência

1 – Os tribunais de recuperação da empresa e de falência passam a designar-se tribunais de comércio, com a competência referida no artigo 89º.

2 – Não se aplica aos processos pendentes à data da instalação dos tribunais de recuperação da empresa e de falência o disposto na alínea a) do nº 1 do artigo 89º.

3 – O preceituado nas alíneas b) a g) do nº 1 e no nº 2 do artigo 89º é apenas aplicável aos processos instaurados e aos recursos interpostos a partir da data da entrada em vigor da presente lei.

4 – São mantidos nos respectivos lugares os actuais juízes dos tribunais de recuperação da empresa e de falência.

---

[26] O artigo 133º alterou os artigos 462º, 791º e 792º do Código de Processo Civil, o artigo 134º alterou o artigo 40º do Código de Processo Penal e o artigo 135º a alterou o artigo 28º do Decreto-Lei nº 371/93, de 29 de outubro.

ARTIGO 138º
Tribunais de pequena instância

1 – Os tribunais de pequena instância cível e de pequena instância criminal passam a designar-se por juízos de pequena instância cível e juízos de pequena instância criminal.

2 – São mantidos nos respectivos lugares os actuais juízes dos tribunais referidos no número anterior.

ARTIGO 139º
Juízos cíveis de Lisboa e do Porto

1 – Enquanto não forem instaladas varas cíveis nos tribunais das comarcas de Lisboa e do Porto, a competência dos juízos cíveis compreende também a competência das varas cíveis.

2 – Aos juízes dos juízos cíveis a que se refere o número anterior é aplicável o disposto no artigo 130º, até à instalação das varas cíveis.

ARTIGO 140º
Processos dos tribunais de círculo

Os processos pendentes nos tribunais de círculo transitam para os tribunais competentes, nos termos da presente lei e do seu regulamento.

ARTIGO 141º
Julgamento por contravenções ou transgressões

Sem prejuízo do disposto no artigo 86º, o julgamento por contravenções ou transgressões ainda previstas na lei cabe aos tribunais competentes em matéria criminal para o julgamento em processo sumário.

ARTIGO 142º
Julgamento de crimes estritamente militares

Lei própria regulará a participação de juízes militares nos tribunais de qualquer instância que julguem crimes de natureza estritamente militar.

ARTIGO 143º
Presidência dos tribunais superiores

O disposto no nº 1 do artigo 42º aplica-se apenas aos mandatos que se iniciem a partir da data da entrada em vigor da presente lei.

ARTIGO 144º
Juízes auxiliares no Supremo Tribunal de Justiça

1 – Não é permitida a nomeação de juízes auxiliares para o Supremo Tribunal de Justiça.

2 – Os actuais juízes interinos ou auxiliares no Supremo Tribunal de Justiça que, pela presente lei, não sejam definitivamente providos, mantêm-se nessa situação até ocuparem a vaga que lhes competir, de acordo com a graduação no respectivo concurso.

ARTIGO 145º
Primeiro provimento dos lugares de juiz de círculo

1 – Sem prejuízo do disposto no artigo seguinte, os juízes dos extintos tribunais de círculo que reúnam os requisitos exigidos pelo nº 1 do artigo 129º têm preferência absoluta no primeiro provimento de lugares de juiz de círculo nos círculos judiciais da área dos respectivos tribunais de círculo.

2 – O preceituado no número anterior é aplicável ao primeiro provimento de lugares a que se refere o nº 1 do artigo 130º nos tribunais ou varas sediados na área dos respectivos tribunais de círculo.

ARTIGO 146º
Presidentes de círculo judicial

1 – São mantidos nos respectivos lugares, em provimento definitivo, os actuais juízes presidentes de círculo judicial que reúnam os requisitos referidos no nº 1 do artigo 129º.

2 – O disposto no número anterior é aplicável aos juízes dos tribunais de família, dos tribunais de família e menores e dos tribunais de trabalho.

ARTIGO 147º
Remunerações de magistrados

1 – Da aplicação da presente lei não pode ocorrer diminuição do nível remuneratório actual de qualquer magistrado, enquanto não for transferido do tribunal onde se encontra a exercer funções.

2 – O disposto no número anterior é aplicável aos juízes de direito providos interinamente nos lugares de juízes presidentes de círculo judicial, dos tribunais de família e dos tribunais de família e menores até ao termo do período em curso referido no nº 2 do artigo 100º da Lei nº 38/87, de 23 de Dezembro[27].

ARTIGO 148º
Instalação de tribunais

Enquanto o Estado não dispuser de edifícios adequados, mantém-se a instalação de tribunais judiciais em imóveis ou partes de imóveis pertencentes a autarquias locais, em regime de gratuitidade.

ARTIGO 149º
Deliberações do Conselho Superior da Magistratura

No âmbito da sua competência, o Conselho Superior da Magistratura deve tomar as deliberações necessárias à execução da presente lei e do seu regulamento.

---

[27] O nº 2 do artigo 100º da Lei nº 38/87, de 23 de dezembro, prescreve que os magistrados referidos no seu nº 1 podem manter-se na aludida situação enquanto conservarem aquela classificação mínima de serviço.

ARTIGO 150º
Norma revogatória

São revogados a Lei nº 38/87, de 23 de Dezembro, o artigo 3º da Lei nº 24/90, de 4 de Agosto, e a Lei nº 37/96, de 31 de Agosto.

ARTIGO 151º
Entrada em vigor e regulamentação

1 – O Governo regulamentará a presente lei, por decreto-lei, no prazo de 90 dias.

2 – Esta lei entra em vigor no dia em que entrar em vigor o diploma que a regulamentar.

3 – No decreto-lei referido no nº 1 pode estabelecer-se que a entrada em vigor de alguns dos preceitos da presente lei possa ser diferida, com vista a permitir a aplicação gradual das medidas previstas, de acordo com as circunstâncias e os recursos disponíveis.

4 – Entram em vigor no dia imediato ao da publicação da presente lei os artigos 24º, 38º, 40º, 42º, 44º, 45º, 58º, 60º, 133º, 134º e 144º, bem como o disposto na parte final do nº 2 do artigo 73º, quanto ao funcionamento dos tribunais de turno a que se refere o nº 1 do artigo 22º-A do Decreto-Lei nº 214/88 de 17 de Junho[28].

---

[28] A menção relativa ao artigo 134º foi incluída pela Retificação nº 7/99, de 16 de fevereiro.

3. Regulamento da Lei de Organização e Funcionamento dos Tribunais Judiciais de 1999[29]

3.1. ARTICULADO

SECÇÃO I
Divisão judicial e quadros de magistrados

ARTIGO 1º
Divisão judicial

1 – O território nacional divide-se em quatro distritos judiciais com sede, respectivamente, em Lisboa, Porto, Coimbra e Évora.

2 – Os distritos judiciais dividem-se em círculos judiciais de acordo com o mapa I anexo ao presente diploma.

3 – Os círculos judiciais, constituídos por uma ou mais comarcas, são os constantes do mapa II anexo ao presente diploma.

4 – As comarcas têm a sede e o âmbito territorial definidos no mapa III anexo ao presente diploma.

ARTIGO 2º
Sede, área de competência e composição dos tribunais

1 – O Supremo Tribunal de Justiça tem sede em Lisboa e área de competência e composição constantes do mapa IV anexo ao presente diploma.

2 – Os tribunais da Relação têm a sede, área de competência e composição constantes do mapa V anexo ao presente diploma.

---

[29] Aprovado pelo Decreto-Lei nº, 186-A/99, de 31 de maio, alterado pelos Decretos-Lei nºs 290/99, de 30 de julho, 27-B/2000, de 3 de março, 178/2000, de 9 de agosto, 246-A/2001, de 14 de setembro, 246-A/2001, de 14 de setenbro, 74/2002, de 26 de março, 148/2004, de 21 de junho, 219/2004, de 26 de outubro, 250/2007, de 29 de junho, 25/2009, de 26 de janeiro, 28/2009, de 28 de janeiro, 74/2011, de 20 de junho, 113-A/2011, de 29 de novembro, e 67/2012, de 20 de março. O Decreto-Lei nº 219/2004, de 26 de outubro, alterou os anexos a este diploma regulamentou a Lei nº 105/2003, de 10 de dezembro. Apesar de ter sido declarado revogado pela alínea e) do artigo 186º da Lei nº 52/2008, de 28 de agosto, vigora quanto a comarcas não piloto.

3 – Os tribunais de 1ª instância têm a sede, área de competência e composição constantes do mapa VI anexo ao presente diploma.

ARTIGO 3º
Juízes do Supremo Tribunal de Justiça

1 – O quadro de juízes do Supremo Tribunal de Justiça é o que consta do mapa IV anexo ao presente diploma.

2 – Na fixação do número e composição das secções do Supremo Tribunal de Justiça o Conselho Superior da Magistratura terá em atenção o volume e a complexidade do serviço.

ARTIGO 4º
Juízes dos tribunais da Relação

1 – O quadro de juízes dos tribunais da Relação é o que consta do mapa V anexo ao presente diploma.

2 – Na fixação do número e composição das secções dos tribunais da Relação observar-se-á o disposto no nº 2 do artigo anterior.[30]

ARTIGO 5º
Juízes de círculo

1 – O quadro de juízes de círculo é o que consta do mapa II anexo ao presente diploma.

2 – A tramitação dos processos da competência dos juízes de círculo cabe às secções de processos em que aqueles correm termos.

ARTIGO 6º
Magistrados do Ministério Público

1 – O quadro de magistrados do Ministério Público junto dos tribunais de 1ª instância e dos tribunais da Relação é o que consta do mapa VII anexo ao presente diploma.

2 – Para tribunais instalados na mesma comarca há um número global de procuradores da República e de procuradores-adjuntos.

SECÇÃO II
Exercício de funções dos juízes de direito

ARTIGO 7º
Composição e funcionamento do tribunal colectivo

1 – Na designação dos elementos que constituem o tribunal colectivo, nos termos do nº 4 do artigo 105º da Lei nº 3/99, de 13 de Janeiro, o Conselho Superior

---

[30] A composição dos tribunais superiores e a definição dos respetivos quadros de magistrados judiciais, do Ministério Público e de funcionários de justiça é a constante da Lei nº 3/99, de 13 de janeiro, do Decreto-Lei nº 186-A/99, de 31 de maio, e do Mapa I anexo ao Decreto-Lei nº 28/2009, de 28 de janeiro.

da Magistratura terá em atenção o volume e complexidade do serviço dos respectivos juízes.[31]

2 – Nos círculos judiciais em que exista apenas um juiz de círculo, o tribunal colectivo é constituído por aquele juiz, que preside, tendo como primeiro-adjunto o juiz do processo e como segundo-adjunto um juiz a designar pelo Conselho Superior da Magistratura.

3 – Fora dos casos de serviço urgente, o julgamento em tribunal colectivo tem preferência sobre o demais serviço.

ARTIGO 8º
Juízes de instrução criminal

Os juízes a que se refere o nº 1 do artigo 131º da Lei nº 3/99, de 13 de Janeiro, exercem funções, em regra, em todas as comarcas do respectivo círculo judicial.

ARTIGO 9º
Funções de juiz de círculo por inerência

1 – Nos círculos judiciais em que, na comarca sede, existam varas cíveis e criminais ou varas com competência mista, as funções de juiz de círculo podem ser atribuídas, por inerência, aos juízes das varas, enquanto o volume ou a complexidade do serviço não justificarem a existência de juízes de círculo privativos.

2 – O serviço a que se refere o número anterior é distribuído pelo Conselho Superior da Magistratura, ouvidos os respectivos juízes.

ARTIGO 10º
Substituição de juízes

1 – O juiz presidente do tribunal colectivo é substituído, nas suas faltas e impedimentos, por outro juiz de círculo, ou, não o havendo, pelo mais antigo dos juízes que compõem o tribunal.

2 – Na impossibilidade de se efectuar substituição de acordo com os critérios fixados nos nºs 2 e 3 do artigo 68º da Lei nº 3/99, de 13 de Janeiro, a designação é feita pelo Conselho Superior da Magistratura.

3 – A designação a que se refere o número anterior deve recair sobre juiz da mesma circunscrição judicial ou, em caso de impossibilidade, da circunscrição judicial mais próxima.

ARTIGO 11º
Remuneração de substituição ou acumulação de funções

O parecer referido no nº 5 do artigo 68º da Lei nº 3/99, de 13 de Janeiro, deve mencionar as circunstâncias em que a substituição ou acumulação se efectuaram, bem como a relação entre a quantidade e a qualidade do serviço prestado.

---

[31] O nº 4 do artigo 105º da Lei nº 3/99, de 13 de janeiro, estabelece que, nos restantes tribunais, o Conselho Superior da Magistratura designa os juízes necessários à constituição do tribunal coletivo, sempre que posssível os juízes privativos do tribunal".

SECÇÃO III
Secretarias judiciais

ARTIGO 12º
Secretaria do Supremo Tribunal de Justiça

A secretaria do Supremo Tribunal de Justiça compreende serviços judiciais, compostos por uma secção central e por secções de processos e serviços do Ministério Público.

ARTIGO 13º
Competência

1 – Compete à secção central:

a) Receber e registar a entrada de papéis e documentos respeitantes aos processos e distribuí-los pelas secções de processos a que pertençam;
b) Efectuar a distribuição dos processos e papéis pelas restantes secções;
c) Contar os processos e papéis avulsos;
d) Organizar os mapas estatísticos;
e) Passar certidões relativas a documentos que nela se encontram pendentes e de processos arquivados;
f) Executar o expediente da secretaria judicial que não seja da competência das secções de processos;
g) Desempenhar quaisquer outras funções conferidas por lei.

2 – Compete às secções de processos:

a) Movimentar os processos e efectuar o respectivo registo e expediente;
b) Organizar as tabelas de processos para julgamento;
c) Registar os acórdãos e proceder à sua notificação;
d) Elaborar as actas de julgamento;
e) Passar certidões, cópias e extractos, respeitantes a processos e documentos que nelas se encontrem pendentes ou nelas devam ser ou estejam arquivados.

3 – Compete aos serviços do Ministério Público;

a) Movimentar os processos e efectuar o respectivo registo e expediente;
b) Coadjuvar os procuradores gerais adjuntos na movimentação dos processos a cargo das secções, designadamente no controlo dos prazos e elaboração de pareceres, alegações e contra-alegações;
c) Preparar, tratar e organizar os elementos necessários à elaboração do relatório anual;
d) Passar certidões, cópias e extractos;
e) Desempenhar quaisquer outras funções conferidas por lei.

ARTIGO 14º
Secretarias dos tribunais da Relação

As secretarias dos tribunais da Relação compreendem serviços judiciais, compostos por uma secção central e por secções de processos, serviços do Ministério Público, e serviços administrativos, compostos por secções.

ARTIGO 15º
Competência

1 – Compete à secção central dos serviços judiciais:

a) Efectuar a distribuição dos processos e papéis pelas restantes secções;
b) Registar a entrada de papéis respeitantes aos processos e distribuí-los pelas secções de processos a que pertençam;
c) Contar os processos e papéis avulsos;
d) Escriturar a receita e despesa do cofre do tribunal;
e) Organizar a tabela dos processos para julgamento;
f) Organizar os mapas estatísticos;
g) Passar certidões;
h) Desempenhar quaisquer outras funções confeidas por lei.

2 – Compete às secções de processos dos serviços judiciais:

a) Registar e movimentar os processos;
b) Apresentar os processos prontos para julgamento;
c) Passar certidões relativas a processos pendentes;
d) Preencher verbetes estatísticos relativos aos processos e fornecer os elementos necessários à elaboração dos respectivos mapas;
e) Efectuar liquidações;
f) Desempenhar quaisquer outras funções conferidas por lei.

3 – Compete aos serviços do Ministério Público:

a) Registar e movimentar os processos;
b) Coadjuvar o procurador-geral distrital e os procuradores-gerais-adjuntos na movimentação dos processos a cargo das secções, designadamente no controle de prazos e elaboração de pareceres, alegações e contra-alegações;
c) Preparar, tratar e organizar os elementos necesssários à elaboração do relatório anual;
d) Passar certidões, cópias e extractos;
e) Registar e tratar a informação criminal ou de outra natureza;
f) Desempenhar quaisquer outras funções conferidas por lei.

4 – Compete aos serviços administrativos:

a) Elaborar os termos de aceitação e posse;
b) Processar as folhas de vencimento dos magistrados do respectivo distrito judicial;
c) Processar as folhas de vencimento do pessoal não oficial de justiça;
d) Processar as despesas da secretaria que não são pagas pelo cofre do tribunal;
e) Passar certidões;
f) Executar o expediente que não seja da competência dos serviços judiciais ou dos serviços do Ministério Público;
g) Organizar a biblioteca;
h) Organizar o arquivo e os respectivos índices;
i) Desempenhar quaisquer outras funções conferidas por lei.

5 – A distribuição de serviço pelas secções dos serviços administrativos faz-se por forma que a execução do expediente relativo ao Ministério Público caiba em exclusivo a uma ou mais secções.

ARTIGO 16º
Secretarias dos tribunais de 1ª instância

1 – As secretarias dos tribunais de 1ª instância compreendem:

a) Serviços judiciais, compostos, consoante a natureza e volume do serviço, por uma secção central e uma ou mais secções de processos, ou por uma única secção central e de processos;

b) Serviços do Ministério Público, compostos, consoante a natureza e volume do serviço, por uma secção central e secções de processos, por uma única secção central e de processos ou por unidades de apoio.

2 – Onde a natureza e o volume do serviço o justifiquem, haverá secretarias com funções de centralização administrativa, designadas por secretarias-gerais, abrangendo um ou mais tribunais ou um ou mais serviços do Ministério Público.

3 – As secretarias-gerais podem compreender uma secção de expediente geral e uma secção de informações e arquivo.

4 – Podem ainda criar-se:

a) Secretarias ou secções destinadas a assegurar a tramitação do processo comum de execução;

b) Secretarias ou secções destinadas a assegurar a tramitação do procedimento de injunção;

c) Secretarias ou secções com funções de centralização do serviço externo.[32]

ARTIGO 16º-A
Secretarias de execução

1 – As secretarias de execução compreendem uma acção central e uma ou mais secções de processos.

2 – Nas circunscrições onde existam secretarias de execução, os serviços judiciais das secretarias dos juízos de execução são compostos unicamente por secções de processos, sendo as competências da secção central exercidas pelas secretarias de execução.

3 – Nos casos previstos no número anterior, a cada juízo de execução corresponde uma secção de processos.

4 – As secretarias de execução são responsáveis pela tramitação dos processos sempre que não se revele necessária a intervenção do juiz de execução.

5 – Sendo necessária a intervenção do juiz de execução, o processo é remetido à secretaria do tribunal competente.

6 – Uma vez cessada a intervenção do juiz de execução, o processo é devolvido à secretaria de execução.

---

[32] O texto do Decreto-Lei nº 148/2004, de 21 de junho, que alterou o nº 4 deste artigo e o artigo 18º e inseriu o artigo 16º-A, consta sob 3.4..

ARTIGO 17º
Competência

1 – Compete à secção central dos serviços judiciais:

a) Registar a entrada de papéis e distribuí-los pelas secções de processos;
b) Efectuar a distribuição dos processos e papéis;
c) Distribuir o serviço externo pelos oficiais de justiça;
d) Contar os processos e papéis avulsos;
e) Escriturar a receita e despesa do cofre;
f) Processar as despesas da secretaria;
g) Elaborar os termos de aceitação e posse;
h) Guardar os objectos respeitantes a processos;
i) Elaborar os mapas estatísticos;
j) Passar certidões;
l) Executar o expediente que não seja da competência das secções de processos;
m) Organizar a biblioteca;
n) Organizar o arquivo e os respectivos índices;
o) Desempenhar quaisquer outras funções conferidas por lei.

2 – Compete às secções de processos dos serviços judiciais:

a) Registar e movimentar os processos;
b) Passar certidões relativas a processos pendentes;
c) Preencher os verbetes estatísticos relativos aos processos e fornecer os elementos necessários à elaboração dos respectivos mapas;
d) Efectuar liquidações;
e) Coadjuvar o respectivo juiz na movimentação dos processos da secção;
f) Desempenhar quaisquer outras funções conferidas por lei.

3 – Compete à secção central dos serviços do Ministério Público:

a) Registar a entrada de denúncias e papéis;
b) Efectuar a distribuição de processos, denúncias e papéis;
c) Registar e tratar a informação criminal;
d) Registar as armas e objectos apreendidos;
e) Guardar as armas e objectos apreendidos e, bem assim, quaisquer documentos que não possam ser apensos ou incorporados nos processos;
f) Escriturar as receitas e despesas orçamentais;
g) Elaborar os termos de aceitação e posse;
h) Elaborar os documentos estatísticos;
i) Executar o expediente que não seja da competência das secções de processos;
j) Passar certificados de registo de denúncia;
l) Atender o público e prestar as informações a que este possa ter acesso;
m) Desempenhar quaisquer outras funções conferidas por lei.

4 – Compete às secções de processos dos serviços do Ministério Público:

a) Movimentar os processos;
b) Passar cópias, extractos e certidões relativos a processos pendentes, nos termos da lei de processo;

c) Prencher as fichas necessárias respeitantes a processos pendentes;
d) Coadjuvar o respectivo magistrado do Ministério Público na movimentação dos processos da secção;
e) Desempenhar quaisquer outras funções conferidas por lei.

5 – As unidades de apoio dos serviços do Ministério Público têm as competências previstas no nº 3 e no número anterior, com excepção das referidas nas alíneas *d*) a *g*) do nº 3, que cabem à secção central do tribunal.

ARTIGO 18º
Competência das secções de serviço externo

Compete às secções de serviço externo:

a) Receber e registar os papéis que lhe sejam remetidos para execução de serviço externo;
b) Diligenciar pelo cumprimento do serviço externo que lhe seja cometido;
c) Devolver, registando, os papéis, após cumprimento do serviço;
d) Assegurar a prática dos actos de serviço externo atribuídos ao oficial de justiça enquanto agente de execução;
e) Desempenhar quaisquer outras funções conferidas por lei.

ARTIGO 19º
Competência das secretarias-gerais

Compete às secretarias-gerais:

a) Distribuir os processos e papéis pelas secções nos tribunais com mais de uma secretaria e, excluindo as secretarias-gerais dos serviços do Ministério Público, fazer a sua imediata entrega, mediante recibo;
b) Executar o expediente dos assuntos comuns aos tribunais;
c) Guardar os objectos respeitantes a processos;
d) Guardar e catalogar todos os processos findos ou como tal considerados;
e) Passar certidões respeitantes aos processos confiados à sua guarda e elaborar a respectiva conta;
f) Assegurar a realização do serviço cometido à secção central de serviço externo, quando esta exista;
g) Organizar a biblioteca;
h) Organizar o arquivo e os respectivos índices;
i) Desempenhar quaisquer outras funções conferidas por lei.

ARTIGO 20º
Apoio aos juízes de círculo

1 – O expediente administrativo relativo aos juízes de círculo é assegurado pela secção central do tribunal de comarca sediado na sede do círculo.
2 – Quando as funções de juiz de círculo forem exercidas por inerência, nos termos do artigo 9º, o expediente administrativo relativo ao círculo judicial é assegurado pela secção central da secretaria da respectiva vara.

ARTIGO 21º
Apoio aos juízes de instrução criminal

1 – Para apoio dos juízes afectos, em regime de exclusividade, à instrução criminal, são destacados oficiais de justiça.

2 – O serviço dos juízes que, avulsamente, desempenhem funções de instrução criminal é executado pela secção de processos do tribunal do respectivo juiz.

ARTIGO 22º
Apoio às procuradorias da República

O apoio administrativo relativo às procuradorias da República é assegurado pela secção central das secretarias do Ministério Público.

ARTIGO 23º
Orientação do serviço das secretarias

1 – Compete aos presidentes dos tribunais orientar superiormente os serviços das secretarias, sem prejuízo das competências legalmente atribuídas aos serviços centrais do Ministério da Justiça.

2 – A presidência dos serviços afectos ao Ministério Público compete aos respectivos magistrados.

ARTIGO 24º
Chefia dos serviços das secretarias

1 – As secretarias do Supremo Tribunal de Justiça e das Relações são chefiadas por secretários de tribunal superior.

2 – Consoante a natureza e o volume do serviço, os secretários judiciais e os secretários técnicos chefiam uma ou mais secretarias.[33]

3 – A Secção de Expediente e Contabilidade do Supremo Tribunal de Justiça e as secções de serviços administrativos dos tribunais das Relações são chefiadas por chefes de secção.

ARTIGO 25º
Distribuição do pessoal

1 – Os escrivães de direito e os técnicos de justiça principais são titulares da secção ou do serviço para que foram nomeados.

2 – Sem prejuízo dos poderes de direcção do presidente do tribunal, o restante pessoal é distribuído, conforme os casos, pelo secretário judicial ou pelo funcionário que chefiar os serviços do Ministério Público, ouvidos os funcionários interessados.

---

[33] A atual redação deste normativo e a do nº 2 do artigo seguinte resultou do artigo 1º do Decreto-Lei nº 290/99, de 30 de julho. Deve adaptar-se ao facto de aos secretários judiciais e aos secretários técnicos haverem sucedido os secretários de justiça, com competência para a chefia das secretarias judiciais e das do Ministério Público.

ARTIGO 26º
Espécies de livros

1 – Nas secretarias judiciais e nos serviços do Ministério Público há os registos indispensáveis ao serviço, os quais constarão dos livros que forem necessários ou de aplicações informáticas devidamente aprovadas.

2 – O Conselho Superior da Magistratura, a Procuradoria-Geral da República e o Conselho dos Oficiais de Justiça podem propor à Direcção-Geral dos Serviços Judiciários os modelos dos livros a adoptar e os que podem ser dispensados.

ARTIGO 27º
Legalização dos livros

1 – Os livros das secretarias são legalizados pelo funcionário que as chefiar, mediante assinatura dos termos de abertura e de encerramento e rubrica das folhas, podendo esta ser aposta por chancela.

2 – Os livros podem ser substituídos por listagens emitidas por aplicações informáticas autorizadas, mantendo-se os procedimentos de abertura e encerramento previstos no número anterior, bem como a obrigatoriedade de rubricar todas a folhas.

ARTIGO 28º
Registo de entradas

1 – O registo de entrada de qualquer documento fixa a data da sua entrada nos serviços.

2 – Sempre que os interessados o solicitarem, é passado recibo no duplicado do papel apresentado, e, no caso de denúncia, certificado do registo, nos termos da lei de processo.

3 – Diariamente, à hora de encerramento dos serviços, o livro de registo de entrada é encerrado pelo funcionário que chefiar a secretaria, com um traço e rubricado no fim do último registo.

4 – No caso de utilização de aplicação informática, esta deve impedir qualquer registo depois de efectuado o seu encerramento; aplicam-se às listagens informáticas os procedimentos previstos no número anterior.

ARTIGO 29º
Saída de processos do arquivo

Quando for necessário movimentar algum processo arquivado, este é requisitado ao funcionário responsável pelo arquivo, que satisfaz a requisição no prazo de quarenta e oito horas, mediante recibo.

ARTIGO 30º
Coadjuvação de autoridades

Os funcionários de justiça podem solicitar a colaboração de quaisquer autoridades para execução de actos de serviço, em caso de manifesta necessidade.

SECÇÃO IV
Turnos

ARTIGO 31º
Turnos de férias judiciais

1 – Para efeito do disposto no nº 1 do artigo 73º da Lei nº 3/99, de 13 de Janeiro, organizam-se turnos em cada círculo judicial para assegurar o serviço em causa.

2 – Os turnos de férias judiciais funcionam nos tribunais competentes para assegurar o serviço, sem prejuízo do disposto no número seguinte.

3 – Durante as férias judiciais, nos sábados e nos feriados que não recaiam em domingo, os turnos funcionam rotativamente, nos termos do artigo seguinte.[34]

ARTIGO 32º
Turnos aos sábados e feriados

1 – Para assegurar o serviço urgente aos sábados e feriados que não recaiam em domingo, os turnos são organizados, em regime de rotatividade, em comarcas de um ou mais círculos judiciais, por ordem alfabética de comarcas, nos termos do mapa VIII anexo ao presente diploma.

2 – A rotatividade prevista no número anterior toma em consideração todas as varas e juízos dos respectivos tribunais.

3 – Os turnos a que se refere o número anterior funcionam na sede das respectivas comarcas, pela seguinte ordem de preferência:

a) No 1º juízo do tribunal de instrução criminal;
b) No 1º juízo criminal;
c) No primeiro juízo de competência especializada criminal;
d) No 1º juízo de tribunal de competência genérica;
e) No tribunal de comarca.

4 – O Ministro da Justiça faz publicar na 2ª série do *Diário da República* aviso que dê concretização ao regime previsto nos números anteriores[35].

5 – Os turnos relativos à comarca do Porto e às que com esta se encontram agrupadas funcionam no 1º juízo do Tribunal de Instrução Criminal do Porto.

ARTIGO 33º
Competência dos tribunais que asseguram o serviço urgente

1 – Os tribunais, quando funcionem em regime de turno, têm competência territorial idêntica à dos tribunais normalmente competentes para a execução do serviço.

2 – No 1º dia útil subsequente à execução do serviço de turno, a secretaria do tribunal onde funcionou o turno remete ao tribunal normalmente competente o expediente relativo ao serviço executado.

---

[34] A redação deste normativo resultou do artigo 1º do Decreto-Lei nº 290/99, de 30 de julho.
[35] A mencionada concretização para o ano de 2012 consta do Aviso da Ministra da Justiça, nº 24722/2011, de 20 de dezembro, publicado no *Diário da República*, II Série, de 27 de dezembro.

ARTIGO 34º
Horário de funcionamento aos sábados e feriados

1 – Nas comarcas de Lisboa e do Porto o serviço de turno aos sábados e feriados que não recaiam em domingo funciona com horário igual ao da abertura das secretarias nos dias úteis.

2 – Nas restantes comarcas o serviço de turno funciona das 9 horas às 12 horas e 30 minutos.

3 – O disposto nos números anteriores não pode prejudicar a completa execução do serviço em curso.

ARTIGO 35º
Deslocação ao tribunal a funcionar em regime de turno

As pessoas residentes fora da comarca onde se encontre instalado o tribunal a funcionar em regime de turno que intervenham em acto processual têm direito ao pagamento das despesas respectivas pelo tribunal normalmente competente, de acordo com as leis de processo e de custas.

ARTIGO 36º
Exercício do direito de defesa durante os turnos

Compete à Ordem dos Advogados tomar as medidas adequadas para assegurar o exercício do direito de defesa durante os turnos de férias judiciais e aos sábados e feriados que não recaiam em domingo.

ARTIGO 37º
Magistrados

1 – Sem prejuízo do disposto no número seguinte, são abrangidos, para efeito da prestação do serviço de turno, os magistrados que exercem funções nos tribunais incluídos na organização dos respectivos turnos.

2 – Ficam isentos da prestação de serviço de turno os juízes de círculo, incluindo os juízes que exercem tais funções por inerência.

3 – Nos círculos judiciais de Lisboa e do Porto, e no que respeita ao serviço durante as férias judiciais, os juízes que exerçam funções em tribunais com sede no círculo respectivo agrupam-se do seguinte modo:

a) Juízes das varas cíveis;
b) Juízes dos juízos cíveis, dos juízos de pequena instância cível, do tribunal da propriedade intelectual, do tribunal do comércio e do tribunal marítimo;
c) Juízes do tribunal do trabalho;
d) Juízes do tribunal de família e menores;
e) Juízes das varas criminais;

4 – Salvo decisão em contrário das entidades a que se refere o nº 3 do artigo 73º da Lei nº 3/99, de 13 de Janeiro, são designados para o serviço aos sábados e feriados que não recaiam em domingo, por cada dia;

a) Nas comarcas de Lisboa e do Porto, dois juízes e dois magistrados do Ministério Público;
b) Nas restantes comarcas, um juiz e um magistrado do Ministério Público.

5 – Nas suas ausências, faltas e impedimentos, os magistrados designados são substituídos por aqueles que se lhes sigam na ordem de designação.

6 – Os magistrados devem, sempre que possível, comunicar a ocorrência das situações referidas no número anterior, por forma a que fique assegurada a respectiva substituição.

ARTIGO 38º
Suplemento remuneratório pelo serviço de turno

1 – Pelo serviço de turno aos sábados e feriados que não recaiam em domingo é devido acréscimo de remuneração aos magistrados, nos termos do nº 3 do artigo 33º do Decreto-Lei nº 259/98, de 18 de Agosto, calculando-se o valor da hora normal de trabalho com referência ao índice 100 das escalas salariais dos magistrados judiciais e do Ministério Público.

2 – A remuneração devida pela execução de serviço urgente aos sábados e feriados que não recaiam em domingo em tribunais com sede em comarcas não abrangidas pelo mapa VIII anexo ao presente diploma é a fixada no número anterior.

3 – Pelo serviço a que se refere o nº 1 é devido acréscimo de remuneração aos oficiais de justiça, nos termos do nº 3 do artigo 33º do Decreto-Lei nº 259/98, de 18 de Agosto, a suportar pelo Gabinete de Gestão Financeira do Ministério da Justiça.[36]

ARTIGO 39º
Oficiais de justiça de turno

1 – Os mapas de férias distribuem por turnos de férias de Verão o pessoal das secretarias, tendo em conta o estado dos serviços; se não for possível organizar turnos autónomos, a distribuição é feita pelo secretário judicial por forma a assegurar também o serviço do Ministério Público.[37]

2 – Para efeitos de prestação de serviço urgente que deva ser executado aos sábados e feriados que não recaiam em domingo, são abrangidos os oficiais de justiça que exerçam funções em todas as secretarias dos tribunais judiciais de 1ª instância sediados nas comarcas abrangidas pela organização de cada turno.

3 – Salvo decisão em contrário do director-geral dos Serviços Judiciários, são designados, por cada dia de turno, organizado nos termos do artigo 32º, dois oficiais de jsutiça, excepto nas comarcas de Lisboa e do Porto, em que são designados quatro oficiais de justiça.

ARTIGO 40º
Designação e substituição dos oficiais de justiça

1 – A designação dos oficiais de justiça para prestação do serviço de turno compete aos funcionários que chefiem os serviços judiciais e os do Ministério Público das secretarias referidas no nº 2 do artigo anterior.

---

[36] A redação deste normativo resultou do artigo 1º do Decreto-Lei nº 290/99, de 30 de julho. O nº 3 do artigo 33º do Decreto-Lei nº 259/98, de 18 de agosto, rege sobre a compensação pela prestação de trabalho em dia de descanso complementar ou feriado.

[37] Onde a lei se refere ao secretário judicial, deve entender-se a referência ao secretário de justiça.

2 – A designação referida no número anterior é precedida de audição dos funcionários e concluída, sempre que possível, com a antecedência mínima de 60 dias.

3 – Nas suas ausências, faltas e impedimentos, os oficiais de justiça designados são substituídos por aqueles que se lhes sigam na ordem de designação.

4 – Os oficiais de justiça devem, sempre que possível, comunicar a ocorrência das situações referidas no número anterior por forma a que fique assegurada a respectiva substituição.

SECÇÃO V
Criação, conversão e extinção de tribunais

ARTIGO 41º
Tribunais da Relação

São criados os tribunais das Relações de Faro e de Guimarães.

ARTIGO 42º
Tribunais de comarca

São criados os tribunais das comarcas de Almeirim, Bombarral, Lagoa, Mealhada, Mira e Sever do Vouga.

ARTIGO 43º
Tribunais de Instrução Criminal

1 – É criado o Tribunal Central de Instrução Criminal.
2 – São criados os tribunais de instrução criminal de Coimbra e de Évora.

ARTIGO 44º
Tribunais de família e menores

São criados os Tribunais de Família e Menores do Barreiro, Cascais, Loures, Portimão, Seixal, Sintra e Vila Franca de Xira.

ARTIGO 45º
Juízos em tribunais de competência genérica

São criados os seguintes juízos:

a) 3º Juízo do Tribunal da Comarca de Abrantes;
b) 3º Juízo do Tribunal da Comarca de Alcobaça;
c) 2º Juízo do Tribunal da Comarca de Alenquer;
d) 3º Juízo do Tribunal da Comarca de Amarante;
e) 2º Juízo do Tribunal da Comarca de Lousada;
f) 2º Juízo do Tribunal da Comarca de Mangualde;
g) 2º Juízo do Tribunal da Comarca de Mirandela;
h) 3º Juízo do Tribunal da Comarca da Moita;
i) 3º Juízo do Tribunal da Comarca de Paços de Ferreira;
j) 4º Juízo do Tribunal da Comarca de Penafiel;
l) 3º Juízo do Tribunal da Comarca de Pombal;

m) 2º Juízo do Tribunal da Comarca de Portalegre;
n) 3º e 4º Juízos do Tribunal da Comarca de Póvoa de Varzim;
o) 2º Juízo do Tribunal da Comarca de Ribeira Grande;
p) 2º Juízo do Tribunal da Comarca de Santa Comba Dão;
q) 2º Juízo do Tribunal da Comarca de Santa Cruz;
r) 2º Juízo do Tribunal da Comarca de Silves;
s) 2º Juízo do Tribunal da Comarca de Tondela;
t) 2º Juízo do Tribunal da Comarca de Vale de Cambra;
u) 4º Juízo do Tribunal da Comarca de Valongo;
v) 3º Juízo do Tribunal da Comarca de Vila Real.

ARTIGO 46º
Juízos em tribunais de competência especializada

São criados os seguintes juízos de competência especializada:

a) 3º Juízo do Tribunal de Instrução Criminal do Porto;
b) 2º Juízo do Tribunal de Família e Menores de Faro;
c) 2º Juízo do Tribunal do Trabalho de Loures;
d) 3º Juízo do Tribunal do Trabalho de Penafiel;
e) 2º Juízo do Tribunal do Trabalho de Viseu;
f) 3º Juízo do Tribunal de Comércio de Lisboa;
g) 2º Juízo do Tribunal de Comércio de Vila Nova de Gaia.

ARTIGO 47º
Juízos de competência especializada cível e criminal

São criados os seguintes juízos de competência especializada cível e criminal:

a) 4º Juízo de Competência Especializada Cível do Tribunal da Comarca de Barcelos;

b) 2º Juízo de Competência Especializada Criminal do Tribunal da Comarca do Barreiro;

c) 3º Juízo de Competência Especializada Cível do Tribunal da Comarca de Évora;

d) 5º Juízo de Competência Especializada Cível do Tribunal da Comarca de Leiria;

e) 2º Juízo de Competência Especializada Criminal do Tribunal da Comarca de Loulé;

f) 4º e 5º Juízos de Competência Especializada Cível do Tribunal da Comarca de Oeiras;

g) 3º Juízo de Competência Especializada Cível do Tribunal da Comarca de Oliveira de Azeméis;

h) 3º Juízo de Competência Especializada Cível do Tribunal da Comarca de Paredes;

i) 2º Juízo de Competência Especializada Criminal do Tribunal da Comarca de Portimão;

j) 4º Juízo de Competência Especializada Cível do Tribunal da Comarca de Santa Maria da Feira;

l) 4º Juízo de Competência Especializada Cível do Tribunal da Comarca do Tribunal da Comarca de Santo Tirso;

m) 4º Juízo de Competência Especializada Cível do Tribunal da Comarca de Viana do Castelo;

n) 1º Juízo de Competência Especializada Criminal do Tribunal da Comarca de Vila de Conde;

o) 3º Juízo de Competência Especializada Cível do Tribunal da Comarca de Vila Franca de Xira;

p) 4º e 5º Juízos de Competência Especializada Cível do Tribunal da Comarca de Vila Nova de Famalicão;

q) 4º Juízo de Competência Especializada Cível do Tribunal da Comarca de Viseu.

ARTIGO 48º
Varas com competência mista

São criadas as seguintes varas com competência mista, cível e criminal:

a) Vara com Competência Mista do Tribunal da Comarca de Braga;
b) Vara com Competência Mista do Tribunal da Comarca de Coimbra;
c) Vara com Competência Mista do Tribunal da Comarca do Funchal;
d) 1ª e 2ª Varas com Competência Mista do Tribunal da Comarca de Guimarães;
e) 1ª e 2ª Varas com Competência Mista do Tribunal da Comarca de Loures;
f) Vara com Competência Mista do Tribunal da Comarca de Setúbal;
g) 1ª e 2ª Varas com Competência Mista do Tribunal da Comarca de Sintra;
h) 1ª e 2ª Varas com Competência Mista do Tribunal da Comarca de Vila Nova de Gaia.

ARTIGO 49º
Juízos Cíveis e Criminais

São criados os seguintes juízos cíveis e criminais:

a) 5º Juízo Cível do Tribunal da Comarca de Braga;
b) 4º Juízo Cível do Tribunal da Comarca do Funchal;
c) 5º Juízo Cível do Tribunal da Comarca de Guimarães;
d) 1º a 10º Juízos Cíveis do Tribunal da Comarca de Lisboa;
e) 5º e 6º Juízos Cíveis do Tribunal da Comarca de Loures;
f) 3º e 4º Juízos Criminais do Tribunal da Comarca de Loures;
g) 4º Juízo Criminal do Tribunal da Comarca de Vila Nova de Gaia.

ARTIGO 50º
Juízos de pequena instância cível e criminal

1 – São criados os seguintes juízos de pequena instância cível e criminal:

a) 10º a 15º Juízos de Pequena Instância Cível do Tribunal da Comarca de Lisboa;
b) 2º Juízo de Pequena Instância Criminal do Tribunal da Comarca de Lisboa.

ARTIGO 51º
Conversão de juízos de competência genérica em juízos de competência especializada

Os juízos de competência genérica dos Tribunais das Comarcas do Barreiro, Loulé, Portimão e Vila do Conde são convertidos em juízos de competência especializada, nos termos dos artigos seguintes.

ARTIGO 52º
Tribunal da Comarca do Barreiro

1 – Os 1º, 2º e 3º Juízos do Tribunal da Comarca do Barreiro são, respectivamente, convertidos nos 1º, 2º e 3º Juízos de Competência Especializada Cível.

2 – O 4º Juízo do Tribunal da Comarca do Barreiro é convertido no 1º Juízo de Competência Especializada Criminal.

3 – As secções afectas aos 1º, 2º e 3º Juízos passam a constituir, respectivamente, as secções dos 1º, 2º e 3º Juízos de Competência Especializada Cível; a secção afecta ao 4º Juízo e a 1ª Secção afecta ao extinto tribunal de círculo passam a constituir, respectivamente, as secções dos 1º e 2º Juízos de Competência Especializada Criminal.

4 – Mantêm-se nas secções os processos cíveis que se encontram nas secções dos 1º, 2º e 3º Juízos; mantém-se na secção do 4º Juízo os processos criminais.

5 – Os processos cíveis pendentes na secção do 4º Juízo são distribuídos pelos 1º, 2º e 3º Juízos de Competência Especializada Cível; os processos criminais pendentes nas secções dos 1º, 2º e 3º Juízos são distribuídos pelos 1º e 2º Juízos de Competência Especializada Criminal.

6 – Os magistrados colocados nos 1º, 2º, 3º e 4º Juízos têm preferência absoluta na colocação nos juízos de competência especializada.

7 – Os escrivães de direito das secções de processos transitam, sem qualquer formalidade, para os serviços em que a respectiva secção foi convertida.

ARTIGO 53º
Tribunal da Comarca de Loulé

1 – Os 1º, 2º e 3º Juízos do Tribunal da Comarca de Loulé são, respectivamente, convertidos nos 1º, 2º e 3º Juízos de Competência Especializada Cível.

2 – O 4º Juízo do Tribunal da Comarca de Loulé é convertido no 1º Juízo de Competência Especializada Criminal.

3 – As secções afectas aos 1º, 2º e 3º Juízos passam a constituir, respectivamente, as secções dos 1º, 2º e 3º Juízos de Competência Especializada Cível; a secção afecta ao 4º Juízo passa a constituir a secção do 1º Juízo de Competência Especializada Criminal.

4 – Mantêm-se nas secções os processos cíveis que se encontram nas secções dos 1º, 2º e 3º Juízos; mantém-se na secção do 4º Juízo os processos criminais.

5 – Os processos cíveis pendentes na secção do 4º Juízo são distribuídos pelos 1º, 2º e 3º Juízos de Competência Especializada Cível; os processos criminais pendentes nas secções dos 1º, 2º e 3º Juízos são distribuídos pelos 1º e 2º Juízos de Competência Especializada Criminal.

6 – Os magistrados colocados nos 1º, 2º, 3º e 4º Juízos têm preferência absoluta na colocação nos juízos de competência especializada.

7 – Aos escrivães de direito é aplicável o disposto no nº 7 do artigo anterior.

ARTIGO 54º
Tribunal da Comarca de Portimão

1 – Os 1º, 2º e 3º Juízos do Tribunal da Comarca de Portimão são, respectivamente, convertidos nos 1º, 2º e 3º Juízos de Competência Especializada Cível.

2 – O 4º Juízo do Tribunal da Comarca de Portimão é convertido no 1º Juízo de Competência Especializada Criminal.

3 – As secções afectas aos 1º, 2º e 3º Juízos passam a constituir, respectivamente, as secções dos 1º, 2º e 3º Juízos de Competência Especializada Cível; a secção afecta ao 4º Juízo e a 1ª Secção afecta ao extinto tribunal de círculo passam a constituir, respectivamente, as secções dos 1º e 2º Juízos de Competência Especializada Criminal.

4 – Mantêm-se nas secções os processos cíveis que se encontram nas secções dos 1º, 2º e 3º Juízos; mantêm-se na secção do 4º Juízo os processos criminais.

5 – Os processos cíveis pendentes na secção do 4º Juízo são distribuídos pelos 1º, 2º e 3º Juízos de Competência Especializada Cível; os processos criminais pendentes nas nas secções dos 1º, 2º e 3º Juízos são distribuídos pelos 1º e 2º Juízos de Competência Especializada Criminal.

6 – Os magistrados colocados nos 1º, 2º, 3º e 4º Juízos têm preferência absoluta na colocação nos juízos de competência especializada.

7 – Aos escrivães de direito é aplicável o disposto no nº 7 do artigo 52º.

ARTIGO 55º
Tribunal daComarca de Vila do Conde

1 – Os 1º, 2º e 3º Juízos do Tribunal da Comarca de Vila do Conde são, respectivamente, convertidos nos 1º, 2º e 3º Juízos de Competência Especializada Cível.

2 – As secções afectas aos 1º, 2º e 3º Juízos passam a constituir, respectivamente, as secções dos 1º, 2º e 3º Juízos de Competência Especializada Cível; a secção afecta ao extinto tribunal de círculo passa a constituir a secção do 1º Juízo de Competência Especializada Criminal.

3 – Mantêm-se nas secções os processos cíveis que se encontram nas secções dos 1º, 2º e 3º Juízos; os processos criminais pendentes nas secções dos 1º, 2º e 3º Juízos transitam para a secção do 1º Juízo de Competência Especializada Criminal.

4 – Os magistrados colocados nos 1º, 2º e 3º Juízos têm preferência absoluta na colocação nos juízos de competência especializada.

5 – Aos escrivães de direito é aplicável o disposto no nº 7 do artigo 52º.

ARTIGO 56º
Conversão de juízos de competência especializada em juízos de competência específica

1 – São convertidos em juízos cíveis e em juízos criminais os seguintes juízos de competência especializada cível e de competência especializada criminal:

a) Os 1º, 2º, 3º e 4º Juízos de Competência Especializada Cível do Tribunal da Comarca de Braga são, respectivamente, convertidos nos 1º, 2º 3º e 4º Juízos Cíveis;

b) Os 1º, 2º, 3º e 4º Juízos de Competência Especializada Criminal do Tribunal da Comarca de Braga são, respectivamente, convertidos nos 1º, 2º 3º e 4º Juízos Criminais ;

c) Os 1º, 2º, 3º, 4º e 5º Juízos de Competência Especializada Cível do Tribunal da Comarca de Coimbra são, respectivamente, convertidos nos 1º, 2º 3º, 4º e 5º Juízos Cíveis;

d) Os 1º, 2º, 3º e 4º Juízos de Competência Especializada Criminal do Tribunal da Comarca de Coimbra são, respectivamente, convertidos nos 1º, 2º 3º e 4º Juízos Criminais;

e) Os 1º, 2º e 3º Juízos de Competência Especializada Cível do Tribunal da Comarca do Funchal são, respectivamente, convertidos nos 1º, 2º e 3º Juízos Cíveis;

f) Os 1º, 2º e 3º Juízos de Competência Especializada Criminal do Tribunal da Comarca do Funchal são, respectivamente, convertidos nos 1º, 2º e 3º Juízos Criminais;

g) Os 1º, 2º, 3º e 4º Juízos de Competência Especializada Cível do Tribunal da Comarca de Guimarães são, respectivamente, convertidos nos 1º, 2º 3º e 4º Juízos Cíveis;

h) Os 1º, 2º e 3º Juízos de Competência Especializada Criminal do Tribunal da Comarca de Guimarães são, respectivamente, convertidos nos 1º, 2º e 3º Juízos Criminais;

i) Os 1º, 2º, 3º e 4º Juízos de Competência Especializada Cível do Tribunal da Comarca de Loures são, respectivamente, convertidos nos 1º e 2º, 3º e 4º Juízos Cíveis;

j) Os 1º e 2º Juízos de Competência Especializada Criminal do Tribunal da Comarca de Loures são, respectivamente, convertidos nos 1º e 2º Juízos Criminais;

l) Os 1º, 2º, 3º e 4º Juízos de Competência Especializada Cível do Tribunal da comarca de Setúbal são, respectivamente, convertidos nos 1º, 2º, 3º 4º Juízos Cíveis;

m) Os 1º, 2º e 3º Juízos de Competência Especializada Criminal do Tribunal da Comarca de Setúbal são, respectivamente, convertidos nos 1º, 2º e 3º Juízos Criminais;

n) Os 1º, 2º, 3º, 4º, 5º e 6º Juízos de Competência Especializada Cível do Tribunal da Comarca de Sintra são, respectivamente, convertidos nos 1º, 2º, 3º, 4º, 5º e 6º Juízos Cíveis;

o) Os 1º, 2º e 3º Juízos de Competência Especializada Criminal do Tribunal da Comarca de Sintra são, respectivamente, convertidos nos 1º, 2º e 3º Juízos Criminais;

p) Os 1º, 2º, 3º, 4º, 5º e 6º Juízos de Competência Especializada Cível do Tribunal da comarca de Vila Nova de Gaia são, respectivamente, convertidos nos 1º, 2º, 3º, 4º, 5º e 6º Juízos Cíveis;

q) Os 1º, 2º e 3º Juízos de Competência Especializada Criminal do Tribunal da Comarca de Vila Nova de Gaia são, respectivamente, convertidos nos 1º, 2º e 3º Juízos Criminais.

2 – Os juízos cíveis e criminais referidos no número anterior mantêm a composição dos respectivos juízos de competência especializada cível e de competência especializada criminal.

3 – Os escrivães de direito das secções de processos dos juízos a que se refere o nº 1 transitam, sem qualquer formalidade, para os serviços em que as respectivas secções foram convertidas.

ARTIGO 57º
Varas cíveis da comarca de Lisboa

1 – Os 1º e 17º Juízos Cíveis do Tribunal da Comarca de Lisboa são, respectivamente, convertidos nas 1ª a 17ª Varas Cíveis.

2 – Mantêm-se nas varas cíveis os processos pendentes nos juízos respectivos.

3 – O número de varas cíveis referido no número anterior será objecto de oportuna adequação, decorrido o prazo necessário para a normalização do serviço pendente.

4 – Transitam para as respectivas varas cíveis os juízes dos correspondentes juízos cíveis que possuam os requisitos constantes do nº 1 do artigo 129º da Lei nº 3/99, de 13 de Janeiro.

5 – No preenchimento de lugares, por falta de juízes com os requisitos mencionados no número anterior, os juízes colocados nos juízos cíveis gozam de preferência no concurso com candidatos que igualmente não possuam aqueles requisitos.

6 – Os escrivães de direito das secções de processos dos juízos a que se refere o nº 1 transitam, sem qualquer formalidade, para os serviços em que as respectivas secções foram convertidas.

ARTIGO 58º
Tribunal de Família e Menores de Lisboa

1 – Os 1º, 2º e 3º Juízos do Tribunal de Família de Lisboa convertem-se, respectivamente, nos 1ª, 2º e 3º Juízos do Tribunal de Família e Menores.

2 – Mantêm-se nos juízos referidos no número anterior os processos pendentes nos juízos originários.

3 – Para o 4º Juízo do Tribunal de Família e Menores transitam todos os processos pendentes no Tribunal de Menores.

4 – Transitam para os 1º, 2º e 3º Juízos do Tribunal de Família e Menores os juízes dos correspondentes juízos do Tribunal de Família que possuam os requisitos constantes do nº 1 do artigo 129º da Lei nº 3/99, de 13 de Janeiro.

5 – No preenchimento de lugares no 4º Juízo têm preferência os juízes colocados no Tribunal de Menores, nos termos do número anterior.

6 – No preenchimento de lugares, por falta de juízes com os requisitos mencionados no nº 4, é aplicável, com as necessárias adaptações, o disposto no nº 5 do artigo anterior.

7 – Os escrivães de direito das secções de processos dos juízos a que se refere o nº 1 transitam, sem qualquer formalidade, para os serviços em que as respectivas secções foram convertidas.

ARTIGO 59º
Tribunal de Família e Menores do Porto

1 – Os 1º e 2º Juízos do Tribunal de Família do Porto convertem-se, respectivamente, nos 1º e 2º Juízos do Tribunal de Família e Menores.

3. REGULAMENTO DA LEI DE ORGANIZAÇÃO E FUNCIONAMENTO DOS TRIBUNAIS JUDICIAIS

2 – Mantêm-se nos juízos referidos no número anterior os processos pendentes nos juízos originários.

3 – Para o 3º Juízo do Tribunal de Família e Menores transitam todos os processos pendentes no Tribunal de Menores.

4 – Transitam para os 1º e 2º Juízos do Tribunal de Família e Menores os juízes dos correspondentes juízos do Tribunal de Família que possuam os requisitos constantes do nº 1 do artigo 129º da Lei nº 3/99, de 13 de Janeiro.

5 – No preenchimento de lugares no 3º Juízo tem preferência o juiz colocado no Tribunal de Menores, nos termos do número anterior.

6 – No preenchimento de lugares é aplicável o disposto no nº 6 do artigo anterior.

7 – Os escrivães de direito das secções de processos dos juízos a que se refere o nº 1 transitam, sem qualquer formalidade, para os serviços em que as respectivas secções foram convertidas.

ARTIGO 60º
Extinção de tribunais, varas e juízos

1 – São extintos:

a) Os tribunais de círculo;
b) Os tribunais de turno;
c) O Tribunal de Pequena Instância Mista da Comarca de Almada;
d) O Tribunal de Pequena Instância Mista da Comarca de Vila Nova de Gaia;
e) A 10ª Vara Criminal do Tribunal da Comarca de Lisboa;
f) Os 3º, 4º e 5º Juízos do Tribunal do Trabalho do Porto.

2 – Os processos pendentes nos tribunais, vara e juízos referidos no número anterior transitam para os tribunais, varas e juízos competentes, onde são distribuídos.

3 – Incumbe à Direcção-Geral dos Serviços Judiciários providenciar pelo destino do equipamento, bem como dos livros, objectos e papéis que se encontrem nos tribunais, varas e juízos referidos no nº 1, que não devam acompanhar os respectivos processos.

SECÇÃO VI
Disposições finais e transitórias

ARTIGO 61º
Juízes do Supremo Tribunal de Justiça

1 – Cinco dos novos lugares de juiz do Supremo Tribunal de Justiça, a que se refere o mapa IV anexo ao presente diploma, só poderão ser preenchidos a partir de 1 de Junho de 2000.

2 – São criados cinco lugares de juiz do Supremo Tribunal de Justiça, a extinguir quando vagarem, a ser preenchidos pelos actuais interinos ou auxiliares do referido Tribunal.[38]

---

[38] Redação resultante do artigo único do Decreto-Lei nº 27-B/2000, de 3 de março.

ARTIGO 62º
Procuradores da República e procuradores-adjuntos

Metade dos novos lugares de procuradores da República a que se refere o mapa VII anexo ao presente diploma, só poderão ser preenchidos a partir de 15 de Setembro de 1999, sendo os restantes lugares preenchidos em data não anterior a 1 de Junho de 2000.

ARTIGO 63º
Magistrados dos tribunais das Relações de Faro e de Guimarães

1 – A partir da data da instalação dos Tribunais das Relações de Faro e de Guimarães ficam na situação de disponibilidade os juízes dos tribunais das Relações de Évora e do Porto que excedam os respectivos quadros, nos termos do mapa V anexo ao presente diploma.

2 – No preenchimento do quadro de juízes dos tribunais das Relações de Faro e de Guimarães têm preferência, respectivamente, os juízes dos Tribunais das Relações de Évora e do Porto referidos no número anterior.

3 – O disposto nos números anteriores é aplicável, com as necessárias adaptações, aos procuradores-gerais-adjuntos a que se refere o mapa VII anexo ao presente diploma.

ARTIGO 64º
Juízes de tribunais, varas e juízos extintos

Os juízes dos tribunais, varas e juízos referidos nas alíneas *c*) a *f*) do nº 1 do artigo 60º, sem prejuízo de outras preferências legalmente previstas, têm preferência na colocação em lugares de tribunais das respectivas comarcas para os quais possuam os requisitos exigíveis.

ARTIGO 65º
Preferência na colocação

Sem prejuízo do disposto no artigo 145º da Lei nº 3/99, de 13 de Janeiro, e no artigo anterior, os juízes dos extintos tribunais de círculo e os juízes mencionados na disposição que precede têm ainda preferência na colocação em quaisquer lugares para os quais possuam requisitos exigíveis, no concurso com outros candidatos.[39]

ARTIGO 66º
Permuta de escrivães de direito

Aos escrivães de direito que transitem, nos termos do presente diploma, para os serviços em que as secções foram convertidas, é permitida a permuta, no âmbito do respectivo tribunal, independentemente da observância dos prazos previstos na lei.

---

[39] A redação deste artigo e a dos dois seguintes resultou do artigo 1º do Decreto-Lei nº 290/99, de 30 de julho.

ARTIGO 67º
Processos das comarcas de Guimarães, Loures e Vila Nova de Gaia

Os processos pendentes nos Tribunais das Comarcas de Guimarães, Loures e Vila Nova de Gaia são remetidos às respectivas varas com competência mista, para julgamento e termos posteriores.

ARTIGO 68º
Distribuição de processos

1 – Fora dos casos expressamente previstos no presente diploma, não transitam para os novos tribunais criados quaisquer processos pendentes.

2 – Nos tribunais em que se integram os novos juízos criados, o Conselho Superior da Magistratura procederá à alteração da distribuição, por período limitado de tempo, por forma a obter-se a equitativa igualação dos processos.

ARTIGO 69º
Extensão de competência

1 – Nos tribunais de comarca desdobrados em juízos cíveis em que não existam juízos de pequena instância cível, a competência dos juízos cíveis compreende também a competência dos juízos de pequena instância cível.

2 – Nos tribunais de comarca desdobrados em juízos criminais em que não existam juízos de pequena instância criminal, a competência dos juízos criminais compreende também a competência dos juízos de pequena instância criminal.

ARTIGO 70º
Tribunal Marítimo de Lisboa

Enquanto não forem instalados os Tribunais Marítimos de Faro e de Matosinhos, a área de competência do Tribunal Marítimo de Lisboa compreende também a dos Departamentos Marítimos do Sul e do Norte.

ARTIGO 71º
Tribunal do Trabalho do Porto

1 – Os juízes dos 3º e 4º Juízos do Tribunal do Trabalho do Porto transitam para o 1º Juízo do mesmo tribunal, desde que possuam os requisitos constantes do nº 1 do artigo 129º da Lei nº 3/99, de 13 de Janeiro.

2 – O juiz do 5º Juízo do Tribunal do Trabalho do Porto transita para o 2º Juízo do mesmo Tribunal, nos termos do número anterior.

3 – É aplicável no preenchimento de lugares o disposto no nº 6 do artigo 57º.

ARTIGO 72º
Entrada em funcionamento de novos tribunais, varas e juízos

1 – Os tribunais, varas ou juízos criados pelo presente diploma entram em funcionamento na data em que for determinada a respectiva instalação, por porta-

ria do Ministro da Justiça, mantendo-se, até essa data, a actual área territorial dos tribunais.[40]

2 – Os juízos convertidos pelo presente diploma entram em funcionamento no dia 15 de Setembro de 1999, mantendo-se até essa data os juízos originários.

3 – Até à data referida no número anterior mantêm-se em funcionamento os tribunais, varas ou juízos extintos pelo presente diploma.

4 – Sem prejuízo do disposto no nº 1, declaram-se instalados, com efeito a partir de 15 de Setembro de 1999:

  a) O Tribunal Central de Instrução Criminal;
  b) Os Tribunais de Instrução Criminal de Coimbra e de Évora;
  c) O 4º Juízo do Tribunal de Família e Menores de Lisboa;
  d) O 3º Juízo do Tribunal de Família e Menores do Porto;
  e) O 2º Juízo de Competência Especializada Criminal do Tribunal da Comarca do Barreiro;
  f) O 2º Juízo de Competência Especializada Criminal do Tribunal da Comarca do Loulé;
  g) O 2º Juízo de Competência Especializada Criminal do Tribunal da Comarca do Portimão;
  h) O 1º Juízo de Competência Especializada Criminal do Tribunal da Comarca de Vila do Conde;
  i) A Vara com Competência Mista do Tribunal da Comarca de Braga;
  j) A Vara com Competência Mista do Tribunal da Comarca de Coimbra;
  l) A Vara com Competência Mista do Tribunal da Comarca do Funchal;
  m) A 1ª Vara com Competência Mista do Tribunal da Comarca de Guimarães;
  n) A 1ª Vara com Competência Mista do Tribunal da Comarca de Loures;
  o) A Vara com Competência Mista do Tribunal da Comarca de Setúbal;
  p) A 1ª Vara com Competência Mista do Tribunal da Comarca de Sintra;
  q) A 1ª Vara com Competência Mista do Tribunal da Comarca de Vila Nova de Gaia;
  r) Os 1º a 5º Juízos Cíveis do Tribunal da Comarca de Lisboa;
  s) Os 9º a 12º Juízos de Pequena Instância Cível do Tribunal da Comarca de Lisboa;
  t) O 2º Juízo de Pequena Instância Criminal do Tribunal da Comarca de Lisboa.

ARTIGO 73º
Encargos

1 – Os encargos resultantes de situações de substituição ou de acumulação de funções dos magistrados são suportados pelo Gabinete de Gestão Financeira.[41]

---

[40] Os tribunais a que se reporta este normativo foram declarados instalados a partir de 15 de setembro de 1999, pela Portaria nº 412-B/99, de 7 de junho.
[41] Onde este normativo se refere ao Gabinete de Gestão Financeira do Ministério da Justiça deve entender-se a referência ao Instituto de Gestão Financeira e dos Equipamentos da Justiça, IP.

2 – No ano de 1999 são ainda suportados pelo Gabinete de Gestão Financeira os encargos decorrentes da execução do presente diploma que não tenham cabimento no Orçamento do Estado do Ministério da Justiça.

ARTIGO 74º
Norma revogatória

1 – É revogado o Decreto-Lei nº 214/88, de 17 de Junho, com excepção do artigo 25º e do mapa VIII a ele anexo quanto ao quadro de magistrados do Ministério Público nos tribunais administrativos e fiscais.

2 – Sem prejuízo do disposto no número anterior, mantém-se até 15 de Setembro de 1999 a composição dos círculos judiciais constante do mapa II anexo ao Decreto-Lei nº 214/88, de 17 de Junho, e a actual área territorial dos tribunais.

3 – Até à data referida no número anterior mantém-se em vigor o mapa X anexo à Lei nº 44/96, de 3 de Setembro.

ARTIGO 75º
Efeitos

Salvo disposição em contrário, o presente diploma produz efeitos no dia imediato ao da sua publicação.

3.2. ARTICULADO DO DECRETO-LEI Nº 178/2000, DE 9 DE AGOSTO

ARTIGO 1º
Juízos em tribunais de competência genérica

São criados o 3º Juízo do Tribunal da Comarca de Albufeira e o 5º Juízo do Tribunal da Comarca da Moita.

ARTIGO 2º
Tribunais de família e menores

São criados os Tribunais de Famlia e Menores de Matosinhos e de Vila Nova de Gaia.

ARTIGO 3º
Juízos de competência especializada cível e criminal

São criados os seguintes juízos de competência especializada cível e criminal:

a) 4º Juízo de Competência Especializada Cível do Tribunal da Comarca de Almada;

b) 1º a 4º Juízos de Competência Especializada Cível do Tribunal da Comarca da Amadora;

c) 1º a 4º Juízos de Competência Especializada Criminal do Tribunal da Comarca da Amadora;

d) 3º Juízo de Competência Especializada Cível do Tribunal da Comarca do Seixal.

ARTIGO 4º
Juízos Cíveis

São criados os seguintes juízos cíveis:

a) 1º a 4º Juízos Cíveis do Tribunal da Comarca do Porto;
b) 7º Juízo Cível do Tribunal da Comarca de Vila Nova de Gaia.

ARTIGO 5º
Juízos de pequena instância cível e criminal

1 – São criados so seguintes juízos de pequena instância cível e criminal:

a) 1º a 3º Juízos de Pequena Instância Cível do Tribunal da Comarca do Porto;
b) 1º e 2º Juízos de Pequena Instância Criminal do Tribunal da Comarca de Loures.

2 – Enquanto não forem instalados os juízos a que se refere a alínea *a*) do nº 1, a competência dos juízos cíveis do Tribunal da Comarca do Porto criados pela alínea *a*) do artigo 4º do presente diploma compreende também a competência dos juízos de pequena instância cível.

3 – Enquanto não forem instalados os juízos a que se refere a alínea *b*) do nº 1, a competência dos juízos criminais do Tribunal da Comarca de Loures compreende também a competência dos juízos de pequena instância criminal.

ARTIGO 6º
Varas Cíveis da Comarca do Porto

1 – Os 1º a 9º Juízos Cíveis do Tribunal da Comarca do Porto são, respectivamente, convertidos nas 1ª a 9ª Varas Cíveis.

2 – Mantêm-se nas varas cíveis os processos pendentes nos juízos respectivos.

3 – O número de varas cíveis referido no número anterior será objecto de oportuna adequação, decorrido o prazo necessário para a normalização do serviço pendente.

4 – Transitam para as respectivas varas cíveis os juízes dos correspondentes juízos cïveis que possuam os requisitos constantes do nº 1 do artigo 129º da Lei nº 3/99, de 13 de Janeiro.

5 – No preenchimento dos lugares, por falta de juízes com os requisitos mencionados no número anterior, os juízes colocados nos juízos cíveis gozam de preferência no concurso com candidatos que igualmente não possuam aqueles requisitos.

6 – Os escrivães de direito das secções de processos dos juízos a que se refere o nº 1 transitam, sem qualquer formalidade, para os serviços em que as respectivas secções foram convertidas.

ARTIGO 7º
Círculos Judiciais

1 – São criados os círculos judiciais de Maia e Vila Nova de Famalicão com efeitos a partir de 15 Setembro de 2000.

2 – Os lugares de juiz de círculo da Amadora podem ser preenchidos com efeitos a partir de 1 de Janeiro de 2001.

3 – É criado o círculo judicial de Loulé com efeitos a partir de 15 de Setembro de 2001.

4 – Os mapas I, II e III anexos ao Decreto-Lei nº 186-A/99, de 31 de Maio, são alterados em anexo ao presente diploma.

ARTIGO 8º
Tribunal de Pequena Instância Cível de Lisboa

1 – Os actuais 12 juízos do Tribunal de Pequena Instância Cível de Lisboa são declarados extintos, mantendo-se em funcionamento como liquidatários dos processos pendentes naquele tribunal no final do corrente ano.

2 – São criados e instalados 12º Juízos no Tribunal de Pequena Instância Cível de Lisboa a partir de 1 de Janeiro de 2001.

ARTIGO 9º
Preferência na colocação

Sem prejuízo do disposto no artigo 145º da Lei nº 3/99, de 13 de Janeiro, os juízes de círculo que venham a ficar na situação de disponibilidade por força da extinção de lugares nos círculos judiciais de Matosinhos e Santo Tirso têm preferência na colocação nos correspondentes lugares rios círculos judiciais de Maia e Vila Nova de Famalicão, desde que possuam os requisitos exigíveis no concurso com outros candidatos.

ARTIGO 10º
Entrada em funcionamento de novos tribunais, varas e juízos

1 – Os juízos convertidos pelo presente diploma entram em funcionamento no dia 15 de Setembro de 2000, mantendo-se até essa data os juízos originários.

2 – Declaram-se instalados, com efeitos a partir de 15 de Setembro de 2000:

a) O 3º Juízo do Tribunal da Comarca de Albufeira;

b) O 2º Juízo do Tribunal de Família e Menores do Seixal;

c) O 4º Juízo de Competência Especializada Cível do Tribunal da Comarca de Almada;

d) O 3º Juízo de Competência Especializada Cível do Tribunal da Comarca do Seixal;

e) O 5º Juízo de Competência Especializada Cível do Tribunal da Comarca de Vila Nova de Famalicão;

f) O 7º Juízo Cível do Tribunal da Comarca de Vila Nova de Gaia;

g) Os 6º a 10º Juízos Cíveis do Tribunal da Comarca de Lisboa;

h) Os 1º a 4º Juízos Cíveis do Tribunal da Comarca do Porto.

3 – Declaram-se instalados, com efeitos a partir de 1 de Fevereiro de 2001:

a) Os Tribunais das Comarcas de Almeirim, Bombarral, Mealhada, Mira e Sever do Vouga;

b) Os Tribunais de Família e Menores de Matosinhos e de Vila Nova de Gaia;

c) O 5º Juízo do Tribunal da Comarca da Maia;

d) Os 1º a 3º Juízos de Competência Especializada Cível da Amadora;
e) Os 1º a 3º Juízos de Pequena Instância Cível do Porto;
f) Os 1º e 3º Juízos de Pequena Instância Criminal de Loures.

4 – Até à data da instalação dos novos tribunais e juízos mantêm-se as actuais áreas de competência territorial.

5 – Os restantes juízos criados pelo presente diploma entram em funcionamento na data em que for determinada a respectiva instalação por portaria do Ministro da Justiça.

ARTIGO 11º
Alteração dos mapas

Os mapas VI, VII e VIII anexos ao Decreto-Lei nº 186-A/99, de 31 de Maio, são alterados em anexo ao presente diploma.

ARTIGO 12º
Distribuição de processos

1 – Para os novos tribunais e juízos criados ou instalados não transitam quaisquer processos pendentes.

2 – O Conselho Superior da Magistratura procederá à alteração da distribuição nos novos juízos criados ou instalados, por período de tempo limitado, por forma a obter-se equitativa igualação de processos.

3 – No âmbito do processo penal, as modificações da competência territorial decorrentes da alteração das áreas das circunscrições judiciais ou da instalação dos tribunais de novas comarcas não são aplicáveis aos processos referentes a infracções cometidas na respectiva área, antes da sua alteração ou instalação.

ARTIGO 13º
Organização do serviço de turno

1 – Sempre que um feriado municipal ocorra em segunda-feira e em dia subsequente a feriado nacional, o serviço de turno é assegurado pelo tribunal normalmente competente, aplicando-se o disposto nos artigos 37º a 40º do Decreto-Lei nº 186-A/99, de 31 de Maio.

2 – Sem prejuízo do disposto no número anterior, mantém-se até 31 de Dezembro de 2000 a organização do serviço de turno prevista para o corrente ano.

ARTIGO 14º
Encargos

No ano de 2000, a título excepcional, os encargos decorrentes da execução do presente diploma que não tenham cabimento no Orçamento do Estado são suportados pelo Gabinete de Gestão Financeira do Ministério da Justiça.

3.3. ARTICULADO DO DECRETO-LEI Nº 246-A/2001, DE 14 DE SETEMBRO

ARTIGO 1º
Alterações aos mapas II e VI

Os mapas II e VI anexos ao Decreto-Lei nº 186-A/99, de 31 de Maio, são alterados em anexo ao presente diploma.

ARTIGO 2º
Competência dos tribunais de família e menores

Para a execução de convenções internacionais em que o Instituto de Reinserção Social é autoridade central são competentes os tribunais de família e menores.

ARTIGO 3º
Disposição transitória

Os processos pendentes à data da entrada em vigor do presente diploma para execução das convenções previstas no artigo anterior mantêm-se nos tribunais em que foram instaurados.

3.4. ARTICULADO DO DECRETO-LEI Nº 148/2004, DE 21 DE JUNHO

ARTIGO 2º
Aditamento ao Decreto-Lei nº 186-A/99, de 31 de Maio

É aditado o artigo 16º-A ao Decreto-Lei nº 186-A/99, de 31 de Maio, alterado pelos Decretos-Leis nºs 290/99, de 30 de Junho, 27-B/2000, de 3 de Março, 178/2000, de 9 de Agosto, 246-A/2001, de 14 de Setembro, e 74/2002, de 26 de Março, com a seguinte redacção:

ARTIGO 3º
Juízos de execução

1 – São criados os 1º, 2º e 3º Juízos de Execução da Comarca de Lisboa e os 1º e 2º Juízos de Execução da Comarca do Porto, o Juízo de Execução da Comarca de Guimarães, o Juízo de Execução da Comarca de Loures, o Juízo de Execução da Comarca da Maia, o Juízo de Execução da Comarca de Oeiras e o Juízo de Execução da Comarca de Sintra.[42]

2 – As acções executivas instauradas ao abrigo do regime introduzido pelo Decreto-Lei nº 38/2003, de 8 de Março, que se encontrem pendentes nas varas cíveis, nos juízos cíveis e nos juízos de pequena instância cível das comarcas de Lis-

---

[42] O 1º e o 2º Juízos de Execução da Comarca de Lisboa e o 1º Juízo de Execução da Comarca do Porto foram declarados instalados desde de 18 de outubro de 2004 – Portaria nº 1322/2004, de 16 de outubro. O 3º Juízo de Execução da Comarca de Lisboa e o 2º Juízo de Execução da Comarca do Porto foram declarados instalados pela Portaria nº 822/2005, de 14 de setembro, e os Juízos de Execução das Comarcas de Guimarães e de Oeiras pela Portaria nº 262/2006, de 16 de março.

boa e Porto são redistribuídas pelos juízos de execução dessas comarcas, aquando da instalação destes últimos.

ARTIGO 4º
Alteração de mapa

O mapa VI anexo ao Decreto-Lei nº 186-A/99, de 31 de Maio, na redacção dada pelo Decreto-Lei nº 178/2000, de 9 de Agosto, e pelo Decreto-Lei nº 246-A/2001, de 14 de Setembro, é alterado de acordo com o anexo do presente diploma.[43]

ARTIGO 5º
Entrada em funcionamento dos novos juízos de execução

Os juízos de execução criados pelo presente diploma entram em funcionamento na data em que for determinada a respectiva instalação por portaria do Ministro da Justiça.

3.5. ARTICULADO DO DECRETO-LEI Nº 250/2007, DE 29 DE JUNHO

ARTIGO 1º
Tribunais de competência especializada

São criados:

a) O Tribunal de Família e Menores de Almada, composto por dois juízos;
b) O 3º Juízo do Tribunal de Família e Menores de Cascais;
c) O 3º Juízo do Tribunal de Família e Menores de Loures;
d) O 2º Juízo do Tribunal de Família e Menores de Vila Franca de Xira;
e) O 2º Juízo do Tribunal do Trabalho de Vila Franca de Xira;
f) O 4º Juízo do Tribunal de Comércio de Lisboa;
g) O 3º Juízo do Tribunal de Comércio de Vila Nova de Gaia.

ARTIGO 2º
Conversão dos juízos do Tribunal da Comarca da Maia

1 – Os juízos de competência genérica do Tribunal da Comarca da Maia são convertidos em juízos de competência especializada, nos termos seguintes:

a) Os 1º, 2º, 3º e 4º Juízos do Tribunal da Comarca da Maia, respectivamente, são convertidos nos 1º, 2º, 3º e 4º Juízos de Competência Especializada Cível;
b) As secções de processos afectas aos 1º, 2º, 3º e 4º Juízos passam a constituir, respectivamente, as secções de processos dos 1º, 2º, 3º e 4º Juízos de Competência Especializada Cível;

---

[43] O Decreto-Lei nº 219/2004, de 26 de outubro, alterou os anexos ao Decreto-Lei nº 186-A/99, de 31 de maio, regulamentando a Lei nº 105/2003, de 10 de dezembro.

c) O 5º Juízo do Tribunal da Comarca da Maia é convertido no 1º Juízo de Competência Especializada Criminal;
d) A secção de processos afecta ao 5º Juízo passa a constituir a secção de processos do 1º Juízo de Competência Especializada Criminal;
e) Mantêm-se nas secções os processos cíveis que se encontram nas secções dos 1º, 2º, 3º e 4º Juízos; mantêm-se na secção do 5º Juízo os processos criminais;
f) Os processos cíveis pendentes na secção do 5º Juízo são redistribuídos pelos 1º, 2º, 3º e 4º Juízos de Competência Especializada Cível;
g) Os processos criminais pendentes nas secções dos 1º, 2º, 3º e 4º Juízos transitam para a secção do 1º Juízo de Competência Especializada Criminal.

2 – Os magistrados colocados nos 1º, 2º, 3º, 4º e 5º Juízos têm preferência absoluta na colocação nos juízos de competência especializada.

3 – Os escrivães de direito das secções de processos transitam, sem qualquer formalidade, para os serviços em que a respectiva secção foi convertida.

ARTIGO 3º
Conversão dos juízos do Tribunal da Comarca da Póvoa de Varzim

1 – Os juízos de competência genérica do Tribunal da Comarca da Póvoa de Varzim são convertidos em juízos de competência especializada, nos termos seguintes:

a) Os 1º, 2º e 3º Juízos são convertidos, respectivamente, nos 1º, 2º e 3º Juízos de Competência Especializada Cível;
b) As secções de processos afectas aos 1º, 2º e 3º Juízos passam a constituir, respectivamente, as secções de processos dos 1º, 2º e 3º Juízos de Competência Especializada Cível;
c) O 4º Juízo é convertido no 1º Juízo de Competência Especializada Criminal;
d) A secção de processos afecta ao 4º Juízo passa a constituir a secção de processos do 1º Juízo de Competência Especializada Criminal;
e) Mantêm-se nas secções os processos cíveis que se encontram nas secções dos 1º, 2º e 3º Juízos; mantêm-se na secção do 4º Juízo os processos criminais;
f) Os processos cíveis pendentes na secção do 4º Juízo são redistribuídos pelos 1º, 2º e 3º Juízos de Competência Especializada Cível;
g) Os processos criminais pendentes nas secções dos 1º, 2º e 3º Juízos transitam para a secção do 1º Juízo de Competência Especializada Criminal.

2 – Os magistrados colocados nos 1º, 2º, 3º e 4º juízos têm preferência absoluta na colocação nos juízos de competência especializada.

3 – Os escrivães de direito das secções de processos transitam, sem qualquer formalidade, para os serviços em que a respectiva secção foi convertida.

ARTIGO 4º
Juízos criminais

São criados:

a) O 4º Juízo Criminal do Tribunal da Comarca de Setúbal;
b) O 4º Juízo Criminal do Tribunal da Comarca de Sintra;
c) O 5º Juízo Criminal do Tribunal da Comarca de Vila Nova de Gaia.

ARTIGO 5º
Juízos de competência especializada criminal

São criados:

a) O 2º Juízo de Competência Especializada Criminal do Tribunal da Comarca da Maia;
b) O 4º Juízo de Competência Especializada Criminal do Tribunal da Comarca de Oeiras.
c) O 3º Juízo de Competência Especializada Criminal do Tribunal da Comarca do Seixal.

ARTIGO 6º
Juízos de pequena instância criminal

É criado o 3º Juízo de Pequena Instância Criminal do Tribunal da Comarca de Lisboa.

ARTIGO 7º
Juízos de pequena instância cível

É criado o 4º Juízo de Pequena Instância Cível do Tribunal da Comarca do Porto.

ARTIGO 8º
Juízos de execução

1 – São criados os seguintes Juízos de Execução:

a) O Juízo de Execução do Tribunal da Comarca de Braga;
b) O Juízo de Execução do Tribunal da Comarca de Coimbra;
c) O Juízo de Execução do Tribunal da Comarca de Vila Nova de Gaia;
d) O Juízo de Execução do Tribunal da Comarca de Matosinhos;
e) O Juízo de Execução do Tribunal da Comarca de Leiria.

2 – Transitam para os juízos de execução referidos no número anterior, aquando da sua instalação, as acções executivas instauradas ao abrigo do regime introduzido pelo Decreto-Lei nº 38/2003, de 8 de Março, que se encontrem pendentes nas respectivas comarcas e que, nos termos da Lei de Organização e Funcionamento dos Tribunais Judiciais, sejam da competência dos juízos de execução.

ARTIGO 9º
Extinção de varas e juízos

1 – São extintos, com efeitos a 1 de Setembro de 2007:

a) As 15ª, 16ª e 17ª Varas Cíveis do Tribunal da Comarca de Lisboa, mantendo-se em funcionamento como liquidatária a 15ª Vara Cível.
b) A 9ª Vara Criminal do Tribunal da Comarca de Lisboa;
c) O 4º Juízo do Tribunal de Família e Menores de Lisboa;
d) Os 11º e 12º Juízos de Pequena Instância Cível de Lisboa;
e) O 4º Juízo de Pequena Instância Cível Liquidatário de Lisboa;
f) As 6ª, 7ª, 8ª e 9ª Varas Cíveis do Tribunal da Comarca do Porto, mantendo-se em funcionamento como liquidatárias as 6ª e 7ª Varas Cíveis.

g) O 4º Juízo Criminal do Tribunal da Comarca do Porto;
h) O 2º Juízo do Tribunal do Trabalho do Porto;
i) O 7º Juízo Cível do Tribunal da Comarca de Vila Nova de Gaia.

2 – A 15ª Vara Cível Liquidatária do Tribunal da Comarca de Lisboa e as 6ª e 7ª Varas Cíveis Liquidatárias do Tribunal da Comarca do Porto extinguem-se a 1 de Agosto de 2009.

3 – Os juízes efectivos das Varas Cíveis extintas do Tribunal da Comarca de Lisboa e do Porto gozam do direito de preferência absoluta de colocação nas Varas Liquidatárias criadas no seu tribunal.

4 – Incumbe à Direcção-Geral da Administração da Justiça providenciar pelo destino do equipamento, bem como dos livros, objectos e papéis que se encontrem nas varas e nos juízos extintos, que não devam acompanhar os respectivos processos.

ARTIGO 10º
Redistribuição e transição de processos

1 – Sem prejuízo do disposto nos números seguintes, os processos pendentes nas varas e nos juízos extintos são redistribuídos pelas restantes varas e juízos dos respectivos tribunais.

2 – Os processos pendentes nas secções extintas do Tribunal de Família e Menores do Porto e do Tribunal do Trabalho de Lisboa são redistribuídos pelas secções dos respectivos juízos.

3 – Os processos pendentes no 4º Juízo de Pequena Instância Cível Liquidatário de Lisboa transitam para o 9º Juízo do mesmo Tribunal.

4 – Os processos pendentes nas 16ª e 17ª Varas Cíveis do Tribunal da Comarca de Lisboa transitam para a 15ª Vara Cível do mesmo Tribunal.

5 – Os processos pendentes na 8ª Vara Cível do Tribunal da Comarca do Porto transitam para a 6ª Vara Cível do mesmo Tribunal e os processos pendentes na 9ª Vara Cível do Tribunal da Comarca do Porto transitam para a 7ª Vara Cível do mesmo Tribunal.

6 – O resultado da redistribuição é divulgado no sítio da Internet com o endereço *www.tribunaisnet.mj.pt*, não carecendo de qualquer notificação, salvo quando as partes tenham fornecido os dados de correio electrónico, caso em que haverá notificação por via electrónica.

ARTIGO 11º
Reafectação de secções

1 – A secção de processos do 7º Juízo Cível do Tribunal da Comarca de Vila Nova de Gaia passa a constituir a secção de processos do Juízo de Execução do mesmo Tribunal.

2 – Os escrivães de direito que se encontrem colocados nas secções referidas nos números anteriores transitam, sem qualquer formalidade, para as novas secções.

ARTIGO 12º
Extinção de serviços

1 – É extinta a Secretaria-Geral do Tribunal do Trabalho do Porto.

2 – São extintas as secções centrais das seguintes secretarias:

a) Secretarias das 1ª à 15ª Varas Cíveis do Tribunal da Comarca de Lisboa;
b) Secretarias dos Juízos cíveis do Tribunal da Comarca de Lisboa;
c) Secretaria dos Juízos de Pequena Instância Cível de Lisboa;
d) Secretaria dos Juízos de Pequena Instância Cível Liquidatários de Lisboa;
e) Secretaria dos 1º ao 3º Juízos do Tribunal de Família e Menores de Lisboa;
f) Secretarias das 1ª à 7ª Varas Cíveis do Tribunal da Comarca do Porto;
g) Secretarias dos juízos cíveis do Tribunal da Comarca do Porto;
h) Secretarias dos 1º ao 3º Juízos do Tribunal de Família e Menores do Porto.

3 – Os escrivães de direito actualmente nomeados, a qualquer título, nas secções referidas no número anterior, transitam, sem qualquer formalidade, para as respectivas secretarias-gerais.

4 – A extinção da Secretaria-Geral e das secções referidas nos nºs 1 e 2 produz efeitos em 1 de Setembro de 2007.

ARTIGO 13º
Supranumerários

A passagem à situação de supranumerário é regulada, segundo o critério da menor antiguidade na categoria, na portaria que aprove os novos quadros de pessoal.

ARTIGO 14º
Transição de secretários de justiça

A transição de secretários de justiça é efectuada de acordo com os critérios definidos na portaria referida no artigo anterior.

ARTIGO 15º
Afectação de funcionários

1 – Independentemente da categoria que detenham, os oficiais de justiça que passem à situação de supranumerário podem ser afectos, por despacho do director-geral da Administração da Justiça, a equipas de recuperação de pendências processuais.

2 – A afectação não pode implicar deslocação de duração superior a noventa minutos entre a residência e o local de trabalho, em transporte colectivo regular.

ARTIGO 16º
Magistrados das varas e dos juízos extintos

1 – Os juízes efectivos das varas, juízos e juízos liquidatários ora extintos dos juízos do Tribunal de Família e Menores do Porto e do Tribunal do Trabalho de Lisboa e do Porto cujos quadros são alterados têm preferência na colocação em lugares de tribunais das respectivas comarcas para os quais possuam os requisitos exigíveis e preferência absoluta no distrito judicial onde exerçam funções, preferindo, em primeiro lugar, relativamente a tribunais de competência especializada, os juízes que exercem funções no mesmo tribunal ou em tribunais de idêntica competência.

2 – Sem prejuízo do disposto no número anterior, os mesmos juízes têm ainda preferência na colocação em quaisquer lugares de tribunais da 1ª instância, para os quais possuam os requisitos exigíveis, no concurso com outros candidatos.

3 – No Tribunal do Trabalho de Lisboa e no Tribunal de Família e Menores do Porto, em que ocorre redução do quadro correspondente aos respectivos juízos, o Conselho Superior da Magistratura promoverá concurso obrigatório entre todos os juízes colocados nos juízos que sofrem redução.

4 – Até à sua colocação, passam para o quadro complementar de juízes do distrito judicial onde exercem funções, previsto no artigo 71º da Lei nº 3/99, de 13 de Janeiro, e independentemente de este estar totalmente preenchido:

   a) Os juízes das varas, juízos e juízos liquidatários ora extintos;
   b) Os juízes dos juízos do Tribunal de Família e Menores do Porto e do Tribunal do Trabalho de Lisboa e do Porto que, nos termos do número anterior, não fiquem providos no respectivo quadro do Tribunal.

5 – As preferências previstas nos números anteriores podem ser exercidas no movimento judicial ordinário de 2007 e, caso o juiz não tenha conseguido a colocação pretendida, no movimento seguinte.

6 – Os magistrados do Ministério Público que à data da publicação do presente diploma estejam colocados, como efectivos, nos serviços do Ministério Público junto das varas e dos juízos extintos e que, por esse facto, fiquem em situação de excedentários terão preferência na colocação em tribunais ou serviços das respectivas comarcas ou círculos judiciais, ainda que em áreas de jurisdição diferentes, sem prejuízo de outras preferências legalmente previstas, desde que possuam os requisitos exigíveis aquando do movimento dos magistrados do Ministério Público, ordinário ou extraordinário, subsequente à publicação do diploma.

ARTIGO 17º
Funcionamento dos novos tribunais

1 – Sem prejuízo do disposto nos números seguintes, o tribunal e os juízos criados pelo presente decreto-lei entram em funcionamento na data em que for determinada a respectiva instalação, por portaria do Ministro da Justiça.

2 – Os juízos do Tribunal da Comarca da Maia e do Tribunal de Comarca da Póvoa de Varzim convertidos pelo presente decreto-lei entram em funcionamento no dia 1 de Setembro de 2007, mantendo-se até essa data os juízos originários.

3 – Declaram-se instalados, com efeitos a 1 de Setembro de 2007:

   a) O 1º Juízo do Tribunal de Família e Menores de Almada;
   b) O 3º Juízo do Tribunal de Família e Menores de Cascais;
   c) O 3º Juízo do Tribunal de Família e Menores de Sintra;
   d) O 2º Juízo do Tribunal de Família e Menores de Vila Franca de Xira;
   e) O 2º Juízo do Tribunal do Trabalho de Vila Franca de Xira;
   f) O 4º Juízo do Tribunal de Comércio de Lisboa;
   g) O 3º Juízo do Tribunal de Comércio de Vila Nova de Gaia;
   h) O Juízo de Execução do Tribunal da Comarca de Vila Nova de Gaia.

ARTIGO 18º
Distribuição de processos

Nos tribunais em que se integram os juízos criados pelo presente decreto-lei, o Conselho Superior da Magistratura procederá à alteração da distribuição, por forma a obter-se a equitativa igualação dos processos.[44]

ARTIGO 20º
Entrada em vigor

O presente Decreto-Lei entra em vigor no dia seguinte ao da sua publicação.

3.6. ARTICULADO DO DECRETO-LEI nº 113-A/2011, de 29 DE NOVEMBRO

CAPÍTULO I
Objecto e âmbito de aplicação

ARTIGO 1º
Objecto

1 – O presente decreto-lei procede à revogação do Decreto-Lei nº 74/2011, de 20 de Junho.

2 – O presente decreto-lei procede também à extinção das 13ª e 14ª Varas Cíveis do Tribunal de Comarca de Lisboa, da 5ª Vara Cível do Tribunal de Comarca do Porto, do 4º Juízo Criminal do Tribunal de Comarca de Braga, do 9º e 10º Juízos Cíveis do Tribunal de Comarca de Lisboa, do 10º Juízo de Pequena Instância Cível do Tribunal de Comarca de Lisboa, do 5º Juízo de Competência Especializada Cível do Tribunal de Comarca de Oeiras, do 4º Juízo Cível do Tribunal de Comarca do Porto e do 4º Juízo do Tribunal de Comarca de São João da Madeira.

3- O presentte decreto-lei procede ainda à alteração do Regulamento da Lei de Organização e Funcionamento dos Tribunais Judiciais, aprovado pelo Decreto-Lei nº 186-A/99, de 31 de Maio.

ARTIGO 2º
Âmbito de aplicação

O presente decreto-lei aplica-se aos tribunais referidos no nº 2 do artigo anterior.

---

[44] O artigo 19º reporta-se à alteração do Mapa VI anexo ao Decreto-Lei nº 186-A/99, de 31 de maio.

CAPÍTULO II
Extinção

ARTIGO 3º
Extinção de varas e de juízos

São extintos:

a) As 13ª e 14ª Varas Cíveis do Tribunal de Comarca de Lisboa;
b) A 5ª Vara Cível do Tribunal de Comarca do Porto;
c) Os 9º e 10º Juízos Cíveis do Tribunal de Comarca de Lisboa;
d) O 10º Juízo de Pequena Instância Cível do Tribunal de Comarca de Lisboa;
e) O 4º Juízo Criminal do Tribunal de Comarca de Braga;
f) O O 3º Juízo de Competência Especializada Cível do Tribunal de Comarca de Oeiras;
g) O 4º Juízo Cível do Tribunal de Comarca do Porto;
h) O 4º Juízo do Tribunal de Comarca de São João da Madeira.

ARTIGO 4º
Redistribuição de processos

Os processos pendentes nas varas e nos juízos extintos são redistribuídos pelas restantes varas e juízos dos respectivos tribunais.

ARTIGO 5º
Colocação de juízes das varas e juízos extintos

1 – Os juízes das varas extintas por força do disposto nas alíneas a) e b) do artigo 3º têm preferência na colocação nas restantes varas cíveis de Lisboa ou do Porto, conforme os casos.

2 – Os juízes das varas extintas que não consigam colocação nos termos do número anterior têm preferência na colocação em quasquer lugares de tribunais da comarca de Lisboa ou do Porto, conforme os casos, sem prejuízo do previsto no nº 3.

3 – Os juízes dos juízos extintos por força do disposto nas alíneas c) a h) do artigo 3º têm preferência na colocação nos restantes juízos da mesma categoria e jurisição da respectiva comarca.

4 – Os juízes dos juízos extintos que não consigam colocação em lugares de idêntica competência e categoria da mesma comarca têm preferência na colocação em quasquer lugares de tribunais da mesma categoria da respectiva comarca.

5 – Os juízes das varas extintas que não consigam colocação em lugares de idêntica competência e categoria da mesma comarca têm preferência na colocação em quasquer lugares resultantes do movimento para os quais reúnam os requisitos exigíveis.

6 – Os juízes dos juízos extintos que não consigam colocação em lugares de idêntica competência e categoria da mesma comarca têm preferência na colocação em quasquer lugares de idêntida categoria resultantes do movimento.

7 – As preferências previstas nos números anteriores são exercidas no movimento judicial subsequente à publicação do presente diploma.

8 – As preferências previstas nos nºs 1 e 3 podem ser ainda exercidas no movimento judicial seguinte ao referido no número anterior pelos juízes que, cumulativamente:

a) Não tenam conseguido colocação nos lugares da mesma comarca para os quais tenham preferência;

b) Não tenham conseguido colocação em qualquer lugar que, no requerimento relativo ao movimento antecedente, tenha sido indicado com primazia sobre os lugares referidos na alínea anterior.

9 – Em caso de empate entre juízes que tenham direito a preferir, é respeitada a seguinte ordem de colocação:

a) Juiz com classificação mais elevada;
b) Juiz com maior antiguidade.

10 – As preferências previstas neste artigo aplicam-se apenas aos juízes titulares.

11 – Os juízes das varas e juízos ora extintos, até à sua colocação nos termos estabelecidos nos números anteriores, passam para o quadro complementar de juízes do distrito judicial onde exercem funções, previsto no artigo 71º da Lei nº 3/99, de 13 de Janeiro, independentemente de este estar totalmente preenchido.

12 – Enquanto se mantiverem no quadro complementar referido no número anterior, os juízes titulares dos lugares ora extintos mantêm a remuneração que já auferem até à colocação decorrente do movimento judicial subsequente à entrada em vigor do presente diploma.

ARTIGO 6º
Extinção de serviços

É extinta a Secretaria-Geral dos Juízos de Pequena Instância Cível de Lisboa.

ARTIGO 7º
Transição de secretários de justiça e de escrivães de direito

A transição de secretários de justiça e de escrivães de direito é efectuada de acordo com os critérios defnidos na portaria que procede à alteração dos quadros de pessoal das respectivas secretarias.

ARTIGO 8º
Supranumerários

A passagem à situação de supranumerário é regulada mediante portaria que procede à alteração dos quadros de pessoal das respectivas secretarias.

ARTIGO 9º
Afectação de funcionários

1 – Independentemente da categoria que detenham, os oficiais de justiça que passem à situação de supranumerário podem ser afectos, por despaho do director-geral da Administração da Justiça, a equipas de recuperação de pendências processuais.

2 – A afectação não pode implicar deslocação de duração superior a 90 minutos entre a localidade da residência e a do local de trabalho em transporte colectivo regular.

CAPÍTULO III
Produção de efeitos

ARTIGO 10º
Produção de efeitos

1 – A extinção das varas, dos juízos e da secretaria-geral prevista no presente decreto-lei opera-se na dada da produção de efeitos da portaria que procede à alteração dos quadros de pessoal das respetivas secretarias.

2 – Compete à Direcção-Geral da Administração da Justiça providenciar pelo destino do equipamento, bem como dos livros, objectos e papéis que se encontrem nos tribunais, varas e juízos extintos ou converidos, que não devam acompanhar os respectivos processos.

CAPÍTULO IV
Alteração legislativa

ARTIGO 11º
Alteração ao Decreto-Lei nº 186-A/99, de 31 de Maio

Os mapas VI e VII do Decreto-Lei nº 186-A/99, de 31 de Maio, passam a ter a redacçao que consta do anexo ao presente decreto-lei, do qual faz parte integrante.

ARTIGO 12º
Redistribuição de processos

O resultado da redistribuição é divulgado no sítio da Internet com o endereço *www.citius.mj.pt*, não carecendo de qualquer notificação.

ARTIGO 13º
Entrada em vigor

O presente decreto-lei entra em vigor no dia seguinte ao da sua publicação.

ANEXO
(a que se refere o artigo 11º)

MAPA VI
Tribunais judiciais da 1ª instância
[...]

Braga

Juízos criminais
Composição: 3 juízos.
Quadro de juízes: 1 por juízo.

[...]

Lisboa
Varas cíveis:
Composição: 12 varas.
Quadro de juízes: 3 por vara.
Juízos cíveis:
Composição: 8 juízos cíveis.
Quadro de juízes: 3 por juízo.
Juízos de pequena instância cível:
Composição: 9 juízos.
Quadro de juízes: 1 por juízo.

[...]

Oeiras:
Juízos de competência especializada cível:
Composição: 4 juízos.
Quadro de juízes: 1 por juízo.

[...]

Porto:
Varas cíveis:
Composição: 4 varas.
Quadro de juízes: 3 por vara.
Juízos cíveis:
Composição: 3 juízos.
Quadro de juízes: 3 por juízo.

[...]

São João da Madeira:
Composição: 3 juízos.
Quadro de juízes: 1 por juízo.

[...]

MAPA VII
Magistrados do Ministério Público

[...]

Procuradores da República

[...]

Lisboa – 69 (a).

[...]

Porto – 34 (a).

[...]

Procuradores-adjuntos

Braga – 11.

[...]

Lisboa – 93 (a)

[...]

Porto – 47(a)

[...]

(a) Inclui o DIAP. [45]

[...]

3.7. ARTICULADO DO DECRETO-LEI nº 67/2012, DE 20 DE MARÇO

ARTIGO 1º
Objeto

O presente diploma institui o tribunal da propriedade intelectual e o tribunal da concorrência, regulação e supervisão, tribunais com competência territorial de âmbito nacional para tratamento das questões relativas à propriedade intelectual e à concorrência, regulaçao e supervisão, alterando o Decreto-Lei nº 186-A/99, de 31 de maio.

ARTIGO 2º
Instituição de tribunais de competência especializada

São instituídos os seguintes tribunais de competência especializada:

a) O tribunal da propriedade intelectual;
b) O tribunal da concorrência, regulaçao e supervisão.

ARTIGO 3º
Alteração ao Decreto-Lei nº 186-A/99, de 31 de maio

1 – O artigo 37º do Decreto-Lei nº 186-A/99, de 31 de maio, alterado pelos Decretos-Leis nºs 290/99, de 30 de julho, 27-B/2000, de 3 de março, 178/2000, de 9 de agosto, 246-A/2001, de 14 de setembro, 74/2002, de 26 de março, 148/2004, de 21 de junho, 219/2004, de 26 de outubro, 250/2007, de 29 de junho, 25/2009, de 26 de janeiro, 28/2009, de 28 de janeiro, 74/2011, de 20 de junho, e 113-A/2011, de 29 de novembro, passa a ter a seguinte redação:

"ARTIGO 37º

1 – ....
2 – ....

---

[45] O Acórdão do Tribunal Constitucional nº 175/2012, de 28 de março de 2012, publicado no *Diário da República*, 2ª série, nº 89, de 8 de maio de 2012, decidiu não julgar inconstitucional o artigo 1º, nº 1, do Decreto-Lei nº 113-A/2011, de 29 de novembro, por não ter procedido à alteração da estrutura judiciária constante da Lei nº 52/2008, de 8 de agosto, e se haver limitado a suster a sua aplicação às comarcas de Lisboa e Cova da Beira.

3 – ....
   a) ....
   b) Juízes dos juízos cíveis, dos juízos de pequena instância cível, do tribunal da propriedade intelectual, do tribunal do comércio e do tribunal marítimo;
   c) ....
   d) ....
   e) ....
4 – ....
5 – ....
6 – ....

2 – Os mapas VI e VII do Decreto-Lei nº 186-A/99, de 31 de maio, alterado pelos Decretos-Leis nºs 290/99, de 30 de julho, 27-B/2000, de 3 de março, 178/2000, de 9 de agosto, 246-A/2001, de 14 de setenbro, 74/2002, de 26 de março, 148/2004, de 21 de junho, 219/2004, de 26 de outubro, 250/2007, de 29 de junho, 25/2009, de 26 de janeiro, 28/2009, de 28 de janeiro, 74/2011, de 20 de junho, e 113-A/2011, de 29 de novembro, passam a ter a redação que consta do anexo ao presente diploma, do qual faz parte integrante.

ARTIGO 4º
Entrada em funcionamento

O tribunal da propriedade intelectual e o tribunal da concorrência, regulação e supervisão, instituídos pelo presente diploma, entram em funcinamento na data em que for determinada a sua instalação, por portaria do membro do Governo responsável pela área da justiça.[46]

ARTIGO 5º
Norma transitória

O disposto no artigo 37º do Decreto-Lei nº 186-A/99, de 31 de maio, alterado pelos Decretos-Leis nºs 290/99, de 30 de julho, 27-B/2000, de 3 de março, 178//2000, de 9 de agosto, 246-A/2001, de 14 de setenbro, 74/2002, de 26 de março, 148/2004, de 21 de junho, 219/2004, de 26 de outubro, 250/2007, de 29 de junho, 25/2009, de 26 de janeiro, 28/2009, de 28 de janeiro, 74/2011, de 20 de junho, e 113-A/2011, de 29 de novembro, e pelo presente diploma, só se aplica ao tribunal da concorrência, regulação e supervisão decorrido um ano a contar da respetiva instalação. Passam a ter a redação que consta do anexo ao presente diploma, do qual faz parte integrante.

---

[46] A Portaria nº 83/2012, de 29 de março, estabeleceu os quadros de pessoal das secretarias judiciais e dos serviços do Ministério Público, com efeitos desde a instalação dos Tribunais da Propriedade Intelectual e da Concorrência, Regulação e Supervisão. A Portaria nº 309/2011, de 21 de dezembro, havia definido os quadros de pessoal das secretarias judiciais e dos serviços do Ministério Público constantes do mapa anexo à Portaria nº 721-A/2000, de 5 de setembro, retificada pela Declaração de Retificação nº 9-A/2000, de 5 de setembro, e alterada pelas Portarias nº 821/2005, de 14 de setembro, nº 949/2007, de 16 de agosto, e nº 170/2009, de 17 de fevereiro.

3. REGULAMENTO DA LEI DE ORGANIZAÇÃO E FUNCIONAMENTO DOS TRIBUNAIS JUDICIAIS

ARTIGO 6º
Entrada em vigor

O presente diploma entra em vigor no dia seguinte ao da sua publicação.

ANEXO
(a que se refere o artigo 3º)

MAPA VI
Tribunais judiciais de 1ª instância
[...]
Tribunais de competência especializada
[...]
Tribunais de comércio
[...]

Tribunal da propriedade intelectual
Sede: Lisboa
Área de competência: território nacional.
Composição: 2 juízos.
Quadro de juízes: 1 por juízo.
[Tribunais marítimos]
[...]

MAPA VII
Magistrados do Ministério Público
[...]
Procuradores da República
[...]
Santarém – 3.
[...][47]

---

[47] A Portaria nº 84/2012, de 29 de março, declarou instalados o 1º Juízo do Tribunal da Propriedade Intelectual e o 1º Juízo do Tribunal da Concorrência, Regulação e Supervisão.

4. Lei de Organização e Funcionamento dos Tribunais Judiciais de 2008[48]

CAPÍTULO I
Disposições gerais

ARTIGO 1º
Objecto

A presente lei estabelece o regime aplicável à organização e funcionamento dos tribunais judiciais.[49]

ARTIGO 2º
Definição

Os tribunais judiciais são órgãos de soberania com competência para administrar a justiça em nome do povo.

ARTIGO 3º
Função jurisdicional

Incumbe aos tribunais judiciais assegurar a defesa dos direitos e interesses legalmente protegidos, reprimir a violação da legalidade democrática e dirimir os conflitos de interesses públicos e privados.

---

[48] Foi aprovada pela Lei nº 52/2008, de 28 de agosto, entrou em vigor no primeiro dia útil do ano judicial de 2009, e só é aplicável em indicadas comarcas piloto. Foi alterada pelas Leis nºs 103/2009, de 4 de setembro, e 115/2009, de 12 de outubro, e pelos Decretos-Lei nºs 295/2009, de 13 de outubro, e 295//2011, de 13 de outubro.

[49] O Regime Processual Experimental, aprovado pelo Decreto-Lei nº 108/2006, de 8 de junho, aplica-se nos Juízos de Competência Especializada Cível dos tribunais das comarcas de Almada e do Seixal e dos Juízos Cíveis de Pequena Instância Cível do Tribunal da Comarca do Porto. O nº 1 da Portaria nº 115--C/2011, de 24 de março, alargou a sua aplicação, a partir de 1 de abril de 2011, aos Juízos de Competência Especializada Cível dos Tribunais das Comarcas do Barreiro e de Matosinhos e às Varas Cíveis da Comarca do Porto. A Portaria nº 265/2011, de 14 de setembro, revogou o nº 2 do artigo único da Portaria nº 115--C/2011, que estendia esse regime, a partir de 15 de setembro de 2011, aos juízos de competência especializada cível das comarcas de Leiria, Portimão, Évora e Viseu.

ARTIGO 4º
Independência dos tribunais

Os tribunais judiciais são independentes e apenas estão sujeitos à lei.

ARTIGO 5º
Independência dos juízes

1 – Os juízes julgam apenas segundo a Constituição e a lei.

2 – A independência dos juízes é assegurada pela existência de um órgão privativo de gestão e disciplina da magistratura judicial, pela inamovibilidade e pela não sujeição a quaisquer ordens ou instruções, salvo o dever de acatamento das decisões proferidas em via de recurso por tribunais superiores.

3 – Os juízes não podem ser responsabilizados pelas suas decisões, salvo as excepções consignadas na lei.

ARTIGO 6º
Autonomia do Ministério Público

1 – O Ministério Público é o órgão encarregado de, nos tribunais judiciais, representar o Estado nos termos legalmente previstos, exercer a acção penal e defender a legalidade democrática e os interesses que a lei determinar.

2 – O Ministério Público goza de autonomia, nos termos da lei.

3 – A autonomia do Ministério Público caracteriza-se pela sua vinculação a critérios de legalidade e objectividade e pela exclusiva sujeição dos magistrados e agentes do Ministério Público às directivas, ordens e instruções previstas na lei.

ARTIGO 7º
Advogados

1 – Os advogados participam na administração da justiça, competindo-lhes, de forma exclusiva e com as excepções previstas na lei, exercer o patrocínio das partes.

2 – No exercício da sua actividade, os advogados gozam de discricionariedade técnica e encontram-se apenas vinculados a critérios de legalidade e às regras deontológicas próprias da profissão.

ARTIGO 8º
Tutela jurisdicional

1 – A todos é assegurado o acesso aos tribunais judiciais para defesa dos seus direitos e interesses legalmente protegidos, não podendo a justiça ser denegada por insuficiência de meios económicos.

2 – A lei regula o acesso aos tribunais judiciais em caso de insuficiência de meios económicos.

ARTIGO 9º
Decisões dos tribunais

1 – As decisões dos tribunais judiciais são obrigatórias para todas as entidades públicas e privadas e prevalecem sobre as de quaisquer outras autoridades.

2 – A lei regula os termos da execução das decisões dos tribunais judiciais relativamente a qualquer autoridade e determina as sanções a aplicar aos responsáveis pela sua inexecução.

ARTIGO 10º
Publicidade da audiência

As audiências dos tribunais judiciais são públicas, salvo quando o próprio tribunal, em despacho fundamentado, decidir o contrário, para salvaguarda da dignidade das pessoas e da moral pública ou para garantir o seu normal funcionamento.

ARTIGO 11º
Ano judicial

1 – O ano judicial corresponde ao ano civil.

2 – A abertura do ano judicial é assinalada pela realização de uma sessão solene, na qual usam da palavra, de pleno direito, o Presidente da República, o Presidente da Assembleia da República, o Presidente do Supremo Tribunal de Justiça, o Primeiro-Ministro ou o membro do Governo responsável pela área da justiça, o Procurador-Geral da República e o Bastonário da Ordem dos Advogados.

ARTIGO 12º
Férias judiciais

As férias judiciais decorrem de 22 de Dezembro a 3 de Janeiro, do domingo de Ramos à segunda-feira de Páscoa e de 16 de Julho a 31 de Agosto.[50]

ARTIGO 13º
Coadjuvação

1 – No exercício das suas funções, os tribunais judiciais têm direito à coadjuvação das autoridades.

2 – O disposto no número anterior abrange, sempre que necessário, a guarda das instalações e a manutenção da ordem pelas forças de segurança.

ARTIGO 14º
Assessores e gabinetes de apoio

1 – O Supremo Tribunal de Justiça e os tribunais da Relação dispõem de assessores que coadjuvam os magistrados judiciais e os magistrados do Ministério Público, nos termos definidos na lei.

2 – Nos tribunais de comarca existem gabinetes de apoio aos magistrados, nos termos do disposto nos artigos 83º e 84º.

---

[50] A atual redação deste normativo resultou do artigo 2º da Lei nº 43/2010, de 3 de setembro.

CAPÍTULO II
Organização e competência dos tribunais judiciais

SECÇÃO I
Disposições comuns

ARTIGO 15º
Funcionamento

As audiências e sessões dos tribunais judiciais decorrem na sede do respectivo tribunal ou juízo, excepto quando:

a) A boa administração da justiça ou outras circunstâncias ponderosas o justifiquem, caso em que as audiências e sessões dos tribunais se realizam em local diferente da respectiva circunscrição ou fora desta;

b) Seja requerido por todas as partes, com fundamento na maior proximidade face ao local de residência ou domicílio profissional destas, caso em que as audiências e sessões dos tribunais se realizam em outro juízo que se integre na área de competência territorial da comarca onde decorre o processo, salvo rejeição fundamentada, pelo juiz do processo, nos termos da alínea anterior.

ARTIGO 16º
Classificação dos tribunais de primeira instância

A classificação dos tribunais ou juízos como de primeiro acesso ou acesso final, tendo em consideração a natureza, complexidade e volume de serviço, é aprovada por portaria do membro do Governo responsável pela área da justiça, ouvidos o Conselho Superior da Magistratura, a Procuradoria-Geral da República e a Ordem dos Advogados.

SECÇÃO II
Organização judiciária

ARTIGO 17º
Categorias de tribunais

1 – Existem tribunais judiciais de 1ª e de 2ª instâncias e o Supremo Tribunal de Justiça.

2 – Os tribunais judiciais de 2ª instância são, em regra, os tribunais da Relação e, nesse caso, designam-se pelo nome do município em que se encontram instalados.

3 – Os tribunais judiciais de 1ª instância são, em regra, os tribunais de comarca e, nesse caso, designam-se pelo nome da circunscrição em que se encontram instalados.

ARTIGO 18º
Divisão judiciária

Para efeitos de divisão judiciária, o território nacional divide-se em distritos judiciais e comarcas, nos termos dos mapas I e II anexos à presente lei, da qual fazem parte integrante.

ARTIGO 19º
Distritos judiciais

Para efeitos de organização dos tribunais da Relação, as comarcas encontram-se agrupadas em cinco distritos judiciais, conforme o mapa I anexo à presente lei, da qual faz parte integrante.

ARTIGO 20º
Desdobramento dos tribunais da Relação

1 – Pode proceder-se, por decreto-lei, à criação de mais de um tribunal da Relação em cada distrito judicial, após audição do Conselho Superior da Magistratura, da Procuradoria-Geral da República e da Ordem dos Advogados.

2 – No caso do número anterior, o serviço é distribuído entre os vários tribunais segundo a área territorial atribuída a cada um, sem prejuízo da prática de actos e da realização de diligências em todo o distrito.

ARTIGO 21º
Comarcas

1 – Para efeitos de organização dos tribunais de comarca, o território nacional encontra-se dividido em 39 circunscrições, designadas por comarcas, conforme o mapa II anexo à presente lei, da qual faz parte integrante.

2 – Em cada uma das circunscrições existe um tribunal de comarca.

ARTIGO 22º
Desdobramento dos tribunais de comarca

Os tribunais de comarca desdobram-se em juízos, a criar por decreto-lei, que podem ser de competência genérica ou especializada.

SECÇÃO III
Competência

ARTIGO 23º
Extensão e limites da competência

1 – Na ordem jurídica interna, a competência reparte-se pelos tribunais judiciais segundo a matéria, o valor, a hierarquia e o território.

2 – A lei de processo fixa os factores de que depende a competência internacional dos tribunais judiciais.

3 – A lei de processo indica os factores que determinam, em cada caso, o tribunal ou juízo competente.

ARTIGO 24º
Fixação da competência

1 – A competência fixa-se no momento em que a acção se propõe, sendo irrelevantes as modificações de facto que ocorram posteriormente.

2 – São igualmente irrelevantes as modificações de direito, excepto se for suprimido o órgão a que a causa estava afecta ou lhe for atribuída competência de que inicialmente carecia para o conhecimento da causa.

ARTIGO 25º
Proibição de desaforamento

Nenhuma causa pode ser deslocada do tribunal ou juízo competente para outro, a não ser nos casos especialmente previstos na lei.

ARTIGO 26º
Competência em razão da matéria

1 – Os tribunais judiciais têm competência para as causas que não sejam atribuídas a outra ordem jurisdicional.

2 – A presente lei determina a competência em razão da matéria entre os juízos dos tribunais de comarca, estabelecendo as causas que competem aos juízos de competência especializada.

ARTIGO 27º
Competência em razão da hierarquia

1 – Os tribunais judiciais encontram-se hierarquizados para efeito de recurso das suas decisões.

2 – Em regra, o Supremo Tribunal de Justiça conhece, em recurso, das causas cujo valor exceda a alçada dos tribunais da Relação e estes das causas cujo valor exceda a alçada dos tribunais judiciais de 1ª instância.

3 – Em matéria criminal, a competência é definida na respectiva lei de processo.

ARTIGO 28º
Competência territorial dos tribunais superiores

1 – O Supremo Tribunal de Justiça tem competência em todo o território.

2 – Os tribunais da Relação têm, em regra, competência no respectivo distrito judicial.

3 – Havendo no distrito judicial mais do que um tribunal da Relação é aplicável o disposto no nº 2 do artigo 20º.

ARTIGO 29º
Competência territorial do tribunal de comarca

1 – Os tribunais judiciais de comarca possuem, em regra, competência na área das respectivas comarcas, nos termos do mapa II anexo à presente lei, da qual faz parte integrante.

2 – Os juízos de competência genérica ou especializada resultantes do desdobramento do tribunal de comarca possuem a área de competência territorial a definir por decreto-lei, dentro dos limites da respectiva comarca, tendo cada juízo um âmbito de competência material e territorial próprio.

3 – Podem ser criados e instalados, por decreto-lei, junto de universidades con as condições adequadas para o efeito, um ou mais juízos de tribunais de comarca.

ARTIGO 30º
Regras especiais de competência territorial

1 – Pode ser atribuída, por decreto-lei, aos tribunais da Relação e de comarca, mesmo quando desdobrados, uma competência territorial distinta do distrito ou comarca, sempre que se justifique com vista a uma maior racionalização na distribuição judicial.

2 – Havendo mais do que um juízo de competência genérica ou vários juízos de competência especializada sobre a mesma matéria no âmbito do tribunal de comarca, salvo em matéria criminal, contra-ordenacional e relativa aos processos de jurisdição de menores e família, nomeadamente tutelares educativos, de protecção e tutelares cíveis, as partes podem, respeitados os critérios legais relativos à competência em função da matéria e do valor, escolher um dos vários juízos existentes na comarca.

3 – O afastamento das regras de competência territorial referido no número anterior exige o acordo das partes e deve respeitar um dos seguintes requisitos:

a) Preferência pelo domicílio do réu em detrimento do critério legal de atribuição de competência; ou

b) Preferência pela secção especializada de outro juízo, na respectiva matéria, quando não exista oferta especializada equivalente no juízo que for territorialmente competente de acordo com as regras gerais.

4 – O disposto no nº 2 não é aplicável:

a) Nos processos em que a decisão não seja precedida de audição do réu ou requerido;

b) Nos processos de execução de título judicial;

c) Nos processos que devam correr como dependência de outros processos.

5 – Não sendo suscitada a incompetência territorial na contestação ou no primeiro momento processual em que o réu se possa pronunciar sobre a matéria, presume-se sempre que houve acordo das partes, nos termos do disposto no nº 2.

6 – No caso de o réu se opor à aplicação do disposto no nº 2, o processo é remetido para o tribunal territorialmente competente.

7 – Por decreto-lei, quando justificado pelas necessidades de especialização e pelo volume e complexidade processuais, podem ser criados juízos de competência especializada com competência sobre todo o território nacional.

ARTIGO 31º
Alçadas

1 – Em matéria cível, a alçada dos tribunais da Relação é de € 30 000 e a dos tribunais de 1ª instância é de € 5 000.

2 – Em matéria criminal não há alçada, sem prejuízo das disposições processuais relativas à admissibilidade de recurso.

3 – A admissibilidade dos recursos por efeito das alçadas é regulada pela lei em vigor ao tempo em que foi instaurada a acção.

CAPÍTULO III
Supremo Tribunal de JustiçA

SECÇÃO I
Disposições gerais

ARTIGO 32º
Definição e sede

1 – O Supremo Tribunal de Justiça é o órgão superior da hierarquia dos tribunais judiciais, sem prejuízo da competência própria do Tribunal Constitucional.
2 – O Supremo Tribunal de Justiça tem sede em Lisboa.

ARTIGO 33º
Poderes de cognição

Fora dos casos previstos na lei, o Supremo Tribunal de Justiça apenas conhece de matéria de direito.

SECÇÃO II
Organização e funcionamento

ARTIGO 34º
Organização

1 – O Supremo Tribunal de Justiça compreende secções em matéria cível, em matéria penal, em matéria social.
2 – No Supremo Tribunal de Justiça há ainda uma secção para julgamento dos recursos das deliberações do Conselho Superior da Magistratura.
3 – A secção referida no número anterior é constituída pelo mais antigo dos seus vice-presidentes, que tem voto de qualidade, e por um juiz de cada secção, anual e sucessivamente designado, tendo em conta a respectiva antiguidade.

ARTIGO 35º
Funcionamento

1 – O Supremo Tribunal de Justiça funciona, sob a direcção de um Presidente, em plenário do Tribunal, em pleno das secções especializadas e por secções.
2 – O plenário do Tribunal é constituído por todos os juízes que compõem as secções e só pode funcionar com a presença de, pelo menos, três quartos dos juízes em exercício.
3 – Ao pleno das secções especializadas ou das respectivas secções conjuntas é aplicável, com as necessárias adaptações, o disposto no número anterior.
4 – Os juízes tomam assento alternadamente à direita e à esquerda do presidente, segundo a ordem de antiguidade.

ARTIGO 36º
Preenchimento das secções

1 – O Conselho Superior da Magistratura fixa, sempre que o julgar conveniente, sob proposta do Presidente do Supremo Tribunal de Justiça, o número de juízes que compõem cada secção.

2 – Cabe ao Presidente do Supremo Tribunal de Justiça distribuir os juízes pelas secções, tomando sucessivamente em conta o seu grau de especialização, a conveniência do serviço e a preferência manifestada.

3 – O Presidente do Supremo Tribunal de Justiça pode autorizar a mudança de secção ou a permuta entre juízes de secções diferentes, com observância do disposto no número anterior.

4 – Quando o relator mudar de secção, mantém-se a sua competência e a dos seus adjuntos que tenham tido visto para julgamento.

ARTIGO 37º
Juízes militares

No Supremo Tribunal de Justiça há um juiz militar por cada ramo das Forças Armadas e um da Guarda Nacional Republicana (GNR).

ARTIGO 38º
Sessões

As sessões têm lugar segundo agenda, devendo a data e hora das audiências constar de tabela afixada, com antecedência, no átrio do tribunal, podendo a mesma ser ainda divulgada por meios electrónicos.

ARTIGO 39º
Conferência

Na conferência participam os juízes que nesta devam intervir.

ARTIGO 40º
Turnos

1 – No Supremo Tribunal de Justiça organizam-se turnos para o serviço urgente durante as férias judiciais ou quando o serviço o justifique.

2 – Os turnos são organizados, respectivamente, pelo Presidente do Supremo Tribunal de Justiça e pelo Procurador-Geral da República, com prévia audição dos magistrados e, sempre que possível, com a antecedência de 60 dias.

SECÇÃO III
Competência

ARTIGO 41º
Competência do plenário

Compete ao Supremo Tribunal de Justiça, funcionando em plenário:

a) Julgar os recursos de decisões proferidas pelo pleno das secções criminais;
b) Exercer as demais competências conferidas por lei.

ARTIGO 42º
Especialização das secções

1 – As secções cíveis julgam as causas que não estejam atribuídas a outras secções, as secções criminais julgam as causas de natureza penal e as secções sociais julgam as causas referidas no artigo 118º.

2 – As causas referidas nos artigos 121º e 122º são distribuídas sempre à mesma secção cível.

ARTIGO 43º
Competências do pleno das secções

Compete ao pleno das secções, segundo a sua especialização:

a) Julgar o Presidente da República, o Presidente da Assembleia da República e o Primeiro-Ministro pelos crimes praticados no exercício das suas funções;
b) Julgar os recursos de decisões proferidas em 1ª instância pelas secções;
c) Uniformizar a jurisprudência, nos termos da lei de processo.

ARTIGO 44º
Competência das secções

Compete às secções, segundo a sua especialização:

a) Julgar os recursos que não sejam da competência do pleno das secções especializadas;
b) Julgar processos por crimes cometidos por juízes do Supremo Tribunal de Justiça e dos tribunais da Relação e magistrados do Ministério Público que exerçam funções junto destes tribunais, ou equiparados, e recursos em matéria contra-ordenacional a eles respeitantes;
c) Julgar as acções propostas contra juízes do Supremo Tribunal de Justiça e dos tribunais da Relação e magistrados do Ministério Público que exerçam funções junto destes tribunais, ou equiparados, por causa das suas funções;
d) Conhecer dos pedidos de *habeas corpus*, em virtude de prisão ilegal;
e) Conhecer dos pedidos de revisão de sentenças penais, decretar a anulação de penas inconciliáveis e suspender a execução das penas quando decretada a revisão;
f) Decidir sobre o pedido de atribuição de competência a outro tribunal da mesma espécie e hierarquia, nos casos de obstrução ao exercício da jurisdição pelo tribunal competente;
g) Julgar, por intermédio do relator, os termos dos recursos a este cometidos pela lei de processo;
h) Praticar, nos termos da lei de processo, os actos jurisdicionais relativos ao inquérito, dirigir a instrução criminal, presidir ao debate instrutório e proferir despacho de pronúncia ou não pronúncia nos processos referidos na alínea *a)* do artigo anterior e na alínea *b)* do presente artigo;
i) Exercer as demais competências conferidas por lei.

ARTIGO 45º
Julgamento nas secções

1 – Fora dos casos previstos na lei de processo e nas alíneas *g*) e *h*) do artigo anterior, o julgamento nas secções é efectuado por três juízes, cabendo a um juiz as funções de relator e aos outros juízes as funções de adjuntos.

2 – A intervenção dos juízes de cada secção no julgamento faz-se, nos termos da lei de processo, segundo a ordem de precedência.

3 – Quando numa secção não seja possível obter o número de juízes exigido para o exame do processo e decisão da causa, são chamados a intervir os juízes de outra secção da mesma especialidade, começando-se pelos imediatos ao juiz que tiver aposto o último visto.

4 – Não sendo possível chamar a intervir juízes da mesma especialidade, são chamados os da secção social se a falta ocorrer na secção cível ou na secção criminal, e os da secção cível se a falta ocorrer na secção social.

SECÇÃO IV
Juízes do Supremo Tribunal de Justiça

ARTIGO 46º
Quadro de juízes

1 – O quadro dos juízes do Supremo Tribunal de Justiça é fixado por decreto-lei.

2 – Nos casos previstos no nº 2 do artigo 11º, no nº 3 do artigo 54º e no nº 1 do artigo 137º da Lei nº 21/85, de 30 de Julho, o quadro a que se refere o número anterior é automaticamente aumentado em número correspondente de lugares, a extinguir quando retomarem o serviço efectivo os juízes que se encontrem nas mencionadas situações.

3 – Os juízes nomeados para os lugares acrescidos a que se refere o número anterior mantêm-se como juízes além do quadro até ocuparem as vagas que lhes competirem.

ARTIGO 47º
Juízes além do quadro

1 – Quando o serviço o justificar, designadamente pelo número ou pela complexidade dos processos, o Conselho Superior da Magistratura pode propor a criação, no Supremo Tribunal de Justiça, de lugares além do quadro.

2 – Os lugares a que se refere o número anterior extinguem-se decorridos dois anos sobre a data da sua criação, mantendo-se na situação de além do quadro os juízes para estes nomeados até ocuparem as vagas que lhes competirem, nos termos do nº 3 do artigo anterior.

3 – A nomeação de juízes, nos termos do presente artigo, obedece às regras gerais de provimento de vagas.

4 – A criação de lugares referida no nº 1 é aprovada por portaria conjunta dos membros do Governo responsáveis pelas áreas das finanças e da justiça.

ARTIGO 48º
Juízes auxiliares no Supremo Tribunal de Justiça

1 – A nomeação de juízes auxiliares para o Supremo Tribunal de Justiça é proibida pela presente lei.

2 – Os juízes interinos ou auxiliares no Supremo Tribunal de Justiça à data de entrada em vigor da presente lei que pela aplicação desta não sejam definitivamente providos mantêm-se nessa situação até ocuparem a vaga que lhes competir, de acordo com a graduação no respectivo concurso.

SECÇÃO V
Presidência do Tribunal

ARTIGO 49º
Presidente do tribunal

1 – Os juízes conselheiros que compõem o quadro do Supremo Tribunal de Justiça elegem, de entre si e por escrutínio secreto, o presidente do tribunal.

2 – É eleito o juiz que obtiver mais de metade dos votos validamente expressos.

3 – No caso de nenhum dos juízes obter a quantidade de votos referida no número anterior, procede-se a segundo sufrágio ao qual concorrem apenas os dois juízes mais votados, aplicando-se, no caso de empate, o critério da antiguidade na categoria.

4 – Em caso de empate no segundo sufrágio, considera-se eleito o mais antigo dos dois juízes.

ARTIGO 50º
Precedência

O Presidente do Supremo Tribunal de Justiça tem precedência entre todos os juízes.

ARTIGO 51º
Duração do mandato de Presidente

1 – O mandato do Presidente do Supremo Tribunal de Justiça tem a duração de cinco anos, não sendo admitida a a reeleição.

2 – O presidente cessante mantém-se em funções até à tomada de posse do novo presidente.

ARTIGO 52º
Competência do Presidente

1 – Compete ao Presidente do Supremo Tribunal de Justiça:

a) Presidir ao plenário do Tribunal, ao pleno das secções especializadas e, quando a estas assista, às conferências;

b) Homologar as tabelas das sessões ordinárias e convocar as sessões extraordinárias;

c) Apurar o vencido nas conferências;

d) Votar sempre que a lei o determine, assinando, neste caso, o acórdão;

e) Dar posse aos vice-presidentes, aos juízes, ao secretário do tribunal e aos presidentes dos tribunais da Relação;

f) Dirigir o tribunal, superintender nos seus serviços e assegurar o seu funcionamento normal, emitindo as ordens de serviço que tenha por necessárias;

g) Exercer acção disciplinar sobre os funcionários de justiça em serviço no tribunal, relativamente a pena de gravidade inferior à de multa;

h) Exercer as demais funções conferidas por lei.

2 – Das decisões proferidas nos termos das alíneas *f)* e *g)* do número anterior cabe reclamação para o plenário do Conselho Superior da Magistratura.

3 – Compete ainda ao Presidente do Supremo Tribunal de Justiça conhecer dos conflitos de jurisdição cuja apreciação não pertença ao tribunal de conflitos e, ainda, dos conflitos de competência que ocorram entre:

a) Os plenos das secções;
b) As secções;
c) Os tribunais da Relação;
d) Os tribunais da Relação e os tribunais de comarca;
e) Os tribunais de comarca de diferentes distritos judiciais ou sedeados na área de diferentes tribunais da Relação.

4 – A competência referida no número anterior é delegável nos vice-presidentes.

ARTIGO 53º
Vice-presidentes

1 – O Presidente do Supremo Tribunal de Justiça é coadjuvado por dois vice-presidentes.

2 – À eleição e ao exercício do mandato dos vice-presidentes aplica-se o disposto relativamente ao presidente, sem prejuízo do que, quanto à eleição, se estabelece nos números seguintes.

3 – Havendo eleição simultânea dos vice-presidentes, consideram-se eleitos os juízes que obtenham o maior número de votos.

4 – Em caso de obtenção de igual número de votos, procede-se a segundo sufrágio, ao qual concorrem apenas os juízes entre os quais o empate se verificou.

5 – Subsistindo o empate no segundo sufrágio, consideram-se eleitos o juiz ou os juízes mais antigos na categoria.

ARTIGO 54º
Substituição do presidente

1 – Nas suas faltas e impedimentos, o presidente é substituído pelo vice-presidente mais antigo no cargo ou, se for igual a antiguidade dos vice-presidentes, pelo mais antigo na categoria.

2 – Faltando ou estando impedidos ambos os vice-presidentes, o presidente é substituído pelo juiz mais antigo em exercício.

3 – Tendo em conta as necessidades de serviço, o Conselho Superior da Magistratura, sob proposta do presidente do tribunal, determina os casos em que os vice-presidentes podem ser isentos ou privilegiados na distribuição dos processos.

ARTIGO 55º
Presidentes de secção

1 – Cada secção é presidida pelo juiz que, de entre os que a compõem, for anualmente eleito seu presidente pelo respectivo pleno.

2 – A eleição referida no número anterior é realizada por voto secreto, sem discussão ou debate prévios, na primeira sessão de cada ano judicial presidida para esse efeito, pelo presidente do tribunal ou, por sua delegação, por um dos vice-presidentes.

3 – Compete ao presidente de secção presidir às secções e exercer, com as devidas adaptações, as funções referidas nas alíneas b), c) e d) do nº 1 do artigo 52º.

CAPÍTULO IV
Tribunais da Relação

SECÇÃO I
Disposições gerais

ARTIGO 56º
Definição

1 – Os tribunais da Relação são, em regra, os tribunais de 2ª instância e, nesse caso, designam-se pelo nome do município em que se encontrem instalados.

2 – Em cada distrito judicial há um ou mais tribunais da Relação.

SECÇÃO II
Organização e funcionamento

ARTIGO 57º
Organização

1 – Os tribunais da Relação compreendem secções em matéria cível, em matéria penal, em matéria social, em matéria de família e menores e em matéria de comércio, de propriedade intelectual e de concorrência, regulação e supervisão, sem prejuízo do disposto no número seguinte.

2 – A existência de secções em matéria social, de família e menores e de comércio, propriedade intelectual e de concorrência, regulação e supervisão, depende do volume ou da complexidade do serviço.

3 – Quando não existirem secções em matéria social, de família e menores ou de comércio, propriedade intelectual e de concorrência, regulação e supervisão, por não se verificar a situação excepcional referida no número anterior, cabe ao tribunal da Relação da sede do distrito judicial ou, consoante os casos, do distrito mais próximo, onde existam tais secções, julgar os recursos das decisões nas respectivas matérias.

ARTIGO 58º
Funcionamento

Os tribunais da Relação funcionam, sob a direcção de um presidente, em plenário e por secções.

ARTIGO 59º
Serviços comuns

Nos distritos judiciais em que exista mais do que um tribunal da Relação, os serviços comuns, para efeitos administrativos, funcionam no tribunal da sede do respectivo distrito.

ARTIGO 60º
Quadro de juízes

1 – O quadro dos juízes dos tribunais da Relação é fixado por decreto-lei.

2 – Quando o serviço o justifique, designadamente pelo número ou complexidade dos processos, o Conselho Superior da Magistratura pode destacar para os tribunais da Relação os juízes auxiliares que se mostrem necessários.

3 – O disposto no número anterior é aplicável quando se verifique que um ou mais juízes do quadro estão em situação de acumulação com o exercício de funções de magistrado formador.

4 – O destacamento efectua-se por um ano, pode ser renovado por iguais períodos e depende da anuência do juiz e de cabimento orçamental.

5 – A remuneração base dos juízes auxiliares corresponde ao primeiro escalão remuneratório dos juízes dos tribunais da Relação.

6 – O Conselho Superior da Magistratura pode deliberar que o destacamento ocasione abertura de vaga no lugar de origem.

7 – O Conselho Superior da Magistratura pode, durante o destacamento a que alude o nº 4, por urgente conveniência de serviço, obtida a sua anuência e cabimento orçamental, colocar os juízes auxiliares até ao movimento judicial seguinte noutro tribunal da Relação.

ARTIGO 61º
Juízes militares

Os quadros de juízes dos tribunais da Relação de Lisboa e do Porto prevêem um juiz militar por cada ramo das Forças Armadas e um da GNR.

ARTIGO 62º
Representação do Ministério Público

1 – Nos tribunais da Relação da sede do distrito judicial, o Ministério Público é representado pelos procuradores-gerais distritais.

2 – Nos restantes tribunais da Relação, o Ministério Público é representado pelo procurador-geral-adjunto que o Conselho Superior do Ministério Público designar.

3 – Os procuradores-gerais-adjuntos mencionados no número anterior são designados em comissão de serviço e integram as procuradorias-gerais distritais da respectiva área territorial, podendo ser coadjuvados por procuradores-gerais-adjuntos ou por procuradores da República.

4 – Os procuradores-gerais-adjuntos referidos no nº 2 dirigem e coordenam a actividade do Ministério Público no respectivo tribunal, conferem posse aos procuradores da República e aos procuradores-adjuntos na comarca sede daquele,

podendo ainda ser-lhes delegada pelo procurador-geral distrital a competência a que se referem as alíneas *e*) e *f*) do nº 1 do artigo 58º da Lei nº 60/98, de 27 de Agosto.

ARTIGO 63º
Turnos

1 – É aplicável aos tribunais da Relação o disposto no nº 1 do artigo 40º.

2 – Os turnos são organizados, respectivamente, pelos presidentes dos tribunais da Relação, pelos procuradores-gerais distritais ou pelos procuradores-gerais-adjuntos a que se refere o nº 1 do artigo anterior, com prévia audição dos magistrados e, sempre que possível, com a antecedência de 60 dias.

ARTIGO 64º
Disposições subsidiárias

É aplicável aos tribunais da Relação, com as necessárias adaptações, o disposto nos nºs 2 e 4 do artigo 35º e nos artigos 36º, 38º e 39º.

SECÇÃO III
Competência

ARTIGO 65º
Competência do plenário

Compete aos tribunais da Relação, funcionando em plenário, exercer as competências conferidas por lei.

ARTIGO 66º
Competência das secções

Compete às secções, segundo a sua especialização:

a) Julgar recursos;

b) Julgar as acções propostas contra juízes de direito e juízes militares de primeira instância, procuradores da República e procuradores-adjuntos, por causa das suas funções;

c) Julgar processos por crimes cometidos pelos magistrados e juízes militares referidos na alínea anterior e recursos em matéria contra-ordenacional a eles respeitantes;

d) Julgar os processos judiciais de cooperação judiciária internacional em matéria penal;

e) Julgar os processos de revisão e confirmação de sentença estrangeira, sem prejuízo da competência legalmente atribuída a outros tribunais;

f) Julgar, por intermédio do relator, os termos dos recursos que lhe estejam cometidos pela lei de processo;

g) Praticar, nos termos da lei de processo, os actos jurisdicionais relativos ao inquérito, dirigir a instrução criminal, presidir ao debate instrutório e proferir despacho de pronúncia ou não pronúncia nos processos referidos na alínea *c*);

h) Exercer as demais competências conferidas por lei.

ARTIGO 67º
Disposições subsidiárias

1 – É aplicável aos tribunais da Relação, com as necessárias adaptações, o disposto nos artigos 42º e 45º.

2 – A remissão para o disposto no artigo 42º não prejudica a aplicação do nº 3 do artigo 57º.

SECÇÃO IV
Presidência

ARTIGO 68º
Presidente

1 – Os juízes que compõem o quadro do tribunal da Relação elegem, de entre si e por escrutínio secreto, o presidente do tribunal.

2 – É aplicável à eleição e ao exercício do mandato de presidente da Relação, com as necessárias adaptações, o disposto nos nºs 2 e 3 do artigo 49º e no artigo 51º.

ARTIGO 69º
Competência do presidente

1 – À competência do presidente do tribunal da Relação é aplicável, com as necessárias adaptações, o disposto nas alíneas a) a d), f), g) e h) do nº 1 do artigo 52º.

2 – O presidente do tribunal da Relação é competente para conhecer dos conflitos de competência entre tribunais de comarca sedeados na área do respectivo tribunal, podendo delegar essa competência no vice-presidente.

3 – Compete ainda ao presidente dar posse ao vice-presidente, aos juízes e ao secretário do tribunal.

4 – É aplicável o disposto no nº 2 do artigo 52º às decisões proferidas em idênticas matérias pelo presidente do tribunal da Relação.

ARTIGO 70º
Vice-presidente

1 – O presidente de cada tribunal de Relação é coadjuvado e substituído por um vice-presidente, no qual pode delegar o exercício das suas competências.

2 – É aplicável à eleição e ao exercício do mandato de vice-presidente o disposto no artigo 68º.

3 – Nas suas faltas e impedimentos, o vice-presidente é substituído pelo mais antigo dos juízes em exercício.

4 – É aplicável ao vice-presidente o preceituado no nº 3 do artigo 54º.

ARTIGO 71º
Disposição subsidiária

É aplicável aos tribunais da Relação, com as necessárias adaptações, o disposto no artigo 55º.

CAPÍTULO V
Tribunais de comarca

SECÇÃO I
Disposições gerais

ARTIGO 72º
Definição

Os tribunais judiciais de primeira instância são, em regra, os tribunais de comarca e, nesse caso, designam-se pelo nome da circunscrição em que se encontram instalados.

ARTIGO 73º
Competência

1 – Compete aos tribunais de comarca preparar e julgar os processos relativos a causas não abrangidas pela competência de outros tribunais.

2 – Os tribunais de comarca são tribunais de competência genérica e especializada.

ARTIGO 74º
Desdobramento

1 – Os tribunais de comarca desdobram-se em juízos, a criar por decreto-lei, que podem ser de competência genérica e especializada, nos termos do presente artigo e dos artigos 110º e seguintes.

2 – Podem ser criados os seguintes juízos de competência especializada:

a) Instrução Criminal;
b) Família e Menores;
c) Trabalho;
d) Comércio;
e) Propriedade Intelectual;
f) Concorrência, regulação e supervisão;
g) Marítimos;
h) Execução de penas;
i) Execução;
j) Instância cível;
l) Instância criminal.

3 – Sempre que o volume processual o justifique podem ser criados, por decreto-lei, juízos de competência especializada mista.

4 – Os juízos referidos nas alíneas *j)* e *l)* do nº 2 podem ainda desdobrar-se, quando o volume ou a complexidade do serviço o justifiquem, em três níveis de especialização judicial, nos termos do artigo 127º:

a) Grande instância;
b) Média instância; e
c) Pequena instância.

SECÇÃO II
Organização e funcionamento

ARTIGO 75º
Funcionamento

1 – Os tribunais judiciais de 1ª instância funcionam, consoante os casos, como tribunal singular, como tribunal colectivo ou como tribunal do júri.

2 – Em cada tribunal ou juízo exercem funções um ou mais juízes de direito.

3 – Quando a lei de processo determinar o impedimento do juiz, este é substituído nos termos do artigo seguinte.

4 – Nos casos previstos na lei, podem fazer parte dos tribunais juízes sociais, designados de entre pessoas de reconhecida idoneidade.

5 – Quando não for possível a designação ou a intervenção dos juízes sociais, o tribunal é constituído pelo juiz singular ou pelo colectivo, conforme os casos.

6 – A lei pode prever a colaboração de técnicos qualificados quando o julgamento da matéria de facto dependa de conhecimentos especiais.

ARTIGO 76º
Substituição dos juízes de direito

1 – Os juízes de direito são substituídos, nas suas faltas e impedimentos, por outro juiz de direito da mesma comarca, por determinação do presidente do tribunal de comarca.

2 – Nos juízos com mais de um juiz, o juiz da primeira secção é substituído pelo da segunda, este pelo da terceira, e assim sucessivamente, de forma a que o juiz da última secção seja substituído pelo da primeira.

3 – A substituição que se prolongue por período superior a 30 dias é remunerada, nos termos definidos nos nºs 2 e 3 do artigo seguinte.

ARTIGO 77º
Acumulação de funções

1 – Para além dos casos previstos na lei, o Conselho Superior da Magistratura pode, sob proposta do presidente do tribunal de comarca, determinar que um juiz exerça funções em mais do que um juízo da mesma comarca, ponderadas as necessidades do serviço e o volume processual existente.

2 – O exercício de funções a que alude o número anterior é remunerado de acordo com o serviço efectivamente prestado e com referência ao tempo concretamente despendido com a execução do mesmo, tendo como limite máximo a totalidade do vencimento do juiz em acumulação.

3 – A remuneração a que se refere o presente artigo é fixada por despacho do membro do Governo responsável pela área da justiça, sob parecer favorável do Conselho Superior da Magistratura a quem cabe o pagamento.

ARTIGO 78º
Quadro especial de juízes

1 – Nas comarcas em que o volume de serviço o aconselhar, nos termos de decreto-lei, exercem funções juízes com afectação exclusiva ao julgamento em tribunal colectivo.

2 – Os juízes referidos no número anterior têm direito a ajudas de custo em função das necessidades de deslocação nos termos da lei geral, sem limite de tempo.

3 – É aplicável aos tribunais de comarca o disposto nos nºs 2, 3, 4, 6 e 7 do artigo 60º, com as devidas adaptações.

4 – A remuneração dos juízes auxiliares corresponde à que lhes competiria se exercessem funções como efectivos nos tribunais para que são destacados.

ARTIGO 79º
Quadro complementar de juízes[51]

1 – Na sede de cada distrito judicial há uma bolsa de juízes para destacamento em tribunais de comarca do respectivo distrito em que se verifique a falta ou o impedimento dos seus titulares ou a vacatura do lugar ou que se encontrem nas condições previstas nas disposições conjugadas do artigo anterior e do nº 2 do artigo 60º.

2 – Os juízes são nomeados em comissão de serviço, pelo período de três anos, auferindo, quando destacados, ajudas de custo nos termos da lei geral, sem limite de tempo.

3 – O número de juízes é fixado por portaria conjunta dos membros do Governo responsáveis pelas áreas das finanças e da justiça, sob proposta do Conselho Superior da Magistratura.

4 – Cabe ao Conselho Superior da Magistratura efectuar a gestão das bolsas referidas no nº 1 e regular o seu destacamento.

ARTIGO 80º
Secções especializadas

O Conselho Superior de Magistratura pode proceder à especialização das secções dos juízos nos tribunais de comarca, para efeitos meramente administrativos, com observância pelo disposto no decreto-lei referido no nº 1 do artigo 184º.

ARTIGO 81º
Turnos de distribuição

1 – Nos juízos com mais de uma secção, há um juiz de turno, que preside à distribuição e decide as questões com esta relacionadas.

2 – Com excepção dos que tenham lugar em férias judiciais de Verão, os turnos são quinzenais e têm início nos dias 1 e 16 de cada mês, seguindo-se a ordem de numeração das secções e, em cada uma, a ordem de antiguidade dos juízes.

ARTIGO 82º
Serviço urgente

1 – Nos tribunais judiciais de comarca organizam-se turnos para assegurar o serviço urgente durante os períodos de férias.

---

[51] O artigo 49º do Decreto-lei nº 28/2009, de 28 de janeiro, que regulamentou, experimental e provisóriamente, a Lei nº 52/2008, estabelece que os quadros complementares previstos neste artigo 79º poderão dispor de juízes auxiliares até metade dos previstos na portaria relativa ao número de juízes da bolsa para cada distrito judicial.

2 – São ainda organizados turnos para assegurar o serviço urgente previsto no Código de Processo Penal, na lei de cooperação judiciária internacional em matéria penal, na lei de saúde mental, na lei de protecção de crianças e jovens em perigo, na e no regime jurídico de entrada, permanência, saída e afastamento de estrangeiros do território nacional, que deva ser executado aos sábados, nos feriados que recaiam em segunda-feira e no segundo dia feriado, em caso de feriados consecutivos.

3 – A organização dos turnos a que se referem os números anteriores cabe, conforme os casos, ao presidente do tribunal de comarca e ao magistrado do Ministério Público coordenador, com prévia audição dos magistrados e, sempre que possível, com a antecedência de 60 dias.

4 – Pelo serviço prestado nos termos do nº 2 é devido suplemento remuneratório, nos termos a definir por decreto-lei.

ARTIGO 83º
Gabinete de Apoio aos magistrados judiciais

1 – É criado, na dependência orgânica do Conselho Superior da Magistratura, um gabinete de apoio aos magistrados judiciais.

2 – Cada comarca é dotada de um gabinete de apoio, tendo por coordenador o presidente do respectivo tribunal de comarca.

3 – O gabinete de apoio destina-se a assegurar assessoria e consultadoria técnica aos magistrados de cada comarca e ao presidente do tribunal, nos termos a definir por decreto-lei.

4 – Cada gabinete de apoio é constituído por especialistas com formação científica e experiência profissional adequada, em número a fixar por portaria conjunta dos membros do Governo responsáveis pelas áreas das finanças, da Administração Pública e da justiça.

5 – O recrutamento do pessoal a que se refere o número anterior é efectuado pelo Conselho Superior da Magistratura, através de comissão de serviço.

6 – Os níveis remuneratórios do pessoal previsto no presente artigo são fixados por decreto regulamentar, sendo os respectivos encargos suportados pelo Conselho Superior da Magistratura.[52]

ARTIGO 84º
Gabinete de Apoio aos magistrados do Ministério Público

1 – É criado, na dependência orgânica da Procuradoria-Geral da República, um gabinete de apoio aos magistrados do Ministério Público.

2 – O gabinete de apoio destina-se a assegurar assessoria e consultadoria técnica aos magistrados do Ministério Público, nos termos a definir por decreto-lei.

3 – Os serviços do gabinete de apoio em cada comarca são dirigidos pelo respectivo magistrado do Ministério Público coordenador.

---

[52] A Portaria nº 598/2009, de 4 de junho, fixou o quadro de pessoal dos Gabinetes de Apoio aos Magistrados Judiciais e do Ministério Público nas comarcas piloto do Alentejo Litoral, Baixo Vouga e Grande Lisboa Noroeste.

4 – Cada gabinete de apoio é constituído por especialistas com formação técnico-científica e experiência profissional adequada, em número a fixar por portaria conjunta dos membros do Governo responsáveis pelas áreas das finanças, da Administração Pública e da justiça.

5 – O recrutamento do pessoal a que se refere o número anterior é efectuado pela Procuradoria-Geral da República, através de comissão de serviço.

6 – Os níveis remuneratórios do pessoal previsto no presente artigo são fixados por decreto regulamentar, sendo os respectivos encargos suportados pela Procuradoria-Geral da República.

SECÇÃO III
Gestão dos tribunais de comarca

SUBSECÇÃO I
Presidente do tribunal de comarca

ARTIGO 85º
Presidente

Em cada tribunal de comarca existe um presidente, o qual é coadjuvado por um administrador judiciário.

ARTIGO 86º
Nomeação

1 – O presidente é nomeado, por escolha, pelo Conselho Superior da Magistratura, em comissão de serviço, pelo período de três anos, de entre juízes que cumpram os seguintes requisitos:

a) Exerçam funções efectivas como juízes desembargadores e possuam classificação não inferior a *Bom com distinção*; ou

b) Exerçam funções efectivas como juízes de direito, possuam 10 anos de serviço efectivo nos tribunais e classificação não inferior a *Bom com distinção*.

2 – A comissão de serviço não dá lugar à abertura de vaga e pode ser cessada a qualquer momento, mediante deliberação fundamentada do Conselho Superior da Magistratura.

ARTIGO 87º
Renovação e avaliação

1 – A comissão de serviço do presidente pode ser renovada uma vez, mediante avaliação favorável, resultante de auditoria.

2 – A auditoria, a realizar por entidade externa, incide unicamente sobre o exercício dos poderes de gestão legalmente atribuídos ao presidente.

3 – Os resultados da auditoria devem ser objecto de divulgação no sítio da Internet do Conselho Superior da Magistratura.

ARTIGO 88º
Competências

1 – Sem prejuízo da autonomia do Ministério Público e do poder de delegação, o presidente do tribunal de comarca possui competências de representação e direcção, de gestão processual, administrativas e funcionais.

2 – O presidente do tribunal possui as seguintes competências de representação e direcção:

a) Representar e dirigir o tribunal;
b) Acompanhar a realização dos objectivos fixados para os serviços do tribunal por parte dos funcionários;
c) Promover a realização de reuniões de planeamento e de avaliação dos resultados do tribunal, com a participação dos juízes e funcionários;
d) Adoptar ou propor às entidades competentes medidas, nomeadamente, de desburocratização, simplificação de procedimentos, utilização das tecnologias de informação e transparência do sistema de justiça;
e) Ser ouvido pelo Conselho Superior da Magistratura, sempre que seja ponderada a realização de sindicâncias relativamente aos juízos da comarca;
f) Ser ouvido pelo Conselho dos Oficiais de Justiça, sempre que seja ponderada a realização de inspecções extraordinárias quanto aos funcionários da comarca ou de sindicâncias relativamente às secretarias da comarca;
g) Elaborar, para apresentação ao Conselho Superior da Magistratura, um relatório semestral sobre o estado dos serviços e a qualidade da resposta, dando conhecimento do mesmo à Procuradoria-Geral da República e à Direcção-Geral da Administração da Justiça (DGAJ).

3 – O presidente do tribunal possui as seguintes competências funcionais:

a) Dar posse aos juízes e funcionários;
b) Elaborar os mapas e turnos de férias dos juízes e submetê-los a aprovação do Conselho Superior da Magistratura;
c) Autorizar o gozo de férias dos funcionários e aprovar os respectivos mapas anuais;
d) Exercer a acção disciplinar sobre os funcionários em serviço no tribunal, relativamente a pena de gravidade inferior à de multa e, nos restantes casos, instaurar processo disciplinar, se a infracção ocorrer no respectivo tribunal;
e) Nomear um juiz substituto, em caso de impedimento do substituto legal, nos termos do disposto no artigo 76º.

4 – O presidente do tribunal possui as seguintes competências de gestão processual:

a) Implementar métodos de trabalho e objectivos mensuráveis para cada unidade orgânica, sem prejuízo das competências e atribuições nessa matéria por parte do Conselho Superior da Magistratura, designadamente, na fixação dos indicadores do volume processual adequado;
b) Acompanhar e avaliar a actividade do tribunal, nomeadamente a qualidade do serviço de justiça prestado aos cidadãos;

c) Acompanhar o movimento processual do tribunal, identificando, designadamente, os processos que estão pendentes por tempo considerado excessivo ou que não são resolvidos em prazo considerado razoável, informando o Conselho Superior da Magistratura e propondo as medidas que se justifiquem;

d) Promover a aplicação de medidas de simplificação e agilização processuais;

e) Propor ao Conselho Superior de Magistratura a especialização de secções nos juízos;

f) Propor ao Conselho Superior de Magistratura a reafectação dos juízes no âmbito da comarca, tendo em vista uma distribuição racional e eficiente do serviço;

g) Proceder à reafectação de funcionários dentro da respectiva comarca e nos limites legalmente definidos;

h) Solicitar o suprimento de necessidades de resposta adicional, nomeadamente através do recurso ao quadro complementar de juízes.

5 – A competência prevista no número anterior quanto às matérias referidas na alínea *d)* não prejudica o disposto em legislação específica quanto à adopção de macanismos de agilização processual pelo presidente ou pelo juiz.

6 – O presidente do tribunal possui as seguintes competências administrativas:

a) Elaborar o projecto de orçamento, ouvido o magistrado do Ministério Público coordenador, que fará sugestões sempre que entender necessário;

b) Elaborar os planos anuais e plurianuais de actividades e relatórios de actividades;

c) Elaborar os regulamentos internos do tribunal de comarca e dos respectivos juízos;

d) Propor as alterações orçamentais consideradas adequadas;

e) Participar na concepção e execução das medidas de organização e modernização dos tribunais;

f) Planear as necessidades de recursos humanos.

7 – O presidente exerce ainda as competências que lhe forem delegadas pelo Conselho Superior da Magistratura.

8 – As competências referidas no nº 5 são exercidas, por delegação do presidente, pelo administrador do tribunal, sem prejuízo do poder de avocação e de recurso.

9 – Para efeitos de acompanhamento da actividade do tribunal, incluindo os elementos relativos à duração dos processos e à produtividade, são disponibilizados dados informatizados do sistema judicial, no respeito pela protecção dos dados pessoais.

ARTIGO 89º
Magistrado coordenador

1 – Quando, na comarca, existam juízos com mais do que três juízes, o presidente do tribunal ouvidos os juízes da comarca, pode propor ao Conselho Superior da Magistratura a nomeação, para os juízos em questão, de um magistrado coordenador de entre os respectivos juízes, o qual exerce, no âmbito do juízo, as seguintes competências delegadas sem prejuízo de recurso para o presidente ou de avocação de competência pelo presidente:

a) Competências de direcção nos termos da alínea *b)* do nº 2 do artigo anterior;
b) Competências de gestão processual nos termos das alíneas *a)* a *c)* do nº 4 do artigo anterior.

2 – O magistrado coordenador exerce as respectivas competências sob orientação do presidente do tribunal, devendo prestar contas do seu exercício sempre que para tal solicitado pelo presidente.

3 – O magistrado coordenador frequenta o curso referido no artigo 92º.

ARTIGO 90º
Magistrado do Ministério Público coordenador

1 – Em cada tribunal de comarca existe um procurador-geral.adjunto que dirige os serviços do Ministério Público, nomeado, em comissão de serviço, pelo Conselho Superior do Ministério Público, de entre três nomes propostos pelo procurador-geral distrital.

2 – Na comarca sede de distrito, pode haver mais de um procurador-geral-adjunto com funções de direcção e coordenação.

3 – O Magistrado do Ministério Público coordenador dirige e coordena a actividade do Ministério Público na comarca, emitindo ordens e instruções, competindo-lhe:

a) Acompanhar o movimento processual dos serviços, identificando, designadamente, os processos que estão pendentes por tempo considerado excessivo ou que não são resolvidos em prazo considerado razoável, informando a procuradoria-geral distrital;

b) Acompanhar o desenvolvimento dos objectivos fixados para os serviços do Ministério Público por parte dos procuradores e dos funcionários;

c) Proceder à distribuição de serviço entre os procuradores da República da mesma comarca e entre os procuradores-adjuntos, sem prejuízo do disposto na lei;

d) Promover a realização de reuniões de planeamento e de avaliação dos resultados do tribunal, com a participação dos procuradores e funcionários;

e) Adoptar ou propor às entidades competentes medidas, nomeadamente, de desburocratização, simplificação de procedimentos, utilização das tecnologias de informação e transparência do sistema de justiça;

f) Ser ouvido pelo Conselho Superior do Ministério Público, sempre que seja ponderada a realização de inspecções extraordinárias ou sindicâncias à comarca;

g) Elaborar os mapas e turnos de férias dos procuradores e autorizar e aprovar os mapas de férias dos funcionários;

h) Exercer a acção disciplinar sobre os funcionários em funções nos serviços do Ministério Público, relativamente a pena de gravidade inferior à de multa e, nos restantes casos, instaurar processo disciplinar, se a infracção ocorrer no respectivo tribunal;

i) Definir métodos de trabalho e objectivos mensuráveis para cada unidade orgânica, sem prejuízo das competências e atribuições nessa matéria por parte do Conselho Superior do Ministério Público;

j) Determinar a aplicação de medidas de simplificação e agilização processuais;

l) Proceder à reafectação de funcionários dentro da respectiva comarca e nos limites legalmente definidos;

4 – O Magistrado do Ministério Público coordenador frequenta o curso referido no artigo 92º e tem direito a despesas de representação, nos termos do nº 3 do artigo 91º, e a viatura de serviço.[53]

ARTIGO 91º
Estatuto remuneratório

1 – O juiz presidente, que seja desembargador, aufere o vencimento correspondente ao cargo de origem.

2 – O estatuto remuneratório do presidente, quando seja juiz de direito, é equiparado ao dos juízes colocados em afectação exclusiva ao julgamento em tribunal colectivo.

3 – O presidente tem direito a despesas de representação, de montante a fixar por decreto-lei.

ARTIGO 92º
Formação

1 – O exercício de funções de presidente implica a frequência prévia de curso de formação específico, o qual inclui, designadamente, as seguintes áreas de competências:

a) Organização e actividade administrativa;
b) Organização do sistema judicial e administração do tribunal;
c) Gestão do tribunal e gestão processual;
d) Simplificação e agilização processuais;
e) Avaliação e planeamento;
f) Gestão de recursos humanos e liderança;
g) Gestão dos recursos orçamentais, materiais e tecnológicos;
h) Informação e conhecimento;
i) Qualidade, inovação e modernização.

2 – O curso de formação é realizado pelo Centro de Estudos Judiciários com a colaboração de outras entidades formadoras, nos termos definidos por portaria do membro do Governo responsável pela área da justiça que aprova o regulamento do curso.

ARTIGO 93º
Recursos

Cabe recurso para o Conselho Superior da Magistratura, a interpor no prazo de 20 dias úteis, dos actos administrativos praticados pelo presidente ao abrigo dos nºs 3 e 4 do artigo 88º.

---

[53] O Tribunal Constitucional, no Acórdão nº 305/2011, de 29 de junho, publicado no *Diário da República*, nº 147, 2ª série, de 2 de agosto de 2011, julgou não inconstitucionais as normas do artigo 90º da Lei nº 52/2008, de 28 de agosto.

SUBSECÇÃO II
Administrador judiciário

ARTIGO 94º
Administrador do tribunal de comarca

1 – Em cada tribunal existe um administrador, o qual coadjuva o respectivo presidente.

2 – O administrador actua sob a orientação e direcção do presidente do tribunal, sem prejuízo do disposto no artigo 98º sobre as suas competências próprias.

ARTIGO 95º
Recrutamento

1 – O administrador é nomeado pelo presidente, por escolha, de entre pessoas constantes de lista organizada e publicada pela DGAJ, após a realização de concurso público.

2 – São admitidos à frequência do curso de formação referido no artigo seguinte, mediante realização de concurso público, promovido pela DGAJ:

a) Secretários de justiça com classificação de *Muito bom*;
b) Trabalhadores que exerçam funções públicas com formação académica e experiência profissional adequadas ao exercício das respectivas funções.

3 – As regras relativas à realização do concurso público e à colocação e permanência dos candidatos na lista referida no presente artigo constam de decreto regulamentar.

ARTIGO 96º
Formação

1 – O exercício de funções de administrador depende de aprovação prévia em curso de formação específico, o qual inclui, nomeadamente, as seguintes áreas de competências:

a) Organização e actividade administrativa;
b) Gestão de recursos humanos e liderança;
c) Orçamento e contabilidade dos tribunais;
d) Higiene e segurança no trabalho;
e) Gestão de recursos orçamentais, materiais e tecnológicos;
f) Informação e conhecimento;
g) Qualidade, inovação e modernização.

2 – Os candidatos frequentam o curso na modalidade adequada de mobilidade interna, mantendo a remuneração correspondente ao vínculo de origem.

3 – O curso de formação é realizado pelo Centro de Estudos Judiciários com a colaboração de outras entidades formadoras, nos termos definidos por portaria do membro do Governo responsável pela área da justiça que aprova o regulamento do curso.

ARTIGO 97º
Nomeação

1 – O administrador é nomeado em comissão de serviço pelo presidente do tribunal, por delegação do Conselho Superior de Magistratura, por um período de três anos, a qual pode ser renovada por dois iguais períodos.

2 – Em caso de não renovação da comissão de serviço as funções são asseguradas pelo administrador cessante, em regime de gestão corrente, até à nomeação de novo titular.

3 – O exercício de funções em regime de gestão corrente não pode exceder o prazo de 90 dias.

ARTIGO 98º
Competências

1 – O administrador exerce as seguintes competências:

a) Gerir a utilização dos espaços do tribunal, designadamente dos espaços de utilização comum, incluindo as salas de audiência;

b) Assegurar a existência de condições de acessibilidade aos serviços do tribunal e a manutenção da qualidade e segurança dos espaços existentes;

c) Regular a utilização de parques ou lugares privativos de estacionamento de veículos;

d) Providenciar, em colaboração com os serviços competentes do Ministério da Justiça, pela correcta utilização, manutenção e conservação dos equipamentos afectos aos respectivos serviços;

e) Providenciar, em colaboração com os serviços competentes do Ministério da Justiça, pela conservação das instalações, dos bens e equipamentos comuns, bem como tomar ou propor medidas para a sua racional utilização.

2 – No exercício das competências referidas no número anterior, o administrador ouve o presidente do tribunal ou o magistrado do Ministério Público coordenador respectivamente quanto aos espaços afectos ao tribunal e aos serviços do Ministério Público e ouve os dois no que respeita aos espaços comuns.

3 – O administrador exerce ainda as funções que lhe forem delegadas ou subdelegadas pelo presidente do tribunal de comarca, pelo director-geral da Administração da Justiça, pelo presidente do Instituto de Gestão Financeira e de Infra-Estruturas da Justiça, I. P. e as previstas na presente lei.

4 – Para efeitos do disposto no número anterior, o director-geral da Administração da Justiça e o presidente do Instituto de Gestão Financeira e de Infra-Estruturas da Justiça, I. P., podem sempre permitir, através de um acto de delegação de poderes, que o administrador pratique qualquer acto de administração ordinária inserido na competência daquelas entidades.

5 – O administrador pode subdelegar nos secretários de justiça as competências de gestão que digam respeito unicamente a cada juízo, sem prejuízo de avocação.

ARTIGO 99º
Isenção de horário
O administrador está isento de horário de trabalho.

ARTIGO 100º
Remuneração
O administrador tem o estatuto remuneratório de director de serviços.

ARTIGO 101º
Tempo de serviço
O tempo de serviço prestado no cargo de administrador conta, para todos os efeitos legais, como prestado na categoria de origem.

ARTIGO 102º
Avaliação do desempenho
A avaliação do desempenho do administrador é realizada pelo respectivo presidente nos termos do sistema integrado de gestão e avaliação do desempenho da Administração Pública (SIADAP).

ARTIGO 103º
Substituição
1 – O cargo de administrador pode ser exercido em regime de substituição nos casos de ausência ou impedimento do respectivo titular quando se preveja que estes condicionalismos persistam por mais de 60 dias ou em caso de vacatura do lugar.
2 – A nomeação em regime de substituição é efectuada nos termos do disposto no artigo 97º, observados os requisitos constantes do artigo 95º.
3 – A substituição cessa na data em que o titular retome funções ou decorridos 90 dias após a data da vacatura do lugar, salvo se estiver em curso procedimento tendente à nomeação de novo titular.
4 – A substituição pode ainda cessar, a qualquer momento, por decisão do presidente do tribunal ou a pedido do substituto logo que deferido.
5 – O período de substituição confere direito a remuneração nos termos do artigo 100º e conta, para todos os efeitos legais, como tempo de serviço prestado no cargo anteriormente ocupado, bem como no lugar de origem.

ARTIGO 104º
Cessação da comissão de serviço
1 – A comissão de serviço pode ser dada por finda a qualquer momento, por decisão fundamentada do presidente do tribunal, sem prejuízo do direito de audição prévia do administrador.
2 – A comissão de serviço pode cessar igualmente a requerimento do administrador, apresentado com a antecedência mínima de 60 dias, o qual se considera deferido no prazo de 30 dias a contar da data de apresentação.

ARTIGO 105º
Direito subsidiário

Em tudo o que não esteja expressamente previsto na presente lei aplica-se ao administrador o regime dos funcionários de justiça não integrados no grupo de pessoal oficial de justiça.

SUBSECÇÃO III
Conselho de comarca

ARTIGO 106º
Conselho de comarca

1 – Em cada comarca existe um conselho de comarca, con funções consultivas.

2 – O conselho de comarca é constituído por um conselho geral e uma comissão permanente.

ARTIGO 107º
Composição

1 – O conselho tem a seguinte composição:

a) O presidente do tribunal, que preside;
b) O magistrado do Ministério Público coordenador;
c) Um representante da Ordem dos Advogados;
d) Um representante da Câmara dos Solicitadores;
e) Um representante dos funcionários de justiça no exercício de funções na comarca;
f) Um representante dos municípios integrados na comarca;
g) Representantes dos utentes dos serviços de justiça, cooptados pelos demais membros do Conselho, no máximo de três.

2 – O administrador do tribunal integra o conselho, sem direito a voto.

3 – Podem participar ainda nas reuniões do conselho geral, sem direito a voto, por convocação do respectivo presidente, quaisquer pessoas ou entidades cuja presença seja considerada necessária para esclarecimento dos assuntos em apreciação.

4 – A comissão permanente é presidida pelo presidente do tribunal e integrada pelo magistrado do Ministério Público coordenador e por um representante da Ordem dos Advogados.

ARTIGO 108º
Funcionamento

1 – O conselho reúne ordinariamente uma vez por semestre e extraordinariamente sempre que convocado pelo presidente, por sua iniciativa ou mediante solicitação de um terço dos seus membros.

2 – A comissão permanente reúne uma vez por mês ou sempre que convocada por qualquer um dos seus membros.

3 – O exercício dos cargos do conselho geral e da comissão permanente não é remunerado, havendo lugar ao pagamento de ajudas de custo aos representantes referidos nas alíneas c) a g) do nº 1 do artigo anterior, quando sejam obrigados a deslocar-se entre municípios para as reuniões.

ARTIGO 109º
Competências

1 – Compete ao conselho geral dar parecer sobre:
 a) Os planos anuais e plurianuais de actividades e relatórios de actividades;
 b) Os regulamentos internos do tribunal de comarca e dos respectivos juízos.

2 – Compete ainda ao conselho geral, pronunciar-se sobre as seguintes matérias:
 a) Evolução da resposta do tribunal às solicitações e expectativas da comunidade;
 b) Existência e manutenção de condições de acessibilidade e qualidade dos espaços e serviços do tribunal;
 c) Utilização, manutenção e conservação dos equipamentos afectos aos respectivos serviços;
 d) Outras questões que lhe sejam submetidas pelo presidente do tribunal.

3 – Compete à comissão permanente:
 a) Dar parecer sobre questões administrativas e de organização e funcionamento da comarca da competência do juiz presidente, nomeadamente as relativas ao orçamento;
 b) Estudar e propor ao presidente do tribunal a a resolução de problemas de serviço suscitados pelos representantes dos operadores judiciários ou apresentados por qualquer um dos seus membros;
 c) Receber e estudar reclamações ou queixas do público sobre a organização e funcionamento em geral do tribunal de comarca ou de algum dos seus juízos e serviços do Ministério Público, bem como sobre o funcionamento do regime de acesso ao direito e apresentar ao presidente do tribunal, ao magistrado coordenador do Ministério Público e ao representante da Ordem dos Advogados sugestõess ou propostas destinadas a superar deficiências e a fomentar o seu aperfeiçoamento;
 d) Dar parecer sobre as necessidades de recursos humanos do tribunal e do Ministério Público e sobre os respectivos orçamentos, propondo, se for caso disso, as necessárias alterações, dele dando conhecimento ao Conselho Superior da Magistratura, ao Conselho Superior do Ministério Público e à Ordem dos Advogados.

SECÇÃO IV
Juízos de competência genérica

ARTIGO 110º
Competência

1 – Os juízos de competência genérica possuem competência na respectiva área territorial, tal como definida em decreto-lei, quando as causas não sejam atribuídas a juízos de competência especializada.

2 – Os juízos de competência genérica possuem ainda competência para:

a) Proceder à instrução criminal, decidir quanto à pronúncia e exercer as funções jurisdicionais relativas ao inquérito, onde não houver juízo de instrução criminal;

b) Exercer, no âmbito do processo de execução, as competências previstas no Código de Processo Civil, onde não houver juízo de execução;

c) Cumprir os mandados, cartas, ofícios e telegramas que lhes sejam dirigidos pelos tribunais ou autoridades competentes;

d) Julgar os recursos das decisões das autoridades administrativas em processos de contra-ordenação, salvo os recursos expressamente atribuídos ao juízo da propriedade intelectual no artigo 122º e ao juízo da concorrência, regulação e supervisão no artigo 122º-A, e salvo o disposto nos artigos 119º, 121º, 123º, 132º e 133º, quando existam, na comarca, os respectivos juízos de competência especializada;

e) Exercer as demais competências conferidas por lei.

SECÇÃO V
Juízos de competência especializada

SUBSECÇÃO I
Juízos de instrução criminal

ARTIGO 111º
Competência

1 – Compete aos juízos de instrução criminal proceder à instrução criminal, decidir quanto à pronúncia e exercer as funções jurisdicionais relativas ao inquérito.

2 – Quando o interesse ou a urgência da investigação o justifique, os juízes em exercício de funções de instrução criminal podem intervir, em processos que lhes estejam afectos, fora da sua área territorial de competência.

ARTIGO 112º
Casos especiais de competência

1 – A competência a que se refere o nº 1 do artigo anterior, quanto aos crimes enunciados no nº 1 do artigo 47º da Lei nº 60/98, de 27 de Agosto, cabe a um juízo central de instrução criminal quando a actividade criminosa ocorrer em comarcas pertencentes a diferentes distritos judiciais.

2 – A competência dos juízos de instrução criminal da sede dos distritos judiciais abrange a área do respectivo distrito relativamente aos crimes a que se refere o número anterior quando a actividade criminosa ocorrer em comarcas diferentes do mesmo distrito.

3 – Nas comarcas em que o movimento processual o justifique e sejam criados departamentos de investigação e acção penal (DIAP), serão também criados juízos de instrução criminal com competência circunscrita à área das comarcas abrangidas.

4 – A competência a que se refere o nº 1 do artigo anterior, quanto aos crimes estritamente militares, cabe às secções de instrução criminal militar dos juízos de instrução criminal de Lisboa e do Porto, com jurisdição nas áreas indicadas no Código de Justiça Militar.

5 – Ponderado o movimento processual, podem ser criadas idênticas secções noutros tribunais, com jurisdição de âmbito igual, maior ou menor da correspondente à comarca.

6 – O disposto nos números anteriores não prejudica a competência do juiz de instrução da área onde os actos jurisdicionais, de carácter urgente, relativos ao inquérito, devam ser realizados.

ARTIGO 113º
Juízes de instrução criminal

1 – Nas comarcas em que não haja juízo de instrução criminal, pode o Conselho Superior da Magistratura, sempre que o movimento processual o justifique, determinar a afectação de juízes de direito, em regime de exclusividade, à instrução criminal.

2 – O disposto no número anterior é aplicável à comarca ou comarcas em que não se encontre sedeado o juízo de instrução criminal e se integrem na respectiva área de jurisdição.

3 – Enquanto se mantiver a afectação referida nos números anteriores, o quadro de magistrados considera-se aumentado do número de unidades correspondente.

4 – Para apoio dos juízes afectos em regime de exclusividade à instrução criminal são destacados oficiais de justiça.

SUBSECÇÃO II
Juízos de família e menores

ARTIGO 114º
Competência relativa ao estado das pessoas e família

Compete aos juízos de família e menores preparar e julgar:

a) Processos de jurisdição voluntária relativos a cônjuges;
b) Processos de jurisdição voluntária relativos a situações de união de facto ou de economia comum;
c) Acções de separação de pessoas e bens e de divórcio;
d) Inventários requeridos na sequência de acções de separação de pessoas e bens e de divórcio, bem como os procedimentos cautelares com aqueles relacionados;
e) Acções de declaração de inexistência ou de anulação do casamento civil;
f) Acções intentadas com base no artigo 1647º e no nº 2 do artigo 1648º do Código Civil;
g) Acções e execuções por alimentos entre cônjuges e entre ex-cônjuges;
h) Outras acções relativas ao estado civil das pessoas e família.

ARTIGO 115º
Competência relativa a menores e filhos maiores

1 – Compete igualmente aos juízos de família e menores:

a) Instaurar a tutela e a administração de bens;

b) Nomear pessoa que haja de celebrar negócios em nome do menor e, bem assim, nomear curador-geral que represente extrajudicialmente o menor sujeito ao poder paternal;

c) Constituir o vínculo da adopção;

d) Regular o exercício do poder paternal e conhecer das questões a este respeitantes;

e) Fixar os alimentos devidos a menores e aos filhos maiores ou emancipados a que se refere o artigo 1880º do Código Civil e preparar e julgar as execuções por alimentos;

f) Ordenar a confiança judicial de menores;

g) Constituir a relação de apadrinhamento civil e decretar a sua revogação;

h) Autorizar o representante legal dos menores a praticar certos actos, confirmar os que tenham sido praticados sem autorização e providenciar acerca da aceitação de liberalidades;

i) Decidir acerca da caução que os pais devam prestar a favor dos filhos menores;

j) Decretar a inibição, total ou parcial, e estabelecer limitações ao exercício do poder paternal, previstas no artigo 1920º do Código Civil;

l) Proceder à averiguação oficiosa de maternidade, de paternidade ou para impugnação da paternidade presumida;

m) Preparar e julgar as acções de investigação e impugnação da maternidade e paternidade;

n) Decidir, em caso de desacordo dos pais, sobre o nome e apelidos do menor.

2 – Compete ainda aos juízos de família e menores:

a) Havendo tutela ou administração de bens, determinar a remuneração do tutor ou do administrador, conhecer da escusa, da exoneração ou da remoção do tutor, do administrador ou do vogal do conselho de família, exigir e julgar as contas, autorizar a substituição da hipoteca legal e determinar o reforço e a substituição da caução prestada e nomear curador especial que represente o menor extrajudicialmente;

b) Nomear curador especial que represente o menor em qualquer processo tutelar;

c) Converter, revogar e rever a adopção, exigir e julgar as contas do adoptante e fixar o montante dos rendimentos destinados a alimentos do adoptado;

d) Decidir acerca do reforço e da substituição da caução prestada a favor dos filhos menores;

e) Exigir e julgar as contas que os pais devam prestar;

f) Conhecer de quaisquer outros incidentes nos processos referidos no número anterior.

3 – Nos casos em que a lei reserve a competência referida nos números anteriores a outras entidades, a competência dos juízos de família e menores respeita à reapreciação das decisões dessas entidades.[54]

---

[54] A atual redação deste artigo decorreu da Lei nº 103/2009, de 11 de setembro, que estabeleceu os requisitos para a habilitação dos candidatos ao apadrinhamento civil e procedeu à sua regulamentação, e entrou em vigor no dia 28 de outubro de 2010.

ARTIGO 116º
Competências em matéria educativa e de protecção

1 – Compete aos juízos de família e menores:

a) Preparar, apreciar e decidir os processos de promoção e protecção;

b) Aplicar medidas de promoção e protecção e acompanhar a respectiva execução quanto requeridas, sempre que uma criança ou jovem se encontre numa situação de perigo e não for caso de intervenção da comissão de protecção.

2 – Compete também aos juízos de família e menores:

a) A prática de actos jurisdicionais relativos ao inquérito tutelar educativo;

b) A apreciação de factos qualificados pela lei como crime, praticados por menor com idade compreendida entre os 12 e os 16 anos, com vista à aplicação de medida tutelar;

c) A execução e a revisão das medidas tutelares;

d) Declarar a cessação ou a extinção das medidas tutelares;

e) Conhecer do recurso das decisões que apliquem medidas disciplinares a menores a quem tenha sido aplicada medida de internamento.

3 – Cessa a competência dos juízos de família e menores quando:

a) For aplicada pena de prisão efectiva, em processo penal, por crime praticado pelo menor com idade compreendida entre os os 16 e os 18 anos;

b) O menor completar 18 anos antes da data da decisão em 1ª. instância.

4 – Nos casos previstos no número anterior o processo não é iniciado ou, se o tiver sido, é arquivado.

5 – Fora das áreas abrangidas pela jurisdição dos juízos de família e menores, cabe aos juízos de competência especializada criminal conhecer dos processos tutelares educativos e aos juízos de competência especializada cível conhecer dos processos de promoção e protecção.

ARTIGO 117º
Constituição

1 – O juízo de família e menores funciona, em regra, com um só juiz.

2 – Nos processos em que se presuma a aplicação de medida de internamento, medida de promoção ou protecção sem que haja acordo, o julgamento pertence a um tribunal constituído pelo juiz, que preside, e por dois juízes sociais.

SUBSECÇÃO III
Juízos do trabalho

ARTIGO 118º
Competência cível[55]

Compete aos juízos do trabalho conhecer, em matéria cível:

---

[55] A atual redação deste artigo resultou do Decreto-Lei nº 295/2009, de 13 de outubro, retificado pela Declaração nº 86/2009, de 23 de novembro.

a) Das questões relativas à anulação e interpretação dos instrumentos de regulamentação colectiva do trabalho que não revistam natureza administrativa;
b) Das questões emergentes de relações de trabalho subordinado e de relações estabelecidas com vista à celebração de contratos de trabalho;
c) Das questões emergentes de acidentes de trabalho e doenças profissionais;
d) Das questões de enfermagem ou hospitalares, de fornecimento de medicamentos emergentes da prestação de serviços clínicos, de aparelhos de prótese e ortopedia ou de quaisquer outros serviços ou prestações efectuados ou pagos em benefício de vítimas de acidentes de trabalho ou doenças profissionais;
e) Das acções destinadas a anular os actos e contratos celebrados por quaisquer entidades responsáveis com o fim de se eximirem ao cumprimento de obrigações resultantes da aplicação da legislação sindical ou do trabalho;
f) Das questões emergentes de contratos equiparados por lei aos de trabalho;
g) Das questões emergentes de contratos de aprendizagem e de tirocínio;
h) Das questões entre trabalhadores ao serviço da mesma entidade, a respeito de direitos e obrigações que resultem de actos praticados em comum na execução das suas relações de trabalho ou que resultem de acto ilícito praticado por um deles na execução do serviço e por motivo deste, ressalvada a competência dos tribunais criminais quanto à responsabilidade civil conexa com a criminal;
i) Das questões entre instituições de previdência ou de abono de família e seus beneficiários, quando respeitem a direitos, poderes ou obrigações legais, regulamentares ou estatutárias de umas ou outros, sem prejuízo da competência própria dos tribunais administrativos e fiscais;
j) Das questões entre associações sindicais e sócios ou pessoas por eles representados, ou afectados por decisões suas, quando respeitem a direitos, poderes ou obrigações legais, regulamentares ou estatutárias de uns ou de outros;
l) Dos processos destinados à liquidação e partilha de bens de instituições de previdência ou de associações sindicais, quando não haja disposição legal em contrário;
m) Das questões entre instituições de previdência ou entre associações sindicais, a respeito da existência, extensão ou qualidade de poderes ou deveres legais, regulamentares ou estatutários de um deles que afecte o outro;
n) Das execuções fundadas nas suas decisões ou noutros títulos executivos, ressalvada a competência atribuída a outros tribunais;
o) Das questões entre sujeitos de uma relação jurídica de trabalho ou entre um desses sujeitos e terceiros, quando emergentes de relações conexas com a relação de trabalho, por acessoriedade, complementaridade ou dependência, e o pedido se cumule com outro para o qual o juízo seja directamente competente;
p) Das questões reconvencionais que com a acção tenham as relações de conexão referidas na alínea anterior, salvo no caso de compensação, em que é dispensada a conexão;
q) Das questões cíveis relativas à greve;
r) Das questões entre comissões de trabalhadores e as respectivas comissões coordenadoras, a empresa ou trabalhadores desta;
s) Das questões relativas ao controlo da legalidade da constituição e dos estatutos de associações sindicais, associações de empregadores e comissões de trabalhadores;
t) Das demais questões que por lei lhes sejam atribuídas.

ARTIGO 119º
Competência em matéria contra-ordenacional

Compete aos juízos do trabalho julgar os recursos das decisões das autoridades administrativas em processos de contra-ordenação nos domínios laboral e da segurança social.

ARTIGO 120º
Constituição do tribunal colectivo

1 – Nas causas referidas nas alíneas *a*), *b*), *e*), *f*), *g*) e *q*) do artigo 118º em que deva intervir o colectivo, o tribunal é constituído pelo colectivo e por dois juízes sociais.

2 – Nas causas referidas na alínea *f*) do artigo 118º, um dos juízes sociais deve ser nomeado na qualidade de trabalhador independente e outro na qualidade de trabalhador assalariado.

3 – Nas restantes causas a que se refere o nº 1, um dos juízes sociais é recrutado de entre entidades patronais e outro de entre trabalhadores assalariados.

SUBSECÇÃO IV
Juízos de comércio

ARTIGO 121º
Competência

1 – Compete aos juízos de comércio preparar e julgar:

a) Os processos de insolvência;
b) As acções de declaração de inexistência, nulidade e anulação do contrato de sociedade;
c) As acções relativas ao exercício de direitos sociais;
d) As acções de suspensão e de anulação de deliberações sociais;
e) As acções de liquidação judicial de sociedades;
f) Acções de dissolução de sociedade anónima europeia;
g) Acções de dissolução de sociedades gestoras de participações sociais;
h) As acções a que se refere o Código do Registo Comercial.

2 – Compete ainda aos juízos de comércio julgar:

a) As impugnações dos despachos dos conservadores do registo comercial, bem como as impugnações das decisões proferidas pelos conservadores no âmbito dos procedimentos administrativos de dissolução e de liquidação de sociedades comerciais;
b) *(Revogada.)*

3 – A competência a que se refere o nº 1 abrange os respectivos incidentes e apensos, bem como a execução das decisões.

4 – *(Revogado.)*
5 – *(Revogado.)*

SUBSECÇÃO V
Juízos de propriedade intelectual

ARTIGO 122º
Competência

1 – Compete aos juízos da propriedade intelectual conhecer das questões relativas a:

a) Acções em que a causa de pedir verse sobre direitos de autor e direitos conexos;

b) Acções em que a causa de pedir verse sobre propriedade industrial, em qualquer das modalidades previstas na lei;

c) Acções de nulidade e de anulação previstas no Código da Propriedade Industrial;

d) Recursos de decisões do Instituto Nacional da Propriedade Industrial que concedam ou recusem qualquer direito de propriedade intelectual ou sejam relativas a transmissões, licenças, declarações de caducidade ou a quaisquer actos que afectem, modifiquem ou extingam direitos de propriedade industrial;

e) Recurso e revisão das decisões ou de quaisquer outras medidas legalmente susceptíveis de impugnação tomadas pelo Instituto Nacional da Propriedade Industrial, em processo de contra-ordenação.

f) *(Revogada.)*

g) Acções de declaração em que a causa de pedir verse sobre nomes de domínio na internet;

h) Recursos das decisões da Fundação para a Computação Científica Nacional, enquanto entidade competente para o registo de nomes de domínio de PT, que registem, recusem o registo ou removam um nome de domínio de PT;

i) Acções em que a causa de pedir verse sobre firmas ou denominações sociais;

j) Recursos das decisões do Instituto dos Registos e do Notariado relativas à admissibilidade de firmas e denominações no âmbito do regime jurídico do Registo Nacional de Pessoas Colectivas;

l) Acções em que a causa de pedir verse sobre a prática de actos de concorrência desleal em matéria de propriedade industrial;

m) Medidas de obtenção e preservação de prova e de prestação de informações quando requeridas no âmbito da protecção de direitos de propriedade intelectual e direitos de autor.

2 – A competência a que se refere o número anterior abrange os respectivos incidentes e apensos, bem como a execução das decisões.

3 – *(Revogado.)*

SUBSECÇÃO VI
Juízos da concorrência, regulação e supervisão

ARTIGO 122º-A
Competência

1 – Compete aos juízos da concorrência, regulação e supervisão conhecer das

questões relativas a recurso, revisão e execução das decisões, despachos e demais medidas em processo de contra-ordenação legalmente susceptíveis de impugnação:
   a) Da Autoridade da Concorrência (AdC);
   b) Da Autoridade Nacional de Comunicações (ICP-ANACOM);
   c) Do Banco de Portugal (BP);
   d) Da Comissão do Mercado de Valores Mobiliários (CMVM);
   e) Da Entidade Reguladora para a Comunicação Social (ERC);
   f) Do Instituto de Seguros de Portugal (ISP);
   g) Das demais entidades administrativas independentes com funções de regulação e supervisão.

2 – Compete ainda aos juízos da concorrência, regulação e supervisão conhecer das questões relativas a recurso, revisão e execução:

   a) Das decisões da AdC proferidas em procedimentos administrativos a que se refere o regime jurídico da concorrência, bem como da decisão ministerial prevista no artigo 34º do Decreto-Lei nº 10/2003, de 18 de Janeiro;
   b) Das demais decisões da AdC que admitam recurso, nos termos previstos no regime jurídico da concorrência.

3 – As competências referidas nos números anteriores abrangem os respetivos incidentes e apensos.

SUBSECÇÃO VII
Juízos marítimos

ARTIGO 123º
Competência

1 – Compete aos juízos marítimos conhecer das questões relativas a:

   a) Indemnizações devidas por danos causados ou sofridos por navios, embarcações e outros engenhos flutuantes, ou resultantes da sua utilização marítima, nos termos gerais de direito;
   b) Contratos de construção, reparação, compra e venda de navios, embarcações e outros engenhos flutuantes, desde que destinados ao uso marítimo;
   c) Contratos de transporte por via marítima ou contrato de transporte combinado ou multimodal;
   d) Contratos de transporte por via fluvial ou por canais, nos limites do quadro I anexo ao Regulamento Geral das Capitanias;
   e) Contratos de utilização marítima de navios, embarcações e outros engenhos flutuantes, designadamente os de fretamento e os de locação financeira;
   f) Contratos de seguro de navios, embarcações e outros engenhos flutuantes destinados ao uso marítimo e suas cargas;
   g) Hipotecas e privilégios sobre navios e embarcações, bem como quaisquer garantias reais sobre engenhos flutuantes e suas cargas;
   h) Processos especiais relativos a navios, embarcações, outros engenhos flutuantes e suas cargas;

i) Procedimentos cautelares sobre navios, embarcações e outros engenhos flutuantes, respectiva carga e bancas e outros valores pertinentes aos navios, embarcações e outros engenhos flutuantes, bem como solicitação preliminar à capitania para suster a saída das coisas que constituam objecto de tais procedimentos;

j) Avarias comuns ou avarias particulares, incluindo as que digam respeito a outros engenhos flutuantes destinados ao uso marítimo;

l) Assistência e salvação marítimas;

m) Contratos de reboque e contratos de pilotagem;

n) Remoção de destroços;

o) Responsabilidade civil emergente de poluição do mar e outras águas sob a sua jurisdição;

p) Utilização, perda, achado ou apropriação de aparelhos ou artes de pesca ou de apanhar mariscos, moluscos e plantas marinhas, ferros, aprestos, armas, provisões e mais objectos destinados à navegação ou à pesca, bem como danos produzidos ou sofridos pelo mesmo material;

q) Danos causados nos bens do domínio público marítimo;

r) Propriedade e posse de arrojos e de coisas provenientes ou resultantes das águas do mar ou restos existentes, que jazem nos respectivos solo ou subsolo ou que provenham ou existam nas águas interiores, se concorrer interesse marítimo;

s) Presas;

t) Todas as questões em geral sobre matérias de direito comercial marítimo;

u) Recursos das decisões do capitão do porto proferidas em processo de contra-ordenação marítima.

2 – As competências referidas na alínea *u)* do número anterior, bem como a competência para a execução das respectivas decisões, cabem aos juízos de média ou pequena instância criminal, consoante o valor da coima, nas comarcas em que não haja juízo marítimo.

SUBSECÇÃO VIII
Juízos de execução das penas

ARTIGO 124º
Competência[56]

1 – Após o trânsito em julgado da sentença que determinou a aplicação de pena ou medida privativa da liberdade, compete ao tribunal de execução das penas acompanhar e fiscalizar a respectiva execução e decidir da sua modificação, substituição e extinção, sem prejuízo do disposto no artigo 371º-A do Código de Processo Penal.

2 – Compete ainda ao tribunal de execução das penas acompanhar e fiscalizar a execução da prisão e do internamento preventivos, devendo as respectivas decisões ser comunicadas ao tribunal à ordem do qual o arguido cumpre a medida de coacção.

---

[56] A atual redação deste artigo decorreu das Leis nºs 115/2009, de 12 de outubro, e 40/2010, de 3 de setembro.

4. LEI DE ORGANIZAÇÃO E FUNCIONAMENTO DOS TRIBUNAIS JUDICIAIS DE 2008

3 – Sem prejuízo de outras disposições legais, compete aos tribunais de execução das penas, em razão da matéria:

a) Homologar os planos individuais de readaptação, bem como os planos terapêuticos e de reabilitação de inimputável e de imputável portador de anomalia psíquica internado em estabelecimento destinado a inimputáveis, e as respectivas alterações;

b) Conceder e revogar licenças de saída jurisdicionais;

c) Conceder e revogar a liberdade condicional, a adaptação à liberdade condicional e a liberdade para prova;

d) Homologar a decisão do director-geral dos Serviços Prisionais de colocação do recluso em regime aberto no exterior, antes da respectiva execução;

e) Determinar a execução da pena acessória de expulsão, declarando extinta a pena de prisão, e determinar a execução antecipada da pena acessória de expulsão;

f) Convocar o conselho técnico sempre que o entenda necessário ou quando a lei o preveja;

g) Decidir processos de impugnação de decisões dos serviços prisionais;

h) Definir o destino a dar à correspondência retida;

i) Declarar perdidos e dar destino aos objectos ou valores apreendidos aos reclusos;

j) Decidir sobre a modificação da execução da pena de prisão relativamente a reclusos portadores de doença grave, evolutiva e irreversível ou de deficiência grave e permanente ou de idade avançada;

l) Ordenar o cumprimento da prisão em regime contínuo em caso de faltas de entrada no estabelecimento prisional não consideradas justificadas por parte do condenado em prisão por dias livres ou em regime de semidetenção;

m) Rever e prorrogar a medida de segurança de internamento de inimputáveis;

n) Decidir sobre a prestação de trabalho a favor da comunidade e sobre a sua revogação, nos casos de execução sucessiva de medida de segurança e de pena privativas da liberdade;

o) Determinar o internamento ou a suspensão da execução da pena de prisão em virtude de anomalia psíquica sobrevinda ao agente durante a execução da pena de prisão e proceder à sua revisão;

p) Determinar o cumprimento do resto da pena ou a continuação do internamento pelo mesmo tempo, no caso de revogação da prestação de trabalho a favor da comunidade ou da liberdade condicional de indivíduo sujeito a execução sucessiva de medida de segurança e de pena privativas da liberdade;

q) Declarar a caducidade das alterações ao regime normal de execução da pena, em caso de simulação de anomalia psíquica;

r) Declarar cumprida a pena de prisão efectiva que concretamente caberia ao crime cometido por condenado em pena relativamente indeterminada, tendo sido recusada ou revogada a liberdade condicional;

s) Declarar extinta a pena de prisão efectiva, a pena relativamente indeterminada e a medida de segurança de internamento;

t) Emitir mandados de detenção, de captura e de libertação;

u) Informar o ofendido da libertação ou da evasão do recluso, nos casos previstos nos artigos 23º e 97º do Código da Execução das Penas e Medidas Privativas da Liberdade;

v) Instruir o processo de concessão e revogação do indulto e proceder à respectiva aplicação;

x) Proferir a declaração de contumácia e decretar o arresto de bens, quanto a condenado que dolosamente se tiver eximido, total ou parcialmente, à execução de pena de prisão ou de medida de internamento;

z) Decidir sobre o cancelamento provisório de factos ou decisões inscritos no registo criminal;

aa) Julgar o recurso sobre a legalidade da transcrição nos certificados do registo criminal.

ARTIGO 125º
Extensão da competência

Compete ainda ao tribunal de execução das penas garantir os direitos dos reclusos, pronunciando-se sobre a legalidade das decisões dos serviços prisionais nos casos e termos previstos na lei.[57]

SUBSECÇÃO IX
Juízos de execução

ARTIGO 126º
Competência

1 – Compete aos juízos de execução exercer, no âmbito dos processos de execução de natureza cível, as competências previstas no Código de Processo Civil.

2 – Estão excluídos do número anterior os processos atribuídos aos juízos de família e menores, aos juízos do trabalho, aos juízos de comércio, aos juízos de propriedade intelectual e aos juízos marítimos e as execuções de sentenças proferidas por juízo criminal que, nos termos da lei processual penal, não devam correr perante um juízo civil.

3 – Compete também aos juízos de execução exercer, no âmbito dos processos de execução por dívidas de custas cíveis e multas aplicadas em processo cível, as competências previstas no Código de Processo Civil não atribuídas aos juízos de competência especializada referidos no número anterior.

SECÇÃO VI
Juízos de competência especializada em matéria cível e criminal

ARTIGO 127º
Níveis de especialização

1 – Em cada comarca podem ser criados, de modo conjunto ou autónomo, juízos de competência especializada em matéria cível e em matéria criminal, até três níveis de especialização, cuja determinação de competência corresponde ao disposto nos artigos seguintes.

---

[57] Redação introduzida pela Lei nº 115/2009, de 12 de outubro, vigente desde 10 de abril de 2010.

2 – Podem ser criados os seguintes tipos de juízos de competência especializada, cível ou criminal:

a) Juízos de grande instância cível;
b) Juízos de grande instância criminal,
c) Juízos de média instância cível;
d) Juízos de média instância criminal;
e) Juízos de pequena instância cível;
f) Juízos de pequena instância criminal.

SUBSECÇÃO I
Juízos de competência especializada cível

ARTIGO 128º
Juízo de grande instância cível

1 – Compete à grande instância cível:

a) A preparação e julgamento das acções declarativas cíveis de valor superior à alçada do tribunal da Relação em que a lei preveja a intervenção do tribunal colectivo;
b) Exercer, nas acções executivas fundadas em título que não seja judicial, de valor superior à alçada dos tribunais da Relação, as competências previstas no Código de Processo Civil, em circunscrições não abrangidas pela competência de outro juízo;
c) A preparação e julgamento dos procedimentos cautelares a que correspondam acções da sua competência;
d) Exercer as demais competências conferidas por lei.

2 – Nas comarcas onde não haja juízos de família e menores ou de comércio, o disposto na alínea a) do número anterior é extensivo às acções que caibam a esses juízos.

3 – São remetidos à grande instância cível os processos pendentes nos juízos de média instância cível em que se verifique alteração do valor susceptível de determinar a sua competência.

4 – Na grande instância cível compete ao juiz da causa ou ao juiz a quem for distribuído o processo o exercício das funções previstas no artigo 139º, com as devidas adaptações.

ARTIGO 129º
Juízos de média instância cível

1 – Aos juízos de média instância cível compete a preparação e julgamento dos processos de natureza cível não atribuídos expressamente a outros tribunais ou juízos.

2 – Compete ao juízo de média instância cível exercer as competências previstas nas alíneas b) a e) do nº 2 do artigo 110º, excepto quando as mesmas caibam na competência territorial de um juízo de competência genérica existente na comarca.

3 – O juízo de média instância cível é competente para todas as acções, questões e procedimentos que caberiam na competência dos juízos de grande e pequena

instância cível, quando não existam outras instâncias de especialização cível na comarca.

ARTIGO 130º
Juízos de pequena instância cível

Compete à pequena instância cível preparar e julgar as causas cíveis a que corresponda a forma de processo sumaríssimo e as causas cíveis não previstas no Código de Processo Civil a que corresponda processo especial e cuja decisão não seja susceptível de recurso ordinário.

SUBSECÇÃO II
Juízos de competência especializada criminal

ARTIGO 131º
Juízo de grande instância criminal

1 – Compete à grande instância criminal proferir despacho nos termos dos artigos 311º a 313º do Código de Processo Penal e proceder ao julgamento e aos termos subsequentes nos processos de natureza criminal da competência do tribunal colectivo ou do júri.

2 – A grande instância criminal das comarcas de Lisboa, bem como a do Porto tem competência para o julgamento de crimes estritamente militares, nos termos do Código de Justiça Militar.

ARTIGO 132º
Juízos de média instância criminal

1 – Aos juízos de média instância criminal compete:

a) A preparação, o julgamento e os termos subsequentes das causas crime não atribuídas expressamente a outros tribunais ou juízos;

b) Nas comarcas onde não existam outros juízos de especialização criminal, a prática dos actos que, nessa matéria, é atribuída aos juízos de competência genérica;

c) Nas comarcas não abrangidas pela competência dos juízos de instrução criminal, a prática dos actos referidos na alínea *a)* do nº 2 do artigo 110º;

d) O julgamento dos recursos das decisões das autoridades administrativas em processo de contra-ordenação, salvo o disposto nos artigos 119º, 121º, 122º, 123º e 133º.

2 – Quando aos juízos de média instância criminal seja atribuída a competência referida na alínea *b)* do número anterior, estes assumem a designação de juízos de instância criminal.

ARTIGO 133º
Juízos de pequena instância criminal

Compete à pequena instância criminal preparar e julgar:

a) Causas a que corresponda a forma de processo sumário, abreviado e sumaríssimo;

b) Recursos das decisões das autoridades administrativas em processo de contra-ordenação, quando o valor da coima seja igual ou inferior a € 15 000, independentemente da aplicação da sanção acessória, ressalvado o disposto nos artigos 119º, 121º, 122º e 123º.

SECÇÃO VII
Execução das decisões

ARTIGO 134º
Execução das decisões

Sem prejuízo da competência dos juízos de execução, os restantes tribunais de competência especializada são competentes para executar as respectivas decisões.

SECÇÃO VIII
Tribunal singular, colectivo e do júri

SUBSECÇÃO I
Tribunal singular

ARTIGO 135º
Composição e competência

1 – O tribunal singular é composto por um juiz.

2 – Compete ao tribunal singular julgar os processos que não devam ser julgados pelo tribunal colectivo ou do júri.

SUBSECÇÃO II
Tribunal colectivo

ARTIGO 136º
Composição

1 – O tribunal colectivo é composto por três juízes.

2 – Nos tribunais de comarca desdobrados em juízos de grande e média instância cível ou criminal, o tribunal colectivo é constituído por juízes privativos, salvo se o Conselho Superior da Magistratura, por conveniência de serviço e ouvido o presidente do tribunal da comarca, determinar composição diversa.

3 – Nas comarcas em que o volume de serviço o aconselhar e que estejam indicadas em decreto-lei, o tribunal colectivo é constituído por dois juízes em afectação exclusiva ao julgamento em tribunal colectivo e pelo juiz do processo.

4 – Nos restantes casos, o Conselho Superior da Magistratura, ouvido o presidente do tribunal da comarca, designa os juízes necessários à constituição do tribunal colectivo, devendo a designação recair em juiz privativo da mesma comarca, salvo manifesta impossibilidade.

5 – Os quadros da grande instância criminal de Lisboa e do Porto prevêem um juiz militar por cada ramo das Forças Armadas e um da GNR, os quais intervêm nos termos do disposto no Código de Justiça Militar.

ARTIGO 137º
Competência

Compete ao tribunal colectivo julgar:

a) Em matéria penal, os processos a que se refere o artigo 14º do Código de Processo Penal;

b) As questões de facto nas acções de valor superior à alçada dos tribunais da Relação e nos incidentes e execuções que sigam os termos do processo de declaração e excedam a referida alçada, sem prejuízo dos casos em que a lei de processo exclua a sua intervenção;

c) As questões de direito, nas acções em que a lei de processo o determine.

ARTIGO 138º
Presidente do tribunal colectivo

1 – O tribunal colectivo é presidido:

a) Nas comarcas a que se refere o nº 3 do artigo 136º, por um dos juízes com afectação exclusiva;

b) Nos restantes casos, pelo juiz do processo.

2 – Nos casos da alínea *a)* do número anterior, a presidência dos tribunais colectivos é equitativamente distribuída pelos juízes com afectação exclusiva.

3 – Compete ao presidente do tribunal de comarca efectuar a distribuição a que se refere o número anterior, ouvidos os respectivos juízes.

ARTIGO 139º
Competência do presidente

1 – Compete ao presidente do tribunal colectivo:

a) Dirigir as audiências de discussão e julgamento;

b) Elaborar os acórdãos nos julgamentos penais;

c) Proferir a sentença final nas acções cíveis;

d) Suprir as deficiências das sentenças e dos acórdãos referidos nas alíneas anteriores, esclarecê-los, reformá-los e sustentá-los nos termos das leis de processo;

e) Organizar o programa das sessões do tribunal colectivo;

f) Exercer as demais funções atribuídas por lei.

2 – Compete ainda ao presidente do tribunal colectivo o julgamento no caso previsto no nº 5 do artigo 334º do Código de Processo Penal.

SUBSECÇÃO III
Tribunal do Júri

ARTIGO 140º
Composição

1 – O tribunal do júri é constituído pelo presidente do tribunal colectivo, que preside, pelos restantes juízes e por jurados.
2 – A lei regula o número, recrutamento e selecção dos jurados.

ARTIGO 141º
Competência

1 – Compete ao tribunal do júri julgar os processos a que se refere o artigo 13º do Código de Processo Penal, salvo se tiverem por objecto crimes de terrorismo ou se referirem a criminalidade altamente organizada.
2 – A intervenção do júri no julgamento é definida pela lei de processo.

SUBSECÇÃO IV
Arrendamento rural

ARTIGO 142º
Composição do tribunal

1 – Nas acções que tenham por objecto questões de arrendamento rural, integram o tribunal dois juízes sociais.
2 – Dos juízes sociais, um é recrutado de entre senhorios e outro de entre arrendatários.

CAPÍTULO VI
Ministério Público

ARTIGO 143º
Ministério Público

1 – O Ministério Público é representado:

a) No Supremo Tribunal de Justiça, pelo Procurador-Geral da República;
b) Nos tribunais da Relação, pelos procuradores-gerais distritais e por procuradores-gerais-adjuntos;
c) Nos juízos dos tribunais de comarca, por procuradores da República e por procuradores-adjuntos.

2 – Nas sedes de distritos judiciais e nos tribunais referidos no art. 45º do Estatuto dos Magistrados Judiciais, aprovado pela Lei nº 21/85, de 30 de Julho, há, pelo menos, um procurador da República.
3 – Os magistrados referidos no nº 1 fazem-se substituir nos termos do Estatuto do Ministério Público.

4 – É aplicável ao Ministério Público, com as necessárias adaptações, o disposto nos nºs 2 a 6 do artigo 61º e nos artigos 79º e 80º.

CAPÍTULO VII
Mandatários Judiciais

ARTIGO 144º
Advogados

1 – A lei assegura aos advogados as imunidades necessárias ao exercício do mandato e regula o patrocínio forense como elemento essencial à administração da justiça.

2 – Para a defesa dos direitos e garantias individuais, os advogados podem requerer a intervenção dos órgãos jurisdicionais competentes.

3 – A imunidade necessária ao desempenho eficaz do mandato forense é assegurada aos advogados pelo reconhecimento legal e garantia de efectivação, designadamente:

a) Do direito à protecção do segredo profissional;
b) Do direito ao livre exercício do patrocínio e ao não sancionamento pela prática de actos conformes ao estatuto da profissão;
c) Do direito à especial protecção das comunicações com o cliente e à preservação do sigilo da documentação relativa ao exercício da defesa.

ARTIGO 145º
Solicitadores

Os solicitadores são auxiliares da administração da justiça, exercendo o mandato judicial nos casos e com as limitações previstos na lei.

ARTIGO 146º
Ordem dos Advogados e Câmara dos Solicitadores

1 – A Ordem dos Advogados e a Câmara dos Solicitadores têm direito ao uso exclusivo de instalações nos edifícios dos tribunais judiciais que lhes sejam reservadas pelo presidente, podendo, através de protocolo, ser definida a repartição dos encargos em matéria de equipamentos e de custos com conservação e manutenção.

2 – Os mandatários judiciais têm direito ao uso exclusivo de instalações que, em vista das suas funções, lhes sejam destinadas pelo presidente do tribunal.

CAPÍTULO VIII
Instalação dos Tribunais

ARTIGO 147º
Supremo Tribunal de Justiça e Tribunais da Relação

A instalação do Supremo Tribunal de Justiça e dos tribunais da Relação constitui encargo directo do Estado.

CAPÍTULO IX
Secretarias Judiciais

SECÇÃO I
Disposições gerais

ARTIGO 148º
Secretarias

O expediente dos tribunais é assegurado por secretarias, com a composição e as competências legalmente previstas.

ARTIGO 149º
Composição

1 – As secretarias compreendem serviços judiciais e serviços do Ministério Público.
2 – As secretarias podem ainda compreender serviços administrativos e secções de serviço externo.

ARTIGO 150º
Secretarias-gerais

1 – Nos tribunais de comarca em que a natureza e o volume de serviço o justifiquem, há secretarias com funções de centralização administrativa, designadas por secretarias-gerais.
2 – As secretarias-gerais podem abranger um ou mais juízos ou um ou mais serviços do Ministério Público.

ARTIGO 151º
Secretarias de execução

Podem ser criadas secretarias com competência para, através de oficiais de justiça, efectuar as diligências necessárias à tramitação do processo de execução.

ARTIGO 152º
Horário de funcionamento

1 – O horário das secretarias é definido por portaria do membro do Governo responsável pela área da justiça.
2 – As secretarias funcionam aos sábados, nos feriados que recaiam em segunda-feira e no segundo dia feriado, em caso de feriados consecutivos, quando seja necessário assegurar serviço urgente.

ARTIGO 153º
Entrada nas secretarias

1 – A entrada nas secretarias é vedada a pessoas estranhas aos serviços.
2 – O disposto no número anterior não é aplicável aos mandatários judiciais.
3 – Mediante autorização do funcionário que chefiar a secretaria, é permitida a entrada a quem, em razão do seu especial interesse nos actos ou processos, a ela deva ter acesso.

ARTIGO 154º
Quadros de pessoal

A criação ou alteração dos quadros de pessoal das secretarias faz-se por portaria conjunta dos membros do Governo responsáveis pelas áreas das finanças, Administração Pública e da justiça.[58]

SECÇÃO II
Registo e arquivo

ARTIGO 155º
Registo de peças processuais e processos

1 – As peças processuais e os processos apresentados nas secretarias são registados nos termos determinados pelo director-geral da Administração da Justiça.

2 – Depois de registados, os suportes em papel das peças processuais e dos processos só podem sair da secretaria nos casos expressamente previstos na lei e mediante as formalidades por ela estabelecidas, cobrando-se recibo e averbando-se a saída em suporte electrónico.

3 – É privilegiado o uso de meios electrónicos para transmissão e tratamento de documentos judiciais, e para a sua divulgação, nos termos da lei, junto dos cidadãos.

ARTIGO 156º
Arquivo

1 – Consideram-se findos para efeitos de arquivo:

a) Os processos cíveis, decorridos três meses após o trânsito em julgado da decisão final;

b) Os processos penais, decorridos três meses após o trânsito em julgado da decisão absolutória ou de outra decisão final não condenatória, da extinção da pena ou da medida de segurança;

c) Os processos em que se verifique a interrupção da instância;

d) Os processos de inquérito, decorridos três meses após despacho de arquivamento;

e) Os demais processos a cargo do Ministério Público, logo que preenchido o seu fim.

2 – Os processos, livros e papéis ingressam no arquivo do tribunal após a fiscalização do Ministério Público e a correição, consoante os casos, do juiz ou do magistrado do Ministério Público.

---

[58] A Portaria nº 12/2012, de 13 de janeiro, alterou os quadros de pessoal das secretarias dos juízos de Águeda, Anadia, Aveiro, dos Serviços do Ministério Público dos Juízos de Aveiro e das secções de Aveiro do Departamento de Investigação e Acção Penal da comarca do Baixo Vouga, dos juízos de Oliveira do Bairro e de Sever do Vouga, aprovados pela Portaria nº 170/2009, de 17 de fevereiro.

ARTIGO 157º
Conservação e eliminação de documentos

O membro do Governo responsável pela área da justiça define, por portaria, o regime de conservação e eliminação de documentos em arquivo em suporte de papel.

ARTIGO 158º
Fiéis depositários

1 – Os funcionários que chefiam as secretarias, secções e serviços são fiéis depositários do arquivo, valores, processos e objectos que a elas digam respeito.

2 – Os funcionários referidos no número anterior devem conferir o inventário após aceitarem o respectivo cargo.

ARTIGO 159º
Utilização da informática

1 – A informática é utilizada para o tratamento de dados relativos à gestão dos tribunais judiciais, à tramitação processual e ao arquivo.

2 – A tramitação dos processos é efectuada electronicamente em termos a definir por portaria do membro do Governo responsável pela área da justiça, devendo as disposições processuais relativas a actos dos magistrados e das secretarias ser objecto das alterações práticas que se revelem necessárias.

3 – A portaria referida no número anterior regula, designadamente:

a) A apresentação de peças processuais e documentos;
b) A distribuição de processos;
c) A prática, necessariamente por meios electrónicos, dos actos processuais dos magistrados e dos funcionários;
d) Os actos, peças, autos e termos do processo que não podem constar do processo em suporte físico.[59]

CAPÍTULO X
Alterações Legislativas

ARTIGO 169º
Lei nº 2/90, de 20 de Janeiro

As referências feitas ao mapa anexo às Leis 21/85, de 30 de Julho, e 2/90, de 20 de Janeiro (sistema retributivo dos magistrados judiciais e do Ministério Público), das quais faz parte integrante, a juiz de círculo ou equiparado entendem-se como dizendo respeito a juiz colocado em instâncias especializadas ou equiparado.

---

[59] Os artigos 160º a 168º versam sobre às alterações aos Códigos de Processo Civil, de Processo Penal e da Propriedade Industrial, aos Estatutos dos Magistrados Judiciais e do Ministério Público e à Lei nº 18//2003, de 11 de junho.

ARTIGO 170º
Actualizações de nomenclatura

1 – A referência feita à categoria de juiz de círculo, constante de qualquer diploma, entende-se como dizendo respeito ao juiz em afectação exclusiva ao julgamento por tribunal colectivo.

2 – Todas as referências feitas ao tribunal ou tribunal de comarca, em disposições legais ou regulamentares, entendem-se como dizendo respeito também ao juízo, sempre que tal resulte necessário em virtude da presente lei.

CAPÍTULO XI
Disposições Transitórias e Finais

SECÇÃO I
Disposições transitórias

SUBSECÇÃO I
Regime experimental

ARTIGO 171º
Período experimental[60]

1 – A presente lei é aplicável a título experimental, até 31 de Agosto de 2010, às comarcas Alentejo Litoral, Baixo-Vouga e Grande Lisboa Noroeste, nos termos da conformação dada pelo mapa II anexo à presente lei, da qual faz parte integrante, que funcionam em regime de comarcas piloto.

2 – A instalação e o funcionamento das comarcas piloto referidas no número anterior são definidos por decreto-lei a publicar no prazo de 60 dias após a publicação da presente lei.

3 – Em anexo ao decreto-lei referido no número anterior, é publicado um mapa que contém a identificação das sedes do tribunal de comarca respectivo das comarcas piloto, bem como a definição dos juízos que destas constem.

ARTIGO 172º
Relatório de avaliação

1 – Seis meses antes do termo do período experimental, é elaborado pelo Ministério da Justiça um relatório de avaliação do impacto da aplicação da presente lei às comarcas piloto.

2 – Durante a elaboração do relatório de avaliação são ouvidos o Conselho Superior de Magistratura, o Conselho Superior do Ministério Público, a Ordem dos Advogados, a Câmara dos Solicitadores e o Conselho dos Oficiais de Justiça.

---

[60] O artigo 49º do Decreto-Lei nº 25/2009, de 26 de janeiro, organizou as comarcas piloto do Alentejo Litoral, Baixo Vouga e Grande Lisboa-Noroeste e concretizou o disposto nos nºs 2 e 3 deste artigo. As referidas comarcas foram instaladas em 14 de abril de 2009. Por seu turno, o Decreto-Lei nº 28/2009, de 28 de janeiro, regulamentou, com caráter experimental e provisório, a Lei nº 52/2008.

ARTIGO 173º
Distribuição de processos

O destino dos processos pendentes em tribunais ou juízos que percam competência territorial em face da instalação das comarcas piloto é fixado no decreto-lei referido no nº 2 do artigo 171º.

SUBSECÇÃO II
Outras disposições transitórias

ARTIGO 174º
Competência territorial dos tribunais da Relação

A competência territorial dos tribunais da Relação, tal como definida no Decreto-Lei nº 186-A/99, de 31 de Maio, mantém-se em vigor até 31 de Agosto de 2010.

ARTIGO 175º
Tribunais de competência especializada

Os tribunais de competência especializada existentes ao tempo da entrada em vigor da presente lei para todo o território nacional assumem a designação de juízos.

ARTIGO 176º
Presidência dos tribunais superiores

O disposto no nº 1 do artigo 51º aplica-se apenas aos mandatos que se iniciem a partir da data da entrada em vigor da presente lei.

ARTIGO 177º
Nomeação do presidente do tribunal de comarca

Até à aprovação da portaria a que se refere no nº 2 do artigo 92º, o presidente do tribunal de comarca é nomeado de entre juízes de direito que possuam 10 anos de serviço efectivo nos tribunais ou juízes desembargadores, com classificação não inferior a *Bom com distinção*, sendo dada preferência aos magistrados que possuam formação na área de gestão.

ARTIGO 178º
Nomeação do administrador do tribunal de comarca

Até à aprovação da portaria a que se refere no nº 3 do artigo 96º, a nomeação do administrador do tribunal não depende do requisito referido no artigo 95º, sendo dada preferência aos candidatos que possuam formação na área de gestão.

ARTIGO 179º
Remunerações de magistrados

1 – Da aplicação da presente lei não pode ocorrer diminuição do nível remuneratório actual de qualquer magistrado, enquanto não for transferido do juízo ou tribunal onde se encontre a exercer funções.

2 – O disposto no número anterior é aplicável aos juízes de direito providos interinamente nos lugares de juízes de círculo judicial e em instâncias de especialização.

ARTIGO 180º
Procuradores-gerais-adjuntos colocados nos tribunais da Relação e procuradores da República colocados nos departamentos de investigação e acção penal

Os procuradores-gerais-adjuntos colocados nos tribunais da Relação e os procuradores da República colocados nos departamentos de investigação e acção penal das comarcas sede de distrito à data da entrada em vigor da presente lei passam a exercer funções em comissão de serviço.

ARTIGO 181º
Instalação de tribunais

Enquanto o Estado não dispuser de edifícios adequados, mantém-se a instalação de tribunais judiciais em imóveis ou partes de imóveis pertencentes a autarquias locais, em regime de gratuitidade.

SECÇÃO II
Disposições finais

ARTIGO 182º
Provimento dos lugares de juiz em afectação exclusiva

1 – Sem prejuízo do disposto no artigo seguinte, os juízes de círculo ou equiparados que reúnam os requisitos legalmente exigidos têm preferência absoluta no primeiro provimento de lugares de juiz em afectação exclusiva ao julgamento por tribunal colectivo.

2 – O preceituado no número anterior é aplicável ao primeiro provimento de lugares nas comarcas sedeadas na área dos extintos círculos judiciais.

ARTIGO 183º
Competência contravencional

As disposições da presente lei não prejudicam a competência em matéria contravencional atribuída anteriormente aos tribunais.

ARTIGO 184º
Normas complementares

1 – A presente lei é regulamentada por decreto-lei a publicar no prazo de 60 dias após a sua publicação.

2 – As referências à aprovação de decreto-lei no nº 1 do artigo 20º, no artigo 22º, no nº 3 do artigo 29º, nos nºs 1 e 7 do artigo 30º, no nº 1 do artigo 74º, no nº 1 do artigo 78º, no nº 4 do artigo 82º, no nº 3 do artigo 83º, no nº 3 do artigo 91º, no nº 1 do artigo 110º, no nº 3 do artigo 136º e no artigo 148º consideram-se feitas ao decreto-lei referido no número anterior.

3 – As portarias referidas no artigo 16º, no nº 4 do artigo 47º, no nº 3 do artigo 79º, no nº 4 do artigo 83º, no nº 4 do artigo 84º, no nº 2 do artigo 92º, no nº 3 do artigo 92º, no nº 3 do artigo 96º, no nº 1 do artigo 152º, no artigo 154º, no artigo 157º, e nos nºs 2 e 3 do artigo 159º são publicadas no prazo de 60 dias após a publicação da presente lei.

4 – Até 31 de Agosto de 2010, é aprovado, por decreto-lei, o mapa de divisão territorial que contenha a composição por juízos dos tribunais de comarca de todo o território nacional, como mapa III anexo à presente lei, da qual fará parte integrante.

ARTIGO 185º
Deliberações do Conselho Superior da Magistratura

No âmbito da sua competência, o Conselho Superior da Magistratura toma as deliberações necessárias à execução da presente lei e das suas normas complementares.

ARTIGO 186º
Norma revogatória

São revogados:

a) As alíneas *a)* e *c)* do nº 1 e o nº 2 do artigo 65º e o artigo 69º do Código de Processo Civil, aprovado pelo Decreto-Lei nº 44.129 de 28 de Dezembro de 1961;

b) A alínea *c)* do artigo 7º e o nº 6 do artigo 28º-A e o nº 2 do artigo 45º-A do Estatuto dos Magistrados Judiciais, aprovado pela Lei nº 21/85, de 30 de Julho;

c) O nº 5 do artigo 135º do Estatuto do Ministério Público, aprovado pela Lei nº 60/88, de 27 de Agosto;

d) A Lei nº 3/99, de 13 de Janeiro;

e) O Decreto-Lei nº 186-A/99, de 31 de Maio;

f) O Decreto-Lei nº 176/2000, de 9 de Agosto.

ARTIGO 187º
Entrada em vigor[61]

1 – A presente lei entra em vigor no 1º dia útil do ano judicial seguinte ao da sua publicação, sendo apenas aplicável às comarcas piloto referidas no nº 1 do artigo 171º.

2 – A aplicação da presente lei às comarcas piloto referidas no nº 1 do artigo 171º está sujeita a um período experimental com termo a 31 de Agosto de 2010.

3 – A partir de 1 de Setembro de 2010, a presente lei continua a aplicar-se às comarcas piloto e, tendo em conta a avaliação referida no artigo 172º, aplica-se ao território nacional de forma faseada, devendo o processo estar concluído a 1 de Setembro de 2014.

4 – A aplicação faseada prevista no número anterior é executada pelo Governo, através de decreto-lei, que define as comarcas a instalar em cada fase.

---

[61] Redação resultante da alteração introduzida pela Lei nº 3-B/2010, de 28 de abril.

5 – Os mapas anexos à presente lei apenas entram em vigor a partir de 1 de Setembro de 2014, salvo no que respeita ao mapa II anexo à presente lei, da qual faz parte integrante, que entra em vigor de forma faseada, à medida que a respectiva comarca seja instalada nos termos do número anterior.

6 – Sem prejuízo do nº 1, as alterações efectuadas pelo artigo 164º da presente lei aos artigos 72º, 73º, 120º, 122º, 123º, 127º, 134º e 135º do Estatuto do Ministério Público, bem como os artigos 88º-A e 123º-A, aditados ao Estatuto do Ministério Público pelo artigo 165º, entram em vigor no 1º dia útil do ano judicial seguinte ao da sua publicação.

7 – A alteração efectuada pelo artigo 161º da presente lei ao artigo 390º do Código de Processo Penal entra em vigor no 1º dia útil do ano judicial seguinte ao da sua publicação.

ANEXO I

MAPA I
Distritos Judiciais

Distrito judicial do Norte
Sede: Porto.
Circunscrições:
Alto Tâmega, Alto-Trás-os-Montes, Ave, Baixo Tâmega-Norte, Baixo Tâmega-Sul, Cávado, Entre Douro e Vouga, Grande Porto-Norte, Grande Porto-Sul, Médio Douro, Minho-Lima, Porto e Trás-os-Montes.

Distrito judicial do Centro
Sede: Coimbra.
Circunscrições:
Baixo Mondego-Interior, Baixo Mondego-Litoral, Baixo Vouga, Beira Interior Norte, Beira Interior Sul, Cova da Beira, Dão-Lafões, Serra da Estrela, e Pinhal Litoral.

Distrito judicial de Lisboa e Vale do Tejo
Sede: Lisboa.
Circunscrições:
Açores-Angra do Heroísmo, Açores-Ponta Delgada, Grande Lisboa-Oeste, Grande Lisboa-Este, Grande Lisboa-Noroeste, Lisboa, Lezíria do Tejo, Madeira, Médio Tejo, Oeste e Península de Setúbal.

Distrito judicial do Alentejo
Sede: Évora.
Circunscrições:
Alentejo Central, Alentejo Litoral, Alto Alentejo, Baixo Alentejo.

Distrito judicial do Algarve
Sede: Faro.
Circunscrições:
Barlavento Algarvio e Sotavento Algarvio.

ANEXO II

MAPA II
Comarcas

Açores-Angra do Heroísmo
Distrito judicial: Lisboa e Vale do Tejo.
Circunscrição:
Municípios: Calheta (São Jorge), Angra do Heroísmo, Corvo, Horta, Lages das Flores, Lages do Pico, Madalena, Santa Cruz das Flores, Santa Cruz da Graciosa, São Roque do Pico, Velas e Vila da Praia da Vitória.

Açores-Ponta Delgada
Distrito judicial: Lisboa e Vale do Tejo.
Circunscrição:
Municípios: Lagoa, Nordeste, Ponta Delgada, Povoação, Ribeira Grande, Vila do Porto e Vila Franca do Campo.

Alentejo Central
Distrito judicial: Alentejo.
Circunscrição:
Municípios: Alandroal, Arraiolos, Borba, Estremoz, Évora, Montemor-o-Novo, Mourão, Portel, Redondo, Reguengos de Monsaraz, Sousel, Vendas Novas, Viana do Alentejo e Vila Viçosa.

Alentejo Litoral
Distrito judicial: Alentejo.
Circunscrição:
Municípios: Alcácer do Sal, Grândola, Odemira, Santiago do Cacém e Sines.

Alto Alentejo
Distrito judicial: Alentejo.
Circunscrição:
Municípios: Alter do Chão, Arronches, Avis, Campo Maior, Castelo de Vide, Crato, Elvas, Fronteira, Gavião, Mora, Marvão, Monforte, Nisa, Ponte de Sor e Portalegre.

Alto Tâmega
Distrito judicial: Norte.
Circunscrição:
Municípios: Boticas, Chaves, Montalegre, Ribeira de Pena, Valpaços e Vila Pouca de Aguiar.

Alto Trás-os-Montes
Distrito judicial: Norte.
Circunscrição:
Bragança, Vimioso, Vinhais, Mirando do Douro, Macedo de Cavaleiros, Mogadouro.

Ave
Distrito judicial: Norte.
Circunscrição:
Municípios: Cabeceiras de Basto, Fafe, Guimarães, Mondim de Basto, Póvoa de Lanhoso, Vieira do Minho, Vila Nova de Famalicão e Vizela.

Baixo Alentejo
Distrito judicial: Alentejo.
Circunscrição:
Municípios: Aljustrel, Almodôvar, Alvito, Barrancos, Beja, Castro Verde, Cuba, Ferreira do Alentejo, Mértola, Moura, Ourique, Serpa e Vidigueira.

Baixo Mondego-Litoral
Distrito judicial: Centro.
Circunscrição:
Municípios: Cantanhede, Coimbra, Condeixa-a-Nova, Figueira da Foz, Mealhada, Mira, Montemor-o-Velho, Mortágua, Penacova e Soure.

Baixo Mondego-Interior
Distrito judicial: Centro.
Circunscrição:
Municípios: Ansião, Arganil, Castanheira de Pêra, Figueiró dos Vinhos, Góis, Lousã, Miranda do Corvo, Pampilhosa da Serra, Oliveira do Hospital, Pedrógão Grande, Penela, Tábua e Vila Nova de Poiares.

Baixo Tâmega-Norte
Distrito judicial: Norte.
Circunscrição:
Municípios: Amarante, Baião, Celorico de Basto, Cinfães, Felgueiras, Marco de Canaveses e Resende.

Baixo Tâmega-Sul
Distrito judicial: Norte.
Circunscrição:
Municípios: Castelo de Paiva, Lousada, Paços de Ferreira, Paredes e Penafiel.

Baixo Vouga
Distrito judicial: Centro.
Circunscrição:
Municípios: Águeda, Albergaria-a-Velha, Anadia, Aveiro, Estarreja, Ílhavo, Murtosa, Oliveira do Bairro, Ovar, Sever do Vouga e Vagos.

Barlavento Algarvio
Distrito judicial: Algarve.
Circunscrição:
Municípios: Albufeira, Aljezur, Lagoa, Lagos, Monchique, Portimão, Silves e Vila do Bispo.

Beira Interior Norte
Distrito judicial: Centro.
Circunscrição:
Municípios: Almeida, Celorico da Beira, Figueira de Castelo Rodrigo, Guarda, Manteigas, Meda, Pinhel, Sabugal e Trancoso.

Beira Interior Sul
Distrito judicial: Centro.
Circunscrição:
Municípios: Castelo Branco, Idanha-a-Nova, Oleiros, Penamacor, Proença-a--Nova, Sertã, Vila de Rei e Vila Velha de Ródão.

Cávado
Distrito judicial: Norte.
Circunscrição:
Municípios: Amares, Barcelos, Braga, Esposende, Terras de Bouro e Vila Verde.

Cova da Beira
Distrito judicial: Norte.
Circunscrição:
Municípios: Belmonte, Covilhã, Fundão.

Dão-Lafões
Distrito judicial: Centro.
Circunscrição:
Municípios: Aguiar da Beira, Carregal do Sal, Castro Daire, Mangualde, Nelas, Oliveira de Frades, Penalva do Castelo, Santa Comba Dão, São Pedro do Sul, Sátão, Tondela, Vila Nova de Paiva, Viseu e Vouzela.

Serra da Estrela
Distrito judicial: Centro.
Circunscrição:
Municípios: Fornos de Algodres, Gouveia, Seia.

Entre Douro e Vouga
Distrito judicial: Norte.
Circunscrição:
Municípios: Arouca, Santa Maria da Feira, Oliveira de Azeméis, São João da Madeira e Vale de Cambra.

Grande Lisboa-Oeste

Distrito judicial: Lisboa e Vale do Tejo
    Circunscrição:
    Municípios: Loures, Odivelas e Vila Franca de Xira.

Grande Lisboa-Este

Distrito judicial: Lisboa e Vale do Tejo
    Circunscrição:
    Municípios: Cascais e Oeiras.

Grande Lisboa-Noroeste

Distrito judicial: Lisboa e Vale do Tejo
    Circunscrição:
    Municípios: Amadora, Mafra e Sintra.

Grande Porto-Norte

Distrito judicial: Norte.
    Circunscrição:
    Municípios: Maia, Matosinhos, Póvoa de Varzim e Vila do Conde, Santo Tirso, Trofa.

Grande Porto-Sul

Distrito judicial: Norte.
    Circunscrição:
    Municípios: Espinho, Gondomar, Valongo e Vila Nova de Gaia.

Lezíria do Tejo

Distrito judicial: Lisboa e Vale do Tejo
    Área territorial:
    Municípios: Almeirim, Alpiarça, Azambuja, Benavente, Cartaxo, Chamusca, Coruche, Golegã, Rio Maior, Salvaterra de Magos e Santarém.

Lisboa

Distrito judicial: Lisboa e Vale do Tejo
    Circunscrição:
    Município: Lisboa.

Madeira

Distrito judicial: Lisboa e Vale do Tejo.
    Circunscrição:
    Municípios: Calheta, Câmara de Lobos, Funchal, Machico, Ponta do Sol, Porto Moniz, Porto Santo, Ribeira Brava, Santana, Santa Cruz e São Vicente.

Médio Douro
Distrito judicial: Norte.
Circunscrição:
Municípios: Alijó, Armamar, Lamego, Mesão Frio, Moimenta da Beira, Murça, Penedono, Peso da Régua, Sabrosa, Santa Marta de Penaguião, São João da Pesqueira, Sernancelhe, Tabuaço, Tarouca e Vila Real.

Médio Tejo
Distrito judicial: Lisboa e Vale do Tejo.
Circunscrição:
Municípios: Abrantes, Alcanena, Alvaiázere, Constância, Entroncamento, Ferreira do Zêzere, Mação, Ourém, Sardoal, Tomar, Torres Novas, Vila Nova da Barquinha.

Minho-Lima
Distrito judicial: Norte.
Circunscrição:
Municípios: Arcos de Valdevez, Caminha, Melgaço, Monção, Paredes de Coura, Ponte da Barca, Ponte de Lima, Valença, Viana do Castelo e Vila Nova de Cerveira.

Oeste
Distrito judicial: Lisboa e Vale do Tejo.
Circunscrição:
Municípios: Alcobaça, Alenquer, Arruda dos Vinhos, Bombarral, Cadaval, Caldas da Rainha, Lourinhã, Nazaré, Óbidos, Peniche, Sobral de Monte Agraço e Torres Vedras.

Península de Setúbal
Distrito judicial: Lisboa e Vale do Tejo
Circunscrição:
Municípios: Alcochete, Almada, Barreiro, Moita, Montijo, Palmela, Seixal, Sesimbra e Setúbal.

Pinhal Litoral
Distrito judicial: Centro.
Circunscrição:
Municípios: Batalha, Leiria, Marinha Grande, Pombal e Porto de Mós.

Porto
Distrito judicial: Norte.
Circunscrição:
Município: Porto.

Sotavento Algarvio
Distrito judicial: Algarve.
Circunscrição:

Municípios: Alcoutim, Castro Marim, Faro, Loulé, Olhão, São Brás de Alportel, Tavira e Vila Real de Santo António.

Trás-os-Montes
Distrito judicial: Norte.
 Circunscrição:
 Municípios: Alfândega da Fé, Carrazeda de Ansiães, Freixo de Espada à Cinta, Mirandela, Torre de Moncorvo, Vila Flor, Vila Nova de Foz Côa.

5. Regulamento da Lei de Organização e Funcionamento dos Tribunais Judiciais de 2008[62]

CAPÍTULO I
Disposições gerais

ARTIGO 1º
Objecto

O presente decreto-lei procede à regulamentação, com carácter experimental e provisório, da Lei nº 52/2008, de 28 de Agosto, adiante designada como Lei de Organização e Funcionamento dos Tribunais Judiciais (LOFTJ), nos termos do disposto nos nºs 1 e 2 do artigo 171º e nos nºs 1 e 2 do artigo 184º da referida lei.

ARTIGO 2º
Âmbito de aplicação

As regras previstas no presente decreto-lei aplicam-se apenas às comarcas piloto do Alentejo Litoral, Baixo Vouga e Grande Lisboa Noroeste, a partir do momento da sua instalação, salvo as disposições previstas no nº 1 do artigo 13º, no nº 2 do artigo 42º e no artigo 49º.

CAPÍTULO II
Composição dos tribunais superiores

ARTIGO 3º
Remissão

A composição dos tribunais superiores e definição dos respectivos quadros de magistrados judiciais, magistrados do Ministério Público e funcionários de justiça é a constante da Lei nº 3/99 de 13 de Janeiro, e do Decreto-Lei nº 186-A/99,

---

[62] Aprovado pelo Decreto-Lei nº 28/2009, de 28 de janeiro.

de 31 de Maio, à excepção dos tribunais da Relação, cujo quadro de juízes passa a ser o constante do mapa I anexo ao presente decreto-lei, do qual faz parte integrante.

CAPÍTULO III
Composição dos tribunais de comarca

SECÇÃO I
Regras gerais

ARTIGO 4º
Composição dos tribunais

A composição dos tribunais de comarca das comarcas piloto e a definição dos respectivos quadros de magistrados judiciais, magistrados do Ministério Público é a constante do diploma que proceda à respectiva instalação.

SECÇÃO II
Juízos

ARTIGO 5º
Identificação de lugares de juízes

Nos juízos com mais do que um juiz, e para efeitos, nomeadamente, de distribuição, os lugares são identificados como juiz 1, juiz 2, e assim sucessivamente.

ARTIGO 6º
Secções especializadas

1 – Nos juízos de competência especializada ou de competência genérica que possuam mais do que um juiz e secção e quando o volume e a complexidade processual o aconselhem, podem ser criadas secções especializadas, nos termos do disposto no artigo 80º da LOFTJ.

2 – A criação de secções especializadas é feita por deliberação do Conselho Superior da Magistratura, sob proposta do respectivo presidente do tribunal de comarca.

3 – A especialização da secção é feita através da afectação de um conjunto de processos integrados no âmbito de competência normal do juízo em causa, por matéria, a uma secção pré-existente no respectivo juízo.

4 – Na deliberação que procede à criação da secção especializada são indicadas as regras de distribuição, nos termos a definir pelo Conselho Superior da Magistratura.

5 – A definição das regras de distribuição previstas no número anterior devem ser previamente articuladas com a Direcção Geral da Administração da Justiça para efeitos de adaptação do respectivo sistema informático.

ARTIGO 7º
Remessa entre juízos

1 – Durante o período experimental, sempre que o juiz conclua pela incompetência territorial do juízo e desde que o juízo competente se situe nos limites da respectiva comarca, nos termos da lei processual, o processo é oficiosamente remetido para o juízo territorialmente competente, sem quaisquer custos adicionais para as partes.

2 – O disposto no número anterior é igualmente aplicável quando a incompetência resulte do desdobramento previsto no nº 4 do artigo 74º da LOFTJ.

SECÇÃO III
Tribunal colectivo

ARTIGO 8º
Composição e funcionamento do tribunal colectivo

1 – Na designação dos elementos que constituem o tribunal colectivo, nos termos do nº 4 do artigo 136º da LOFTJ, o Conselho Superior da Magistratura tem em atenção o volume e complexidade do serviço dos respectivos juízes e o parecer do presidente do tribunal de comarca.

2 – Fora dos casos de serviço urgente, o julgamento em tribunal colectivo tem preferência sobre o demais serviço.

ARTIGO 9º
Substituição de juízes

1 – O presidente do tribunal colectivo é substituído, nas suas faltas e impedimentos, por outro juiz em afectação exclusiva ou, sendo o colectivo composto por juízes privativos, pelo mais antigo dos juízes que compõem o tribunal.

2 – Na impossibilidade de se efectuar substituição de acordo com os critérios fixados no número anterior, a designação é feita pelo presidente do tribunal de comarca.

3 – A designação a que se refere o número anterior deve recair sobre juiz da mesma comarca ou, em caso de impossibilidade, da comarca mais próxima.

SECÇÃO IV
Magistrados judiciais

ARTIGO 10º
Agregação de juízos

1 – Quando o volume processual o justificar, devem ser agregados juízos da mesma comarca, para efeito de exercício de funções pelos magistrados judiciais.

2 – Nos juízos com mais de um lugar de juiz, a agregação pode abranger apenas algum ou alguns dos lugares.

3 – A agregação é efectuada por portaria do membro do Governo responsável pela área da justiça.[63]

4 – Sem prejuízo da aplicação do regime geral dos abonos de ajudas de custo e de transporte, para as deslocações necessárias entre os respectivos juízos, o exercício de funções em juízos agregados não é considerado como exercício em regime de substituição ou acumulação, para quaisquer efeitos.

ARTIGO 11º
Distribuição

1 – O exercício de funções em juízos agregados, nos juízos com mais de um lugar de juiz, implica uma adaptação das regras de distribuição, nos termos a definir pelo Conselho Superior da Magistratura, acautelado o disposto no nº 5 do artigo 6º.

2 – Em qualquer caso, da soma da distribuição pelo exercício das funções agregadas não pode resultar um volume processual manifestamente superior ao considerado adequado para um magistrado em situação de exclusividade.

ARTIGO 12º
Remuneração de substituição ou acumulação de funções

1 – O parecer referido no nº 3 do artigo 77º da LOFTJ deve mencionar as circunstâncias em que a substituição ou acumulação se efectuaram, bem como a relação entre a quantidade e a qualidade do serviço prestado.

2 – Sempre que uma situação de substituição ou de acumulação se prolongue por mais que seis meses, de modo ininterrupto, o presidente do tribunal de comarca emite parecer, no âmbito do qual deve concluir por uma das seguintes propostas:

a) A substituição ou a acumulação em causa mantêm o seu carácter excepcional, não sendo necessária uma alteração ao quadro de magistrados judiciais da comarca;

b) O provimento temporário por um juiz que se encontre no quadro complementar de juízes;

c) A substituição ou a acumulação em causa têm tendência para prolongar-se, sendo aconselhável uma alteração no quadro de magistrados judiciais da comarca.

3 – O presidente do tribunal de comarca dá conhecimento do parecer referido no número anterior ao Conselho Superior da Magistratura e à Direcção-Geral da Administração da Justiça.

SECÇÃO V
Ministério Público

ARTIGO 13º
Remuneração de substituição ou acumulação de funções

1 – A remuneração da substituição ou acumulação de funções depende de parecer do Conselho Superior do Ministério Público, devendo este mencionar as cir-

---

[63] A Portaria nº 171/2009, de 17 de fevereiro, quanto aos Tribunais das Comarca do Alentejo Litoral e do Baixo Vouga, estabeleceu a agregação de vários juízos de competência cível e criminal.

cunstâncias em que se efectuaram, bem como a relação entre a quantidade e a qualidade do serviço prestado.

2 – Sempre que uma situação de substituição ou acumulação se prolongue por mais que seis meses, de modo ininterrupto, o magistrado do Ministério Público coordenador da comarca emite parecer, no âmbito do qual deve concluir por uma das seguintes propostas:

a) A substituição ou a acumulação em causa mantêm o seu carácter excepcional, não sendo necessária uma alteração ao quadro de magistrados do Ministério Público da comarca;

b) O provimento temporário por um magistrado do Ministério Público que se encontre no quadro complementar;

c) A substituição ou a acumulação em causa têm tendência para prolongar-se, sendo aconselhável uma alteração no quadro de magistrados do Ministério Público da comarca.

3 – O magistrado do Ministério Público coordenador dá conhecimento do parecer referido no número anterior ao procurador-geral distrital, o qual o analisa e transmite ao Conselho Superior do Ministério Público e à Direcção-Geral da Administração da Justiça.

SECÇÃO VI
Gestão do tribunal de comarca

ARTIGO 14º
Princípio da cooperação

1 – O exercício das funções dirigentes atribuídas ao presidente do tribunal de comarca, ao magistrado do Ministério Público coordenador, aos magistrados coordenadores e ao administrador do tribunal de comarca rege-se pelo princípio da cooperação entre:

a) Os vários dirigentes acima referidos;

b) Os dirigentes acima referidos e os restantes membros do conselho de comarca;

c) Os dirigentes acima referidos e os serviços da Direcção-Geral da Administração da Justiça.

2 – Sempre que o presidente do tribunal de comarca ou o magistrado do Ministério Público coordenador pratiquem um acto ao abrigo da alínea *d)* do nº 3, da alínea *g)* do nº 4 e da alínea *f)* do nº 6 do artigo 88º ou das alíneas *h)* e *l)* do nº 3 do artigo 90º, da LOFTJ, consoante os casos, dão conhecimento à Direcção-Geral da Administração da Justiça.

ARTIGO 15º
Funções de gestão

1 – O presidente do tribunal de comarca e o magistrado do Ministério Público coordenador pelo exercício das suas funções de gestão têm direito a um subsídio

correspondente a 5% da sua remuneração base, a título de despesas de representação.

2 – O presidente do tribunal de comarca e o magistrado do Ministério Público coordenador têm direito à utilização dos veículos de serviço.

ARTIGO 16º
Administrador

Quando chefiar directamente uma secretaria, o administrador possui, cumulativamente, as competências atribuídas ao secretário de justiça.

ARTIGO 17º
Conselho de comarca – ajudas de custo

As ajudas de custo referidas no nº 3 do artigo 108º da LOFTJ são fixadas nos termos da legislação aplicável aos trabalhadores que exercem funções públicas, para deslocações superiores a 30 quilómetros, contados a partir da periferia da localidade correspondente ao domicílio fiscal ou, na ausência deste, do domicílio declarado do beneficiário.

SECÇÃO VII
Gabinetes de apoio

ARTIGO 18º
Composição

1 – Os gabinetes de apoio aos magistrados judiciais e magistrados do Ministério Público são compostos por especialistas com formação académica ao nível da licenciatura e experiência profissional adequada nas seguintes áreas:

a) Ciências Jurídicas;
b) Economia;
c) Gestão;
d) Contabilidade e finanças;
e) Outras consideradas relevantes por deliberação dos respectivos conselhos.

2 – A composição de cada gabinete, no âmbito da comarca, é definida por portaria conjunta dos membros do governo responsáveis pelas áreas das finanças, Administração Pública e da justiça.

3 – Os membros dos gabinetes de apoio são recrutados por procedimento concursal nos termos da legislação aplicável aos cargos de direcção intermédia da Administração Pública, com as especialidades previstas no presente artigo.

4 – É da competência do Conselho Superior da Magistratura e do Conselho Superior do Ministério Público a abertura do procedimento concursal, a fixação do perfil exigido e dos critérios de admissão, bem como a selecção e classificação dos especialistas que integram os respectivos gabinetes de apoio.

ARTIGO 19º
Direcção

Os gabinetes de apoio aos magistrados judiciais e magistrados do Ministério Público são dirigidos pelo presidente do tribunal e pelo magistrado do Ministério Público coordenador, respectivamente.

ARTIGO 20º
Regime jurídico

1 – Os membros dos gabinetes de apoio aos magistrados judiciais são designados pelo Conselho Superior da Magistratura e exercem as suas funções em regime de comissão de serviço, nos termos do disposto na Lei nº 12-A/2008, de 27 de Fevereiro, com as especialidades constantes do presente decreto-lei.

2 – Os membros dos gabinetes de apoio aos magistrados do Ministério Público são designados pelo Conselho Superior do Ministério Público e exercem as suas funções em regime de comissão de serviço, nos termos do disposto na Lei nº 12-A/2008, de 27 de Fevereiro, com as especialidades constantes do presente decreto-lei.

3 – A comissão de serviço referida nos números anteriores tem a duração máxima de três anos, podendo ser objecto de uma única renovação por igual período.

4 – É vedado o exercício de funções, em simultâneo, em gabinetes de apoio a magistrados judiciais e em gabinetes de apoio a magistrados do Ministério Público.

5 – Os membros dos gabinetes estão sujeitos ao respeito pelo segredo de justiça, quanto a todos os factos de que tomem conhecimento pelo exercício das suas funções, nos mesmos termos dos magistrados judiciais e do Ministério Público.

6 – As férias dos especialistas que integram os gabinetes de apoio deverão, sempre que possível, respeitar os períodos das férias judiciais.

7 – A cessação das comissões de serviço referidas nos nºs 1 e 2 não confere o direito a qualquer indemnização.

ARTIGO 21º
Estatuto remuneratório

Os especialistas dos gabinetes de apoio auferem a remuneração correspondente a um nível remuneratório da quarta posição remuneratória da carreira geral de técnico superior.

ARTIGO 22º
Estágios profissionais

1 – Por iniciativa do presidente do tribunal de comarca ou do magistrado do Ministério Público coordenador, consoante os casos, sob parecer favorável dos respectivos Conselhos Superiores, podem ser celebrados protocolos com as universidades ou ordens profissionais para a realização de estágios profissionais no âmbito dos gabinetes de apoio.

2 – Os estágios profissionais destinam-se a licenciados nas áreas de formação científica a que se refere o artigo 21º.

3 – O número de estagiários a recrutar é fixado anualmente por despacho conjunto dos membros do Governo responsáveis pelas finanças, Administração Pública e justiça.

4 – Aos estagiários profissionais organizados no âmbito deste artigo aplica-se subsidiariamente, com as devidas adaptações, o disposto no nº 2 do artigo 1º, no nº 1 do artigo 6º e nos artigos 7º, 8º e 13º do Decreto-Lei nº 326/99, de 18 de Agosto.

CAPÍTULO IV
Secretarias judiciais

SECÇÃO I
Composição

ARTIGO 23º
Secretarias dos juízos dos tribunais de comarca

1 – As secretarias dos juízos dos tribunais de comarca podem compreender:

a) Serviços judiciais, compostos, consoante a natureza e volume do serviço, por uma secção central e uma ou mais secções de processos ou por uma única secção central e de processos;
b) Serviços do Ministério Público, compostos, consoante a natureza e volume do serviço por uma secção central e secções de processos, por uma única secção central e de processos ou por unidades de apoio;
c) Secções destinadas a assegurar a tramitação do processo comum de execução;
d) Uma secção de expediente geral;
e) Uma secção de informações e arquivo;
f) Uma secção de serviço externo.

2 – Onde a natureza e volume do serviço o justifiquem, podem ser criadas:

a) Secretarias-gerais ou secções centrais comuns, destinadas à centralização administrativa, abrangendo um ou mais juízos ou um ou mais serviços do Ministério Público;
b) Secretarias de serviço externo.

3 – As secretarias-gerais podem abranger em simultâneo serviços judiciais e do Ministério Público.

SECÇÃO II
Competência

ARTIGO 24º
Serviços judiciais – secção central

Compete à secção central dos serviços judiciais executar o expediente que não seja da competência das secções de processos, designadamente:

a) Registar a entrada de papéis e distribuí-los pelas secções de processos, sempre que tal não seja efectuada automaticamente por sistema informático;
b) Distribuir o serviço externo pelos oficiais de justiça;
c) Passar certidões dos processos em arquivo;

d) Guardar os objectos respeitantes a processos;
e) Outras que lhe sejam atribuídas por lei.

ARTIGO 25º
Serviços judiciais – secção de processos

Compete à secção de processos dos serviços judiciais proceder à tramitação dos processos pendentes e praticar os actos inerentes, na dependência funcional do respectivo magistrado.

ARTIGO 26º
Serviços do Ministério Público – secção central

Compete à secção central dos serviços do Ministério Público executar o expediente que não seja da competência das secções de processos, designadamente:

a) Registar a entrada de denúncias e papéis, sempre que tal não seja efectuada automaticamente por sistema informático;
b) Efectuar a distribuição de processos, denúncias e papéis, sempre que tal não seja efectuada automaticamente por sistema informático;
c) Registar e tratar a informação criminal;
d) Registar as armas e objectos apreendidos;
e) Passar certificados de registo de denúncia;
f) Outras que lhe sejam atribuídas por lei ou definidas pelo magistrado do Ministério Público coordenador.

ARTIGO 27º
Secção central única

Onde a natureza e volume processual o aconselharem, existirá uma secção central comum para os serviços judiciais e para os serviços do Ministério Público, com as competências previstas nos artigos 24º e 26º.

ARTIGO 28º
Serviços do Ministério Público – secção de processos

Compete à secção de processos dos serviços do Ministério Público proceder à tramitação dos processos pendentes e praticar os actos inerentes, na dependência funcional do respectivo magistrado.

ARTIGO 29º
Serviços do Ministério Público – Unidade de apoio

As unidades de apoio dos serviços do Ministério Público têm as competências previstas nos artigos 26º e 28º.

ARTIGO 30º
Secções de serviço externo

Compete à secção de serviço externo:

a) Receber e registar os papéis que lhe sejam remetidos para execução de serviço externo;

b) Diligenciar pelo cumprimento do serviço externo que lhe seja cometido;
c) Devolver, registando, os papéis, após cumprimento do serviço;
d) Assegurar a prática dos actos de serviço externo atribuídos ao oficial de justiça enquanto agente de execução;
e) Desempenhar quaisquer outras funções conferidas por lei.

ARTIGO 31º
Secretaria-geral e secção central comum

Compete à secretaria-geral e à secção central comum:

a) Distribuir os processos e papéis pelas secções nos juízos com mais de uma secretaria e, excluindo a secretaria-geral dos serviços do Ministério Público, fazer a sua imediata entrega, mediante recibo, sempre que tal não seja efectuada automaticamente por sistema informático;
b) Executar o expediente dos assuntos comuns aos juízos;
c) Guardar os objectos respeitantes a processos;
d) Guardar e catalogar todos os processos findos ou como tal considerados;
e) Passar certidões respeitantes aos processos confiados à sua guarda e elaborar a respectiva conta;
f) Assegurar a realização do serviço cometido à secção central de serviço externo, quando esta exista;
g) Organizar a biblioteca;
h) Organizar o arquivo em suporte físico e os respectivos índices;
i) Desempenhar quaisquer outras funções conferidas por lei.

ARTIGO 32º
Apoio aos juízes afectos em exclusividade ao julgamento em tribunal colectivo

O expediente administrativo relativo aos juízes afectos em exclusividade ao julgamento em tribunal colectivo é assegurado nos termos definidos pelo presidente do tribunal de comarca.

ARTIGO 33º
Apoio às procuradorias da República

O apoio administrativo relativo às procuradorias da República é assegurado nos termos definidos pelo magistrado do Ministério Público coordenador.

SECÇÃO III
Organização

ARTIGO 34º
Distribuição do pessoal

1 – Os escrivães de direito e os técnicos de justiça principais são titulares da secção ou do serviço para o qual foram nomeados.
2 – Os restantes funcionários de justiça são distribuídos, respeitados os quadros de pessoal, conforme os casos, pelo presidente do tribunal ou pelo magistrado do Ministério Público coordenador, ouvidos os funcionários interessados.

ARTIGO 35º
Coadjuvação de autoridades

Os funcionários de justiça podem solicitar a colaboração de quaisquer autoridades para execução de actos de serviço, em caso de necessidade.

ARTIGO 36º
Registo de entradas

1 – O registo de entrada de qualquer documento fixa a data da sua entrada nos serviços.

2 – Sempre que os interessados o solicitarem, e a entrega for efectuada em suporte físico, é passado recibo no duplicado do papel apresentado, e, no caso de denúncia, certificado do registo, nos termos da lei de processo.

ARTIGO 37º
Saída de processos do arquivo

1 – Quando for necessário movimentar algum processo arquivado, este é requisitado ao funcionário responsável pelo arquivo, que satisfaz a requisição no prazo de quarenta e oito horas, mediante recibo.

2 – Caso o processo arquivado se destine a ser junto a expediente relativo a presos ou a qualquer outro processo que, nos termos da lei, seja atribuída natureza urgente, o funcionário deve proceder à satisfação imediata da requisição.

ARTIGO 38º
Registos dos serviços

1 – Nas secretarias judiciais e nos serviços do Ministério Público os registos efectuados indispensáveis ao serviço são efectuados através de sistema informático, nos termos regulados por portaria do membro do Governo responsável pela área da Justiça.

2 – Não sendo possível efectuar o registo através dos meios referidos no número anterior, estes são efectuados em livros.

CAPÍTULO V
Organização do serviço urgente

SECÇÃO I
Turnos

ARTIGO 39º
Turnos de férias judiciais

1 – Para efeito do disposto no nº 1 do artigo 82º da Lei nº 52/2008, de 28 de Agosto, organizam-se turnos em cada comarca para assegurar o serviço urgente.

2 – Os turnos de férias judiciais funcionam nos juízos competentes para assegurar o respectivo serviço, sendo organizados pelo presidente do tribunal ou pelo magistrado do Ministério Público coordenador, consoante os casos, sem prejuízo do disposto no número seguinte.

3 – O presidente do tribunal de comarca ou o magistrado do Ministério Público coordenador, consoante os casos, aprovam os mapas de turnos de férias, com uma antecedência mínima de 60 dias face ao início do respectivo período de férias, ouvidos os magistrados judiciais e os magistrados do Ministério Público e os funcionários de justiça.

4 – Durante as férias judiciais, nos sábados e nos feriados que recaiam em segunda-feira e no segundo dia feriado, em caso de feriados consecutivos, os turnos funcionam nos termos do artigo seguinte.

ARTIGO 40º
Turnos aos sábados e feriados

1 – Para assegurar o serviço urgente aos sábados, feriados que recaiam em segunda-feira e no segundo dia feriado, em caso de feriados consecutivos, os turnos são organizados pelo presidente do tribunal, ouvido o magistrado do Ministério Público coordenador nos termos referidos nos números seguintes.

2 – Os turnos são organizados em regime de rotatividade e por ordem alfabética, em todos os municípios existentes na comarca nos quais exista algum dos juízos referidos no nº 4.

3 – Sem prejuízo das situações de agregado de juízes, a cada município corresponde, de forma consecutiva, tantos turnos quanto o número legal de juízes abrangidos.

4 – Os turnos funcionam nos juízos da comarca, de acordo com a seguinte ordem de preferência:

a) Juízo de instrução criminal;
b) Juízo de pequena instância criminal;
c) Juízo de instância criminal;
d) Juízo de média e pequena instância criminal;
e) Juízo de média instância criminal;
f) Juízo de competência genérica.

5 – Cada turno tem uma duração correspondente ao período em que é necessário assegurar o serviço urgente;

6 – O presidente do tribunal de comarca aprova, uma ou duas vezes por ano, mapas de turnos que dêem concretização ao regime previsto nos números anteriores, os quais são publicados na 2ª série do *Diário da República* e divulgados pelos meios electrónicos disponíveis.

7 – O presidente do tribunal de comarca ou o magistrado do Ministério Público coordenador, consoante os casos, aprovam, uma ou duas vezes por ano, as listas de juízes e magistrados do Ministério Público designados para o serviço de turno referido no nº 1, nos termos do disposto no nº 3 do artigo 42º.

8 – Quando a extensão da comarca assim o justifique, e de acordo com o decreto-lei que procede à instalação das comarcas, pode ser prevista a realização do turno em dois juízos, do mesmo ou de diferentes municípios.

SECÇÃO II
Competência

ARTIGO 41º
Competência dos juízos em serviço de turno

1 – Durante o período de turno, o juízo que esteja de turno, nos termos do mapa referido no nº 5 do artigo anterior, possui competência territorial para a comarca ou, na situação referida na parte final do nº 8 do artigo anterior, para os municípios abrangidos.

2 – No 1º dia útil subsequente à execução do serviço de turno, a secretaria do juízo onde funcionou o turno remete ao juízo normalmente competente o expediente relativo ao serviço executado.

SECÇÃO III
Organização

ARTIGO 42º
Magistrados

1 – Sem prejuízo do disposto no número seguinte, são abrangidos, para efeito da prestação do serviço de turno, os magistrados que exercem funções nos juízos incluídos na organização dos respectivos turnos.

2 – Ficam isentos da prestação de serviço de turno os juízes em afectação exclusiva ao julgamento em tribunal colectivo em matéria penal.

3 – Para cada dia de serviço de turno são designados, pelo presidente do tribunal de comarca ou pelo magistrado do Ministério Público coordenador, consoante os casos, o número de juízes e de magistrados do Ministério Público necessários para assegurar o volume de serviço da respectiva comarca.

4 – O disposto no nº 1 não afasta a possibilidade de a designação recair apenas em magistrados que exerçam funções de juízes referidos no nº 4 do artigo 40º.

5 – Nas suas ausências, faltas e impedimentos, os magistrados designados são substituídos por aqueles que se lhes sigam na ordem de designação.

6 – Os magistrados devem, sempre que possível, comunicar a ocorrência das situações referidas no número anterior, por forma a que fique assegurada a respectiva substituição.

ARTIGO 43º
Funcionários de justiça

1 – Os mapas de férias distribuem por turnos de férias judiciais o pessoal das secretarias, tendo em conta o estado dos serviços; se não for possível organizar turnos autónomos, a distribuição é feita pelo presidente do tribunal de comarca, ouvido o magistrado do Ministério Público coordenador, por forma a assegurar também o serviço do Ministério Público.

2 – Para efeitos de prestação de serviço urgente que deva ser executado aos sábados, feriados que recaiam em segunda-feira e no segundo dia feriado, em caso de

feriados consecutivos, são abrangidos todos os oficiais de justiça que exerçam funções, nas secretarias do respectivo tribunal de comarca.

ARTIGO 44º
Designação e substituição dos oficiais de justiça

1 – A designação dos oficiais de justiça para prestação do serviço de turno compete ao presidente do tribunal de comarca e ao magistrado do Ministério Público coordenador, consoante os casos.

2 – A designação referida no número anterior é precedida de audição dos funcionários e concluída, sempre que possível, com a antecedência mínima de 30 dias.

3 – O número de funcionários a designar é definido pelo presidente do tribunal de comarca, ouvido o magistrado do Ministério Público coordenador, tendo em consideração o parecer da Direcção-Geral da Administração da Justiça.

4 – Nas suas ausências, faltas e impedimentos, os oficiais de justiça designados são substituídos por aqueles que se lhes sigam na ordem de designação.

5 – Os oficiais de justiça devem, sempre que possível, comunicar a ocorrência das situações referidas no número anterior por forma a que fique assegurada a respectiva substituição.

ARTIGO 45º
Suplemento remuneratório pelo serviço de turno

1 – Pelo serviço de turno previsto no artigo 40º é devido acréscimo de remuneração aos magistrados, nos termos do nº 3 do artigo 33º do Decreto-Lei nº 259/98, de 18 de Agosto, calculando-se o valor da hora normal de trabalho com referência ao índice 100 das escalas salariais dos juízes e dos magistrados do Ministério Público.

2 – Pelo serviço de turno referido no número anterior é igualmente devido acréscimo de remuneração aos oficiais de justiça, nos termos do nº 3 do artigo 33º do Decreto-Lei nº 259/98, de 18 de Agosto, até à revisão do estatuto e carreira dos funcionários de justiça nos termos legalmente previstos.

ARTIGO 46º
Horário de funcionamento aos sábados e feriados

1 – O serviço de turno a realizar aos sábados, feriados que recaiam em segunda-feira e no segundo dia feriado, em caso de feriados consecutivos, funciona entre as 9 horas e as 12 horas e 30 minutos, sem prejuízo da completa execução do serviço em curso.

2 – Por portaria do membro Governo responsável pela área da justiça, podem ser fixados outros horários.

ARTIGO 47º
Deslocações

Quando, por força do serviço de turno, os intervenientes processuais sejam obrigados a deslocar-se para o juízo de serviço, para intervenção em acto processual, e devam percorrer uma distância superior a 50 km face ao que percorreriam para se deslocarem ao juízo normalmente competente, têm direito ao pagamento das despesas respectivas pelo juízo normalmente competente, de acordo com o Regulamento das Custas Processuais.

CAPÍTULO VI
Disposições finais e transitórias

SECÇÃO I
Disposições transitórias

ARTIGO 48º
Turnos para sábados e feriados

Até à publicação dos mapas e das listas a que aludem os nºs 6 e 7 do artigo 40º, cabe à Direcção-Geral da Administração da Justiça a indicação do município onde funciona o turno e cabe ao presidente do tribunal da Relação e ao procurador-geral distrital a indicação dos respectivos juízes e magistrados do Ministério Público que o realizam.

ARTIGO 49º
Juízes auxiliares

Enquanto não se proceder à regulamentação da nova LOFTJ a título definitivo, os quadros complementares previstos no artigo 71º da Lei nº 3/99, de 13 de Janeiro, e no artigo 79º da LOFTJ, poderão dispor de juízes auxiliares até ao limite de metade do número de juízes previstos na portaria que define o número de juízes da bolsa para cada distrito judicial.

SECÇÃO II
Disposições finais

ARTIGO 50º
Revisão

O presente decreto-lei será revisto até 31 de Agosto de 2010.[64]

ARTIGO 51º
Produção de efeitos

1 – O presente decreto-lei produz efeitos a partir do dia 14 de Abril de 2009.

2 – O disposto no artigo 49º do presente decreto-lei produz efeitos a 1 de Setembro de 2009.

---

[64] A Portaria nº 345/99, de 3 de abril, classificou vários tribunais de primeiro acesso. A Portaria nº 680/2009, de 25 de junho, fixou o quadro complementar de juízes e de magistrados do Ministério Público para os distritos judiciais.

ANEXO

MAPA I
Quadro de juízes dos tribunais da Relação

Relação de Coimbra
Quadro de juízes: 57.

Relação de Évora
Quadro de juízes: 42.

Relação de Faro
Quadro de juízes: 12.

Relação de Guimarães
Quadro de juízes: 36.

Relação de Lisboa
Quadro de juízes: 133.

Relação do Porto
Quadro de juízes: 88.

6. Organização das Comarcas Piloto e Alteração do Anterior Regulamento de 1999[65]

CAPÍTULO I
Objecto e âmbito de aplicação

ARTIGO 1º
Objecto

1 – O presente decreto-lei procede à organização das comarcas piloto do Alentejo Litoral, Baixo Vouga e Grande Lisboa-Noroeste, concretizando o disposto nos nºs 2 e 3 do artigo 171º da Lei de Organização e Funcionamento dos Tribunais Judiciais, aprovada pela Lei nº 52/2008, de 28 de Agosto.

2 – O presente decreto-lei procede ainda à alteração do Regulamento da Lei de Organização e Funcionamento dos Tribunais Judiciais, aprovado pelo Decreto-Lei nº 186-A/99, de 31 de Maio.

ARTIGO 2º
Âmbito de aplicação

O presente decreto-lei aplica-se apenas aos tribunais com sede nas comarcas piloto do Alentejo Litoral, Baixo Vouga e Grande Lisboa-Noroeste, salvo indicação em contrário.

---

[65] As referidas organização e alteração foram aprovadas pelo Decreto-Lei nº 25/2009, de 26 de janeiro.

CAPÍTULO II
Comarca do Alentejo Litoral

SECÇÃO I
Tribunal de comarca

ARTIGO 3º
Criação

É criado o Tribunal da Comarca do Alentejo Litoral, com sede em Santiago do Cacém.

ARTIGO 4º
Desdobramento

O Tribunal da Comarca do Alentejo Litoral é desdobrado num juízo de competência genérica, com sede em Odemira, e nos seguintes juízos de competência especializada:

a) Juízo de instância criminal, com sede em Santiago do Cacém;
b) Juízo de grande instância cível, com sede em Santiago do Cacém;
c) Juízo de média e pequena instância cível, com sede em Santiago do Cacém;
d) Juízo de instância criminal, com sede em Alcácer do Sal;
e) Juízo de média e pequena instância cível, com sede em Alcácer do Sal;
f) Juízo de instância criminal, com sede em Grândola;
g) Juízo de média e pequena instância cível, com sede em Grândola;
h) Juízo misto do trabalho e de família e menores, com sede em Sines.

ARTIGO 5º
Organização judiciária

A sede, composição e área territorial dos juízos do Tribunal da Comarca do Alentejo Litoral são as constantes do mapa I anexo ao presente decreto-lei, do qual faz parte integrante.

SECÇÃO II
Conversão dos tribunais existentes

ARTIGO 6º
Conversão

1 – O Tribunal da Comarca de Santiago do Cacém é convertido no Juízo de Média e Pequena Instância Cível de Santiago do Cacém.

2 – O Tribunal da Comarca de Alcácer do Sal é convertido no Juízo de Média e Pequena Instância Cível de Alcácer do Sal e no Juízo de Instância Criminal de Alcácer do Sal.

3 – O Tribunal da Comarca de Grândola é convertido no Juízo de Média e Pequena Instância Cível de Grândola e no Juízo de Instância Criminal de Grândola.

4 – O Tribunal da Comarca de Odemira é convertido no Juízo de Competência Genérica de Odemira.

SECÇÃO III
Criação de juízos

ARTIGO 7º
Juízos

1 – São criados os seguintes juízos, com sede em Santiago do Cacém:

a) Juízo de instância criminal;
b) Juízo de grande instância cível.

2 – É criado um juízo misto do trabalho e de família e menores, com sede em Sines.

SECÇÃO IV
Extinção

ARTIGO 8º
Extinção de círculo e de comarcas

1 – É extinto o círculo judicial de Santiago do Cacém.

2 – São extintas as seguintes comarcas:

a) Alcácer do Sal;
b) Grândola;
c) Odemira;
d) Santiago do Cacém.

ARTIGO 9º
Extinção de tribunal

É extinto o Tribunal do Trabalho de Santiago do Cacém.

SECÇÃO V
Processos pendentes

ARTIGO 10º
Transição para os novos juízos

1 – Transitam para o Juízo Misto do Trabalho e de Família e Menores de Sines os processos que, nestas áreas, se encontrem pendentes nos tribunais de comarca de Santiago do Cacém, Alcácer do Sal, Grândola e Odemira, à data da instalação do mesmo.

2 – Transitam para o Juízo de Grande Instância Cível de Santiago do Cacém os processos que, cabendo no âmbito da sua competência, se encontrem pendentes

nos tribunais de comarca de Santiago do Cacém, Alcácer do Sal, Grândola e Odemira, à data da instalação do mesmo.

3 – Transitam para o Juízo de Instância Criminal de Santiago do Cacém os processos criminais que se encontrem pendentes no Tribunal da Comarca de Santiago do Cacém, à data da instalação do mesmo.

ARTIGO 11º
Transição por conversão

1 – Transitam para o Juízo de Média e Pequena Instância Cível de Santiago do Cacém os processos cíveis que, não estando abrangidos pelo artigo anterior, se encontrem pendentes no Tribunal da Comarca de Santiago do Cacém, à data da conversão do mesmo.

2 – Transitam para o Juízo de Média e Pequena Instância Cível de Alcácer do Sal os processos cíveis que, não estando abrangidos pelo artigo anterior, se encontrem pendentes no Tribunal da Comarca de Alcácer do Sal, à data da conversão do mesmo.

3 – Transitam para o Juízo de Instância Criminal de Alcácer do Sal os processos criminais que se encontrem pendentes no Tribunal da Comarca de Alcácer do Sal, à data da conversão do mesmo.

4 – Transitam para o Juízo de Média e Pequena Instância Cível de Grândola os processos cíveis que, não estando abrangidos pelo artigo anterior, se encontrem pendentes no Tribunal da Comarca de Grândola, à data da conversão do mesmo.

5 – Transitam para o Juízo de Instância Criminal de Grândola os processos criminais que se encontrem pendentes no Tribunal da Comarca de Grândola, à data da conversão do mesmo.

6 – Transitam para o Juízo de Competência Genérica de Odemira os processos que, não estando abrangidos pelo artigo anterior, se encontrem pendentes no Tribunal da Comarca de Odemira, à data da conversão do mesmo.

SECÇÃO VI
Quadros de magistrados

ARTIGO 12º
Quadro de juízes

O quadro de juízes do Tribunal da Comarca do Alentejo Litoral é o constante do mapa I anexo ao presente decreto-lei, do qual faz parte integrante.

ARTIGO 13º
Quadro de magistrados do Ministério Público

O quadro de magistrados do Ministério Público da comarca do Alentejo Litoral é o constante do mapa II anexo ao presente decreto-lei, do qual faz parte integrante.

CAPÍTULO III
Comarca do Baixo Vouga

SECÇÃO I
Tribunal da comarca

ARTIGO 14º
Criação

É criado o Tribunal da Comarca do Baixo Vouga, com sede em Aveiro.

ARTIGO 15º
Desdobramento

1 – O Tribunal da Comarca do Baixo Vouga é desdobrado nos seguintes juízos de competência especializada:

- *a)* Juízo de comércio, com sede em Aveiro;
- *b)* Juízo do trabalho, com sede em Aveiro;
- *c)* Juízo do trabalho, com sede em Águeda;
- *d)* Juízo de família e menores, com sede em Aveiro;
- *e)* Juízo de família e menores, com sede em Estarreja;
- *f)* Juízo de família e menores, com sede em Oliveira do Bairro;
- *g)* Juízo de instrução criminal, com sede em Aveiro;
- *h)* Juízo de instrução criminal, com sede em Águeda;
- *i)* Juízo de execução, com sede em Águeda;
- *j)* Juízo de execução, com sede em Ovar.

2 – O Tribunal da Comarca do Baixo Vouga é ainda desdobrado nos seguintes juízos de competência especializada cível:

- *a)* Juízo de grande instância cível, com sede em Aveiro;
- *b)* Juízo de grande instância cível, com sede em Anadia;
- *c)* Juízo de média e pequena instância cível, com sede em Aveiro;
- *d)* Juízo de média e pequena instância cível, com sede em Águeda;
- *e)* Juízo de média e pequena instância cível, com sede em Anadia;
- *f)* Juízo de média e pequena instância cível, com sede em Albergaria-a-Velha;
- *g)* Juízo de média e pequena instância cível, com sede em Estarreja;
- *h)* Juízo de média e pequena instância cível, com sede em Ílhavo;
- *i)* Juízo de média e pequena instância cível, com sede em Oliveira do Bairro;
- *j)* Juízo de média e pequena instância cível, com sede em Ovar;
- *l)* Juízo de média e pequena instância cível, com sede em Sever do Vouga;
- *m)* Juízo de média e pequena instância cível, com sede em Vagos.

3 – O Tribunal de Comarca do Baixo Vouga é também desdobrado nos seguintes juízos de competência especializada criminal:

- *a)* Juízo de instância criminal, com sede em Águeda;
- *b)* Juízo de instância criminal, com sede em Anadia;
- *c)* Juízo de instância criminal, com sede em Albergaria-a-Velha;

d) Juízo de instância criminal, com sede em Estarreja;
e) Juízo de instância criminal, com sede em Oliveira do Bairro;
f) Juízo de instância criminal, com sede em Ovar;
g) Juízo de instância criminal, com sede em Sever do Vouga;
h) Juízo de média instância criminal, com sede em Aveiro;
i) Juízo de média instância criminal, com sede em Ílhavo;
j) Juízo de média instância criminal, com sede em Vagos;
l) Juízo de pequena instância criminal, com sede em Ílhavo.

ARTIGO 16º
Organização judiciária

A sede, composição e área territorial dos juízos do Tribunal da Comarca do Baixo Vouga são as constantes do mapa I anexo ao presente decreto-lei, do qual faz parte integrante.

SECÇÃO II
Conversão dos tribunais existentes

ARTIGO 17º
Conversão

1 – São convertidos os seguintes tribunais, com sede em Aveiro:

a) O tribunal do trabalho é convertido no juízo do trabalho;
b) O tribunal de família e menores é convertido no juízo de família e menores;
c) Os juízos de competência especializada criminal são convertidos no juízo de média instância criminal;
d) Os juízos de competência especializada cível são convertidos no juízo de média e pequena instância cível.

2 – O Tribunal do Trabalho de Águeda é convertido no juízo do trabalho, com sede em Águeda.

3 – São convertidos em instâncias especializadas os seguintes tribunais de comarca:

a) O Tribunal da Comarca de Águeda é convertido no Juízo de Média e Pequena Instância Cível de Águeda e no Juízo de Instância Criminal de Águeda;
b) O Tribunal da Comarca de Albergaria-a-Velha é convertido no Juízo de Média e Pequena Instância Cível de Albergaria-a-Velha e no Juízo de Instância Criminal de Albergaria-a-Velha;
c) O Tribunal da Comarca de Anadia é convertido no Juízo de Média e Pequena Instância Cível de Anadia e no Juízo de Instância Criminal de Anadia;
d) O Tribunal da Comarca de Estarreja é convertido no Juízo de Média e Pequena Instância Cível de Estarreja e no Juízo de Instância Criminal de Estarreja;
e) O Tribunal da Comarca de Ílhavo é convertido no Juízo de Média e Pequena Instância Cível de Ílhavo e no Juízo de Pequena Instância Criminal de Ílhavo;

f) O Tribunal da Comarca de Sever do Vouga é convertido no Juízo de Média e Pequena Instância Cível de Sever do Vouga e no Juízo de Instância Criminal de Sever do Vouga;

g) O Tribunal da Comarca de Oliveira do Bairro é convertido no Juízo de Média e Pequena Instância Cível de Oliveira do Bairro e no Juízo de Instância Criminal de Oliveira do Bairro;

h) O Tribunal da Comarca de Ovar é convertido no Juízo de Média e Pequena Instância Cível de Ovar e no Juízo de Instância Criminal de Ovar;

i) O Tribunal da Comarca de Vagos é convertido no Juízo de Média e Pequena Instância Cível de Vagos e no Juízo de Média Instância Criminal de Vagos.

SECÇÃO III
Criação de juízos

ARTIGO 18º
Juízos

1 – São criados os seguintes juízos de competência especializada:

a) Juízo de família e menores, com sede em Estarreja;
b) Juízo de família e menores, com sede em Oliveira do Bairro;
c) Juízo de comércio, com sede em Aveiro;
d) Juízo de instrução criminal, com sede em Aveiro;
e) Juízo de instrução criminal, com sede em Águeda;
f) Juízo de execução, com sede em Águeda;
g) Juízo de execução, com sede em Ovar.

2 – São criadas as seguintes instâncias especializadas:

a) Juízo de grande instância cível, com sede em Aveiro;
b) Juízo de grande instância cível, com sede em Anadia;
c) Juízo de média instância criminal, com sede em Ílhavo.

SECÇÃO IV
Extinção

ARTIGO 19º
Extinção de círculos e de comarcas

1 – São extintos os círculos judiciais de Aveiro e Anadia.
2 – São extintas as seguintes comarcas:

a) Albergaria-a-Velha;
b) Águeda;
c) Anadia;
d) Aveiro;
e) Estarreja;
f) Ílhavo;

g) Oliveira do Bairro;
h) Ovar;
i) Sever do Vouga;
j) Vagos.

SECÇÃO V
Processos pendentes

ARTIGO 20º
Transição para os novos juízos

1 – Transitam para o Juízo de Família e Menores de Estarreja, à data da instalação do mesmo, os processos que, nesta área, se encontrem pendentes nos Tribunais das Comarcas de Estarreja e Ovar.

2 – Transitam para o Juízo de Família e Menores de Oliveira do Bairro, à data da instalação do mesmo, os processos que, nesta área, se encontrem pendentes nos Tribunais das Comarcas de Águeda, Anadia e Oliveira do Bairro.

3 – Transitam para o Juízo de Comércio de Aveiro, à data da instalação do mesmo, os processos que, nesta área, se encontrem pendentes nos Tribunais das Comarcas de Águeda, Albergaria-a-Velha, Anadia, Aveiro, Estarreja, Ílhavo, Oliveira do Bairro, Ovar, Sever do Vouga e Vagos.

4 – Transitam para o Juízo de Execução de Águeda, à data da instalação do mesmo, os processos que, nesta área, se encontrem pendentes nos Tribunais das Comarcas de Águeda, Albergaria-a-Velha, Anadia, Ílhavo, Oliveira do Bairro, Sever do Vouga e Vagos.

5 – Transitam para o Juízo de Execução de Ovar, à data da instalação do mesmo, os processos que, nesta área, se encontrem pendentes nos Tribunais das Comarcas de Aveiro, Estarreja e Ovar.

6 – Transitam para o Juízo de Instrução Criminal de Aveiro, à data da instalação do mesmo, os processos que, nesta área, se encontrem pendentes nos Tribunais das Comarcas de Aveiro, Estarreja, Ílhavo, Ovar e Vagos.

7 – Transitam para o Juízo de Instrução Criminal de Águeda, à data da instalação do mesmo, os processos que, nesta área, se encontrem pendentes nos Tribunais das Comarcas de Águeda, Albergaria-a-Velha, Anadia, Oliveira do Bairro e Sever do Vouga.

8 – Transitam para o Juízo de Grande Instância Cível de Aveiro, à data da instalação do mesmo, os processos que, cabendo no âmbito da sua competência, se encontrem pendentes:

a) Nos juízos de competência especializada cível do Tribunal da Comarca de Aveiro;

b) Nos Tribunais das Comarcas de Estarreja, Ílhavo, Ovar e Vagos.

9 – Transitam para o Juízo de Média Instância Criminal de Ílhavo, à data da instalação do mesmo, os processos criminais que, não estando abrangidos pelo nº 4 do artigo seguinte, se encontrem pendentes no Tribunal da Comarca de Ílhavo.

10 – Transitam para o Juízo de Grande Instância Cível de Anadia, à data da instalação do mesmo, os processos que, cabendo no âmbito da sua competência, se

encontrem pendentes nos Tribunais das Comarcas de Águeda, Albergaria-a-Velha, Anadia, Oliveira do Bairro e Sever do Vouga.

ARTIGO 21º
Transição por conversão

1 – Transitam para o Juízo do Trabalho de Aveiro os processos que, nesta área, se encontrem pendentes no Tribunal do Trabalho de Aveiro, à data da conversão do mesmo.

2 – Transitam para o Juízo do Trabalho de Águeda os processos que, nesta área, se encontrem pendentes no Tribunal do Trabalho de Águeda, à data da conversão do mesmo.

3 – Transitam para o Juízo de Família e Menores de Aveiro os processos que, nesta área, se encontrem pendentes no Tribunal de Família e Menores de Aveiro, à data da conversão do mesmo.

4 – Transitam para o Juízo de Pequena Instância Criminal de Ílhavo os processos criminais que, cabendo no âmbito da sua competência, se encontrem pendentes, à data da conversão dos mesmos:

a) Nos juízos de competência especializada criminal do Tribunal da Comarca de Aveiro;
b) Nos Tribunais das Comarcas de Ílhavo e Vagos.

5 – Transitam para o Juízo de Média Instância Criminal de Aveiro os processos criminais que, não estando abrangidos pelo número anterior, se encontrem pendentes nos juízos de competência especializada criminal do Tribunal da Comarca de Aveiro, à data da conversão dos mesmos.

6 – Transitam para o Juízo de Média Instância Criminal de Vagos os processos criminais que, não estando abrangidos pelo nº 4, se encontrem pendentes no Tribunal da Comarca de Vagos, à data da conversão do mesmo.

7 – Transitam para os respectivos juízos de média e pequena instância cível os processos cíveis que, não estando abrangidos pelo artigo e números anteriores, se encontrem pendentes nos Tribunais das Comarcas de Águeda, Albergaria-a-Velha, Anadia, Aveiro, Estarreja, Ílhavo, Oliveira do Bairro, Ovar, Sever do Vouga e Vagos.

8 – Transitam para os respectivos juízos de instância criminal os processos criminais que se encontrem pendentes nos Tribunais das Comarcas de Águeda, Albergaria-a-Velha, Anadia, Estarreja, Oliveira do Bairro, Ovar e Sever do Vouga.

SECÇÃO VI
Quadro de juízes

ARTIGO 22º
Quadro de juízes

O quadro de juízes do Tribunal da Comarca do Baixo Vouga é o constante do mapa I anexo ao presente decreto-lei, do qual faz parte integrante.

SECÇÃO VII
Ministério Público

ARTIGO 23º
Departamento de Investigação e Acção Penal

1 – É criado o Departamento de Investigação e Acção Penal da comarca do Baixo Vouga, com sede em Aveiro.

2 – O Departamento de Investigação e Acção Penal integra secções em Aveiro, uma secção em Águeda e serviços de inquéritos nos restantes municípios da comarca.

ARTIGO 24º
Quadro de magistrados do Ministério Público

O quadro de magistrados do Ministério Público da comarca do Baixo Vouga é o constante do mapa II anexo ao presente decreto-lei, do qual faz parte integrante.

SECÇÃO VIII
Turnos aos sábados e feriados

ARTIGO 25º
Organização

Na comarca do Baixo Vouga o serviço de turno a que se refere o nº 2 do artigo 82º da Lei nº 52/2008, de 28 de Agosto, é organizado no âmbito de cada um dos seguintes grupos de municípios:

a) Águeda, Albergaria-a-Velha, Anadia, Oliveira do Bairro e Sever do Vouga;
b) Aveiro, Estarreja, Ílhavo, Murtosa, Ovar e Vagos.

CAPÍTULO IV
Comarca da Grande Lisboa-Noroeste

SECÇÃO I
Tribunal da comarca

ARTIGO 26º
Criação

É criado o Tribunal da Comarca da Grande Lisboa-Noroeste, com sede em Sintra.

ARTIGO 27º
Desdobramento

1 – O Tribunal da Comarca da Grande Lisboa-Noroeste é desdobrado nos seguintes juízos de competência especializada:

a) Juízo de família e menores, com sede na Amadora;

b) Juízo de instrução criminal, com sede na Amadora;
c) Juízo de família e menores, com sede em Sintra;
d) Juízo do trabalho, com sede em Sintra;
e) Juízo de comércio, com sede em Sintra;
f) Juízo de instrução criminal, com sede em Sintra;
g) Juízo de execução, com sede em Sintra.

2 – O Tribunal da Comarca da Grande Lisboa-Noroeste é ainda desdobrado nos seguintes juízos de competência especializada cível:

a) Juízo de média instância cível, com sede na Amadora;
b) Juízo de média e pequena instância cível, com sede em Mafra;
c) Juízo de grande instância cível, com sede em Sintra;
d) Juízo de média instância cível, com sede em Sintra;
e) Juízo de pequena instância cível, com sede em Sintra.

3 – O Tribunal da Comarca da Grande Lisboa-Noroeste é também desdobrado nos seguintes juízos de competência especializada criminal:

a) Juízo de pequena instância criminal, com sede na Amadora;
b) Juízo de média e pequena instância criminal, com sede em Mafra;
c) Juízo de grande instância criminal, com sede em Sintra;
d) Juízo de média instância criminal, com sede em Sintra;
e) Juízo de pequena instância criminal, com sede em Sintra.

ARTIGO 28º
Organização judiciária

A sede, composição e área territorial dos juízos do Tribunal da Comarca da Grande Lisboa-Noroeste são as constantes do mapa I anexo ao presente decreto-lei, do qual faz parte integrante.

SECÇÃO II
Conversão dos tribunais existentes

ARTIGO 29º
Conversão

1 – São convertidos os seguintes tribunais, com sede na Amadora:

a) O tribunal do trabalho é convertido no juízo de família e menores;
b) Os juízos de competência especializada cível são convertidos no juízo de média instância cível;
c) Os juízos de competência especializada criminal são convertidos no juízo de pequena instância criminal.

2 – O Tribunal da Comarca de Mafra é convertido no Juízo de Média e Pequena Instância Cível de Mafra e no Juízo de Média e Pequena Instância Criminal de Mafra.

3 – São convertidos os seguintes tribunais, com sede em Sintra:

a) O tribunal do trabalho é convertido no juízo do trabalho;

b) O tribunal de família e menores é convertido no juízo de família e menores;
c) Os juízos criminais são convertidos no juízo de média instância criminal;
d) Os juízos cíveis são convertidos no juízo de média instância cível;
e) As varas com competência mista cível e criminal são convertidas no juízo de grande instância cível.

SECÇÃO III
Criação de juízos

ARTIGO 30º
Criação

1 – São criados os seguintes juízos, com sede em Sintra:

a) Juízo de comércio;
b) Juízo de execução;
c) Juízo de grande instância criminal;
d) Juízo de pequena instância cível;
e) Juízo de pequena instância criminal;
f) Juízo de instrução criminal.

2 – É criado um juízo de instrução criminal, com sede na Amadora.

SECÇÃO IV
Extinção

ARTIGO 31º
Extinção de círculos e de comarcas

1 – São extintos os círculos judiciais da Amadora e de Sintra.
2 – São extintas as seguintes comarcas:

a) Amadora;
b) Mafra;
c) Sintra.

SECÇÃO V
Processos pendentes

ARTIGO 32º
Transição para os novos juízos

1 – Transitam para o Juízo de Execução de Sintra, à data da instalação do mesmo, os processos que, nesta área, se encontrem pendentes nos Tribunais das Comarcas da Amadora, Mafra e Sintra.

2 – Transitam para o Juízo de Instrução Criminal de Sintra, à data da instalação do mesmo, os processos que, nesta área, se encontrem pendentes nos Tribunais das Comarcas de Mafra e Sintra.

3 – Transitam para o Juízo de Grande Instância Criminal de Sintra, à data da instalação do mesmo, os processos que, cabendo no âmbito da sua competência, se encontrem pendentes:

   a) Nas varas com competência mista cível e criminal do Tribunal da Comarca de Sintra;
   b) No Tribunal da Comarca de Mafra.

4 – Transitam para o Juízo de Pequena Instância Cível de Sintra, à data da instalação do mesmo, os processos cíveis que, cabendo no âmbito da sua competência, se encontrem pendentes:

   a) Nos juízos cíveis do Tribunal da Comarca de Sintra;
   b) Nos juízos de competência especializada cível do Tribunal da Comarca da Amadora.

5 – Transitam para o Juízo de Pequena Instância Criminal de Sintra, à data da instalação do mesmo, os processos criminais que, cabendo no âmbito da sua competência, se encontrem pendentes nos juízos criminais do Tribunal da Comarca de Sintra.

ARTIGO 33º
Transição por conversão

1 – Transitam para o Juízo do Trabalho de Sintra, à data da conversão do mesmo, os processos que, nesta área, se encontrem pendentes no Tribunal do Trabalho de Sintra.

2 – Transitam para o Juízo de Família e Menores da Amadora, à data da conversão do mesmo, os processos que, nesta área, se encontrem pendentes no Tribunal da Comarca da Amadora.

3 – Transitam para o Juízo de Família e Menores de Sintra, à data da conversão do mesmo, os processos que, nesta área, se encontrem pendentes:

   a) No Tribunal de Família e Menores de Sintra;
   b) No Tribunal da Comarca de Mafra.

4 – Transitam para o Juízo de Grande Instância Cível de Sintra, à data da conversão do mesmo, os processos cíveis que, cabendo no âmbito da sua competência, se encontrem pendentes:

   a) Nas varas com competência mista cível e criminal do Tribunal da Comarca de Sintra;
   b) Nos juízos de competência especializada cível do Tribunal da Comarca da Amadora;
   c) No Tribunal da Comarca de Mafra.

5 – Transitam para o Juízo de Média Instância Cível da Amadora, à data da conversão do mesmo, os processos cíveis que, não estando abrangidos pelo artigo e números anteriores, se encontrem pendentes no juízo de competência especializada cível do Tribunal da Comarca da Amadora.

6 – Transitam para o Juízo de Média Instância Cível de Sintra, à data da conversão do mesmo, os processos cíveis que, não estando abrangidos pelo artigo e núme-

ros anteriores, se encontrem pendentes nos juízos cíveis do Tribunal da Comarca de Sintra.

7 – Transitam para o Juízo de Média Instância Criminal de Sintra, à data da conversão do mesmo, os processos criminais que, não estando abrangidos pelo artigo e números anteriores, se encontrem pendentes nos juízos criminais do Tribunal da Comarca de Sintra.

8 – Transitam para o Juízo de Média e Pequena Instância Cível de Mafra, à data da conversão do mesmo, os processos cíveis que, não estando abrangidos pelo artigo e números anteriores, se encontrem pendentes no Tribunal da Comarca de Mafra.

9 – Transitam para o Juízo de Média e Pequena Instância Criminal de Mafra, à data da conversão do mesmo, os processos criminais que, não estando abrangidos pelo artigo e números anteriores, se encontrem pendentes no Tribunal da Comarca de Mafra.

SECÇÃO VI
Quadro de juízes

ARTIGO 34º
Quadro de juízes

O quadro de juízes do Tribunal da Comarca da Grande Lisboa-Noroeste é o constante do mapa I anexo ao presente decreto-lei, do qual faz parte integrante.

SECÇÃO VII
Ministério Público

ARTIGO 35º
Departamento de Investigação e Acção Penal

1 – É criado o Departamento de Investigação e Acção Penal da comarca da Grande Lisboa-Noroeste, com sede em Sintra.

2 – O Departamento de Investigação e Acção Penal integra secções em Sintra e na Amadora e serviço de inquéritos em Mafra.

ARTIGO 36º
Quadro de magistrados do Ministério Público

O quadro de magistrados do Ministério Público da comarca da Grande Lisboa-Noroeste é o constante do mapa II anexo ao presente decreto-lei, do qual faz parte integrante.

CAPÍTULO V
Disposições comuns

SECÇÃO I
Magistrados

ARTIGO 37º
Movimentos extraordinários

O Conselho Superior da Magistratura e o Conselho Superior do Ministério Público realizam movimentos extraordinários para o preenchimento, nomeadamente, dos quadros das comarcas piloto.

ARTIGO 38º
Colocação de juízes nas comarcas piloto

1 – Sem prejuízo de outras preferências legalmente previstas, os juízes colocados em tribunais, varas ou juízos eliminados ou convertidos pelo presente decreto-lei têm preferência na colocação nos novos juízos ou juízos convertidos, nos termos dos números seguintes.

2 – Os juízes dos tribunais convertidos têm preferência absoluta na colocação nos novos juízos que lhes correspondam.

3 – Os juízes de círculo ou equiparados colocados em tribunais, varas ou juízos eliminados têm preferência na colocação nos novos juízos da mesma categoria da mesma comarca.

4 – Os juízes colocados em tribunais ou juízos eliminados têm preferência na colocação nos novos juízos da mesma categoria da mesma comarca.

5 – A preferência referida no número anterior é exercida:

a) Relativamente a juízos de idêntica competência especializada, ou, no caso de competência genérica do tribunal ou juízo eliminado, relativamente aos juízos de competência especializada situados no mesmo município;

b) Caso não seja possível operar a preferência estabelecida na alínea anterior, relativamente aos restantes juízos da comarca piloto, para os quais reúnam os requisitos.

6 – Com excepção dos juízes que exercem funções em tribunais classificados de 1º acesso, para os novos juízos de execução têm preferência os juízes que exerciam funções nas comarcas abrangidas, nos tribunais cujos processos são para aqueles remetidos.

7 – Para os novos juízos de instrução criminal têm preferência os juízes afectos à instrução criminal nas comarcas abrangidas, desde que reúnam os requisitos.

8 – No caso da conversão de tribunais de 1º acesso em juízos de acesso final e de a preferência ser exercida pelo respectivo titular, a colocação no juízo sê-lo-á apenas até ao movimento judicial ordinário de 2009.

9 – Em caso de empate entre candidatos que tenham direito a preferir, é respeitada a seguinte ordem de colocação:

a) Juiz com classificação mais elevada;
b) Juiz com maior antiguidade.

10 – As preferências previstas neste artigo não se aplicam aos juízes auxiliares.

11 – Os juízes auxiliares que exercem funções nos tribunais, varas ou juízos eliminados ficam colocados no quadro complementar de juízes do distrito judicial em que exercem funções, até ao movimento judicial ordinário de 2009, caso não obtenham a colocação pretendida.

ARTIGO 39º
Colocação de juízes nas restantes comarcas

1 – Caso não seja possível operar as preferências estabelecidas no artigo anterior, os juízes dos círculos, tribunais, varas e juízos eliminados ou convertidos pelo presente decreto-lei que não sejam colocados em lugares dos quadros da respectiva comarca piloto de idêntica competência especializada e categoria têm preferência na colocação em quaisquer outros lugares resultantes do movimento extraordinário referido no artigo 37º, desde que possuam os requisitos.

2 – A preferência prevista no número anterior pode ser exercida no movimento judicial ordinário de 2009, caso o juiz não tenha conseguido qualquer colocação pretendida no movimento extraordinário referido no artigo 37º.

3 – Nesse caso, o juiz fica colocado no quadro complementar de juízes do distrito judicial em que exerce funções, até ao referido movimento judicial.

4 – As preferências previstas neste artigo não se aplicam aos juízes auxiliares.

5 – Exceptua-se da previsão do nº 2 a situação referida no nº 8 do artigo anterior.

ARTIGO 40º
Colocação de magistrados do Ministério Público nas comarcas piloto

1 – Os magistrados do Ministério Público que estão actualmente colocados em quadros dos círculos judiciais ou das comarcas agora extintos têm preferência na colocação nos quadros das correspondentes comarcas piloto.

2 – A preferência é exercida no movimento extraordinário referido no artigo 37º.

3 – A preferência pode ser exercida relativamente ao município da comarca piloto da actual colocação ou relativamente a diferente município da mesma comarca.

4 – Em caso de empate entre candidatos que tenham direito a preferir, atende-se à seguinte ordem de preferência, em cada categoria:

a) Colocação actual no mesmo município;
b) Classificação mais elevada;
c) Maior antiguidade.

5 – Os magistrados auxiliares beneficiam da preferência prevista neste artigo.

ARTIGO 41º
Colocação de magistrados do Ministério Público nas restantes comarcas

1 – Os magistrados do Ministério Público que tenham pretendido fazer operar a preferência estabelecida no artigo anterior e que não tenham obtido colocação em lugar do quadro da correspondente comarca piloto têm preferência na colocação em vagas de outras comarcas que surjam no movimento extraordinário referido no artigo 37º, desde que possuam os requisitos.

2 – A preferência prevista no número anterior pode também ser exercida em movimento ordinário de 2009, caso o magistrado não tenha obtido qualquer das colocações pretendidas no movimento extraordinário referido no artigo 37º.

3 – Nesse caso, o magistrado fica colocado em quadro complementar do distrito judicial em que exerce funções, até ao movimento ordinário.

4 – É aplicável ao disposto neste artigo o nº 5 do artigo anterior.

ARTIGO 42º
Distribuição de serviço

A distribuição de serviço entre os magistrados do Ministério Público da mesma comarca não dá lugar, em nenhum caso, a acumulação de funções.

SECÇÃO II
Funcionários

ARTIGO 43º
Movimento

1 – A Direcção-Geral da Administração da Justiça realiza um movimento extraordinário de oficiais de justiça para o preenchimento, nomeadamente, dos lugares existentes nas comarcas piloto.

2 – Não é realizado o movimento ordinário de Fevereiro de 2009.

ARTIGO 44º
Transição

A transição dos funcionários de justiça é efectuada nos termos da portaria que aprove os novos quadros de pessoal.

ARTIGO 45º
Supranumerários

1 – Passam à situação de supranumerário os funcionários de justiça que, de acordo com a situação existente na data do termo do prazo de apresentação das candidaturas ao movimento extraordinário previsto no nº 1 do artigo 43º, não possam ser abrangidos pela transição referida no artigo anterior.

2 – A passagem à situação de supranumerário verifica-se na data do termo do prazo de apresentação das candidaturas ao movimento extraordinário previsto no nº 1 do artigo 43º, segundo o critério definido na portaria que aprove os novos quadros de pessoal.

ARTIGO 46º
Afectação de funcionários

1 – Independentemente da categoria que detenham, os oficiais de justiça que passem à situação de supranumerário podem ser afectos, por despacho do director-geral da Administração da Justiça, a equipas de recuperação de pendências processuais.

2 – A afectação não pode implicar deslocação de duração superior a noventa minutos entre a localidade da residência e a do local de trabalho, em transporte colectivo regular.

CAPÍTULO VI
Extinção e instalação de círculos, comarcas e tribunais

SECÇÃO I
Extinção

ARTIGO 47º
Efeitos da extinção

Salvo disposição em contrário, a extinção de círculos, comarcas, tribunais e lugares prevista no presente decreto-lei considera-se feita a 14 de Abril de 2009.

ARTIGO 48º
Juízos de pequena instância cível liquidatários
do Tribunal da Comarca de Lisboa

1 – São extintos, com efeitos a 31 de Agosto de 2009, os juízos de pequena instância cível liquidatários do Tribunal da Comarca de Lisboa.

2 – Os processos pendentes transitam para os juízos de pequena instância cível do Tribunal da Comarca de Lisboa.

3 – O resultado da redistribuição é divulgado no sítio da Internet com o endereço www.tribunaisnet.mj.pt, não carecendo de qualquer notificação, salvo quando as partes tenham fornecido os dados de correio electrónico, caso em que haverá notificação por via electrónica.

4 – Os juízes efectivos têm preferência na colocação em lugares de tribunais da comarca de Lisboa para os quais possuam os requisitos exigíveis.

5 – A preferência pode ser exercida no movimento judicial ordinário de 2009 e, caso o juiz não tenha conseguido a colocação pretendida, no movimento seguinte.

6 – Incumbe à Direcção-Geral da Administração da Justiça providenciar pelo destino do equipamento, bem como dos livros, objectos e papéis que se encontrem nos juízos extintos, que não devam acompanhar os respectivos processos.

SECÇÃO II
Instalação

ARTIGO 49º
Comarcas piloto

As comarcas piloto previstas no presente decreto-lei consideram-se instaladas a 14 de Abril de 2009.

ARTIGO 50º
Novos juízos e departamentos de investigação e acção penal

Os juízos criados ou convertidos e os departamentos de investigação e acção penal criados pelo presente decreto-lei consideram-se, consoante os casos, instalados e convertidos a 14 de Abril de 2009.

CAPÍTULO VII
Alterações legislativas

ARTIGO 51º
Alterações ao Regulamento da Lei de Organização e Funcionamento dos Tribunais Judiciais, aprovado pelo Decreto-Lei nº 186-A/99, de 31 de Maio

1 – São revogadas as referências aos municípios integrados nas comarcas piloto do Alentejo Litoral, Baixo Vouga e Grande Lisboa-Noroeste constantes do Decreto-Lei nº 186-A/99, de 31 de Maio, e respectivos mapas anexos, salvo no que respeita ao mapa I, para efeitos de distribuição de competência dos tribunais da Relação, em conformidade com o disposto no artigo 174º da Lei nº 52/2008, de 28 de Agosto.

2 – Os mapas II, VI, VII e VIII do Decreto-Lei nº 186-A/99, de 31 de Maio, são alterados nos seguintes termos:

"MAPA II
Círculos judiciais

Coimbra:
    Sede em Coimbra.
    Comarcas: Arganil, Coimbra, Condeixa-a-Nova, Lousã, Mealhada, Pampilhosa da Serra, Penacova, Penela e Tábua.
    Quadro de juízes de círculo: (a).

Figueira da Foz:
    Sede na Figueira da Foz.
    Comarcas: Cantanhede, Figueira da Foz, Mira e Montemor-o-Velho.
    Quadro de juízes de círculo: 2.

Oliveira de Azeméis:
    Sede em Oliveira de Azeméis.
    Comarcas: Arouca, Oliveira de Azeméis, São João da Madeira e Vale de Cambra.
    Quadro de juízes de círculo: 3.

Santa Maria da Feira:
    Sede em Santa Maria da Feira.
    Comarcas: Espinho e Santa Maria da Feira.
    Quadro de juízes de círculo: 4.

Torres Vedras:
    Sede em Torres Vedras.
    Comarcas: Cadaval, Lourinhã e Torres Vedras.
    Quadro de juízes de círculo: 2.

MAPA VI
Tribunais judiciais de 1ª instância
Tribunais de competência especializada

Tribunais de família e menores

Tribunal de Família e Menores de Coimbra
   Sede: Coimbra.
   Área de competência:

   a) Círculo judicial;
   b) Comarcas do distrito judicial de Coimbra, excepto a comarca piloto do Baixo Vouga, para efeitos de execução das convenções internacionais em que a Direcção-Geral de Reinserção Social é autoridade central.

   Composição: 2 juízos.
   Quadro de juízes: 1 por juízo.

Tribunal de Família e Menores de Lisboa
   Sede: Lisboa.
   Área de competência:

   a) Círculo judicial;
   b) Comarcas do distrito judicial de Lisboa, excepto a comarca piloto da Grande Lisboa-Noroeste e as pertencentes aos círculos judiciais de Almada, Angra do Heroísmo, Barreiro, Cascais, Funchal, Loures, Oeiras, Ponta Delgada e Vila Franca de Xira, para efeitos de execução das convenções internacionais em que a Direcção-Geral de Reinserção Social é autoridade central.

   Composição: 3 juízos.
   Quadro de juízes: 3 por juízo.

Tribunal de Família e Menores de Setúbal
   Sede: Setúbal.
   Área de competência:

   a) Círculo judicial;
   b) Comarcas do distrito judicial de Évora, excepto a comarca piloto do Alentejo Litoral e as pertencentes aos círculos judiciais de Beja, Faro e Portimão, para efeitos de execução das convenções internacionais em que a Direcção-Geral de Reinserção Social é autoridade central.

   Composição: 2 juízos.
   Quadro de juízes: 1 por juízo.

Tribunais de comércio

Tribunal de Comércio de Lisboa
   Sede: Lisboa.

Área de competência: comarcas de Almada, Barreiro, Cascais, Lisboa, Loures, Moita, Montijo, Oeiras, Palmela, Seixal, Sesimbra, Setúbal e Vila Franca de Xira.
Composição: 4 juízos.
Quadro de juízes: 1 por juízo.

MAPA VII
Magistrados do Ministério Público

Procuradores-adjuntos

Lisboa - 94 (*a*) (*b*).
(*b*) 55 no DIAP.

MAPA VIII
Organização dos turnos a que se refere o nº 1 do artigo 32º.

Serviço de turno do círculo judicial de Coimbra:
 Comarcas: Arganil, Coimbra, Condeixa-a-Nova, Lousã, Mealhada, Pampilhosa da Serra, Penacova, Penela e Tábua.

Serviço de turno do círculo judicial da Figueira da Foz:
 Comarcas: Cantanhede, Figueira da Foz, Mira e Montemor-o-Velho.

Serviço de turno do círculo judicial de Oliveira de Azeméis:
 Comarcas: Arouca, Oliveira de Azeméis, São João da Madeira e Vale de Cambra.

Serviço de turno do círculo judicial de Santa Maria da Feira:
 Comarcas: Espinho e Santa Maria da Feira.

Serviço de turno do círculo judicial de Torres Vedras:
 Comarcas: Cadaval, Lourinhã e Torres Vedras. "

CAPÍTULO VIII
Disposições transitórias e finais

SECÇÃO I
Disposições transitórias

ARTIGO 52º
Transição e redistribuição de processos

1 – Salvo nos casos expressamente previstos no presente decreto-lei, não transitam para os novos juízos quaisquer processos pendentes.

2 – Nos casos não expressamente regulados no presente decreto-lei, a redistribuição dos processos pendentes é feita por deliberação do Conselho Superior da Magistratura.

ARTIGO 53º
Recuperação de pendências

1 – Nas comarcas piloto, a recuperação dos processos pendentes é feita de modo autónomo.

2 – A recuperação dos processos pendentes é feita pelos magistrados dos quadros das comarcas piloto, até aos limites a fixar pelo Conselho Superior da Magistratura e pelo Conselho Superior do Ministério Público, tomando em consideração os novos processos que serão distribuídos no decurso de 2009.

3 – Os processos que não forem distribuídos nos termos do número anterior são distribuídos a magistrados especialmente afectos à recuperação de pendências, colocados em número adequado pelo Conselho Superior da Magistratura e pelo Conselho Superior do Ministério Público.

4 – A Direcção-Geral da Administração da Justiça disponibiliza os meios humanos e logísticos indispensáveis à recuperação referida nos números anteriores.

ARTIGO 54º
Estatuto remuneratório

O disposto no presente decreto-lei não pode resultar em qualquer diminuição do estatuto remuneratório dos juízes e magistrados do Ministério Público cujos lugares sejam extintos ou convertidos.

SECÇÃO II
Disposição final

ARTIGO 55º
Entrada em vigor

O presente decreto-lei entra em vigor no dia seguinte ao da respectiva publicação.

ANEXO

MAPA I
Comarca do Alentejo Litoral

Tribunal da Comarca

Sede: Santiago do Cacém.
Distrito judicial: Alentejo.
Área territorial: Municípios: Alcácer do Sal, Grândola, Odemira, Santiago do Cacém e Sines.
Juiz-presidente: 1 (sediado em Santiago do Cacém).
Administrador judiciário: 1 (sediado em Santiago do Cacém).
Juízes em afectação exclusiva ao julgamento em tribunal colectivo: 2 (sediados em Santiago do Cacém).

Juízo Misto do Trabalho e de Família e Menores
Sede: Sines.
Juízes: 1. Área territorial: municípios de Alcácer do Sal, Grândola, Odemira, Santiago do Cacém e Sines.

Juízo de Grande Instância Cível
Sede: Santiago do Cacém.
Juízes: 2. Área territorial: municípios de Alcácer do Sal, Grândola, Odemira, Santiago do Cacém e Sines.

Juízo de Média e Pequena Instância Cível
Sede: Alcácer do Sal.
Juízes: 1.Área territorial: município de Alcácer do Sal.

Juízo de Média e Pequena Instância Cível
Sede: Grândola.
Juízes: 1. Área territorial: município de Grândola.

Juízo de Média e Pequena Instância Cível
Sede: Santiago do Cacém.
Juízes: 1. Área territorial: municípios de Santiago do Cacém e Sines.

Juízo de Instância Criminal
Sede: Alcácer do Sal.
Juízes: 1. Área territorial: município de Alcácer do Sal.

Juízo de Instância Criminal
Sede: Grândola.
Juízes: 1. Área territorial: município de Grândola.

Juízo de Instância Criminal
Sede: Santiago do Cacém.
Juízes: 2. Área territorial: municípios de Santiago do Cacém e Sines.

Juízo de Competência Genérica
Sede: Odemira.
Juízes: 1. Área territorial: município de Odemira.

Comarca do Baixo Vouga
Tribunal da Comarca
Sede: Aveiro.
Distrito judicial: Centro. Área territorial: municípios de Águeda, Albergaria-a-Velha, Anadia, Aveiro, Estarreja, Ílhavo, Murtosa, Oliveira do Bairro, Ovar, Sever do Vouga e Vagos.
Juiz-presidente: 1 (sediado em Aveiro).

Administrador judiciário: 1 (sediado em Aveiro).
Juízes em afectação exclusiva ao julgamento em tribunal colectivo: 4 (*a*).

(*a*) 2 sediados em Águeda, com competência para os juízos dos municípios de Águeda, Anadia, Oliveira do Bairro, Ílhavo e Vagos; 2 sediados em Aveiro, com competência para os juízos dos municípios de Albergaria-a-Velha, Aveiro, Estarreja, Ovar e Sever do Vouga.

Juízo do Trabalho

Sede: Aveiro.
Juízes: 2. Área territorial: municípios de Albergaria-a-Velha, Aveiro, Estarreja, Ílhavo, Murtosa, Ovar, Sever do Vouga e Vagos.

Juízo do Trabalho

Sede: Águeda.
Juízes: 1. Área territorial: municípios de Águeda, Anadia e Oliveira do Bairro.

Juízo de Família e Menores

Sede: Aveiro.
Juízes: 1. Área territorial: município de Aveiro.

Juízo de Família e Menores

Sede: Estarreja.
Juízes: 1. Área territorial: municípios de Albergaria-a-Velha, Estarreja, Murtosa, Ovar e Sever do Vouga.

Juízo de Família e Menores

Sede: Oliveira do Bairro.
Juízes: 1. Área territorial: municípios de Águeda, Anadia, Ílhavo, Oliveira do Bairro e Vagos.

Juízo de Comércio

Sede: Aveiro.
Juízes: 1. Área territorial: municípios de Águeda, Albergaria-a-Velha, Anadia, Aveiro, Estarreja, Ílhavo, Murtosa, Oliveira do Bairro, Ovar, Sever do Vouga e Vagos.

Juízo de Instrução Criminal

Sede: Águeda.
Juízes: 1. Área territorial: municípios de Águeda, Albergaria-a-Velha, Anadia, Oliveira do Bairro e Sever do Vouga.

Juízo de Instrução Criminal

Sede: Aveiro.
Juízes: 2. Área territorial: municípios de Aveiro, Estarreja, Ílhavo, Murtosa, Ovar e Vagos.

Juízo de Execução

Sede: Águeda.
Juízes: 1. Área territorial: municípios de Águeda, Albergaria-a-Velha, Anadia, Ílhavo, Oliveira do Bairro, Sever do Vouga e Vagos.

Juízo de Execução

Sede: Ovar.
Juízes: 1. Área territorial: municípios de Aveiro, Estarreja, Murtosa e Ovar.

Juízo de Grande Instância Cível

Sede: Anadia.
Juízes: 2. Área territorial: municípios de Águeda, Albergaria-a-Velha, Anadia, Oliveira do Bairro e Sever do Vouga.

Juízo de Grande Instância Cível

Sede: Aveiro.
Juízes: 3. Área territorial: municípios de Aveiro, Estarreja, Ílhavo, Murtosa, Ovar e Vagos.

Juízo de Média e Pequena Instância Cível

Sede: Águeda.
Juízes: 1. Área territorial: município de Águeda.

Juízo de Média e Pequena Instância Cível

Sede: Albergaria-a-Velha.
Juízes: 1. Área territorial: município de Albergaria-a-Velha.

Juízo de Média e Pequena Instância Cível

Sede: Anadia.
Juízes: 1. Área territorial: município de Anadia.

Juízo de Média e Pequena Instância Cível

Sede: Aveiro.
Juízes: 2. Área territorial: município de Aveiro.

Juízo de Média e Pequena Instância Cível

Sede: Estarreja.
Juízes: 1. Área territorial: municípios de Estarreja e Murtosa.

Juízo de Média e Pequena Instância Cível

Sede: Ílhavo.
Juízes: 1. Área territorial: município de Ílhavo.

Juízo de Média e Pequena Instância Cível

Sede: Oliveira do Bairro.
Juízes: 1. Área territorial: município de Oliveira do Bairro.

Juízo de Média e Pequena Instância Cível
Sede: Ovar.
    Juízes: 2. Área territorial: município de Ovar.

Juízo de Média e Pequena Instância Cível
Sede: Sever do Vouga.
    Juízes: 1. Área territorial: município de Sever do Vouga.

Juízo de Média e Pequena Instância Cível
Sede: Vagos.
    Juízes: 1. Área territorial: município de Vagos.

Juízo de Instância Criminal
Sede: Águeda.
    Juízes: 2. Área territorial: município de Águeda.

Juízo de Instância Criminal
Sede: Albergaria-a-Velha.
    Juízes: 1. Área territorial: município de Albergaria-a-Velha.

Juízo de Instância Criminal
Sede: Anadia.
    Juízes: 1. Área territorial: município de Anadia.

Juízo de Instância Criminal
Sede: Estarreja.
    Juízes: 1. Área territorial: municípios de Estarreja e Murtosa.

Juízo de Instância Criminal
Sede: Oliveira do Bairro.
    Juízes: 1. Área territorial: município de Oliveira do Bairro.

Juízo de Instância Criminal
Sede: Ovar.
    Juízes: 2. Área territorial: município de Ovar.

Juízo de Instância Criminal
Sede: Sever do Vouga.
    Juízes: 1. Área territorial: município de Sever do Vouga.

Juízo de Média Instância Criminal
Sede: Aveiro.
    Juízes: 3. Área territorial: município de Aveiro.

Juízo de Média Instância Criminal
Sede: Ílhavo.
    Juízes: 1. Área territorial: município de Ílhavo.

6. ORGANIZAÇÃO DAS COMARCAS PILOTO E ALTERAÇÃO DO ANTERIOR REGULAMENTO DE 1999

Juízo de Média Instância Criminal
Sede: Vagos.
Juízes: 1. Área territorial: município de Vagos.

Juízo de Pequena Instância Criminal
Sede: Ílhavo.
Juízes: 1. Área territorial: municípios de Aveiro, Ílhavo e Vagos.

Comarca da Grande Lisboa-Noroeste[66]
Tribunal da Comarca
Sede: Sintra.
Distrito judicial: Lisboa e Vale do Tejo. Área territorial: municípios de Amadora, Mafra e Sintra.
Juiz-presidente: 1 (sediado em Sintra).
Administrador judiciário: 1 (sediado em Sintra).

Juízo do Trabalho
Sede: Sintra.
Juízes: 3. Área territorial: municípios de Amadora, Mafra e Sintra.

Juízo de Família e Menores
Sede: Amadora.
Juízes: 2. Área territorial: município da Amadora.

Juízo de Família e Menores
Sede: Sintra.
Juízes: 4. Área territorial: municípios de Mafra e Sintra.

Juízo de Comércio
Sede: Sintra.
Juízes: 1. Área territorial: municípios de Amadora, Mafra e Sintra.

Juízo de Instrução Criminal
Sede: Amadora.
Juízes: 1. Área territorial: município da Amadora.

Juízo de Instrução Criminal
Sede: Sintra.
Juízes: 2.
Área territorial: municípios de Mafra e Sintra.

---

[66] A Portaria nº 170/2009, de 17 de fevereiro, aprovou os quadros de pessoal das secretarias das comarcas do Alentejo Litoral, Baixo Vouga e Grande Lisboa Noroeste, e alterou os quadros de pessoal dos Serviços do Ministério Público da Relação de Coimbra e do Tribunal da Comarca de Loures.

Juízo de Execução
Sede: Sintra.
Juízes: 2. Área territorial: municípios de Amadora, Mafra e Sintra.

Juízo de Grande Instância Cível
Sede: Sintra.
Juízes: 5. Área territorial: municípios de Amadora, Mafra e Sintra.

Juízo de Média Instância Cível
Sede: Amadora.
Juízes: 1. Área territorial: município da Amadora.

Juízo de Média Instância Cível
Sede: Sintra.
Juízes: 2. Área territorial: município de Sintra.

Juízo de Média e Pequena Instância Cível
Sede: Mafra.
Juízes: 1. Área territorial: município de Mafra.

Juízo de Pequena Instância Cível
Sede: Sintra.
Juízes: 1. Área territorial: municípios de Sintra e Amadora.

Juízo de Grande Instância Criminal
Sede: Sintra.
Juízes: 6. Área territorial: municípios de Amadora, Mafra e Sintra.

Juízo de Média Instância Criminal
Sede: Sintra.
Juízes: 4. Área territorial: municípios de Sintra e Amadora.

Juízo de Média e Pequena Instância Criminal
Sede: Mafra.
Juízes: 1. Área territorial: município de Mafra.

Juízo de Pequena Instância Criminal
Sede: Amadora.
Juízes: 1. Área territorial: município da Amadora.

Juízo de Pequena Instância Criminal
Sede: Sintra.
Juízes: 2. Área territorial: município de Sintra.

MAPA II
Quadro de magistrados do Ministério Público

Comarca do Alentejo Litoral

Magistrado do Ministério Público-coordenador: 1 (procurador-geral-adjunto, sediado em Santiago do Cacém).

Município de Alcácer do Sal
Procurador-adjunto: 1.

Município de Grândola
Procurador-adjunto: 1.

Município de Odemira
Procurador-adjunto: 1.

Município de Santiago do Cacém
Procurador da República: 1. Procurador-adjunto: 3.

Município de Sines
Procurador da República: 1.

Comarca do Baixo Vouga

Magistrado do Ministério Público-coordenador: 1 (procurador-geral-adjunto, sediado em Aveiro).

Município de Águeda
Procurador da República: 3 (*a*). Procurador-adjunto: 5 (*a*).

Município de Albergaria-a-Velha
Procurador-adjunto: 2.

Município de Anadia
Procurador da República: 1. Procurador-adjunto: 2.

Município de Aveiro
Procurador da República: 8 (*a*). Procurador-adjunto: 12 (*a*).

Município de Estarreja
Procurador da República: 1. Procurador-adjunto: 2.

Município de Ílhavo
Procurador-adjunto: 3.

Município de Oliveira do Bairro
Procurador da República: 1. Procurador-adjunto: 2.

Município de Ovar
Procurador da República: 1. Procurador-adjunto: 3.

Município de Sever do Vouga
Procurador-adjunto: 1.

Município de Vagos
Procurador-adjunto: 1.

Comarca da Grande Lisboa-Noroeste 65

Magistrado do Ministério Público-coordenador: 1 (procurador-geral-adjunto, sediado em Sintra).

Município da Amadora
Procurador da República: 4 (*a*). Procurador-adjunto: 11 (*a*).

Município de Mafra
Procurador-adjunto: 3.

Município de Sintra
Procurador da República: 14 (*a*). Procurador-adjunto: 24 (*a*).
(*a*) Inclui o DIAP.

7. Lei de Organização, Funcionamento e Processo do Tribunal Constitucional[67]

TÍTULO I
Disposições gerais

ARTIGO 1º
Jurisdição e sede

O Tribunal Constitucional exerce a sua jurisdição no âmbito de toda a ordem jurídica portuguesa e tem sede em Lisboa.

ARTIGO 2º
Decisões

As decisões do Tribunal Constitucional são obrigatórias para todas as entidades públicas e privadas e prevalecem sobre as dos restantes tribunais e de quaisquer outras autoridades.

ARTIGO 3º
Publicação das decisões

1 – São publicadas na 1ª Série-A do *Diário da República* as decisões do Tribunal Constitucional que tenham por objecto:

a) Declarar a inconstitucionalidade ou a ilegalidade de quaisquer normas;
b) Verificar a existência de inconstitucionalidade por omissão;
c) Verificar a morte, a impossibilidade física permanente ou a perda do cargo de Presidente da República;
d) Verificar o impedimento temporário do Presidente da República para o exercício das suas funções ou a cessação desse impedimento;

---

[67] Aprovada pela Lei nº 28/82, de 15 de novembro, alterada pelas Leis nºs 143/85, de 26 de novembro, 85/89, de 7 de setembro, 88/95, de 1 de setembro, 13-A/98, de 26 de fevereiro, e 1/2011, de 30 de novembro. O regime dos serviços de apoio ao Tribunal Constitucional consta do Decreto-Lei nº 545/99, de 14 de dezembro.

e) Verificar a morte ou a incapacidade para o exercício da função presidencial de qualquer candidato a Presidente da República;

f) Declarar que uma qualquer organização perfilha a ideologia fascista e decretar a respectiva extinção;

g) Verificar a constitucionalidade e a legalidade das propostas de referendo nacional, regional e local;

h) Apreciar a regularidade e a legalidade das contas dos partidos políticos;

2 – São publicadas na 2ª Série do *Diário da República* as demais decisões do Tribunal Constitucional, salvo as de natureza meramente interlocutória ou simplesmente repetitivas de outras anteriores.

ARTIGO 4º
Coadjuvação de outros tribunais e autoridades

No exercício das suas funções, o Tribunal Constitucional tem direito à coadjuvação dos restantes tribunais e das outras autoridades.

ARTIGO 5º
Regime administrativo e financeiro

O Tribunal Constitucional é dotado de autonomia administrativa e dispõe de orçamento próprio, inscrito nos encargos gerais da Nação do Orçamento do Estado.

TÍTULO II
Competência, organização e funcionamento

CAPÍTULO I
Competência

ARTIGO 6º
Apreciação da inconstitucionalidade e da ilegalidade

Compete ao Tribunal Constitucional apreciar a inconstitucionalidade e a a legalidade nos termos dos artigos 277º e seguintes da Constituição e nos da presente lei.

ARTIGO 7º
Competência relativa ao Presidente da República

Compete ao Tribunal Constitucional:

a) Verificar a morte e declarar a impossibilidade física permanente do Presidente da República, bem como verificar os impedimentos temporários do exercício das suas funções;

b) Verificar a perda do cargo de Presidente da República, nos casos previstos no nº 3 do artigo 129º da Constituição e no nº 3 do artigo 130º da Constituição.

ARTIGO 7º-A
Competência relativa ao contencioso da perda do mandato de Deputados

Compete ao Tribunal Constitucional julgar os recursos relativos à perda do mandato de Deputado a Assembleia da República ou de deputado a uma das Assembleias Legislativas Regionais.

ARTIGO 8º
Competência relativa a processos eleitorais

Compete ao Tribunal Constitucional:

a) Receber e admitir as candidaturas para Presidente da República;

b) Verificar a morte e declarar a incapacidade para o exercício da função presidencial de qualquer candidato a Presidente da República, para o efeito do disposto no nº 3 do artigo 124º da Constituição;

c) Julgar os recursos interpostos de decisões sobre reclamações e protestos apresentados nos actos de apuramento parcial, distrital e geral da eleição do Presidente da República, nos termos dos artigos 114º e 115º do Decreto-Lei nº 319-A/76, de 3 de Maio;

d) Julgar os recursos em matéria de contencioso de apresentação de candidaturas e de contencioso eleitoral relativamente às eleições para o Presidente da República, Assembleia da República, assembleias regionais e órgãos do poder local;

e) Receber e admitir as candidaturas relativas à eleição dos Deputados ao Parlamento Europeu e julgar os correspondentes recursos e, bem assim, julgar os recursos em matéria de contencioso eleitoral referente à mesma eleição;

f) Julgar os recursos contenciosos interpostos de actos administrativos definitivos e executórios praticados pela Comissão Nacional de Eleições ou por outros órgãos da administração eleitoral;

g) Julgar os recursos relativos às eleições realizadas na Assembleia da República e nas Assembleias Legislativas Regionais.

ARTIGO 9º
Competência relativa a partidos políticos, coligações e frentes

Compete ao Tribunal Constitucional:

a) Aceitar a inscrição de partidos políticos sem registo próprio existente no Tribunal;

b) Apreciar a legalidade das denominações, siglas e símbolos dos partidos políticos e das coligações e frentes de partidos, ainda que constituídas apenas para fins eleitorais, bem como apreciar a sua identidade ou semelhança com as de outros partidos, coligações ou frentes;

c) Proceder às anotações referentes a partidos políticos, coligações ou frentes de partidos exigidas por lei;

d) Julgar as acções de impugnação de eleições e de deliberações de órgãos de partidos políticos, que, nos termos da lei sejam recorríveis;

e) Apreciar a regularidade e a legalidade das contas dos partidos políticos, nos termos da lei, e aplicar as correspondentes sanções;

f) Julgar os recursos em matéria de contencioso de apresentação de candidaturas e de contencioso eleitoral relativamente às eleições para o Presidente da República, Assembleia da República, asssembleias regionais e órgáos do poder local.

ARTIGO 10º
Competência relativa a organizações que perfilhem a ideologia fascista

Compete ao Tribunal Constitucional declarar, nos termos e para os efeitos da Lei nº 64/78, de 6 de Outubro, que uma qualquer organização perfilha a ideologia fascista e decretar a respectiva extinção.

ARTIGO 11º
Competência relativa a referendos nacionais, regionais e locais

Compete ao Tribunal Constitucional verificar previamente a constitucionalidade e a legalidade das propostas de referendo nacional, regional e local, previstos no nº 1 do artigo 115º, no nº 2 do artigo 232º e nos artigos 240º e 256º da Constituição, incluindo a apreciação dos requisitos relativos ao respectivo universo eleitoral, e o mais que, relativamente à realização desses referendos, lhe for cometido por lei.

ARTIGO 11º-A
Competência relativa a declarações de titulares de cargos políticos

Compete ao Tribunal Constitucional receber as declarações de património e rendimentos, bem como as declarações de incompatibilidades e impedimentos dos titulares de cargos políticos, e tomar as decisões sobre essas matérias que se encontrem previstas nas respectivas leis.

CAPÍTULO II
Organização

SECÇÃO I
Composição e constituição do Tribunal

ARTIGO 12º
Composição

1 – O Tribunal Constitucional é composto por 13 juízes, sendo 10 designados pela Assembleia da República e 3 cooptados por estes.

2 – Seis de entre os juízes designados pela Assembleia da República ou cooptados são obrigatoriamente escolhidos de entre juízes dos restantes tribunais e os demais de entre juristas.

ARTIGO 13º
Requisitos de elegibilidade

1 – Podem ser eleitos juízes do Tribunal Constitucional os cidadãos portugueses no pleno gozo dos seus direitos civis e políticos que sejam doutores, mestres ou licenciados em Direito ou juízes dos restantes tribunais.

2 – Para efeito do número anterior, só são considerados os doutoramentos, os mestrados e as licenciaturas por escola portuguesa ou oficialmente reconhecidos em Portugal.

ARTIGO 14º
Candidaturas

1 – As candidaturas, devidamente instruídas com os elementos de prova da elegibilidade dos candidatos e respectivas declarações de aceitação de candidatura, são apresentadas em lista completa por um mínimo de 25 e um máximo de 50 Deputados, perante o Presidente da Assembleia da República, até cinco dias antes da reunião marcada para a eleição.

2 – As listas propostas à eleição devem conter a indicação de candidatos em número igual ao dos mandatos vagos a preencher.

3 – Nenhum Deputado pode subscrever mais de uma lista de candidatura.

4 – Compete ao Presidente da Assembleia da República verificar os requisitos de elegibilidade dos candidatos e demais requisitos de admissibilidade das candidaturas, devendo notificar, em caso de obscuridade ou irregularidade, o primeiro subscritor para, no prazo de 2 dias, esclarecer as dúvidas ou suprir as deficiências.

5 – Da decisão do Presidente cabe recurso para o Plenário da Assembleia da República.

ARTIGO 15º
Relação nominal dos candidatos

Até 2 dias antes da reunião marcada para a eleição, o Presidente da Assembleia da República organiza a relação nominal dos candidatos, a qual é publicada no *Diário da Assembleia da República*.

ARTIGO 16º
Votação

1 – Os boletins de voto contêm todas as listas de candidatura apresentadas, integrando cada uma delas os nomes de todos os candidatos, por ordem alfabética, com identificação dos que são juízes dos restantes tribunais.

2 – Ao lado de cada lista de candidatura figura um quadrado em branco destinado a ser assinalado com a escolha do eleitor.

3 – Cada Deputado assinala com uma cruz o quadrado correspondente à lista de candidatura em que vota, não podendo votar em mais de uma lista sob pena de inutilização do respectivo boletim.

4 – Consideram-se eleitos os candidatos que obtiverem o voto de dois terços dos deputados presentes, desde que superior à maioria absoluta dos deputados em efectividade de funções.

5 – A lista dos eleitos é publicada na 1ª série-A do *Diário da República*, sob a forma de resolução da Assembleia da República, no dia seguinte ao da eleição.

ARTIGO 17º
Reunião para cooptação

1 – Ocorrendo vagas de juízes cooptados, são as mesmas preenchidas pelos juízes eleitos pela Assembleia da República em reunião a realizar no prazo de 10 dias.

2 – Cabe ao juiz mais idoso marcar o dia, hora e local da reunião e dirigir os trabalhos e ao mais novo servir de secretário.

3 – Ocorrendo vagas de juízes eleitos pela Assembleia da República e de juízes cooptados, são aquelas preenchidas em primeiro lugar.

ARTIGO 18º
Relação nominal dos indigitados

1 – Após discussão prévia, cada juiz eleito pela Assembleia da República indica em boletim, que introduz na urna, o nome de um juiz dos restantes tribunais ou de um jurista, devendo o presidente da reunião, findo o escrutínio, organizar a relação nominal dos indigitados.

2 – A relação deve conter nomes em igual número ou superior ao das vagas a preencher, incluindo os de juízes dos restantes tribunais em número pelo menos suficiente para preenchimento da quota de lugares a estes reservada e ainda não completada, repetindo-se a operação as vezes necessárias para aquele efeito.

ARTIGO 19º
Votação e designação

1 – A cada juiz cooptante é distribuído um boletim de voto do qual constem, por ordem alfabética, os nomes de todos os indigitados.

2 – À frente de cada nome figura um quadrado em branco destinado a ser assinalado com a escolha do cooptante.

3 – Cada cooptante assinala com uma cruz os quadrados correspondentes aos indigitados em que vota, não podendo votar num número de indigitados superior ao das vagas a preencher, nem num número de indigitados que não sejam juízes dos restantes tribunais que afecte a quota de lugares a estes reservada, sob pena de inutilização do respectivo boletim.

4 – Considera-se designado o indigitado que obtiver o mínimo de 7 votos na mesma votação e que aceitar a designação.

5 – Se após 5 votações não tiverem sido preenchidas todas as vagas, organiza-se nova relação nominal para preenchimento das restantes, observando-se o disposto no artigo anterior e nos números 1 a 4 do presente artigo.

6 – Feita a votação, o presidente da reunião comunica aos juízes que tiverem obtido o número de votos previsto no nº 4 para que declarem por escrito, no prazo de 5 dias, se aceitam a designação.

7 – Em caso de recusa, repete-se, para preenchimento da respectiva vaga, o processo previsto nos números e artigos anteriores.

8 – A cooptação de cada indigitado só se considera definitiva depois de preenchidas todas as vagas.

9 – A lista dos cooptados é publicada na 1ª série-A do *Diário da República*, sob forma de declaração assinada pelo juiz que tiver dirigido a reunião, no dia seguinte ao da cooptação.

ARTIGO 20º
Posse e juramento

1 – Os juízes do Tribunal Constitucional tomam posse perante o Presidente da República no prazo de 10 dias a contar da data da publicação da respectiva eleição ou cooptação.

2 – No acto de posse prestam o seguinte juramento: "Juro por minha honra cumprir a Constituição da República Portuguesa e desempenhar fielmente as funções em que fico investido."

ARTIGO 21º
Período de exercício

1 – Os juízes do Tribunal Constitucional são designados por um período de nove anos, contados da data da posse, e cessam funções com a posse do juiz designado para ocupar o respectivo lugar.

2 – O mandato dos juízes do Tribunal Constitucional não é renovável.

3 – Os juízes dos restantes tribunais designados para o Tribunal Constitucional que, durante o período de exercício, completem 70 anos mantêm-se em funções até ao termo do mandato.

SECÇÃO II
Estatuto dos juízes

ARTIGO 22º
Independência e inamovibilidade

Os juízes do Tribunal Constitucional são independentes e inamovíveis, não podendo as suas funções cessar antes do termo do mandato para que foram designados, salvo nos casos previstos no artigo seguinte.

ARTIGO 23º
Cessação de funções

1 – As funções dos juízes do Tribunal Constitucional cessam antes do termo do mandato quando se verifique qualquer das situações seguintes:

 a) Morte ou impossibilidade física permanente;
 b) Renúncia;
 c) Aceitação de lugar ou prática de acto legalmente incompatível com o exercício das suas funções;
 d) Demissão ou aposentação compulsiva, em consequência de processo disciplinar ou criminal.

2 – A renúncia é declarada por escrito ao Presidente do Tribunal, não dependendo de aceitação.

3 – Compete ao Tribunal verificar a ocorrência de qualquer das situações previstas nas alíneas *a)*, *c)* e *d)* do nº 1, devendo a impossibilidade física permanente ser previamente comprovada por 2 peritos médicos designados também pelo Tribunal.

4 – A cessação de funções em virtude do disposto no nº 1 é objecto de declaração que o Presidente do Tribunal fará publicar na 1ª série-A do *Diário da República*.

ARTIGO 23º-A
Regime de previdência e aposentação

1 – Os juízes do Tribunal Constitucional beneficiam do regime de previdência mais favorável aplicável ao funcionalismo público.

2 – No caso de os juízes do Tribunal Constitucional optarem pelo regime de previdência da sua actividade profissional, cabe ao Tribunal Constitucional a satisfação dos encargos que corresponderiam à entidade patronal.

3 – Nos 180 dias seguintes à cessação das respectivas funções, os juízes do Tribunal Constitucional podem requerer a aposentação voluntária por aquele cargo, independentemente de apresentação a junta médica, desde que preencham uma das seguintes condições:

a) Tenham 12 anos de serviço, qualquer que seja a sua idade;
b) Possuam 40 anos de idade e reúnam 10 anos de serviço para efeitos de aposentação.

4 – Salvo no caso de cessação de funções por impossibilidade física permanente, verificada de acordo com o disposto no nº 3 do artigo 23º, a aposentação voluntária só pode ser requerida, nos termos do número anterior, quando o subscritor tiver exercido o cargo de juiz do Tribunal Constitucional até ao termo do respectivo mandato ou, ao menos, durante 10 anos consecutivos ou interpolados.

5 – A eliminação da qualidade de subscritor da Caixa Geral de Aposentações, decorrente da cessação de funções como juiz do Tribunal Constitucional, não extingue o direito de requerer a aposentação voluntária nos termos do nº 3.

6 – Quanto aos juízes do Tribunal Constitucional, o limite a que se refere o nº 1 do artigo 27º da Lei nº 4/85, de 9 de Abril, na redacção que lhe foi dada pelo artigo 1º da Lei nº 26/95, de 18 de Agosto, é o do respectivo vencimento.

7 – Aos juízes do Tribunal Constitucional que se aposentarem por incapacidade ou nos termos do nº 3 é aplicável o disposto nos artigos 67º e 68º do Estatuto dos Magistrados Judiciais.

8 – A pensão de aposentação dos juízes do Tribunal Constitucional é sempre calculada em função do preceituado nas correspondentes disposições do Estatuto dos Magistrados Judiciais.

ARTIGO 24º
Irresponsabilidade

Os juízes do Tribunal Constitucional não podem ser responsabilizados pelas suas decisões, salvo nos termos e limites em que o são os juízes dos tribunais judiciais.

ARTIGO 25º
Regime disciplinar

1 – Compete exclusivamente ao Tribunal Constitucional o exercício do poder disciplinar sobre os seus juízes, ainda que a acção disciplinar respeite a actos praticados no exercício de outras funções, pertencendo-lhe, designadamente, instaurar

o processo disciplinar, nomear o respectivo instrutor de entre os seus membros, deliberar sobre a eventual suspensão preventiva e julgar definitivamente.

2 – Das decisões do Tribunal Constitucional em matéria disciplinar cabe recurso para o próprio Tribunal.

3 – Salvo o disposto nos números anteriores, aplica-se aos juízes do Tribunal Constitucional o regime disciplinar estabelecido na lei para os magistrados judiciais.

ARTIGO 26º
Responsabilidade civil e criminal

1 – São aplicáveis aos juízes do Tribunal Constitucional, com as necessárias adaptações, as normas que regulam a efectivação da responsabilidade civil e criminal dos juízes do Supremo Tribunal de Justiça, bem como as normas relativas à respectiva prisão preventiva.

2 – Movido procedimento criminal contra juiz do Tribunal Constitucional e acusado este por crime praticado no exercício das suas funções, o seguimento do processo depende de deliberação da Assembleia da República.

3 – Quando, na situação prevista no número anterior, for autorizado o seguimento do processo, o Tribunal suspenderá o juiz do exercício das suas funções.

4 – Deduzida acusação contra juiz do Tribunal Constitucional por crime estranho ao exercício das suas funções, o Tribunal decidirá se o juiz deve ou não ser suspenso de funções para o efeito de seguimento do processo, sendo obrigatória a decisão de suspensão quando se trate de crime doloso a que corresponda pena de prisão cujo limite máximo seja superior a três anos.

ARTIGO 27º
Incompatibilidades

1 – É incompatível com o desempenho do cargo de juiz do Tribunal Constitucional o exercício de funções em órgãos de soberania, das Regiões Autónomas ou do poder local, bem como o exercício de qualquer outro cargo ou função de natureza pública ou privada.

2 – Exceptua-se do disposto na parte final do número anterior o exercício não remunerado de funções docentes ou de investigação científica de natureza jurídica.

ARTIGO 28º
Proibição de actividades políticas

1 – Os juízes do Tribunal Constitucional não podem exercer quaisquer funções em órgãos de partidos, de associações políticas ou de fundações com eles conexas, nem desenvolver actividades político-partidárias de carácter público.

2 – Durante o período de desempenho do cargo fica suspenso o estatuto decorrente da filiação em partidos ou associações políticas.

ARTIGO 29º
Impedimentos e suspeições

1 – É aplicável aos juízes do Tribunal Constitucional o regime de impedimentos e suspeições dos juízes dos tribunais judiciais.

2 – A filiação em partido ou associação política não constitui fundamento de suspeição.

3 – A verificação do impedimento e a apreciação da suspeição competem ao Tribunal.

ARTIGO 30º
Direitos, categorias, vencimentos e regalias

Os juízes do Tribunal Constitucional têm honras, direitos, categorias, tratamento, vencimentos e regalias iguais aos dos juízes do Supremo Tribunal de Justiça.

ARTIGO 30º-A
Trajo profissional

No exercício das suas funções no Tribunal e, quando o entendam, nas solenidades em que devam participar, os juízes do Tribunal Constitucional usam beca e um colar com as insignias do Tribunal, de modelo a definir por este, podendo ainda usar capa sobre a beca.

ARTIGO 31º
Abonos complementares

1 – O Presidente do Tribunal Constitucional tem direito a um subsídio de 20% do vencimento, a título de despesas de representação, e ao uso de viatura oficial.

2 – No caso de o Presidente não residir habitualmente em qualquer dos concelhos referidos no nº 1 do artigo seguinte, terá ainda direito ao subsídio atribuído aos ministros em iguais circunstâncias.

3 – O vice-presidente do Tribunal Constitucional tem os direitos referidos nos números anteriores, sendo o subsídio para despesas de representação de 15%.

ARTIGO 32º
Ajudas de custo

1 – Os juízes residentes fora dos concelhos de Lisboa, Oeiras, Cascais, Loures, Sintra, Vila Franca de Xira, Almada, Seixal, Barreiro e Amadora têm direito à ajuda de custo fixada para os membros do Governo, abonada por cada dia de sessão do Tribunal em que participem, e mais dois dias por semana.

2 – Os juízes residentes nos concelhos indicados no número anterior têm direito, nos mesmos termos, a um terço da ajuda de custo aí referida.

3 – Os juízes não residentes nos concelhos referidos no nº 1 que se façam transportar em automóvel próprio entre Lisboa e a sua residência, e volta, têm direito ao reembolso das correspondentes despesas, segundo o regime aplicável aos funcionários públicos, uma vez por semana, por razões de funcionamento do Tribunal.

4 – Os juízes residentes nos concelhos referidos no nº 1 com excepção do de Lisboa, quando se façam transportar em automóvel próprio entre a sua residência e o Tribunal, têm direito ao reembolso das correspondentes despesas segundo regime análogo ao dos funcionários públicos, mas tendo em conta os quilómetros efectivamente percorridos.

ARTIGO 33º
Passaporte

Os juízes do Tribunal Constitucional têm direito a passaporte diplomático.

ARTIGO 34º
Distribuição de publicações oficiais

1 – Os juízes do Tribunal Constitucional têm direito à distribuição gratuita das 1ª e 2ª séries do *Diário da República*, do *Diário da Assembleia da República*, dos jornais oficiais das Regiões Autónomas e do *Boletim Oficial de Macau*, bem como do *Boletim do Ministério da Justiça* e do *Boletim do Trabalho e Emprego*, podendo ainda requerer, através do Presidente, as publicações oficiais que considerem necessárias ao exercício das suas funções.

2 – Os juízes do Tribunal Constitucional têm livre acesso às bibliotecas do Ministério da Justiça, dos tribunais superiores e da Procuradoria-Geral da República e, bem assim, direito a consultar nos mesmos serviços os dados doutrinais e jurisprudenciais que tenham sido objecto de tratamento informático.

ARTIGO 35º
Estabilidade de emprego

1 – Os juízes do Tribunal Constitucional não podem ser prejudicados na estabilidade do seu emprego, na sua carreira e no regime de segurança social de que beneficiem por causa do exercício das suas funções.

2 – Os juízes que cessem funções no Tribunal Constitucional retomam automaticamente as que exerciam à data da posse ou aquelas para que foram transferidos ou nomeados durante o período de funções no Tribunal, designadamente por virtude de promoção, só podendo os respectivos lugares ser providos a título interino.

3 – Durante o exercício das suas funções os juízes não perdem a antiguidade nos seus empregos nem podem ser prejudicados nas promoções a que entretanto tenham adquirido direito.

4 – No caso de os juízes se encontrarem à data da posse investidos em função pública temporária, por virtude de lei, acto ou contrato, ou em comissão de serviço, o exercício de funções no Tribunal Constitucional suspende o respectivo prazo.

SECÇÃO III
Organização interna

ARTIGO 36º
Competência interna

Compete ainda ao Tribunal Constitucional:

a) Eleger o presidente e o vice-presidente;
b) Elaborar os regulamentos internos necessários ao seu bom funcionamento;
c) Aprovar a proposta do orçamento anual do Tribunal;
d) Fixar no início de cada ano judicial os dias e horas em que se realizam as sessões ordinárias;
e) Exercer as demais competências atribuídas por lei.

ARTIGO 37º
Eleição do presidente e do vice-presidente

1 – Os juízes do Tribunal Constitucional elegem de entre si o Presidente e o Vice-Presidente do Tribunal Constitucional, os quais exercem funções por um período igual a metade do mandato de juiz do Tribunal Constitucional, podendo ser reconduzidos.

2 – A eleição do presidente precede a do vice-presidente quando os 2 lugares se encontrem vagos.

ARTIGO 38º
Forma de eleição

1 – O presidente e o vice-presidente são eleitos por voto secreto, sem discussão ou debate prévios, em sessão presidida, na falta do presidente ou do vice-presidente, pelo juiz mais idoso e secretariada pelo mais novo.

2 – Cada juiz assinala o nome por si escolhido num boletim que introduz na urna.

3 – Considera-se eleito presidente o juiz que, na mesma votação, obtiver o mínimo de 9 votos; se após 4 votações, nenhum juiz tiver reunido este número de votos, são admitidos às votações ulteriores somente os 2 nomes mais votados na quarta votação; se, ao fim de mais 4 votações, nenhum dos 2 tiver obtido aquele número de votos, considera-se eleito o juiz que primeiro obtiver 8 votos na mesma votação.

4 – As votações são realizadas sem interrupção da sessão.

5 – Considera-se eleito vice-presidente o juiz que obtiver o mínimo de 8 votos, após as votações necessárias, efectuadas nos termos dos números anteriores.

6 – A eleição do Presidente e do Vice-Presidente do Tribunal Constitucional é publicada na 1ª série-A do *Diário da República*, sob a forma de declaração assinada pelo juiz que tiver dirigido a reunião.

7 – Uma vez eleitos, o Presidente e o Vice-Presidente do Tribunal Constitucional tomam posse perante o plenário de juízes do Tribunal.

ARTIGO 39º
Competência do presidente e do vice-presidente

1 – Compete ao Presidente do Tribunal Constitucional:

a) Representar o Tribunal e assegurar as suas relações com os outros órgãos de soberania e demais órgãos e autoridades públicas;

b) Receber as candidaturas e as declarações de desistência de candidatos a Presidente da República;

c) Presidir à Assembleia de Apuramento Geral da eleição do Presidente da República e dos Deputados ao Parlamento Europeu;

d) Presidir às sessões do Tribunal e dirigir os trabalhos;

e) Apurar o resultado das votações;

f) Convocar sessões extraordinárias;

g) Presidir à distribuição dos processos, assinar o expediente e ordenar a passagem de certidões;

h) Mandar organizar e afixar a tabela dos recursos e demais processos preparados para julgamento em cada sessão, conferindo prioridade aos referidos nos nºs 3 e 5 do artigo 43º e, bem assim, àqueles em que estiverem em causa direitos, liberdades e garantias pessoais;

i) Organizar anualmente o turno para assegurar o julgamento de processos durante as férias dos juízes, ouvidos estes em conferência;

j) Superintender na gestão e administração do Tribunal, bem como na secretaria e nos serviços de apoio;

l) Dar posse ao pessoal do Tribunal e exercer sobre ele o poder disciplinar, com recurso para o próprio Tribunal;

m) Exercer outras competências atribuídas por lei ou que o Tribunal nele delegar.

2 – Compete ao vice-presidente substituir o presidente nas suas faltas e impedimentos, coadjuvá-lo no exercício das suas funções, nomeadamente presidindo a uma das sessões a que não pertença, e praticar os actos respeitantes ao exercício das competências que por aquele lhe forem delegadas.

3 – Nas sessões presididas pelo vice-presidente não poderão ser apreciados processos de que ele seja relator.

CAPÍTULO III
Funcionamento

SECÇÃO I
Funcionamento

ARTIGO 40º
Sessões

1 – O Tribunal Constitucional funciona em sessões plenárias e por secções.

2 – O Tribunal Constitucional reúne ordinariamente segundo periodicidade a definir no regimento interno e extraordinariamente sempre que o presidente o convocar, por iniciativa própria ou a requerimento da maioria dos juízes em efectividade de funções.

ARTIGO 41º
Secções

1 – Haverá três secções não especializadas, cada uma delas constituída pelo presidente ou pelo vice-presidente do Tribunal e por mais quatro juízes.

2 – A distribuição dos juízes, incluindo o vice-presidente, pelas secções e a determinação da secção normalmente presidida pelo vice-presidente serão feitas pelo Tribunal no início de cada ano judicial.

ARTIGO 42º
Quorum e deliberações

1 – O Tribunal Constitucional, em plenário ou em secção, só pode funcionar estando presente a maioria dos respectivos membros em efectividade de funções, incluindo o presidente ou o vice-presidente.

2 – As deliberações são tomadas à pluralidade de votos dos membros presentes.
3 – Cada juiz dispõe de um voto e o presidente, ou o vice-presidente, quando o substitua, dispõe de voto de qualidade.
4 – Os juízes do Tribunal Constitucional têm o direito de fazer lavrar voto de vencido.

ARTIGO 43º
Férias

1 – Aplica-se ao Tribunal Constitucional o regime geral sobre férias judiciais relativamente aos processos de fiscalização abstracta não preventiva da constitucionalidade e legalidade de normas jurídicas e aos recursos de decisões judiciais.
2 – Relativamente aos restantes processos não há férias judiciais.
3 – Nos recursos interpostos de decisões judiciais proferidas em matéria penal em que algum dos interessados esteja detido ou preso ainda sem condenação definitiva, os prazos processuais previstos na lei correm em férias judiciais, salvo o disposto no número seguinte.
4 – Suspendem-se durante o mês de Agosto os prazos destinados à apresentação de alegações ou respostas pelos interessados detidos ou presos, sem prejuízo, porém, da possibilidade de o relator determinar o contrário ou de o interessado praticar o acto durante esse período.
5 – Podem ainda correr em férias judiciais, por determinação do relator a requerimento de qualquer dos interessados no recurso, os prazos processuais previstos na lei, quando se trate de recurso de constitucionalidade interposto de decisão proferida em processo qualificado como urgente pela respectiva lei processual.
6 – Os juízes gozarão as suas férias de 15 de Agosto a 14 de Setembro, devendo ficar assegurada a permanente existência do quorum de funcionamento do plenário e de cada uma das secções do Tribunal.
7 – Na secretaria não há férias judiciais.

ARTIGO 44º
Representação do Ministério Público

O Ministério Público é representado junto do Tribunal Constitucional pelo Procurador-Geral da República, que poderá delegar as suas funções no Vice-Procurador-Geral ou num ou mais Procuradores-Gerais Adjuntos.

SECÇÃO II
Secretaria e serviços de apoio

ARTIGO 45º
Organização

O Tribunal Constitucional tem uma secretaria e serviços de apoio, cuja organização, composição e funcionamento são regulados por decreto-lei.

ARTIGO 46º
Pessoal do Tribunal

1 – A secretaria e os serviços de apoio, salvo os gabinetes, são coordenados por um secretário-geral, sob a superintendência do Presidente do Tribunal.

2 – Os direitos, deveres e regalias do pessoal do Tribunal constam de decreto-lei.

3 – O pessoal da secretaria tem os direitos e regalias e está sujeito aos deveres e incompatibilidades do pessoal da secretaria do Supremo Tribunal de Justiça.

ARTIGO 47º
Provimento

O provimento do pessoal da secretaria e dos serviços de apoio do Tribunal Constitucional compete ao presidente do Tribunal.

CAPÍTULO IV
Regime financeiro

ARTIGO 47º-A
Orçamento

1 – O Tribunal aprova o projecto do seu orçamento e apresenta-o ao Governo nos prazos deteminados para a elaboração da proposta de lei do Orçamento do Estado, a submeter à Assembleia da República, devendo ainda fornecer os elementos que esta lhe solicite sobre a matéria.

2 – O Tribunal aprova o orçamento das suas receitas próprias, previstas no artigo seguinte, e das correspondentes despesas, inscritas segundo o regime de compensação em receitas.

ARTIGO 47º-B
Receitas próprias

1 – Além das dotações do Orçamento do Estado, são receitas próprias do Tribunal Constitucional o saldo da gerência do ano anterior, o produto de custas e multas, o produto da venda de publicações por ele editadas ou de serviços prestados pelo seu núcleo de apoio documental e ainda quaisquer outras que lhe sejam atribuídas por lei, contrato ou outro título.

2 – O produto das receitas próprias referidas no número anterior pode ser aplicado na realização de despesas correntes e de capital que, em cada ano, não possam ser suportadas pelas verbas inscritas no Orçamento do Estado, de despesas resultantes da edição de publicações ou da prestação de serviços pelo núcleo de apoio documental e, bem assim, de despesas derivadas da realização de estudos, análises e outros trabalhos extraordinários, incluindo a correspondente remuneração ao pessoal do quadro ou contratado.

ARTIGO 47º-C
Gestão financeira

1 – Cabe ao Tribunal Constitucional, relativamente à execução do seu orçamento, a competência ministerial comum em matéria de administração financeira,

nomeadamente a prevista no artigo 3º e no artigo 4º do Decreto-Lei nº 71/95, de 15 de Abril, podendo delegá-la no presidente.

2 – Cabe ao presidente do Tribunal autorizar a realização de despesas até aos limites estabelecidos na alínea b) do nº 2, na alínea b) do nº 3 e na alínea b) do nº 4 do artigo 7º e ainda na alínea b) do nº 1 do artigo 8º do Decreto-Lei nº 55/95, de 29 de Março, podendo delegá-la, quanto a certas despesas e dentro dos limites fixados no correspondente despacho, no chefe do seu gabinete ou no secretário-geral.

3 – As despesas que, pela sua natureza ou montante, ultrapassem a competência referida no número anterior e, bem assim, as que o presidente entenda submeter-lhe serão autorizadas pelo Tribunal.

ARTIGO 47º-D
Conselho Administrativo

1 – O Tribunal Constitucional disporá de um conselho administrativo, constituído pelo presidente do Tribunal, por dois juízes designados pelo Tribunal, pelo secretário-geral e pelo chefe de secção de expediente e contabilidade.

2 – Cabe ao Conselho Administrativo promover e acompanhar a gestão financeira do Tribunal, competindo-lhe, designadamente:

a) Elaborar os projectos de orçamento do Tribunal e pronunciar-se, quando para tal solicitado, sobre as propostas de alteração orçamental que se mostrem necessárias;
b) Autorizar o pagamento de despesas, qualquer que seja a entidade que tenha autorizado a sua realização;
c) Autorizar a constituição, no gabinete do presidente, na secretaria e no núcleo de apoio documental, de fundos permanentes, a cargo dos respectivos responsáveis, para o pagamento directo de pequenas despesas, estabelecendo as regras a que obedecerá o seu controlo;
d) Orientar a contabilidade e fiscalizar a sua escrituração;
e) Exercer as demais funções previstas na lei.

ARTIGO 47º-E
Requisição de fundos

1 – O Tribunal requisita mensalmente à Direcção-geral do Orçamento as importâncias que forem necessárias por conta da dotação global que lhe é atribuída.

2 – As requisições referidas no número anterior, depois de visadas pela Direcção-Geral do Orçamento, são transmitidas, com as competentes autorizações para pagamento ao Banco de Portugal, sendo as importâncias levantadas e depositadas, à ordem daquele, na Caixa Geral de Depósitos.

3 – O presidente do Tribunal pode autorizar a dispensa do regime duodecimal de qualquer das dotações orçamentais do Tribunal Constitucional e, bem assim, solicitar a antecipação, total ou parcial, dos respectivos duodécimos.

ARTIGO 47º-F
Conta

A conta de gerência anual do Tribunal Constitucional é organizada pelo Conselho Administrativo e submetida, no prazo legal, ao julgamento do Tribunal de Contas.

TÍTULO III
Processo

CAPÍTULO I
Distribuição

ARTIGO 48º
Legislação aplicável

À distribuição de processos são aplicáveis as normas do Código de Processo Civil que regulam a distribuição nos tribunais superiores em tudo o que não se achar especialmente regulado nesta lei.

ARTIGO 49º
Espécies

Para efeitos de distribuição há as seguintes espécies de processos:

1ª Processos de fiscalização preventiva da constitucionalidade;
2ª Outros processos de fiscalização abstracta da constitucionalidade ou legalidade;
3ª Recursos;
4ª Reclamações;
5ª Outros processos.

ARTIGO 50º
Relatores

1 – Para efeitos de distribuição e substiuição de relatores, a ordem dos juízes é sorteada anualmente na primeira sessão do ano judicial.

2 – Ao presidente não são distribuídos processos para relato.

3 – O vice-presidente fica isento da distribuição de processos da 2ª e da 4ª espécies, sendo-lhe distribuído apenas um quarto dos processos da 3ª espécie que couberem a cada um dos restantes juízes.

CAPÍTULO II
Processos de fiscalização da constitucionalidade e da legalidade

SUBCAPÍTULO I
Processos de fiscalização abstracta

SECÇÃO I
Disposições comuns

ARTIGO 51º
Recebimento e admissão

1 – O pedido de apreciação da constitucionalidade ou da legalidade das normas jurídicas referidas nos artigos 278º e 281º da Constituição é dirigida ao presidente

do Tribunal Constitucional e deve especificar, além das normas cuja apreciação se requer, as normas ou os princípios constitucionais violados.

2 – Autuado pela secretaria e registado no competente livro é o requerimento concluso ao presidente do Tribunal, que decide sobre a sua admissão, sem prejuízo dos números e do artigo seguintes.

3 – No caso de falta, insuficiência ou manifesta obscuridade das indicações a que se refere o nº 1, o presidente notifica o autor do pedido para suprir as deficiências, após o que os autos lhe serão novamente conclusos para o efeito do número anterior.

4 – A decisão do presidente que admite o pedido não faz precludir a possibilidade do Tribunal vir, em definitivo, a rejeitá-lo.

5 – O Tribunal só pode declarar a inconstitucionalidade ou a ilegalidade de normas cuja apreciação tenha sido requerida, mas pode fazê-lo com fundamentação na violação de normas ou princípios constitucionais diversos daqueles cuja violação foi invocada.

ARTIGO 52º
Não admissão do pedido

1 – O pedido não deve ser admitido quando formulado por pessoa ou entidade sem legitimidade, quando as deficiências que apresentar não tiverem sido supridas ou quando tiver sido apresentado fora de prazo.

2 – Se o presidente entender que o pedido não deve ser admitido, submete os autos à conferência, mandando simultaneamente entregar cópias do requerimento aos restantes juízes.

3 – O Tribunal decide no prazo de 10 dias ou, tratando-se de fiscalização preventiva, de 2 dias.

4 – A decisão que não admite o pedido é notificada à entidade requerente.

ARTIGO 53º
Desistência do pedido

Só é admitida a desistência do pedido nos processos de fiscalização preventiva da constitucionalidade.

ARTIGO 54º
Audição do órgão autor da norma

Admitido o pedido, o presidente notifica o órgão de que tiver emanado a norma impugnada para, querendo, se pronunciar sobre ele no prazo de 30 dias ou, tratando-se de fiscalização preventiva, de 3 dias.

ARTIGO 55º
Notificações

1 – As notificações referidas nos artigos anteriores são efectuadas mediante protocolo ou por via postal, telegráfica, telex ou telecópia, consoante as circunstâncias.

2 – As notificações são acompanhadas, conforme os casos, de cópia do despacho ou da decisão, com os respectivos fundamentos, ou da petição apresentada.

3 – Tratando-se de órgão colegial ou seus titulares, as notificações são feitas na pessoa do respectivo presidente ou de quem o substitua.

ARTIGO 56º
Prazos

1 – Os prazos referidos nos artigos anteriores e nas secções seguintes são contínuos.

2 – Quando o prazo para a prática de acto processual terminar em dia em que o Tribunal esteja encerrado, incluindo aqueles em que for concedida tolerância de ponto, transfere-se o seu termo para o primeiro dia útil seguinte.

3 – Os prazos nos processos regulados nas secções III e IV suspendem-se, no entanto, durante as férias judiciais.

4 – Aos mesmos prazos acresce a dilação de 10 dias ou, tratando-se de fiscalização preventiva, de 2 dias quando os actos respeitem a órgão ou entidade sediados fora do continente da República.

SECÇÃO II
Processos de fiscalização preventiva

ARTIGO 57º
Prazos para apresentação e recebimento

1 – Os pedidos de apreciação da constitucionalidade a que se referem os nºs 1, 2 e 4 do artigo 278º da Constituição devem ser apresentados no prazo de 8 dias referido, consoante os casos, nos nºs 3 e 6 do mesmo artigo.

2 – É de 1 dia o prazo para o presidente do Tribunal Constitucional admitir o pedido, usar da faculdade prevista no nº 3 do artigo 51º ou submeter os autos à conferência para os efeitos do nº 2 do artigo 52º.

3 – O prazo para o autor do pedido suprir deficiências é de 2 dias.

ARTIGO 58º
Distribuição

1 – A distribuição é feita no prazo de 1 dia, contado do dia da entrada do pedido no Tribunal.

2 – O processo é imediatamente concluso ao relator, a fim de, no prazo de 5 dias, elaborar um memorando contendo o enunciado das questões sobre que o Tribunal deverá pronunciar-se e da solução que para elas propõe, com indicação sumária dos respectivos fundamentos, cabendo à secretaria comunicar-lhe a resposta do órgão de que emanou o diploma, logo que recebida.

3 – Distribuido o processo, são entregues cópias do pedido a todos os juízes, do mesmo modo se procedendo com a resposta e o memorando, logo que recebidos pela secretaria.

ARTIGO 59º
Formação da decisão

1 – Com a entrega ao Presidente da cópia do memorando é-lhe concluso o respectivo processo, para o inscrever na ordem do dia da sessão plenária a realizar no prazo de 10 dias a contar do recebimento do pedido.

2 – A decisão não deve ser proferida antes de decorridos 2 dias sobre a entrega das cópias do memorando a todos os juízes.

3 – Concluída a discussão e tomada a decisão do Tribunal, o processo é concluso ao relator ou, no caso de este ficar vencido, ao juiz que deva substituí-lo para elaboração do acórdão, no prazo de sete dias, e a sua subsequente assinatura.

ARTIGO 60º
Processo de urgência

Os prazos referidos nos artigos anteriores são encurtados pelo presidente do Tribunal, quando o Presidente da República haja usado a faculdade que lhe é conferida pelo nº 8 do artigo 278º da Constituição.

ARTIGO 61º
Efeitos da decisão

A decisão em que o Tribunal Constitucional se pronuncie pela inconstitucionalidade em processo de fiscalização preventiva tem os efeitos previstos no artigo 279º da Constituição.

SECÇÃO III
Processos de fiscalização sucessiva

ARTIGO 62º
Prazo para admissão do pedido

1 – Os pedidos de apreciação da inconstitucionalidade ou da ilegalidade a que se referem as alíneas *a*) a *c*) do nº 1 do artigo 281º da Constituição podem ser apresentados a todo o tempo.

2 – É de 5 dias o prazo para a secretaria autuar e apresentar o pedido ao presidente do Tribunal e de 10 dias o prazo para este decidir da sua admissão ou fazer uso das faculdades previstas no nº 3 do artigo 51º e no nº 2 do artigo 52º.

3 – O prazo para o autor do pedido suprir deficiências é de 10 dias.

ARTIGO 63º
Debate preliminar e distribuição

1 – Junta a resposta do órgão de que emanou a norma, ou decorrido o prazo fixado para o efeito sem que haja sido recebida, é entregue uma cópia dos autos a cada um dos juízes, acompanhada de um memorando onde são formuladas pelo presidente do Tribunal as questões prévias e de fundo a que o Tribunal há-de responder, bem como de quaisquer elementos documentais reputados de interesse.

2 – Decorridos 15 dias, pelo menos, sobre a entrega do memorando, é o mesmo submetido a debate e, fixada a orientação do Tribunal sobre as questões a resolver, é o processo distribuído a um relator designado por sorteio ou, se o Tribunal assim o entender, pelo presidente.

ARTIGO 64º
Pedidos com objecto idêntico

1 – Admitido um pedido, quaisquer outros com objecto idêntico que venham a ser igualmente admitidos são incorporados no processo respeitante ao primeiro.

2 – O órgão de que emanou a norma é notificado da apresentação dos pedidos subsequentes, mas o presidente do Tribunal ou o relator podem dispensar a sua audição sobre os mesmos, sempre que a julguem desnecessária.

3 – Entendendo-se que não deve ser dispensada nova audição, é concedido para o efeito o prazo de 15 dias, ou prorrogado por 10 dias o prazo inicial, se ainda não estiver esgotado.

4 – No caso de já ter havido distribuição, considera-se prorrogado por 15 dias o prazo a que se refere o nº 1 do artigo 65º.

ARTIGO 64º-A
Requisição de elementos

O presidente do Tribunal, o relator ou o próprio Tribunal podem requisitar a quaisquer órgãos ou entidades os elementos que julguem necessários ou convenientes para a apreciação do pedido e a decisão do processo.

ARTIGO 65º
Formação da decisão

1 – Concluso o processo ao relator, é por este elaborado, no prazo de 40 dias, um projecto de acórdão, de harmonia com a orientação fixada pelo Tribunal.

2 – A secretaria distribui por todos os juízes cópias do projecto referido no número anterior e conclui o processo ao presidente, com a entrega da cópia que lhe é destinada, para inscrição em tabela na sessão do Tribunal que se realize decorridos 15 dias, pelo menos, sobre a distribuição das cópias.

3 – Quando ponderosas razões o justifiquem, pode o presidente, ouvido o Tribunal, encurtar até metade os prazos referidos nos números anteriores.

4 – Havendo solicitação fundamentada do requerente nesse sentido e acordo do órgão autor da norma, o Presidente, ouvido o Tribunal, decidirá sobre a atribuição de prioridade à apreciação e decisão do processo.

ARTIGO 66º
Efeitos da declaração

A declaração de inconstitucionalidade ou de ilegalidade com força obrigatória geral tem os efeitos previstos no artigo 282º da Constituição.

SECÇÃO IV
Processos de fiscalização da inconstitucionalidade por omissão

ARTIGO 67º
Remissão

Ao processo de apreciação do não cumprimento da Constituição por omissão das medidas legislativas necessárias para tornar exequíveis as normas constitucionais, é aplicável o regime estabelecido na secção anterior, salvo quanto aos efeitos.

ARTIGO 68º
Efeitos da verificação

A decisão em que o Tribunal Constitucional verifique a existência de inconstitucionalidade por omissão tem o efeito previsto no nº 2 do artigo 283º da Constituição.

SUBCAPÍTULO II
Processos de fiscalização concreta

ARTIGO 69º
Legislação aplicável

À tramitação dos recursos para o Tribunal Constitucional são subsidiariamente aplicáveis as normas do Código de Processo Civil, em especial as respeitantes ao recurso de apelação.

ARTIGO 70º
Decisões de que pode recorrer-se

1 – Cabe recurso para o Tribunal Constitucional, em secção, das decisões dos tribunais:

a) Que recusem a aplicação de qualquer norma, com fundamento em inconstitucionalidade;

b) Que apliquem norma cuja inconstitucionalidade haja sido suscitada durante o processo;

c) Que recusem a aplicação de norma constante de acto legislativo com fundamento na sua ilegalidade por violação de lei com valor reforçado;

d) Que recusem a aplicação de norma constante de diploma regional, com fundamento na sua ilegalidade por violação do estatuto da região autónoma ou de lei geral da República;

e) Que recusem a aplicação de norma emanada de um órgão de soberania, com fundamento na sua ilegalidade por violação do estatuto de uma região autónoma;

f) Que apliquem norma cuja ilegalidade haja sido suscitada durante o processo com qualquer dos fundamentos referidos nas alíneas *c)*, *d)* e *e)*;

g) Que apliquem norma já anteriormente julgada inconstitucional ou ilegal pelo próprio Tribunal Constitucional;

h) Que apliquem norma já anteriormente julgada inconstitucional pela Comissão Constitucional, nos precisos termos em que seja requerida a sua apreciação ao Tribunal Constitucional;

i) Que recusem a aplicação de norma constante de acto legislativo com fundamento na sua contrariedade com uma convenção internacional, ou a apliquem em desconformidade com o anteriormente decidido sobre a questão pelo Tribunal Constitucional.

2 – Os recursos previstos nas alíneas *b)* e *f)* do número anterior apenas cabem de decisões que não admitam recurso ordinário, por a lei o não prever ou por já haverem sido esgotados todos os que no caso caibam, salvo os destinados a uniformização de jurisprudência.

3 – São equiparadas a recursos ordinários as reclamações para os presidentes dos tribunais superiores, nos casos de não admissão ou de retenção do recurso, bem como as reclamações dos despachos dos juízes relatores para a conferência.

4 – Entende-se que se acham esgotados todos os recursos ordinários, nos termos do nº 2, quando tenha havido renúncia, haja decorrido o respectivo prazo sem a sua interposição ou os recursos interpostos não possam ter seguimento por razões de ordem processual.

5 – Não é admitido recurso para o Tribunal Constitucional de decisões sujeitas a recurso ordinário obrigatório, nos termos da respectiva lei processual.

6 – Se a decisão admitir recurso ordinário, mesmo que para uniformização de jurisprudência, a não interposição de recurso para o Tribunal Constitucional não faz precluir o direito de interpô-lo de ulterior decisão que confirme a primeira.

ARTIGO 71º
Âmbito do recurso

1 – Os recursos de decisões judiciais para o Tribunal Constitucional são restritos à questão da inconstitucionalidade ou da ilegalidade suscitada.

2 – No caso previsto na alínea *i)* do nº 1 do artigo anterior, o recurso é restrito às questões de natureza juridico-constitucional e juridico-internacional implicadas na decisão recorrida.

ARTIGO 72º
Legitimidade para recorrer

1 – Podem recorrer para o Tribunal Constitucional:

a) O Ministério Público;

b) As pessoas que, de acordo com a lei reguladora do processo em que a decisão foi proferida, tenham legitimidade para dela interpor recurso.

2 – Os recursos previstos nas alíneas *b)* e *f)* do nº 1 do artigo 70º só podem ser interpostos pela parte que haja suscitado a questão da inconstitucionalidade ou da ilegalidade de modo processualmente adequado perante o tribunal que proferiu a decisão recorrida, em termos de este estar obrigado a dela conhecer.

3 – O recurso é obrigatório para o Ministério Público quando a norma cuja aplicação haja sido recusada, por inconstitucionalidade ou ilegalidade, conste de convenção internacional, acto legislativo ou decreto regulamentar, ou quando se verifiquem os casos previstos nas alíneas g), h) e i) do nº 1 do artigo 70º, salvo o disposto no número seguinte.

4 – O Ministério Público pode abster-se de interpor recurso de decisões conformes com a orientação que se encontre já estabelecida, a respeito da questão em causa, em jurisprudência constante do Tribunal Constitucional.

ARTIGO 73º
Irrenunciabilidade do direito ao recurso

O direito de recorrer para o Tribunal Constitucional é irrenunciável.

ARTIGO 74º
Extensão do recurso

1 – O recurso interposto pelo Ministério Público aproveita a todos os que tiverem legitimidade para recorrer.

2 – O recurso interposto por um interessado nos casos previstos nas alíneas a), c), d), e), g), h) e i) do nº 1 do artigo 70º aproveita aos restantes interessados.

3 – O recurso interposto por um interessado nos casos previstos nas alíneas b) e f) do nº 1 do artigo 70º aproveita aos restantes, nos termos e limites estabelecidos na lei reguladora do processo em que a decisão tiver sido proferida.

4 – Não pode haver recurso subordinado nem adesão ao recurso para o Tribunal Constitucional.

ARTIGO 75º
Prazo

1 – O prazo de interposição de recurso para o Tribunal Constitucional é de 10 dias e interrompe os prazos para a interposição de outros que porventura caibam da decisão, os quais só podem ser interpostos depois de cessada a interrupção.

2 – Interposto recurso ordinário, mesmo que para uniformização de jurisprudência, que não seja admitido com fundamento em irrrecorribilidade da decisão, o prazo para recorrer para o Tribunal Constitucional conta-se do momento em que se torna definitiva a decisão que não admite recurso.

ARTIGO 75º-A
Interposição do recurso

1 – O recurso para o Tribunal Constitucional interpõe-se por meio de requerimento, no qual se indique a alínea do nº 1 do artigo 70º ao abrigo da qual o recurso é interposto e a norma cuja inconstitucionalidade ou ilegalidade se pretende que o Tribunal aprecie.

2 – Sendo o recurso interposto ao abrigo das alíneas b) e f) do nº 1 do artigo 70º, do requerimento deve ainda constar a indicação da norma ou princípio constitucional ou legal que se considera violado, bem como da peça processual em que o recorrente suscitou a questão da inconstitucionalidade ou ilegalidade.

3 – No caso dos recursos previstos nas alíneas *g*) e *h*) do artigo 70º, no requerimento deve indentificar-se também a decisão do Tribunal Constitucional ou da Comissão Constitucional que, com anterioridade, julgou inconstitucional ou ilegal a norma aplicada pela decisão recorrida.

4 – O disposto nos números anteriores é aplicável, com as necessárias adaptações, ao recurso previsto na alínea *i*) do nº 1 do artigo 70º.

5 – Se o requerimento de interposição do recurso não indicar algum dos elementos previstos no presente artigo, o juiz convidará o requerente a prestar essa indicação no prazo de 10 dias.

6 – O disposto nos números anteriores é aplicável pelo relator no Tribunal Constitucional, quando o juiz ou o relator que admitiu o recurso de constitucionalidade não tiver feito o convite referido no nº 5.

7 – Se o requerente não responder ao convite efectuado pelo relator no Tribunal Constitucional, o recurso é logo julgado deserto.

ARTIGO 76º
Decisão sobre a admissibilidade

1 – Compete ao Tribunal que tiver proferido a decisão recorrida apreciar a admissão do respectivo recurso.

2 – O requerimento de interposição de recurso para o Tribunal Constitucional deve ser indeferido quando não satisfaça os requisitos do artigo 75º-A, mesmo após o suprimento previsto no seu nº 5, quando a decisão o não admita, quando o recurso haja sido interposto fora do prazo, quando o requerente careça de legitimidade ou ainda, no caso dos recursos previstos nas alíneas *b*) e *f*) do nº 1 do artigo 70º, quando forem manifestamente infundados.

3 – A decisão que admita o recurso ou lhe determine o efeito não vincula o Tribunal Constitucional e as partes só podem impugná-la nas suas alegações.

4 – Do despacho que indefira o requerimento de interposição do recurso ou retenha a sua subida cabe reclamação para o Tribunal Constitucional.

ARTIGO 77º
Reclamação do despacho que indefira a admissão do recurso

1 – O julgamento da reclamação de despacho que indefira o requerimento de recurso ou retenha a sua subida cabe à conferência a que se refere o nº 3 do artigo 78º-A, aplicando-se igualmente o nº 4 da mesma disposição.

2 – O prazo de vista é de 10 dias para o relator e de 5 dias para o Ministério Público e os restantes juízes.

3 – Se entender que a questão é simples, o relator, após o visto do Ministério Público, pode dispensar os vistos dos restantes juízes e promover a imediata inscrição do processo em tabela, lavrando o Tribunal decisão sumária.

4 – A decisão não pode ser impugnada e, se revogar o despacho de indeferimento, faz caso julgado quanto à admissibilidade do recurso.

ARTIGO 78º
Efeitos e regime de subida

1 – O recurso interposto de decisão que não admita outro, por razões de valor ou alçada, tem os efeitos e o regime de subida do recurso que no caso caberia se o valor ou a alçada o permitissem.

2 – O recurso interposto de decisão da qual coubesse recurso ordinário, não interposto ou declarado extinto, tem os efeitos e o regime de subida deste recurso.

3 – O recurso interposto de decisão proferida já em fase de recurso mantém os efeitos e o regime de subida do recurso anterior, salvo no caso de ser aplicável o disposto no número anterior.

4 – Nos restantes casos, o recurso tem efeito suspensivo e sobe nos próprios autos.

5 – Quando, por aplicação das regras dos números anteriores, ao recurso couber efeito suspensivo, o Tribunal, em conferência, pode, oficiosamente e a título excepcional, fixar-lhe efeito meramente devolutivo, se, com isso, não afectar a utilidade da decisão a proferir.

ARTIGO 78º-A
Exame preliminar e decisão sumária do relator

1 – Se entender que não pode conhecer-se do objecto do recurso ou que a questão a decidir é simples, designadamente por a mesma já ter sido objecto de decisão anterior do Tribunal ou por ser manifestamente infundada, o relator profere decisão sumária que pode consistir em simples remissão para anterior jurisprudência do Tribunal.

2 – O disposto no número anterior é aplicável quando o recorrente, depois de notificado nos termos dos nºs 5 ou 6 do artigo 75º-A, não indique integralmente os elementos exigidos pelos seus números 1 a 4.

3 – Da decisão sumária do relator pode reclamar-se para a conferência, a qual é constituída pelo presidente ou pelo vice-presidente, pelo relator ou por outro juiz da respectiva secção, indicado pelo pleno da secção em cada ano judicial.

4 – A conferência decide definitivamente as reclamações, quando houver unanimidade dos juízes intervenientes, cabendo essa decisão ao pleno da secção quando não haja unanimidade.

5 – Quando não deva aplicar-se o disposto no nº 1, e bem assim, quando a conferência ou o pleno da secção decidam que deve conhecer-se do objecto do recurso ou ordenem o respectivo prosseguimento, o relator manda notificar o recorrente para apresentar alegações.

ARTIGO 78º-B
Poderes do relator

1 – Compete ainda aos relatores julgar desertos os recursos, declarar a suspensão da instância quando imposta por lei, admitir a desistência do recurso, corrigir o efeito atribuído à sua interposição, convidar as partes a aperfeiçoar as conclusões das respectivas alegações, ordenar ou recusar a junção de documentos e pareceres,

julgar extinta a instância por causa diversa do julgamento, julgar os incidentes suscitados, mandar baixar os autos para conhecimento de questões de que possa resultar a inutilidade superveniente do recurso, bem como os demais poderes previstos na lei e no regimento do Tribunal.

2 – Das decisões dos relatores pode reclamar-se para a conferência, nos termos do nº 3 do artigo 78º-A, aplicando-se igualmente o nº 4 da mesma disposição.

ARTIGO 79º
Alegações

1 – As alegações de recurso são sempre produzidas no Tribunal Constitucional.

2 – Os prazos para alegações são de 30 dias, contados da respectiva notificação, salvo nos recursos previstos nos nºs 3 a 5 do artigo 43º, em que serão fixados pelo relator entre 10 e 20 dias.

ARTIGO 79º-A
Intervenção do plenário

1 – O presidente pode, com a concordância do Tribunal, determinar que o julgamento se faça com intervenção do plenário, quando o considerar necessário para evitar divergências jurisprudenciais ou quando tal se justifique em razão da natureza da questão a decidir, caso em que o processo irá com vista, por 10 dias, a cada um dos juízes que ainda o não tenham examinado, com cópia do memorando, se este já tiver sido apresentado.

2 – Tratando-se de recursos interpostos em processo penal, a faculdade prevista no número anterior deve ser exercida antes da distribuição do processo, podendo nos restantes casos essa faculdade ser exercida até ao momento em que seja ordenada a inscrição do processo em tabela para julgamento.

3 – O disposto nos números anteriores, salvo quanto os prazos de vista, é igualmente aplicável às reclamações previstas no artigo 77º.

ARTIGO 79º-B
Julgamento do objecto do recurso

1 – Fora dos casos do artigo 78º-A, observa-se o que no Código de Processo Civil se dispõe e não contrarie a natureza do recurso, devendo, porém, o processo ir com vista, pelo prazo de 10 dias, a cada um dos juízes da secção, acompanhado do memorando ou projecto de acórdão elaborado pelo relator, o qual dispõe para essa elaboração de um prazo de 30 dias.

2 – No caso de ter sido elaborado memorando, uma vez concluída a discussão e formada a decisão quanto às questões a que o mesmo se refere, é o processo concluso ao relator ou, no caso de este ter ficado vencido, ao juiz que deva substituí-lo, para elaboração do acórdão, no prazo de 30 dias.

3 – Nos processos referidos nos nºs 3 e 5 do artigo 43º e, bem assim, naqueles em que estiverem em causa direitos, liberdades e garantias pessoais, os prazos estabelecidos nos números anteriores são reduzidos a metade, devendo o relator conferir prioridade a tais processos.

ARTIGO 79º-C
Poderes de cognição do Tribunal

O Tribunal só pode julgar inconstitucional ou ilegal a norma que a decisão recorrida, conforme os casos, tenha aplicado ou que haja recusado aplicação, mas pode fazê-lo com fundamento na violação de normas ou princípios constitucionais ou legais diversos daqueles cuja violação foi invocada.

ARTIGO 79º-D
Recurso para o plenário

1 – Se o Tribunal Constitucional vier a julgar a questão da inconstitucionalidade ou ilegalidade em sentido divergente do anteriormente adoptado quanto à mesma norma, por qualquer das suas secções, dessa decisão cabe recurso para o plenário do Tribunal, obrigatório para o Ministério Público quando intervier no processo como recorrente ou recorrido.

2 – O recurso previsto no número anterior é processado sem nova distribuição e seguirá ainda que não tenham sido apresentadas alegações pelo recorrente.

3 – Concluído o prazo para apresentação de alegações, irá o processo com vista ao Ministério Público, se este não for recorrente, por 10 dias, e depois a todos os juízes, por 5 dias.

4 – Terminados os vistos, o processo é inscrito em tabela para julgamento.

5 – A discussão tem por base o acórdão recorrido e, concluída ela e tomada a decisão do Tribunal, o acórdão é lavrado pelo relator ou, se este ficar vencido, pelo juiz que deva substituí-lo.

6 – Se o Tribunal mantiver a decisão recorrida, o acórdão pode limitar-se a confirmá-la, remetendo para a respectiva fundamentação.

7 – O disposto neste artigo é correspondentemente aplicável no caso de divergência jurisprudencial verificada no âmbito do recurso previsto na alínea *i*) do nº 1 do artigo 70º.

ARTIGO 80º
Efeitos da decisão

1 – A decisão do recurso faz caso julgado no processo quanto à questão da inconstitucionalidade ou ilegalidade suscitada.

2 – Se o Tribunal Constitucional der provimento ao recurso, ainda que só parcialmente, os autos baixam ao tribunal de onde provieram, a fim de que este, consoante for o caso, reforme a decisão ou a mande reformar em conformidade com o julgamento sobre a questão da inconstitucionalidade ou da ilegalidade.

3 – No caso de o juízo de constitucionalidade ou de legalidade sobre a norma que a decisão recorrida tiver aplicado, ou a que tiver recusado aplicação, se fundar em determinada interpretação da mesma norma, esta deve ser aplicada com tal interpretação no processo em causa.

4 – Transitada em julgado a decisão que não admita o recurso ou lhe negue provimento, transita também a decisão recorrida, se estiverem esgotados os recursos ordinários, ou começam a correr os prazos para estes recursos, no caso contrário.

7. LEI DE ORGANIZAÇÃO, FUNCIONAMENTO E PROCESSO DO TRIBUNAL CONSTITUCIONAL

5 – O disposto nos números anteriores é aplicável, com as necessárias adaptações, à decisão do recurso previsto na alínea *i*) do nº 1 do artigo 70º.

ARTIGO 81º
Registo de decisões

De todas as decisões do Tribunal Constitucional em que se declare a inconstitucionalidade ou a ilegalidade de uma norma é lavrado registo em livro próprio e guardada cópia, autenticada pelo secretário, no arquivo do Tribunal.

ARTIGO 82º
Processo aplicável à repetição do julgado

Sempre que a mesma norma tiver sido julgada inconstitucional ou ilegal em 3 casos concretos, pode o Tribunal Constitucional, por iniciativa de qualquer dos seus juízes ou do Ministério Público, promover a organização de um processo com as cópias das correspondentes decisões, o qual é concluso ao presidente, seguindo-se os termos do processo de fiscalização abstracta sucessiva da constitucionalidade ou da ilegalidade previstos na presente lei.

ARTIGO 83º
Patrocínio judiciário

1 – Nos recursos para o Tribunal Constitucional é obrigatória a constituição de advogado, sem prejuízo do disposto no nº 3.

2 – Só pode advogar perante o Tribunal Constitucional quem o puder fazer junto do Supremo Tribunal de Justiça.

3 – Nos recursos interpostos de decisões nos tribunais administrativos e fiscais é aplicável o disposto na alínea *a*) do artigo 73º do Decreto-Lei nº 129/84, de 27 de Abril, e nos artigos 104º, nº 2, e 131º, nº 3, do Decreto-Lei nº 267/85, de 16 de Julho.

ARTIGO 84º
Custas, multa e indemnização

1 – Os recursos para o Tribunal Constitucional são isentos de custas, salvo o disposto nos números seguintes.

2 – O Tribunal condenará em custas a parte que decair, nos recursos previstos nas alíneas *b*) e *f*) do nº 1 do artigo 70º em que conheça do respectivo objecto.

3 – O Tribunal condenará o recorrente em custas quando não tomar conhecimento do recurso, por não verificação de qualquer pressuposto da sua admissibilidade.

4 – As reclamações para o Tribunal Constitucional, e bem assim as reclamações de decisões por este proferidas, estão sujeitas a custas, quando indeferidas.

5 – O regime das custas previstas nos números anteriores, incluindo o das respectivas isenções, será definido por Decreto-Lei.[68]

---

[68] O regime de custas no Tribunal Constitucional consta do Decreto-Lei nº 303/98, de 7 de outubro, alterado pelo Decreto-Lei nº 91/2008, de 2 de junho.

6 – O Tribunal Constitucional pode, sendo caso disso, condenar qualquer das partes em multa e indemnização como litigante de má fé, nos termos da lei de processo.

7 – Quando entender que alguma das partes deve ser condenada como litigante de má fé, o relator dirá nos autos sucintamente a razão do seu parecer e mandará ouvir o interessado por 2 dias.

8 – Sendo manifesto que, com determinado requerimento, se pretende obstar ao cumprimento da decisão proferida no recurso ou na reclamação ou à baixa do processo, observar-se-á o disposto no artigo 720º do Código de Processo Civil, mas, só depois de pagas as custas contadas no Tribunal, as multas que este tiver aplicado e as indemnizações que houver fixado, se proferirá decisão no traslado.

ARTIGO 85º
Apoio judiciário

Nos recursos para o Tribunal Constitucional podem as partes litigar com benefício de apoio judiciário, nos termos da lei.

CAPÍTULO III
Outros processos

SUBCAPÍTULO I
Processos relativos à morte, impossibilidade física permanente, impedimento temporário, perda de cargo e destituição do Presidente da República

ARTIGO 86º
Iniciativa dos processos

1 – Cabe ao procurador-geral da República promover junto do Tribunal Constitucional a verificação e declaração da morte ou da impossibilidade física permanente do Presidente da República.

2 – A iniciativa do processo de verificação e declaração do impedimento temporário do Presidente da República, quando não desencadeada por este, cabe ao procurador-geral da República.

3 – Cabe ao Presidente da Assembleia da República promover junto do Tribunal Constitucional o processo relativo à perda do cargo de Presidente da República no caso do nº 3 do artigo 129º da Constituição.

4 – Cabe ao Presidente do Supremo Tribunal de Justiça a iniciativa do processo de destituição do Presidente da República no caso do nº 4 do artigo 130º da Constituição.

ARTIGO 87º
Morte do Presidente da República

1 – Ocorrendo a morte do Presidente da República, o procurador-geral da República requer imediatamente a sua verificação pelo Tribunal Constitucional, apresentando prova do óbito.

2 – O Tribunal Constitucional, em plenário, verifica de imediato a morte e declara a vacatura do cargo de Presidente da República.

3 – A declaração de vacatura por morte do Presidente da República é logo notificada ao Presidente da Assembleia da República, o qual fica automaticamente investido nas funções de Presidente da República interino.

ARTIGO 88º
Impossibilidade física permanente do Presidente da República

1 – Ocorrendo impossibilidade física permanente do Presidente da República, o procurador-geral da República requer ao Tribunal Constitucional a sua verificação, devendo logo apresentar todos os elementos de prova de que disponha.

2 – Recebido o requerimento, o Tribunal, em plenário, procede de imediato à designação de 3 peritos médicos, os quais devem apresentar um relatório no prazo de 2 dias.

3 – O Tribunal, ouvido sempre que possível o Presidente da República, decide em plenário no dia seguinte ao da apresentação do relatório.

4 – É aplicável o disposto no nº 3 do artigo anterior à declaração de vacatura do cargo por impossibilidade física permanente do Presidente da República.

ARTIGO 89º
Impedimento temporário do Presidente da República

1 – A verificação e a declaração do impedimento temporário do Presidente da República para o exercício das suas funções pode ser requerida por este ou pelo procurador-geral da República e rege-se em tudo quanto seja aplicável pelo disposto no número anterior.

2 – O procurador-geral da República ouve previamente, sempre que possível, o Presidente da República.

3 – O Tribunal, em plenário, ordena as diligências probatórias que julgue necessárias, ouve, sempre que possível, o Presidente da República e decide no prazo de 5 dias a contar da apresentação do requerimento.

4 – O Presidente da República comunica a cessação do seu impedimento temporário ao Tribunal Constitucional, o qual, ouvido o procurador-geral da República, declara a cessação do impedimento temporário do Presidente da República.

ARTIGO 90º
Perda do cargo de Presidente da República por ausência do território nacional

1 – O Presidente da Assembleia da República requer ao Tribunal Constitucional a verificação da perda do cargo de Presidente da República no caso previsto no nº 3 do artigo 129º da Constituição.

2 – O Tribunal reúne em sessão plenária no prazo de 2 dias e declara verificada a perda do cargo se julgar provada a ocorrência do respectivo pressuposto ou ordena as diligências probatórias que julgar necessárias, ouvido designadamente, sempre que possível, o Presidente da República e o Presidente da Assembleia da República, após o que decide.

ARTIGO 91º
Destituição do cargo de Presidente da República

1 – Transitada em julgado a decisão do Supremo Tribunal de Justiça condenatória do Presidente da República por crime praticado no exercício das suas funções, o Presidente do Supremo Tribunal de Justiça envia de imediato certidão da mesma ao Tribunal Constitucional para os efeitos do nº 3 do artigo 130º da Constituição.

2 – Recebida a certidão, o Tribunal reúne em sessão plenária no dia seguinte.

3 – Verificada a autenticidade da certidão, o Tribunal declara o Presidente da República destituído do seu cargo.

4 – À declaração da destituição é aplicável o disposto no artigo 87º.

SUBCAPÍTULO I-A
Processos relativos ao contencioso da perda de mandato de Deputados

ARTIGO 91º-A
Contencioso da perda de mandato de Deputados

1 – A deliberação da Assembleia da República que declare a perda de mandato de Deputados pode ser impugnada com fundamento em violação da Constituição, das leis ou do Regimento, no prazo de cinco dias a contar da data da mesma.

2 – Têm legitimidade para recorrer o Deputado cujo mandato haja sido declarado perdido, qualquer grupo parlamentar ou um mínimo de 10 Deputados no exercício efectivo de funções.

3 – O processo é distribuído e autuado no prazo de dois dias, sendo a Assembleia da República notificada, na pessoa do seu Presidente, para responder ao pedido de impugnação, no prazo de cinco dias.

4 – Decorrido o prazo da resposta, é o processo concluso ao relator, seguindo-se os termos dos nºs 4 a 6 do artigo 102º-B, sendo de cinco dias o prazo para a decisão.

ARTIGO 91º-B
Contencioso da perda do mandato de deputado regional

O disposto no artigo anterior é aplicável, com as adaptações necessárias, à perda do mandato de deputados regionais.

SUBCAPÍTULO II
Processos eleitorais

SECÇÃO I
Processo relativo à eleição do Presidente da República

SUBSECÇÃO I
Candidaturas

ARTIGO 92º
Apresentação e sorteio

1 – As candidaturas são recebidas pelo presidente do Tribunal.

2 – No dia seguinte ao termo do prazo para a apresentação das candidaturas o presidente procede, na presença dos candidatos ou seus mandatários, ao sorteio do número de ordem a atribuir às candidaturas nos boletins de voto.

3 – O presidente manda imediatamente afixar por edital, à porta do Tribunal, uma relação com os nomes dos candidatos ordenados em conformidade com o sorteio.

4 – Do sorteio é lavrado auto, do qual são enviadas cópias à Comissão Nacional de Eleições e à Direcção-Geral de Administração Interna.

ARTIGO 93º
Admissão

1 – Findo o prazo para a apresentação das candidaturas, o Tribunal Constitucional, em secção designada por sorteio, verifica a regularidade dos processos, a autenticidade dos documentos e a elegibilidade dos candidatos.

2 – São rejeitados os candidatos inelegíveis.

3 – Verificando-se irregularidades processuais, será notificado imediatamente o mandatário do candidato para as suprir no prazo de 2 dias.

4 – A decisão é proferida no prazo de 6 dias a contar do termo do prazo para a apresentação de candidaturas, abrange todas as candidaturas e é imediatamente notificada aos mandatários.

ARTIGO 94º
Recurso

1 – Da decisão final relativa à apresentação de candidaturas cabe recurso para o plenário do Tribunal, a interpor no prazo de um dia.

2 – O requerimento de interposição do recurso, do qual constarão os seus fundamentos, será acompanhado de todos os elementos de prova.

3 – Tratando-se de recurso contra a admissão de qualquer candidatura, será notificado imediatamente o respectivo mandatário, para ele ou o candidato responder, querendo, no prazo de um dia.

4 – Tratando-se de recurso contra a não admissão de qualquer candidatura, serão notificados imediatamente os mandatários das outras candidaturas, ainda que não admitidas, para eles ou os candidatos responderem, querendo, no prazo de um dia.

5 – O recurso será decidido no prazo de um dia a contar do termo do prazo referido nos dois números anteriores.

ARTIGO 95º
Comunicação das candidaturas admitidas

A relação das candidaturas definitivamente admitidas é enviada à Comissão Nacional de Eleições, e à Direcçáo-Geral de Administração Interna, no prazo de 3 dias.

SUBSECÇÃO II
Desistência, morte e incapacidade de candidatos

ARTIGO 96º
Desistência de candidatura

1 – Qualquer candidato que pretenda desistir da candidatura deve fazê-lo mediante declaração por ele escrita, com a assinatura reconhecida por notário, apresentada ao presidente do Tribunal Constitucional.

2 – Verificada a regularidade da declaração de desistência, o presidente do tribunal imediatamente manda afixar cópia à porta do edifício do tribunal e notifica a Comissão Nacional de Eleições e a Direcção-Geral de Administração Interna.

ARTIGO 97º
Morte ou incapacidade permanente de candidato

1 – Cabe ao procurador-geral da República promover a verificação da morte ou a declaração de incapacidade de qualquer candidato a Presidente da República, para os efeitos do nº 3 do artigo 124º da Constituição.

2 – O procurador-geral da República deve apresentar prova do óbito ou requerer a designação de 3 peritos médicos para verificarem a incapacidade do candidato, fornecendo neste caso ao Tribunal todos os elementos de prova de que disponha.

3 – O Tribunal, em plenário, verifica a morte do candidato ou designa os peritos em prazo não superior a 1 dia.

4 – Os peritos apresentam o seu relatório no prazo de 1 dia se outro não for fixado pelo Tribunal, após o que este, em plenário, decide sobre a capacidade do candidato.

5 – Verificado o óbito ou declarada a incapacidade do candidato, o presidente do Tribunal comunica imediatamente ao Presidente da República a correspondente declaração.

SUBSECÇÃO III
Apuramento geral da eleição e respectivo contencioso

ARTIGO 98º
Assembleia de apuramento geral

1 – A assembleia de apuramento geral é constituída pelo Presidente do Tribunal

Constitucional e por uma das secções, determinada por sorteio, que não tenha sido designada no sorteio previsto no nº 1 do artigo 93º.

2 – Os recursos contenciosos das deliberações da assembleia de apuramento geral são interpostos para o Tribunal Constitucional, em plenário.[69]

ARTIGO 100º
Tramitação e julgamento

1 – Apresentado o recurso, o processo é imediatamente concluso ao presidente do Tribunal, a fim de ser designado, por sorteio, um relator.

2 – Os demais candidatos definitivamente admitidos são imediatamente notificados para responderem no dia seguinte ao da notificação.

3 – O relator elabora o projecto de acórdão no prazo de 1 dia, a contar do termo do prazo para as respostas dos candidatos, dele sendo imediatamente distribuídas cópias aos restantes juízes.

4 – A sessão plenária para julgamento do recurso tem lugar no dia seguinte ao da distribuição das cópias.

5 – A decisão é de imediato comunicada ao Presidente da República e à Comissão Nacional de Eleições.

SECÇÃO II
Outros processos eleitorais

ARTIGO 101º
Contencioso de apresentaçao de candidaturas

1 – Das decisões dos tribunais de 1ª Instância em matéria de contencioso de apresentação de candidaturas, relativamente às eleições para a Assembleia da República, assembleias regionais e órgãos de poder local, cabe recurso para o Tribunal Constitucional, que decide em plenário.

2 – O processo relativo ao contencioso de apresentação de candidaturas é regulado pelas leis eleitorais.

3 – De acordo com o disposto nos números anteriores são atribuídas ao Tribunal Constitucional as competências dos tribunais da relação previstas no nº 1 do artigo 32º, no nº 2 do artigo 34º e no artigo 35º da Lei nº 14/79, de 16 de Maio, no nº 1 do artigo 32º e nos artigos 34º e 35º do Decreto-Lei nº 267/80, de 8 de Agosto, no nº 1 do artigo 26º e nos artigos 28º e 29º do Decreto-Lei nº 318-E/76, de 30 de Abril, e nos artigos 25º e 28º do Decreto-Lei 701-B/76, de 29 de Setembro.

ARTIGO 102º
Contencioso eleitoral

1 – Das decisões sobre reclamações ou protestos relativos a irregularidades ocorridas no decurso das votações e nos apuramentos parciais ou gerais respeitantes a

---

[69] O artigo 99º deste diploma foi revogado pela Lei nº 143/85, de 26 de novembro.

eleições para a Assembleia da República, assembleias regionais ou órgãos do poder local cabe recurso para o Tribunal Constitucional, que decide em plenário.

2 – O processo relativo ao contenciso eleitoral é regulado pelas leis eleitorais.

3 – De acordo com o disposto nos números anteriores são atribuídas ao Tribunal Constitucional as competências dos tribunais da relação previstas no nº 1 do artigo 118º da Lei nº 14/79, de 16 de Maio, no nº 1 do artigo 118º do Decreto-Lei nº 267/80, de 8 de Agosto, no nº 1 do artigo 111º do Decreto-Lei nº 318-E/76, de 30 de Abril, e no nº 1 do artigo 104º, bem como no nº 2 do artigo 83º do Decreto-Lei nº 701-B/76, de 29 de Setembro.

ARTIGO 102º-A
Parlamento Europeu

1 – A apresentação de candidaturas à eleição para o Parlamento Europeu, o recurso da respectiva decisão final e os correspondentes processos, bem como o processo relativo ao contencioso eleitoral no âmbito da mesma eleição são regulados pela respectiva lei eleitoral.

2 – Ao apuramento geral da eleição para o Parlamento Europeu aplica-se o disposto no artigo 98º da presente lei.

ARTIGO 102º-B
Recursos de actos de administração eleitoral

1 – A interposição de recurso contencioso de deliberações da Comissão Nacional de Eleições faz-se por meio de requerimento apresentado nessa Comissão, contendo a alegação do recorrente e a indicação das peças de que pretende certidão.

2 – O prazo para a interposição do recurso é de 1 dia a contar da data do conhecimento pelo recorrente da deliberação impugnada.

3 – A Comissão Nacional de Eleições remeterá imediatamente os autos, devidamente instruídos, ao Tribunal Constitucional.

4 – Se o entender possível e necessário, o Tribunal Constitucional ouvirá outros eventuais interessados, em prazo que fixará.

5 – O Tribunal Constitucional decidirá o recurso em plenário, em prazo que assegure utilidade à decisão, mas nunca superior a 3 dias.

6 – Nos recursos de que trata este artigo não é obrigatória a constituição de advogado.

7 – O disposto nos números anteriores é aplicável ao recurso interposto de decisões de outros órgãos da administração eleitoral.

ARTIGO 102º-C
Recurso de aplicação de coima

1 – A interposição do recurso previsto no nº 3 do artigo 26º da Lei nº 72//93, de 30 de Novembro, faz-se por meio de requerimento apresentado ao presidente da Comissão Nacional de Eleições, acompanhado da respectiva motivação e da prova documental tida por conveniente. Em casos excepcionais, o recorrente poderá ainda solicitar no requerimento a produção de outro meio de prova.

2 – O prazo para a interposição do recurso é de 10 dias, a contar da data da notificação ao recorrente da decisão impugnada.

3 – O presidente da Comissão Nacional de Eleições poderá sustentar a sua decisão, após o que remeterá os autos ao Tribunal Constitucional.

4 – Recebidos os autos no Tribunal Constitucional, o relator poderá ordenar as diligências que forem tidas por convenientes, após o que o Tribunal decidirá em sessão plenária.

ARTIGO 102º-D
Recursos relativos às eleições realizadas na Assembleia da República e nas Assembleias Legislativas Regionais

1 – A interposição de recurso contencioso relativo a eleições realizadas na Assembleia da República e nas Assembleias Legislativas Regionais, com fundamento em violação de lei ou do regimento da respectiva assembleia, faz-se por meio de requerimento apresentado por qualquer deputado, contendo a alegação e a indicação dos documentos de que pretende certidão, e entregue ao respectivo presidente.

2 – O prazo para a interposição do recurso é de cinco dias a contar da data da realização da eleição.

3 – A Assembleia da República ou a Assembleia Legislativa Regional em causa, no prazo de cinco dias, remeterá os autos, devidamente instruídos e acompanhados da sua resposta, ao Tribunal Constitucional.

4 – É aplicável a este processo o disposto nos nºs 4 a 6 do artigo 102º-B, com as adaptações necessárias, devendo a decisão do Tribunal ser tomada no prazo de cinco dias.

SUBCAPÍTULO III
Processos relativos a partidos políticos, coligações e frentes

ARTIGO 103º
Registo e contencioso relativos a partidos, coligações e frentes

1 – Os processos respeitantes ao registo e ao contencioso relativos a partidos políticos e coligações ou frentes de partidos, ainda que constituídas para fins meramente eleitorais, regem-se pela legislação aplicável.

2 – De acordo com o disposto no número anterior, é atribuído ao Tribunal Constitucional, em secção:

a) A competência do Presidente do Supremo Tribunal de Justiça prevista no nº 6 do artigo 5º do Decreto-Lei nº 595/74, de 7 de Novembro, na redacção que lhe foi dada pelo Decreto-Lei nº 126/75, de 13 de Março;

b) A competência para apreciar a legalidade das denominações, siglas e símbolos das coligações para fins eleitorais, bem como a sua identidade ou semelhança com as de outros partidos, coligações ou frentes, e proceder à respectiva anotação, nos termos do disposto nos artigos 22º e 22º-A da Lei nº 14/79, de 16 de Maio, e 16º e 16º-A do Decreto-Lei nº 701-B/76, de 29 de Setembro, todos na redacção dada pela Lei nº 14-A/85, de 10 de Julho;

c) A competência da Comissão Nacional de Eleições prevista no artigo 22º do Decreto-Lei nº 267/80, de 8 de Agosto, e no nº 2 do artigo 12º do Decreto-Lei nº 318-E/76, de 30 de Abril, passando a aplicar-se o regime sobre apreciação e anotação constante do disposto nas normas indicadas na alínea anterior.

3 – De acordo com o disposto no nº 1, são atribuídas ao Tribunal Constitucional, em plenário, as competências:

a) Do Supremo Tribunal de Justiça previstas no Decreto-Lei nº 595/74, de 7 de Novembro;

b) Dos tribunais comuns de jurisdição ordinária previstas no artigo 21º do Decreto-Lei nº 595/74, de 7 de Novembro.

ARTIGO 103º-A
Aplicação de coimas em matéria de contas dos partidos políticos

1 – Quando, ao exercer a competência prevista no nº 2 do artigo 13º da Lei nº 72//93, de 30 de Novembro, o Tribunal Constitucional verificar que ocorreu o incumprimento de qualquer das obrigações que, nos termos do capítulo II do mesmo diploma legal, impendem sobre os partidos políticos, dar-se-á vista nos autos ao Ministério Público, para que este possa promover a aplicação da respectiva coima.

2 – Quando, fora da hipótese contemplada no número anterior, se verifique que ocorreu o incumprimento de qualquer das obrigações nele referidas, o Presidente do Tribunal Constitucional determinará a autuação do correspondente processo, que irá de imediato com vista ao Ministério Público, para que este possa promover a aplicação da respectiva coima.

3 – Promovida a aplicação de coima pelo Ministério Público, o Presidente do Tribunal ordenará a notificação do partido político arguido, para este responder, no prazo de 20 dias, e, sendo caso disso, juntar a prova documental que tiver por conveniente ou, em casos excepcionais, requerer a produção de outro meio de prova, após o que o Tribunal decidirá, em sessão plenária.

ARTIGO 103º-B
Não apresentação de contas pelos partidos políticos

1 – Quando, decorrido o prazo estabelecido no nº 1 do artigo 13º da Lei nº 72/93, de 30 de Novembro, se verificar que não foram apresentadas as contas relativas ao ano anterior por partido político com direito a subvenção estatal, o Presidente do Tribunal Constitucional comunicará o facto ao Presidente da Assembleia da República para o efeito previsto no nº 5 do artigo 14º da mesma lei.

2 – Idêntico procedimento será adoptado logo que sejam apresentadas as contas pelo partido em falta.

3 – Num e noutro caso, será dado conhecimento ao partido político em causa, pelo Presidente do Tribunal, das comunicações efectuadas ao Presidente da Assembleia da República.

ARTIGO 103º-C
Acções de impugnação de eleição de titulares de órgãos de partidos políticos

1 – As acções de impugnação de eleições de titulares de órgãos de partidos políticos podem ser instauradas por qualquer militante que, na eleição em causa, seja

eleitor ou candidato ou, quanto à omissão nos cadernos ou listas eleitorais, também pelos militantes cuja inscrição seja omitida.

2 – O impugnante deve justificar a qualidade de militante com legitimidade para o pedido e deduzir na petição os fundamentos de facto e de direito, indicando, designadamente, as normas da Constituição, da lei ou dos estatutos que considere violadas.

3 – A impugnação só é admissível depois de esgotados todos os meios internos previstos nos estatutos para apreciação da validade e regularidade do acto eleitoral.

4 – A petição deve ser apresentada no Tribunal Constitucional no prazo de cinco dias a contar da notificação da deliberação do órgão que, segundo os estatutos, for competente para conhecer em última instância da validade ou regularidade do acto eleitoral.

5 – Distribuído o processo no Tribunal Constitucional, o relator ordenará a citação do partido político para responder, no prazo de cinco dias, com a advertência de que a resposta deve ser acompanhada da acta da eleição, dos requerimentos apresentados nas instâncias internas pelo impugnante, das deliberações dos competentes órgãos e de outros documentos respeitantes à impugnação.

6 – Aplica-se ao julgamento da impugnação o disposto nos nºs 4 a 6 do artigo 102º-B, com as adaptações necessárias, devendo a decisão do Tribunal, em secção, ser tomada no prazo de 20 dias a contar do termo das diligências instrutórias.

7 – Se os estatutos do partido não previrem meios internos de apreciação da validade e regularidade do acto eleitoral, o prazo para a impugnação é de cinco dias a contar da data da realização da eleição, salvo se o impugnante não tiver estado presente, caso em que esse prazo se contará da data em que se tornar possível o conhecimento do acto eleitoral, seguindo-se os trâmites previstos nos dois números anteriores, com as adaptações necessárias, uma vez apresentada a petição.

8 – Da decisão final cabe recurso, restrito à matéria de direito, para o plenário do Tribunal, a interpor no prazo de 5 dias, com a apresentação da respectiva alegação, sendo igualmente de 5 dias o prazo para contra-alegar, após o que, distribuído o processo a outro relator, a decisão será tomada no prazo de 20 dias.

ARTIGO 103º-D
Acções de impugnação de deliberação tomada por órgãos de partidos políticos

1 – Qualquer militante de um partido político pode impugnar, com fundamento em ilegalidade ou violação de regra estatutária, as decisões punitivas dos respectivos órgãos partidários, tomadas em processo disciplinar em que seja arguido, e, bem assim, as deliberações dos mesmos órgãos que afectem directa e pessoalmente os seus direitos de participação nas actividades do partido.

2 – Pode ainda qualquer militante impugnar as deliberações dos órgãos partidários com fundamento em grave violação de regras essenciais relativas à competência ou ao funcionamento democrático do partido.

3 – É aplicável ao processo de impugnação o disposto nos nºs 2 a 8 do artigo 103º-C, com as adaptações necessárias.

ARTIGO 103º-E
Medidas cautelares

1 – Como preliminar ou incidente das acções reguladas nos artigos 103º-C e 103º-D, podem os interessados requerer a suspensão da eficácia das eleições ou deliberações impugnáveis, nos prazos previstos no nº 7 do artigo 103º-C, com fundamento na probabilidade de ocorrência de danos apreciáveis causados pela eficácia do acto eleitoral ou pela execução da deliberação.

2 – É aplicável ao pedido de suspensão de eficácia o disposto nos artigos 396º e 397º do Código de Processo Civil, com as adaptações necessárias, sendo competente para o apreciar o Tribunal Constitucional, em secção.

ARTIGO 103º-F
Extinção de partidos políticos

Para além do que se encontra previsto na legislação aplicável, o Ministério Público deve ainda requerer a extinção dos partidos politicos que:

a) Não apresentem as suas contas em três anos consecutivos;
b) Não procedam à anotação dos titulares dos seus órgãos centrais, num período superior a seis anos;
c) Não seja possível citar ou notificar na pessoa de qualquer dos titulares dos seus órgãos centrais, conforme a anotação constante do registo existente no Tribunal.

SUBCAPÍTULO IV
Processos relativos a organizações que perfilhem a ideologia fascista

ARTIGO 104º
Declaração

1 – Os processos relativos à declaração de que uma qualquer organização perfilha a ideologia fascista e à sua consequente extinção regem-se pela legislação especial aplicável.

2 – De acordo com o disposto no número anterior são atribuídas ao Tribunal Constitucional, em plenário, as competências do Supremo Tribunal de Justiça previstas no artigo 6º, no nº 2 do artigo 7º e no artigo 8º da Lei nº 64/78, de 6 de Outubro.

SUBCAPÍTULO V
Processos relativos à realização de referendos e de consultas directas aos eleitores a nível local

ARTIGO 105º
Remissão

Os processos relativos a realização de referendos nacionais, regionais e locais são regulados pelas leis orgânicas que disciplinam os respectivos regimes.

SUBCAPÍTULO VI
Processos relativos a declarações de rendimentos e património dos titulares de cargos políticos

ARTIGO 106º
Registo e arquivo das declarações

1 – O procedimento a adoptar no registo e arquivo das declarações de rendimentos e património de titulares de cargos públicos será definido em regulamento interno do Tribunal Constitucional.

2 – É vedada a transcrição em suporte informático do conteúdo das declarações, sem prejuízo de o Tribunal Constitucional poder organizar um ficheiro informatizado contendo os seguintes dados: identificação, cargo e número do processo individual do declarante, datas do início ou da cessação de funções, datas da comunicação daqueles factos pelas secretarias administrativas competentes e, eventualmente, da notificação a que há lugar em caso de não apresentação de declaração no prazo inicial e, bem assim, da apresentação atempada da declaração e ainda a referência identificativa das decisões proferidas no caso de falta dessa apresentação.

ARTIGO 107º
Oposição à divulgação das declarações

1 – Quando o apresentante de uma declaração tenha invocado a sua oposição à divulgação integral ou parcelar do conteúdo da mesma, o secretário do Tribunal procederá à autuação dos documentos e abrirá seguidamente conclusão ao Presidente.

2 – O Presidente do Tribunal Constitucional promoverá as diligências instrutórias tidas por convenientes, após o que o Tribunal decidirá em sessão plenária.

3 – Quando reconheça a ocorrência de motivo relevante susceptível de justificar a oposição, o acórdão do Tribunal determinará a proíbição da divulgação ou condicionará os termos e prazos em que ela pode ser efectuada.

4 – É vedada a divulgação da declaração desde a invocação da oposição até ao trânsito em julgado do acórdão que sobre ela decida.

ARTIGO 108º
Modo de acesso

1 – O acesso aos dados constantes das declarações é efectuado através da sua consulta na secretaria do Tribunal, durante as horas de expediente, podendo o consulente, no caso de se tratar de uma entidade pública, credenciar para o efeito agente ou funcionário com qualificação e grau de responsabilidade adequados.

2 – O acto de consulta deverá ser registado no próprio processo, mediante cota, na qual se identificará o consulente e anotará a data da consulta.

3 – No seguimento da consulta, e mediante requerimento devidamente fundamentado, pode ser autorizada a passagem de certidão das declarações ou de elementos dela constantes.

ARTIGO 109º
Não apresentação da declaração

1 – Continuando a verificar-se a falta de entrega da declaração após a notificação por não apresentação no prazo inicial, e decorrido o subsequente prazo, o secretário do Tribunal Constitucional extrairá certidão do facto, a qual deverá conter a menção de todos os elementos e circunstâncias necessários à comprovação da falta e apresenta-la-á ao Presidente, com vista à sua remessa ao representante do Ministério Público junto do Tribunal, para os fins convenientes.

2 – Ocorrendo dúvida, mesmo após a notificação referida no número anterior, sobre a existência, no caso, do dever de declaração, o Presidente submeterá a questão ao Tribunal, que decidirá em sessão plenária.

3 – O acórdão do Tribunal faz caso julgado sobre a existência, nesse caso concreto, do dever de apresentação da declaração.

ARTIGO 110º
Comunicação ao Tribunal Constitucional de decisões condenatórias

Proferida decisão condenatória de titular de cargo político ou equiparado pela não apresentação de declaração de património e rendimentos ou pela falsidade desta, o tribunal competente, logo que tal decisão haja transitado em julgado, comunica-la-á, por certidão, ao Tribunal Constitucional.

SUBCAPÍTULO VII
Processo relativo a declarações de incompatibilidades e a impedimentos de titulares de cargos políticos

ARTIGO 111º
Registo e arquivo das declarações

1 – O procedimento a adoptar no registo e arquivo das declarações previstas no nº 1 do artigo 10º da Lei nº 64/93, de 26 de Agosto, será definido em regulamento interno do Tribunal Constitucional.

2 – O Tribunal poderá organizar um ficheiro informatizado relativo às declarações referidas no número anterior, contendo os seguintes dados: identificação, cargo e número do processo individual do declarante, datas do início de funções, da apresentação da declaração e eventualmente da notificação prevista no nº 1 do artigo 10º daquela lei, bem como da comunicação a que se refere o nº 2 do artigo 12º da mesma lei; número e data de decisões proferidas pelo Tribunal Constitucional ao abrigo do mesmo diploma legal referentes ao declarante.

ARTIGO 112º
Apreciação das declarações

1 – Recebidas as declarações a que se refere o artigo anterior, o secretário do Tribunal Constitucional organiza ou instrui o processo individual do respectivo declarante e abre vista ao Ministério Público, para que este promova a intervenção do Tribunal, se entender que se verifica incumprimento da lei.

2 – Ocorrendo a hipótese prevista na parte final do número anterior, o Presidente do Tribunal ordenará a notificação do declarante, para este responder, no prazo de 20 dias, à promoção do Ministério Público, e, sendo caso disso, juntar a prova documental que tiver por conveniente ou, em casos excepcionais, requerer a produção de outro meio de prova, após o que o Tribunal decidirá em sessão plenária.

3 – O Tribunal, se considerar fundada a existência de dúvida sobre a ocorrência de uma situação de incompatibilidade, limitar-se-á a ordenar a sua cessação, fixando prazo para o efeito.

4 – A decisão do Tribunal que determine, nos termos do nº 3 do artigo 10º da Lei nº 64/93, de 26 de Agosto, a perda do mandato ou a demissão de titular de cargo polítco será publicada na 1ª série-B do *Diário da República* ou naquela em que tiver sido publicada a designação do mesmo titular para o cargo, e produzirá efeitos desde a publicação.

ARTIGO 113º
Não apresentação da declaração

O disposto no artigo anterior é correspondentemente aplicável quando ocorra a situação prevista na parte final do nº 1 do artigo 12º da Lei nº 64/93, de 26 de Agosto.

TITULO IV
Disposições finais e transitórias

ARTIGO 114º
Vogais da Comissão Constitucional

O tempo de exercício de funções como vogal da Comissão Constitucional é equiparado, para todos os efeitos, ao tempo de exercício de funções como juiz do Tribunal Constitucional.

ARTIGO 115º
Publicação oficial de acórdãos

1 – Sem prejuízo do disposto no artigo 3º, serão publicados no *Boletim do Ministério da Justiça* todos os acórdãos do Tribunal Constitucional com interesse doutrinário, cabendo a selecção ao presidente.

2 – O Tribunal Constitucional promove a publicação dos seus acórdãos com interesse doutrinário em colectânea anual[70].

---

[70] O Boletim do Ministério da Justiça deixou de ser publicado.

8. Organização, Competência e Funcionamento dos Julgados de Paz[71]

CAPÍTULO I
Disposições gerais

ARTIGO 1º
Âmbito

A presente lei regula a competência, organização e funcionamento dos julgados de paz e a tramitação dos processos da sua competência.

ARTIGO 2º
Princípios gerais

1 – A actuação dos julgados de paz é vocacionada para permitir a participação cívica dos interessados e para estimular a justa composição dos litígios por acordo das partes.

2 – Os procedimentos nos julgados de paz estão concebidos e são orientados por princípios de simplicidade, adequação, informalidade, oralidade e absoluta economia processual.

ARTIGO 3º
Criação e instalação

1 – Os julgados de paz são criados por diploma do Governo, ouvidos o Conselho Superior da Magistratura, a Ordem dos Advogados, a Associação Nacional de Municípios Portugueses e a Associação Nacional de Freguesias.

2 – O diploma de criação define a circunscrição territorial do julgado de paz.

3 – A instalação dos julgados de paz é feita por portaria do Ministro da Justiça.

---

[71] Aprovada pela Lei nº 78/2001, 13 de julho.

ARTIGO 4º
Circunscrição territorial e sede

1 – Os julgados de paz podem ser concelhios, de agrupamentos de concelhos contíguos, de freguesia ou de agrupamentos de freguesias contíguas do mesmo concelho.

2 – Os julgados de paz têm sede no concelho ou na freguesia para que são exclusivamente criados, ou, no caso de agrupamentos de concelhos ou de freguesias, ficam sediados no concelho ou freguesia que, para o efeito, é designado no diploma de criação.

3 – Dentro da respectiva área de circunscrição, os julgados de paz podem funcionar em qualquer lugar apropriado e podem estabelecer diferentes locais para a prática de actos processuais.

ARTIGO 5º
Custas

1 – Nos julgados de paz há lugar a pagamento de custas.
2 – A tabela de custas é aprovada por portaria do Ministro da Justiça.[72]

CAPÍTULO II
Competência

SECÇÃO I
Disposições gerais

ARTIGO 6º
Da competência em razão do objecto

1 – A competência dos julgados de paz é exclusiva a acções declarativas.

2 – Para a execução das decisões dos julgados de paz aplica-se o disposto no Código de Processo Civil e legislação conexa sobre execuções das decisões dos tribunais de 1ª instância.

ARTIGO 7º
Conhecimento da incompetência

A incompetência dos julgados de paz é por estes conhecida e declarada oficiosamente ou a pedido de qualquer das partes e determina a remessa do processo para o julgado de paz ou para o tribunal judicial competente.

---

[72] O regime de custas nos processos dos julgados de paz consta da Portaria nº 1456/2001, de 28 de dezembro, alterada pela Portaria nº 209/2005, de 24 de fevereiro.

SECÇÃO II
Da competência em razão do valor, da matéria e do território

ARTIGO 8º
Em razão do valor

Os julgados de paz têm competência para questões cujo valor não exceda a alçada do tribunal de 1ª instância.

ARTIGO 9º
Em razão da matéria

1 – Os julgados de paz são competentes para apreciar e decidir:

a) Acções destinadas a efectivar o cumprimento de obrigações, com excepção das que tenham por objecto prestação pecuniária e de que seja ou tenha sido credor originário uma pessoa colectiva;
b) Acções de entrega de coisas móveis;
c) Acções resultantes de direitos e deveres de condóminos, sempre que a respectiva assembleia não tenha deliberado sobre a obrigatoriedade de compromisso arbitral para a resolução de litígios entre condóminos ou entre condóminos e o administrador;
d) Acções de resolução de litígios entre proprietários de prédios relativos a passagem forçada momentânea, escoamento natural de águas, obras defensivas das águas, comunhão de valas, regueiras e valados, sebes vivas; abertura de janelas, portas, varandas e obras semelhantes; estilicídio, plantação de árvores e arbustos, paredes e muros divisórios;
e) Acções possessórias, usucapião e acessão;
f) Acções que respeitem ao direito de uso e administração da compropriedade, da superfície, do usufruto, de uso e habitação e ao direito real de habitação periódica;
g) Acções que digam respeito ao arrendamento urbano, excepto as acções de despejo;
h) Acções que respeitem à responsabilidade civil contratual e extracontratual;
i) Acções que respeitem a incumprimento contratual, excepto contrato de trabalho e arrendamento rural;
j) Acções que respeitem à garantia geral das obrigações.

2 – Os julgados de paz são também competentes para apreciar os pedidos de indemnização cível, quando não haja sido apresentada participação criminal ou após desistência da mesma, emergentes de:

a) Ofensas corporais simples;
b) Ofensa à integridade física por negligência;
c) Difamação;
d) Injúrias;
e) Furto simples;
f) Dano simples;
g) Alteração de marcos;
h) Burla para obtenção de alimentos, bebidas ou serviços.

3 – A apreciação de um pedido de indemnização cível, nos termos do número anterior, preclude a possibilidade de instaurar o respectivo procedimento criminal.[73]

ARTIGO 10º
Competência em razão do território

Os factores que determinam a competência territorial dos julgados de paz são os fixados nos artigos 11º e seguintes.

ARTIGO 11º
Foro da situação dos bens

1 – Devem ser propostas no julgado de paz da situação dos bens as acções referentes a direitos reais ou pessoais de gozo sobre imóveis e as acções de divisão de coisa comum.

2 – Quando a acção tiver por objecto uma universalidade de facto, ou bens móveis ou imóveis situados em circunscrições diferentes, é proposta no julgado de paz correspondente à situação dos imóveis de maior valor, devendo atender-se para esse efeito ao valor patrimonial; se o prédio que é objecto da acção estiver situado em mais de uma circunscrição territorial, pode ser proposta em qualquer das circunscrições.

ARTIGO 12º
Local do cumprimento da obrigação

1 – A acção destinada a exigir o cumprimento de obrigações, a indemnização pelo não cumprimento ou pelo cumprimento defeituoso e a resolução do contrato por falta de cumprimento é proposta, à escolha do credor, no julgado de paz do lugar em que a obrigação devia ser cumprida ou no julgado de paz do domicílio do demandado.

2 – Se a acção se destinar a efectivar a responsabilidade civil baseada em facto ilícito ou fundada no risco, o julgado de paz competente é o correspondente ao lugar onde o facto ocorreu.

ARTIGO 13º
Regra geral

1 – Em todos os casos não previstos nos artigos anteriores ou em disposições especiais é competente para a acção o julgado de paz do domicílio do demandado.

2 – Se, porém, o demandado não tiver residência habitual ou for incerto ou ausente, é demandado no julgado de paz do domicílio do demandante.

3 – Se o demandado tiver domicílio e residência em país estrangeiro, é demandado no do domicílio do demandante e, quando este domicílio for em país estrangeiro, é competente para a causa qualquer julgado de paz em Lisboa.

---

[73] O Supremo Tribunal de Justiça, no Acórdão de Uniformização de Jurisprudência nº 11/2007, publicado no *Diário da República*, I Série-A, de 25 de julho de 2007, julgou ser a referida competência dos julgados de paz em matéria cível meramente alternativa ou facultativa.

ARTIGO 14º
Regra geral para pessoas colectivas

No caso de o demandado ser uma pessoa colectiva, a acção é proposta no julgado de paz da sede da administração principal ou na sede da sucursal, agência, filial, delegação ou representação, conforme a acção seja dirigida contra aquela ou contra estas.

CAPÍTULO III
Organização e funcionamento dos julgados de paz

ARTIGO 15º
Das secções

Os julgados de paz podem dispor, caso se justifique, de uma ou mais secções, dirigidas cada uma delas por um juiz de paz.

ARTIGO 16º
Serviço de mediação

1 – Em cada julgado de paz existe um serviço de mediação que disponibiliza a qualquer interessado a mediação, como forma de resolução alternativa de litígios.

2 – O serviço tem como objectivo estimular a resolução, com carácter preliminar, de litígios por acordo das partes.

3 – O serviço de mediação é competente para mediar quaisquer litígios, ainda que excluídos da competência do julgado de paz, com excepção dos que tenham por objecto direitos indisponíveis.

4 – O regulamento, as condições de acesso aos serviços de mediação dos julgados de paz e as custas inerentes são aprovados por portaria do Ministro da Justiça.

ARTIGO 17º
Atendimento e apoio administrativo

1 – Cada julgado de paz tem um serviço de atendimento e um serviço de apoio administrativo.

2 – Os serviços previstos no número anterior podem ser comuns às secções existentes.

3 – O diploma de criação dos julgados de paz define a organização dos serviços de atendimento e apoio administrativo, que podem ser partilhados com a estrutura existente na autarquia em que estiverem sediados.

ARTIGO 18º
Uso de meios informáticos

É adoptado o uso de meios informáticos no tratamento e execução de quaisquer actos ou peças processuais, salvo disposição legal em contrário, desde que se mostrem respeitadas as regras referentes à protecção de dados pessoais e se faça menção desse uso.

ARTIGO 19º
Pessoal

Os julgados de paz não têm quadro de pessoal.

ARTIGO 20º
Modalidade e horário de funcionamento

Os julgados de paz funcionam em horário a definir no respectivo diploma de criação.

CAPÍTULO IV
Dos juízes de paz e dos mediadores

SECÇÃO I
Disposições gerais

ARTIGO 21º
Impedimentos e suspeições

Aos juízes de paz e mediadores é aplicável o regime dos impedimentos e suspeições estabelecido na lei do processo civil para os juízes.

ARTIGO 22º
Dever de sigilo

1 – Os juízes de paz e os mediadores não podem fazer declarações ou comentários sobre os processos que lhes estão distribuídos.

2 – Não são abrangidas pelo dever de sigilo as informações que, em matéria não coberta pelo segredo de justiça ou pelo sigilo profissional, visem a realização de direitos ou interesses legítimos, nomeadamente o do acesso à informação.

SECÇÃO II
Juízes de paz

ARTIGO 23º
Requisitos

Só pode ser juiz de paz quem reunir, cumulativamente, os seguintes requisitos:

a) Ter nacionalidade portuguesa;
b) Possuir licenciatura em Direito;
c) Ter idade superior a 30 anos;
d) Estar no pleno gozo dos direitos civis e políticos;
e) Não ter sofrido condenação, nem estar pronunciado por crime doloso;
f) Ter cessado, ou fazer cessar imediatamente antes da assunção das funções como juiz de paz, a prática de qualquer outra actividade pública ou privada.

ARTIGO 24º
Recrutamento e selecção

1 – O recrutamento e a selecção dos juízes de paz é feito por concurso público aberto para o efeito, mediante avaliação curricular e provas públicas.

2 – Não estão sujeitos à realização de provas:

a) Os magistrados judiciais ou do Ministério Público;
b) Quem tenha exercido funções de juiz de direito nos termos da lei;
c) Quem exerça ou tenha exercido funções como representante do Ministério Público;
d) Os docentes universitários que possuam os graus de mestrado ou doutoramento em Direito;
e) Os antigos bastonários, presidentes dos conselhos distritais e membros do conselho geral da Ordem dos Advogados;
f) Os antigos membros do Conselho Superior da Magistratura, do Conselho Superior dos Tribunais Administrativos e Fiscais e do Conselho Superior do Ministério Público.

3 – O regulamento do concurso é aprovado por portaria do Ministro da Justiça.

ARTIGO 25º
Provimento e nomeação

1 – Os juízes de paz são providos por período de três anos.

2 – Os juízes de paz são nomeados pelo conselho de acompanhamento a que se refere o artigo 65º, que exerce sobre os mesmos o poder disciplinar.

ARTIGO 26º
Funções

1 – Compete ao juiz de paz proferir, de acordo com a lei ou equidade, as decisões relativas a questões que sejam submetidas aos julgados de paz, devendo, previamente, procurar conciliar as partes.

2 – O juiz de paz não está sujeito a critérios de legalidade estrita, podendo, se as partes assim o acordarem, decidir segundo juízos de equidade quando o valor da acção não exceda metade do valor da alçada do tribunal de 1ª instância.

ARTIGO 27º
Incompatibilidades

1 – Os juízes de paz em exercício não podem desempenhar qualquer outra função pública ou privada de natureza profissional.

2 – Podem, no entanto, exercer as funções docentes ou de investigação científica não remuneradas, desde que autorizados pelo conselho de acompanhamento e que não envolvam prejuízo para o serviço.

ARTIGO 28º
Remuneração

A remuneração dos juízes de paz é a correspondente ao escalão mais elevado da categoria de assessor principal da carreira técnica superior do regime geral da Administração Pública.

ARTIGO 29º
Disposições subsidiárias

É aplicável subsidiariamente aos juízes de paz, quanto a deveres, incompatibilidades e direitos, o regime da função pública, em tudo quanto não seja incompatível com a presente lei.

SECÇÃO III
Dos mediadores

ARTIGO 30º
Mediadores

1 – Os mediadores que colaboram com os julgados de paz são profissionais independentes, adequadamente habilitados a prestar serviços de mediação.

2 – No desempenho da sua função, o mediador deve proceder com imparcialidade, independência, credibilidade, competência, confidencialidade e diligência.

3 – Os mediadores estão impedidos de exercer a advocacia no julgado de paz onde prestam serviço.

ARTIGO 31º
Requisitos

O mediador tem de reunir os seguintes requisitos:

a) Ter mais de 25 anos de idade;
b) Estar no pleno gozo dos seus direitos civis e políticos;
c) Possuir uma licenciatura adequada;
d) Estar habilitado com um curso de mediação reconhecido pelo Ministério da Justiça;
e) Não ter sofrido condenação nem estar pronunciado por crime doloso;
f) Ter o domínio da língua portuguesa;
g) Ser preferencialmente residente na área territorial abrangida pelo julgado de paz.

ARTIGO 32º
Selecção

1 – A selecção dos mediadores habilitados a prestar os serviços da sua especialidade em colaboração com os julgados de paz é feita por concurso curricular aberto para o efeito.

2 – O regulamento do concurso é aprovado por portaria do Ministro da Justiça.[74]

ARTIGO 33º
Listas de mediadores

1 – Em cada julgado de paz há uma lista contendo, por ordem alfabética, os nomes das pessoas habilitadas a exercer as funções de mediador e, bem assim, o endereço profissional respectivo.

---

[74] O referido regulamento foi aprovado pela Portaria nº 282/2010, de 25 de maio.

2 – As listas são anualmente actualizadas, por despacho do Ministro da Justiça, e publicadas no *Diário da República*.[75]

3 – A inscrição nas listas é efectuada a pedido dos interessados que preencham os requisitos previstos no artigo 31º da presente lei.

4 – A referida inscrição não investe os inscritos na qualidade de agente nem garante o pagamento de qualquer remuneração fixa por parte do Estado.

5 – É excluído da lista o mediador que haja sido condenado ou pronunciado por crime doloso.

6 – A fiscalização da actividade dos mediadores é feita por uma comissão a ser criada para o efeito por portaria do Ministro da Justiça.

ARTIGO 34º
Regime

Os mediadores habilitados e seleccionados para colaborar com os julgados de paz são contratados em regime de prestação de serviços, por períodos anuais, susceptíveis de renovação.

ARTIGO 35º
Da mediação e funções do mediador

1 – A mediação é uma modalidade extrajudicial de resolução de litígios, de carácter privado, informal, confidencial, voluntário e natureza não contenciosa, em que as partes, com a sua participação activa e directa, são auxiliadas por um mediador a encontrar, por si próprias, uma solução negociada e amigável para o conflito que as opõe.

2 – O mediador é um terceiro neutro, independente e imparcial, desprovido de poderes de imposição aos mediados de uma decisão vinculativa.

3 – Compete ao mediador organizar e dirigir a mediação, colocando a sua preparação teórica e o seu conhecimento prático ao serviço das pessoas que escolheram voluntariamente a sua intervenção, procurando conseguir o melhor e mais justo resultado útil na obtenção de um acordo que as satisfaça.

ARTIGO 36º
Remuneração do mediador

A remuneração do mediador é atribuída por cada processo de mediação, independentemente do número de sessões realizadas, sendo o respectivo montante fixado pela competente tutela governamental na área da justiça.[76]

---

[75] A referida lista foi aprovada pelo Despacho nº 12080/2004, do Secretário de Estado Adjunto, publicado no *Diário da República*, II Série, nº 145, de 22 de junho de 2004.

[76] A mencionada remuneração consta dos Despachos nºs 912/2002 e 1966/2002, de 27 de dezembro de 2001, publicados no *Diário da República*, II Série, de 15 e de 25 de janeiro de 2002, respetivamente.

CAPÍTULO V
Das partes e sua representação

ARTIGO 37º
Das partes

Nos processos instaurados nos julgados de paz, podem ser partes pessoas singulares, com capacidade judiciária, ou colectivas, sem prejuízo do disposto na alínea a) do nº 1 do artigo 9º.

ARTIGO 38º
Representação

1 – Nos julgados de paz, as partes têm de comparecer pessoalmente, podendo fazer-se acompanhar por advogado, advogado estagiário ou solicitador.

2 – Esta assistência é, no entanto, obrigatória quando a parte seja cega, surda, muda, analfabeta, desconhecedora da língua portuguesa ou, se por qualquer outro motivo, se encontrar numa posição de manifesta inferioridade.

3 – É também obrigatória a constituição de advogado na fase de recurso, se a ela houver lugar.

ARTIGO 39º
Litisconsórcio e coligação

É admitido o litisconsórcio e a coligação de partes apenas no momento de propositura da acção.

ARTIGO 40º
Apoio judiciário

O regime geral do apoio judiciário é aplicável aos processos que corram os seus termos nos julgados de paz e ao pagamento da retribuição do mediador.

CAPÍTULO VI
Do processo

SECÇÃO I
Disposições gerais

ARTIGO 41º
Incidentes

Suscitando as partes um incidente processual, o juiz de paz remete o processo para o tribunal judicial competente, para que siga os seus termos, sendo aproveitados os actos processuais já praticados.

ARTIGO 42º
Distribuição dos processos

A distribuição dos processos é feita no julgado de paz de acordo com regulamento internamente aprovado.

SECÇÃO II
Do requerimento inicial e contestação

ARTIGO 43º
Apresentação do requerimento

1 – O processo inicia-se pela apresentação do requerimento na secretaria do julgado de paz.

2 – O requerimento pode ser apresentado verbalmente ou por escrito, em formulário próprio, com indicação do nome e do domicílio do demandante e do demandado, contendo a exposição sucinta dos factos, o pedido e o valor da causa.

3 – Se o requerimento for efectuado verbalmente, deve o funcionário reduzi-lo a escrito.

4 – Se estiver presente o demandado, pode este, de imediato, apresentar a contestação, observando-se, com as devidas adaptações, o disposto no nº 2 do presente artigo.

5 – Em caso de irregularidade formal ou material das peças processuais, são as partes convidadas a aperfeiçoá-las oralmente no início da audiência de julgamento.

6 – Não há lugar a entrega de duplicados legais, cabendo à secretaria facultar às partes cópia das peças processuais.

7 – Caso o requerimento a que se refere o nº 1 do presente artigo seja apresentado pessoalmente, é logo o demandante notificado da data em que terá lugar a sessão de pré-mediação.

8 – A apresentação do requerimento determina a interrupção da prescrição, nos termos gerais.

ARTIGO 44º
Limitações à apresentação do pedido

É admitida a cumulação de pedidos apenas no momento da propositura da acção.

ARTIGO 45º
Citação do demandado

1 – Caso o demandado não esteja presente aquando da apresentação do requerimento, a secretaria deve citá-lo para que este tome conhecimento de que contra si foi instaurado um processo, enviando-lhe cópia do requerimento do demandante.

2 – Da citação devem constar a data da sessão de pré-mediação, o prazo para apresentação da contestação e as cominações em que incorre no caso de revelia.

ARTIGO 46º
Formas de citação e notificação

1 – As citações e notificações podem ser efectuadas por via postal, podendo, em alternativa, ser feitas pessoalmente, pelo funcionário.

2 – Não se admite a citação edital.

3 – As notificações podem ser efectuadas pessoalmente, por telefone, telecópia ou via postal e poderão ser dirigidas para o domicílio ou, se for do conhecimento da secretaria, para o local de trabalho do demandado.

4 – Não há lugar à expedição de cartas rogatórias e precatórias.

ARTIGO 47º
Contestação

1 – A contestação pode ser apresentada por escrito ou verbalmente, caso em que será reduzida a escrito pelo funcionário, no prazo de 10 dias a contar da citação.

2 – Não há lugar à prorrogação do prazo para apresentar a contestação.

3 – O demandante é imediatamente notificado da contestação e, se não o houver sido anteriormente, da data da sessão de pré-mediação.

ARTIGO 48º
Reconvenção

1 – Não se admite a reconvenção, excepto quando o demandado se propõe obter a compensação ou tornar efectivo o direito a benfeitorias ou despesas relativas à coisa cuja entrega lhe é pedida.

2 – O demandante pode, caso haja reconvenção, responder à mesma no prazo de 10 dias contados da notificação da contestação.

SECÇÃO III
Da pré-mediação e da mediação

ARTIGO 49º
Pré-mediação

1 – Recebido o pedido e iniciado o processo no julgado de paz, é realizada uma pré-mediação, desde que qualquer uma ou ambas as partes não tenham previamente afastado esta possibilidade.

2 – A realização da pré-mediação pode ocorrer de imediato se as partes estiverem presentes e, se houver concordância destas e disponibilidade de mediador, ser logo seguida de sessão de mediação.

ARTIGO 50º
Objectivos da pré-mediação

1 – A pré-mediação tem como objectivo explicar às partes em que consiste a mediação e verificar a predisposição destas para um possível acordo em fase de mediação.

2 – Afirmada positivamente a vontade das partes, é de imediato marcada a primeira sessão de mediação.
3 – Verificada negativamente a vontade das partes, o mediador dá desse facto conhecimento ao juiz de paz, que designa data para a audiência de julgamento.
4 – O mediador que procede à pré-mediação não deve intervir como mediador na fase subsequente.

ARTIGO 51º
Marcação da mediação

1 – Se as partes estiverem de acordo em passar à fase de mediação é marcada data para a primeira sessão num dos dias imediatamente seguintes à sessão de pré-mediação, sem prejuízo de poder ser logo realizada caso o mediador designado esteja disponível.
2 – Cabe às partes escolher um mediador de entre os constantes da lista a que se refere o nº 2 do artigo 33º da presente lei, sendo que, caso não cheguem a acordo, cabe à secretaria designá-lo.
3 – A mediação terá lugar na sede do julgado de paz.

ARTIGO 52º
Confidencialidade

1 – As partes devem subscrever, previamente, um acordo de mediação, nos termos do qual assumem que a mediação tem carácter confidencial.
2 – As partes, os seus representantes e o mediador devem manter a confidencialidade das declarações verbais ou escritas proferidas no decurso da mediação.
3 – As partes não podem ter acesso aos documentos escritos pelo mediador no decurso da mediação.
4 – O mediador não pode ser testemunha em qualquer causa que oponha os mediados, ainda que não directamente relacionada com o objecto da mediação.

ARTIGO 53º
Mediação

1 – A mediação tem por principal objectivo proporcionar às partes a possibilidade de resolverem as suas divergências de forma amigável e concertada.
2 – O processo de mediação é conduzido pelo mediador em cooperação com as partes.
3 – O mediador pode, com autorização das partes, ter encontros separados com cada uma delas, para clarificar as questões e buscar diferentes possibilidades de acordo.
4 – As pessoas colectivas devem fazer-se representar por mandatários com poderes especiais para desistir, confessar ou transigir.
5 – As partes podem ser assistidas por advogados, peritos, técnicos ou outras pessoas nomeadas.
6 – Cabe ao mediador avaliar do andamento das sessões e decidir da necessidade da sua continuação, devendo conduzir a mediação de forma que esta se conclua em prazo adequado à natureza e complexidade do litígio em causa.

ARTIGO 54º
Falta de comparência à pré-mediação ou à mediação

1 – Se uma das partes não comparecer à sessão de pré-mediação ou a uma sessão de mediação, não apresentando justificação no prazo de cinco dias, o processo é remetido à secretaria para marcação da data de audiência de julgamento.

2 – Compete à secretaria marcar, sem possibilidade de adiamento, nova data para a pré-mediação ou para a sessão de mediação, dentro dos cinco dias seguintes à apresentação da justificação.

3 – Reiterada a falta, o processo é remetido para a fase de julgamento, devendo a secretaria notificar as partes da data da respectiva audiência, a qual deve ter lugar num dos 10 dias seguintes.

ARTIGO 55º
Desistência

1 – As partes podem, a qualquer momento, desistir da mediação.

2 – Sendo a desistência anterior à mediação, é esta comunicada à secretaria.

3 – Caso a desistência ocorra durante a mediação, a comunicação é feita ao mediador.

ARTIGO 56º
Acordo

1 – Se as partes chegarem a acordo, é este reduzido a escrito e assinado por todos os intervenientes, para imediata homologação pelo juiz de paz, tendo valor de sentença.

2 – Se as partes não chegarem a acordo ou apenas o atingirem parcialmente, o mediador comunica tal facto ao juiz de paz.

3 – Recebida a comunicação, é marcado dia para a audiência de julgamento, do qual são as partes notificadas.

4 – A audiência de julgamento realiza-se no prazo máximo de 10 dias contados da data da respectiva notificação das partes.

ARTIGO 57º
Audiência de julgamento

Na audiência de julgamento são ouvidas as partes, produzida a prova e proferida sentença.

ARTIGO 58º
Efeitos das faltas

1 – Quando o demandante, tendo sido regularmente notificado, não comparecer no dia da audiência de julgamento nem apresentar justificação no prazo de três dias, considera-se tal falta como desistência do pedido.

2 – Quando o demandado, tendo sido regularmente citado, não comparecer, não apresentar contestação escrita nem justificar a falta no prazo de três dias, consideram-se confessados os factos articulados pelo autor.

3 – Compete à secretaria marcar, sem possibilidade de adiamento, nova data para a audiência de julgamento, dentro dos cinco dias seguintes à apresentação de justificação.
4 – Reiterada a falta, operam as cominações previstas nos números anteriores.

ARTIGO 59º
Meios probatórios

1 – Até ao dia da audiência de julgamento devem as partes apresentar as provas que reputem necessárias ou úteis, não podendo cada parte oferecer mais de cinco testemunhas.
2 – As testemunhas não são notificadas, incumbindo às partes apresentá-las na audiência de julgamento.
3 – Requerida a prova pericial, cessa a competência do julgado de paz, remetendo-se os autos ao tribunal competente para aí prosseguirem os seus termos, com aproveitamento dos actos já praticados.

ARTIGO 60º
Sentença

1 – A sentença é proferida na audiência de julgamento e reduzida a escrito, dela constando:
a) A identificação das partes;
b) O objecto do litígio;
c) Uma sucinta fundamentação;
d) A decisão propriamente dita;
e) O local e a data em que foi proferida;
f) A identificação e a assinatura do juiz de paz que a proferiu.

2 – A sentença é pessoalmente notificada às partes, imediatamente antes do encerramento da audiência de julgamento.

ARTIGO 61º
Valor da sentença

As decisões proferidas pelos julgados de paz têm o valor de sentença proferida por tribunal de 1ª instância.

ARTIGO 62º
Recursos

1 – As sentenças proferidas nos processos cujo valor exceda metade do valor da alçada do tribunal de 1ª instância podem ser impugnadas por meio de recurso a interpor para o tribunal da comarca ou para o tribunal de competência específica que for competente, em que esteja sediado o julgado de paz.
2 – O recurso tem efeito meramente devolutivo e segue o regime do agravo.

ARTIGO 63º
Direito subsidiário

É subsidiariamente aplicável, no que não seja incompatível com o disposto na presente lei, o Código de Processo Civil, com excepção dos artigos 290º e 501º a 512º-A.

CAPÍTULO VII
Disposições finais e transitórias

ARTIGO 64º
Projecto experimental

1 – Até ao final do corrente ano o Governo criará e providenciará a instalação de julgados de paz, como projectos experimentais, no âmbito dos seguintes municípios:

a) Lisboa;
b) Oliveira do Bairro;
c) Seixal;
d) Vila Nova de Gaia.

2 – Fica o Governo habilitado a estabelecer, no âmbito dos municípios estabelecidos no número anterior, a freguesia ou freguesias que integrem a área de competência territorial dos julgados de paz.

3 – O Governo celebrará com as autarquias da área ou áreas das circunscrições previstas nos números anteriores protocolos relativos às instalações, equipamentos e pessoal de apoio necessários à instalação dos projectos experimentais.[77]

ARTIGO 65º
Conselho de acompanhamento

1 – É constituído um conselho de acompanhamento da criação e instalação dos julgados de paz, que funcionará na dependência da Assembleia da República, com mandato de legislatura.

2 – O conselho é constituído por:

a) Uma personalidade designada pelo Presidente da Assembleia da República, que preside;
b) Um representante de cada Grupo Parlamentar representado na Comissão de Assuntos Constitucionais, Direitos, Liberdades e Garantias da Assembleia da República, e por tal Comissão indicado;
c) Um representante do Ministério da Justiça;
d) Um representante do Conselho Superior da Magistratura;
e) Um representante da Associação Nacional de Municípios Portugueses.

3 – O conselho acompanhará a instalação e funcionamento dos projectos experimentais e apresentará um relatório de avaliação à Assembleia da República entre 1 e 15 de Junho de 2002, formulando, se for o caso, sugestões de alteração da presente lei e outras recomendações que devam ser tidas em conta, designadamente pelo Governo, no desenvolvimento do projecto.

---

[77] A instalação e a aprovação dos regulamentos internos dos julgados de paz de Lisboa, Oliveira do Bairro, Seixal e de Vila Nova de Gaia constam das Portarias nºs 44/2002, de 11 de janeiro, 72/2002, de 19 de janeiro, 92/2002, de 30 de janeiro, e 162-A/2002, de 25 de fevereiro. Os artigos 1º e 11º do Regulamento Interno dos Julgados de Paz de Vila Nova de Gaia e de Lisboa foram alterados pelas Portarias nºs 886//2003, de 25 de agosto, 892/2003, de 26 de agosto, e 90/2011, de 28 de fevereiro de 2011.

ARTIGO 66º
Desenvolvimento do projecto

Tendo em conta o relatório do conselho de acompanhamento e a apreciação que merecer da Assembleia da República, o Governo apresentará, no prazo de 90 dias, uma proposta de resolução com o programa de criação e instalação dos julgados de paz no conjunto do território nacional.

ARTIGO 67º
Processos pendentes

As acções pendentes à data da criação e instalação dos julgados de paz seguem os seus termos nos tribunais onde foram propostas.

ARTIGO 68º
Entrada em vigor

Os efeitos financeiros decorrentes da aplicação da presente lei repercutem-se no Orçamento do Estado para o ano de 2002.

8.1. CRIAÇÃO DE JULGADOS DE PAZ

O artigo 3º do Decreto-Lei nº 9/2004, de 9 de Janeiro, criou os seguintes julgados de paz:

a) Julgado de Paz do Agrupamento dos Concelhos de Aguiar da Beira e Trancoso;
b) Julgado de Paz do Agrupamento dos Concelhos de Cantanhede, Mira e Montemor-o-Velho;
c) Julgado de Paz do Concelho de Miranda do Corvo;
d) Julgado de Paz do Concelho do Porto;
e) Julgado de Paz do Agrupamento dos Concelhos de Santa Marta de Penaguião, Alijó, Murça, Peso da Régua, Sabrosa e Vila Real;
f) Julgado de Paz do Agrupamento dos Concelhos de Tarouca, Armamar, Castro Daire, Lamego, Moimenta da Beira e Resende;
g) Julgado de Paz do Concelho de Terras de Bouro;
h) Julgado de Paz do Concelho de Vila Nova de Poiares.[78]

O Decreto-Lei nº 329/2001, de 20 de Dezembro, alterado pelo Decreto-Lei nº 140/2003, criou os julgados de paz de Lisboa, de Oliveira do Bairro, do Seixal e de Vila Nova de Gaia.[79]

---

[78] O Regulamento Interno deste Julgado de Paz, aprovado pela Portaria nº 194/2004, de 28 de fevereiro, foi alterado pela Portaria nº 1168/2010, de 10 de novembro.

[79] O julgado de paz do Seixal foi declarado instalado pela Portaria nº 92/2002, de 30 de janeiro, alterada pela Portaria nº 892/2003, de 26 de agosto. A sua sede foi alterada pela Portaria nº 620/2008, de 16 de julho.

O Decreto-Lei nº 225/2005, de 28 de Dezembro, criou os seguintes julgados de paz:

  a) Julgado de Paz do Concelho de Coimbra;[80]
  b) Julgado de Paz do Concelho de Sintra;
  c) Julgado de Paz do Concelho de Trofa;
  d) Julgado de Paz do Concelho de Santa Maria da Feira.

O Decreto-Lei nº 22/2008, de 1 de Fevereiro, criou, por seu turno, seguintes julgados de paz:

  c) Julgado de Paz do Agrupamento dos Concelhos de Aguiar da Beira, Penalva do Castelo, Sátão, Trancoso e Vila Nova de Paiva;
  d) Julgado de Paz do Agrupamento dos Concelhos de Aljustrel, Almodôvar, Castro Verde, Mértola e Ourique;[81]
  e) Julgado de Paz do Concelho de Odivelas;[82]
  d) Julgado de Paz do Agrupamento dos Concelhos de Palmela e Setúbal.[83]

O Decreto-Lei nº 60/2009, de 4 de Março, criou os seguintes julgados de paz:

  a) Julgado de Paz do Agrupamento dos Concelhos de Alcobaça, Caldas da Rainha, Nazaré e Óbidos;[84]
  b) Julgado de Paz do Agrupamento dos Concelhos de Belmonte, Covilhã e Fundão;[85]
  c) Julgado de Paz do Agrupamento dos Concelhos de Carregal do Sal, Mangualde e Nelas;[86]
  d) Julgado de Paz do Concelho de Cascais;[87]
  e) Julgado de Paz do Agrupamento dos Concelhos de Oleiros, Mação, Proença-a-Nova, Sertã e Vila de Rei.[88]

---

[80] A Portaria nº 154/2011, de 12 de abril, alterou o Regulamento Interno do Julgado de Paz de Coimbra, que foi declarado instalado pela Portaria nº 304/2006, de 24 de março, que também aprovou o respetivo Regulamento.

[81] O Regulamento Interno deste Julgado de Paz foi alterado pela Portaria nº 497/2010, de 14 de julho.

[82] O Julgado de Paz do Concelho de Odivelas foi declarado instalado pela Portaria nº 566-A/2008, de 8 de julho.

[83] O julgado de paz do agrupamento dos concelhos de Palmela e Setúbal foi declarado instalado pela Portaria nº 710/2008, de 31 de julho.

[84] A Portaria nº 421/2009, de 20 de abril, declarou a instalação deste Julgado de Paz e estabeleceu o respetivo Regulamento Interno. Sobre o funcionamento do concernente serviço de mediação pronunciou-se o Despacho do Secretário de Estado da Justiça, nº 9825/2009, de 9 de abril, publicado no *Diário da República*, 2ª série, nº 70.

[85] A Portaria nº 883/2010, de 10 de setembro, declarou este Julgado de Paz instalado e aprovou o seu Regulamento.

[86] A Portaria nº 845/2009, de 5 de agosto, declarou a instalação deste Julgado de Paz e estabeleceu o respetivo Regulamento Interno.

[87] A Portaria nº 1195/2010, de 23 de novembro, declarou instalado este Julgado de Paz e aprovou o seu Regulamento.

[88] A Portaria nº 334/2009, de 2 de abril, que instalou este Julgado de Paz e aprovou o respetivo Regulamento Interno, foi alterada pelas Portarias nºs 571/2009, de 29 de maio, e 304/2010, de 8 de junho. Sobre o funcionamento do concernente serviço de mediação pronunciou-se o Despacho do Secretário de Estado da Justiça, nº 9825/2009, de 9 de abril, publicado no *Diário da República*, 2ª série, nº 70.

8. ORGANIZAÇÃO, COMPETÊNCIA E FUNCIONAMENTO DOS JULGADOS DE PAZ

O Decreto-Lei nº 289/2009, de 8 de Outubro, criou os seguintes julgados de paz:

a) Julgado de Paz do Agrupamento dos Concelhos de Alcochete, Barreiro, Moita, e Montijo;
b) Julgado de Paz do Agrupamento dos Concelhos de Alvaiázere, Ansião, Figueiró dos Vinhos, Pedrógão Grande e Penela;
c) Julgado de Paz do Agrupamento dos Concelhos de Câmara de Lobos e Funchal;[89]
d) Julgado de Paz do Concelho de Loures;
e) Julgado de Paz do Agrupamento dos Concelhos de Odemira e Sines.

8.2. REGULAMENTO DOS SERVIÇOS DE MEDIAÇÃO DOS JULGADOS DE PAZ[90]

CAPÍTULO I
Objecto, organização e funcionamento

ARTIGO 1º
Objecto

O presente Regulamento disciplina a organização e funcionamento dos serviços de mediação disponíveis nos julgados de paz e estabelece as condições de acesso aos mesmos, bem como as regras por que deve pautar-se a actividade dos mediadores de conflitos.

ARTIGO 2º
Organização dos serviços de mediação

1 – A prestação de serviços de mediação é assegurada por mediadores de conflitos inscritos nas listas dos julgados de paz, aprovadas e actualizadas anualmente por despacho do Ministro da Justiça.

2 – A Direcção-Geral da Administração Extrajudicial assegura que, durante o período de funcionamento dos julgados de paz e sempre que solicitado pelos interessados, está presente no serviço de mediação pelo menos um mediador para:

a) Realizar sessões de pré-mediação, explicando às partes a natureza, as características e o objectivo da mediação, bem como as regras a que a mesma obedece;
b) Informar as partes sobre as modalidades de escolha e intervenção do mediador;
c) Verificar a predisposição das partes para alcançar acordo através de mediação;
d) Realizar sessões de mediação;

---

[89] A Portaria nº 1427/2009, de 21 de dezembro, declarou a instalação deste Julgado de Paz e estabeleceu o respectivo Regulamento Interno.
[90] Aprovado pela Portaria nº 1112/2005, de 28 de outubro.

e) Submeter o acordo de mediação assinado pelas partes a imediata homologação pelo juiz de paz, quando o julgado de paz seja competente para a apreciação da causa respectiva;

f) Prestar outras informações úteis sobre a mediação e facultar a qualquer interessado este regulamento e demais legislação conexa.

3 – As sessões de pré-mediação são efectuadas sob marcação prévia, de acordo con a ordem alfabética das listas referidas no nº 1.

4 – As sessões de mediação são efectuadas sob marcação prévia, de acordo com a ordem alfabética das listas referidas no nº 1, salvo se as partes escolherem um mediador entre os constantes da lista do julgado de paz.

ARTIGO 3º
Listas de mediadores

1 – O mediador de conflitos, habilitado nos termos da lei, que pretenda e se disponha a colaborar no julgado de paz deve solicitar a sua inscrição nas listas referidas no nº 1 do artigo anterior, mediante requerimento dirigido ao director-geral da Administração Extrajudicial.

2 – Para os efeitos da actualização anual a que se refere o nº 2 do artigo 33º da Lei nº 78/2001, de 13 de Julho, os mediadores inscritos nas listas dos julgados de paz devem, até ao dia 31 de Dezembro de cada ano, informar o director-geral da Administração Extrajudicial da sua disponibilidade relativamente à sua continuidade ou exclusão da lista de cada julgado de paz em que se encontrem inscritos.

3 – Os procedimentos a observar para inscrição e actualização da inscrição referida nos números anteriores são definidos por despacho do director-geral da Administração Extrajudicial.

4 – A falta da comunicação a que se refere o nº 2 implica a exclusão do mediador de conflitos das listas de mediadores dos julgados de paz em que se encontre inscrito.

ARTIGO 4º
Coordenação

1 – Compete à Direcção-Geral da Administração Extrajudicial organizar e coordenar a prestação de serviço dos mediadores que, nos termos do artigo anterior se disponibilizem para colaborar nos serviços de mediação.

2 – Em cada julgado de paz o funcionamento do serviço de mediação é coordenado por um mediador designado pelo director-geral da Administração Extrajudicial, ouvidos os mediadores de conflitos inscritos na respectiva lista.

3 – Compete ao mediador-coordenador:

a) Coordenar o serviço de mediação do julgado de paz;

b) Ser o interlocutor dos mediadores junto dos serviços de atendimento e apoio administrativo dos juízes de paz e da Direcção-Geral da Administração Extrajudicial;

c) Solicitar e prestar informação à Direcção-Geral da Administração Extrajudicial em assuntos relacionados com o funcionamento dos serviços de mediação.

ARTIGO 5º
Apoio técnico e administrativo

1 – O serviço de mediação é apoiado, no âmbito das competências que lhe estão cometidas, pelos serviços de atendimento e de apoio administrativo do julgado de paz.

2 – O serviço de atendimento deve comunicar aos mediadores de conflitos designados para as sessões de pré-mediação e de mediação a dada agendada para a realização das mesmas com uma antecedência mínima de quarenta e oito horas, excepto quando o mediador não se oponha a que essa comunicação tenha lugar num prazo inferior.

ARTIGO 6º
Arquivo

No serviço de mediação não existe um arquivo específico de processos, nem das sessões de mediação é lavrada acta ou qualquer outro registo.

ARTIGO 7º
Horário

O horário do serviço de mediação é o do julgado de paz.

CAPÍTULO II
Acesso aos serviços de mediação

ARTIGO 8º
Pré-mediação

1 – A sessão de pré-mediação decorre na presença de ambas as partes.

2 – Na sessão de pré-mediação o mediador informa as partes sobre a possibilidade de resolução do litígio com recurso à mediação, elucidando-as acerca da natureza, da finalidade e das regras aplicáveis à mesma.

3 – Caso as partes se apresentem inicialmente em conjunto no julgado de paz, a sessão de pré-mediação pode, desde logo, ser agendadaa ou realizada de imediato, se houver concordância de ambas as partes e disponibilidade de mediador

4 – Afirmada positivamente a vontade de ambas as partes realizarem a mediação, é por elas assinado, conjuntamente com o mediador que realizou a pré-mediação um termo de consentimento, que contém as regras a que obedecerá o processo de mediação.

ARTIGO 9º
Mediação

1 – Se no decurso da sessão as partes chegarem a acordo, é este reduzido a escrito e assinado por todos os intervenientes, para imediata homologação pelo juiz de paz, sendo o valor de sentença.

2 – As as partes não chegarem a acordo ou apenas o atingirem parcialmente, o mediador de conflitos comunica tal facto ao juiz de paz.

ARTIGO 10º
Comparência das partes e representação

1 – As partes têm de comparecer pessoalmente às sessões de pré-mediação e de mediação, podendo, desde que ambas dêem o seu acordo, fazer-se acompanhar de advogado, advogado estagiário ou solicitador.

2 – As pessoas colectivas devem fazer-se representar por mandatário com poderes especiais para desistir, confessar ou transigir.

ARTIGO 11º
Faltas

1 – Em caso de impossibilidade de comparência, as partes devem informar de tal facto, em tempo útil, o serviço de mediação, para ser marcada nova data.

2 – A ausência, devidamente justificada ao serviço de atendimento, de qualquer das partes às sessões de pré-mediação e de mediação determina a marcação de nova data para a sua realização.

3 – Reiterada ou não justificada a falta, o processo é remetido para julgamento, sendo as partes notificadas da data da realização da respectiva audiência, que deve ter lugar num dos 10 dias seguintes.

4 – Em caso de impossibilidade de comparência do mediador de conflitos, deve este avisar, em tempo útil, o serviço de mediação, a fim de ser substituído para a realização da sessão de pré-mediação ou para ser marcada nova data para a sessão de mediação, a qual é comunicada às partes.

5 – Na situação de impossibilidade de cumprir o aviso prévio, nos termos do número anterior, o mediador de conflitos deve justificar a sua falta no prazo de cinco dias úteis.

ARTIGO 12º
Recusa da pré-mediação e desistência da mediação

1 – As partes podem, previamente, recusar a realização da pré-mediação, bem como, a qualquer momento, desistir da mediaçao.

2 – A recusa da realialização da pré-mediação ou a desistência da mediação, quando ocorram antes de iniciada a pré-mediação ou a mediação, consoante o caso, são comunicadas ao serviço de atendimento, que desse facto dá conhecimento ao juiz de paz.

3 – Quando a mediação não tenha resultado em acordo, o mediador de conflitos deve informar desse facto o juiz de paz.

ARTIGO 13º
Confidencialidade

O dever de confidencialidade sobre toda a informação respeitante ao conteúdo do procedimento de mediação só pode cessar para prevenir ou fazer cessar séria e iminente ameaça ou ofensa grave à integridade física ou psíquica de uma pessoa.

CAPÍTULO III
Mediação de litígios excluídos da competência jurisdicional dos julgados de paz

ARTIGO 14º
Objecto

1 – Quem pretender superar por mediação um conflito excluído da competência jurisdicional do julgado de paz pode recorrer aos serviços de mediação, que para o efeito:

a) Prestam todas as informações e esclarecimentos sobre a mediação;
b) Auxiliam o interessado na escolha do mediador de conflitos, que consta necessariamente da lista de mediadores do julgado de paz qualificados para a prestação do correspondente serviço;
c) Informam o interessado acerca dos honorários praticados;
d) Procedem à marcação da sessão de pré-mediação e primeira sessão de mediação.

2 – Como contrapartida destes serviços, há lugar ao pagamento de uma taxa, nos termos e condições fixados por despacho do Ministro da Justiça.[91]

ARTIGO 15º
Regime

Na prestação dos serviços de mediação referidos no artigo anterior, o mediador de conflitos encontra-se sujeito às regras técnicas aplicáveis à mediação, inscritas na Lei nº 78/2001, de 13 de Julho, e no presente regulamento.

CAPÍTULO IV
Actividade dos mediadores de conflitos

ARTIGO 16º
Direitos e deveres

1 – O mediador de conflitos não pode sugerir ou impor uma decisão aos mediados, devendo auxiliá-los a comunicar entre si e questioná-los, investigando a fundo as questões no sentido de ajudar os mediados a criar e avaliar as opções que proporcionem um acordo justo, equitativo e duradouro que represente o livre exercício da vontade.

2 – No desempenho da sua função, o mediador de conflitos deve proceder com imparcialidade, neutralidade, independência, confidencialidade e diligência.

---

[91] Por despacho do Secretário de Estado da Justiça, de 27 de março de 2002, publicado *Diário da República*, II Série, de 24 de abril de 2002, foi fixada a taxa de justiça de € 25,00 devida por quem, pretendendo superar por mediação um conflito excluído da competência jurisdicional dos julgados de paz, utilize os serviços aí prestados.

3 – Salvo em caso de falta deliberada, o mediador de conflitos não pode ser responsabilizado, por qualquer das partes, por actos ou omissões relacionados com a mediação realizada, desde que os mesmos estejam conformes com as normas éticas, as regras acordadas com as partes e o estipulado no presente regulamento.

ARTIGO 17º
Impedimentos

1 – O mediador de conflitos que realiza a sessão da pré-mediação não pode servir como mediador na fase subsequente.

2 – Sem prejuízo da celebração de acordo expresso entre as partes e o mediador de conflitos, não é permitido ao mediador de conflitos intervir, por qualquer forma, em quaisquer procedimentos subsequentes à mediação, como a arbitragem, o processo judicial ou o acompanhamento psicoterapêutico, quer se tenha aí obtido ou não um acordo, e ainda que tais procedimentos estejam indirectamente relacionados com a mediação realizada.

3 – O mediador não pode ser testemunha em acção judicial que oponha os mediados e que se relacione, ainda que indirectamente, com a mediação pendente ou anteriormente realizada.

4 – O mediador de conflitos que tenha sido pronunciado ou condenado por crime doloso é oficiosamente excluído das listas dos julgados de paz em que se encontra inscrito.

5 – O mediador de conflitos que, por razões legais, éticas ou deontológicas, deixe de ver assegurada a sua independência, imparcialidade e isenção deve interromper o procedimento de mediação e requerer ao serviço de atendimento a sua substituição.

ARTIGO 18º
Remuneração

A remuneração pela prestação de serviços do mediador de conflitos é fixada por despacho do Ministro da Justiça.[92]

ARTIGO 19º
Avaliação

1 – Findo o processo de mediação, o serviço de atendimento deve entregar às partes uma ficha de avaliação destinada a emitirem, querendo, as suas opiniões quanto ao procedimento de mediação que teve lugar, bem como ao desempenho dos mediadores de conflitos intervenientes.

2 – As fichas referidas no número anterior têm carácter confidencial e são remetidas à Direcção-Geral da Administração Judiciária.

---

[92] A referida remuneração consta do Despacho nº 15353/2004, 2ª série, do Secretário de Estado Adjunto do Ministro da Justiça, publicado no *Diário da República*, II Série, nº 178, de 30 de julho de 2004. É atribuída por cada processo, independentemente do número de sessões, € 100,00 quando o processo for concluído por acordo das partes alcançado através de mediação, e € 90,00 quando elas não chegarem a acordo.

ARTIGO 20º
Fiscalização

O cumprimento do presente regulamento, bem como a actividade dos mediadores de conflitos, é acompanhado e fiscalizado pela comissão a que se refere o nº 6 do artigo 33º da Lei nº 78/2001, de 13 de Julho.

CAPÍTULO V
Disposições finais

ARTIGO 21º
Norma revogatória

É revogada a Portaria nº 436/2002, de 22 de Abril.

ARTIGO 22º
Entrada em vigor

A presente portaria entra em vigor no 1º dia útil do mês seguinte ao da sua publicação.

9. Estatuto dos Magistrados Judiciais[93]

CAPÍTULO I
Disposições gerais

ARTIGO 1º
Âmbito de aplicação

1 – Os juízes dos tribunais judiciais constituem a magistratura judicial, formam um corpo único e regem-se por este Estatuto.

2 – O presente Estatuto aplica-se a todos os magistrados judiciais, qualquer que seja a situação em que se encontrem.

3 – O Estatuto aplica-se igualmente, com as necessárias adaptações, aos substitutos dos magistrados judiciais quando em exercício de funções.

ARTIGO 2º
Composição da magistratura judicial

A magistratura judicial é constituída por juízes do Supremo Tribunal de Justiça, juízes das Relações e juízes de direito.

ARTIGO 3º
Função da magistratura judicial

1 – É função da magistratura judicial administrar a justiça de acordo com as fontes a que, segundo a lei, deva recorrer e fazer executar as suas decisões.

2 – Os magistrados judiciais não podem abster-se de julgar com fundamento na falta, obscuridade ou ambiguidade da lei, ou em dúvida insanável sobre o caso em litígio, desde que este deva ser juridicamente regulado.

---

[93] Aprovado pela nº 21/85, de 30 de Julho, alterada pelo Decreto-Lei nº 342/88, de 28 de setembro, e pelas Leis nºs 2/90, de 20 de janeiro, 10/94, de 5 de maio, 44/96, de 3 de setembro, 81/98, de 3 de dezembro, 143/99, de 31 de agosto, 3-B/2000, de 4 de abril, 4/2005, de 29 de agosto, 26/2008, de 27 de junho, 52/2008, de 28 de agosto, 63/2008, de 18 de novembro, 37/2009, de 20 de julho, 55-A/2010 de 31 de dezembro, 9/2011, de 12 de abril, e 64-B/2011, de 30 de dezembro. As normas resultantes da alteração deste Estatuto pela Lei nº 52/2008, de 28 de agosto, que ainda não entraram em vigor, incluir-se-ão autonomamente.

ARTIGO 4º
Independência

1 – Os magistrados judiciais julgam apenas segundo a Constituição e a lei e não estão sujeitos a ordens ou instruções, salvo o dever de acatamento pelos tribunais inferiores das decisões proferidas, em via de recurso, pelos tribunais superiores.

2 – O dever de obediência à lei compreende o de respeitar os juízos de valor legais, mesmo quando se trate de resolver hipóteses não especialmente previstas.

ARTIGO 5º
Irresponsabilidade

1 – Os magistrados judiciais não podem ser responsabilizados pelas suas decisões.

2 – Só nos casos especialmente previstos na lei os magistrados judiciais podem ser sujeitos, em razão do exercício das suas funções, a responsabilidade civil, criminal ou disciplinar.

3 – Fora dos casos em que a falta constitua crime, a responsabilidade civil apenas pode ser efectivada mediante acção de regresso do Estado contra o respectivo magistrado, com fundamento em dolo ou culpa grave.

ARTIGO 6º
Inamovibilidade

Os magistrados judiciais são nomeados vitaliciamente, não podendo ser transferidos, suspensos, promovidos, aposentados, demitidos ou por qualquer forma mudados de situação senão nos casos previstos neste Estatuto.

ARTIGO 7º
Impedimentos

É vedado aos magistrados judiciais:

a) Exercer funções em juízo em que sirvam juízes de direito, magistrados do Ministério Público ou funcionários de justiça, a que estejam ligados por casamento ou união de facto, parentesco ou afinidade em qualquer grau da linha recta ou até ao 2º grau da linha colateral;

b) Servir em tribunal pertencente a comarca judicial em que, nos últimos cinco anos, tenham desempenhado funções de Ministério Público ou que pertençam à comarca judicial em que, em igual período, tenham tido escritório de advogado.

CAPÍTULO II
Deveres, incompatibilidades, direitos e regalias dos magistrados judiciais

ARTIGO 8º
Domicílio necessário

1 – Os magistrados judiciais têm domicílio necessário na sede do juízo onde exercem funções, podendo, todavia, residir em qualquer ponto da comarca, desde que não haja inconveniente para o exercício de funções.

2 – Quando as circunstâncias o justifiquem e não haja prejuízo para o exercício das suas funções, os juízes de direito podem ser autorizados pelo Conselho Superior da Magistratura a residir em local diferente do previsto no número anterior.

3 – Os juízes do Supremo Tribunal de Justiça e das relações estão dispensados da obrigação de domicílio, salvo determinação em contrário do Conselho Superior da Magistratura, por motivo de serviço.

ARTIGO 9º
Ausência

1 – Os magistrados judiciais podem ausentar-se da circunscrição judicial no período autorizado de férias e, quando em exercício de funções, em virtude de licença, dispensa e em sábados, domingos e feriados.

2 – A ausência no período autorizado de férias, nas licenças, dispensas e em sábados, domingos e feriados em caso algum pode prejudicar a execução do serviço urgente.

ARTIGO 10º
Faltas

1 – Quando ocorra motivo ponderoso, os magistrados judiciais podem ausentar-se da circunscrição respectiva por número de dias que não exceda três em cada mês e dez em cada ano, comunicando previamente o facto ao Conselho Superior da Magistratura ou, não sendo possível, imediatamente após o seu regresso.

2 – Não são contadas como faltas as ausências em dias úteis fora das horas de funcionamento normal da secretaria, quando não impliquem falta a qualquer acto de serviço ou perturbação deste.

3 – São equiparadas às ausências referidas no número anterior, até ao limite de quatro por mês, as que ocorram em virtude do exercício de funções de direcção em organizações sindicais da magistratura judicial.

4 – Em caso de ausência, nos termos dos números anteriores, os magistrados judiciais devem informar o local em que podem ser encontrados.

5 – A ausência ilegítima implica, além de responsabilidade disciplinar, a perda de vencimento durante o período em que se tenha verificado.

ARTIGO 10º-A
Dispensa de serviço

1 – Não existindo inconveniente para o serviço, aos magistrados judiciais podem ser concedidas pelo Conselho Superior da Magistratura dispensas de serviço para participação em congressos, simpósios, cursos, seminários ou outras realizações, que tenham lugar no País ou no estrangeiro, conexas com a sua actividade profissional.

2 – Podem ser autorizadas dispensas de serviço, independentemente da finalidade e verificada a inexistência de inconveniente para o serviço, até ao limite de seis dias por ano, por períodos não superiores a dois dias consecutivos, não acumuláveis entre si ou com o período ou períodos de gozo de férias.

3 – É ainda aplicável aos magistrados judiciais, com as devidas adaptações, o disposto na lei geral sobre o regime de bolseiro, dentro e fora do País, quando se pro-

ponham realizar programas de trabalho e estudo, bem como frequentar cursos ou estágios de reconhecido interesse público.

4 – O referido no número anterior será objecto de despacho do Ministro da Justiça, sob proposta do Conselho Superior da Magistratura, no qual se fixará a respectiva duração, condições e termos.

ARTIGO 10º-B
Formação contínua[94]

1 – Os magistrados judiciais em exercício de funções têm o direito e o dever de participar em acções de formação contínua, asseguradas pelo Centro de Estudos Judiciários, em colaboração com o Conselho Superior de Magistratura.

2 – Os magistrados judiciais em exercício de funções devem participar anualmente em, pelo menos, duas acções de formação contínua.

3 – A frequência e o aproveitamento dos magistrados judiciais nas acções de formação contínua são tidos em conta para efeitos do disposto no nº 1 do artigo 37º.

4 – A participação dos magistrados em acções de formação contínua fora da comarca onde se encontrem colocados confere-lhes o direito a ajudas de custo, bem como, tratando-se de magistrados colocados nas regiões autónomas que se desloquem ao continente para esse efeito, o direito ao reembolso, se não optarem pelo recebimento antecipado, das despesas resultantes da utilização de transportes aéreos, nos termos da lei.

5 – Os direitos previstos no número anterior são conferidos até ao número de acções mencionado no nº 2 e se as acções a frequentar não forem disponibilizadas por meios técnicos que permitam a sua frequência à distância.

ARTIGO 11º
Proibição da actividade política

1 – É vedada aos magistrados judiciais em exercício a prática de actividades político-partidárias de carácter público.

2 – Os magistrados judiciais na efectividade não podem ocupar cargos políticos, excepto o de Presidente da República e de membro do Governo ou do Conselho de Estado.

ARTIGO 12º
Dever de reserva

1 – Os magistrados judiciais não podem fazer declarações ou comentários sobre processos, salvo, quando autorizados pelo Conselho Superior da Magistratura, para defesa da honra ou para realização de outro interesse legítimo.

2 – Não são abrangidas pelo dever de reserva as informações que, em matéria não coberta pelo segredo de justiça ou pelo sigilo profissional, visem a realização de direitos ou interesses legítimos, nomeadamente o do acesso à informação.

---

[94] O disposto nos nºs 4 e 5 deste artigo resultou da alteração pelo artigo 1º da Lei nº 37/2009, de 20 de julho.

ARTIGO 13º
Incompatibilidades

1 – Os magistrados judiciais, excepto os aposentados e os que se encontrem na situação de licença sem vencimento de longa duração, não podem desempenhar qualquer outra função pública ou privada de natureza profissional, salvo as funções docentes ou de investigação científica de natureza jurídica, não remuneradas, e ainda funções directivas em organizações sindicais da magistratura judicial.

2 – O exercício de funções docentes ou de investigação científica de natureza jurídica carece de autorização do Conselho Superior da Magistratura e não pode envolver prejuízo para o serviço.

3 – Os magistrados judiciais que executam funções no órgão executivo de associação sindical da magistratura judicial gozam dos direitos previstos na legislação sindical aplicável, podendo ainda beneficiar de redução na distribuição de serviço, mediante deliberação do Conselho Superior da Magistratura.

ARTIGO 14º
Magistrados na situação de licença sem vencimento de longa duração

Os magistrados judiciais na situação de licença sem vencimento de longa duração não podem invocar aquela qualidade em quaisquer meios de identificação relativos à profissão que exerçam.

ARTIGO 15º
Foro próprio

1 – Os magistrados judiciais gozam de foro próprio, nos termos do número seguinte.

2 – O foro competente para o inquérito, a instrução e o julgamento dos magistrados judiciais por infracção penal, bem como para os recursos em matéria contra-ordenacional, é o tribunal de categoria imediatamnte superior àquela em que se encontra colocado o magistrado, sendo para os juízes do Supremo Tribunal de Justiça este último tribunal.

ARTIGO 16º
Prisão preventiva

1 – Os magistrados judiciais não podem ser presos ou detidos antes de ser proferido despacho que designe dia para julgamento relativamente a acusação contra si deduzida, salvo em flagrante delito por crime punível com pena de prisão superior a três anos.

2 – Em caso de detenção ou prisão, o magistrado judicial é imediatamente apresentado à autoridade judiciária competente.

3 – O cumprimento da prisão preventiva e das penas privativas de liberdade pelos magistrados judiciais ocorrerá em estabelecimento prisional comum, em regime de separação dos restantes detidos ou presos.

4 – Havendo necessidade de busca no domicílio pessoal ou profissional de qualquer magistrado judicial é a mesma, sob pena de nulidade, presidida pelo juiz competente, o qual avisa previamente o Conselho Superior da Magistratura, para que um membro delegado por este Conselho possa estar presente.

ARTIGO 17º
Direitos especiais

1 – São direitos especiais dos juízes:

a) A entrada e livre trânsito em gares, cais de embarque e aeroportos, mediante simples exibição de cartão de identificação;

b) O uso, porte e manifesto gratuito de armas de defesa e a aquisição das respectivas munições, independentemente de licença ou participação, podendo requisitá-las aos serviços do Ministério da Justiça, através do Conselho Superior da Magistratura;

c) A utilização gratuita de transportes colectivos públicos, terrestres e fluviais, de forma a estabelecer por portaria do membro do Governo responsável pela área da circunscrição em que exerçam funções e, na hipótese do nº 2 do artigo 8º, desde esta até à residência;

d) A utilização gratuita de transportes aéreos, entre as Regiões Autónomas e o continente português, de forma a estabelecer na portaria referida na alínea anterior, quando tenham residência autorizada naquelas Regiões e exerçam funções nos tribunais superiores, independentemente da jurisdição em causa;[95]

e) Ter telefone em regime de confidencialidade, se para tanto for colhido o parecer favorável do Conselho Superior da Magistratura;

f) O acesso, nos termos constitucionais e legais, a bibliotecas e bases de dados documentais públicas, designadamente a dos tribunais superiores, do Tribunal Constitucional e da Procuradoria-Geral da República;

g) A vigilância especial da sua pessoa, família e bens, a requisitar pelo Conselho Superior da Magistratura ou, em caso de urgência, pelo magistrado ao comando da força policial da área da sua residência, sempre que ponderosas razões de segurança o exijam.

h) A isenção de custas em qualquer acção em que o juiz seja parte principal ou acessória, por via do exercício das suas funções, incluindo as de membro do Conselho Superior da Magistratura ou de inspector judicial;[96]

i) A dedução, para cálculo do imposto sobre o rendimento de pessoas singulares, de quantias despendidas com a valorização profissional, até montante a fixar na lei do Orçamento do Estado.

2 – Quando em exercício de funções os juízes têm ainda direito à entrada e livre trânsito nos navios acostados nos portos, nas casas e recintos de espectáculos ou de

---

[95] A Portaria nº 934/2009, de 20 de agosto, estabeleceu sobre as *despesas com a deslocação* de juízes com residência autorizada nas Regiões Autónomas para o exercício da sua função nos tribunais superiores.

[96] A atual redação das alíneas *c*) e *d*) do nº 1 resultou do artigo 1º da Lei nº 63/2008, de 18 de novembro. O disposto nesta alínea h) foi revogado pelo artigo 25º, nº 1, do Decreto-Lei nº 34/2008, de 26 de fevereiro, constando agora a isenção da alínea *c*) do nº 1 do artigo 4º do Regulamento das Custas Processuais. Quanto a este normativo pronunciaram-se os Acórdãos do Tribunal Constitucional nºs 345/99, de 15 de junho de 1999, *Diário da República*, nº 40, II Série, de 17 de fevereiro de 2000, 121/2000, de 23 de fevereiro de 2000, *Diário da República*, nº 245, II Série, de 23 de outubro de 2000, e 412/2001, de 4 de outubro, *Diário da República*, nº 269, II Série, de 21 de novembro de 2001.

outras diversões, nas associações de recreio e, em geral, em todos os lugares onde se realizem reuniões ou seja permitido o acesso ao público mediante pagamento de uma taxa, realização de certa despesa ou apresentação de bilhete que qualquer pessoa possa obter.

3 – O Presidente, os vice-presidentes do Supremo Tribunal de Justiça e o vice--presidente do Conselho Superior da Magistratura têm direito a passaporte diplomático e os juízes dos tribunais superiores a passaporte especial, podendo ainda este documento vir a ser atribuído aos juízes de direito sempre que se desloquem ao estrangeiro em virtude das funções que exercem.

4 – São extensivos a todos os membros do Conselho Superior da Magistratura, na referida qualidade, os direitos previstos nas alíneas *c*), *e*) e *g*) do nº 1, no nº 3, na modalidade de passaporte especial, e no número seguinte.

5 – O cartão de identificação é atribuído pelo Conselho Superior da Magistratura e renovado no caso de mudança de categoria, devendo constar dele, nomeadamente, a categoria do magistrado e os direitos e regalias inerentes.

ARTIGO 18º
Trajo profissional

1 – No exercício das suas funções dentro dos tribunais e, quando o entendam, nas solenidades em que devam participar, os magistrados judiciais usam beca.

2 – Os juízes do Supremo Tribunal de Justiça podem usar capa sobre a beca e, em ocasiões solenes, um colar de modelo adequado à dignidade das suas funções, a aprovar por portaria do Ministro da Justiça.

ARTIGO 19º
Exercício da advocacia

Os magistrados judiciais podem advogar em causa própria, do seu cônjuge ou descendente.

ARTIGO 20º
Títulos e relações entre magistrados

1 – Os juízes do Supremo Tribunal de Justiça têm o título de conselheiro e os das Relações o de desembargador.

2 – Os magistrados judiciais guardam entre si precedência segundo as respectivas categorias, preferindo a antiguidade em caso de igualdade.

ARTIGO 21º
Distribuição de publicações oficiais

1 – Os juízes do Supremo Tribunal de Justiça e das Relações têm direito à distribuição gratuita do *Boletim do Ministério da Justiça*, da 1ª série do *Diário da República*, do *Boletim do Trabalho e Emprego* e, a sua solicitação, da 2ª série do *Diário da República* e das 1ª e 2ª séries do *Diário da Assembleia da República*, podendo optar pela versão impressa ou electrónica.

2 – Os juízes de direito têm direito à distribuição gratuita do *Boletim do Ministério da Justiça*, às restantes publicações, podendo optar pela versão impressa ou electrónica.

3 – Os magistrados judiciais jubilados têm direito, a sua solicitação, à distribuição gratuita do *Boletim do Ministério da Justiça*.[97]

ARTIGO 22º
Componentes do sistema retributivo

1 – O sistema retributivo dos magistrados judiciais é composto por:

a) Remuneração base;
b) Suplementos;

2 – Não é permitida a atribuição de qualquer tipo de abono que não se enquadre nas componentes remuneratórias referidas no número anterior, sem prejuízo do disposto no artigo 25º.

ARTIGO 23º
Remunerações base e suplementos

1 – A estrutura da remuneração base a abonar mensalmente aos magistrados judiciais é a que se desenvolve na escala indiciária constante do mapa anexo a este Estatuto, de que faz parte integrante.

2 – A remuneração base é anualmente revista, mediante actualização do valor correspondente ao índice 100.

3 – A partir de 1 de Janeiro de 1991 a actualização a que se refere o número anterior é automática, nos termos do disposto no artigo 2º da Lei nº 26/84, de 31 de Julho, com a redacção que lhe foi dada pelo artigo 1º da Lei nº 102/88, de 25 de Agosto.

4 – A título de suplementos, mantêm-se as compensações a que se referem os artigos 24º a 27º e 29º do presente Estatuto.

ARTIGO 23º-A
Suplemento remuneratório pela execução
de serviço urgente

O suplemento remuneratório diário devido aos magistrados pelo serviço urgente que deva ser executado aos sábados, nos feriados que recaiam em segunda-feira e no segundo dia feriado, em caso de feriados consecutivos, é pago nos termos da lei geral, calculando-se o valor da hora normal de trabalho com referência ao índice 100 da escala salarial.

ARTIGO 24º
Subsídio de fixação

Ouvidos o Conselho Superior da Magistratura e as organizações representativas dos magistrados, o Ministro da Justiça pode determinar que seja atribuído um sub-

---

[97] O Boletim do Ministério da Justiça já não é publicado.

sídio de fixação a magistrados judiciais que exerçam funções nas regiões autónomas e aí não disponham de casa própria.

ARTIGO 25º
Despesas de representação

O Presidente do Supremo Tribunal de Justiça, os vice-presidentes do Supremo Tribunal de Justiça, o vice-presidente do Conselho Superior da Magistratura e os presidentes das Relações têm direito a um subsídio correspondente a, respectivamente, 20%, 10%, 10% e 10% do vencimento, a título de despesas de representação.

ARTIGO 26º
Despesas de deslocação

1 – Os magistrados judiciais têm direito ao reembolso, se não optarem pelo recebimento adiantado, das despesas resultantes da sua deslocação e do agregado familiar, bem como, dentro dos limites a estabelecer por despacho dos Ministros das Finanças e da Justiça, do transporte dos seus bens pessoais, qualquer que seja o meio de transporte utilizado, quando promovidos, transferidos ou colocados por motivos de natureza não disciplinar.

2 – Não é devido reembolso quando a mudança de situação se verifique a pedido do magistrado, excepto:

a) Quando se trate de deslocação entre o continente e as Regiões Autónomas;

b) Quando, no caso de transferência a pedido, se verifique a situação prevista no nº 3 do artigo 43º ou a transferência tiver lugar após dois anos de exercício efectivo na comarca anterior.

ARTIGO 27º
Ajudas de custo

1 – São devidas ajudas de custo sempre que um magistrado se desloque em serviço para fora da comarca onde se encontre sediado o respectivo tribunal ou serviço.

2 – Os juízes do Supremo Tribunal de Justiça residentes fora dos concelhos de Lisboa, Oeiras, Cascais, Loures, Sintra, Vila Franca de Xira, Almada, Seixal, Barreiro, Amadora e Odivelas têm direito à ajuda de custo fixada para os membros do Governo, abonada por cada dia de sessão do tribunal em que participem.[98]

ARTIGO 28º
Férias e licenças

1 – Os magistrados gozam as suas férias preferencialmente durante o período de férias judiciais, sem prejuízo dos turnos a que se encontrem sujeitos, bem como do serviço que haja de ter lugar em férias nos termos da lei.

---

[98] O nº 2 do artigo 143/99, de 31 de agosto, estabelece que o nº 2 deste artigo é aplicável aos procuradores-gerais-adjuntos em serviço no Supremo Tribunal de Justiça.

2 – As férias dos magistrados podem ainda ser gozadas no período compreendido entre 15 e 31 de Julho.[99]

3 – Por motivo de serviço público, motivo justificado ou outro legalmente previsto, os magistrados judiciais podem gozar as suas férias em períodos diferentes dos referidos nos números anteriores.

4 – A ausência para gozo de férias e o local para onde os magistrados se desloquem devem ser comunicados ao Conselho Superior da Magistratura.

5 – O Conselho Superior da Magistratura pode determinar o regresso às funções, sem prejuízo do direito que cabe aos magistrados de gozarem, em cada ano civil, os dias úteis de férias a que tenham direito nos termos legalmente previstos para a função pública.

6 – Os magistrados em serviço nas regiões autónomas têm direito ao gozo de férias judiciais de Verão no continente acompanhados do agregado familiar, ficando as despesas de deslocação a cargo do Estado.

7 – Quando, em gozo de férias ao abrigo do disposto no número anterior, os magistrados tenham de deslocar-se à respectiva Região Autónoma para cumprirem o serviço de turno que lhes couber, as correspondentes despesas de deslocação ficam a cargo do Estado.

ARTIGO 28º-A
Mapas de férias

1 – A organização dos mapas anuais de férias compete:

a) Ao Presidente do Supremo Tribunal de Justiça, no que respeita aos magistrados judiciais do respectivo tribunal;

b) Ao presidente do tribunal da Relação, no que respeita aos magistrados judiciais do respectivo tribunal;

c) Ao presidente do tribunal de comarca, no que respeita aos magistrados judiciais do respectivo tribunal.

2 – Com vista a garantir o regular funcionamento dos tribunais, os mapas a que se refere o número anterior são remetidos ao Conselho Superior da Magistratura acompanhados de parecer dos presidentes aí referidos quanto à correspondente harmonização com os mapas de férias anuais propostos para os magistrados do Ministério Público e para os funcionários de justiça do respectivo tribunal.

3 – A aprovação do mapa de férias dos magistrados compete ao Conselho Superior da Magistratura, o qual pode delegar poderes para o acto.

4 – Os mapas a que se refere o presente artigo são elaborados de acordo com modelo definido e aprovado pelo Conselho Superior da Magistratura, neste se referenciando, para cada magistrado, o tribunal ou juízo em que presta funções, o período ou períodos de férias marcados e o magistrado substituto, observando-se o regime de substituição previsto na lei nos casos em que este não seja indicado.

---

[99] Este normativo deixou de relevar, na sequência da Lei nº 43/2010. de 3 de setembro, porque esta estabeleceu que as férias judiciais do Verão decorrem entre 15 de julho de 31 de agosto.

5 – O mapa de férias é aprovado até ao 30º dia que anteceda o domingo de Ramos, ficando de seguida disponível para consulta, em versão integral ou abreviada, nas instalações do tribunal.

ARTIGO 29º
Casa de habitação

1 – Nas localidades onde se mostre necessário, o Ministério da Justiça, pelo Gabinete de Gestão Financeira, põe à disposição dos magistrados judiciais, durante o exercício da sua função, casa de habitação mobilada, mediante o pagamento de uma contraprestação mensal, a fixar pelo Ministro da Justiça, de montante não superior a um décimo do total das respectivas remunerações.

2 – Os magistrados que não disponham de casa ou habitação nos termos referidos no número anterior ou não a habitem, conforme o disposto no nº 2 do artigo 8º, têm direito a um subsísio de compensação fixado pelo Ministro da Justiça, para todos os efeitos equiparado a ajudas de custo, ouvidos o Conselho Superior da Magistratura e as organizações representativas dos magistrados, tendo em conta os preços correntes no mercado local de habitação.

ARTIGO 30º
Responsabilidade pelo pagamento da contraprestação

A contraprestação mensal é devida desde a data da publicação do despacho de nomeação até àquela em que for publicado o despacho que altere a situação anterior, ainda que o magistrado não habite a casa.

ARTIGO 31º
Responsabilidade pelo mobiliário

1 – O magistrado que vá habitar a casa recebe por inventário, que deverá assinar, o mobiliário e damais equipamento existente, registando-se no acto as anomalias verificadas.

2 – Procede-se por forma semelhante à referida no número anterior quando o magistrado deixe a casa.

3 – O magistrado é responsável pela boa conservação do mobiliário e equipamento recebido, devendo comunicar qualquer ocorrência, de forma a manter-se actualizado o inventário.

4 – O magistrado poderá pedir a substituição ou reparação do mobiliário ou equipamento que se torne incapaz para seu uso normal, nos termos de regulamento a elaborar pelo Ministério da Justiça, ouvido o Conselho Superior da Magistratura.

ARTIGO 32º
Disposições subsidiárias

É aplicável subsidiariamente aos magistrados judiciais, quanto a deveres, incompatibilidades e direitos, o regime da função pública.

ARTIGO 32º-A
Redução remuneratória[100]

1 – As componentes do sistema retributivo dos magistrados, previstas no artigo 22º, são deduzidas nos termos da lei do Orçamento do Estado.

2 – Os subsídios de fixaçao e de compensação previstos nos artigos 24º e 29º, respectivamente, equiparados para todos os efeitos legais a ajudas de custo, são reduzidos em 20%.

ARTIGO 32º-B
Contribuições extraordinárias dos aposentados

As pensões de aposentação dos magistrados jubilados podem ser objecto de contribuições extraordinárias nos termos da Lei do Orçamento do Estado.[101]

CAPÍTULO III
Classificações

ARTIGO 33º
Classificação de juízes de direito

Os juízes de direito são classificados, de acordo com o seu mérito, de *Muito bom*, *Bom com distinção*, *Bom*, *Suficiente* e *Medíocre*.

ARTIGO 34º
Critérios e efeitos das classificações

1 – A classificação deve atender ao modo como os juízes de direito desempenham a função, ao volume, dificuldade e gestão do serviço a seu cargo, à capacidade de simplificação dos actos processuais, às condições de trabalho prestado, à sua preparação técnica, categoria intelectual, exercício de funções enquanto formador dos auditores de justiça, trabalhos jurídicos publicados e idoneidade.

2 – A classificação de *Medíocre* implica a suspensão do exercício de funções do magistrado e a instauração de inquérito por inaptidão para esse exercício.

ARTIGO 35º
Juízes de direito em comissão de serviço

1 – Os juízes de direito em comissão de serviço em tribunais não judiciais são classificados periodicamente nos mesmos termos dos que exercem funções em tribunais judiciais.

2 – Os juízes de direito em comissão de serviço diferente da referida no número anterior são classificados se o Conselho Superior da Magistratura dispuser de ele-

---

[100] Este artigo foi inserido pelo artigo 20º da Lei nº 55-A/2010, de 31 de dezembro. O Tribunal Constitucional, no Acórdão nº 396/2011, de 21 de setembro, publicado no *Diário da República*, 2ª série, nº 199, de 17 de outubro de 2011, decidiu no sentido de que ele não é inconstitucional.

[101] Este artigo foi inserido pelo artigo 148º, nº 2, da Lei do Orçamento do Estado para 2012.

mentos bastantes ou os puder obter através das inspecções necessárias, considerando-se actualizada, em caso contrário, a última classificação.

ARTIGO 36º
Periodicidade das classificações

1 – Os juízes de direito são classifcados em inspecção ordinária, a primeira vez decorrido um ano sobre a sua permanência em lugares de primeiro acesso e, posteriormente, com uma periodicidade, em regra, de quatro anos.

2 – Fora dos casos referidos na segunda parte do número anterior, aos magistrados judiciais pode ser efectuada inspecção extraordinária, a requerimento fundamentado dos interessados, desde que a última inspecção ordinária tenha ocorrido há mais de três anos, ou, em qualquer altura, por iniciativa do Conselho Superior da Magistratura.

3 – Considera-se desactualizada a classificação atribuída há mais de quatro anos, salvo se a desactualização não for imputável ao magistrado ou este estiver abrangido pelo disposto no nº 2 do artigo anterior.

4 – No caso de falta de classificação não imputável ao magistrado, presume-se a de *Bom*, excepto se o magistrado requerer inspecção, caso em que será realizada obrigatoriamente.

5 – A classificação relativa a serviço posterior desactualiza a referente a serviço anterior.

ARTIGO 37º
Elementos a considerar nas classificações

1 – Nas classificações são sempre considerados o tempo de serviço, os resultados das inspecções anteriores, os processos disciplinares e quaisquer elementos complementares que constem do respectivo processo individual.

2 – O magistrado é obrigatoriamente ouvido sobre o relatório da inspecção e pode fornecer os elementos que entender convenientes.

3 – As considerações que o inspector eventualmente produzir sobre a resposta do inspeccionado não podem referir factos novos que o desfavoreçam e delas dar-se-á conhecimento ao inspeccionado.

ARTIGO 37º-A
Classificação de juízes das Relações

1 – A requerimento fundamentado dos interessados, o Conselho Superior da Magistratura pode determinar inspecção ao serviço dos juízes das Relações que previsivelmente sejam concorrentes necessários ao acesso ao Supremo Tribunal de Justiça, nos termos do nº 2 do artigo 51º.

2 – O disposto no número anterior não prejudica a inspecção ao serviço dos juízes das Relações, por iniciativa do Conselho Superior da Magistratura.

3 – Às inspecções a que se referem os números anteriores é aplicável, com as necessárias adaptações, o disposto nos artigos 33º a 35º e 37º.

CAPÍTULO IV
Provimento

SECÇÃO I
Disposições gerais

ARTIGO 38º
Movimentos judiciais

1 – O movimento judicial é efectuado no mês de Julho, sendo publicitadas as vagas previsíveis.

2 – Para além do mencionado no número anterior, apenas podem fazer-se movimentos quando o exijam razões de disciplina ou de necessidade no preenchimento de vagas, sendo os movimentos anunciados com antecedência não inferior a 30 dias e publicitadas as vagas previsíveis.

3 – Sem prejuízo da iniciativa do Conselho Superior Superior da Magistratura, o Ministro da Justiça pode solicitar a realização de movimentos judiciais, nos termos do número anterior, com fundamento em urgente necessidade de preenchimento de vagas ou de destacamento de juízes auxiliares.

ARTIGO 39º
Preparação dos movimentos

1 – Os magistrados judiciais que, por nomeação, transferência, promoção, termo de comissão ou regresso à efectividade, pretendam ser providos em qualquer cargo devem enviar os seus requerimentos ao Conselho Superior da Magistratura.

2 – Os requerimentos são registados na secretaria do Conselho e caducam com a apresentação de novo requerimento ou com a realização do movimento a que se destinavam.

3 – São considerados em cada movimento os requerimentos entrados até ao dia 31 de Maio, ou até 25 dias antes da reunião do Conselho, conforme se trate de movimentos referidos no nº 1 ou no nº 2 do artigo 38º.

4 – Os requerimentos de desistência são atendidos desde que dêem entrada na secretaria do Conselho Superior da Magistratura até 30 ou 20 dias antes da reunião do Conselho, consoante se trate de movimento ordinário ou de movimento extraordinário.

SECÇÃO II
Nomeação de juízes de direito

ARTIGO 40º
Requisitos para o ingresso

São requisitos para exercer as funções de juiz de direito:

a) Ser cidadão português;
b) Estar no pleno gozo dos direitos políticos e civis;

c) Possuir licenciatura em Direito, obtida em universidade portuguesa ou validada em Portugal;
d) Ter frequentado com aproveitamento os cursos e estágios de formação;
e) Satisfazer os demais requisitos estabelecidos na lei para a nomeação de funcionários do Estado.

ARTIGO 41º
Cursos e estágios de formação

Os cursos e estágios de formação decorrem no Centro de Estudos Judiciários, nos termos do diploma que organiza este Centro.[102]

ARTIGO 42º
Primeira nomeação

1 – Os juízes de direito são nomeados segundo a graduação obtida nos cursos e estágios de formação.

2 – Os juízes são nomeados para o tribunal de comarca e, tratando-se de tribunal da primeira instância, são afectos a um dos juízos aí integrados.

3 – Quando nomeados pela primeira vez, os juízes são integrados em lugares de primeiro acesso.

ARTIGO 43º
Condições de transferência

1 – Os juízes de direito podem ser transferidos a seu pedido quando decorridos três anos sobre a data da deliberação que os tenha nomeado para o cargo anterior.

2 – Os juízes de direito não podem recusar a primeira colocação em lugares de acesso final após o exercício de funções em lugares de primeiro acesso.

3 – Os juízes de direito com mais de três anos de serviço efectivo não podem requerer a sua colocação em lugares de primeiro acesso, se já colocados em lugares de acesso final.

4 – Sem prejuízo do disposto nos números anteriores, podem ser autorizadas, a título excepcional, permutas que não prejudiquem o serviço e direitos de terceiros, em igualdade de condições e de encargos, assegurando o Conselho Superior da Magistratura a enunciação dos critérios aplicáveis.

5 – Não se aplica o prazo referido no nº 1 nos casos de provimento em novos lugares criados.

ARTIGO 44º
Colocação e preferências

1 – A colocação de juízes de direito deve fazer-se com prevalência das necessidades de serviço e o mínimo prejuízo para a vida pessoal e familiar dos interessados.

---

[102] O diploma a que se refere este artigo é a Lei nº 2/2008, de 14 de janeiro. O Regulamento das Atividades de Formação Complementar dos Juízes consta da Deliberação do Conselho Superior da Magistratura, nº 531/2012, publicada no *Diário da República*, nº 71, 2ª série, de 10 de abril de 2012.

2 – O provimento de lugares em juízos de competência especializada depende de:

a) Frequência de curso de formação na respectiva área de especialização;
b) Obtenção do título de mestre ou Doutor em Direito na respectiva área de especialização; ou
c) Prévio exercício de funções, durante, pelo menos, três anos, na respectiva área de especialização.

3 – Quando apenas se verifique a condição constante da alínea c) do número anterior, o magistrado frequenta curso de formação sobre a respectiva área de especialização, no prazo de dois anos.

4 – Sem prejuízo do disposto nos nºs 1 e 2, constituem factores atendíveis nas colocações, por ordem decrescente de preferência, a classificação de serviço e a antiguidade.

5 – Os juízes de direito não podem ser colocados em lugares de acesso final sem terem exercido funções em lugares de primeiro acesso.

6 – Em caso de premente conveniência de serviço, o Conselho Superior da Magistratura pode efectuar a colocação em lugares de acesso final de juízes de direito con menos de três anos de exercício de funções em lugares de primeiro acesso.

ARTIGO 45º
Nomeação para instâncias especializadas

1 – Os Juízes colocados nas instâncias especializadas referidas nos números 2 e 3 são nomeados, atendendo às condições aí referidas, de entre juízes de direito com mais de 10 anos de serviço e com classificação não inferior a *Bom com Distinção*.

2 – O disposto no número anterior aplica-se às seguintes instâncias especializadas:

a) Juízo de grande instância cível;
b) Juízo de grande instância criminal;
c) Juízo de família e menores;
d) Juízo de trabalho;
e) Juízo de execução;
f) Juízo de comércio;
g) Juízo de propriedade intelectual;
h) Juízo marítimo;
i) Juízo de instrução criminal;
j) Juízo de execução de penas.

3 – Quando se proceda à criação de novas instâncias de especialização, pode ser alargado o âmbito do número anterior, ouvidos o Conselho Superior de Magistratura e a Procuradoria-Geral da República, por decreto-lei.

4 – Na falta de juízes de direito com os requisitos constantes do número anterior, o lugar é provido interinamente, aplicando-se o disposto no nº 4 do artigo anterior.

5 – Em caso de provimento efectuado nos termos do número anterior, o lugar é posto a concurso de dois em dois anos, nos movimentos judiciais, embora possa, durante esse prazo, ser requerida pelo magistrado interino a sua nomeação, desde que satisfaça os requisitos legais exigidos.

ARTIGO 45º-A
Equiparação

1 – A nomeação de juízes em afectação exclusiva ao julgamento por tribunal colectivo obedece ao disposto no nº 1 do artigo anterior, ficando, para efeitos remuneratórios, equiparados aos juízes aí referidos.

2 – *(Revogado)*

SECÇÃO III
Nomeação de juízes das Relações

ARTIGO 46º
Modo de provimento

1 – O provimento de vagas de juiz da relação faz-se por promoção, mediante concurso curricular, com prevalência do critério do mérito entre juízes da 1ª instância.

2 – O concurso curricular referido no número anterior é aberto por deliberação do Conselho Superior da Magistratura quando se verifique a existência e necessidade de provimento das vagas de juiz da Relação.

ARTIGO 47º
Concurso, avaliação curricular e graduação

1 – O concurso compreende duas fases, uma primeira fase na qual o Conselho Superior da Magistratura define o número de concorrentes que irão ser admitidos a concurso de entre os juízes de direito mais antigos dos classificados con *Muito bom* ou *Bom com distinção* e uma segunda fase na qual é realizada a avaliação curricular dos juízes seleccionados na fase anterior e efectuada a graduação final.

2 – Na primeira fase, o Conselho Superior da Magistratura tem em consideração, na definição do número de vagas a concurso, o dobro dos lugares não providos nos tribunais da Relação e as disposições constantes do artigo 48º.

3 – Os magistrados que concorram indicam por ordem decrescente de preferência os tribunais da Relação a que concorrem, bem como os tribunais a que renunciem.

4 – Os concorrentes seleccionados na fase anterior integram uma segunda fase na qual defendem publicamente os seus currículos perante um júri com a seguinte composição:

a) Presidente do júri – o Presidente do Supremo Tribunal de Justiça, que pode delegar num dos vice-presidentes ou em outro membro do Conselho Superior da Magistratura com categoria igual ou superior à de juiz desembargador;
b) Vogais:
  i) Um magistrado membro do Conselho Superior da Magistratura com categoria não inferior à de juiz desembargador;
  ii) Dois membros do Conselho Superior da Magistratura, não pertencentes à magistratura, a eleger por aquele órgão;
  iii) Um professor universitário de direito, com categoria não inferior à de professor associado, escolhido, nos termos do nº 5, pelo Conselho Superior da Magistratura.

5 – O Conselho Superior da Magistratura solicita, a cada uma das univerdidades, institutos universitários e outras escolas universitárias, públicos e privados, que ministrem o curso de Direito, a indicação, no prazo de 20 dias úteis, do nome de um professor de Direito, com a categoria não inferior à de professor associado, procedendo, subsequentemente, à escolha do vogal a que se refere a subalínea *iii*) da alínea *b*) do nº 4, por votação, por voto secreto, de entre os indicados.

6 – O júri emite parecer sobre a prestação de cada um dos candidatos, a qual é tomada em consideração pelo Conselho Superior da Magistratura na elaboração do acórdão definitivo sobre a graduação final dos candidatos e que fundamenta a decisão sempre que houver discordância em relação ao parecer do júri.

7 – A graduação final dos magistrados faz-se de acordo com o mérito relativo dos concorrentes, tomando-se em consideração, em 40%, a avaliação curricular, nos termos previstos no número anterior, e, em 60%, as anteriores classificações de serviço, preferindo, em caso de empate, o juiz com mais antiguidade.

8 – O Conselho Superior da Magistratura adopta as providências que se mostrem necessárias à boa organização e execução do concurso de acesso ao provimento de vagas de juiz da Relação.

ARTIGO 48º
Distribuição de vagas

1 – As vagas para a primeira fase são preenchidas, na proporção de duas para uma, por concorrentes classificados respectivamente com *Muito bom* ou *Bom com distinção*.

2 – No provimento das vagas procede-se, sucessivamente, pela seguinte forma:

a) As duas primeiras vagas são preenchidas pelos juízes de direito mais antigos classificados com *Muito bom*.

b) A terceira vaga é preenchida pelo juiz de direito mais antigo classificado com *Bom com distinção*.

3 – Não havendo, em número suficiente, concorrentes classificados com *Muito bom*, as respectivas vagas são preenchidas por magistrados classificados com *Bom com distinção*, e vice-versa.

ARTIGO 49º
Regime subsidiário

1 – Aplica-se subsidiariamente aos juízes da Relação o disposto no nº 5 do artigo 43º e nos nºs 1 a 3 do artigo 44º, com as necessárias adaptações.

2 – A transferência a pedido dos juízes da Relação não está sujeita ao prazo do nº 1 do artigo 43º, excepto no caso de atraso no serviço que lhes sejam imputáveis.

3 – A transferência dos juízes da Relação não prejudica a sua intervenção nos processos já inscritos em tabela.

SECÇÃO IV
Nomeação de juízes do Supremo Tribunal de Justiça

ARTIGO 50º
Modo de provimento

O acesso ao Supremo Tribunal de Justiça faz-se mediante concurso curricular aberto a magistrados judiciais e do Ministério Público e outros juristas de mérito, nos termos dos artigos seguintes.

ARTIGO 51º
Concurso

1 – Com a antecedência mínima de noventa dias relativamente à data previsível de abertura de vagas ou nos oito dias posteriores à ocorrência destas, o Conselho Superior da Magistratura, por aviso publicado no *Diário da República*, declara aberto concurso curricular de acesso ao Supremo Tribunal de Justiça.

2 – São concorrentes necessários os juízes da Relação que se encontrem no quarto superior da lista de antiguidade e não declarem renunciar ao acesso.

3 – São concorrentes voluntários:

a) Os procuradores-gerais-adjuntos que o requeiram, com antiguidade igual ou superior à do mais moderno dos juízes referidos no nº 2 e classificação de *Muito bom* ou *Bom com distinção;*

b) Os juristas que o requeiram, de reconhecido mérito e idoneidade cívica, com, pelo menos, vinte anos de actividade profissional exclusiva ou sucessivamente na carreira docente universitária ou na advocacia, contando-se também até ao máximo de cinco anos o tempo de serviço que esses juristas tenham prestado nas magistraturas judicial ou do Ministério Público.

4 – Os requerimentos, com os documentos que os devam instruir e as declarações de renúncia, são apresentados no prazo de vinte dias, contado da data de publicação do aviso a que se refere o nº 1.

5 – No mesmo prazo, a Procuradoria-Geral da República envia ao Conselho Superior da Magistratura os elementos curriculares dos magistrados do Ministério Público que se encontrem na situação a que se refere a alínea *a)* do nº 3.

6 – Os concorrentes que sejam juristas de reconhecido mérito cessarão, com a apresentação do seu requerimento, qualquer actividade político-partidária de carácter público.

ARTIGO 52º
Avaliação curricular, graduação
e preenchimento de vagas

1 – A graduação faz-se segundo o mérito relativo dos concorrentes de cada classe, tomando-se globalmente em conta a avaliação curricular, com prévia observância do disposto no número seguinte e, nomeadamente, tendo em consideração os seguintes factores:

a) Anteriores classificações de serviço;

b) Graduação obtida em concursos de habilitação ou cursos de ingresso em cargos judiciais;
c) Currículo universitário e pós-universitário;
d) Trabalhos científicos realizados;
e) Actividade desenvolvida no âmbito forense ou no ensino jurídico;
f) Outros factores que abonem a idoneidade dos requerentes para o cargo a prover.

2 – Os concorrentes defendem publicamente os seus currículos perante um júri com a seguinte composição:

a) Presidente do júri – o Presidente do Supremo Tribunal de Justiça, na qualidade de presidente do Conselho Superior da Magistratura;
b) Vogais:
   i) O juiz conselheiro mais antigo na categoria que seja membro do Conselho Superior da Magistratura;
   ii) Um membro do Conselho Superior do Ministério Público, a eleger por aquele órgão;
   iii) Um membro do Conselho Superior da Magistratura, não pertencentes à magistratura, a eleger por aquele órgão;
   iv) Um professor universitário de direito, com categoria de professor catedrático, escolhido, nos termos do nº 5, pelo Conselho Superior da Magistratura;
   v) Um advogado com funções no Conselho Superior da Ordem dos Advogados, cabendo ao Conselho Superior da Magistratura solicitar à Ordem dos Advogados a respectiva indicação.

3 – O júri emite parecer sobre a prestação de cada um dos candidatos, a qual é tomada em consideração pelo Conselho Superior da Magistratura na elaboração do acórdão definitivo sobre a lista dos candidatos e que deverá fundamentar a decisão sempre que houver discordância em relação ao parecer do júri.

4 – As deliberações serão tomadas por maioria simples de votos, tendo o presidente do júri voto de qualidade em caso de empate.

5 – O Conselho Superior da Magistratura solicita, a cada uma das univerdidades, institutos universitários e outras escolas universitárias, públicos e privados, que ministrem o curso de Direito, a indicação, no prazo de 20 dias úteis, do nome de um professor de Direito, com a categoria de professor catedrático, procedendo, subsequentemente, à escolha do vogal a que se refere a subalínea iv) da alínea b) do nº 2, por votação, por voto secreto, de entre os indicados.

6 – A repartição de vagas faz-se sucessivamente do seguinte modo:

a) Três em cada cinco vagas são preenchidas por juízes da Relação;
b) Uma em cada cinco vagas é preenchida por procuradores-gerais-adjuntos;
c) Uma em cada cinco vagas é nececessariamente preenchida por juristas de reconhecido mérito;
d) As vagas não preenchidas nos termos da alínea c) não podem ser preenchidas por outros candidatos.

7 – Na nomeação de juízes da Relação e de procuradores-gerais-adjuntos deve ter-se em conta a antiguidade relativa dos concorrentes dentro de cada classe.

SECÇÃO V
Comissões de serviço

ARTIGO 53º
Autorizações para comissões de serviço

1 – Os magistrados judiciais em exercício não podem ser nomeados para comissões de serviço sem autorização do Conselho Superior da Magistratura.

2 – A autorização só pode ser concedida relativamente a magistrados com, pelo menos, cinco anos de efectivo serviço.

ARTIGO 54º
Natureza das comissões

1 – As comissões de serviço podem ser ordinárias ou eventuais.

2 – São comissões de serviço ordinárias as previstas na lei como modo normal de desempenho de certa função e eventuais as restantes.

3 – As comissões ordinárias de serviço implicam abertura de vaga, salvo as previstas nas alíneas *a*), *b*), *c*) e *e*) do nº 1 e no nº 2 do artigo 56º.

ARTIGO 55º
Comissões ordinárias

As comissões de serviço de natureza judicial são ordinárias.

ARTIGO 56º
Comissões de natureza judicial

1 – Consideram-se comissões de serviço de natureza judicial as respeitantes aos cargos de:

a) Inspector judicial;
b) Director e docente do Centro de Estudos Judiciários ou, por qualquer forma, responsável pela formação dos magistrados judiciais e do Ministério Público;
c) Secretário do Conselho Superior da Magistratura;
d) Juiz em tribunal não judicial;
e) Vogal do Conselho Superior da Magistratura, quando o cargo seja exercido em tempo integral;
f) Acessor no Supremo Tribunal de Justiça, no Tribunal Constitucional ou no Conselho Superior da Magistratura;
g) Procurador-geral-adjunto, nos termos da respectiva lei orgânica.

2 – São ainda consideradas de natureza judicial as comissões de serviço que respeitem ao exercício de funções nas áreas de cooperação internacional, nomeadamente com os países africanos de língua oficial portuguesa, e do apoio técnico-legislativo relativo à reforma do sistema judiciário no âmbito do Ministério da Justiça.

ARTIGO 57º
Prazo das comissões de serviço

1 – Na falta de disposição especial, as comissões ordinárias de serviço têm a duração de três anos e são renováveis por igual período, podendo excepcional-

mente, em caso de relevante interesse público, ser renovadas por novo período, de igual duração.

2 – A comissão de serviço que se destine à prestação de serviços em instituições e organizações internacionais ou, no âmbito de convénio de cooperação, em país estrangeiro, que implique a residência do magistrado judicial nesse país tem o prazo que durar essa actividade.

3 – As comissões eventuais de serviço podem ser autorizadas por períodos até um ano, sendo renováveis até ao máximo de seis anos.

4 – Não podem ser nomeados em comissão de serviço, antes que tenham decorrido três anos sobre a cessação do último período, os magistrados que tenham exercido funções em comissão de serviço durante seis anos consecutivos.

ARTIGO 58º
Contagem do tempo em comissão de serviço

O tempo em comissão de serviço é considerado, para todos os efeitos, como de efectivo serviço na função.

SECÇÃO VI
Posse

ARTIGO 59º
Requisitos da posse

1 – A posse deve ser tomada pessoalmente e no tribunal onde o magistrado vai exercer funções.

2 – Quando não se fixe prazo especial, o prazo para tomar posse é de trinta dias e começa no dia imediato ao da publicação da nomeação no *Diário da República*.

3 – Em casos justificados, o Conselho Superior da Magistratura pode prorrogar o prazo para a posse ou autorizar ou determinar que esta seja tomada em local diverso do referido no nº 1.

ARTIGO 60º
Falta de posse

1 – Quando se tratar da primeira nomeação, a falta não justificada de posse dentro do prazo importa, sem dependência de qualquer formalidade, a anulação da nomeação e inabilita o faltoso para ser nomeado para o mesmo cargo durante dois anos.

2 – Nos demais casos, a falta não justificada de posse é equiparada a abandono de lugar.

3 – A justificação deve ser requerida no prazo de dez dias a contar da cessação do facto que impossibilitou a posse no prazo.

ARTIGO 61º
Competência para conferir posse

1 – Os magistrados judiciais prestam compromisso de honra e tomam posse:

a) Os juízes do Supremo Tribunal de Justiça e os presidentes das Relações, perante o Presidente do Supremo Tribunal de Justiça;
b) Os juízes das Relações, perante os respectivos presidentes;
c) Os juízes de direito, perante o presidente do tribunal de comarca.

2 – Em casos justificados, o Conselho Superior da Magistratura pode autorizar ou determinar que a posse seja tomada perante magistrado judicial não referido no número anterior.

ARTIGO 62º
Posse do Presidente do Supremo Tribunal de Justiça

O Presidente do Supremo Tribunal de Justiça toma posse, em acto público, perante o plenário do mesmo tribunal.

ARTIGO 63º
Magistrados em comissão

Os magistrados judiciais que sejam promovidos ou nomeados enquanto em comissão ordinária de serviço ingressam na nova categoria, independentemente de posse, a partir da publicação da respectiva nomeação.

CAPÍTULO V
Aposentação, cessação e suspensão de funções

SECÇÃO I
Aposentação

ARTIGO 64º
Aposentação ou reforma a requerimento[103]

Os requerimentos para aposentação ou reforma são enviados ao Conselho Superior da Magistratura, que os remete à instituição de segurança social competente para a atribuir.

ARTIGO 65º
Incapacidade

1 – São aposentados por incapacidade ou reformados por invalidez os magistrados judiciais que, por debilidade ou entorpecimento das faculdades físicas ou intelectuais, manifestados no exercício da função, não possam continuar nesta sem grave transtorno da justiça ou dos respectivos serviços.

2 – Os magistrados que se encontrem na situação referida no número anterior são notificados para, no prazo de trinta dias:
a) Requererem a aposentação ou reforma; ou
b) Apresentarem, por escrito, as observações que tiverem por convenientes.

---

[103] A atual redação dos artigos 64º, 65º e 66º foi inserida pelo artigo 2º da Lei nº 9/2011, de 12 de abril.

3 – No caso previsto no nº 1, o Conselho Superior da Magistratura pode determinar a imediata suspensão do exercício de funções do magistrado cuja incapacidade especialmente a justifique.

4 – A suspensão prevista no presente artigo é executada por forma a serem resguardados o prestígio da função e a dignidade do magistrado e não tem efeito sobre as remunerações auferidas.

ARTIGO 66º
Pensão por incapacidade

O magistrado aposentado por incapacidade ou reformado por invalidez tem direito a que a pensão seja calculada com base no tempo de serviço correspondente a uma carreira completa.

ARTIGO 67º
Jubilação

1 – Consideram-se jubilados os magistrados judiciais que se aposentem ou reformem, por motivos não disciplinares, por com idade e tempo de serviço previstos no anexo II da presente lei e desde que contem, pelo menos, 25 anos de serviço na magistratura, dos quais os últimos 5 tenham sido prestados ininterruptamente no período que antecedeu a jubilação, excepto se o período de interrupção for motivado por razões de saúde ou se decorrer de exercício de funções públicas emergentes de comissão de serviço.

2 – Os magistrados jubilados continuam vinculados aos deveres estatutários e ligados ao tribunal de que faziam parte, gozam dos títulos, honras, regalias e imunidades correspondentes à sua categoria e podem assistir de traje profissional às cerimónias solenes que se realizem no referido tribunal, tomando lugar à direita dos magistrados em serviço activo.

3 – O Conselho Superior da Magistratura pode, a título excepcional e por razões fundamentadas, nomear juízes conselheiros jubilados para o exercício de funções no Supremo Tribunal de Justiça.

4 – A nomeação é feita em comissão de serviço, pelo período de um ano, renovável por iguais períodos, de entre jubilados que para o efeito manifestem disponibilidade junto do Conselho Superior da Magistratura.

5 – Aos magistrados judiciais jubilados é aplicável o disposto nas alíneas a) a g) do nº 1 e no nº 5 do artigo 17º e no nº 2 do artigo 29º.

6 – A pensão é calculada em função de todas as remunerações sobre as quais incidiu o desconto respectivo, não podendo a pensão ilíquida do magistrado judicial jubilado ser superior à remuneração do juiz no activo de categoria idêntica líquida das quotas para a Caixa Geral de Aposentações.

7 – As pensões dos magistrados jubilados são automaticamente actualizadas e na mesma proporção em função das remunerações dos magistrados de categoria e escalão correspondentes àqueles em que se verifica a jubilação.

8 – Até à liquidação definitiva, os magistrados judiciais jubilados têm direito ao abono de pensão provisória, calculada e abonada nos termos legais pela repartição processadora.

9 – Os magistrados judiciais jubilados encontram-se obrigados a reserva exigida pela sua condição.

10 – O estatuto de jubilado pode ser retirado por via de procedimento disciplinar.

11 – Os juízes conselheiros jubilados nomeados nos termos do nº 3 têm direito, independentemente da área de residência, a ajudas de custo nos termos fixados no nº 2 do artigo 27º, desde que a deslocação se faça no exercício de funçoes que lhes sejam confiadas.

12 – Os magistrados judiciais podem fazer declaração de renúncia à condição de jubilado, ficando sujeitos em tal caso, ao regime geral de aposentação pública.

13 – Aos juízes conselheiros não oriundos da magistratura e aos magistrados com mais de 40 anos de idade na data de admissão no Centro de Estudos Judiciários não é aplicável o requisito de 25 anos de serviço na magistratura previsto no nº 1.[104-105]

ARTIGO 68º
Aposentação ou reforma

A pensão de aposentação ou reforma dos magistrados aposentados ou reformados é calculada com base na seguinte fórmula:

$$R \times T1/C$$

em que:

R é a remuneração mensal relevante nos termos do Estatuto da Aposentação, deduzida da percentagem da quota para aposentação e pensão de sobrevivência no âmbito do regime da Caixa Geral de Aposentações;

T1 é a expressão em anos do número de meses de serviço, com o limite máximo de C; e

C é o número constante do anexo II.[106]

ARTIGO 69º
Regime subsidiário[107]

As matérias não expressamente reguladas no presente Estatuto, nomeadamente as condições de aposentação dos magistrados judiciais e o sistema de pensões em

---

[104] Os nºs 1 e 5 a 13 deste artigo foram alterados pelo artigo 2º da Lei nº 9/2011, de 12 de abril, e a atual redação do nº 6 resultou do artigo 72º da Lei nº 64-B/2011, de 30 de dezembro.

[105] O artigo 3º da Lei nº 2/90, de 20 de janeiro, prescreve que as pensões dos magistrados jubilados são automaticamente atualizadas e na mesma proporção em função das remunerações dos magistrados de categoria e escalão correspondentes àqueles em que se verifica a jubilação.

[106] O artigo 7º da Lei nº 9/2011, de 12 de abril, sob a epigrafe *Regime transitório relativo à jubilação*, estabelece que Os magistrados judiciais e do Ministério Público subscritores da Caixa Geral de Aposentações que até 31 de Dezembro de 2010 contem, pelo menos, 36 anos de serviço e 60 de idade podem aposentar-se ou jubilar-se de acordo com o regime legal que lhes seria aplicável naquela data, nomeadamente levando-se em conta no cálculo da pensão a remuneração do cargo vigente em 31 de dezembro de 2010, independentemente do momento em que o requeiram, e que os magistrados judiciais ou do Ministério Público com a jubilação suspensa devem, no prazo de três meses a contar da data de entrada em vigor da presente lei, optar pela mesma ou pela aposentação.

[107] A atual redação deste artigo foi inserida pelo artigo 2º da Lei nº 9/2011, de 12 de abril.

que devem ser inscritos, regem-se pelo que se encontrar estabelecido para a função pública, nomeadamente no Estatuto da Aposentação, das Leis nºs 60/2005, de 29 de Dezembro, 52/2007, de 31 de Agosto, 11/2008, de 20 de Fevereiro, e 3-B/2010, de 28 de Abril.

SECÇÃO II
Cessação e suspensão de funções

ARTIGO 70º
Cessação de funções

1 – Os magistrados judiciais cessam funções:

a) No dia em que completem a idade que a lei prevê para a aposentação de funcionários de Estado;
b) No dia em que for publicado o despacho da sua desligação de serviço;
c) No dia imediato àquele em que chegue à comarca ou lugar onde servem o *Diário da República* com a publicação da nova situação.

2 – No caso previsto na alínea *c)* do número anterior, os magistrados que tenham iniciado qualquer julgamento prosseguem os seus termos até final, salvo se a mudança de situação resultar de acção disciplinar.

ARTIGO 71º
Suspensão de funções

1 – Os magistrados suspendem as suas funções:

a) No dia em que forem notificados do despacho de pronúncia ou do despacho que designa dia para julgamento por crime doloso praticado no exercício das suas funções;
b) No dia em que lhes for notificada suspensão preventiva por motivo de procedimento disciplinar ou aplicação de pena que importe afastamento do serviço;
c) No dia em que lhes for notificada suspensão nos termos do nº 3 do artigo 65º.
d) No dia em que lhes for notificada a deliberação que lhes atribua a classificação referida no nº 2 do artigo 34º.

2 – Fora dos casos referidos na alínea *a)* do número anterior, a suspensão pela prática de crime doloso por força da designação de dia para julgamento fica dependente de decisão do Conselho Superior de Magistratura.

CAPÍTULO VI
Antiguidade

ARTIGO 72º
Antiguidade na categoria

1 – A antiguidade dos magistrados na categoria conta-se desde a data da publicação do provimento no *Diário da República*.

2 – A publicação dos provimentos deve respeitar, na sua ordem, a graduação feita pelo Conselho Superior da Magistratura.

ARTIGO 73º
Tempo de serviço para a antiguidade e aposentação

1 – Para efeitos de antiguidade não é descontado:

a) O tempo de exercício de funções como Presidente da República e membro do Governo;

b) O tempo de suspensão preventiva ordenada em processo disciplinar ou determinada por despacho de pronúncia ou por despacho que designar dia para julgamento por crime doloso quando os processos terminarem por arquivamento ou absolvição;

c) O tempo de suspensão de exercício ordenada nos termos do nº 3 do artigo 65º;

d) O tempo de suspensão de funções nos termos da alínea *d)* do artigo 71º, se a deliberação não vier a ser confirmada;

e) O tempo de prisão preventiva sofrida em processo de natureza criminal que termine por arquivamento ou absolvição;

f) O tempo correspondente à prestação de serviço militar obrigatório;

g) As faltas por motivo de doença que não excedam 180 dias em cada ano;

h) As ausências a que se refere o artigo 9º.

2 – Para efeitos de aposentação, o tempo de serviço prestado nas Regiões Autónomas é bonificado de um quarto.[108]

ARTIGO 74º
Tempo de serviço que não conta para a antiguidade

Não conta para efeitos de antiguidade:

a) O tempo decorrido na situação de inactividade ou de licença de longa duração;

b) O tempo que, de acordo com as disposições sobre procedimento disciplinar, for considerado perdido;

c) O tempo de ausência ilegítima do serviço.

ARTIGO 75º
Contagem de antiguidade

Quando vários magistrados forem nomeados ou promovidos por despacho publicado na mesma data, observa-se o seguinte:

a) Nas nomeações precedidas de cursos ou estágios de formação findos os quais tenha sido elaborada lista de graduação, a antiguidade é determinada pela ordem aí estabelecida;

b) Nas promoções e nomeações por concurso, a antiguidade é determinada pela ordem de acesso;

---

[108] O nº 1 do artigo 3º da Lei nº 143/99, de 31 de agosto, estabelece que se mantém em vigor o disposto no nº 2 do artigo 73º da Lei nº 21/85, de 30 de julho, relativamente ao tempo de serviço prestado no território de Macau até 19 de dezembro de 1999.

c) Em qualquer outro caso, antiguidade é determinada pela antiguidade relativa ao lugar anterior.

ARTIGO 76º
Lista de antiguidade

1 – A lista de antiguidade dos magistrados judiciais é publicada anualmente pelo Ministério da Justiça, no respectivo *Boletim* ou em separata deste.

2 – Os magistrados são graduados em cada categoria de acordo com o tempo de serviço, mencionando-se, a respeito de cada um, a data de nascimento, o cargo ou função que desempenha, a data da colocação e a comarca da naturalidade.

3 – A data da distribuição do *Boletim* ou a separata referidos no nº 1 é anunciada no *Diário da República*.

ARTIGO 77º
Reclamações

1 – Os magistrados judiciais que se considerem lesados pela graduação constante da lista de antiguidade podem reclamar, no prazo de 60 dias a contar da data referida no nº 3 do artigo anterior, em requerimento dirigido ao Conselho Superior da Magistratura, acompanhado de tantos duplicados quantos os magistrados a quem a reclamação possa prejudicar.

2 – Os magistrados que possam ser prejudicados devem ser identificados no requerimento e são notificados para responderem no prazo de quinze dias.

3 – Apresentadas as respostas ou decorrido o prazo a elas reservado, o Conselho Superior da Magistratura delibera no prazo de trinta dias.

ARTIGO 78º
Efeitos da reclamação em movimentos já efectuados

A procedência de reclamação implica a integração do reclamante no lugar de que haja sido preterido, com todas as consequências legais.

ARTIGO 79º
Correcção oficiosa de erros materiais

1 – Quando o Conselho Superior da Magistratura veificar que houve erro material na graduação, pode a todo o tempo ordenar as necessárias correcções.

2 – As correcções referidas no número anterior, logo que publicadas na lista de antiguidade, ficam sujeitas ao regime dos artigos 77º e 78º.

CAPÍTULO VII
Disponibilidade

ARTIGO 80º
Disponibilidade

1 – Consideram-se na situação de disponibilidade os magistrados que aguardam colocação em vaga da sua categoria:

a) Por ter findado a comissão de serviço em que se encontravam;
b) Por terem regressado à actividade após cumprimento de pena;
c) Por terem sido extintos os lugares que ocupavam;
d) Por terem terminado a prestação de serviço militar obrigatório;
e) Nos demais casos previstos na lei.

2 – A situação de disponibilidade não implica perda de antiguidade ou remuneração.

CAPÍTULO VIII
Procedimento disciplinar

SECÇÃO I
Disposições gerais

ARTIGO 81º
Responsabilidade disciplinar

Os magistrados judiciais são disciplinarmente responsáveis nos termos dos artigos seguintes.

ARTIGO 82º
Infracção disciplinar

Constituem infracção disciplinar os factos, ainda que meramente culposos, praticados pelos magistrados judiciais com violação dos deveres profissionais e os actos ou omissões da sua vida pública ou que nela se repercutam incompatíveis com a dignidade indispensável ao exercício das suas funções.

ARTIGO 83º
Autonomia da jurisdição disciplinar

1 – O procedimento disciplinar é independente do procedimento criminal.
2 – Quando em processo disciplinar se apure a existência de infracção criminal, dá-se imediato conhecimento ao Conselho Superior da Magistratura.

ARTIGO 84º
Sujeição à jurisdição disciplinar

1 – A exoneração ou mudança de situação não impedem a punição por infracções cometidas no exercício da função.
2 – Em caso de exoneração, o magistrado cumpre a pena se voltar à actividade.

SECÇÃO II
Das penas

SUBSECÇÃO I
Espécies de penas

ARTIGO 85º
Escala de penas

1 – Os magistrados judiciais estão sujeitos às seguintes penas:

a) Advertência;
b) Multa;
c) Transferência;
d) Suspensão de exercício;
e) Inactividade;
f) Aposentação compulsiva;
g) Demissão.

2 – Sem prejuízo do disposto no nº 4, as penas aplicadas são sempre registadas.

3 – As amnistias não destroem os efeitos produzidos pela aplicação das penas, devendo ser averbadas no competente processo individual.

4 – A pena prevista na alínea a) do nº 1 pode ser aplicada independentemente de processo, desde que com audiência e possibilidade de defesa do arguido, e não ser sujeita a registo.

5 – No caso a que se refere o número anterior é notificado ao arguido o relatório do inspector judicial, fixando-se prazo para a defesa.

ARTIGO 86º
Pena de advertência

A pena de advertência consiste em mero reparo pela irregularidade praticada ou em repreensão destinada a prevenir o magistrado de que a acção ou omissão é de molde a causar perturbação no exercício das funções ou de nele se repercutir de forma incompatível com a dignidade que lhe é exigível.

ARTIGO 87º
Pena de multa

A pena de multa é fixada em dias, no mínimo de 5 e no máximo de 90.

ARTIGO 88º
Pena de transferência

A pena de transferência consiste na colocação do magistrado em cargo da mesma categoria fora da área de jurisdição do tribunal ou serviço em que anteriormente exercia funções.

ARTIGO 89º
Penas de suspensão de exercício e de inactividade

1 – As penas de suspensão de exercício e de inactividade consistem no afastamento completo do serviço durante o período da pena.

2 – A pena de suspensão pode ser de vinte a duzentos e quarenta dias.

3 – A pena de inactividade não pode ser inferior a um ano nem superior a dois.

ARTIGO 90º
Penas de aposentação compulsiva e de demissão

1 – A pena de aposentação compulsiva consiste na imposição da aposentação.

2 – A pena de demissão consiste no afastamento definitivo do magistrado, com cessação de todos os vínculos com a função.

SUBSECÇÃO II
Aplicação das penas

ARTIGO 91º
Pena de advertência

A pena de advertência é aplicável a faltas leves que não devam passar sem reparo.

ARTIGO 92º
Pena de multa

A pena de multa é aplicável a casos de negligência ou desinteresse pelo cumprimento dos deveres do cargo.

ARTIGO 93º
Pena de transferência

A pena de transferência é aplicável a infracções que impliquem a quebra do prestígio exigível ao magistrado para que possa manter-se no meio em que exerce funções.

ARTIGO 94º
Penas de suspensão de exercício e de inactividade

1 – As penas de suspensão de exercício e de inactividade são aplicáveis nos casos de negligência grave ou de grave desinteresse pelo cumprimento dos deveres profissionais ou quando o magistrado for condenado em pena de prisão, salvo se a condenação aplicar pena de demissão.

2 – O tempo de prisão cumprido é descontado na pena disciplinar.

ARTIGO 95º
Penas de aposentação compulsiva e de demissão

1 – As penas de aposentação compulsiva e de demissão são aplicáveis quando o magistrado:

a) Revele definitiva incapacidade de adaptação às exigências da função;

b) Revele falta de honestidade ou tenha conduta imoral ou desonrosa;
c) Revele inaptidão profissional;
d) Tenha sido condenado por crime praticado com flagrante e grave abuso da função ou com manifesta e grave violação dos deveres a ela inerentes.

2 – Ao abandono de lugar corresponde sempre a pena de demissão.

ARTIGO 96º
Medida da pena

Na determinação da medida da pena atende-se à gravidade do facto, à culpa do agente, à sua personalidade e às circunstâncias que deponham a seu favor ou contra ele.

ARTIGO 97º
Atenuação especial da pena

A pena pode ser especialmente atenuada, aplicando-se pena de escalão inferior, quando existam circunstâncias anteriores ou posteriores à infracção, ou contemporâneas dela, que diminuam acentuadamente a gravidade do facto ou a culpa do agente.

ARTIGO 98º
Reincidência

1 – Verifica-se a reincidência quando a infracção for cometida antes de decorridos três anos sobre a data em que o magistrado cometeu a infracção anterior, pela qual tenha sido condenado em pena superior à de advertência já cumprida total ou parcialmente, desde que as circunstâncias do caso revelem ausência de eficácia preventiva da condenação anterior.

2 – Se a pena aplicável for qualquer das previstas nas alíneas *b*), *d*) e *e*) do artigo 85º, em caso de reincidência o seu limite mínimo será igual a um terço, um quarto ou dois terços do limite máximo, respectivamente.

ARTIGO 99º
Concurso de infracções

1 – Verifica-se concurso de infracções quando o magistrado comete duas ou mais infracções antes de se tornar inimpugnável a condenação por qualquer delas.

2 – No concurso de infracções aplica-se uma única pena e, quando às infracções correspondam penas diferentes, aplica-se a de maior gravidade, agravada em função do concurso, se for variável.

ARTIGO 100º
Substituição de penas aplicadas a aposentados

Para os magistrados aposentados ou que, por qualquer outra razão, se encontrem fora da actividade, as penas de multa, suspensão ou inactividade são substituídas pela perda de pensão ou vencimento de qualquer natureza pelo tempo correspondente.

SUBSECÇÃO III
Efeitos das penas

ARTIGO 101º
Efeitos das penas

As penas disciplinares produzem, para além dos que lhes são próprios, os efeitos referidos nos artigos seguintes.

ARTIGO 102º
Pena de multa

A pena de multa implica o desconto, no vencimento do magistrado, da importância correspondente ao número de dias aplicado.

ARTIGO 103º
Pena de transferência

A pena de transferência implica a perda de sessenta dias de antiguidade.

ARTIGO 104º
Pena de suspensão de exercício

1 – A pena de suspensão de exercício implica a perda do tempo correspondente à sua duração para efeitos de remuneração, antiguidade e aposentação.

2 – Se a pena de suspensão aplicada for igual ou inferior a cento e vinte dias, implica ainda, além dos efeitos previstos no número anterior, o previsto na alínea *b)* do nº 3, quando o magistrado punido não possa manter-se no meio em que exerce as funções sem quebra do prestígio que lhe é exigível, o que constará da decisão disciplinar.

3 – Se a pena de suspensão aplicada for superior a cento e vinte dias, pode implicar ainda, além dos efeitos previstos no nº 1:

a) A impossibilidade de promoção ou acesso durante um ano, contado do termo do cumprimento da pena;

b) A transferência para cargo idêntico em tribunal ou serviço diferente daquele em que o magistrado exercia funções na data da prática da infracção.

4 – A aplicação da pena de suspensão não prejudica o direito do magistrado à assistência a que tenha direito e à percepção do abono de família e prestações complementares.

ARTIGO 105º
Pena de inactividade

1 – A pena de inactividade produz os efeitos referidos nos nºs 1 e 3 do artigo anterior, sendo elevado para dois anos o período de impossibilidade de promoção ou acesso.

2 – É aplicável à pena de inactividade o disposto no nº 4 do artigo anterior.

ARTIGO 106º
Pena de aposentação compulsiva

A pena de aposentação compulsiva implica a imediata desligação do serviço e a perda dos direitos e regalias conferidos por este Estatuto, sem prejuízo do direito à pensão fixada na lei.

ARTIGO 107º
Pena de demissão

1 – A pena de demissão implica a perda do estatuto de magistrado e dos correspondentes direitos.

2 – A mesma pena não implica a perda do direito à aposentação, nos termos e condições estabelecidos na lei, nem impossibilita o magistrado de ser nomeado para cargos públicos ou outros que possam ser exercidos sem que o seu titular reúna as particulares condições de dignidade e confiança exigidas pelo cargo de que foi demitido.

ARTIGO 108º
Promoção de magistrados arguidos

1 – Durante a pendência de processo criminal ou disciplinar o magistrado é graduado para promoção ou acesso, mas estes suspendem-se quanto a ele, reservando-se a respectiva vaga até decisão final.

2 – Se o processo for arquivado, a decisão condenatória revogada ou aplicada uma pena que não prejudique a promoção ou acesso, o magistrado é promovido ou nomeado e vai ocupar o seu lugar na lista de antiguidade, com direito a receber as diferenças de remuneração.

3 – Se o magistrado houver de ser preterido, completa-se o movimento em relação à vaga que lhe havia ficado reservada.

ARTIGO 109º
Prescrição das penas

As penas disciplinares prescrevem nos prazos seguintes, contados da data em que a decisão se tornou inimpugnável:

a) Seis meses, para as penas de advertência e multa;
b) Um ano, para a pena de transferência;
c) Três anos, para as penas de suspensão de exercício e inactividade;
d) Cinco anos, para as penas de aposentação compulsiva e demissão.

SECÇÃO III
Processo disciplinar

SUBSECÇÃO I
Normas processuais

ARTIGO 110º
Processo disciplinar

1 – O processo disciplinar é o meio de efectivar a responsabilidade disciplinar.

2 – Sem prejuízo do disposto no nº 4 do artigo 85º, o processo disciplinar é sempre escrito e não depende de formalidades, salvo a audiência com possibilidade de defesa do arguido.

ARTIGO 111º
Competência para instauração do processo

Compete ao Conselho Superior da Magistratura a instauração de procedimento disciplinar contra magistrados judiciais.

ARTIGO 112º
Impedimentos e suspeições

É aplicável ao processo disciplinar, com as necessárias adaptações, o regime de impedimentos e suspeições em processo penal.

ARTIGO 113º
Natureza confidencial do processo

1 – O processo disciplinar é de natureza confidencial até decisão final, devendo ficar arquivado no Conselho Superior da Magistratura.

2 – É permitida a passagem de certidões de peças do processo sempre que o arguido o solicite em requerimento fundamentado, quando destinadas à defesa de interesses legítimos.

ARTIGO 114º
Prazo de instrução

1 – A instrução do processo disciplinar deve ultimar-se no prazo de trinta dias.

2 – O prazo referido no número anterior só pode ser excedido em caso justificado.

3 – O instrutor deve dar conhecimento ao Conselho Superior da Magistratura e ao arguido da data em que iniciar a instrução do processo.

ARTIGO 115º
Número de testemunhas na fase de instrução

1 – Na fase de instrução não há limite para o número de testemunhas.

2 – O instrutor pode indeferir o pedido de audição de testemunhas ou declarantes quando julgar suficiente a prova produzida.

ARTIGO 116º
Suspensão preventiva do arguido

1 – O magistrado arguido em processo disciplinar pode ser preventivamente suspenso das funções, sob proposta do instrutor, desde que haja fortes indícios de que à infracção caberá, pelo menos, a pena de transferência e a continuação na efectividade de serviço seja prejudicial à instrução do processo, ou ao serviço, ou ao prestígio e dignidade da função.

2 – A suspensão preventiva é executada por forma a assegurar-se o resguardo da dignidade pessoal e profissional do magistrado.

3 – A suspensão preventiva não pode exceder 180 dias, excepcionalmente prorrogáveis por mais 90 dias, e não tem os efeitos consignados no artigo 104º.

ARTIGO 117º
Acusação

1 – Concluída a instrução e junto o registo disciplinar do arguido, o instrutor deduz acusação no prazo de dez dias, articulando discriminadamente os factos constitutivos da infracção disciplinar e os que integram circunstâncias agravantes ou atenuantes, que repute indiciados, indicando os preceitos legais no caso aplicáveis.

2 – Se não se indiciarem suficientemente factos constitutivos da infracção ou da responsabilidade do arguido, ou o procedimento disciplinar se encontrar extinto, o instrutor elabora em dez dias o seu relatório, seguindo-se os demais termos aplicáveis.

ARTIGO 118º
Notificação do arguido

1 – É entregue ao arguido ou remetida pelo correio, sob registo, com aviso de recepção, cópia da acusação, fixando-se um prazo entre 10 e 30 dias para apresentação da defesa.

2 – Se não for conhecido o paradeiro do arguido, procede-se à sua notificação edital.

ARTIGO 119º
Nomeação de defensor

1 – Se o arguido estiver impossibilitado de elaborar a defesa, por motivo de ausência, doença, anomalia mental ou incapacidade física, o Conselho Superior da Magistratura nomeia-lhe defensor.

2 – Quando o defensor for nomeado em data posterior à da notificação a que se refere o artigo anterior, reabre-se o prazo para a defesa com a sua notificação.

ARTIGO 120º
Exame do processo

Durante o prazo para a apresentação da defesa, o arguido, o defensor nomeado ou o mandatário constituído podem examinar o processo no local onde este se encontra depositado.

ARTIGO 121º
Defesa do arguido

1 – Com a defesa, o arguido pode indicar testemunhas, juntar documentos ou requerer dilligências.

2 – Não podem ser oferecidas mais de três testemunhas a cada facto.

ARTIGO 122º
Relatório

Terminada a produção da prova, o instrutor elabora, no prazo de quinze dias, um relatório, do qual devem constar os factos cuja existência considere provada, a sua qualificação e a pena aplicável.

ARTIGO 123º
Notificação da decisão

A decisão final, acompanhada de cópia do relatório a que se refere o artigo anterior, é notificada ao arguido com observância do disposto no artigo 118º.[109]

ARTIGO 123º-A
Início da produção de efeitos das penas

A decisão que aplique a pena não carece de publicação, começando a pena a produzir os seus efeitos no dia seguinte ao da notificação ao arguido, nos termos do nº 1 do artigo 118º, ou 15 dias após a afixação do edital a que se refere o nº 2 do mesmo artigo.

ARTIGO 124º
Nulidades e irregularidades

1 – Constitui nulidade insuprível a falta de audiência do arguido com possibilidade de defesa e a omissão de diligências essenciais para a descoberta da verdade que ainda possam utilmente realizar-se.

2 – As restantes nulidades e irregularidades consideram-se sanadas se não forem arguidas na defesa ou, a ocorrerem posteriormente, no prazo de cinco dias contados da data do seu conhecimento.

SUBSECÇÃO II
Abandono do lugar

ARTIGO 125º
Auto por abandono

Quando um magistrado deixe de comparecer ao serviço durante dez dias, manifestando expressamente a intenção de abandonar o lugar, ou faltar injustifi-

---

[109] O Tribunal Constitucional, no Acórdão nº 499/2009, de 30 de setembro, publicado no *Diário da República*, 2ª série, de 29 de outubro de 2009, julgou não inconstitucionais as normas dos artigos 122º e 123º deste Estatuto na interpretação de que o arguido não tem de ser notificado da proposta de resolução final do instrutor do processo disciplinar, salvo quando neste se suscitem questões sobre as quais o interessado não tenha tido anteriormente oportunidade de se pronunciar.

cadamente durante trinta dias úteis seguidos, é levantado auto por abandono de lugar.

ARTIGO 126º
Presunção de intenção de abandono

1 – A ausência injustificada do lugar durante trinta dias úteis seguidos constitui presunção de abandono.

2 – A presunção referida no número anterior pode ser ilidida em processo disciplinar por qualquer meio de prova.

SECÇÃO IV
Revisão das decisões disciplinares

ARTIGO 127º
Revisão

1 – As decisões condenatórias proferidas em processo disciplinar podem ser revistas a todo o tempo quando se verifiquem circunstâncias ou meios de prova susceptíveis de demonstrar a inexistência dos factos que determinaram a punição e que não puderam ser oportunamente utilizados pelo arguido.

2 – A revisão não pode, em caso algum, determinar o agravamento da pena.

ARTIGO 128º
Processo

1 – A revisão é requerida pelo interessado ao Conselho Superior da Magistratura.

2 – O requerimento, processado por apenso ao processo disciplinar, deve conter os fundamentos do pedido e a indicação dos meios de prova a produzir e ser instruído com os documentos que o interessado tenha podido obter.

ARTIGO 129º
Sequência do processo de revisão

1 – Recebido o requerimento, o Conselho Superior da Magistratura decide, no prazo de trinta dias, se se verificam os pressupostos da revisão.

2 – Se decidir pela revisão, é nomeado novo instrutor para o processo.

ARTIGO 130º
Procedência da revisão

1 – Se o pedido de revisão for julgado procedente, revogar-se-á ou alterar-se-á a decisão proferida no processo revisto.

2 – Sem prejuízo de outros direitos legalmente previstos, o interessado será indemnizado pelas remunerações que tenha deixado de receber em razão da decisão revista.

SECÇÃO V
Direito subsidiário

ARTIGO 131º
Direito subsidiário

São aplicáveis subsidiariamente em matéria diciplinar as normas do Estatuto Disciplinar dos Funcionários e Agentes da Administração Central, Regional e Local, do Código Penal, bem como do Código de Processo Penal, e diplomas complementares.[110]

CAPÍTULO IX
Inquéritos e sindicâncias

ARTIGO 132º
Inquéritos e sindicâncias

1 – Os inquéritos têm por finalidade a averiguação de factos determinados.

2 – As sindicâncias têm lugar quando haja notícia de factos que exijam uma averiguação geral acerca do funcionamento dos serviços.

ARTIGO 133º
Instrução

São aplicáveis à instrução dos processos de inquérito e de sindicância, com as necessárias adaptações, as disposições relativas a processos disciplinares.

ARTIGO 134º
Relatório

Terminada a instrução, o inquiridor ou sindicante elabora relatório, propondo o arquivamento ou a instauração do procedimento, conforme os casos.

ARTIGO 135º
Conversão em processo disciplinar

1 – Se se apurar a existência de infracção, o Conselho Superior da Magistratura pode deliberar que o processo de inquérito ou de sindicância em que o arguido tenha sido ouvido constitua a parte instrutória do processo disciplinar.

2 – No caso previsto no número anterior, a notificação ao arguido da deliberação do Conselho Superior da Magistratura fixa o início do procedimento disciplinar.

---

[110] O referido Estatuto, aprovado pela Lei nº 58/2008, de 9 de setembro, consta sob 16 deste Compêndio.

CAPÍTULO X
Conselho Superior da Magistratura

SECÇÃO I
Estrutura e organização do Conselho Superior da Magistratura

ARTIGO 136º
Definição

O Conselho Superior da Magistratura é o orgão superior de gestão e disciplina da magistratura judicial.

ARTIGO 137º
Composição

1 – O Conselho Superior da Magistratura é presidido pelo Presidente do Supremo Tribunal de Justiça e composto ainda pelos seguintes vogais:

a) Dois designados pelo Presidente da República;
b) Sete eleitos pela Assembleia da República;
c) Sete eleitos de entre e por magistrados judiciais.

2 – O cargo de vogal do Conselho Superior da Magistratura não pode ser recusado por magistrados judiciais.

ARTIGO 138º
Vice-presidente e secretário

1 – O vice-presidente do Conselho Superior da Magistratura é o juiz do Supremo Tribunal de Justiça a que se refere o nº 2 do artigo 141º, exercendo o cargo a tempo inteiro.

2 – O Conselho tem um secretário, que designa de entre juízes de direito.

3 – O secretário aufere o vencimento correspondente aos juizes referidos no artigo 45º.

ARTIGO 139º
Forma de designação

1 – Os vogais referidos na alínea b) do nº 1 do artigo 137º são designados nos termos da Constituição e do Regimento da Assembleia da República.

2 – Os vogais referidos na alínea c) do nº 1 e no nº 2 do artigo 137º são eleitos por sufrágio secreto e universal, segundo o princípio da representação proporcional e o método da média mais alta, com obediência às seguintes regras:

a) Apura-se em separado o número de votos obtido por cada lista;
b) O número de votos por cada lista é dividido, sucessivamente, por 1, 2, 3, 4, 5, etc., sendo os quocientes, considerados com parte decimal, alinhados por ordem decrescente da sua grandeza numa série de tantos termos quantos os mandatos atribuídos ao órgão respectivo;

c) Os mandatos pertencem às listas a que correspondem os termos da série estabelecida pela regra anterior, recebendo cada uma das listas tantos mandatos quantos os seus termos na série;

d) No caso de restar um ou mais mandatos para distribuir e de os termos seguintes da série serem iguais e de listas diferentes, o mandato ou mandatos cabem à lista ou listas que tiverem obtido maior número de votos.

3 – Se mais de uma lista obtiver igual número de votos, não há lugar à atribuição de mandatos, devendo o acto eleitoral ser repetido

ARTIGO 140º
Princípios eleitorais

1 – A eleição dos vogais referidos na alínea *c)* do nº 1 do artigo 137º é feita com base em recenseamento organizado oficiosamente pelo Conselho Superior da Magistratura.

2 – É facultado aos eleitores o exercício do direito de voto por correspondência.

3 – O colégio eleitoral relativo à categoria de vogais prevista na alínea *c)* do nº 1 do artigo 137º é formado pelos magistrados judiciais em efectividade de serviço judicial, com exclusão dos que se encontram em comissão de serviço de natureza não judicial.

4 – A eleição tem lugar dentro dos trinta dias anteriores à cessação dos cargos ou nos primeiros sessenta dias posteriores à ocorrência de vacatura e é anunciada, com a antecedência mínima de quarenta e cinco dias, por aviso a publicar no *Diário da República*.

ARTIGO 141º
Organização de listas

1 – A eleição dos vogais a que se refere a alínea *c)* do nº 1 do artigo 137º efectua-se mediante listas elaboradas por um mínimo de 20 eleitores.

2 – As listas incluem um suplente em relação a cada candidato efectivo, havendo em cada lista um juiz do Supremo Tribunal de Justiça, dois juízes da Relação e um juiz de direito de cada distrito judicial.

3 – Não pode haver candidatos por mais de uma lista.

4 – Na falta de candidaturas, a eleição realiza-se sobre listas elaboradas pelo Conselho Superior da Magistratura.

ARTIGO 142º
Distribuição de lugares

1 – A distribuição de lugares é feita segundo a ordem de conversão dos votos em mandatos, pela seguinte forma:

1º mandato – juiz do Supremo Tribunal de Justiça;
2º mandato – juiz da Relação;
3º mandato – juiz da Relação;
4º mandato – juiz de direito proposto pelo círculo judicial de Lisboa;

5º mandato – juiz de direito proposto pelo distrito judicial do Porto;
6º mandato – juiz de direito proposto pelo distrito judicial de Coimbra;
7º mandato – juiz de direito proposto pelo distrito judicial de Évora;

ARTIGO 143º
Comissão de eleições

1 – A fiscalização da regularidade dos actos eleitorais e o apuramento final da votação competem a uma comissão de eleições.

2 – Constituem a comissão de eleições o Presidente do Supremo Tribunal de Justiça e os presidentes das Relações.

3 – Tem o direito de integrar a comissão de eleições um representante de cada lista concorrente ao acto eleitoral.

4 – As funções de presidente são exercidas pelo Presidente do Supremo Tribunal de Justiça e as deliberações tomadas à pluralidade de votos, cabendo ao presidente voto de qualidade.

ARTIGO 144º
Competência da comissão de eleições

Compete especialmente à comissão de eleições resolver as dúvidas suscitadas na interpretação das normas reguladoras do processo eleitoral e decidir as reclamações que surjam no decurso das operações eleitorais.

ARTIGO 145º
Contencioso eleitoral

O recurso contencioso dos actos eleitorais é interposto, no prazo de quarenta e oito horas, para o Supremo Tribunal de Justiça e decidido, pela secção prevista no artigo 168º, nas quarenta e oito horas seguintes à sua admissão.

ARTIGO 146º
Providências quanto ao processo eleitoral

O Conselho Superior da Magistratura adoptará as providências que se mostrem necessárias à organização e boa execução do processo eleitoral.

ARTIGO 147º
Exercício dos cargos

1 – Aos vogais do Conselho Superior da Magistratura que não sejam juízes é aplicável o regime de garantias dos magistrados judiciais.

2 – Sempre que durante o exercício do cargo um vogal eleito deixe de pertencer à categoria de origem ou fique impedido é chamado o suplente e, na falta deste, faz-se declaração de vacatura, procedendo-se a nova eleição nos termos dos artigos anteriores.

3 – Não obstante a cessação dos respectivos cargos, os vogais mantêm-se em exercício até à entrada em funções dos que os venham a substituir.

ARTIGO 148º
Estatuto dos membros do Conselho Superior da Magistratura

1 – Aos membros do Conselho Superior da Magistratura é aplicável, com as devidas adaptações, o regime de garantias e de incompatibilidades dos magistrados judiciais[111].

2 – Os vogais do Conselho Superior da Magistratura desempenham as suas funções em regime de tempo integral, excepto se a tal renunciarem, aplicando-se, neste caso, redução do serviço correspondente ao cargo de origem.

3 – Os vogais do Conselho Superior da Magistratura que exerçam funções em regime de tempo integral auferem vencimento correspondente ao de vogal magistrado de categoria mais elevada.

4 – Os membros do Conselho Superior da Magistratura têm direito a senhas de presença ou subsídios, nos termos e montante a fixar por despacho do Ministro da Justiça, e, se domiciliados ou autorizados a residir fora de Lisboa, a ajudas de custo, nos termos da lei.[112]

SECÇÃO II
Competência e funcionamento

ARTIGO 149º
Competência

Compete ao Conselho Superior da Magistratura:

a) Nomear, colocar, transferir, promover, exonerar, apreciar o mérito profissional, exercer a acção disciplinar e, em geral, praticar todos os actos de idêntica natureza respeitantes a magistrados judiciais, sem prejuízo das disposições relativas ao provimento de cargos por via electiva;

b) Emitir parecer sobre diplomas legais relativos à organização judiciária e ao Estatuto dos Magistrados Judiciais e, em geral, sobre matérias relativas à administração da justiça;

c) Estudar e propor ao Ministro da Justiça providências legislativas com vista à eficiência e ao aperfeiçoamento das instituições judiciárias;

d) Elaborar o plano anual de inspecções;

e) Ordenar inspecções, sindicâncias e inquéritos aos serviços judiciais;

f) Aprovar o regulamento interno e a proposta de orçamento relativos ao Conselho;

---

[111] O Tribunal Constitucional, no Acórdão nº 148/2007, publicado no *Diário da República*, II Série, de 14 de maio de 2007, julgou não ser inconstitucional a norma do nº 1 deste artigo, aplicada por remissão do artigo 77º do Estatuto dos Tribunais Administrativos e Fiscais de 1984, interpretada no sentido de que um jurista que integre o Conselho Superior dos Tribunais Administrativos e Fiscais pode exercer o patrocínio judiciário no âmbito dos processos pendentes naqueles tribunais.

[112] Este normativo resultou do artigo 102º da Lei nº 3-B/2000, de 4 de abril. A lei relativa a ajudas de custo é o Decreto-Lei nº 106/98, de 24 de abril.

g) Adoptar as providências necessárias à organização e boa execução do processo eleitoral;

h) Alterar a distribuição de processos nos juízos com mais de uma secção, a fim de assegurar a igualação e operacionalidade dos serviços;

i) Estabelecer prioridades no processamento de causas que se encontrem pendentes nos tribunais por período considerado excessivo, sem prejuízo dos restantes processos de carácter urgente;

j) Propor ao Ministro da Justiça as medidas adequadas, por forma a não tornar excessivo o número de processos a cargo de cada magistrado;

l) Fixar o número e composição das secções do Supremo Tribunal de Justiça e dos tribunais da Relação;

m) Nomear o juiz presidente dos tribunais de comarca;

n) Exercer as demais competências conferidas por lei.

ARTIGO 149º-A
Relatório de actividades

O Conselho Superior da Magistratura envia anualmente, no mês de Janeiro, à Assembleia da República, relatório da sua actividade respeitante ao ano anterior, o qual será publicado no *Diário da Assembleia da República*.

ARTIGO 150º
Funcionamento

1 – O Conselho Superior da Magistratura funciona em plenário e em conselho permanente.

2 – O plenário é constituído por todos os membros do Conselho, nos termos dos nºs 1 e 2 do artigo 137º.

3 – Compõem o conselho permanente os seguintes membros:

a) O presidente do Conselho Superior da Magistratura, que preside;
b) O vice-presidente do Conselho Superior da Magistratura;
c) Um juiz da Relação;
d) Dois juízes de direito;
e) Um dos vogais designados nos termos da alínea a) do nº 1 do artigo 137º;
f) Quatro vogais de entre os designados pela Assembleia da República;
g) O vogal a que se refere o nº 2 do artigo 159º.

4 – A designação dos vogais referidos nas alíneas c) e d) e f) do número anterior faz-se rotativamente, por períodos de 18 meses, e a designação dos vogais referidos na alínea f) faz-se por período igual ao da duração do respectivo mandato.

5 – O vogal mencionado na alínea g) do nº 3 apenas participa na discussão e votação do processo de que foi relator.

ARTIGO 150º-A
Assessores

1 – O Conselho Superior da Magistratura dispõe, na sua dependência, de assessores, para sua coadjuvação.

2 – Os assessores a que se refere o número anterior são nomeados pelo Conselho de entre juízes de direito com classificação não inferior a *Bom com distinção* e antiguidade não inferior a 5 e não superior a 15 anos.

3 – O número de assessores é fixado por portaria conjunta dos Ministros das Finanças, da Justiça e do membro do Governo responsável pela Administração Pública, sob proposta do Conselho Superior da Magistratura.

4 – Aos assessores é aplicável o disposto nos n.ºs 1 e 4 do artigo 57.º.

ARTIGO 151º
Competência do plenário

São da competência do plenário do Conselho Superior da Magistratura:

a) Praticar os actos referidos no artigo 149.º respeitantes a juízes do Supremo Tribunal de Justiça e das Relações ou a estes tribunais;

b) Apreciar e decidir as reclamações contra actos praticados pelo conselho permanente, pelo presidente, pelo vice-presidente ou pelos vogais;

c) Deliberar sobre as matérias referidas nas alíneas *b)*, *c)*, *f)*, *g)* e *m)* do artigo 149.º;

d) Deliberar sobre as propostas de atribuição da classificação prevista no n.º 2 do artigo 34.º;

e) Apreciar e decidir os assuntos não previstos nas alíneas anteriores que sejam avocados por sua iniciativa, por proposta do conselho permanente ou a requerimento fundamentado de qualquer dos seus membros;[113]

f) Exercer as demais funções conferidas por lei.

ARTIGO 152º
Competência do Conselho Permanente

1 – São da competência do conselho permanente os actos não incluídos no artigo anterior.

2 – Consideram-se tacitamente delegadas no conselho permanente, sem prejuízo da sua revogação pelo plenário do Conselho, as competências previstas nas alíneas *a)*, *d)*, *e)* e *h)* a *j)* do artigo 149.º, salvo as respeitantes aos tribunais superiores e respectivos juízes.

ARTIGO 153º
Competência do presidente

Compete ao presidente do Conselho Superior da Magistratura:

a) Representar o Conselho;

b) Exercer as funções que lhe forem delegadas pelo Conselho, com a faculdade de subdelegar no vice-presidente;

---

[113] O Tribunal Constitucional, no Acórdão n.º 499/2009, de 30 de setembro, publicado no *Diário da República*, 2ª série, de 29 de outubro de 2009, julgou não ser este normativo inconstitucional se interpretado no sentido de permitir a avocação, pelo Plenário, de processo disciplinar pendente perante o Conselho Permanente do Conselho Superior da Magistratura.

c) Dar posse ao vice-presidente, aos inspectores judiciais e ao secretário;
d) Dirigir e coordenar os serviços de inspecção;
e) Elaborar, mediante proposta do secretário, ordens de execução permanente;
f) Exercer as demais funções conferidas por lei.

2 – O presidente pode delegar no vice-presidente a competência para dar posse aos inspectores judiciais e ao secretário, bem como as competências previstas nas alíneas d) e e) do número anterior.

ARTIGO 154º
Competência do vice-presidente

1 – Compete ao vice-presidente do Conselho Superior da Magistratura substituir o presidente nas suas faltas ou impedimentos e exercer as funções que lhe forem delegadas.

2 – O vice-presidente pode subdelegar nos vogais que exerçam funções em tempo integral as funções que lhe forem delegadas ou subdelegadas.

ARTIGO 155º
Competência do secretário

Compete ao secretário do Conselho Superior da Magistratura:

a) Orientar e dirigir os serviços da secretaria, sob a superintendência do presidente e em conformidade com o regulamento interno;
b) Submeter a despacho do presidente e do vice-presidente os assuntos da competência destes e os que, pela sua natureza, justifiquem a convocação do Conselho;
c) Promover a execução das deliberações do Conselho;
d) Elaborar e propor ao presidente ordens de execução permanente;
e) Preparar a proposta de orçamento do Conselho;
f) Elaborar propostas de movimento judicial;
g) Comparecer às reuniões do Conselho e lavrar as respectivas actas;
h) Solicitar dos tribunais ou de quaisquer outras entidades públicas e privadas as informações necessárias ao funcionamento dos serviços;
i) Dar posse aos funcionários que prestam serviço no Conselho;
j) Exercer as demais funções conferidas por lei.

ARTIGO 156º
Funcionamento do plenário

1 – As reuniões do plenário do Conselho Superior da Magistratura têm lugar ordinariamente uma vez por mês e extraordinariamente sempre que convocadas pelo presidente.

2 – As deliberações são tomadas à pluralidade dos votos, cabendo ao presidente voto de qualidade.

3 – Para a validade das deliberações exige-se a presença de, pelo menos, 12 membros.

4 – Nas reuniões em que se discuta ou delibere sobre o concurso de acesso ao Supremo Tribunal de Justiça e designação dos respectivos juízes participam, com voto consultivo, o procurador-geral da República e o bastonário da Ordem dos Advogados.

5 – O Conselho Superior da Magistratura pode convocar para participar nas reuniões, com voto consultivo, os presidentes das relações que não façam parte do Conselho, devendo sempre convocá-los quando se trate de graduação para acesso ao Supremo Tribunal de Justiça, desde que não estejam impedidos.

ARTIGO 157º
Funcionamento do conselho permanente

1 – O conselho permanente reúne ordinariamente uma vez por mês e extraordinariamente sempre que convocado pelo presidente.

2 – Para validade das deliberações exige-se a presença de, pelo menos, cinco membros.

3 – Aplica-se ao funcionamento do conselho permanente o disposto nos nºs 2 e 5 do artigo anterior.

ARTIGO 158º
Delegação de poderes

1 – O Conselho Superior da Magistratura pode delegar no presidente, com faculdade de subdelegação no vice-presidente, poderes para:

a) Ordenar inspecções extraordinárias;
b) Instaurar inquéritos e sindicâncias;
c) Autorizar que magistrados se ausentem do serviço;
d) Conceder a autorização a que se refere o nº 2 do artigo 8º;
e) Prorrogar o prazo para a posse e autorizar ou determinar que esta seja tomada em lugar ou perante entidade diferente;
f) Indicar magistrados para participarem em grupos de trabalho;
g) Resolver outros assuntos, nomeadamente de carácter urgente.

2 – Pode ainda o Conselho Superior da Magistratura delegar nos Presidentes do Supremo Tribunal de Justiça e das relações a prática de actos próprios da sua competência, designadamente os relativos a licenças, faltas e férias, e bem assim a competência a que se refere a alínea *l)* do artigo 149º.

3 – As competências referidas nas alíneas *c)* e *d)* no nº 1 são exercidas por delegação do Conselho Superior da Magistratura, no que respeita ao tribunal de comarca, pelo respectivo presidente, sem prejuízo do direito ao recurso.

ARTIGO 159º
Distribuição de processos

1 – Os processos são distribuídos por sorteio, nos termos do regulamento interno.

2 – O vogal a quem o processo for distribuído é o seu relator.

3 – O relator requisita os documentos, processos e diligências que considere necessários, sendo aqueles requisitados pelo tempo indispensável, com ressalva do segredo de justiça e por forma a não causar prejuízo às partes.

4 – No caso de o relator ficar vencido, a redacção da deliberação cabe ao vogal que for designado pelo presidente.

5 – Se a matéria for de manifesta simplicidade, o relator pode submetê-la a apreciação com dispensa dos vistos.

6 – A deliberação que adoptar os fundamentos e propostas, ou apenas os primeiros, do inspector judicial ou do instrutor do processo pode ser expressa por simples acórdão de concordância, com dispensa de relatório.

SECÇÃO III
Serviços de inspecção

ARTIGO 160º
Estrutura

1 – Junto do Conselho Superior da Magistratura funcionam os serviços de inspecção.

2 – Os serviços de inspecção são constituídos por inspectores judiciais e por secretários de inspecção.

3 – O quadro de inspectores judiciais e secretários de inspecção é fixado por portaria do Ministro da Justiça, sob proposta do Conselho Superior da Magistratura.[114]

ARTIGO 161º
Competência

1 – Compete aos serviços de inspecção facultar ao Conselho Superior da Magistratura o perfeito conhecimento do estado, necessidades e deficiências dos serviços, a fim de o habilitar a tomar as providências convenientes ou a propor ao Ministro da Justiça as medidas que dependam da intervenção do Governo.

2 – Complementarmente, os serviços de inspecção destinam-se a colher informações sobre o serviço e o mérito dos magistrados.

3 – A inspecção destinada a colher informações sobre o serviço e o mérito dos magistrados não pode ser feita por inspectores de categoria ou antiguidade inferiores às dos magistrados inspeccionados.

ARTIGO 162º
Inspectores e secretários de inspecção

1 – Os inspectores judiciais são nomeados, em comissão de serviço, de entre juízes da Relação ou, excepcionalmente, de entre juízes de direito com antiguidade não inferior a 15 anos e classificação de serviço de *Muito bom*.

2 – Os inspectores judiciais têm vencimento correspondente a juiz da Relação.

3 – Quando deva proceder-se a inspecção, inquérito ou processo disciplinar a juízes do Supremo Tribunal de Justiça ou das Relações, é designado como inspector extraordinário um juiz do Supremo Tribunal de Justiça, podendo sê-lo, com a sua anuência, um juiz jubilado.

---

[114] O Regulamento das Inspeções Judiciais consta das Deliberações do Plenário do Conselho Superior da Magistratura publicada no *Diário da República*, II Série, de 19 de junho de 2007, de 21 de fevereiro de 2011 e de 14 de março de 2011.

4 – As funções de secretário de inspecção são exercidas, em comissão de serviço, por funcionários de justiça.

5 – Os secretários de inspecção, quando secretários judiciais com classificação de *Muito bom*, auferem o vencimento correspondente ao de secretário de tribunal superior.

SECÇÃO IV
SECRETARIA DO CONSELHO SUPERIOR DA MAGISTRATURA

ARTIGO 163º
Pessoal

A organização, o quadro e o regime de provimento do pessoal da secretaria do Conselho Superior da Magistratura são fixados por decreto-lei.

CAPÍTULO XI
Reclamações e recursos

SECÇÃO I
Princípios gerais

ARTIGO 164º
Disposição geral

1 – Pode reclamar ou recorrer quem tiver interesse directo, pessoal e legítimo na anulação da deliberação ou da decisão.

2 – Não pode recorrer quem tiver aceitado, expressa ou tacitamente, a deliberação ou a decisão.

3 – São citadas as pessoas a quem a procedência da reclamação ou do recurso possa directamente prejudicar.

SECÇÃO II
Reclamações

ARTIGO 165º
Conselho permanente

Das deliberações do conselho permanente reclama-se para o plenário do Conselho.

ARTIGO 166º
Presidente

Das decisões do presidente, do vice-presidente ou dos vogais do Conselho Superior da Magistratura reclama-se para o plenário do Conselho.

ARTIGO 167º
Prazo

1 – Na falta de disposição especial, o prazo para a reclamação é de trinta dias.

2 – O prazo para a decisão da reclamação é de três meses, não se suspendendo durante as férias judiciais.[115]

3 – Se a decisão não for proferida no prazo do número anterior, presume-se indeferida para o efeito de o reclamante poder interpor o recurso facultado pelos artigos 168º e seguintes.

4 – A não ser interposto ou admitido o recurso previsto no número anterior, o Conselho Superior da Magistratura não fica dispensado de proferir decisão, da qual pode ser levado recurso nos termos dos artigos 168º e seguintes.

ARTIGO 167º-A
Efeitos da reclamação

A reclamação suspende a execução da decisão e devolve ao plenário do Conselho a competência para dedidir definitivamente.

SECÇÃO III
Recursos

ARTIGO 168º
Recursos

1 – Das deliberações do Conselho Superior da Magistratura recorre-se para o Supremo Tribunal de Justiça.

2 – Para efeitos de apreciação do recurso referido no número anterior, o Supremo Tribunal de Justiça funciona através de uma secção constituída pelo mais antigo dos seus vice-presidentes, que tem voto de qualidade, e por um juiz de cada secção, anual e sucessivamente designado, tendo em conta a respectiva antiguidade.

3 – Os processos são distribuídos pelos juízes da secção.

4 – A competência da secção mantém-se até ao julgamento dos recursos que lhe hajam sido distribuídos.

5 – Constituem fundamentos do recurso os previstos na lei para os recursos a interpor dos actos do Governo.

ARTIGO 169º
Prazo

1 – O prazo para a interposição do recurso é de 30 dias, conforme o interessado

---

[115] Este prazo, nos termos do artigo 3º, nº 2, da Lei nº 143/99, de 31 de agosto, é aplicável aos magistrados portugueses que prestem serviço na Região Administrativa Especial Chinesa de Macau. O Acórdão do Tribunal Constitucional nº 277/2011, de 6 de junho, declarou que o julgamento dos recursos das decisões do Conselho Superior da Magistratura, mormente em matéria disciplinar, por uma secção do Supremo Tribunal de Justiça, não viola o disposto nos artigos 20º, nº 4 ou 203º, nº 1, da Constituição.

preste serviço no continente ou nas Regiões Autónomas e de 45 dias se prestar serviço no estrangeiro.[116]

2 – O prazo do número anterior conta-se:

a) Da data da publicação da deliberação, quando seja obrigatória;

b) Da data da notificação do acto, quando esta tiver sido efectuada, se a publicação não for obrigatória;

c) Da notificação, conhecimento ou início da execução da deliberação, nos restantes casos.

ARTIGO 170º
Efeito

1 – A interposição do recurso não suspende a eficácia do acto recorrido, salvo quando, a requerimento do interessado, se considere que a execução imediata do acto é susceptível de causar ao recorrente prejuízo irreparável ou de difícil reparação.

2 – A suspensão é pedida ao tribunal competente para o recurso, em requerimento próprio, apresentado no prazo estabelecido para a interposição do recurso.

3 – A secretaria notifica por via postal a autoridade requerida, remetendo-lhe duplicado, para responder no prazo de cinco dias.

4 – O Supremo Tribunal de Justiça decide no prazo de 10 dias.

5 – A suspensão da eficácia do acto não abrange a suspensão do exercício de funções.

ARTIGO 171º
Interposição

1 – O recurso é interposto por meio de requerimento apresentado na secretaria do Conselho, assinado pelo recorrente ou pelo seu mandatário.

2 – A entrada do requerimento fixa a data da interposição do recurso.

ARTIGO 172º
Requisitos do requerimento

1 – O requerimento deve conter a identificação do acto recorrido, os fundamentos de facto ou de direito, a indicação e o pedido de citação dos interessados que possam ser directamente prejudicados pela procedência do recurso, com menção das suas residências, quando conhecidas, e a formulação clara e precisa do pedido.

2 – O requerimento deve ser instruído com o *Diário da República* em que tiver sido publicado o acto recorrido ou, na falta de publicação, com documento comprovativo do referido acto e demais documentos probatórios.

3 – Quando o recurso for interposto de actos de indeferimento tácito, o requerimento é instruído com cópia da pretensão.

---

[116] O Tribunal Constitucional decidiu, no Acórdão nº 451/2008, de 24 de setembro, publicado no *Diário da República*, 2ª série, de 6 de novembro de 2008, não ser inconstitucional a norma do nº 1 deste artigo na interpretação de que é de 30 dias o prazo da impugnação contenciosa das deliberações do Conselho Superior da Magistratura respeitantes a oficiais de justiça.

4 – Se, por motivo justificado, não tiver sido possível obter os documentos dentro do prazo legal, pode ser requerido prazo para a sua ulterior apresentação.

5 – O requerimento deve ser acompanhado de duplicados destinados à entidade e aos interessados referidos no nº 1.

ARTIGO 173º
Questões prévias

1 – Distribuído o recurso, os autos vão com vista ao Ministério Público, por cinco dias, sendo em seguida conclusos ao relator.

2 – O relator pode convidar o recorrente a corrigir as deficiências do requerimento.

3 – Quando o relator entender que se verifica extemporaneidade, ilegitimidade das partes ou manifesta ilegalidade do recurso, fará uma breve e fundamentada exposição e apresentará o processo na primeira sessão sem necessidade de vistos.[117]

ARTIGO 174º
Resposta

1 – Quando o recurso deva prosseguir, o relator ordena o envio de cópias ao Conselho Superior da Magistratura, a fim de responder no prazo de dez dias.

2 – Com a resposta ou no prazo dela o Conselho Superior da Magistratura remete o processo ali organizado ao Supremo Tribunal de Justiça, o qual é devolvido após o julgamento do recurso.

ARTIGO 175º
Citação dos interessados

1 – Recebida a resposta do Conselho Superior da Magistratura ou decorrido o prazo a ela destinado, o relator ordena a citação dos interessados referidos no nº 1 do artigo 172º para responder no prazo mencionado no nº 1 do artigo anterior.

2 – A citação é efectuada por carta registada com aviso de recepção, sendo os interessados ausentes em parte incerta citados editalmente.

ARTIGO 176º
Alegações

Juntas as respostas ou decorridos os respectivos prazos, o relator ordena vista por 10 dias, primeiro ao recorrente e depois ao recorrido, para alegarem, e, em seguida, ao Ministério Público, por igual prazo e para o mesmo fim.

---

[117] O Tribunal Constitucional, no Acórdão nº 186/2010, de 12 de maio, publicado no *Diário da República*, 2ª série, de 16 de junho de 2010, julgou este normativo inconstitucional quando interpretado no sentido de ser extemporânea a impugnação de ato administrativo sujeito a publicação no *Diário da República*, antes de esta ter efetivamente ocorrido, quando o mesmo ato, à data da impugnação, tinha já sido publicitado pela entidade recorrida na página oficial da internet, por violação do direito a um processo equitativo, na vertente de direito à tutela jurisdicional efetiva, consagrado nos artigos 20º, nº 5, e 268º, nº 4, da Constituição.

ARTIGO 177º
Julgamento

1 – Decorridos os prazos mencionados no artigo anterior, o processo é concluso ao relator, que pode requisitar os documentos que considere necessários ou notificar as partes para os apresentarem.

2 – Os autos correm em seguida, pelo prazo de quarenta e oito horas, os vistos de todos os juízes da secção, começando pelo imediato ao relator.

3 – Terminados os vistos, os autos são conclusos ao relator por oito dias.

ARTIGO 178º
Lei subsidiária

São subsidiariamente aplicáveis as normas que regem os trâmites processuais dos recursos de contencioso administrativo interpostos para o Supremo Tribunal Administrativo.

SECÇÃO IV
Custas e preparos

ARTIGO 179º
Custas e preparos

1 – O recurso é isento de preparos.[118]

2 – O regime de custas é o que vigorar, quanto a recursos interpostos por funcionários, para o Supremo Tribunal Administrativo.

CAPÍTULO XII
Disposições finais e transitórias

ARTIGO 180º
Antiguidade

1 – A antiguidade dos magistrados judiciais, nomeadamente para o efeito do disposto no nº 2 do artigo 22º, compreende o tempo de serviço prestado na magistratura do Ministério Público, ou de funções públicas que dessem acesso à magistratura judicial mediante concurso, incluindo o prestado como subdelegado do procurador da República licenciado em Direito.

2 – São ressalvadas as posições relativas constantes da última lista definitiva de antiguidade anterior à data da entrada em vigor do presente diploma.

---

[118] Onde a lei refere a isenção de preparos, deve entender-se dispensa de pagamento prévio de taxa de justiça. Esta norma de isenção foi revogada pelo artigo 25º, nº 1, do Decreto-Lei nº 34/2008, de 26 de fevereiro.

ARTIGO 181º
Magistrados jubilados

1 – É extensivo aos magistrados aposentados à data da entrada em vigor desta lei o estatuto de jubilado.

2 – Os magistrados judiciais do extinto quadro do ultramar consideram-se ligados ao tribunal da correspondente categoria, com jurisdição na área da sua residência.

ARTIGO 182º
Eleição dos vogais do Conselho Superior da Magistratura

O Conselho Superior da Magistratura anuncia a data das eleições para o Conselho e adopta as providências organizativas necessárias à boa execução do processo eleitoral até 30 de Setembro de 1985, realizando-se as eleições no sexagésimo dia posterior à publicação do anúncio.

ARTIGO 183º
Conselho Superior da Magistratura

Os actuais membros do Conselho Superior da Magistratura mantêm-se em funções, ainda que expirado o respectivo mandato, até à entrada em funções do Conselho Superior da Magistratura constituído nos termos da presente lei.

ARTIGO 184º
Encargos

Os encargos resultantes da aplicação dos artigos 17º, nº 1, alínea d), 23º, 24º e 29º, nº 2, são suportados pelo Cofre Geral dos Tribunais.

ARTIGO 185º
Isenções

O Conselho Superior da Magistratura goza de isenção de selo e de quaisquer impostos, prémios, descontos ou percentagens nos depósitos, guarda, transferência e levantamentos de dinheiro efectuados na Caixa Geral de Depósitos.

ARTIGO 186º
Providências orçamentais

O Governo fica autorizado a adoptar as providências orçamentais necessárias à execução do presente diploma.

ARTIGO 187º
Ressalvas

1 – Mantém-se em vigor o disposto no artigo 196º, nºs 1, 2 e 3, da Lei nº 85//77, de 13 de Dezembro, e no artigo 2º, nº 1, do Decreto-Lei nº 402/75, de 25 de Julho.

2 – As normas constantes do artigo 43º, nºs 3, 4 e 5, da Lei nº 85/77, de 13 de Dezembro, mantêm-se em vigor até à data de início de vigência prevista no artigo 189º, nº 2, do presente Estatuto.

3 – A entrada em vigor do presente Estatuto não prejudica a situação dos magistrados judiciais decorrente de nomeações anteriores.

ARTIGO 188º
Integração definitiva na Magistratura

Aos substitutos dos juízes de direito dos tribunais de instrução criminal em exercício à data da entrada em vigor da presente lei é assegurada a admissão no Centro de Estudos Judiciários, com dispensa de testes de aptidão se obtiverem a classificação mínima de *Bom* em inspecção para o efeito realizada.

ARTIGO 188º-A
Proibição de valorizações remuneratórias[119]

O disposto no artigo 24º da Lei nº 55-A/2010, de 31 de Dezembro, não prejudica a primeira nomeação após estágio, bem como, justificada a sua imprescindibilidade pelo Conselho Superior da Magistratura, o provimento de vagas em tribunais superiores e em lugares de juízes do tribunal de círculo ou equiparado.

ARTIGO 189º
Entrada em vigor

1 – A presente lei entra em vigor no dia imediato ao da sua publicação, sem prejuízo do disposto nos números seguintes.

2 – As normas constantes dos nºs 2, 3 e 4 do artigo 43º e do nº 4 do artigo 44º entram em vigor com o início da vigência da Lei Orgânica dos Tribunais Judiciais, a publicar.

3 – O disposto no nº 1 do artigo 22º produz efeitos a partir do primeiro dia do mês seguinte ao da entrada em vigor desta lei.

ADITAMENTO À LEI Nº 21/85, DE 30 DE JULHO[120]

É aditado à Lei nº 21/85, de 30 de Julho, da qual faz parte integrante, o anexo II, com a seguinte redacção:

ANEXO II
(a que se refere o nº 1 do artigo 67º)

A partir de 1 de Janeiro de 2011 – 60 anos e 6 meses de idade e 36 anos e 6 meses de serviço (36,5).

A partir de 1 de Janeiro de 2012 – 61 anos de idade e 37 anos de serviço (37).

A partir de 1 de Janeiro de 2013 – 61 anos e 6 meses de idade e 37 anos e 6 meses de serviço (37,5).

A partir de 1 de Janeiro de 2014 – 62 anos de idade e 38 anos de serviço (38).

---

[119] O disposto neste artigo foi inserido pelo artigo 8º da Lei nº 9/2011, de 12 de abril.
[120] Este aditamento foi inserido pelo artigo 3º da Lei nº 9/2011, de 12 de abril.

A partir de 1 de Janeiro de 2015 – 62 anos e 6 meses de idade e 38 anos e 6 meses de serviço (38,5).

A partir de 1 de Janeiro de 2016 – 63 anos de idade e 39 anos de serviço (39).

A partir de 1 de Janeiro de 2017 – 63 anos e 6 meses de idade e 39 anos e 6 meses de serviço (39,5).

A partir de 1 de Janeiro de 2018 – 64 anos de idade e 40 anos de serviço (40).

A partir de 1 de Janeiro de 2019 – 64 anos e 6 meses de idade e 40 anos de serviço (40).

2020 e seguintes – 65 anos de idade e 40 anos de serviço (40).

É aditado à Lei nº 21/85, de 30 de Julho, da qual faz parte integrante, o Anexo III, com a seguinte redação:

ANEXO III
(a que se refere o artigo 68º)

Ano	Tempo de serviço
2011	38 anos e 6 meses (38,5).
2012	39 anos (39).
2013	39 anos e 6 meses (39,5).
2014 e seguintes	40 anos (40).

10. Normas Vigentes da Anterior Versão do Estatuto dos Magistrados Judiciais

ARTIGO 7º
Impedimentos

É vedado aos magistrados judiciais:

a) Exercer funções em tribunal ou juízo em que sirvam juízes de direito, magistrados do Ministério Público ou funcionários de justiça a que estejam ligados por casamento ou união de facto, parentesco ou afinidade em qualquer grau da linha recta ou até ao 2º grau da linha colateral;

b) Servir em tribunal pertencente a círculo judicial em que, nos últimos cinco anos, tenham desempenhado funções de Ministério Público ou que pertençam ao círculo judicial em que, em igual período, tenham tido escritório de advogado.

c) Exercer funções em tribunais de 1ª instância quando na sede da respectiva comarca, excepto nas de Lisboa e do Porto, tenha escritório de advocacia qualquer das pessoas referidas na alínea *a)*.[121]

ARTIGO 8º
Domicílio necessário

1 – Os magistrados judiciais têm domicílio necessário na sede do tribunal onde exercem funções, podendo, todavia, residir em qualquer ponto da circunscrição judicial, desde que não haja inconveniente para o exercício de funções.

2 – Quando as circunstâncias o justifiquem e não haja prejuízo para o exercício das suas funções, os juízes de direito podem ser autorizados pelo Conselho Superior da Magistratura a residir em local diferente do previsto no número anterior.

3 – Os juízes do Supremo Tribunal de Justiça e das relações estão dispensados da obrigação de domicílio, salvo determinação em contrário do Conselho Superior da Magistratura, por motivo de serviço.

---

[121] O Conselho Superior de Magistratura aprovou, em 18 de abril de 2000, o parecer de um seu vogal no sentido de que a aplicação imediata destes impedimentos não viola normas ou princípios constitucionais.

ARTIGO 28º-A
Mapas de férias

1 – Em cada distrito judicial ou circunscrição correspondente a tribunal da relação é elaborado mapa de férias anual dos magistrados, cabendo a sua organização ao juiz presidente do tribunal da relação respectivo ou a quem este delegar poderes para o acto, sob proposta e com audição dos interessados.

2 – Com vista a garantir o regular funcionamento dos tribunais, o mapa a que se refere o número anterior é remetido ao Conselho Superior da Magistratura acompanhado de parecer favorável do presidente do tribunal da relação, designadamente sobre a sua harmonização com os mapas de férias anuais propostos para os magistrados do Ministério Público e para os funcionários de justiça do distrito judicial.

3 – A aprovação do mapa de férias dos magistrados compete ao Conselho Superior da Magistratura, o qual pode delegar poderes para o acto.

4 – O mapa a que se refere o presente artigo é elaborado de acordo com o modelo definido e aprovado pelo Conselho Superior da Magistratura, nele se referenciando, para cada magistrado, o tribunal e o juízo em que presta funções, o período ou períodos de férias marcados e o magistrado substituto, observando-se o regime de substituição da lei nos casos em que este não seja indicado.

5 – O mapa de férias é aprovado até ao 30º dia que anteceda o domingo de Ramos, ficando de seguida disponível para consulta, em versão integral ou abreviada, nas instalações do tribunal.

6 – No Supremo Tribunal de Justiça compete ao Presidente do Tribunal, ou a quem este delegar, a organização, harmonização e aprovação do respectivo mapa de férias dos magistrados judiciais deste Tribunal.

ARTIGO 34º
Critérios e efeitos das classificações

1 – A classificação deve atender ao modo como os juízes de direito desempenham a função, ao volume, dificuldade e gestão do serviço a seu cargo, à capacidade de simplificação dos actos processuais, às condições do trabalho prestado, à sua preparação técnica, categoria intelectual, trabalhos jurídicos publicados e idoneidade cívica.

2 – A classificação de *Medíocre* implica a suspensão do exercício de funções do magistrado e a instauração de inquérito por inaptidão para esse exercício.

ARTIGO 42º
Primeira nomeação

1 – Os juízes de direito são nomeados segundo a graduação obtida nos cursos e estágios de formação.

2 – A primeira nomeação realiza-se para lugares de primeiro acesso.

ARTIGO 43º
Condições de transferência

1 – Os juízes de direito podem ser transferidos a seu pedido quando decorridos dois anos ou um ano sobre a data da deliberação que os tenha nomeado para o cargo anterior, consoante a precedente colocação tenha ou não sido pedida.

2 – A transferência a pedido de lugares de primeiro acesso para lugares de acesso final só pode fazer-se decorridos três anos sobre a data da primeira nomeação.

3 – Os juízes de direito não podem recusar a primeira colocação em lugares de acesso final após o exercício de funções em lugares de primeiro acesso.

4 – Os juízes de direito com mais de três anos de serviço efectivo não podem requerer a sua colocação em lugares de primeiro acesso, se já colocados em lugares de acesso final.

5 – Sem prejuízo do disposto nos números anteriores são autorizadas permutas que não prejudiquem o serviço e direitos de terceiros, em igualdade de condições e de encargos, assegurando o Conselho Superior da Magistratura a enunciação dos critérios aplicáveis.

6 – Não se aplicam os prazos referidos no nº 1 nos casos de provimento em novos lugares criados.

ARTIGO 44º
Colocação e preferências

1 – A colocação de juízes de direito deve fazer-se com prevalência das necessi-dades de serviço e o mínimo de prejuízo para a vida pessoal e familiar dos interes-sados.

2 – No provimento de lugares em tribunais de competência especializada é ponderada a formação específica dos concorrentes e, ainda, o exercício de funções quando tenha tido a duração de, pelo menos, dois anos.

3 – Sem prejuízo do disposto nos nºs 1 e 2, constituem factores atendíveis nas colocações, por ordem decrescente de preferência, a classificação de serviço e a antiguidade.

4 – Os juízes de direito não podem ser colocados em lugares de acesso final sem terem exercido funções em lugares de primeiro acesso.

5 – Em caso de premente conveniência de serviço, o Conselho Superior da Magistratura pode efectuar a colocação em lugares de acesso final de juízes de direito com menos de três anos de exercício de funções em lugares de primeiro acesso.

ARTIGO 45º
Nomeação para lugares de juiz de círculo

1 – Os juízes de círculo são nomeados de entre os juízes de direito com mais de 10 anos de serviço e classificação não inferior a *Bom com distinção*.

2 – Na falta de juízes de direito com os requisitos constantes do número anterior, o lugar é provido interinamente, aplicando-se o disposto no nº 3 do artigo anterior.

3 – Em caso de provimento efectuado nos termos do número anterior, o lugar será posto a concurso de dois em dois anos, nos movimentos judiciais, embora possa, durante esse prazo, ser requerida pelo magistrado interino a sua nomeação, desde que satisfaça os requisitos legais exigidos.

ARTIGO 45º-A
Equiparação a juiz de círculo

1 – O preceituado no artigo anterior aplica-se à nomeação de juízes dos tribunais de família, dos tribunais de família e menores, dos tribunais de comércio, dos tri-

bunais marítimos, dos tribunais de instrução criminal referidos no artigo 80º da Lei nº 3/99, de 13 de Janeiro, dos tribunais de trabalho, dos tribunais de execução das penas e das varas.

2 – Os juízes a que se refere o número anterior são equiparados, para efeitos remuneratórios, a juízes de círculo.

ARTIGO 59º
Requisitos da posse

1 – A posse deve ser tomada pessoalmente e no lugar onde o magistrado judicial vai exercer funções.

2 – Quando não se fixe prazo especial, o prazo para tomar posse é de trinta dias e começa no dia imediato ao da publicação da nomeação no *Diário da República*.

3 – Em casos justificados, o Conselho Superior da Magistratura pode prorrogar o prazo para a posse ou autorizar ou determinar que esta seja tomada em local diverso do referido no nº 1.

ARTIGO 61º
Competência para conferir posse

1 – Os magistrados judiciais prestam compromisso de honra e tomam posse:

a) Os juízes do Supremo Tribunal de Justiça e os presidentes das Relações, perante o Presidente do Supremo Tribunal de Justiça;

b) Os juízes das Relações, perante os respectivos presidentes;

c) Os juízes de direito, perante o respectivo substituto ou, tratando-se de juízes em exercício de funções na sede de tribunal de Relação, perante o respectivo presidente.

2 – Em casos justificados, o Conselho Superior da Magistratura pode autorizar ou determinar que a posse seja tomada perante magistrado judicial não referido no número anterior.

ARTIGO 71º
Suspensão de funções

Os magistrados suspendem as respectivas funções:

a) No dia em que forem notificados do despacho de pronúncia ou do despacho que designa dia para julgamento por crime doloso;

b) No dia em que lhes for notificada suspensão preventiva por motivo de procedimento disciplinar ou aplicação de pena que importe afastamento do serviço;

c) No dia em que lhes for notificada suspensão nos termos do nº 3 do artigo 65º.

d) No dia em que lhes for notificada a deliberação que lhes atribua a classificação referida no nº 2 do artigo 34º.

ARTIGO 138º
Vice-presidente e secretário

1 – O vice-presidente do Conselho Superior da Magistratura é o juiz do Supremo Tribunal de Justiça a que se refere o nº 2 do artigo 141º, exercendo o cargo a tempo inteiro.

2 – O Conselho tem um secretário, que designa de entre juízes de direito.
3 – O secretário aufere o vencimento correspondente a juiz de círculo.

ARTIGO 149º
Competência

Compete ao Conselho Superior da Magistratura:

a) Nomear, colocar, transferir, promover, exonerar, apreciar o mérito profissional, exercer a acção disciplinar e, em geral, praticar todos os actos de idêntica natureza respeitantes a magistrados judiciais, sem prejuízo das disposições relativas ao provimento de cargos por via electiva;

b) Emitir parecer sobre diplomas legais relativos à organização judiciária e ao Estatuto dos Magistrados Judiciais e, em geral, sobre matérias relativas à administração da justiça;

c) Estudar e propor ao Ministro da Justiça providências legislativas com vista à eficiência e ao aperfeiçoamento das instituições judiciárias;

d) Elaborar o plano anual de inspecções;

e) Ordenar inspecções, sindicâncias e inquéritos aos serviços judiciais;

f) Aprovar o regulamento interno e a proposta de orçamento relativos ao Conselho;

g) Adoptar as providências necessárias à organização e boa execução do processo eleitoral;

h) Alterar a distribuição de processos nos tribunais com mais de uma vara ou juízo a fim de assegurar a igualação e operacionalidade dos serviços;

i) Estabelecer prioridades no processamento de causas que se encontrem pendentes nos tribunais por período considerado excessivo, sem prejuízo dos restantes processos de carácter urgente;

j) Propor ao Ministro da Justiça as medidas adequadas, por forma a não tornar excessivo o número de processos a cargo de cada magistrado;

l) Fixar o número e composição das secções do Supremo Tribunal de Justiça e dos tribunais da Relação;

m) Exercer as demais competências conferidas por lei.

ARTIGO 158º
Delegação de poderes

1 – O Conselho Superior da Magistratura pode delegar no presidente, com faculdade de subdelegação no vice-presidente, poderes para:

a) Ordenar inspecções extraordinárias;

b) Instaurar inquéritos e sindicâncias;

c) Autorizar que magistrados se ausentem do serviço;

d) Conceder a autorização a que se refere o nº 2 do artigo 8º;

e) Prorrogar o prazo para a posse e autorizar ou determinar que esta seja tomada em lugar ou perante entidade diferente;

f) Indicar magistrados para participarem em grupos de trabalho;

g) Resolver outros assuntos, nomeadamente de carácter urgente.

2 – Pode ainda o Conselho Superior da Magistratura delegar nos Presidentes do Supremo Tribunal de Justiça e das relações a prática de actos próprios da sua competência, designadamente os relativos a licenças, faltas e férias, e bem assim a competência a que se refere a alínea *l*) do artigo 149º.

11. Estatuto dos Juízes Militares e dos Assessores Militares do Ministério Público[122]

CAPÍTULO I
Disposição preambular

ARTIGO 1º
Objecto

A presente lei regula o Estatuto dos Juízes Militares e dos Assessores Militares do Ministério Público.

CAPÍTULO II
Estatuto dos juízes militares

ARTIGO 2º
Estatuto dos juízes militares

Enquanto durar o exercício de funções judiciais, os juízes militares estão sujeitos ao presente Estatuto e, complementarmente, ao Estatuto dos Militares das Forças Armadas ou ao Estatuto do Militar da Guarda Nacional Republicana, consoante os casos.

ARTIGO 3º
Independência e inamovibilidade

Os juízes militares são inamovíveis e independentes, não podendo as suas funções cessar antes do termo da comissão de serviço, sem prejuízo do disposto no artigo seguinte.

---

[122] Foi aprovado pela Lei nº 101/2003, de 15 de novembro, objeto da Declaração de Retificação nº 1/2004, de 3 de janeiro.

ARTIGO 4º
Cessação de funções

1 – As funções dos juízes militares cessam antes do termo da comissão de serviço quando se verifique uma das seguintes causas:

   a) Morte ou impossibilidade física permanente;
   b) Renúncia;
   c) Exoneração.

2 – A renúncia, que não carece de aceitação, só produz efeitos após a sua comunicação ao presidente do Conselho Superior da Magistratura.

3 – Compete ao Conselho Superior da Magistratura, ouvido o Chefe do Estado-Maior do ramo respectivo ou o comandante-geral da Guarda Nacional Republicana (GNR), consoante os casos, verificar a impossibilidade física permanente, a qual deve ser previamente comprovada por uma junta médica militar.

4 – A cessação de funções é objecto de declaração publicada na 2ª série do *Diário da República*.

ARTIGO 5º
Irresponsabilidade

1 – Os juízes militares só podem ser responsabilizados civil, criminal ou disciplinarmente pelas suas decisões, nos casos especialmente previstos na lei.

2 – A responsabilidade por crimes comuns ou estritamente militares efectiva-se em termos semelhantes aos dos demais juízes do tribunal em que os juízes militares exerçam funções.

3 – Fora dos casos em que o ilícito praticado constitua crime, a responsabilidade civil apenas pode ser efectuada mediante acção de regresso do Estado contra o juiz militar em causa.

ARTIGO 6º
Regime disciplinar

Os juízes militares estão sujeitos, por factos praticados no exercício das suas funções, ao regime disciplinar previsto no Estatuto dos Magistrados Judiciais, com a ressalva das disposições relativas à avaliação do mérito.

ARTIGO 7º
Acção disciplinar

Compete exclusivamente ao Conselho Superior da Magistratura o exercício da acção disciplinar sobre os juízes militares.

ARTIGO 8º
Incompatibilidades

Os juízes militares não podem desempenhar qualquer outra função, pública ou privada, salvas as funções docentes ou de investigação científica de natureza jurídica ou militar, não remuneradas.

ARTIGO 9º
Estatuto remuneratório

1 – Aos juízes militares são mantidos o vencimento ou a remuneração de reserva, conforme os casos, acrescidos dos suplementos a que tenham direito, sendo-lhes ainda abonado um terço da remuneração dos demais juízes do tribunal em que estejam colocados.

2 – O montante que venha a resultar da aplicação da regra referida no número anterior não pode ser superior à remuneração auferida pelos magistrados dos tribunais em que os juízes militares estejam colocados.

3 – O suplemento de exercício de funções judiciais a que se refere o presente artigo é devido exclusivamente pelo período de exercício das mesmas e não influencia a formação da remuneração de reserva ou da pensão de reforma.

ARTIGO 10º
Honras e precedências

Os juízes militares gozam, salvo em cerimónias militares, das honras, garantias e precedências protocolares dos juízes dos tribunais em que forem colocados ou a que estiverem equiparados.

ARTIGO 11º
Trajo profissional

O trajo profissional dos juízes militares é definido por portaria conjunta dos Ministros da Defesa Nacional, da Administração Interna e da Justiça.

CAPÍTULO III
Movimento de juízes militares

ARTIGO 12º
Distribuição de juízes militares

1 – Os juízes militares integram o quadro dos tribunais competentes para o julgamento de crimes estritamente militares, nos termos da Lei de Organização e Funcionamento dos Tribunais Judiciais e do Código de Justiça Militar.

2 – O quadro de cada um dos tribunais referidos no número anterior prevê, conforme os casos, vagas correspondentes às seguintes categorias:

a) A de juiz militar do Supremo Tribunal de Justiça, reservada aos vice-almirantes e tenentes-generais dos três ramos das Forças Armadas ou da GNR;

b) A de juiz militar da Relação, reservada aos contra-almirantes e majores-generais dos três ramos das Forças Armadas ou da GNR;

c) A de juiz militar de 1ª instância, reservada aos capitães-de-mar-e-guerra e coronéis dos três ramos das Forças Armadas ou da GNR.

ARTIGO 13º
Nomeação

1 – A colocação de juízes militares nos quadros efectua-se por nomeação.

2 – Os juízes militares a que se referem as alíneas *a*) e *b*) do nº 2 do artigo 12º são nomeados, por escolha, de entre os oficiais na reserva; a nomeação pode recair em oficial na situação de activo, desde que o mesmo transite para a reserva até à tomada de posse.

3 – Os juízes militares de 1ª instância podem ser nomeados, por escolha, de entre oficiais nas situações de activo ou reserva.

4 – As nomeações a que se referem os números anteriores devem recair, de preferência, em oficiais possuidores da licenciatura em Direito.

5 – Não podem ser nomeados juízes militares os oficiais que:

a) Tenham sido definitivamente condenados em pena criminal privativa da liberdade pela prática de crimes dolosos;

b) Se encontrem definitivamente pronunciados por crimes comuns ou estritamente militares, até ao trânsito em julgado da decisão final.

ARTIGO 14º
Movimento de juízes militares

1 – Os juízes militares são nomeados pelo Conselho Superior da Magistratura, sob proposta do Conselho de Chefes de Estado-Maior ou do Conselho Geral da GNR, conforme os casos.

2 – Em caso de exoneração ou vagatura de algum lugar previsto no artigo 12º, o Conselho de Chefes de Estado-Maior ou o Conselho Geral da GNR, conforme os casos, submetem ao Conselho Superior da Magistratura uma lista de três nomes que preencham as condições legais para a nomeação e que fundamentadamente considerem os mais adequados para o desempenho do cargo a prover.

3 – O Conselho Superior da Magistratura pode proceder à nomeação de entre os nomes propostos ou solicitar a indicação de mais um nome ou a apresentação de nova lista, seguindo-se depois os mesmos trâmites.

ARTIGO 15º
Regime

1 – A comissão de serviço dos juízes militares tem a duração de três anos e pode ser renovada uma vez, por igual período.

2 – A transição de juízes militares para as situações de reserva ou reforma é sustada durante a comissão de serviço e, bem assim, em caso de recondução, salvo declaração expressa em contrário do juiz militar em causa.

ARTIGO 16º
Posse

1 – Os juízes militares do Supremo Tribunal de Justiça tomam posse perante o Presidente deste Tribunal.

2 – Os juízes militares da Relação e os juízes militares de 1ª instância tomam posse perante os presidentes dos Tribunais da Relação de Lisboa e do Porto, conforme os casos.

3 – A posse deve ter lugar nos 10 dias subsequentes à publicação do acto que determinou a colocação.

ARTIGO 17º
Regime da exoneração

A exoneração dos juízes militares compete ao Conselho Superior da Magistratura, ouvido o Conselho de Chefes de Estado-Maior ou o Conselho Superior da GNR, consoante os casos.

ARTIGO 18º
Causas de exoneração

São exonerados os juízes militares que:

a) Declarem, expressamente, desejar transitar para a situação de reforma, nos termos do nº 2 do artigo 15º;
b) Sejam definitivamente condenados por pena criminal privativa da liberdade;
c) Aceitem lugar incompatível com o exercício das suas funções.

ARTIGO 19º
Suspensão de funções

Os juízes militares suspendem as respectivas funções nos mesmos termos dos magistrados judiciais.

CAPÍTULO IV
Assessoria Militar

SECÇÃO I
Estrutura e funções

ARTIGO 20º
Assessoria Militar

1 – A assessoria ao Ministério Público nos processos por crimes estritamente militares é assegurada pela Assessoria Militar, composta por oficiais das Forças Armadas e da GNR.

2 – Integram a Assessoria Militar os Núcleos de Assessoria Militar dos Departamentos de Investigação e Acção Penal (DIAP) de Lisboa e Porto.

ARTIGO 21º
Núcleos de assessoria militar

1 – Nos DIAP de Lisboa e Porto funcionam núcleos de assessoria militar, compostos por oficiais das Forças Armadas e da GNR, de categoria não inferior a primeiro-tenente ou capitão e em número não inferior a quatro por núcleo.

2 – Os núcleos de assessoria militar asseguram as funções a que se referem o artigo seguinte e o artigo 23º no âmbito das respectivas procuradorias-gerais distritais e dos DIAP.

3 – O Núcleo de Assessoria Militar do DIAP de Lisboa assegura igualmente o apoio ao Departamento Central de Investigação e Acção Penal.

4 – O Procurador-Geral da República pode fixar um número de assessores militares em cada um dos núcleos superior ao previsto no nº 1, de acordo com as necessidades de serviço.

SECÇÃO II
Funções e regime de intervenção

ARTIGO 22º
Funções

Cabe aos assessores militares coadjuvar o Ministério Público:

a) No exercício da acção penal relativamente a crimes estritamente militares;
b) Na promoção e realização de acções de prevenção relativas aos crimes referidos na alínea anterior;
c) Na direcção da investigação dos crimes referidos nas alíneas anteriores;
d) Na fiscalização da actividade processual da Polícia Judiciária Militar;
e) Na promoção da execução de penas e medidas de segurança aplicadas a militares na efectividade de serviço.

ARTIGO 23º
Regime de intervenção

1 – Para efeito do disposto no artigo anterior e sem prejuízo do demais apoio técnico que o magistrado responsável pelo processo lhes requeira, os assessores militares emitem sempre parecer prévio, não vinculativo, relativamente aos seguintes actos:

a) Requerimento de aplicação de medidas de coacção a militares na efectividade de serviço, bem como a sua revogação, alteração ou extinção;
b) Audição do Ministério Público para os efeitos previstos na alínea anterior, sempre que a aplicação, revogação, alteração ou extinção sejam decretadas oficiosamente ou a requerimento do arguido;
c) Dedução da acusação ou arquivamento de inquérito.

2 – O parecer a que se refere o número anterior é emitido por escrito, no prazo fixado pelo magistrado responsável; este pode, no entanto, por urgente conveniência de serviço, determinar que o parecer seja emitido oralmente, sendo reduzido a escrito logo que possível.

3 – Os assessores militares emitem parecer segundo o critério de intervenção previsto no nº 2 do artigo 115º do Código de Justiça Militar, sem prejuízo de o magistrado responsável poder colher ainda os pareceres de outros assessores militares, se entender conveniente.[123]

---

[123] Este normativo foi objeto da Declaração de Retificação nº 1/2004, publcada no *Diário da República*, I Série A, de 3 de janeiro de 2004.

SECÇÃO III
Nomeação e estatuto

ARTIGO 24º
Nomeação

1 – Os assessores militares são nomeados pelo Procurador-Geral da República, sob proposta dos Chefes de Estado-Maior respectivos ou do comandante-geral da GNR, consoante os casos.

2 – É correspondentemente aplicável o procedimento de nomeação dos juízes militares, com as necessárias adaptações.

ARTIGO 25º
Estatuto

1 – Os assessores militares do Ministério Público desempenham as respectivas funções em regime de comissão normal e vencem de acordo com o posto respectivo.

2 – O exercício de funções na Assessoria Militar do Ministério Público só decorre em regime de exclusividade se o Procurador-Geral assim o determinar, genérica ou casuisticamente.

3 – Os assessores militares estão sujeitos ao dever de reserva que impende sobre os magistrados do Minitério Público, além dos deveres inerentes ao estatuto da condição militar.

4 – São ainda aplicáveis aos assessores militares os impedimentos previstos no artigo 117º do Código de Justiça Militar.

12. Estatuto dos Assistentes Judiciais da Primeira Instância[124]

ARTIGO 1º
Objecto

O presente diploma tem por objecto a criação de condições para a contratação, a título excepcional, dos recursos humanos necessários à assessoria técnica dos magistrados judiciais dos tribunais de 1ª instância onde se verifique um volume excessivo de processos.

ARTIGO 2º
Assistentes Judiciais

1 – Os magistrados judiciais dos tribunais de 1ª instância podem dispor de assistentes que os assessoram tecnicamente e os coadjuvam no exercício das suas funções.

2 – Os assistentes judiciais exercem funções, preferencialmente, nos seguintes tribunais de 1ª instância:

a) Tribunais com elevado número de processos entrados;
b) Tribunais com elevado número de processos pendentes;
c) Tribunais com necessidade de intervenção resultante de situações excepcionais de funcionamento anómalo.

3 – Os assistentes judiciais exercem a respectiva actividade sob orientação dos magistrados que coadjuvam, realizando os trabalhos que sejam por estes determinados.

4 – Para efeitos do disposto no número anterior, os assistentes judiciais, designadamente:

a) Apoiam na elaboração de projectos de decisões judiciais;

---

[124] Aprovado pelo Decreto-Lei nº 330/2001, de 20 de dezembro.

b) Proferem despachos de mero expediente;
c) Preparam as agendas de julgamento e outras diligências.

5 – A actividade dos assistentes judiciais tem como objecto principal a realização das diligências necessárias à redução das pendências e ao estrito cumprimento dos prazos processuais.

ARTIGO 3º
Número de assistentes judiciais

1 – O número de assistentes judiciais é anualmente fixado por portaria conjunta dos Ministros das Finanças, da Justiça e da Reforma do Estado e da Administração Pública, ouvido o Conselho Superior da Magistratura.

2 – A portaria referida no número anterior determina os tribunais e juízos em que é autorizada a contratação de assistentes judiciais.

3 – A autorização da contratação para os fins previstos na alínea *b)* do nº 2 do artigo 1º é acompanhada da fixação de objectivos de redução de pendências, definidos pelo Conselho Superior da Magistratura.

ARTIGO 4º
Selecção e recrutamento e remuneração

1 – Os assistentes judiciais são contratados a termo, nos termos da lei do trabalho, pela Direcção Geral da Administração da Justiça, de entre licenciados em Direito.

2 – O recrutamento dos assistentes judiciais é precedido de proposta dos juízes em funções nos tribunais e juízos constantes da portaria referida no nº 2 do artigo 3º, competindo a sua escolha ao Conselho Superior da Magistratura, de acordo com critérios objectivos de selecção, fixados por este órgão.

3 – A proposta deve ser acompanhada do *curriculum vitae* e da documentação exigida.

4 – Os contratos de trabalho a termo não conferem aos assistentes judiciais a qualidade de agente.

5 – A remuneração dos assistentes judiciais é fixada por portaria conjunta dos Ministros das Finanças, da Justiça e da Reforma do Estado e da Administração Pública, ouvido o Conselho Superior da Magistratura e salvaguardados os procedimentos de negociação colectiva.

6 – Os assistentes judiciais que sejam funcionários e agentes do Estado, de institutos públicos ou de empresas públicas são nomeados em regime de comissão de serviço, podendo optar pela remuneração de origem.

ARTIGO 5º
Duração

Os assistentes judiciais cessam o exercício de funções:

a) Quando os tribunais previstos no nº 3 do artigo 3º deixem de integrar a portaria aí mencionada;
b) Sempre que o magistrado que coadjuvam cesse funções no âmbito do juízo ou tribunal em causa.

ARTIGO 6º
Deveres e incompatibilidades dos assistentes judiciais

1 – Os assistentes judiciais estão sujeitos aos deveres e incompatibilidades dos magistrados.

2 – E vedado aos assistentes judiciais o exercício de funções de assessoria e coadjuvação de juízes de direito a que estejam ligados por casamento ou união de facto, parentesco ou afinidade em qualquer grau da linha recta ou até ao 2º grau da linha colateral.

ARTIGO 7º
Protecção social

1 – Os assistentes judiciais contratados a termo ficam abrangidos pelo regime de protecção social da segurança social.

2 – Os assistentes judiciais podem inscrever se nos Serviços Sociais do Ministério da Justiça.

ARTIGO 8º
Encargos

Os encargos decorrentes do presente diploma são assegurados pelo Instituto de Gestão Financeira e Patrimonial da Justiça.[125]

---

[125] Agora é legalmente designado por Instituto de Gestão Financeira e dos Equipamentos da Justiça, I.P.

13. Estatuto dos Assessores Judiciais dos Tribunais Superiores[126]

ARTIGO 1º
Assessores

1 – O Supremo Tribunal de Justiça e os tribunais de Relação dispõem de assessores que coadjuvam os magistrados judiciais e os magistrados do Ministério Público.

2 – Haverá também assessores nos tribunais judiciais de 1ª instância quando a complexidade e o volume do serviço o justifiquem.

ARTIGO 2º
Competência

1 – Compete, designadamente, aos assessores:

a) Proferir despachos de mero expediente;
b) Preparar a agenda dos serviços a efectuar;
c) Elaborar projectos de peças processuais;
d) Proceder à pesquisa da legislação, jurisprudência e doutrina necessárias à preparação das decisões e das promoções nos processos;
e) Sumariar as decisões e as promoções, a legislação, a jurisprudência e a doutrina de maior interesse científico e integrá-la em ficheiros ou em base de dados;
f) Colaborar na organização e actualização da biblioteca do tribunal.

2 – Dependem de delegação do respectivo magistrado os actos a que se referem as alíneas a) a c) do número anterior, devendo a delegação ser específica no que respeita aos da alínea c).

---

[126] Foi aprovado pelo Decreto-Lei nº 330/2001, de 20 de dezembro. A assessoria jurídica em geral é regulada pela Lei nº 2/98, de 8 de janeiro, retificada pela Declaração nº 5/98, de 24 de fevereiro, pela Deliberação nº 538/98 do Conselho Superior da Magistratura, pela Portaria nº 184/99, de 20 de março, alterada pelo Despacho nº 6175/2000, de 20 de março, retificado pela Declaração nº 986/2000, de 31 de março, pela Portaria nº 110/2000, de 26 de fevereiro, pelo Regulamento do Curso de Formação de Assessores das Magistraturas Judicial e do Ministério Público e pela Portaria nº 111/2000, de 26 de fevereiro.

ARTIGO 3º
Número de assessores

1 – O número de assessores é fixado por portaria conjunta do Ministro da Justiça, do Ministro das Finanças e do membro responsável pela Administração Pública, sob proposta do Conselho Superior da Magistratura e da Procuradoria-Geral da República, respectivamente.[127]

2 – A indicação dos tribunais judiciais de 1ª instância a que se reporta o nº 2 do artigo 1º efectua-se nos termos do número anterior e constará da mencionada portaria.

3 – Na mesma portaria declarar-se-á aberto o concurso de provimento.

ARTIGO 4º
Supremo Tribunal de Justiça

Os assessores do Supremo Tribunal de Justiça são nomeados, respectivamente, pelo Conselho Superior da Magistratura e pelo Conselho Superior do Ministério Público, em comissão de serviço, por três anos, não renovável, de entre juízes de 1ª instância e procuradores ou delegados do procurador da República com classificação não inferior a *Bom com distinção* e antiguidade não inferior a 5 e não superior a 15 anos.[128]

ARTIGO 5º
Recrutamento dos assessores

Os assessores dos tribunais da Relação e dos tribunais judiciais de 1ª instância são recrutados:

a) De entre candidatos ao ingresso no Centro de Estudos Judiciários, classificados de *Aptos*, que tenham excedido o número de vagas disponíveis de auditores de justiça;

b) De entre oficiais de justiça habilitados com licenciatura em Direito que tenham, pelo menos, cinco anos de serviço e classificação não inferior a *Bom*.

ARTIGO 6º
Admissão ao curso de formação

1 – Os assessores são providos após frequência, com aproveitamento, de curso de formação a realizar no Centro de Estudos Judiciários.

2 – Os candidatos a curso de formação não podem exceder o dobro do contingente fixado nos termos do nº 1 do artigo 3º.

3 – Ao curso de formação são admitidos os candidatos a que se refere o número anterior, na proporção de metade para cada um dos conjuntos.

4 – Havendo excesso de candidatos, efectua-se rateio nos seguintes termos:

a) Quanto aos candidatos mencionados na alínea *a)* do artigo anterior, atende-se à classificação ali referida, preferindo os mais velhos em caso de igualdade;

---

[127] O número de assessores foi fixado pela Portaria nº 184/99, de 20 de março.
[128] A designação *delegado do procurador da República* foi legalmente substituída pela designação *procurador-adjunto*.

b) Quanto aos candidatos mencionados na alínea *b)* do artigo anterior, atende-se, sucessivamente, à categoria mais elevada e, dentro de cada categoria, à melhor classificação de serviço, preferindo os mais antigos.

5 – As vagas não preenchidas por um dos conjuntos referidos no artigo anterior acrescem ao outro conjunto de candidatos.

ARTIGO 7º
Forma e duração do provimento

1 – O curso a que se refere o nº 1 do artigo anterior tem a duração de três meses e obedece a regulamento aprovado por despacho do Ministro da Justiça, sob proposta do conselho pedagógico do Centro de Estudos Judiciários.

2 – Os candidatos que obtiverem aproveitamento são graduados por ordem decrescente de mérito dentro de cada um dos conjuntos que se refere o artigo 5º, observando-se, em caso de igualdade, o disposto no nº 4 do artigo anterior, respectivamente.

3 – A validade do curso a que se refere o nº 1 mantém-se enquanto não for declarado aberto novo concurso, nos termos do nº 3 do artigo 3º.

ARTIGO 8º
Forma e duração do provimento

1 – Os candidatos a que refere o nº 2 do artigo anterior são admitidos como assessores em comissão de serviço, por três anos.

2 – O provimento dos assessores efectua-se, sempre que possível, alternadamente de entre os candidatos de cada um dos conjuntos a que se refere o nº 2 do artigo anterior, começando-se pelo conjunto com maior número de elementos ou, em caso de igualdade, pelo conjunto a que pertencer o mais velho dos candidatos.[129]

3 – A comissão de serviço pode ser prorrogada por duas vezes, por períodos de um ano.

4 – A comissão de serviço pode ser dada por finda, a todo o tempo, pelo Ministro da Justiça, sob proposta do Conselho Superior da Magistratura ou da Procuradoria-Geral da República, conforme os casos, precedendo a audição dos magistrados assessorados, com fundamento em que o assessor não revela aptidões técnicas, zelo ou adequação para o exercício do cargo.

ARTIGO 9º
Colocação

1 – No Supremo Tribunal de Justiça os assessores são distribuídos pelo respectivo presidente e pelo Procurador-Geral da República.

2 – Nos restantes tribunais, os assessores são colocados pelo Conselho Superior da Magistratura e pelos procuradores-gerais adjuntos distritais, respectivamente.

3 – A colocação a que se referem os números anteriores é precedida de audição dos respectivos magistrados.

---

[129] Os critérios de provimento, distribuição e colocação de assessores nos tribunais da Relação e nos tribunais judiciais de 1ª Instância constam da Portaria nº 111/2000, de 26 de fevereiro.

4 – Decorrido, pelo menos, um ano, os assessores podem requerer ao Ministro da Justiça a sua transferência dos serviços da magistratura judicial para os do Ministério Público, ou vice-versa, com preferência sobre os candidatos à primeira nomeação.

ARTIGO 10º
Dependência hierárquica e funcional

1 – Os assessores dependem, hierárquica e funcionalmente, do magistrado que coadjuvam.

2 – No caso de coadjuvarem mais de um magistrado, os assessores dependem, para efeitos do número anterior, do magistrado que for designado pela entidade competente para a sua colocação.

ARTIGO 11º
Direitos dos assessores

1 – É aplicável aos assessores, com as necessárias adaptações, o disposto na alínea *d*) do nº 1 do artigo 17º da Lei nº 21/85, de 30 de Julho, e na alínea *e*) do nº 1 do artigo 85º da Lei nº 47/86, de 15 de Outubro.[130]

2 – Os assessores podem inscrever-se nos Serviços Sociais do Ministério da Justiça.

ARTIGO 12º
Remunerações

1 – Durante a frequência do curso a que se refere o nº 1 do artigo 6º, os candidatos a assessores têm direito a uma bolsa de estudos equivalente a dois terços da estabelecida para os auditores de justiça no período de actividades teórico-práticas.

2 – Os assessores têm direito a vencimento de montante igual ao da bolsa de estudos estabelecida para os auditores de justiça no período de actividades teórico-práticas, acrescido de subsídio de fixação de quantitativo igual ao que se refere no nº 2 do artigo 29º da Lei nº 21/85, de 30 de Julho, e no nº 2 do artigo 80º da Lei nº 47/86, de 15 de Outubro.[131]

3 – As despesas decorrentes do disposto na presente lei são asseguradas pelo Gabinete de Gestão Financeira do Ministério da Justiça.

ARTIGO 13º
Deveres e incompatibilidades dos assessores

1 – Os assessores estão sujeitos aos deveres e incompatibilidades dos magistrados.

2 – É aplicável subsidiariamente aos assessores o regime da função pública.

---

[130] À alínea *d*) do nº 1 do artigo 17º da Lei nº 21/85, de 30 de julho, corresponde atualmente a alínea *c*) do nº 1 do artigo 17º daquela Lei, e à alínea *e*) do nº 1 do artigo 85º da Lei nº 47/86, de 15 de outubro, corresponde, por seu turno, a alínea *e*) do nº 1 do artigo 107º da mesma Lei.

[131] Ao nº 2 do artigo 80º da Lei nº 47/86, de 15 de outubro, corresponde agora o nº 2 do artigo 102º daquela Lei.

ARTIGO 14º
Funcionários e agentes do Estado

Os candidatos, durante a frequência do curso a que se refere o artigo 7º, e os assessores que sejam funcionários ou agentes do Estado, de institutos públicos ou de empresas públicas têm direito a frequentar o curso e a exercer o cargo em regime de requisição e a optar, neste caso, pelas remunerações base relativas à categoria de origem.

ARTIGO 15º
Acesso ao Centro de Estudos Judiciários

Os assessores com três anos de exercício efectivo de funções com boa informação de serviço têm acesso ao Centro de Estudos Judiciários mediante quota a reservar na lei que regula o seu funcionamento e aprovação em exame nos termos a regulamentar na lei.

ARTIGO 16º
Assessores dos tribunais judiciais de 1ª instância

Com excepção do que se preceitua nos nºs 1 e 3 do artigo 9º e no artigo 10º, as disposições dos artigos 5º e seguintes são apenas aplicáveis aos assessores dos tribunais da Relação e dos tribunais judiciais de 1ª instância.

ARTIGO 17º
Entrada em vigor

1 – A presente lei entra em vigor no dia 1 de Janeiro de 1998.

2 – Mantêm-se em vigor até essa data o disposto no artigo 36º da Lei nº 38/87, de 23 de Dezembro, e o disposto no artigo 3º do Decreto-Lei nº 214/88, de 17 de Junho.

13.1. REGULAMENTO DO CURSO DE FORMAÇÃO DE ASSESSORES DAS MAGISTRATURAS NAS RELAÇÕES E NA PRIMEIRA INSTÂNCIA[132]

CAPÍTULO I
Do ingresso no curso

ARTIGO 1º
Duração e local

O curso de formação de assessores dos tribunais de relação e dos tribunais judiciais de 1ª instância tem a duração de três meses e decorre no Centro de Estudos Judiciários (CEJ).

---

[132] Aprovado pelo Despacho do Secretário de Estado Adjunto do Ministro da Justiça, nº 8260/98, 2ª serie, publicado no *Diário da República*, II Série, de 18 de maio de 1998, alterado pelo Despacho do Secretário de Estado Adjunto do Ministro da Justiça, nº 6175/2000, 2ª série, publicado no *Diário da República*, II Série, de 20 de março de 2000, retificado sob o nº 986/2000, conforme o *Diário da República*, II Série, de 31 de março de 2000.

ARTIGO 2º
Abertura de concurso

Após a publicação da portaria a que se refere o artigo 3º da Lei nº 2/98, de 8 de Janeiro, o Ministro da Justiça fará publicar no *Diário da República* aviso de abertura do concurso para ingresso no curso referido no artigo anterior, com indicação da data do respectivo início.

ARTIGO 3º
Apresentação de candidaturas

1 – No prazo de 15 dias, a contar da data da publicação referida no artigo anterior, os interessados devem requerer a sua admissão ao concurso.

2 – Os requerimentos são dirigidos ao director do CEJ e devem ser instruídos:

a) Para os candidatos nos termos da alínea *a)* do artigo 5º da Lei nº 2/98, com declaração, sob compromisso de honra, de terem sido classificados como aptos em testes de ingresso no CEJ, com indicação da classificação ou da melhor classificação obtida e ano respectivo;

b) Para os candidatos nos termos da alínea *b)* do mesmo artigo, com certidões da habilitação com licenciatura em Direito e da sua qualidade de oficial de justiça, categoria, classificação e tempo de serviço.

ARTIGO 4º
Apreciação das candidaturas

1 – Encerrado o prazo para a apresentação dos requerimentos, o director do CEJ apreciará as candidaturas e determinará a publicação, no *Diário da República*, de duas listas organizadas separadamente, em função dos requisitos de admissibilidade previstos no artigo 5º da Lei nº 2/98, de que constarão os candidatos admitidos e não admitidos.

2 – Das listas cabe reclamação para o Ministro da Justiça, no prazo de dez dias.

3 – Decididas as reclamações, ou não as havendo, são publicadas no *Diário da República* as listas definitivas.

ARTIGO 5º
Processo individual

Relativamente a cada candidato admitido será aberto um processo individual, do qual constarão todos os elementos que lhe respeitem e interesse registar, designadamente os referentes à admissão, frequência, avaliação e graduação.

CAPÍTULO II
Do Curso

SECÇÃO I
Plano e organização do curso

ARTIGO 6º
Objectivo

O curso visa proporcionar aos candidatos a preparação técnica e humana que os habilitem ao correcto desempenho das funções de assessor dos magistrados judiciais e do Ministério Público, nos tribunais de relação e de 1a instância.

ARTIGO 7º
Conteúdo

1 – Na programação do curso serão consideradas as seguintes áreas temáticas:

a) Área formativa:
- Ética, deontologia e segredo profissional e de justiça;
- Relações institucionais e interpessoais;
- Organização judiciária e estatutos profissionais;
- Informática, em especial processamento de texto e acesso a bases de dados;
- Técnicas e metodologia de investigação e pesquisa;
- Técnicas de síntese e sumariação de textos;
- Técnicas de biblioteca, arquivo e documentação (BAD).

b) Área profissional e de aplicação:
- Direito processual civil;
- Direito processual penal;
- Direito processual do trabalho;
- Direito processual em matéria de direito da família e dos menores;
- Técnica e dinâmica de acção processual;
- Elaboração de despachos, promoções e outras peças processuais mais correntes;
- Definição e modelos de despachos de mero expediente.

2 – Na abordagem das áreas temáticas a que se refere o número anterior tomar se á em conta, dentro das limitações da duração do curso, a sua conexão com o direito substantivo, a metodologia jurídica e a psicologia e sociologia judiciárias.

ARTIGO 8º
Programa

1 – Os conteúdos concretos, a distribuição dos tempos e as metodologias de abordagem das várias áreas temáticas constarão do programa do curso a elaborar pelo director adjunto do CEJ a que se refere a alínea a) do nº 1 do artigo 8º da Lei nº 16/98, de 8 de Abril, em colaboração com os directoresadjuntos referidos na alínea b) do nº 1 do mesmo artigo.

2 – O programa do curso deve ser sujeito a aprovação pelo conselho pedagógico do CEJ.

ARTIGO 9º
Métodos

Na condução das actividades do curso serão privilegiados os métodos de trabalho que impliquem a participação activa dos candidatos e a exercitação prática e individual, com subsequente discussão.

ARTIGO 10º
Funcionamento

O curso funciona em plenário, sem prejuízo de poder ser dividido em grupos de trabalho, sempre que razões de ordem pedagógica o aconselhem.

ARTIGO 11º
Corpo docente

As actividades pedagógicas do curso são asseguradas pelo corpo docente do CEJ, ou, a convite do respectivo director, por magistrados, advogados, oficiais de justiça e, em geral, por especialistas nas matérias a versar.

ARTIGO 12º
Deveres dos candidatos

São, designadamente, deveres dos candidatos a assessores:

a) A assiduidade e a pontualidade às actividades pedagógicas do curso;
b) A realização dos trabalhos de que sejam incumbidos em execução do programa do curso.

ARTIGO 13º
Parâmetros de avaliação

Na avaliação da prestação de cada candidato ter se ão em conta, como índices ponderáveis, todos os que permitam apurar da aptidão para o exercício das funções de assessor, nomeadamente a cultura jurídica e a cultura geral, a capacidade de investigação, de organização e de trabalho, a capacidade de exposição oral e escrita, o poder de síntese, a relação humana, a assiduidade e a pontualidade.

ARTIGO 14º
Métodos de avaliação

A prestação de cada candidato a assessor é avaliada de acordo com os seguintes métodos:

a) Avaliação contínua;
b) Avaliação final.

ARTIGO 15º
Avaliação contínua

No termo da avaliação contínua, em reunião conjunta dos docentes do curso, presidida pelo director adjunto a que se refere o nº 1 do artigo 8º, será atribuída a cada candidato a assessor urna notação valorimétrica, dentro de uma escala de 0 a 20.

ARTIGO 16º
Avaliação final

1 – As provas de avaliação final são prestadas perante um júri.
2 – O júri é constituído pelos seguintes elementos:

a) O director adjunto a que se refere o nº 1 do artigo 8º, que preside;
b) Um magistrado judicial, designado pelo Conselho Superior da Magistratura;
c) Um magistrado do Ministério Público, designado pelo Conselho Superior do Ministério Público;
d) Um docente do CEJ, designado pelo Ministro da Justiça, sob proposta do director.

3 – Sempre que as circunstâncias o exijam, formar se ão júris suplementares presididos por outros directores adjuntos ou docentes do CEJ nomeados pelo Ministro da Justiça, sob proposta do respectivo director, e constituídos por mais três pessoas, a designar nos termos das alíneas *b)* a *d)* do número anterior.
4 – O presidente do júri tem voto de qualidade.

ARTIGO 17º
Provas de avaliação final

As provas de avaliação final decorrem em duas fases, uma escrita e outra oral.

ARTIGO 18º
Fase escrita

1 – A fase escrita compreende uma prova consistindo na elaboração de:

a) Projecto de peça processual da área da magistratura judicial;
b) Projecto de peça processual da área da magistratura do Ministério Público;
c) Nota de síntese a partir de textos de natureza jurídica.

2 – A prova tem a duração de três horas.
3 – A fase escrita decorre sob anonimato dos candidatos.

ARTIGO 19º
Notação das provas escritas

1 – À prova escrita é atribuída uma notação, numa escala valorimétrica de 0 a 20.
2 – Consideram se excluídos os candidatos a assessor que na fase escrita obtenham notação inferior a 10.

ARTIGO 19º-A
Revisão da prova escrita

1 – Os candidatos eliminados na fase escrita podem pedir a revisão da prova no prazo de cinco dias a contar da publicação dos respectivos resultados, em requerimento fundamentado dirigido ao director do CEJ.

2 – Para efeito do disposto no número anterior, a secretaria entregará ao candidato, imediatamente após a solicitação, cópia da prova objecto de revisão.

3 – A apreciação e decisão do pedido de revisão incumbirá a um presidente e a três elementos dos júris, designados pelo director.

4 – O presidente e os elementos dos júris referidos no número anterior devem ser diversos dos que intervierem na classificação da prova sobre que recai o pedido.

ARTIGO 20º
Fase oral

1 – A fase oral compreende:

a) Uma conversação sobre organização judiciária, estatutos profissionais e aspectos éticos, deontológicos e culturais da função de assessor;

b) Uma discussão sobre os temas versados na prova escrita.

2 – As provas da fase oral têm a duração máxima de trinta e quarenta minutos, respectivamente.

3 – À fase oral é atribuída uma notação numa escala valorimétrica de 0 a 20, correspondente à média aritmética das notações atribuídas a cada uma das provas segundo a mesma escala.

ARTIGO 21º
Notação final e graduação

1 – Efectuadas as provas, o júri fixará a notação final de cada candidato a assessor.

2 – Para efeitos do disposto no número anterior, o júri obterá uma média ponderada das notações atribuídas nos termos do artigo 15º, do nº 1 do artigo 19º e do nº 3 do artigo 20º, segundo os factores, respectivamente, de 20%, 40% e 40%.

3 – Os candidatos são graduados de acordo com o disposto no nº 2 do artigo 7º da Lei nº 2/98, sendo excluídos os que obtiverem notação final inferior a 10.

SECÇÃO II
Faltas

ARTIGO 22º
Regime de faltas

1 – Determinam a perda de frequência do curso cinco faltas injustificadas.

2 – As faltas justificadas, quando em número superior a 15, poderão implicar a perda de frequência do curso, sempre que, por deliberação do conselho pedagógico do CEJ, se considere que afectaram o aproveitamento do candidato a assessor.

ARTIGO 23º
Contagem das faltas

1 – As faltas contam se por unidades de tempo lectivo que é o que decorre entre o início e o termo de uma sessão de trabalho sem intervalo.

2 – Nos casos em que o intervalo seja facultado por iniciativa do docente, a falta no período que se lhe seguir equivale à falta a toda a sessão.

ARTIGO 24º
Controle de presenças

O controle de presenças nas sessões far se á pelo sistema de assinatura de folhas de presença, que serão recolhidas dez minutos após a hora marcada para o início da sessão.

ARTIGO 25º
Justificação das faltas

A justificação das faltas é feita, em folha própria a fornecer pela secretaria, perante o director adjunto a que se refere o nº 1 do artigo 8º, no prazo de três dias a contar da falta ou da última falta, quando, sendo várias, tenham ocorrido seguidamente.

ARTIGO 26º
Falta às provas de avaliação final

1 – A falta injustificada a qualquer prova de avaliação final determina a exclusão do candidato.

2 – Os candidatos a assessores que não compareçam a prova ou provas realizadas num dia podem justificar a falta, perante o director adjunto referido no artigo anterior, nas vinte e quatro horas seguintes.

3 – Se a falta for considerada justificada, será designado novo dia para a realização da prova ou provas.

SECÇÃO III
Regime Disciplinar

ARTIGO 27º
Regime disciplinar

Aos candidatos a assessores aplica se, com as necessárias adaptações, o regime disciplinar previsto na Lei nº 16/98, de 8 de Abril, para os auditores de justiça.[133]

---

[133] O referido regime disciplinar consta atualmente da Lei nº 2/2008, de 14 de janeiro.

CAPÍTULO III
Disposições Finais

ARTIGO 28º
Apoio administrativo

O apoio administrativo é assegurado pela secretaria do CEJ.

14. Estatuto do Ministério Público[134]

PARTE I
DO MINISTÉRIO PÚBLICO

TÍTULO I
Estrutura, funções e regime de intervenção

CAPÍTULO I
Estrutura e funções

ARTIGO 1º
Definição

O Ministério Público representa o Estado, defende os interesses que a lei determinar, participa na execução da política criminal definida pelos orgãos de soberania, exerce a acção penal orientada pelo princípio da legalidade e defende a legalidade democrática, nos termos da Constituição, do presente Estatuto e da lei.

ARTIGO 2º
Estatuto

1 – O Ministério Público goza de autonomia em relação aos demais orgãos do poder central, regional e local, nos termos da presente lei.

2 – A autonomia do Ministério Público caracteriza-se pela sua vinculação a critérios de legalidade e objectividade e pela exclusiva sujeição dos magistrados do Ministério Público às directivas, ordens e instruções previstas nesta lei.

---

[134] Aprovado pela Lei nº 47/86, de 15 de outubro, alterado pelas Leis nºs 2/90, de 20 de janeiro, 23/92, de 20 de agosto, 33-A/96, de 26 de agosto, 60/98, de 27 de agosto, 42/2005, de 29 de agosto, 67/2007, de 31 de dezembro, 52/2008, de 28 de agosto, 37/2009, de 20 de julho, 55-A/2010, de 31 de dezembro, 9/2011, de 12 de abril, e 64-B/2011, de 30 de dezembro. As normas alteradas pela Lei nº 52/2008, de 28 de Agosto, que ainda vigoram, inserir-se-ão autonomamente.

ARTIGO 3º
Competência

1 – Compete, especialmente, ao Ministério Público:

a) Representar o Estado, as Regiões Autónomas, as autarquias locais, os incapazes, os incertos e os ausentes em parte incerta;

b) Participar na execução da política criminal definida pelos orgãos de soberania;

c) Exercer a acção penal orientada pelo princípio da legalidade;

d) Exercer o patrocínio oficioso dos trabalhadores e suas famílias na defesa dos seus direitos de carácter social;

e) Assumir, nos casos previstos na lei, a defesa de interesses colectivos e difusos;

f) Defender a independência dos tribunais, na área das suas atribuições, e velar para que a função jurisdicional se exerça em conformidade com a Constituição e as leis;

g) Promover a execução das decisões dos tribunais para que tenha legitimidade;

h) Dirigir a investigação criminal, ainda quando realizada por outras entidades;

i) Promover e realizar acções de prevenção criminal;

j) Fiscalizar a constitucionalidade dos actos normativos;

l) Intervir nos processos de falência e de insolvência e em todos os que envolvam interesse público[135];

m) Exercer funções consultivas, nos termos desta lei;

n) Fiscalizar a actividade processual dos orgãos de polícia criminal;

o) Recorrer sempre que a decisão seja efeito de conluio das partes no sentido de fraudar a lei ou tenha sido proferida com violação de lei expressa;

p) Exercer as demais funções conferidas por lei.

2 – A competência referida na alínea *f)* do número anterior inclui a obrigatoriedade de recurso nos casos e termos da Lei de Organização, Funcionamento e Processo do Tribunal Constitucional.

3 – No exercício das suas funções, o Ministério Público é coadjuvado por funcionários de justiça e por orgãos de polícia criminal e dispõe de serviços de assessoria e consultadoria.

CAPÍTULO II
Regime de intervenção

ARTIGO 4º
Representação do Ministério Público

1 – O Ministério Público é representado junto dos tribunais:

---

[135] Onde este normativo se refere aos processos de falência e de insolvência, deve considerar-se a referência aos processos de insolvência, conforme resulta do novo Código da Insolvência e da Recuperação de Empresas.

a) No Supremo Tribunal de Justiça, no Tribunal Constitucional, no Supremo Tribunal Administrativo, no Supremo Tribunal Militar e no Tribunal de Contas pelo Procurador-Geral da República;
b) Nos tribunais de relação e no Tribunal Central Administrativo por procuradores-gerais-adjuntos.
c) Nos tribunais de 1ª instância por procuradores da República e por procuradores-adjuntos.

2 – O Ministério Público é representado nos demais tribunais nos termos da lei.

3 – Os magistrados do Ministério Público fazem-se substituir nos termos previstos nesta lei.

ARTIGO 5º
Intervenção principal e acessória

1 – O Ministério Público tem intervenção principal nos processos:

a) Quando representa o Estado;
b) Quando representa as Regiões Autónomas e as autarquias locais;
c) Quando representa incapazes, incertos ou ausentes em parte incerta;
d) Quando exerce o patrocínio oficioso dos trabalhadores e suas famílias na defesa dos seus direitos de carácter social;
e) Quando representa interesses colectivos ou difusos;
f) Nos inventários exigidos por lei;
g) Nos demais casos em que a lei lhe atribua competência para intervir nessa qualidade.

2 – Em caso de representação de região autónoma ou de autarquia local, a intervenção principal cessa quando for constituído mandatário próprio.

3 – Em caso de representação de incapazes ou de ausentes em parte incerta, a intervenção principal cessa se os respectivos representantes legais a ela se opuserem por requerimento no processo.

4 – O Ministério Público intervém nos processos acessoriamente:

a) Quando, não se verificando nenhum dos casos do nº 1, sejam interessados na causa as Regiões Autónomas, as autarquias locais, outras pessoas colectivas públicas, pessoas colectivas de utilidade pública, incapazes ou ausentes, ou a acção vise a realização de interesses colectivos ou difusos;
b) Nos demais casos previstos na lei.

ARTIGO 6º
Intervenção acessória

1 – Quando intervém acessoriamente, o Ministério Público zela pelos interesses que lhe estão confiados, promovendo o que tiver por conveniente.

2 – Os termos da intervenção são os previstos na lei de processo.

TÍTULO II
Órgãos e agentes do Ministério Público

CAPÍTULO I
Disposições gerais

ARTIGO 7º
Órgãos

São órgãos do Ministério Público:

a) A Procuradoria-Geral da República;
b) As procuradorias-gerais distritais;
c) As procuradorias da República.

ARTIGO 8º
Agentes do Ministério Público

1 – São agentes do Ministério Público:

a) O Procurador-Geral da República;
b) O Vice-Procurador-Geral da República;
c) Os procuradores-gerais-adjuntos;
d) Os procuradores da República;
e) Os procuradores-adjuntos.

2 – Os agentes do Ministério Público podem ser coadjuvados por assessores, nos termos da lei.

CAPÍTULO II
Procurador-Geral da República

SECÇÃO I
Estrutura e competência

ARTIGO 9º
Estrutura

1 – A Procuradoria-Geral da República é o orgão superior do Ministério Público.

2 – A Procuradoria-Geral da República compreende o Procurador-Geral da República, o Conselho Superior do Ministério Público, o Conselho Consultivo da Procuradoria-Geral da República, os auditores jurídicos e os serviços de apoio técnico e administrativo.

3 – Na dependência da Procuradoria-Geral da República funcionam o Departamento Central de Investigação e Acção Penal, o Gabinete de Documentação e de Direito Comparado e o Núcleo de Assessoria Técnica.

4 – A organização, o quadro e o regime de pessoal do Gabinete de Documentação e de Direito Comparado e do Núcleo de Assessoria Técnica são definidos em diplomas próprios.

ARTIGO 10º
Competência

Compete à Procuradoria-Geral de República:

a) Promover a defesa da legalidade democrática;

b) Nomear, colocar, transferir, promover, exonerar, apreciar o mérito profissional, exercer a acção disciplinar e praticar, em geral, todos os actos de idêntica natureza respeitantes aos magistrados do Ministério Público, com excepção do Procurador-Geral da República;

c) Dirigir, coordenar e fiscalizar a actividade do Ministério Público e emitir as directivas, ordens e instruções a que deve obedecer a actuação dos magistrados do Ministério Público no exercício das respectivas funções;

d) Pronunciar-se sobre a legalidade dos contratos em que o Estado seja interessado, quando o seu parecer for exigido por lei ou solicitado pelo Governo;

e) Emitir parecer nos casos de consulta previstos na lei e a solicitação do Presidente da Assembleia da República ou do Governo;

f) Propor ao Ministro da Justiça providências legislativas com vista à eficiência do Ministério Público e ao aperfeiçoamento das instituições judiciárias;

g) Informar, por intermédio do Ministro da Justiça, a Assembleia da República e o Governo acerca de quaisquer obscuridades, deficiências ou contradições dos textos legais;

h) Fiscalizar superiormente a actividade processual dos orgãos de polícia criminal;

i) Exercer as demais funções conferidas por lei.

ARTIGO 11º
Presidência

A Procuradoria-Geral da República é presidida pelo Procurador-Geral da República.

SECÇÃO II
Procurador-Geral da República

ARTIGO 12º
Competência

1 – Compete ao Procurador-Geral da República:

a) Presidir à Procuradoria-Geral da República;

b) Representar o Ministério Público nos tribunais referidos na alínea *a)* do nº 1 do artigo 4º;

c) Requerer ao Tribunal Constitucional a declaração, com força obrigatória geral, da inconstitucionalidade ou ilegalidade de qualquer norma.

2 – Como presidente da Procuradoria-Geral da República, compete ao Procurador-Geral da República:

a) Promover a defesa da legalidade democrática;
b) Dirigir, coordenar e fiscalizar a actividade do Ministério Público e emitir directivas, ordens e instruções a que deve obedecer a actuação dos respectivos magistrados;
c) Convocar o Conselho Superior do Ministério Público e o Conselho Consultivo da Procuradoria-Geral da República e presidir às respectivas reuniões;
d) Informar o Ministro da Justiça da necessidade de medidas legislativas tendentes a conferir exequibilidade aos preceitos constitucionais;
e) Fiscalizar superiormente a actividade processual dos órgãos de polícia criminal;
f) Inspeccionar ou mandar inspeccionar os serviços do Ministério Público e ordenar a instauração de inquérito, sindicâncias e processos criminais ou disciplinares aos seus magistrados;
g) Propor ao Ministro da Justiça providências legislativas com vista à eficiência do Ministério Público e ao aperfeiçoamento das instituições judiciárias ou a pôr termo a decisões divergentes dos tribunais ou dos órgãos da Administração Pública;
h) Intervir, pessoalmente ou por substituição, nos contratos em que o Estado seja outorgante, quando a lei o exigir;
i) Superintender nos serviços de inspecção do Ministério Público;
j) Dar posse ao Vice-Procurador-Geral da República, aos procuradores-gerais-adjuntos e aos inspectores do Ministério Público;
l) Exercer sobre os funcionários dos serviços de apoio técnico e administrativo da Procuradoria-Geral da República e dos serviços que funcionam na dependência desta a competência que pertence aos ministros, salvo quanto à nomeação;
m) Exercer as demais funções que lhe sejam atribuídas por lei.

3 – As directivas a que se refere a alínea *b)* do número anterior que interpretem disposições legais são publicadas na 2ª Série do *Diário da República*.

4 – O Procurador-Geral da República é apoiado no exercício das suas funções por um gabinete.

5 – A estrutura e composição do gabinete do Procurador-Geral da República são definidas em diploma próprio.[136]

ARTIGO 13º
Coadjuvação e substituição

1 – O Procurador-Geral da República é coadjuvado e substituído pelo Vice-Procurador-Geral da República.

2 – Nos tribunais referidos na alínea *a)* do nº 1 do artigo 4º, a coadjuvação e a substituição são ainda asseguradas por procuradores-gerais-adjuntos, em número

---

[136] A estrutura do Gabinete do Procurador-Geral da República consta do Decreto-Lei nº 333/99, de 20 de agosto.

constante de quadro a fixar por portaria do Ministro da Justiça, sob proposta do Conselho Superior do Ministério Público.[137]

3 – O Procurador-Geral da República designa, bienalmente, o procurador-geral-adjunto que coordena a actividade do Ministério Público em cada um dos tribunais referidos no número anterior.

ARTIGO 14º
Substitutição do Vice-Procurador-Geral da República

O Vice-Procurador-Geral da República é substituído, nas suas faltas e impedimentos, pelo procurador-geral-adjunto que o Procurador-Geral da República indicar ou, na falta de designação, pelo mais antigo dos procuradores-gerais-adjuntos que exerçam funções em Lisboa.

SECÇÃO III
Conselho Superior do Ministério Público

SUBSECÇÃO I
Organização e funcionamento

ARTIGO 15º
Composição

1 – A Procuradoria-Geral da República exerce a sua competência disciplinar e de gestão dos quadros do Ministério Público por intermédio do Conselho Superior do Ministério Público.

2 – Compõem o Conselho Superior do Ministério Público:

a) O Procurador-Geral da República;

b) Os procuradores-gerais distritais;

c) Um procurador-geral-adjunto, eleito de entre e pelos procuradores-gerais-adjuntos;

d) Dois procuradores da República eleitos de entre e pelos procuradores da República;

e) Quatro procuradores-adjuntos eleitos de entre e pelos procuradores-adjuntos, sendo um por cada distrito judicial;

f) Cinco membros eleitos pela Assembleia da República;

g) Duas personalidades de reconhecido mérito designadas pelo Ministro da Justiça.

3 – Os magistrados do Ministério Público não podem recusar o cargo de vogal do Conselho Superior do Ministério Público.

---

[137] Nos termos do nº 1 da Portaria nº 265/99, de 12 de abril, o quadro previsto neste normativo é constituído por 30 procuradores-gerais adjuntos.

ARTIGO 16º
Princípios eleitorais

1 – A eleição dos magistrados a que se referem as alíneas c), d) e e) do nº 2 do artigo anterior faz-se por sufrágio secreto e universal, correspondendo a cada uma das categorias um colégio eleitoral formado pelos respectivos magistrados em efectividade de funções.

2 – O recenseamento dos magistrados é organizado oficiosamente pela Pro-curadoria-Geral da República.

3 – Aos eleitores é facultado o exercício do direito de voto por correspondência.

ARTIGO 17º
Capacidade eleitoral activa e passiva

São eleitores e elegíveis os magistrados pertencentes a cada categoria em exercício efectivo de funções no Ministério Público.

ARTIGO 18º
Data das eleições

1 – As eleições têm lugar dentro dos 30 dias anteriores à cessação dos cargos ou nos primeiros 60 posteriores à ocorrência da vacatura.

2 – O Procurador-Geral da República anuncia a data da eleição, com a antecedência mínima de 45 dias, por aviso publicado no *Diário da República*.

ARTIGO 19º
Forma especial de eleição

1 – Os vogais do Conselho Superior do Ministério Público referidos nas alíneas d) e e) do nº 2 do artigo 15º são eleitos mediante listas subscritas por um mínimo de 20 e de 40 eleitores, respectivamente.

2 – A eleição dos magistrados a que se refere o número anterior faz-se segundo o princípio da representação proporcional e o método da média mais alta, com obediência às seguintes regras:

a) Apura-se em separado o número de votos obtido por cada lista;

b) O número de votos é dividido sucessivamente por 1, 2, 3 e 4, sendo os quocientes considerados com parte decimal alinhados pela ordem decrescente da sua grandeza numa série de tantos termos quantos os mandatos atribuídos ao orgão respectivo;

c) Os mandatos pertencem às listas a que correspondem os termos da série estabelecida pela regra anterior, recebendo cada uma das listas tantos mandatos quantos os seus termos na série;

d) No caso de restar um ou mais mandatos para distribuir e de os termos seguintes das séries serem iguais e de listas diferentes, o mandato ou mandatos cabem à lista ou listas que tiverem obtido maior número de votos. Se mais de uma lista tiver igual número de votos, não há lugar a atribuição de mandatos, devendo o acto eleitoral ser repetido.

3 – As listas incluem dois suplentes em relação a cada candidato efectivo.

4 – Não pode haver candidatos por mais de uma lista.

5 – Na falta de candidaturas, a eleição realiza-se sobre lista organizada pelo Conselho Superior do Ministério Público.

ARTIGO 20º
Distribuição de lugares

1 – A distribuição de lugares é feita segundo a ordem de conversão dos votos em mandatos.

2 – A distribuição relativa aos procuradores-adjuntos é efectuada pela seguinte forma:

1º mandato: procurador-adjunto proposto pelo distrito judicial de Lisboa;
2º mandato: procurador-adjunto proposto pelo distrito judicial do Porto;
3º mandato: procurador-adjunto proposto pelo distrito judicial de Coimbra;
4º mandato: procurador-adjunto proposto pelo distrito judicial de Évora.

ARTIGO 21º
Comissão de eleições

1 – A fiscalização da regularidade dos actos eleitorais e o apuramento final da votação competem a uma comissão de eleições.

2 – Constituem a comissão de eleições o Procurador-Geral da República e os membros referidos na alínea *b*) do nº 2 do artigo 15º.

3 – Tem o direito de integrar a comissão de eleições um representante de cada lista concorrente ao acto eleitoral.

4 – As funções de presidente são exercidas pelo Procurador-Geral da República e as deliberações tomadas à pluralidade de votos, cabendo ao presidente voto de qualidade.

ARTIGO 22º
Competência da comissão de eleições

Compete especialmente à comissão de eleições resolver as dúvidas suscitadas na interpretação do regulamento eleitoral e decidir as reclamações que surjam no decurso das operações eleitorais.

ARTIGO 23º
Contencioso eleitoral

O recurso contencioso dos actos eleitorais é interposto, no prazo de quarenta e oito horas, para o Supremo Tribunal Administrativo.

ARTIGO 24º
Disposições regulamentares

Os trâmites do processo eleitoral não constantes dos artigos anteriores são estabelecidos em regulamento a publicar no *Diário da República*.

ARTIGO 25º
Exercício dos cargos

1 – Os vogais referidos nas alíneas c), d) e e) do nº 2 do artigo 15º exercem os cargos por um período de três anos, renovável por uma vez no período imediatamente subsequente.

2 – Sempre que, durante o exercício do cargo, um magistrado deixe de pertencer à categoria ou grau hierárquico de origem ou se encontre impedido, é chamado o primeiro suplente e, na falta deste, o segundo suplente; na falta deste último, faz-se declaração de vacatura e procede-se a nova eleição, nos termos dos artigos anteriores.

3 – Os suplentes e os membros subsequentemente eleitos exercem os respectivos cargos até ao termo da duração do cargo em que se encontrava investido o primitivo titular.

4 – O mandato dos membros eleitos pela Assembleia da República caduca com a primeira reunião de Assembleia subsequentemente eleita.

5 – O mandato dos membros designados pelo Ministro da Justiça caduca com a tomada de posse de novo ministro, devendo este confirmá-los ou proceder a nova designação.

6 – Não obstante a cessação dos respectivos mandatos, os membros eleitos ou designados mantêm-se em exercício até à entrada em funções dos que os vieram substituir.

7 – O Conselho Superior do Ministério Público determina os casos em que o cargo de vogal deve ser exercido a tempo inteiro ou com redução do serviço correspondente ao cargo de origem.

8 – Os vogais do Conselho Superior do Ministério Público que exerçam funções em regime de tempo integral auferem as remunerações correspondentes ao cargo de origem, se público, ou o vencimento correspondente ao de director-geral.

9 – Os vogais têm direito a senhas de presença ou subsídio nos termos e em montante a fixar pelo Ministro da Justiça e, se domiciliados fora de Lisboa, a ajudas de custo nos termos da lei.[138]

ARTIGO 26º
Constituição

1 – O Conselho Superior do Ministério Público funciona em plenário ou em secções.

2 – O plenário é constituído por todos os membros do Conselho.

ARTIGO 27º
Competência

Compete ao Conselho Superior do Ministério Público:

a) Nomear, colocar, transferir, promover, exonerar, apreciar o mérito profissional, exercer a acção disciplinar e, em geral, praticar todos os actos de idêntica natureza respeitantes aos magistrados do Ministério Público, com excepção do Procurador-Geral da República;

---

[138] A Lei a que este normativo se refere é o Decreto-Lei nº 106/98, de 24 de abril.

b) Aprovar o regulamento eleitoral do Conselho, o regulamento interno da Procuradoria-Geral da República, o regulamento previsto no nº 4 do artigo 134º e a proposta do orçamento da Procuradoria-Geral da República;[139]

c) Deliberar e emitir directivas em matéria de organização interna e de gestão de quadros;

d) Propor ao Procurador-Geral da República a emissão de directivas a que deve obedecer a actuação dos magistrados do Ministério Público;

e) Propor ao Ministro da Justiça, por intermédio do Procurador-Geral da República, providências legislativas com vista à eficiência do Ministério Público e ao aperfeiçoamento das instituições judiciárias;

f) Conhecer das reclamações previstas nesta lei;

g) Aprovar o plano anual de inspecções e determinar a realização de inspecções, sindicâncias e inquéritos;

h) Emitir parecer em matéria de organização judiciária e, em geral, de administração da justiça;

i) Exercer as demais funções que lhe sejam atribuídas por lei.

ARTIGO 28º
Funcionamento

1 – As reuniões do Conselho Superior do Ministério Público têm lugar, ordinariamente, de dois em dois meses e, extraordinariamente, sempre que convocadas pelo Procurador-Geral da República, por sua iniciativa ou a requerimento de, pelo menos, sete dos seus membros.

2 – As deliberações são tomadas à pluralidade de votos, cabendo ao Procurador-Geral da República voto de qualidade.

3 – Para a validade das deliberações exige-se a presença de um mínimo de 13 membros do Conselho ou, no caso das secções, de um mínimo de 7 membros.

4 – O Conselho é secretariado pelo secretário da Procuradoria-Geral da República.

ARTIGO 29º
Secções

1 – Quando se trate de apreciar o mérito profissional, o Conselho Superior do Ministério Público pode funcionar em secções, em termos a definir por regulamento interno da Procuradoria-Geral da República.

2 – As matérias relativas ao exercício da acção disciplinar são da competência da secção disciplinar.

3 – Compõem a secção disciplinar o Procurador-Geral da República e os seguintes membros do Conselho:

a) Cinco dos membros referidos nas alíneas *b)*, *d)* e *e)* do nº 2 do artigo 15º, eleitos pelos seus pares, em número proporcional à respectiva representação;

b) O procurador-geral-adjunto referido na alínea *c)* do nº 2 do artigo 15º;

---

[139] O Regulamento Interno da Procuradoria-Geral da República, nº 1/2002, está publicado no *Diário da República*, II Série, de 28 de fevereiro de 2002.

c) Três das personalidades a que se refere a alínea *f)* do nº 2 do artigo 15º, eleitas por e de entre aquelas, para períodos de 18 meses;

d) Uma das personalidades a que se refere a alínea *g)* do nº 2 do artigo 15º, designada por sorteio, para períodos rotativos de 18 meses.

4 – Não sendo possível a eleição ou havendo empate, o Procurador-Geral da República designará os membros não eleitos, com respeito pelo disposto na parte final da alínea *a)* do número anterior.

5 – Das deliberações das secções cabe reclamação para o plenário do Conselho.

ARTIGO 30º
Distribuição de processos

1 – Os processos são distribuídos por sorteio pelos membros do Conselho, nos termos do regulamento interno.

2 – O vogal a quem o processo for distribuído é o seu relator.

3 – Em caso de reclamação para o plenário, o processo é distribuído a diferente relator.

4 – O relator pode requisitar os documentos, processos e diligências que considerar necessários, sendo os processos requisitados pelo tempo indispensável, com ressalva do segredo de justiça e por forma a não causar prejuízo às partes.

5 – No caso de o relator ficar vencido, a redacção da deliberação cabe ao vogal que for designado pelo presidente.

6 – Se a matéria for de manifesta simplicidade, pode o relator submetê-la a apreciação com dispensa de vistos.

7 – A deliberação que adopte os fundamentos e propostas, ou apenas os primeiros, do inspector ou instrutor do processo pode ser expressa por acórdão de concordância, com dispensa de relatório.

ARTIGO 31º
Delegação de poderes

O Conselho Superior do Ministério Público pode delegar no Procurador-Geral da República a prática de actos que, pela sua natureza, não devam aguardar a reunião do Conselho.

ARTIGO 32º
Comparência do Ministro da Justiça

O Ministro da Justiça comparece às reuniões do Conselho Superior do Ministério Público quando entender oportuno, para fazer comunicações e solicitar ou prestar esclarecimentos.

ARTIGO 33º
Recurso contencioso

Das deliberações do Conselho Superior do Ministério Público cabe recurso contencioso, a interpor nos termos e segundo o regime dos recursos dos actos do Governo.

SUBSECÇÃO II
Serviços de inspecção

ARTIGO 34º
Composição

1 – Junto do Conselho Superior do Ministério Público funciona a Inspecção do Ministério Público.

2 – Constituem a Inspecção do Ministério Público inspectores e secretários de inspecção em número constante de quadro aprovado por portaria do Ministro da Justiça, sob proposta do Conselho Superior do Ministério Público.[140]

3 – A inspecção destinada a colher informações sobre o serviço e mérito dos magistrados, os inquéritos e os processos disciplinares não podem ser conduzidos por inspectores de categoria ou antiguidade inferiores às dos magistrados inspeccionados.

4 – Os secretários de inspecção são recrutados de entre funcionários de justiça e nomeados em comissão de serviço.

5 – Os secretários de inspecção, quando secretários judiciais ou secretários técnicos com classificação de *Muito bom*, auferem o vencimento correspondente ao de secretário de tribunal superior.[141]

ARTIGO 35º
Competência

1 – Compete à Inspecção do Ministério Público proceder, nos termos da lei, às inspecções, inquéritos e sindicâncias aos serviços do Ministério Público e à instrução de processos disciplinares, em conformidade com as deliberações do Conselho Superior do Ministério Público ou por iniciativa do Procurador-Geral da República.

2 – Complementarmente, os serviços de inspecção destinam-se a colher informações sobre o serviço e mérito dos magistrados do Ministério Público.

SECÇÃO IV
Conselho Consultivo da Procuradoria-Geral da República

ARTIGO 36º
Composição

1 – A Procuradoria-Geral da República exerce funções consultivas por intermédio do seu Conselho Consultivo.

2 – O Conselho Consultivo da Procuradoria-Geral da República é constituído pelo Procurador-Geral da República e por procuradores-gerais-adjuntos em número

---

[140] Nos termos do nº 2 da Portaria nº 265/99, de 12 de abril, o quadro previsto neste normativo é constituído por 15 inspetores e 15 secretários de inspeção.

[141] Conforme resulta do artigo 3º do Estatuto dos Funcionários de Justiça já não existe a categoria de secretário técnico a que este normativo se refere.

constante de quadro aprovado por portaria do Ministro da Justiça, sob proposta do Conselho Superior do Ministério Público.[142]

ARTIGO 37º
Competência

Compete ao Conselho Consultivo da Procuradoria-Geral da República:

a) Emitir parecer restrito a matéria de legalidade nos casos de consulta previstos na lei ou a solicitação do Presidente da Assembleia da República ou do Governo;

b) Pronunciar-se, a pedido do Governo, acerca da formulação e conteúdo jurídico de projectos de diplomas legislativos;

c) Pronunciar-se sobre a legalidade dos contratos em que o Estado seja interessado, quando o seu parecer for exigido por lei ou solicitado pelo Governo;

d) Informar o Governo, por intermédio do Ministro da Justiça, acerca de quaisquer obscuridades, deficiências ou contradições dos textos legais e propor as devidas alterações;

e) Pronunciar-se sobre as questões que o Procurador-Geral da República, no exercício das suas funções, submeta à sua apreciação;

f) Aprovar o regimento interno.

ARTIGO 38º
Funcionamento

1 – A distribuição de pareceres faz-se por sorteio, segundo a ordem de antiguidade dos procuradores-gerais-adjuntos a ela admitidos.

2 – Sem prejuízo do disposto no número anterior, o Procurador-Geral da República pode determinar que os pareceres sejam distribuídos segundo critério de especialização dos procuradores-gerais-adjuntos.

3 – O Conselho Consultivo só pode funcionar com, pelo menos, metade e mais um dos seus membros.

ARTIGO 39º
Prazo de elaboração dos pareceres

1 – Os pareceres são elaborados dentro de 60 dias, salvo se, pela sua complexidade, for indispensável maior prazo, devendo, nesta hipótese, comunicar-se previamente à entidade consulente a demora provável.

2 – Os pareceres solicitados com declaração de urgência têm prioridade sobre os demais.

ARTIGO 40º
Reuniões

1 – O Conselho Consultivo reúne ordinariamente uma vez por quinzena e extraordinariamente quando for convocado pelo Procurador-Geral da República.

---

[142] Nos termos do nº 3 da Portaria nº 265/99, de 12 de abril, o quadro previsto neste normativo é constituído por nove procuradores-gerais-adjuntos.

2 – Durante as férias judiciais de Verão, há uma reunião para apreciação de assuntos urgentes.

3 – O Conselho Consultivo é secretariado pelo secretário da Procuradoria-Geral da República.

ARTIGO 41º
Votação

1 – As resoluções do Conselho Consultivo são tomadas à pluralidade de votos e os pareceres assinados pelos procuradores-gerais-adjuntos que neles intervierem, com as declarações a que houver lugar.

2 – O Procurador-Geral da República tem voto de qualidade e assina os pareceres.

ARTIGO 42º
Valor dos pareceres

1 – O Procurador-Geral da República pode determinar, no uso da competência que lhe é atribuída pela alínea b) do nº 2 do artigo 12º, que a doutrina dos pareceres do Conselho Consultivo seja seguida e sustentada pelos magistrados do Ministério Público.

2 – Os pareceres a que se refere o número anterior são circulados por todos os magistrados do Ministério Público e publicados na 2ª série do *Diário da República* com indicação do despacho que lhes confere força obrigatória.

3 – Por sua iniciativa ou sobre exposição fundamentada de qualquer magistrado do Ministério Público, pode o Procurador-Geral da República submeter as questões a nova apreciação para eventual revisão da doutrina firmada.

ARTIGO 43º
Homologação dos pareceres e sua eficácia

1 – Quando homologados pelas entidades que os tenham solicitado ou a cujo sector respeite o assunto apreciado, os pareceres do Conselho Consultivo sobre disposições de ordem genérica são publicados na 2ª série do *Diário da República* para valerem como interpretação oficial, perante os respectivos serviços, das matérias que se destinam a esclarecer.

2 – Se o objecto de consulta interessar a dois ou mais ministérios que não estejam de acordo sobre a homologação do parecer, esta compete ao Primeiro-Ministro.

SECÇÃO V
Auditores jurídicos

ARTIGO 44º
Auditores jurídicos

1 – Junto da Assembleia da República, de cada ministério e dos Ministros da República para as Regiões Autónomas pode haver um procurador-geral-adjunto com a categoria de auditor jurídico.

2 – Os auditores são nomeados em comissão de serviço.

3 – Os auditores jurídicos podem acumular as suas funções com as que lhes sejam distribuídas pelo Procurador-Geral da República no âmbito das atribuições do Ministério Público que, por lei, não pertençam a órgãos próprios.

4 – Os encargos com os auditores jurídicos são suportados pelas verbas próprias do orçamento do Ministério da Justiça.

ARTIGO 45º
Competência

1 – Os auditores jurídicos exercem funções de consulta e apoio jurídicos a solicitação do Presidente da Assembleia da República, dos membros do Governo ou dos Ministros da República junto dos quais funcionem.

2 – Os auditores jurídicos devem propor ao Procurador-Geral da República que sejam submetidos ao Conselho Consultivo da Procuradoria-Geral da República os pareceres sobre que tenham fundadas dúvidas, cuja complexidade justifique a discussão em conferência ou em que esteja em causa matéria respeitante a mais de um ministério.

3 – Quando não concordarem com as soluções propostas pelos auditores jurídicos ou tenham dúvidas sobre a doutrina por eles defendida, podem as entidades consulentes submeter o assunto à apreciação do Conselho Consultivo da Procuradoria-Geral da República.

4 – Tratando-se de discutir consultas relativas à Assembleia da República ou a ministérios em que exerçam funções, os auditores jurídicos intervêm nas sessões do Conselho Consultivo da Procuradoria-Geral da República com direito a voto.

SECÇÃO VI
Departamento Central de Investigação e Acção Penal

ARTIGO 46º
Definição e composição

1 – O Departamento Central de Investigação e Acção Penal é um orgão de coordenação e de direcção da investigação e de prevenção da criminalidade violenta, altamente organizada ou de especial complexidade.

2 – O Departamento Central de Investigação e Acção Penal é constituído por um procurador-geral-adjunto, que dirige, e por procuradores da República em número constante de quadro aprovado por portaria do Ministro da Justiça, ouvido o Conselho Superior do Ministério Público[143].

ARTIGO 47º
Competência

1 – Compete ao Departamento Central de Investigação e Acção Penal coordenar a direcção da investigação dos seguintes crimes:

---

[143] As Portarias nºs 264/99, de 12 de abril, e 386-B/99, de 25 de maio, estabelecem sobre o quadro previsto neste normativo.

a) Contra a paz e a humanidade;
b) Organização terrorista e terrorismo;
c) Contra a segurança do Estado, com excepção dos crimes eleitorais;
d) Tráfico de estupefacientes, substâncias psicotrópicas e precursores, salvo tratando-se de situações de distribuição directa ao consumidor, e associação criminosa para o tráfico;
e) Branqueamento de capitais;
f) Corrupção, peculato e participação económica em negócio;
g) Insolvência dolosa;
h) Administração danosa em unidade económica do sector público;
i) Fraude na obtenção ou desvio de subsídio, subvenção ou crédito;
j) Infracções económico-financeiras cometidas de forma organizada, nomeadamente com recurso à tecnologia informática;
l) Infracções económico-financeiras de dimensão internacional ou transnacional.

2 – O exercício das funções de coordenação do Departamento Central de Investigação e Acção Penal compreende:

a) O exame e a execução de formas de articulação com outros departamentos e serviços, nomeadamente de polícia criminal, com vista ao reforço da simplificação, racionalidade e eficácia dos procedimentos;
b) Em colaboração com os departamentos de investigação e acção penal das sedes dos distritos judiciais, a elaboração de estudos sobre a natureza, o volume e as tendências de evolução da criminalidade e os resultados obtidos na prevenção, na detecção e no controlo.

3 – Compete ao Departamento Central de Investigação e Acção Penal dirigir o inquérito e exercer a acção penal:

a) Relativamente aos crimes indicados no nº 1, quando a actividade criminosa ocorrer em comarcas pertencentes a diferentes distritos judiciais;
b) Precedendo despacho do Procurador-Geral da República, quando, relativamente a crimes de manifesta gravidade, a especial complexidade ou dispersão territorial da actividade criminosa justificarem a direcção concentrada da investigação.

4 – Compete ao Departamento Central de Investigação e Acção Penal realizar as acções de prevenção relativamente aos seguintes crimes:

a) Branqueamento de capitais;
b) Corrupção, peculato e participação económica em negócio;
c) Administração danosa em unidade económica do sector público;
d) Fraude na obtenção ou desvio de subsídio, subvenção ou crédito;
e) Infracções económico-financeiras cometidas de forma organizada, com recurso à tecnologia informática;
f) Infracções económico-financeiras de dimensão internacional ou transnacional.

SECÇÃO VII
Gabinete de Documentação e de Direito Comparado

ARTIGO 48º
Competência

1 – Compete ao Gabinete de Documentação e de Direito Comparado:

a) Prestar acessoria jurídica, recolher, tratar e difundir informação jurídica, especialmente nos domínios do direito comunitário, direito estrangeiro e direito internacional, e realizar estudos e difundir informação sobre sistemas comparados de direito, sem prejuízo das atribuições de outros serviços do Ministério da Justiça;

b) Cooperar na organização e no tratamento de documentação emanada de organismos internacionais;

c) Apoiar o Ministério Público no âmbito da cooperação jurídica e judiciária internacional;

d) Participar em reuniões internacionais, por intermédio de magistrados ou funcionários para o efeito designados, apoiar os peritos nomeados para nelas participar e prestar colaboração aos representantes do País em organizações internacionais;

e) Preparar, editar e distribuir publicações organizadas ou dirigidas pela Procuradoria-Geral da República ou pelo Procurador-Geral da República;

f) Colaborar na divulgação, no estrangeiro, do sistema jurídico português, designadamente entre os Estados membros da Comunidade dos Países de Língua Portuguesa;

g) Desenvolver projectos de informática jurídica e de gestão, no âmbito das atribuições da Procuradoria-Geral da República, segundo planos aprovados pelo Ministério da Justiça;

h) Exercer outras funções que lhe sejam conferidas em matéria documental e de informação jurídica.

2 – A organização, o quadro e o regime de pessoal do Gabinete de Documentação e de Direito Comparado são definidas em diploma próprio.

SECÇÃO VIII
Núcleo de Assessoria Técnica

ARTIGO 49º
Competência

1 – Compete ao Núcleo de Assessoria Técnica assegurar assessoria e consultadoria técnica à Procuradoria-Geral da República e, em geral, ao Ministério Público em matéria económica, financeira, bancária, contabilística e de mercado de valores mobiliários.

2 – É aplicável o disposto no nº 2 do artigo anterior.

SECÇÃO IX
Serviços de apoio técnico e administrativo da Procuradoria-Geral da República

ARTIGO 50º
Orgânica, quadro e regime de provimento

A orgânica, o quadro e regime de provimento do pessoal dos serviços de apoio técnico e administrativo da Procuradoria-Geral da República são fixados por decreto-lei, ouvida a Procuradoria-Geral da República.[144]

CAPÍTULO III
Contencioso do Estado

ARTIGO 51º
Departamentos de contencioso do Estado

1 – Podem ser criados departamentos de contencioso do Estado.

2 – Os departamentos de contencioso do Estado têm competência em matéria cível, administrativa ou, conjuntamente, cível e administrativa.

3 – Os departamentos de contencioso do Estado são criados por portaria do Ministro da Justiça, sob proposta do Conselho Superior do Ministério Público.

4 – A portaria do Ministro da Justiça fixa a área de competência territorial dos departamentos de contencioso do Estado, estabelece o respectivo quadro de magistrados e regulamenta os serviços de apoio, nos termos do artigo 215º.

5 – Os departamentos de contencioso do Estado organizam-se na dependência da Procuradoria-Geral da República ou das procuradorias-gerais distritais, conforme a área da sua competência terrritorial exceder ou não o âmbito do distrito judicial.

ARTIGO 52º
Composição

1 – Os departamentos de contencioso do Estado são dirigidos por procuradores-gerais-adjuntos.

2 – Nos departamentos de contencioso do Estado exercem funções procuradores da República e procuradores-adjuntos.

ARTIGO 53º
Competência

Compete aos departamentos de contencioso do Estado:

a) A representação do Estado em juízo, na defesa dos seus interesses patrimoniais;

b) Preparar, examinar e acompanhar formas de composição extrajudicial de conflitos em que o Estado seja interessado.

---

[144] A orgânica, o quadro e o regime do pessoal em causa consta do Decreto-Lei nº 333/99, de 20 de agosto.

CAPÍTULO IV
Acesso à informação

ARTIGO 54º
Informação

1 – É assegurado o acesso, pelo público e pelos orgãos de comunicação social, à informação relativa à actividade do Ministério Público, nos termos da lei.

2 – Para efeito do disposto no número anterior, poderão ser organizados gabinetes de imprensa junto da Procuradoria-Geral da República ou das procuradorias-gerais distritais, sob a superintendência do Procurador-Geral da República ou dos procuradores-gerais distritais.[145]

CAPÍTULO V
Procuradorias-gerais distritais

SECÇÃO I
Procuradoria-geral distrital

ARTIGO 55º
Estrutura

1 – Na sede de cada distrito judicial existe uma procuradoria-geral distrital.

2 – Na procuradoria-geral distrital exercem funções procuradores-gerais-adjuntos.

ARTIGO 56º
Competência

Compete à procuradoria-geral distrital:

a) Promover a defesa da legalidade democrática;

b) Dirigir, coordenar e fiscalizar a actividade do Ministério Público no distrito judicial e emitir as ordens e instruções a que deve obedecer a actuação dos magistrados, no exercício das suas funções;

c) Propor ao Procurador-Geral da República directivas tendentes a uniformizar a acção do Ministério Público;

d) Coordenar a actividade dos orgãos de polícia criminal;

e) Fiscalizar a actividade processual dos orgãos de polícia criminal;

f) Fiscalizar a observância da lei na execução das penas e das medidas de segurança e no cumprimento de quaisquer medidas de internamento ou tratamento compulsivo, requisitando os esclarecimentos e propondo as inspecções que se mostrarem necessárias;

---

[145] O Gabinete de Imprensa da Procuradoria-Geral da República foi criado pelo artigo 3º nº 1, do Decreto-Lei nº 333/99, de 20 de agosto.

g) Proceder a estudos de tendência relativamente a doutrina e a jurisprudência, tendo em vista a unidade do direito e a defesa do princípio da igualdade dos cidadãos perante a lei;

h) Realizar, em articulação com os órgãos de polícia criminal, estudos sobre factores e tendências de evolução da criminalidade;

i) Elaborar o relatório anual de actividade e os relatórios de progresso que se mostrarem necessários ou forem superiormente determinados;

j) Exercer as demais funções conferidas por lei.

SECÇÃO II
Procuradores-gerais distritais

ARTIGO 57º
Estatuto

1 – A procuradoria-geral distrital é dirigida por um procurador-geral-adjunto com a designação de procurador-geral distrital.

2 – O procurador-geral distrital é substituído, nas suas faltas e impedimentos, pelo procurador-geral-adjunto que indicar ou, na falta de designação, pelo mais antigo.

3 – As disposições da presente secção são aplicáveis, com as necessárias adaptações, aos magistrados que exercem funções no Tribunal Central Administrativo.

4 – O procurador-geral distrital pode propor a designação de um funcionário dos serviços do Ministério da Justiça para, em comissão de serviço, exercer funções de seu secretário.

ARTIGO 58º
Competência

1 – Compete ao procurador-geral distrital:

a) Dirigir e coordenar a actividade do Ministério Público no distrito judicial e emitir ordens e instruções;

b) Representar o Ministério Público no tribunal da Relação;

c) Propor ao Procurador-Geral da República a adopção de directivas que visem a uniformização de procedimentos do Ministério Público;

d) Coordenar a actividade dos orgãos de polícia criminal;

e) Fiscalizar o exercício das funções do Ministério Público e a actividade processual dos órgãos de polícia criminal e manter informado o Procurador-Geral da República;

f) Velar pela legalidade da execução das medidas restritivas de liberdade e de internamento ou tratamento compulsivo e propor medidas de inspecção aos estabelecimentos ou serviços, bem como a adopção das providências disciplinares ou criminais que devam ter lugar;

g) Dirigir o serviço dos procuradores-gerais-adjuntos con funções de direcção e coordenação nas comarcas pertencentes ao respectivo distrito;

h) Proceder à distribuição de serviço entre os procuradores-gerais-adjuntos e procuradores da República que exerçam funções na procuradoria-geral distrital ou nos tribunais da Relação do respectivo distrito judicial, sem prejuízo do disposto na lei de processo;

i) Exercer as demais funções conferidas por lei.

2 – O procurador-geral distrital pode delegar nos demais procuradores-gerais--adjuntos funções de superintendência e coordenação no distrito judicial, segundo áreas de intervenção material do Ministério Público.

3 – O procurador-geral distrital e os procuradores-gerais-adjuntos podem ser coadjuvados por procuradores da República.

ARTIGO 59º
Procuradores-gerais-adjuntos

Compete aos procuradores-gerais-adjuntos na procuradoria-geral distrital:

a) Assumir, sob a direcção do procurador-geral distrital, a representação do Ministério Público no tribunal da Relação;

b) Superintender e coordenar as áreas de intervenção que lhes forem delegadas.

CAPÍTULO VI
Procuradorias da República

SECÇÃO I
Procuradorias da República

ARTIGO 60º
Estrutura

1 – Na sede das comarcas existem procuradorias da República, dirigidas por um procurador-geral-adjunto, nomeado, em comissão de serviço, pelo Conselho Superior do Ministério Público, de entre três nomes propostos pelo procurador-geral distrital.

2 – Nas comarcas sede do distrito judicial pode existir mais de uma procuradoria da República.

3 – As procuradorias da República compreendem procuradores-gerais adjuntos, procuradores da República e procuradores-adjuntos.

4 – As procuradorias da República dispõem de apoio administrativo próprio.

ARTIGO 61º
Competência

Compete especialmente às procuradorias da República dirigir, coordenar e fiscalizar a actividade do Ministério Público na área da respectiva comarca ou nos tribunais e departamento em que superintendam.

ARTIGO 62º
Direcção

1 – A procuradoria da República da comarca é dirigida por um procurador-geral-adjunto.

2 – O procurador-geral-adjunto referido no número anterior dirige e coordena a actividade do Ministério Público na comarca, emitindo ordens e instruções, competindo-lhe:

a) Acompanhar o movimento processual dos serviços, identificando, designadamente, os processos que estão pendentes por tempo considerado excessivo ou que não são resolvidos em prazo considerado razoável, informando a procuradoria-geral distrital;

b) Acompanhar o desenvolvimento dos objectivos fixados para os serviços do Ministério Público por parte dos procuradores e dos funcionários;

c) Proceder à distribuição de serviço entre os procuradores da República da mesma comarca e ou entre procuradores-adjuntos, sem prejuízo do disposto na lei;

d) Promover a realização de reuniões de planeamento e de avaliação dos resultados do tribunal, com a participação dos procuradores e funcionários;

e) Adoptar ou propor às entidades competentes medidas, nomeadamente, de desburocratização, simplificação de procedimentos, utilização das tecnologias de informação e transparência do sistema de justiça;

f) Ser ouvido pelo Conselho Superior do Ministério Público, sempre que seja ponderada a realização de inspecções extraordinárias ou sindicâncias à comarca;

g) Elaborar os mapas e turnos de férias dos procuradores e autorizar e aprovar os mapas de férias dos funcionários;

h) Exercer a acção disciplinar sobre os funcionários em funções nos serviços do Ministério Público, relativamente a pena de gravidade inferior à de multa, e, nos restantes casos, instaurar processo disciplinar, se a infracção ocorrer no respectivo tribunal;

i) Definir métodos de trabalho e objectivos mensuráveis para cada unidade orgânica, sem prejuízo das competências e atribuições nessa matéria por parte do Conselho Superior do Ministério Público;

j) Determinar a aplicação de medidas de simplificação e agilização processuais;

l) Proceder à reafectação de funcionários dentro da respectiva comarca e nos limites legalmente definidos.

3 – O procurador-geral-adjunto referido no número anterior pode ser coadjuvado por procuradores da República da comarca, nos quais pode delegar competências de gestão e de coordenação dos serviços, designando-se estes procuradores da República coordenadores.

4 – O procurador-geral-adjunto referido no nº 1 é substituído nas suas faltas e impedimentos pelo procurador da República que indicar, ou na falta de designação, pelo mais antigo.

5 – Na comarca sede de distrito, pode haver mais de um procurador-geral-adjunto em funções de direcção e coordenação, nomeado nos termos do nº 1 do artigo 60º.

SECÇÃO II
Procuradores da República

ARTIGO 63º
Competência

1 – Compete aos procuradores da República, sem prejuízo das competências do procurador-geral-adjunto da comarca e dos procuradores da República coordenadores:

a) Representar o Ministério Público nos tribunais de 1ª instância, assumindo pessoalmente essa representação quando o justifiquem a gravidade da infracção, a complexidade do processo ou a especial relevância do interesse a sustentar, nomeadamente nas audiências de tribunal colectivo ou do júri e quando se trate dos juízos de competência especializada previstos no artigo 45º do Estatuto dos Magistrados Judiciais;

b) Orientar e fiscalizar o exercício das funções do Ministério Público e manter informado o procurador-geral-adjunto em funções de direcção e coordenação na comarca;

c) Emitir ordens e instruções;

d) Conferir posse aos procuradores-adjuntos;

e) Proferir as decisões previstas nas leis de processo;

f) Definir formas de articulação com órgãos de polícia criminal, organismos de reinserção social e estabelecimentos de acompanhamento, tratamento e cura;

g) Exercer as demais funções conferidas por lei.

2 – Os procuradores-adjuntos que exerçam funções nos juízos de competência especializada previstos no artigo 45º do Estatuto dos Magistrados Judiciais ficam equiparados, para efeitos remuneratórios, aos juízes colocados em instâncias especializadas.

3 – Compete ao procurador da República coordenador exercer as competências que lhe forem delegadas pelo procurador-geral-adjunto, nos termos do nº 3 do artigo 62º e, ainda:

a) Propor ao procurador-geral-adjunto critérios de gestão dos serviços;

b) Propor ao procurador-geral-adjunto normas de procedimento, tendo em vista objectivos de uniformização, concertação e racionalização;

c) Garantir a recolha e o tratamento da informação estatística e procedimental relativa à actividade do Ministério Público e transmiti-la ao procurador-geral-adjunto com funções de direcção e coordenação na comarca;

d) Propor mecanismos de articulação com as estruturas do Ministério Público que intervenham noutras áreas ou noutras fases processuais, em ordem a obter ganhos de operacionalidade e de eficácia;

e) Coadjuvar o procurador-geral-adjunto da comarca na articulação com os órgãos de polícia criminal, os organismos de reinserção social e os estabelecimentos de acompanhamento, tratamento e cura;

f) Decidir sobre a substituição de procuradores da República, em caso de falta ou impedimento que inviabilize a informação, em tempo útil, do procurador-geral--adjunto da comarca;

g) Proferir decisão em conflitos internos de competência;
h) Assegurar a representação externa da procuradoria, mediante delegação ou em substituição do procurador-geral-adjunto;
i) Exercer as demais competências previstas na lei.

4 – Os procuradores da República coordenadores podem acumular as funções de gestão e coordenação com a direcção de processos ou chefia de equipas de investigação ou unidades de missão.

5 – Em caso de acumulação de serviço, vacatura do lugar ou impedimento do seu titular, por período superior a 15 dias, o procurador-geral distrital pode, sob proposta do procurador-geral-adjunto da comarca e mediante prévia comunicação ao Conselho Superior do Ministério Público, atribuir aos procuradores da República o serviço de outros tribunais ou departamentos.

6 – A decisão prevista no número anterior só é possível quando o serviço seja realizado noutro departamento, comara ou junto de outro tribunal e deve conter os motivos concretos que determinaram a necessidade de acumulação e a ponderação das necessidades do serviço, do volume processual existente e das soluções alternativas.

7 – A medida prevista nos números anteriores caduca:

a) Ao fim de um ano, não podendo ser renovada quanto ao mesmo procurador da República, sem o assentimento deste, antes de decorridos três anos;
b) Com o final do prazo da tomada de posse dos magistrados colocados em cada movimento do Ministério Público ou no prazo estabelecido na decisão, se anterior.

8 – Os procuradores da República que acumulem funções por período superior a 30 dias têm direito a remuneração a fixar por despacho do membro do Governo responsável pela área da justiça, ouvido o Conselho Superior do Ministério Público e precedendo parecer do membro do Governo responsável pela área das finanças, com um limite mínimo de um quinto e limite máximo de três quintos do vencimento, de acordo com o serviço efectivamente prestado e com referência ao tempo concretamente despendido com a execução do mesmo.

9 – Os procuradores da República referidos no nº 3, bem como os procuradores da República nos departamentos de investigação e acção penal da comarca sede de distrito frequentam um curso de formação adequada, nos termos de portaria do membro do Governo responsável pela área da justiça.

SECÇÃO III
Procuradores-adjuntos

ARTIGO 64º
Procuradores-adjuntos

1 – Os procuradores-adjuntos exercem funções em comarcas segundo o quadro constante das leis de organização judiciária.

2 – Compete aos procuradores-adjuntos representar o Ministério Público nos tribunais de 1ª instância, sem prejuízo do disposto na alínea *a)* do nº 1 do artigo anterior.

3 – Sem prejuízo da orientação do procurador-geral distrital respectivo, a distribuição de serviço pelos procuradores-adjuntos da mesma comarca faz-se por despacho do competente procurador da República.

4 – Aplica-se, com as necessárias adaptações, aos procuradores-adjuntos o disposto nos nºs 5 a 9 do artigo anterior.

ARTIGO 65º
Substituição de procuradores-adjuntos

1 – Nas comarcas com dois ou mais procuradores-adjuntos, estes substituem-se uns aos outros segundo a ordem estabelecida pelo procurador da República.

2 – Se a falta ou impedimento não for superior a 15 dias, o procurador-geral-adjunto da comarca ou o procurador da República coordenador pode indicar para a substituição outro procurador-adjunto da mesma comarca, tribunal ou secção.

3 – O procurador da República pode ainda designar para a substituição pessoa idónea, de preferência habilitada com a licenciatura em Direito.

4 – Sem prejuízo do disposto nos números anteriores, os procuradores-adjuntos são substituídos, nas suas faltas e impedimentos, pelo notário do município sede do tribunal.

5 – Havendo mais de um notário, a substituição compete àquele que o procurador da República designar.

6 – Os substitutos que, não sendo magistrados, exercerem funções por tempo superior a 15 dias têm direito a remuneração a fixar pelo Ministro da Justiça, ouvido o Conselho Superior do Mnistério Público, entre os limites de um terço e a totalidade do vencimento.

ARTIGO 66º
Substituição em caso de urgência

Se houver urgência e a substituição não puder fazer-se pela forma indicada nos artigos anteriores, o juiz nomeia para cada caso pessoa idónea, de preferência habilitada com licenciatura em Direito.

ARTIGO 67º
Representação do Estado nas acções cíveis

Sem prejuízo do disposto no artigo 51º, nas acções cíveis em que o Estado seja parte, o Procurador-Geral da República, ouvido o procurador-geral distrital, pode nomear qualquer magistrado do Ministério Público para coadjuvar ou substituir o magistrado a quem incumba a representação.

ARTIGO 68º
Representação nos processos criminais

1 – Nos processos criminais, e sem prejuízo do disposto nos artigos 47º, nº 3, alínea *b*), e 73º, nº 1, alínea *c*), o Procurador-Geral da República pode nomear qualquer magistrado do Ministério Público para coadjuvar ou substituir outro magistrado a

quem o processo esteja distribuído sempre que razões ponderosas de complexidade processual ou de repercussão social o justifiquem.

2 – O procurador-geral distrital pode determinar, fundado em razões processuais, que intervenha nas fases subsequentes do processo o magistrado do Ministério Público que dirigiu o inquérito.

ARTIGO 69º
Representação especial do Ministério Público

1 – Em caso de conflito entre entidades, pessoas ou interesses que o Ministério Público deva representar, o procurador da República solicita à Ordem dos Advogados a indicação de um advogado para representar uma das partes.

2 – Havendo urgência, e enquanto a nomeação não possa fazer-se nos termos do número anterior, o juiz designa advogado para intervir nos actos processuais.

3 – Os honorários devidos pelo patrocínio referido nos números anteriores constituem encargo do Estado.

CAPÍTULO VII
Departamentos de investigação e acção penal

ARTIGO 70º
Sede de distrito judicial

Na comarca sede de cada distrito judicial existe um departamento de investigação e acção penal[146].

ARTIGO 71º
Comarcas

1 – Podem ser criados departamentos de investigação e acção penal em comarcas de elevado volume processual.

2 – Para efeitos do disposto no número anterior, consideram-se de elevado volume processual as comarcas que registem entradas superiores a 5000 inquéritos anualmente e em, pelo menos, três dos últimos cinco anos judiciais.

3 – Os departamentos de investigação e acção penal das comarcas são criados por portaria do Ministro da Justiça, ouvido o Conselho Superior do Ministério Público.

ARTIGO 72º
Estrutura

1 – Os departamentos de investigação e acção penal podem estruturar-se por secções, em função da estrutura da criminalidade e constituir-se em unidades de missão ou equipas de investigação, por decisão do procurador-geral distrital.

---

[146] Os Departamentos de Investigação e Ação Penal de Coimbra, Évora, Lisboa e Porto foram declarados instalados a partir de 15 de Setembro de 1999. Passaram a ser afetos àqueles departamentos os magistrados a que se reporta a Portaria nº 754/99, de 27 de agosto.

2 – Os departamentos de investigação e acção penal nas comarcas sede dos distritos judiciais são dirigidos por procuradores-gerais-adjuntos, com as competências do nº 2 do artigo 62º.

3 – Os departamentos de investigação e acção penal nas comarcas são dirigidos por procuradores da República.

4 – Quando os departamentos de investigação e acção penal se organizarem por secções, estas são dirigidas por procuradores da República.

5 – Sem prejuízo do disposto nos números anteriores, nos departamentos de investigação e acção penal exercem funções procuradores da República e procuradores-adjuntos, em número constante de portaria do Ministro da Justiça, sob proposta do Conselho Superior do Ministério Público.

ARTIGO 73º
Competência

1 – Compete aos departamentos de investigação e acção penal nas comarcas sede de distrito judicial:

a) Dirigir o inquérito e exercer a acção penal por crimes cometidos na área da comarca;

b) Dirigir o inquérito e exercer a acção penal relativamente aos crimes indicados no nº 1 do artigo 47º, quando a actividade criminosa ocorrer em comarcas pertencentes ao mesmo distrito judicial;

c) Precedendo despacho do procurador-geral distrital, dirigir o inquérito e exercer a acção penal quando, relativamente a crimes de manifesta gravidade, a complexidade ou dispersão territorial da actividade criminosa justificarem a direcção concentrada da investigação.

2 – Compete aos departamentos de investigação e acção penal das comarcas referidas no artigo 71º dirigir o inquérito e exercer a acção penal relativamente a crimes cometidos na área da comarca.

PARTE II
DA MAGISTRATURA DO MINISTÉRIO PÚBLICO

TÍTULO ÚNICO
Magistratura do Ministério Público

CAPÍTULO I
Organização e estatuto

ARTIGO 74º
Âmbito

1 – Os magistrados do Ministério Público estão sujeitos às disposições desta lei, qualquer que seja a situação em que se encontrem.

2 – As disposições da presente lei são também aplicáveis, com as devidas adaptações, aos substitutos dos magistrados do Ministério Público quando em exercício de funções.

ARTIGO 75º
Paralelismo em relação à magistratura judicial

1 – A magistratura do Ministério Público é paralela à magistratura judicial e dela independente.

2 – Nas audiências e actos oficiais a que presidam magistrados judiciais, os do Ministério Público que sirvam junto do mesmo tribunal tomam lugar à sua direita.

ARTIGO 76º
Estatuto

1 – Os magistrados do Ministério Público são responsáveis e hierarquicamente subordinados.

2 – A responsabilidade consiste em responderem, nos termos da lei, pelo cumprimento dos seus deveres e pela observância das directivas, ordens e instruções que receberem.

3 – A hierarquia consiste na subordinação dos magistrados aos de grau superior, nos termos da presente lei, e na consequente obrigação de acatamento por aqueles das directivas, ordens e instruções recebidas, sem prejuízo do disposto nos artigos 79º e 80º.

ARTIGO 77º
Efectivação da responsabilidade

Fora dos casos em que a falta constitua crime, a responsabilidade civil apenas pode ser efectivada mediante acção de regresso do Estado.

ARTIGO 78º
Estabilidade

Os magistrados do Ministério Público não podem ser transferidos, suspensos, promovidos, aposentados, demitidos ou, por qualquer forma, mudados de situação senão nos casos previstos nesta lei.

ARTIGO 79º
Limite aos poderes directivos

1 – Os magistrados do Ministério Público podem solicitar ao superior hierárquico que a ordem ou instrução sejam emitidas por escrito, devendo sempre sê-lo por esta forma quando se destine a produzir efeitos em processo determinado.

2 – Os magistrados do Ministério Público devem recusar o cumprimento de directivas, ordens ou instruções ilegais e podem recusá-lo com fundamento em grave violação da sua consciência jurídica.

3 – A recusa faz-se por escrito, precedendo representação das razões invocadas.

4 – No caso previsto nos números anteriores, o magistrado que tiver emitido a directiva, ordem ou instrução pode avocar o procedimento ou distribuí-lo a outro magistrado.

5 – Não podem ser objecto de recusa:

a) As decisões proferidas por via hierárquica nos termos da lei de processo;

b) As directivas, ordens ou instruções emitidas pelo Procurador-Geral da República, salvo com fundamento em ilegalidade.

6 – O exercício injustificado da faculdade de recusa constitui falta disciplinar.

ARTIGO 80º
Poderes do Ministro da Justiça

Compete ao Ministro da Justiça:

a) Transmitir, por intermédio do Procurador-Geral da República, instruções de ordem específica nas acções cíveis e nos procedimentos tendentes à composição extrajudicial de conflitos em que o Estado seja interessado;

b) Autorizar o Ministério Público, ouvido o departamento governamental de tutela, a confessar, transigir ou desistir nas acções cíveis em que o Estado seja parte;

c) Requisitar, por intermédio do Procurador-Geral da República, a qualquer magistrado ou agente do Ministério Público relatórios e informações de serviço;

d) Solicitar ao Conselho Superior do Ministério Público informações e esclarecimentos e fazer perante ele as comunicações que entender convenientes;

e) Solicitar ao Procurador-Geral da República inspecções, sindicâncias e inquéritos, designadamente aos órgãos de polícia criminal.

CAPÍTULO II
Incompatibilidades, deveres e direitos dos magistrados

ARTIGO 81º
Incompatibilidades

1 – É incompatível com o desempenho do cargo de magistrado do Ministério Público o exercício de qualquer outra função pública ou privada de índole pro-fissional, salvo funções docentes ou de investigação científica de natureza jurídica ou funções directivas em organizações representativas da magistratura do Ministério Público.

2 – O exercício de funções docentes ou de investigação científica de natureza jurídica pode ser autorizado, desde que não remunerado e sem prejuízo para o serviço.

3 – São consideradas funções de Ministério Público as de magistrado vogal a tempo inteiro do Conselho Superior do Ministério Público, de magistrado membro do gabinete do Procurador-Geral da República, de direcção ou docência no Centro de Estudos Judiciários e de responsável, no âmbito do Ministério da Justiça, pela preparação e revisão de diplomas legais.

ARTIGO 82º
Actividades político-partidárias

1 – É vedado aos magistrados do Ministério Público em efectividade de serviço o exercício de actividades político-partidárias de carácter público.

2 – Os magistrados do Ministério Público em efectividade de serviço não podem ocupar cargos políticos, à excepção dos de Presidente da República e de membro do Governo ou do Conselho de Estado.

ARTIGO 83º
Impedimentos

1 – Os magistrados do Ministério Público não podem servir em tribunal ou juízo em que exerçam funções magistrados judiciais ou do Ministério Público ou funcionários de justiça a que estejam ligados por casamento ou união de facto, parentesco ou afinidade em qualquer grau da linha recta ou até ao 2º grau da linha colateral.

2 – Os magistrados do Ministério Público não podem servir em tribunal ou departamento pertencente a comarca em que, nos últimos cinco anos, tenham tido escritório de advogado.

ARTIGO 84º
Dever de reserva

1 – Os magistrados do Ministério Público não podem fazer declarações ou comentários sobre processos, salvo, quando superiormente autorizados, para defesa da honra ou para a realização de outro interesse legítimo.

2 – Não são abrangidas pelo dever de reserva as informações que, em matéria não coberta pelo segredo de justiça ou pelo sigilo profissional, visem a realização de direitos ou interesses legítimos, nomeadamente o do acesso à informação.

ARTIGO 85º
Domicílio necessário

1 – Os magistrados do Ministério Público têm domicílio necessário na sede do tribunal ou do serviço, podendo, todavia, residir em qualquer ponto da circunscrição, desde que não haja inconveniente para o exercício das funções.

2 – Quando as circunstâncias o justifiquem e não haja prejuízo para o exercício das suas funções, os magistrados do Ministério Público podem ser autorizados a residir em local diferente do previsto no número anterior.

ARTIGO 86º
Ausência

1 – Os magistrados do Ministério Público podem ausentar-se da circunscrição judicial no período autorizado de férias e, quando em exercício de funções, em virtude de licença, dispensa e em sábados, domingos e feriados.

2 – A ausência no período autorizado de férias, nas licenças, dispensas e em sábados, domingos e feriados não pode prejudicar a realização do serviço urgente, podendo ser organizados turnos para o efeito.

3 – A ausência ilegítima implica, além de responsabilidade disciplinar, a perda de vencimento durante o período em que se tenha verificado.

ARTIGO 87º
Faltas

1 – Quando ocorra motivo ponderoso, os magistrados do Ministério Público podem ausentar-se da circunscrição por número de dias que não exceda 3 em cada mês e 10 em cada ano, mediante autorização prévia do superior hierárquico ou, não sendo possível obtê-la, comunicando e justificando a ausência imediatamente após o regresso.

2 – Não são contadas como faltas as ausências em dias úteis, fora das horas de funcionamento normal da secretaria, quando não impliquem falta a qualquer acto de serviço ou perturbação deste.

3 – São equiparadas às ausências referidas no número anterior, até ao limite de quatro por mês, as que ocorram em virtude do exercício de funções directivas em organizações representativas da magistratura do Ministério Público.

4 – Em caso de ausência, os magistrados do Ministério Público devem informar do local em que podem ser encontrados.

ARTIGO 88º
Dispensa de serviço

1 – Não existindo inconveniente para o serviço, o Conselho Superior do Ministério Público ou o procurador-geral distrital, por delegação daquele, pode conceder aos magistrados do Ministério Público dispensa de serviço para participação em congressos, simpósios, cursos, seminários, reuniões ou outras realizações que tenham lugar no país ou no estrangeiro, conexas com a sua actividade profissional.

2 – Podem ainda ser autorizadas dispensas de serviço, independentemente da finalidade e verificada a inexistência de inconveniente para o serviço, até ao limite de seis dias por ano, por períodos não superiores a dois dias consecutivos, não acumuláveis entre si ou com o período ou períodos de gozo de férias.

3 – É aplicável aos magistrados do Ministério Público, com as devidas adaptações, o disposto no Decreto-Lei nº 272/88, de 3 de Agosto, quando se proponham realizar programas de trabalho e estudo, bem como frequentar cursos ou estágios de reconhecido interesse público.[147]

4 – As pretensões a que se refere o número anterior são submetidas a despacho do Ministro da Justiça, sob proposta do Conselho Superior do Ministério Público, na qual se indica a duração, as condições e os termos dos programas e estágios.

ARTIGO 88º-A
Formação contínua[148]

1 – Os magistrados em exercício de funções têm o direito e o dever de participar em acções de formação contínua, asseguradas pelo Centro de Estudos Judiciários, em colaboração com o Conselho Superior do Ministério Público.

---

[147] O Decreto-Lei nº 272/88, de 3 de agosto, versa sobre a equiparação a bolseiro de funcionários e agentes da Administração Pública.
[148] A redação dos nºs 4 e 5 deste artigo foi inserida pelo artigo 2º da Lei nº 37/2009, de 20 de julho.

2 – Os magistrados em exercício de funções devem participar anualmente em, pelo menos, duas acções de formação contínua.

3 – A frequência e o aproveitamento dos magistrados nas acções de formação contínua são tidos em conta para efeitos do disposto no nº 1 do artigo 113º.

4 – A participação dos magistrados em acções de formação contínua fora da comarca onde se encontrem colocados confere-lhes o direito a abono de ajudas de custo, bem como, tratando-se de magistrados colocados nas regiões autónomas que se desloquem ao continente para esse efeito, o direito ao reembolso, se não optarem pelo recebimento antecipado, das despesas resultantes das despesas resultantes da utilização de transportes aéreos, nos termos da lei.

5 – Os direitos previstos no número anterior são conferidos até ao número de acções mencionado no nº 2 e se as acções a frequentar não forem disponibilizadas por meios técnicos que permitam a sua frequência à distância.

ARTIGO 89º
Magistrados na situação de licença sem vencimento de longa duração

Os magistrados do Ministério Público na situação de licença sem vencimento de longa duração não podem invocar aquela qualidade em quaisquer meios de identificação relativos à profissão que exerçam.

ARTIGO 90º
Tratamento, honras e trajo profissional

1 – O Procurador-Geral da República tem categoria, tratamento e honras iguais aos do Presidente do Supremo Tribunal de Justiça e usa o trajo profissional que a este compete.

2 – O Vice-Procurador-Geral da República tem categoria, tratamento e honras iguais aos dos juízes do Supremo Tribunal de Justiça e usa o trajo profissional que a estes compete.

3 – Os procuradores-gerais-adjuntos têm categoria, tratamento e honras iguais aos dos juízes de relação e usam o trajo profissional que a estes compete.

4 – Os procuradores da República e os procuradores-adjuntos têm categoria, tratamento e honras iguais aos dos juízes dos tribunais junto dos quais exercem funções e usam o trajo profissional que a estes compete.

ARTIGO 91º
Prisão preventiva

1 – Os magistrados do Ministério Público não podem ser presos ou detidos antes de ser proferido despacho que designa dia para julgamento relativamente a acusação contra si deduzida, salvo em flagrante delito por crime punível com pena de prisão superior a três anos.

2 – Em caso de detenção ou prisão, o magistrado é imediatamente apresentado à autoridade judiciária competente.

3 – O cumprimento de prisão preventiva e de pena privativa da liberdade por magistrados do Ministério Público faz-se em estabelecimento prisional comum, em regime de separação dos restantes detidos ou presos.

4 – Havendo necessidade de busca no domicílio pessoal ou profissional de magistrado do Ministério Público, esta é presidida, sob pena de nulidade, pelo juiz competente, que avisará previamente o Conselho Superior do Ministério Público, a fim de que um membro designado por este Conselho possa estar presente.

ARTIGO 92º
Foro

O tribunal competente para o inquérito, a instrução e o julgamento dos magistrados do Ministério Público por infracção penal, bem como para os recursos em matéria contra-ordenacional, é o de categoria imediatamente superior àquele em que o magistrado se encontra colocado, sendo para o Procurador-Geral da República, o Vice-Procurador-Geral da República e os procuradores-gerais-adjuntos o Supremo Tribunal de Justiça.

ARTIGO 93º
Exercício da advocacia

Os magistrados do Ministério Público podem advogar em causa própria, do seu cônjuge ou de descendente.

ARTIGO 94º
Relações entre magistrados

Os magistrados do Ministério Público guardam entre si precedência segundo a categoria, preferindo a antiguidade em caso de igual categoria.

ARTIGO 95º
Componentes do sistema retributivo

1 – O sistema retributivo dos magistrados do Ministério Público é composto por:

a) Remuneração base;
b) Suplementos.

2 – Não é permitida a atribuição de qualquer tipo de abono que não se enquadre nas componentes remuneratórias referidas no número anterior, sem prejuízo do disposto no artigo 98º.

ARTIGO 96º
Remuneração base e suplementos

1 – A estrutura da remuneração base a abonar mensalmente aos magistrados do Ministério Público é a que se desenvolve na escala indiciária constante do mapa anexo a esta lei, de que faz parte integrante.[149]

---

[149] O mapa a que se reporta este normativo envolve as categorias de procurador-geral da República, de vice-procurador-geral da República, de procurador-geral adjunto com 5 anos de serviço, de procurador--geral adjunto, de procurador da República, de procurador-adjunto com 18, 15, 11, 7 e 3 anos de serviço e de ingresso, e à correspondente escala indiciária de 260, 260, 250, 240, 220, 200, 190, 175, 155, 135 e 100, respetivamente, com base salarial de 2:6.

2 – As remunerações base são anualmente revistas, mediante actualização do valor correspondente ao índice 100.

3 – A partir de 1 de Janeiro de 1991 a actualização a que se refere o número anterior é automática, nos termos do disposto no artigo 2º da Lei nº 26/84, de 31 de Julho, com a redacção que lhe foi dada pelo artigo 1º da Lei nº 102/88, de 25 de Agosto.[150]

4 – A título de suplementos, mantêm-se as compensações a que se referem os artigos 97º a 100º e 102º da presente lei.

ARTIGO 97º
Subsídio de fixação

Ouvidos o Conselho Superior do Ministério Público e as organizações representativas dos magistrados, o Ministro da Justiça pode determinar que seja atribuído um subsídio de fixação a magistrados do Ministério Público que exerçam funções nas Regiões Autónomas.

ARTIGO 98º
Subsídio para despesas de representação

1 – O Procurador-Geral da República tem direito a um subsídio correspondente a 20% do vencimento, a título de despesas de representação.

2 – O Vice-Procurador-Geral da República e os procuradores-gerais distritais têm direito a um subsídio correspondente a 10% do vencimento, a título de despesas de representação.

ARTIGO 99º
Despesas de deslocação

1 – Os magistrados do Ministério Público têm direito ao reembolso, se não optarem pelo recebimento adiantado, das despesas resultantes da sua deslocação e do agregado familiar, bem como, dentro dos limites a estabelecer por despacho dos Ministros das Finanças e da Justiça, do transporte dos seus bens pessoais, qualquer que seja o meio de transporte utilizado, quando promovidos, transferidos ou colocados por motivos de natureza não disciplinar.

2 – Não é devido reembolso quando a mudança de situação se verifique a pedido do magistrado, excepto:

a) Quando se trate de deslocação entre o Continente e as Regiões Autónomas;

b) Quando, no caso de transferência a pedido, se verifique a situação prevista no nº 1 do artigo 137º ou a transferência ocorra após dois anos de exercício efectivo no lugar anterior.

---

[150] O artigo 1º da Lei nº 26/84, de 31 de julho, estabelece sobre o vencimento mensal ilíquido e o abono mensal para despesas de representação do Presidente da República e a respetiva atualização.

ARTIGO 100º
Ajudas de custo

São devidas ajudas de custo sempre que o magistrado se desloque em serviço para fora da comarca onde se encontra sediado o respectivo tribunal ou serviço.

ARTIGO 101º
Distribuição de publicações oficiais

1 – O Procurador-Geral da República, o Vice-Procurador-Geral da República e os procuradores-gerais-adjuntos têm direito à distribuição gratuita das 1ª e 2ª séries do *Diário da República*, das 1ª e 2ª séries do *Diário da Assembleia da República*, do *Boletim do Ministério da Justiça* e do *Boletim do Trabalho e do Emprego*.

2 – Os procuradores da República e os procuradores-adjuntos têm direito a distribuição gratuita da 1ª série do *Diário da República*, podendo optar pela versão impressa ou electrónica, do *Boletim do Ministério da Justiça* e, a seu pedido, das restantes publicações referidas no número anterior.

ARTIGO 102º
Casa de habitação

1 – Nas localidades em que se mostre necessário, o Ministério da Justiça põe à disposição dos magistrados do Ministério Público, durante o exercício da sua função, casa de habitação mobilada, mediante o pagamento de uma contraprestação mensal, a fixar pelo Ministro da Justiça, de montante não superior a um décimo do total das respectivas remunerações.

2 – Os magistrados que não disponham de casa de habitação nos termos referidos no número anterior ou não a habitem conforme o disposto na parte final do nº 2 do artigo 85º têm direito a um subsídio de compensação fixado pelo Ministro da Justiça, ouvidos o Conselho Superior do Ministério Público e as organizações representativas dos magistrados, tendo em conta os preços correntes do mercado local de habitação.[151]

ARTIGO 103º
Responsabilidade pelo pagamento da contraprestação

A contraprestação é devida desde a data em que for publicada a deliberação de nomeação até àquela em que for publicada a que altere a situação anterior, ainda que o magistrado não habite a casa.

ARTIGO 104º
Responsabilidade pelo mobiliário

1 – O magistrado que vá habitar a casa recebe, por inventário que deverá assinar, o mobiliário e demais equipamento existente, registando-se no acto as anomalias verificadas.

---

[151] Versaram sobre este subsídio os pareceres do Conselho Consultivo da Procuradoria-Geral da República nºs 42/98, de 20 de janeiro de 2000, 149/2000, de 30 de junho de 2000, e 23/2000, de 28 de setembro de 2000, publicados no *Diário da República*, II Série, de 30 de junho de 2000 ,e de 2 de fevereiro de 2001.

2 – Procede-se por forma semelhante à referida no número anterior quando o magistrado deixe a casa.

3 – O magistrado é responsável pela boa conservação do mobiliário e equipamento recebidos, devendo comunicar qualquer ocorrência, por forma a manter-se actualizado o inventário.

4 – O magistrado poderá pedir a substituição ou reparação do mobiliário ou equipamento que se torne incapaz para seu uso normal, nos termos de regulamento a elaborar pelo Ministério da Justiça, ouvido o Conselho Superior do Ministério Público.

ARTIGO 105º
Férias e licenças

1 – Os magistrados do Ministério Público gozam as suas férias preferencialmente durante o período de férias judiciais, sem prejuízo dos turnos a que se encontrem sujeitos, bem como do serviço que haja de ter lugar em férias nos termos da lei.

2 – As férias dos magistrados do Ministério Público podem ainda ser gozadas no período compreendido entre 15 e 31 de Julho.

3 – Por motivo de serviço público, motivo justificado ou outro legalmente previsto, os magistrados do Ministério Público podem gozar as suas férias em períodos diferentes dos referidos nos números anteriores.

4 – A ausência para gozo de férias e o local para onde os magistrados se desloquem devem ser comunicados ao imediato superior hierárquico.

5 – O superior hierárquico imediato do magistrado pode determinar o seu regresso às funções, por fundadas razões de urgência de serviço, sem prejuízo do direito de este gozar em cada ano os dias úteis de férias a que tenha direito nos termos legalmente previstos para a função pública.

6 – Os magistrados em serviço nas Regiões Autónomas têm direito ao gozo de férias judiciais de Verão no continente, acompanhados do agregado familiar, ficando as despesas de deslocação a cargo do Estado.

7 – Quando, em gozo de férias ao abrigo do disposto no número anterior, os magistrados tenham de deslocar-se a região autónoma para cumprirem o serviço de turno que lhes couber, as despesas de deslocação ficam a cargo do Estado.

ARTIGO 105º-A
Mapas de férias

1 – Em cada distrito judicial ou circunscrição correspondente a tribunal da relação é elaborado mapa de férias anual dos magistrados do Ministério Público, cabendo a sua organização ao respectivo procurador-geral distrital ou, nas circunscrições que não sejam sede do distrito judicial, ao procurador-geral-adjunto, designado nos termos da lei, sob proposta e com audição dos interessados.

2 – Com vista a garantir o regular funcionamento dos serviços do Ministério Público, o mapa de férias é aprovado pelo procurador-geral distrital ou procurador-geral-adjunto, consonante os casos, garantida que esteja a harmonização com os mapas de férias anuais propostos para os magistrados judiciais e para os funcionários de justiça da circunscrição judicial.

3 – A aprovação do mapa de férias ocorre até ao 30º dia que anteceda o domingo de Ramos, ficando de seguida disponível para consulta, em versão integral ou abreviada, nas instalações do tribunal ou serviço do Ministério Público.

4 – O mapa a que se refere o presente artigo é elaborado de acordo com o modelo definido e aprovado pelo Conselho Superior do Ministério Público, nele se referenciando, para cada magistrado, a unidade orgânica em que presta funções, o período ou períodos de férias marcados e o magistrado substituto, observando-se o regime de substituição previsto na lei nos casos em que este não seja indicado.

5 – No Supremo Tribunal de Justiça e noutros casos não contemplados, compete ao Procurador-Geral da República ou a quem este delegar a organização, harmonização e aprovação do respectivo mapa de férias dos magistrados do Ministério Público junto deste Tribunal.

ARTIGO 106º
Turnos de férias e serviço urgente

1 – O Procurador-Geral da República organiza turnos para assegurar o serviço urgente, durante as férias judiciais ou quando o serviço o justifique, nos quais participam procuradores-gerais-adjuntos.

2 – Os magistrados do Ministério Público asseguram o serviço urgente nos termos previstos na lei.

ARTIGO 107º
Direitos especiais

1 – Os magistrados do Ministério Público têm especialmente direito:

a) A isenção de quaisquer derramas lançadas pelas autarquias locais;

b) Ao uso, porte e manifesto gratuito de armas de defesa e à aquisição das respectivas munições, independentemente de licença ou participação, podendo requisitá-las aos serviços do Ministério da Justiça através da Procuradoria-Geral da República;

c) A entrada e livre trânsito em gares, cais de embarque e aeroportos, mediante simples exibição de cartão de identificação;

d) Quando em funções, dentro da área da circunscrição, à entrada livre nos navios ancorados nos portos, nas casas e recintos de espectáculos ou de outras diversões, nas sedes das associações de recreio e, em geral, em todos os lugares onde se realizem reuniões públicas ou onde seja permitido o acesso ao público mediante o pagamento de uma taxa, a realização de certa despesa ou a apresentação de bilhete que qualquer pessoa possa obter.

e) A utilização gratuita de transportes colectivos públicos terrestres e fluviais, de forma a estabelecer por portaria do membro responsável pela área da justiça, dentro da área da circunscrição em que exerçam funções e, na hipótese prevista na parte final do nº 2 do artigo 85º, entre aquela e a residência.

f) A utilização gratuita de transportes aéreos, entre as regiões autónomas e o continente português, de forma a estabelecer na portaria referida na alínea anterior, quando tenham residência autorizada naquelas regiões e exerçam funções em tribunais superiores, independentemente da jurisdição em causa.

g) A livre acesso, em todo o território nacional, aos transportes colectivos terrestres, fluviais e marítimos, enquanto em missão de serviço como autoridades judiciárias no âmbito da investigação criminal, se devidamente identificados;

h) A telefone em regime de confidencialidade, se para tanto for colhido o parecer favorável do Conselho Superior do Ministério Público;

i) A acesso gratuito, nos termos constitucionais e legais, a bibliotecas e bases de dados documentais públicas, designadamente as dos tribunais superiores, do Tribunal Constitucional e da Procuradoria-Geral da República;

j) A vigilância especial da sua pessoa, família e bens, a requisitar pelo Conselho Superior do Ministério Público ou pelo procurador-geral distrital, por delegação daquele, ou, em caso de urgência, pelo magistrado, ao comando da força policial da área da sua residência, sempre que ponderosas razões de segurança o exijam;

l) A isenção de custas em qualquer acção em que sejam parte principal ou acessória, por causa do exercício das suas funções.[152]

2 – O cartão de identificação é atribuído pelo Conselho Superior do Ministério Público e renovado no caso de mudança de situação, devendo constar dele, nomeadamente, o cargo desempenhado e os direitos e regalias inerentes.

3 – O Procurador-Geral da República e o Vice-Procurador-Geral da República têm direito a passaporte diplomático e os procuradores-gerais-adjuntos a passaporte especial, podendo ser atribuído passaporte especial aos procuradores da República e aos procuradores-adjuntos quando se desloquem ao estrangeiro em serviço.

4 – São extensivos a todos os membros do Conselho Superior do Ministério Público os direitos previstos nos nºs 1, alíneas *e*) e *g*), 2 e 3, na modalidade de passaporte especial.[153]

ARTIGO 108º
Disposições subsidiárias

É aplicável subsidiariamente aos magistrados do Ministério Público, quanto a incompatibilidades, deveres e direitos, o regime vigente para a função pública.

ARTIGO 108º-A
Redução remuneratória[154]

1 – As componentes do sistema retributivo dos magistrados, previstas no artigo 95º, são reduzidas nos termos da lei do Orçamento do Estado.

2 – Os subsídios de fixação e de compensação previstos nos artigos 97º e 102º, respectivamente, equiparados para todos os efeitos legais a ajudas de custo, são reduzidos em 20%.

---

[152] Esta isenção foi revogada pelo artigo 25º, nº 1, do Decreto-Lei nº 34/2008, de 26 de fevereiro.
[153] As alíneas *e*) e *f*) do nº 1 deste artigo foram inseridas pelo artigo 2º da Lei nº 37/2009, de 20 de julho.
[154] Este artigo foi inserido pelo artigo 21º da Lei nº 55-A/2010, de 31 de dezembro. O Tribunal Constitucional, no Acórdão nº 396/2011, de 21 de setembro, publicado no Diário da República, 2.ª série, nº 199, de 17 de outubro de 2011, decidiu no sentido da sua não inconstitucionalidade.

ARTIGO 108º-B
Contribuições extraordinárias dos aposentados

As pensões de aposentação os magistrados jubilados podem ser objecto de contribuições extraordinárias nos termos da Lei do Orçamento do Estado.[155]

CAPÍTULO III
Classificações

ARTIGO 109º
Classificação dos magistrados do Ministério Público

Os procuradores da República e os procuradores-adjuntos são classificados pelo Conselho Superior do Ministério Público, de acordo com o seu mérito, de *Muito bom, Bom com distinção, Bom, Suficiente* e *Medíocre*.

ARTIGO 110º
Critérios e efeitos da classificação

1 – A classificação deve atender ao modo como os magistrados desempenham a função, ao volume e dificuldades do serviço a seu cargo, às condições do trabalho prestado, à sua preparação técnica, categoria intelectual, trabalhos jurídicos publicados e idoneidade cívica.

2 – A classificação de *Medíocre* implica a suspensão do exercício de funções e a instauração de inquérito por inaptidão para esse exercício.

3 – Se, em processo disciplinar instaurado com base no inquérito, se concluir pela inaptidão do magistrado, mas pela possibilidade da sua permanência na função pública, podem, a requerimento do interessado, substituir-se as penas de aposentação compulsiva ou demissão pela de exoneração.

4 – No caso previsto no número anterior, o processo, acompanhado de parecer fundamentado, é enviado ao Ministério da Justiça para efeito de homologação e colocação do interessado em lugar adequado às suas aptidões.

5 – A homologação do parecer pelo Ministro da Justiça habilita o interessado para ingresso em lugar compatível dos serviços dependentes do Ministério.

ARTIGO 111º
Classificação de magistrados em comissão de serviço

Os magistrados em comissão de serviço são classificados se o Conselho Superior do Ministério Público dispuser de elementos bastantes ou os puder obter através das inspecções necessárias, considerando-se actualizada, no caso contrário, a última classificação.

---

[155] Este artigo foi inserido pelo artigo 148º, nº 2, da Lei do Orçamento do Estado para 2012.

ARTIGO 112º
Periodicidade das classificações

1 – Os procuradores da República e os procuradores-adjuntos são classificados, pelo menos, de quatro em quatro anos.

2 – Considera-se desactualizada a classificação atribuída há mais de quatro anos, salvo se a desactualização não for imputável ao magistrado ou este estiver abrangido pelo disposto no artigo 111º.

3 – No caso de falta de classificação não imputável ao magistrado, presume-se *Bom*, excepto se o magistrado requerer inspecção, caso em que será realizada obrigatoriamente.

4 – A classificação relativa a serviço posterior desactualiza a referente a serviço anterior.

ARTIGO 113º
Elementos a considerar

1 – Nas classificações são considerados os resultados de inspecções anteriores, inquéritos, sindicâncias ou processos disciplinares, tempo de serviço, relatórios anuais e quaisquer elementos complementares que estejam na posse do Conselho Superior do Ministério Público.

2 – São igualmente tidos em conta o volume de serviço a cargo do magistrado, as condições de trabalho, e, quanto aos magistrados com menos de cinco anos de exercício, a circunstância de o serviço inspeccionado ter sido prestado em comarca ou lugar de acesso.

3 – O magistrado é obrigatoriamente ouvido sobre o relatório da inspecção e pode fornecer os elementos que entender convenientes.

4 – As considerações que o inspector eventualmente produza sobre a resposta do inspeccionado não podem referir factos novos que o desfavoreçam e delas dar-se-á conhecimento ao inspeccionado.

CAPÍTULO IV
Provimentos

SECÇÃO I
Recrutamento e acesso

SUBSECÇÃO I
Disposições gerais

ARTIGO 114º
Requisitos para ingresso na magistratura do Ministério Público

São requisitos para ingresso na magistratura do Ministério Público:

a) Ser cidadão português;

b) Estar no pleno gozo dos direitos civis e políticos;
c) Possuir licenciatura em Direito obtida em universidade portuguesa ou reconhecida em Portugal;
d) Ter frequentado com aproveitamento os cursos ou estágios de formação, sem prejuízo do disposto no artigo 128º.
e) Satisfazer os demais requisitos estabelecidos na lei para a nomeação de funcionários do Estado.

ARTIGO 115º
Cursos e estágios de formação

Os cursos e estágios de formação decorrem no Centro de Estudos Judiciários, nos termos do diploma que organiza este Centro.[156]

ARTIGO 116º
Acesso

1 – O acesso aos lugares superiores do Ministério Público faz-se por promoção.
2 – Os magistrados do Ministério Público são promovidos por mérito e por antiguidade.
3 – Faz-se por mérito e por antiguidade a promoção à categoria de procurador da República e por mérito a promoção à categoria de procurador-geral-adjunto.

ARTIGO 117º
Condições gerais de acesso

1 – É condição de promoção por antiguidade a existência de classificação de serviço não inferior a *Bom*.
2 – É condição de promoção por mérito a existência de classificação de serviço de *Muito bom* ou *Bom com distinção*.
3 – Havendo mais do que um magistrado em condições de promoção por mérito, as vagas são preenchidas sucessivamente, na proporção de três para classificados com *Muito bom* e uma para classificados com *Bom com distinção*, e, em caso de igualdade de classificação, prefere o mais antigo.

ARTIGO 118º
Renúncia

1 – Os magistrados do Ministério Público a quem caiba a promoção em determinado movimento podem apresentar declaração de renúncia.
2 – A declaração de renúncia implica que o magistrado não possa ser promovido por antiguidade nos dois anos seguintes.
3 – As declarações de renúncia são apresentadas no Conselho Superior do Ministério Público no prazo do nº 3 do artigo 134º.
4 – Não havendo outros magistrados em condições de promoção, as declarações de renúncia não produzem efeito.

---

[156] A orgânica do Centro de Estudos Judiciários consta da Lei nº 2/2008, de 14 de janeiro, e da Portaria nº 965/2008, de 29 de agosto.

SUBSECÇÃO II
Disposições especiais

ARTIGO 119º
Procuradores-adjuntos

1 – Sem prejuízo do disposto no artigo 128º, a primeira nomeação para a magistratura do Ministério Público realiza-se na categoria de procurador-adjunto para comarcas ou lugares de ingresso.

2 – As nomeações fazem-se segundo a ordem de graduação obtida nos cursos ou estágios de ingresso.

ARTIGO 120º
Procurador-adjunto nos departamentos de investigação e acção penal

1 – O provimento dos lugares de procurador-adjunto nos departamentos de investigação e acção penal nas comarcas sede dos distritos judiciais efectua-se de entre procuradores-adjuntos com, pelo menos, sete anos de serviço, constituindo factores relevantes:

a) Classificação de mérito;

b) Experiência na área criminal, designadamente no respeitante à direcção ou participação em investigações relacionadas com criminalidade violenta ou altamente organizada;

c) Formação específica ou realização de trabalhos de investigação no domínio das ciências criminais.

2 – Existindo secções diferenciadas no departamento, a distribuição do serviço pelos procuradores-adjuntos far-se-á por decisão do procurador-geral-adjunto que dirigir o departamento, o qual, levando em conta o tipo de criminalidade de cada uma das secções, considera como factores relevantes:

a) Classificação de mérito e antiguidade;

b) Experiência na área criminal demonstrada nesse departamento ou em departamentos ou tribunais de outra comarca, designadamente a direcção efectiva de inquéritos que tenham implicado o recurso, com intervenção activa do magistrado, de meios especiais de investigação, ou que tenham evidenciado grande complexidade técnica, aferida em função das dificuldades da investigação ou das questões jurídicas envolvidas;

c) Formação específica, ou realização de trabalhos de investigação no domínio da área criminal da secção.

3 – No provimento dos lugares de procurador-adjunto nos demais departamentos de investigação e acção penal constituem factores relevantes a classificação de mérito, a experiência na área criminal, designadamente no respeitante à direcção ou participação em investigações relacionadas com criminalidade violenta ou altamente organizada, e a formação específica ou realização de trabalhos de investigação no domínio das ciências criminais, sendo correspondentemente aplicável o disposto no nº 2.

4 – A colocação dos procuradores-adjuntos nas secções é feita por um período de três anos renovável.

ARTIGO 121º
Procurador da República

1 – O provimento de vagas de procurador da República faz-se por transferência ou por promoção de entre procuradores-adjuntos.

2 – As vagas que não sejam preenchidas por transferência são preenchidas por promoção.

3 – A promoção faz-se por via do concurso ou segundo a ordem da lista de antiguidade.

4 – Apenas podem ser promovidos por via de concurso procuradores-adjuntos que tenham, no mínimo, 10 anos de serviço.

5 – As vagas são preenchidas, por ordem de vacatura, sucessivamente na proporção de três por via de concurso e duas segundo a ordem da lista de antiguidade.

6 – Os magistrados candidatos a concurso que não sejam providos por essa via também podem ser promovidos segundo a ordem da lista de antiguidade caso não tenham apresentado declaração de renúncia.

7 – Na promoção por concurso é provido o magistrado com melhor classificação e, em caso de igualdade, o mais antigo.

8 – Devendo ser provida uma vaga por concurso e não havendo concorrentes, a promoção efectua-se segundo a ordem da lista de antiguidade.

9 – Havendo lugar a promoção segundo a ordem da lista de antiguidade, as vagas são preenchidas sucessivamente na proporção de três por mérito e uma por antiguidade.

ARTIGO 122º
Procurador da República nos departamentos de investigação e acção penal e nas instâncias especializadas

1 – O preenchimento dos lugares de procurador da República nos departamentos de investigação e acção penal nas comarcas sede dos distritos judiciais efectua-se, em comissão de serviço, por nomeação do Conselho Superior do Ministério Público, sob proposta do procurador-geral distrital, constituindo factores relevantes:

a) Experiência na área criminal, designadamente no respeitante à direcção ou participação em investigações relacionadas com criminalidade violenta ou altamente organizada;

b) Experiência curricular de chefia;

c) Formação específica ou realização de trabalhos de investigação no domínio das ciências criminais;

d) Classificação de mérito como procurador da República ou na última classificação como procurador-adjunto.

2 – O preenchimento dos lugares de procurador da República nos demais departamentos de investigação e acção penal e nas instâncias especializadas referidas no artigo 45º do Estatuto dos Magistrados Judiciais efectua-se de entre procuradores da República, constituindo factores relevantes:

a) Classificação de mérito;
b) Experiência na área respectiva;
c) Formação específica ou realização de trabalhos de investigação na área respectiva.

3 – Os procuradores da República podem assumir exclusivamente funções de direcção de inquéritos e ou a chefia de equipas de investigação, de unidades de missão, podendo ainda coadjuvar o procurador-geral-adjunto na gestão do departamento de investigação e acção penal.

4 – Os cargos referidos nos números anteriores são exercidos em comissão de serviço, por três anos, renovável mediante parecer favorável do director do departamento.

5 – Cessada a comissão de serviço dos magistrados referidos no nº 1, os mesmos têm direito a colocação na comarca sede do distrito judicial.

ARTIGO 123º
Procurador da República no Departamento Central de Investigação e Acção Penal

1 – O provimento dos lugares de procurador da República no Departamento Central de Investigação e Acção Penal (DCIAP) efectua-se, de entre três nomes propostos pelo procurador-geral-adjunto com funções de direcção e coordenação, de entre procuradores da República com classificação de mérito, constituindo factores relevantes:

a) Experiência na área criminal, especialmente no respeitante ao estudo; ou à direcção da investigação da criminalidade violenta ou altamente organizada;
b) Formação específica ou a experiência de investigação aplicada no domínio das ciências criminais.

2 – O cargo a que se refere o número anterior é exercido em comissão de serviço, por três anos, renovável mediante parecer favorável do director do Departamento.

ARTIGO 123º-A
Procurador da República coordenador

1 – As funções de procurador da República coordenador são exercidas por procuradores da República com avaliação de mérito, nomeados pelo Conselho Superior do Ministério Público de entre três nomes propostos pelo procurador-geral distrital, que tenham frequentado com aproveitamento um curso de formação adequada, nos termos de portaria do membro do Governo responsável pela área da justiça.

2 – Quando não seja possível cumprir o disposto no número anterior, o provimento do lugar de procurador da República coordenador efectua-se de entre três nomes propostos pelo procurador-geral distrital de entre procuradores da República com classificação de mérito.

3 – O cargo a que se referem os números anteriores é exercido em comissão de serviço.

ARTIGO 124º
Auditores jurídicos

Os auditores jurídicos são nomeados de entre procuradores-gerais-adjuntos ou, por promoção, de entre procuradores da República.

ARTIGO 125º
Procuradores-gerais-adjuntos nos supremos tribunais e nos tribunais da Relação

1 – Os lugares de procurador-geral-adjunto no Supremo Tribunal de Justiça, no Tribunal Constitucional, no Supremo Tribunal Administrativo, no Tribunal de Contas e no Supremo Tribunal Militar são providos de entre procuradores-gerais--adjuntos ou, por promoção, de entre procuradores da República com a classificação de *Muito bom*.

2 – A nomeação realiza-se sob proposta do Procurador-Geral da República, não podendo o Conselho Superior do Ministério Público vetar, para cada vaga, mais de dois nomes.

3 – Os cargos a que se refere o nº 1, bem como os cargos de procurador-geral--adjunto nos tribunais da Relação, são exercidos em comissão de serviço.

ARTIGO 126º
Procuradores-gerais distritais e equiparados

1 – Os lugares de procurador-geral distrital e de procurador-geral-adjunto no Tribunal Administrativo Central são providos de entre procuradores-gerais-adjuntos ou, por promoção, de entre procuradores da República com a classificação de *Muito bom*.

2 – O Conselho Superior do Ministério Público nomeia um dos nomes propostos para cada vaga de entre um mínimo de três.

3 – É aplicável o disposto no nº 3 do artigo anterior.

ARTIGO 127º
Procurador-geral-adjunto no DCIAP no Departamento Central de Contencioso do Estado e nos departamentos de investigação e acção penal

1 – Os lugares de procurador-geral-adjunto no DCIAP, no Departamento Central de Contencioso do Estado e nos departamentos de investigação e acção penal nas comarcas sede de distrito judicial são providos por proposta do Procurador-Geral da República de entre procuradores-gerais-adjuntos, não podendo o Conselho Superior do Ministério Público vetar, para cada vaga, mais de dois nomes.

2 – Os cargos referidos no nº 1 são exercidos em comissão de serviço.

ARTIGO 128º
Vogais do Conselho Consultivo

1 – Os lugares de vogal do Conselho Consultivo da Procuradoria-Geral da República são preenchidos por procuradores-gerais-adjuntos e, bem assim, por magistrados judiciais e do Ministério Público e outros juristas que o requeiram, não

podendo o número dos primeiros ser inferior a dois terços do número total de vogais.

2 – São condições de provimento:

a) Para todos os vogais, reconhecimento de mérito científico e comprovada capacidade de investigação no domínio das ciências jurídicas;

b) Para os magistrados judiciais e do Ministério Público, 12 anos de actividade em qualquer das magistraturas e, tratando-se de magistrados que devam ser classificados, classificação de serviço de *Muito bom;*

c) Para os restantes juristas, idoneidade cívica, 12 anos de actividade profissional no domínio das ciências jurídicas e idade não superior a 60 anos.

3 – A nomeação realiza-se sob proposta do Procurador-Geral da República, não podendo o Conselho Superior do Ministério Público vetar para cada vaga mais de dois nomes.

4 – O provimento realiza-se em comissão de serviço, por períodos renováveis.

ARTIGO 129º
Nomeação e exoneração do Vice-Procurador-Geral da República

1 – O Vice-Procurador-Geral da República é nomeado, sob proposta do Pro-curador-Geral da República, de entre procuradores-gerais-adjuntos e exerce as respectivas funções em comisssão de serviço.

2 – Aplica-se à nomeação o disposto no nº 2 do artigo 125º.

3 – A nomeação do Vice-Procurador-Geral da República como juiz do Supremo Tribunal de Justiça não implica a cessação da comissão de serviço nem impede a renovação desta.

4 – O Vice-Procurador-Geral da República cessa funções com a tomada de posse de novo Procurador-Geral da República.

ARTIGO 130º
Nomeação para o cargo de juiz

Os magistrados do Ministério Público podem ser nomeados juízes nos termos previstos no estatuto privativo de cada ordem de tribunais.

ARTIGO 131º
Nomeação e exoneração do Procurador-Geral da República

1 – Procurador-Geral da República é nomeado e exonerado nos termos da Constituição.

2 – O mandato do Procurador-Geral da República tem a duração de seis anos, sem prejuízo do disposto na alínea *m)* do artigo 133º da Constituição.[157]

3 – A nomeação implica a exoneração de anterior cargo quando recaia em magistrado judicial ou do Ministério Público ou em funcionário do Estado.

---

[157] A alínea *m)* do artigo 133º da Constituição prescreve competir ao Presidente da República, relativamente a outros órgãos, nomear e exonerar, sob proposta do Governo, o presidente do Tribunal de Contas e o Procurador-Geral da República.

4 – Após a cessação de funções, o Procurador-Geral da República nomeado nos termos do número anterior tem direito a reingressar no quadro de origem, sem perda de antiguidade e do direito à promoção. Ao Procurador-Geral da República que não seja magistrado judicial ou do Ministério Público ou funcionário do Estado é aplicável o disposto nos artigos 24º a 31º da Lei nº 4/85, de 9 de Abril.[158]

5 – Se o Procurador-Geral da República for magistrado, o tempo de serviço desempenhado no cargo contará por inteiro, como se o tivesse prestado na magistratura, indo ocupar o lugar que lhe competitria se não tivesse interrompido o exercício da função, nomeadamente sem prejuízo das promoções e do acesso a que entretanto tivesse direito.

6 – No caso de terem sido nomeados para o Supremo Tribunal de Justiça magistrados com antiguidade inferior à que possuía o Procurador-Geral da República, o Conselho Superior da Magistratura reabre o concurso em que, nos termos do número anterior, o Procurador-Geral da Repúbblica teria entrado e gradua-o no lugar que lhe competir.

7 – Sempre que tiverem sido nomeados para o Supremo Tribunal de Justiça magistrados com antiguidade inferior à que possuía o Procurador-Geral da República, este mantém o direito à remuneração auferida à data da cessação de funções, com excepção do subsídio a que se refere o artigo 98º.

SECÇÃO II
Inspectores

ARTIGO 132º
Recrutamento

1 – Os inspectores são nomeados, em comissão de serviço, de entre magistrados de categoria não inferior a procurador da República com antiguidade total não inferior a 10 anos e, tratando-se de magistrados que devam ser classificados, classificação de serviço de *Muito bom*.

2 – Os inspectores têm direito às remunerações correspondentes à categoria de procurador-geral-adjunto.

SECÇÃO III
Movimentos

ARTIGO 133º
Movimentos

1 – Os movimentos são efectuados nos meses de Maio e Dezembro.

2 – Fora das épocas referidas no número anterior apenas podem fazer-se movimentos quando o exijam extraordinárias razões de disciplina ou de urgência no preenchimento de vagas.

---

[158] Os artigos 24º e 31º da Lei nº 4/85, de 9 de abril, reportam-se à subvenção mensal vitalícia e ao subsídio de reintegração dos titulares de cargos políticos.

ARTIGO 134º
Preparação de movimentos

1 – Os magistrados que, por nomeação, transferência, promoção, termo de comissão ou regresso à efectividade, pretendam ser providos em qualquer cargo enviarão os seus requeimentos à Procuradoria-Geral da República.

2 – Os requerimentos são registados na secretaria e caducam com a realização do movimento.

3 – São considerados em cada movimento os requerimentos cuja entrada se tenha verificado até 15 dias antes da data da reunião do Conselho Superior do Ministério Público.

4 – O Conselho Superior do Ministério Público aprova os regulamentos necessários à efectivação dos concursos para provimento dos lugares previstos neste Estatuto.

ARTIGO 135º
Transferências e permutas

1 – Salvo por motivo disciplinar, os magistrados do Ministério Público não podem ser transferidos antes de decorrido um ano sobre a data de início das funções que se encontrem a exercer.

2 – Os magistrados do Ministério Público são transferidos a pedido ou em resultado de decisão disciplinar.

3 – Os magistrados do Ministério Público podem ser transferidos a seu pedido quando decorridos dois anos ou um ano após a data da publicação da deliberação que os tenha nomeado para o cargo anterior, consoante a precedente colocação tenha ou não sido realizada a pedido.

4 – Quando a transferência a pedido se faça de comarca ou lugar de ingresso para comarca ou lugar de primeiro acesso, o prazo referido no número anterior é de três anos contado da primeira nomeação.

5 – *(Revogado).*

6 – Sem prejuízo do disposto nos números anteriores e de direitos de terceiros, são autorizadas permutas.

ARTIGO 136º
Regras de colocação e preferência

1 – A colocação de magistrados do Ministério Público deve fazer-se com prevalência das necessidades de serviço e de modo a conciliar a vida pessoal e familiar dos interessados com a sua vida profissional.

2 – No provimento de lugares em tribunais de competência especializada é ponderada a formação especializada dos concorrentes.

3 – Se a formação especializada decorrer da prestação de serviço em tribunal especializado, exige-se dois anos de exercício de funções.

4 – Sem prejuízo do disposto nos números anteriores, constituem factores atendíveis nas colocações, por ordem decrescente de preferência, a classificação de serviço e a antiguidade.

ARTIGO 137º
Colocações

1 – Os procuradores-adjuntos não podem recusar a primeira colocação após o exercício de funções em comarca ou lugar de ingresso ou de primeiro acesso.

2 – Os procuradores-adjuntos com mais de cinco anos de serviço efectivo não podem requerer a sua colocação em comarcas ou lugares de ingresso se já colocados em comarcas ou lugares de primeiro acesso, nem numas ou noutras se colocados em comarcas ou lugares de acesso final.

3 – Os procuradores-adjuntos não podem ser colocados em comarcas ou lugares de acesso final sem terem exercido funções em comarcas ou lugares de primeiro acesso, nem numas e noutras sem terem exercido funções em comarcas ou lugares de ingresso.

ARTIGO 138º
Magistrados auxiliares

1 – Fundado em razões de serviço, o Conselho Superior do Ministério Público pode destacar temporariamente para os tribunais ou serviços os magistrados auxiliares que se mostrem necessários.

2 – O destacamento depende de prévio despacho do Ministro da Justiça relativamente à disponibilidade de verbas e caduca ao fim de um ano, sendo renovável por iguais períodos.

3 – O Conselho Superior do Ministério Público pode deliberar que o destacamento referido no nº 1 ocasione abertura de vaga.

SECÇÃO IV
Comissões de serviço

ARTIGO 139º
Comissões de serviço

1 – A nomeação de magistrados do Ministério Público para comissões de serviço depende de autorização do Conselho Superior do Ministério Público.

2 – A autorização só pode ser concedida relativamente a magistrados que tenham, pelo menos, cinco anos de exercício da magistratura.

3 – Depende igualmente de autorização do Conselho Superior do Ministério Público a prestação de serviço em instituições e organizações internacionais de que Portugal faça parte quando implique residência em país estrangeiro, considerando-se os magistrados em comissão de serviço pelo tempo que durar a actividade.

ARTIGO 140º
Prazos das comissões de serviço

1 – Na falta de disposição especial, as comissões de serviço têm a duração de três anos e são renováveis.

2 – Podem autorizar-se comissões eventuais de serviço por períodos até um ano, renováveis.

3 – As comissões eventuais de serviço não ocasionam abertura de vaga.

4 – Não ocasionam também abertura de vaga as comissões de serviço previstas no n.º 3 do artigo 81.º e no n.º 3 do artigo anterior e as que respeitem ao exercício de funções nas áreas de cooperação internacional, nomeadamente com os Estados membros da Comunidade dos Países de Língua Portuguesa.

5 – O tempo em comissão de serviço é considerado, para todos os efeitos, como de efectiva actividade na função.

SECÇÃO V
Posse

ARTIGO 141.º
Requisitos e prazo da posse

1 – A posse deve ser tomada pessoalmente e no lugar onde o magistrado vai exercer funções.

2 – Quando não se fixe prazo especial, o prazo para tomar posse é de 30 dias e começa a correr no dia imediato ao da publicação no *Diário da República*.

3 – Em casos justificados, o Conselho Superior do Ministério Público pode prorrogar o prazo para a posse ou autorizar que esta seja tomada em local diverso do referido no n.º 1.

ARTIGO 142.º
Entidade que confere a posse

Os magistrados do Ministério Público tomam posse:

a) O Procurador-Geral da República, perante o Presidente da República;

b) O Vice-Procurador-Geral da República e os procuradores-gerais-adjuntos, perante o Procurador-Geral da República;

c) Os procuradores da República, perante o procurador-geral distrital do respectivo distrito judicial;

d) Os procuradores-adjuntos, perante o respectivo procurador da República ou perante o procurador-geral distrital, nas comarcas sede de distritos judiciais que tenham mais do que um procurador da República;

e) Em casos justificados, o Conselho Superior do Ministério Público pode autorizar que os magistrados referidos nas alíneas *c)* e *d)* tomem posse perante entidade diversa.

ARTIGO 143.º
Falta de posse

1 – Quando se trate de primeira nomeação, a falta não justificada de posse dentro do prazo importa, sem dependência de qualquer formalidade, a anulação da nomeação e inabilita o faltoso para ser nomeado para o mesmo cargo durante dois anos.

2 – Nos demais casos, a falta não justificada de posse é equiparada a abandono do lugar.

3 – A justificação deve ser requerida no prazo de 10 dias a contar da cessação de causa justificativa.

ARTIGO 144º
Posse de magistrados em comissão

Os magistrados que sejam promovidos enquanto em comissão de serviço ingressam na nova categoria, independentemente de posse, a partir da publicação da respectiva nomeação.

CAPÍTULO V
Aposentação, cessação e suspensão de funções

SECÇÃO I
Aposentação

ARTIGO 145º
Aposentação ou reforma a requerimento

Os requerimentos para aposentação ou reforma são enviados à Procuradoria-Geral da República, que os remete à instituição de segurança social competente para a atribuir.[159]

ARTIGO 146º
Incapacidade

1 – São aposentados por incapacidade ou reformados por invalidez os magistrados que, por debilidade ou entorpecimento das faculdades físicas ou intelectuais, manifestados no exercício da função, não possam continuar nesta sem grave transtorno da justiça ou dos respectivos serviços.

2 – Os magistrados que se encontrem na situação referida no número anterior são notificados para, no prazo de trinta dias:

a) Requererem a aposentação ou reforma; ou

b) Apresentarem, por escrito, as observações que tiverem por convenientes.

3 – No caso previsto no nº 1, o Conselho Superior do Ministério Público pode determinar a imediata suspensão do exercício de funções do magistrado cuja incapacidade especialmente a justifique.

4 – A suspensão prevista no presente artigo é executada por forma a serem resguardados o prestígio da função e a dignidade do magistrado e não tem efeito sobre as remunerações auferidas.

---

[159] A atual redação dos nºs 1 e 2 deste artigo, do artigo 147º e dos nºs 1 e 3 a 10 do artigo 148º resultou do artigo 4º da Lei nº 9/2011, de 12 de abril. A atual redação do nº 4 do artigo 148º resultou, por seu turno, do artigo 73º da Lei nº 64-B/2011, de 30 de dezembro.

ARTIGO 147º
Pensão por incapacidade

O magistrado aposentado por incapacidade ou reformado por invalidez tem direito a que a pensão seja calculada com base no tempo de serviço correspondente a uma carreira completa.

ARTIGO 148º
Jubilação

1 – Consideram-se jubilados os magistrados do Ministério Público que se aposentem ou reformem, por motivos não disciplinares, com a idade e o tempo de serviço previstos no anexo II da presente lei e desde que contem, pelo menos, 25 anos de serviço na magistratura, dos quais os últimos 5 tenham sido prestados ininterruptamente no período que antecedeu a jubilação, excepto se o período de interrupção for motivado por razões de saúde ou se decorrer de exercício de funções públicas emergentes de comissão de serviço.

2 – O Conselho Superior do Ministério Público pode, a título excepcional e por razões ponderosas de serviço, nomear Procuradores-Gerais Adjuntos jubilados para o exercício de funções na Procuradoria-Geral da República.

3 – Aos magistrados jubilados é aplicável o disposto nos nºs 1 e 2 do artigo 95º e nas alíneas a), b), c), e), g) e h) do nº 1, e no nº 2 do artigo 107º, bem como no nº 2 do artigo 102º.

4 – A pensão é calculada em função de todas as remunerações sobre as quais incidiu o desconto respectivo, não podendo a pensão ilíquida do magistrado jubilado ser superior à remuneração do magistrado no activo de categoria idêntica líquida das quotas para a Caixa Geral de Aposentações.

5 – As pensões dos magistrados jubilados são automaticamente actualizadas e na mesma proporção em função das remunerações dos magistrados de categoria e escalão correspondentes àqueles em que se verifica a jubilação.

6 – Até à liquidação definitiva, os magistrados judiciais jubilados têm direito ao abono de pensão provisória, calculada e abonada nos termos legais pela repartição processadora.

7 – Os magistrados jubilados encontram-se obrigados a reserva exigida pela sua condição.

8 – O estatuto de jubilado pode ser retirado por via de procedimento disciplinar.

9 – Os magistrados podem fazer declaração de renúncia à condição de jubilado, ficando sujeitos em tal caso, ao regime geral da aposentação pública.

10 – Aos magistrados com mais de 40 anos de idade na data da admissão ao Centro de Estudos Judiciários não é aplicável o requisito de 25 anos de serviço na magistratura previsto no nº 1.[160]

---

[160] O artigo 6º da Lei nº 9/2011, de 12 de abril, estabeleceu que as pensões dos magistrados jubilados são automaticamente atualizadas e na mesma proporção em função das remunerações dos magistrados de categoria e escalão correspondentes àqueles em que se verifica a jubilação.

ARTIGO 149º
Aposentação ou reforma

A pensão de aposentação ou reforma dos magistrados aposentados ou reformados é calculada com base na seguinte fórmula:

$$R \times T1/C$$

em que

R é a remuneração mensal relevante nos termos do Estatuto da Aposentação, deduzida da percentagem da quota para aposentação e pensão de sobrevivência no âmbito do regime da Caixa Geral de Aposentações; e

$T1$ é a expressão em anos do número de meses de serviço, com o limite máximo de C; e

C é o número constante do anexo III.[161]

ARTIGO 150º
Regime subsidiário

As matérias não expressamente reguladas no presente Estatuto, nomeadamente as condições de aposentação dos magistrados do Ministério Público e o sistema de pensões em que devem ser inscritos, regem-se pelo que se encontrar estabelecido para a função pública, nomeadamente no Estatuto da Aposentação, nas Leis nºs 60/2005, de 29 de Dezembro, 52/2007, de 31 de Agosto, 11/2008, de 20 de Fevereiro, e 3-B/2010, de 28 de Abril.

SECÇÃO II
Cessação e suspensão de funções

ARTIGO 151º
Cessação de funções

Os magistrados do Ministério Público cessam funções:

a) No dia em que completem a idade que a lei preveja para a aposentação de funcionários do Estado;

b) No dia em que for publicada a deliberação de que foram desligados do serviço;

c) No dia imediato àquele em que chegue à comarca ou lugar onde servem o *Diário da República* com a publicação da nova situação.

ARTIGO 152º
Suspensão de funções

Os magistrados do Ministério Público suspendem as respectivas funções:

a) No dia em que forem notificados do despacho que designa dia para julgamento relativamente a acusação contra si deduzida por crime doloso;

---

[161] Quanto ao artigo 7º da Lei nº 9/2011, de 12 de abril, relativo ao *regime transitório da jubilação*, veja-se a *anotação nº 106*.

b) No dia em que lhes for notificada a suspensão preventiva por motivo de procedimento disciplinar para aplicação de qualquer pena que importe afastamento do serviço;

c) No dia em que lhes for notificada a suspensão prevista no nº 3 do artigo 146º.

CAPÍTULO VI
Antiguidade

ARTIGO 153º
Antiguidade no quadro e na categoria

1 – A antiguidade dos magistrados do Ministério Público no quadro e na categoria conta-se desde a data da publicação do provimento no *Diário da República*.

2 – A publicação dos provimentos deve respeitar, na sua ordem, a graduação feita pelo Conselho Superior do Ministério Público.

3 – Aos procuradores-gerais-adjuntos nomeados para o Conselho Consultivo da Procuradoria-Geral da República de entre não magistrados é atribuída, no quadro, a antiguidade igual à do procurador-geral-adjunto que à data da publicação do provimento tiver menor antiguidade, ficando colocado à sua esquerda.

ARTIGO 154º
Tempo de serviço que conta para a antiguidade

1 – Para efeito de antiguidade não é descontado:

a) O tempo de exercício de funções como Presidente da República e membro do Governo;

b) O tempo de suspensão preventiva ordenada em processo disciplinar ou determinada por despacho de pronúncia, em processo criminal, quando os processos terminem por arquivamento ou absolvição;

c) O tempo de suspensão de exercício ordenada nos termos do nº 3 do artigo 146º;

d) O tempo de prisão preventiva, sofrida em processo de natureza criminal, quando o processo termine por arquivamento ou absolvição;

e) O tempo correspondente à prestação de serviço militar obrigatório;

f) As faltas por motivo de doença que não excedam 90 dias em cada ano;

g) As ausências a que se refere o artigo 87º.

2 – Para efeito de aposentação, o tempo de serviço prestado nas Regiões Autónomas e em Macau é bonificado de um quarto.

ARTIGO 155º
Tempo de serviço que não conta para a antiguidade

Não conta para efeito de antiguidade:

a) O tempo decorrido na situação de inactividade ou de licença sem vencimento de longa duração;

b) O tempo que, de acordo com as disposições sobre procedimento disciplinar, for considerado perdido;
c) O tempo de ausência ilegítima do serviço.

ARTIGO 156º
Contagem da antiguidade

Quando vários magistrados forem nomeados ou providos por deliberação publicada na mesma data, observa-se o seguinte:

a) Se as nomeações forem precedidas de cursos de formação, findos os quais tenha sido elaborada lista de graduação, a antiguidade é determinada pela ordem nela estabelecida;
b) Se as promoções forem por mérito, a antiguidade é determinada pela ordem de acesso;
c) Se as nomeações forem por escolha, aplica-se o disposto na alínea antecedente;
d) Em quaisquer outros casos, a antiguidade é determinada pela antiguidade relativa ao lugar anterior.

ARTIGO 157º
Lista de antiguidade

1 – A lista de antiguidade dos magistrados do Ministério Público é publicada anualmente pelo Ministério da Justiça no respectivo *Boletim* ou em separata deste.

2 – Os magistrados são graduados em cada categoria de harmonia com o tempo de serviço, mencionando-se a respeito de cada um a data de nascimento, o cargo ou a função que desempenha, a data da colocação e a comarca da naturalidade.

3 – De cada edição do *Boletim* são enviados exemplares à Procuradoria-Geral da República.

4 – A data da distribuição do *Boletim* ou da separata referidos no nº 1 é anunciada no *Diário da República*.

ARTIGO 158º
Reclamações

1 – Os magistrados que se considerem lesados pela graduação constante da lista de antiguidade podem reclamar, no prazo de 60 dias a contar da data referida no nº 4 do artigo anterior, em requerimento dirigido ao Conselho Superior do Ministério Público, acompanhado de tantos duplicados quantos os magistrados a quem a reclamação possa prejudicar.

2 – Os magistrados que possam ser prejudicados devem ser identificados no requerimento e são notificados para responderem no prazo de 15 dias.

3 – Apresentadas as respostas ou decorrido o prazo a elas reservado, o Conselho Superior do Ministério Público delibera no prazo de 30 dias.

ARTIGO 159º
Efeito de reclamação em movimentos já efectuados

A procedência da reclamação implica a integração do reclamante no lugar de que haja sido preterido, com todas as consequências legais.

ARTIGO 160º
Correcção oficiosa de erros materiais

1 – Quando o Conselho Superior do Ministério Público verifique que houve erro material na graduação pode, a todo o tempo, ordenar as necessárias correcções.

2 – As correcções referidas no número anterior, logo que publicadas na lista de antiguidade, ficam sujeitas ao regime dos artigos 157º e 158º.

CAPÍTULO VII
Disponibilidade

ARTIGO 161º
Disponibilidade

1 – Consideram-se na situação de disponibilidade os magistrados do Ministério Público que aguardam colocação em vaga da sua categoria:
a) Por ter findado a comissão de serviço em que se encontravam;
b) Por terem regressado à actividade após cumprimento de pena;
c) Por terem sido extintos os lugares que ocupavam;
d) Por terem terminado a prestação de serviço militar obrigatório;
e) Nos demais casos previstos na lei.

2 – A situação de disponibilidade não implica a perda de antiguidade, de vencimento ou de remuneração.

CAPÍTULO VIII
Procedimento disciplinar

SECÇÃO I
Disposições gerais

ARTIGO 162º
Responsabilidade disciplinar

Os magistrados do Ministério Público são disciplinarmente responsáveis, nos termos dos artigos seguintes.

ARTIGO 163º
Infracção disciplinar

Constituem infracção disciplinar os factos, ainda que meramente culposos, praticados pelos magistrados do Ministério Público com violação dos deveres profissionais e os actos ou omissões da sua vida pública ou que nela se repercutam, incompatíveis com o decoro e a dignidade indispensáveis ao exercício das suas funções.

ARTIGO 164º
Sujeição a jurisdição disciplinar

1 – A exoneração ou mudança de situação não impedem a punição por infracções cometidas durante o exercício da função.

2 – Em caso de exoneração, o magistrado cumpre a pena se voltar à actividade.

ARTIGO 165º
Autonomia da jurisdição disciplinar

1 – O procedimento disciplinar é independente do procedimento criminal.

2 – Quando em processo disciplinar se apurar a existência de infracção criminal, dá-se de imediato conhecimento à Procuradoria-Geral da República.

SECÇÃO II
Penas

SUBSECÇÃO I
Espécies de penas

ARTIGO 166º
Escala de penas

1 – Os magistrados do Ministério Público estão sujeitos às seguintes penas:

a) Advertência;
b) Multa;
c) Transferência;
d) Suspensão de exercício;
e) Inactividade;
f) Aposentação compulsiva;
g) Demissão.

2 – Sem prejuízo do disposto no nº 4, as penas aplicadas são sempre registadas.

3 – As amnistias não destroem os efeitos produzidos pela aplicação das penas, devendo ser averbadas no competente processo individual.

4 – A pena prevista na alínea a) do nº 1 pode ser aplicada independentemente de processo, desde que com audiência e possibilidade de defesa do arguido e não está sujeita a registo.

ARTIGO 167º
Pena de advertência

A pena de advertência consiste em mero reparo pela irregularidade praticada ou em repreensão destinada a prevenir o magistrado de que a acção ou omissão é de molde a causar perturbação no exercício das funções ou de nele se repercutir de forma incompatível com a dignidade que lhe é exigível.

ARTIGO 168º
Pena de multa
A pena de multa é fixada em dias, no mínimo de 5 e no máximo de 30.

ARTIGO 169º
Pena de transferência
A pena de transferência consiste na colocação do magistrado em cargo da mesma categoria fora da área da circunscrição ou serviço em que anteriormente exercia funções.

ARTIGO 170º
Penas de suspensão de exercício e de inactividade
1 – As penas de suspensão de exercício e de inactividade consistem no afastamento completo do serviço durante o período da pena.
2 – A pena de suspensão de exercício pode ser de 20 a 240 dias.
3 – A pena de inactividade não pode ser inferior a um ano nem superior a dois.

ARTIGO 171º
Penas de aposentação compulsiva e demissão
1 – A pena de aposentação compulsiva consiste na imposição da aposentação.
2 – A pena de demissão consiste no afastamento definitivo do magistrado, com cessação de todos os vínculos com a função.

SUBSECÇÃO II
Efeitos das penas

ARTIGO 172º
Efeitos das penas
As penas disciplinares produzem, além dos que lhes são próprios, os efeitos referidos nos artigos seguintes.

ARTIGO 173º
Pena de multa
A pena de multa implica o desconto no vencimento do magistrado da importância correspondente ao número de dias aplicados.

ARTIGO 174º
Pena de transferência
A pena de transferência implica a perda de 60 dias de antiguidade.

ARTIGO 175º
Pena de suspensão de exercício
1 – A pena de suspensão de exercício implica a perda do tempo correspondente à sua duração para efeitos de remuneração, antiguidade e aposentação.

2 – Se a pena de suspensão aplicada for igual ou inferior a 120 dias, implica ainda, além dos efeitos previstos no número anterior, o previsto na alínea b) do nº 3, quando o magistrado punido não possa manter-se no meio em que exerce as funções sem quebra do prestígio que lhe é exigível, o que constará da decisão disciplinar.

3 – Se a pena de suspensão aplicada for superior a 120 dias, pode implicar ainda, além dos efeitos previstos no nº 1:

a) A impossibilidade de promoção ou acesso durante um ano contado do termo do cumprimento da pena;

b) A transferência para cargo idêntico em tribunal ou serviço diferente daquele em que o magistrado exercia funções na data da prática da infracção.

4 – A aplicação da pena de suspensão não prejudica o direito do magistrado à assistência a que tenha direito e à percepção do abono de família e prestações complementares.

ARTIGO 176º
Pena de inactividade

1 – A pena de inactividade produz os efeitos referidos nos nºs 1 e 3 do artigo anterior, sendo elevado para dois anos o período de impossibilidade de promoção ou acesso.

2 – É aplicável à pena de inactividade o disposto no nº 4 do artigo anterior.

ARTIGO 177º
Pena de aposentação compulsiva

A pena de aposentação compulsiva implica a imediata desligação do serviço e a perda dos direitos e regalias conferidos pelo presente diploma, sem prejuízo do direito às pensões fixadas por lei.

ARTIGO 178º
Pena de demissão

1 – A pena de demissão implica a perda do estatuto de magistrado conferido pela presente lei e dos correspondentes direitos.

2 – A mesma pena não implica a perda do direito à aposentação, nos termos e condições estabelecidos na lei, nem impossibilita o magistrado de ser nomeado para cargos públicos ou outros que possam ser exercidos sem que o seu titular reúna as particulares condições de dignidade e confiança exigidas pelo cargo de que foi demitido.

ARTIGO 179º
Promoção de magistrados arguidos

1 – Durante a pendência de processo criminal ou disciplinar, o magistrado é graduado para promoção ou acesso, mas estes suspendem-se quanto a ele, reservando-se a respectiva vaga até decisão final.

2 – Se o processo for arquivado, a decisão condenatória revogada ou aplicada uma pena que não prejudique a promoção ou acesso, o magistrado é promovido ou nomeado e vai ocupar o seu lugar na lista de antiguidade, com direito a receber as

diferenças de remuneração, ou, se houver de ser preterido, completa-se o movimento em relação à vaga que lhe havia ficado reservada.

SUBSECÇÃO III
Aplicação das penas

ARTIGO 180º
Pena de advertência

A pena de advertência é aplicável a faltas leves que não devam passar sem reparo.

ARTIGO 181º
Pena de multa

A pena de multa é aplicável a casos de negligência ou desinteresse pelo cumprimento dos deveres do cargo.

ARTIGO 182º
Pena de transferência

A pena de transferência é aplicável a infracções que impliquem quebra do prestígio exigível ao magistrado para que possa manter-se no meio em que exerce funções.

ARTIGO 183º
Penas de suspensão de exercício e de inactividade

1 – As penas de suspensão de exercício e de inactividade são aplicáveis nos casos de negligência grave ou de grave desinteresse pelo cumprimento de deveres profissionais ou quando os magistrados forem condenados em pena de prisão, salvo se a sentença condenatória aplicar pena de demissão.

2 – O tempo de prisão cumprido é descontado na pena disciplinar.

ARTIGO 184º
Penas de aposentação compulsiva e de demissão

1 – As penas de aposentação compulsiva e de demissão são aplicáveis quando o magistrado:

a) Revele definitiva incapacidade de adaptação às exigências da função;
b) Revele falta de honestidade, grave insubordinação ou tenha conduta imoral ou desonrosa;
c) Revele inaptidão profissional;
d) Tenha sido condenado por crime praticado com flagrante e grave abuso da função ou com manifesta e grave violação dos deveres a ela inerentes.

2 – Ao abandono do lugar corresponde sempre a pena de demissão.

ARTIGO 185º
Medida da pena

Na determinação da medida da pena atende-se à gravidade do facto, à culpa do agente, à sua personalidade e às circunstâncias que deponham a seu favor ou contra ele.

ARTIGO 186º
Atenuação especial da pena

A pena pode ser especialmente atenuada, aplicando-se pena de escalão inferior, quando existam circunstâncias anteriores ou posteriores à infracção ou contemporâneas dela que diminuam acentuadamente a gravidade do facto ou a culpa do agente.

ARTIGO 187º
Reincidência

1 – Verifica-se reincidência quando a infracção for cometida antes de decorridos três anos sobre a data em que o magistrado cometeu infracção anterior pela qual tenha sido condenado em pena superior à de advertência, já cumprida total ou parcialmente, desde que as circunstâncias do caso revelem ausência de eficácia preventiva da condenação anterior.

2 – Se a pena aplicável for qualquer das previstas nas alíneas *b*), *d*) e *e*) do nº 1 do artigo 166º, em caso de reincidência o seu limite mínimo será igual a um terço, um quarto ou dois terços do limite máximo, respectivamente.

3 – Tratando-se de pena diversa das referidas no número anterior, pode ser aplicada pena de escalão imediatamente superior.

ARTIGO 188º
Concurso de infracções

1 – Verifica-se o concurso de infracções quando o magistrado comete duas ou mais infracções antes de se tornar inimpugnável a condenação por qualquer delas.

2 – No concurso de infracções aplica-se uma única pena, e quando às infracções correspondam penas diferentes aplica-se a de maior gravidade, agravada em função do concurso, se for variável.

ARTIGO 189º
Substituição de penas aplicadas a aposentados

Para os magistrados aposentados ou que por qualquer outra razão se encontrem fora da actividade, as penas de multa, suspensão de exercício ou inactividade são substituídas pela perda de pensão ou vencimento de qualquer natureza pelo tempo correspondente.

SUBSECÇÃO IV
Prescrição das penas

ARTIGO 190º
Prazos de prescrição

As penas disciplinares prescrevem nos prazos seguintes, contados da data em que a decisão se tornou inimpugnável:

a) Seis meses, para as penas de advertência e multa;
b) Um ano, para a pena de transferência;
c) Três anos, para as penas de suspensão de exercício e inactividade;
d) Cinco anos, para as penas de aposentação compulsiva e demissão.

SECÇÃO III
Processo disciplinar

SUBSECÇÃO I
Normas processuais

ARTIGO 191º
Processo disciplinar

1 – O processo disciplinar é o meio de efectivar a responsabilidade disciplinar.

2 – O processo disciplinar é escrito mas não depende de formalidades especiais, salvo a audiência, com garantias de defesa, do arguido.

3 – O instrutor deve rejeitar as diligências manifestamente inúteis ou dilatórias, fundamentando a recusa.

ARTIGO 192º
Impedimentos e suspeições

É aplicável ao processo disciplinar, com as necessárias adaptações, o regime de impedimentos e recusas em processo penal.

ARTIGO 193º
Carácter confidencial do processo disciplinar

1 – O processo disciplinar é de natureza confidencial até decisão final.

2 – É permitida a passagem de certidões de peças do processo a requerimento fundamentado do arguido quando destinadas à defesa de interesses legítimos.

ARTIGO 194º
Prazo de instrução

1 – A instrução do processo disciplinar deve ultimar-se no prazo de 90 dias.

2 – O prazo referido no número anterior só pode ser excedido em caso justificado.

3 – O instrutor deve dar conhecimento ao Conselho Superior do Ministério Público e ao arguido da data em que inicia a instrução do processo.

ARTIGO 195º
Número de testemunhas em fase de instrução

1 – Na fase de instrução não há limite para o número de testemunhas.

2 – O instrutor pode indeferir o pedido de audição de testemunhas quando julgar suficiente a prova produzida.

ARTIGO 196º
Suspensão preventiva do arguido

1 – O magistrado arguido em processo disciplinar pode ser preventivamente suspenso das funções, sob proposta do instrutor, desde que haja fortes indícios de que à infração caberá, pelo menos, a pena de transferência e a continuação na efectividade de serviço seja prejudicial à instrução do processo, ou ao serviço, ou ao prestígio e dignidade da função.

2 – A suspensão preventiva é executada por forma a assegurar o resguardo da dignidade pessoal e profissional do magistrado.

3 – A suspensão preventiva não pode exceder 180 dias, prorrogáveis mediante justificação por mais 60 dias, e não tem os efeitos consignados no artigo 175º.

ARTIGO 197º
Acusação

1 – Concluída a instrução e junto o registo disciplinar do arguido, o instrutor deduz acusação no prazo de 10 dias, articulando discriminadamente os factos constitutivos da infracção disciplinar e os que integram circunstâncias agravantes ou atenuantes que repute indiciados, indicando os preceitos legais no caso aplicáveis.

2 – Se não se indiciarem suficientemente factos constitutivos da infracção ou da responsabilidade do arguido ou o procedimento disciplinar se encontrar extinto, o instrutor elabora em 10 dias o seu relatório, seguindo-se os demais termos aplicáveis.

ARTIGO 198º
Notificação do arguido

1 – É entregue ao arguido ou remetida pelo correio, sob registo e com aviso de recepção, cópia da acusação, fixando-se um prazo entre 10 e 30 dias para apresentação da defesa.

2 – Se não for conhecido o paradeiro do arguido, procede-se à sua notificação edital.

ARTIGO 199º
Nomeação de defensor

1 – Se o arguido estiver impossibilitado de elaborar a defesa por motivo de ausência, doença, anomalia mental ou incapacidade física, o instrutor nomeia-lhe defensor.

2 – Quando o defensor for nomeado em data posterior à da notificação a que se refere o artigo anterior, reabre-se o prazo para a defesa com a sua notificação.

ARTIGO 200º
Exame do processo

Durante o prazo para a apresentação da defesa, o arguido, o defensor nomeado ou o mandatário constituído podem examinar o processo no local onde se encontrar depositado.

ARTIGO 201º
Defesa do arguido

1 – Com a defesa, o arguido pode indicar testemunhas, juntar documentos ou requerer diligências.

2 – Não podem ser oferecidas mais de três testemunhas por cada facto.

ARTIGO 202º
Relatório

Terminada a produção da prova, o instrutor elabora, no prazo de 15 dias, um relatório do qual devem constar os factos cuja existência considera provada, a sua qualificação e a pena aplicável.

ARTIGO 203º
Notificação da decisão

A decisão final, acompanhada de cópia do relatório a que se refere o artigo anterior, é notificada ao arguido com observância do disposto no artigo 198º.

ARTIGO 204º
Nulidades e irregularidades

1 – Constitui nulidade insuprível a falta de audiência do arguido com possibilidade de defesa e a omissão de diligências essenciais para a descoberta da verdade que ainda possam utilmente realizar-se.

2 – As restantes nulidades e irregularidades consideram-se sanadas se não forem arguidas na defesa ou, a ocorrerem posteriormente, no prazo de cinco dias contados da data do seu conhecimento.

SUBSECÇÃO II
Abandono do lugar

ARTIGO 205º
Auto por abandono

Quando um magistrado deixe de comparecer ao serviço durante 10 dias, manifestando expressamente a intenção de abandonar o lugar, ou faltar injustificadamente durante 30 dias úteis seguidos, é levantado auto por abandono do lugar.

ARTIGO 206º
Presunção da intenção de abandono

1 – A ausência injustificada do lugar durante 30 dias úteis seguidos constitui presunção de abandono.

2 – A presunção referida no número anterior pode ser ilidida em processo disciplinar por qualquer meio de prova.

SECÇÃO IV
Revisão de decisões disciplinares

ARTIGO 207º
Revisão

1 – As decisões condenatórias proferidas em processo disciplinar podem ser revistas a todo o tempo quando se verifiquem circunstâncias ou meios de prova susceptíveis de demonstrarem a inexistência dos factos que determinaram a punição e que não puderam ser oportunamente utilizados pelo arguido.

2 – A revisão não pode, em caso algum, determinar o agravamento da pena.

ARTIGO 208º
Processo

1 – A revisão é requerida pelo interessado ao Conselho Superior do Ministério Público.

2 – O requerimento, processado por apenso ao processo disciplinar, deve conter os fundamentos do pedido e a indicação dos meios de prova a produzir e ser instruído com os documentos que o interessado tenha podido obter.

ARTIGO 209º
Sequência do processo de revisão

1 – Recebido o requerimento, o Conselho Superior do Ministério Público decide, no prazo de 30 dias, se se verificam os pressupostos da revisão.

2 – Se decidir pela revisão, é nomeado novo instrutor para o processo.

ARTIGO 210º
Procedência da revisão

1 – Se o pedido de revisão for julgado procedente, revoga-se ou altera-se a decisão proferida no processo revisto.

2 – Sem prejuízo de outros direitos legalmente previstos, o interessado é indemnizado pelas remunerações que tenha deixado de receber em razão da decisão revista.

CAPÍTULO IX
Inquéritos e sindicâncias

ARTIGO 211º
Inquéritos e sindicâncias

1 – Os inquéritos têm por finalidade a averiguação de factos determinados.

2 – As sindicâncias têm lugar quando haja notícia de factos que exijam uma averiguação geral acerca do funcionamento dos serviços.

ARTIGO 212º
Instrução

São aplicáveis à instrução dos processos de inquérito e sindicância, com as necessárias adaptações, as disposições relativas a processos disciplinares.

ARTIGO 213º
Relatório

Terminada a instrução, o inquiridor ou sindicante elabora relatório propondo o arquivamento ou a instauração de procedimento disciplinar, conforme os casos.

ARTIGO 214º
Conversão em processo disciplinar

1 – Se se apurar a existência de infração, o Conselho Superior do Ministério Público pode deliberar que o processo de inquérito ou sindicância em que o arguido tenha sido ouvido constitua a parte instrutória do processo disciplinar.

2 – No caso previsto no número anterior, a notificação ao arguido da deliberação do Conselho Superior do Ministério Público fixa o início do procedimento disciplinar.

CAPÍTULO X
Órgãos auxiliares

ARTIGO 215º
Secretarias e funcionários

1 – Sem prejuízo do apoio e coadjuvação prestados pelas repartições e secretarias judiciais, o Ministério Público dispõe de serviços técnico-administrativos próprios.

2 – Os serviços técnico-administrativos asseguram o apoio, nomeadamente, nos seguintes domínios:

 a) Prevenção e investigação criminal;
 b) Cooperação judiciária internacional;
 c) Articulação com órgãos de polícia criminal e instituições de tratamento, recuperação e reinserção social;
 d) Direcção de recursos humanos, gestão e economato;
 e) Notação e análise estatística;
 f) Comunicações e apoio informático.

3 – Nos departamentos de contencioso do Estado, as funções de coadjuvação podem ser também asseguradas por funcionários da Administração Pública, em comissão de serviço, requisição ou destacamento, e por peritos e solicitadores contratados para o efeito.

CAPÍTULO XI
Disposições finais e transitórias

ARTIGO 216º
Regime supletivo

Em tudo o que não for contrário à presente lei é subsidiariamente aplicável o disposto no Estatuto Disciplinar dos Funcionários Civis do Estado, no Código Penal e no Código de Processo Penal.[162]

ARTIGO 217º
Procuradores da República nas sedes dos distritos judiciais

Aos procuradores da República em exercício de funções nas sedes dos distritos judiciais à data da entrada em vigor da presente lei continua a aplicar-se o regime de coadjuvação estabelecido no artigo 45º, nº 2, na redacção anterior.[163]

ARTIGO 218º
Aplicação do nº 3 do artigo 153º

O regime de antiguidade estabelecido no nº 3 do artigo 153º é aplicável aos procuradores-gerais-adjuntos aí referidos que, à data da entrada em vigor da presente lei, se encontrem nomeados.

ARTIGO 219º
Antiguidade

1 – A antiguidade dos magistrados do Ministério Público compreende o tempo de serviço prestado na magistratura judicial, como subdelegado do procurador da República licenciado em Direito e delegado estagiário.

2 – São ressalvadas as posições relativas constantes da última lista definitiva de antiguidade anterior à data da entrada em vigor do presente diploma.

ARTIGO 220º
Situações ressalvadas

1 – Mantém-se em vigor o disposto no nº 1 do artigo 224º da Lei nº 39/78, de 5 de Julho.[164]

---

[162] O Estatuto Disciplinar dos Trabalhadores da Função Pública consta da Lei nº 58/2008, de 9 de setembro, que deve ser conjugado com o disposto na Lei nº 12-A/2008, de 27 de fevereiro.

[163] O nº 2 do artigo 45º, na redação anterior, prescreve que os procuradores-gerais adjuntos são coadjuvados por magistrados da mesma categoria ou procuradores da República.

[164] O nº 1 do artigo 224º da Lei nº 39/78, de 5 de julho, prescreve que a antiguidade relativa dos magistrados oriundos do ultramar e a dos demais magistrados do Ministério Público se conta desde a data do ingresso na magistratura, ficando os primeiros à esquerda dos magistrados não provenientes daquele quadro que tenham igual ou superior antiguidade e não hajam sofrido preterição de promoção.

2 – O disposto no nº 4 do artigo 102º e no nº 3 do artigo 101º, na redacção anterior à do presente diploma, não prejudica os direitos adquiridos por provimento definitivo.

ARTIGO 221º
Providências fiscais e orçamentais

1 – A Procuradoria-Geral da República goza de isenção de selo e de quaisquer impostos, prémios, descontos ou percentagens em depósitos, guarda, transferência e levantamentos de dinheiro efectuados na Caixa Geral de Depósitos.

2 – O Governo fica autorizado a adoptar as providências orçamentais necessárias à execução do presente diploma.

ARTIGO 222º
Proibição de valorizações remuneratórias[165]

O dispoto no artigo 24º da Lei nº 55-A/2010, de 31 de Dezembro, não prejudica a primeira nomeação após estágio, bem como, justificada a sua imprescindibilidade pelo Conselho Superior do Ministério Público, o provimento de vagas junto de tribunais superiores, no Conselho Consultivo da Procuradoria-Geral da República, nos departamentos central e distritais, bem como em lugares de magistrados junto de tribunal de círculo ou equiparado.

ADITAMENTO À LEI Nº 47/86, DE 15 DE OUTUBRO

1 – É aditado à Lei nº 47/86, de 15 de Outubro, da qual faz parte integrante, o anexo II, com a seguinte redacção:

ANEXO II
a que se refere o nº 1 do artigo 148º

A partir de 1 de Janeiro de 2011 – 60 anos e 6 meses de idade e 36 anos e 6 meses de serviço (36,5).

A partir de 1 de Janeiro de 2012 – 61 anos de idade e 37 anos de serviço (37).

A partir de 1 de Janeiro de 2013 – 61 anos e 6 meses de idade e 37 anos e 6 meses de serviço (37,5).

A partir de 1 de Janeiro de 2014 – 62 anos de idade e 38 anos de serviço (38).

A partir de 1 de Janeiro de 2015 – 62 anos e 6 meses de idade e 38 anos e 6 meses de serviço (38,5).

A partir de 1 de Janeiro de 2016 – 63 anos de idade e 39 anos de serviço (39).

A partir de 1 de Janeiro de 2017 – 63 anos e 6 meses de idade e 39 anos e 6 meses de serviço (39,5).

---

[165] O disposto neste artigo e o aditamento seguinte foram inseridos pelo artigo 8º da Lei nº 9/2011, de 12 de abril.

A partir de 1 de Janeiro de 2018 – 64 anos de idade e 40 anos de serviço (40).
A partir de 1 de Janeiro de 2019 – 64 anos e 6 meses de idade e 40 anos de serviço (40).
2020 e seguintes – 65 anos de idade e 40 anos de serviço (40).

2 – É aditado à Lei nº 47/86, de 15 de Outubro, da qual faz parte integrante, o anexo III com a seguinte redacção:

ANEXO III
a que se refere o artigo 148º

Ano	Tempo de serviço
2011	38 anos e 6 meses (38,5).
2012	39 anos (39).
2013	39 anos e 6 meses (39,5).
2014 e seguintes	40 anos (40).

15. Normas Vigentes da Anterior Versão do Estatuto do Ministério Público

ARTIGO 52º
Composição

1 – Os departamentos de contencioso do Estado são dirigidos por procuradores-gerais-adjuntos ou por procuradores da República.

2 – Nos departamentos de contencioso do Estado exercem funções procuradores da República e procuradores-adjuntos.

ARTIGO 58º
Competência

1 – Compete ao procurador-geral distrital:

a) Dirigir e coordenar a actividade do Ministério Público no distrito judicial e emitir ordens e instruções;

b) Representar o Ministério Público no tribunal da Relação;

c) Propor ao Procurador-Geral da República a adopção de directivas que visem a uniformização de procedimentos do Ministério Público;

d) Coordenar a actividade dos orgãos de polícia criminal;

e) Fiscalizar o exercício das funções do Ministério Público e a actividade processual dos órgãos de polícia criminal e manter informado o Procurador-Geral da República;

f) Velar pela legalidade da execução das medidas restritivas de liberdade e de internamento ou tratamento compulsivo e propor medidas de inspecção aos estabelecimentos ou serviços, bem como a adopção das providências disciplinares ou criminais que devam ter lugar;

g) Conferir posse aos procuradores da República e aos procuradores-adjuntos na comarca sede do distrito judicial;

h) Proceder à distribuição de serviço entre os procuradores da República da mesma comarca, departamento ou círculo judicial, sem prejuízo do disposto na lei de processo;

i) Exercer as demais funções conferidas por lei.

2 – O procurador-geral distrital pode delegar nos demais procuradores-gerais-adjuntos funções de superintendência e coordenação no distrito judicial, segundo áreas de intervenção material do Ministério Público.

3 – O procurador-geral distrital e os procuradores-gerais-adjuntos podem ser coadjuvados por procuradores da República.

ARTIGO 60º
Estrutura

1 – Na sede dos círculos judiciais existem procuradorias da República.

2 – Nas comarcas sede de distrito judicial pode haver uma ou mais procuradorias da República.

3 – As procuradorias da República compreendem o procurador ou procuradores da República e procuradores-adjuntos.

4 – As procuradorias da República dispõem de apoio administrativo próprio.

ARTIGO 61º
Competência

Compete especialmente às procuradorias da República dirigir, coordenar e fiscalizar a actividade do Ministério Público na área do respectivo círculo judicial ou nos tribunais e departamentos em que superintendam.

ARTIGO 62º
Direcção

1 – A procuradoria da República é dirigida por um procurador da República.

2 – Nos tribunais e departamentos onde houver mais de um procurador podem ser nomeados procuradores da República com funções específicas de coordenação.

3 – O procurador da República é substituído, nas suas faltas e impedimentos, pelo magistrado mais antigo da mesma categoria ou, não o havendo, pelo procurador-adjunto que o procurador da República designar.

ARTIGO 63º
Competência

1 – Compete aos procuradores da República:

a) Representar o Ministério Público nos tribunais de 1ª instância, devendo assumir pessoalmente essa representação quando o justifiquem a gravidade da infracção, a complexidade do processo ou a especial relevância do interesse a sustentar, nomeadamente nas audiências de tribunal colectivo ou do júri;

b) Orientar e fiscalizar o exercício das funções do Ministério Público e manter informado o procurador-geral distrital;

c) Emitir ordens e instruções;

d) Conferir posse aos procuradores-adjuntos;

e) Proferir as decisões previstas nas leis de processo;

f) Definir formas de articulação com órgãos de polícia criminal, organismos de reinserção social e estabelecimentos de acompanhamento, tratamento e cura;

g) Exercer as demais funções conferidas por lei.

2 – Compete ao procurador da República coordenador:

a) Definir, ouvidos os demais procuradores da República, critérios de gestão dos serviços;
b) Estabelecer, ouvidos os demais procuradores da República, normas de procedimento, tendo em vista objectivos de uniformização, concertação e raciona-lização;
c) Garantir a recolha e o tratamento da informação estatística e procedimental relativa à actividade do Ministério Público e transmiti-la ao procurador-geral distrital;
d) Estabelecer mecanismos de articulação com as estruturas do Ministério Público que intervenham nas demais fases processuais, em ordem a obter ganhos de operacionalidade e de eficácia;
e) Coordenar a articulação com os órgãos de polícia criminal, os organismos de reinserção social e os estabelecimentos de acompanhamento, tratamento e cura;
f) Decidir sobre a substituição de procuradores da República, em caso de falta ou impedimento que inviabilize a informação, em tempo útil, do procurador-geral distrital;
g) Proferir decisão em conflitos internos de competência;
h) Assegurar a representação externa da procuradoria.

3 – O procurador da República coordenador pode acumular as funções referidas no número anterior com a direcção de uma ou mais secções.

4 – Em caso de aumulação de serviço, vacatura do lugar ou impedimento do seu titular, por período superior a 15 dias, os procuradores-gerais distritais podem, mediante prévia comunicação ao Conselho Superior do Ministério Público, atribuir aos procuradores da República o serviço de outros círculos, tribunais ou departamentos.

5 – A medida prevista no número anterior caduca ao fim de seis meses, não podendo ser renovada quanto ao mesmo procurador da República, sem o assentimento deste, antes de decorridos três anos.

6 – Os procuradores da República que acumulem funções por período superior a 30 dias têm direito a remuneração a fixar pelo Ministro da Justiça, ouvido o Conselho Superior do Ministério Público, entre os limites de um quinto e a totalidade do vencimento.

ARTIGO 65º
Substituição de procuradores-adjuntos

1 – Nas comarcas com dois ou mais procuradores-adjuntos, estes substituem-se uns aos outros segundo a ordem estabelecida pelo procurador da República.

2 – Se a falta ou impedimento não for superior a 15 dias, o procurador da República pode indicar para a substituição outro procurador-adjunto do mesmo círculo.

3 – O procurador da República pode ainda designar para a substituição pessoa idónea, de preferência habilitada com a licenciatura em Direito.

4 – Sem prejuízo do disposto nos números anteriores, os procuradores-adjuntos são substituídos, nas suas faltas e impedimentos, pelo notário do município sede do tribunal.

5 – Havendo mais de um notário, a substituição compete àquele que o procurador da República designar.

6 – Os substitutos que, não sendo magistrados, exercerem funções por tempo superior a 15 dias têm direito a remuneração a fixar pelo Ministro da Justiça, ouvido o Conselho Superior do Mnistério Público, entre os limites de um terço e a totalidade do vencimento.

ARTIGO 83º
Impedimentos

1 – Os magistrados do Ministério Público não podem servir em tribunal ou juízo em que exerçam funções magistrados judiciais ou do Ministério Público ou fun-cionários de justiça a que estejam ligados por casamento ou união de facto, pa-rentesco ou afinidade em qualquer grau da linha recta ou até ao 2º grau da linha colateral.

2 – Os magistrados do Ministério Público não podem servir em tribunal ou departamento pertencente a círculo judicial em que, nos últimos cinco anos, tenham tido escritório de advogado.

ARTIGO 107º
Direitos especiais

1 – Os magistrados do Ministério Público têm especialmente direito:

a) A isenção de quaisquer derramas lançadas pelas autarquias locais;

b) Ao uso, porte e manifesto gratuito de armas de defesa e à aquisição das respectivas munições, independentemente de licença ou participação, podendo requisitá-las aos serviços do Ministério da Justiça através da Procuradoria-Geral da República;

c) A entrada e livre trânsito em gares, cais de embarque e aeroportos, mediante simples exibição de cartão de identificação;

d) Quando em funções, dentro da área da circunscrição, à entrada livre nos navios ancorados nos portos, nas casas e recintos de espectáculos ou de outras diversões, nas sedes das associações de recreio e, em geral, em todos os lugares onde se realizem reuniões públicas ou onde seja permitido o acesso ao público mediante o pagamento de uma taxa, a realização de certa despesa ou a apresentação de bilhete que qualquer pessoa possa obter.

e) A utilização gratuita de transportes colectivos públicos terrestres e fluviais, de forma a estabelecer pelo Ministério da Justiça, dentro da área da circunscrição em que exerçam funções ou quando em serviço e na hipótese prevista na parte final do nº 2 do artigo 85º, entre aquela e a residência.

f) A telefone em regime de confidencialidade, se para tanto for colhido o parecer favorável do Conselho Superior do Ministério Público;

g) A acesso gratuito, nos termos constitucionais e legais, a bibliotecas e bases de dados documentais públicas, designadamente as dos tribunais superiores, do Tribunal Constitucional e da Procuradoria-Geral da República;

h) A vigilância especial da sua pessoa, família e bens, a requisitar pelo Conselho Superior do Ministério Público ou pelo procurador-geral distrital, por delegação daquele, ou, em caso de urgência, pelo magistrado, ao comando da força policial da área da sua residência, sempre que ponderosas razões de segurança o exijam;

i) A isenção de custas em qualquer acção em que sejam parte principal ou acessória, por causa do exercício das suas funções.[166]

2 – O cartão de identificação é atribuído pelo Conselho Superior do Ministério Público e renovado no caso de mudança de situação, devendo constar dele, nomeadamente, o cargo desempenhado e os direitos e regalias inerentes.

3 – O Procurador-Geral da República e o Vice-Procurador-Geral da República têm direito a passaporte diplomático e os procuradores-gerais-adjuntos a passaporte especial, podendo ser atribuído passaporte especial aos procuradores da República e aos procuradores-adjuntos quando se desloquem ao estrangeiro em serviço.

4 – São extensivos a todos os membros do Conselho Superior do Ministério Público os direitos previstos nos nºs 1, alíneas *e)* e *g)*, 2 e 3, na modalidade de passaporte especial.

ARTIGO 125º
Procuradores-gerais-adjuntos nos supremos tribunais

1 – Os lugares de procurador-geral-adjunto no Supremo Tribunal de Justiça, no Tribunal Constitucional, no Supremo Tribunal Administrativo, no Tribunal de Contas e no Supremo Tribunal Militar são providos de entre procuradores-gerais-adjuntos ou, por promoção, de entre procuradores da República com a classificação de *Muito bom*.

2 – A nomeação realiza-se sob proposta do Procurador-Geral da República, não podendo o Conselho Superior do Ministério Público vetar, para cada vaga, mais de dois nomes.

3 – Os cargos a que se refere o nº 1 são exercidos em comissão de serviço.[167]

---

[166] Este normativo de isenção foi revogado pelo artigo 25º, nº 1, do Decreto-Lei nº 34/2008, de 26 de fevereiro, passando a integrar a alínea c) do nº 1 do artigo 4º do Regulamento das Custas Processuais.
[167] Nos termos do artigo 186º, nº 4, da Lei nº 52/2008, de 28 de agosto, os alterados ou aditados artigos 72º, 73º, 88º-A, 120º, 122º, 123º, 123º-A, 127º, 134º e 135º entraram em vigor no dia 2 de janeiro de 2009. O Tribunal Constitucional, no Acórdão nº 305/2011, de 29 de junho, publicado no Diário da República, 2.ª série, de 2 de agosto de 2011, julgou não inconstitucionais as normas dos artigos 60º, nº 1, 122º, nºs 2 e 4, 123º, 123º-A, 125º, nº 3, e 127º, nº 1, do Estatuto do Ministério Público, bem como a do artigo 90º da Lei nº 52/2008, de 28 de agosto.

16. Estatuto Disciplinar dos Trabalhadores da Função Pública[168]

ARTIGO 1º
Objecto

É aprovado o Estatuto Disciplinar dos Trabalhadores Que Exercem Funções Públicas, doravante designado por Estatuto, publicado em anexo à presente lei e que dela faz parte integrante.

ARTIGO 2º
Contagem dos prazos

Os prazos referidos no Estatuto contam-se nos termos previstos no Código do Procedimento Administrativo.

ARTIGO 3º
Trabalhadores referidos no nº 4 do artigo 88º da Lei nº 12-A/2008, de 27 de Fevereiro

1 – Sem prejuízo do disposto no número seguinte, aos trabalhadores referidos no nº 4 do artigo 88º da Lei nº 12-A/2008, de 27 de Fevereiro, é aplicável o disposto no Estatuto quanto aos trabalhadores que exercem funções na modalidade de contrato de trabalho em funções públicas.

2 – O disposto na alínea *h*) do nº 1 do artigo 18º e nos artigos 69º a 71º do Estatuto é estendido aos trabalhadores referidos no nº 4 do artigo 88º da Lei nº 12-A/2008, de 27 de Fevereiro, aos quais é aplicável a pena de demissão.

ARTIGO 4º
Aplicação no tempo

1 – Sem prejuízo do disposto nos números seguintes, o Estatuto é imediatamente aplicável aos factos praticados, aos processos instaurados e às penas em curso de

---

[168] Aprovado pela Lei nº 58/2008, de 9 de setembro.

execução na data da sua entrada em vigor, quando o seu regime se revele, em concreto, mais favorável ao trabalhador e melhor garanta a sua audiência e defesa.

2 – O regime referido no número anterior abrange as disposições normativas do Estatuto relativas aos deveres funcionais, à sua violação e sancionamento, bem como ao respectivo procedimento, designadamente no que respeita à não previsão do anteriormente vigente instituto da infracção directamente constatada.

3 – Os prazos de prescrição do procedimento disciplinar e das penas, bem como os de reabilitação e o período referido no nº 4 do artigo 6º do Estatuto, contam-se a partir da data da entrada em vigor do Estatuto, mas não prejudicam a aplicação dos prazos anteriormente vigentes quando estes se revelem, em concreto, mais favoráveis ao trabalhador.

4 – O disposto no nº 5 do artigo 6º do Estatuto não se aplica:

a) Aos processos de inquérito e de sindicância que se encontrem instaurados, no que se refere ao prazo ali previsto para a sua instauração;

b) Aos procedimentos disciplinares comuns que se encontrem instaurados, no que se refere ao prazo ali previsto para a sua instauração.

5 – A pena de inactividade que se encontre proposta, aplicada ou em curso de execução é automaticamente convertida em pena de suspensão, pelo seu limite máximo:

a) Cessando, ou não se aplicando, os efeitos que produzia e que não sejam produzidos pela pena de suspensão; e

b) Cessando imediatamente a sua execução quando aquele limite já se encontre atingido ou ultrapassado.

6 – A pena de perda de dias de férias que se encontre proposta, aplicada ou em curso de execução é convertida, a requerimento do trabalhador apresentado no prazo de 30 dias contados da data de entrada em vigor da presente lei, em pena de multa, pelo seu limite máximo.

7 – A pena de aposentação compulsiva que se encontre proposta ou aplicada mas ainda não executada determina a reavaliação do processo, por quem a tenha proposto ou aplicado, respectivamente, com vista à sua manutenção ou conversão em pena de suspensão, com os efeitos que cada uma deva produzir.

8 – Cessa imediatamente a execução das penas e a produção dos respectivos efeitos que se encontrem em curso relativamente a trabalhadores aposentados por motivo distinto do da aplicação de pena de aposentação compulsiva desde que tais trabalhadores não tenham constituído nova relação jurídica de emprego público.

9 – As restantes penas em curso de execução, bem como todas as que se encontrem suspensas, ainda que tenham sido convertidas ao abrigo do disposto nos números anteriores, cessam tal execução ou suspensão, produzindo apenas os efeitos ora previstos:

a) Quando atinjam o limite máximo ora previsto; ou

b) Imediatamente, quando tal limite já se encontre atingido ou ultrapassado.

10 – Cessam os efeitos que se encontrem a ser produzidos por penas já exe-cutadas quando as penas ora correspondentes ou aquelas em que se devessem converter

ou pelas quais devessem ser substituídas, nos termos dos números anteriores, os não prevejam ou os produzam por período que se encontre atingido ou ultrapassado.

11 – Cessa a perda do vencimento de exercício, e é reembolsado aquele que tenha sido perdido, aos arguidos ainda não condenados que se encontrem ou tenham encontrado preventivamente suspensos.

12 – Relativamente aos processos que já tenham sido remetidos para decisão e em que esta ainda não tenha sido proferida, observa-se o seguinte:

a) Mantém-se a competência anteriormente vigente para aplicação das penas;

b) O prazo referido no nº 3 do artigo 55º conta-se a partir da data da entrada em vigor do Estatuto quando a entidade competente para punir entenda ordenar a realização de novas diligências ou solicitar a emissão de parecer e ainda o não tenha feito;

c) O prazo referido no nº 4 do artigo 55º conta-se a partir da data da entrada em vigor do Estatuto quando a entidade competente para punir concorde com as conclusões do relatório final ou se encontre expirado o prazo que tenha marcado para realização de novas diligências ou o fixado para emissão de parecer.

13 – Os anteriormente designados processos por falta de assiduidade são automaticamente convertidos em processos disciplinares comuns.

14 – Os anteriormente designados processos de averiguações são automaticamente convertidos em processos de inquérito.

ARTIGO 5º
Norma revogatória

É revogado o Decreto-Lei nº 24/84, de 16 de Janeiro.

ARTIGO 6º
Remissões

As remissões de normas contidas em actos legislativos ou regulamentares para o Estatuto Disciplinar aprovado pelo Decreto-Lei nº 24/84, de 16 de Janeiro, consideram-se efectuadas para as disposições correspondentes do Estatuto Disciplinar ora aprovado.

ARTIGO 7º
Entrada em vigor

A presente lei entra em vigor na data do início de vigência do Regime do Contrato de Trabalho em Funções Públicas, aprovado nos termos do artigo 87º da Lei nº 12-A/2008, de 27 de Fevereiro.

ANEXO

CAPÍTULO I
Âmbito de aplicação

ARTIGO 1º
Âmbito de aplicação subjectivo

1 – O presente Estatuto é aplicável a todos os trabalhadores que exercem funções públicas, independentemente da modalidade de constituição da relação jurídica de emprego público ao abrigo da qual exercem as respectivas funções.

2 – O presente Estatuto é também aplicável, com as necessárias adaptações, aos actuais trabalhadores com a qualidade de funcionário ou agente de pessoas colectivas que se encontrem excluídas do seu âmbito de aplicação objectivo.

3 – Exceptuam-se do disposto nos números anteriores os trabalhadores que possuam estatuto disciplinar especial.

ARTIGO 2º
Âmbito de aplicação objectivo

1 – O presente Estatuto é aplicável aos serviços da administração directa e indirecta do Estado.

2 – O presente Estatuto é também aplicável, com as necessárias adaptações, designadamente no que respeita às competências em matéria administrativa dos correspondentes órgãos de governo próprio, aos serviços das administrações regionais e autárquicas.

3 – O presente Estatuto é ainda aplicável, com as adaptações impostas pela observância das correspondentes competências, aos órgãos e serviços de apoio do Presidente da República, da Assembleia da República, dos tribunais e do Ministério Público e respectivos órgãos de gestão e de outros órgãos independentes.

4 – A aplicabilidade do presente Estatuto aos serviços periféricos externos do Estado, quer relativamente aos trabalhadores recrutados localmente quer aos que, de outra forma recrutados, neles exerçam funções, não prejudica a vigência:

a) Das normas e princípios de direito internacional que disponham em contrário;

b) Dos regimes legais que sejam localmente aplicáveis.

5 – Sem prejuízo do disposto no nº 2 do artigo anterior, o presente Estatuto não é aplicável às entidades públicas empresariais nem aos gabinetes de apoio quer dos membros do Governo quer dos titulares dos órgãos referidos nos nºs 2 e 3.

CAPÍTULO II
Princípios fundamentais

ARTIGO 3º
Infracção disciplinar

1 – Considera-se infracção disciplinar o comportamento do trabalhador, por acção ou omissão, ainda que meramente culposo, que viole deveres gerais ou especiais inerentes à função que exerce.

2 – São deveres gerais dos trabalhadores:

a) O dever de prossecução do interesse público;
b) O dever de isenção;
c) O dever de imparcialidade;
d) O dever de informação;
e) O dever de zelo;
f) O dever de obediência;
g) O dever de lealdade;
h) O dever de correcção;
i) O dever de assiduidade;
j) O dever de pontualidade.

3 – O dever de prossecução do interesse público consiste na sua defesa, no respeito pela Constituição, pelas leis e pelos direitos e interesses legalmente protegidos dos cidadãos.

4 – O dever de isenção consiste em não retirar vantagens, directas ou indirectas, pecuniárias ou outras, para si ou para terceiro, das funções que exerce.

5 – O dever de imparcialidade consiste em desempenhar as funções com equidistância relativamente aos interesses com que seja confrontado, sem discriminar positiva ou negativamente qualquer deles, na perspectiva do respeito pela igualdade dos cidadãos.

6 – O dever de informação consiste em prestar ao cidadão, nos termos legais, a informação que seja solicitada, com ressalva daquela que, naqueles termos, não deva ser divulgada.

7 – O dever de zelo consiste em conhecer e aplicar as normas legais e regulamentares e as ordens e instruções dos superiores hierárquicos, bem como exercer as funções de acordo com os objectivos que tenham sido fixados e utilizando as competências que tenham sido consideradas adequadas.

8 – O dever de obediência consiste em acatar e cumprir as ordens dos legítimos superiores hierárquicos, dadas em objecto de serviço e com a forma legal.

9 – O dever de lealdade consiste em desempenhar as funções com subordinação aos objectivos do órgão ou serviço.

10 – O dever de correcção consiste em tratar com respeito os utentes dos órgãos ou serviços e os restantes trabalhadores e superiores hierárquicos.

11 – Os deveres de assiduidade e de pontualidade consistem em comparecer ao serviço regular e continuamente e nas horas que estejam designadas.

ARTIGO 4º
Sujeição ao poder disciplinar

1 – Todos os trabalhadores são disciplinarmente responsáveis perante os seus superiores hierárquicos.

2 – Os titulares dos órgãos dirigentes dos serviços da administração indirecta são disciplinarmente responsáveis perante o membro do Governo que exerça a respectiva superintendência ou tutela.

3 – Os trabalhadores ficam sujeitos ao poder disciplinar desde a aceitação da nomeação, a celebração do contrato ou a posse ou desde o início legal de funções quando este anteceda aqueles actos.

4 – A cessação da relação jurídica de emprego público ou a alteração da situação jurídico-funcional não impedem a punição por infracções cometidas no exercício da função.

ARTIGO 5º
Exclusão da responsabilidade disciplinar

1 – É excluída a responsabilidade disciplinar do trabalhador que actue no cumprimento de ordens ou instruções emanadas de legítimo superior hierárquico e em matéria de serviço, quando previamente delas tenha reclamado ou exigido a sua transmissão ou confirmação por escrito.

2 – Considerando ilegal a ordem ou instrução recebidas, o trabalhador faz expressamente menção desse facto ao reclamar ou ao pedir a sua transmissão ou confirmação por escrito.

3 – Quando a decisão da reclamação ou a transmissão ou confirmação da ordem ou instrução por escrito não tenham lugar dentro do tempo em que, sem prejuízo, o cumprimento destas possa ser demorado, o trabalhador comunica, também por escrito, ao seu imediato superior hierárquico, os termos exactos da ordem ou instrução recebidas e da reclamação ou do pedido formulados, bem como a não satisfação destes, executando seguidamente a ordem ou instrução.

4 – Quando a ordem ou instrução sejam dadas com menção de cumprimento imediato e sem prejuízo do disposto nos nºs 1 e 2, a comunicação referida na parte final do número anterior é efectuada após a execução da ordem ou instrução.

5 – Cessa o dever de obediência sempre que o cumprimento das ordens ou instruções implique a prática de qualquer crime.

ARTIGO 6º
Prescrição do procedimento disciplinar

1 – O direito de instaurar procedimento disciplinar prescreve passado um ano sobre a data em que a infracção tenha sido cometida.

2 – Prescreve igualmente quando, conhecida a infracção por qualquer superior hierárquico, não seja instaurado o competente procedimento disciplinar no prazo de 30 dias.

3 – Quando o facto qualificado como infracção disciplinar seja também considerado infracção penal, aplicam-se ao direito de instaurar procedimento disciplinar os prazos de prescrição estabelecidos na lei penal.

4 – Suspendem o prazo prescricional referido nos números anteriores, por um período até seis meses, a instauração de processo de sindicância aos órgãos ou serviços, bem como a de processo de inquérito ou disciplinar, mesmo que não dirigidos contra o trabalhador a quem a prescrição aproveite, quando em qualquer deles venham a apurar-se infracções por que seja responsável.

5 – A suspensão do prazo prescricional apenas opera quando, cumulativamente:

a) Os processos referidos no número anterior tenham sido instaurados nos 30 dias seguintes à suspeita da prática de factos disciplinarmente puníveis;

b) O procedimento disciplinar subsequente tenha sido instaurado nos 30 dias seguintes à recepção daqueles processos, para decisão, pela entidade competente; e

c) À data da instauração dos processos e procedimento referidos nas alíneas anteriores, não se encontre já prescrito o direito de instaurar procedimento disciplinar.

6 – O procedimento disciplinar prescreve decorridos 18 meses contados da data em que foi instaurado quando, nesse prazo, o arguido não tenha sido notificado da decisão final.

7 – A prescrição do procedimento disciplinar referida no número anterior suspende-se durante o tempo em que, por força de decisão jurisdicional ou de apreciação jurisdicional de qualquer questão, a marcha do correspondente processo não possa começar ou continuar a ter lugar.

8 – A prescrição volta a correr a partir do dia em que cesse a causa da suspensão.

ARTIGO 7º
Efeitos da pronúncia e da condenação em processo penal

1 – Quando o agente de um crime cujo julgamento seja da competência do tribunal de júri ou do tribunal colectivo seja um trabalhador a que o presente Estatuto é aplicável, a secretaria do tribunal por onde corra o processo, no prazo de vinte e quatro horas sobre o trânsito em julgado do despacho de pronúncia ou equivalente, entrega, por termo nos autos, cópia de tal despacho ao Ministério Público, a fim de que este a remeta ao órgão ou serviço em que o trabalhador desempenha funções.

2 – Quando um trabalhador a que o presente Estatuto é aplicável seja condenado pela prática de crime, aplica-se, com as necessárias adaptações, o disposto no número anterior.

3 – A condenação em processo penal não prejudica o exercício da acção disciplinar quando a infracção penal constitua também infracção disciplinar.

ARTIGO 8º
Factos passíveis de ser considerados infracção penal

Quando os factos sejam passíveis de ser considerados infracção penal, dá-se obrigatoriamente notícia deles ao Ministério Público competente para promover o procedimento criminal, nos termos do artigo 242º do Código de Processo Penal.

CAPÍTULO III
Penas disciplinares e seus efeitos

ARTIGO 9º
Escala das penas

1 – As penas aplicáveis aos trabalhadores pelas infracções que cometam são as seguintes:

a) Repreensão escrita;
b) Multa;
c) Suspensão;
d) Demissão ou despedimento por facto imputável ao trabalhador.

2 – Aos titulares de cargos dirigentes e equiparados é aplicável a pena de cessação da comissão de serviço.

3 – Não pode ser aplicada mais de uma pena por cada infracção, pelas infracções acumuladas que sejam apreciadas num único processo ou pelas infracções apreciadas em processos apensados.

4 – As penas são sempre registadas no processo individual do trabalhador.

5 – As amnistias não destroem os efeitos já produzidos pela aplicação da pena, sendo, porém, averbadas no processo individual.

ARTIGO 10º
Caracterização das penas

1 – A pena de repreensão escrita consiste em mero reparo pela irregularidade praticada.

2 – A pena de multa é fixada em quantia certa e não pode exceder o valor correspondente a seis remunerações base diárias por cada infracção e um valor total correspondente à remuneração base de 90 dias por ano.

3 – A pena de suspensão consiste no afastamento completo do trabalhador do órgão ou serviço durante o período da pena.

4 – A pena de suspensão varia entre 20 e 90 dias por cada infracção, num máximo de 240 dias por ano.

5 – A pena de demissão consiste no afastamento definitivo do órgão ou serviço do trabalhador nomeado, cessando a relação jurídica de emprego público.

6 – A pena de despedimento por facto imputável ao trabalhador consiste no afastamento definitivo do órgão ou serviço do trabalhador contratado, cessando a relação jurídica de emprego público.

7 – A pena de cessação da comissão de serviço consiste na cessação compulsiva do exercício de cargo dirigente ou equiparado.

ARTIGO 11º
Efeitos das penas

1 – As penas disciplinares produzem unicamente os efeitos previstos no presente Estatuto.

2 – A pena de suspensão determina, por tantos dias quantos os da sua duração, o não exercício de funções e a perda das remunerações correspondentes e da contagem do tempo de serviço para antiguidade.

3 – A aplicação da pena de suspensão não prejudica o direito dos trabalhadores à manutenção, nos termos legais, das prestações do respectivo regime de protecção social.

4 – As penas de demissão e de despedimento por facto imputável ao trabalhador importam a perda de todos os direitos do trabalhador, salvo quanto à aposentação ou à reforma por velhice, nos termos e condições previstos na lei, mas não o impossibilitam de voltar a exercer funções em órgão ou serviço que não exijam as particulares condições de dignidade e confiança que aquelas de que foi demitido ou despedido exigiam.

5 – A pena de cessação da comissão de serviço implica o termo do exercício do cargo dirigente ou equiparado e a impossibilidade de exercício de qualquer cargo dirigente ou equiparado durante o período de três anos contados da data da notificação da decisão.

ARTIGO 12º
Penas aplicáveis em caso de cessação da relação jurídica de emprego público

Em caso de cessação da relação jurídica de emprego público, as penas previstas nas alíneas b) a d) do nº 1 do artigo 9º são executadas desde que os trabalhadores constituam nova relação jurídica de emprego público.

CAPÍTULO IV
Competência disciplinar

ARTIGO 13º
Princípio geral

A competência disciplinar dos superiores envolve sempre a dos seus inferiores hierárquicos dentro do órgão ou serviço.

ARTIGO 14º
Competência para aplicação das penas

1 – A aplicação da pena prevista na alínea a) do nº 1 do artigo 9º é da competência de todos os superiores hierárquicos em relação aos seus subordinados.

2 – A aplicação das restantes penas previstas nos nºs 1 e 2 do artigo 9º é da competência do dirigente máximo do órgão ou serviço.

3 – Compete ao membro do Governo respectivo a aplicação de qualquer pena aos dirigentes máximos dos órgãos ou serviços.

4 – Nas autarquias locais, associações e federações de municípios, bem como nos serviços municipalizados, a aplicação das penas previstas nos nºs 1 e 2 do artigo 9º é da competência, respectivamente, dos correspondentes órgãos executivos, bem como dos conselhos de administração.

5 – Nas assembleias distritais, a aplicação das penas previstas nos nºs 1 e 2 do artigo 9º é da competência do respectivo plenário.
6 – A competência prevista nos nºs 1, 2, 4 e 5 é indelegável.

CAPÍTULO V
Factos a que são aplicáveis as penas

ARTIGO 15º
Repreensão escrita

A pena de repreensão escrita é aplicável por infracções leves de serviço.

ARTIGO 16º
Multa

A pena de multa é aplicável a casos de negligência ou má compreensão dos deveres funcionais, nomeadamente aos trabalhadores que:

a) Não observem os procedimentos estabelecidos ou cometam erros por negligência, de que não resulte prejuízo relevante para o serviço;

b) Desobedeçam às ordens dos superiores hierárquicos, sem consequências importantes;

c) Não usem de correcção para com os superiores hierárquicos, subordinados ou colegas ou para com o público;

c) Pelo defeituoso cumprimento ou desconhecimento das disposições legais e regulamentares ou das ordens superiores, demonstrem falta de zelo pelo serviço;

d) Não façam a comunicação referida no nº 6 do artigo 30º da Lei nº 12-A/2008, de 27 de Fevereiro.

ARTIGO 17º
Suspensão

A pena de suspensão é aplicável aos trabalhadores que actuem com grave negligência ou com grave desinteresse pelo cumprimento dos deveres funcionais e àqueles cujos comportamentos atentem gravemente contra a dignidade e o prestígio da função, nomeadamente quando:

a) Dêem informação errada a superior hierárquico;

b) Compareçam ao serviço em estado de embriaguez ou sob o efeito de estupefacientes ou drogas equiparadas;

c) Exerçam funções em acumulação, sem autorização ou apesar de não autorizados ou, ainda, quando a autorização tenha sido concedida com base em informações ou elementos, por eles fornecidos, que se revelem falsos ou incompletos;

d) Demonstrem desconhecimento de normas essenciais reguladoras do serviço, do qual haja resultado prejuízos para o órgão ou serviço ou para terceiros;

e) Dispensem tratamento de favor a determinada entidade, singular ou colectiva;

f) Omitam informação que possa ou deva ser prestada ao cidadão ou, com violação da lei em vigor sobre acesso à informação, revelem factos ou documentos relacionados com os procedimentos administrativos, em curso ou concluídos;
g) Desobedeçam escandalosamente, ou perante o público e em lugar aberto ao mesmo, às ordens superiores;
h) Prestem falsas declarações sobre justificação de faltas;
i) Violem os procedimentos da avaliação do desempenho, incluindo a aposição de datas sem correspondência com o momento da prática do acto;
j) Agridam, injuriem ou desrespeitem gravemente superior hierárquico, colega, subordinado ou terceiro, fora dos locais de serviço, por motivos relacionados com o exercício das funções;
l) Recebam fundos, cobrem receitas ou recolham verbas de que não prestem contas nos prazos legais;
m) Violem, com culpa grave ou dolo, o dever de imparcialidade no exercício das funções;
n) Usem ou permitam que outrem use ou se sirva de quaisquer bens pertencentes aos órgãos ou serviços, cuja posse ou utilização lhes esteja confiada, para fim diferente daquele a que se destinam;
o) Violem os deveres referidos nos nºs 1 e 2 do artigo 30º da Lei nº 12-A/2008, de 27 de Fevereiro.

ARTIGO 18º
Demissão e despedimento por facto imputável ao trabalhador

1 – As penas de demissão e de despedimento por facto imputável ao trabalhador são aplicáveis em caso de infracção que inviabilize a manutenção da relação funcional, nomeadamente aos trabalhadores que:

a) Agridam, injuriem ou desrespeitem gravemente superior hierárquico, colega, subordinado ou terceiro, em serviço ou nos locais de serviço;
b) Pratiquem actos de grave insubordinação ou indisciplina ou incitem à sua prática;
c) No exercício das suas funções, pratiquem actos manifestamente ofensivos das instituições e princípios consagrados na Constituição;
d) Pratiquem ou tentem praticar qualquer acto que lese ou contrarie os superiores interesses do Estado em matéria de relações internacionais;
e) Voltem a praticar os factos referidos nas alíneas *c)*, *h)* e *i)* do artigo anterior;
f) Dolosamente participem infracção disciplinar supostamente cometida por outro trabalhador;
g) Dentro do mesmo ano civil dêem 5 faltas seguidas ou 10 interpoladas sem justificação;
h) Sendo nomeados ou, não sendo titulares de cargos dirigentes ou equiparados, exerçam as suas funções em comissão de serviço, cometam reiterada violação do dever de zelo, indiciada em processo de averiguações instaurado após a obtenção de duas avaliações de desempenho negativas consecutivas apesar da frequência de formação adequada aquando da primeira avaliação negativa;
i) Divulguem informação que, nos termos legais, não deva ser divulgada;

j) Em resultado da função que exercem, solicitem ou aceitem, directa ou indirectamente, dádivas, gratificações, participações em lucros ou outras vantagens patrimoniais, ainda que sem o fim de acelerar ou retardar qualquer serviço ou procedimento;

l) Comparticipem em oferta ou negociação de emprego público;

m) Sejam encontrados em alcance ou desvio de dinheiros públicos;

n) Tomem parte ou interesse, directamente ou por interposta pessoa, em qualquer contrato celebrado ou a celebrar por qualquer órgão ou serviço;

o) Com intenção de obter, para si ou para terceiro, benefício económico ilícito, faltem aos deveres funcionais, não promovendo atempadamente os procedimentos adequados, ou lesem, em negócio jurídico ou por mero acto material, designadamente por destruição, adulteração ou extravio de documentos ou por viciação de dados para tratamento informático, os interesses patrimoniais que, no todo ou em parte, lhes cumpre, em razão das suas funções, administrar, fiscalizar, defender ou realizar;

p) Autorizem o exercício de qualquer actividade remunerada nas modalidades que estão vedadas aos trabalhadores que, colocados em situação de mobilidade especial, se encontrem no gozo de licença extraordinária.

2 – Tornando-se inviável a manutenção da relação funcional, as penas de demissão e de despedimento por facto imputável ao trabalhador são ainda aplicáveis aos trabalhadores que, encontrando-se em situação de mobilidade especial:

a) Exerçam qualquer actividade remunerada fora dos casos previstos na lei;

b) No gozo de licença extraordinária, exerçam qualquer actividade remunerada nas modalidades que lhes estão vedadas.

ARTIGO 19º
Cessação da comissão de serviço

1 – A pena de cessação da comissão de serviço é aplicável, a título principal, aos titulares de cargos dirigentes e equiparados que:

a) Não procedam disciplinarmente contra os trabalhadores seus subordinados pelas infracções de que tenham conhecimento;

b) Não participem criminalmente infracção disciplinar de que tenham conhecimento no exercício das suas funções, que revista carácter penal;

c) Autorizem, informem favoravelmente ou omitam informação, relativamente à situação jurídico-funcional de trabalhadores, em violação das normas que regulam a relação jurídica de emprego público;

d) Violem as normas relativas à celebração de contratos de prestação de serviços.

2 – A pena de cessação da comissão de serviço é sempre aplicada acessoriamente aos titulares de cargos dirigentes e equiparados por qualquer infracção disciplinar punida com pena igual ou superior à de multa.

ARTIGO 20º
Escolha e medida das penas

Na aplicação das penas atende-se aos critérios gerais enunciados nos artigos 15º a 19º, à natureza, missão e atribuições do órgão ou serviço, ao cargo ou categoria do arguido, às particulares responsabilidades inerentes à modalidade da sua relação jurídica de emprego público, ao grau de culpa, à sua personalidade e a todas as circunstâncias em que a infracção tenha sido cometida que militem contra ou a favor dele.

ARTIGO 21º
Circunstâncias dirimentes

São circunstâncias dirimentes da responsabilidade disciplinar:

a) A coacção física;
b) A privação acidental e involuntária do exercício das faculdades intelectuais no momento da prática da infracção;
c) A legítima defesa, própria ou alheia;
d) A não exigibilidade de conduta diversa;
e) O exercício de um direito ou o cumprimento de um dever.

ARTIGO 22º
Circunstâncias atenuantes especiais

São circunstâncias atenuantes especiais da infracção disciplinar:

a) A prestação de mais de 10 anos de serviço com exemplar comportamento e zelo;
b) A confissão espontânea da infracção;
c) A prestação de serviços relevantes ao povo português e a actuação com mérito na defesa da liberdade e da democracia;
d) A provocação;
e) O acatamento bem intencionado de ordem ou instrução de superior hierárquico, nos casos em que não fosse devida obediência.

ARTIGO 23º
Atenuação extraordinária

Quando existam circunstâncias atenuantes que diminuam substancialmente a culpa do arguido, a pena pode ser atenuada, aplicando-se pena inferior.

ARTIGO 24º
Circunstâncias agravantes especiais

1 – São circunstâncias agravantes especiais da infracção disciplinar:

a) A vontade determinada de, pela conduta seguida, produzir resultados prejudiciais ao órgão ou serviço ou ao interesse geral, independentemente de estes se terem verificado;
b) A produção efectiva de resultados prejudiciais ao órgão ou serviço ou ao interesse geral, nos casos em que o arguido pudesse prever essa consequência como efeito necessário da sua conduta;
c) A premeditação;
d) A comparticipação com outros indivíduos para a sua prática;
e) O facto de ter sido cometida durante o cumprimento de pena disciplinar ou enquanto decorria o período de suspensão da pena;

f) A reincidência;
g) A acumulação de infracções.

2 – A premeditação consiste no desígnio para o cometimento da infracção, formado, pelo menos, vinte e quatro horas antes da sua prática.

3 – A reincidência ocorre quando a infracção é cometida antes de decorrido um ano sobre o dia em que tenha findado o cumprimento da pena aplicada por virtude de infracção anterior.

4 – A acumulação ocorre quando duas ou mais infracções são cometidas na mesma ocasião ou quando uma é cometida antes de ter sido punida a anterior.

ARTIGO 25º
Suspensão das penas

1 – As penas previstas nas alíneas *a)* a *c)* do nº 1 do artigo 9º podem ser suspensas quando, atendendo à personalidade do arguido, às condições da sua vida, à sua conduta anterior e posterior à infracção e às circunstâncias desta, se conclua que a simples censura do comportamento e a ameaça da pena realizam de forma adequada e suficiente as finalidades da punição.

2 – O tempo de suspensão não é inferior a seis meses para as penas de repreensão escrita e de multa e a um ano para a pena de suspensão nem superior a um e dois anos, respectivamente.

3 – Os tempos previstos no número anterior contam-se desde a data da notificação ao arguido da respectiva decisão.

4 – A suspensão caduca quando o trabalhador venha a ser, no seu decurso, condenado novamente em processo disciplinar.

ARTIGO 26º
Prescrição das penas

Sem prejuízo do disposto no artigo 12º, as penas prescrevem nos prazos seguintes, contados da data em que a decisão se tornou inimpugnável:

a) Um mês, para a pena de repreensão escrita;
b) Três meses, para a pena de multa;
c) Seis meses, para a pena de suspensão;
d) Um ano, para as penas de demissão, de despedimento por facto imputável ao trabalhador e de cessação da comissão de serviço.

CAPÍTULO VI
Procedimento disciplinar

SECÇÃO I
Disposições gerais

ARTIGO 27º
Formas de processo

1 – O processo disciplinar é comum e especial.

2 – O processo especial aplica-se nos casos expressamente previstos na lei e o comum em todos os casos a que não corresponda processo especial.

3 – Os processos especiais regulam-se pelas disposições que lhes são próprias e, na parte nelas não prevista, pelas disposições respeitantes ao processo comum.

ARTIGO 28º
Obrigatoriedade de processo disciplinar

1 – As penas de multa e superiores são sempre aplicadas precedendo o apuramento dos factos em processo disciplinar.

2 – A pena de repreensão escrita é aplicada sem dependência de processo, mas com audiência e defesa do arguido.

3 – A requerimento do arguido é lavrado auto das diligências referidas no número anterior, na presença de duas testemunhas por ele indicadas.

4 – Para os efeitos do disposto no nº 2, o arguido tem o prazo máximo de cinco dias para, querendo, produzir a sua defesa por escrito.

ARTIGO 29º
Competência para a instauração do procedimento

1 – Sem prejuízo do disposto no nº 3 do artigo 40º, é competente para instaurar ou mandar instaurar procedimento disciplinar contra os respectivos subordinados qualquer superior hierárquico, ainda que não seja competente para punir.

2 – Compete ao membro do Governo respectivo a instauração de procedimento disciplinar contra os dirigentes máximos dos órgãos ou serviços.

ARTIGO 30º
Local da instauração e mudança de órgão ou serviço
na pendência do processo

1 – O procedimento disciplinar é sempre instaurado no órgão ou serviço em que o trabalhador exerce funções à data da infracção.

2 – Quando, após a prática de uma infracção disciplinar ou já na pendência do respectivo processo, o trabalhador mude de órgão ou serviço, a pena é aplicada pela entidade competente à data em que tenha de ser proferida decisão, sem prejuízo de o procedimento ter sido mandado instaurar e ter sido instruído no âmbito do órgão ou serviço em que o arguido exercia funções à data da infracção.

ARTIGO 31º
Apensação de processos

1 – Para todas as infracções ainda não punidas cometidas por um trabalhador é instaurado um único processo.

2 – Tendo sido instaurados diversos processos, são todos apensados àquele que primeiro tenha sido instaurado.

ARTIGO 32º
Arguido em acumulação de funções

1 – Quando, antes da decisão de um procedimento, sejam instaurados novos procedimentos disciplinares contra o mesmo trabalhador por infracção cometida no

desempenho de funções, em acumulação, em outros órgãos ou serviços, os novos procedimentos são apensados ao primeiro, ficando a instrução de todos eles a cargo do instrutor deste.

2 – A instauração dos procedimentos disciplinares é comunicada aos órgãos ou serviços em que o trabalhador desempenha funções, de igual modo se procedendo em relação à decisão proferida.

ARTIGO 33º
Natureza secreta do processo

1 – O processo disciplinar é de natureza secreta até à acusação, podendo, contudo, ser facultado ao arguido, a seu requerimento, para exame, sob condição de não divulgar o que dele conste.

2 – O indeferimento do requerimento a que se refere o número anterior é comunicado ao arguido no prazo de três dias.

3 – Não obstante a sua natureza secreta, é permitida a passagem de certidões quando destinadas à defesa de interesses legalmente protegidos e em face de requerimento especificando o fim a que se destinam, podendo ser proibida, sob pena de desobediência, a sua publicação.

4 – A passagem de certidões é autorizada pelo instrutor até ao termo da fase de defesa do arguido, sendo gratuita quando requerida por este.

5 – Ao arguido que divulgue matéria de natureza secreta, nos termos do presente artigo, é instaurado, por esse facto, novo procedimento disciplinar.

ARTIGO 34º
Forma dos actos

A forma dos actos, quando não seja regulada por lei, ajusta-se ao fim que se tem em vista e limita-se ao indispensável para atingir essa finalidade.

ARTIGO 35º
Constituição de advogado

1 – O arguido pode constituir advogado em qualquer fase do processo, nos termos gerais de direito.

2 – O advogado exerce os direitos que a lei reconhece ao arguido.

ARTIGO 36º
Actos oficiosos

Nos casos omissos, o instrutor pode adoptar as providências que se afigurem convenientes para a descoberta da verdade, em conformidade com os princípios gerais do processo penal.

ARTIGO 37º
Nulidades

1 – É insuprível a nulidade resultante da falta de audiência do arguido em artigos de acusação, bem como a que resulte de omissão de quaisquer diligências essenciais para a descoberta da verdade.

2 – As restantes nulidades consideram-se supridas quando não sejam reclamadas pelo arguido até à decisão final.

3 – Do despacho que indefira o requerimento de quaisquer diligências probatórias cabe recurso hierárquico ou tutelar para o respectivo membro do Governo, a interpor no prazo de cinco dias.

4 – O recurso referido no número anterior sobe imediatamente nos próprios autos, considerando-se procedente quando, no prazo de 10 dias, não seja proferida decisão que expressamente o indefira.

ARTIGO 38º
Alteração da situação jurídico-funcional do arguido

O trabalhador arguido em processo disciplinar, ainda que suspenso preventivamente, não está impedido de alterar, nos termos legais, a sua situação jurídico-funcional, designadamente candidatando-se a procedimentos concursais.

SECÇÃO II
Procedimento disciplinar comum

SUBSECÇÃO I
Disposição geral

ARTIGO 39º
Início e termo da instrução

1 – A instrução do processo disciplinar inicia-se no prazo máximo de 10 dias contados da data da notificação ao instrutor do despacho que o mandou instaurar e ultima-se no prazo de 45 dias, só podendo ser excedido este prazo por despacho da entidade que o mandou instaurar, sob proposta fundamentada do instrutor, nos casos de excepcional complexidade.

2 – O prazo de 45 dias referido no número anterior conta-se da data de início da instrução, determinada nos termos do número seguinte.

3 – O instrutor informa a entidade que o tenha nomeado, bem como o arguido e o participante, da data em que dê início à instrução.

4 – O procedimento disciplinar é urgente, sem prejuízo das garantias de audiência e defesa do arguido.

SUBSECÇÃO II
Fase de instrução do processo

ARTIGO 40º
Participação ou queixa

1 – Todos os que tenham conhecimento de que um trabalhador praticou infracção disciplinar podem participá-la a qualquer superior hierárquico daquele.

2 – Quando se verifique que a entidade que recebeu a participação ou queixa não tem competência para instaurar procedimento disciplinar, aquelas são imediatamente remetidas à entidade competente para o efeito.

3 – Para os efeitos do disposto no número seguinte, quando um trabalhador deixe de comparecer ao serviço, sem justificação, durante 5 dias seguidos ou 10 interpolados, o respectivo superior hierárquico participa o facto, de imediato, ao dirigente máximo do órgão ou serviço.

4 – O dirigente máximo do órgão ou serviço pode considerar, do ponto de vista disciplinar, justificada a ausência, determinando o imediato arquivamento da participação quando o trabalhador faça prova de motivos que considere atendíveis.

5 – As participações ou queixas verbais são sempre reduzidas a escrito por quem as receba.

6 – Quando conclua que a participação é infundada e dolosamente apresentada no intuito de prejudicar o trabalhador ou que contém matéria difamatória ou injuriosa, a entidade competente para punir participa o facto criminalmente, sem prejuízo de instauração de procedimento disciplinar quando o participante seja trabalhador a que o presente Estatuto é aplicável.

ARTIGO 41º
Despacho liminar

1 – Assim que seja recebida participação ou queixa, a entidade competente para instaurar procedimento disciplinar decide se a ele deve ou não haver lugar.

2 – Quando entenda que não há lugar a procedimento disciplinar, a entidade referida no número anterior manda arquivar a participação ou queixa.

3 – No caso contrário, instaura ou determina que se instaure procedimento disciplinar.

4 – Quando não tenha competência para aplicação da pena e entenda que não há lugar a procedimento disciplinar, a entidade referida no nº 1 sujeita o assunto a decisão da entidade competente.

ARTIGO 42º
Nomeação do instrutor

1 – A entidade que instaure procedimento disciplinar nomeia um instrutor, escolhido de entre trabalhadores do mesmo órgão ou serviço, titular de cargo ou de carreira ou categoria de complexidade funcional superior à do arguido ou, quando impossível, com antiguidade superior no mesmo cargo ou em carreira ou categoria de complexidade funcional idêntica ou no exercício de funções públicas, preferindo os que possuam adequada formação jurídica.

2 – Em casos justificados, a entidade referida no número anterior pode solicitar ao respectivo dirigente máximo a nomeação de instrutor de outro órgão ou serviço.

3 – O instrutor pode escolher secretário de sua confiança, cuja nomeação compete à entidade que o nomeou, e, bem assim, requisitar a colaboração de técnicos.

4 – As funções de instrução preferem a quaisquer outras que o instrutor tenha a seu cargo, ficando exclusivamente adstrito àquelas.

ARTIGO 43º
Suspeição do instrutor

1 – O arguido e o participante podem deduzir a suspeição do instrutor do processo disciplinar quando ocorra circunstância por causa da qual possa razoavelmente suspeitar-se da sua isenção e da rectid da sua conduta, designadamente:

a) Quando o instrutor tenha sido directa ou indirectamente atingido pela infracção;

b) Quando o instrutor seja parente na linha recta ou até ao 3º grau na linha colateral do arguido, do participante ou de qualquer trabalhador ou particular ofendido ou de alguém que, com os referidos indivíduos, viva em economia comum;

c) Quando esteja pendente processo jurisdicional em que o instrutor e o arguido ou o participante sejam intervenientes;

d) Quando o instrutor seja credor ou devedor do arguido ou do participante ou de algum seu parente na linha recta ou até ao 3º grau na linha colateral;

e) Quando haja inimizade grave ou grande intimidade entre o arguido e o instrutor ou entre este e o participante ou o ofendido.

2 – A entidade que tenha mandado instaurar o procedimento disciplinar decide, em despacho fundamentado, no prazo máximo de quarenta e oito horas.

ARTIGO 44º
Medidas cautelares

Compete ao instrutor tomar, desde a sua nomeação, as medidas adequadas para que não se possa alterar o estado dos factos e documentos em que se descobriu ou se presume existir alguma irregularidade nem subtrair as provas desta.

ARTIGO 45º
Suspensão preventiva

1 – O arguido pode ser, sob proposta da entidade que tenha instaurado o procedimento disciplinar ou do instrutor, e mediante despacho do dirigente máximo do órgão ou serviço, preventivamente suspenso do exercício das suas funções, sem perda da remuneração base, até decisão do procedimento, mas por prazo não superior a 90 dias, sempre que a sua presença se revele inconveniente para o serviço ou para o apuramento da verdade.

2 – A suspensão prevista no número anterior pode apenas ter lugar em caso de infracção punível com pena de suspensão ou superior.

3 – A notificação da suspensão preventiva é acompanhada de indicação, ainda que genérica, da infracção ou infracções de cuja prática o trabalhador é arguido.

ARTIGO 46º
Instrução do processo

1 – O instrutor faz autuar o despacho com a participação ou queixa e procede à instrução, ouvindo o participante, as testemunhas por este indicadas e as mais que julgue necessárias, procedendo a exames e mais diligências que possam esclarecer a verdade e fazendo juntar aos autos o certificado de registo disciplinar do arguido.

2 – O instrutor ouve o arguido, a requerimento deste e sempre que o entenda conveniente, até se ultimar a instrução, e pode também acareá-lo com as testemunhas ou com o participante.

3 – Durante a fase de instrução, o arguido pode requerer ao instrutor que promova as diligências para que tenha competência e consideradas por aquele essenciais para apuramento da verdade.

4 – Quando o instrutor julgue suficiente a prova produzida, pode, em despacho devidamente fundamentado, indeferir o requerimento referido no número anterior.

5 – As diligências que tenham de ser feitas fora do lugar onde corra o processo disciplinar podem ser requisitadas à respectiva autoridade administrativa ou policial.

6 – Durante a fase de instrução e até à elaboração do relatório final, podem ser ouvidos, a requerimento do arguido, representantes da associação sindical a que o mesmo pertença.

ARTIGO 47º
Testemunhas na fase de instrução

1 – Na fase de instrução do processo o número de testemunhas é ilimitado.

2 – É aplicável à inquirição de testemunhas o disposto nos nºs 4 e 5 do artigo anterior.

ARTIGO 48º
Termo da instrução

1 – Concluída a instrução, quando o instrutor entenda que os factos constantes dos autos não constituem infracção disciplinar, que não foi o arguido o agente da infracção ou que não é de exigir responsabilidade disciplinar por virtude de prescrição ou de outro motivo, elabora, no prazo de cinco dias, o seu relatório final, que remete imediatamente com o respectivo processo à entidade que o tenha mandado instaurar, com proposta de arquivamento.

2 – No caso contrário, deduz, articuladamente, no prazo de 10 dias, a acusação.

3 – A acusação contém a indicação dos factos integrantes da mesma, bem como das circunstâncias de tempo, modo e lugar da prática da infracção e das que integram atenuantes e agravantes, acrescentando sempre a referência aos preceitos legais respectivos e às penas aplicáveis.

SUBSECÇÃO III
Fase de defesa do arguido

ARTIGO 49º
Notificação da acusação

1 – Da acusação extrai-se cópia, no prazo de quarenta e oito horas, para ser entregue ao arguido mediante notificação pessoal ou, não sendo esta possível, por carta registada com aviso de recepção, marcando-se-lhe um prazo entre 10 e 20 dias para apresentar a sua defesa escrita.

2 – Quando não seja possível a notificação nos termos do número anterior, designadamente por ser desconhecido o paradeiro do arguido, é publicado aviso na 2ª série do *Diário da República*, notificando-o para apresentar a sua defesa em prazo não inferior a 30 nem superior a 60 dias contados da data da publicação.

3 – O aviso deve apenas conter a menção de que se encontra pendente contra o arguido procedimento disciplinar e o prazo fixado para apresentar a sua defesa.

4 – Quando o processo seja complexo, pelo número e natureza das infracções ou por abranger vários arguidos, e precedendo autorização da entidade que mandou instaurar o procedimento, o instrutor pode conceder prazo superior ao do nº 1, até ao limite de 60 dias.

5 – Quando sejam susceptíveis de aplicação as penas de demissão, de despedimento por facto imputável ao trabalhador ou de cessação da comissão de serviço, esta quando seja acessória daquelas ou, em qualquer caso, quando o trabalhador não seja titular de relação jurídica de emprego público constituída em diferente modalidade, a cópia da acusação é igualmente remetida, no prazo referido no nº 1, à comissão de trabalhadores respectiva.

6 – No caso referido no número anterior, quando o arguido seja representante sindical é ainda remetida cópia da acusação à associação sindical respectiva.

7 – A remessa de cópia da acusação nos termos dos nºs 5 e 6 não tem lugar quando o arguido a ela se tenha oposto por escrito durante a fase de instrução.

ARTIGO 50º
Incapacidade física ou mental

1 – Quando o arguido esteja incapacitado de organizar a sua defesa por motivo de doença ou incapacidade física devidamente comprovadas, pode nomear um representante especialmente mandatado para o efeito.

2 – Quando o arguido não possa exercer o direito referido no número anterior, o instrutor nomeia-lhe imediatamente um curador, preferindo a pessoa a quem competiria a tutela no caso de interdição, nos termos da lei civil.

3 – A nomeação referida no número anterior é restrita ao procedimento disciplinar, podendo o representante usar de todos os meios de defesa facultados ao arguido.

4 – Quando o instrutor tenha dúvidas sobre se o estado mental do arguido o inibe de organizar a sua defesa, solicita uma perícia psiquiátrica nos termos do nº 6 do artigo 159º do Código de Processo Penal, aplicável com as necessárias adaptações.

5 – A realização da perícia psiquiátrica pode também ser solicitada nos termos do nº 7 do artigo 159º do Código de Processo Penal, aplicável com as necessárias adaptações.

ARTIGO 51º
Exame do processo e apresentação da defesa

1 – Sem prejuízo do disposto no artigo seguinte, durante o prazo para apresentação da defesa, pode o arguido ou o seu representante ou curador referidos no artigo anterior, bem como o advogado por qualquer deles constituído, examinar o processo a qualquer hora de expediente.

2 – A resposta é assinada pelo arguido ou por qualquer dos seus representantes referidos no número anterior e é apresentada no lugar onde o procedimento tenha sido instaurado.

3 – Quando remetida pelo correio, a resposta considera-se apresentada na data da sua expedição.

4 – Na resposta o arguido expõe com clareza e concisão os factos e as razões da sua defesa.

5 – A resposta que revele ou se traduza em infracções estranhas à acusação e que não interesse à defesa é autuada, dela se extraindo certidão, que passa a ser con-siderada como participação para efeitos de novo procedimento.

6 – Com a resposta o arguido pode apresentar o rol das testemunhas e juntar documentos, requerendo também quaisquer diligências.

7 – A falta de resposta dentro do prazo marcado vale como efectiva audiência do arguido para todos os efeitos legais.

ARTIGO 52º
Confiança do processo

O processo pode ser confiado ao advogado do arguido, nos termos e sob a cominação previstos nos artigos 169º a 171º do Código de Processo Civil, aplicáveis com as necessárias adaptações.

ARTIGO 53º
Produção da prova oferecida pelo arguido

1 – As diligências requeridas pelo arguido podem ser recusadas em despacho do instrutor, devidamente fundamentado, quando manifestamente impertinentes e desnecessárias.

2 – Não podem ser ouvidas mais de três testemunhas por cada facto, podendo as que não residam no lugar onde corre o processo, quando o arguido não se comprometa a apresentá-las, ser ouvidas por solicitação a qualquer autoridade administrativa.

3 – O instrutor pode recusar a inquirição das testemunhas quando considere suficientemente provados os factos alegados pelo arguido.

4 – A autoridade a quem seja solicitada a inquirição, nos termos da parte final do nº 2, pode designar instrutor *ad hoc* para o acto requerido.

5 – As diligências para a inquirição de testemunhas são sempre notificadas ao arguido.

6 – Aplica-se à inquirição referida na parte final do nº 2, com as necessárias adaptações, o disposto nos artigos 111º e seguintes do Código de Processo Penal.

7 – O advogado do arguido pode estar presente e intervir na inquirição das testemunhas.

8 – O instrutor inquire as testemunhas e reúne os demais elementos de prova oferecidos pelo arguido no prazo de 20 dias, o qual pode ser prorrogado, por despacho, até 40 dias quando o exijam as diligências referidas na parte final do nº 2.

9 – Finda a produção da prova oferecida pelo arguido, podem ainda ordenar-se, em despacho, novas diligências que se tornem indispensáveis para o completo esclarecimento da verdade.

SUBSECÇÃO IV
Fase de relatório final

ARTIGO 54º
Relatório final do instrutor

1 – Finda a fase de defesa do arguido, o instrutor elabora, no prazo de cinco dias, um relatório final completo e conciso donde constem a existência material das faltas, a sua qualificação e gravidade, importâncias que porventura haja a repor e seu destino, bem como a pena que entenda justa ou a proposta para que os autos se arquivem por ser insubsistente a acusação, designadamente por inimputabilidade do arguido.

2 – A entidade competente para a decisão pode, quando a complexidade do processo o exija, prorrogar o prazo fixado no número anterior até ao limite total de 20 dias.

3 – O processo, depois de relatado, é remetido no prazo de vinte e quatro horas à entidade que o tenha mandado instaurar, a qual, quando não seja competente para decidir, o envia dentro de dois dias a quem deva proferir a decisão.

4 – Quando seja proposta a aplicação das penas de demissão, de despedimento por facto imputável ao trabalhador ou de cessação da comissão de serviço, esta quando seja acessória daquelas ou, em qualquer caso, quando o trabalhador não seja titular de relação jurídica de emprego público constituída em diferente modalidade, a entidade competente para a decisão apresenta o processo, por cópia integral, à comissão de trabalhadores e, quando o arguido seja representante sindical, à associação sindical respectiva, que podem, no prazo de cinco dias, juntar o seu parecer fundamentado.

5 – É correspondentemente aplicável o disposto no nº 7 do artigo 49º.

SUBSECÇÃO V
Fase de decisão disciplinar e sua execução

ARTIGO 55º
Decisão

1 – Junto o parecer referido no nº 4 do artigo anterior, ou decorrido o prazo para o efeito, sendo o caso, a entidade competente analisa o processo, concordando ou não com as conclusões do relatório final, podendo ordenar novas diligências, a realizar no prazo que para tal estabeleça.

2 – Antes da decisão, a entidade competente pode solicitar ou determinar a emissão, no prazo de 10 dias, de parecer por parte do superior hierárquico do arguido ou de unidades orgânicas do órgão ou serviço a que o mesmo pertença.

3 – O despacho que ordene a realização de novas diligências ou que solicite a emissão de parecer é proferido no prazo máximo de 30 dias contados da data da recepção do processo.

4 – A decisão do procedimento é sempre fundamentada quando não concordante com a proposta formulada no relatório final do instrutor, sendo proferida no prazo máximo de 30 dias contados das seguintes datas:

a) Da recepção do processo, quando a entidade competente para punir concorde com as conclusões do relatório final;
b) Do termo do prazo que marque, quando ordene novas diligências;
c) Do termo do prazo fixado para emissão de parecer.

5 – Na decisão não podem ser invocados factos não constantes da acusação nem referidos na resposta do arguido, excepto quando excluam, dirimam ou atenuem a sua responsabilidade disciplinar.

6 – O incumprimento dos prazos referidos nos nºs 3 e 4 determina a caducidade do direito de aplicar a pena.

ARTIGO 56º
Pluralidade de arguidos

1 – Quando vários trabalhadores sejam arguidos do mesmo facto ou de factos entre si conexos, a entidade que tenha competência para punir o trabalhador de cargo ou de carreira ou categoria de complexidade funcional superior decide relativamente a todos os arguidos.

2 – Quando os arguidos sejam titulares do mesmo cargo ou de carreira ou categoria de complexidade funcional idêntica, a decisão cabe à entidade que tenha competência para punir o arguido com antiguidade superior no exercício de funções públicas.

ARTIGO 57º
Notificação da decisão

1 – A decisão é notificada ao arguido, observando-se, com as necessárias adaptações, o disposto no artigo 49º

2 – A entidade que tenha decidido o procedimento pode autorizar que a notificação do arguido seja protelada pelo prazo máximo de 30 dias quando se trate de pena que implique suspensão ou cessação de funções por parte do infractor, desde que da execução da decisão disciplinar resultem para o serviço inconvenientes mais graves do que os decorrentes da permanência do trabalhador punido no exercício das suas funções.

3 – Na data em que se faça a notificação ao arguido é igualmente notificado o instrutor e o participante, este desde que o tenha requerido.

4 – Quando o processo tenha sido apresentado nos termos e para os efeitos do disposto no nº 4 do artigo 54º, a decisão é igualmente comunicada à comissão de trabalhadores e à associação sindical.

ARTIGO 58º
Início de produção de efeitos das penas

As decisões que apliquem penas disciplinares não carecem de publicação, começando a produzir os seus efeitos legais no dia seguinte ao da notificação do arguido ou, não podendo este ser notificado, 15 dias após a publicação de aviso nos termos do nº 2 do artigo 49º.

SUBSECÇÃO VI
Impugnações

ARTIGO 59º
Meios impugnatórios

Os actos proferidos em processo disciplinar podem ser impugnados hierárquica ou tutelarmente, nos termos dos artigos 60º a 62º do Código do Procedimento Administrativo, ou jurisdicionalmente, nos termos dos artigos 63º a 65º do Código de Processo nos Tribunais Administrativos.

ARTIGO 60º
Recurso hierárquico ou tutelar

1 – O arguido e o participante podem interpor recurso hierárquico ou tutelar dos despachos e das decisões que não sejam de mero expediente proferidos pelo instrutor ou pelos superiores hierárquicos daquele.

2 – O recurso interpõe-se directamente para o membro do Governo no prazo de 15 dias contados da notificação do despacho ou da decisão ou de 20 dias contados da publicação do aviso a que se refere o nº 2 do artigo 49º.

3 – Quando o despacho ou a decisão não tenham sido notificados ou quando não tenha sido publicado aviso, o prazo conta-se a partir do conhecimento do despacho ou da decisão.

4 – O recurso hierárquico ou tutelar suspende a eficácia do despacho ou da decisão recorridos, excepto quando o seu autor considere que a sua não execução imediata causa grave prejuízo ao interesse público.

5 – O membro do Governo pode revogar a decisão de não suspensão referida no número anterior ou tomá-la quando o autor do despacho ou da decisão recorridos o não tenha feito.

6 – Nas autarquias locais, associações e federações de municípios, bem como nos serviços municipalizados, não há lugar a recurso tutelar.

7 – A pena pode ser agravada ou substituída por pena mais grave apenas em resultado de recurso do participante.

ARTIGO 61º
Outros meios de prova

1 – Com o requerimento de interposição do recurso, o recorrente pode requerer novos meios de prova ou juntar documentos que entenda convenientes desde que não pudessem ter sido requeridos ou utilizados em devido tempo.

2 – O membro do Governo pode também determinar a realização de novas diligências probatórias.

3 – As diligências referidas nos números anteriores são autorizadas ou determinadas no prazo de cinco dias, iniciam-se em idêntico prazo e concluem-se no prazo que o membro do Governo entenda fixar.

ARTIGO 62º
Regime de subida dos recursos

1 – Sem prejuízo do disposto no nº 4 do artigo 37º e nos números seguintes deste artigo, os recursos dos despachos ou das decisões que não ponham termo ao procedimento sobem apenas com o da decisão final, quando dela se recorra.

2 – Sobem imediatamente nos próprios autos os recursos hierárquicos ou tutelares que, ficando retidos, percam por esse facto o efeito útil.

3 – Sobe imediatamente nos próprios autos o recurso hierárquico ou tutelar interposto do despacho que não admita a dedução da suspeição do instrutor ou não aceite os fundamentos invocados para a mesma.

ARTIGO 63º
Renovação do procedimento disciplinar

1 – Quando o acto de aplicação da pena tenha sido jurisdicionalmente impugnado com fundamento em preterição de formalidade essencial ao decurso do processo disciplinar, a instauração do procedimento disciplinar pode ser renovada até ao termo do prazo para contestar a acção jurisdicional.

2 – O disposto no número anterior é apenas aplicável quando, cumulativamente:

a) O prazo referido no nº 1 do artigo 6º não se encontre ainda decorrido à data da renovação do procedimento;

b) O fundamento da impugnação não tenha sido previamente apreciado em recurso hierárquico ou tutelar que tenha sido rejeitado ou indeferido; e

c) Seja a primeira vez que se opere a renovação do procedimento.

ARTIGO 64º
Efeitos da invalidade

1 – Quando tenha sido jurisdicionalmente anulado ou declarado nulo ou inexistente o acto de aplicação das penas de demissão, de despedimento por facto imputável ao trabalhador ou de cessação da comissão de serviço, esta quando seja acessória daquelas ou, em qualquer caso, quando o trabalhador não seja titular de relação jurídica de emprego público constituída em diferente modalidade, o órgão ou serviço é condenado:

a) A indemnizar o trabalhador por todos os danos, patrimoniais e não patrimoniais, causados;

b) Ao pagamento de uma compensação ao trabalhador, determinada nos termos dos números seguintes; e

c) À reconstituição da situação jurídico-funcional actual hipotética do trabalhador.

2 – Para os efeitos do disposto na alínea *b)* do número anterior, o trabalhador tem direito a receber a remuneração que deixou de auferir desde a data de produção de efeitos do acto de aplicação da pena até ao trânsito em julgado da decisão jurisdicional.

3 – Ao montante apurado nos termos do número anterior deduzem-se as importâncias que o trabalhador tenha comprovadamente obtido com a cessação da relação jurídica de emprego público e que não receberia se não fosse a pena aplicada.

4 – O montante do subsídio de desemprego eventualmente auferido pelo trabalhador é deduzido na compensação, devendo o órgão ou serviço entregar essa quantia à segurança social.

5 – É ainda deduzido na compensação o montante da remuneração respeitante ao período decorrido desde a data de produção de efeitos do acto de aplicação da pena até 30 dias antes da data da sua impugnação jurisdicional quando esta não tenha tido lugar nos 30 dias subsequentes àquela data de produção de efeitos.

ARTIGO 65º
Indemnização em substituição da reconstituição da situação

1 – Quando tenha sido jurisdicionalmente impugnado o acto de aplicação das penas de demissão, de despedimento por facto imputável ao trabalhador ou de cessação da comissão de serviço, esta quando seja acessória daquelas ou, em qualquer caso, quando o trabalhador não seja titular de relação jurídica de emprego público constituída em diferente modalidade, o trabalhador, até à data da decisão jurisdicional e na hipótese de esta anular ou declarar nulo ou inexistente aquele acto, pode optar, em alternativa à reconstituição da sua situação jurídico-funcional actual hipotética, pelo recebimento de uma indemnização.

2 – Na falta de instrumento de regulamentação colectiva de trabalho em contrário, a indemnização tem o seguinte montante cumulável:

a) De uma remuneração base mensal por cada ano completo, ou respectiva proporção no caso de fracção de ano, de exercício de funções públicas, quando a pena seja a de demissão ou de despedimento por facto imputável ao trabalhador;

b) De uma remuneração base mensal por cada mês completo, ou respectiva proporção no caso de fracção de mês, que faltasse para o termo da comissão de serviço, quando a pena seja a de cessação da comissão de serviço.

3 – O tempo decorrido desde a data de produção de efeitos da pena até ao trânsito em julgado da decisão jurisdicional é considerado exercício de funções públicas para os efeitos do disposto na alínea *a)* do número anterior.

4 – Em qualquer caso, a indemnização referida na alínea *a)* do nº 2 não é inferior a seis remunerações base mensais e a referida na alínea *b)* do mesmo número a três.

5 – Efectuada a opção nos termos dos números anteriores, o tribunal condena o órgão ou serviço em conformidade.

SECÇÃO III
Procedimento disciplinar especial

SUBSECÇÃO I
Processos de inquérito e de sindicância

ARTIGO 66º
Inquérito e sindicância

1 – Os membros do Governo e os dirigentes máximos dos órgãos ou serviços podem ordenar inquéritos ou sindicâncias aos órgãos, serviços ou unidades orgânicas na sua dependência ou sujeitos à sua superintendência ou tutela.

2 – O inquérito tem por fim apurar factos determinados e a sindicância destina-se a uma averiguação geral acerca do funcionamento do órgão, serviço ou unidade orgânica.

ARTIGO 67º
Anúncios e editais

1 – No processo de sindicância, o sindicante, logo que a ele dê início, fá-lo constar por anúncios publicados em dois jornais, um de expansão nacional e outro de expansão regional, e por meio de editais, cuja afixação é requisitada às autoridades policiais ou administrativas.

2 – Nos anúncios e editais declara-se que toda a pessoa que tenha razão de queixa ou de agravo contra o regular funcionamento dos órgãos, serviços ou unidades orgânicas sindicados se pode apresentar ao sindicante, no prazo designado, ou a ele apresentar queixa por escrito e pelo correio.

3 – A queixa por escrito contém os elementos completos de identificação do queixoso.

4 – No prazo de quarenta e oito horas após a recepção da queixa, o sindicante notifica o queixoso, marcando-lhe dia, hora e local para prestar declarações.

5 – A publicação dos anúncios pela imprensa é obrigatória para os periódicos a que sejam remetidos, aplicando-se, em caso de recusa, a pena correspondente ao crime de desobediência qualificada, sendo a despesa a que dê causa documentada pelo sindicante, para efeitos de pagamento.

ARTIGO 68º
Relatório e trâmites ulteriores

1 – Concluída a instrução, o inquiridor ou sindicante elabora, no prazo de 10 dias, o seu relatório, que remete imediatamente à entidade que mandou instaurar o procedimento.

2 – O prazo fixado no número anterior pode ser prorrogado pela entidade que mandou instaurar o procedimento até ao limite máximo, improrrogável, de 30 dias, quando a complexidade do processo o justifique.

3 – Verificando-se a existência de infracções disciplinares, a entidade que instaurou os procedimentos instaura os procedimentos disciplinares a que haja lugar.

4 – O processo de inquérito ou de sindicância pode constituir, por decisão da entidade referida no nº 2, a fase de instrução do processo disciplinar, deduzindo o instrutor, no prazo de quarenta e oito horas, a acusação do arguido ou dos arguidos, seguindo-se os demais termos previstos no presente Estatuto.

5 – Nos processos de inquérito os trabalhadores visados podem, a todo o tempo, constituir advogado.

SUBSECÇÃO II
Processo de averiguações

ARTIGO 69º
Instauração

1 – Quando um trabalhador nomeado ou, não sendo titular de cargo dirigente ou equiparado, que exerça as suas funções em comissão de serviço tenha obtido duas avaliações do desempenho negativas consecutivas, o dirigente máximo do órgão ou serviço instaura obrigatória e imediatamente processo de averiguações, sem prejuízo das decisões que deva tomar quanto ao plano de desenvolvimento profissional e ao melhor aproveitamento das capacidades do trabalhador, identificando, para o efeito, as correspondentes necessidades de formação.

2 – O processo de averiguações destina-se a apurar se o desempenho que justificou aquelas avaliações constitui infracção disciplinar imputável ao trabalhador avaliado por violação culposa de deveres funcionais, designadamente do dever de zelo.

3 – É causa de exclusão da culpabilidade da violação dos deveres funcionais a não frequência de formação, ou a frequência de formação inadequada, aquando da primeira avaliação negativa do trabalhador.

4 – O procedimento de averiguações prescreve decorridos três meses contados da data em que foi instaurado quando, nesse prazo, não tenha tido lugar a recepção do relatório final pela entidade competente.

5 – É correspondentemente aplicável o disposto nos nºs 7 e 8 do artigo 6º.

6 – Quando, no processo de averiguações, sejam detectados indícios de violação de outros deveres funcionais por parte de quaisquer intervenientes nos processos de avaliação do desempenho, o instrutor participa-os ao dirigente máximo do órgão ou serviço para efeitos de eventual instauração do correspondente procedimento de inquérito ou disciplinar.

ARTIGO 70º
Tramitação

1 – O dirigente máximo do órgão ou serviço nomeia o averiguante de entre dirigentes que nunca tenham avaliado o trabalhador ou na falta destes solicita a outro dirigente máximo de outro órgão ou serviço que o nomeie.

2 – O averiguante reúne todos os documentos respeitantes às avaliações e à formação frequentada e ouve, obrigatoriamente, o trabalhador e todos os avaliadores que tenham tido intervenção nas avaliações negativas.

3 – Quando algum avaliador não possa ser ouvido, o averiguante justifica circunstanciadamente esse facto no relatório final referindo e documentando, designadamente, todas as diligências feitas para o conseguir.

4 – O trabalhador pode indicar o máximo de três testemunhas, que o averiguante ouve obrigatoriamente, e juntar documentos até ao termo da instrução.

5 – Todas as diligências instrutórias são concluídas no prazo máximo de 20 dias contados da data da instauração do procedimento, o que é comunicado ao dirigente máximo do órgão ou serviço e ao trabalhador.

ARTIGO 71º
Relatório e decisão

1 – No prazo de 10 dias contados da data de conclusão da instrução, o averiguante elabora o relatório final fundamentado, que remete ao dirigente máximo do órgão ou serviço, no qual pode propor:

a) O arquivamento do processo, quando entenda que não deve haver lugar a procedimento disciplinar por ausência de violação dos deveres funcionais;

b) A instauração de procedimento disciplinar por violação de deveres funcionais.

2 – Quando o dirigente máximo do órgão ou serviço tenha sido um dos avaliadores do trabalhador, o processo é remetido ao membro do Governo para decisão.

3 – O disposto no número anterior não é aplicável nas autarquias locais, associações e federações de municípios, bem como nos serviços municipalizados.

4 – É aplicável ao processo de averiguações, com as necessárias adaptações, o disposto nos nºs 4 e 5 do artigo 68º.

5 – Proposta a instauração de procedimento disciplinar, a infracção ou infracções consideram-se cometidas, para todos os efeitos legais, designadamente os previstos no artigo 6º, na data daquela proposta.

SUBSECÇÃO III
Revisão do procedimento disciplinar

ARTIGO 72º
Requisitos da revisão

1 – A revisão do procedimento disciplinar é admitida, a todo o tempo, quando se verifiquem circunstâncias ou meios de prova susceptíveis de demonstrar a inexistência dos factos que determinaram a condenação, desde que não pudessem ter sido utilizados pelo trabalhador no procedimento disciplinar.

2 – A simples ilegalidade, de forma ou de fundo, do procedimento e da decisão disciplinares não constitui fundamento para a revisão.

3 – A revisão pode conduzir à revogação ou à alteração da decisão proferida no procedimento revisto, não podendo em caso algum ser agravada a pena.

4 – A pendência de recurso hierárquico ou tutelar ou de acção jurisdicional não prejudica o requerimento de revisão do procedimento disciplinar.

ARTIGO 73º
Legitimidade

1 – O interessado na revisão do procedimento disciplinar ou, nos casos previstos no nº 1 do artigo 50º, o seu representante apresenta requerimento nesse sentido à entidade que tenha aplicado a pena disciplinar.

2 – O requerimento indica as circunstâncias ou meios de prova não considerados no procedimento disciplinar que ao requerente parecem justificar a revisão e é instruído com os documentos indispensáveis.

ARTIGO 74º
Decisão sobre o requerimento

1 – Recebido o requerimento, a entidade que tenha aplicado a pena disciplinar resolve, no prazo de 30 dias, se deve ou não ser concedida a revisão do procedimento.

2 – O despacho que não conceda a revisão é impugnável nos termos do Código de Processo nos Tribunais Administrativos.

ARTIGO 75º
Trâmites

Quando seja concedida a revisão, o requerimento e o despacho são apensos ao processo disciplinar, nomeando-se instrutor diferente do primeiro, que marca ao trabalhador prazo não inferior a 10 nem superior a 20 dias para responder por escrito aos artigos da acusação constantes do procedimento a rever, seguindo-se os termos dos artigos 49º e seguintes.

ARTIGO 76º
Efeito sobre o cumprimento da pena

O processo de revisão do procedimento não suspende o cumprimento da pena.

ARTIGO 77º
Efeitos da revisão procedente

1 – Julgando-se procedente a revisão, é revogada ou alterada a decisão proferida no procedimento revisto.

2 – A revogação produz os seguintes efeitos:

a) Cancelamento do registo da pena no processo individual do trabalhador;
b) Anulação dos efeitos da pena.

3 – Em caso de revogação ou de alteração das penas de demissão ou de despedimento por facto imputável ao trabalhador, o trabalhador tem direito a restabelecer a relação jurídica de emprego público na modalidade em que se encontrava constituída.

4 – Em qualquer caso de revogação ou de alteração de pena, o trabalhador tem ainda direito a:

a) Reconstituir a situação jurídico-funcional actual hipotética;
b) Ser indemnizado, nos termos gerais de direito, pelos danos morais e patrimoniais sofridos.

SECÇÃO IV
Reabilitação

ARTIGO 78º
Regime aplicável

1 – Os trabalhadores condenados em quaisquer penas podem ser reabilitados independentemente da revisão do procedimento disciplinar, sendo competente para o efeito a entidade com competência para a aplicação da pena.

2 – A reabilitação é concedida a quem a tenha merecido pela sua boa conduta, podendo o interessado utilizar para o comprovar todos os meios de prova admitidos em direito.

3 – A reabilitação é requerida pelo trabalhador ou pelo seu representante, decorridos os prazos seguintes sobre a aplicação das penas de repreensão escrita, demissão, despedimento por facto imputável ao trabalhador e cessação da comissão de serviço ou sobre o cumprimento das penas de multa e suspensão, bem como sobre o decurso do tempo de suspensão de qualquer pena:

   a) Seis meses, no caso de repreensão escrita;
   b) Um ano, no caso de multa;
   c) Dois anos, no caso de suspensão e de cessação da comissão de serviço;
   d) Três anos, no caso de demissão e de despedimento por facto imputável ao trabalhador.

4 – A reabilitação faz cessar as incapacidades e demais efeitos da condenação ainda subsistentes, sendo registada no processo individual do trabalhador

5 – A concessão da reabilitação não atribui ao trabalhador a quem tenha sido aplicada pena de demissão ou de despedimento por facto imputável ao trabalhador o direito de, por esse facto, restabelecer a relação jurídica de emprego público previamente constituída.

CAPÍTULO VII
Multas

ARTIGO 79º
Destino das multas

Sem prejuízo do disposto no artigo seguinte, as multas aplicadas nos termos do presente Estatuto constituem receita do Estado.

ARTIGO 80º
Outros destinos das multas

A importância das multas aplicadas constitui receita dos órgãos ou serviços referidos nos nºs 2 e 3 do artigo 2º quando o trabalhador, no momento da prática da infracção, neles exercesse funções, qualquer que fosse a sua situação jurídico-funcional na data da aplicação da pena.

ARTIGO 81º
Não pagamento voluntário

1 – Quando o arguido condenado em multa ou na reposição de qualquer quantia não a pague no prazo de 30 dias contados da notificação ou não utilize, relativamente à multa ou à reposição, a faculdade prevista no artigo 38º do Decreto-Lei nº 155/92, de 28 de Julho, a respectiva importância é descontada na remuneração que lhe seja devida.

2 – O desconto previsto no número anterior é efectuado em prestações mensais que não excedam a sexta parte da remuneração até perfazerem o valor total em

dívida, segundo decisão da entidade que aplicou a pena, a qual fixa o valor de cada prestação.

ARTIGO 82º
Execução

1 – O disposto no artigo anterior não prejudica, quando necessário, a execução, que segue os termos do processo de execução fiscal.

2 – O título executivo é a certidão da decisão condenatória.

17. Regime Jurídico da Gestão Administrativa dos Tribunais Superiores[169]

ARTIGO 1º
Autonomia administrativa

O Supremo Tribunal de Justiça, o Supremo Tribunal Administrativo, os tribunais da Relação e o Tribunal Central Administrativo, adiante designados por tribunais superiores, são dotados de autonomia administrativa.

ARTIGO 2º
Orçamento

1 – Os tribunais superiores dispõem de orçamento próprio destinado a suportar as despesas com o quadro de magistrados e funcionários que lhes estão afectos, as demais despesas correntes e as despesas de capital necessárias ao exercício das suas competências.

2 – O orçamento dos tribunais superiores é financiado por receitas próprias, por verbas do Orçamento do Estado e dos cofres geridos pelo Instituto de Gestão Financeira e Patrimonial da Justiça.

3 – Constituem receitas próprias dos tribunais superiores o saldo de gerência do ano anterior, o produto de multas processuais, o produto da venda de publicações editadas e ainda quaisquer outras que lhes sejam atribuídas por lei, contrato ou outro título.

4 – O produto das receitas próprias referidas no número anterior pode ser aplicado na realização de despesas correntes e de capital que, em cada ano, não possam ser suportadas pelas verbas inscritas no Orçamento do Estado, designadamente despesas de edição de publicações ou de realização de estudos, análises ou outros trabalhos extraordinários.

---

[169] Aprovado pelo Decreto-Lei nº 177/2000, de 9 de agosto, alterado pelo Decreto-Lei nº 74/2002, de 26 de março.

ARTIGO 3º
Conselho administrativo

1 – Os tribunais superiores dispõem de conselhos administrativos, constituídos pelo presidente do tribunal, pelos vice presidentes, pelo secretário do tribunal superior ou administrador, consoante o caso, e pelo responsável pelos serviços de apoio administrativo e financeiro.

2 – Cabe aos conselhos administrativos exercer a competência administrativa e financeira que integra a gestão normal dos serviços de apoio, competindo lhes designadamente:

a) Elaborar os projectos de orçamento do tribunal e pronunciar se, quando para tal solicitado, sobre as propostas de alteração orçamental que se mostrem necessárias;
b) Autorizar as despesas que não devam ser autorizadas pelo presidente;
c) Autorizar o pagamento de despesas qualquer que seja e entidade que tenha autorizado a respectiva realização;
d) Autorizar a constituição de fundos permanentes para o pagamento directo de pequenas despesas, estabelecendo as regras a que obedecerá o seu controlo;
e) Orientar a contabilidade e fiscalizar a sua escrituração;
f) Gerir o parque automóvel afecto ao tribunal;
g) Exercer as demais funções previstas na lei.

3 – O conselho administrativo reúne ordinariamente uma vez por mês e extraordinariamente sempre que convocado pelo seu presidente.

4 – Para a validade das deliberações do conselho administrativo é necessária a presença de, pelo menos, três dos seus membros, entre os quais o presidente.

ARTIGO 4º
Gestão financeira

1 – Cabe ao Presidente do Supremo Tribunal de Justiça e ao Presidente do Supremo Tribunal Administrativo exercer os poderes administrativos e financeiros idênticos aos que integram a competência ministerial.

2 – Aos presidentes dos tribunais da Relação e do Tribunal Central Administrativo cabe exercer os poderes administrativos e financeiros idênticos aos que integram a competência dos órgãos máximos dos organismos dotados de autonomia administrativa e financeira.

3 – As despesas que, pela sua natureza e montante, ultrapassem os limites estabelecidos nos números anteriores e, bem assim, as que o presidente entenda submeter lhe são autorizadas pelo tribunal, através do conselho administrativo.

4 – Os Presidentes do Supremo Tribunal de Justiça e do Supremo Tribunal Administrativo podem delegar competências no chefe do seu gabinete, no administrador do tribunal ou no secretário até ao limite das competências de director geral.

5 – Os presidentes dos tribunais superiores têm competência para propor ao Ministro da Justiça a nomeação de um administrador, exercendo, com as necessárias adaptações, as competências dos administradores dos tribunais judiciais de 1ª instância.

6 – Os presidentes dos tribunais superiores podem celebrar contratos de prestação de serviços, contratos individuais de trabalho e contratos a termo certo nos termos do regime geral em vigor para a Administração Pública.

ARTIGO 5º
Requisição de fundos

1 – Os tribunais superiores requisitam mensalmente à Direcção Geral do Orçamento e ao Instituto de Gestão Patrimonial da Justiça as importâncias que lhes forem necessárias por conta da dotação global que lhes é atribuída.

2 – As requisições referidas no número anterior, depois de visadas pela Direcção Geral do Orçamento, são transmitidas, com as competentes autorizações para pagamento ao Banco de Portugal, sendo as importâncias levantadas e depositadas, à ordem dos tribunais, na Caixa Geral de Depósitos.

3 – O presidente do tribunal pode aprovar a dispensa do regime duodecimal de qualquer das dotações orçamentais e, bem assim, solicitar a antecipação, total ou parcial, dos respectivos duodécimos.

ARTIGO 6º
Conta

As contas de gerência anual dos tribunais superiores são organizadas e aprovadas pelos respectivos conselhos administrativos e são submetidas, no prazo legal, ao Tribunal de Contas.

ARTIGO 7º
Serviços de apoio

Os serviços de apoio dos tribunais superiores devem ser adaptados ao regime de autonomia previsto no presente diploma, por decreto lei a aprovar no prazo de 120 dias.[170]

ARTIGO 8º
Disposição transitória

O presente diploma é aplicável à elaboração dos orçamentos do Supremo Tribunal de Justiça, do Supremo Tribunal Administrativo para o ano de 2003 e aos orçamentos dos tribunais da Relação e ao Tribunal Central Administrativo para o ano de 2004.[171]

---

[170] O artigo 1º do Decreto-Lei nº 19/2008, de 30 de janeiro, prorrogou o âmbito de vigência do Decreto-Lei nº 28/2006, de 15 de fevereiro, até 31 de dezembro de 2008.
[171] A alteração deste normativo decorreu do artigo 19º, nº 2, do Decreto-Lei nº 74/2002, de 26 de março.

17.1. ORGANIZAÇÃO DOS SERVIÇOS DO SUPREMO TRIBUNAL DE JUSTIÇA[172]

CAPÍTULO I
Organização dos serviços do Supremo Tribunal de Justiça

SECÇÃO I
Disposições gerais

ARTIGO 1º
Âmbito

O presente diploma define a organização dos serviços do Supremo Tribunal de Justiça.

ARTIGO 2º
Competências do Presidente

Cabe ao Presidente do Supremo Tribunal de Justiça exercer os poderes administrativos e financeiros idênticos aos que integram a competência ministerial.

CAPÍTULO II
Órgãos, serviços e competências

SECÇÃO I
Estrutura geral

ARTIGO 3º
Órgãos e serviços

1 – O Supremo Tribunal de Justiça compreende os seguintes órgãos:

a) O conselho administrativo;
b) O administrador;
c) O conselho consultivo.

2 – São serviços do Supremo Tribunal de Justiça:

a) A Secretaria Judicial;
b) A Direcção de Serviços Administrativos e Financeiros;
c) A Divisão de Documentação e Informação Jurídica;
d) A Divisão de Organização e Informática;
e) O Gabinete de Apoio dos Juízes Conselheiros e dos Magistrados do Ministério Público;
f) O Gabinete de Imprensa.

---

[172] Aprovado pelo Decreto-Lei nº 74/2002, de 26 de março.

3 – O Gabinete de Apoio do Presidente e o apoio administrativo aos vice-presidentes são regulados por diploma próprio.

SECÇÃO II
Órgãos

ARTIGO 4º
Conselho administrativo

1 – O conselho administrativo é o órgão deliberativo em matéria de gestão financeira e patrimonial, sendo composto pelos seguintes membros:

a) O Presidente do Supremo Tribunal de Justiça, que preside;
b) O administrador;
c) Dois juízes conselheiros designados anualmente pelo plenário do Tribunal, sob proposta do Presidente;
d) O director de Serviços Administrativos e Financeiros.

2 – Compete ao conselho administrativo:

a) Apreciar os planos anuais de actividades e os respectivos relatórios de execução;
b) Aprovar o projecto de orçamento anual e as suas alterações e apresentá-lo ao Governo nos prazos determinados para a elaboração da proposta de lei do Orçamento do Estado, a submeter à Assembleia da República, devendo ainda fornecer os elementos que esta lhe solicite sobre a matéria;
c) Zelar pela cobrança das receitas e verificar regularmente os fundos em cofre e em depósito;
d) Autorizar as despesas que não devam ser autorizadas pelo Presidente;
e) Autorizar o pagamento das despesas qualquer que seja a entidade que tenha autorizado a respectiva realização;
f) Fiscalizar a organização da contabilidade e zelar pela sua execução;
g) Aprovar as contas de gerência e promover o seu envio ao Tribunal de Contas;
h) Autorizar a constituição de fundos permanentes para o pagamento de pequenas despesas, estabelecendo as regras a que obedecerá o seu controlo;
i) Pronunciar-se sobre qualquer assunto de gestão financeira e patrimonial que lhe seja submetido;
j) Gerir o parque automóvel afecto ao Tribunal;
k) Exercer as demais funções previstas na lei.

3 – O conselho administrativo reúne, ordinariamente, uma vez por mês e, extraordinariamente, sempre que convocado pelo Presidente, por sua iniciativa ou a pedido de dois dos seus membros.

4 – Para a validade das deliberações do conselho administrativo é necessária a presença de, pelo menos, três dos seus membros, entre os quais o Presidente.

5 – As reuniões são secretariadas por um funcionário designado pelo Presidente, sem direito a voto.

ARTIGO 5º
Administrador

1 – O administrador é nomeado pelo Presidente do Supremo Tribunal de Justiça de entre indivíduos habilitados com licenciatura e experiência profissional adequadas ao exercício das respectivas funções.

2 – A nomeação, precedida de audição do conselho consultivo, é em comissão de serviço pelo período de três anos, que poderá ser renovado por iguais períodos.

3 – Compete ao administrador coordenar, sob a superintendência do Presidente do Supremo Tribunal de Justiça, o funcionamento dos respectivos serviços, designadamente em matérias de gestão de recursos humanos, gestão orçamental e gestão de instalações e equipamento.

4 – O Presidente do Supremo Tribunal de Justiça pode delegar competências em matéria de gestão financeira no administrador ou, na falta deste, no secretário do Tribunal, até ao limite das competências de director-geral.

5 – O administrador aufere a remuneração base do cargo de director-geral.

ARTIGO 6º
Conselho consultivo

1 – O conselho consultivo é o órgão de consulta do Presidente do Supremo Tribunal de Justiça.

2 – O conselho consultivo é presidido pelo Presidente do Supremo Tribunal de Justiça e constituído pelos vice-presidentes, por sete juízes conselheiros, um de cada secção, designados anualmente pelo plenário do Supremo Tribunal, sob proposta do respectivo Presidente e pelo procurador-geral-adjunto, coordenador da actividade do Ministério Público no Tribunal.

3 – Os pareceres do conselho consultivo não têm carácter vinculativo.

ARTIGO 7º
Competência do conselho consultivo

Compete ao conselho consultivo:

a) Pronunciar-se sobre o plano anual de actividades;

b) Propor a aquisição de publicações com interesse para o Supremo Tribunal de Justiça;

c) Dar parecer sobre a criação de comissões para a prossecução de acções a desenvolver no âmbito do Supremo Tribunal de Justiça, designadamente junto das divisões referidas neste diploma;

d) Apresentar sugestões que visem melhorar o funcionamento interno do Supremo Tribunal de Justiça;

e) Pronunciar-se sobre propostas de celebração de protocolos e acordos de cooperação com outras instituições congéneres, nacionais, estrangeiras e internacionais, em especial com as de países ou territórios de língua portuguesa, com observância da política internacional estabelecida pelo Estado Português na área da justiça;

f) Pronunciar-se sobre a nomeação e a renovação da comissão de serviço do administrador;

g) Pronunciar-se sobre outras questões que lhe sejam submetidas pelo Presidente.

ARTIGO 8º
Funcionamento do conselho consultivo

1 – O conselho consultivo reúne, ordinariamente, uma vez por trimestre e, extraordinariamente, sempre que o seu presidente o convocar, por iniciativa própria ou a solicitação da maioria dos seus membros.

2 – Das reuniões do conselho consultivo será lavrada acta.

3 – O conselho consultivo é secretariado por um funcionário designado pelo Presidente.

4 – Poderão assistir às reuniões do conselho consultivo outros juízes conselheiros e magistrados do Ministério Público em funções no Supremo Tribunal de Justiça, o administrador e o secretário de tribunal superior quando convocados para o efeito.

SECÇÃO III
Serviços

ARTIGO 9º
Secretaria Judicial

A organização e composição da Secretaria Judicial do Supremo Tribunal de Justiça consta de diploma próprio.

ARTIGO 10º
Direcção de Serviços Administrativos e Financeiros

1 – À Direcção de Serviços Administrativos e Financeiros compete:

a) Elaborar a proposta dos orçamentos de funcionamento e de investimento;
b) Acompanhar a execução orçamental e propor as alterações necessárias;
c) Processar as requisições de fundos de contas das dotações consignadas ao Tribunal;
d) Elaborar a conta de gerência e preparar o projecto do respectivo relatório;
e) Instruir os procedimentos relativos à aquisição de bens e serviços e à realização de empreitadas de obras públicas;
f) Assegurar a escrituração e os registos contabilísticos obrigatórios;
g) Assegurar o processamento das remunerações e outros abonos, bem como proceder à liquidação dos respectivos descontos;
h) Verificar e processar os documentos de despesa;
i) Assegurar o expediente dos Serviços Sociais do Ministério da Justiça;
j) Executar as tarefas inerentes à recepção, distribuição, expedição e arquivo da correspondência e outros documentos;
k) Recolher, organizar e manter actualizada a informação relativa aos recursos humanos do Supremo Tribunal;
l) Proceder ao registo de assiduidade e de antiguidade do pessoal;
m) Promover o aperfeiçoamento profissional do pessoal;

n) Elaborar estudos necessários à correcta afectação do pessoal aos diversos serviços do Supremo Tribunal de Justiça;

o) Informar sobre as questões relativas à aplicação do regime da função pública que lhe sejam submetidas;

p) Assegurar a vigilância, segurança, conservação, limpeza e arrumação das instalações, equipamentos e viaturas;

q) Manter actualizado o cadastro e o inventário dos bens imóveis e móveis e o inventário e cadastro relativo ao parque automóvel;

r) Promover o armazenamento, conservação e distribuição de bens e consumos correntes e assegurar a gestão de estoques.

2 – Da Direcção de Serviços Administrativos e Financeiros fazem parte a Secção de Recursos Humanos e a de Economato, a quem compete, sob a direcção do respectivo chefe, o exercício das competências referidas nas alíneas *k)* a *o)* e *p)* a *r)* do nº 1, respectivamente.

ARTIGO 11º
Divisão de Documentação e Informação Jurídica

Compete à Divisão de Documentação e Informação Jurídica:

a) Organizar e assegurar a gestão da biblioteca do Supremo Tribunal de Justiça, designadamente inventariando e tratando as publicações recebidas e adquiridas;

b) Manter actualizadas as respectivas bases de dados;

c) Assegurar a divulgação dos serviços prestados pela biblioteca e da documentação disponível;

d) Organizar e manter actualizada uma base de dados de decisões do Supremo Tribunal de Justiça;

e) Promover a publicação no Diário da República dos acórdãos do Supremo Tribunal, quando a mesma deva ter lugar;

f) Preparar e promover a edição de outras publicações de interesse para o Supremo Tribunal de Justiça ou relacionadas com a sua actividade;

g) Preparar colecções temáticas de estudos, relatórios e estatísticas que facilitem o exercício da actividade jornalística relativa à justiça e, em especial, ao Supremo Tribunal de Justiça;

h) Realizar pesquisas informáticas ou manuais, nomeadamente junto de outras bibliotecas, a solicitação dos serviços do Supremo Tribunal de Justiça ou dos magistrados que neste desempenhem funções;

i) Colaborar na organização e conservação do arquivo histórico do Supremo Tribunal de Justiça;

j) Proceder ao tratamento sistemático e ao arquivo da legislação, assegurando um serviço de informação legislativa;

k) Proceder à tradução e retroversão de textos;

l) Organizar conferências e seminários da iniciativa do Supremo Tribunal de Justiça;

m) Cooperar com instituições nacionais, estrangeiras e internacionais em matéria de documentação e informação;

n) Apoiar os juízes conselheiros na selecção das decisões a publicar no Boletim do Ministério da Justiça.

ARTIGO 12º
Divisão de Organização e Informática

Compete à Divisão de Organização e Informática:

a) Planear e assegurar a gestão dos sistemas informáticos do Supremo Tribunal de Justiça;

b) Proceder ao diagnóstico das necessidades que se verifiquem no funcionamento dos mesmos sistemas e formular as correspondentes propostas;

c) Promover a formação de utilizadores internos de tais sistemas e cooperar nessa formação, com meios próprios, ou recorrendo a entidades externas ao Supremo Tribunal de Justiça;

d) Proceder à conservação e actualização das bases de dados do Supremo Tribunal de Justiça em coordenação com os serviços produtores ou responsáveis pelo tratamento da correspondente informação;

e) Manter em funcionamento e actualizados os serviços informativos que o Supremo Tribunal de Justiça venha a disponibilizar a utilizadores externos;

f) Apoiar tecnicamente a elaboração de cadernos de encargos e a selecção, aquisição, contratação e instalação de equipamento informático;

g) Tornar acessíveis aos magistrados em serviço no Supremo Tribunal de Justiça as principais bases de dados jurídicas de legislação, jurisprudência e doutrina, nacionais e estrangeiras, suportando o Supremo Tribunal os respectivos encargos em termos a definir pelo Presidente, ouvido o conselho consultivo.

ARTIGO 13º
Gabinete de Apoio dos Juízes Conselheiros e dos Magistrados do Ministério Público

1 – O Gabinete de Apoio dos Juízes Conselheiros e dos Magistrados do Ministério Público compõe-se de assessores e secretários, em número a fixar na portaria a que se refere o nº 3 do artigo 16º do presente diploma.

2 – Os membros dos gabinetes de apoio dos juízes conselheiros e dos magistrados do Ministério Público são livremente nomeados e exonerados pelo Presidente do Supremo Tribunal de Justiça, após prévia audição dos juízes conselheiros da respectiva secção e do procurador-geral-adjunto, coordenador do Ministério Público no Supremo Tribunal de Justiça, conforme o caso, sem prejuízo do disposto no nº 4.

3 – Os membros dos gabinetes referidos no número anterior consideram-se, para todos os efeitos, em exercício de funções a partir da data do despacho que os tiver nomeado, com dispensa de fiscalização prévia do Tribunal de Contas e independentemente de publicação no Diário da República.

4 – Quando os assessores sejam magistrados judiciais ou do Ministério Público, aplica-se-lhes o disposto na Lei nº 2/98, de 8 de Janeiro, que estende aos magistrados do Ministério Público junto do Supremo Tribunal de Justiça a coadjuvação por assessores e institui a assessoria a ambas as magistraturas nos tribunais da Relação e em certos tribunais de 1ª instância.

5 – Os assessores dos gabinetes de apoio dos juízes conselheiros e dos magistrados do Ministério Público, que não sejam magistrados, são obrigatoriamente mestres ou licenciados em Direito de reconhecida competência, competindo-lhes coadjuvar os respectivos juízes e magistrados do Ministério Público no exercício das suas funções, desempenhando as tarefas que lhes sejam determinadas.

6 – Os assessores dos gabinetes referidos no número anterior que exerçam funções docentes ou de investigação científica no ensino superior podem continuar no exercício dessas funções, sem prejuízo de, quando as mesmas forem exercidas em estabelecimento de ensino público, poderem requerer a suspensão dos prazos dos respectivos contratos ou dos prazos para apresentação de relatórios ou prestação de provas a que estejam adstritos, salvo quando optarem, nos termos e com os limites estabelecidos na lei, pela acumulação de remunerações.

7 – Os assessores referidos no n.º 5 são nomeados em comissão de serviço e têm as garantias, deveres e remuneração aplicáveis aos adjuntos do Gabinete do Presidente do Supremo Tribunal de Justiça, com excepção do abono referido no artigo 9.º do Decreto-Lei n.º 262/88, de 23 de Julho.

8 – Quando os providos sejam funcionários ou agentes da administração central, regional ou local ou de institutos públicos, exercerão os seus cargos em comissão de serviço ou em regime de requisição, conforme os casos, com a faculdade de optar pelas remunerações correspondentes aos cargos de origem.

9 – Quando os providos sejam trabalhadores de empresas públicas ou privadas, exercerão as suas funções em regime de requisição, nos termos da lei geral em vigor para o respectivo sector.

10 – Os provimentos referidos no presente artigo não conferem, só por si, vínculo à função pública.

11 – O desempenho de funções nos gabinetes de apoio é incompatível com o exercício da advocacia.

12 – O administrador afectará ao Gabinete o pessoal administrativo de apoio considerado necessário ao seu funcionamento.

ARTIGO 14º
Gabinete de Imprensa

1 – Compete ao Gabinete de Imprensa:

a) Exercer assessoria em matéria da comunicação social;

b) Estudar e desenvolver formas de divulgação sistemática de informação sobre a actividade do Supremo Tribunal de Justiça, com observância da lei e de directivas superiores;

c) Analisar o conteúdo dos títulos e seleccionar as notícias que interessem à actividade do Supremo Tribunal de Justiça e, em particular, dos tribunais;

d) Recolher e analisar informação relativa a tendências de opinião sobre a acção do Supremo Tribunal de Justiça e, em geral, da administração da justiça.

2 – O Gabinete de Imprensa é constituído por um máximo de três elementos, de preferência com experiência na área da comunicação social.

CAPÍTULO III
Do pessoal

ARTIGO 15º
Regime

O pessoal ao serviço do Supremo Tribunal de Justiça rege-se pelo disposto no presente diploma, pelos diplomas próprios e, em tudo o que não for com eles incompatíveis, pelo regime geral da função pública.

ARTIGO 16º
Quadros de pessoal

1 – O lugar de administrador e o quadro do pessoal dirigente do Supremo Tribunal de Justiça constam do mapa anexo ao presente diploma, que dele faz parte integrante.

2 – O quadro do pessoal da Secretaria Judicial é aprovado nos termos da Lei de Organização e Funcionamento dos Tribunais Judiciais, sob proposta do Presidente do Supremo Tribunal de Justiça.

3 – O quadro do restante pessoal do Supremo Tribunal de Justiça é aprovado por portaria conjunta dos Ministros das Finanças e da Justiça e do membro do Governo que tiver a seu cargo a Administração Pública, sob proposta do Presidente do Supremo Tribunal de Justiça.

ARTIGO 17º
Equiparação de regime

1 – É aplicável ao pessoal que exerça funções no Supremo Tribunal de Justiça o disposto no artigo 26º do Decreto-Lei nº 545/99, de 14 de Dezembro, que organiza a composição e funcionamento da secretaria e dos serviços de apoio do Tribunal Constitucional.

2 – O disposto no Decreto-Lei nº 381/89, de 28 de Outubro, é aplicável aos motoristas ao serviço dos vice-presidentes do Supremo Tribunal de Justiça, que estabelece diversas normas aplicáveis aos motoristas da Administração Pública e de institutos públicos.

CAPÍTULO IV
Disposições finais e transitórias

ARTIGO 18º
Serviços Sociais

Em matéria de segurança social complementar, os magistrados do Supremo Tribunal de Justiça, bem como todo o restante pessoal em serviço no Supremo Tribunal de Justiça, têm direito a inscrever-se nos Serviços Sociais do Ministério da Justiça.

18. Regime Jurídico do Administrador do Tribunal[173]

ARTIGO 1º
Objecto
O presente diploma aprova o estatuto jurídico do administrador do tribunal.

ARTIGO 2º
Criação do lugar
1 – São criados lugares de administrador nos tribunais constantes do anexo ao presente diploma.[174]

2 – Pode ainda ser dotado de administrador o conjunto dos tribunais da mesma comarca ou do mesmo círculo judicial.

3 – Os lugares de administrador dos tribunais são criados por portaria conjunta dos Ministros das Finanças e da Justiça e do membro do Governo responsável pela Administração Pública.

ARTIGO 3º
Funções
1 – Os administradores dos tribunais coadjuvam o presidente do tribunal no exercício das suas competências em matéria administrativa, apoiando o em todas as tarefas em que tal lhe seja solicitado, agindo nesse âmbito sob a sua orientação e direcção.

2 – Os administradores exercem, ainda, as competências previstas na lei e as que lhes forem delegadas pelo director geral da Adminstração da Justiça e presidente do Instituto de Gestão Financeira do Património da Justiça.

---

[173] Aprovado pelo Decreto-Lei nº 176/2000, de 9 de agosto. Este diploma tem anunciada a sua revogação, com efeitos desde 2 de Janeiro de 2009, pelo artigo 186º, alínea f), da Lei nº 52/2008, de 28 de agosto. Mas essa revogação limitar-se-á às comarcas-piloto, em regime experimental.

[174] O anexo a que se reporta este normativo refere-se aos Tribunais judiciais de 1ª instância de Almada, Braga, Cascais, Coimbra, Funchal, Guimarães, Leiria, Lisboa - Varas cíveis, Juízos cíveis, Pequema instância cível, Varas criminais, Juízos criminais - Loures, Matosinhos, Oeiras, Porto - Varas cíveis; Juízos cíveis, Tribunais criminais - Setúbal, Sintra e Vila Nova de Gaia.

ARTIGO 4º
Competências

1 – Em matéria de gestão de instalações e equipamentos, compete ao administrador do tribunal:

a) Gerir de forma eficaz e eficiente a utilização, manutenção e conservação dos equipamentos afectos aos respectivos serviços;

b) Providenciar pela conservação das instalações, dos bens e equipamentos comuns, bem como tomar ou propor medidas para a sua racional utilização;

c) Gerir a utilização dos espaços do tribunal, designadamente dos espaços de utilização comum, incluindo as salas de audiência;

d) Dirigir os serviços de atendimento geral e informação ao público;

e) Assegurar a existência de condições de higiene e segurança no serviço;

f) Regular a utilização de parques ou lugares privativos de estacionamento de veículos;

g) Gerir as casas de habitação de magistrados e assegurar a sua conservação e apetrechamento;

h) Assegurar e gerir os meios afectos ao serviço externo;

2 – Em matéria de gestão de recursos humanos não integrados na carreira dos oficiais de justiça, compete ao administrador:

a) Dar posse ou subscrever os termos de aceitação dos funcionários;

b) Autorizar o gozo de férias dos funcionários e aprovar o respectivo plano anual;

c) Conceder licenças aos funcionários por períodos até 30 dias;

d) Comunicar, até ao dia 5 de cada mês, as faltas dadas pelos funcionários no mês anterior;

e) Assegurar o expediente dos Serviços Sociais do Ministério da Justiça, na qualidade de seu delegado;

f) Comunicar, nos cinco dias subsequentes à sua verificação, a existência de vagas que ocorrerem nos respectivos serviços;

g) Programar as necessidades de pessoal do tribunal de carácter permanente ou transitório, submetendo as atempadamente à consideração da Direcção Geral da Administração da Justiça.

3 – Em matéria de gestão orçamental e realização de despesa, compete ao administrador do tribunal:

a) Preparar e elaborar o projecto de orçamento;

b) Propor as alterações orçamentais consideradas adequadas;

c) Autorizar despesas com obras e aquisição de bens e serviços até ao montante máximo em que é admitida a contratação por ajuste directo.

ARTIGO 5º
Recrutamento

1 – Os administradores são recrutados, mediante concurso, e após frequência de curso de formação, de entre:

a) Indivíduos habilitados com licenciatura e experiência profissional adequadas ao exercício das respectivas funções;

b) Secretários de justiça com, pelo menos, três anos de serviço efectivo na categoria e classificação de *Muito bom*.

2 – O Ministro da Justiça determina, por despacho, quais as licenciaturas adequadas ao exercício das funções de administrador.

3 – No concurso para recrutamento de administradores podem ser utilizados, isolada ou conjuntamente e com carácter eliminatório, os seguintes métodos de selecção:

a) Provas de conhecimentos;
b) Avaliação curricular;
c) Entrevista profissional de selecção;
d) Exame psicológico de selecção.

4 – Os candidatos seleccionados são remunerados nos termos previstos no nº 2 do artigo seguinte para os administradores no 1º triénio e frequentam um curso de formação profissional, composto por formação inicial e estágio, cuja avaliação e aproveitamento constituem condição de provimento como administradores dos tribunais.

5 – O estatuto dos formandos e o regulamento da formação são aprovados por portaria do Ministro da Justiça.[175]

ARTIGO 6º
Provimento e remuneração

1 – Os administradores dos tribunais são providos em comissão de serviço por um período de três anos, que poderá ser renovado por iguais períodos.

2 – Os administradores dos tribunais são remunerados pelo índice 850 da tabela salarial do regime geral no 1º triénio, pelo índice 875 no 2º triénio e pelo índice 900 no 3º triénio e seguintes.

3 – Os administradores dos tribunais com vínculo à função pública ou pertencentes aos quadros de empresas do sector público podem optar pela remuneração de origem.

ARTIGO 7º
Avaliação do desempenho

1 – O exercício de funções dos administradores dos tribunais é objecto de avaliação anual pelo Gabinete de Auditoria e Modernização, a qual é transmitida à Direcção Geral da Administração da Justiça e, conforme o caso, ao Conselho Superior da Magistratura ou ao Conselho Superior dos Tribunais Administrativos e Fiscais.

2 – O Gabinete de Auditoria e Modernização, para efeitos da avaliação prevista no número anterior, procede à audição do presidente do respectivo tribunal.

3 – A renovação da comissão de serviço depende, designadamente, de parecer favorável emitido pelo Gabinete de Auditoria e Modernização, a solicitação do Ministro da Justiça.

---

[175] A alteração deste normativo decorreu do Decreto-Lei nº 189/2001, de 25 de junho.

ARTIGO 8º
Conselho Consultivo

1 – O presidente e o administrador do tribunal são apoiados no exercício das funções de natureza administrativa por um conselho consultivo com a seguinte composição:

 a) O presidente do tribunal, que preside;
 b) O administrador do tribunal;
 c) O procurador da República coordenador na circunscrição judicial;
 d) O secretário judicial;
 e) O presidente da delegação da Ordem dos Advogados na comarca;
 f) O delegado da Câmara dos Solicitadores na comarca;
 g) O presidente da câmara municipal;
 h) Dois cidadãos de reconhecido prestígio local cooptados pelo conselho consultivo de entre os residentes na comarca que reunam as condições para ser jurado.

2 – Os membros do conselho consultivo cooptados nos termos da alínea h) do número anterior exercem o mandato por três anos.

3 – Nos casos em que a comarca englobe vários concelhos, ou em que o administrador exerça funções em todo o círculo judicial, participam no conselho consultivo os presidentes dos diversos municípios envolvidos, devendo igualmente existir representantes dos utentes dos vários concelhos.

4 – Ao conselho consultivo compete:

 a) Dar parecer sobre o projecto de orçamento e o relatório de actividades elaborados pelo administrador do tribunal;
 b) Emitir sugestões relativas à administração e funcionamento do tribunal;
 c) Pronunciar se sobre as necessidades de pessoal do tribunal.

5 – O conselho consultivo reúne ordinariamente duas vezes por ano e extraordinariamente sempre que convocado pelo presidente, por sua iniciativa ou mediante solicitação do administrador ou de um terço dos seus membros.

ARTIGO 9º
Delegação de competências

Nos tribunais onde não exista administrador podem ser delegadas competências no secretário do tribunal pelo presidente do tribunal, pelo director geral da Administração da Justiça e pelo presidente do Instituto de Gestão Financeira e Patrimonial da Justiça.

ARTIGO 10º
Direito subsidiário

Em tudo o que não esteja expressamente previsto no presente diploma aplica se ao administrador o regime geral da função pública.

18.1. REGULAMENTO DO CURSO DE FORMAÇÃO E ESTATUTO DO ADMINISTRADOR DO TRIBUNAL FORMANDO[176]

I – Regulamento do Curso de Formação

CAPÍTULO I
Missão, objectivo e estrutura

ARTIGO 1º
Curso de formação

A formação dos administradores dos tribunais é programada, desenvolvida e acompanhada sob o patrocínio do Instituto Nacional de Administração (INA), através de um curso de formação de administração dos tribunais (CFAT).

ARTIGO 2º
Missão e objectivos

1 – O CFAT tem por missão formar e qualificar os técnicos com as habilitações e requisitos previstos no nº 1 do artigo 5º do Decreto-Lei nº 176/2000, de 9 de Agosto, com vista ao desempenho das funções de administrador do tribunal.

2 – Para prosseguir a sua missão, o CFAT tem os seguintes objectivos:

a) Facultar formação inicial e estágio aos formandos recrutados por concurso externo, com vista a adquirir conhecimentos, aptidões e atitudes necessários ao exercício da função de administrador do tribunal;

b) Sensibilizar os magistrados e funcionários judiciais, designadamente os que desempenham funções em tribunais que, nesta fase, têm lugar de administrador criado, para que o desempenho dos administradores dos tribunais venha a ter sucesso;

c) Desenvolver competências em formação na área da administração da justiça.

ARTIGO 3º
Estrutura de gestão

1 – O CFAT desenvolve a sua actividade através de uma estrutura de gestão que integra a direcção do curso, o conselho directivo, os conselhos pedagógico e científico e o conselho de acompanhamento, nos termos de protocolo entre o Ministro da Justiça e o Ministro da Reforma do Estado e da Administração Pública.

2 – O conselho directivo elaborará um regulamento de funcionamento dos diversos órgãos da estrutura de gestão do CFAT.

---

[176] Aprovado pela Portaria nº 1053/2001, de 3 de setembro.

CAPÍTULO II
A formação

ARTIGO 4º
Duração e estrutura formativa do curso

1 – O CFAT tem a duração de seis meses e a seguinte estrutura formativa:

a) Fase de formação inicial teórico-prática (três meses);
b) Fase de estágio (dois meses);
c) Fase de síntese do curso de formação (um mês).

2 – O início do CFAT ocorre logo que concluído o processo de recrutamento, em data a fixar pelo conselho directivo.

ARTIGO 5º
Formação inicial

1 – A formação inicial tem uma duração aproximada de trezentas e sessenta horas, organizada em módulos.

2 – A formação inicial pretende transmitir os conhecimentos relativos a conceitos e princípios de enquadramento, designadamente nas disciplinas de organização judiciária, teoria das organizações, gestão da comunicação, gestão de recursos humanos, gestão de qualidade, gestão de atendimento, planeamento e controlo da gestão, gestão financeira e patrimonial, instalações e equipamentos, organização e sistemas, tecnologias de informação e comunicação para a justiça e noções de processo civil e processo penal.

3 – A definição do programa curricular da formação inicial do CFAT será da responsabilidade do conselho directivo, que o publicitará atempadamente.

ARTIGO 6º
Estágio

1 – O estágio dos formandos é efectuado em tribunais judiciais de 1ª instância, cabendo ao CFAT o seu acompanhamento e supervisão.

2 – Durante o estágio cada um dos formandos terá de efectuar um trabalho de estágio.

ARTIGO 7º
Síntese

Na fase de síntese pretende-se, através do estudo e experiência relativo às fases anteriores de formação, preparar o formando para a assunção da função de administrador do tribunal.

ARTIGO 8º
Avaliação da formação

1 – A avaliação da formação inicial é permanente, cumulativa e de método à escolha do formador em cada disciplina ou módulo de formação, sendo expressa em classificação numérica, numa escala de 20 valores.

2 – A avaliação do estágio terá em conta o desempenho dos formandos e o trabalho de estágio que cada um terá de efectuar.

3 – Para além da avaliação individual da formação específica de cada disciplina ou módulo de formação, o CFAT dispõe de uma grelha de avaliação comum a todas as disciplinas e ao estágio.

4 – O conselho directivo fixa, caso o entenda, a ponderação a atribuir à classificação em cada módulo da formação inicial, numa escala de 1 a 3.

5 – Na classificação final a avaliação da formação inicial pondera 70% e a avaliação do estágio 30%.

6 – Os formandos que obtenham no CFAT uma nota inferior a 10 não têm aproveitamento e são excluídos do curso.

7 – A classificação do recrutamento serve para graduar em lugares sucessivos os formandos que obtenham a mesma classificação no CFAT.

8 – Os formandos que faltem a mais de 10% do tempo de formação não têm aproveitamento e são excluídos do curso.

ARTIGO 9º
Graduação

No final do CFAT os formandos são graduados pela ordem decrescente da sua classificação, calculada nos termos do artigo anterior, exercendo por essa ordem a preferência para a colocação nos tribunais onde esteja criado o lugar de administrador do tribunal.

ARTIGO 10º
Avaliação do CFAT

O INA promove, nos termos a definir pelo conselho directivo, a avaliação do CFAT.

II – Estatuto dos Formandos

ARTIGO 11º
Estatuto dos formandos

1 – Os candidatos seleccionados para o CFAT são remunerados nos termos do nº 4 do artigo 5º do Decreto-Lei nº 176/2000, de 9 de Agosto, na redacção do Decreto-Lei nº 189/2001, de 25 de Junho.

2 – Os candidatos que sejam funcionários públicos frequentam o CFAT em comissão de serviço extraordinária.

3 – Os formandos que sejam funcionários públicos mantêm todos os direitos e regalias da categoria de origem.

4 – Os formandos que não sejam funcionários públicos celebram contrato administrativo de provimento para a frequência do CFAT.

ARTIGO 12º
Direitos e deveres do formando

1 – São direitos dos formandos:

a) Receber a formação adequada ao desempenho necessário a um administrador do tribunal, em harmonia com os objectivos definidos no artigo 1º, mediante a utilização de métodos diversificados, adaptados pedagógica e tecnicamente aos conteúdos;

b) Receber informação permanente e atempada sobre todos os aspectos relevantes do curso;

c) Beneficiar de adequado apoio ao estudo, designadamente acesso ao centro de documentação, utilização de salas de estudos e de equipamento informático;

d) Beneficiar do auxílio dos formadores para além dos períodos de formação, no esclarecimento de dúvidas, organização de elementos de estudo, uso de métodos e técnicas de investigação.

2 – São deveres dos formandos:

a) Participar assídua e activamente em todas as actividades do curso;
b) Frequentar o curso em regime de dedicação exclusiva;
c) Entregar pontualmente os trabalhos;
d) Cumprir as regras de deontologia científica na elaboração dos trabalhos, nomeadamente quanto à indicação das fontes de informação usadas, citações e originalidade do conteúdo.

ARTIGO 13º
Dever de indemnização

1 – Quando admitidos à formação, os candidatos que desistam da formação ou faltem injustificadamente a mais de 10% do período da formação incorrem na obrigação de indemnizar o Ministério da Justiça no montante equivalente ao que tenha sido gasto com a sua formação.

2 – Incorrem em idêntica obrigação os candidatos que não aceitem a nomeação como administradores do tribunal ou, uma vez providos, requeiram a cessação da comissão de serviço no 1º triénio de exercício.

ARTIGO 14º
Lacunas

Os casos omissos no presente Regulamento de Formação e no Estatuto dos Formandos serão regulados nos termos de deliberação do conselho directivo do CFAT.

19. Regulamento dos Cursos de Formação dos Presidentes dos Tribunais de Comarca e de Magistrados Coordenadores[177]

ARTIGO 1º

1 – É aprovado o Regulamento dos Cursos de Formação previstos nos artigos 92º e 96º da Lei nº 52/2008, de 28 de Agosto (Lei de Organização e Funcionamento dos Tribunais Judiciais), e nos artigos 63º e 123º-A da Lei nº 47/86, de 15 de Outubro (Estatuto do Ministério Público), com a redacção que lhe foi dada pela Lei nº 52/2008, de 28 de Agosto.

2 – O Regulamento referido no número anterior é publicado em anexo à presente portaria e dela faz parte integrante.

ARTIGO 2º

1 – A remuneração a que se refere o nº 2 do artigo 96º da Lei nº 52/2008, de 28 de Agosto, é suportada pelo Ministério da Justiça, através da Direcção-Geral da Administração da Justiça.

2 – As ajudas de custo aplicáveis aos magistrados e aos candidatos ao exercício de funções de administrador provenientes do grupo de pessoal oficial de justiça são igualmente suportadas pelo Ministério da Justiça, através da Direcção-Geral da Administração da Justiça.

ARTIGO 3º

No ano de 2010 apenas se realizarão cursos de formação para presidente do tribunal de comarca, para magistrado do Ministério Público coordenador e para administrador judiciário.

---

[177] Aprovado pela Portaria nº 1125/2009, de 1 de outubro.

19.1. REGIME DOS CURSOS DE FORMAÇÃO

ARTIGO 1º
Objectivos dos cursos de formação

1 – O curso previsto no artigo 92º da Lei nº 52/2008, de 28 de Agosto, tem como objectivo o desenvolvimento de qualidades e a aquisição de competências técnicas para o exercício de funções de presidente do tribunal de comarca de magistrado coordenador e de magistrado do Ministério Público coordenador.

2 – O curso previsto no artigo 96º da Lei nº 52/2008, de 28 de Agosto, tem como objectivo o desenvolvimento de qualidades e a aquisição de competências técnicas para o exercício de funções de administrador judiciário.

3 – O curso previsto nos artigos 63º e 123º-A do Estatuto do Ministério Público tem como objectivo o desenvolvimento de qualidades e a aquisição de competências técnicas para o exercício de funções de procurador da República coordenador, bem como de procurador da República nos departamentos de investigação e acção penal da comarca sede de distrito.

ARTIGO 2º
Decisão

1 – A realização dos cursos de formação é determinada por despacho do Ministro da Justiça, proferido até 31 de Julho, que fixa também o número de vagas para cada função, mediante propostas dos Conselhos Superiores respectivos, quanto ao número de magistrados a formar, e da Direcção-Geral da Administração da Justiça, quanto ao número de candidatos ao exercício de funções de administrador judiciário, recebidas até 30 de Junho de cada ano, e ouvido o director do Centro de Estudos Judiciários (CEJ).

2 – Cada curso é realizado para um mínimo de 10 formandos.

ARTIGO 3º
Organização dos cursos de formação

1 – Os cursos de formação abrangidos pelo presente Regulamento são organizados pelo CEJ e realizados por este com a colaboração de outras entidades formadoras, ao abrigo de acordos ou protocolos celebrados ou a celebrar.

2 – Para a colaboração referida no número anterior são designadas, preferencialmente, instituições de ensino universitário especializadas, designadamente, nas áreas de economia, gestão, organização e finanças.

3 – O director do CEJ pode designar, de entre os directores-adjuntos e os docentes do CEJ, um coordenador do curso, com funções de apoio ao director relativamente à organização do curso e ao acompanhamento e avaliação das actividades formativas.

4 – Aos formadores do curso aplica-se o regime previsto na Lei nº 2/2008, de 14 de Janeiro, para os formadores do CEJ, que é também aplicável à entidade formadora que colaborar com o CEJ.

ARTIGO 4º
Plano de estudos

1 – Cada curso obedece a um plano de estudos, elaborado sob a coordenação do director do CEJ e aprovado pelo Conselho Pedagógico.

2 – O plano de estudos contém a programação das actividades formativas, incluindo as matérias, os respectivos programas, carga horária e distribuição por unidades lectivas, a duração e a calendarização do curso, o local da realização das actividades e, nos casos em que a lei exige aprovação no curso, o sistema de avaliação.

3 – Os cursos abrangem obrigatoriamente as áreas de competências elencadas, consoante o caso, nos artigos 92º e 96º da Lei nº 52/2008, de 28 de Agosto.

4 – Podem ser previstos módulos ou blocos curriculares comuns a vários cursos, a par de módulos ou blocos específicos.

ARTIGO 5º
Realização dos cursos de formação

1 – Os cursos são realizados durante o ano de actividades do CEJ, preferencialmente no período de Janeiro a Julho.

2 – A duração de cada curso não deve exceder um semestre.

3 – As actividades formativas são realizadas de forma contínua ou, de modo a permitir o exercício de funções durante a formação, de forma interpolada.

4 – Justificando-se a frequência do curso com divisão dos formandos em grupos, o director do CEJ fixa, por despacho, a constituição dos grupos e os respectivos horários.

ARTIGO 6º
Frequência do curso

1 – A frequência do curso é certificada pelo director do CEJ e depende do controlo da assiduidade, através de um sistema de apuramento das presenças e faltas nas actividades de formação.

2 – As faltas são apuradas por unidade lectiva.

3 – A cumulação de faltas, seguidas ou interpoladas, correspondentes a um sexto da duração das actividades formativas efectivamente realizadas, determina a perda da frequência, sem prejuízo do disposto no nº 5

4 – O plano de estudos pode estabelecer, com condição para a certificação da frequência, um limite mínimo de presenças relativamente a determinadas matérias ou conjuntos de matérias.

5 – Nos casos em que a lei exige aprovação no curso, a perda de frequência em matéria em que o aproveitamento seja obrigatório não impede a aprovação, se o formando obtiver aproveitamento nessa matéria.

ARTIGO 7º
Sistema de avaliação

1 – Nos cursos de formação para o exercício de funções de procurador da República coordenador e de administrador judiciário, o plano de estudos define o sistema de avaliação.

2 – A definição do sistema de avaliação compreende a indicação dos métodos e regime de avaliação, bem como os critérios e factores.

3 – O plano de estudos pode definir quais as matérias em que o aproveitamento é obrigatório, bem como quais as matérias em que apenas a frequência é condição de aprovação.

4 – Adoptando o curso estrutura modular ou por blocos, pode ser prevista avaliação no final de cada móculo ou bloco.

5 – A avaliação em cada matéria é feita pelo respectivo formador com base na aplicação dos métodos fixados e segundo o regime definido, traduzindo-se pelas menções com aproveitamentoc ou sem aproveitamentos.

6 – Quando as mesmas matérias sejam leccionadas por vários formadores, a avaliação é feita pelo colégio destes, presidido pelo coordenador do curso ou pelo formador que o director designar.

7 – São aprovados no curso os formandos que o tiverem frequentado com aproveitamento, nas matérias em que este é obrigatório.

8 – A avaliação final compete ao conselho pedagógico, sob proposta do director.

9 – A aprovação no curso é certificada pelo director do CEJ.

ARTIGO 8º
Comunicação da frequência e da avaliação

O director do CEJ comunica, consoante os casos, ao Conselho Superior da Magistratura, ao Conselho Superior do Ministério Público ou à Direcção-Geral da Administração da Justiça a lista dos formandos que frequentaram o curso ou, nos casos que em que a lei exige aprovação no curso, a lista dos formandos aprovados.

ARTIGO 9º
Seminário complementar

O plano de estudos pode prever a frequência de um seminário complementar, decorridos seis meses de efectivo serviço nas funções, destinado a favorecer a troca de experiências entre os participantes e a avaliação dos resultados, com vista ao diagnóstico de eventuais necessidades de replanificação dos cursos.

ARTIGO 10º
Validade dos cursos

1 – Caso o formando não ingresse imediatamente nas funções, os cursos têm uma validade de três anos após a sua conclusão, sem prejuízo do disposto no número seguinte.

2 – O curso pode ser revalidado por igual período, mediante a frequência ou a frequência com aproveitamento, consoante o caso, em actividades complementares exigidas pela actualização do planoo de estudos respectivo, no prazo de um ano após o termo da validade do curso.

ARTIGO 11º
Regme subsidiário

Em tudo o que não estiver previsto no presente Regulamento são aplicáveis, com as necessárias adaptações, a Lei nº 2/2008, de 14 de Janeiro, e o Regulamento Interno do CEJ.

20. Organização e Funcionamento do Conselho Superior da Magistratura[178]

CAPÍTULO I
Disposições gerais

ARTIGO 1º
Objecto

A presente lei consagra a autonomia administrativa e financeira do Conselho Superior da Magistratura enquanto serviço autónomo e define a organização dos seus serviços.

ARTIGO 2º
Regime administrativo e financeiro

O Conselho Superior da Magistratura é dotado de autonomia administrativa e financeira, dispondo de orçamento próprio, inscrito nos encargos gerais do Estado, do Orçamento do Estado, nos termos do nº 3 do artigo 2º da Lei nº 91/2001, de 20 de Agosto.

ARTIGO 3º
Orçamento

1 – O orçamento do Conselho Superior da Magistratura destina-se a suportar as despesas com os seus membros, com o quadro de magistrados e funcionários que estão afectos aos seus serviços, com os magistrados judiciais afectos aos tribunais judiciais de 1ª instância, com os magistrados judiciais afectos como auxiliares aos tribunais da Relação e as demais despesas correntes e de capital necessárias ao exercício das suas competências.

2 – O Conselho Superior da Magistratura aprova o projecto de orçamento e apresenta-o ao Governo nos prazos determinados para a elaboração da proposta de lei

---

[178] Aprovada pela Lei nº 36/2007, de 14 de agosto.

do Orçamento do Estado, a submeter à Assembleia da República, devendo ainda fornecer os elementos que esta lhe solicite sobre a matéria.

ARTIGO 4º
Receitas

1 – Além das receitas provenientes de dotações do Orçamento do Estado e das do Instituto de Gestão Financeira e das Infra-Estruturas da Justiça, são receitas próprias do Conselho Superior da Magistratura:

a) O saldo de gerência do ano anterior;
b) O produto da venda de publicações editadas;
c) Os emolumentos por actos praticados pela secretaria;
d) Quaisquer outras que lhe sejam atribuídas por lei, contrato ou outro título.

2 – O produto das receitas próprias pode, nos termos da lei de execução orçamental, ser aplicado na realização de despesas correntes e de capital que, em cada ano, não possam ser suportadas pelas verbas inscritas no Orçamento do Estado, designadamente despesas de edição de publicações ou realização de estudos, análises ou outros trabalhos extraordinários.

ARTIGO 5º
Gestão financeira

1 – Cabem ao Conselho Superior da Magistratura, relativamente ao seu orçamento, as competências de gestão previstas na lei geral em matéria de administração financeira, podendo delegá-las no presidente.

2 – O presidente do Conselho Superior da Magistratura pode delegar no secretário do Conselho Superior da Magistratura a competência para autorizar a realização de despesas até ao limite das competências de director-geral.

3 – As despesas que, pela sua realização ou montante, ultrapassem a competência referida no nº 1 e, bem assim, as que o presidente entenda submeter ao Conselho Superior da Magistratura são por este autorizadas.

ARTIGO 6º
Libertação de fundos

1 – O Conselho Superior da Magistratura solicita a libertação de créditos à Direcção-Geral do Orçamento, de acordo com as suas necessidades e por conta da dotaçãoglobal que lhe é distribuída.

2 – O presidente do Conselho Superior da Magistratura pode, nos termos da lei de execução orçamental, aprovar a despesa do regime duodecimal de qualquer das dotações orçamentais e, bem assim, solicitar a antecipação parcial dos respectivos duodécimos.

3 – Todos os documentos relativos a levantamento de fundos, recebimentos e pagamentos devem conter origatoriamente duas assinaturas, devendo uma ser a do secretário do Conselho Superior da Magistratura e, na sua falta, a do director dos serviços administrativos e financeiros e a outra de um membro do Conselho Superior da Magistratura, a designar pelo plenário.

ARTIGO 7º
Conta

1 – A conta de gerência anual do Conselho Superior da Magistratura é organizada e aprovada pelo Conselho Administrativo, sendo submetida nos termos da lei de execução orçamental, no prazo legal, ao Tribunal de Contas, à Presidência do Conselho de Ministros e ao Ministério das Finanças.

2 – A conta de gerência referida no número anterior será comunicada, dentro do mesmo prazo, ao Ministro da Justiça.

ARTIGO 8º
Competências do presidente do Conselho Superior da Magistratura

1 – Compete ao presidente do Conselho Superior da Magistratura, no âmbito das suas competências próprias ou delegadas, exercer os poderes administrativos e financeiros idênticos aos que integram a competência ministerial, bem como representar o Conselho em juízo e fora dele.

2 – As competências referidas no número anterior podem ser subdelegadas no vice-presidente.

3 – Compete ao presidente do Conselho Superior da Magistratura, ouvido o Conselho Administrativo, autorizar a abertura de concursos para a admissão de pessoal para os seus quadros, celebrar, prorrogar, renovar e rescindir contratos de pessoal, autorizar destacamentos, requisições, transferências, permutas e comissões de serviço, nos termos da lei geral vigente.

ARTIGO 9º
Competências do secretário do Conselho Superior da Magistratura

1 – Sem prejuízo do disposto no nº 3 do artigo anterior, o secretário do Conselho Superior da Magistratura, para além das competências próprias definidas na lei, detém as competências dos directores-gerais relativamente à gestão das instalações, do equipamento e do pessoal do Conselho Superior da Magistratura.

2 – O secretário do Conselho Superior da Magistratura aufere as despesas de representação atribuídas ao cargo de director-geral.

CAPÍTULO II
Da organização dos serviços

ARTIGO 10º
Órgãos e serviços

1 – O Conselho Superior da Magistratura dispõe de um Conselho Administrativo, que é o órgão deliberativo em matéria de gestão financeira e patrimonial.

2 – O Conselho Superior da Magistratura dispõe de duas secções especializadas, compostas por membros do Conselho, relativas ao acompanhamento e ligação aos tribunais judiciais e ao acompanhamento das acções de formação e do recrutamento.

3 – O Conselho Superior da Magistratura dispõe de uma Secretaria, unidade orgânica de apoio técnico-administrativo necessário à preparação e execução das actividades e deliberações do Conselho Superior da Magistratura.

ARTIGO 11º
Conselho Administrativo

1 – O Conselho Administrativo é composto pelos seguintes membros:

a) O presidente do Conselho Superior da Magistratura;
b) O vice-presidente do Conselho Superior da Magistratura;
c) O secretário do Conselho Superior da Magistratura;
d) Três membros do Conselho Superior da Magistratura eleitos anualmente pelo plenário;
e) O director dos serviços administrativos e financeiros.

2 – Compete ao Conselho Administrativo:

a) Dar parecer sobre planos anuais de actividades e sobre os respectivos relatórios de execução;
b) Emitir parecer sobre o projecto de orçamento anual e as suas alterações, submetendo-o à aprovação do Conselho Superior da Magistratura;
c) Zelar pela cobrança das receitas e verificar regularmente os fundos em cofre e em depósito;
d) Autorizar as despesas que não devam ser autorizadas pelo presidente;
e) Autorizar o pagamento das despesas qualquer que seja a entidade que tenha concedido a respectiva autorização;
f) Fiscalizar a organização da contabilidade e zelar pela sua execução;
g) Aprovar as contas de gerência e promover o seu envio ao Tribunal de Contas e às demais entidades referidas no nº 1 do artigo 7º, nos termos da lei de execução orçamental, bem como proceder à comunicação mencionada no nº 2 do mesmo artigo;
h) Autorizar a constituição de fundos de maneio para o pagamento de pequenas despesas, estabelecendo as regras a que obedece o seu controlo;
i) Pronunciar-se sobre qualquer assunto de gestão financeira e patrimonial que lhe seja submetido;
j) Exercer as demais funções previstas na lei.

3 – O Conselho Administrativo reúne, ordinariamente, uma vez por mês, e extraordinariamente, sempre que convocado pelo presidente, por sua iniciativa ou a pedido de três dos seus membros.

4 – Para a validade das deliberações do Conselho Administrativo é necessária a presença de, pelo menos, cinco dos seus membros, entre os quais o presidente ou, nos casos previstos na alínea *d)* do nº 2, o vice-presidente.

5 – As reuniões são secretariadas por um funcionário designado pelo presidente.

ARTIGO 12º
Secção de acompanhamento e ligação aos tribunais judiciais

1 – A secção de acompanhamento e ligação aos tribunais judiciais é composta pelo presidente, que coordena, pelo vice-presidente e por seis vogais eleitos pelo plenário.

2 – Compete à secção de acompanhamento e ligação aos tribunais judiciais:

a) Tratar a informação facultada pelos serviços de inspecção e recolher outra relativa à situação de cada um dos tribunais judiciais e divulgá-la junto dos membros e do secretário do Conselho Superior da Magistratura;
b) Elaborar previsões sobre as necessidades de colocação de juízes;
c) Assegurar os contactos, recebendo e promovendo a comunicação entre os juízes dos tribunais judiciais e o Conselho Superior da Magistratura, preparando e orientando o seguimento das exposições apresentadas;
d) Propor junto dos órgãos de deliberação do Conselho Superior da Magistratura medidas para solucionar dificuldades de funcionamento detectadas nos tribunais judiciais, designadamente na gestão das nomeações, colocações, transferências e substituições dos juízes dos tribunais judiciais e colaborar na execução das medidas que venham a ser adoptadas;
e) Assegurar a apreciação e seguimento dos requerimentos e reclamações relativos ao funcionamento dos tribunais judiciais, recebidos no Conselho Superior da Magistratura;
f) Emitir parecer sobre o relatório anual sobre o estado dos serviços nos tribunais judiciais, submetendo-o à aprovação do plenário.

3 – A secção de acompanhamento e ligação aos tribunais judiciais é coadjuvada, no exercício das suas competências, pelo gabinete de apoio ao vice-presidente e aos membros do Conselho Superior da Magistratura.

ARTIGO 13º
Secção de acompanhamento das acções de formação e do recrutamento

1 – A secção de acompanhamento das acções de formação e do recrutamento é composta pelo presidente, que coordena, e por dois membros do Conselho Superior da Magistratura, um dos quais obrigatoriamente magistrado de categoria superior à de juiz de direito.

2 – Compete à secção de acompanhamento das acções de formação e do recrutamento:

a) Acompanhar as actividades de formação inicial e de formação contínua realizadas pelo Centro de Estudos Judiciários, assegurando uma eficaz ligação com este Centro por parte do Conselho Superior da Magistratura;
b) Apresentar sugestões e propostas relativamente a planos de estudo e de actividades destinados à formação inicial e contínua de juízes, a submeter ao plenário do Conselho Superior da Magistratura, cabendo-lhe dar execução às decisões deste;
c) Coordenar os trâmites da designação de juízes para júris de concurso de ingresso na formação inicial e para formadores do Centro de Estudos Judiciários, bem como para outras actividades no âmbito da formação realizada por este estabelecimento, de acordo com o previsto na lei;
d) Assegurar a articulação com o Centro de Estudos Judiciários nos processos de nomeação de juízes para docentes deste estabelecimento;
e) Coordenar os procedimentos de nomeação dos juízes em regime de estágio e assegurar a articulação con o Centro de Estudos Judiciários na fase de estágio, nos termos da lei.

3 – A secção de acompanhamento das acções de formação e do recrutamento é coadjuvada, no exercício das suas competências, pelo gabinete de apoio ao vice-presidente e aos membros do Conselho Superior da Magistratura.

ARTIGO 14º
Secretaria

A Secretaria do Conselho Superior da Magistratura compreende:

a) A direcção de serviços de quadros e movimentos judiciais;
b) A direcção de serviços administrativos e financeiros;
c) A divisão de documentação e informação jurídica;
d) O gabinete de comunicação, relações institucionais, estudos e planeamento;
e) O gabinete de apoio ao vice-presidente e aos membros do Conselho Superior da Magistratura.

ARTIGO 15º
Direcção de serviços de quadros e movimentos judiciais

1 – A direcção de serviços de quadros e movimentos judiciais assegura, em geral, a execução das acções inerentes à colocação, deslocação e permanente actualização do cadastro dos juízes dos tribunais judiciais, bem como o expediente relativo às mesmas e ainda o da composição dos tribunais colectivos.

2 – Compete à direcção de serviços de quadros e movimentos judiciais:

a) Organizar o processo e elaborar as propostas dos movimentos judiciais e executar as respectivas deliberações;
b) Preparar e assegurar o expediente relativo a destacamentos e comissões de serviço;
c) Assegurar o expediente relativo a substituições e acumulações de serviço;
d) Assegurar o expediente relativo à organização de turnos para garantir o serviço urgente nas férias judiciais, aos sábados e feriados, quando necessário;
e) Assegurar o expediente relativo à composição dos tribunais colectivos;
f) Organizar e manter actualizado o registo biográfico e disciplinar, bem como o cadastro de faltas e licenças;
g) Preparar e manter actualizada a lista de antiguidade e autuar e movimentar os processos de reclamação que sobre a mesma se apresentem;
h) Autuar e movimentar o expediente relativo aos processos de reclamação contra os actos praticados pelo conselho permanente, pelo presidente, pelo vice-presidente ou pelos vogais;
i) Autuar e movimentar processos abertos com exposições de entidades públicas, incluindo juízes, relativos ao funcionamento dos tribunais judiciais;
j) Autuar e movimentar processos referentes a pedidos ou determinações de aceleração processual, desencadeados nos termos da legislação em vigor;
l) Efectuar a contagem do tempo de serviço, para efeitos de aposentação, e organizar os processos relativos à aposentação e jubilação;
m) Elaborar as tabelas para as sessões do Conselho Superior da Magistratura;
n) Assegurar o expediente relativo aos processos de inspecção ordinária e extraordinária;

o) Colaborar na elaboração do mapa das inspecções;
p) Colaborar na elaboração, regulação e aplicação dos mapas de férias dos magistrados;
q) Autuar e movimentar o expediente relativo aos autos de inquérito e de sindicância, bem como aos processos disciplinares;
r) Assegurar o expediente relativo aos autos de averiguação;
s) Prestar apoio administrativo e de secretariado aos serviços de inspecção.

3 – A direcção de serviços de quadros e movimentos judiciais integra a divisão de quadros judiciais e de inspecção, à qual compete o exercício das competências referidas nas alíneas *n)* a *s)* do número anterior.

ARTIGO 16º
Direcção de serviços administrativos e financeiros

1 – À direcção de serviços administrativos e financeiros compete executar as acções relativas ao desenvolvimento das competências administrativas e financeiras do Conselho Superior da Magistratura.

2 – À direcção de serviços administrativos e financeiros compete:

a) Elaborar o projecto de orçamento anual e suas alterações;
b) Acompanhar a execução orçamental e propor as alterações necessárias;
c) Processar as requisições de fundos de contas das dotações consignadas ao Conselho Superior da Magistratura;
d) Elaborar a conta de gerência e preparar o projecto dos respectivos relatórios;
e) Instruir os procedimentos relativos à aquisição de bens e serviços e à realização de empreitadas de obras públicas;
f) Assegurar a escrituração e os registos contabilísticos obrigatórios;
g) Assegurar o processamento das remunerações e outros abonos, bem como proceder à liquidação dos respectivos descontos;
h) Verificar e processar os documentos de despesa;
i) Emitir os cartões de identidade e promover o expediente relativo ao disposto no artigo 23º;
j) Executar as funções inerentes à recepção, distribuição, expedição e arquivo da correspondência e outros documentos;
l) Recolher, organizar e manter actualizada a informação relativa aos recursos humanos do Conselho Superior da Magistratura;
m) Proceder ao registo de assiduidade e de antiguidade do pessoal;
n) Promover o aperfeiçoamento profissional do pessoal;
o) Elaborar estudos necessários à correcta afectação do pessoal aos diversos serviços do Conselho Superior da Magistratura;
p) Informar sobre as questões relativas à aplicação do regime da função pública que lhe sejam submetidas;
q) Assegurar a vigilância, segurança, limpeza e arrumação das instalações, equipamentos e viaturas;
r) Gerir o parque automóvel afecto ao Conselho Superior da Magistratura;
s) Manter actualizado o cadastro e o inventário dos bens imóveis e móveis e o inventário e cadastro relativo ao parque automóvel;

t) Promover o armazenamento, conservação e distribuição de bens e consumos correntes e assegurar a gestão de *stocks*;

u) Assegurar e movimentar o expediente referente a casas de função atribuídas aos juízes.

3 – A direcção de serviços administrativos e financeiros integra a divisão administrativo-financeira e economato, a qual tem as competências a que se referem as alíneas *a)* a *h)* e *q)* a *u)* do número anterior.

ARTIGO 17º
Divisão de documentação e informação jurídica

1 – Compete à divisão de documentação e informação jurídica:

a) Organizar e assegurar a gestão da biblioteca do Conselho Superior da Magistratura, incentivando designadamente, a aquisição do respectivo fundo documental;

b) Manter actualizadas as respectivas bases de dados;

c) Proceder ao tratamento sistemático e ao arquivo da legislação, assegurando um serviço de informação legislativa;

d) Realizar pesquisas informáticas ou manuais, nomeadamente junto de outras bibliotecas, a solicitação dos membros do Conselho Superior da Magistratura ou dos seus serviços;

e) Assegurar a divulgação dos serviços prestados pela biblioteca e de documentação disponível;

f) Cooperar com instituições nacionais, estrangeiras e inter nacionais em matéria de documentação e informação;

g) Proceder à tradução e retroversão de textos;

h) Planear e assegurar a gestão dos sistemas informativos do Conselho Superior da Magistratura;

i) Proceder ao diagnóstico das necessidades que se verifiquem no funcionamento dos mesmos sistemas e formular as correspondentes propostas;

j) Tornar acessíveis aos membros do Conselho Superior da Magistratura as principais bases de dados jurídicos de legislação, jurisprudência e doutrina, nacionais e estrangeiras;

l) Promover a formação de utilizadores de tais sistemas e cooperar nessa formação, com meios próprios, ou recorrendo a entidades externas ao Conselho Superior da Magistratura;

m) Apoiar tecnicamente a elaboração do caderno de encargos, a selecção, aquisição, contratação e instalação do equipamento informático;

n) Manter em funcionamento e actualizar os serviços informativos que o Conselho Superior da Magistratura venha a disponibilizar a utilizadores externos;

o) Gerir o sítio do Conselho Superior da Magistratura na *Internet*.

2 – A divisão de documentação e informação jurídica integra uma unidade de informática à qual compete o exercício das competências previstas nas alíneas *h)* a *o)* do número anterior.

ARTIGO 18º
Gabinete de comunicação, relações institucionais, estudos e planeamento

1 – O gabinete de comunicação, relações institucionais, estudos e planeamento tem competências no âmbito da articulação entre o Conselho Superior da Magistratura e a comunicação social e os cidadãos, no âmbito da articulação entre o Conselho Superior da Magistratura e entidades institucionais nacionais e estrangeiras e, ainda, no âmbito da realização de estudos e pareceres relativos ao funcionamento dos tribunais.

2 – O gabinete de comunicação, relações institucionais, estudos e planeamento é coordenado por um membro do Conselho Superior da Magistratura, eleito pelo plenário, e funciona na dependência do presidente.

3 – O gabinete de comunicação, relações institucionais, estudos e planeamento integra obrigatoriamente dois elementos com formação e experiência na área da comunicação social.

4 – Compete ao gabinete de comunicação, relações institucionais, estudos e planeamento, no âmbito da articulação entre o Conselho Superior da Magistratura e a comunicação social e os cidadãos:

a) Assegurar o atendimento dos cidadãos e dos órgãos de comunicação social que se dirigem ao Conselho Superior da Magistratura;

b) Prestar as informações solicitadas ao Conselho Superior da Magistratura relativamente ao funcionamento dos tribunais e, em traços gerais, aos trâmites processuais;

c) Receber queixas, sugestões e críticas dos cidadãos relativamente ao funcionamento dos tribunais;

d) Exercer assessoria em matéria de comunicação social;

e) Assegurar o serviço de difusão das deliberações do Conselho Superior da Magistratura;

f) Estudar e desenvolver formas de divulgação sistemática da informação sobre a actividade dos tribunais judiciais e do Conselho Superior da Magistratura, com observância da lei e de directivas superiores;

g) Recolher e analisar informação e tendências de opinião relativas à acção do Conselho Superior da Magistratura, dos tribunais e da administração da justiça, em geral;

h) Assegurar a organização de reuniões, conferências e seminários da iniciativa do Conselho Superior da Magistratura;

i) Assegurar a produção e edição do *Boletim Informativo* do Conselho Superior da Magistratura;

j) Apresentar um relatório semestral das questões recebidas;

l) Promover a divulgação interna do relatório semestral, bem como outros elementos recolhidos para efeito de análise e elaboração de propostas de medidas de acção adequadas e pertinentes.

5 – Compete ao gabinete de comunicação, relações institucionais, estudos e planeamento, no âmbito da articulação entre o Conselho Superior da Magistratura e entidades institucionais nacionais e estrangeiras:

a) Apoiar o Conselho Superior da Magistratura, na área das suas competências próprias, nas acções de representação nacional e internacional e de cooperação;

b) Coordenar a participação do Conselho Superior da Magistratura, no seu âmbito, em todas as comissões, reuniões, conferências ou organizações similares, de justificado interesse, que, no plano nacional e internacional, se realizem na área da justiça;

c) Dar o apoio adequado, mediante solicitação, às delegações internacionais que se encontrem em Portugal para participar em iniciativas relacionadas com a área dos tribunais;

d) Assegurar o acompanhamento e desenvolvimento de protocolos que o Conselho Superior da Magistratura estabeleça com organismos nacionais e internacionais;

e) Assegurar resposta e seguimento a correspondência de carácter técnico-científico ou informativo oriundo de organismos nacionais ou internacionais;

f) Recolher as informações a remeter ao Agente Português junto do Tribunal Europeu dos Direitos do Homem;

g) Apoiar os serviços do Ponto de Contacto Português da Rede Judiciária Europeia em Matéria Civil e Comercial (RJECC), do Ponto de Contacto da Rede Ibero-Americana de Cooperação Judiciária (Iber-Rede) e do Ponto de Contacto da Rede Judiciária dos Países de Língua Portuguesa sediados no Conselho Superior da Magistratura, bem como as demais infra-estruturas de cooperação internacional que nele venham a funcionar.

6 – As competências referidas no nº 4 são exercidas de acordo com um regulamento, aprovado pelo Conselho Superior da Magistratura, o qual contém as normas e os procedimentos relativos ao contacto com os cidadãos.

7 – Compete ao gabinete de comunicação, relações institucionais, estudos e planeamento, no âmbito da realização de estudos e pareceres relativos ao funcionamento dos tribunais:

a) Elaborar estudos de situação e análise sobre o funcionamento dos tribunais, a solicitação dos membros do Conselho Superior da Magistratura;

b) Apoiar o Conselho Superior da Magistratura na formulação de medidas que se destinem a melhorar o funcionamento dos tribunais;

c) Colaborar com as secções especializadas de acompanhamento e ligação aos tribunais judiciais e de acompanhamento das acções de formação e do recrutamento;

d) Elaborar estudos e formular propostas de modelos de funcionamento que visem garantir a eficiência e a produtividade da Secretaria a solicitação do secretário do Conselho Superior da Magistratura;

e) Efectuar a análise das informações recolhidas nos termos da alínea *l)* do nº 4 e propor a adopção de medidas de acção adequadas e pertinentes;

f) Elaborar o projecto de relatório anual de actividades do Conselho Superior da Magistratura;

g) Apresentar periodicamente um relatório sobre a atitude dos cidadãos relativamente ao funcionamento dos tribunais.

ARTIGO 19º
Gabinete de apoio ao vice-presidente e aos membros do Conselho Superior da Magistratura

1 – O vice-presidente e os membros do Conselho Superior da Magistratura são coadjuvados no exercício das suas funções por um gabinete.

2 – O gabinete é constituído pelo chefe do gabinete, quatro adjuntos e dois secretários, sendo um afecto apenas ao vice-presidente.

3 – Nas suas ausências ou impedimentos, o chefe do gabinete é substituído por um dos adjuntos, designado pelo vice-presidente.

4 – O gabinete pode ser assessorado por um máximo de quatro assessores.

5 – Os membros do gabinete e os assessores são livremente providos e exonerados pelo presidente do Conselho Superior da Magistratura, sob proposta do plenário, salvo o disposto no número seguinte.

6 – O chefe do gabinete e o secretário afecto ao vice-presidente são livremente providos e exonerados pelo presidente do Conselho Superior da Magistratura, sob proposta do vice-presidente.

7 – Aos membros do gabinete e aos assessores é aplicável, com as devidas adaptações, o regime de nomeação, exoneração, garantia, deveres e vencimento aplicável aos membros dos gabinetes ministeriais, nos termos do Decreto-Lei nº 262/88, de 23 de Julho, ficando excluída, no que respeita aos assessores, a aplicação do disposto no artigo 9º do referido diploma.

8 – Os membros do gabinete e os assessores consideram-se, para todos os efeitos, em exercício de funções a partir da data do despacho que os tiver nomeado, com dispensa de fiscalização prévia do Tribunal de Contas e independentemente de publicação no *Diário da República*.

9 – Os magistrados judiciais podem ser providos em comissão de serviço, nos termos do respectivo estatuto, não determinando esse provimento abertura de vaga no lugar de origem ou naquele para que, entretanto, tenham sido nomeados.

10 – Quando os providos sejam funcionários da administração central, regional ou local ou de institutos públicos, exercem as respectivas funções em regime de comissão de serviço ou de requisição, conforme os casos, com a faculdade de optarem pelas remunerações correspondentes às categorias de origem.

11 – Quando os providos sejam trabalhadores de empresas públicas ou privadas, exercem as suas funções em regime de requisição, nos termos da lei geral em vigor para o respectivo sector.

12 – Os membros do gabinete ou assessores que exerçam funções docentes ou de investigação científica no ensino superior podem continuar no exercício dessas funções, sem prejuízo de poderem requerer a suspensão dos prazos dos respectivos contratos ou de prazos para a apresentação de relatórios ou prestação de provas a que estejam adstritos.

13 – Os assessores que não sejam magistrados são obrigatoriamente mestres ou licenciados em Direito de reconhecida competência, competindo-lhes coadjuvar os membros do Conselho Superior da Magistratura no exercício das suas funções, de acordo com o que lhes for determinado.

14 – Os provimentos não conferem, só por si, vínculo à função pública.

15 – O desempenho de funções no gabinete é incompatível com o exercício da advocacia, da solicitadoria ou de qualquer outra função ou actividade jurídica remunerada.

CAPÍTULO III
Do pessoal

ARTIGO 20º
Regime

O pessoal ao serviço do Conselho Superior da Magistratura rege-se pelo disposto na presente lei, pelos diplomas estatutários respectivos, quando se trate de magistrados ou oficiais de justiça, e, em tudo o que não for com eles incompatível, pelo regime geral da função pública.

ARTIGO 21º
Nomeação de oficiais de justiça

1 – Os lugares de oficiais de justiça são providos por nomeação, em comissão de serviço, nos termos do artigo 54º do Decreto-Lei nº 343/99, de 26 de Agosto.

2 – Às comissões de serviço de oficiais de justiça para o exercício de funções de secretário de inspecção do Conselho Superior da Magistratura é aplicável o artigo 131º do Decreto-Lei nº 343/99, de 26 de Agosto.

ARTIGO 22º
Quadro de pessoal

1 – O quadro do pessoal dirigente do Conselho Superior da Magistratura é o constante do mapa do anexo I da presente lei, e da qual faz parte integrante.

2 – O quadro do pessoal de oficiais de justiça é aprovado nos termos do artigo 124º da Lei nº 3/99, de 13 de Janeiro, que aprovou a Lei de Organização e Funcionamento dos Tribunais Judiciais.

3 – O quadro do restante pessoal do Conselho Superior da Magistratura é aprovado por portaria conjunta dos membros do Governo responsáveis pelas áreas das finanças, da Administração Pública e da justiça, sob proposta do Conselho Superior da Magistratura.

ARTIGO 23º
Cartão de identidade do pessoal

O pessoal ao serviço no Conselho Superior da Magistratura tem direito ao uso de cartão de identidade, conforme modelo constante do anexo II à presente lei, e da qual dela faz parte integrante.

CAPÍTULO IV
Disposições finais e transitórias

ARTIGO 24º
Transição do pessoal

1 – O pessoal que, à data da entrada em vigor da presente lei, se encontrar provido no quadro de pessoal do Conselho Superior da Magistratura transita para o quadro a que se refere o nº 3 do artigo 22º, na mesma carreira, categoria e escalão.

2 – Mantêm-se as comissões de serviço existentes à data da entrada em vigor da presente lei.

3 – A adaptação dos serviços de apoio existentes às disposições constantes da presente lei deve concluir-se dentro de dois anos após a entrada em vigor da mesma.

ARTIGO 25º
Norma revogatória

É revogado o Decreto-Lei nº 27/92, de 27 de Fevereiro.

ARTIGO 26º
Entrada em vigor

A presente lei entra em vigor no dia 1 de Janeiro de 2008.

ANEXO I
Mapa a que se refere o nº 1 do artigo 22º

Designação dos cargos dirigentes	Qualificação dos cargos dirigentes	Grau	Número de lugares
Director de serviços...	Direcção intermédia...	1.º	2
Chefe de divisão	Direcção intermédia...	2.º	3

ANEXO II
Modelo de cartão de identificação a que alude o artigo 23º

```
(a)    REPÚBLICA PORTUGUESA      Fotografia
       Conselho Superior da Magistratura   (Selo Branco)
(b)
Cartão de Identificação Nº _____

Nome _____

Categoria _____

                O Juiz – Secretário
                _____
(c)
```

```
(c)

       O presente cartão assegura o
    reconhecimento da qualidade do seu portador
         como elemento do corpo do pessoal do
            Conselho Superior da Magistratura

                Assinatura do titular
                _____
```

(*a*) — Cor verde.
(*b*) — Cor vermelha.
(*c*) — Cor branca.

Largura — 10 cm.
Altura — 7 cm.

21. Estatuto dos Funcionários de Justiça[179]

21.1. ARTICULADO

PARTE I

PESSOAL

CAPÍTULO I
Funcionários de justiça

ARTIGO 1º
Definição

São funcionários de justiça os nomeados em lugares dos quadros de pessoal de secretarias de tribunais ou de serviços do Ministério Público.

ARTIGO 2º
Grupos de pessoal

Os funcionários de justiça distribuem-se pelos seguintes grupos de pessoal:

a) Pessoal oficial de justiça;
b) Pessoal de informática;
c) Pessoal técnico-profissional;
d) Pessoal administrativo;
e) Pessoal auxiliar;
f) Pessoal operário.

---

[179] Aprovado pelo Decreto-Lei nº 343/99, de 26 de agosto, alterado pelos Decretos-Leis nºs 175/2000, de 9 de agosto, 96/2002, de 12 de Abril, 169/2003, de 1 de agosto, pelo Decreto-Lei nº 121/2008, de 11 de julho, e pela Lei nº 42/2005, de 29 de agosto.

ARTIGO 3º
Pessoal oficial de justiça

1 – O grupo de pessoal oficial de justiça compreende as categorias de secretário de tribunal superior e de secretário de justiça e as carreiras judicial e dos serviços do Ministério Público.

2 – Na carreira judicial integram-se as seguintes categorias:

a) Escrivão de direito;
b) Escrivão-adjunto;
c) Escrivão auxiliar.

3 – Na carreira dos serviços do Ministério Público integram-se as seguintes categorias:

a) Técnico de justiça principal;
b) Técnico de justiça-adjunto;
c) Técnico de justiça auxiliar.

4 – As categorias de secretário de tribunal superior, secretário de justiça, escrivão de direito e técnico de justiça principal correspondem a lugares de chefia.

ARTIGO 6º
Conteúdos funcionais[180]

1 – A descrição do conteúdo funcional referente às carreiras do grupo de pessoal oficial de justiça e categorias específicas dos funcionários de justiça é a constante do mapa I anexo ao presente diploma, do qual faz parte integrante.

2 – O disposto no número anterior não prejudica o exercício de funções de apoio, na área da utilização da informática, por oficiais de justiça com preparação adequada.

3 – Os oficiais de justiça, no exercício das funções através das quais asseguram o expediente, autuação e regular tramitação dos processos, dependem funcionalmente do magistrado competente.

CAPÍTULO II
Preenchimento de lugares das carreiras de oficial de justiça

SECÇÃO I
Requisitos

SUBSECÇÃO I
Requisitos de ingresso

ARTIGO 7º
Regime regra

1 – O ingresso nas categorias de escrivão auxiliar e de técnico de justiça auxiliar faz-se de entre indivíduos habilitados com curso de natureza profissionalizante, aprovados em procedimento de admissão.

---

[180] Os artigos 4º e 5º deste diploma foram revogados pelo Decreto-Lei nº 121/2008, de 11 de julho.

2 – O curso a que se refere o número anterior é aprovado por portaria dos Ministros da Justiça e da Educação.[181]

ARTIGO 8º
Regime supletivo

Na falta ou insuficiência de possuidores da habilitação referida no artigo anterior, o ingresso faz-se de entre candidatos aprovados com curso de habilitação.

SUBSECÇÃO II
Requisitos de acesso

ARTIGO 9º
Requisitos gerais

São requisitos de acesso:

a) Prestação de serviço efectivo pelo período de três anos na categoria anterior;
b) Classificação mínima de *Bom* na categoria anterior;
c) Aprovação na respectiva prova de acesso.

ARTIGO 10º
Secretário de justiça

1 – O acesso à categoria de secretário de justiça faz-se de entre:

a) Escrivães de direito e técnicos de justiça principais possuidores dos requisitos referidos no artigo anterior;
b) Oficiais de justiça possuidores de curso superior adequado, com sete anos de serviço efectivo, classificação de *Muito Bom* e aprovados na respectiva prova de acesso.

2 – Os cursos a que se refere a alínea b) do número anterior constam de despacho conjunto dos Ministros da Justiça e da Educação.

3 – Para efeitos do disposto na alínea b) do nº 1, releva apenas a última classificação de serviço que o funcionário detenha no termo dos prazos referidos no nº 4 do artigo 19º, independentemente da categoria a que a mesma se reporta.[182]

ARTIGO 11º
Escrivão de direito e técnico de justiça principal

O acesso às categorias de escrivão de direito e de técnico de justiça principal faz-se de entre escrivães-adjuntos e técnicos de justiça-adjuntos possuidores dos requisitos referidos no artigo 9º.

---

[181] O nº 1 da Portaria nº 217/2000, de 11 de Abril, estabeleceu que o curso a que se refere este normativo é o de técnico de serviços jurídicos, aprovado pela Portaria nº 948/99, de 27 de outubro.
[182] Este normativo foi inserido pelo artigo 1º do Decreto-Lei nº 169/2003, de 1 de agosto.

ARTIGO 12º
Escrivão-adjunto e técnico de justiça adjunto

O acesso às categorias de escrivão-adjunto e de técnico de justiça-adjunto faz-se de entre escrivães auxiliares e técnicos de justiça auxiliares possuidores dos requisitos referidos no artigo 9º.

SUBSECÇÃO III
Requisitos para transferência, transição e permuta

ARTIGO 13º
Transferência

1 – Os oficiais de justiça podem requerer a transferência decorridos dois anos sobre o início de funções, posse ou aceitação do lugar.

2 – O disposto no número anterior não é aplicável aos oficiais de justiça nomeados oficiosamente nos termos do artigo 46º.

ARTIGO 14º
Transição

1 – Os oficiais de justiça podem requerer a transição no âmbito das seguintes categorias:

a) Escrivão de direito e técnico de justiça principal, desde que tenham obtido aprovação na prova de acesso à categoria para a qual pretendam transitar;

b) Escrivão-adjunto e técnico de justiça-adjunto, desde que tenham obtido aprovação na prova de acesso à categoria imediatamente superior àquela para a qual pretendem transitar;

c) Escrivão auxiliar e técnico de justiça auxiliar.

2 – À transição é aplicável o disposto no artigo anterior.

ARTIGO 15º
Permuta

1 – Os oficiais de justiça podem permutar para lugares da mesma categoria ou de categoria para a qual possam transitar, desde que se encontrem a mais de três anos do limite mínimo de idade para a aposentação.

2 – A faculdade a que se refere o número anterior só pode ser de novo utilizada decorridos, pelo menos, dois anos sobre data da aceitação do lugar.

SECÇÃO II
Recrutamento

SUBSECÇÃO I
Recrutamento para provimento

ARTIGO 16º
Declaração de vacatura

Em situações de nomeação em comissão de serviço, nomeação interina nos termos do artigo 43º ou de requisição, o director-geral dos Serviços Judiciários, ponderada a conveniência dos serviços, pode declarar vagos os lugares de origem.

ARTIGO 17º
Comunicação das vagas

Os secretários de tribunal superior e os secretários de justiça devem comunicar à Direcção-Geral dos Serviços Judiciários, nos cinco dias subsequentes à sua verificação, a existência das vagas que ocorram nos quadros das respectivas secretarias e que não sejam do conhecimento oficioso daqueles serviços.

ARTIGO 18º
Movimentos

1 – A Direcção-Geral dos Serviços Judiciários realiza movimentos dos oficiais de justiça para o preenchimento de lugares vagos e a vagar.[183]

2 – Os movimentos podem ser ordinários ou extraordinários.

3 – São ordinários os movimentos que se realizam nos meses de Fevereiro, Junho e Novembro; são extraordinários os restantes.

4 – A Direcção-Geral dos Serviços Judiciários publicita a realização dos movimentos extraordinários, por aviso publicado na 2ª série do *Diário da República*.

ARTIGO 19º
Requerimentos

1 – Sem prejuízo do disposto no artigo 46º, no nº 3 do artigo 51º e no nº 2 do artigo 52º, a nomeação em lugares do quadro de qualquer secretaria é efectuada mediante requerimento de modelo a aprovar por despacho do director-geral dos Serviços Judiciários.

2 – A candidatura a lugares de diferentes categorias depende da apresentação de requerimento para cada uma delas.

3 – Na situação prevista no número anterior, o candidato deve indicar a categoria preferida; na falta de indicação cabe à Direcção-Geral dos Serviços Judiciários a respectiva designação.

4 – São considerados os requerimentos que dêem entrada na Direcção-Geral dos Serviços Judiciários:

---

[183] A actual designação da *Direção-Geral dos Serviços Judiciários* é a de *Direção-Geral da Administração da Justiça*.

a) Nos movimentos ordinários, até ao dia 10 do mês anterior ao da realização do respectivo movimento;
b) Nos movimentos extraordinários, no prazo de 10 dias úteis contados desde a data da publicação do respectivo aviso.

5 – Os canditatos devem reunir os requisitos de admissão para os lugares pretendidos até ao termo dos prazos referidos no número anterior.

6 – Os requerimentos são válidos apenas para um movimento.

SUBSECÇÃO II
Recrutamento para ingresso

ARTIGO 20º
Abertura

A abertura dos procedimentos de admissão para ingresso nas carreiras de oficial de justiça é efectuada por despacho do director-geral dos Serviços Judiciários.

ARTIGO 21º
Regime regra

1 – O recrutamento dos candidatos possuidores da habilitação referida no nº 1 do artigo 7º compõe-se de uma prova escrita de conhecimentos, podendo ainda ser utilizados, isolada ou conjuntamente e com carácter complementar, outros métodos de selecção

2 – A prova escrita de conhecimentos é classificada de 0 a 20 valores, resultando a classificação final da média simples ou ponderada das classificações obtidas em cada método de selecção.

3 – Os candidatos que obtiverem classificação inferior a 9,5 valores na prova escrita de conhecimentos são excluídos do respectivo procedimento de admissão.

4 – Os candidatos aprovados são graduados segundo a classificação final e, em caso de igualdade, pela maior idade.

5 – O recrutamento é válido pelo prazo de três anos contado desde a data da publicação da lista dos candidatos aprovados e excluídos.

ARTIGO 22º
Regulamento

O regulamento do procedimento a que se refere o artigo anterior é aprovado por portaria do Ministro da Justiça, sob proposta do director-geral dos Serviços Judiciários.

ARTIGO 23º
Curso de habilitação

1 – Na falta ou insuficiência de candidatos recrutados nos termos do artigo 21º, é aberto o concurso de habilitação previsto no artigo 8º.

2 – O curso de habilitação integra as seguintes fases:

a) Prova de aptidão;
b) Formação em teoria e prática de secretarias dos tribunais adiante designada por fase de formação;
c) Prova final.

3 – No decurso do respectivo prazo de validade não é admitida a candidatura a fase para a qual o candidato já se encontre aprovado.

4 – O regulamento do curso de habilitação é aprovado por portaria do Ministro da Justiça.[184]

ARTIGO 24º
Prova de aptidão

1 – A prova de aptidão a que se refere a alínea *a)* do nº 2 do artigo anterior é composta por uma prova de conhecimentos, que versa sobre matéria correspondente ao nível das habilitações mínimas legalmente exigíveis, podendo ser complementada por outros métodos de selecção.

2 – A prova de aptidão é classificada de 0 a 20 valores, resultando a classificação final da média simples ou ponderada das classificações obtidas em cada método de selecção

3 – Os candidatos que obtiverem classificação inferior a 9,5 valores na prova de conhecimentos são excluídos do respectivo procedimento de admissão.

4 – Os candidatos aprovados são graduados segundo a classificação final e, em caso de igualdade, pela maior idade.

5 – A prova de aptidão é valida pelo prazo de quatro anos contado desde a data da publicação da lista dos candidatos aprovados e excluídos.

ARTIGO 25º
Publicitação

A lista dos candidatos aprovados na prova de aptidão e o aviso de abertura da fase de formação a que se refere a alínea *b)* do nº 2 do artigo 23º são publicados na 2ª série do *Diário da República*.

ARTIGO 26º
Colocação na fase de formação

1 – Os candidatos à fase de formação são colocados nas secretarias onde esta se realiza segundo a graduação a que se reporta o nº 4 do artigo 24º.

2 – Na falta de interessados, a Direcção-Geral dos Serviços Judiciários pode preencher as vagas com candidatos que não obtiveram colocação, desde que estes dêem o seu consentimento.

3 – Quando os formandos sejam funcionários da Administração Pública, têm direito a frequentar a fase de formação em regime de requisição e a optar pelas remunerações base relativas à categoria de origem.

---

[184] A Portaria nº 1500/2007, de 22 de novembro, aprovou o regulamento do procedimento de admissão para ingresso nas carreiras do grupo de pessoal oficial de justiça.

ARTIGO 27º
Duração da fase de formação

1 – A duração da fase de formação é fixada pelo director-geral dos Serviços Judiciários, não podendo ser inferior a três meses.

2 – A fase de formação é dada por finda pelo director-geral dos Serviços Judiciários e o formando é excluído do curso de habilitação quando ultrapassar o número de faltas admissível, manifestar desinteresse evidente ou revelar conduta incompatível com a dignidade das funções.

ARTIGO 28º
Realização e matérias ministradas na fase de formação

1 – A fase de formação é efectuada em secretarias de tribunais judiciais de 1ª instância, sob a orientação de escrivães de direito e técnicos de justiça principais.

2 – No decurso desta fase são ministradas matérias teóricas e práticas próprias das funções dos escrivães auxiliares e dos técnicos de justiça auxiliares.

3 – Enquanto durar a fase de formação, os formandos que não tenham optado pela remuneração a que se refere o nº 3 do artigo 26º têm direito a uma bolsa, no valor referido no artigo 126º.

ARTIGO 29º
Conclusão da fase de formação

1 – Concluída a fase de formação, o funcionário orientador elabora um relatório fundamentado sobre o aproveitamento do formando, com especial incidência sobre a sua idoneidade cívica, aptidão e interesse pelo serviço, propondo a classificação de *Apto* e *Não apto*.

2 – O relatório, após a audição do interessado, é submetido à apreciação do secretário de justiça, que sobre ele emite parecer.

3 – O relatório, o parecer e os demais elementos são remetidos, no prazo de 15 dias após o termo da fase de formação, ao director-geral dos Serviços Judiciários, para homologação.[185]

4 – Os formandos classificados de *Não apto* são excluídos do curso de habilitação.

ARTIGO 30º
Prova final

1 – Os formandos classificados de *Apto* são submetidos a uma prova final, incidindo sobre matérias próprias das funções dos escrivães auxiliares e dos técnicos de justiça auxiliares, a realizar no prazo máximo de 60 dias após a conclusão da fase de formação.

2 – A prova final é classificada de 0 a 20 valores.

---

[185] A entidade a que este normativo se refere é agora designada por director-geral de Administração da Justiça.

3 – Os formandos que obtiverem classificação inferior a 9,5 valores são excluídos do curso de habilitação.

4 – Os formandos aprovados são graduados segundo a classificação e, em caso de igualdade, pela maior idade.

5 – A validade da prova final é de cinco anos, contados desde a data da publicação da lista dos candidatos aprovados e excluídos.

ARTIGO 31º
Regime especial

1 – Os funcionários dos quadros de pessoal da Direcção-Geral dos Serviços Judiciários e das instituições judiciárias podem ingressar nas carreiras de oficial de justiça, com dispensa das demais condições, em termos a definir por portaria do Ministro da Justiça, desde que reúnam os seguintes requisitos:

a) 11º ano ou equiparado como habilitação mínima;
b) Três anos de serviço efectivo e classificação de *Muito Bom*.
c) Aprovação na prova de conhecimentos a que se refere o nº 1 do artigo 21º ou, em caso de procedimento supletivo, na prova a que se refere a alínea *c)* do nº 2 do artigo 23º.

2 – Os funcionários são graduados, segundo a classificação obtida na prova, juntamente com os restantes candidatos do respectivo procedimento de admissão.

SUBSECÇÃO III
Recrutamento para acesso

ARTIGO 32º
Abertura do concurso de admissão à prova de acesso

1 – O concurso de admissão à prova de acesso nas carreiras de oficial de justiça é aberto por despacho do director-geral dos Serviços Judiciários.

2 – A prova a que se refere o número anterior é escrita, em termos a regulamentar por portaria do Ministro da Justiça, sob proposta do director-geral dos Serviços Judiciários, sendo precedida de formação descentralizada a ministrar pelo Centro de Formação dos Oficiais de Justiça.

ARTIGO 33º
Requisitos

1 – À prova de acesso podem candidatar-se os oficiais de justiça que sejam possuidores da categoria, tempo de serviço e classificação exigidos para o acesso à categoria a que a prova diga respeito.

2 – À prova de acesso podem igualmente candidatar-se os oficiais de justiça de categoria a que corresponda escala remuneratória idêntica à daquela a que a prova diga respeito.[186]

---

[186] O Regulamento da Prova de Acesso às Carreiras do Pessoal Oficial de Justiça consta da Portaria nº 174/2000, de 23 de março.

ARTIGO 34º
Classificação

1 – A prova é classificada de 0 a 20 valores.

2 – A classificação inferior a 9,5 valores implica a não aprovação do candidato.

ARTIGO 35º
Validade da prova

1 – A validade da prova é de três anos, contados da data da publicação dos resultados, não podendo os candidatos aprovados concorrer, nesse período, a provas idênticas.

2 – Os candidatos excluídos por falta de aproveitamento ou desistência injustificada não poderão submeter-se à prova imediatamente subsequente para acesso em qualquer das carreiras.

3 – O disposto no número anterior não é aplicável aos candidatos que desistam da prova de acesso até dois meses antes da sua realização.

SUBSECÇÃO IV
Secretários de tribunal superior

ARTIGO 36º
Recrutamento

1 – O recrutamento para os lugares de secretário de tribunal superior faz-se por escolha de entre os secretários com classificação de *Muito Bom*.

ARTIGO 37º
Provimento

1 – Os secretários de tribunal superior são providos em comissão de serviço, pelo período de 3 anos, renovável por iguais períodos.

2 – A intenção de renovação da comissão de serviço deve ser comunicada pelo director-geral dos Serviços Judiciários ao interessado até 30 dias antes do seu termo.

SUBSECÇÃO V
Secretários de justiça em secretarias-gerais

ARTIGO 38º
Recrutamento

1 – O recrutamento para lugares de secretário de justiça em secretarias-gerais faz-se por transferência de entre secretários de justiça com classificação de *Muito bom* na categoria e que se encontrem a mais de três anos do limite de idade para o exercício de funções.

2 – Na falta de candidatos, é dispensável o requisito a que se refere a parte final do número anterior.

3 – A transferência para os lugares de secretário de justiça em secretarias-gerais não está sujeita aos prazos referidos no artigo 13º.

ARTIGO 39º
Provimento em secretarias-gerais

Ao provimento em lugares de secretários de justiça em secretarias-gerais é aplicável o disposto no artigo 37º.

SECÇÃO III
Provimento e investidura

SUBSECÇÃO I
Provimento

ARTIGO 40º
Preferências

Sem prejuízo do disposto quanto às situações de disponibilidade e de supranumerário, gozam de preferência, sucessivamente:

a) Os oficiais de justiça que requeiram a transferência ou a transição, excepto se possuírem na categoria classificação inferior a *Bom*;

b) Os oficiais de justiça que requeiram a promoção para lugares de secretarias de tribunais instalados em comarcas periféricas quando, no requerimento a que se refere o nº 1 do artigo 19º, assumam o compromisso de permanência em qualquer daquelas comarcas pelo período de três anos;

c) Os funcionários de justiça habilitados nos termos do artigo 31º que requeiram a nomeação em vagas de escrivão auxiliar ou de técnico de justiça auxiliar no quadro de pessoal da secretaria do tribunal a que pertencem.

ARTIGO 41º
Graduação para acesso

1 – A promoção efectua-se segundo a nota resultante da aplicação da seguinte fórmula, reportada ao termo dos prazos referidos no nº 4 do artigo 19º:

$$N = \frac{2\,PA + CS + A}{4}$$

em que:
N = nota;
PA = classificação obtida na prova de acesso;
CS = última classificação de serviço, com a seguinte equivalência numérica: *Muito Bom* – 20 valores; *Bom com distinção* – 17 valores; *Bom* – 14 valores; e
A = antiguidade na categoria (anos completos).

2 – Em caso de igualdade de nota, constitui factor de desempate a antiguidade na categoria.

3 – No acesso à categoria de secretário de justiça, o disposto nos números anteriores é aplicável, em termos idênticos, aos candidatos a que se referem as alíneas *a*) e *b*) do nº 1 do artigo 10º, relevando, em ambas as situações, a antiguidade na categoria detida no termo dos prazos referidos no nº 4 do artigo 19º.[187]

ARTIGO 42º
Provimento em ingresso

1 – A nomeação em lugar de ingresso inicia-se pelos candidatos que tenham realizado a prova escrita há mais tempo, de acordo com a graduação efectuada nos termos do artigo 21º.

2 – Na falta ou insuficiência de candidatos referidos no número anterior, são nomeados os candidatos que tenham realizado a prova final há mais tempo, de acordo com a graduação efectuada nos termos do nº 4 do artigo 30º.

ARTIGO 43º
Nomeação interina em lugares de acesso

Se nenhum interessado reunir os requisitos constantes do artigo 9º, pode ser nomeado interinamente para lugar de acesso funcionário da categoria imediatamente inferior, constituindo factores atendíveis a classificação de serviço e, em caso de igualdade, a antiguidade na categoria.

ARTIGO 44º
Nomeação definitiva de funcionário interino

1 – Em caso de nomeação efectuada nos termos do número anterior, o lugar pode ser posto a concurso de dois em dois anos, nos movimentos de oficiais de justiça, sem prejuízo de, a todo o tempo, ser requerida a nomeação definitiva pelo interino que, entretanto, reunir os respectivos requisitos.

2 – Se o lugar referido no número anterior não for preenchido definitivamente, o funcionário manter-se-á no mesmo por iguais períodos.

ARTIGO 45º
Período probatório

1 – O período probatório em lugares de ingresso das carreiras de oficial de justiça tem a duração de um ano, prorrogável por seis meses; findo o período inicial ou a sua prorrogação, os funcionários são nomeados definitivamente se tiverem revelado aptidão para o lugar.

2 – Os funcionários que durante o período probatório não revelem aptidão para o desempenho de funções podem ser exonerados a todo o tempo.

3 – Para efeitos do disposto nos números anteriores, é aplicável, com as necessárias adaptações, o preceituado no artigo 29º, competindo ao imediato superior hierárquico a elaboração do relatório sobre o aproveitamento do funcionário e ao secretário de justiça a emissão de parecer.

---

[187] A alteração deste normativo resultou do artigo 1º do Decreto-Lei nº 169/2003, de 1 de agosto. O artigo 2º do referido diploma prescreve que o seu artigo 1º tem natureza interpretativa.

4 – Os funcionários que tenham sido exonerados por inaptidão só poderão reingressar nas carreiras de oficial de justiça em novo procedimento de admissão e nunca antes de dois anos após a exoneração.

ARTIGO 46º
Primeiro provimento oficioso

1 – Na falta de candidatos a lugares de ingresso nas carreiras de oficial de justiça, a nomeação faz-se independentemente de requerimento, segundo a ordem de graduação inversa à que resulta do nº 4 do artigo 21º e do nº 4 do artigo 30º.

2 – Quando não seja aceite a nomeação efectuada nos termos do número anterior, o director-geral dos Serviços Judiciários pode nomear imediatamente o indivíduo que se seguir na ordem de graduação.

ARTIGO 47º
Desistência

Os oficiais de justiça que sejam autorizados a desistir da nomeação passam à situação de disponibilidade, não gozando da preferência consagrada no nº 4 do artigo 51º.

SUBSECÇÃO II
Investidura

ARTIGO 48º
Aceitação e posse

1 – O prazo para a aceitação ou posse é fixado no despacho de nomeação, não podendo ser inferior a 2 nem superior a 30 dias.

2 – Na fixação do prazo tem-se em conta a localização da secretaria a cujo quadro pertence o lugar a prover.

3 – Os secretários de tribunal superior e os secretários de justiça aceitam a nomeação perante o presidente do tribunal ou perante o magistrado do Ministério Público, conforme os casos; os restantes funcionários de justiça tomam posse ou aceitam a nomeação perante o respectivo secretário de justiça.

4 – Em casos justificados, pode o director-geral dos Serviços Judiciários autorizar que os funcionários aceitem a nomeação ou tomem posse em local e perante entidades diferentes das referidas no número anterior.

5 – A falta de aceitação ou posse nos casos de primeira nomeação para lugares de ingresso implica:

a) Quanto aos candidatos a que se refere o nº 1 do artigo 21º, a exclusão do respectivo procedimento e a impossibilidade de candidatura a novo procedimento de admissão durante o período de dois anos a contar do termo do prazo para a aceitação ou posse;

b) Quanto aos candidatos aprovados em procedimento supletivo de admissão, a exclusão do respectivo procedimento.

6 – A falta de aceitação nos restantes casos determina o levantamento de auto por falta de assiduidade.

7 – No prazo de cinco dias a contar da aceitação ou posse deve ser enviado à Direcção-Geral dos Serviços Judiciários o duplicado do respectivo termo.

SECÇÃO IV
Substituição

ARTIGO 49º
Substituição

1 – Nas suas faltas e impedimentos, e sem prejuízo do disposto na alínea b) do nº 2 do artigo 66º, os secretários de tribunal superior, secretários de justiça, escrivães de direito e técnicos de justiça principais são substituídos pelo oficial de justiça de categoria imediatamente inferior, designado pelo respectivo superior hierárquico e autorizado pelo director-geral dos Serviços Judiciários.

2 – A substituição que se prolongue por um período superior a 30 dias confere ao substituto o direito de ser remunerado em conformidade com a escala remuneratória da categoria do substituído, nos termos constantes das alíneas a) e b) do nº 1 do artigo 84º.

3 – O despacho que autorizar a substituição é publicado no *Diário da República*.

4 – O tempo de serviço prestado em regime de substituição releva para a contagem de antiguidade na categoria de origem.[188]

SECÇÃO V
Cessação de funções

ARTIGO 50º
Cessação de funções

Os oficiais de justiça cessam funções:

a) No dia em que completem a idade para a aposentação;

b) No dia em que lhes for comunicado o despacho de desligamento do serviço;

c) No dia imediato àquele em que chegar à comarca ou serviço onde exerçam funções o *Diário da República* com a publicação da nova situação.

---

[188] O disposto neste artigo é aplicável às faltas e impedimentos do escrivão de direito agente de execução a que se reporta a Portaria nº 946/2003, de 6 de Setembro.

CAPÍTULO III
Disponibilidade, supranumerários e licenças

ARTIGO 51º
Disponibilidade

1 – Considera-se na situação de disponibilidade o funcionário de justiça que aguarda colocação em vaga da sua categoria:

a) Por ter findado a situação de interinidade, comissão de serviço ou requisição em que se encontrava;
b) Nos demais casos previstos na lei.

2 – A situação de disponibilidade não implica a perda de antiguidade ou de qualquer remuneração correspondente à respectiva categoria.

3 – O funcionário na situação de disponibilidade é nomeado logo que ocorra vaga em lugar da sua categoria, desde que aquela não implique deslocação de duração superior a noventa minutos entre a residência e o local de trabalho, em transporte colectivo regular.

4 – O funcionário na situação de disponibilidade goza de preferência absoluta na nomeação em qualquer vaga da sua categoria ou de categoria para a qual possa transitar, se o requerer.

5 – Em caso de nomeação oficiosa, o funcionário não fica sujeito aos prazos previstos nos artigos 13º e 14º.

6 – Enquanto se mantiver na situação de disponibilidade, o funcionário pode ser afecto pelo director-geral dos Serviços Judiciários a serviços compatíveis com a sua categoria, dentro dos limites previstos no nº 3, independentemente da carreira a que pertença.

ARTIGO 52º
Supranumerários

1 – O funcionário de justiça cujo lugar seja extinto passa à situação de supranumerário no quadro de pessoal da secretaria onde estava colocado.

2 – O funcionário supranumerário é nomeado logo que ocorra vaga em lugar da sua categoria, desde que aquela não implique deslocação de duração superior a noventa minutos entre a residência e o local de trabalho, em transporte colectivo regular.

3 – O funcionário supranumerário goza de preferência absoluta na nomeação em qualquer vaga da sua categoria ou de categoria para a qual possa transitar, se o requerer.

4 – Em caso de nomeação oficiosa, o funcionário manterá a preferência referida no número anterior durante dois anos, não ficando sujeito aos prazos previstos nos artigos 13º e 14º.

5 – Ao funcionário supranumerário é aplicável o disposto no nº 6 do artigo anterior.

ARTIGO 53º
Licenças

Os oficiais de justiça que se encontrem em gozo de licença ilimitada ou de licença sem vencimento de longa duração e pretendam regressar ao serviço requerem os lugares em condições de igualdade com os que estão em exercício efectivo de funções.

CAPÍTULO IV
Comissão de serviço, requisição e destacamento

ARTIGO 54º
Comissão de serviço

1 – Quando razões especiais de serviço o justifiquem, os funcionários de justiça podem ser nomeados em comissão de serviço para:

 a) Conselho Superior da Magistratura e Procuradoria-Geral da República;
 b) Serviços dependentes do Ministério da Justiça, com excepção das secretarias dos tribunais;
 c) Outros departamentos do Estado.

2 – O tempo em comissão de serviço é considerado como serviço efectivo na categoria ou cargo de origem.

3 – Na falta de disposição especial, as comissões de serviço têm a duração de três anos e podem ser dadas por findas a todo o tempo.

4 – As comissões de serviço previstas na alínea c) do nº 1 só podem ser renovadas por uma vez.

ARTIGO 55º
Requisição e destacamento

1 – Quando razões especiais de serviço o justifiquem, os funcionários de justiça podem ser requisitados ou destacados.

2 – A requisição faz-se nos termos gerais.

3 – O destacamento faz-se por um período até um ano, prorrogável por uma vez.

ARTIGO 56º
Destacamento excepcional

1 – Nos casos de excepcional volume ou acumulação de serviço, mostrando-se inadequado o recurso à requisição ou destacamento referidos no artigo anterior, os oficiais de justiça podem ser destacados para secretarias dos tribunais com direito ao abono de ajudas de custo nos termos da lei geral, não sendo aplicável o disposto no artigo 12º do Decreto-Lei nº 106/98, de 24 de Abril.[189]

---

[189] O Decreto-Lei nº 106/98, de 24 de Abril, é a lei geral sobre ajudas de custo e subsídio de transporte. O seu artigo 12º refere-se ao limite do tempo de deslocação.

2 – O destacamento a que se refere o número anterior depende da anuência do funcionário e faz-se por um período até seis meses, prorrogável por uma vez.

ARTIGO 57º
Restrições à mobilidade

1 – Nenhum funcionário de justiça pode ser requisitado, destacado ou nomeado em comissão de serviço ou interinamente antes de decorrido um ano de serviço efectivo no respectivo lugar ou enquanto nele se encontrar nomeado provisoriamente.

2 – Findas as situações previstas no número anterior, os funcionários de justiça devem regressar ao lugar de origem no prazo de cinco dias.

CAPÍTULO V
Direitos, deveres e incompatibilidades

SECÇÃO I
Direitos

ARTIGO 58º
Direito ao lugar

Os funcionários de justiça só podem ser transferidos para fora da comarca do lugar de origem a seu pedido, por motivo disciplinar, por extinção do lugar ou por colocação na situação de disponibilidade.

ARTIGO 59º
Férias, dias de descanso e dispensas de serviço

1 – Os funcionários de justiça têm direito, em cada ano civil, a um período de férias igual ao previsto na lei geral do funcionalismo público, acrescido de tantos dias de descanso quantos os de prestação de serviço de turno em dia feriado, relativos ao ano anterior.

2 – Os funcionários de justiça gozam as férias e os dias de descanso preferencialmente durante o período de férias judiciais, podendo ainda aquelas ser gozadas no período compreendido entre 15 e 31 de Julho.[190]

3 – Por motivo justificado ou outro legalmente previsto, pode ser autorizado o gozo de férias em momento diferente dos referidos no número anterior.

4 – Por imposição do serviço, o director-geral da Administração da Justiça, sob proposta do magistrado de quem o funcionário dependa ou do secretário de justiça, pode determinar o seu regresso às funções, sem prejuízo do direito ao gozo da totalidade do período de férias e de descanso anual.

5 – À ausência para gozo de férias, de dias de descanso ou de dispensas de serviço, é aplicável o disposto no nº 2 do artigo 65º.

---

[190] Esta referência ao período entre 15 e 31 de Julho perdeu relevância normativa, por virtude de a Lei nº 43/2010, de 3 de setembro, ter integrado aquele perído de tempo nas férias judiciais de Verão.

6 – Caso não exista inconveniente para o serviço, o secretário de justiça pode conceder aos funcionários de justiça dispensas de serviço até ao limite de seis dias por ano, por períodos não superiores a dois dias consecutivos, não acumuláveis entre si, com o período de férias ou dias de descanso.

ARTIGO 59º-A
Mapas de férias

1 – Em cada tribunal é elaborado um mapa anual dos funcionários de justiça, cabendo a sua organização ao respectivo secretário sob proposta e com audição dos interessados.

2 – Com vista a garantir o regular funcionamento do tribunal, a proposta de mapa de férias é remetida para aprovação ao juiz presidente do tribunal, garantida que esteja a harmonização com os mapas de férias anuais propostos para os magistrados judiciais e para os magistrados do Ministério Público.

3 – A aprovação do mapa de férias dos funcionários de justiça ocorre até ao 30º dia que anteceda o domingo de Ramos, ficando de seguida disponível para consulta, em versão integral ou abreviada, nas instalações do tribunal.

4 – O mapa a que se refere o presente artigo é elaborado de acordo com o modelo aprovado pelo director-geral da Administração da Justiça, nele se referenciando, para cada funcionário, o juízo e a secção em que presta funções, o período ou períodos de férias marcados e o funcionário substituto, observando-se o regime de substituição de lei nos casos em que este não seja indicado.

ARTIGO 60º
Livre trânsito

1 – Os funcionários de justiça têm direito à utilização gratuita, quando em serviço, dos transportes colectivos terrestres e fluviais, mediante exibição do cartão de livre trânsito, considerando-se em serviço, para o efeito, a deslocação entre a residência e o local de trabalho.

2 – Para efeitos do disposto no número anterior, considera-se que desempenham funções em todo o território os membros do Conselho dos Oficiais de Justiça, os inspectores e respectivos secretários de justiça bem como os secretários de inspecção do Conselho Superior da Magistratura e do Conselho Superior do Ministério Público.

3 – O modelo de cartão de livre trânsito é aprovado por portaria do Ministro da Justiça.

4 – O cartão referido no número anterior deve ser remetido à Direcção-Geral dos Serviços Judiciários nos cinco dias imediatos à cessação de funções.

ARTIGO 61º
Despesas de deslocação

1 – Os funcionários de justiça têm direito ao reembolso, se não optarem pelo recebimento adiantado, das despesas com a sua deslocação e do seu agregado familiar, bem como, dentro dos limites a estabelecer por despacho conjunto dos Minis-

tros das Finanças e da Justiça, do transporte dos seus bens pessoais, qualquer que seja o meio de transporte utilizado, quando promovidos, transferidos ou colocados por motivos de natureza não disciplinar em secretarias de tribunais.

2 – No caso de primeiras nomeações, e uma vez em exercício de funções, os funcionários de justiça têm direito ao reembolso das despesas referidas no número anterior.

3 – O disposto no nº 1 não é aplicável aos casos em que a deslocação se deva a permuta.

4 – O pedido de reembolso das despesas deve ser efectuado no prazo máximo de três meses a contar da data da sua realização.

ARTIGO 62º
Passagens para férias

1 – Os funcionários de justiça colocados nas Regiões Autónomas têm direito a passagens pagas para gozo de férias no continente ao fim de um ano de serviço efectivo aí prestado.

2 – O direito referido no número anterior aplica-se ao agregado familiar do funcionário.

ARTIGO 63º
Direitos especiais

São direitos especiais dos oficiais de justiça:

a) A entrada e livre trânsito em lugares públicos, por motivo de serviço;

b) O uso, porte e manifesto gratuito de arma de defesa, independentemente de licença exigida em lei especial;

c) A isenção de custas em qualquer acção em que sejam parte principal ou acessória, por via do exercício das suas funções;

d) O uso de toga pelos secretários de tribunal superior ou secretários de justiça, quando licenciados em Direito.

SECÇÃO II
Deveres

ARTIGO 64º
Residência

1 – Os funcionários de justiça devem residir na localidade onde se encontra instalado o tribunal em que exercem funções, podendo, todavia, fazê-lo em qualquer ponto da comarca sede do tribunal, desde que eficazmente servido por transporte público regular.

2 – O director-geral dos Serviços Judiciários pode autorizar a residência em qualquer outra localidade, desde que fique assegurado o cumprimento dos actos de serviço.

ARTIGO 65º
Ausência

1 – Os funcionários de justiça podem ausentar-se fora das horas de funcionamento normal da secretaria, quando a ausência não implique falta a qualquer acto de serviço ou pertubação deste.

2 – Em caso de ausência, os funcionários devem informar previamente o respectivo superior hierárquico e indicar o local onde podem ser encontrados.

3 – Quando a urgência da saída não permita informar previamente o superior hierárquico, deve o funcionário informá-lo logo que possível, apresentando a respectiva justificação.

4 – Os secretários de tribunal superior e os secretários de justiça devem comunicar à Direcção-Geral dos Serviços Judiciários, até ao dia 5 de cada mês, as faltas de qualquer natureza dadas ao serviço no mês anterior pelos funcionários do respectivo tribunal.

ARTIGO 66º
Deveres

1 – Os funcionários de justiça têm os deveres gerais dos funcionários da Administração Pública.

2 – São ainda deveres dos funcionários de justiça:

a) Não fazer declarações ou comentários sobre processos, sem prejuízo da prestação de informações que constituam actos de serviço;
b) Colaborar na normalização do serviço, independentemente do lugar que ocupam e da carreira a que pertencem;
c) Colaborar na formação de estagiários;
d) Frequentar as acções de formação para que sejam convocados;
e) Usar capa nas sessões e audiências a que tenham de asssitir.

3 – O modelo da capa a que se refere a alínea *e)* do número anterior é aprovado por portaria do Ministro da Justiça e os encargos com a sua aquisição são suportados pelo orçamento de delegação do Cofre Geral dos Tribunais.[191]

SECÇÃO III
Incompatibilidades

ARTIGO 67º
Incompatibilidades

Aos oficiais de justiça é aplicável o regime de incompatibilidades da função pública, sendo-lhe ainda vedado:

---

[191] O aludido modelo consta na Portaria nº 486/2003, de 17 de junho. Ao mencionado Cofre sucedeu, indiretamente, o Instituto de Gestão Financeira e dos Equipamentos da Justiça, IP.

a) Exercer funções no tribunal ou juízo em que sirvam magistrados judiciais ou do Ministério Público a que estejam ligados por casamento, união de facto, parentesco ou afinidade em qualquer grau da linha recta ou até ao 2º grau da linha colateral;
b) Exercer a função de jurado;
c) Exercer a função de juiz social.

CAPÍTULO VI
ClassificaçÕES

SECÇÃO I
Disposição geral

ARTIGO 68º
Classificação dos funcionários de justiça

1 – Os oficiais de justiça são classificados, de acordo com o seu mérito, de *Muito bom, Bom com distinção, Bom, Suficiente* e *Medíocre*.

2 – A competência para classificar os oficiais de justiça cabe ao Conselho dos Oficiais de Justiça, com excepção dos secretários de tribunal superior, que são classificados pelo presidente do respectivo tribunal.

3 – Os restantes funcionários de justiça são classificados nos termos da lei geral, cabendo a homologação ao director-geral dos Serviços Judiciários.

SECÇÃO II
Classificação dos oficiais de justiça

ARTIGO 69º
Efeitos

1 – A classificação de *Medíocre* implica para os funcionários de justiça a suspensão e a instauração de inquérito por inaptidão para o exercício do cargo.

2 – A suspensão durará até à decisão final do inquérito ou do processo disciplinar em que aquele haja sido convertido e não implica a perda de remunerações nem da contagem do tempo de serviço.

ARTIGO 70º
Elementos a considerar

1 – São elementos a tomar em especial consideração na classificação dos oficiais de justiça:

a) A idoneidade cívica;
b) A qualidade do trabalho e a produtividade;
c) A preparação técnica e intelectual;
d) O espírito de iniciativa e colaboração;
e) A simplificação dos actos processuais;

f) O brio profissional;
g) A urbanidade;
h) A pontualidade e assiduidade.

2 – A capacidade de orientação e de organização do serviço é elemento relevante na classificação de funcionários providos em cargos de chefia.

3 – Nas classificações são sempre ponderadas as circunstâncias em que decorreu o exercício de funções, designadamente as condições de trabalho e o volume de serviço, informações, resultados de inspecções ou processos disciplinares, bem como quaisquer elementos complementares, desde que, em qualquer caso, se reportem ao período abrangido pela inspecção.

ARTIGO 71º
Periodicidade

1 – Os oficiais de justiça são classificados, em regra, de três em três anos.

2 – Mantém-se válida a classificação atribuída há mais de três anos, salvo se a desactualização for imputável ao oficial de justiça.

ARTIGO 72º
Inspecções

1 – A classificação dos oficiais de justiça, com excepção dos secretários de tribunal superior, é precedida de inspecção pelo Conselho dos Oficiais de Justiça e de parecer do juiz-presidente.

2 – Nos casos do Departamento Central de Investigação e Acção Penal e dos departamentos de investigação e acção penal o parecer é emitido pelo magistrado coordenador.

ARTIGO 73º
Comissão de serviço

Os oficiais de justiça em comissão de serviço são classificados se o Conselho dos Oficiais de Justiça dispuser de elementos suficientes ou se os puder obter, ordenando, para o efeito, a correspondente inspecção.

ARTIGO 74º
Audiência prévia

Antes da atribuição da classificação, os oficiais de justiça são notificados para, no prazo de 10 dias úteis, se pronunciarem sobre o conteúdo do respectivo relatório de inspecção.

CAPÍTULO VII
Antiguidade

ARTIGO 75º
Antiguidade na categoria

1 – A antiguidade dos funcionários de justiça na categoria conta-se desde a data da publicação do despacho de nomeação no *Diário da República*.

2 – Quando vários funcionários forem abrangidos por nomeações publicadas na mesma data, a antiguidade determina-se pela ordem da publicação.
3 – A ordem da publicação obedece à graduação para provimento.
4 – Nos casos de transição, a antiguidade corresponde ao tempo de serviço prestado em ambas as categorias.
5 – O tempo de serviço prestado na categoria de secretário de tribunal superior releva para a contagem da antiguidade na categoria de origem.

ARTIGO 76º
Interinidade

1 – Aos oficiais de justiça é contado, para efeitos de antiguidade, o tempo de serviço prestado como interinos, quando não haja interrupção entre a interinidade e a nomeação definitiva ou quando sejam nomeados definitivamente no primeiro movimento que se realize após a cessação da interinidade.
2 – A contagem a que se refere o número anterior inicia-se no momento em que o funcionário nomeado interinamente satisfaça os requisitos exigidos para a nomeação definitiva.

ARTIGO 77º
Listas de antiguidade

1 – As listas de antiguidade dos funcionários de justiça são divulgadas e distribuídas anualmente em cada tribunal pela Direcção-Geral dos Serviços Judiciários, sendo o respectivo anúncio publicado na 2ª série do *Diário da República*.
2 – Os funcionários são graduados por categorias, de harmonia com o tempo de serviço que lhes for contado, mencionando-se, a respeito de cada um, a data de nascimento, a categoria e a data da nomeação.
3 – As listas são acompanhadas das observações que se mostrem necessárias à boa compreensão do seu conteúdo ou da situação dos funcionários por elas abrangidos.

ARTIGO 78º
Reclamação

1 – Do despacho que aprova as listas de antiguidade cabe reclamação, a deduzir no prazo de 30 dias úteis a contar da publicação do anúncio a que se refere o nº 1 do artigo anterior.
2 – A reclamação não pode fundamentar-se em contagem de tempo de serviço ou em outras circunstâncias que tenham sido consideradas em listas anteriores.

ARTIGO 79º
Correcção oficiosa de erros materiais

Quando a Direcção-Geral dos Serviços Judiciários verificar que houve erro material na graduação, pode a todo o tempo efectuar as necessárias correcções.

PARTE II
ESTATUTO REMUNERATÓRIO

ARTIGO 80º
Escala salarial

1 – A escala salarial dos oficiais de justiça é a constante do mapa II anexo ao presente diploma, do qual faz parte integrante.

2 – A escala salarial dos inspectores do Conselho dos Oficiais de Justiça integra os índices 710, 760 e 810, correspondentes aos escalões 1, 2 e 3, respectivamente.

3 – As escalas salariais mencionadas no número anterior referenciam-se ao índice 100 da escala indiciária do regime geral.

ARTIGO 81º
Progressão

1 – Sem prejuízo do disposto no número seguinte, a progressão dos oficiais de justiça faz-se na categoria de que são detentores e depende da permanência de um período de três anos no escalão imediatamente anterior.

2 – A progressão dos secretários de tribunal superior e dos inspectores do Conselho dos Oficiais de Justiça faz-se nos termos do número anterior, quer no que respeita à categoria em que estão nomeados definitivamente, quer no que respeita à categoria em que estão nomeados em comissão de serviço.

3 – Os funcionários referidos no número anterior que deixem de exercer os seus cargos, por lhes ter sido dada por finda a respectiva comissão de serviço, regressam às categorias de origem no escalão que, em progressão normal, lhes couber.

ARTIGO 82º
Escalão de promoção

1 – Na promoção do pessoal oficial de justiça a integração na escala remuneratória processa-se da seguinte forma:

a) Para o escalão 1 da categoria para a qual se faz a promoção;

b) Para o escalão a que, na estrutura remuneratória da categoria para a qual se faz a promoção, corrresponda o índice superior mais aproximado, se o funcionário auferir já remuneração igual ou superior à do escalão 1.

2 – Sempre que do disposto no número anterior resultar um impulso salarial inferior a 10 pontos, a integração na nova categoria faz-se no escalão seguinte da estrutura da categoria.

3 – Se a remuneração, em caso de progressão, for superior à que resulta da aplicação dos números anteriores, a promoção faz-se para o escalão seguinte àquele que lhe corresponderia por força daquelas regras, excepto se o funcionário tiver mudado de escalão há menos de um ano.

ARTIGO 83º
Mudança de situação

Quando um funcionário seja nomeado em nova categoria ou lugar tem direito a receber a remuneração correspondente à situação anterior até à aceitação da nomeação.

ARTIGO 84º
Secretários de justiça em secretarias-gerais

1 – Os secretários nomeados para secretarias-gerais têm direito à remuneração correspondente à categoria de secretário de tribunal superior, nos seguintes termos:

a) À remuneração correspondente ao escalão 1;

b) À remuneração correspondente ao escalão a que, na nova estrutura remuneratória, corresponda o índice superior mais aproximado, se o funcionário auferir já remuneração igual ou superior à do escalão 1.

2 – A progressão faz-se nos termos do nº 1 do artigo 81º, quer na categoria de que são detentores, quer na categoria pela qual são remunerados.

ARTIGO 85º
Comissões de serviço

1 – O secretário do Conselho dos Oficiais de Justiça e os secretários de inspecção têm direito à remuneração correspondente à categoria imediatamente superior à que detêm, nos termos constantes das alíneas *a)* e *b)* do nº 1 do artigo anterior.

2 – Sempre que a remuneração devida pela normal progressão na categoria de que são detentores seja igual ou superior à que resulta da aplicação do nº 1 do artigo 84º, os funcionários referidos no número anterior passam a vencer, nesta última escala remuneratória, pelo escalão imediatamente superior àquele pelo qual vinham sendo remunerados.

3 – Os restantes funcionários nomeados em comissão de serviço têm direito à remuneração atribuída às funções exercidas, desde que estas correspondam a lugares dos quadros de pessoal dos organismos em que prestam serviço e os funcionários reúnam as habilitações exigíveis, podendo, no entanto, optar pela remuneração do cargo de origem.

ARTIGO 86º
Vogais do Conselho dos Oficiais de Justiça

1 – Os vogais do Conselho dos Oficiais de Justiça que exerçam funções em tempo integral têm direito à remuneração correspondente à categoria imediatamente superior à que detêm, nos termos constantes das alíneas *a)* e *b)* do nº 1 do artigo 84º e do nº 2 do artigo anterior.

2 – Os restantes vogais têm direito, por cada reunião, a senhas de presença, de montante a fixar por despacho dos Ministros das Finanças, da Justiça e do membro do Governo responsável pela Administração Pública.

ARTIGO 87º
Interinidade

1 – À nomeação interina aplica-se o disposto no nº 1 do artigo 82º e no nº 2 do artigo 85º.

2 – A antiguidade na categoria a que se refere o artigo 76º é considerada para efeitos de progressão na escala remuneratória da categoria em que o funcionário vier a ser nomeado definitivamente.

ARTIGO 88º
Suplementos

1 – Aos funcionários que prestam serviço em comarcas periféricas, nos termos do artigo 125º, pode ser atribuído suplemento de fixação.

2 – Aos funcionários colocados em lugares dos quadros de secretarias em que o excepcional volume ou complexidade do serviço dificultem o preenchimento dos quadros de pessoal ou a permanência dos funcionários pode ser atribuído suplemento remuneratório.

3 – Os suplementos referidos nos números anteriores são fixados por despacho dos Ministros das Finanças, da Justiça e do membro do Governo responsável pela Administração Pública.

PARTE III
ESTATUTO DISCIPLINAR

CAPÍTULO I
Disposições gerais

ARTIGO 89º
Responsabilidade disciplinar

Os oficiais de justiça são disciplinarmente responsáveis nos termos do regime geral dos funcionários e agentes da Administração Pública e dos artigos seguintes.[192]

ARTIGO 90º
Infracção disciplinar

Constituem infracção disciplinar os factos, ainda que meramente culposos, praticados pelos oficiais de justiça com violação dos deveres profissionais, bem como os actos ou omissões da sua vida pública, ou que nela se repercutam, incompatíveis com a dignidade indispensável ao exercício das suas funções.

---

[192] O regime disciplinar geral dos trabalhadores da função pública consta da Lei nº 58/2008, de 9 de setembro.

CAPÍTULO II
Penas

ARTIGO 91º
Suspensão

A pena de suspensão implica, para além dos efeitos previstos na lei geral:

a) A cessação da interinidade, quando os factos tenham sido praticados na referida situação;

b) A transferência, quando o oficial de justiça não possa manter-se no meio em que exercia funções à data da prática da infracção sem quebra do prestígio que lhe é exigível, o que constará da decisão disciplinar;

c) A impossibilidade de promoção ou de admissão a prova de acesso durante um ano, contado do termo da prática da infracção, quando a pena de suspensão for superior a 120 dias.

ARTIGO 92º
Inactividade

A pena de inactividade produz, para além dos efeitos previstos na lei geral, os efeitos referidos no artigo anterior, sendo de dois anos o período de impossibilidade de promoção ou de admissão à prova de acesso.

ARTIGO 93º
Promoção de oficiais de justiça

1 – Durante a pendência de processo criminal ou disciplinar o oficial de justiça é graduado para promoção, sendo, no entanto, nomeado interinamente na respectiva vaga até decisão final.

2 – Se o processo for arquivado, se for proferida decisão absolutória ou aplicada pena que não prejudique a promoção, a nomeação converte-se em definitiva, sendo contado na actual categoria o tempo de serviço prestado interinamente.

3 – Nos restantes casos o funcionário regressa ao lugar de origem.

CAPÍTULO III
Procedimento disciplinar

ARTIGO 94º
Instauração e instrução do processo

1 – São competentes para instaurar processo disciplinar contra oficiais de justiça, além do Conselho dos Oficiais de Justiça:

a) O director-geral da Administração da Justiça;

b) O juiz presidente do tribunal em que o funcionário exerça funções à data da infracção;

c) O magistrado coordenador, quando a infracção seja cometida no Departamento Central de Investigação e Acção Penal ou num departamento de investigação e acção penal;

d) O Conselho Superior da Magistratura, o Conselho Superior dos Tribunais Administrativos e Fiscais e o Conselho Superior do Ministério Público, conforme os casos;

e) Os inspectores dos conselhos referidos na alínea anterior.

2 – A nomeação do instrutor compete ao Conselho dos Oficiais de Justiça.

ARTIGO 95º
Autonomia do procedimento disciplinar

1 – O procedimento disciplinar é independente do procedimento criminal.

2 – Quando em processo disciplinar se apure a existência de infracção criminal, dá-se imediato conhecimento ao Ministério Público.

ARTIGO 96º
Suspensão preventiva

1 – O oficial de justiça arguido em processo disciplinar pode ser preventivamente suspenso das funções desde que haja fortes índicios de que à infracção caberá, pelo menos, a pena de suspensão, e a continuação na efectividade de serviço seja prejudicial à instrução do processo, ao serviço ou ao prestígio e à dignidade da função.

2 – A suspensão preventiva é executada por forma a assegurar-se a defesa da dignidade pessoal e profissional do oficial de justiça.

3 – A suspensão preventiva não pode exceder 120 dias, determina a perda da remuneração de exercício e não prejudica a contagem do tempo de serviço.

4 – A perda da remuneração de exercício será reparada ou levada em conta pela entidade competente após a decisão final do processo.

ARTIGO 97º
Nomeação de defensor

1 – Se o arguido estiver impossibilitado de elaborar a defesa, por motivo de ausência, doença, anomalia mental ou incapacidade física, a entidade que tiver instaurado o processo disciplinar requer à Ordem dos Advogados a nomeação de um defensor.

2 – Quando o defensor for nomeado em data posterior à da notificação da acusação, reabre-se o prazo para a defesa com a sua notificação.

ARTIGO 97º-A
Notificação da decisão[193]

Na data em que se fizer a notificação da decisão ao arguido será dado conhecimento da mesma à entidade que tiver instaurado o processo.

---

[193] Este artigo foi aditado pelo artigo 2º do Decreto-Lei nº 96/2002, de 12 de abril.

PARTE IV
CONSELHO DOS OFICIAIS DE JUSTIÇA

CAPÍTULO I
Noção, estrutura e organização

ARTIGO 98º
Noção

O Conselho dos Oficiais de Justiça é o órgão que aprecia o mérito profissional e exerce o poder disciplinar sobre os oficiais de justiça, sem prejuízo da competência disciplinar atribuída a magistrados e do disposto no nº 2 do artigo 68º.

ARTIGO 99º
Composição

1 – O Conselho dos Oficiais de Justiça é composto pelo director-geral da Administração da Justiça, que preside, e pelos seguintes vogais:

a) Dois designados pelo director-geral da Administração da Justiça, um dos quais magistrado judicial, que exerce as funções de vice-presidente;
b) Um designado pelo Conselho Superior de Magistratura;
c) Um designado pelo Conselho Superior dos Tribunais Administrativos e Fiscais;
d) Um designado pela Procuradoria-Geral da República;
e) Um oficial de justiça por cada círculo judicial, eleito pelos seus pares, e que à data do termo do prazo de apresentação das candidaturas preste serviço num tribunal sediado no distrito judicial pelo qual concorre.

2 – Um dos vogais a que se refere a alínea *a)* do número anterior exerce as funções de vice-presidente, por designação do presidente.

ARTIGO 100º
Secretário

O Conselho dos Oficiais de Justiça é secretariado por um oficial de justiça de categoria não inferior a escrivão de direito ou técnico de justiça principal, nomeado em comissão de serviço pelo presidente, sob proposta do Conselho dos Oficiais de Justiça.

ARTIGO 101º
Serviços de apoio

Os serviços de apoio ao Conselho dos Oficiais de Justiça são assegurados por pessoal da Direcção-Geral dos Serviços Judiciários.

ARTIGO 102º
Forma de designação

1 – Os oficiais de justiça referidos na alínea *d*) do nº 1 artigo 99º são eleitos por sufrágio secreto e universal, segundo o princípio da representação proporcional e o método da média mais alta, com observância das seguintes regras:

a) Apura-se em separado o número de votos obtidos por cada lista;

b) O número de votos de cada lista é dividido, sucessivamente, por 1, 2, 3, 4, 5, etc., sendo os quocientes considerados com parte decimal alinhados por ordem decrescente da sua grandeza numa série de tantos termos quantos os mandatos atribuídos ao orgão respectivo;

c) Os mandatos pertencem às listas a que correspondem os termos da série estabelecida pela regra anterior, recebendo cada uma das listas tantos mandatos quantos os seus termos na série;

d) No caso de restar um ou mais mandatos por distribuir, por os termos seguintes da série serem iguais e de listas diferentes, o mandato ou mandatos cabem à lista ou listas que tiverem obtido maior número de votos.

2 – Se mais de uma lista obtiver igual número de votos, não há lugar à atribuição de mandatos, devendo o acto eleitoral ser repetido.

ARTIGO 103º
Princípios eleitorais

1 – A eleição dos oficiais de justiça referida na alínea *d*) do nº 1 do artigo 99º é feita com base em recenseamento organizado pela Direcção-Geral dos Serviços Judiciários, entidade que remeterá os cadernos eleitorais ao Conselho dos Oficiais de Justiça.

2 – É facultado aos eleitores o exercício do direito de voto por correspondência, devendo os respectivos serviços fornecer os meios indispensáveis para o efeito.

3 – A eleição tem lugar dentro dos 30 dias anteriores à vacatura dos cargos e é anunciada, com a antecedência mínima de 45 dias, por publicação no *Diário da República*.

ARTIGO 104º
Organização de listas

1 – A eleição dos oficiais de justiça efectua-se por listas elaboradas por organismos sindicais ou de classe dos oficiais de justiça ou por um mínimo de 100 eleitores.

2 – As listas incluem pelo menos dois suplentes em relação a cada candidato efectivo, que devem prestar serviço no mesmo distrito judicial, havendo em cada lista tantos candidatos quantos os distritos judiciais.

3 – Não pode haver candidatos por mais de uma lista.

4 – Na falta de candidaturas, serão marcadas novas eleições, a realizar no prazo de seis meses, mantendo-se em funções os vogais anteriormente eleitos.

ARTIGO 105º
Distribuições de lugares

Apurados os votos pela forma descrita no artigo 102º, os mandatos são distribuídos pela ordem seguinte:

1º mandato – oficial de justiça proposto pelo distrito judicial de Lisboa;
2º mandato – oficial de justiça proposto pelo distrito judicial do Porto;
3º mandato – oficial de justiça proposto pelo distrito judicial de Coimbra;
4º mandato – oficial de justiça proposto pelo distrito judicial de Évora.

ARTIGO 106º
Comissão de eleições

1 – A fiscalização da regularidade dos actos eleitorais e o apuramento final da votação competem a uma comissão de eleições.

2 – Constituem a comissão de eleições o director-geral dos Serviços Judiciários, um técnico superior da Direcção-Geral dos Serviços Judiciários e um oficial de justiça.

3 – Tem o direito a integrar a comissão de eleições um representante da cada lista admitida ao acto eleitoral.

4 – As funções de presidente são exercidas pelo director-geral dos Serviços Judiciários e as deliberações tomadas à pluralidade de votos, cabendo ao presidente voto de qualidade.

ARTIGO 107º
Competência da comissão de eleições

Compete especialmente à comissão de eleições resolver as dúvidas suscitadas na interpretação das normas reguladoras do processo eleitoral e decidir as reclamações que surjam no decurso das operações eleitorais.

ARTIGO 108º
Contencioso eleitoral

O recurso contencioso dos actos eleitorais é interposto, no prazo de sete dias, para o Tribunal Administrativo de Círculo de Lisboa e decidido nos cinco dias seguintes à sua admissão.

ARTIGO 109º
Exercício dos cargos

1 – Os vogais eleitos do Conselho dos Oficiais de Justiça mantêm-se em funções por um período de três anos, não podendo ser reeleitos para um terceiro mandato consecutivo, nem durante o triénio imediatamente subsequente ao termo do segundo mandato consecutivo.

2 – Sempre que durante o exercício do cargo um vogal eleito fique impedido, são chamados os respectivos suplentes, e, na falta destes, faz-se declaração de vacatura, procedendo-se a nova eleição, nos termos dos artigos anteriores.

3 – Os membros do Conselho dos Oficiais de Justiça mantêm-se em exercício de funções até à posse dos que os venham substituir.

ARTIGO 110º
Estatuto dos vogais

1 – O cargo de vogal do Conselho dos Oficiais de Justiça pode ser exercido, segundo deliberação daquele órgão, de uma das seguintes formas:

a) Em tempo integral;

b) Em acumulação com as funções correspondentes ao cargo de origem, com redução do serviço correspondente a esse cargo.

2 – Os vogais a que se refere a alínea *a)* do número anterior exercem funções em comissão de serviço.

3 – O cargo de vogal do Conselho dos Oficiais de Justiça é incompatível com o de inspector ou de secretário de inspecção.

CAPÍTULO II
Competências e funcionamento

ARTIGO 111º
Competência[194]

1 – Compete ao Conselho dos Oficiais de Justiça:

a) Apreciar o mérito profissional e exercer o poder disciplinar sobre os oficiais de justiça, sem prejuízo da competência disciplinar atribuída a magistrados e do disposto no nº 2 do artigo 68º;

b) Apreciar os pedidos de revisão de processos disciplinares e de reabilitação;

c) Emitir parecer sobre diplomas legais relativos à organização judiciária e ao Estatuto dos Funcionários de Justiça e, em geral, sobre matérias relativas à administração judiciária;

d) Estudar e propor ao Ministro da Justiça providências legislativas com vista à eficiência e ao aperfeiçoamento das instituições judiciárias;

e) Elaborar o plano de inspecções;

f) Ordenar inspecções, inquéritos e sindicâncias;

g) Aprovar o regulamento interno, o regulamento das inspecções e o regulamento eleitoral;[195]

h) Adoptar as providências necessárias à organização e boa execução do processo eleitoral;

i) Exercer as demais funções conferidas por lei.

---

[194] O Tribunal Constitucional declarou, com força obrigatória geral, a inconstitucionalidade do artigo 98º e da alínea *a)* do artigo 111º deste artigo, por violarem o nº 3 do artigo 218º da Constituição. Alterados os artigos 6º, 7º, 72º, 94º, 97º a 99º e 118º deste Estatuto pelo Decreto-Lei nº 96/2002, de 12 de abril, sanado ficou o referido vício de inconstitucionalidade, conforme foi considerado pelo Tribunal Constitucional, no acórdão de 27 de junho de 2006, publicado no *Diário da República*, II Série, nº 159, de 18 de agosto de 2006.

[195] O Regulamento das Inspeções do Conselho dos Oficiais de Justiça, nº 4/2000, de 31 de janeiro, está publicado no *Diário da República*, II Série, nº 37, de 14 de fevereiro de 2000.

2 – O Conselho Superior da Magistratura, o Conselho Superior dos Tribunais Administrativos e Fiscais e o Conselho Superior do Ministério Público, consoante os casos, têm o poder de avocar bem como o poder de revogar as deliberações do Conselho dos Oficiais de Justiça proferidas no âmbito do disposto na alínea *a*) do número anterior.

ARTIGO 112º
Delegação de poderes

1 – O Conselho dos Oficiais de Justiça pode delegar no presidente, com faculdade de subdelegação no vice-presidente, poderes para:

a) Ordenar inspecções extraordinárias;
b) Instaurar inquéritos e sindicâncias;

2 – O presidente e o vice-presidente podem decidir sobre outros assuntos de carácter urgente, ficando tais actos sujeitos a ratificação do Conselho dos Oficiais de Justiça, na primeira reunião realizada após a sua prática.

ARTIGO 113º
Funcionamento

1 – O Conselho dos Oficiais de Justiça funciona em plenário.

2 – O plenário é constituído por todos os membros do Conselho dos Oficiais de Justiça.

3 – As reuniões do plenário do Conselho dos Oficiais de Justiça têm lugar ordinariamente uma vez por mês e extraordinariamente sempre que convocadas pelo presidente, por sua iniciativa ou a solicitação de um terço dos seus membros.

4 – As deliberações são tomadas à pluralidade dos votos, cabendo ao presidente voto de qualidade.

5 – Para validade das deliberações exige-se a presença da maioria dos seus membros.

6 – O Conselho dos Oficiais de Justiça pode convidar para participar nas reuniões, com voto consultivo, quaisquer entidades cuja presença se mostre relevante.

ARTIGO 114º
Competência do presidente

1 – Compete ao presidente do Conselho dos Oficiais de Justiça:

a) Representar o Conselho dos Oficiais de Justiça, bem como exercer as funções que lhe forem delegadas por este;
b) Dar posse ao vice-presidente e ao secretário;
c) Dar posse aos inspectores e respectivos secretários;
d) Dirigir e coordenar os serviços de inspecção.

2 – O presidente pode delegar no vice-presidente a competência para dar posse ao secretário, bem como as competências previstas nas alíneas *c*) e *d*) do número anterior.

ARTIGO 115º
Competência do vice-presidente

1 – Compete ao vice-presidente do Conselho dos Oficiais de Justiça substituir o presidente nas suas faltas, ausências ou impedimentos e exercer as funções que lhe forem delegadas ou subdelegadas.

2 – O vice-presidente pode subdelegar nos vogais que exerçam funções em tempo integral as competências que lhe forem delegadas ou subdelegadas.

ARTIGO 116º
Competência do secretário

Compete ao secretário do Conselho dos Oficiais de Justiça:

a) Orientar e dirigir os serviços de apoio, sob a superintendência do presidente e em conformidade com o regulamento interno;
b) Submeter a despacho do presidente, do vice-presidente ou dos vogais os assuntos da competência destes e os que, pela sua natureza, justifiquem a convocação do Conselho;
c) Promover a execução das deliberações do Conselho;
d) Propor ao presidente ordens de execução permanente;
e) Lavrar as actas das reuniões do Conselho;
f) Solicitar aos tribunais ou a quaisquer outras entidades públicas ou privadas as informações necessárias ao funcionamento dos serviços;

ARTIGO 117º
Distribuição de processos

1 – Os processos são distribuídos por sorteio aos vogais eleitos, nos termos do regulamento interno.

2 – O vogal a quem o processo for distribuído é o seu relator.

3 – O relator requisita os documentos, processos e diligências que considere necessários, pelo tempo indispensável, com ressalva do segredo de justiça e por forma a não causar prejuízo aos interessados.

CAPÍTULO III
Recursos

ARTIGO 118º
Recursos

1 – Das decisões do presidente, do vice-presidente ou dos vogais cabe recurso para o plenário do Conselho dos Oficiais de Justiça, a interpor no prazo de 20 dias úteis.

2 – Das deliberações do Conselho dos Oficiais de Justiça proferidas no âmbito do disposto nas alíneas *a)* e *b)* do nº 1 do artigo 111º, bem como das decisões dos presidentes dos tribunais proferidas ao abrigo do nº 2 do artigo 68º, cabe recurso, consoante os casos, para o Conselho Superior da Magistratura, para o Conselho Superior dos Tribunais Administrativos e Fiscais ou para o Conselho Superior do Ministério Público, a interpor no prazo de 20 dias úteis.

3 – Têm legitimidade para interpor recurso o arguido e a entidade que tenha instaurado o processo disciplinar.
4 – Os recursos referidos nos números anteriores devem ser decididos no prazo de dois meses.

ARTIGO 119º
Impugnação administrativa[196]

CAPÍTULO IV
Serviços de inspecção

ARTIGO 120º
Estrutura

1 – Junto do Conselho dos Oficiais de Justiça funcionam os serviços de inspecção.
2 – Os serviços de inspecção são constituídos por inspectores e secretários de inspecção.
3 – O quadro dos serviços de inspecção é fixado por despacho do Ministro da Justiça, sobre proposta do Conselho dos Oficiais de Justiça.

ARTIGO 121º
Competência

Compete aos serviços de inspecção facultar ao Conselho dos Oficiais de Justiça os elementos necessários ao exercício das competências a que se referem as alíneas *a)* a *d)* e *f)* do artigo 111º.

ARTIGO 122º
Inspectores e secretários de inspecção

1 – Os inspectores são nomeados em comissão de serviço, mediante proposta do Conselho dos Oficiais de Justiça, de entre secretários de justiça com classificação de *Muito bom*.
2 – Os secretários de inspecção são nomeados nos termos do número anterior de entre oficiais de justiça com categoria igual ou inferior a escrivão de direito ou técnico de justiça principal com classificação de *Muito bom*.
3 – As comissões de serviço a que se referem os números anteriores têm a duração de três anos, sendo renováveis por igual período se o Conselho dos Oficiais de Justiça, até 60 dias antes do termo do respectivo prazo, se pronunciar favoravelmente; em casos excepcionais, devidamente fundamentados, pode haver segunda renovação.

---

[196] O artigo 119º deste diploma foi revogado pelo artigo 3º do Decreto-Lei nº 96/2002, de 12 de abril.

4 – Os lugares de origem dos funcionários nomeados para os serviços de inspecção podem ser declarados vagos pelo director-geral dos Serviços Judiciários, ponderada a conveniência do serviço.

PARTE V
DISPOSIÇÕES FINAIS E TRANSITÓRIAS

ARTIGO 123º
Regime supletivo

São subsidiariamente aplicáveis aos funcionários de justiça no activo ou aposentados as normas vigentes para a função pública.

ARTIGO 124º
Requerimentos

1 – Os modelos de requerimento a que se refere o nº 1 do artigo 19º constituem exclusivo da Direcção-Geral dos Serviços Judiciários.

2 – O preço dos respectivos impressos é fixado por despacho do Ministro da Justiça e o produto da sua venda constitui receita dos Serviços Sociais do Ministério da Justiça.

3 – Os impressos referidos no número anterior são fornecidos pela Direcção-Geral dos Serviços Judiciários e pelas secretarias dos tribunais.

4 – Enquanto não forem aprovados os modelos a que se referem os números anteriores, o requerimento obedece às seguintes formalidades:

a) Graduação dos diferentes lugares em linhas separadas e por ordem de preferência de provimento;

b) Indicação do título, efectivo ou interino, do provimento pretendido.

ARTIGO 125º
Comarcas periféricas

Por despacho do Ministro da Justiça, sob proposta do director-geral dos Serviços Judiciários, são fixadas, para efeitos do disposto no artigo 88º, as comarcas periféricas.

ARTIGO 126º
Bolsas e abonos

1 – Os alunos do curso a que se refere o nº 1 do artigo 7º, quando realizem o estágio curricular em tribunal sediado em comarca diferente daquela em que se encontra instalada a respectiva escola, têm direito a uma bolsa no valor correspondente ao índice 125 do mapa II anexo ao presente diploma.

2 – Os funcionários orientadores de estágio curricular ou de ingresso têm direito a abono a fixar por despachos dos Ministros das Finanças, da Justiça e do membro do Governo responsável pela Administração Pública.

ARTIGO 127º
Remunerações de funcionários

1 – Da aplicação do presente diploma não pode ocorrer diminuição do nível remuneratório actual de qualquer funcionário de justiça, enquanto se mantiver no exercício das funções que actualmente desempenha.

2 – O pessoal que renunciou às promoções ao abrigo do nº 2 do artigo 110º do Decreto-Lei nº 385/82, de 16 de Setembro, na redacção que lhe foi dada pelo Decreto-Lei nº 320/85, de 5 de Agosto, beneficia da remuneração correspondente à categoria de escrivão-adjunto, desenvolvendo-se a respectiva progressão nos termos do nº 1 do artigo 81º ao longo dos escalões que integram a estrutura remuneratória desta categoria.

ARTIGO 128º
Acesso

1 – A promoção dos oficiais de justiça possuidores de curso de acesso válido realizado nos termos do Decreto-Lei nº 376/87, de 11 de Dezembro, é efectuada de acordo com as regras constantes do referido decreto-lei.

2 – Sem prejuízo do disposto no artigo 40º do presente diploma, os oficiais de justiça referidos no número anterior gozam de preferência sobre os restantes candidatos.

3 – Enquanto não existirem oficiais de justiça possuidores dos requisitos de acesso às categorias de escrivão-adjunto e de técnico de justiça-adjunto, mantém-se em vigor o artigo 187º do Decreto-Lei nº 376/87, de 11 de Dezembro, na redacção dada pelo Decreto-Lei nº 167/89, de 23 de Maio.[197]

ARTIGO 129º
Actuais inspectores e secretários de inspecção do Conselho dos Oficiais de Justiça

1 – A renovação das comissões de serviço dos actuais inspectores e secretários de inspecção do Conselho dos Oficiais de Justiça não está sujeita ao disposto no nº 3 do artigo 122º.

2 – Enquanto se mantiverem em exercício de funções no Conselho dos Oficiais de Justiça, os actuais secretários de inspecção são remunerados de acordo com a escala salarial constante do mapa anexo ao Decreto-Lei nº 223/98, de 17 de Julho[198].

3 – A progressão dos funcionários referidos no número anterior faz-se nos termos gerais, quer no que respeita à categoria onde estão nomeados definitivamente, quer no que respeita à categoria onde estão nomeados em comissão de serviço.

---

[197] O artigo 187º do Decreto-Lei nº 376/87, de 11 de dezembro, na redação dada pelo Decreto-Lei nº 167/89, de 23 de maio, rege sobre o provimento dos lugares de escrivão-adjunto e de técnico de justiça-adjunto enquanto não for organizado o curso a que se refere o artigo 52º.
[198] O referido mapa anexo estabelece que os secretários de inspeção estão enquadrados nos escalões índices de 1, 2, 3, 4, e 5, correspondentes a 630, 650, 670, 690 e 720, respetivamente.

ARTIGO 130º
Transição

1 – Consideram-se integrados:

a) Na categoria de secretário de justiça, os actuais secretários judiciais e secretários técnicos;

b) Na categoria de escrivão auxiliar os actuais escriturários judiciais.

2 – Enquanto não for efectuada a adequação dos quadros de pessoal à transição a que se refere a alínea a) do número anterior, mantém-se a actual estrutura hierárquica das secretarias.

3 – As transições a que se reporta o nº 1 fazem-se para o escalão a que corresponde, na estrutura das novas categorias, índice remuneratório igual.

4 – O tempo de serviço prestado nas categorias de secretário judicial, secretário técnico e escriturário judicial é contado nas categorias em que os funcionários são integrados, nos termos das alíneas a) e b) do nº 1.

ARTIGO 131º
Secretários de inspecção do Conselho Superior da Magistratura e do Conselho Superior do Ministério Público

1 – Às comissões de serviço de oficiais de justiça para o exercício de funções de secretário de inspecção do Conselho Superior da Magistratura e do Conselho Superior do Ministério Público aplica-se o disposto no nº 2 do artigo 81º, na parte final do nº 1 e nos nºs 3 e 4 do artigo 122º e no nº 1 do artigo 129º.

2 – A progressão salarial dos oficiais de justiça referidos no número anterior faz-se nos termos do nº 2 do artigo 81º.

ARTIGO 132º
Procedimento disciplinar

O presente diploma só se aplica aos processos instaurados a partir da data da sua entrada em vigor, independentemente do momento em que a infracção tiver sido cometida.

ARTIGO 133º
Processo de admissão pendente

É prorrogada até 30 de Setembro de 2003 a validade do processo de selecção de candidatos a que se refere a lista publicada no *Diário da República*, 2ª série, de 2 de Setembro de 1996.

ARTIGO 134º
Encargos

1 – Os encargos com as remunerações dos funcionários a que se referem as alíneas b) a f) do artigo 2º são suportados pelo Orçamento do Estado.

2 – Os restantes encargos decorrentes do presente diploma são suportados pelo Cofre dos Conservadores, Notários e Funcionários de Justiça.

MAPA I

a) Compete ao secretário de tribunal superior
   - Dirigir os serviços da secretaria;
   - Elaborar e gerir o orçamento de delegação da secretaria;
   - Distribuir, coordenar e controlar o serviço externo;
   - Proferir nos processos despachos de mero expediente, por delegação do magistrado respectivo;
   - Corresponder-se com entidades públicas e privadas sobre assuntos referentes ao funcionamento do tribunal, por delegação do magistrado respectivo;
   - Assinar as tabelas das causas com dia designado para julgamento;
   - Assistir às sessões do tribunal e elaborar as respectivas actas;
   - Assegurar o expediente do Serviço Social do Ministério da Justiça, na qualidade de seu delegado;
   - Submeter a despacho do presidente os assuntos da sua competência;
   - Apresentar os processos e papéis à distribuição;
   - Providenciar pela conservação das instalações e equipamentos do tribunal;
   - Desempenhar as demais funções conferidas por lei ou por determinação superior.

b) Compete ao secretário de justiça:
   - Dirigir os serviços da secretaria;
   - Elaborar e gerir o orçamento de delegação da secretaria;
   - Assegurar o expediente do Serviço Social do Ministério da Justiça, na qualidade de seu delegado;
   - Proferir nos processos os despachos de mero expediente, por delegação do magistrado respectivo;
   - Corresponder-se com as entidades públicas e privadas sobre assuntos referentes so funcionamento do tribunal e ao normal andamento dos processos, por delegação do magistrado respectivo;
   - Dirigir o serviço de contagem de processos, providenciando pelo correcto desempenho dessas funções, assumindo-as pessoalmente quando tal se justifique;
   - Desempenhar as funções da alínea c) sempre que o quadro de pessoal da secretaria não preveja lugar de escrivão de direito afecto à secção central;
   - Desempenhar as funções da alínea d) e i) sempre que o quadro de pessoal da secretaria não preveja lugar de escrivão e ou técnico de justiça principal afectos à secção de processos;
   - Distribuir, coordenar e controlar o serviço externo;
   - Providenciar pela conservação das instalações e equipamentos do tribunal;
   - Nas secretarias-gerais dirigir o serviço da secretaria por forma a assegurar a prossecução das respectivas atribuições e desempenhar as demais funções previstas nesta alínea relativamente à Secretaria-Geral respectiva;
   - Desempenhar as demais funções conferidas por lei ou por determinação superior.

c) Compete ao escrivão de direito provido em secção central dos serviços judiciais:
- Orientar, coordenar, supervisionar e executar as actividades desenvolvidas na secção, em conformidade com as respectivas atribuições;
- Preparar e apresentar os processos e papéis para distribuição;
- Assegurar a contagem dos processos e papéis avulsos;
- Efectuar as liquidações finais nas varas criminais, nos juízos criminais, nos juízos de competência especializada criminal e nos juízos de pequena instância criminal;
- Organizar os mapas estatísticos;
- Escriturar a receita e despesa do Cofre;
- Processar as despesas da secretaria;
- Desempenhar as demais funções conferidas por lei ou por determinação superior.

d) Compete ao escrivão de direito provido em secção de processos dos serviços judiciais:
- Orientar, coordenar, supervisionar e executar as actividades desenvolvidas na secção, em conformidade com as respectivas atribuições;
- Desempenhar as demais funções conferidas por lei ou por determinação superior.

e) Compete ao escrivão de direito provido em secção central de serviço externo:
- Orientar, coordenar, supervisionar e executar as actividades desenvolvidas na secção, em conformidade com as respectivas atribuições;
- Desempenhar as demais funções conferidas por lei ou por determinação superior.

f) Compete ao escrivão-adjunto:
- Assegurar, sob a orientação do escrivão de direito, o desempenho das funções atribuídas à respectiva secção;
- Desempenhar as funções atribuídas ao escrivão auxiliar, na falta deste ou quando o estado dos seviços o exigir;
- Desempenhar as demais funções conferidas por lei ou por determinação superior.

g) Compete ao escrivão auxiliar:
- Efectuar o serviço externo;
- Preparar a expedição de correspondência e proceder à respectiva entrega e recebimento;
- Prestar a necessária assistência aos magistrados;
- Desempenhar as demais funções conferidas por lei ou por determinação superior.

h) Compete ao técnico de justiça principal provido na secção central dos serviços do Ministério Público:

- Orientar, coordenar, supervisionar e executar as actividades desenvolvidas na secção, em conformidade com as respectivas atribuições;
- Preparar e apresentar os processos e papéis à distribuição;
- Organizar os mapas estatísticos;
- Preparar, tratar e organizar os elementos e dados necessários à elaboração do relatório anual;
- Desempenhar as demais funções conferidas por lei ou por determinação superior.

i) Compete ao técnico de justiça principal provido em secção de processos dos serviços do Ministério Público:
- Orientar, coordenar, supervisionar e executar as actividades desenvolvidas na secção, em conformidade com as respectivas atribuições;
- Desempenhar, no âmbito do inquérito, as funções que competem aos órgãos de polícia criminal;
- Desempenhar as demais funções conferidas por lei ou por determinação superior.

j) Compete ao técnico de justiça-adjunto:
- Assegurar, sob orientação superior, o desempenho das funções atribuídas à respectiva secção;
- Desempenhar, no âmbito do inquérito, as funções que competem aos órgãos de polícia criminal;
- Desempenhar as funções atribuídas ao técnico de justiça auxiliar, na falta deste ou quando o estado dos serviços o exigir;
- Desempenhar as demais funções conferidas por lei ou por determinação superior.

l) Compete ao técnico de justiça auxiliar:
- Desempenhar, no âmbito do inquérito, as funções que competem aos órgãos de polícia criminal;
- Efectuar o serviço externo;
- Preparar a expedição de correspondência e proceder à respectiva entrega e recebimento;
- Prestar a necessária assistência aos magistrados;
- Desempenhar as demais funções conferidas por lei ou por determinação superior.[199]

---

[199] As alíneas m) e n) do texto em análise foram revogadas pelo Decreto-Lei nº 121/2008, de 11 de julho.

21.2. SUPLEMENTO REMUNERATÓRIO DO TRABALHO DE RECUPERAÇÃO DOS ATRASOS PROCESSUAIS[200]

ARTIGO 1º
Suplemento remuneratório

É atribuído ao pessoal oficial de justiça, com provimento definitivo, colocado em lugares dos quadros das secretarias dos tribunais e de serviços do Ministério Público, um suplemento para compensação do trabalho de recuperação dos atrasos processuais a designar abreviadamente por suplemento.

ARTIGO 2º
Montante do suplemento

1 – O suplemento é de 10% sobre a respectiva remuneração, a pagar nos seguintes termos:

a) 5% a partir de 1 de Outubro de 1999;
b) 5% a partir de 1 de Janeiro de 2000.

2 – O suplemento é concedido durante 11 meses por ano e considerado para o efeito do disposto no nº 1 do artigo 6º e no artigo 48º do Decreto Lei nº 498/72, de 9 de Dezembro.

ARTIGO 3º
Suspensão de pagamento

1 – Para além dos casos referidos nos artigos 7º e 8º, o pagamento do suplemento é suspenso relativamente ao pessoal das secretarias ou serviços quando se verificar que, por razões que lhe são imputáveis, não houve sensível recuperação dos atrasos processuais.

2 – A suspensão a que respeita o número anterior mantém se até decisão em contrário, nos termos do nº 4 do artigo 5º.

ARTIGO 4º
Comissão de avaliação

1 – A avaliação da produtividade dos oficiais de justiça compete a uma comissão presidida pelo presidente do Conselho dos Oficiais de Justiça, que tem voto de qualidade, e constituída pelos seguintes membros:

a) Um magistrado a indicar pelo Conselho Superior da Magistratura ou pelo Conselho Superior dos Tribunais Administrativos e Fiscais, conforme os casos;
b) Um magistrado a indicar pelo Conselho Superior do Ministério Público;
c) Um oficial de justiça a indicar pelo Conselho dos Oficiais de Justiça.

---

[200] Este regime foi instituído pelo Decreto-Lei nº 485/99, de 10 de novembro. A Portaria nº 1178/2001, de 10 de outubro, estabeleceu as funções suscetíveis de enquadramento no nº 1 do artigo 6º daquele diploma.

2 – A indicação a que se referem as alíneas *a*) e *b*) do número anterior é efectuada a solicitação do presidente do Conselho dos Oficiais de Justiça.

3 – O presidente da comissão pode delegar a sua competência, sem poder de subdelegação, no vice presidente do Conselho dos Oficiais de Justiça.

ARTIGO 5º
Procedimentos de avaliação

1 – A avaliação a que se refere o nº 1 do artigo anterior deve realizar se, em regra, com periodicidade não superior a dois anos.

2 – A avaliação a que se refere o número anterior deve ainda realizar se em qualquer altura, por iniciativa do Ministro da Justiça ou sob proposta a este dirigida pelo Conselho Superior da Magistratura, pelo Conselho Superior dos Tribunais Administrativos e Fiscais, pelo Conselho Superior do Ministério Público ou pelo Conselho dos Oficiais de Justiça.

3 – O resultado da avaliação consta de relatório, devidamente fundamentado, a apresentar ao Ministro da Justiça pelo presidente da comissão.

4 – Compete ao Ministro da Justiça, com base no relatório a que se refere o número anterior, decidir sobre a suspensão ou sobre o levantamento da suspensão do pagamento do suplemento.

ARTIGO 6º
Extensão do suplemento

1 – O suplemento pode ainda ser atribuído a oficiais de justiça colocados fora das secretarias dos tribunais ou serviços do Ministério Público, quando as suas funções estiverem relacionadas com a finalidade constante do artigo 1º.

2 – O elenco das funções referidas no número anterior é estabelecido e alterado por portaria conjunta dos Ministros das Finanças e da Justiça e do membro do Governo responsável pela Administração Pública.

3 – A avaliação do pessoal a que se referem os números precedentes compete ao dirigente máximo dos respectivos serviços, com poder de delegação, devendo o relatório ser enviado ao Ministro da Justiça, para o efeito do disposto no nº 4 do artigo anterior.

ARTIGO 7º
Outros casos de suspensão do pagamento

Não há lugar ao pagamento do suplemento:

a) Durante o período de suspensão preventiva em processo disciplinar, sem prejuízo do disposto no nº 4 do artigo 96º do Decreto Lei nº 343/99, de 26 de Agosto;
b) Nas faltas por doença.

ARTIGO 8º
Perda do direito ao suplemento

Perdem o direito ao suplemento os funcionários que, a partir da data da entrada em vigor do presente diploma, obtiverem classificação de serviço inferior a *Bom*, enquanto esta classificação mínima lhes não for atribuída.

ARTIGO 9º
Regulamento da comissão de avaliação

No prazo de 30 dias a contar do início da vigência do presente diploma, o presidente do Conselho dos Oficiais de Justiça deve submeter a homologação do Ministro da Justiça o regulamento interno da comissão a que se refere o artigo 4º.

ARTIGO 10º
Início de vigência

O presente diploma entra em vigor no dia imediato ao da sua publicação.

21.3. REGULAMENTO DO CURSO DE HABILITAÇÃO PARA INGRESSO NAS CARREIRAS DO GRUPO DE PESSOAL OFICIAL DE JUSTIÇA[201]

ARTIGO 1º
Objecto

É aprovado o Regulamento do curso de Habilitação para Ingresso nas Carreiras do Grupo de Pessoal Oficial de Justiça, anexo à presente portaria e que dela faz parte integrante.

ARTIGO 2º
Entrada em vigor

Esta portaria entra em vigor no dia imediato ao da sua publicação.

ANEXO

SECÇÃO I
Disposições gerais

ARTIGO 1º
Objecto

O presente diploma regulamenta o curso de habilitação para ingresso nas carreiras do grupo de pessoal oficial de justiça previsto no nº 4 do artigo 23º do Estatuto dos Funcionários de Justiça (EFJ), aprovado pelo Decreto-Lei nº 343/99, de 26 de Agosto.

ARTIGO 2º
Abertura do curso de habilitação

1 – O curso de habilitação é aberto por despacho do director-geral da Administração da Justiça.

---

[201] Aprovado pela Portaria nº 832/2007, de 3 de agosto.

21. ESTATUTO DOS FUNCIONÁRIOS DE JUSTIÇA

2 – O aviso de abertura é publicado na 2ª série do *Diário da República* e em dois jornais de expansão nacional, sem prejuízo de outras formas de publicidade que se considerem adequadas.

ARTIGO 3º
Requisitos habilitacionais

Podem candidatar-se ao curso de habilitação os indivíduos habilitados com o 11º ano de escolaridade ou equiparado.

ARTIGO 4º
Júri

1 – O júri é nomeado por despacho do director-geral da Administração da Justiça, sendo composto por um presidente e por seis vogais efectivos.

2 – No mesmo acto são designados o vogal efectivo que substitui o presidente nas suas faltas e impedimentos, bem como os seis vogais suplentes.

3 – Sempre que as circunstâncias o exijam, são nomeados vogais suplementares, nos termos dos números anteriores.

4 – Sem prejuízo do disposto no número seguinte, compete ao júri a elaboração das provas de aptidão e final e a realização das operações de apuramento da classificação.

5 – O director-geral da Administração da Justiça pode solicitar, a entidades públicas ou privadas especializadas na matéria, a realização de todas ou parte das operações de selecção.

ARTIGO 5º
Aviso de abertura

O aviso de abertura deve conter:

a) Os requisitos gerais e especiais de admissão;
b) A composição do júri;
c) As fases do curso e a referência ao seu carácter eliminatório;
d) O sistema de classificação final da prova de aptidão;
e) O programa da prova escrita da prova de aptidão;
f) A indicação dos métodos de selecção complementares da prova de aptidão, se os houver;
g) As localidades onde se realiza a prova escrita da prova de aptidão;
h) A forma e o prazo de apresentação da candidatura;
i) A entidade à qual deve ser dirigido o requerimento e respectivo endereço;
j) Os documentos exigidos;
l) A indicação do local de publicitação da lista de candidatos admitidos e excluídos;
m) A indicação de que o curso de habilitação se rege pelo presente Regulamento e pelas normas aplicáveis do EFJ;
n) Quaisquer outras indicações necessárias à formalização da candidatura.

ARTIGO 6º
Prazo para apresentação da candidatura

1 – O prazo para apresentação da candidatura é de 15 dias úteis a contar da data da publicação do aviso de abertura no *Diário da República*.

2 – O requerimento de candidatura e demais documentos exigidos são apresentados até ao termo do prazo referido no número anterior, sendo entregues pessoalmente ou pelo correio, com aviso de recepção, atendendo-se, neste último caso, à data do registo.

ARTIGO 7º
Requerimento de candidatura

1 – O requerimento de candidatura, dirigido ao director-geral da Administração da Justiça e acompanhado dos documentos exigidos no aviso de abertura, deve conter:

a) Nome, data de nascimento, estado civil, morada e número do bilhete de identidade, data e local de emissão;

b) Indicação da localidade onde pretende realizar a prova escrita da prova de aptidão;

c) Morada para onde deve ser remetido o expediente relativo ao curso de habilitação, a qual deve ser actualizada sempre que se verifique alteração.

2 – A não apresentação dos documentos comprovativos dos requisitos de admissão exigíveis e constantes do aviso de abertura determina a não admissão ao curso de habilitação.

3 – A apresentação dos documentos relativos aos requisitos gerais de provimento em funções públicas pode ser substituída por declaração do candidato, sob compromisso de honra e no próprio requerimento, de que preenche tais requisitos.

4 – O director-geral da Administração da Justiça pode adoptar modelo de requerimento obrigatório, devendo esta opção ser expressamente mencionada no aviso de abertura.

ARTIGO 8º
Lista dos candidatos admitidos e não admitidos

1 – Os candidatos que não devam ser admitidos ao curso são notificados, em sede de audiência dos interessados, nos termos da lei.

2 – Apreciadas as alegações, é homologada pelo director-geral da Administração da Justiça a lista dos candidatos admitidos e não admitidos.

3 – A lista referida no número anterior é publicada na 2ª série do *Diário da República*, ordenada alfabeticamente, com a indicação dos motivos da não admissão dos candidatos, da data e dos locais da realização da prova escrita da prova de aptidão.

ARTIGO 9º
Recurso hierárquico

1 – Da não admissão cabe recurso hierárquico para o Ministro da Justiça, a interpor no prazo de 10 dias úteis a contar da data da publicação da lista referida no artigo anterior.

2 – O prazo de decisão do recurso é de 10 dias úteis contado da data da remessa do processo pelo director-geral da Administração da Justiça àquele membro do Governo.

SECÇÃO II
Fases do curso de habilitação

ARTIGO 10º
Fases

O curso de habilitação integra as seguintes fases:

a) Prova de aptidão;
b) Fase de formação;
c) Prova final.

SUBSECÇÃO I
Prova de aptidão

ARTIGO 11º
Realização da prova

1 – A prova de aptidão é composta por uma prova escrita de conhecimentos, que versa sobre matéria correspondente ao nível das habilitações mínimas legalmente exigíveis, podendo ser complementada por outros métodos de selecção.

2 – A duração da prova escrita de conhecimentos e, se os houver, dos outros métodos de selecção não pode exceder as três horas.

3 – A prova de aptidão é classificada numa escala valorimétrica de 0 a 20 valores, resultante da média simples ou ponderada das classificações obtidas em cada um dos métodos de selecção.

4 – Os candidatos que obtiverem classificação inferior a 9,5 valores na prova escrita de conhecimentos ou na prova de aptidão são excluídos do respectivo curso.

5 – São igualmente excluídos do curso os candidatos que:

a) Resolvam ou tentem resolver a prova com irregularidade;
b) Apresentem a prova em papel que não seja o fornecido;
c) Aponham algum elemento identificador na prova.

6 – Os candidatos aprovados são graduados segundo a classificação final e, em caso de igualdade, pela maior idade.

7 – A prova de aptidão é válida pelo prazo de quatro anos contado desde a data da publicação da lista dos candidatos aprovados e excluídos.

8 – Os funcionários a que se refere o nº 1 do artigo 31º do EFJ estão dispensados da prova de aptidão.

ARTIGO 12º
Lista de classificação final

1 – A lista dos candidatos aprovados e excluídos da prova de aptidão é homologada pelo director-geral da Administração da Justiça, após a audiência dos interessados, nos termos da lei.

2 – A lista é publicada na 2ª série do *Diário da República* e contém:

 a) A graduação dos candidatos aprovados, nos termos do nº 6 do artigo anterior;

 b) A ordenação dos candidatos excluídos, com a indicação dos motivos de exclusão;

 c) A transcrição do disposto nos nºs 1 a 4 do artigo seguinte;

 d) A abertura da fase de formação, com a indicação do disposto nos nºs 1 e 2 do artigo 15º.

ARTIGO 13º
Reclamação

1 – Do despacho que homologa a lista de classificação final cabe reclamação, a interpor no prazo de oito dias úteis.

2 – Quando a reclamação tiver por objecto a classificação atribuída na prova escrita de conhecimentos, deve indicar expressamente, sob pena de indeferimento liminar:

 a) A resposta ou respostas cuja classificação se impugna;

 b) Os motivos justificativos da discordância com a classificação obtida, devidamente individualizados em relação às respectivas respostas.

3 – Para o efeito do disposto no número anterior, deve ser entregue ao candidato que a solicite, no prazo de dois dias úteis, cópia da prova, com a indicação da classificação atribuída em cada resposta.

4 – O prazo referido no número anterior não suspende a contagem do prazo para a interposição da reclamação, salvo na parte em que for excedido.

5 – O júri deve pronunciar-se no prazo máximo de oito dias úteis.

ARTIGO 14º
Recurso hierárquico

1 – Da decisão sobre a reclamação cabe recurso hierárquico para o Ministro da Justiça, a interpor no prazo de 10 dias úteis.

2 – O prazo de decisão do recurso é de 10 dias úteis contado da data da remessa do processo pelo director-geral da Administração da Justiça àquele membro do Governo.

SUBSECÇÃO II
Fase de formação

ARTIGO 15º
Admissão à formação

1 – O número de vagas para a fase de formação é fixado por despacho do director-geral da Administração da Justiça.

2 – O despacho referido no número anterior e o prazo e forma de candidatura a esta fase é publicitado na 2ª série do *Diário da República*.

3 – Os candidatos à fase de formação são colocados, segundo a graduação a que se refere a alínea *a*) do nº 2 do artigo 12º, nas secretarias de tribunais judiciais de 1ª instância onde esta se realize.

4 – Na falta de interessados, a Direcção-Geral da Administração da Justiça pode preencher as vagas com candidatos que não obtiveram colocação, desde que estes dêem o seu consentimento.

5 – Quando os formandos sejam funcionários da Administração Pública, têm direito a frequentar a fase de formação em regime de requisição e a optar pelas remunerações base relativas à categoria de origem.

6 – Os formandos que não optem pela remuneração a que se refere o número anterior têm direito, enquanto durar a fase de formação, a uma bolsa, no valor referido no nº 1 do artigo 126º do EFJ.

7 – Os funcionários a que se refere o nº 1 do artigo 31º do EFJ estão dispensados da fase de formação.

ARTIGO 16º
Duração e realização da fase de formação

1 – A duração da fase de formação é fixada pelo director-geral da Administração da Justiça, não podendo ser inferior a três meses.

2 – O formando deve seguir com assiduidade e pontualidade a formação e justificar as suas ausências.

3 – O controlo de presenças dos formandos é feito pelo secretário de justiça.

4 – A fase de formação é dada por finda pelo director-geral da Administração da Justiça e o formando é excluído do curso de habilitação quando ultrapassar o número de faltas superior a um sexto do total de presenças diárias devidas, manifestar desinteresse evidente ou revelar conduta incompatível com a dignidade das funções.

5 – A formação decorre sob a orientação de escrivães de direito e técnicos de justiça principais, durante a qual são ministradas matérias teóricas e práticas próprias das funções dos escrivães auxiliares e dos técnicos de justiça auxiliares.

ARTIGO 17º
Conclusão da fase de formação

1 – Concluída a fase de formação, o funcionário orientador elabora um relatório fundamentado sobre o aproveitamento do formando, com especial incidência sobre a sua idoneidade cívica, aptidão e interesse pelo serviço, propondo a classificação de *Apto* e *Não apto*.

2 – O relatório, após a audição do interessado, é submetido à apreciação do secretário de justiça, que sobre ele emite parecer, ouvidos os magistrados da secretaria onde decorreu a formação.

3 – O relatório, o parecer e os demais elementos são remetidos, no prazo de 15 dias após o termo da fase de formação, ao director-geral da Administração da Justiça, para homologação.

4 – Os formandos classificados de *Não apto* são excluídos do curso de habilitação.

ARTIGO 18º
Recurso hierárquico

1 – Do despacho referido no nº 3 do artigo anterior cabe recurso hierárquico para o Ministro da Justiça, a interpor no prazo de 10 dias úteis.

2 – O prazo de decisão do recurso é de 10 dias úteis contado da data da remessa do processo pelo director-geral da Administração da Justiça àquele membro do Governo.

SUBSECÇÃO III
Prova final

ARTIGO 19º
Admissão e candidatura

1 – À prova final são admitidos os formandos classificados de *Apto*.

2 – À prova referida no número anterior podem candidatar-se os funcionários a que se refere o nº 1 do artigo 31º do EFJ.

ARTIGO 20º
Abertura da prova

1 – A prova final é aberta por despacho do director-geral da Administração da Justiça.

2 – O aviso de abertura é publicado na 2ª série do *Diário da República*.

ARTIGO 21º
Aviso de abertura

O aviso de abertura deve conter:

a) Os requisitos de admissão;
b) A indicação do júri composto para o curso de habilitação;
c) A menção à escala da classificação da prova final;
d) O programa da prova final;
e) As localidades onde se realiza a prova final;
f) A forma e o prazo de apresentação da candidatura dos funcionários a que se refere o nº 1 do artigo 31º do EFJ;
g) A entidade à qual deve ser dirigido o requerimento e respectivo endereço;
h) Os documentos exigidos;

i) A indicação do local de publicitação da lista de candidatos admitidos e não admitidos;

j) Quaisquer outros elementos necessários à formalização da candidatura e à indicação, pelos formandos classificados de *Apto* na fase de formação, da localidade onde pretendem realizar a prova final.

ARTIGO 22º
Requerimento de candidatura

1 – O requerimento de candidatura, dirigido ao director-geral da Administração da Justiça e acompanhado dos documentos exigidos no aviso de abertura, deve conter:

a) Nome, data de nascimento, estado civil, morada e número do bilhete de identidade, data e local de emissão;

b) Indicação da localidade onde pretende realizar a prova final;

c) Morada para onde deve ser remetido o expediente relativo à prova final, a qual deve ser actualizada sempre que se verifique alteração.

2 – A não apresentação dos documentos comprovativos dos requisitos de admissão exigíveis e constantes do aviso de abertura determina a não admissão à prova final.

ARTIGO 23º
Lista dos candidatos admitidos e não admitidos

1 – Os candidatos que não devam ser admitidos à prova final são notificados, em sede de audiência dos interessados, nos termos da lei.

2 – Apreciadas as alegações, é homologada pelo director-geral da Administração da Justiça a lista dos candidatos admitidos e não admitidos.

3 – A lista de candidatos admitidos à prova final inclui os formandos classificados de *Apto* na fase de formação.

4 – A lista referida nos números anteriores é publicada na 2ª série do *Diário da República*, ordenada alfabeticamente, com a indicação dos motivos da não admissão dos candidatos, da data e do local da realização da prova final.

ARTIGO 24º
Recurso hierárquico

1 – Da não admissão cabe recurso hierárquico para o Ministro da Justiça, a interpor no prazo de 10 dias úteis a contar da data da publicação da lista referida no artigo anterior.

2 – O prazo de decisão do recurso é de 10 dias úteis contado da data da remessa do processo pelo director-geral da Administração da Justiça àquele membro do Governo.

ARTIGO 25º
Realização e validade da prova

1 – A prova final realiza-se no prazo máximo de 60 dias após a conclusão da fase de formação.

2 – A prova final é escrita e incide sobre matérias próprias das funções dos escrivães auxiliares e dos técnicos de justiça auxiliares e não pode ter duração superior a três horas.
3 – A prova final é classificada numa escala valorimétrica de 0 a 20 valores.
4 – A classificação inferior a 9,5 valores determina a exclusão do curso de habilitação.
5 – São igualmente excluídos do curso de habilitação os candidatos que:

a) Resolvam ou tentem resolver a prova com irregularidade;
b) Apresentem a prova em papel que não seja o fornecido;
c) Aponham algum elemento identificador na prova.

6 – Os candidatos aprovados são graduados segundo a classificação referida no n.º 4 e, em caso de igualdade, pela maior idade.
7 – A validade da prova final é de cinco anos contados desde a data da publicação da lista dos candidatos aprovados e excluídos.

ARTIGO 26º
Lista de classificação final da prova

1 – A lista dos candidatos aprovados e excluídos da prova final é homologada pelo director-geral da Administração da Justiça, após a audiência dos interessados, nos termos da lei.
2 – A lista é publicada na 2ª série do *Diário da República* e contém:

a) A graduação dos candidatos aprovados, nos termos do nº 4 do artigo 20º;
b) A ordenação dos candidatos excluídos, com a indicação dos motivos de exclusão;
c) A transcrição do disposto nos nºs 1 a 4 do artigo seguinte.

ARTIGO 27º
Reclamação

1 – Do despacho que homologa a lista de classificação final cabe reclamação, a interpor no prazo de oito dias úteis.
2 – Quando a reclamação tiver por objecto a classificação atribuída na prova final, deve indicar expressamente, sob pena de indeferimento liminar:

a) A resposta ou respostas cuja classificação se impugna;
b) Os motivos justificativos da discordância com a classificação obtida, devidamente individualizados em relação às respectivas respostas.

3 – Para o efeito do disposto no número anterior, deve ser entregue ao candidato que o solicite, no prazo de dois dias úteis, cópia da prova, com a indicação da classificação atribuída em cada resposta.
4 – O prazo referido no número anterior não suspende a contagem do prazo para a interposição da reclamação, salvo na parte em que for excedido.
5 – O júri deve pronunciar-se no prazo máximo de oito dias úteis.

ARTIGO 28º
Recurso hierárquico

1 – Da decisão sobre a reclamação cabe recurso hierárquico para o Ministro da Justiça, a interpor no prazo de 10 dias úteis.

2 – O prazo de decisão do recurso é de 10 dias úteis contado da data da remessa do processo pelo director-geral da Administração da Justiça àquele membro do Governo.

SECÇÃO III
Disposição final

ARTIGO 29º
Direito subsidiário

É subsidiariamente aplicável o regime geral de recrutamento e selecção de pessoal da Administração Pública.

21.4. REGULAMENTO DO PROCEDIMENTO DE ADMISSÃO PARA INGRESSO NAS CARREIRAS DO GRUPO DE PESSOAL OFICIAL DE JUSTIÇA[202]

ARTIGO 1º
Objecto

É aprovado o regulamento do procedimento de admissão para ingresso nas carreiras do grupo de pessoal oficial de justiça previsto no artigo 22º do Estatuto dos Funcionários de Justiça (adiante EFJ), aprovado pelo Decreto-Lei nº 343/99, de 26 de Agosto, anexo à presente portaria e que dela faz parte integrante.

ARTIGO 2º
Entrada em vigor

A presente portaria entra em vigor no dia imediato ao da sua publicação.

ANEXO

ARTIGO 1º
Abertura do procedimento

O procedimento é externo ou interno, nos termos do nº 1 do artigo 6º do Decreto-Lei nº 204/98, de 11 de Julho, sendo aberto por despacho do director-geral da Administração da Justiça.

---

[202] Aprovado pela Portaria nº 1500/2007, de 22 de novembro. A Portaria nº 174/2000, de 23 de março, é que versava sobre o Regulamento da Prova de Acesso nas Carreiras de Pessoal Oficial de Justiça.

ARTIGO 2º
Publicidade

O aviso de abertura é publicado na 2ª série do *Diário da República* e em dois jornais de expansão nacional, sem prejuízo de outras formas de publicidade que se considerem adequadas.

ARTIGO 3º
Júri

1 – O júri é nomeado por despacho do director-geral da Administração da Justiça, sendo composto por um presidente e por seis vogais efectivos.

2 – No mesmo acto são designados o vogal efectivo, que substitui o presidente nas suas faltas e impedimentos, bem como os seis vogais suplentes.

3 – Sempre que as circunstâncias o exijam, são nomeados vogais suplementares, nos termos dos números anteriores.

4 – Sem prejuízo do disposto no número seguinte, compete ao júri a elaboração da prova escrita de conhecimentos, a aplicação dos outros métodos de selecção que a complementem, se utilizados, e a realização das operações de apuramento da classificação final.

5 – O director-geral da Administração da Justiça pode solicitar a entidades públicas ou privadas especializadas na matéria ou detentoras de conhecimentos técnicos específicos exigíveis para o exercício das funções para que é aberto o concurso a realização de todas ou parte das operações de selecção.

ARTIGO 4º
Aviso de abertura

O aviso de abertura deve conter:

a) Os requisitos gerais e especiais de admissão;
b) O prazo de validade do recrutamento;
c) A composição do júri;
d) Os métodos de selecção e a referência ao seu carácter eliminatório;
e) O sistema de classificação final;
f) O programa da prova escrita de conhecimentos;
g) As localidades onde se realiza a prova escrita de conhecimentos;
h) A forma e o prazo de apresentação da candidatura;
i) A entidade à qual deve ser dirigido o requerimento e respectivo endereço;
j) Os documentos exigidos;
l) A indicação do local de publicitação da lista de candidatos admitidos e não admitidos e da lista de classificação final;
m) A indicação de que o procedimento se rege pelo presente regulamento e pelas normas aplicáveis do EFJ;
n) Quaisquer outras indicações necessárias à formalização da candidatura.

ARTIGO 5º
Prazo para apresentação da candidatura

1 – O prazo para apresentação da candidatura é de 15 dias úteis, a contar da data da publicação do aviso de abertura no *Diário da República*.

2 – O requerimento de candidatura e demais documentos exigidos são apresentados até ao termo do prazo referido no número anterior, sendo entregues pessoalmente ou pelo correio, com aviso de recepção, atendendo-se, neste último caso, à data do registo.

ARTIGO 6º
Requerimento de candidatura

1 – O requerimento de candidatura, dirigido ao director-geral da Administração da Justiça e acompanhado dos documentos exigidos no aviso de abertura, deve conter:

a) Nome, data de nascimento, estado civil, morada e número do bilhete de identidade, data e local de emissão;

b) Indicação da localidade onde pretende realizar a prova escrita de conhecimentos;

c) Morada para onde deve ser remetido o expediente relativo ao procedimento, a qual deve ser actualizada sempre que se verifique alteração.

2 – A não apresentação dos documentos comprovativos dos requisitos de admissão exigíveis e constantes do aviso de abertura determina a não admissão ao procedimento.

3 – A apresentação dos documentos relativos aos requisitos gerais de provimento em funções públicas pode ser substituída por declaração do candidato, sob compromisso de honra e no próprio requerimento, de que preenche tais requisitos.

4 – O director-geral da Administração da Justiça pode adoptar modelo de requerimento obrigatório, devendo esta opção ser expressamente mencionada no aviso de abertura.

ARTIGO 7º
Lista dos candidatos admitidos e não admitidos

1 – Os candidatos que não devam ser admitidos ao procedimento são notificados, em sede de audiência dos interessados, para, no prazo de 10 dias úteis, dizerem por escrito o que se lhes oferecer.

2 – Terminado o prazo a que se refere o número anterior e apreciadas as alegações, é homologada pelo director-geral da Administração da Justiça a lista dos candidatos admitidos e não admitidos.

3 – A lista referida no número anterior é publicada na 2ª série do *Diário da República*, ordenada alfabeticamente, com a indicação dos motivos da não admissão dos candidatos, se os houver, das datas e dos locais da realização dos métodos de selecção e da duração da prova escrita de conhecimentos.

ARTIGO 8º
Recurso hierárquico

1 – Da não admissão cabe recurso hierárquico para o Ministro da Justiça, a interpor no prazo de 10 dias úteis, a contar da data da publicação da lista referida no artigo anterior.

2 – O prazo de decisão do recurso é de 10 dias úteis, a contar da data da remessa do processo pelo director-geral da Administração da Justiça àquele membro do Governo.

ARTIGO 9º
Métodos de selecção

1 – O procedimento de admissão é composto por uma prova escrita de conhecimentos, podendo ainda ser utilizados, isolada ou conjuntamente e com carácter complementar, outros métodos de selecção.

2 – A classificação final resulta da nota obtida na prova escrita de conhecimentos ou, havendo métodos complementares de selecção, da média simples ou ponderada das classificações obtidas.

3 – Os candidatos aprovados são graduados segundo a classificação final e, em caso de igualdade, pela maior idade.

ARTIGO 10º
Prova escrita de conhecimentos

1 – A prova escrita de conhecimentos versa sobre as matérias constantes do respectivo programa, podendo ser dividida em fases.

2 – A duração de cada fase não pode exceder as três horas.

3 – A prova é classificada numa escala valorimétrica de 0 a 20 valores.

4 – A classificação inferior a 9,5 valores determina a exclusão do procedimento.

5 – São igualmente excluídos os candidatos que:

a) Resolvam ou tentem resolver a prova com irregularidade;
b) Apresentem a prova em papel que não seja o fornecido;
c) Aponham algum elemento identificador na prova.

ARTIGO 11º
Lista de classificação final

1 – A lista de classificação final é homologada pelo director-geral da Administração da Justiça.

2 – A lista é publicada na 2ª série do *Diário da República* e contém:

a) A graduação dos candidatos aprovados, nos termos do nº 3 do artigo 9º;
b) A ordenação dos candidatos excluídos, com a indicação dos motivos de exclusão;
c) A transcrição do disposto nos nºs 1 a 4 do artigo seguinte.

3 – Os funcionários que se tenham candidatado ao abrigo do artigo 31º do EFJ são graduados juntamente com os restantes candidatos, mas tendo apenas em conta a nota obtida na prova escrita de conhecimentos.

ARTIGO 12º
Reclamação

1 – Do despacho que homologa a lista de classificação final cabe reclamação, a interpor no prazo de oito dias úteis.

2 – Quando a reclamação tiver por objecto a classificação atribuída na prova escrita de conhecimentos, deve indicar expressamente, sob pena de indeferimento liminar:

a) A resposta ou respostas cuja classificação se impugna;
b) Os motivos justificativos da discordância da classificação obtida, devidamente individualizados em relação às respectivas respostas.

3 – Para o efeito do disposto no número anterior, deve ser entregue ao candidato que o solicite, no prazo de dois dias úteis, cópia da prova, com a indicação da classificação atribuída em cada resposta.

4 – O prazo referido no número anterior não suspende a contagem do prazo para a interposição da reclamação, salvo na parte em que for excedido.

5 – O júri deve pronunciar-se no prazo máximo de oito dias úteis.

ARTIGO 13º
Recurso hierárquico

1 – Da decisão sobre a reclamação cabe recurso hierárquico para o Ministro da Justiça, a interpor no prazo de 10 dias úteis.

2 – O prazo de decisão do recurso é de 10 dias úteis, a contar da data da remessa do processo pelo director-geral da Administração da Justiça àquele membro do Governo.

ARTIGO 14º
Direito subsidiário

É subsidiariamente aplicável o regime geral de recrutamento e selecção de pessoal da Administração Pública.

22. Estatuto do Administrador da Insolvência[203]

CAPÍTULO I
Disposições gerais

ARTIGO 1º
Objecto

A presente lei estabelece o estatuto do administrador da insolvência.

ARTIGO 2º
Nomeação dos administradores da insolvência

1 – Sem prejuízo do disposto no artigo 53º do Código da Insolvência e da Recuperação de Empresas, apenas podem ser nomeados administradores da insolvência aqueles que constem das listas oficiais de administradores da insolvência.

2 – Sem prejuízo do disposto no nº 2 do artigo 52º do Código da Insolvência e da Recuperação de Empresas, a nomeação a efectuar pelo juiz processa-se por meio de sistema informático que assegure a aleatoriedade da escolha e a distribuição em idêntico número dos administradores da insolvência nos processos.

3 – Tratando-se de um processo em que seja previsível a existência de actos de gestão que requeiram especiais conhecimentos por parte do administrador da insolvência, nomeadamente quando a massa insolvente integre estabelecimento em actividade, o juiz deve proceder à nomeação, nos termos do número anterior, de entre os administradores da insolvência especialmente habilitados para o efeito.

ARTIGO 3º
Exercício de funções[204]

1 – Os administradores da insolvência exercem as suas funções por tempo indeterminado e sem limite máximo de processos.

---

[203] Aprovado pela Lei nº 32/2004, de 22 de julho, e alterado pelo Decreto-Lei nº 282/2007, de 7 de agosto, e pela Lei nº 34/2009, de 14 de julho.
[204] Redação resultante da alteração introduzida pela Lei nº 34/2009, de 14 de julho.

2 – Os administradores da insolvência equiparam-se aos agentes de execução nas relações com os órgãos do Estado e demais pessoas colectivas públicas, nomeadamente, no que concerne:

a) Ao acesso e movimentação nas instalações dos tribunais, conservatórias e serviços de finanças;
b) Ao acesso ao registo informático de execuções nos termos do Decreto-Lei nº 201/2003, de 10 de Setembro;
c) À consulta das bases de dados da administração tributária, da segurança social, das conservatórias do registo predial, comercial e automóvel e de outros registos e arquivos semelhantes, nos termos do artigo 833º-A do Código de Processo Civil.

3 – Para os efeitos do número anterior, os administradores da insolvência devem identificar-se mediante a apresentação de um documento de identificação pessoal emitido pelo Ministério da Justiça, de modelo a aprovar por portaria do Ministro da Justiça.

ARTIGO 4º
Suspensão do exercício de funções[205]

1 – Os administradores da insolvência podem suspender o exercício da sua actividade pelo período máximo de dois anos, mediante requerimento dirigido, preferencialmente por via electrónica, ao presidente da comissão referida no artigo 12º, adiante designada por comissão, com a antecedência mínima de 45 dias úteis relativamente à data do seu início.

2 – A suspensão do exercício de funções apenas pode ser requerida duas vezes, podendo a segunda ter lugar depois de decorridos pelo menos três anos após o termo da primeira.

3 – Sendo deferido o pedido de suspensão, o administrador da insolvência deve, por via electrónica, comunicá-lo aos juízes dos processos em que se encontra a exercer funções, para que se proceda à sua substituição.

4 – No prazo de cinco dias a contar do deferimento do pedido de suspensão, a comissão deve informar a Direcção-Geral da Administração da Justiça desse facto, por via electrónica, para que esta proceda à actualização das listas oficiais.

ARTIGO 5º
Listas oficiais de administradores da insolvência

1 – Para cada distrito judicial existe uma lista de administradores da insolvência, contendo o nome e o domicílio profissional das pessoas habilitadas a desempenhar a actividade de administrador da insolvência no respectivo distrito, bem como a identificação clara das pessoas especialmente habilitadas a praticar actos de gestão para efeitos do nº 3 do artigo 2º

2 – Se o administrador da insolvência for sócio de uma sociedade de administradores da insolvência, a lista deve conter, para além dos elementos referidos no

---

[205] A redação deste artigo e do seguinte resultou do Decreto-Lei nº 282/2007, de 7 de agosto

número anterior, a referência àquela qualidade e a identificação da respectiva sociedade.

3 – A manutenção e actualização das listas oficiais de administradores da insolvência, bem como a sua colocação à disposição dos tribunais, por meios informáticos, cabem à Direcção-Geral da Administração da Justiça.

4 – Compete à comissão desenvolver os procedimentos conducentes à inscrição nas listas oficiais.

5 – Sem prejuízo da sua disponibilização permanente em página informática de acesso público, as listas oficiais são anualmente publicadas no Diário da República, até ao final do 1º trimestre de cada ano civil.

6 – A inscrição nas listas oficiais não investe os inscritos na qualidade de agente nem garante o pagamento de qualquer remuneração fixa por parte do Estado.

CAPÍTULO II
Inscrição nas listas oficiais de administradores da insolvência

ARTIGO 6º
Requisitos de inscrição

1 – Apenas podem ser inscritos nas listas oficiais os candidatos que, cumulativamente:

a) Tenham uma licenciatura e experiência profissional adequadas ao exercício da actividade;

b) Obtenham aprovação no exame de admissão;

c) Não se encontrem em nenhuma situação de incompatibilidade para o exercício da actividade;

d) Sejam pessoas idóneas para o exercício da actividade de administrador da insolvência.

2 – Para os efeitos da alínea *a)* do número anterior, considera-se licenciatura e experiência profissional adequadas ao exercício da actividade aquelas que atestem a especial formação de base e experiência do candidato nas matérias sobre que versa o exame de admissão.

3 – Podem ainda ser inscritos nas listas oficiais os candidatos que, apesar de não reunirem a condição prevista na alínea *a)* do nº 1, tenham três anos de exercício da profissão de solicitador nos últimos cinco anos e reúnam as demais condições previstas no nº 1.

4 – No caso previsto no número anterior, está vedada a inscrição do candidato como pessoa especialmente habilitada a praticar actos de gestão para efeitos do disposto no nº 3 do artigo 2º.

ARTIGO 7º
Processo de inscrição

1 – A inscrição nas listas oficiais é solicitada ao presidente da comissão, mediante requerimento acompanhado dos seguintes elementos:

a) Curriculum vitae;
b) Certificado de licenciatura ou comprovativo da situação prevista no nº 3 do artigo anterior;
c) Certificado do registo criminal;
d) Declaração sobre o exercício de qualquer outra actividade remunerada e sobre a inexistência de qualquer das situações de incompatibilidade previstas no artigo seguinte;
e) Atestado médico a que se referem os nºs 5 e 6 do artigo 16º, no caso de o candidato ter 70 anos completos;
f) Qualquer outro documento que o candidato considere importante para instruir a sua candidatura.

2 – O disposto no número anterior não obsta a que a comissão solicite ao candidato qualquer outro documento necessário à prova dos factos declarados ou que estabeleça pré-requisitos adicionais, nomeadamente no regulamento do concurso de admissão.

3 – O candidato pode requerer a sua inscrição em mais de uma lista distrital.

ARTIGO 8º
Incompatibilidades, impedimentos e suspeições

1 – Os administradores da insolvência estão sujeitos aos impedimentos e suspeições aplicáveis aos juízes, bem como às regras gerais sobre incompatibilidades aplicáveis aos titulares de órgãos sociais das sociedades.

2 – Os administradores da insolvência, enquanto no exercício das respectivas funções, não podem integrar órgãos sociais ou ser dirigentes de empresas que prossigam actividades total ou predominantemente semelhantes às de empresa compreendida na massa insolvente.

3 – Os administradores da insolvência e os seus cônjuges e parentes ou afins até ao 2º grau da linha recta ou colateral não podem, por si ou por interposta pessoa, ser titulares de participações sociais nas empresas referidas no número anterior.

4 – Os administradores da insolvência não podem, por si ou por interposta pessoa, ser membros de órgãos sociais ou dirigentes de empresas em que tenham exercido as suas funções sem que hajam decorrido três anos após a cessação daquele exercício.

ARTIGO 9º
Idoneidade

1 – Entre outras circunstâncias, considera-se indiciador de falta de idoneidade para inscrição nas listas oficiais o facto de a pessoa ter sido:

a) Condenada com trânsito em julgado, no País ou no estrangeiro, por crime de furto, roubo, burla, burla informática e nas comunicações, extorsão, abuso de confiança, receptação, infidelidade, falsificação, falsas declarações, insolvência dolosa, frustração de créditos, insolvência negligente, favorecimento de credores, emissão de cheques sem provisão, abuso de cartão de garantia ou de crédito, apropriação ilegítima de bens do sector público ou cooperativo, administração danosa em unidade económica do sector público ou cooperativo, usura, suborno, corrupção, tráfico de influência, peculato, recepção não autorizada de depósitos ou outros fundos reembolsáveis, prática ilícita de actos ou operações inerentes à actividade seguradora ou dos fundos de pensões, fraude fiscal ou outro crime tributário, branqueamento de capitais ou crime previsto no Código das Sociedades Comerciais ou no Código dos Valores Mobiliários;

b) Declarada, nos últimos 15 anos, por sentença nacional ou estrangeira transitada em julgado, insolvente ou julgada responsável por insolvência de empresa por ela dominada ou de cujos órgãos de administração ou fiscalização tenha sido membro.

2 – O disposto no número anterior não impede que a comissão considere qualquer outro facto como indiciador de falta de idoneidade.

3 – A verificação da ocorrência dos factos descritos no nº 1 não impede a comissão de considerar, de forma justificada, que estão reunidas as condições de idoneidade para o exercício da actividade de administrador da insolvência, tendo em conta, nomeadamente, o tempo decorrido desde a prática dos factos.

ARTIGO 10º
Exame de admissão

1 – O exame de admissão consiste numa prova escrita sobre as seguintes matérias:

a) Direito comercial e Código da Insolvência e da Recuperação de Empresas;
b) Direito processual civil;
c) Contabilidade e fiscalidade.

2 – Os candidatos que requeiram a sua inscrição como administradores da insolvência especialmente habilitados a praticar actos de gestão, para efeitos do nº 3 do artigo 2º, são igualmente avaliados no domínio da gestão de empresas.

3 – O disposto nos números anteriores não impede a comissão de determinar a avaliação dos candidatos no que respeita a outras matérias, desde que o estabeleça dentro do prazo previsto para a fixação da data do exame de admissão.

4 – O exame de admissão ocorre uma vez por ano, preferencialmente durante os meses de Setembro ou Outubro, sendo a data definida pela comissão.

5 – A comissão tem a faculdade de, por deliberação fundamentada, estabelecer a não realização do exame de admissão em determinado ano.

6 – Sem prejuízo do seu anúncio em página informática de acesso público, a data do exame é publicada quer no Diário da República quer em jornal nacional de grande circulação, com um mínimo de 60 dias úteis de antecedência.

7 – Apenas são admitidos à realização do exame de admissão os candidatos que apresentem o requerimento referido no artigo 7º com uma antecedência mínima de 15 dias úteis relativamente à data do exame e que respeitem os requisitos previstos nas alíneas *a)*, *c)* e *d)* do nº 1 do artigo 6º.

8 – Considera-se aprovação no exame de admissão a obtenção de uma classificação igual ou superior a 10 valores, numa escala de 0 a 20 valores.

9 – A comissão pode complementar a avaliação dos candidatos com a realização de uma prova oral que verse sobre as matérias questionadas no exame escrito.

ARTIGO 11º
Inscrição nas listas oficiais de administradores da insolvência

1 – A comissão tem 45 dias, a contar da data de realização do exame de admissão, para notificar o candidato da sua classificação.

2 – Em caso de aprovação no exame de admissão, a comissão, no prazo de cinco dias, ordena por via electrónica à Direcção-Geral da Administração da Justiça que inscreva o candidato nas listas oficiais, no prazo de cinco dias.

CAPÍTULO III
Comissão

ARTIGO 12º
Nomeação e remuneração dos membros da comissão[206]

1 – É criada uma comissão, na dependência do Ministro da Justiça, responsável pela admissão à actividade de administrador da insolvência e pelo controlo do seu exercício.

2 – A comissão é composta por um magistrado judicial nomeado pelo Conselho Superior da Magistratura, que preside, por um magistrado do Ministério Público nomeado pelo Conselho Superior do Ministério Público, por um administrador da insolvência designado pela associação mais representativa da actividade profissional e por duas individualidades de reconhecida experiência profissional nas áreas da economia, da gestão de empresas ou do direito comercial, nomeadas por despacho conjunto dos Ministros da Justiça e da Economia.

3 – Os membros da comissão têm direito ao abono de senhas de presença por cada sessão em que participem, de montante a fixar por despacho conjunto dos Ministros das Finanças, da Justiça e da Economia.

4 – Os encargos decorrentes do financiamento da comissão são assegurados pelo Instituto de Gestão Financeira e de Infra-Estruturas da Justiça, I. P.

ARTIGO 13º
Funcionamento da comissão

1 – Ao funcionamento da comissão aplica-se o disposto no Código do Procedimento Administrativo, com as necessárias adaptações.

2 – Sob proposta do respectivo presidente, a comissão pode solicitar ainda o apoio de técnicos de reconhecido mérito para a coadjuvarem no exercício das suas competências.

3 – As deliberações da comissão são susceptíveis de recurso contencioso nos termos gerais.

---

[206] A redação deste artigo e a dos artigos 16º e 18º resultou do Decreto-Lei nº 282/2007.

ARTIGO 14º
Secretário executivo

1 – A comissão é coadjuvada por um secretário executivo, nomeado, de entre licenciados, pelo Ministro da Justiça, sob proposta daquela.

2 – O secretário executivo é remunerado pelo índice 500 da escala salarial do regime geral, sem prejuízo de poder optar pelo vencimento do cargo de origem, no caso de ser funcionário público.

3 – O provimento do secretário executivo é efectuado em regime de comissão de serviço, pelo período de três anos, renovável por iguais períodos.

4 – O secretário executivo está isento de horário de trabalho, não lhe correspondendo, por isso, qualquer remuneração a título de trabalho extraordinário.

5 – O secretário executivo está sujeito ao cumprimento do dever geral de assiduidade e da duração normal do trabalho.

6 – Sem prejuízo das regras do Estatuto da Aposentação e respectiva legislação acessória, o exercício das funções de secretário executivo, no caso de este ser funcionário público, é contado, para todos os efeitos legais, designadamente para a progressão nas respectivas carreiras, como prestado nos lugares de origem.

ARTIGO 15º
Competências da comissão

A comissão tem as seguintes competências:

a) Ordenar à Direcção-Geral da Administração da Justiça que inscreva os candidatos admitidos nas listas oficiais;
b) Ordenar à Direcção-Geral da Administração da Justiça que suspenda ou cancele a inscrição nas listas oficiais de qualquer administrador da insolvência;
c) Verificar o respeito pelos requisitos de inscrição nas listas oficiais;
d) Providenciar pela elaboração e avaliação dos exames de admissão;
e) Controlar e fiscalizar o exercício da actividade de administrador da insolvência;
f) Instaurar processos de averiguações e aplicar sanções aos administradores da insolvência;
g) Recolher dados estatísticos relacionados com o exercício das suas competências.

CAPÍTULO IV
Deveres e regime sancionatório

ARTIGO 16º
Deveres

1 – O administrador da insolvência deve, no exercício das suas funções e fora delas, considerar-se um servidor da justiça e do direito e, como tal, mostrar-se digno da honra e das responsabilidades que lhes são inerentes.

2 – O administrador da insolvência, no exercício das suas funções, deve manter sempre a maior independência e isenção, não prosseguindo quaisquer objectivos diversos dos inerentes ao exercício da sua actividade.

3 – Sem prejuízo do disposto no artigo seguinte, os administradores da insolvência inscritos nas listas oficiais devem aceitar as nomeações efectuadas pelo juiz, devendo este comunicar à comissão a recusa de aceitação de qualquer nomeação.

4 – O administrador da insolvência deve comunicar, por via electrónica, com a antecedência de 15 dias, aos juízes dos processos em que se encontre a exercer funções e à Direcção-Geral da Administração da Justiça qualquer mudança de domicílio profissional.

5 – Os administradores da insolvência que tenham completado 70 anos de idade devem fazer prova, mediante atestado médico a enviar à comissão, de que possuem aptidão para o exercício das funções.

6 – O atestado a que se refere o número anterior é apresentado de dois em dois anos, durante o mês de Janeiro.

ARTIGO 17º
Escusa e substituição do administrador da insolvência

1 – O administrador da insolvência pode pedir escusa de um processo para o qual tenha sido nomeado pelo juiz, em caso de grave e temporária impossibilidade de exercício de funções.

2 – O pedido de escusa é apreciado pelo juiz, sendo comunicado à comissão juntamente com a respectiva decisão, com vista à eventual instauração de processo de averiguações.

3 – Se a nomeação ou a escolha de administrador da insolvência o colocar em alguma das situações previstas nos nºs 1 a 3 do artigo 8º, o administrador da insolvência deve comunicar imediatamente esse facto ao juiz do processo, requerendo a sua substituição.

4 – Se, em qualquer momento, se verificar alguma circunstância susceptível de revelar falta de idoneidade, o administrador da insolvência deve comunicar imediatamente esse facto aos juízes dos processos em que tenha sido nomeado, requerendo a sua substituição.

5 – Os juízes devem comunicar à comissão qualquer pedido de substituição que recebam dos administradores da insolvência.

6 – O administrador da insolvência substituído, nos termos deste artigo, do artigo seguinte ou do artigo 4º, deve prestar toda a colaboração necessária que seja solicitada pelos administradores da insolvência que o substituam.

ARTIGO 18º
Regime sancionatório

1 – A comissão pode, por deliberação fundamentada e na sequência de processo de averiguações, ordenar, por via electrónica, à Direcção-Geral da Administração da Justiça que, no prazo de cinco dias, suspenda por um período não superior a cinco anos ou cancele definitivamente a inscrição de qualquer administrador da insolvência por se ter verificado qualquer facto que consubstancie incumprimento dos deveres de administrador da insolvência ou que revele falta de idoneidade para o exercício das mesmas.

2 – No caso de se tratar de uma falta leve, a comissão pode aplicar uma repreensão por escrito.

3 – As medidas referidas nos números anteriores são sempre precedidas de audiência do interessado, o qual só pode ser suspenso enquanto decorrer o processo de averiguações se existirem vários indícios de falta de idoneidade ou forem graves os factos imputados.

4 – A destituição pelo juiz, nos termos do artigo 56º do Código da Insolvência e da Recuperação de Empresas, é sempre comunicada por este à comissão, tendo em vista a eventual instauração de processo de averiguações.

5 – Em caso de cancelamento ou de suspensão de inscrição, a comissão comunica esse facto, por via electrónica, à Direcção-Geral da Administração da Justiça para que se possa proceder à actualização das listas oficiais.

6 – O exercício de funções de administrador da insolvência em violação do preceituado nos nºs 1 a 3 do artigo 8º e no artigo 9º ou durante o período de suspensão ou de cancelamento da inscrição implica a responsabilização pelos actos praticados e constitui contra-ordenação, punível com coima de € 500 a € 10 000, se não representar infracção criminal.

7 – A abertura do procedimento contra-ordenacional previsto no número anterior, a instrução do respectivo processo e a aplicação de coimas são competências da comissão.

8 – As sociedades de administradores da insolvência respondem solidariamente pelo pagamento das coimas e das custas em que forem condenados os seus sócios, nos termos dos nºs 6 e 7.

CAPÍTULO V
Remuneração e pagamento do administrador da insolvência

ARTIGO 19º
Remuneração do administrador da insolvência

O administrador da insolvência tem direito a ser remunerado pelo exercício das funções que lhe são cometidas, bem como ao reembolso das despesas necessárias ao cumprimento das mesmas.

ARTIGO 20º
Remuneração do administrador da insolvência nomeado pelo juiz

1 – O administrador da insolvência, nomeado pelo juiz, tem direito a ser remunerado pelos actos praticados, de acordo com o montante estabelecido em portaria conjunta dos Ministros das Finanças e da Justiça.

2 – O administrador da insolvência nomeado pelo juiz aufere ainda uma remuneração variável em função do resultado da liquidação da massa insolvente, cujo valor é o fixado na tabela constante da portaria prevista no número anterior.

3 – Para efeitos do número anterior, considera-se resultado da liquidação o montante apurado para a massa insolvente, depois de deduzidos os montantes necessários ao pagamento das dívidas dessa mesma massa, com excepção da remuneração

referida no número anterior e das custas de processos judiciais pendentes na data de declaração da insolvência.

4 – O valor alcançado por aplicação da tabela referida no nº 2 é majorado, em função do grau de satisfação dos créditos reclamados e admitidos, pela aplicação dos factores constantes da portaria referida no nº 1.

5 – Se, por aplicação do disposto nos nºs 1 a 4, a remuneração exceder o montante de € 50 000 por processo, o juiz pode determinar que a remuneração devida para além desse montante seja inferior à resultante da aplicação dos critérios legais, tendo em conta, designadamente, os serviços prestados, os resultados obtidos, a complexidade do processo e a diligência empregue no exercício das funções.

ARTIGO 21º
Remuneração do administrador da insolvência nomeado ou destituído pela assembleia de credores

1 – Sempre que o administrador da insolvência for nomeado pela assembleia de credores, o montante da remuneração é fixado na mesma deliberação que procede à nomeação.

2 – O administrador da insolvência nomeado pelo juiz, que for substituído pelos credores, nos termos do nº 1 do artigo 53º do Código da Insolvência e da Recuperação de Empresas, tem direito a receber, para além da remuneração determinada em função dos actos praticados, o valor resultante da aplicação da tabela referida no nº 2 do artigo anterior, na proporção que o produto da venda de bens por si apreendidos, ou outros montantes por si apurados para a massa, representem no montante total apurado para a massa insolvente, reduzido a um quinto.

ARTIGO 22º
Remuneração pela gestão de estabelecimento compreendido na massa insolvente

1 – Quando competir ao administrador da insolvência a gestão de estabelecimento em actividade compreendido na massa insolvente, cabe ao juiz fixar-lhe a remuneração devida até à deliberação a tomar pela assembleia de credores, nos termos do nº 1 do artigo 156º do Código da Insolvência e da Recuperação de Empresas.

2 – Na fixação da remuneração prevista no número anterior, deve o juiz atender ao volume de negócios do estabelecimento, à prática de remunerações seguida na empresa, ao número de trabalhadores e à dificuldade das funções compreendidas na gestão do estabelecimento.

3 – Caso os credores deliberem, nos termos referidos no nº 1, manter em actividade o estabelecimento compreendido na massa insolvente, devem, na mesma deliberação, fixar a remuneração devida ao administrador da insolvência pela gestão do mesmo.

ARTIGO 23º
Remuneração pela elaboração do plano de insolvência

Caso os credores deliberem, na assembleia referida no nº 1 do artigo anterior, instruir o administrador da insolvência no sentido de elaborar um plano de insolvência, devem, na mesma deliberação, fixar a remuneração devida pela elaboração de tal plano.

ARTIGO 24º
Remuneração do administrador judicial provisório

A fixação da remuneração do administrador judicial provisório, nos termos do nº 2 do artigo 32º do Código da Insolvência e da Recuperação de Empresas, deve respeitar os critérios enunciados no nº 2 do artigo 22º, bem como ter em conta a extensão das tarefas que lhe são confiadas.

ARTIGO 25º
Remuneração do fiduciário

A remuneração do fiduciário corresponde a 10% das quantias objecto de cessão, com o limite máximo de € 5 000 por ano.

ARTIGO 26º
Pagamento da remuneração do administrador da insolvência[207]

1 – A remuneração do administrador da insolvência e o reembolso das despesas são suportados pela massa insolvente, salvo o disposto no artigo seguinte.

2 – A remuneração prevista no nº 1 do artigo 20º é paga em duas prestações de igual montante, vencendo-se a primeira na data da nomeação e a segunda seis meses após tal nomeação, mas nunca após a data de encerramento do processo.

3 – A remuneração prevista nos nºs 2 a 4 do artigo 20º é paga a final, vencendo-se na data de encerramento do processo.

4 – A remuneração pela gestão, nos termos do nº 1 do artigo 22º, é suportada pela massa insolvente e, prioritariamente, pelos proventos obtidos com a exploração do estabelecimento.

5 – Sempre que a administração da massa insolvente seja assegurada pelo devedor, nos termos dos artigos 223º a 229º do Código da Insolvência e da Recuperação de Empresas, a remuneração prevista no nº 2 e a provisão para despesas referida no número seguinte são por este retiradas da massa insolvente e entregues ao administrador da insolvência.

6 – A provisão para despesas equivale a um quarto da remuneração fixada na portaria referida no nº 1 do artigo 20º e é paga em duas prestações de igual montante, sendo a primeira paga imediatamente após a nomeação e a segunda após a elaboração do relatório pelo administrador da insolvência, nos termos do artigo 155º do Código da Insolvência e da Recuperação de Empresas.

7 – Nos casos em que a administração da massa insolvente ou a liquidação fiquem a cargo do administrador da insolvência e a massa insolvente tenha liquidez, os montantes referidos nos números anteriores são directamente retirados por este da massa.

---

[207] A redação deste artigo e a do artigo seguinte decorreu do Decreto-Lei nº 282/2007.

8 – Não se verificando liquidez na massa insolvente, é aplicável o disposto no nº 1 do artigo seguinte relativamente ao pagamento da provisão para despesas do administrador da insolvência.

9 – No que respeita às despesas de deslocação, apenas são reembolsadas aquelas que seriam devidas a um administrador da insolvência que tenha domicílio profissional no distrito judicial em que foi instaurado o processo de insolvência.

10 – Os credores podem igualmente assumir o encargo de adiantamento da remuneração do administrador da insolvência ou das respectivas despesas.

11 – A massa insolvente deve reembolsar os credores dos montantes adiantados nos termos dos números anteriores logo que tenha recursos disponíveis para esse efeito.

ARTIGO 27º
Pagamento da remuneração do administrador da insolvência suportada pelo Cofre Geral dos Tribunais

1 – Nas situações previstas nos artigos 39º e 232º do Código da Insolvência e da Recuperação de Empresas, a remuneração do administrador da insolvência e o reembolso das despesas são suportados pelo Instituto de Gestão Financeira e de Infra-Estruturas da Justiça, I. P.

2 – Nos casos previstos no artigo 39º do Código da Insolvência e da Recuperação de Empresas, a provisão a adiantar pelo Instituto de Gestão Financeira e de Infra-Estruturas da Justiça, I. P., é metade da prevista no nº 6 do artigo anterior, sendo paga imediatamente após a nomeação.

3 – Se o devedor beneficiar do diferimento do pagamento das custas, nos termos do nº 1 do artigo 248º do Código da Insolvência e da Recuperação de Empresas, o pagamento da remuneração e o reembolso das despesas são suportados pelo Instituto de Gestão Financeira e de Infra-Estruturas da Justiça, I. P., na medida em que a massa insolvente seja insuficiente para esse efeito.

4 – os casos previstos no artigo 39º do Código da Insolvência e da Recuperação de Empresas, a remuneração do administrador da insolvência é reduzida a um quarto do valor fixado pela portaria referida no nº 1 do artigo 20º

5 – Para efeitos do presente artigo, não se considera insuficiência da massa a mera falta de liquidez.

CAPÍTULO VI
Disposições finais e transitórias

ARTIGO 28º
Disposições transitórias

1 – No prazo de 60 dias após a data da entrada em vigor da presente lei, os gestores e liquidatários judiciais, inscritos nas listas distritais previstas no Decreto-Lei nº 254/93, de 15 de Julho, que demonstrem exercício efectivo das respectivas funções e que respeitem os requisitos previstos nas alíneas c) e d) do nº 1 do artigo 6º podem requerer a inscrição nas listas oficiais de administradores da insolvência.

2 – Para efeitos do disposto no presente artigo, considera-se exercício efectivo de funções de gestor ou liquidatário judicial o exercício das funções de gestor ou liquidatário em, pelo menos, dois processos de recuperação de empresa ou de falência nos últimos dois anos.

3 – No caso de se tratar de gestores ou liquidatários judiciais que tenham iniciado a sua actividade há menos de dois anos, é suficiente o exercício de funções de gestor ou liquidatário judicial em apenas um processo.

4 – O requerimento de inscrição é dirigido ao presidente da comissão, devendo ser instruído com os elementos mencionados nas alíneas *a*) e *c*) a *f*) do nº 1 do artigo 7º, bem como com a prova documental do exercício efectivo da actividade, nos termos do número anterior.

5 – A comissão deve, no prazo de 10 dias após o termo do período previsto no nº 1, publicar no Diário da República e enviar à Direcção-Geral da Administração da Justiça as listas oficiais, para que, em 5 dias, aquelas sejam colocadas à disposição dos tribunais.

6 – Até à publicação das listas oficiais no Diário da República, os gestores e liquidatários judiciais exercem as funções de administradores da insolvência, sendo todas as nomeações efectuadas de entre os inscritos nas listas de gestores e liquidatários judiciais previstas no Decreto-Lei nº 254/93, de 15 de Julho, incidindo sobre os gestores judiciais as nomeações para processos em que seja previsível a existência de actos de gestão que requeiram especiais conhecimentos nessa área, nos termos do nº 3 do artigo 2º

7 – As nomeações de gestores e liquidatários judiciais para exercício de funções em processos especiais de recuperação da empresa e de falência pendentes à data de publicação no Diário da República das listas oficiais de administradores da insolvência recaem sobre administradores da insolvência, sendo as nomeações para gestor judicial efectuadas de entre aqueles especialmente habilitados para praticar actos de gestão.

8 – Para efeitos do número anterior, a remuneração devida aos administradores da insolvência nomeados para exercer as funções de gestor ou liquidatário judicial é a fixada no Código dos Processos Especiais de Recuperação da Empresa e de Falência.

9 – Os gestores e liquidatários judiciais que continuem a exercer funções em processos de recuperação da empresa ou de falência após a entrada em vigor do Código da Insolvência e da Recuperação de Empresas ficam sujeitos ao estatuto estabelecido no Decreto-Lei nº 254/93, de 15 de Julho, na redacção que lhe foi dada pelo Decreto-Lei nº 293/95, de 17 de Novembro, e no Decreto-Lei nº 188/96, de 8 de Outubro, com a redacção que lhe foi dada pelo Decreto-Lei nº 323/2001, de 17 de Dezembro.

10 – A comissão criada pela presente lei assume as competências de fiscalização das actividades de gestor e liquidatário judicial atribuídas às comissões distritais previstas no Decreto-Lei nº 254/93, de 15 de Julho.

11 – Para os efeitos previstos no número anterior, as comissões distritais criadas pelo Decreto-Lei nº 254/93, de 15 de Julho, devem remeter à comissão toda a documentação relativa às listas de gestores e liquidatários judiciais, no prazo de 15 dias a contar da entrada em vigor da presente lei.

ARTIGO 29º
Revogação

É revogado o Decreto-Lei nº 254/93, de 15 de Julho, na redacção que lhe foi dada pelo Decreto-Lei nº 293/95, de 17 de Novembro, e o Decreto-Lei nº 188/96, de 8 de Outubro, com a redacção que lhe foi dada pelo Decreto-Lei nº 323/2001, de 17 de Dezembro.

ARTIGO 30º
Entrada em vigor

A presente lei entra em vigor no dia 15 de Julho de 2004.

23. Estatuto dos Peritos Avaliadores[208]

ARTIGO 1º
Objecto

O presente diploma regula as condições de exercício das funções de perito e árbitro no âmbito dos procedimentos anteriores à declaração de utilidade pública e no âmbito do processo de expropriação previsto no Código das Expropriações, aprovado pela Lei nº 168/99, de 18 de Setembro.

ARTIGO 2º
Listas de peritos

1 – As funções de perito avaliador, previstas nos artigos 10º, nº 4, 20º, nº 6, 45º e 62º do Código das Expropriações, só podem ser exercidas por peritos integrados nas listas oficiais a que se refere o número seguinte.

2 – São organizadas listas de peritos avaliadores, por distritos judiciais.

3 – No distrito judicial de Lisboa são organizadas três listas, uma para a área con-tinen-tal, outra para os círculos judiciais dos Açores e outra para o círculo judicial do Funchal.

4 – Cada lista é composta pelo seguinte número de peritos avaliadores:

a) 120 no distrito judicial de Lisboa;
b) 120 no distrito judicial do Porto;
c) 100 no distrito judicial de Coimbra;
d) 80 no distrito judicial de Évora;
e) 16 nos círculos judiciais dos Açores;
f) 10 no círculo judicial do Funchal.

5 – Cada perito não pode integrar mais de uma lista.

6 – Das listas, para além da identificação dos peritos avaliadores e sua morada, deverão constar, no mínimo, os seguintes elementos:

---

[208] Aprovado pelo Decreto-Lei nº 125/2002, de 10 de maio, alterado pelos Decretos-Leis nºs 12/2007, de 19 de janeiro, e 94/2009, de 27 de abril.

a) Habilitações e eventual especialidade;
b) Entidade empregadora ou equiparada, quando aplicável.

7 – A Direcção-Geral da Administração da Justiça fará publicar no Diário da República, até 31 de Janeiro de cada ano, as listas actualizadas dos peritos avaliadores.

ARTIGO 3º
Recrutamento dos peritos avaliadores

1 – O recrutamento de peritos avaliadores que integram as listas a que se refere o artigo anterior é efectuado mediante concurso ou através de procedimento simplificado, nos termos dos artigos seguintes.

2 – O concurso referido no número anterior é aberto por despacho do director-geral da Administração da Justiça.

ARTIGO 4º
Júri do concurso

1 – O júri tem a seguinte composição:

a) Três personalidades indicadas conjuntamente pelo director do Centro de Estudos Judiciários e pelo director-geral da Administração da Justiça, designando este o presidente;
b) Um arquitecto indicado pela Ordem dos Arquitectos;
c) Um engenheiro indicado pela Ordem dos Engenheiros.

2 – Por despacho do director-geral da Administração da Justiça, sob proposta do director do Centro de Estudos Judiciários, podem ser constituídos júris suplementares sempre que as circunstâncias o exijam.

3 – Os membros do júri têm direito a uma gratificação em função do número de candidatos admitidos, a definir por despacho conjunto dos ministros responsáveis pelas áreas das finanças e da justiça, sob proposta do presidente do júri.

ARTIGO 5º
Requisitos habilitacionais

1 – Podem candidatar-se a peritos avaliadores os indivíduos que sejam possuidores de curso superior adequado e não estejam inibidos do exercício de funções públicas ou interditos para o exercício das respectivas funções.

2 – Os cursos superiores que habilitam ao exercício das funções de perito avaliador são os que constam de portaria conjunta dos ministros responsáveis pelas áreas da justiça, das obras públicas e do ensino superior.[209]

ARTIGO 6º
Concurso

O concurso integra uma prova escrita de conhecimentos e a frequência, com aproveitamento, de um curso de formação, o qual está sujeito a *numerus clausus*.

---

[209] As licenciaturas habilitantes para o exercício da função de perito avaliador constam da Portaria nº 788/2004, de 9 de julho.

ARTIGO 7º
Aviso de abertura do concurso

1 – O concurso inicia-se com a publicação do respectivo aviso de abertura no Diário da República e de um anúncio do aviso publicado em dois jornais de expansão nacional, sem prejuízo de outras formas de publicidade que se considerem adequadas.

2 – Do aviso de abertura devem constar:

a) A declaração de abertura do concurso, o seu prazo de validade, a indicação das listas a constituir ou completar e o número de vagas a preencher;

b) A descrição sumária das funções a exercer pelos peritos avaliadores e os requisitos de admissão ao concurso;

c) A forma e o prazo de apresentação das candidaturas e a indicação dos elementos que as devem instruir, designadamente os mencionados nas alíneas *b)* a *d)* do nº 2 do artigo 10º;

d) A designação e o endereço da entidade à qual devem ser dirigidas as candidaturas;

e) Os métodos de selecção a utilizar no concurso, a sua avaliação e carácter eliminatório, incluindo a referência à publicação do programa da prova escrita de conhecimentos e do plano do curso;

f) Os critérios de correcção da prova escrita de conhecimentos e a indicação de que as pontuações específicas constam das actas das reuniões do júri do concurso;

g) A indicação do local onde será afixada a lista de candidatos admitidos e não admitidos ao concurso;

h) A composição do júri do concurso, a designação do seu presidente e a indicação das circunstâncias em que podem ser constituídos júris suplementares;

i) O número de candidatos admitidos ao curso de formação;

j) O sistema de classificação final do concurso;

l) A indicação de que o concurso se rege pelo presente diploma e, subsidiariamente, pelas normas aplicáveis do Decreto-Lei nº 204/98, de 11 de Julho.

ARTIGO 8º
Prazo de candidatura e lista de candidatos

1 – O prazo para apresentação de candidaturas é de 10 dias úteis a contar da data da publicação do aviso de abertura.

2 – Findo o prazo de apresentação das candidaturas, o júri elabora, no prazo de 15 dias úteis, o projecto de lista dos candidatos admitidos e não admitidos ao concurso, com indicação sucinta dos motivos da não admissão, promovendo, após a audiência prévia dos candidatos, a publicação no Diário da República e a sua afixação nos tribunais da relação, com a indicação da data, local, horário e duração da prova escrita e da composição dos júris suplementares, sempre que for exercida a faculdade a que se refere o nº 2 do artigo 4º.

3 – Da não admissão cabe recurso para o ministro responsável pela área da justiça, no prazo de cinco dias úteis a contar da data da publicação da lista no Diário da República, devendo o recurso ser decidido em igual período.

ARTIGO 9º
Métodos de selecção

1 – No concurso são utilizados sucessivamente os seguintes métodos de selecção de candidatos:

a) Prova escrita de conhecimentos;
b) Curso de formação.

2 – O programa da prova escrita de conhecimentos e a legislação e a bibliografia recomendadas são aprovados por portaria do ministro responsável pela área da justiça.

3 – A prova escrita efectua-se perante o júri do concurso.

4 – O enunciado da prova é elaborado pelo júri do concurso, contém perguntas e problemas relativos às matérias constantes do programa da prova e inclui a respectiva cotação e os critérios de correcção.

5 – A duração da prova não deve exceder as três horas.

6 – É permitida a consulta de legislação em suporte de papel.

7 – A prova é classificada numa escala valorimétrica de 0 a 20 valores, sendo os candidatos graduados em função dessa classificação e tendo a classificação inferior a 10 valores carácter eliminatório.

8 – Os resultados da prova são afixados nos tribunais da relação e deles cabe reclamação para o júri do concurso, no prazo de cinco dias úteis a partir da afixação, com fundamento em manifesto lapso na classificação, não havendo reapreciação da prova.

9 – As reclamações são decididas em prazo idêntico ao referido no número anterior.

10 – A acta com a classificação e graduação, por ordem decrescente, dos candidatos é submetida a homologação do ministro responsável pela área da justiça e publicada no Diário da República.

ARTIGO 9º-A
Curso de formação

1 – O curso a que se refere o artigo anterior é organizado pelo Centro de Estudos Judiciários, que elabora o respectivo plano e regulamento, a aprovar por portaria do membro do governo responsável pela área da justiça.

2 – São admitidos à frequência do curso os candidatos aprovados na prova escrita de conhecimentos e graduados nos lugares correspondentes ao dobro do número das vagas postas a concurso.

3 – O corpo docente do curso é constituído por indicação conjunta da Direcção-Geral da Administração da Justiça e do Centro de Estudos Judiciários.

4 – No final do curso, os candidatos submetem-se a uma prova de avaliação de conhecimentos perante um júri composto por dois docentes do curso, designados em conjunto pelas entidades referidas no número anterior, e por um presidente, designado pelo director do Centro de Estudos Judiciários.

5 – A prova é classificada numa escala numérica de 0 a 20, tendo carácter eliminatório a classificação inferior a 10 valores.

6 – O resultado da prova é afixado no Centro de Estudos Judiciários e dele cabe reclamação para o júri do curso, no prazo de cinco dias úteis a partir da afixação, com fundamento em manifesto lapso, não havendo reapreciação da prova.
7 – As reclamações são decididas em prazo idêntico ao referido no número anterior.
8 – A classificação do curso é o resultado da prova a que se refere o nº 4.

ARTIGO 9º-B
Classificação final e homologação

1 – A classificação final do concurso, expressa na escala valorimétrica de 0 a 20, resulta da média aritmética simples da nota na prova escrita de conhecimentos e da classificação no curso de formação.
2 – O desempate faz-se, sucessivamente, pela média do curso superior de habilitação, preferindo a mais alta, e pela idade dos candidatos, preferindo os mais velhos.
3 – A acta do júri do concurso com a classificação final e a graduação dos candidatos, por ordem decrescente, é submetida, após audiência prévia dos interessados, a homologação do ministro responsável pela área da justiça e publicada no Diário da República, com indicação dos candidatos que preenchem as vagas.

ARTIGO 10º
Procedimento simplificado

1 – Os peritos avaliadores que, à data da entrada em vigor do presente diploma, constem das listas oficiais, integram as novas listas, sem submissão a concurso, mediante sujeição ao procedimento simplificado regulado neste artigo, independentemente dos requisitos habilitacionais.
2 – Os peritos avaliadores referidos no número anterior poderão candidatar-se, no prazo estabelecido em aviso publicado no Diário da República, 2ª série, e em dois jornais de expansão nacional, sem prejuízo de outras formas de publicidade que se considerem adequadas, mediante requerimento dirigido ao director-geral da Administração da Justiça, instruído com os seguintes documentos:

a) Documento subscrito pelo candidato em que declare que integra a lista oficial à data da publicação do presente diploma, indicando o respectivo distrito judicial ou círculo judicial, no caso das Regiões Autónomas da Madeira e dos Açores;
b) Declaração, sob compromisso de honra, de que não está inibido do exercício de funções públicas ou interdito para o exercício de funções de perito avaliador;
c) Declaração sobre a sua situação profissional, eventual vínculo de emprego ou equiparado e indicação da entidade empregadora;
d) Certificado de habilitações.

3 – Os peritos avaliadores referidos no nº 1, caso pretendam beneficiar do procedimento simplificado regulado neste artigo, têm preferência sobre os restantes candidatos no preenchimento das respectivas vagas.
4 – A análise e a selecção das candidaturas são efectuadas por um júri designado pelo director-geral da Administração da Justiça, que preside, cuja composição deverá constar do aviso a que se refere o nº 2.

5 – Apreciadas as candidaturas, o júri submeterá à homologação do Ministro da Justiça a acta final contendo a indicação dos candidatos admitidos.
6 – A lista dos candidatos admitidos e excluídos será publicada no Diário da República, 2ª série.
7 – O procedimento previsto neste artigo é prévio à abertura do concurso a que se referem os artigos anteriores.

ARTIGO 10º-A
Acção de formação específica

A integração nas listas nos termos do artigo 10º depende da frequência de uma acção de formação a ser organizada pelo Centro de Estudos Judiciários.

ARTIGO 11º
Juramento

1 – Os peritos avaliadores que integrem as listas serão ajuramentados perante o presidente do tribunal da relação do respectivo distrito judicial ou perante juiz da comarca da sua residência, nas Regiões Autónomas da Madeira e dos Açores.
2 – No caso de o perito avaliador faltar mais de três vezes ao juramento, deixará de integrar a lista, abrindo-se imediatamente a respectiva vaga.
3 – As listas definitivas de peritos oficiais serão publicadas no Diário da República, 2ª série, após o juramento a que se refere este artigo.

ARTIGO 12º
Exclusão das listas

1 – São excluídos da lista de peritos avaliadores os peritos que deixem de cumprir os seus deveres funcionais, designadamente:

 a) Deixem de observar os critérios de avaliação decorrentes da lei;
 b) No decurso do ano judicial, deixem de comparecer mais de três vezes, sem justificação, a diligências para que tenham sido regularmente convocados;
 c) Não entreguem os relatórios ou os acórdãos nos prazos fixados, sem motivo justificado;
 d) Não frequentem o número anual mínimo de acções de formação permanente previstas no artigo seguinte;
 e) Não façam prova de aptidão física nos termos do nº 4.

2 – A exclusão é da competência do director-geral da Administração da Justiça, após audiência prévia escrita do interessado, cabendo aos tribunais ou às entidades expropriantes comunicar àquela Direcção-Geral as faltas ou omissões referidas nas alíneas do número anterior, bem como as vagas que por outros motivos ocorram e de que tenham conhecimento.
3 – A exclusão pelos motivos constantes das alíneas a) e c) do nº 1 depende de comunicação do presidente da relação do respectivo distrito judicial, na qual devem ser explicitados os motivos susceptíveis de fundamentar a exclusão.
4 – A exclusão de um perito avaliador é comunicada, pela Direcção-Geral da Administração da Justiça, a todos os tribunais do respectivo distrito judicial, produzindo efeitos a partir da recepção da comunicação.

5 – Para o efeito do disposto na alínea *e*) do n.º 1, os peritos avaliadores que tenham completado 70 anos de idade devem fazer prova, através de atestado médico a enviar ao director-geral da Administração da Justiça, de que possuem aptidão física para o exercício de funções.

6 – O atestado a que se refere o número anterior será apresentado de dois em dois anos, durante o mês de Janeiro.

ARTIGO 13º
Formação permanente

1 – Por iniciativa do director-geral da Administração da Justiça, o Centro de Estudos Judiciários realizará acções de formação visando a actualização de conhecimentos dos peritos avaliadores que integrem as respectivas listas.

2 – É obrigatória a frequência anual de duas acções constantes do plano de formação trienal elaborado para o efeito pela Direcção-Geral da Administração da Justiça e pelo Centro de Estudos Judiciários.

3 – O plano referido no número anterior é divulgado no sítio da Internet dos organismos aí referidos e afixado nos tribunais da relação.

4 – Os peritos avaliadores que não compareçam a acções de formação devem justificar a falta, no prazo de cinco dias, perante o director-geral da Administração da Justiça.

5 – Os peritos avaliadores que tenham faltado justificadamente a todas as sessões de acção de formação ou a parte considerada relevante desta devem frequentar a acção de formação subsequente, sem prejuízo do disposto na parte final da alínea *d*) do n.º 1 do artigo anterior.

6 – A convocatória para a frequência de acções de formação efectua-se por carta registada, para a residência indicada no respectivo processo pelos notificandos, com antecedência não inferior a 30 dias.

ARTIGO 14º
Renovação das listas

1 – Sempre que ocorram vagas numa determinada lista e existam candidatos aprovados no concurso que ainda não tenham preenchido as vagas, aquelas são preenchidas, no prazo de três anos a contar da publicação a que se refere o n.º 3 do artigo 9º-B, através da inclusão destes candidatos.

2 – Para abertura do concurso é necessária a verificação cumulativa dos seguintes requisitos:

a) O número de vagas a preencher corresponda a metade dos lugares da lista;
b) Não existam candidatos admitidos, e não colocados, a essa lista.

ARTIGO 15º
Inibição de funções

Os peritos avaliadores constantes da lista oficial não podem intervir como peritos indicados pelas partes em processos de expropriação que corram em tribunal.

ARTIGO 16º
Impedimentos

Para além dos impedimentos genericamente aplicáveis aos peritos previstos no Código de Processo Civil, os peritos avaliadores, integrem ou não as listas referidas no artigo 2º, não podem intervir em processos de expropriação litigiosa como árbitros ou peritos nos seguintes casos:

a) Quando tenham intervindo anteriormente no processo em litígio como árbitros, avaliadores, mandatários ou tenham dado parecer sobre a questão a resolver;

b) Quando sejam parte no processo por si, como representantes de outra pessoa ou quando nele tenham um interesse que lhes permitisse ser parte principal;

c) Quando, por si ou como representantes de outra pessoa, sejam parte no processo o seu cônjuge, algum parente ou afim em linha recta ou até ao 2º grau da linha colateral, bem como qualquer pessoa com quem vivam em economia comum ou quando alguma destas pessoas tenha, no processo, um interesse que lhe permita figurar nele como parte principal;

d) Quando tenham intervindo no processo como perito o seu cônjuge, parente ou afim em linha recta ou até ao 2º grau da linha colateral, bem como qualquer pessoa com quem vivam em economia comum;

e) Quando contra eles, seu cônjuge ou parente em linha recta esteja intentada acção judicial proposta pelo expropriado ou pelo respectivo cônjuge;

f) Quando se trate de recurso de decisão proferida com a sua intervenção como perito ou com a intervenção de qualquer das pessoas referidas na alínea *d*);

g) Quando seja parte a entidade empregadora ou equiparada.

ARTIGO 17º
Fundamentos de suspeição

1 – Os peritos avaliadores podem pedir que sejam dispensados de intervir no processo como árbitros ou peritos quando ocorra circunstância pela qual possa razoavelmente suspeitar-se da sua isenção e, designadamente:

a) Se existir parentesco ou afinidade, não compreendidos no artigo 16º, em linha recta ou até ao 4º grau da linha colateral, entre o perito ou o seu cônjuge e alguma das partes ou pessoa que tenha, em relação ao objecto do processo, interesse que lhe permitisse ser nele parte principal;

b) Se houver processo em que seja parte o perito ou seu cônjuge ou algum parente ou afim de qualquer deles em linha recta e alguma das partes for perito nesse processo;

c) Se o perito ou o seu cônjuge, ou algum parente ou afim de qualquer deles em linha recta, for credor ou devedor de alguma das partes;

d) Se o perito tiver recebido dádivas antes ou depois de instaurado o processo e por causa dele ou se tiver fornecido meios para as despesas do processo;

e) Se houver inimizade grave ou grande intimidade entre o perito e alguma das partes.

2 – Com qualquer dos fundamentos enunciados no número anterior podem também as partes interpor um requerimento de recusa do perito.

ARTIGO 18º
Arguição e declaração do impedimento e da suspeição

1 – Quando se verifique causa de impedimento em relação a árbitros ou peritos, devem os mesmos comunicar desde logo o facto, respectivamente à entidade expropriante ou ao tribunal.

2 – Até ao dia de realização da diligência podem as partes e os peritos requerer a declaração do impedimento ou da suspeição, especificando as circunstâncias de facto que constituam a sua causa.

3 – Compete ao presidente do tribunal da relação, no caso dos árbitros, ou ao tribunal da comarca, no caso dos peritos, conhecer da existência do impedimento e da suspeição e declará-los, ouvindo, se considerar necessário, os mesmos.

4 – No caso de ser o árbitro a declarar-se impedido, a entidade expropriante requererá a sua substituição ao presidente do tribunal da relação, indicando o fundamento do pedido, sem necessidade de qualquer outra formalidade.

ARTIGO 19º
Comunicação da sentença

O tribunal deve dar conhecimento aos árbitros e peritos por si designados das sentenças proferidas nos processos em que intervieram.

ARTIGO 20º
Honorários

O pagamento dos honorários apresentados pelos peritos não aguarda o termo do processo.

ARTIGO 21º
Laudos periciais

Os laudos periciais são elaborados de acordo com as normas legais e regulamentares aplicáveis e devem fundamentar claramente o cálculo do valor atribuído.[210]

ARTIGO 24º
Legislação revogada

São revogados o Decreto Regulamentar nº 15/98, de 9 de Julho, e o Decreto-Lei nº 44/94, de 19 de Fevereiro.

---

[210] Os artigos 22º e 23º foram revogados.

24. Estatuto da Ordem dos Advogados[211]

24.1. ARTICULADO

TÍTULO I
Ordem dos Advogados

CAPÍTULO I
Disposições gerais

ARTIGO 1º
Denominação, natureza e sede

1 – Denomina-se Ordem dos Advogados a associação pública representativa dos licenciados em Direito que, em conformidade com os preceitos deste Estatuto e demais disposições legais aplicáveis, exercem profissionalmente a advocacia.

2 – A Ordem dos Advogados é independente dos órgãos do Estado, sendo livre e autónoma nas suas regras.

3 – A Ordem dos Advogados goza de personalidade jurídica e tem sede em Lisboa.

ARTIGO 2º
Âmbito

1 – A Ordem dos Advogados exerce as atribuições e competências que este Estatuto lhe confere no território de Portugal e está internamente estruturada em sete distritos:

a) Lisboa;
b) Porto;
c) Coimbra;
d) Évora;

---

[211] Aprovado pela Lei nº 15/2005, de 26 de janeiro, alterado pelo Decreto-Lei nº 226/2008, de 20 de novembro, e pela Lei nº 12/2010, de 25 de junho.

e) Faro;
f) Açores;
g) Madeira.

2 – As atribuições e competências da Ordem dos Advogados são extensivas à actividade dos advogados e advogados estagiários nela inscritos no exercício da respectiva profissão fora do território português.

3 – A cada um dos distritos referidos no nº 1 corresponde:

a) Ao distrito de Lisboa, o distrito judicial de Lisboa, com exclusão das áreas abrangidas pelos distritos dos Açores e da Madeira;
b) Aos distritos do Porto e Coimbra, os respectivos distritos judiciais;
c) Ao distrito de Faro, o distrito, enquanto divisão administrativa, de Faro;
d) Ao distrito de Évora, o respectivo distrito judicial, com exclusão da área abrangida pelo distrito de Faro;
e) Aos distritos dos Açores e da Madeira, as áreas das respectivas Regiões Autónomas.

4 – As sedes dos distritos são, respectivamente, Lisboa, Porto, Coimbra, Faro, Évora, Ponta Delgada e Funchal.

ARTIGO 3º
Atribuições da Ordem dos Advogados

Constituem atribuições da Ordem dos Advogados:

a) Defender o Estado de direito e os direitos, liberdades e garantias dos cidadãos e colaborar na administração da justiça;
b) Assegurar o acesso ao direito, nos termos da Constituição;
c) Atribuir o título profissional de advogado e de advogado estagiário, bem como regulamentar o exercício da respectiva profissão;
d) Zelar pela função social, dignidade e prestígio da profissão de advogado, promovendo a formação inicial e permanente dos advogados e o respeito pelos valores e princípios deontológicos;
e) Defender os interesses, direitos, prerrogativas e imunidades dos seus membros;
f) Reforçar a solidariedade entre os advogados;
g) Exercer, em exclusivo, jurisdição disciplinar sobre os advogados e advogados estagiários;
h) Promover o acesso ao conhecimento e aplicação do direito;
i) Contribuir para o desenvolvimento da cultura jurídica e aperfeiçoamento da elaboração do Direito;
j) Ser ouvida sobre os projectos de diplomas legislativos que interessem ao exercício da advocacia e ao patrocínio judiciário em geral e propor as alterações legislativas que se entendam convenientes;
l) Contribuir para o estreitamento das ligações com organismos congéneres estrangeiros;
m) Exercer as demais funções que resultem das disposições deste Estatuto ou de outros diplomas legais.

ARTIGO 4º
Previdência Social

A previdência social dos advogados é realizada pela Caixa de Previdência dos Advogados e Solicitadores nos termos das disposições legais e regulamentares aplicáveis.

ARTIGO 5º
Representação da Ordem dos Advogados

1 – A Ordem dos Advogados é representada em juízo e fora dele pelo bastonário, pelos presidentes dos conselhos distritais e pelos presidentes das delegações ou pelos delegados, conforme se trate, respectivamente, de atribuições do conselho geral, dos conselhos distritais ou das delegações.

2 – Para defesa de todos os seus membros em todos os assuntos relativos ao exercício da profissão ou ao desempenho de cargos nos órgãos da Ordem dos Advogados, quer se trate de responsabilidades que lhes sejam exigidas, quer de ofensas contra eles praticadas, pode a Ordem exercer os direitos de assistente ou conceder patrocínio em processos de qualquer natureza.

3 – A Ordem dos Advogados, quando intervenha como assistente em processo penal, pode ser representada por advogado diferente do constituído pelos restantes assistentes, havendo-os.

ARTIGO 6º
Recursos

1 – Os actos praticados pelos órgãos da Ordem dos Advogados no exercício das suas atribuições admitem os recursos hierárquicos previstos no presente Estatuto.

2 – O prazo de interposição de recurso é de 15 dias, quando outro não se encontre especialmente previsto na lei.

3 – Dos actos praticados pelos órgãos da Ordem dos Advogados cabe, ainda, recurso contencioso para os tribunais administrativos, nos termos gerais de direito.

ARTIGO 7º
Correspondência e requisição oficial de documentos

No exercício das suas atribuições legais podem os órgãos da Ordem dos Advogados corresponder-se com quaisquer entidades públicas, autoridades judiciárias e policiais, bem como órgãos de polícia criminal, podendo requisitar, com isenção de pagamento de despesas, documentos, cópias, certidões, informações e esclarecimentos, incluindo a remessa de processos em confiança, nos termos em que os organismos oficiais devem satisfazer as requisições dos tribunais judiciais.

ARTIGO 8º
Dever de colaboração

1 – Todas as entidades públicas, autoridades judiciárias e policiais, bem como os órgãos de polícia criminal, têm o especial dever de prestar total colaboração aos órgãos da Ordem dos Advogados, no exercício das suas funções.

2 – Os particulares, sejam pessoas singulares ou colectivas, têm o dever de colaboração com os órgãos da Ordem dos Advogados no exercício das suas atribuições.

CAPÍTULO II
Órgãos da Ordem dos Advogados

SECÇÃO I
Disposições gerais

ARTIGO 9º
Enumeração

1 – A Ordem dos Advogados prossegue as atribuições que lhe são conferidas neste Estatuto e demais legislação através dos seus órgãos próprios.

2 – São órgãos da Ordem dos Advogados:

a) O congresso dos advogados portugueses;
b) A assembleia geral;
c) O bastonário;
d) O presidente do conselho superior;
e) O conselho superior;
f) O conselho geral;
g) As assembleias distritais;
h) Os conselhos distritais;
i) Os presidentes dos conselhos distritais;
j) Os conselhos de deontologia;
l) Os presidentes dos conselhos de deontologia;
m) As assembleias de comarca;
n) As delegações e os delegados.

3 – A hierarquia protocolar dos titulares dos órgãos da Ordem dos Advogados é:

a) O bastonário;
b) O presidente do conselho superior;
c) Os presidentes dos conselhos distritais;
d) Os membros do conselho superior e do conselho geral;
e) Os presidentes dos conselhos de deontologia;
f) Os membros dos conselhos distritais;
g) Os membros dos conselhos de deontologia;
h) Os presidentes das delegações e os delegados.

ARTIGO 10º
Carácter electivo e temporário do exercício dos cargos sociais

1 – Sem prejuízo do estabelecido no artigo 58º, os titulares dos órgãos da Ordem dos Advogados são eleitos por um período de três anos civis.

2 – Não é admitida a reeleição do bastonário para um terceiro mandato consecutivo nem nos três anos subsequentes ao termo do segundo mandato consecutivo.

3 – Só são reelegíveis em mandato consecutivo dois terços dos membros dos órgãos colegiais, com excepção dos membros dos conselhos de deontologia.

4 – A eleição para os conselhos de deontologia é efectuada de forma a assegurar a representação proporcional de acordo com o método da média mais alta de Hondt.

ARTIGO 11º
Eleição dos titulares

1 – Só podem ser eleitos ou designados para quaisquer órgãos da Ordem os advogados com inscrição em vigor e sem qualquer punição de carácter disciplinar superior à advertência.

2 – Para os cargos de bastonário, vice-presidente do conselho geral, presidente e membro do conselho superior, presidentes e vice-presidentes dos conselhos distritais, presidentes dos conselhos de deontologia e membros dos conselhos de deontologia, só podem ser eleitos advogados com, pelo menos, 10 anos de exercício da profissão e, para o conselho geral e conselhos distritais, advogados com, pelo menos, cinco anos de exercício da profissão.

ARTIGO 12º
Apresentação de candidaturas

1 – Excepto quanto às delegações, a eleição para os órgãos da Ordem dos Advogados depende da apresentação de propostas de candidatura perante o bastonário em exercício até ao dia 30 de Setembro do ano imediatamente anterior ao do início do triénio subsequente.

2 – As propostas de candidatura a bastonário, ao conselho superior e ao conselho geral são subscritas por um mínimo de 500 advogados com inscrição em vigor; as propostas de candidatura aos conselhos distritais e conselhos de deontologia de Lisboa e Porto são subscritas por um mínimo de 200 advogados com inscrição em vigor e as propostas de candidatura para os restantes conselhos distritais e conselhos de deontologia são subscritas por um mínimo de 20 advogados com inscrição em vigor.

3 – As propostas de candidatura a bastonário e ao conselho geral devem ser apresentadas em conjunto, acompanhadas das linhas gerais do respectivo programa.

4 – As propostas de candidatura ao conselho superior, ao conselho geral, aos conselhos distritais e conselhos de deontologia devem indicar os candidatos a presidente e a vice-presidentes do respectivo órgão.

5 – As assinaturas dos advogados proponentes devem ser autenticadas pelo conselho distrital, pelas delegações da área do respectivo domicílio profissional ou pelo tribunal judicial da respectiva comarca, e ser acompanhadas pela indicação do número da cédula profissional e respectivo conselho emitente, bem como do número, data e entidade emitente do respectivo bilhete de identidade.

6 – As propostas de candidatura devem conter declaração de aceitação de todos os candidatos, cujas assinaturas devem obedecer ao disposto no número anterior.

7 – Quando não seja apresentada qualquer candidatura para os órgãos cuja eleição dependa de tal formalidade, o bastonário declara sem efeito a convocatória da

assembleia ou o respectivo ponto da ordem do dia e, concomitantemente, designa data para nova reunião no prazo de 90 a 120 dias.

8 – A apresentação das propostas de candidatura tem lugar até 30 dias antes da data designada nos termos do número anterior.

9 – Na situação prevista no nº 7, os membros em exercício continuam em funções até à tomada de posse dos novos membros eleitos.

10 – Se não for apresentada qualquer lista, o órgão cessante apresenta uma, com dispensa do estabelecido no nº 2, no prazo de oito dias após a perempção do prazo para a apresentação das listas nos termos gerais.

ARTIGO 13º
Data das eleições

1 – A eleição para os diversos órgãos da Ordem dos Advogados realiza-se entre os dias 15 e 30 de Novembro, em data a designar pelo bastonário.

2 – As eleições para bastonário, conselho geral, conselho superior, conselhos distritais e conselhos de deontologia têm lugar sempre na mesma data.

3 – As mesas eleitorais podem subdividir-se em secções eleitorais.

ARTIGO 14º
Voto

1 – Apenas os advogados com inscrição em vigor têm direito de voto.

2 – O voto é secreto e obrigatório, podendo ser exercido pessoalmente, por meios electrónicos quando previstos no regulamento eleitoral em vigor, ou por correspondência, dirigido, conforme o caso, ao bastonário ou ao presidente do conselho distrital.

3 – No caso de voto por correspondência o boletim é encerrado em sobrescrito, acompanhado de carta com a assinatura do votante autenticada pela forma referida no nº 5 do artigo 12º.

4 – O advogado que, sem motivo justificado, não exerça o seu direito de voto, paga multa de montante igual a duas vezes o valor da quotização mensal, a reverter para a Ordem dos Advogados.

5 – A justificação da falta deve ser apresentada pelo interessado, independentemente de qualquer notificação, no prazo de 15 dias a contar da data da votação, por carta dirigida ao conselho distrital respectivo.

6 – Na falta de apresentação de justificação, ou no caso de esta ser considerada improcedente, há lugar ao pagamento da multa referida no nº 4 no prazo máximo de 30 dias após a notificação da deliberação que determina a sua aplicação.

7 – A falta de pagamento dá lugar à cobrança coerciva através de processo de execução por custas, constituindo título executivo a certidão da acta de que conste a deliberação de aplicação da multa.

ARTIGO 15º
Obrigatoriedade de exercício de funções

Constitui dever do advogado o exercício de funções nos órgãos da Ordem dos Advogados para que tenha sido eleito ou designado, constituindo falta disciplinar a recusa de tomada de posse, salvo no caso de escusa fundamentada, aceite pelo conselho superior ou, quanto aos delegados, pelo conselho distrital respectivo.

ARTIGO 16º
Renúncia ao cargo e suspensão temporária do exercício de funções

Quando sobrevenha motivo relevante, pode o advogado titular de cargo nos órgãos da Ordem dos Advogados, mediante pedido fundamentado, solicitar ao conselho superior a aceitação da sua renúncia ou a suspensão temporária do exercício de funções, salvo quanto aos delegados, que a solicitam ao conselho distrital respectivo.

ARTIGO 17º
Perda de cargos na Ordem dos Advogados

1 – O advogado eleito ou designado para o exercício de funções em órgãos da Ordem dos Advogados deve desempenhá-las com assiduidade e diligência.

2 – Perde o cargo o advogado que, sem motivo justificado, não exerça as respectivas funções com assiduidade e diligência ou dificulte o funcionamento do órgão da Ordem dos Advogados a que pertença.

3 – A perda do cargo nos termos do presente artigo é determinada pelo próprio órgão, mediante deliberação tomada por três quartos dos votos dos respectivos membros.

4 – A perda do cargo de delegado depende de deliberação do conselho distrital que o tenha designado, tomada por maioria de três quartos dos votos dos respectivos membros.

ARTIGO 18º
Efeitos das penas disciplinares no exercício de cargos

1 – O mandato para o exercício de qualquer cargo electivo na Ordem dos Advogados caduca sempre que o respectivo titular seja punido disciplinarmente com pena superior à de advertência e por efeito do trânsito em julgado da respectiva decisão.

2 – Em caso de suspensão preventiva ou de decisão disciplinar de que seja interposto recurso, o titular punido fica suspenso do exercício de funções até decisão com trânsito em julgado.

ARTIGO 19º
Substituição do bastonário

1 – No caso de escusa, renúncia, perda ou caducidade do mandato por motivo disciplinar ou no caso de morte ou de impedimento permanente do bastonário, o primeiro vice-presidente do conselho geral assume o cargo.

2 – No caso de impedimento permanente, o conselho superior e o conselho geral, em reunião conjunta, convocada pelo presidente do conselho superior, deliberam previamente sobre a verificação do facto.

3 – Até à posse do novo bastonário e em todos os casos de impedimento temporário, exerce as respectivas funções, sucessivamente, o primeiro vice-presidente,

o segundo vice-presidente ou o terceiro vice-presidente do conselho geral, havendo-os, e, na falta destes, o membro escolhido para o efeito pelo conselho geral.

ARTIGO 20º
Substituição dos presidentes dos órgãos colegiais da Ordem dos Advogados

1 – No caso de escusa, renúncia, perda ou caducidade do mandato por motivo disciplinar ou morte, e ainda nos casos de impedimento permanente dos presidentes dos órgãos colegiais da Ordem dos Advogados, o primeiro vice-presidente é o novo presidente e, de entre os advogados elegíveis inscritos nos competentes quadros da Ordem dos Advogados, designa um novo membro do referido órgão.

2 – À substituição prevista neste artigo aplica-se o disposto no nº 2 do artigo anterior quanto à prévia verificação do facto impeditivo.

3 – Até à posse do novo presidente e em todos os casos de impedimento temporário, exercem as funções de presidente, sucessivamente, o primeiro vice-presidente, o segundo vice-presidente ou o terceiro vice-presidente, havendo-os, e, na falta destes, o vogal que vier a ser eleito pelos membros do órgão em causa.

ARTIGO 21º
Substituição dos restantes membros de órgãos colegiais

1 – No caso de escusa, renúncia, perda ou caducidade do mandato por motivo disciplinar ou por morte, e ainda nos casos de impedimento permanente dos membros dos órgãos colegiais da Ordem dos Advogados, à excepção dos presidentes, são os substitutos designados pelos restantes membros em exercício do respectivo órgão de entre os advogados elegíveis inscritos nos competentes quadros.

2 – À substituição prevista neste artigo aplica-se o disposto no nº 2 do artigo 19º quanto à prévia verificação do facto impeditivo.

ARTIGO 22º
Impedimento temporário

1 – No caso de impedimento temporário de algum membro de órgãos colegiais, o órgão a que pertence o impedido decide sobre a verificação do impedimento e determina a sua substituição.

2 – A substituição do bastonário e dos presidentes dos órgãos colegiais processa-se na forma estabelecida, respectivamente, no nº 3 do artigo 19º e no nº 3 do artigo 20º.

3 – A substituição dos restantes membros com cargo específico, quando necessária, é determinada pelos respectivos órgãos.

4 – A substituição temporária dos delegados é decidida pelo respectivo conselho distrital.

ARTIGO 23º
Mandato dos substitutos

1 – Nos casos previstos nos artigos 19º a 21º, os membros substitutos, eleitos ou designados, exercem funções até ao termo do mandato do respectivo antecessor.

2 – Nos casos de impedimento temporário, os substitutos exercem funções pelo período de tempo correspondente à duração do impedimento.

ARTIGO 24º
Honras e tratamentos

1 – Nas cerimónias oficiais, o bastonário da Ordem dos Advogados tem honras e tratamentos idênticos aos devidos ao Procurador-Geral da República, sendo colocado imediatamente à sua esquerda.

2 – Para os efeitos previstos no número anterior:

a) O presidente do conselho superior, os membros do conselho geral e do conselho superior e os presidentes dos conselhos distritais e de deontologia são equiparados aos juízes conselheiros;

b) Os membros dos conselhos distritais e dos conselhos de deontologia são equiparados aos juízes desembargadores;

c) Os membros das delegações, os delegados e os restantes advogados são equiparados aos juízes de direito.

3 – O advogado que exerça ou haja exercido cargos nos órgãos da Ordem dos Advogados tem direito a usar a insígnia correspondente, nos termos do respectivo regulamento.

4 – O advogado que desempenhe ou tenha desempenhado funções nos conselhos da Ordem dos Advogados ou na Caixa de Previdência dos Advogados e Solicitadores, enquanto se encontre no exercício dos cargos e nos seis anos subsequentes, fica isento do dever de prestar quaisquer serviços de nomeação oficiosa.

5 – Em caso de justificada necessidade, o conselho distrital pode fazer cessar a isenção prevista no número anterior.

ARTIGO 25º
Títulos honoríficos

O advogado que tenha exercido cargo nos órgãos da Ordem dos Advogados conserva honorariamente o título correspondente ao cargo mais elevado que haja exercido.

SECÇÃO II
Congresso dos Advogados Portugueses

ARTIGO 26º
Constituição

1 – O congresso representa todos os advogados com inscrição em vigor, os advogados honorários e ainda os antigos advogados cuja inscrição tenha sido cancelada por efeito de reforma.

2 – Podem ser convidados como observadores delegados de associações de juristas nacionais e estrangeiras e de organizações profissionais de advogados de outros países.

3 – Os membros dos conselhos superior, geral, distritais e de deontologia, das delegações e os delegados participam no congresso, a título de observadores, podendo, nessa qualidade, intervir na discussão sem direito a voto.

ARTIGO 27º
Competência

Compete ao congresso tratar e pronunciar-se sobre:

a) O exercício da advocacia, seu estatuto e garantias;
b) A administração da justiça;
c) Os direitos, liberdades e garantias dos cidadãos;
d) O aperfeiçoamento da ordem jurídica em geral.

ARTIGO 28º
Organização

1 – O congresso é organizado por uma comissão e um secretariado.

2 – À comissão organizadora compete a elaboração do regulamento do congresso e o respectivo programa.

3 – Compõem a comissão organizadora do congresso o bastonário, que preside, dois representantes designados por cada um dos conselhos da Ordem dos Advogados, os antigos bastonários e os advogados honorários e, ainda, no caso de o congresso ser convocado nos termos da alínea b) do nº 1 do artigo 31º, dois representantes designados pelos advogados que solicitem a sua realização.

4 – O secretariado do congresso é o órgão executivo da comissão organizadora.

ARTIGO 29º
Participação e voto

1 – Os advogados são representados por delegados ao congresso, eleitos especialmente para o efeito, na área dos respectivos conselhos distritais.

2 – O número de delegados por conselho distrital é proporcional ao número de advogados inscritos no respectivo conselho, devendo corresponder a, pelo menos, um delegado por cada 100 advogados com inscrição em vigor, nos termos a fixar no regulamento do congresso.

3 – Se concorrer mais de uma lista para delegados, a composição representativa de cada conselho distrital é proporcional ao número de votos obtidos por cada uma das listas.

4 – A votação no congresso é individual por cada delegado presente.

5 – O bastonário da Ordem dos Advogados tem, por inerência, direito de voto.

6 – As eleições previstas no nº 1 são realizadas, com as necessárias adaptações, nos termos dos artigos 11º a 13º deste Estatuto.

ARTIGO 30º
Convocação e preparação

1 – O congresso dos advogados portugueses realiza-se, ordinariamente, de cinco em cinco anos.

2 – O congresso é convocado pelo bastonário com uma antecedência mínima de quatro meses, pela forma fixada para a convocação das assembleias gerais.

3 – Nos dois meses seguintes à convocação, o bastonário promove a constituição da comissão organizadora do congresso, que procede à elaboração do regula-

mento e, tendo em conta as sugestões feitas pelos advogados e órgãos da Ordem dos Advogados, estabelece o respectivo programa, do qual devem constar os temas a debater.

ARTIGO 31º
Congresso extraordinário

1 – Pode verificar-se a realização de congresso extraordinário, o qual depende:

a) De deliberação tomada em reunião conjunta do conselho superior e do conselho geral por maioria de dois terços dos votos expressos pelos membros em exercício de cada um destes conselhos;

b) De requerimento da 10ª parte dos advogados com inscrição em vigor, os quais indicam simultaneamente os seus representantes na comissão organizadora do congresso e os temas que pretendem debater.

2 – À realização de congresso extraordinário é aplicável, com as necessárias adaptações, o disposto nos artigos anteriores.

SECÇÃO III
Assembleia Geral

ARTIGO 32º
Constituição e competência

1 – A assembleia geral da Ordem dos Advogados é constituída por todos os advogados com inscrição em vigor.

2 – À assembleia geral cabe deliberar sobre todos os assuntos que não estejam compreendidos nas competências específicas dos restantes órgãos da Ordem dos Advogados.

ARTIGO 33º
Reuniões da Assembleia Geral

1 – A assembleia geral reúne ordinariamente para a eleição do bastonário, do conselho geral e do conselho superior, para a discussão e aprovação do orçamento da Ordem dos Advogados e para discussão e votação do relatório e contas da Ordem dos Advogados.

2 – A assembleia geral reúne extraordinariamente sempre que os interesses superiores da Ordem dos Advogados o aconselhem e o bastonário a convoque.

3 – O bastonário deve convocar a assembleia geral extraordinária quando tal lhe for solicitado pelo conselho superior, pelo conselho geral ou pela 10ª parte dos advogados com a inscrição em vigor, desde que seja legal o objecto da convocação e conexo com os interesses da profissão.

ARTIGO 34º
Reunião da assembleia geral ordinária

1 – A assembleia geral ordinária para eleição do bastonário, do conselho geral e do conselho superior reúne nos termos previstos no artigo 13º.

2 – A assembleia geral destinada à discussão e aprovação do orçamento da Ordem dos Advogados reúne até ao final do mês de Novembro do ano anterior ao do exercício a que diz respeito.

3 – A assembleia geral destinada à discussão e votação do relatório e contas da Ordem dos Advogados realiza-se até ao final do mês de Abril do ano imediato ao do exercício respectivo.

ARTIGO 35º
Convocatórias

1 – As assembleias gerais são convocadas pelo bastonário por meio de anúncios em que consta a ordem de trabalhos, publicados no portal da Ordem dos Advogados e num jornal diário de cobertura nacional com, pelo menos, 30 dias de antecedência em relação à data designada para a reunião da assembleia que se realiza na sede da Ordem dos Advogados.

2 – Até 20 dias antes da data designada para a reunião das assembleias a que se referem os nºs 2 e 3 do artigo anterior, é comunicado a todos os advogados com inscrição em vigor que os projectos de orçamento e do relatório e contas se encontram disponíveis para consulta no portal da Ordem dos Advogados, podendo as respectivas cópias ser enviadas por correio mediante solicitação do advogado.

3 – Com os avisos convocatórios de assembleias gerais cuja ordem de trabalhos compreenda a realização de eleições são enviados os boletins de voto correspondentes a todos os candidatos admitidos, sem prejuízo da possibilidade de se determinar a realização da votação exclusivamente por via electrónica, com dispensa do envio de tais boletins.

4 – Para efeito de validade das deliberações da assembleia geral, só são consideradas essenciais as formalidades da convocatória referidas no nº 1.

ARTIGO 36º
Direito de voto

1 – O voto nas assembleias gerais é facultativo, salvo se para fins electivos e para os previstos nos nºs 2 e 3 do artigo 34º.

2 – O voto, quando facultativo, não pode ser exercido por correspondência, sendo, no entanto, admissível o voto por procuração a favor de outro advogado com inscrição em vigor.

3 – A procuração consta de comunicação digital certificada ou de carta dirigida ao bastonário com a assinatura do mandante autenticada pela forma referida no nº 5 do artigo 12º.

4 – Os advogados residentes nas Regiões Autónomas podem exercer o direito de voto por correspondência em todas as assembleias gerais ordinárias.

ARTIGO 37º
Executoriedade das deliberações

A executoriedade das deliberações das assembleias gerais depende de prévio cabimento orçamental ou de concessão de crédito extraordinário devidamente aprovado.

SECÇÃO IV
Bastonário

ARTIGO 38º
Presidente da Ordem dos Advogados

O bastonário é o presidente da Ordem dos Advogados e, por inerência, presidente do congresso, da assembleia geral e do conselho geral.

ARTIGO 39º
Competência

1 – Compete ao bastonário:

a) Representar a Ordem dos Advogados em juízo e fora dele, designadamente perante os órgãos de soberania;

b) Representar os institutos integrados na Ordem dos Advogados;

c) Dirigir os serviços da Ordem dos Advogados de âmbito nacional;

d) Velar pelo cumprimento da legislação respeitante à Ordem dos Advogados e respectivos regulamentos e zelar pela realização das suas atribuições;

e) Fazer executar as deliberações da assembleia geral, do conselho superior e do conselho geral e dar seguimento às recomendações do congresso;

f) Promover a cobrança das receitas da Ordem dos Advogados, autorizar despesas orçamentais e promover a abertura de créditos extraordinários, quando necessários;

g) Apresentar anualmente ao conselho geral os projectos de orçamento do conselho geral e da Ordem dos Advogados para o ano civil seguinte, as contas do ano civil anterior e o respectivo relatório;

h) Promover, por iniciativa própria ou mediante solicitação dos conselhos da Ordem dos Advogados, os actos necessários ao patrocínio dos advogados ou para que a Ordem se constitua assistente, nos termos previstos no nº 2 do artigo 5º;

i) Cometer a qualquer órgão da Ordem dos Advogados ou aos respectivos membros a elaboração de pareceres sobre quaisquer matérias que interessem às atribuições da Ordem;

j) Presidir à comissão de redacção da revista da Ordem dos Advogados ou indicar advogado de reconhecida competência para tais funções;

l) Assistir, querendo, às reuniões de todos os órgãos colegiais da Ordem dos Advogados, só tendo direito a voto nas reuniões do congresso, da assembleia geral e do conselho geral e nas reuniões conjuntas deste com o conselho superior;

m) Usar o voto de qualidade, em caso de empate, em todos os órgãos colegiais a que presida;

n) Resolver conflitos de competência entre conselhos distritais e delegações que não pertençam ao mesmo distrito;

o) Decidir os recursos interpostos das decisões sobre dispensa de sigilo profissional;

p) Decidir os recursos interpostos das decisões sobre escusas e dispensas de patrocínio oficioso;

q) Interpor recurso para o conselho superior das deliberações de todos os órgãos da Ordem dos Advogados, incluindo o conselho geral, que julgue contrárias às leis e regulamentos ou aos interesses da Ordem dos Advogados ou dos seus membros;
r) Exercer em casos urgentes as competências do conselho geral;
s) Exercer as demais funções que as leis e os regulamentos lhe confiram.

2 – O bastonário pode delegar em qualquer membro do conselho geral qualquer uma das suas competências.

3 – O bastonário pode, com o acordo do conselho geral, delegar a representação da Ordem dos Advogados ou atribuir funções especificamente determinadas a qualquer advogado.

4 – O bastonário pode ainda consultar os antigos bastonários, individualmente ou em reunião por ele presidida, e delegar neles a sua representação, incumbindo-os de funções especificamente determinadas.

SECÇÃO V
Presidente do conselho superior

ARTIGO 40º
Competência

Compete ao presidente do conselho superior:

a) Resolver conflitos de competência entre conselhos de deontologia;
b) Diligenciar na resolução amigável de desinteligências entre advogados inscritos em diferentes distritos;
c) Diligenciar na resolução amigável de desinteligências entre advogados que exerçam ou tenham exercido funções de bastonário, presidente do conselho superior, membros do conselho geral ou do conselho superior, presidentes dos conselhos distritais, presidentes dos conselhos de deontologia, e membros dos conselhos distritais e dos conselhos de deontologia;
d) Representar a Ordem dos Advogados no âmbito das atribuições do conselho superior;
e) Zelar pelo cumprimento da legislação respeitante à Ordem dos Advogados e respectivos regulamentos, bem como pelo cumprimento das competências que lhe são conferidas;
f) Cometer aos membros do conselho superior a elaboração de pareceres sobre matérias que interessem aos fins e atribuições da Ordem dos Advogados;
g) Usar de voto de qualidade, em caso de empate, em deliberações do conselho superior;
h) Em caso de urgência e de manifesta impossibilidade de reunir, exercer a competência atribuída ao conselho superior, devendo dar conhecimento ao mesmo na primeira reunião seguinte;
i) Exercer as demais atribuições que a lei ou os regulamentos lhe confiram.

SECÇÃO VI
Conselho superior

ARTIGO 41º
Composição

1 – O conselho superior é o supremo órgão jurisdicional da Ordem dos Advogados, composto pelo presidente, com voto de qualidade, por 2 a 5 vice-presidentes e por 15 a 18 vogais, consoante o número de vice-presidentes, sendo, pelo menos, 5 inscritos pelo distrito de Lisboa, 4 pelo distrito do Porto e 4 pelos restantes distritos.

2 – Na primeira sessão de cada triénio, o conselho elege, de entre os seus vogais, um ou mais secretários e um tesoureiro.

ARTIGO 42º
Pleno e secções

1 – O conselho superior reúne em sessão plenária e por secções, cada uma delas constituída por sete membros.

2 – O presidente do conselho superior preside às sessões plenárias e pode participar, com direito a voto, nas reuniões das secções, as quais são presididas por cada um dos vice-presidentes.

3 – Sempre que o presidente do conselho superior não esteja presente, o voto de qualidade assiste ao vice-presidente que presida à respectiva reunião.

ARTIGO 43º
Competência

1 – Compete ao conselho superior, reunido em sessão plenária:

a) Julgar os recursos interpostos das decisões das secções referidas nas alíneas *b)* e *e)* do nº 3;

b) Julgar os recursos das deliberações do conselho geral, dos conselhos distritais, e dos conselhos de deontologia;

c) Julgar os processos disciplinares em que sejam arguidos o bastonário, antigos bastonários e membros actuais do conselho superior ou do conselho geral;

d) Deliberar sobre pedidos de escusa, de renúncia e de suspensão temporária de cargo, nos termos dos artigos 15º e 16º, e julgar os recursos das decisões dos órgãos da Ordem dos Advogados que determinarem a perda de cargo de qualquer dos seus membros ou declararem a verificação de impedimento para o seu exercício;

e) Deliberar sobre impedimentos e perda do cargo dos seus membros e suspendê-los preventivamente, em caso de falta disciplinar, no decurso do respectivo processo;

f) Fixar a data das eleições para os diversos órgãos da Ordem dos Advogados, quando tal não seja da competência do bastonário;

g) Convocar assembleias gerais e assembleias distritais, quando tenha sido excedido o prazo para a respectiva convocação;

h) Elaborar e aprovar o seu próprio regulamento;

i) Elaborar e aprovar o regulamento dos laudos sobre honorários;

j) Elaborar e aprovar o regulamento disciplinar;
l) Uniformizar a actuação dos conselhos de deontologia.

2 – Compete ao conselho superior e ao conselho geral, em reunião conjunta:

a) Julgar os recursos das deliberações sobre perda do cargo e exoneração dos membros do conselho superior e do conselho geral;
b) Deliberar sobre a renúncia ao cargo de bastonário;
c) Deliberar sobre os conflitos de competências entre órgãos nacionais e distritais e uniformizar a actuação dos mesmos.

3 – Compete às secções do conselho superior:

a) Julgar os recursos das deliberações, em matéria disciplinar, dos conselhos de deontologia;
b) Ratificar as penas de expulsão;
c) Instruir os processos em que sejam arguidos o bastonário, antigos bastonários e os membros actuais do conselho superior e do conselho geral;
d) Instruir e julgar, em 1ª instância, os processos em que sejam arguidos os antigos membros do conselho superior ou do conselho geral e os antigos ou actuais membros dos conselhos distritais e dos conselhos de deontologia;
e) Dar laudo sobre honorários, quando solicitado pelos tribunais, pelos outros conselhos ou, em relação às respectivas contas, por qualquer advogado ou seu representante ou qualquer consulente ou constituinte.

SECÇÃO VII
Conselho geral

ARTIGO 44º
Composição

1 – O conselho geral é presidido pelo bastonário e composto por 2 a 5 vice presidentes e 15 a 18 vogais, consoante o número de vice-presidentes, eleitos directamente pela assembleia geral, sendo, pelo menos, 5 advogados inscritos pelo distrito de Lisboa, 4 pelo Porto e 5 pelos restantes distritos.

2 – Na primeira sessão de cada triénio o conselho geral elege, de entre os seus vogais, um ou mais secretários e um tesoureiro.

3 – O bastonário pode convocar para as reuniões do conselho geral os presidentes dos conselhos distritais, que têm, neste caso, direito de voto e podem fazer-se representar por um membro do conselho respectivo.

ARTIGO 45º
Competência

1 – Compete ao conselho geral:

a) Definir a posição da Ordem dos Advogados perante os órgãos de soberania e da Administração Pública no que se relacione com a defesa do Estado de direito, dos direitos, liberdades e garantias e com a administração da justiça;

b) Emitir parecer sobre os projectos de diplomas legislativos que interessem ao exercício da advocacia e ao patrocínio judiciário em geral;
c) Propor as alterações legislativas que se entendam convenientes;
d) Deliberar sobre todos os assuntos que respeitem ao exercício da profissão, aos interesses dos advogados e à gestão da Ordem dos Advogados que não estejam especialmente cometidos a outros órgãos da Ordem, sem prejuízo do disposto no nº 2 do artigo 32º;
e) Confirmar a inscrição dos advogados e advogados estagiários efectuada preparatoriamente pelo conselho distrital respectivo e manter actualizados os respectivos quadros gerais, bem como os dos advogados honorários;
f) Elaborar e aprovar o seu próprio regulamento;
g) Elaborar e aprovar os regulamentos de inscrição dos advogados portugueses, o regulamento de registo e inscrição dos advogados provenientes de outros Estados, o regulamento de inscrição dos advogados estagiários, o regulamento de estágio, da formação contínua e da formação especializada, com inerente atribuição do título de advogado especialista, o regulamento de inscrição de juristas de reconhecido mérito, mestres e outros doutores em direito, o regulamento sobre os fundos dos clientes, o regulamento da dispensa de sigilo profissional, o regulamento do trajo e insígnia profissional e o juramento a prestar pelos novos advogados;[212]
h) Elaborar e aprovar outros regulamentos, designadamente os dos diversos institutos e serviços da Ordem dos Advogados, os relativos às atribuições e competências do seu pessoal e os relativos à contratação e despedimento do pessoal da Ordem dos Advogados;
i) Formular recomendações, de modo a procurar uniformizar, quanto possível, a actuação dos diversos conselhos distritais;[213]
j) Discutir e aprovar os pareceres dos seus membros e os solicitados pelo bastonário a outros advogados;
l) Fixar o valor das quotas a pagar pelos advogados;
m) Fixar os emolumentos devidos pela emissão de documentos ou práticas de actos no âmbito de serviços da Ordem dos Advogados, designadamente pela inscrição dos advogados estagiários e dos advogados;
n) Nomear os advogados que, em representação da Ordem dos Advogados, devem integrar comissões eventuais ou permanentes;
o) Nomear as direcções dos institutos criados no seio da Ordem dos Advogados;
p) Nomear comissões para a execução de tarefas ou estudos sobre assuntos de interesse da Ordem dos Advogados;
q) Submeter à aprovação da assembleia geral o orçamento para o ano civil seguinte, as contas do ano civil anterior e o respectivo relatório sobre as actividades anuais que forem apresentadas pelo bastonário;

---

[212] O Regulamento das Especialidades, nº 204/2006, foi publicado no *Diário da República*, II Série, nº 209, de 30 de outubro de 2006.
[213] O Regulamento da Ordem dos Advogados, nº 330-A/2008, de 24 de junho, versa sobre a organização e funcionamento do sistema de acesso ao direito.

r) Abrir créditos extraordinários quando seja manifestamente necessário;

s) Cobrar as receitas gerais da Ordem dos Advogados quando a cobrança não pertença aos conselhos distritais ou delegações e as dos institutos pertencentes à Ordem dos Advogados e autorizar despesas, tanto de conta do orçamento geral da Ordem como de créditos extraordinários;

t) Arrecadar e distribuir receitas, satisfazer as despesas, aceitar doações e legados feitos à Ordem dos Advogados e administrá-los, se não forem destinados a serviços e instituições dirigidos por qualquer conselho distrital ou delegação, alienar ou onerar bens e contrair empréstimos;

u) Prestar patrocínio aos advogados que hajam sido ofendidos no exercício da sua profissão ou por causa dela, quando para isso seja solicitado pelo respectivo conselho distrital ou delegação e, sem dependência de tal solicitação, em caso de urgência ou se os advogados ofendidos pertencerem ou tiverem pertencido ao conselho superior ou ao conselho geral;

v) Fixar os subsídios de deslocação dos membros dos conselhos;

x) Deliberar sobre instauração ou defesa em quaisquer procedimentos judiciais relativos à Ordem dos Advogados e sobre a confissão, desistência ou transacção nos mesmos;

z) Aprovar as transferências de verbas e outros créditos extraordinários votados pelo próprio conselho geral, pelos conselhos distritais e pelas delegações;

aa) Deliberar sobre a realização do congresso dos advogados portugueses;

bb) Conferir o título de advogado honorário a advogados que tenham deixado a advocacia depois de a haverem exercido distintamente durante 20 anos, pelo menos, e se tenham assinalado como juristas eminentes;

cc) Atribuir a medalha de honra dos advogados a cidadãos nacionais ou estrangeiros que tenham prestado serviços relevantes na defesa do Estado de direito ou à advocacia;

dd) Exercer as demais atribuições que as leis e os regulamentos lhe confiram.

2 – O conselho geral pode cometer a qualquer dos seus membros as competências indicadas no número anterior.

ARTIGO 46º
Reuniões

O conselho geral reúne quando convocado pelo bastonário, por iniciativa deste ou mediante solicitação, por escrito, da maioria absoluta dos seus membros, pelo menos uma vez por mês.

SECÇÃO VIII
Assembleias distritais

ARTIGO 47º
Assembleias distritais

Em cada distrito funciona uma assembleia distrital constituída por todos os advogados inscritos por esse distrito e com a inscrição em vigor.

ARTIGO 48º
Reuniões das assembleias distritais

1 – As assembleias distritais reúnem ordinariamente para a eleição dos respectivos conselhos distritais e de deontologia, para discussão e aprovação do orçamento dos conselhos distritais e das respectivas contas e relatório de actividades.

2 – As assembleias distritais são convocadas e presididas pelo respectivo presidente do conselho distrital.

3 – À convocação e funcionamento das assembleias distritais é aplicável, com as necessárias adaptações, o regime estabelecido nos artigos 33º a 36º do presente Estatuto.

SECÇÃO IX
Conselhos distritais

ARTIGO 49º
Constituição

1 – Em cada um dos distritos referidos no nº 1 do artigo 2º funciona um conselho distrital.

2 – Cada conselho distrital é composto por um presidente, ao qual assiste voto de qualidade.

3 – Cada conselho distrital elege um vice-presidente, à excepção dos conselhos distritais de Lisboa e Porto que elegem, respectivamente, 3 e 2 vice-presidentes, sendo ainda eleitos 17 vogais para os Conselhos de Lisboa, 14 do Porto, 9 de Coimbra, 6 de Évora, 5 de Faro, 4 da Madeira e 4 dos Açores.

4 – Cada conselho distrital elege, no início do triénio, os vogais do conselho que desempenham os cargos de secretário e de tesoureiro.

ARTIGO 50º
Competência

1 – Compete ao conselho distrital, no âmbito da sua competência territorial:

a) Definir a posição do conselho distrital naquilo que se relacione com a defesa do Estado de direito e dos direitos, liberdades e garantias, transmitindo-a ao conselho geral;

b) Emitir pareceres sobre os projectos de diplomas legislativos que interessem ao exercício da advocacia e ao patrocínio judiciário em geral, quando tal lhe seja solicitado pelo conselho geral;

c) Zelar pela dignidade e independência da Ordem dos Advogados e assegurar o respeito dos direitos dos advogados;

d) Enviar ao conselho geral, no mês de Novembro de cada ano, relatórios sobre a administração da justiça, o exercício da advocacia e as relações desta com as magistraturas judiciárias e com a Administração Pública da respectiva área territorial;

e) Cooperar com os demais órgãos da Ordem dos Advogados e suas comissões na prossecução das respectivas atribuições;

f) Pronunciar-se sobre as questões de carácter profissional;

g) Tomar, quando necessário, as providências tidas por adequadas em relação a toda a documentação profissional existente no escritório do advogado com inscrição em vigor, nos casos em que este faleça ou seja declarado interdito;

h) Promover a formação inicial e contínua dos advogados e advogados estagiários, designadamente organizando ou patrocinando conferências e sessões de estudo;

i) Submeter à aprovação da assembleia distrital o orçamento para o ano civil seguinte e as contas do ano anterior, bem como o respectivo relatório de actividades;

j) Deliberar sobre a instalação de serviços e institutos não administrados directamente pelo conselho geral e respeitantes ao respectivo distrito;

l) Receber do conselho geral a parte que lhe caiba nas contribuições dos advogados para a Ordem dos Advogados, cobrar directamente as receitas próprias dos serviços e institutos a seu cargo e autorizar despesas, nos termos do orçamento e de créditos extraordinários;

m) Proceder à inscrição dos advogados estagiários e à inscrição preparatória dos advogados, bem como à inscrição definitiva destes últimos, se tal for determinado pelo conselho geral;

n) Convocar assembleias de comarca quando tenha sido excedido o prazo para a respectiva convocação e tomar as demais providências necessárias para assegurar o funcionamento permanente das delegações;

o) Coordenar a actividade das delegações e, na falta destas, nomear delegados;

p) Nomear advogado ao interessado que lho solicite por não encontrar quem aceite voluntariamente o seu patrocínio e notificar essa nomeação, logo que realizada, ao requerente e ao advogado nomeado;

q) Julgar a escusa que o advogado nomeado nos termos referidos na alínea anterior eventualmente alegue, e que deve requerer dentro das quarenta e oito horas contadas da notificação da sua nomeação ou do facto superveniente que a fundamente;

r) Deliberar sobre o pedido de escusa, de renúncia e de suspensão temporária do cargo, nos termos dos artigos 15º e 16º, relativamente aos delegados do respectivo distrito;

s) Elaborar e aprovar o regulamento do respectivo conselho distrital e os relativos às atribuições e competências do seu pessoal;

t) Solicitar informação dos resultados das inspecções efectuadas aos tribunais, serviços do Ministério Público, funcionários judiciais e serviços de registo e notariado instalados na área da sua competência territorial;

u) Aplicar as multas a que se refere o nº 4 do artigo 14º deste Estatuto;

v) Exercer as competências que lhe são conferidas por lei relativas aos processos de procuradoria ilícita na área do seu distrito;

x) Exercer as demais atribuições que as leis e os regulamentos lhe confiram.

2 – O conselho distrital pode delegar qualquer das suas competências em algum ou alguns dos seus membros, podendo estes funcionar em comissão.

3 – Ocorrendo a situação prevista no número anterior, qualquer dos membros pode, por sua iniciativa ou imediatamente após a votação na comissão, suscitar a

ratificação da decisão ou da deliberação pelo pleno do conselho, caso em que este avoca a competência que tenha delegado.

4 – O conselho distrital pode também delegar nas delegações ou delegados alguma ou algumas das suas competências e deliberar a atribuição de dotações orçamentais a determinadas delegações.

5 – O disposto no número anterior pode ser aplicado a agrupamentos de delegações constituídas nos termos do disposto no artigo 59º.

SECÇÃO X
Presidentes dos conselhos distritais

ARTIGO 51º
Competência

1 – Compete ao presidente do conselho distrital, no âmbito da sua competência territorial:

a) Representar a Ordem dos Advogados no âmbito das atribuições do conselho distrital respectivo;

b) Representar os institutos integrados na Ordem dos Advogados que exerçam actividades apenas no respectivo distrito;

c) Administrar e dirigir os serviços do conselho distrital;

d) Velar pelo cumprimento da legislação respeitante à Ordem dos Advogados e respectivos regulamentos e zelar pelo cumprimento das atribuições que lhe são conferidas;

e) Promover a cobrança de receitas do conselho distrital;

f) Apresentar anualmente, até ao final do mês de Agosto, o projecto de orçamento para o ano civil seguinte e, até final de Março, as contas do ano civil anterior e o respectivo relatório;

g) Convocar e presidir às reuniões da assembleia distrital e do conselho distrital;

h) Usar de voto de qualidade, em caso de empate, em deliberações do conselho distrital;

i) Assistir, querendo, às reuniões das assembleias de comarca e das delegações, sem direito a voto;

j) Resolver conflitos de competência entre delegações do respectivo distrito;

l) Prorrogar o período de estágio dos advogados estagiários, nos termos do respectivo regulamento;

m) Autorizar a revelação de factos abrangidos pelo dever de guardar sigilo profissional, quando tal lhe seja requerido, nos termos previstos neste Estatuto;

n) Decidir sobre os pedidos de escusa e dispensa de patrocínio oficioso, apresentados pelos advogados e advogados estagiários do respectivo distrito;

o) Conceder a autorização a que se reporta o nº 2º do artigo 88º;

p) Em caso de urgência e de manifesta impossibilidade de reunir, exercer a competência atribuída ao conselho distrital, devendo dar conhecimento do facto ao mesmo na primeira reunião seguinte;

q) Exercer as demais atribuições que a lei e os regulamentos lhe confiram.

2 – O presidente do conselho distrital pode delegar em um ou mais vice-presidentes a competência prevista na alínea *l*) do número anterior.

3 – O presidente do conselho distrital pode, ainda, delegar qualquer uma das suas restantes competências em algum ou alguns dos seus membros, bem como nas delegações ou nos respectivos delegados, podendo os membros com poderes delegados funcionar em comissão.

SECÇÃO XI
Conselhos de deontologia

ARTIGO 52º
Composição

1 – Em cada um dos distritos referidos no nº 1 do artigo 2º funciona um conselho de deontologia, composto pelo presidente, com voto de qualidade, por um vice-presidente, com excepção dos conselhos de Lisboa e do Porto, que elegem, respectivamente, 3 e 2 vice-presidentes, e por mais 16 vogais no de Lisboa, 12 no do Porto, 8 no de Coimbra e 3 nos de Évora, de Faro, da Madeira e dos Açores.

2 – Na primeira sessão do mandato o conselho elege, de entre os vogais, um secretário e um tesoureiro.

ARTIGO 53º
Funcionamento

1 – Os conselhos de deontologia de Lisboa, do Porto e de Coimbra funcionam, respectivamente, em quatro, três e duas secções, constituídas, cada uma, por cinco membros, devendo a primeira ser presidida pelo presidente do conselho e as restantes pelos vice-presidentes.

2 – A composição das secções é fixada na primeira sessão de cada mandato.

ARTIGO 54º
Competência

Compete aos conselhos de deontologia:

a) Exercer o poder disciplinar em 1ª instância relativamente aos advogados e advogados estagiários com domicílio profissional na área do respectivo distrito, com excepção do bastonário, dos antigos bastonários, dos membros do conselho superior, do conselho geral, dos conselhos distritais e dos conselhos de deontologia, bem como dos antigos membros desses conselhos;

b) Velar pelo cumprimento, por parte dos advogados e advogados estagiários com domicílio profissional na área do respectivo distrito, das normas de deontologia profissional, podendo, independentemente de queixa e por sua própria iniciativa, quando o julgarem justificado, conduzir inquéritos e convocar para declarações os referidos advogados, com o fim de aquilatar do cumprimento das referidas normas e promover a acção disciplinar, se for o caso;

c) Submeter à aprovação da assembleia distrital o orçamento para o ano civil seguinte e as contas do ano anterior, bem como o respectivo relatório de actividades;

d) Exercer as demais atribuições que as leis e os regulamentos lhes confiram.

SECÇÃO XII
Presidentes dos conselhos de deontologia

ARTIGO 55º
Competência

1 – Compete aos presidentes dos conselhos de deontologia:

a) Administrar e dirigir os serviços do conselho de deontologia;
b) Convocar e presidir às reuniões do conselho de deontologia;
c) Cometer aos membros do conselho de deontologia a elaboração de pareceres sobre matérias referentes à ética e à deontologia profissionais;
d) Diligenciar resolver amigavelmente as desinteligências entre advogados do respectivo distrito;
e) Em caso de urgência e de manifesta impossibilidade de reunir, exercer a competência atribuída ao conselho de deontologia, devendo dar conhecimento do facto ao mesmo na primeira reunião seguinte;
f) Usar voto de qualidade, em caso de empate, em deliberações do conselho de deontologia;
g) Exercer as demais atribuições que as leis e os regulamentos lhe confiram.

2 – O presidente do conselho de deontologia pode delegar em qualquer dos membros do conselho respectivo as competências referidas nas alíneas *d)* a *g)* do número anterior.

SECÇÃO XIII
Delegações

ARTIGO 56º
Assembleias de comarca

1 – Em cada comarca que não seja sede de distrito e em que haja, pelo menos, 10 advogados inscritos, funciona uma assembleia de comarca constituída por todos os advogados inscritos pela respectiva comarca.

2 – Nas comarcas que sejam sede de distrito, o conselho distrital respectivo delibera sobre o funcionamento da assembleia de comarca, nos termos do número anterior.

3 – As assembleias de comarca reúnem ordinariamente para a eleição da respectiva delegação.

4 – As assembleias de comarca são convocadas e presididas pelo respectivo presidente da delegação ou, na falta desta, pelo delegado da Ordem dos Advogados na comarca

5 – À convocação e funcionamento das assembleias de comarca é aplicável, com as necessárias adaptações, o regime estabelecido nos artigos 33º a 36º.

ARTIGO 57º
Delegação

1 – Em cada comarca em que possa ser constituída a assembleia, funciona uma delegação composta por um presidente e por mais dois a quatro membros, sendo um secretário e um tesoureiro.

2 – Nas comarcas com mais de 100 advogados inscritos, a delegação pode ser composta por um máximo de oito membros, além do presidente, mediante deliberação da assembleia de comarca.

3 – A eleição para a delegação não depende de apresentação de candidaturas.

ARTIGO 58º
Delegados da Ordem dos Advogados

1 – Nas comarcas onde não possa ser constituída a assembleia de comarca por falta do número mínimo legal de advogados nela inscritos, há um delegado da Ordem dos Advogados nomeado pelo respectivo conselho distrital, de entre os advogados inscritos por essa comarca.

2 – O delegado é também nomeado pelo conselho distrital quando a assembleia de comarca não proceda à eleição da respectiva delegação.

3 – As assembleias de comarca são convocadas e presididas pelo respectivo presidente da delegação ou, na falta desta, pelo delegado da Ordem dos Advogados na comarca.

4 – À convocação e funcionamento das assembleias de comarca é aplicável, com as necessárias adaptações, o regime estabelecido nos artigos 33º a 36º.

ARTIGO 59º
Agrupamentos de delegações

1 – A área de intervenção e de tutela de determinadas delegações pode incluir outras delegações ou delegados de uma determinada circunscrição territorial, criada ou modificada sob a égide do conselho distrital.

2 – Os agrupamentos de delegações devem:

a) Possuir estruturas físicas e administrativas funcionais;

b) Reunir regularmente com os demais agrupamentos de delegações existentes no correspondente conselho distrital, bem como com as delegações e delegados das suas áreas de intervenção;

c) Elaborar propostas para apreciação e deliberação dos respectivos conselhos distritais e, eventualmente, ter assento e voto nas reuniões destes órgãos;

d) Apresentar os orçamentos e os relatórios de contas e actividades aos conselhos distritais para aprovação, de acordo com as necessidades e prioridades das suas áreas de intervenção, ouvidas as delegações e os delegados das suas circunscrições.

3 – Os agrupamentos de delegações podem promover reuniões a nível dos vários conselhos distritais, ou mesmo a nível nacional, para discussão e aprovação de conclusões e propostas a apresentar aos órgãos da Ordem dos Advogados, através dos conselhos distritais.

ARTIGO 60º
Competência dos agrupamentos de delegações, delegações e dos delegados

1 – Compete aos agrupamentos de delegações ou, quando estas não existam, às delegações ou aos delegados da Ordem dos Advogados, na respectiva área territorial:

a) Manter actualizado o quadro dos advogados e advogados estagiários inscritos pela comarca;

b) Dirigir a conferência de advogados e as sessões de estudo e, com a colaboração de outras delegações ou delegados, as conferências que em comum tenham organizado;

c) Apresentar anualmente ao conselho distrital, para discussão e votação, o orçamento da delegação, bem como as contas do ano anterior e o respectivo relatório de actividades;

d) Receber e administrar as dotações que lhe forem atribuídas pelo conselho geral e distrital e as receitas próprias;

e) Prestar aos restantes órgãos da Ordem dos Advogados a colaboração que lhes seja solicitada e cumprir pontualmente as respectivas deprecadas;

f) Gerir as salas de advogados nos edifícios dos tribunais;

g) Exercer as demais competências que a lei e os regulamentos lhes confiram.

2 – Compete ainda aos agrupamentos de delegações ou, quando estas não existam, às delegações ou aos delegados, exercer as competências que lhes tenham sido delegadas pelo conselho distrital ou pelo presidente do conselho distrital, designadamente:

a) Promover a criação e instalação de gabinetes de consulta jurídica, bem como exercer as demais funções no âmbito do acesso ao direito;

b) Emitir os cartões de identificação de empregado forense na área da respectiva comarca;

c) Receber reclamações dos colegas sobre o funcionamento dos tribunais e, se pertinentes, canalizá-las para os órgãos superiores da Ordem dos Advogados, a fim de serem enviadas às entidades competentes;

d) Solicitar informações dos resultados das inspecções efectuadas aos tribunais, serviços do Ministério Público, funcionários judiciais e serviços de registo e notariado instalados na área da sua competência territorial;

e) Proceder à criação de núcleos de apoio à formação de advogados e advogados estagiários;

f) Criar e desenvolver os meios adequados ao combate à procuradoria ilícita, sem prejuízo do disposto na alínea *v)* do nº 1 do artigo 50º.

TÍTULO II
Exercício da advocacia

CAPÍTULO I
Disposições Gerais

ARTIGO 61º
Exercício da advocacia em território nacional

1 – Sem prejuízo do disposto no artigo 198º, só os licenciados em direito com inscrição em vigor na Ordem dos Advogados podem, em todo o território nacional, praticar actos próprios da advocacia, nos termos definidos na Lei nº 49/2004, de 24 de Agosto.

2 – Os actos praticados por advogado através de documento só são reconhecidos como tal se por ele forem assinados ou certificados nos termos que vierem a ser definidos pela Ordem dos Advogados.

3 – O mandato judicial, a representação e assistência por advogado são sempre admissíveis e não podem ser impedidos perante qualquer jurisdição, autoridade ou entidade pública ou privada, nomeadamente para defesa de direitos, patrocínio de relações jurídicas controvertidas, composição de interesses ou em processos de mera averiguação, ainda que administrativa, oficiosa ou de qualquer outra natureza.

ARTIGO 62º
Mandato forense

1 – Sem prejuízo do disposto na Lei nº 49/2004, de 24 de Agosto, considera-se mandato forense:

a) O mandato judicial para ser exercido em qualquer tribunal, incluindo os tribunais ou comissões arbitrais e os julgados de paz;

b) O exercício do mandato com representação, com poderes para negociar a constituição, alteração ou extinção de relações jurídicas;

c) O exercício de qualquer mandato com representação em procedimentos administrativos, incluindo tributários, perante quaisquer pessoas colectivas públicas ou respectivos órgãos ou serviços, ainda que se suscitem ou discutam apenas questões de facto.

2 – O mandato forense não pode ser objecto, por qualquer forma, de medida ou acordo que impeça ou limite a escolha pessoal e livre do mandatário pelo mandante.

ARTIGO 63º
Consulta jurídica

Constitui acto próprio de advogado o exercício de consulta jurídica nos termos definidos na Lei nº 49/2004, de 24 de Agosto.

ARTIGO 64º
Liberdade de exercício

Os advogados e advogados estagiários com inscrição em vigor não podem ser impedidos, por qualquer autoridade pública ou privada, de praticar actos próprios da advocacia.

ARTIGO 65º
Título profissional de advogado

1 – A denominação de advogado está exclusivamente reservada aos licenciados em Direito com inscrição em vigor na Ordem dos Advogados.

2 – Os advogados honorários podem usar a denominação de advogado desde que a façam seguir da indicação dessa qualidade.

ARTIGO 66º
Direitos perante a Ordem dos Advogados

Os advogados têm direito de requerer a intervenção da Ordem dos Advogados para defesa dos seus direitos ou dos legítimos interesses da classe, nos termos previstos neste Estatuto.

ARTIGO 67º
Garantias em geral

1 – Os magistrados, agentes de autoridade e funcionários públicos devem assegurar aos advogados, aquando do exercício da sua profissão, tratamento compatível com a dignidade da advocacia e condições adequadas para o cabal desempenho do mandato.

2 – Nas audiências de julgamento, os advogados dispõem de bancada própria e podem falar sentados.

ARTIGO 68º
Exercício da actividade em regime de subordinação

1 – Cabe exclusivamente à Ordem dos Advogados a apreciação da conformidade com os princípios deontológicos das cláusulas de contrato celebrado com advogado, por via do qual o seu exercício profissional se encontre sujeito a subordinação jurídica.

2 – São nulas as cláusulas de contrato celebrado com advogado que violem aqueles princípios.

3 – São igualmente nulas quaisquer orientações ou instruções da entidade empregadora que restrinjam a isenção e independência do advogado ou que, de algum modo, violem os princípios deontológicos da profissão.

4 – O conselho geral da Ordem dos Advogados pode solicitar às entidades públicas empregadoras, que hajam intervindo em tais contratos, entrega de cópia dos mesmos, a fim de aferir da legalidade do respectivo clausulado, atentos os critérios enunciados nos números anteriores.

5 – Quando a entidade empregadora seja pessoa de direito privado, qualquer dos contraentes pode solicitar ao conselho geral parecer sobre a validade

das cláusulas ou de actos praticados na execução do contrato, o qual tem carácter vinculativo.

6 – Em caso de litígio, o parecer referido no número anterior é obrigatório.

ARTIGO 69º
Trajo profissional

1 – O uso da toga é obrigatório para os advogados e advogados estagiários, quando pleiteiem oralmente.

2 – O modelo do trajo profissional é o fixado pelo conselho geral.

ARTIGO 70º
Imposição de selos, arrolamentos e buscas
em escritórios de advogados

1 – A imposição de selos, o arrolamento, as buscas e diligências equivalentes no escritório de advogados ou em qualquer outro local onde faça arquivo, assim como a intercepção e a gravação de conversações ou comunicações, através de telefone ou endereço electrónico, utilizados pelo advogado no exercício da profissão, constantes do registo da Ordem dos Advogados, só podem ser decretados e presididos pelo juiz competente.

2 – Com a necessária antecedência, o juiz deve convocar para assistir à imposição de selos, ao arrolamento, às buscas e diligências equivalentes, o advogado a ela sujeito, bem como o presidente do conselho distrital, o presidente da delegação ou delegado da Ordem dos Advogados, conforme os casos, os quais podem delegar em outro membro do conselho distrital ou da delegação.

3 – Na falta de comparência do advogado representante da Ordem dos Advogados ou havendo urgência incompatível com os trâmites do número anterior, o juiz deve nomear qualquer advogado que possa comparecer imediatamente, de preferência de entre os que hajam feito parte dos órgãos da Ordem dos Advogados ou, quando não seja possível, o que for indicado pelo advogado a quem o escritório ou arquivo pertencer.

4 – Às diligências referidas no nº 2 deste artigo são admitidos também, quando se apresentem ou o juiz os convoque, os familiares ou empregados do advogado interessado.

5 – Até à comparência do advogado que represente a Ordem dos Advogados podem ser tomadas as providências indispensáveis para que se não inutilizem ou desencaminhem quaisquer papéis ou objectos.

6 – O auto de diligência faz expressa menção das pessoas presentes, bem como de quaisquer ocorrências sobrevindas no seu decurso.

ARTIGO 71º
Apreensão de documentos

1 – Não pode ser apreendida a correspondência, seja qual for o suporte utilizado, que respeite ao exercício da profissão.

2 – A proibição estende-se à correspondência trocada entre o advogado e aquele que lhe tenha cometido ou pretendido cometer mandato e lhe haja solicitado parecer, embora ainda não dado ou já recusado.

3 – Compreendem-se na correspondência as instruções e informações escritas sobre o assunto da nomeação ou mandato ou do parecer solicitado.

4 – Exceptua-se o caso de a correspondência respeitar a facto criminoso relativamente ao qual o advogado tenha sido constituído arguido.

ARTIGO 72º
Reclamação

1 – No decurso das diligências previstas nos artigos anteriores, pode o advogado interessado ou, na sua falta, qualquer dos familiares ou empregados presentes, bem como o representante da Ordem dos Advogados, apresentar qualquer reclamação.

2 – Destinando-se a apresentação de reclamação a garantir a preservação do segredo profissional, o juiz deve logo sobrestar na diligência relativamente aos documentos ou objectos que forem postos em causa, fazendo-os acondicionar, sem os ler ou examinar, em volume selado no mesmo momento.

3 – A fundamentação das reclamações é feita no prazo de cinco dias e entregue no tribunal onde corre o processo, devendo o juiz remetê-las, em igual prazo, ao presidente da relação com o seu parecer e, sendo caso disso, com o volume a que se refere o número anterior.

4 – O presidente da relação pode, com reserva de segredo, proceder à desselagem do mesmo volume, devolvendo-o novamente selado com a sua decisão.

ARTIGO 73º
Direito de comunicação com arguidos presos

Os advogados têm direito, nos termos da lei, de comunicar, pessoal e reservadamente, com os seus patrocinados, mesmo quando estes se encontrem presos ou detidos em estabelecimento civil ou militar.

ARTIGO 74º
Informação, exame de processos e pedido de certidões

1 – No exercício da sua profissão, o advogado tem o direito de solicitar em qualquer tribunal ou repartição pública o exame de processos, livros ou documentos que não tenham carácter reservado ou secreto, bem como requerer, oralmente ou por escrito, que lhe sejam fornecidas fotocópias ou passadas certidões, sem necessidade de exibir procuração.

2 – Os advogados, quando no exercício da sua profissão, têm preferência para ser atendidos por quaisquer funcionários a quem devam dirigir-se e têm o direito de ingresso nas secretarias, designadamente nas judiciais.

ARTIGO 75º
Direito de protesto

1 – No decorrer de audiência ou de qualquer outro acto ou diligência em que intervenha, o advogado deve ser admitido a requerer oralmente ou por escrito, no momento que considerar oportuno, o que julgar conveniente ao dever do patrocínio.

2 – Quando, por qualquer razão, não lhe seja concedida a palavra ou o requerimento não for exarado em acta, pode o advogado exercer o direito de protesto, indicando a matéria do requerimento e o objecto que tinha em vista.

3 – O protesto não pode deixar de constar da acta e é havido para todos os efeitos como arguição de nulidade, nos termos da lei.

CAPÍTULO II
Incompatibilidades e impedimentos

ARTIGO 76º
Princípios gerais

1 – O advogado exercita a defesa dos direitos e interesses que lhe sejam confiados sempre com plena autonomia técnica e de forma isenta, independente e responsável.

2 – O exercício da advocacia é inconciliável com qualquer cargo, função ou actividade que possam afectar a isenção, a independência e a dignidade da profissão.

3 – Qualquer forma de provimento ou contrato, seja de natureza pública ou privada, designadamente o contrato individual de trabalho, ao abrigo do qual o advogado venha a exercer a sua actividade, deve respeitar os princípios definidos no nº 1 e todas as demais regras deontológicas que constam deste Estatuto.

4 – São nulas as estipulações contratuais bem como quaisquer orientações ou instruções da entidade contratadora que restrinjam a isenção e a independência do advogado ou que, de algum modo, violem os princípios deontológicos da profissão.

5 – As incompatibilidades ou os impedimentos são declarados e aplicados pelo conselho geral ou pelo conselho distrital que for o competente, o qual aprecia igualmente a validade das estipulações, orientações e instruções a que se refere o número anterior.

ARTIGO 77º
Incompatibilidades

1 – São, designadamente, incompatíveis com o exercício da advocacia os seguintes cargos, funções e actividades:

a) Titular ou membro de órgão de soberania, representantes da República para as Regiões Autónomas, membros do Governo Regional das Regiões Autónomas, presidentes de câmara municipal e, bem assim, respectivos adjuntos, assessores, secretários, funcionários, agentes ou outros contratados dos respectivos gabinetes ou serviços;

b) Membro do Tribunal Constitucional e respectivos funcionários, agentes ou contratados;

c) Membro do Tribunal de Contas e respectivos funcionários, agentes ou contratados;

d) Provedor de Justiça e funcionários, agentes ou contratados do respectivo serviço;

e) Magistrado, ainda que não integrado em órgão ou função jurisdicional;

f) Governador civil, vice-governador civil e funcionários, agentes ou contratados do respectivo serviço;

g) Assessor, administrador, funcionário, agente ou contratado de qualquer tribunal;

h) Notário ou conservador de registos e funcionários, agentes ou contratados do respectivo serviço;

i) Gestor público;

j) Funcionário, agente ou contratado de quaisquer serviços ou entidades que possuam natureza pública ou prossigam finalidades de interesse público, de natureza central, regional ou local;

l) Membro de órgão de administração, executivo ou director com poderes de representação orgânica das entidades indicadas na alínea anterior;

m) Membro das Forças Armadas ou militarizadas;

n) Revisor oficial de contas ou técnico oficial de contas e funcionários, agentes ou contratados do respectivo serviço;

o) Gestor judicial ou liquidatário judicial ou pessoa que exerça idênticas funções;

p) Mediador mobiliário ou imobiliário, leiloeiro e funcionários, agentes ou contratados do respectivo serviço;

q) Quaisquer outros cargos, funções e actividades que por lei sejam consideradas incompatíveis com o exercício da advocacia.

2 – As incompatibilidades verificam-se qualquer que seja o título, designação, natureza e espécie de provimento ou contratação, o modo de remuneração e, em termos gerais, qualquer que seja o regime jurídico do respectivo cargo, função ou actividade, com excepção das seguintes situações:

a) Dos membros da Assembleia da República, bem como dos respectivos adjuntos, assessores, secretários, funcionários, agentes ou outros contratados dos respectivos gabinetes ou serviços;

b) Dos que estejam aposentados, reformados, inactivos, com licença ilimitada ou na reserva;

c) Dos docentes;

d) Dos que estejam contratados em regime de prestação de serviços.

3 – É permitido o exercício da advocacia às pessoas indicadas nas alíneas *j)* e *l)* do nº 1, quando esta seja prestada em regime de subordinação e em exclusividade, ao serviço de quaisquer das entidades previstas nas referidas alíneas, sem prejuízo do disposto no artigo 81º.

4 – É ainda permitido o exercício da advocacia às pessoas indicadas nas alíneas *j)* e *l)* do nº 1 quando providas em cargos de entidades ou estruturas com carácter temporário, sem prejuízo do disposto no estatuto do pessoal dirigente dos serviços e organismos da administração central, regional e local do Estado.

ARTIGO 78º
Impedimentos

1 – Os impedimentos diminuem a amplitude do exercício da advocacia e constituem incompatibilidades relativas do mandato forense e da consulta jurídica, tendo em vista determinada relação com o cliente, com os assuntos em causa ou por inconciliável disponibilidade para a profissão.

2 – O advogado está impedido de praticar actos profissionais e de mover qualquer influência junto de entidades, públicas ou privadas, onde desempenhe ou tenha

desempenhado funções cujo exercício possa suscitar, em concreto, uma incompatibilidade, se aqueles actos ou influências entrarem em conflito com as regras deontológicas contidas neste Estatuto, nomeadamente, os princípios gerais enunciados nos nºs 1 e 2 do artigo 76º.

3 – Os advogados referidos na alínea *a*) do nº 2 do artigo 77º estão impedidos, em qualquer foro, de patrocinar acções pecuniárias contra o Estado.

4 – Havendo dúvida sobre a existência de qualquer impedimento, que não haja sido logo assumido pelo advogado, compete ao respectivo conselho distrital decidir.

ARTIGO 79º
Verificação

1 – Os conselhos distritais ou o conselho geral podem solicitar às entidades com quem os advogados possam ter estabelecido relações profissionais, bem como a estes, as informações que entendam necessárias para a verificação da existência de incompatibilidade.

2 – Não sendo tais informações prestadas, pelo advogado, no prazo de 30 dias contados da recepção do pedido, pode o conselho geral deliberar a suspensão da inscrição.

ARTIGO 80º
Solicitadores

1 – É proibida a inscrição cumulativa na Ordem dos Advogados e na Câmara dos Solicitadores.

2 – É, porém, permitida a inscrição cumulativa durante a primeira fase do estágio a que se alude no nº 2 do artigo 188º.

3 – O disposto no nº 1 não se aplica no caso do registo na Câmara dos Solicitadores enquanto agente de execução.

4 – Os advogados que queiram efectuar o exame de admissão a estágio de agente de execução podem inscrever-se junto da Ordem dos Advogados que comunica à Câmara dos Solicitadores a lista de advogados inscritos por meios electrónicos.[214]

ARTIGO 81º
Aplicação no tempo das incompatibilidades e impedimentos

As incompatibilidades e impedimentos criados pelo presente Estatuto não prejudicam os direitos legalmente adquiridos ao abrigo de legislação anterior.

ARTIGO 82º
Exercício ilegítimo da advocacia

1 – Os magistrados, conservadores, notários e os responsáveis pelas repartições públicas têm obrigação de comunicar à Ordem dos Advogados qualquer facto que indicie o exercício ilegal ou irregular da advocacia, designadamente, do patrocínio judiciário.

---

[214] Os nºs 3 e 4 deste artigo resultaram do artigo 6º do Decreto-Lei nº 226/2008, de 20 de novembro.

2 – Para a finalidade prevista no número anterior, os funcionários dos serviços indicados no número anterior dão conhecimento aos respectivos magistrados, conservadores, notários e responsáveis dos serviços dos factos correspondentes de que tenham conhecimento.

TÍTULO III
Deontologia profissional

CAPÍTULO I
Princípios gerais

ARTIGO 83º
Integridade

1 – O advogado é indispensável à administração da justiça e, como tal, deve ter um comportamento público e profissional adequado à dignidade e responsabilidades da função que exerce, cumprindo pontual e escrupulosamente os deveres consignados no presente Estatuto e todos aqueles que a lei, os usos, costumes e tradições profissionais lhe impõem.

2 – A honestidade, probidade, rectidão, lealdade, cortesia e sinceridade são obrigações profissionais.

ARTIGO 84º
Independência

O advogado, no exercício da profissão, mantém sempre em quaisquer circunstâncias a sua independência, devendo agir livre de qualquer pressão, especialmente a que resulte dos seus próprios interesses ou de influências exteriores, abstendo-se de negligenciar a deontologia profissional no intuito de agradar ao seu cliente, aos colegas, ao tribunal ou a terceiros.

ARTIGO 85º
Deveres para com a comunidade

1 – O advogado está obrigado a defender os direitos, liberdades e garantias, a pugnar pela boa aplicação das leis, pela rápida administração da justiça e pelo aperfeiçoamento da cultura e instituições jurídicas.

2 – Em especial, constituem deveres do advogado para com a comunidade:

a) Não advogar contra o direito, não usar de meios ou expedientes ilegais, nem promover diligências reconhecidamente dilatórias, inúteis ou prejudiciais para a correcta aplicação de lei ou a descoberta da verdade;

b) Recusar os patrocínios que considere injustos;

c) Verificar a identidade do cliente e dos representantes do cliente, assim como os poderes de representação conferidos a estes últimos;

d) Recusar a prestação de serviços quando suspeitar seriamente que a operação ou actuação jurídica em causa visa a obtenção de resultados ilícitos e que o interessado não pretende abster-se de tal operação;

e) Recusar-se a receber e movimentar fundos que não correspondam estritamente a uma questão que lhe tenha sido confiada;
f) Colaborar no acesso ao direito;
g) Não se servir do mandato para prosseguir objectivos que não sejam profissionais;
h) Não solicitar clientes, por si ou por interposta pessoa.

ARTIGO 86º
Deveres para com a Ordem dos Advogados

Constituem deveres do advogado para com a Ordem dos Advogados:

a) Não prejudicar os fins e prestígio da Ordem dos Advogados e da advocacia;
b) Colaborar na prossecução das atribuições da Ordem dos Advogados, exercer os cargos para que tenha sido eleito ou nomeado e desempenhar os mandatos que lhe forem confiados;
c) Declarar, ao requerer a inscrição, para efeito de verificação de incompatibilidade, qualquer cargo ou actividade profissional que exerça;
d) Suspender imediatamente o exercício da profissão e requerer, no prazo máximo de 30 dias, a suspensão da inscrição na Ordem dos Advogados quando ocorrer incompatibilidade superveniente;
e) Pagar pontualmente as quotas e outros encargos, designadamente as obrigações impostas como penas pecuniárias ou sanções acessórias, devidos à Ordem dos Advogados, estabelecidos neste Estatuto e nos regulamentos;
f) Dirigir com empenhamento o estágio dos advogados estagiários;
g) Comunicar, no prazo de 30 dias, qualquer mudança de escritório;
h) Manter um domicílio profissional dotado de uma estrutura que assegure o cumprimento dos seus deveres deontológicos, nos termos de regulamento a aprovar pelo conselho geral;
i) Promover a sua própria formação, com recurso a acções de formação permanente, cumprindo com as determinações e procedimentos resultantes da regulamentação a aprovar pelo conselho geral.

ARTIGO 87º
Segredo profissional

1 – O advogado é obrigado a guardar segredo profissional no que respeita a todos os factos cujo conhecimento lhe advenha do exercício das suas funções ou da prestação dos seus serviços, designadamente:

a) A factos referentes a assuntos profissionais conhecidos, exclusivamente, por revelação do cliente ou revelados por ordem deste;
b) A factos de que tenha tido conhecimento em virtude de cargo desempenhado na Ordem dos Advogados;
c) A factos referentes a assuntos profissionais comunicados por colega com o qual esteja associado ou ao qual preste colaboração;
d) A factos comunicados por co-autor, co-réu ou co-interessado do seu constituinte ou pelo respectivo representante;

e) A factos de que a parte contrária do cliente ou respectivos representantes lhe tenham dado conhecimento durante negociações para acordo que vise pôr termo ao diferendo ou litígio;

f) A factos de que tenha tido conhecimento no âmbito de quaisquer negociações malogradas, orais ou escritas, em que tenha intervindo.

2 – A obrigação do segredo profissional existe quer o serviço solicitado ou cometido ao advogado envolva ou não representação judicial ou extrajudicial, quer deva ou não ser remunerado, quer o advogado haja ou não chegado a aceitar e a desempenhar a representação ou serviço, o mesmo acontecendo para todos os advogados que, directa ou indirectamente, tenham qualquer intervenção no serviço.

3 – O segredo profissional abrange ainda documentos ou outras coisas que se relacionem, directa ou indirectamente, com os factos sujeitos a sigilo.

4 – O advogado pode revelar factos abrangidos pelo segredo profissional, desde que tal seja absolutamente necessário para a defesa da dignidade, direitos e interesses legítimos do próprio advogado ou do cliente ou seus representantes, mediante prévia autorização do presidente do conselho distrital respectivo, com recurso para o bastonário, nos termos previstos no respectivo regulamento.

5 – Os actos praticados pelo advogado com violação de segredo profissional não podem fazer prova em juízo.

6 – Ainda que dispensado nos termos do disposto no nº 4, o advogado pode manter o segredo profissional.

7 – O dever de guardar sigilo quanto aos factos descritos no nº 1 é extensivo a todas as pessoas que colaborem com o advogado no exercício da sua actividade profissional, com a cominação prevista no nº 5.

8 – O advogado deve exigir das pessoas referidas no número anterior o cumprimento do dever aí previsto em momento anterior ao início da colaboração.

ARTIGO 88º
Discussão pública de questões profissionais

1 – O advogado não deve pronunciar-se publicamente, na imprensa ou noutros meios de comunicação social, sobre questões profissionais pendentes.

2 – O advogado pode pronunciar-se, excepcionalmente, desde que previamente autorizado pelo presidente do conselho distrital competente, sempre que o exercício desse direito de resposta se justifique, de forma a prevenir ou remediar a ofensa à dignidade, direitos e interesses legítimos do cliente ou do próprio.

3 – O pedido de autorização é devidamente justificado e indica o âmbito possível das questões sobre que entende dever pronunciar-se.

4 – O pedido de autorização é apreciado no prazo de três dias úteis, considerando-se tacitamente deferido na falta de resposta, comunicada, naquele prazo, ao requerente.

5 – Da decisão do presidente do conselho distrital que indefira o pedido, cabe recurso para o bastonário, que decide, no mesmo prazo.

6 – Sem prejuízo do disposto nos números anteriores, em caso de manifesta urgência, o advogado pode exercer o direito de resposta referido no nº 2, de forma tão restrita e contida quanto possível, devendo informar, no prazo de cinco dias

úteis, o presidente do conselho distrital competente, das circunstâncias que determinaram tal conduta e do conteúdo das declarações proferidas.

ARTIGO 89º
Informação e publicidade

1 – O advogado pode divulgar a sua actividade profissional de forma objectiva, verdadeira e digna, no rigoroso respeito dos deveres deontológicos, do segredo profissional e das normas legais sobre publicidade e concorrência.

2 – Entende-se, nomeadamente, por informação objectiva:

a) A identificação pessoal, académica e curricular do advogado ou da sociedade de advogados;
b) O número de cédula profissional ou do registo da sociedade;
c) A morada do escritório principal e as moradas de escritórios noutras localidades;
d) A denominação, o logótipo ou outro sinal distintivo do escritório;
e) A indicação das áreas ou matérias jurídicas de exercício preferencial;
f) Referência à especialização, se previamente reconhecida pela Ordem dos Advogados;
g) Os cargos exercidos na Ordem dos Advogados;
h) Os colaboradores profissionais integrados efectivamente no escritório do advogado;
i) O telefone, o fax, o correio electrónico e outros elementos de comunicações de que disponha;
j) O horário de atendimento ao público;
l) As línguas ou idiomas, falados ou escritos;
m) A indicação do respectivo *site*;
n) A colocação, no exterior do escritório, de uma placa ou tabuleta identificativa da sua existência.

3 – São, nomeadamente, actos lícitos de publicidade:

a) A menção à área preferencial de actividade;
b) A utilização de cartões onde se possa colocar informação objectiva;
c) A colocação, em listas telefónicas, de fax ou análogas da condição de advogado;
d) A publicação de informações sobre alterações de morada, de telefone, de fax e de outros dados relativos ao escritório;
e) A menção da condição de advogado, acompanhada de breve nota curricular, em anuários profissionais, nacionais ou estrangeiros;
f) A promoção ou a intervenção em conferências ou colóquios;
g) A publicação de brochuras ou de escritos, circulares e artigos periódicos sobre temas jurídicos em imprensa especializada ou não, podendo assinar com a indicação da sua condição de advogado e da organização profissional que integre;
h) A menção a assuntos profissionais que integrem o *curriculum* profissional do advogado e em que este tenha intervindo, não podendo ser feita referência ao nome do cliente, salvo, excepcionalmente, quando autorizado por este, se tal divulgação

for considerada essencial para o exercício da profissão em determinada situação, mediante prévia deliberação do conselho geral;

i) A referência, directa ou indirecta, a qualquer cargo público ou privado ou relação de emprego que tenha exercido;
j) A menção à composição e estrutura do escritório;
l) A inclusão de fotografia, ilustrações e logótipos adoptados.

4 – São, nomeadamente, actos ilícitos de publicidade:

a) A colocação de conteúdos persuasivos, ideológicos, de auto-engrandecimento e de comparação;
b) A referência a valores de serviços, gratuitidade ou forma de pagamento;
c) A menção à qualidade do escritório;
d) A prestação de informações erróneas ou enganosas;
e) A promessa ou indução da produção de resultados;
f) O uso de publicidade directa não solicitada.

5 – As disposições constantes dos números anteriores são aplicáveis ao exercício da advocacia quer a título individual quer às sociedades de advogados.

ARTIGO 90º
Dever geral de urbanidade

No exercício da profissão o advogado deve proceder com urbanidade, nomeadamente para com os colegas, magistrados, árbitros, peritos, testemunhas e demais intervenientes nos processos, e ainda funcionários judiciais, notariais, das conservatórias, outras repartições ou entidades públicas ou privadas.

ARTIGO 91º
Patrocínio contra advogados e magistrados

O advogado, antes de intervir em procedimento disciplinar, judicial ou de qualquer outra natureza contra um colega ou um magistrado, deve comunicar-lhes por escrito a sua intenção, com as explicações que entenda necessárias, salvo tratando-se de procedimentos que tenham natureza secreta ou urgente.

CAPÍTULO II
Relações com os clientes

ARTIGO 92º
Princípios gerais

1 – A relação entre o advogado e o cliente deve fundar-se na confiança recíproca.

2 – O advogado tem o dever de agir de forma a defender os interesses legítimos do cliente, sem prejuízo do cumprimento das normas legais e deontológicas.

ARTIGO 93º
Aceitação do patrocínio e dever de competência

1 – O advogado não pode aceitar o patrocínio ou a prestação de quaisquer serviços profissionais se para tal não tiver sido livremente mandatado pelo cliente, ou

por outro advogado, em representação do cliente, ou se não tiver sido nomeado para o efeito, por entidade legalmente competente.

2 – O advogado não deve aceitar o patrocínio de uma questão se souber, ou dever saber, que não tem competência ou disponibilidade para dela se ocupar prontamente, a menos que actue conjuntamente com outro advogado com competência e disponibilidade para o efeito.

ARTIGO 94º
Conflito de interesses

1 – O advogado deve recusar o patrocínio de uma questão em que já tenha intervindo em qualquer outra qualidade ou seja conexa com outra em que represente, ou tenha representado, a parte contrária.

2 – O advogado deve recusar o patrocínio contra quem, noutra causa pendente, seja por si patrocinado.

3 – O advogado não pode aconselhar, representar ou agir por conta de dois ou mais clientes, no mesmo assunto ou em assunto conexo, se existir conflito entre os interesses desses clientes.

4 – Se um conflito de interesses surgir entre dois ou mais clientes, bem como se ocorrer risco de violação do segredo profissional ou de diminuição da sua independência, o advogado deve cessar de agir por conta de todos os clientes, no âmbito desse conflito.

5 – O advogado deve abster-se de aceitar um novo cliente se tal puser em risco o cumprimento do dever de guardar sigilo profissional relativamente aos assuntos de um anterior cliente, ou se do conhecimento destes assuntos resultarem vantagens ilegítimas ou injustificadas para o novo cliente.

6 – Sempre que o advogado exerça a sua actividade em associação, sob a forma de sociedade ou não, o disposto nos números anteriores aplica-se quer à associação quer a cada um dos seus membros.

ARTIGO 95º
Outros deveres

1 – Nas relações com o cliente, são ainda deveres do advogado:

a) Dar a sua opinião conscienciosa sobre o merecimento do direito ou pretensão que o cliente invoca, assim como prestar, sempre que lhe for solicitado, informação sobre o andamento das questões que lhe forem confiadas, sobre os critérios que utiliza na fixação dos seus honorários, indicando, sempre que possível, o seu montante total aproximado, e ainda sobre a possibilidade e a forma de obter apoio judiciário;

b) Estudar com cuidado e tratar com zelo a questão de que seja incumbido, utilizando para o efeito todos os recursos da sua experiência, saber e actividade;

c) Aconselhar toda a composição que ache justa e equitativa;

d) Não celebrar, em proveito próprio, contratos sobre o objecto das questões confiadas;

e) Não cessar, sem motivo justificado, o patrocínio das questões que lhe estão cometidas.

2 – Ainda que exista motivo justificado para a cessação do patrocínio, o advogado não deve fazê-lo por forma a impossibilitar o cliente de obter, em tempo útil, a assistência de outro advogado.

ARTIGO 96º
Valores e documentos do cliente

1 – O advogado deve dar a aplicação devida a valores, objectos e documentos que lhe tenham sido confiados, bem como prestar conta ao cliente de todos os valores deste que tenha recebido, qualquer que seja a sua proveniência, e apresentar nota de honorários e despesas, logo que tal lhe seja solicitado.

2 – Quando cesse a representação, o advogado deve restituir ao cliente os valores, objectos ou documentos deste que se encontrem em seu poder.

3 – O advogado, apresentada a nota de honorários e despesas, goza do direito de retenção sobre os valores, objectos ou documentos referidos no número anterior, para garantia do pagamento dos honorários e reembolso das despesas que lhe sejam devidos pelo cliente, a menos que os valores, objectos ou documentos em causa sejam necessários para prova do direito do cliente ou que a sua retenção cause a este prejuízos irreparáveis.

4 – Deve, porém, o advogado restituir tais valores e objectos, independentemente do pagamento a que tenha direito, se o cliente tiver prestado caução arbitrada pelo conselho distrital.

5 – Pode o conselho distrital, antes do pagamento e a requerimento do advogado ou do cliente, mandar entregar a este quaisquer objectos e valores quando os que fiquem em poder do advogado sejam manifestamente suficientes para pagamento do crédito.

ARTIGO 97º
Fundos dos clientes

1 – Sempre que o advogado detiver fundos dos seus clientes ou de terceiros, para efectuar pagamentos de despesas por conta daqueles, deve observar as regras seguintes:

a) Os fundos devem ser depositados em conta do advogado ou sociedade de advogados separada e com a designação conta-clientes, aberta para o efeito num banco ou instituição similar autorizada, e aí mantidos até ao pagamento de despesas;

b) Os fundos devem ser pagáveis à ordem, a pedido do cliente ou nas condições que este tiver aceite;

c) O advogado deve manter registos completos e precisos relativos a todas as operações efectuadas com estes fundos, distinguindo-os de outros montantes por ele detidos, e deve manter tais registos à disposição do cliente.

2 – O conselho geral pode estabelecer, através de regulamento, regras complementares aplicáveis aos fundos a que o presente artigo se reporta, incluindo a sua centralização num sistema de gestão que por aquele conselho vier a ser aprovado.

3 – O disposto nos números anteriores não se aplica às provisões destinadas a honorários, pelas quais haja sido dada quitação ao cliente.

ARTIGO 98º
Provisões

1 – O advogado pode solicitar ao cliente a entrega de provisões por conta dos honorários ou para pagamento de despesas, não devendo tais provisões exceder uma estimativa razoável dos honorários e despesas prováveis.

2 – Não sendo entregue a provisão solicitada, o advogado pode renunciar a ocupar-se do assunto ou recusar aceitá-lo.

3 – O advogado apenas pode ser responsabilizado pelo pagamento de preparos, despesas ou quaisquer outros encargos que tenham sido provisionados para tal efeito pelo cliente, e não é obrigado a dispor das provisões que tenha recebido para honorários, desde que a afectação destas aos honorários seja do conhecimento do cliente.

ARTIGO 99º
Responsabilidade civil profissional

1 – O advogado com inscrição em vigor deve celebrar e manter um seguro de responsabilidade civil profissional tendo em conta a natureza e âmbito dos riscos inerentes à sua actividade, por um capital de montante não inferior ao que seja fixado pelo conselho geral e que tem como limite mínimo € 250 000, sem prejuízo do regime especialmente aplicável às sociedades de advogados.

2 – Quando a responsabilidade civil profissional do advogado se fundar na mera culpa, o montante da indemnização tem como limite máximo o correspondente ao fixado para o seguro referido no número anterior, devendo o advogado inscrever no seu papel timbrado a expressão responsabilidade limitadar.

3 – O disposto no número anterior não se aplica sempre que o advogado não cumpra o estabelecido no nº 1 ou declare não pretender qualquer limite para a sua responsabilidade civil profissional, caso em que beneficia sempre do seguro de responsabilidade profissional mínima de grupo de € 50 000, de que são titulares todos os advogados portugueses não suspensos.

ARTIGO 100º
Honorários

1 – Os honorários do advogado devem corresponder a uma compensação económica adequada pelos serviços efectivamente prestados, que deve ser saldada em dinheiro e que pode assumir a forma de retribuição fixa.

2 – Na falta de convenção prévia reduzida a escrito, o advogado apresenta ao cliente a respectiva conta de honorários com discriminação dos serviços prestados.

3 – Na fixação dos honorários deve o advogado atender à importância dos serviços prestados, à dificuldade e urgência do assunto, ao grau de criatividade intelectual da sua prestação, ao resultado obtido, ao tempo despendido, às responsabilidades por ele assumidas e aos demais usos profissionais.

ARTIGO 101º
Proibição da quota litis e da divisão de honorários

1 – É proibido ao advogado celebrar pactos de *quota litis*.

2 – Por pacto de *quota litis* entende-se o acordo celebrado entre o advogado e o seu cliente, antes da conclusão definitiva da questão em que este é parte, pelo qual o direito a honorários fique exclusivamente dependente do resultado obtido na questão e em virtude do qual o constituinte se obrigue a pagar ao advogado parte do resultado que vier a obter, quer este consista numa quantia em dinheiro, quer em qualquer outro bem ou valor.

3 – Não constitui pacto de *quota litis* o acordo que consiste na fixação prévia do montante dos honorários, ainda que em percentagem, em função do valor do assunto confiado ao advogado ou pelo qual, além de honorários calculados em função de outros critérios, se acorde numa majoração em função do resultado obtido.

ARTIGO 102º
Repartição de honorários

É proibido ao advogado repartir honorários, ainda que a título de comissão ou outra forma de compensação, excepto com advogados, advogados estagiários e solicitadores com quem colabore ou que lhe tenham prestado colaboração.

CAPÍTULO III
Relações com os tribunais

ARTIGO 103º
Dever de lealdade

1 – O advogado deve, em qualquer circunstância, actuar com diligência e lealdade na condução do processo.

2 – É vedado ao advogado, especialmente, enviar ou fazer enviar aos juízes ou árbitros quaisquer memoriais ou, por qualquer forma, recorrer a meios desleais de defesa dos interesses das partes.

ARTIGO 104º
Relação com as testemunhas

É vedado a advogado estabelecer contactos com testemunhas ou demais intervenientes processuais com a finalidade de instruir, influenciar ou, por qualquer outro meio, alterar o depoimento das mesmas, prejudicando, desta forma, a descoberta da verdade.

ARTIGO 105º
Dever de correcção

1 – O advogado deve exercer o patrocínio dentro dos limites da lei e da urbanidade, sem prejuízo do dever de defender adequadamente os interesses do seu cliente.

2 – O advogado deve obstar a que os seus clientes exerçam quaisquer represálias contra o adversário e sejam menos correctos para com os advogados da parte contrária, magistrados, árbitros ou quaisquer outros intervenientes no processo.

CAPÍTULO IV
Relações entre advogados

ARTIGO 106º
Dever de solidariedade

A solidariedade profissional impõe uma relação de confiança e cooperação entre os advogados, em benefício dos clientes e de forma a evitar litígios inúteis, conciliando, tanto quanto possível, os interesses da profissão com os da Justiça ou daqueles que a procuram.

ARTIGO 107º
Deveres recíprocos dos advogados

1 – Constituem deveres dos advogados nas suas relações recíprocas:

a) Proceder com a maior correcção e urbanidade, abstendo-se de qualquer ataque pessoal, alusão deprimente ou crítica desprimorosa, de fundo ou de forma;

b) Responder, em prazo razoável, às solicitações orais ou escritas;

c) Não emitir publicamente opinião sobre questão que saiba confiada a outro advogado, salvo na presença deste ou com o seu prévio acordo;

d) Actuar com a maior lealdade, procurando não obter vantagens ilegítimas ou indevidas para o seu cliente;

e) Não contactar a parte contrária que esteja representada por advogado, salvo se previamente autorizado por este, ou se tal for indispensável, por imposição legal ou contratual;

f) Não assinar pareceres, peças processuais ou outros escritos profissionais que não sejam da sua autoria ou em que não tenha colaborado;

g) Comunicar, atempadamente, a impossibilidade de comparecer a qualquer diligência aos outros advogados que nela devam intervir.

2 – O advogado a quem se pretende cometer assunto anteriormente confiado a outro advogado não deve iniciar a sua actuação sem antes diligenciar no sentido de a este serem pagos os honorários e demais quantias que a este sejam devidas, devendo expor ao colega, oralmente ou por escrito, as razões da aceitação do mandato e dar-lhe conta dos esforços que tenha desenvolvido para aquele efeito.

ARTIGO 108º
Correspondência entre advogados

1 – Sempre que um advogado pretenda que a sua comunicação, dirigida a outro advogado, tenha carácter confidencial, deve exprimir, claramente, tal intenção.

2 – As comunicações confidenciais não podem, em qualquer caso, constituir meio de prova, não lhes sendo aplicável o disposto no nº 4 do artigo 87º.

3 – O advogado destinatário da comunicação confidencial que não tenha condições para garantir a confidencialidade da mesma deve devolvê-la ao remetente sem revelar a terceiros o respectivo conteúdo.

TÍTULO IV
Acção disciplinar

CAPÍTULO I
Disposições gerais

ARTIGO 109º
Jurisdição disciplinar

1 – Os advogados estão sujeitos à jurisdição disciplinar exclusiva dos órgãos da Ordem dos Advogados, nos termos previstos neste Estatuto e nos respectivos regulamentos.

2 – O pedido de cancelamento ou suspensão da inscrição não faz cessar a responsabilidade disciplinar por infracções anteriormente praticadas.

3 – Durante o tempo de suspensão da inscrição o advogado continua sujeito à jurisdição disciplinar da Ordem dos Advogados, mas não assim após o cancelamento.

4 – A punição com a pena de expulsão não faz cessar a responsabilidade disciplinar do advogado relativamente às infracções por ele cometidas antes da decisão definitiva que tenha aplicado aquela pena.

ARTIGO 110º
Infracção disciplinar

Comete infracção disciplinar o advogado ou advogado estagiário que, por acção ou omissão, violar dolosa ou culposamente algum dos deveres consagrados no presente Estatuto, nos respectivos regulamentos e nas demais disposições legais aplicáveis.

ARTIGO 111º
Independência da responsabilidade disciplinar

1 – A responsabilidade disciplinar é independente da responsabilidade civil ou criminal.

2 – Quando, com fundamento nos mesmos factos, tiver sido instaurado processo criminal contra advogado, pode ser ordenada a suspensão do processo disciplinar, devendo a autoridade judiciária, em qualquer caso, ordenar a remessa à Ordem dos Advogados de cópia do despacho de acusação ou de pronúncia.

3 – Sempre que, em processo criminal contra advogado, seja designado dia para julgamento, o tribunal deve ordenar a remessa à Ordem dos Advogados de cópias da acusação, da decisão instrutória e da contestação, quando existam, bem como quaisquer outros elementos solicitados pelo membro do conselho competente.

ARTIGO 112º
Prescrição do procedimento disciplinar

1 – O procedimento disciplinar extingue-se, por efeito de prescrição, logo que sobre a prática da infracção tiver decorrido o prazo de cinco anos.

2 – O prazo de prescrição do procedimento disciplinar corre desde o dia em que o facto se tiver consumado.

3 – Para efeitos do disposto no número anterior, o prazo de prescrição só corre:
a) Nas infracções instantâneas, desde o momento da sua prática;
b) Nas infracções continuadas, desde o dia da prática do último acto;
c) Nas infracções permanentes, desde o dia em que cessar a consumação.

4 – A prescrição do procedimento disciplinar tem sempre lugar quando, desde o seu início e ressalvado o tempo de suspensão, tiver decorrido o prazo normal de prescrição acrescido de metade.

5 – A prescrição é de conhecimento oficioso, podendo o advogado arguido, no entanto, requerer a continuação do processo.

ARTIGO 113º
Suspensão do prazo de prescrição do procedimento disciplinar

1 – O prazo de prescrição do procedimento disciplinar suspende-se durante o tempo em que:

a) O processo disciplinar estiver suspenso, a aguardar despacho de acusação ou de pronúncia em processo criminal;
b) O processo disciplinar estiver pendente, a partir da notificação da acusação nele proferida;
c) A decisão final do processo disciplinar não puder ser notificada ao arguido, por motivo que lhe seja imputável.

2 – A suspensão, quando resulte da situação prevista na alínea b) do número anterior, não pode ultrapassar o prazo de dois anos.

3 – O prazo prescricional volta a correr a partir do dia em que cessar a causa da suspensão.

ARTIGO 114º
Interrupção do prazo de prescrição do procedimento disciplinar

1 – O prazo de prescrição do procedimento disciplinar interrompe-se com a notificação ao advogado arguido:

a) Da instauração do processo disciplinar;
b) Da acusação.

2 – Após cada período de interrupção começa a correr novo prazo de prescrição.

ARTIGO 115º
Desistência da participação

A desistência da participação extingue a responsabilidade disciplinar, salvo se a falta imputada afectar a dignidade do advogado visado, o prestígio da Ordem dos Advogados ou da profissão.

ARTIGO 116º
Participação pelos tribunais e outras entidades

1 – Os tribunais e quaisquer autoridades devem dar conhecimento à Ordem dos Advogados de todos os factos susceptíveis de constituir infracção disciplinar praticados por advogados.

2 – O Ministério Público e os órgãos e autoridades de polícia criminal devem remeter à Ordem dos Advogados certidão de todas as denúncias, participações ou queixas apresentadas contra advogados.

ARTIGO 117º
Legitimidade procedimental

Podem intervir no processo as pessoas com interesse directo, pessoal e legítimo relativamente aos factos participados, requerendo e alegando o que tiverem por conveniente.

ARTIGO 118º
Instauração do procedimento disciplinar

1 – O procedimento disciplinar é instaurado por decisão dos presidentes dos conselhos com competência disciplinar ou por deliberação dos respectivos órgãos, com base em participação dirigida aos órgãos da Ordem dos Advogados por qualquer pessoa devidamente identificada.

2 – O bastonário e os conselhos superior, geral, distrital e de deontologia da Ordem dos Advogados podem, independentemente de participação, ordenar a instauração de procedimento disciplinar.

3 – Quando se conclua que a participação é infundada, é dela dado conhecimento ao advogado visado e são-lhe sempre passadas as certidões que o mesmo entenda necessárias para a tutela dos seus direitos e interesses legítimos.

ARTIGO 119º
Comunicação sobre o movimento dos processos

Durante o primeiro mês de cada trimestre, e com referência ao trimestre anterior, devem os conselhos superior e de deontologia da Ordem dos Advogados enviar ao bastonário nota dos processos disciplinares distribuídos, pendentes e julgados no trimestre anterior.

ARTIGO 120º
Natureza secreta do processo disciplinar

1 – O processo é de natureza secreta até ao despacho de acusação.

2 – O relator pode, contudo, autorizar a consulta do processo pelo interessado ou pelo arguido, quando não haja inconveniente para a instrução.

3 – O relator pode ainda, no interesse da instrução, dar a conhecer ao interessado ou ao arguido cópia de peças do processo, a fim de sobre elas se pronunciarem.

4 – Mediante requerimento em que se indique o fim a que se destinam, pode o conselho competente, ou algum dos seus membros, autorizar a passagem de certidões em qualquer fase do processo, para defesa de interesses legítimos dos requerentes, podendo condicionar a sua utilização, sob pena de o infractor incorrer no crime de desobediência, e sem prejuízo do dever de guardar segredo profissional.

5 – O relator pode autorizar a informação pública da pendência de processo disciplinar contra advogado determinado, sem identificar os factos e a fase processual.

6 – O arguido e o interessado, quando advogado, que não respeitem a natureza secreta do processo incorrem em responsabilidade disciplinar.

ARTIGO 121º
Direito subsidiário

Ao exercício do poder disciplinar da Ordem dos Advogados, em tudo o que não for contrário ao estabelecido no presente Estatuto e respectivos regulamentos, são subsidiariamente aplicáveis:

a) As normas do Código Penal, em matéria substantiva;
b) As normas do Código de Processo Penal, em matéria adjectiva.

CAPÍTULO II
Titulares dos órgãos jurisdicionais

ARTIGO 122º
Independência

Os titulares dos órgãos da Ordem dos Advogados com competência disciplinar são independentes no exercício da sua competência jurisdicional.

ARTIGO 123º
Irresponsabilidade

1 – Os titulares dos órgãos da Ordem dos Advogados com competência disci-plinar não podem ser responsabilizados pelas decisões proferidas no exercício das suas funções.

2 – Só nos casos especialmente previstos na lei é que os titulares dos órgãos da Ordem dos Advogados com competência disciplinar podem ser sujeitos, em razão do exercício das suas funções, a responsabilidade civil, criminal ou disci-plinar.

3 – Fora dos casos em que a falta constitua crime, a responsabilidade civil apenas pode ser efectivada mediante acção de regresso da Ordem dos Advogados contra o titular dos seus órgãos jurisdicionais, com fundamento em dolo ou culpa grave.

4 – Em caso de responsabilidade disciplinar dos titulares dos órgãos jurisdicionais da Ordem dos Advogados, a deliberação de instauração do procedimento, bem como a de aplicação de sanção disciplinar deve ser tomada por maioria de, pelo menos, dois terços de todos os membros do conselho superior.

ARTIGO 124º
Processos disciplinares contra titulares de cargos da Ordem

Têm carácter urgente, com prioridade sobre quaisquer outros, os processos disciplinares em que sejam visados titulares de algum dos órgãos da Ordem dos Advogados em exercício de funções.

CAPÍTULO III
Penas, sua medida, graduação e execução

ARTIGO 125º
Penas disciplinares

1 – As penas disciplinares são as seguintes:

a) Advertência;
b) Censura;
c) Multa de quantitativo até ao valor da alçada dos tribunais de comarca;
d) Multa de quantitativo entre o valor da alçada dos tribunais de comarca e o valor da alçada dos tribunais da relação;
e) Suspensão até 10 anos;
f) Expulsão.

2 – As penas são sempre registadas e produzem unicamente os efeitos declarados no presente Estatuto.

3 – Cumulativamente ou não com qualquer das penas previstas neste Estatuto, pode ser imposta a restituição total ou parcial de honorários.

4 – Independentemente da decisão final do processo, pode ser imposta a restituição de quantias, documentos ou objectos que hajam sido confiados ao advogado.

ARTIGO 126º
Medida e graduação da pena

1 – Na determinação da medida das penas deve atender-se aos antecedentes profissionais e disciplinares do arguido, ao grau da culpa, às consequências da infracção e a todas as demais circunstâncias agravantes e atenuantes.

2 – A pena de advertência é aplicável a faltas leves no exercício da advocacia, com vista a evitar a sua repetição.

3 – A pena de censura é aplicável a faltas leves no exercício da advocacia e consiste num juízo de reprovação pela infracção disciplinar cometida.

4 – A pena de multa é aplicável aos casos de negligência, sendo fixada em quantia certa em função da gravidade da falta cometida.

5 – A pena de suspensão é aplicável aos casos de culpa grave e consiste no afastamento total do exercício da advocacia durante o período de aplicação da pena.

6 – As penas de expulsão e de suspensão por período superior a três anos só podem ser aplicadas por infracção disciplinar que afecte gravemente a dignidade e o prestígio profissional.

ARTIGO 127º
Circunstâncias atenuantes

Constituem, entre outras, circunstâncias atenuantes:

a) O exercício efectivo da advocacia por um período superior a cinco anos, sem qualquer sanção disciplinar;
b) A confissão;
c) A colaboração do advogado arguido para a descoberta da verdade;

d) A reparação espontânea, pelo advogado arguido, dos danos causados pela sua conduta.

ARTIGO 128º
Circunstâncias agravantes

Constituem, entre outras, circunstâncias agravantes:

a) A verificação de dolo;
b) A premeditação;
c) O conluio;
d) A reincidência;
e) A acumulação de infracções;
f) A prática de infracção disciplinar durante o cumprimento de pena disciplinar ou de suspensão da respectiva execução;
g) A produção de prejuízo de valor igual ou superior a metade da alçada dos tribunais da relação.

ARTIGO 129º
Reincidência

Considera-se reincidente o advogado que cometa uma infracção disciplinar que deva ser punida com pena igual ou superior à de multa, antes de decorrido o prazo de três anos sobre o termo do cumprimento de pena efectiva de igual ou superior gravidade que lhe tenha sido definitivamente aplicada pela prática de infracção anterior.

ARTIGO 130º
Unidade e acumulação de infracções

1 – Verifica-se a acumulação de infracções sempre que duas ou mais infracções sejam cometidas simultaneamente ou antes da punição de infracção anterior.

2 – Não pode ser aplicada ao mesmo advogado mais de uma pena disciplinar:

a) Por cada infracção cometida;
b) Pelas infracções acumuladas que sejam apreciadas num único processo;
c) Pelas infracções apreciadas em mais de um processo, quando apensados.

ARTIGO 131º
Punição do concurso de infracções

1 – É igualmente condenado numa única pena disciplinar o advogado que, antes de se tornar definitiva a sua condenação por uma infracção, venha também a ser condenado pela prática de outra ou outras infracções, apreciadas em processos distintos e que não tenham sido apensados.

2 – Em tal caso, a pena aplicável tem:

a) Como limite máximo, a soma das penas concretamente aplicadas às várias infracções, não podendo ultrapassar o limite de 15 anos tratando-se da pena de suspensão, e o dobro do valor da alçada dos tribunais da relação tratando-se de pena de multa; se, porém, tiver sido concretamente aplicada a pena de expulsão por qualquer dessas infracções ou mais do que uma pena concreta de suspensão com duração superior a 15 anos, então a pena máxima aplicável é a de expulsão;

b) Como limite mínimo, a mais elevada das penas concretamente aplicadas às várias infracções.

3 – Sem prejuízo da situação prevista na segunda parte da alínea a) do número anterior, quando as penas concretamente aplicadas às infracções em concurso forem umas de suspensão e outras de multa, de censura ou de advertência, a diferente natureza destas mantém-se na pena única resultante da aplicação dos critérios estabelecidos nos números anteriores.

4 – Cumulativamente com a pena única é aplicada ao advogado arguido a obrigação de restituição imposta nos termos dos nºs 3 e 4 do artigo 125º, ainda que apenas determinada por uma das infracções em concurso.

ARTIGO 132º
Conhecimento superveniente do concurso

1 – Se, depois de uma condenação definitiva, mas antes de a respectiva pena estar cumprida, prescrita ou extinta, se apurar que o advogado arguido praticou, anteriormente àquela condenação, outra ou outras infracções, são aplicáveis as regras do artigo anterior.

2 – O disposto no número anterior é ainda aplicável no caso de todas as infracções terem sido separadamente objecto de condenações definitivas.

ARTIGO 133º
Suspensão da execução das penas

1 – Atendendo, nomeadamente, ao grau de culpa, ao comportamento do arguido e às circunstâncias que rodearam a prática da infracção, a execução das penas disciplinares inferiores às referidas no nº 3 do artigo 126º pode ser suspensa por um período compreendido entre um e cinco anos.

2 – A suspensão da execução da pena é revogada sempre que, no seu decurso, seja proferida decisão definitiva que imponha nova pena disciplinar superior à de censura, pela prática de infracção posterior à primitiva condenação.

ARTIGO 134º
Causas de exclusão da culpa

São causas de exclusão da culpa as previstas na lei penal.

ARTIGO 135º
Aplicação de pena de suspensão superior a três anos ou de pena de expulsão

1 – A pena de suspensão de duração superior a três anos só pode ser aplicada mediante deliberação que obtenha a maioria de dois terços dos votos de todos os membros do conselho competente.

2 – A pena de expulsão, além de exigir para a sua aplicação a maioria prevista no número anterior, deve ainda ser ratificada pelas secções do conselho superior.

3 – Quando o relator proponha a aplicação de pena de suspensão ou pena de expulsão, a audiência é pública, nos termos do artigo 156º.

ARTIGO 136º
Condenação em processo criminal

1 – Sempre que em processo criminal seja imposta a proibição de exercício da profissão durante período de tempo determinado, este é deduzido à pena disciplinar de suspensão que, pela prática dos mesmos factos, vier a ser aplicada ao advogado.

2 – A condenação de advogado em processo criminal é comunicada à Ordem dos Advogados para efeitos de registo no respectivo processo individual.

ARTIGO 137º
Publicidade das penas

1 – É sempre dada publicidade à aplicação das penas de expulsão e de suspensão efectiva, apenas sendo publicitadas as restantes penas quando tal for determinado na deliberação que as aplique.

2 – Sem prejuízo do disposto no artigo 195º, a publicidade é feita por meio de edital afixado nas instalações do conselho de deontologia e publicado no *Boletim Informativo da Ordem*, no *site* da Ordem dos Advogados na *internet* e num dos jornais diários de âmbito nacional, dele constando a identidade, o número da cédula profissional e o domicílio profissional do advogado arguido, bem como as normas violadas e a pena aplicada.

3 – O edital referido no número anterior é enviado a todos os tribunais, conservatórias, cartórios notariais e repartições de finanças, e publicado num jornal diário de âmbito nacional durante três dias seguidos quando a pena aplicada for a de expulsão ou de suspensão efectiva.

ARTIGO 138º
Incumprimento da pena

O presidente do órgão competente em matéria disciplinar deve determinar a suspensão da inscrição do advogado ou advogado estagiário, sempre que, a contar da decisão definitiva, este não proceda:

a) À entrega da cédula profissional no prazo de 15 dias, quando haja sido condenado na pena de expulsão ou suspensão;
b) Ao pagamento, no prazo de três meses, da multa em que haja sido condenado;
c) Ao cumprimento, no prazo de 15 dias, do disposto nos nºs 3º e 4º do artigo 125º.

CAPÍTULO IV
Processo

SECÇÃO I
Disposições gerais

ARTIGO 139º
Formas do processo

1 – A acção disciplinar comporta as seguintes formas:

a) Processo disciplinar;
b) Processo de inquérito.

2 – Aplica-se o processo disciplinar sempre que a determinado advogado ou advogado estagiário sejam imputados factos devidamente concretizados, susceptíveis de constituir infracção.

3 – O processo de inquérito é aplicável quando a participação for da autoria de um particular ou de entidades estranhas à Ordem dos Advogados e nela não esteja claramente identificado o advogado ou advogado estagiário visado ou se imponha a realização de diligências sumárias para esclarecimento ou concretização dos factos participados.

4 – Depois de averiguada a identidade do advogado ou advogado estagiário visado ou, logo que se mostrem minimamente concretizados ou esclarecidos os factos participados, sendo eles susceptíveis de constituir infracção, é proposta a imediata conversão do processo de inquérito em processo disciplinar, mediante parecer sucintamente fundamentado.

5 – Quando a participação seja manifestamente inviável ou infundada, deve a mesma ser liminarmente arquivada, dando-se cumprimento ao disposto no nº 3 do artigo 118º.

ARTIGO 140º
Tramitação do processo

1 – Na instrução do processo deve o relator procurar atingir a verdade material, removendo todos os obstáculos ao seu regular e rápido andamento, e recusando tudo o que for impertinente, inútil ou dilatório.

2 – A forma dos actos, quando não esteja expressamente regulada, deve ajustar-se ao fim em vista e limitar-se ao indispensável para o alcançar.

ARTIGO 141º
Prazos

1 – À contagem dos prazos em todos os processos regulados neste capítulo são aplicáveis as regras do Código de Processo Penal.

2 – Na falta de disposição especial, é de 10 dias o prazo para a prática de qualquer acto no âmbito dos processos regulados no presente capítulo.

ARTIGO 142º
Impedimentos, escusas e recusas

1 – Aos impedimentos, escusas e recusas do relator e demais membros do conselho com competência disciplinar são aplicáveis, com as necessárias adaptações, as regras constantes do Código de Processo Penal.

2 – O incidente é resolvido no prazo máximo de oito dias pela entidade que designou o relator e, caso seja julgado procedente, é logo designado um novo relator.

3 – Se o impedimento, recusa ou escusa respeitar a membro do conselho que não seja o relator, o incidente é decidido pelo respectivo presidente ou por quem o substitua.

ARTIGO 143º
Cumprimento dos prazos

Não sendo cumpridos os prazos consagrados no presente capítulo, pode o processo ser redistribuído a outro relator nos mesmos termos e condições, devendo os factos ser comunicados ao presidente do conselho competente, para os efeitos tidos por convenientes.

SECÇÃO II
Processo

ARTIGO 144º
Distribuição do processo

1 – Instaurado o processo disciplinar, o presidente do conselho competente procede à respectiva distribuição, sem prejuízo de delegação em qualquer dos seus membros.

2 – Em caso de impedimento permanente do relator ou nos seus impedimentos temporários, procede-se a nova distribuição, sempre que as circunstâncias o justifiquem.

3 – Procede-se ainda a nova distribuição sempre que o presidente do conselho aceite escusa do relator.

4 – Os conselhos podem nomear relatores adjuntos ou cometer a instrução dos processos a advogados inscritos pelo respectivo distrito há mais de cinco anos e sem qualquer punição de carácter disciplinar superior a advertência.

ARTIGO 145º
Apensação de processos

1 – Estando pendentes vários processos disciplinares contra o mesmo arguido, ainda que em conselhos diferentes, são todos apensados ao mais antigo e proferida uma só decisão, excepto se da apensação resultar manifesto inconveniente.

2 – Estando pendentes vários processos disciplinares contra vários arguidos em simultâneo, são extraídas as necessárias certidões, de modo a dar-se cumprimento ao disposto no número anterior.

ARTIGO 146º
Instrução do processo

1 – Compete ao relator regular o andamento da instrução do processo e manter a disciplina nos respectivos actos.

2 – A instrução do processo realiza-se na sede do respectivo conselho, se não houver conveniência em que as diligências se efectuem em local diferente.

3 – Neste caso, as diligências podem ser requisitadas por qualquer meio idóneo de comunicação ao órgão competente, com indicação do prazo para cumprimento e da matéria sobre que devem incidir.

4 – A instrução não pode ultrapassar o prazo de 180 dias, contados a partir da distribuição.

5 – Em casos de excepcional complexidade ou por outros motivos devidamente justificados, pode o relator solicitar ao presidente do conselho a prorrogação do prazo previsto no número anterior, não podendo, no entanto, a prorrogação ultrapassar o limite máximo de mais 180 dias.

6 – Na instrução do processo são admissíveis todos os meios de prova em direito permitidos.

7 – Na fase de instrução, o advogado arguido deve ser sempre ouvido sobre a matéria da participação.

8 – O interessado e o arguido podem requerer ao relator as diligências de prova que considerem necessárias ao apuramento da verdade.

9 – Na fase de instrução, o interessado e o arguido não podem indicar, cada um, mais de 3 testemunhas por cada facto, com o limite máximo de 10 testemunhas.

10 – Consideram-se não escritos os nomes das testemunhas arroladas que ultrapassem o limite definido no número anterior.

ARTIGO 147º
Termo da instrução

1 – Finda a instrução, o relator ordena a junção do extracto do registo disciplinar do advogado arguido e profere despacho de acusação ou emite parecer fundamentado em que conclua pelo arquivamento do processo.

2 – Não sendo proferido despacho de acusação, o relator apresenta o parecer na primeira sessão do conselho ou da secção, a fim de ser deliberado o arquivamento do processo.

3 – Caso o conselho ou a secção deliberem o seu prosseguimento com a realização de diligências complementares ou a emissão de despacho de acusação, pode ser designado novo relator de entre os membros do conselho ou secção que tenham votado a continuação do processo.

ARTIGO 148º
Despacho de acusação

O despacho de acusação deve revestir a forma articulada e mencionar:

a) A identidade do arguido;
b) Os factos imputados e as circunstâncias de tempo, modo e lugar em que os mesmos foram praticados;
c) As normas legais e regulamentares infringidas, bem como, se for caso disso, a possibilidade de aplicação da pena de suspensão ou de expulsão; e,
d) O prazo para a apresentação da defesa.

ARTIGO 149º
Suspensão preventiva

1 – Juntamente com o despacho de acusação, o relator pode propor que seja aplicada ao advogado arguido a medida de suspensão preventiva quando:

a) Haja fundado receio da prática de novas e graves infracções disciplinares ou de perturbação do decurso do processo;

b) O advogado arguido tenha sido acusado ou pronunciado criminalmente por crime cometido no exercício da profissão ou por crime a que corresponda pena superior a 3 anos de prisão;

c) Seja desconhecido o paradeiro do advogado arguido.

2 – A suspensão não pode exceder o período de seis meses e deve ser deliberada por maioria de dois terços dos membros do conselho onde o processo correr os seus termos.

3 – O conselho superior pode, mediante proposta aprovada por dois terços dos membros do órgão onde o processo correr termos, prorrogar a suspensão por mais seis meses.

4 – O tempo de duração da medida de suspensão preventiva é sempre descontado nas penas de suspensão.

5 – Os processos disciplinares com arguido suspenso preventivamente têm carácter urgente e a sua marcha processual prefere a todos os demais.

ARTIGO 150º
Notificação da acusação

1 – O arguido é notificado da acusação, pessoalmente ou por via postal, com a entrega da respectiva cópia e a informação de que o julgamento é realizado em audiência pública caso o requeira e, independentemente de requerimento, sempre que a infracção seja passível de pena de suspensão ou de expulsão.

2 – A notificação por via postal é efectuada através de carta registada com aviso de recepção endereçada para o domicílio profissional ou para a residência do arguido, consoante a sua inscrição esteja ou não em vigor.

3 – Se o arguido estiver ausente do País ou for desconhecida a sua residência é notificado por edital, com o resumo da acusação, a afixar nas instalações do conselho e na porta do seu domicílio profissional ou da última residência conhecida, pelo período de 20 dias.

ARTIGO 151º
Exercício do direito de defesa

1 – O prazo para apresentação da defesa é de 20 dias.

2 – Se o arguido for notificado no estrangeiro ou por edital, o prazo para a apresentação da defesa é fixado pelo relator, não podendo ser inferior a 30 dias nem superior a 60 dias.

3 – O relator pode, em caso de justo impedimento, admitir a defesa apresentada extemporaneamente.

4 – Se o arguido estiver impossibilitado de organizar a sua defesa por motivo de incapacidade devidamente comprovada, o relator nomear-lhe-á imediatamente um curador para esse efeito, preferindo a pessoa a quem competiria a tutela, em caso de interdição nos termos da lei civil.

5 – O curador nomeado nos termos do número anterior pode usar de todos os meios de defesa facultados ao arguido.

6 – O incidente de alienação mental pode ser suscitado pelo relator, pelo arguido ou por qualquer familiar deste.

7 – Durante o prazo para a apresentação da defesa, o processo pode ser consultado na secretaria ou confiado ao arguido ou ao advogado por ele constituído, para exame no seu escritório.

8 – A confiança do processo nos termos do número anterior deve ser precedida de despacho do relator.

9 – Não sendo possível proferir de imediato o despacho referido no número anterior, a secretaria contacta o relator pelo meio mais expedito, devendo este, pelo mesmo meio, comunicar a sua decisão, da qual é lavrada cota no processo.

ARTIGO 152º
Apresentação da defesa

1 – A defesa é feita por escrito e apresentada na secretaria do conselho competente, devendo expor clara e concisamente os factos e as razões que a fundamentam.

2 – Com a defesa, o arguido deve apresentar o rol de testemunhas, podendo indicar 3 testemunhas por cada facto com o limite máximo de 10 testemunhas, juntar documentos e requerer quaisquer diligências, que podem ser recusadas, quando manifestamente impertinentes, dilatórias ou desnecessárias para o apuramento dos factos e da responsabilidade do arguido ou quando constituam mera repetição de diligências já realizadas na fase da instrução.

3 – O arguido deve indicar os factos sobre os quais incide a prova, sendo convidado a fazê-lo, sob pena de indeferimento na falta de indicação.

4 – O relator pode permitir que o número de testemunhas referido nos termos do nº 2 seja acrescido das que considerar necessárias para a descoberta da verdade.

ARTIGO 153º
Realização de novas diligências

1 – Além das requeridas pela defesa, o relator pode ordenar todas as diligências de prova que considere necessárias para o apuramento da verdade.

2 – O disposto no número anterior não deve ultrapassar o prazo de 60 dias, podendo o conselho prorrogar o prazo por mais 30 dias, ocorrendo motivo justificado, nomeadamente em razão da excepcional complexidade do processo.

ARTIGO 154º
Relatório final

1 – Realizadas as diligências referidas no artigo anterior, o relator elabora, no prazo de 10 dias, um relatório fundamentado, do qual constem os factos apurados, a sua qualificação e gravidade, a pena que entende dever ser aplicada ou a proposta de arquivamento dos autos.

2 – Seguidamente, no prazo máximo de cinco dias, o processo é entregue no Conselho ou à secção respectivos, para julgamento.

ARTIGO 155º
Julgamento

1 – Não havendo lugar a audiência pública e se todos os membros do conselho ou da secção se considerarem para tanto habilitados, é votada a deliberação e lavrado e assinado o acórdão.

2 – Se algum ou alguns membros se declararem não habilitados a deliberar, o processo é dado para vista, por cinco dias, a cada membro que a tiver solicitado, findo o que é novamente presente para julgamento.

3 – Os votos de vencido devem ser fundamentados.

4 – Antes do julgamento, o conselho ou a secção podem ordenar a realização de novas diligências, a cumprir no prazo que para o efeito estabeleça.

5 – Quando for votada na secção pena de suspensão ou de expulsão, o processo é submetido ao conselho em pleno para deliberação final.

6 – O acórdão final é notificado ao arguido, nos termos do artigo 150º, ao participante e ao bastonário.

ARTIGO 156º
Audiência pública

1 – Havendo lugar a audiência pública, é a mesma realizada no prazo de 30 dias e nela devem participar, pelo menos, quatro quintos dos membros do conselho.

2 – A audiência pública é presidida pelo presidente do conselho respectivo ou pelo seu legal substituto e nela podem intervir o participante que seja directo titular do interesse ofendido pelos factos participados, o arguido e os mandatários que hajam constituído.

3 – A audiência pública só pode ser adiada uma vez por falta do arguido ou do seu defensor.

4 – Faltando o arguido, e não podendo ser adiada a audiência, o processo é decidido nos termos do artigo anterior.

5 – Aberta a audiência, o relator lê o relatório a que se refere o artigo 154º, procedendo se de seguida à produção de prova complementar requerida pelo participante ou pelo arguido e que deve ser imediatamente oferecida, podendo ser arroladas até cinco testemunhas.

6 – Finda a produção de prova, é dada a palavra ao participante e ao arguido ou aos respectivos mandatários para alegações orais, por período não superior a trinta minutos.

7 – Caso o considere conveniente, o conselho pode determinar a realização de novas diligências.

8 – Encerrada a audiência, o conselho reúne de imediato para deliberar, lavrando acórdão, que deve ser notificado nos termos do nº 6 do artigo anterior.

CAPÍTULO V
Recursos ordinários

ARTIGO 157º
Deliberações recorríveis

1 – Das deliberações dos conselhos de deontologia ou suas secções cabe recurso para o conselho superior.

2 – Das deliberações das secções do conselho superior, nos termos da alínea *d*) do nº 3 do artigo 43º, cabe recurso para o plenário do mesmo órgão.

3 – Não são susceptíveis de recurso as deliberações do plenário do conselho superior, sem prejuízo do disposto no n.º 3 do artigo 6.º.

4 – Não admitem recurso em qualquer instância as decisões de mero expediente ou de disciplina dos trabalhos.

ARTIGO 158.º
Legitimidade para a interposição do recurso

1 – Têm legitimidade para interpor recurso o arguido, os interessados e o bastonário.

2 – Não é permitida a renúncia ao recurso antes do conhecimento da deliberação final.

ARTIGO 159.º
Subida e efeitos do recurso

1 – Os recursos interpostos de despachos ou acórdãos interlocutórios sobem com o da decisão final.

2 – Têm efeito suspensivo os recursos interpostos pelo bastonário e o das decisões finais.

ARTIGO 160.º
Interposição e notificação do recurso

1 – O prazo para a interposição dos recursos é de 15 dias a contar da notificação da deliberação final, ou de 30 dias a contar da afixação do edital.

2 – O requerimento de interposição do recurso é sempre motivado, sob pena de não admissão do mesmo, sendo, para tanto, facultada a consulta do processo.

3 – Com a motivação, que deve enunciar especificamente os fundamentos do recurso e terminar com a formulação de conclusões, pode o recorrente requerer a junção dos documentos que entenda convenientes, desde que os mesmos não pudessem ter sido apresentados até à decisão final objecto do recurso.

4 – O bastonário pode recorrer mediante simples despacho, com mera indicação do sentido da sua discordância, não sendo aplicável o disposto nos n.ºs 2 e 3.

5 – O recurso não é admitido quando a decisão for irrecorrível, quando for interposto fora de tempo, quando o recorrente não tiver as condições necessárias para recorrer ou por falta da motivação quando exigível.

6 – Admitido o recurso que subir imediatamente, é notificado o recorrido para responder no prazo de 15 dias, sendo-lhe facultada a consulta do processo.

7 – Junta a resposta do recorrido, deve a mesma ser notificada ao recorrente quando este não seja o bastonário, e os autos remetidos ao órgão competente para julgamento do recurso.

ARTIGO 161.º
Baixa do processo ao conselho de deontologia

Julgado definitivamente qualquer recurso, o processo baixa ao conselho de deontologia respectivo.

CAPÍTULO VI
Recurso de revisão

ARTIGO 162º
Fundamentos e admissibilidade da revisão

1 – É admissível a revisão de decisão definitiva proferida pelos órgãos da Ordem dos Advogados com competência disciplinar sempre que:

a) Uma decisão judicial transitada em julgado declarar falsos quaisquer elementos ou meios de prova que tenham sido determinantes para a decisão revidenda;

b) Uma decisão judicial transitada em julgado tiver dado como provado crime cometido por membro ou membros do órgão que proferiu a decisão revidenda e relacionado com o exercício das suas funções no processo;

c) Os factos que serviram de fundamento à decisão condenatória forem inconciliáveis com os dados como provados noutra decisão definitiva e da oposição resultarem graves dúvidas sobre a justiça da condenação;

d) Se tenham descoberto novos factos ou meios de prova que, por si ou combinados com os que foram apreciados no processo, suscitem graves dúvidas sobre a justiça da decisão condenatória proferida.

2 – Com fundamento na antecedente alínea *d)* não é admissível revisão com o único fim de corrigir a medida concreta da sanção aplicada.

3 – A simples alegação de ilegalidade, formal ou substancial, do processo e decisão disciplinares não constitui fundamento para a revisão.

4 – A revisão é admissível ainda que o procedimento se encontre extinto ou a pena prescrita ou cumprida.

ARTIGO 163º
Legitimidade

1 – Têm legitimidade para requerer a revisão:

a) O participante, relativamente a decisões de arquivamento do processo disciplinar;

b) O advogado condenado ou seu defensor, relativamente a decisões condenatórias.

2 – Têm ainda legitimidade para requerer a revisão e para a prosseguir nos casos em que o advogado condenado tiver falecido o cônjuge, os descendentes, adoptados, ascendentes, adoptantes, parentes ou afins até ao 4º grau da linha colateral, os herdeiros que mostrem um interesse legítimo, os advogados com quem o condenado mantinha sociedade ou partilhava escritório ou quem do condenado tiver recebido incumbência expressa.

3 – O bastonário pode também apresentar proposta de revisão de decisões definitivas condenatórias ou de arquivamento.

ARTIGO 164º
Formulação do pedido ou proposta de revisão

1 – O requerimento ou proposta de revisão é apresentado ao órgão com competência disciplinar que proferiu a decisão a rever.
2 – O requerimento ou proposta de revisão é sempre motivado e contém a indicação dos meios de prova.
3 – Devem ser juntos ao requerimento ou proposta de revisão os documentos necessários à instrução do pedido.

ARTIGO 165º
Tramitação do pedido ou proposta de revisão

1 – A revisão é processada por apenso aos autos em que foi proferida a decisão a rever.
2 – A parte ou partes contra quem é pedida ou proposta a revisão são notificadas para, no prazo de 15 dias, apresentarem a sua resposta e indicarem os seus meios de prova.
3 – Se o fundamento da revisão for o previsto no nº 1 do artigo 164º, o relator a quem o processo for distribuído procede às diligências que considere indispensáveis para a descoberta da verdade, mandando documentar, por redução a escrito ou por qualquer meio de reprodução integral, as declarações prestadas.
4 – O requerente não pode indicar testemunhas que não tiverem sido ouvidas no processo, a não ser justificando que ignorava a sua existência ao tempo da decisão ou que estiveram impossibilitadas de depor.

ARTIGO 166º
Julgamento

1 – Uma vez expirado o prazo de resposta ou realizadas as diligências requeridas, quando a elas houver lugar, o relator elabora, no prazo de 10 dias, parecer fundamentado sobre o mérito do pedido ou da proposta de revisão e, no prazo máximo de 5 dias, entrega o processo ao conselho ou à secção respectivos, para deliberação.
2 – Se a decisão a rever tiver sido proferida pelo conselho superior, o julgamento tem lugar em plenário após a entrega do processo com parecer fundamentado, nos termos do número que antecede.
3 – Se a decisão a rever tiver sido proferida por um conselho de deontologia, o processo é em seguida remetido ao conselho superior, para julgamento em plenário.
4 – A concessão da revisão tem de ser votada por maioria de dois terços dos membros do conselho e da respectiva deliberação cabe apenas recurso contencioso.
5 – A revisão apenas pode conduzir à manutenção, à alteração ou à revogação da deliberação proferida no processo revisto, mas nunca pode agravar a pena aplicada.
6 – A pendência de recurso contencioso incidente sobre a pena proferida em processo disciplinar não prejudica a revisão deste.

ARTIGO 167º
Baixa do processo, averbamentos e publicidade

1 – Depois de julgado o pedido ou a proposta de revisão, o processo baixa, se for caso disso, ao conselho de deontologia respectivo, que o instrui e julga de novo, se a revisão tiver sido admitida.

2 – No caso de absolvição, são cancelados os averbamentos das decisões condenatórias.

3 – Ao acórdão proferido em julgamento na sequência da revisão, é dada a publicidade devida, nos termos do artigo 137º.

CAPÍTULO VII
Execução de penas

ARTIGO 168º
Início de produção de efeitos das penas

1 – As penas disciplinares, bem como as determinações constantes dos nºs 3 e 4 do artigo 125º, iniciam a produção dos seus efeitos no dia seguinte àquele em que a decisão se torne definitiva.

2 – A execução da pena não pode começar ou continuar em caso de cancelamento da inscrição.

3 – Se na data em que a decisão se torna definitiva estiver suspensa a inscrição do arguido por motivos não disciplinares, o cumprimento da pena disciplinar de suspensão tem início no dia imediato ao levantamento da suspensão.

ARTIGO 169º
Competência para a execução de decisões disciplinares

Incumbe aos presidentes do conselho superior ou dos conselhos de deontologia a execução de todas as decisões proferidas nos processos para que sejam competentes esses órgãos.

CAPÍTULO VIII
Reabilitação do advogado expulso

ARTIGO 170º
Regime

1 – Independentemente do pedido ou proposta de revisão da decisão, o advogado punido com a pena de expulsão pode ser reabilitado desde que se verifiquem cumulativamente os seguintes requisitos:

a) Tenham decorrido mais de 15 anos sobre a data em que se tornou definitiva a decisão que aplicou a pena de expulsão;

b) O reabilitando tenha revelado boa conduta, podendo, para o demonstrar, utilizar os meios de prova admitidos em direito.

2 – É aplicável ao pedido de reabilitação, com as necessárias adaptações, o disposto nos artigos 162º a 166º.

3 – Concedida a reabilitação, nos termos do artigo 166º, o advogado reabilitado recupera plenamente os seus direitos e é dada a publicidade devida, nos termos do artigo 137º, com as necessárias modificações.

CAPÍTULO IX
Averiguação de inidoneidade para o exercício da profissão

ARTIGO 171º
Instauração do processo

É instaurado processo para averiguação de inidoneidade para o exercício profissional sempre que o advogado ou advogado estagiário:

a) Tenha sido condenado por qualquer crime gravemente desonroso;
b) Não esteja no pleno gozo dos direitos civis;
c) Seja declarado incapaz de administrar a sua pessoa e bens por sentença transitada em julgado;
d) Esteja em situação de incompatibilidade ou inibição do exercício da advocacia e não tenha tempestivamente requerido a suspensão ou o cancelamento da sua inscrição, continuando a exercer a sua actividade profissional, mesmo através da prática de actos isolados próprios da mesma;
e) Tenha, no momento da inscrição, prestado falsas declarações no que diz respeito a incompatibilidade para o exercício da advocacia;
f) Seja condenado, no foro disciplinar da Ordem, em um ou mais processos, por reiterado incumprimento dos deveres profissionais que lhe são impostos pelo presente Estatuto e respectivos regulamentos;
g) Seja judicialmente reconhecida a sua incapacidade mental para assumir a defesa de interesses de terceiros.

ARTIGO 172º
Processo

1 – O processo para averiguação de inidoneidade para o exercício da profissão é instaurado nos mesmos termos em que o são os processos disciplinares.

2 – O processo segue os termos do processo disciplinar, com as necessárias adaptações, havendo sempre lugar a julgamento em audiência pública.

3 – A deliberação de falta de idoneidade para o exercício da profissão só pode ser proferida mediante decisão que obtenha dois terços dos votos de todos os membros do conselho competente.

4 – Da deliberação final cabe recurso, nos termos previstos para as decisões em matéria disciplinar.

ARTIGO 173º
Reabilitação do advogado a quem haja sido reconhecida inidoneidade para o exercício da profissão

1 – Os condenados criminalmente que tenham obtido a reabilitação judicial podem, decorridos 10 anos sobre a data da condenação, solicitar a sua inscrição, sobre a qual decide, com recurso para o conselho superior, o competente conselho de deontologia.

2 – O pedido só é deferido quando, mediante inquérito prévio com audiência do requerente, se comprove a manifesta dignidade do seu comportamento nos últimos três anos e se alcance a convicção da sua completa recuperação para o exercício da profissão.

TÍTULO V
Receitas e despesas da Ordem dos Advogados

ARTIGO 174º
Quotas para a Ordem dos Advogados

1 – Os advogados com inscrição em vigor são obrigados a contribuir para a Ordem dos Advogados com a quota mensal que for fixada pelo conselho geral.

2 – O produto das quotas é dividido em partes iguais entre o conselho geral, por um lado, e o conselho distrital e delegação respectiva, por outro, repartindo-se os encargos da cobrança na proporção das respectivas receitas.

3 – O conselho geral entrega aos conselhos distritais que, por sua vez, entregam às delegações, nos 60 dias seguintes à respectiva cobrança, a parte que a cada um caiba no produto da cobrança das quotas.

4 – O conselho geral pode abonar mensalmente aos conselhos distritais que, por sua vez, podem entregar às delegações, uma importância por conta da parte que lhes cabe no produto da cobrança das quotas, bem como prestar-lhes, dentro das suas possibilidades, auxílio financeiro, quando devidamente justificada a sua necessidade.

ARTIGO 175º
Contabilidade e gestão financeira

1 – O exercício da vida económica da Ordem dos Advogados coincide com o ano civil.

2 – As contas da Ordem dos Advogados são encerradas com referência a 31 de Dezembro de cada ano.

3 – A contabilidade da Ordem dos Advogados obedece a regras uniformes, de acordo com o Plano Oficial de Contabilidade ou por outro que vier a ser aprovado por diploma legal e lhe seja aplicável, e observando os procedimentos estabelecidos pelo conselho geral.

4 – Constituem instrumentos de controlo de gestão:

a) O orçamento;
b) O relatório e as contas do exercício com referência a 31 de Dezembro.

5 – O conselho geral deve elaborar, até 31 de Março do ano seguinte, o relatório e as contas do exercício anterior e, até 31 de Outubro, o orçamento para o ano subsequente.

6 – Os conselhos distritais devem apresentar ao conselho geral, até 28 de Fevereiro do ano seguinte, as contas do exercício anterior e, até 30 de Setembro, as propostas para inclusão no orçamento para o ano subsequente.

7 – As delegações devem apresentar ao conselho distrital respectivo, até 31 de Janeiro do ano seguinte, as contas do exercício anterior e, até 31 de Agosto, as suas propostas para inclusão no orçamento para o ano subsequente.

8 – As contas do exercício, logo que elaboradas pelo órgão competente, devem ser objecto de certificação legal por revisor oficial de contas ou sociedade de revisores oficiais de contas, a ser emitida no prazo de 30 dias.

ARTIGO 176º
Processos na Ordem dos Advogados

Não dão lugar a custas ou imposto de justiça os processos que corram na Ordem dos Advogados.

ARTIGO 177º
Reuniões nas salas dos tribunais

Os órgãos da Ordem dos Advogados podem reunir-se, nas comarcas em que não tenham instalação própria, nas salas dos tribunais indicadas pelos respectivos juízes e a horas em que não prejudiquem os serviços judiciais.

ARTIGO 178º
Livros e impressos

Todos os livros e impressos destinados ao expediente dos serviços da Ordem dos Advogados devem ser conformes aos modelos aprovados pelo conselho geral.

TÍTULO VI
Advogados, advogados estagiários e sociedades de advogados

CAPÍTULO I
Inscrição

ARTIGO 179º
Inscrição na Ordem dos Advogados e domicílio profissional

1 – A inscrição deve ser feita no conselho geral bem como no conselho distrital da área do domicílio escolhido pelo requerente como centro da sua vida profissional.

2 – Todas as comunicações previstas neste Estatuto e nos regulamentos da Ordem dos Advogados devem ser feitas, salvo disposição expressa em contrário, para o domicílio profissional.

3 – O domicílio profissional do advogado estagiário é o do seu patrono.

ARTIGO 180º
Cédula profissional

1 – A cada advogado ou advogado estagiário inscrito é entregue a respectiva cédula profissional, a qual serve de prova da inscrição na Ordem dos Advogados.

2 – Compete ao conselho geral definir, por regulamento, as características das cédulas profissionais, incluindo o respectivo prazo de validade e o modelo a que devem obedecer, bem como outros elementos que possa considerar adequados para a identificação dos advogados e advogados estagiários.

3 – O advogado ou advogado estagiário no exercício das respectivas funções deve obrigatoriamente fazer prova da sua inscrição através de cédula profissional válida, a ser exibida ou junta por fotocópia, consoante os casos, ou através de outro elemento de identificação adequado, para tanto aprovado pelo conselho geral.

4 – O advogado suspenso ou com a inscrição cancelada deve restituir a cédula profissional ao conselho distrital em que esteja inscrito e, se o não fizer no prazo de 15 dias, pode a Ordem dos Advogados proceder à respectiva apreensão judicial.

5 – Pela expedição de cada cédula profissional, é cobrada pelos conselhos distritais a quantia fixada pelo conselho geral, que constitui receita da Ordem dos Advogados.

6 – Às reinscrições correspondem novas cédulas.

ARTIGO 181º
Restrições ao direito de inscrição

1 – Não podem ser inscritos:

a) Os que não possuam idoneidade moral para o exercício da profissão;

b) Os que não estejam no pleno gozo dos direitos civis;

c) Os declarados incapazes de administrar as suas pessoas e bens por sentença transitada em julgado;

d) Os que estejam em situação de incompatibilidade ou inibição do exercício da advocacia;

e) Os magistrados e funcionários que, mediante processo disciplinar, hajam sido demitidos, aposentados ou colocados na inactividade por falta de idoneidade moral.

2 – O disposto na alínea *d)* do número anterior não prejudica a possibilidade de inscrição de candidatos cujas condições realizem o estabelecido no nº 3 do artigo 77º.

3 – Para os efeitos da alínea *a)* do nº 1, presumem-se não idóneos para o exercício da profissão, designadamente, os condenados por qualquer crime gravemente desonroso.

4 – Aos advogados e advogados estagiários que se encontrem em qualquer das situações enumeradas no número anterior é suspensa ou cancelada a inscrição.

5 – A verificação de falta de idoneidade moral é sempre objecto de processo próprio, que segue os termos do processo disciplinar, com as necessárias adaptações, tendo lugar audiência pública quando requerida pelo interessado.

6 – A declaração de falta de idoneidade moral só pode ser proferida mediante decisão que obtenha dois terços dos votos de todos os membros do conselho competente.

7 – Os condenados criminalmente que tenham obtido o cancelamento do registo criminal podem, decorridos 10 anos sobre a data da condenação, solicitar a sua inscrição, sobre a qual decide, com recurso para o conselho superior, o competente conselho distrital.

8 – Para efeitos do número anterior, o pedido só é de deferir quando, mediante inquérito prévio, com audiência do requerente, se comprove a manifesta dignidade do seu comportamento nos últimos três anos e se alcance a convicção da sua completa recuperação moral.

ARTIGO 182º
Inscrições preparatórias e nos quadros da Ordem dos Advogados

1 – A inscrição rege-se pelo presente Estatuto e respectivos regulamentos e é requerida ao conselho distrital em que o advogado ou o advogado estagiário pretenda ter o domicílio para o exercício da profissão ou para fazer estágio.

2 – O requerimento deve ser acompanhado de certidão do registo de nascimento, carta de licenciatura, em original ou pública-forma ou, na falta de carta, documento comprovativo de que ela já foi requerida e está em condições de ser expedida, certificado do registo criminal e boletins preenchidos nos termos regulamentares, assinados pelos interessados e acompanhados de três fotografias.

3 – Para a inscrição como advogado é dispensada a carta de licenciatura ou documento que a substitua quando a mesma já conste dos arquivos da Ordem dos Advogados.

4 – No requerimento pode o interessado indicar, para uso no exercício da profissão, nome abreviado, que não é admitido se susceptível de provocar confusão com outro anteriormente requerido ou inscrito, excepto se o possuidor deste com isso tenha concordado.

5 – No caso de recusa de inscrição preparatória, pode o interessado recorrer para o conselho geral, e no de recusa de inscrição no quadro da Ordem dos Advogados, cabe recurso para o conselho superior.

ARTIGO 183º
Exercício da advocacia por não inscritos

1 – Os que transgredirem o preceituado no nº 1 do artigo 61º são, salvo nomeação judicial e sem prejuízo das disposições penais aplicáveis, excluídos do processo por despacho do juiz ou do tribunal, proferido oficiosamente, mediante reclamação apresentada pelos conselhos ou delegações da Ordem dos Advogados ou a requerimento dos interessados.

2 – Deve o juiz, no seu prudente arbítrio, acautelar no seu despacho dano irreparável dos legítimos interesses das partes.

3 – O transgressor é inibido de continuar a intervir na lide e, desde logo, o juiz nomeia advogado oficioso que represente os interessados, até que estes provejam dentro do prazo que lhes for concedido sob pena de, findo o prazo, cessar de pleno direito a nomeação, suspendendo-se a instância ou seguindo a causa à revelia.

CAPÍTULO II
Estágio

ARTIGO 184º
Objectivos do estágio e sua orientação

1 – O pleno e autónomo exercício da advocacia depende de um tirocínio sob orientação da Ordem dos Advogados, destinado a habilitar e certificar publicamente que o candidato, licenciado em Direito, obteve formação técnico-profissional e deontológica adequada ao início da actividade e cumpriu com os demais requisitos impostos pelo presente Estatuto e regulamentos para a aquisição do título de Advogado.

2 – O acesso ao estágio, o ensino dos conhecimentos de natureza técnico-profissional e deontológica e o inerente sistema de avaliação são assegurados pelos serviços de estágio da Ordem dos Advogados, nos termos dos regulamentos aprovados em conselho geral.

ARTIGO 185º
Patronos e requisitos para aceitação do tirocínio

1 – Os patronos desempenham um papel fundamental ao longo de todo o período de estágio, sendo a sua função iniciar e preparar os estagiários para o exercício pleno da advocacia.

2 – Só podem aceitar a direcção do estágio, como patronos, os advogados com, pelo menos, cinco anos de exercício efectivo de profissão, sem punição disciplinar superior à de multa.

ARTIGO 186º
Aplicabilidade do Estatuto

Os advogados estagiários ficam, desde a sua inscrição, obrigados ao cumprimento do presente Estatuto e demais regulamentos.

ARTIGO 187º
Inscrição

Podem requerer a sua inscrição como advogados estagiários os licenciados em Direito por cursos universitários nacionais ou estrangeiros oficialmente reconhecidos ou equiparados.

ARTIGO 188º
Duração do estágio, suas fases e exame final

1 – O estágio tem a duração global mínima de dois anos e tem início, pelo menos, duas vezes em cada ano civil, em datas a fixar pelo conselho geral.

2 – A primeira fase do estágio, com a duração mínima de seis meses, destina-se a fornecer aos estagiários os conhecimentos técnico-profissionais e deontológicos fundamentais e a habilitá-los para a prática de actos próprios de profissão de competência limitada e tutelada, após aprovação nas respectivas provas de aferição daqueles conhecimentos.

3 – Com a aprovação nas provas de aferição e subsequente passagem à segunda fase do estágio, são emitidas e entregues aos advogados estagiários as respectivas cédulas profissionais.

4 – A segunda fase do estágio visa uma formação alargada, complementar e progressiva dos advogados estagiários através da vivência da profissão, baseada no relacionamento com os patronos tradicionais, intervenções judiciais em práticas tuteladas, contactos com a vida judiciária e demais serviços relacionados com a actividade profissional, assim como o aprofundamento dos conhecimentos técnicos e apuramento da consciência deontológica mediante a frequência de acções de formação temática e participação no regime do acesso ao direito e à justiça no quadro legal vigente.

5 – O estágio termina com uma avaliação individualizada do respectivo processo de formação, dependendo a atribuição do título de advogado de aprovação em exame nacional de avaliação e agregação.

6 – O conselho geral regulamenta o modelo concreto de formação inicial e complementar durante o estágio, estrutura orgânica dos serviços de formação e respectivas competências, sistema de avaliação contínua, regime de acolhimento e integração no modelo de estágio de formação externa facultada por outras instituições e organização e realização dos exames finais de avaliação e agregação.

ARTIGO 189º
Competência dos advogados estagiários

1 – Uma vez obtida a cédula profissional como advogado estagiário, este pode autonomamente, mas sempre sob orientação do patrono, praticar os seguintes actos profissionais:

a) Todos os actos da competência dos solicitadores;

b) Exercer a advocacia em processos penais da competência de tribunal singular e em processos não penais quando o respectivo valor caiba na alçada da primeira instância;

c) Exercer a advocacia em processo da competência dos tribunais de menores e em processos de divórcio por mútuo consentimento;

d) Exercer a consulta jurídica.

2 – Pode ainda o advogado estagiário praticar actos próprios da advocacia em todos os demais processos, independentemente da sua natureza e do seu valor, desde que efectivamente acompanhado de advogado que assegure a tutela do seu tirocínio, seja o seu patrono ou o seu patrono formador.

3 – O advogado estagiário deve indicar, em qualquer acto em que intervenha, apenas e sempre esta sua qualidade profissional.

CAPÍTULO III
Formação contínua

ARTIGO 190º
Objectivos

A formação contínua constitui um dever de todos os advogados, sendo da responsabilidade da Ordem dos Advogados a organização dos serviços de formação destinados a garantir uma constante actualização dos seus conhecimentos técnico-jurídicos, dos princípios deontológicos e dos pressupostos do exercício da actividade, incidindo predominantemente sobre temas suscitados pelo desenvolvimento das ciências jurídicas, dos avanços tecnológicos e pela evolução da sociedade civil.

ARTIGO 191º
Regulamentação

1 – O conselho geral regulamenta a organização dos serviços de formação contínua a nível nacional que garantam o cumprimento do dever referido no artigo anterior, assegurando uma efectiva coordenação das iniciativas dos centros de estudos e dos serviços de formação dos diversos centros distritais de estágio e delegações comarcãs que se constituam como pólos de formação permanente.

2 – Na elaboração dos programas de formação contínua podem ser prosseguidas parcerias e formas de colaboração e participação com outras entidades ou instituições.

CAPÍTULO IV
Inscrição como advogado

ARTIGO 192º
Requisitos de inscrição

1 – A inscrição como advogado depende do cumprimento das obrigações de estágio com classificação positiva, nos termos do regulamento dos centros distritais de estágio aprovado.

2 – Exceptuam-se do disposto no número anterior, prescindindo-se da realização do estágio e da obrigatoriedade de se submeter ao exame final de avaliação e agregação, podendo requerer a sua inscrição imediata como advogados:

a) Os doutores em Ciências Jurídicas, com efectivo exercício da docência;

b) Os antigos magistrados com exercício profissional por período igual ou superior ao do estágio, que possuam boa classificação.

ARTIGO 193º
Inscrição de juristas de reconhecido mérito, mestres e outros doutores em Direito

1 – Sem prejuízo do disposto no artigo anterior, a inscrição na Ordem dos Advogados de juristas de reconhecido mérito e os mestres e outros doutores em Direito cujo título seja reconhecido em Portugal depende da prévia realização de um exame de aptidão, sem necessidade de realização de estágio.

2 – O exame de aptidão tem por fim a avaliação da experiência profissional e do conhecimento das regras deontológicas que regem o exercício da profissão.

3 – Consideram-se juristas de reconhecido mérito os licenciados em Direito que demonstrem ter conhecimentos e experiência profissional suficientes no domínio do direito interno português ou do direito internacional para exercer consulta jurídica, com a dignidade e a competência exigíveis à profissão.

4 – Para efeitos do disposto no nº 1, presumem-se juristas de reconhecido mérito designadamente os juristas que tenham efectivamente prestado actividade profissional por, pelo menos, 10 anos consecutivos.

5 – Os juristas de reconhecido mérito, mestres e outros doutores em Direito inscritos na Ordem dos Advogados nos termos do presente artigo podem praticar apenas actos de consulta jurídica, sendo-lhes aplicável, com as necessárias adaptações, as disposições do presente Estatuto e demais regulamentos.

6 – Compete ao conselho geral regulamentar o regime de inscrição na Ordem dos Advogados ao abrigo do presente artigo.

ARTIGO 194º
Exercício da advocacia por estrangeiros

1 – Os estrangeiros diplomados por qualquer Faculdade de Direito de Portugal podem inscrever-se na Ordem dos Advogados, nos mesmos termos dos portugueses, se a estes o seu país conceder reciprocidade.

2 – Os advogados brasileiros diplomados por qualquer faculdade de direito do Brasil ou de Portugal podem inscrever-se na Ordem dos Advogados em regime de reciprocidade.

ARTIGO 195º
Publicação obrigatória

Toda a regulamentação emergente dos competentes órgãos da Ordem dos Advogados, bem como as decisões administrativas susceptíveis de recurso contencioso atinentes ao exercício da profissão de advogado, devem ser obrigatoriamente publicadas na 2ª série do *Diário da República*.

CAPÍTULO V
Advogados de outros Estados membros da União Europeia

ARTIGO 196º
Reconhecimento do título profissional[215]

São reconhecidas em Portugal, na qualidade de advogados, e como tal autorizadas a exercer a respectiva profissão, nos termos dos artigos subsequentes, as pessoas que, nos respectivos países membros da União Europeia, estejam autorizadas a exercer as actividades profissionais com um dos títulos profissionais seguintes:

Na Bélgica: Avocat/Advocaat/Rechtsanwalt;
Na Dinamarca: Advokat;
Na Alemanha: Rechtsanwalt;
Na Grécia: δικηγόρος;
Em Espanha: Abogado/Advocat/Avogado/Abokatu;
Em França: Avocat;

---

[215] A designação dos causídicos búlgaros e romenos foi inserida pelo artigo único da Lei nº 12/2010, de 25 de junho.

Na Irlanda: Barrister/Solicitor;
Em Itália: Avvocato;
No Luxemburgo: Avocat;
Nos Países Baixos: Advocaat;
Na Áustria: Rechtsanwalt;
Na Finlândia: Asianajaja/Advokat;
Na Suécia: Advokat;
No Reino Unido: Advocate/Barrister/Solicitor;
Na República Checa: Advokát;
Na Estónia: Vandeadvokaat;
No Chipre: δικηγόρος;
Na Letónia: Zverinats advokáts;
Na Lituânia: Advokatas;
Na Hungria: Ügyvéd;
Em Malta: Avukat/Prokuratur Legali;
Na Polónia: Advwokat/Radca prawny;
Na Eslovénia: Odvetnik/Odvetnica;
Na Eslováquia: Advokát/Komer*yprávnik;
Na Bulgária: anbocat;
Na Roménia: Avocat.

ARTIGO 197º
Modos de exercício profissional

1 – Qualquer dos advogados identificados no artigo anterior, adiante designados por advogados da União Europeia, pode, de harmonia com o disposto no artigo seguinte, exercer a sua actividade em Portugal com o seu título profissional de origem, expresso na respectiva língua oficial e com a indicação da organização profissional a que pertence ou da jurisdição junto da qual se encontra admitido nos termos da lei do seu Estado de origem.

2 – Sem prejuízo do disposto no número anterior, a representação e o mandato judiciais perante os tribunais portugueses só podem ser exercidos por advogados da União Europeia que exerçam a sua actividade com o seu título profissional de origem sob a orientação de advogado inscrito na Ordem dos Advogados.

3 – Os advogados da União Europeia podem ainda exercer a sua actividade em Portugal com o título de advogado, mediante prévia inscrição na Ordem dos Advogados.

ARTIGO 198º
Exercício com o título profissional de origem

1 – A prestação ocasional de serviços profissionais de advocacia em Portugal por advogados da União Europeia que exerçam a sua actividade com o seu título profissional de origem é livre, sem prejuízo de estes deverem dar prévio conhecimento desse facto à Ordem dos Advogados.

2 – O estabelecimento permanente em Portugal de advogados da União Europeia que pretendam exercer a sua actividade com o seu título profissional de origem depende de prévio registo na Ordem dos Advogados.

3 – O registo a que se refere o número anterior é feito nos termos do regulamento de registo e inscrição dos advogados provenientes de outros Estados Membros da União Europeia, mediante a exibição pelo advogado do título comprovativo do seu direito a exercer a profissão no Estado membro de origem, bem como de certidão comprovativa de que aquele direito não foi suspenso ou retirado em consequência de processo penal ou disciplinar.

4 – Os documentos a que se refere o número anterior também podem ser exigidos ao advogado que preste serviços profissionais de advocacia nos termos do nº 1 do presente artigo.

ARTIGO 199º
Estatuto profissional

1 – Na prestação de serviços profissionais de advocacia em Portugal os advogados da União Europeia que exerçam a sua actividade com o seu título profissional de origem estão sujeitos às regras profissionais e deontológicas aplicáveis aos advogados portugueses, sem prejuízo das regras do Estado de origem a que devam continuar a sujeitar-se.

2 – Os advogados da União Europeia estabelecidos em Portugal a título permanente e registados nos termos do artigo anterior elegem, de entre si, um representante ao congresso dos advogados portugueses.

ARTIGO 200º
Inscrição na Ordem dos Advogados

1 – O estabelecimento permanente em Portugal de advogados da União Europeia que pretendam exercer a sua actividade com o título profissional de advogado, em plena igualdade de direitos e deveres com os advogados portugueses, depende de prévia inscrição na Ordem dos Advogados.

2 – A utilização do título profissional de advogado não prejudica o direito de utilização do título profissional de origem, nos termos do disposto no nº 1 do artigo 198º.

3 – A inscrição na Ordem dos Advogados depende da prévia realização de um exame de aptidão, nos termos do regulamento de registo e inscrição dos advogados provenientes de outros Estados membros da União Europeia.

4 – Estão dispensados de realizar o exame de aptidão, nos termos do regulamento referido no número anterior, os advogados da União Europeia que, estando registados na Ordem dos Advogados nos termos dos nºs 2 e 3 do artigo 198º, provem ter exercido em Portugal com o seu título profissional de origem e por um período mínimo de três anos actividade efectiva e regular no domínio do direito interno português ou do direito comunitário.

5 – Podem, ainda, ser dispensados de realizar o exame de aptidão, nos termos do regulamento referido no nº 3, os advogados da União Europeia que, estando registados há mais de três anos na Ordem dos Advogados nos termos dos nºs 2 e 3 do artigo 198º, e embora não dispondo de três anos de actividade efectiva e regular em Portugal no domínio do direito interno português ou do direito comunitário, demonstrem ter conhecimentos e experiência profissional suficientes naqueles domínios para exercer a profissão com a dignidade e a competência exigíveis aos advogados portugueses.

ARTIGO 201º
Responsabilidade disciplinar

1 – Os advogados da União Europeia que exerçam a sua actividade com o seu título profissional de origem estão sujeitos às sanções disciplinares previstas para os advogados portugueses, devendo o respectivo processo disciplinar ser instruído em colaboração com a organização profissional equivalente do Estado de origem, a qual é informada da sanção aplicada.

2 – A responsabilidade disciplinar perante a Ordem dos Advogados é independente da responsabilidade disciplinar perante a organização profissional do respectivo Estado de origem, valendo, no entanto, a comunicação por esta última dos factos que determinaram a instauração de um processo disciplinar ou a aplicação de uma sanção a um advogado que também exerça a sua actividade em Portugal como participação disciplinar para efeitos do disposto no regulamento disciplinar.

3 – Sem prejuízo do disposto no número anterior, o advogado da União Europeia que tenha sido suspenso ou proibido de exercer a profissão pela organização profissional do Estado de origem fica automaticamente impedido de exercer a sua actividade em Portugal com o seu título profissional de origem, enquanto durar aquela suspensão ou proibição.

ARTIGO 202º
Sociedades de advogados

1 – Os advogados da União Europeia que, no respectivo Estado, sejam membros de uma sociedade de advogados podem exercer a sua actividade em Portugal com o seu título profissional de origem no âmbito de uma sucursal ou agência dessa sociedade, desde que tenham dado prévio conhecimento desse facto à Ordem dos Advogados e a respectiva sociedade se encontre ali registada, em conformidade com o legalmente estabelecido.

2 – O registo de sociedades de advogados constituídas de acordo com o direito interno de outro Estado membro da União Europeia depende da verificação da compatibilidade dos respectivos estatutos com o Estatuto da Ordem dos Advogados e com o regime das sociedades civis de advogados aprovado por lei, designadamente com as normas desses diplomas que asseguram a protecção dos interesses de clientes ou de terceiros.

3 – Os advogados da União Europeia que exerçam a sua actividade em Portugal com o seu título profissional de origem e aqui se tenham estabelecido a título permanente podem ainda, caso não sejam sócios de uma sociedade de advogados constituída de acordo com o direito interno do respectivo Estado, constituir entre si, com advogados portugueses ou com advogados de diferentes Estados membros da União Europeia, uma sociedade de advogados de acordo com o direito interno português.

4 – Os advogados da União Europeia não podem exercer a sua actividade em Portugal em nome de sociedades ou quaisquer outros grupos de profissionais que incluam pessoas que não detenham o título profissional de advogado ou que por qualquer outra forma incorram em violação do disposto pela Lei nº 49/2004, de 24 de Agosto.

CAPÍTULO VI
Sociedades de advogados

ARTIGO 203º
Lei especial

1 – Os advogados podem exercer a profissão constituindo ou ingressando em sociedades de advogados, como sócios ou associados.

2 – As sociedades de advogados estão sujeitas aos princípios deontológicos constantes do presente Estatuto, que devem igualmente ser observados nas relações internas entre sócios e associados.

3 – Não é permitido às sociedades de advogados exercer directa ou indirectamente a sua actividade em qualquer tipo de associação ou integração com outras profissões, actividades e entidades cujo objecto social não seja o exercício exclusivo da advocacia.

4 – O regime das sociedades de advogados é estabelecido em diploma próprio.

ARTIGO 204º
Tribunal arbitral

1 – Os conflitos entre sócios de uma sociedade de advogados, ou entre estes e a sociedade, podem ser submetidos a tribunal arbitral, nos termos da lei e de regulamento a elaborar pelo conselho geral da Ordem dos Advogados.

2 – Da decisão final do tribunal arbitral não cabe recurso.

TÍTULO VII
Disposições finais e transitórias

ARTIGO 205º
Regime transitório

A presente lei só é aplicável aos estágios que se iniciem, bem como aos processos disciplinares instaurados, em data posterior ao da respectiva data de entrada em vigor.

ARTIGO 206º
Revogação

É revogado o Decreto-lei nº 84/84, de 16 de Março, com as alterações introduzidas pela Lei nº 6/86, de 26 de Março, pelos Decretos-Leis nºs 119/86, de 28 de Maio, e 325/88, de 23 de Setembro, e pelas Leis nºs 33/94, de 6 de Setembro, 30-E/2000, de 20 de Dezembro, e 80/2001, de 20 de Julho.

24.2. REGULAMENTO DE INSCRIÇÃO DE ADVOGADOS E ADVOGADOS ESTAGIÁRIOS[216]

CAPÍTULO I
Disposições comuns

ARTIGO 1º
Âmbito de aplicação

1 – A inscrição de advogados e de advogados estagiários bem como o registo de advogados provenientes de outros Estados membros da União Europeia na Ordem dos Advogados regem-se pelas disposições respectivas do Estatuto da Ordem dos Advogados (EOA) e pelo presente Regulamento.

2 – A inscrição de juristas de reconhecido mérito, mestres e outros doutores em Direito para a prática de actos de consulta jurídica rege-se por regulamento próprio.

ARTIGO 2º
Inscrição e uso do título de advogado e de advogado estagiário

1 – Só podem inscrever-se na Ordem dos Advogados os titulares do grau académico necessário nos termos previstos no EOA que reúnam os demais requisitos de inscrição prescritos no EOA e no presente Regulamento.

2 – A inscrição e sua manutenção em vigor é condição do exercício dos direitos e do título de «advogado» e de «advogado estagiário».

ARTIGO 3º
Restrições ao direito de inscrição

1 – É indeferida a inscrição bem como o levantamento da sua suspensão aos requerentes que:

a) Não possuam idoneidade moral para o exercício da profissão;
b) Não estejam no pleno gozo dos seus direitos civis;
c) Tenham sido declarados incapazes de administrar as suas pessoas e bens por decisão transitada em julgado;
d) Estejam em situação de incompatibilidade ou inibição para o exercício da advocacia;
e) Sendo magistrados, funcionários ou agentes, hajam sido demitidos, aposentados ou colocados na inactividade por falta de idoneidade moral mediante processo disciplinar.

2 – A verificação de inidoneidade moral dos candidatos à inscrição na Ordem dos Advogados é sempre objecto de processo próprio, que segue os termos do processo disciplinar, com as necessárias adaptações, conforme estatuído pelo nº 5 do artigo 181º do EOA.

---

[216] Trata-se do Regulamento nº 232/2007, de 6 de Junho, publicado no *Diário da República*, 2ª Série, nº 170, de 4 de setembro de 2007, alterado pela Deliberação nº 2170/2010, publicada no *Diário da República*, 2ª Série, nº 227, de 23 de setembro de 2010.

3 – A competência para a instrução e decisão do processo previsto no número anterior cabe ao conselho de deontologia territorialmente competente, que o desencadeia oficiosamente ou a requerimento.

4 – O processo de averiguação de inidoneidade para o exercício da profissão de todos aqueles que se encontram sujeitos à jurisdição disciplinar da Ordem dos Advogados é instaurado nos mesmos termos em que o são os processos disciplinares, conforme o disposto nos artigos 171º e seguintes do EOA e do regulamento disciplinar que estiver em vigor.

ARTIGO 4º
Data da inscrição

1 – A data de inscrição na Ordem dos Advogados é a do dia em que produz efeitos a confirmação da inscrição preparatória pelo conselho geral, contando-se a antiguidade a partir dessa data.

2 – Cabe ao conselho distrital competente proceder à inscrição preparatória dos advogados e dos advogados estagiários, a qual passa a definitiva com a respectiva confirmação pelo conselho geral.

3 – Nos casos em que o conselho geral não confirme a inscrição preparatória, o conselho distrital competente procede ao cancelamento da mesma.

4 – Sem prejuízo do disposto no número anterior e a requerimento do interessado, o conselho distrital competente pode proceder à renovação da inscrição preparatória no prazo máximo de um ano a contar da decisão de não confirmação pelo conselho geral, desde que se tenham deixado de verificar as causas daquela decisão.

5 – As inscrições preparatórias efectuadas pelos conselhos distritais e a realização dos exames finais de admissão à Ordem dos Advogados não conferem qualquer direito adquirido aos candidatos relativamente à inscrição como advogado estagiário ou como advogado, as quais estão sempre sujeitas à confirmação do conselho geral.

ARTIGO 5º
Nome profissional

1 – Os requerentes, no acto de inscrição, indicam o nome completo, podendo indicar, para uso no exercício da profissão, nome abreviado, o qual não é admitido se igual ou confundível com outro anteriormente requerido ou inscrito a nível nacional, excepto se o titular deste autorizar tal uso por escrito.

2 – Verificando-se que o nome abreviado de advogado ou de advogado estagiário indicado pelo requerente é igual ou confundível com outro já requerido ou inscrito a nível nacional e na ausência da autorização referida no número anterior, a inscrição é registada com o nome completo do requerente, sem prejuízo do direito que a este assiste de indicar outro nome abreviado admissível.

3 – A autorização para uso do nome abreviado caduca em virtude da suspensão voluntária da inscrição durante um período ininterrupto de 10 anos.

4 – O disposto no número anterior aplica-se igualmente aos advogados reformados que se mantenham nessa situação durante um período ininterrupto de cinco anos, sem terem requerido autorização para advogar.

CAPÍTULO II
Inscrição de advogados e advogados estagiários portugueses

SECÇÃO I
Advogado estagiário

ARTIGO 6º
Requerimento de inscrição de advogado estagiário

1 – O requerimento de inscrição de advogado estagiário é apresentado junto do conselho distrital competente em razão do domicílio do patrono, com a indicação deste, do nome completo e demais dados de identificação do requerente, cargos e actividades exercidos, telefone, fax, endereço de correio electrónico, bem como a sua morada.

2 – Sem prejuízo de outros elementos ou documentos que venham a ser considerados necessários por deliberação do conselho geral, o requerimento de inscrição de advogado estagiário é instruído com os seguintes documentos:

a) Boletim de inscrição com a assinatura pessoal e profissional do requerente;
b) Comprovativo da habilitação académica necessária em original ou pública-forma, com menção da data de conclusão e respectiva média final, ou, na sua falta, documento comprovativo de que aquele já foi requerido e se encontra em condições de ser expedido;
c) Certidão narrativa do registo de nascimento;
d) Certificado do registo criminal;
e) Três fotografias iguais, a cores, tipo passe;
f) Cópia do bilhete de identidade e do cartão de contribuinte ou do cartão do cidadão, devendo ser exibidos os respectivos originais;
g) Impresso para emissão da cédula profissional de advogado estagiário;
h) Autorização do requerente para o tratamento dos seus dados pessoais e profissionais;
i) Declaração, sob compromisso de honra, datada e assinada pelo requerente, de não estar em situação de incompatibilidade com o exercício da advocacia, nos termos dos artigos 76º e seguintes do EOA;
j) Cópia do contrato de trabalho, do documento comprovativo do título de provimento ou de qualquer outro vínculo contratual, com indicação das funções e respectivo horário, quando o requerente declare exercer qualquer actividade e, em termos gerais, qualquer que seja o cargo, função ou actividade desempenhada;
k) Certidão do registo disciplinar, caso o requerente tenha sido funcionário ou agente da administração ou magistrado;
l) Declaração do patrono com pelo menos cinco anos de exercício efectivo da profissão, sem punição disciplinar superior à de multa, em como aceita o patrocínio com todas as obrigações legais inerentes, declaração que pode ser aposta no próprio requerimento de inscrição.

ARTIGO 7º
Inscrição preparatória e definitiva de advogado estagiário

1 – Com a entrega do requerimento de inscrição e respectivos documentos é constituído um processo ao qual é atribuído um número único nacional que coincide com o número da cédula profissional de advogado estagiário.

2 – O conselho distrital, depois de ter verificado que o requerimento de inscrição está devidamente instruído e que nada obsta à inscrição, delibera a inscrição preparatória, a submeter à confirmação do conselho geral.

3 – A cédula profissional é entregue ao advogado estagiário no início da fase complementar do estágio.

SECÇÃO II
Inscrição de advogado

SUBSECÇÃO I
Inscrição precedida de estágio

ARTIGO 8º
Cessação do estágio

1 – A inscrição como advogado depende do cumprimento das obrigações de estágio com classificação positiva e da aprovação no exame final de avaliação e agregação nos termos do regulamento de estágio que estiver em vigor.

2 – Considerado concluído o estágio nos termos do regulamento de estágio que estiver em vigor, fica o advogado estagiário obrigado a requerer a sua inscrição como advogado nos prazos aí definidos.

3 – O incumprimento da obrigação de requerer a inscrição como advogado determina a suspensão administrativa da inscrição de advogado estagiário, sem prejuízo de outras consequências determinadas pelo regulamento de estágio que estiver em vigor.

ARTIGO 9º
Requerimento de inscrição de advogado

1 – O requerimento de inscrição de advogado é apresentado junto do conselho distrital competente em razão do domicílio escolhido como centro da sua vida profissional, com a indicação deste, do nome completo e demais dados de identificação do requerente, cargos e actividades exercidos, telefone, número de fax, endereço de correio electrónico, bem como a sua morada.

2 – Sem prejuízo de outros elementos ou documentos que venham a ser considerados necessários por deliberação do conselho geral, o requerimento de inscrição de advogado é instruído com os seguintes documentos:

a) Boletim de inscrição com a assinatura pessoal e profissional do requerente;
b) Comprovativo da habilitação académica necessária em original ou pública-forma, com menção da data de conclusão e respectiva média final, caso não conste do processo de advogado estagiário;

c) Certidão narrativa do registo de nascimento;
d) Certificado do registo criminal;
e) Três fotografias iguais, a cores, tipo passe;
f) Cópia do bilhete de identidade e do cartão de contribuinte ou do cartão do cidadão, devendo ser exibidos os respectivos originais;
g) Impresso para emissão da cédula profissional de advogado;
h) Cédula profissional de advogado estagiário;
i) Autorização do requerente para o tratamento dos seus dados pessoais e profissionais;
j) Declaração, sob compromisso de honra, datada e assinada pelo requerente, de não estar em situação de incompatibilidade com o exercício da advocacia, nos termos dos artigos 76º e seguintes do EOA;
k) Cópia do contrato de trabalho, do documento comprovativo do título de provimento ou de qualquer outro vínculo contratual, com indicação das funções e respectivo horário, quando o requerente declare exercer qualquer actividade e, em termos gerais, qualquer que seja o cargo, função ou actividade desempenhada;
l) Certidão do registo disciplinar, caso o requerente tenha sido funcionário ou agente da administração ou magistrado;
m) Documentos exigidos pelo regulamento de estágio que estiver em vigor;
n) Declaração de autorização para eliminação da documentação não essencial relativa ao estágio, caso o requerente não proceda ao seu levantamento após notificação do respectivo conselho distrital.

ARTIGO 10º
Inscrição preparatória e definitiva de advogado

1 – Concluída com classificação positiva a prova escrita do exame final de avaliação e agregação, o requerimento de inscrição de advogado é submetido para decisão ao conselho distrital competente.

2 – O conselho distrital, depois de ter verificado que o requerimento de inscrição está devidamente instruído e que o requerente está em condições de vir a ser inscrito, delibera a inscrição preparatória, que é registada, e prepara todos os elementos necessários para serem comunicados ao conselho geral, para efeitos de confirmação da inscrição.

3 – O conselho geral, verificada a conformidade do processo de inscrição com o EOA e com o presente Regulamento, procede à confirmação da inscrição, a qual passará a definitiva, contando-se a antiguidade a partir desta data.

4 – O conselho geral pode sujeitar a confirmação da inscrição à verificação de condição suspensiva quando tal decisão seja proferida em data anterior à aprovação na prova oral do exame final de avaliação e agregação, caso em que a confirmação só produz efeitos na data da verificação de tal condição.

5 – A decisão do conselho geral proferida sob condição nos termos do número anterior caduca automaticamente se o requerente reprovar na prova oral do exame final de avaliação e agregação, no caso de ter de repetir a fase de formação complementar, bem como no caso de sobrevirem quaisquer factos impeditivos da inscrição.

ARTIGO 11º
Tramitação subsequente à inscrição definitiva

1 – No prazo máximo de oito dias a contar da inscrição definitiva, o conselho distrital competente procede à atribuição de um número sequencial nacional de advogado.

2 – Dentro do prazo previsto no número anterior o conselho distrital coloca à disposição do requerente uma declaração comprovativa da sua inscrição como advogado, válida por 60 dias, a qual pode ser renovada pelos serviços do conselho geral por iguais períodos de tempo até à entrega da cédula profissional.

3 – Após a inscrição definitiva, o conselho geral procede à criação do processo individual de advogado e à emissão e entrega da respectiva cédula profissional.

4 – Com vista à criação do processo mencionado no número anterior, os conselhos distritais enviam ao conselho geral os seguintes documentos:

a) Cópia digitalizada do boletim de inscrição de advogado estagiário;
b) Cópia digitalizada do boletim de inscrição de advogado;
c) Cópia digitalizada da deliberação de confirmação da inscrição pelo conselho geral;
d) Cópia digitalizada da declaração, sob compromisso de honra, datada e assinada pelo requerente, de não estar em situação de incompatibilidade com o exercício da advocacia, nos termos dos artigos 76º e seguintes do EOA.

5 – Os documentos referidos no número anterior podem ser enviados por via electrónica, dispensando-se o envio daqueles que se encontrem disponíveis, em suporte digital, no Sistema de Informação da Ordem dos Advogados (SINOA).

SUBSECÇÃO II
Inscrição com dispensa de estágio

ARTIGO 12º
Inscrição de doutores em Ciências Jurídicas e de antigos magistrados

1 – É admitida a inscrição como advogado a quem seja titular do grau de licenciado em Direito e de mestre em Direito que cumulativamente sejam doutores em Ciências Jurídicas com efectivo exercício da docência, bem como de antigos magistrados judiciais e do Ministério Público, com exercício profissional mínimo igual ao do estágio de advocacia, com classificação de Bom ou superior, que reúnam as demais condições previstas neste Regulamento para a inscrição como advogado, prescindindo-se da realização de estágio e da obrigatoriedade de se submeterem ao exame final de avaliação e agregação.

2 – O requerimento de inscrição é apresentado junto do conselho distrital competente em razão do domicílio escolhido como centro da sua vida profissional, com a indicação deste, do nome completo e demais dados de identificação do requerente, cargos e actividades exercidos, telefone, número de fax, endereço de correio electrónico, bem como a sua morada.

3 – Sem prejuízo de outros elementos ou documentos que venham a ser considerados necessários por deliberação do conselho geral, o requerimento de inscrição é instruído com os seguintes documentos:

a) Boletim de inscrição com a assinatura pessoal e profissional do requerente;
b) Certidão narrativa do registo de nascimento;
c) Certificado do registo criminal;
d) Três fotografias iguais, a cores, tipo passe;
e) Cópia do bilhete de identidade e do cartão de contribuinte ou do cartão do cidadão, devendo ser exibidos os respectivos originais;
f) Impresso para emissão da cédula profissional de advogado;
g) Autorização do requerente para o tratamento dos seus dados pessoais e profissionais;
h) Declaração, sob compromisso de honra, datada e assinada pelo requerente, de não estar em situação de incompatibilidade com o exercício da advocacia, nos termos dos artigos 76º e seguintes do EOA;
i) Cópia do contrato de trabalho, do documento comprovativo do título de provimento ou de qualquer outro vínculo contratual, com indicação das funções e respectivo horário, quando o requerente declare exercer qualquer actividade e, em termos gerais, qualquer que seja o cargo, função ou actividade desempenhada;
j) Certidão do registo disciplinar, caso o requerente tenha sido funcionário ou agente da administração ou magistrado;
k) Comprovativo da habilitação académica necessária, bem como comprovativo do doutoramento em Ciências Jurídicas e do exercício efectivo da docência na Faculdade de Direito, durante um período mínimo igual ao do estágio; ou
l) Certidão comprovativa do exercício da magistratura, como titular efectivo do cargo, com classificação igual ou superior a Bom, durante um período mínimo igual ao do estágio, devendo a avaliação reportar-se aos últimos anos de exercício de funções.

ARTIGO 13º
Inscrição preparatória e definitiva

1 – O conselho distrital, depois de ter verificado que o requerimento de inscrição está devidamente instruído e que nada obsta à inscrição, delibera a inscrição preparatória como advogado, procedendo ao seu registo.

2 – O conselho geral, verificada a conformidade do processo de inscrição com o EOA e com o presente Regulamento, procede à confirmação da inscrição, a qual passa a definitiva, seguindo-se o procedimento previsto no artigo 11º, com as devidas adaptações.

CAPÍTULO III
Registo e inscrição de advogados estrangeiros

SECÇÃO I
Inscrição na Ordem dos Advogados em regime de reciprocidade

SUBSECÇÃO I
Advogados de outros Estados

ARTIGO 14º
Inscrição de advogados estrangeiros em regime de reciprocidade

1 – Os advogados estrangeiros diplomados por qualquer faculdade de Direito de Portugal podem inscrever-se na Ordem dos Advogados nos mesmos termos dos advogados portugueses, se a estes o país de origem daqueles conceder reciprocidade de tratamento.

2 – Considera-se existir reciprocidade para os efeitos previstos no número anterior desde que, mediante tratado internacional ou acordo escrito entre a Ordem dos Advogados e a organização profissional equivalente do Estado de origem do advogado estrangeiro, que deverá especificar as condições de reciprocidade, seja admitida a inscrição dos advogados portugueses naquela organização profissional.

ARTIGO 15º
Requerimento de inscrição

1 – O requerimento de inscrição de advogado estrangeiro, em regime de reciprocidade, é apresentado junto do conselho distrital competente em razão do domicílio escolhido como centro da sua vida profissional, com a indicação deste, do nome completo e demais dados de identificação do requerente, cargos e actividades exercidos, telefone, número de fax, endereço de correio electrónico, bem como a morada em Portugal.

2 – Sem prejuízo de outros elementos ou documentos que venham a ser considerados necessários por deliberação do conselho geral, o requerimento de inscrição é instruído com os seguintes documentos:

a) Boletim de inscrição com a assinatura pessoal e profissional do requerente;

b) Certidão do processo completo de inscrição na organização profissional equivalente à Ordem dos Advogados do Estado de origem;

c) Comprovativo da habilitação académica necessária oficialmente reconhecida, por faculdade de Direito de Portugal, com menção da data de conclusão e respectiva média final, documento que será dispensado se constar do processo de inscrição mencionado na alínea anterior;

d) Certidão narrativa do registo de nascimento ou do documento equivalente do Estado de origem;

e) Certificado do registo criminal emitido pela entidade competente do Estado de origem;

f) Certificado do registo criminal emitido pela entidade competente do Estado Português;

g) Três fotografias iguais, a cores, tipo passe;

h) Cópia do título de autorização de residência emitido pela autoridade competente do Estado Português, devendo ser exibido o respectivo original;

i) Cópia do cartão de contribuinte, devendo ser exibido o respectivo original;

j) Impresso para emissão da cédula profissional de advogado;

k) Autorização do requerente para o tratamento dos seus dados pessoais e profissionais;

l) Declaração, sob compromisso de honra, datada e assinada pelo requerente, de não estar em situação de incompatibilidade com o exercício da advocacia, nos termos dos artigos 76º e seguintes do EOA;

m) Cópia da cédula profissional de advogado ou do documento equivalente da organização profissional análoga à Ordem dos Advogados do Estado de origem;

n) Cópia do contrato de trabalho, do documento comprovativo do título de provimento ou de qualquer outro vínculo contratual, com indicação das funções e respectivo horário, quando o requerente declare exercer qualquer actividade e, em termos gerais, qualquer que seja o cargo, função ou actividade desempenhada.

3 – Todos os documentos emitidos no Estado de origem devem ser legalizados e, caso não estejam redigidos em língua portuguesa, serão ainda acompanhados da respectiva tradução, nos termos previstos na lei.

ARTIGO 16º
Inscrição preparatória e definitiva

A inscrição preparatória e definitiva de advogado estrangeiro, em regime de reciprocidade, segue o disposto no artigo 13º.

SUBSECÇÃO II
Inscrição de advogados brasileiros

ARTIGO 17º
Inscrição de advogados de nacionalidade brasileira

1 – Por força do disposto no EOA, os cidadãos de nacionalidade brasileira diplomados por qualquer faculdade de Direito do Brasil ou de Portugal, legalmente habilitados a exercer a advocacia no Brasil, podem inscrever-se na Ordem dos Advogados desde que idêntico regime seja aplicável aos advogados de nacionalidade portuguesa inscritos na Ordem dos Advogados que se queiram inscrever na Ordem dos Advogados do Brasil.

2 – O regime de reciprocidade previsto no número anterior permite a inscrição de advogado brasileiro com dispensa da realização de estágio e da obrigatoriedade de realizar exame final de avaliação e agregação.

ARTIGO 18º
Requerimento de inscrição

1 – O requerimento de inscrição como advogado, nos termos do artigo anterior, é apresentado junto do conselho distrital competente em razão do domicílio escolhido como centro da sua vida profissional, com a indicação deste, do nome completo e demais dados de identificação do requerente, cargos e actividades exercidos, telefone, número de fax, endereço de correio electrónico, bem como a morada em Portugal.

2 – Sem prejuízo de outros elementos ou documentos que venham a ser considerados necessários por deliberação do conselho geral, o requerimento de inscrição é instruído com os seguintes documentos:

a) Boletim de inscrição com a assinatura pessoal e profissional do requerente;

b) Certidão do processo completo da inscrição principal como advogado na Ordem dos Advogados do Brasil;

c) Certidão emitida pela Ordem dos Advogados do Brasil comprovativa da inscrição em vigor, da situação contributiva e bem assim do registo disciplinar do requerente;

d) Comprovativo da habilitação académica necessária oficialmente reconhecida, por faculdade de Direito de Portugal, ou diploma em Direito emitido por instituição de ensino oficialmente credenciada no Brasil, com menção da data de conclusão e respectiva média final, documento que será dispensado se constar do processo de inscrição mencionado na alínea *b*);

e) Certidão narrativa do registo de nascimento;

f) Certificado do registo criminal emitido pela entidade competente do Estado Brasileiro;

g) Certificado do registo criminal emitido pela entidade competente do Estado Português;

h) Três fotografias iguais, a cores, tipo passe;

i) Cópia do título de autorização de residência emitido pela autoridade competente do Estado Português, devendo ser exibido o respectivo original;

j) Cópia do passaporte, devendo ser exibido o original;

k) Cópia do cartão de contribuinte, devendo ser exibido o original;

l) Impresso para emissão da cédula profissional de advogado;

m) Autorização do requerente para o tratamento dos seus dados pessoais e profissionais;

n) Declaração, sob compromisso de honra, datada e assinada pelo requerente, de não estar em situação de incompatibilidade com o exercício da advocacia, nos termos dos artigos 76º e seguintes do EOA;

o) Cópia da carteira ou do cartão de identidade de advogado brasileiro, devendo ser exibido o original;

p) Cópia do contrato de trabalho, do documento comprovativo do título de provimento ou de qualquer outro vínculo contratual, com indicação das funções e respectivo horário, quando o requerente declare exercer qualquer actividade e, em termos gerais, qualquer que seja o cargo, função ou actividade desempenhada;

q) Documento comprovativo dos requisitos necessários para que os advogados portugueses se possam inscrever na Ordem dos Advogados do Brasil.

3 – Todos os documentos emitidos no Brasil devem ser legalizados nos termos previstos na lei.

4 – Não é requisito da inscrição a residência habitual em Portugal se idêntico regime for aplicável aos advogados portugueses que se queiram inscrever na Ordem dos Advogados do Brasil; porém, nesse caso, o advogado brasileiro deve indicar e manter domicílio profissional em território nacional ou juntar declaração, emitida por advogado, com inscrição em vigor na Ordem dos Advogados, autorizando a indicação do respectivo domicílio profissional como domicílio profissional do requerente e comprometendo-se a entregar todas as comunicações que lhe forem dirigidas.

ARTIGO 19º
Inscrição preparatória e definitiva

A inscrição preparatória e definitiva de advogado brasileiro segue o disposto no artigo 13º.

SECÇÃO II
Inscrição de estrangeiros não abrangidos por regimes de reciprocidade

ARTIGO 20º
Inscrição de cidadãos estrangeiros como advogados estagiários

1 – Podem requerer a sua inscrição como advogados estagiários os cidadãos estrangeiros com habilitação académica necessária oficialmente reconhecida por faculdade de Direito de Portugal.

2 – O processo de inscrição segue os termos previstos no artigo 7º do presente Regulamento, com as devidas adaptações.

ARTIGO 21º
Requerimento de inscrição

1 – O requerimento de inscrição de cidadão estrangeiro como advogado estagiário é apresentado junto do conselho distrital competente em razão do domicílio do patrono, com a indicação deste, do nome completo e demais dados de identificação do requerente, cargos e actividades exercidos, telefone, fax, endereço de correio electrónico, bem como a morada em Portugal.

2 – Sem prejuízo de outros elementos ou documentos que venham a ser considerados necessários por deliberação do conselho geral, o requerimento de inscrição é instruído com os seguintes documentos:

a) Boletim de inscrição com a assinatura pessoal e profissional do requerente;

b) Comprovativo da habilitação académica necessária, oficialmente reconhecida ou equiparada, em original ou pública-forma, com menção da data de conclusão e respectiva média final, ou, na sua falta, documento comprovativo de que aquele já foi requerido e se encontra em condições de ser expedido;

c) Certidão narrativa do registo de nascimento ou documento equivalente do Estado de origem;
d) Certificado do registo criminal emitido pela entidade competente do Estado de origem;
e) Certificado do registo criminal emitido pela entidade competente do Estado Português;
f) Três fotografias iguais, a cores, tipo passe;
g) Cópia do título de autorização de residência emitido pela autoridade competente do Estado Português, devendo ser exibido o respectivo original;
h) Cópia do cartão de contribuinte, devendo ser exibido o respectivo original;
i) Impresso para emissão da cédula profissional de advogado estagiário;
j) Autorização do requerente para o tratamento dos seus dados pessoais e profissionais;
k) Declaração, sob compromisso de honra, datada e assinada pelo requerente, de não estar em situação de incompatibilidade com o exercício da advocacia, nos termos dos artigos 76º e seguintes do EOA;
l) Cópia do contrato de trabalho, do documento comprovativo do título de provimento ou de qualquer outro vínculo contratual, com indicação das funções e respectivo horário, quando o requerente declare exercer qualquer actividade e, em termos gerais, qualquer que seja o cargo, função ou actividade desempenhada;
m) Declaração do patrono com pelo menos cinco anos de exercício efectivo da profissão, sem punição disciplinar superior à de multa, em como aceita o patrocínio com todas as obrigações legais inerentes, declaração que pode ser aposta no próprio requerimento de inscrição.

3 – Todos os documentos emitidos no Estado de origem devem ser legalizados e, caso não estejam redigidos em língua portuguesa, são ainda acompanhados da respectiva tradução, nos termos previstos na lei.

ARTIGO 22º
Inscrição de cidadãos estrangeiros como advogados precedida de estágio

1 – À inscrição de cidadãos estrangeiros que tenham realizado estágio é aplicável o disposto nos artigos 8º a 11º, com as adaptações previstas no presente artigo.

2 – Sem prejuízo de outros elementos ou documentos que venham a ser considerados necessários por deliberação do conselho geral, o requerimento de inscrição é instruído com os seguintes documentos:

a) Boletim de inscrição com a assinatura pessoal e profissional do requerente;
b) Comprovativo da habilitação académica necessária com menção da data de conclusão e respectiva média final, caso não conste do processo de advogado estagiário;
c) Certidão narrativa do registo de nascimento ou do documento equivalente do Estado de origem;
d) Certificado do registo criminal emitido pela entidade competente do Estado de origem;
e) Certificado do registo criminal emitido pela entidade competente do Estado Português;

f) Cópia do título de autorização de residência emitido pela autoridade competente do Estado Português, devendo ser exibido o respectivo original;
g) Três fotografias iguais, a cores, tipo passe;
h) Cópia do cartão de contribuinte, devendo ser exibido o respectivo original;
i) Impresso para emissão da cédula profissional de advogado;
j) Cédula profissional de advogado estagiário;
k) Autorização do requerente para o tratamento dos seus dados pessoais e profissionais;
l) Declaração, sob compromisso de honra, datada e assinada pelo requerente, de não estar em situação de incompatibilidade com o exercício da advocacia, nos termos dos artigos 76º e seguintes do EOA;
m) Cópia do contrato de trabalho, do documento comprovativo do título de provimento ou de qualquer outro vínculo contratual, com indicação das funções e respectivo horário, quando o requerente declare exercer qualquer actividade e, em termos gerais, qualquer que seja o cargo, função ou actividade desempenhada;
n) Certidão do registo disciplinar, caso o requerente tenha sido funcionário ou agente da Administração ou magistrado;
o) Documentos exigidos pelo regulamento de estágio que estiver em vigor;
p) Declaração de autorização para eliminação da documentação não essencial relativa ao estágio, caso o requerente não proceda ao seu levantamento após notificação do respectivo conselho distrital.

3 – Todos os documentos emitidos no Estado de origem devem ser legalizados e, caso não estejam redigidos em língua portuguesa, são ainda acompanhados da respectiva tradução, nos termos previstos na lei.

SECÇÃO III
Registo e inscrição de advogados de outros Estados membros da União Europeia

SUBSECÇÃO I
Prestação ocasional e estabelecimento permanente

ARTIGO 23º
Reconhecimento do título profissional

São reconhecidos em Portugal na qualidade de advogados, e como tal autorizados a exercer a respectiva profissão, nos termos dos artigos subsequentes, os nacionais de um dos Estados membros da União Europeia, adiante designados advogados da União Europeia, que estejam autorizados a exercer as actividades profissionais com um dos títulos profissionais seguintes:

Na Bélgica: Avocat/Advocaat/Rechtsanwalt;
Na Dinamarca: Advokat;
Na Alemanha: Rechtsanwalt;
Na Grécia: δικηγόρος;

Em Espanha: Abogado/Advocat/Avogado/Abokatu;
Em França: Avocat;
Na Irlanda: Barrister/Solicitor;
Em Itália: Avvocato;
No Luxemburgo: Avocat;
Nos Países Baixos: Advocaat;
Na Áustria: Rechtsanwalt;
Na Finlândia: Asianajaja/Advokat;
Na Suécia: Advokat;
No Reino Unido: Advocate/Barrister/Solicitor;
Na República Checa: Advokát;
Na Estónia: Vandeadvokaat;
No Chipre: δικηγόρος;
Na Letónia: Zverinats advokáts;
Na Lituânia: Advokatas;
Na Hungria: Ügyvéd;
Em Malta: Avukat/Prokuratur Legali;
Na Polónia: Advwokat/Radca prawny;
Na Eslovénia: Odvetnik/Odvetnica;
Na Eslováquia: Advokát/Komer*yprávnik.

ARTIGO 24º
Estatuto profissional

1 – Na prestação de serviços profissionais de advocacia em Portugal, os advogados da União Europeia que exerçam a sua actividade com o seu título profissional de origem estão sujeitos às regras profissionais e deontológicas aplicáveis aos advogados inscritos na Ordem dos Advogados, sem prejuízo das regras do Estado membro de origem a que continuam sujeitos.

2 – Os advogados da União Europeia, autorizados a exercer em Portugal nos termos previstos nos artigos seguintes, ficam obrigados a mencionar no exercício da sua actividade:

a) O título profissional de origem, expresso na ou numa das línguas do Estado membro de origem;

b) A inscrição na organização profissional a que pertencem ou da jurisdição junto da qual se encontram admitidos nos termos da lei do Estado membro de origem;

c) O modo de exercício da actividade em Portugal indicando o número de registo na Ordem dos Advogados, no caso de estabelecimento permanente, ou mencionando o exercício em regime de prestação ocasional de serviços.

3 – Os advogados da União Europeia aos quais se refere o artigo 26º ficam ainda obrigados a comunicar à Ordem dos Advogados qualquer alteração relativa ao estado da inscrição na organização profissional equivalente à Ordem dos Advogados do Estado membro de origem.

ARTIGO 25º
Prestação ocasional de serviços

1 – A prestação ocasional de serviços profissionais de advocacia em Portugal por advogados da União Europeia que exerçam a sua actividade com o seu título profissional de origem é livre, sem prejuízo de estes terem de dar prévio conhecimento desse facto à Ordem dos Advogados e do cumprimento do disposto no artigo 29º.

2 – A comunicação prevista no número anterior é efectuada por escrito e dirigida ao bastonário da Ordem dos Advogados, acompanhada de cópia do título comprovativo do direito a exercer a profissão no Estado membro de origem.

3 – Nos casos em que a prestação ocasional envolva a representação e o exercício do mandato judicial perante os tribunais portugueses, a comunicação é ainda acompanhada de declaração de advogado inscrito na Ordem dos Advogados em como assegura a orientação efectiva do patrocínio.

4 – Em caso de dúvida relativamente à inscrição na organização profissional equivalente à Ordem dos Advogados do Estado membro de origem pode ser exigida a apresentação de documentação complementar.

ARTIGO 26º
Estabelecimento permanente em Portugal

O estabelecimento permanente em Portugal de advogados da União Europeia que pretendam exercer a sua actividade com o seu título profissional de origem depende de prévio registo na Ordem dos Advogados.

ARTIGO 27º
Requerimento de registo

1 – O requerimento para realização do registo previsto no artigo anterior é apresentado junto do conselho distrital competente em razão do domicílio escolhido como centro da vida profissional em Portugal, com a indicação deste, nome completo e demais dados de identificação do requerente, telefone, número de fax, endereço de correio electrónico, bem como a morada em Portugal.

2 – Sem prejuízo de outros elementos ou documentos que venham a ser considerados necessários por deliberação do conselho geral, o requerimento de registo é instruído com os seguintes documentos:

a) Boletim de registo com a assinatura pessoal e profissional do requerente;

b) Certificado emitido há menos de três meses pela organização profissional equivalente à Ordem dos Advogados do Estado membro de origem comprovativo da inscrição em vigor nesta organização, donde conste a situação contributiva e uma certificação do registo disciplinar do requerente;

c) Certidão narrativa do registo de nascimento ou documento equivalente do Estado membro de origem;

d) Certificado do registo criminal emitido pela entidade competente do Estado membro de origem;

e) Certificado do registo criminal emitido pela entidade competente do Estado Português;

f) Autorização do requerente para o tratamento dos seus dados pessoais e profissionais, nomeadamente autorizando a troca de toda a informação relevante relativa ao exercício da actividade profissional do requerente entre a Ordem dos Advogados e a organização profissional equivalente à Ordem dos Advogados do Estado membro de origem;
g) Três fotografias iguais, a cores, tipo passe;
h) Cópia do bilhete de identidade ou do passaporte e do cartão de contribuinte, devendo ser exibidos os respectivos originais;
i) Cópia da cédula profissional ou do documento equivalente da organização profissional análoga à Ordem dos Advogados do Estado membro de origem;
j) Declaração, sob compromisso de honra, datada e assinada pelo requerente, de não estar em situação de incompatibilidade com o exercício da advocacia, nos termos dos artigos 76º e seguintes do EOA;
k) Cópia do contrato de trabalho, do documento comprovativo do título de provimento ou de qualquer outro vínculo contratual, com indicação das funções e respectivo horário, quando o requerente declare exercer qualquer actividade e, em termos gerais, qualquer que seja o cargo, função ou actividade desempenhada;
l) Comprovativo da existência, em vigor, de seguro de responsabilidade civil profissional com uma cobertura mínima igual à assegurada pelo seguro de responsabilidade civil de que beneficiam todos os advogados com inscrição em vigor na Ordem dos Advogados, nos termos do EOA.

3 – Todos os documentos emitidos no Estado membro de origem devem ser acompanhados da respectiva tradução para português, podendo ser exigida a legalização dos documentos nos termos da lei.

ARTIGO 28º
Registo preparatório e definitivo

1 – O conselho distrital competente cria o respectivo processo individual e depois de ter verificado que o requerimento está devidamente documentado e que nada obsta ao registo delibera o registo preparatório.

2 – Confirmado o registo pelo conselho geral, o conselho distrital emite uma certidão probatória do registo que é entregue ao requerente.

3 – A certidão prevista no número anterior contém, pelo menos, os seguintes elementos:
a) Identificação do conselho distrital responsável pelo registo;
b) O título profissional de origem, expresso na ou numa das línguas do Estado membro de origem;
c) A identificação da organização profissional a que o advogado pertence ou da jurisdição junto da qual se encontra admitido nos termos da lei do Estado membro de origem;
d) O nome profissional adoptado no Estado membro de origem;
e) A fotografia do titular;
f) O número da certidão probatória correspondente ao processo de registo;
g) A norma estatutária ao abrigo da qual é emitida;

h) A data de emissão e o respectivo prazo de validade, que não será superior a cinco anos;
i) A assinatura do titular;
k) A assinatura do bastonário.

ARTIGO 29º
Condição de exercício do mandato judicial

1 – A representação e o mandato judicial perante os tribunais portugueses só podem ser exercidos por advogados da União Europeia que exerçam a sua actividade com o seu título profissional de origem sob a orientação efectiva de advogado com a inscrição em vigor na Ordem dos Advogados.

2 – Para os efeitos previstos no número anterior, a procuração forense passada a advogado da União Europeia deve mencionar expressamente que é emitida para os efeitos previstos no nº 2 do artigo 197º do EOA, e bem assim identificar devidamente o advogado inscrito na Ordem dos Advogados responsável pela orientação do patrocínio e a qualidade em que este intervém.

SUBSECÇÃO II
Inscrição de advogados da União Europeia

ARTIGO 30º
Inscrição na Ordem dos Advogados

1 – O estabelecimento permanente em Portugal dos advogados da União Europeia mencionados no artigo 23º que pretendam exercer a sua actividade com o título profissional de «advogado», em plena igualdade de direitos e deveres com os advogados portugueses, depende de prévia inscrição na Ordem dos Advogados.

2 – A utilização do título profissional de «advogado» não prejudica o direito de utilização do título profissional de origem.

3 – A inscrição depende da aprovação em exame de aptidão escrito e oral, prestado em língua portuguesa, nos termos regulados nos artigos subsequentes.

ARTIGO 31º
Requerimento de inscrição de advogado da União Europeia

1 – O requerimento de inscrição de advogado da União Europeia é apresentado junto do conselho distrital competente em razão do domicílio escolhido como centro da sua vida profissional, com a indicação deste, do nome completo e demais dados de identificação do requerente, cargos e actividades exercidos, telefone, fax, endereço de correio electrónico, bem como a morada em Portugal.

2 – Sem prejuízo de outros elementos ou documentos que venham a ser considerados necessários por deliberação do conselho geral, o requerimento de inscrição é instruído com os seguintes documentos:

a) Boletim de inscrição com a assinatura pessoal e profissional do requerente;

b) Certificado emitido há menos de três meses pela organização profissional equivalente à Ordem dos Advogados do Estado membro de origem comprovativo

da inscrição em vigor nesta organização, donde conste uma certificação do registo disciplinar do requerente;
 c) Comprovativo da habilitação académica necessária, oficialmente reconhecida ou equiparada, com menção da data de conclusão e respectiva média final, em original ou pública-forma;
 d) Certidão narrativa do registo de nascimento ou documento equivalente do Estado membro de origem;
 e) Certificado do registo criminal emitido pela entidade competente do Estado membro de origem;
 f) Certificado do registo criminal emitido pela entidade competente do Estado Português;
 g) Três fotografias iguais, a cores, tipo passe;
 h) Cópia do bilhete de identidade ou do passaporte, devendo ser exibido o respectivo original;
 i) Cópia do cartão de contribuinte, devendo ser exibido o original;
 j) Impresso para emissão de cédula profissional de advogado;
 k) Cópia da cédula profissional ou do documento equivalente da organização profissional análoga à Ordem dos Advogados do Estado membro de origem;
 l) Autorização do requerente para o tratamento dos seus dados pessoais e profissionais, nomeadamente autorizando a troca de toda a informação relevante relativa ao exercício da actividade profissional do requerente entre a Ordem dos Advogados e a organização profissional equivalente à Ordem dos Advogados do Estado membro de origem;
 m) Declaração, sob compromisso de honra, datada e assinada pelo requerente, de não estar em situação de incompatibilidade com o exercício da advocacia, nos termos dos artigos 76º e seguintes do EOA;
 n) Cópia do contrato de trabalho, do documento comprovativo do título de provimento ou de qualquer outro vínculo contratual, com indicação das funções e respectivo horário, quando o requerente declare exercer qualquer actividade e, em termos gerais, qualquer que seja o cargo, função ou actividade desempenhada.

3 – Todos os documentos emitidos no Estado membro de origem devem ser acompanhados da respectiva tradução para português, podendo ser exigida a legalização dos documentos nos termos da lei.

ARTIGO 32º
Inscrição preparatória de advogado da União Europeia
O conselho distrital competente, depois de ter verificado que o requerimento está devidamente documentado e que o requerente está em condições de vir a ser inscrito, delibera a inscrição preparatória, procedendo ao seu registo.

ARTIGO 33º
Exame de aptidão
1 – Cabe ao conselho geral a organização do exame de aptidão a prestar pelo requerente e a designação do júri respectivo nos termos do artigo seguinte.

2 – O exame de aptidão é composto por uma prova escrita e por uma prova oral, as quais podem incidir sobre as seguintes matérias:

   a) Direito civil e direito processual civil;
   b) Direito penal e direito processual penal;
   c) Organização judiciária;
   d) Direito comercial ou direito administrativo, à escolha do candidato;
   e) Deontologia profissional.

3 – A prova escrita e a prova oral são classificadas segundo uma tabela de 0 a 20, sendo a primeira corrigida por um relator designado por deliberação do júri.

4 – O requerente é admitido à prova oral desde que obtenha classificação igual ou superior a 10 valores na prova escrita.

5 – Se o requerente obtiver classificação inferior a 10 valores na prova escrita, é considerado reprovado, sendo, de imediato e em consequência, indeferido o seu processo de inscrição.

6 – A classificação final do exame de aptidão é expressa pela menção qualitativa de Aprovado ou Reprovado.

7 – A reprovação na prova escrita ou na prova oral e bem assim a falta injustificada do requerente a qualquer uma destas provas determina o indeferimento da inscrição.

8 – O indeferimento da inscrição nos termos do número anterior determina a impossibilidade de o candidato requerer novo pedido de inscrição antes de decorridos seis meses.

ARTIGO 34º
Júri do exame de aptidão

1 – O júri do exame de aptidão é constituído por três a cinco membros, dos quais três são obrigatoriamente advogados com mais de 10 anos de inscrição, designados pelo conselho geral, sendo um deles o bastonário, que preside, ou quem este designar.

2 – O conselho geral pode designar para constituir o júri juízes desembargadores, juízes conselheiros ou docentes de faculdades de Direito de Portugal.

3 – O júri funciona obrigatoriamente com a presença de todos os seus membros, sendo as suas deliberações tomadas por maioria simples, não cabendo recurso das mesmas.

4 – Em caso de empate na votação o presidente tem voto de qualidade.

ARTIGO 35º
Inscrição definitiva de advogado da União Europeia

Caso o candidato obtenha aprovação no exame de aptidão, a deliberação do júri é junta ao requerimento de inscrição e este é submetido ao conselho geral para confirmação da inscrição, seguindo-se o procedimento previsto no artigo 11º, com as devidas adaptações.

ARTIGO 36º
Dispensa do exame de aptidão

1 – Podem ser dispensados de realizar o exame de aptidão os advogados da União Europeia que, estando registados na Ordem dos Advogados, nos termos previstos nos artigos 26º, 27º e 28º do presente Regulamento, provem ter exercido em Portugal, com o seu título profissional de origem, por um período de, pelo menos, três anos, actividade efectiva e regular no domínio do direito interno português, incluindo o direito comunitário.

2 – Para os efeitos previstos no número anterior, considera-se actividade efectiva e regular o exercício real da advocacia sem outras interrupções para além das que possam resultar dos acontecimentos normais da vida corrente.

3 – A dispensa do exame de aptidão deve ser solicitada no requerimento de inscrição que, nesse caso, para além dos documentos exigidos no nº 2 do artigo 31º, é instruído com todos os documentos e outros meios de prova demonstrativos de que o requerente se encontra na situação descrita no nº 1 do presente artigo, designadamente os relativos à localização e condições de funcionamento do seu escritório, incluindo as respectivas licenças administrativas, ao cumprimento das suas obrigações fiscais e ao número e natureza dos processos que tratou.

4 – O conselho distrital competente para efectuar a inscrição preparatória delibera sobre a dispensa do exame de aptidão, devendo verificar o carácter regular e efectivo da actividade exercida, podendo solicitar ao requerente ou a terceiros, oralmente ou por escrito, os esclarecimentos ou comprovativos adicionais que entenda necessários.

ARTIGO 37º
Outros casos de dispensa do exame de aptidão

1 – Podem ainda ser dispensados de realizar o exame de aptidão os advogados da União Europeia que provem ter exercido em Portugal, com o seu título profissional de origem, por um período de pelo menos três anos, actividade efectiva e regular, mas cuja actividade no domínio do direito interno português seja inferior a três anos, caso demonstrem ter conhecimentos e experiência profissional suficientes neste domínio para exercer a profissão com a dignidade e a competência exigíveis aos advogados inscritos na Ordem dos Advogados.

2 – Para os efeitos previstos no número anterior, é tomada em consideração a actividade efectiva e regular durante o período ali referido, quaisquer conhecimentos e experiência profissional no âmbito do direito interno português, bem como a participação em cursos ou seminários de direito interno português e de deontologia profissional.

3 – Sem prejuízo dos documentos e outros meios de prova juntos nos termos do nº 3 do artigo anterior, a verificação do carácter regular e efectivo da actividade exercida em Portugal pelo requerente, bem como a avaliação da sua capacidade para prosseguir essa actividade no domínio do direito interno português, é aferida mediante entrevista conduzida em língua portuguesa.

4 – A entrevista prevista no número anterior é conduzida por um júri, com um mínimo de três elementos, a designar pelo conselho distrital competente, que delibera a dispensa ou a obrigação de prestação do exame de aptidão.

ARTIGO 38º
Indeferimento da dispensa do exame de aptidão

1 – Se pela análise da documentação apresentada ou pelos esclarecimentos prestados se verificar que o requerente não está nas condições estabelecidas no presente Regulamento para a dispensa do exame de aptidão, é, nessa parte, indeferido o respectivo requerimento, seguindo-se o disposto no artigo 33º.

2 – A deliberação do conselho distrital que indefira o pedido de dispensa do exame de aptidão é obrigatoriamente fundamentada.

CAPÍTULO IV
Da cédula profissional

ARTIGO 39º
Cédula profissional

1 – A cada advogado ou advogado estagiário é entregue a respectiva cédula profissional, a qual serve de prova da inscrição na Ordem dos Advogados.

2 – O advogado ou o advogado estagiário no exercício das respectivas funções deve, sempre que necessário, fazer prova da sua inscrição através de cédula pro-fissional válida.

3 – A cédula profissional de advogado e de advogado estagiário deve conter obrigatoriamente os seguintes elementos:

a) A menção «Ordem dos Advogados» e o respectivo símbolo oficial;
b) A indicação «Cédula profissional de advogado» ou «Cédula profissional de advogado estagiário»;
c) O nome abreviado do titular, quando adoptado, para uso no exercício da profissão;
d) A data de inscrição na Ordem dos Advogados;
e) O número do bilhete de identidade ou do cartão do cidadão ou do passaporte, quando aplicável, e o número de identificação fiscal;
f) A assinatura digitalizada do titular, para uso no exercício da profissão;
g) A assinatura digitalizada do bastonário;
h) O número da cédula profissional correspondente ao número de inscrição;
i) A fotografia digitalizada do titular;
j) A respectiva data de validade;
k) O selo digitalizado da Ordem dos Advogados.

4 – A cédula profissional de advogado estagiário deve conter, ainda, a data do final do estágio.

5 – As cédulas profissionais de advogado e de advogado estagiário têm um prazo máximo de validade de cinco e três anos, respectivamente.

6 – A cédula profissional pode conter um chip electrónico utilizado para armazenar informação relativa ao estado da inscrição do titular e outros elementos úteis relacionados com o exercício da profissão.

ARTIGO 40º
Renovação da cédula

1 – No caso de perda, extravio ou inutilização da cédula profissional, o requerente solicita a emissão de segunda via da mesma ao órgão que a tiver emitido, prestando os esclarecimentos e fornecendo os elementos que lhe forem solicitados para este efeito.

2 – O órgão competente, depois de apreciar o pedido, solicita a emissão de segunda via da cédula profissional, efectuando as comunicações e os averbamentos necessários.

3 – Ocorrendo caducidade da cédula profissional de advogado ou de advogado estagiário com a inscrição em vigor, compete ao conselho geral ou ao conselho distrital competente providenciar pela emissão e envio da nova cédula, devendo o titular proceder à devolução da cédula caducada.

4 – O requerimento de emissão de nova cédula é acompanhado do respectivo impresso e de uma fotografia, a cores, tipo passe, bem como da cédula inutilizada, quando aplicável.

ARTIGO 41º
Entrega da cédula de advogado

A cédula profissional dos novos advogados é entregue directamente ou em cerimónia pública precedida da prestação de juramento nos termos do artigo seguinte.

ARTIGO 42º
Juramento

Na cerimónia pública referida no artigo anterior é, pelos novos advogados, prestado o seguinte juramento: «Juro, pela minha honra, exercer a advocacia com independência, espírito de serviço, coragem e dignidade e, como servidor da humanidade, da justiça, do direito e da lei, cumprir escrupulosamente os deveres fundamentais, legais e deontológicos, da profissão».

CAPÍTULO V
Obrigações decorrentes da inscrição

ARTIGO 43º
Deveres gerais

1 – Sem prejuízo das obrigações previstas no EOA, nos regulamentos e demais legislação a que estão vinculados, os advogados e os advogados estagiários, inscritos ou registados ao abrigo do presente Regulamento, ficam sujeitos ao cumprimento dos seguintes deveres:

a) Suspender imediatamente o exercício da profissão e requerer no prazo máximo de 30 dias a suspensão da inscrição ou do registo quando ocorrer incompatibilidade superveniente;

b) Comunicar qualquer alteração do domicílio profissional e bem assim qualquer alteração dos seus dados profissionais, nos termos regulados no artigo seguinte;

c) Manter ou indicar, consoante o caso, um domicílio profissional em território nacional, dotado de uma estrutura que assegure o cumprimento dos seus deveres profissionais, nos termos de regulamento a aprovar pelo conselho geral.

2 – Os advogados inscritos na Ordem dos Advogados estão ainda obrigados a:

a) Pagar pontualmente as quotas e outros encargos devidos à Ordem dos Advogados;

b) Promover a sua própria formação contínua nos termos de regulamento a aprovar pelo conselho geral.

ARTIGO 44º
Comunicação de alterações

1 – A alteração do domicílio profissional ou qualquer outro facto que possa influir na inscrição deve ser comunicada pelo requerente ao conselho geral ou ao conselho distrital competente, no caso dos advogados estagiários, no prazo de 30 dias.

2 – A comunicação prevista no número anterior deve ser efectuada por escrito e remetida por qualquer meio que garanta a identificação do requerente, designadamente via postal, fax ou mensagem de correio electrónico de conta de correio electrónico atribuída pela Ordem, com aposição de assinatura digital, sem prejuízo do disposto no número seguinte.

3 – As alterações aos dados pessoais ou profissionais podem também, em alternativa, ser indicadas online pelo requerente, o qual, para o efeito, deve aceder à área reservada do portal da Ordem dos Advogados na Internet introduzindo a respectiva senha de acesso.

ARTIGO 45º
Quotas

1 – A inscrição como advogado e a sua manutenção em vigor na Ordem dos Advogados obriga ao pagamento de uma quota mensal cujo quantitativo é fixado pelo conselho geral.

2 – Não é exigível o pagamento de quotas aos advogados estagiários.

3 – Não é devido o pagamento da quota relativa ao mês em que ocorre:

a) A inscrição definitiva como advogado;
b) O levantamento da suspensão da inscrição.

4 – É devido o pagamento da quota correspondente ao mês em que é requerida ou decretada a suspensão da inscrição.

5 – O incumprimento da obrigação de proceder ao pagamento atempado das quotas impede o acesso aos serviços prestados pela Ordem dos Advogados, nomeadamente o acesso aos serviços prestados na área reservada do portal Internet.

ARTIGO 46º
Prazo e forma de pagamento

1 – A quota mensal tem de ser paga até ao último dia do mês a que respeita, sendo enviado para esse efeito aos advogados com inscrição em vigor aviso//recibo de pagamento da quota mensal.

2 – Sem prejuízo de outras formas de pagamento autorizadas pelo conselho geral, o pagamento da quota pode ser efectuado:

a) Em numerário, cheque ou multibanco na sede da Ordem dos Advogados;
b) Por cheque remetido via postal para a sede da Ordem dos Advogados;
c) Nos CTT ou no multibanco.

3 – O conselho geral pode definir outras modalidades de pagamento, designadamente pagamento antecipado, anual ou semestral.

ARTIGO 47º
Emolumentos

Pela emissão dos documentos ou pela prática dos actos previstos no presente Regulamento são devidos os emolumentos fixados pelo conselho geral, nos termos da respectiva tabela, os quais constituem receitas dos conselhos distritais ou do conselho geral, consoante se tratem de actos praticados ou de documentos emitidos por aqueles ou por este.

ARTIGO 48º
Certidões

1 – As certidões das inscrições não devem conter os averbamentos das penas disciplinares, salvo:

a) Quando tal for expressamente requerido pelos interessados e autorizado pelo órgão competente para o efeito;
b) Quando requerido e ordenado pelos órgãos da Ordem dos Advogados;
c) Quando se encontre em vigor pena disciplinar de suspensão.

2 – A emissão de certidão, quando o requerente seja advogado, está dependente do cumprimento integral da obrigação do pagamento de quotas.

CAPÍTULO VI
Alterações e averbamentos à inscrição

ARTIGO 49º
Averbamentos à inscrição

1 – São averbados à inscrição mediante registo no respectivo processo individual:

a) O cancelamento da inscrição, com indicação da decisão ou facto que o motivou;
b) A suspensão da inscrição, com indicação da decisão que a motivou;
c) Qualquer pena disciplinar, determinada por decisão definitiva;
d) As condenações em processo criminal, após o trânsito em julgado da respectiva decisão;
e) O levantamento da suspensão da inscrição, com indicação da decisão ou do facto que o motivar;
f) Os cargos estatutários que o advogado exerça ou tenha exercido na Ordem dos Advogados;

g) As alterações de domicílio profissional, dos dados profissionais ou pessoais e bem assim quaisquer outros elementos que venham a ser determinados pelos órgãos competentes da Ordem dos Advogados;

h) O cumprimento das penas disciplinares e das sanções acessórias;

i) A passagem ao estado de advogado reformado e a autorização para advogar, quando requerida.

2 – Cabe ao conselho geral ou ao conselho distrital competente, consoante se trate de processo de advogado ou de advogado estagiário, respectivamente, proceder aos averbamentos previstos no número anterior bem como arquivar no processo individual os documentos respectivos e, caso aqueles estejam sujeitos a publicação no *Diário da República*, arquivar o comprovativo da respectiva publicação.

ARTIGO 50º
Suspensão da inscrição

1 – A inscrição do advogado ou do advogado estagiário é suspensa:

a) A pedido do requerente quando pretenda cessar temporariamente o exercício da advocacia;

b) Se for declarado em situação de incompatibilidade com o exercício da advocacia;

c) Se no âmbito de processo de verificação da existência de incompatibilidades não forem prestadas, pelo interessado, as informações que lhe tenham sido solicitadas;

d) Se for decretada a suspensão preventiva ou condenado na pena de suspensão efectiva.

2 – A inscrição de advogado estagiário será ainda suspensa:

a) Nos termos do nº 3 do artigo 8º do presente Regulamento;

b) Nos demais casos previstos no regulamento de estágio que estiver em vigor.

ARTIGO 51º
Suspensão a pedido do requerente

1 – O requerimento de suspensão da inscrição a pedido do interessado será dirigido ao presidente do conselho geral ou ao presidente do conselho distrital competente, consoante se trate de advogado ou de advogado estagiário, respectivamente, por escrito, e remetido por qualquer meio que garanta a identificação do requerente, designadamente via postal, fax ou mensagem de correio electrónico da conta de correio electrónico atribuída pela Ordem com aposição de assinatura digital.

2 – A decisão é notificada ao requerente com indicação expressa da data a partir da qual produz efeitos, que é a data da recepção do requerimento.

3 – No caso de circunstâncias excepcionais, pode, nos termos da lei, ser atribuída eficácia retroactiva ou diferida à suspensão da inscrição desde que devidamente fundamentada.

ARTIGO 52º
Suspensão por incompatibilidade

1 – A declaração de incompatibilidade com o exercício da advocacia e a consequente suspensão da inscrição são deliberadas pelo conselho geral ou pelo conselho distrital competente, nos termos dos artigos 76º e seguintes do EOA.

2 – Os conselhos distritais ou o conselho geral podem solicitar às entidades com quem os advogados ou os advogados estagiários possam ter relações profissionais, bem como a estes, as informações que entendam necessárias para a verificação da existência de incompatibilidade.

3 – Os pedidos de informação aos advogados ou aos advogados estagiários são notificados por carta registada, com aviso de recepção.

4 – A deliberação final do conselho geral ou do conselho distrital, quando esteja proposta a declaração de incompatibilidade, é precedida da audiência do interessado.

5 – Para os efeitos previstos no número anterior, o interessado é notificado por carta registada, com a indicação do sentido provável da decisão, para, no prazo de 15 dias, vir dizer, por escrito, o que tiver por conveniente.

ARTIGO 53º
Suspensão em consequência de processo disciplinar

As suspensões em consequência de processo disciplinar previstas na alínea *d*) do nº 1 do artigo 50º são comunicadas ao conselho geral ou ao conselho distrital competente com cópia integral da decisão e identificação da publicação no *Diário da República*, quando tal publicação seja obrigatória.

ARTIGO 54º
Efeitos da suspensão da inscrição

1 – A suspensão da inscrição impede o exercício da advocacia e o uso do título de «advogado» ou de «advogado estagiário».

2 – Durante o tempo de suspensão da inscrição o interessado continua sujeito à jurisdição disciplinar da Ordem dos Advogados.

3 – Sem prejuízo do disposto no nº 4 do artigo 45º, a suspensão da inscrição determina a suspensão da obrigação do pagamento de quotas.

ARTIGO 55º
Levantamento da suspensão[217]

1 – A suspensão da inscrição de advogado ou de advogado estagiário é levantada pelo Conselho Geral ou pelo conselho distrital competente, consoante o caso:

a) A prevista na alínea *a*) do nº 1, do artigo 50º, a requerimento do interessado que pretenda retomar o exercício da advocacia;

b) A prevista na alínea *b*), do nº 1, do artigo 50º, após comprovada a cessação da incompatibilidade que lhe deu causa;

---

[217] O nº 2 foi aditado pela Deliberação nº 2170/2010, publicada no *Diário da República*, II Série, nº 227, de 23 de novembro, passando o anterior nº 2 a nº 3.

c) As previstas na alínea c) e d), do nº 1, do artigo 50º, quando o órgão que determinou tal suspensão tiver decidido o levantamento da mesma;

d) Com o requerimento de inscrição de advogado, nos termos admitidos pelo regulamento de estágio em vigor;

e) Com o requerimento para repetição da prova escrita ou da prova oral do exame final de avaliação e agregação, nos termos admitidos pelo regulamento de estágio que estiver em vigor;

f) Com a autorização para repetir a fase complementar do estágio, quando aquela for condição do levantamento da suspensão, nos termos do regulamento de estágio que estiver em vigor.

2 – O levantamento da inscrição mencionado no número anterior fica condicionado ao cumprimento dos deveres estatutários previstos na alínea e) do artigo 86º do EOA.

3 – O requerimento do interessado com vista ao levantamento da suspensão da inscrição contém obrigatoriamente uma declaração, sob compromisso de honra, datada e assinada pelo requerente, de como não está numa situação de incompatibilidade com o exercício da advocacia, nos termos dos artigos 76º e seguintes do EOA, podendo o órgão competente para proceder à respectiva apreciação, recorrer ao procedimento previsto no nº 2, do artigo 52º deste regulamento.

ARTIGO 56º
Cancelamento da inscrição

1 – O conselho geral ou o conselho distrital competente consoante se trate de advogado ou de advogado estagiário, respectivamente, determina o cancelamento da inscrição:

a) A requerimento do interessado que pretenda abandonar definitivamente o exercício da advocacia;

b) Após ser proferida decisão definitiva que julgue verificada a falta de idoneidade para o exercício da profissão, nos termos do EOA;

c) Após ser proferida decisão definitiva que condene na pena disciplinar de expulsão.

2 – O conselho distrital competente determina ainda o cancelamento:

a) Das inscrições preparatórias como advogado estagiário não confirmadas pelo conselho geral;

b) Das inscrições preparatórias como advogado não confirmadas pelo conselho geral;

c) Das inscrições de advogado estagiário quando este tenha repetido três vezes a fase de formação complementar sem reunir as condições necessárias para a inscrição como advogado, nos termos do regulamento de estágio que estiver em vigor.

ARTIGO 57º
Efeitos do cancelamento da inscrição

1 – O cancelamento da inscrição impede o exercício da advocacia e o uso do título de «advogado» ou de «advogado estagiário».

2 – Com o cancelamento da inscrição o interessado deixa de estar sujeito à jurisdição disciplinar da Ordem dos Advogados.

3 – Exceptua-se do disposto no número anterior a responsabilidade disciplinar relativamente às infracções praticadas até à data da decisão que ordenou o cancelamento da inscrição.

ARTIGO 58º
Publicação e comunicações

1 – As decisões de suspensão administrativa da inscrição susceptíveis de recurso contencioso, bem como as de levantamento da suspensão, são publicadas na 2ª série do *Diário da República*.

2 – Às decisões de suspensão ou de cancelamento da inscrição em consequência de processo disciplinar ou que sigam os seus respectivos termos, sem prejuízo do disposto no número anterior, será ainda dada publicidade nos termos previstos no EOA e no regulamento disciplinar que estiver em vigor.

3 – A suspensão, o levantamento e bem assim o cancelamento da inscrição, por qualquer motivo, são comunicados pelo conselho geral ou pelo conselho distrital competente, conforme o caso, à Caixa de Previdência dos Advogados e Solicitadores, aos tribunais, aos serviços do Ministério da Justiça e a outras entidades a designar pelo conselho geral, nos termos e formas que por este venham a ser definidos.

4 – Os levantamentos de suspensão de inscrição de advogados ou advogados estagiários são comunicados pela forma mais célere possível às entidades referidas no número anterior.

ARTIGO 59º
Restituição da cédula

1 – O advogado ou advogado estagiário cuja inscrição seja suspensa ou cancelada fica obrigado à restituição da cédula profissional no prazo de 15 dias a contar da notificação para o efeito, sob pena de a Ordem dos Advogados proceder à respectiva apreensão judicial.

2 – Sob pena de indeferimento liminar, nos casos de suspensão ou cancelamento da inscrição a pedido do interessado, deve este pedido ser acompanhado da restituição da respectiva cédula profissional.

3 – É aplicável à devolução da cédula, com as necessárias adaptações, o disposto no nº 1 do artigo 40º.

CAPÍTULO VII
Das notificações e recursos

ARTIGO 60º
Regime das notificações

1 – Ao regime das notificações previstas no presente Regulamento são aplicáveis as disposições correspondentes do Código do Procedimento Administrativo, com as adaptações previstas neste Regulamento.

2 – As notificações são sempre efectuadas para o domicílio profissional principal do notificando, por este comunicado à Ordem dos Advogados.

3 – O domicílio profissional do advogado estagiário é o do seu patrono.

4 – Exceptua-se do disposto no nº 2 as notificações aos interessados cuja inscrição haja sido indeferida, suspensa ou cancelada, as quais são efectuadas para a última morada comunicada à Ordem dos Advogados.

ARTIGO 61º
Forma das notificações

1 – As notificações no âmbito do presente Regulamento podem ser efectuadas:

a) Pessoalmente;
b) Por via postal registada;
c) Por telefax;
d) Por correio electrónico, com aposição de assinatura electrónica digital, enviada para o endereço de correio electrónico disponibilizado a cada advogado pela Ordem dos Advogados;
e) Por telefone, se a urgência do caso assim o exigir ou recomendar.

2 – As notificações efectuadas por telefone são confirmadas nos termos das alíneas a), b), c) ou d) do número anterior no dia útil seguinte, sem prejuízo de a notificação se considerar feita na data da primeira comunicação.

3 – As notificações previstas nas alíneas b), c) e d) do nº 1 consideram-se efectuadas na data da respectiva expedição.

4 – As notificações dos actos praticados pelos membros do conselho geral, ao abrigo de delegação de competências, são cumpridas pelos serviços do conselho geral ou pelos serviços dos conselhos distritais.

ARTIGO 62º
Indeferimento por falta de apresentação de documentos

A falta de junção de qualquer documento nos termos do presente Regulamento, após a notificação do interessado para esse efeito, dá lugar ao indeferimento do pedido.

ARTIGO 63º
Recorribilidade das decisões

Sem prejuízo da eventual admissibilidade, nos termos gerais de direito, da interposição de recurso contencioso para os tribunais administrativos, as decisões previstas no presente Regulamento admitem os recursos preceituados no EOA e regulados nos artigos seguintes.

ARTIGO 64º
Recursos das decisões dos conselhos distritais

Cabe recurso para o conselho geral das decisões dos conselhos distritais identificadas nas alíneas seguintes:

a) Do indeferimento de inscrição preparatória de advogado estagiário e de advogado;

b) Do indeferimento do registo preparatório previsto no n.º 1 do artigo 28.º;
c) Do indeferimento do pedido de dispensa do exame de aptidão previsto nos artigos 36.º e 37.º;
d) Da declaração de incompatibilidade com o exercício da advocacia;
e) Da suspensão administrativa da inscrição nos termos do disposto no n.º 3 do artigo 8.º;
f) Do cancelamento da inscrição de advogado estagiário;
g) De outras decisões recorríveis, cuja competência para apreciação não esteja especialmente conferida a outro órgão.

ARTIGO 65.º
Recursos das decisões do conselho geral

Cabe recurso para o conselho superior das decisões do conselho geral identificadas nas alíneas seguintes:

a) Do indeferimento da inscrição definitiva de advogado estagiário e de advogado;
b) Do indeferimento do registo definitivo previsto no artigo 28.º;
c) Da decisão que determine a suspensão da inscrição;
d) Da declaração de incompatibilidade com o exercício da advocacia, quando proferida em primeira instância;
e) Das decisões proferidas pelo conselho geral em primeira instância, cuja competência para apreciação não esteja especialmente conferida a outro órgão.

ARTIGO 66.º
Prazo e forma dos recursos das decisões dos conselhos distritais e do conselho geral

1 – O prazo para a interposição de recurso é de 15 dias a contar da notificação da decisão ao interessado.

2 – O requerimento de interposição de recurso é apresentado junto do órgão recorrido e dirigido ao órgão competente para dele conhecer, contendo a respectiva fundamentação, sob pena de indeferimento liminar do mesmo.

3 – Assiste ao órgão recorrido a faculdade de suprir nulidades e, bem assim, de proceder à rectificação de erros materiais da decisão recorrida.

4 – Interposto o recurso, o órgão recorrido notifica o recorrente, consoante o caso:

a) Da remessa do recurso para o órgão competente para dele conhecer;
b) Da decisão proferida ao abrigo da faculdade prevista no n.º 3, quando aplicável.

5 – Cabe ao órgão competente para conhecer do recurso a apreciação de todas as questões prévias e incidentais, incluindo a verificação dos respectivos pressupostos de admissibilidade.

ARTIGO 67.º
Recursos das decisões dos conselhos de deontologia

Cabe recurso para o conselho superior, nas condições e prazos previstos no EOA e no regulamento disciplinar, das decisões dos conselhos de deontologia que declarem a inidoneidade moral para o exercício da profissão, nos termos dos nºs 2 e 3 do artigo 3º do presente Regulamento.

CAPÍTULO VIII
Disposições finais

ARTIGO 68º
Simplificação de procedimentos

1 – Mediante deliberação do conselho geral, pode ser admitida a apresentação por correio electrónico, em suporte digital ou digitalizado, de algum ou alguns dos documentos que devam instruir os requerimentos de inscrição ou de registo.

2 – O conselho geral pode, ainda, deliberar a admissibilidade da entrega dos requerimentos de inscrição ou de registo pelos meios descritos no número anterior ou mediante o preenchimento online, em área especialmente criada para o efeito, no portal na Internet, de cada conselho distrital.

3 – Sempre que nos termos do presente Regulamento seja necessário enviar aos órgãos da Ordem dos Advogados documentos que estejam arquivados noutros órgãos desta, devem estes facultar cópia dos documentos solicitados, dispensando-se, sempre que possível, a entrega de novos documentos.

4 – O arquivo de documentos previstos no presente Regulamento pode ser efectuado em suporte digital e a respectiva transmissão por via electrónica desde que as capacidades técnicas dos serviços o permitam.

ARTIGO 70º
Norma revogatória

É revogado o Regulamento de Inscrição de Advogados e Advogados Estagiários, aprovado em sessão do conselho geral de 7 de Julho de 1989, Regulamento nº 29//2002, de 19 de Junho, com as alterações que posteriormente lhe foram introduzidas.

ARTIGO 71º
Início de vigência

1 – O presente Regulamento entra vigor no prazo de 30 dias a contar da sua publicação.

2 – O presente Regulamento aplica-se a todos os pedidos de inscrição e de registo apresentados após a sua entrada em vigor.

24.3. REGULAMENTO NACIONAL DE ESTÁGIO[218]

CAPÍTULO I
Princípios Gerais

ARTIGO 1º
Fins do estágio

1 – Cabe ao Conselho Geral, no exercício das suas competências estatutárias e em obediência às normas programáticas estabelecidas no Estatuto da Ordem dos Advogados, definir os princípios orientadores do estágio e da formação do advogado estagiário, visando a formulação de um modelo de estágio que sirva os objectivos de rigor e exigência pedagógica e científica, assente numa lógica de simplicidade de procedimentos burocráticos e administrativos.

2 – O estágio tem por objectivo garantir uma formação adequada ao exercício da advocacia, de modo a que esta seja desempenhada de forma competente e responsável, designadamente nas suas vertentes técnica, científica e deontológica.

ARTIGO 2º
Fases do estágio: formação inicial e formação complementar

1 – O estágio terá a duração de 24 meses e compreende duas fases de formação: a fase de formação inicial, com a duração de 6 meses, e a fase de formação complementar, com a duração de 18 meses.

2 – A fase de formação inicial destina-se a garantir a iniciação aos aspectos técnicos da profissão e um adequado conhecimento das suas regras e exigências deontológicas, assegurando que o advogado estagiário, ao transitar para a fase de formação complementar, está apto à realização dos actos próprios de advocacia no âmbito da sua competência.

3 – A fase de formação complementar visa o desenvolvimento e aprofundamento das exigências práticas da profissão, intensificando o contacto pessoal do advogado estagiário com o funcionamento dos escritórios de advocacia, dos tribunais, das repartições e outros serviços relacionados com o exercício da actividade profissional.

4 – Durante a fase de formação complementar, o advogado estagiário participa no sistema de acesso ao direito e aos tribunais no quadro legal e regulamentar vigente.

---

[218] Trata-se do Regulamento nº 52-A/2005, publicado no *Diário da República*, 2ª série, suplemento, de 1 de agosto de 2005, retificado pela Deliberação nº 1379/2005, de 17 de agosto. Foi alterado pelo artigo 69º do Regulamento nº 232/2007 e pelas Deliberações do Conselho Geral da Ordem dos Advogados, nºs 1898-A/2007, de 14 de setembro, 2280/2008, de 30 de julho de 2008 e 3333-A/2009, publicados no *Diário da República*, 2ª série, nº 184, de 24 de setembro de 2007, de 19 de agosto de 2008 e de 16 de dezembro de 2009, respetivamente, e alterou o preâmbulo e os artigos 2º a 7º, 10º a 14º, 16º a 32º, 34º e 36º a 45º, inclusive, e aditou novos artigos.

CAPÍTULO II
Estrutura orgânica do estágio

ARTIGO 3º
Comissão Nacional de Estágio e Formação

1 – A prossecução coordenada dos objectivos referidos nos artigos 1º e 2º será assegurada pela Comissão Nacional de Estágio e Formação (CNEF), que funcionará na dependência do Conselho Geral.

2 – A CNEF é composta por 15 membros, sendo oito indicados pelo Conselho Geral, um dos quais presidirá com voto de qualidade, e os restantes sete indicados por cada um dos Conselhos Distritais.

3 – A CNEF poderá, sob proposta do seu presidente, convidar entidades terceiras para com ela colaborar no âmbito das suas atribuições.

ARTIGO 4º
Poderes e competências da CNEF

1 – Cabe à CNEF emitir pareceres, efectivar a coordenação dos centros de estágio na realização concreta dos princípios gerais da formação e dos programas de estágio e apresentar propostas de regulamentação ao Conselho Geral, garantindo uma preparação profissional rigorosa e criteriosa de âmbito nacional.

2 – Compete, ainda, à CNEF assegurar a execução de um sistema de formação e qualificação justo e proporcionado às elevadas exigências do acesso à profissão, no respeito pelos princípios gerais definidos pelo Conselho Geral.

3 – Ao presidente da CNEF cabe, sempre que o Bastonário entender conveniente, a representação da Ordem dos Advogados nos eventos nacionais ou internacionais que se relacionem, pelo seu objecto, com interesses específicos do estágio ou da formação dos advogados.

4 – A CNEF poderá colaborar com outras instituições, nacionais ou internacionais, e propor ao Conselho Geral e aos Conselhos Distritais a celebração de convénios, protocolos e acordos com as universidades, escolas profissionais e organismos profissionais representativos de outras profissões jurídicas, coordenando o desenvolvimento desta atribuição com a intervenção dos Conselhos Distritais.

5 – A CNEF disporá de secretariado próprio e será dotada dos meios financeiros, logísticos e administrativos que forem aprovados em Conselho Geral.

ARTIGO 5º
Funcionamento da CNEF

1 – A CNEF reunirá em plenário mediante convocação do seu Presidente ou do Bastonário.

2 – As convocatórias deverão ser remetidas com, pelo menos, cinco dias de antecedência, a todos os membros da CNEF e com conhecimento ao Bastonário, com indicação do local, dia e hora da reunião e ordem de trabalhos, devendo, sempre que possível, ser observado um critério de rotatividade no que respeita ao local das reuniões.

3 – A CNEF pode adoptar resoluções no âmbito das matérias que lhe estejam cometidas pelo presente regulamento ou por deliberação do Conselho Geral, as quais serão tomadas por maioria simples dos seus membros presentes.

4 – As resoluções adoptadas pela CNEF têm a natureza de recomendação e deverão ser aprovadas em Conselho Geral.

5 – Das reuniões em plenário será lavrada acta, onde constarão todos os assuntos tratados e resoluções tomadas para posterior conhecimento do Conselho Geral e dos Conselhos Distritais.

6 – As actas das reuniões do plenário da CNEF deverão ser aprovadas no início da reunião ordinária seguinte a que disserem respeito.

ARTIGO 6º
Centros de estágio

1 – A execução e desenvolvimento concreto do estágio, de acordo com os princípios e regras definidos pelo Conselho Geral, compete aos centros de estágio dependentes de cada um dos Conselhos Distritais, os quais promoverão e realizarão, directamente ou em colaboração com as delegações, pólos de formação e demais entidades, as acções de formação profissional dos advogados estagiários que entenderem adequadas ao cumprimento dos objectivos do estágio por via da formação presencial ou à distância, utilizando as ferramentas do ensino e-learning.

2 – Na área de jurisdição de cada um dos Conselhos Distritais haverá, em regra, um centro de estágio, que será presidido por um membro designado pelo Conselho Distrital respectivo.

3 – Os Conselhos Distritais poderão delegar, nos termos legais, as suas competências estatutárias em matéria de estágio.

ARTIGO 7º
Estrutura, formadores e meios dos centros de estágio

1 – Os centros de estágio são dotados de formadores e pessoal administrativo, instalações, equipamentos e outros meios que sejam necessários ao desempenho das suas atribuições.

2 – Os formadores são seleccionados por concurso público, a realizar de dois em dois anos, e exercem sua actividade mediante contrato remunerado de prestação de serviços, a celebrar com os Conselhos Distritais, pelo prazo de um ano, renovável por uma só vez.

3 – Os formadores devem ser advogados com, pelo menos, dez anos de inscrição na Ordem dos Advogados, não terem sido punidos com sanção disciplinar superior a multa e possuir reconhecida aptidão profissional.

4 – Os titulares de órgãos eleitos da Ordem dos Advogados e os membros da Comissão Nacional de Avaliação (CNA) e da CNEF não podem ser contratados como formadores.

CAPÍTULO III
Do Estágio

SECÇÃO I
Inscrição na Ordem dos Advogados

ARTIGO 8º
Inscrição dos advogados estagiários

A inscrição dos advogados estagiários rege-se pelas disposições do Estatuto da Ordem dos Advogados e do Regulamento de Inscrição de Advogados e Advogados Estagiários.

ARTIGO 9º
Deveres dos advogados estagiários

1 – São deveres dos advogados estagiários durante todo o seu período de estágio e formação:

a) Observar escrupulosamente as regras, condições e limitações admissíveis na utilização do escritório do patrono;

b) Guardar respeito e lealdade para com o patrono;

c) Submeter-se aos planos de estágio que vierem a ser definidos pelo escritório ou sociedade de advogados em que se insiram;

d) Colaborar com o patrono sempre que este o solicite e efectuar os trabalhos que lhe sejam determinados, desde que se revelem compatíveis com a actividade do estágio;

e) Colaborar com empenho, zelo e competência em todas as actividades, trabalhos e acções de formação que venha a frequentar no âmbito dos programas de estágio;

f) Guardar sigilo profissional;

g) Comunicar ao centro de estágio qualquer facto que possa condicionar ou limitar o pleno cumprimento das normas estatutárias e regulamentares inerentes ao estágio;

h) Cumprir em plenitude todas as demais obrigações deontológicas e regulamentares no exercício da actividade profissional.

ARTIGO 9º-A
Exame nacional de acesso ao estágio

1 – A inscrição preparatória dos candidatos que tenham obtido a sua licenciatura após o Processo de Bolonha será antecedida de um exame de acesso ao estágio, com garantia de anonimato, organizado a nível nacional pela CNA ou por quem o Conselho Geral, designar.

2 – O exame nacional de acesso será constituído por uma única prova escrita e incidirá sobre algumas das seguintes disciplinas: de direito constitucional, direito criminal, direito administrativo, direito comercial, direito fiscal, direito das obrigações, direito das sucessões, direitos reais, direito da família, direito do trabalho e,

ainda, direito processual penal, direito processual civil, processo do trabalho, procedimento administrativo e processo tributário.

3 – Os candidatos que tenham concluído a sua licenciatura, mas que não disponham de certidão comprovativa, poderão proceder à sua apresentação até dez dias antes da realização do exame nacional de acesso ao estágio, sob pena de não admissão à realização do mesmo.

4 – Os candidatos aprovados no exame nacional de acesso ao estágio poderão requerer a sua inscrição preparatória nos termos do artigo seguinte.

ARTIGO 10º
Inscrição nos cursos de estágio

1 – A inscrição preparatória dos advogados estagiários é deliberada pelo Conselho Distrital competente e importa a inscrição no primeiro curso de estágio que se iniciar posteriormente no respectivo centro de estágio, sem prejuízo de tal inscrição se tornar ineficaz se o Conselho Geral não a confirmar.

2 – Os requerimentos para inscrição preparatória serão apresentados pelos candidatos até 15 dias antes do início de cada curso de estágio.

3 – Os candidatos que tenham concluído o grau de mestre, mas que não disponham de certidão comprovativa, poderão proceder à sua apresentação até dez dias antes do início do curso de estágio sob a cominação de não admissão ao mesmo.

4 – O estágio é cumprido de forma ininterrupta, com as excepções previstas no presente regulamento.

5 – A contagem do tempo de estágio é feita de forma contínua, tendo por termo inicial a data do início do curso de estágio, com as excepções previstas no presente regulamento.

6 – O Conselho Geral fixará as datas do início dos cursos de estágio, mediante previa audição da CNEF.

ARTIGO 11º
Transferência de centro de estágio

1 – Havendo motivo ponderoso, poderá o advogado estagiário requerer à CNEF a sua transferência para outro centro de estágio, com recurso para o Conselho Geral.

2 – No caso previsto no número anterior, o processo individual do advogado estagiário transferido será integrado de todas as informações e pareceres exigidos pelo presente Regulamento, com referência ao tempo de estágio decorrido sob a alçada do centro de estágio cessante.

3 – Cabe ao centro de estágio para o qual o estagiário foi transferido dar a informação e fazer-lhe a avaliação final.

ARTIGO 12º
Suspensão do estágio

1 – O advogado estagiário pode requerer à CNEF a suspensão do seu estágio.

2 – A suspensão da inscrição do advogado estagiário, por qualquer motivo, importa sempre:

a) A suspensão do tempo de estágio;

b) Durante a fase de formação inicial, a obrigação de reinscrição em novo curso de estágio, que será regulado pelas regras em vigor à data da reinscrição;

c) Durante a fase de formação complementar, se a suspensão se prolongar por prazo superior a um ano, a obrigação de reiniciar a fase de formação complementar.

3 – No caso previsto na alínea *c)* do número anterior, o advogado estagiário fica sujeito às normas regulamentares em vigor à data do reinício da fase de formação complementar.

4 – Concluído que seja, com aprovação, o exame final de avaliação e agregação, fica o advogado estagiário obrigado a requerer, no prazo de 15 dias, a sua inscrição como advogado, determinando o incumprimento desta obrigação a suspensão automática da respectiva inscrição, com absoluto impedimento do exercício da profissão, devendo proceder à devolução da cédula profissional de advogado estagiário.

5 – O período de suspensão automática previsto no número anterior não pode prolongar-se por mais de 12 meses, após o que o levantamento da suspensão implicará a repetição da segunda fase do estágio.

6 – A inscrição como advogado estagiário será também automaticamente suspensa, com os mesmos efeitos previstos no número anterior, em qualquer das situações previstas nos artigos 31º, nº 2, 37º e 42º, nº 3.

ARTIGO 13º
Prorrogação do estágio

1 – O tempo de estágio poderá ser prorrogado:

a) A solicitação do advogado estagiário, ou

b) Em virtude da obrigatoriedade de repetição de qualquer uma das fases de formação.

2 – O pedido de prorrogação do estágio tem de ser justificado e acompanhado de parecer do patrono, sendo apreciado e decidido pela CNEF, com recurso para o Conselho Geral.

3 – A prorrogação a que se refere a alínea *a)* do nº 1 só pode ser concedida por uma única vez e por período nunca superior a seis meses.

4 – A prorrogação a que se reporta a alínea *b)* do nº 1 está sujeita ao limite temporal necessário à repetição da fase de formação inicial ou formação complementar.

ARTIGO 14º
Inscrição definitiva, entrega de cédula e juramento

1 – Concluído o período de estágio do advogado estagiário, será o seu processo enviado ao Conselho Distrital competente, por forma a que o pedido de inscrição preparatória seja aí apreciado e, em caso de deferimento, submetido a inscrição definitiva pelo Conselho Geral.

2 – Os Conselhos Distritais, uma vez concedida a inscrição definitiva, disponibilizarão de imediato certificado comprovativo, podendo a entrega da cédula profissional ser feita em acto público com prestação de juramento solene, nos termos definidos em Conselho Geral.

SECÇÃO II
Dos Patronos

ARTIGO 15º
Funções do patrono

1 – O patrono desempenha um papel fundamental e imprescindível ao longo de todo o período do estágio, sendo o principal responsável pela orientação e direcção do exercício profissional do advogado estagiário.

2 – Ao patrono cabe promover e incentivar a formação durante o estágio e apreciar a aptidão e idoneidade ética e deontológica do estagiário para o exercício da profissão, emitindo para o efeito relatório final e participando directamente no processo de avaliação.

ARTIGO 16º
Obrigações do patrono

Ao aceitar o tirocínio do advogado estagiário o patrono fica vinculado ao cumprimento dos seguintes deveres:

a) Permitir ao advogado estagiário o acesso ao seu escritório e a utilização deste, nas condições e com as limitações que venha a estabelecer;

b) Apoiar o advogado estagiário na condução dos processos de cujo patrocínio este venha a ser incumbido, no quadro legal e regulamentar vigente;

c) Aconselhar, orientar e informar o advogado estagiário durante todo o tempo de formação;

d) Compensar o advogado estagiário das despesas por este efectuadas nos processos em que actuem conjuntamente, ou que tenham sido confiados pelo patrono ao advogado estagiário, nomeadamente, no âmbito do sistema de acesso ao direito e aos tribunais em conformidade com o quadro legal e regulamentar vigente;

e) Fazer-se acompanhar do advogado estagiário em diligências judiciais quando este o solicite ou quando o interesse das questões em causa o recomende;

f) Permitir que o advogado estagiário tenha acesso a peças forenses da autoria do patrono e que assista a conferências com clientes;

g) Facilitar o acesso à utilização dos serviços do escritório, designadamente de telefones, telefax, computadores e outros nas condições e com as limitações que venha a determinar;

h) Consentir a aposição da assinatura do advogado estagiário, por si ou juntamente com a do patrono, em todos os trabalhos por aquele realizados;

i) Colaborar com o advogado estagiário na condução dos processos de cujo patrocínio venham a ser co-responsavelmente incumbidos;

j) Cumprir as formalidades legais inerentes à realização do estágio;

l) Acompanhar, salvo motivo de impedimento, o advogado estagiário na prova oral final, participando nela nos termos admitidos pelo presente Regulamento;

m) Não aceitar mais do que dois advogados estagiários, em simultâneo, em cada fase de estágio.

ARTIGO 17º
Escusa pelo patrono

O patrono apenas pode escusar-se das suas funções quando ocorra um motivo fundamentado, devendo para o efeito dirigir solicitação escrita ao Conselho Distrital competente, cabendo recurso para o Conselho Geral.

SECÇÃO III
Fase de formação inicial

ARTIGO 18º
Conteúdo e objectivos da formação inicial

1 – A fase de formação inicial é constituída pelo acompanhamento do escritório do patrono e pelo estudo das matérias constantes dos programas de estágio, devendo o advogado estagiário participar nas sessões de formação ministradas pelos centros de estágio que devem, primordialmente, ser vocacionadas para a componente prática dos actos inerentes ao exercício da profissão.

2 – Os programas de estágio da fase de formação inicial compreendem as áreas de deontologia profissional, direito constitucional e direitos humanos, prática processual civil, prática processual penal, organização judiciária e informática jurídica, cabendo a sua aprovação ao Conselho Geral, ouvida a CNEF.

3 – O Conselho Geral, ouvida a CNEF, poderá promover a nível nacional, acções de formação, na vertente prática, em colaboração com outras entidades.

4 – As sessões de formação a ministrar pelos centros de estágio deverão comportar, obrigatoriamente, a simulação de diligências processuais, nomeadamente audiências de julgamento, bem como a tramitação de processos em primeira instância e nos tribunais superiores.

ARTIGO 19º
Prova de aferição

1 – No final da fase de formação inicial, o advogado estagiário inscrito no curso de estágio será submetido à prova de aferição, que terá âmbito nacional e garantia de anonimato.

2 – A prova nacional de aferição será organizada pela CNA e tem por objectivo avaliar a aquisição de conhecimentos sobre as matérias fixadas no nº 2 do artigo 18º.

ARTIGO 20º
Organização, conteúdo e execução da prova de aferição

1 – A prova de aferição é constituída por três testes escritos, cada um deles abrangendo duas matérias distintas.

2 – O enunciado dos testes que integram a prova de aferição deve conter indicação das cotações e a correcção deverá ser efectuada em obediência à grelha de correcção previamente organizada e distribuída pelos correctores.

3 – A prova será realizada até ao termo do período de seis meses da fase de formação inicial.

4 – Na execução dos diversos testes que integram a prova de aferição apenas poderá ser consultada legislação e regulamentação, ainda que anotada.

5 – A cada um dos testes da prova de aferição será atribuída classificação com notas na escala de 0 a 20, devendo a classificação obtida ser arredondada por excesso quando igual ou superior a 0,5 e por defeito quando inferior.

ARTIGO 21º
Pedido de revisão de prova

1 – Constitui direito do advogado estagiário solicitar a revisão dos testes, devendo para o efeito dirigir a sua pretensão, por escrito e devidamente fundamentada, ao presidente da CNA no prazo de 15 dias contados da data da afixação da classificação, podendo para este efeito consultar a prova que realizou e ter acesso à grelha de correcção.

2 – A revisão dos testes escritos, limitada ao conteúdo da reclamação apresentada, será objecto de parecer fundamentado a emitir por avaliador da mesma área, mas distinto do que procedeu à classificação, devendo a decisão final da revisão ser tomada, sem recurso, pelo plenário da CNA.

3 – A CNEF poderá solicitar informações regulares sobre as classificações dos testes e resultados das revisões.

ARTIGO 22º
Admissão à fase de formação complementar

Serão admitidos à fase de formação complementar os advogados estagiários que obtiverem aprovação nos testes que integram a prova de aferição.

ARTIGO 23º
Repetição dos testes escritos da prova de aferição

1 – O advogado estagiário que falte justificadamente a todos ou algum dos exames da prova de aferição poderá realizar, por uma única vez, novo teste escrito na área ou áreas a que faltou, desde que o requeira no prazo de 10 dias a contar da publicação da pauta de classificação, sob pena de suspensão automática da inscrição.

2 – A falta injustificada implica a repetição da fase inicial do estágio.

3 – A repetição dos testes realizar-se-á com carácter de urgência.

4 – A desistência equivale a reprovação.

ARTIGO 24º
Testes de repetição

1 – O registo de nova falta, ainda que justificada, ao teste de repetição, ou de obtenção de classificação negativa na prova de aferição, implica nova inscrição no curso de estágio e consequente repetição de todos os testes da prova de aferição.

2 – Nos casos previstos no número anterior, os advogados estagiários deverão ser integrados pelos centros de estágio no primeiro curso que se iniciar após a reinscrição.

3 – A fase de formação inicial só pode ser repetida uma vez.

4 – O advogado estagiário que não passe à fase complementar, na sequência da repetição da fase de formação inicial, ficará impedido de se reinscrever em novo curso de estágio pelo período de três anos.[219]

SECÇÃO IV
Formação complementar

ARTIGO 25º
Prática profissional tutelada

Durante a fase de formação complementar, o exercício da actividade profissional do advogado estagiário continuará a decorrer sob a direcção geral e permanente do patrono e sempre sob a alçada, orientação e intervenção da CNEF e dos centros de estágio, que deverão incrementar acções de formação especialmente vocacionadas para a prática forense, designadamente, simulações de diligências processuais e audiências de julgamento.

ARTIGO 26º
Patronos formadores

O Conselho Geral poderá implementar programas de patronos formadores cuja função e objectivos serão estabelecidos pela CNEF em articulação com os Conselhos Distritais.

ARTIGO 27º
Coordenação da fase de formação complementar

1 – A CNEF deverá assegurar, de forma coordenada com os centros de estágio, o acompanhamento dos advogados estagiários durante a fase de formação complementar, promovendo a sua intervenção no âmbito do Acesso ao Direito e aos Tribunais no quadro legal e regulamentar vigente, estabelecendo programas de formação prática que constituam um desenvolvimento da formação obtida nos escritórios dos patronos.

2 – A CNEF, ouvidos os centros de estágio, poderá designar um coordenador nacional para a fase de formação complementar.

ARTIGO 28º
Acções de formação complementar

Compete em especial aos centros de estágio, em articulação com a CNEF e com os patronos e, sempre que possível, com o contributo das delegações e com a colaboração de outras entidades:

---

[219] O Tribunal Constitucional, no Acórdão nº 89/2012, de 15 de fevereiro de 2012, publicado no Diário da República, 1ª série, de 9 março de 2012, declarou a inconstitucionalidade, com força obrigatória geral, das normas constantes dos nºs 3 e 4 do artigo 24º deste diploma, por violação das normas dos artigos 47º, nº 1, e 165º, nº 1, alínea b), da Constituição.

a) Executar e disponibilizar gratuitamente aos advogados estagiários sessões de formação que comportem a tramitação de processos, simulação e assistência a audiências de julgamento, no domínio das seguintes áreas, de acordo com recomendações da CNEF:

    (*i*) Práticas Processuais Tributárias;
    (*ii*) Práticas Processuais Administrativas;
    (*iii*) Práticas Processuais Laborais;
    (*iv*) Processo de Insolvência;
    (*v*) Direito das Sociedades;
    (*vi*) Direito Comunitário;
    (*vii*) Direito Constitucional e tramitação processual no Tribunal constitucional;
    (*viii*) Tramitação processual no Tribunal Europeu dos Direitos do Homem.

b) Promover a realização de conferências, seminários, colóquios, moot courts e outras acções de natureza prática que, pelo seu objecto ou finalidade, se enquadrem nos objectivos da segunda fase de formação, com especial atenção para as áreas dos contratos e do registo e notariado;

c) Incentivar a participação dos patronos nas tarefas do estágio e procurar solucionar divergências no domínio do seu relacionamento com os advogados estagiários;

d) Fornecer aos advogados estagiários informação sobre a formação e saídas profissionais.

ARTIGO 29º
Deveres específicos dos advogados estagiários

1 – Para além dos deveres previstos no artigo 9º, constituem, ainda, deveres do advogado estagiário durante a fase de formação complementar:

a) Participar nos processos judiciais que lhe forem confiados no quadro legal e regulamentar vigente e solicitar ao patrono apoio no patrocínio dos respectivos processos;

b) Participar no sistema de acesso ao direito e aos tribunais na modalidade prevista na alínea e), do nº 1, do artigo 18º da Portaria nº 10/2008, de 3 de Janeiro, com a redacção que lhe foi introduzida pela Portaria nº 210/2008, de 29 de Fevereiro, quando para tal seja nomeado;

c) A realização de 15 intervenções em procedimentos judiciais, independentemente de instância ou jurisdição, seja em regime de mandato, seja por substabelecimento, comprovadas pelas actas da audiência ou diligência em que tenham intervindo, ou por cópia das peças processuais por si subscritas individualmente ou conjuntamente com o patrono.

d) A apresentação de relatório final da sua autoria referente a todas as suas actividades de estágio.

2 – Os patronos devem permitir, sempre que possível, o patrocínio conjunto com os seus advogados estagiários e a subscrição por estes das peças em cuja elaboração tenham colaborado.

ARTIGO 30º
Relatório do patrono

1 – No termo da fase de formação complementar, o patrono elaborará relatório final da actividade exercida pelo estagiário, devendo emitir parecer fundamentado sobre a aptidão ou inaptidão do estagiário para ser submetido ao exame final de agregação.

2 – O estagiário só poderá ser admitido a exame final de agregação após obter parecer favorável do seu patrono a atestar a sua aptidão profissional para o exercício da sua profissão.

3 – O relatório aqui consignado, bem como o que se encontra previsto na alínea *d*) do nº 1 do artigo anterior, são apresentados sob compromisso de honra quanto aos seus conteúdos, o que constitui meio idóneo de comprovação da respectiva veracidade.

4 – Quando o estágio tiver decorrido sob a orientação de mais do que um patrono, deve o advogado estagiário apresentar tantos relatórios quanto o número de patronos, devendo a ponderação final daqueles ser efectuada pelo presidente do centro de estágio, sempre que tal se justifique.

5 – No caso de se verificar a recusa injustificada ou a impossibilidade do patrono para a elaboração do relatório referido no nº 1, o presidente do centro de estágio respectivo poderá substituir-se ao patrono depois de analisado o trajecto formativo do estagiário e a documentação que for julgada necessária.

SECÇÃO V
Acesso ao exame final de avaliação e agregação

ARTIGO 31º
Encerramento do processo de formação

1 – No processo individual do advogado estagiário os serviços administrativos incorporarão todos os elementos que forem apresentados por este e bem assim os registos disciplinares, informações e pareceres que respeitem ao estágio e que sejam relevantes para instruir a informação final, em especial a informação que venha a ser prestada pela instituição de ensino relativamente à duração lectiva da licenciatura.

2 – Tendo em vista a finalidade prevista no nº 1, o advogado estagiário deverá apresentar no centro de estágio todos os relatórios e demais elementos impostos para a conclusão do seu processo de avaliação, no prazo máximo de 15 dias contados da data da conclusão dos 18 meses correspondentes à fase de formação complementar do estágio, devendo, ainda, requerer a sua admissão ao exame final de avaliação e agregação, apresentar o tema da exposição a efectuar na prova oral e requerer a sua inscrição como advogado sob pena de incorrer no disposto no artigo 12º, nº 4.

ARTIGO 32º
Informação final

1 – Cumprido que esteja o disposto no artigo anterior, para qualquer uma das hipóteses aí consignadas, o centro de estágio dispõe de um prazo de 30 dias para a emissão da informação de "Admitido" ou "Não Admitido", o que constitui o resul-

tado de uma mera verificação do cumprimento das obrigações impostas pelo presente Regulamento.

2 – Verificando-se a emissão de informação positiva, o advogado estagiário fica automaticamente admitido, sem necessidade de outras formalidades, ao exame final de avaliação e agregação que se realizará no termo do estágio.

3 – Não sendo admitido poderá o advogado estagiário requerer ao conselho distrital no prazo de 10 dias, com sucinta exposição das razões da sua discordância, que o processo de inscrição seja reapreciado, devendo a decisão ser proferida no prazo máximo de 15 dias, mas sempre antes da realização do exame final de avaliação e agregação; mantendo-se a informação de não admitido, se não for pedida a prorrogação do tempo de estágio no prazo de 15 dias, ficará este automaticamente suspenso.

CAPÍTULO IV
Exame final de avaliação e agregação

ARTIGO 33º
Exame final: objectivo e conteúdo

O exame final de avaliação e agregação é composto de uma prova escrita e de uma prova oral e corresponde à verificação da capacidade técnica e científica do advogado estagiário bem como da aferição da sua preparação deontológica para o exercício da actividade profissional de advocacia, com inerente atribuição do título de Advogado.

ARTIGO 34º
Prova escrita

1 – A prova escrita será convocada, pelo menos, duas vezes em cada ano civil e terá carácter uniforme e de realização simultânea em todo o território nacional, ficando sujeita, na sua execução, ao regime estabelecido no artigo 20º, nº 4.

2 – A prova escrita deverá conter, pelo menos, um tema de deontologia profissional e a elaboração de peças processuais nas áreas de processo civil e de processo penal e, ainda, nas áreas consignadas na alínea a) do artigo 28º, das quais o advogado estagiário optará necessariamente por duas.

3 – Cabe à CNEF, ouvidos os centros de estágio, designar as datas de realização da prova escrita e à CNA definir o seu conteúdo, valoração e correspondente grelha de correcção.

4 – Fica a cargo dos centros de estágio a organização e atribuição da classificação da prova escrita segundo uma tabela de 0 a 20, devendo a classificação obtida ser arredondada por excesso quando igual ou superior a 0,5 e por defeito quando inferior.

5 – Das classificações atribuídas pelos centros de estágio cabe recurso para a CNA, a qual decidirá em termos definitivos, aplicando-se com as devidas adaptações o formalismo da revisão da prova de aferição.

6 – A desistência ou falta injustificada equivale a reprovação.

ARTIGO 35º
Repetição da prova escrita

O advogado estagiário que obtiver na prova escrita classificação inferior a 10 valores é admitido a repetir esta prova, por uma só vez, no exame que vier a realizar-se em data imediatamente posterior, prorrogando-se o período de estágio pelo tempo correspondente.

ARTIGO 36º
Repetição da fase de formação complementar

1 – O advogado estagiário que, tendo repetido a prova escrita nos termos do artigo anterior, volte a não alcançar nota positiva fica obrigado a reiniciar a fase de formação complementar.

2 – A fase de formação complementar apenas pode ser repetida uma vez e, no caso de se verificar a falta de aproveitamento depois desta repetição, o advogado estagiário fica impedido de se inscrever em novo curso de estágio pelo período de três anos, cancelando-se de imediato a sua inscrição.

3 – A desistência ou falta injustificada ao exame de repetição equivale a reprovação.[220]

ARTIGO 37º
Suspensão imediata da inscrição

O pedido de repetição da prova escrita e o pedido de repetição da fase de formação complementar, previsto nos artigos antecedentes, devem ser dirigido por escrito ao centro de estágio competente no prazo de 15 dias contados da data da afixação das classificações, sob pena de suspensão imediata da inscrição.

ARTIGO 38º
Prova oral

O advogado estagiário que na prova escrita do exame final de avaliação e agregação obtiver classificação igual ou superior a 10 valores acede à prova oral, desde que, simultaneamente, tenha obtido nota positiva no teste de deontologia profissional.

ARTIGO 39º
Componentes da prova oral

1 – A prova oral consistirá:

a) Numa exposição oral pelo advogado estagiário tendo por tema um caso concreto com tratamento doutrinário e ou jurisprudencial controverso, preferencialmente de que tenha tido conhecimento ao longo do seu processo de estágio,

---

[220] O Tribunal Constitucional, no Acórdão nº 89/2012, de 15 de fevereiro de 2012, publicado no Diário da República, 1ª série, de 9 de março de 2012, declarou a inconstitucionalidade, com força obrigatória geral, das normas constantes da segunda parte do nº 2 deste artigo, por violação das normas dos artigos 47º, nº 1, e 165, nº 1, alínea b), da Constituição.

cabendo ao exponente, em alegação e debate com o júri, explicar as posições em confronto e defender uma das teses controvertidas;

b) Numa argumentação oral em que o advogado estagiário simulará com o júri uma intervenção em audiência de julgamento;

c) Na discussão teórico-prática de questões de índole profissional, com enquadramento nas matérias constantes do processo de estágio e, com total amplitude, sobre matérias de índole deontológica, tudo tendo em vista a avaliação do grau de aquisição pelo candidato dos níveis de qualificação técnica, científica e ética exigíveis na advocacia.

2 – A escolha do tema da prova oral deverá ser feita mediante a entrega de original em suporte de papel, em quadruplicado, ou em alternativa em suporte digital, devidamente sumariado, com indicação das referências doutrinárias e cópia das decisões jurisprudenciais referidas pelo examinando, relativas à questão jurídica suscitada.

ARTIGO 40º
Composição e designação do júri

1 – A prova oral será prestada nos centros de estágio perante um júri composto por três membros, competindo aos respectivos Conselhos Distritais nomear, com prévia audição da CNEF, os respectivos júris.

2 – Dois dos membros do júri serão necessariamente advogados de reconhecido mérito e competência, podendo o terceiro ser magistrado ou jurista de reconhecida capacidade técnica.

3 – Os membros do júri deverão ter mais de 10 anos de exercício efectivo da profissão e não ter sido punidos com sanção disciplinar superior a multa.

4 – Os membros do júri elegem o respectivo presidente.

ARTIGO 41º
Classificações a atribuir na prova oral

1 – O júri atribuirá ao candidato fundamentadamente e em função da prova oral e demais elementos de avaliação constantes do processo individual do advogado estagiário, a classificação final de Não Aprovado ou Aprovado por maioria de votos dos seus membros.

2 – Poderá, ainda, o júri atribuir ao candidato a classificação máxima de Aprovado com Distinção se o advogado estagiário, não tendo registado qualquer nota negativa durante o estágio, alcançar uma classificação média na prova de aferição e exame escrito final da prova de avaliação e agregação de 15 valores e cumprir na prova oral os seguintes requisitos:

a) Domínio da oralidade;
b) Domínio da retórica argumentativa;
c) Sustentados conhecimentos jurídicos do tema tratado na prova oral; e
d) Capacidade de resolução de questões práticas sobre deontologia profissional.

3 – O patrono do advogado estagiário será notificado para estar presente na prestação da prova oral, podendo nela participar, com direito a emitir parecer sobre a forma como a prova decorreu e intervir na discussão da classificação, mas não na votação desta.

ARTIGO 42º
Efeitos da classificação negativa na prova oral

1 – No caso de reprovação na prova oral, é admitida, a requerimento do interessado, com inerente escolha do tema nos termos deste regulamento, a apresentar no prazo de quinze dias após a realização, a sua repetição por uma só vez, prorrogando-se o estágio pelo tempo necessário; o Conselho Distrital procederá à marcação de nova prova no prazo de 60 dias após o requerimento.

2 – A prova oral de repetição não pode ser prestada perante o mesmo júri, devendo o novo júri ser inteiramente composto por membros que não tenham participado na anterior avaliação, não podendo ainda incidir sobre o mesmo tema escolhido para a prova anterior.

3 – Caso não seja requerida a repetição da prova oral ou, tendo esta sido realizada, ocorra nova insuficiência, deverá o advogado estagiário repetir a fase de formação complementar, o que deverá ser requerido ao centro de estágio competente no prazo de 10 dias a contar da data de realização da prova, sob pena de suspensão automática da inscrição.

4 – No caso de repetição da fase de formação complementar e verificando-se a reprovação em prova oral, o advogado estagiário pode repetir esta prova por uma única vez.

5 – Verificando-se nova reprovação é cancelada a inscrição, ficando o advogado estagiário impedido de se inscrever em novo curso de estágio pelo período de três anos.[221]

ARTIGO 43º
Faltas às provas do exame final de avaliação e agregação

1 – Uma falta injustificada ou duas faltas, mesmo que justificadas, à prova oral que integra o exame final de avaliação e agregação importa a repetição da fase complementar do estágio, sem prejuízo do disposto no artigo 36º, nº 2.

2 – Só são consideradas justificadas as faltas que decorram de motivo atendível, devendo a justificação ser requerida, perante o presidente do centro de estágio, no prazo de 5 dias a contar da data designada para a realização da prova, em requerimento devidamente fundamentado.

3 – Os advogados estagiários que faltem à prova escrita, sendo a falta considerada justificada, poderão realizar a mesma na data que vier a ser designada para a prova escrita seguinte, ficando para ela automaticamente admitidos e mantendo até lá inalterada a sua situação estatutária.

4 – Os advogados estagiários que faltem à prova oral, e cuja falta seja considerada justificada, poderão realizar a mesma em data que lhes for designada e notificada pelo centro de estágio, mantendo inalterada, até essa data, a sua situação estatutária.

5 – A desistência equivale a reprovação.

---

[221] O Tribunal Constitucional, no Acórdão nº 89/2012, de 15 de fevereiro de 2012, publicado no Diário da República, 1ª série, de 9 março de 2012, declarou a inconstitucionalidade, com força obrigatória geral, das normas constantes da segunda parte do nº 5 deste artigo, por violação das normas dos artigos 47º, nº 1, e 165º, nº 1, alínea b), da Constituição.

CAPÍTULO V
Rede nacional e formação à distância

ARTIGO 44º
Rede nacional e formação à distância

1 – Os Conselhos Distritais, em permanente articulação com a CNEF, devem promover a instalação de pólos de formação geograficamente distribuídos pela área de intervenção de cada conselho, especialmente vocacionados para a concretização das exigências de estágio impostas por este regulamento.

2 – Os Conselhos Distritais devem, ainda, incrementar a formação à distância, em sistema e-learning, potenciando a utilização das ferramentas informáticas proporcionadas pelas plataformas de ensino desenvolvidas pela Ordem dos Advogados, orientando, no quadro do estágio, os temas das formações para as áreas definidas por este regulamento.

3 – As acções de formação, seminários, conferências, workshops que, pela sua especificidade, revelem particular interesse para a formação dos advogados estagiários podem ser integradas nos programas de estágio, como formação complementar, mas facultativa.

CAPÍTULO VI
Dos recursos

ARTIGO 44º-A
Prazo

O prazo de interposição dos recursos previstos no presente regulamento é de 15 dias a contar da notificação da decisão a recorrer.

ARTIGO 44º-B
Forma

1 – O requerimento de interposição do recurso é sempre motivado, sob pena de não admissão do mesmo.

2 – Interposto o recurso, o órgão recorrido notifica o recorrente da:

a) Não admissão do recurso por falta de motivação;
b) Admissão do recurso para o órgão competente.

CAPÍTULO VII
Disposições finais e transitórias

ARTIGO 45º
Alterações ao Regulamento nº 52-A/2005

1 – As alterações introduzidas ao Regulamento nº 52-A/2005, de 1 de Agosto entram em vigor no dia 1 de Janeiro de 2010.

2 – A nova redacção do Regulamento Nacional de Estágio aplicar-se-á aos cursos de estágio que se iniciem após a sua entrada em vigor.

3 – Aos cursos de estágio iniciados antes da entrada em vigor das presentes alterações é aplicável o Regulamento Nacional de Estágio na sua anterior redacção.

4 – Os advogados estagiários que se encontrem a cumprir a segunda fase do estágio ao abrigo dos regulamentos anteriores ficam sujeitos à nova redacção do regulamento se:

a) Obtiverem por duas vezes classificação negativa no exame final de avaliação e agregação;

b) Tiverem suspendido, por período de tempo superior a um ano, a realização do estágio, independentemente da causa da suspensão.

ARTIGO 45º-A
Contagem de Prazos

A contagem dos prazos previstos neste regulamento suspende-se aos Sábados, Domingos e feriados.

ARTIGO 46º
Regimes especiais

Havendo dificuldade relevante e atendível de qualquer conselho distrital na aplicação plena do presente Regulamento, deverá o Conselho Geral, após audição prévia da CNEF reunida em sessão plenária, deliberar sobre as medidas que, satisfazendo os interesses gerais da formação e o princípio da igualdade dos advogados estagiários perante a Ordem dos Advogados, se revelem justas e adequadas à superação de tais dificuldades.

24.4. CRITÉRIOS DE CÁLCULO DOS HONORÁRIOS[222]

1º – No que concerne aos serviços típicos da actividade dos advogados e ao cumprimento da obrigação de publicitação dos respectivos preços, a que se refere o nº 1 do artigo 10º do Decreto-Lei nº 138/90, com a redacção dada pelo artigo 1. do Decreto-Lei nº 162/99, é suficiente que o advogado dê indicação aos clientes ou potenciais clientes dos honorários previsíveis que se propõe cobrar-lhes em face dos serviços solicitados, identificando expressamente, além do valor máximo e mínimo da sua hora de trabalho, as regras previstas no nº 1 do artigo 65º do Estatuto da Ordem dos Advogados, aprovado pelo Decreto-Lei nº 84/84, de 16 de Março, quanto à obrigação de proceder com moderação na fixação do valor final dos honorários, de atender ao tempo gasto, à dificuldade do assunto, à importância dos serviços prestados, à situação económica dos interessados, aos resultados obtidos, à praxe do foro e ao estilo da comarca.

2º – A presente portaria entra em vigor no dia seguinte à sua publicação.

---

[222] Aprovados pela Portaria nº 240/2000, de 3 de maio, publicado no *Diário da República*, 2ª série, de 4 de setembro de 2007.

24.5. REGULAMENTO DOS LAUDOS DE HONORÁRIOS[223]

ANEXO I
Regulamento dos laudos de honorários

ARTIGO 1º
Competência das secções do conselho superior

Compete às secções do conselho superior da Ordem dos Advogados dar laudo sobre honorários, nos termos da alínea *e*) do n.º 3 do artigo 43º do Estatuto da Ordem dos Advogados, em relação aos serviços profissionais prestados por advogados nacionais ou estrangeiros inscritos na Ordem dos Advogados portugueses e ainda aos legitimamente prestados pelos advogados estrangeiros registados na Ordem dos Advogados portugueses sob o seu título profissional de origem.

ARTIGO 2º
Laudo

O laudo sobre honorários constitui parecer técnico e juízo sobre a qualificação e valorização dos serviços prestados pelos advogados, tendo em atenção as normas do Estatuto da Ordem dos Advogados, a demais legislação aplicável e o presente regulamento.

ARTIGO 3º
Honorários

1 – Entende-se por honoráriosh a retribuição dos serviços profissionais prestados por advogado na prática de actos próprios da profissão.

2 – O termo advogadoa inclui sempre, nas disposições deste regulamento, o advogado estagiário, com as necessárias adaptações.

ARTIGO 4º
Despesas e encargos

1 – Na emissão do laudo as secções do conselho superior da Ordem dos Advogados não devem pronunciar-se sobre as despesas e os encargos inerentes à prestação de serviços do advogado, sem prejuízo de nele se poder qualificar como honorários qualquer verba indicada como despesa.

2 – No caso de patrocínio oficioso, as secções do conselho superior da Ordem dos Advogados devem pronunciar-se sobre a razoabilidade das despesas apresentadas pelo defensor, ainda que não documentadas.

3 – O pagamento de serviços a terceiros que não sejam advogados é considerado como despesa para efeitos deste regulamento.

---

[223] Deliberação do Conselho Superior da Ordem dos Advogados, de 29 de abril de 2005, publicada no *Diário da República*, II Série, nº 98, de 20 de maio de 2005.

ARTIGO 5º
Da conta de honorários

1 – A conta de honorários deve ser apresentada ao cliente por escrito, mencionar o IVA que for devido e ser assinada pelo advogado ou por ordem e responsabilidade do advogado ou da sociedade de advogados.

2 – Os honorários devem ser fixados em euros, sem prejuízo da indicação da sua correspondência com qualquer outra moeda.

3 – A conta deve enumerar e discriminar os serviços prestados.

4 – Os honorários devem ser separados das despesas e encargos, sendo todos os valores especificados e datados.

5 – A conta deve mencionar todas as provisões recebidas.

6 – O advogado não pode agravar a conta apresentada ao cliente no caso de não pagamento oportuno ou de cobrança judicial, embora possa, querendo, exigir a indemnização devida pela mora nos termos legais.

ARTIGO 6º
Legitimidade para pedir laudo

1 – O laudo sobre honorários pode ser solicitado pelos tribunais, por outros conselhos da Ordem e, em relação às respectivas contas, pelo advogado, ou seu representante ou sucessor, pelas sociedades de advogados, ou pelo constituinte ou consulente, ou seus representantes ou sucessores.

2 – Pode ainda solicitar laudo quem, nos termos legais ou contratuais, seja responsável pelo pagamento dos honorários do advogado.

ARTIGO 7º
Outros pressupostos da emissão de laudo

1 – É pressuposto da emissão de laudo a existência de conflito ou divergência, expresso ou tácito, entre o advogado e o constituinte ou consulente acerca do valor dos honorários estabelecidos em conta já apresentada.

2 – Presume-se a existência de divergência se a conta não estiver paga pelo constituinte ou consulente três meses após a sua remessa.

3 – Para efeito do disposto no número anterior não é considerado pagamento da conta a compensação efectuada com as quantias recebidas a título de provisão antes da apresentação da conta final.

4 – Presume-se que todas as quantias recebidas antes da apresentação da conta final o são a título de provisão.

5 – Pode ser sujeita a laudo prévio a repartição de honorários entre advogados que tenham colaborado no mesmo processo ou trabalho, desde que fora do âmbito do exercício da advocacia em sociedades de advogados.

6 – O advogado ou sociedade de advogados só podem obter laudo sobre honorários por si apresentados estando em dia, o advogado ou os sócios da sociedade de advogados, com os pagamentos devidos à Ordem dos Advogados e se tiverem apresentado a sua conta de honorários nos termos do artigo 5º do presente regulamento, o que não impede que qualquer dos outros titulares do direito a requerer laudo possa exercê-lo.

ARTIGO 8º
Pedido de laudo

1 – O pedido de laudo sobre honorários deve ser formulado por escrito dirigido ao presidente do conselho superior e instruído com a conta.

2 – O pedido é apresentado directamente ou remetido à sede da ordem, do conselho distrital ou da delegação.

3 – O pedido de laudo tem de ser fundamentado, salvo se formulado por tribunal.

4 – O pedido tem de identificar o advogado ou a sociedade de advogados, pelo seu nome, firma ou denominação e domicílio profissional, e o constituinte ou consulente, também com o nome e o respectivo domicílio, e, se possível, o número de telefone, de telefax e o endereço electrónico de todas as partes envolvidas.

ARTIGO 9º
Departamento de Processos

Ao Departamento de Processos cabe:

a) Registar e autuar os pedidos de laudo e proceder à sua distribuição;
b) Manter em ordem e actualizados os registos informáticos de entrada e da sequência do processo até final;
c) Prestar informação sobre o andamento dos processos, sem prejuízo do disposto no artigo 21º;
d) Indicar anualmente o escrivão dos processos de laudo.

ARTIGO 10º
Escrivão

1 – Compete ao escrivão autuar o processo e velar pela sua marcha de acordo com a tramitação prevista neste regulamento, bem como com os despachos do instrutor, do relator-adjunto ou do relator e as deliberações das secções do conselho superior.

2 – Compete ao escrivão proceder à comunicação dos autos e ao seu registo nos termos previstos neste regulamento.

3 – O escrivão deve juntar ao processo cópia das fichas pessoais do advogado ou dos sócios da sociedade de advogados cujos honorários são objecto do laudo e informação sobre se é devida ou não qualquer quota à Ordem dos Advogados.

ARTIGO 11º
Relator e relator-adjunto

1 – São relatores os membros do conselho superior designados por despacho do respectivo presidente.

2 – Compete ao relator superintender no processo de laudo ao longo de toda a sua tramitação e subscrever o parecer final a submeter a deliberação da secção competente do conselho superior.

3 – O relator pode designar, por despacho, como relator-adjunto advogado não membro do conselho superior para, com ou sem remuneração, exercer funções e praticar os actos que lhe forem cometidos pelo relator.

4 – O presidente do conselho superior pode aceitar a escusa do relator quando este invoque razão atendível ou substituí-lo em caso de suspeição fundamentada. O relator-adjunto pode ser livremente exonerado a todo o tempo por despacho do relator.

5 – É competente para deliberar sobre o laudo a secção do conselho superior que integre o relator.

ARTIGO 12º
Distribuição

Registada e autuada, a petição é distribuída pelo presidente do conselho superior a um relator, sendo, no mesmo despacho, cometida a advogado instrutor, contratado pela Ordem dos Advogados, a instrução e o expediente do processo, com exclusão da elaboração do parecer final mencionado no artigo 15º deste regulamento.

ARTIGO 13º
Despacho liminar

1 – O instrutor verifica liminarmente se a petição está devidamente fundamentada e instruída e se se verificam as condições de legitimidade do requerente e os demais pressupostos; em caso negativo, manda notificar o requerente para suprir as faltas, no prazo de 15 dias, informando que o não suprimento poderá dar causa ao arquivamento do processo.

2 – Sendo o requerente ou os sócios da sociedade de advogados requerente devedores de quotas à Ordem dos Advogados, serão os mesmos avisados para as satisfazer no prazo que for fixado, não inferior a 15 dias, com a informação de que o incumprimento do prazo poderá dar causa ao arquivamento do processo.

ARTIGO 14º
Instrução

1 – O instrutor deve sempre notificar o requerido ou os requeridos para responderem, querendo, no prazo de 15 dias, remetendo-se com a notificação cópia do pedido e dos documentos que o acompanharam.

2 – Se o pedido tiver sido formulado por advogado ou por sociedade de advogados, o instrutor deve ordenar a sua notificação para se pronunciarem, querendo, sobre a resposta da entidade ou entidades requeridas.

3 – O instrutor pode solicitar aos tribunais o envio, a título devolutivo, nos termos do artigo 7º do Estatuto da Ordem dos Advogados, dos autos em que se discutem os honorários e, bem assim, daqueles em que foram prestados serviços a eles relativos.

4 – Sempre que tenha conhecimento de que existe processo disciplinar pendente tendo por objecto a apreciação de condutas profissionais relacionadas com a conta de honorários que constitui objecto do pedido de laudo, o instrutor solicita ao competente órgão disciplinar os esclarecimentos necessários para se poder verificar se o objecto do processo disciplinar tem efectiva relação com a retribuição dos serviços a que se referem os honorários e, em caso afirmativo, deve requisitar cópia do referido processo para dele retirar os elementos necessários para a devida instrução do pedido.

5 – O instrutor, quando considerar finda a instrução, determina que os autos sejam presentes ao relator, podendo ser determinada a realização de diligências complementares que porventura sejam julgadas necessárias.

ARTIGO 15º
Parecer do relator

1 – Concluídas as diligências de instrução, o relator, tendo em consideração o enquadramento das divergências vertentes, poderá, oficiosamente ou a requerimento de qualquer interessado, convocar os intervenientes processuais para uma diligência compositória com vista à resolução da pendência por consenso.

2 – Optando por não realizar a diligência compositória ou caso esta se frustre, o relator, no prazo de 30 dias, formula o seu parecer e envia-o, se possível por correio electrónico, para o Departamento de Processos da Ordem dos Advogados, devolvendo de imediato o processo ao mesmo Departamento, acompanhado do original do parecer.

3 – O parecer deve ser fundamentado, deve conhecer dos pressupostos do pedido e de todas as questões susceptíveis de prejudicar o seu conhecimento e deve, no caso de concluir por proposta no sentido de se conhecer do pedido, discriminar os serviços considerados prestados e os critérios seguidos na fixação dos honorários, concluindo por proposta de concessão ou negação do laudo requerido.

4 – O parecer deve concluir pela proposta de concessão de laudo se a diferença de valores entre os honorários fixados e os que o relator consideraria moderados for inferior a 10% dos primeiros.

5 – No caso de entender que não deve ser concedido laudo por imoderação dos honorários fixados, o relator deve propor o valor dos honorários que, se tivesse sido praticado, mereceria laudo favorável.

6 – O parecer que haja sido formulado por relator-adjunto, no âmbito do exercício de funções consequente à designação a que se refere o nº 3 do artigo 11º deste regulamento, só poderá ser submetido a deliberação da secção se obtiver a expressa concordância do relator, sendo por ele assumido, subscrito e proposto a deliberação da secção.

ARTIGO 16º
Indícios de falta disciplinar

1 – O relator, se verificar a existência de indícios de que as condutas profissionais de advogado ou advogados, relacionadas com os serviços prestados a que se refere a conta de honorários, são susceptíveis de integrar ilícito disciplinar, deve, caso não ocorra já a respectiva pendência, propor no seu parecer a participação do facto ao órgão disciplinar competente.

2 – Sendo, nos termos do número anterior, as condutas profissionais susceptíveis de integrar ilícito disciplinar imputáveis ao advogado ou aos sócios da sociedade de advogados requerentes do laudo, o relator deve propor no seu parecer que não se conheça do pedido e que se ordene o arquivamento dos autos.

ARTIGO 17º
Decisão final

1 – O parecer do relator é enviado, sempre que possível por via electrónica, pelo Departamento de Processos aos membros do conselho superior, que terão de deliberar sobre ele, sendo objecto de apreciação na primeira reunião da secção competente.

2 – No caso de rejeição do parecer do relator, o processo é, por deliberação da secção, distribuído a novo relator, escolhido de entre os membros que votaram no sentido da rejeição.

3 – Os membros da secção do conselho superior que não aprovarem o parecer devem justificar por escrito o seu voto na acta da sessão.

4 – A decisão e o parecer proferidos são notificados ao requerente e demais interessados.

5 – A decisão final que conheça do pedido é nula quando faltem pressupostos para a emissão de laudo, não forem notificados os interessados nos termos do disposto nos nºs 1 e 2 do artigo 14º ou não for fundamentada em conformidade com o nº 3 do artigo 15º.

ARTIGO 18º
Desistência e repetição do pedido

1 – Os requerentes podem desistir do pedido de laudo até ao momento em que o relator apresentar o seu parecer para deliberação na secção, mas não podem repetir o pedido.

2 – Após a apresentação do parecer do relator para deliberação na secção, a desistência dos requerentes só será admitida se obtiver a expressa aceitação dos demais intervenientes processuais interessados no laudo, que, caso a aceitem, não poderão requerer, eles próprios, outro laudo sobre a mesma conta de honorários.

ARTIGO 19º
Arguição de nulidades e recurso

1 – É de 15 dias o prazo para a arguição de nulidades da decisão final.

2 – Não há recurso das deliberações das secções proferidas nos processos de laudo.

ARTIGO 20º
Revisão

1 – O requerente e o requerido podem requerer a revisão de deliberação proferida em processo de laudo, no prazo de um ano a contar da notificação da mesma deliberação, com fundamento em novos factos, que não pudessem ter sido invocados no decurso do processo.

2 – O pedido de revisão é dirigido ao presidente do conselho superior e deve invocar e justificar qualquer das condições de admissibilidade previstas no número anterior.

3 – Na instrução e na deliberação sobre o pedido de revisão não participam membros do conselho superior que tenham intervindo anteriormente no processo.

4 – O presidente do conselho superior nomeia como relator do processo de revisão um membro do mesmo conselho, o qual deve apresentar parecer sobre a verificação das condições de admissibilidade da revisão e, caso considere que as mesmas se verificam, um novo parecer delas resultante, que submeterá a deliberação da secção.

5 – Caso a secção não concorde com o parecer do relator e entenda necessária a apresentação de um novo parecer, nomeia novo relator para o efeito, de entre os seus membros que tenham feito maioria, seguindo-se os demais trâmites previstos neste regulamento.

ARTIGO 21º
Confidencialidade

1 – Os processos de laudo são confidenciais, antes e depois de julgados, sem prejuízo do envio dos pareceres e decisões finais aos requerentes e demais interessados.

2 – O relator pode ordenar que se passem certidões ou cópias às partes interessadas, desde que julgue haver fundamento que justifique o pedido.

ARTIGO 22º
Casos omissos

Os casos não previstos no presente regulamento são resolvidos pelo conselho superior, em sessão plenária.

ARTIGO 23º
Emolumentos

1 – Pelo pedido de laudo, excepto quando solicitado por outro conselho da Ordem dos Advogados, são devidos emolumentos fixados pelo conselho geral, a suportar pelo requerente e pelos interessados que queiram intervir no processo de laudo.

2 – Verificando-se resolução amigável da pendência a que alude o nº 1 do artigo 15º, haverá lugar ao reembolso de 50% dos emolumentos pagos.

3 – Se o pedido for ordenado pelo juiz, deve a secretaria do tribunal assegurar o pagamento dos emolumentos, previsto no nº 1 deste preceito, que serão suportados a final de acordo com as regras gerais.

4 – Por cada pedido de revisão são devidos emolumentos equivalentes a um quarto do montante pago pelo respectivo pedido de laudo.

ARTIGO 24º
Alterações

Quaisquer alterações a este regulamento serão deliberadas pelo conselho superior.

ARTIGO 25º
Tabela de emolumentos

Mantém-se em vigor a tabela de emolumentos aprovada pelo conselho geral da Ordem dos Advogados e que constitui anexo ao regulamento nº 36/2003, publicado no *Diário da República*, 2ª série, de 6 de Agosto de 2003, a qual é também publicada como anexo do presente regulamento.

ARTIGO 26º
Entrada em vigor

Este regulamento entra em vigor imediatamente após a sua publicação.

ANEXO II
Tabela de emolumentos
(artigo 23º do regulamento dos laudos de honorários)

Valor do pedido	Emolumentos (valor em euros)
Até € 1 250	100
Superior a € 1 250 e até € 2 500	200
Superior a € 2 500 e até € 7 500	300
Superior a € 7 500 e até € 25 000	400
Superior a € 25 000 e até € 50 000	500
Superior a € 50 000	750

24.6. REGIME JURÍDICO DAS SOCIEDADES DE ADVOGADOS[224]

CAPÍTULO I
Disposições gerais

ARTIGO 1º
Âmbito

1 – O presente diploma estabelece o regime jurídico aplicável às sociedades de advogados.

2 – As sociedades de advogados são sociedades civis em que dois ou mais advogados acordam no exercício em comum da profissão de advogado, a fim de repartirem entre si os respectivos lucros.

ARTIGO 2º
Direito subsidiário

Os casos que o presente diploma não preveja são regulados segundo as normas do Código Civil sobre o contrato de sociedade.

ARTIGO 3º
Personalidade jurídica

1 – As sociedades de advogados gozam de personalidade jurídica, sendo esta adquirida a partir da data do registo do contrato de sociedade.

---

[224] Aprovado pelo Decreto-Lei nº 229/2004, de 10 de dezembro.

2 – Pelos actos praticados em nome da sociedade até ao registo respondem solidariamente todos os sócios.

3 – Após o registo do contrato, a sociedade assume os direitos e obrigações decorrentes dos actos praticados em seu nome.

ARTIGO 4º
Capacidade

A capacidade das sociedades de advogados abrange todos os direitos e obrigações necessários ou convenientes ao exercício em comum da profissão de advogado, exceptuando aqueles que lhes sejam vedados por lei ou os que sejam inseparáveis da personalidade singular.

ARTIGO 5º
Sócios

1 – As participações em sociedades de advogados são obrigatoriamente nominativas e só podem ser detidas por advogados inscritos na Ordem dos Advogados, com exclusão dos advogados estagiários.

2 – Os advogados da União Europeia registados na Ordem dos Advogados, caso não sejam sócios de uma sociedade de advogados constituída de acordo com o direito interno do respectivo Estado, podem constituir entre si, com advogados portugueses ou com advogados de diferentes Estados membros da União Europeia, uma sociedade de advogados.

3 – Os advogados só podem fazer parte de uma única sociedade de advogados e devem consagrar a esta toda a sua actividade profissional de advogados, sem prejuízo do disposto no número seguinte.

4 – Qualquer dos sócios pode exercer actividade profissional de advogado fora da sociedade, desde que autorizado no contrato de sociedade ou em acordo escrito de todos os sócios.

5 – Salvo a situação prevista no número anterior, devem os sócios prestar mutuamente informações sobre a sua actividade profissional de advogado sem que tal envolva violação do segredo profissional, ao qual ficam obrigados todos os sócios.

6 – As procurações forenses devem indicar obrigatoriamente a sociedade de que o advogado ou advogados constituídos façam parte.

7 – Sem prejuízo da faculdade de substabelecer nos termos gerais, o mandato conferido a apenas algum ou alguns dos sócios de uma sociedade de advogados não se considera automaticamente extensivo aos restantes sócios.

ARTIGO 6º
Associados

1 – Nas sociedades de advogados podem exercer a sua actividade profissional advogados não sócios que tomam a designação de associados.

2 – Os direitos e deveres dos associados devem constar do contrato de sociedade ou ficar definidos nos planos de carreira e deles deve ser dado conhecimento ao associado, no momento da sua integração na sociedade.

CAPÍTULO II
Constituição e registo da sociedade

ARTIGO 7º
Contrato de sociedade

1 – O contrato de sociedade deve conter obrigatoriamente as seguintes menções:
 a) O nome e o número de inscrição na Ordem dos Advogados dos sócios;
 b) A firma da sociedade;
 c) A sede social;
 d) O montante do capital social, a natureza e o valor das participações que o representam e os respectivos titulares;
 e) Consistindo a entrada em bens diferentes de dinheiro, a descrição destes, bem como a especificação e a justificação dos respectivos valores;
 f) A declaração da realização total ou parcial do capital;
 g) O modo de determinação das participações de indústria;
 h) O modo de determinação de repartição dos resultados;
 i) A forma de designação dos órgãos sociais;
 j) Os direitos especiais concedidos a algum ou alguns dos sócios, se existirem;
 l) O regime de responsabilidade por dívidas sociais.

2 – O contrato de sociedade pode prever a abertura de outros escritórios da sociedade, no País ou no estrangeiro, para além do escritório da sede.

3 – O contrato de sociedade deve constar de documento particular, salvo quando haja entrada de bens imóveis, caso em que deve constar de escritura pública.

4 – O contrato de sociedade só pode ser outorgado depois de aprovado o projecto do contrato de sociedade pela Ordem dos Advogados, nos termos do artigo seguinte.

ARTIGO 8º
Aprovação do projecto de contrato de sociedade

1 – O projecto de contrato de sociedade é submetido à aprovação do conselho geral da Ordem dos Advogados, o qual exerce um controlo de mera legalidade, verificando designadamente se o mesmo está de harmonia com as normas deontológicas constantes do Estatuto da Ordem dos Advogados, bem como com as regras previstas neste diploma.

2 – O projecto de contrato de sociedade deve ser acompanhado do certificado de admissibilidade de firma.

3 – Da deliberação do conselho geral cabe recurso para o conselho superior da Ordem dos Advogados.

4 – Se o conselho geral ou o conselho superior da Ordem dos Advogados não se pronunciarem no prazo de 30 dias, considera-se para todos os efeitos como aprovado o projecto de contrato de sociedade.

ARTIGO 9º
Registo

1 – No prazo de 15 dias após a outorga do contrato de sociedade, deve ser apresentada ao conselho geral da Ordem dos Advogados uma cópia autenticada do contrato, que fica arquivada, a fim de se proceder ao registo em livro próprio.

2 – O conselho geral da Ordem dos Advogados deve promover o registo no prazo de 10 dias.

3 – Fica, ainda, sujeita a registo a identificação de todos os advogados associados e advogados estagiários que exerçam a sua actividade profissional na sociedade de advogados.

4 – Pode o pedido de registo ser recusado com fundamento em violação manifesta de normas deontológicas constantes do Estatuto da Ordem dos Advogados, bem como das regras previstas neste diploma.

5 – Aos casos de recusa de registo é aplicável o disposto no nº 3 do artigo 8º.

6 – A Ordem dos Advogados deve comunicar à Direcção-Geral da Administração da Justiça os registos a que proceder.

CAPÍTULO III
Firma

ARTIGO 10º
Composição da firma

1 – A firma da sociedade é constituída pelo nome profissional, completo ou abreviado, de todos, alguns ou algum dos sócios da sociedade e termina com a expressão sociedade de advogadoss e a menção do regime de responsabilidade, com as iniciais RL para as sociedades de responsabilidade limitada, ou RI para as sociedades de responsabilidade ilimitada.

2 – Quando a firma não individualize o nome de todos os sócios, deve ser aditada a expressão e associadose ou & associados&.

3 – A firma da sociedade pode ser mantida com o nome, completo ou abreviado, de ex-sócios mediante autorização escrita destes ou dos seus herdeiros, dada a qualquer momento.

4 – Quando o nome do ex-sócio tenha figurado na firma da sociedade por mais de 20 anos, deixa de ser necessária a autorização referida no número anterior.

ARTIGO 11º
Correspondência e papel timbrado

1 – A firma da sociedade e cumulativamente a menção sociedade de advogados de responsabilidade ilimitadas ou sociedade de advogados de responsabilidade limitadas, conforme os casos, dever constar da correspondência e de todos os documentos da sociedade e dos escritos profissionais dos sócios, associados ou advogados estagiários.

2 – Sem prejuízo do previsto no número anterior, é permitido o uso de denominações abreviadas com recurso às iniciais dos nomes que compõem a firma da sociedade, bem como de logótipos, sujeitos a aprovação nos termos do artigo 8º.

CAPÍTULO IV
Participações sociais, cessão, amortização e transmissão

ARTIGO 12º
Participações de indústria e de capital

Todos os sócios integram obrigatoriamente a sociedade com participações de indústria e todos, alguns ou algum deles, segundo o que for convencionado, também com participações de capital.

ARTIGO 13º
Participações de indústria

1 – As participações de indústria não concorrem para a formação do capital social e presumem-se iguais, salvo estipulação em contrário do contrato de sociedade.

2 – As participações de indústria são intransmissíveis e extinguem-se sempre que o respectivo titular deixe, por qualquer razão, de ser sócio da sociedade.

3 – Extinguindo-se a participação, o sócio ou os seus herdeiros têm direito, salvo convenção em contrário, a receber da sociedade relativamente à sua participação de indústria e na proporção desta:

a) Uma importância correspondente à quota-parte das reservas sociais constituídas com referência ao período de tempo em que o sócio efectivamente exerceu a sua actividade na sociedade;

b) Uma importância correspondente aos lucros do exercício em curso, que inclui o valor dos serviços já prestados e ainda não facturados, na proporção do tempo decorrido desse exercício.

4 – A transmissão da participação de capital do sócio não implica a extinção da respectiva participação de indústria, salvo deliberação em contrário de todos os outros sócios.

ARTIGO 14º
Participações de capital

1 – As participações de capital podem ser realizadas em dinheiro ou em espécie.

2 – Nas participações de capital em espécie não pode ser incluído o valor de clientela de cada sócio.

3 – O disposto no número anterior não obsta a que a clientela de cada sócio seja considerada relevante para efeitos, designadamente, de amortização de participações e de distribuição de lucros, desde que prevista no contrato ou em acordo escrito de todos os sócios.

ARTIGO 15º
Cessão de participações de capital entre sócios

1 – A cessão onerosa de participações de capital é livre entre os sócios, sem prejuízo do direito de preferência dos restantes, a exercer na proporção das suas participações, excepto se o contrato de sociedade dispuser de forma diversa.

2 – O sócio que pretenda ceder, no todo ou em parte, a respectiva participação de capital a algum ou alguns dos sócios deve comunicar aos restantes, por carta registada, com aviso de recepção, obrigatoriamente endereçada para as respectivas residências, ou através de notificação pessoal, mediante assinatura de documento certificador, o valor, os termos e condições da projectada cessão, bem como a identificação do previsto ou previstos cessionários.

3 – Recebida a comunicação, devem os destinatários, no prazo de 15 dias, sob pena de caducidade, declarar se pretendem exercer o seu direito de preferência, mediante carta registada, com aviso de recepção, dirigida ao sócio que pretenda ceder a sua participação, ou através de notificação pessoal, mediante assinatura de documento certificador.

4 – Em caso de exercício do direito de preferência, a participação de capital em causa deve ser transmitida ao projectado cessionário ou cessionários e ao sócio ou sócios preferentes, na proporção das respectivas participações de capital.

ARTIGO 16º
Cessão de participações de capital a não sócios

1 – A cessão de participações de capital a não sócios só é admitida quando o cessionário seja advogado e depende de autorização da sociedade, concedida por deliberação da assembleia geral, tomada por unanimidade dos votos, ou por maioria qualificada estabelecida no contrato de sociedade.

2 – O sócio que pretenda ceder, no todo ou em parte, a respectiva participação de capital a não sócio deve comunicar à sociedade, por carta registada, com aviso de recepção, ou através de notificação pessoal, mediante assinatura do documento certificador, o valor, os termos e condições da projectada cessão, bem como a identificação do previsto ou previstos cessionários.

3 – Recebida a comunicação, deve a sociedade, no prazo de 45 dias, por carta registada, com aviso de recepção, ou através de notificação pessoal, mediante assinatura de documento certificador, comunicar ao sócio se consente ou não na cessão.

4 – Na falta de resposta, considera-se a cessão autorizada tacitamente.

ARTIGO 17º
Amortização por recusa de autorização

1 – Se a sociedade recusar a autorização para a cessão de participação de capital a não sócio, deve, no prazo de seis meses, proceder à respectiva amortização se o sócio assim lho exigir no prazo de 15 dias a contar da recepção da comunicação de recusa da sociedade, por carta registada, com aviso de recepção, ou através de notificação pessoal, mediante assinatura de documento certificador.

2 – O valor de amortização da participação de capital é determinado nos termos do disposto no contrato de sociedade ou em acordo escrito de todos os sócios.

3 – Caso o contrato de sociedade não regule a forma de cálculo do valor de amortização da participação de capital, a mesma é amortizada pelo valor correspondente ao preço da projectada cessão, excepto se a sociedade, nos 30 dias seguintes à notificação a que se refere o nº 1, comunicar ao sócio que não aceita tal preço como valor de amortização.

4 – No caso previsto na parte final do número anterior, o valor da amortização é fixado por uma comissão arbitral composta por três advogados, sendo um designado pela sociedade, outro pelo sócio e o terceiro pelo presidente do conselho distrital da Ordem dos Advogados da sede da sociedade, de entre os seus membros, cabendo a este presidir à comissão, com voto de desempate, e estabelecer os termos do respectivo processo.

5 – A comissão é constituída a requerimento da sociedade ou do sócio, dirigido ao presidente do conselho distrital da Ordem dos Advogados da sede da sociedade.

6 – No cálculo da amortização, a comissão arbitral toma em consideração o valor da clientela que acompanhar o sócio na sua saída.

7 – O valor de amortização é acrescido da importância apurada nos termos do nº 3 do artigo 13º.

8 – Na determinação do valor de amortização, cada um dos membros da comissão arbitral pode ser auxiliado por um perito.

9 – O valor de amortização é pago nas condições fixadas no contrato de sociedade ou, na sua falta, em três prestações trimestrais de igual valor, vencendo-se a primeira no último dia do mês seguinte àquele em que se procedeu à respectiva fixação.

ARTIGO 18º
Cessão gratuita

1 – O disposto nos artigos 15º a 17º é aplicável, com as necessárias adaptações, à cessão de participações de capital a título gratuito.

2 – Nas comunicações a que se referem o nº 2 do artigo 15º e o nº 2 do artigo 16º, deve o sócio que pretenda ceder gratuitamente a sua participação de capital atribuir-lhe o respectivo valor.

ARTIGO 19º
Transmissão não voluntária entre vivos

1 – No caso de transmissão não voluntária entre vivos de participação de capital, a sociedade pode amortizá-la, se o adquirente for advogado.

2 – A deliberação sobre a amortização deve ser tomada no prazo máximo de 60 dias a contar da data em que a sociedade teve conhecimento da transmissão não voluntária.

3 – A transmissão da participação de capital a um não advogado não produz qualquer efeito, estando a sociedade obrigada a proceder à sua amortização.

4 – À fixação e ao pagamento do valor de amortização é aplicável, com as necessárias adaptações, o disposto nos nºs 4 a 9 do artigo 17º, salvo se o contrato de sociedade dispuser de modo diferente.

ARTIGO 20º
Extinção da participação de capital

1 – As participações de capital extinguem-se por morte do titular, tendo os seus herdeiros direito a receber da sociedade o respectivo valor.

2 – O valor é determinado de acordo com os critérios fixados no contrato de sociedade, em acta anterior da assembleia geral assinada pelo titular ou em acordo escrito de todos os sócios, com intervenção do titular da participação.

3 – Na ausência dos critérios referidos no número anterior, pode o valor ser determinado por acordo entre a sociedade e os herdeiros.

4 – Na falta de acordo, o valor da participação é fixado pela forma prevista nos n°s 4 a 6 do artigo 17º.

5 – O valor determinado nos termos do disposto no número anterior é acrescido da importância apurada nos termos do nº 3 do artigo 13º.

6 – A requerimento de herdeiro ou herdeiros advogados, pode a sociedade consentir na transmissão a estes das participações de capital, mediante deliberação da assembleia geral, tomada por unanimidade, ou por maioria qualificada não inferior a dois terços dos votos expressos, se autorizada pelo contrato, fixando-se logo, por acordo, as participações de indústria que lhes correspondam.

7 – O disposto nos nºs 1 a 5 é aplicável, com as necessárias adaptações, aos casos em que for decretada a interdição ou a inabilitação do sócio e, bem assim, quando for cancelada a sua inscrição como advogado.

CAPÍTULO V
Exoneração e exclusão de sócios e impossibilidade temporária

ARTIGO 21º
Exoneração de sócio

1 – Os sócios têm o direito de se exonerar da sociedade, se a duração desta não tiver sido fixada no contrato de sociedade.

2 – Não se considera para este efeito fixada a duração da sociedade, se esta tiver sido constituída por toda a vida de um sócio ou por período superior a trinta anos.

3 – Havendo fixação do prazo de duração, o direito de exoneração só pode ser exercido nas condições previstas no contrato de sociedade ou quando ocorra justa causa.

4 – Constitui justa causa de exoneração, designadamente:

a) A entrada de novos sócios, se o sócio tiver votado contra a deliberação da assembleia geral;

b) A prorrogação da duração da sociedade, se o sócio tiver votado contra a deliberação da assembleia geral;

c) A ocorrência de justa causa da exclusão de outro sócio, nos termos da alínea *a)* do nº 1 do artigo 22º, se a sociedade não deliberar excluí-lo ou não promover a sua exclusão judicial.

5 – O sócio deve comunicar à sociedade a intenção e os motivos da exoneração, por carta registada, com aviso de recepção, ou através de notificação pessoal, mediante assinatura de documento certificador.

6 – A exoneração só se torna efectiva no fim do ano social em que é feita a comunicação, mas nunca antes de decorridos três meses sobre a data desta comunicação.

7 – Se a causa de exoneração invocada pelo sócio não for aceite pela assembleia geral, a exoneração só pode ser autorizada judicialmente.

8 – O sócio exonerado tem direito a receber da sociedade a quantia apurada nos termos previstos no contrato de sociedade ou em acordo escrito de todos os sócios.

9 – Na ausência dos critérios referidos no número anterior, a quantia é fixada com recurso à comissão arbitral, aplicando-se o disposto nos nºs 4 a 6 do artigo 17º.

10 – O valor determinado nos termos do disposto no número anterior é acrescido da importância apurada nos termos do nº 3 do artigo 13º.

ARTIGO 22º
Exclusão de sócio

1 – A exclusão de sócio pode verificar-se nos casos previstos no contrato de sociedade e ainda nos seguintes:

a) Quando ao sócio seja imputável violação grave de obrigações para com a sociedade ou de deveres deontológicos;

b) Quando o sócio esteja impossibilitado de prestar ou deixe de prestar de modo continuado à sociedade a actividade profissional inerente à sua participação de indústria.

2 – A exclusão de um sócio depende do voto favorável de pelo menos três quartos do número de sócios que representem três quartos da totalidade dos votos apurados, salvo se o contrato de sociedade exigir um quórum deliberativo superior.

3 – A exclusão produz efeitos decorridos 30 dias sobre a data do registo da deliberação na Ordem dos Advogados.

4 – O direito de oposição judicial do sócio excluído caduca decorrido o prazo referido no número anterior.

5 – Se a sociedade tiver número de sócios inferior a quatro, a exclusão de qualquer deles só pode ser decretada judicialmente.

6 – O sócio ao qual tenha sido aplicada pena disciplinar de expulsão considera-se automaticamente excluído da sociedade.

7 – O sócio excluído tem direito a receber da sociedade a quantia apurada nos termos previstos no contrato de sociedade ou em acordo escrito de todos os sócios.

8 – Na ausência dos critérios referidos no número anterior, a quantia é fixada com recurso à comissão arbitral, aplicando-se o disposto nos nºs 4 a 6 do artigo 17º.

9 – O valor determinado nos termos do disposto no número anterior é acrescido da importância apurada nos termos do nº 3 do artigo 13º.

ARTIGO 23º
Impossibilidade temporária de exercício por motivos de saúde

1 – No caso de impossibilidade temporária de exercício da profissão por motivos de saúde, o sócio mantém o direito aos resultados correspondentes à sua participação de capital.

2 – Salvo estipulação diversa mais favorável no contrato de sociedade ou em acordo escrito dos sócios, durante os primeiros seis meses de impossibilidade, mantém o sócio direito aos lucros correspondentes à participação de indústria e, no período subsequente, até dois anos, direito a metade dos mesmos.

3 – Se a impossibilidade exceder 30 meses, ou prazo superior estipulado no contrato, pode a sociedade proceder à amortização da participação de capital do sócio, extinguindo-se simultaneamente a respectiva participação de indústria.

4 – O valor de amortização é determinado de acordo com os critérios fixados no contrato de sociedade ou em acordo escrito celebrado entre sócios, com intervenção do titular da participação.

5 – Na ausência dos critérios referidos no número anterior, pode o valor ser determinado por acordo entre a sociedade e o sócio.

6 – Na falta de acordo, o valor de amortização é fixado pela forma prevista nos nºs 4 a 6 do artigo 17º.

7 – O valor determinado nos termos do disposto no número anterior é acrescido da importância apurada nos termos do nº 3 do artigo 13º.

8 – O contrato de sociedade pode fixar condições mais favoráveis para o sócio impossibilitado temporariamente, mas não pode reduzir os benefícios que constam do presente regime.

ARTIGO 24º
Suspensão da inscrição do sócio como advogado

1 – No caso de suspensão da inscrição do sócio como advogado, este mantém direito a metade dos lucros correspondentes à participação de indústria, mas apenas durante os primeiros seis meses de duração da suspensão.

2 – Se o sócio for condenado em pena disciplinar de suspensão, é aplicável o estabelecido no número anterior, excepto se a sociedade deliberar a exclusão do sócio.

CAPÍTULO VI
Das deliberações dos sócios

ARTIGO 25º
Assembleias gerais

1 – Compete à assembleia geral dos sócios deliberar sobre as matérias não compreendidas nas atribuições legais ou estatutárias da administração.

2 – Dependem de deliberação dos sócios os seguintes actos, além de outros que o presente diploma ou contrato indicarem:

a) Consentimento para a transmissão de participações de capital;
b) Amortização de participação de capital;
c) Extinção da participação de indústria;
d) Admissão e exclusão de sócio;
e) Designação e destituição de administradores e fixação das respectivas remunerações;
f) Alienação ou oneração de bens imóveis e do estabelecimento da sociedade;
g) Aprovação das contas e dos resultados de exercício;
h) Distribuição de lucros;
i) Propositura de acções contra sócios e administradores;
j) Participação em consórcios, agrupamentos complementares de empresas e em agrupamentos europeus de interesse económico;
l) Prorrogação da duração da sociedade;
m) Dissolução da sociedade;
n) Fusão e cisão da sociedade;

o) Outras alterações do contrato de sociedade;
p) Ratificação dos actos celebrados em nome da sociedade antes do registo do contrato.

3 – A assembleia geral é constituída por todos os sócios da sociedade e não pode deliberar, em primeira convocação, sem a presença de, pelo menos, três quartos dos sócios.

4 – Salvo disposição em contrário do presente diploma ou do contrato de sociedade, as deliberações são tomadas por maioria dos votos expressos.

5 – À convocação e funcionamento das assembleias gerais, bem como ao conteúdo das deliberações, são aplicáveis as disposições dos artigos 174º e 176º a 179º do Código Civil.[225]

ARTIGO 26º
Votos

1 – Cada sócio dispõe de, pelo menos, um voto.

2 – O contrato de sociedade pode atribuir mais votos a algum ou alguns sócios ou a categorias de sócios.

3 – Na falta de disposição do contrato de sociedade, ao capital e à indústria corresponde um número igual de votos, a distribuir na proporção das participações de capital e de indústria de cada um dos sócios.

4 – Em assembleia geral, o sócio pode fazer-se representar no exercício do direito de voto por outro sócio, mandatado por meio de simples carta.

ARTIGO 27º
Actas

1 – As deliberações dos sócios devem constar de acta, que é assinada por todos os sócios que tomaram parte na assembleia.

2 – Quando algum sócio, devendo fazê-lo, não assinar a respectiva acta, deve a sociedade notificá-lo, por carta registada, com aviso de recepção, para que, em prazo não inferior a oito dias, a assine.

3 – Decorrido esse prazo, a acta adquire força probatória plena, desde que assinada pela maioria dos sócios que tomaram parte na assembleia, e a ela se anexa cópia da referida carta e o aviso de recepção.

CAPÍTULO VII
Da administração da sociedade

ARTIGO 28º
Administração

1 – Todos os sócios têm igual poder para administrar a sociedade, independentemente da forma societária escolhida, salvo estipulação em contrário do contrato de sociedade.

---

[225] Trata-se de regras sobre a forma de convocação da assembleia geral, a privação do direito de voto, as deliberações contrárias à lei ou aos estatutos, ao regime de anulabilidade e à protecção dos direitos de terceiros.

2 – O exercício dos poderes de administração deve conformar-se com a independência do sócio, enquanto advogado, relativamente à prática dos respectivos actos profissionais.

3 – Os administradores respondem perante a sociedade pelos danos a esta causados por actos ou omissões culposos praticados no exercício do cargo com preterição dos deveres legais e contratuais.

4 – A acção de responsabilidade proposta pela sociedade depende de deliberação da assembleia geral.

ARTIGO 29º
Procuradores

Os administradores podem constituir procuradores da sociedade para a prática de determinados actos ou categorias de actos, devidamente especificados na respectiva procuração.

CAPÍTULO VIII
Das contas, remunerações e distribuição de lucros

ARTIGO 30º
Contas da sociedade

1 – A administração deve elaborar e submeter à assembleia geral as contas do exercício, acompanhadas do relatório de gestão, do balanço e da demonstração de resultados e dos respectivos anexos, no prazo de três meses a contar da data do encerramento de cada exercício anual.

2 – A sociedade pode atribuir mensalmente aos sócios uma importância fixa por conta dos lucros a distribuir.

3 – As contas das sociedades de advogados de responsabilidade limitada devem ser depositadas na Ordem dos Advogados, no prazo de 60 dias a contar da sua aprovação.

ARTIGO 31º
Remunerações

Salvo disposição do contrato ou deliberação da assembleia geral em contrário, as remunerações de qualquer natureza cobradas como contraprestação da actividade profissional da advocacia dos sócios e dos associados constituem receita da sociedade.

ARTIGO 32º
Distribuição de lucros

1 – A distribuição dos lucros é deliberada em assembleia geral, segundo o que se encontrar estabelecido no contrato de sociedade ou em acordo escrito de todos os sócios.

2 – A divisão dos lucros entre os sócios pode não ser proporcional ao valor das participações de cada um.

3 – A deliberação referida no nº 1 tem de ser tomada por uma maioria de três quartos dos votos expressos.

4 – Na falta de quórum deliberativo, os lucros são distribuídos por todos os sócios na proporção das suas participações.

CAPÍTULO IX
Tipos de sociedade e regime de responsabilidade

ARTIGO 33º
Tipos de sociedade

1 – As sociedades de advogados devem optar, no momento da constituição, por um dos dois tipos seguintes, consoante o regime de responsabilidade por dívidas sociais a adoptar:

a) Sociedades de advogados de responsabilidade ilimitada;
b) Sociedades de advogados de responsabilidade limitada.

2 – A responsabilidade por dívidas sociais inclui as geradas por actos praticados ou por omissões imputadas a sócios, associados e advogados estagiários, no exercício da profissão.

ARTIGO 34º
Sociedade de responsabilidade ilimitada

1 – Nas sociedades de advogados de responsabilidade ilimitada, os sócios respondem pessoal, ilimitada e solidariamente pelas dívidas sociais.

2 – Os credores da sociedade só podem, no entanto, exigir aos sócios o pagamento de dívidas sociais após a prévia excussão dos bens da sociedade.

ARTIGO 35º
Sociedade de responsabilidade limitada

1 – Nas sociedades de advogados de responsabilidade limitada, apenas a sociedade responde pelas dívidas sociais.

2 – O capital social mínimo é de € 5 000 a subscrever e a realizar integralmente em dinheiro.

ARTIGO 36º
Direito de regresso

1 – As sociedades de advogados têm direito de regresso contra o sócio, associado ou advogado estagiário responsável pelos actos ou omissões culposos geradores de responsabilidade da sociedade.

2 – Para efeitos do direito de regresso entre os sócios, cada um responde pelas dívidas sociais na proporção em que participe nos resultados, salvo estipulação diversa do contrato de sociedade.

ARTIGO 37º
Seguro obrigatório de responsabilidade civil

1 – As sociedades de advogados que optem pelo regime de responsabilidade limitada devem obrigatoriamente contratar um seguro de responsabilidade civil para

cobrir os riscos inerentes ao exercício da actividade profissional dos seus sócios, associados, advogados estagiários, agentes ou mandatários.

2 – O capital mínimo obrigatoriamente seguro não pode ser inferior ao valor correspondente a 50% do valor de facturação da sociedade no ano anterior, com um mínimo de € 50 000 e um máximo de € 5 000 000.

3 – No ano de constituição da sociedade de advogados, o valor do seguro de responsabilidade civil corresponde ao limite mínimo referido no número anterior.

4 – O não cumprimento do disposto no presente artigo implica a responsabilidade ilimitada dos sócios pelas dívidas sociais geradas durante o período do incumprimento do dever de celebração do seguro.

CAPÍTULO X
Alterações do contrato

ARTIGO 38º
Alterações em geral

1 – As alterações do contrato de sociedade dependem de deliberação dos sócios, aprovada por maioria de três quartos dos votos expressos.

2 – Nos casos em que o contrato de sociedade conceda direitos especiais a algum dos sócios, não podem os direitos concedidos ser suprimidos ou coarctados sem consentimento do respectivo titular, salvo estipulação expressa em contrário no contrato de sociedade.

3 – As alterações do contrato de sociedade só produzem efeitos a partir do registo da acta da assembleia geral que tenha aprovado a deliberação, a efectuar nos termos do disposto no artigo 9º.

CAPÍTULO XI
Fusão e cisão de sociedades

SECÇÃO I
Fusão de sociedades

ARTIGO 39º
Noção e modalidades

1 – É permitida a fusão de duas ou mais sociedades de advogados mediante a sua reunião numa única sociedade.

2 – A fusão pode realizar-se:

a) Mediante a transferência global do património de uma ou mais sociedades para outra e atribuição aos sócios daquela de participações desta, de indústria ou de capital e de indústria;

b) Mediante a constituição de uma nova sociedade, para a qual se transferem globalmente os patrimónios das sociedades fundidas, sendo aos sócios destas atribuídas participações de indústria ou de capital e de indústria na nova sociedade.

ARTIGO 40º
Projecto de fusão

1 – As administrações das sociedades que pretendam fundir-se devem elaborar, em conjunto, um projecto de fusão, do qual constem, pelo menos, os seguintes elementos:

a) A modalidade, os motivos, as condições e os objectivos da fusão, relativamente a todas as sociedades participantes;

b) A firma, a sede, o montante do capital e a data de registo na Ordem dos Advogados de cada uma das sociedades;

c) A descrição e valor dos elementos do activo e do passivo a transferir para a sociedade incorporante ou para a nova sociedade;

d) As participações, de indústria ou de capital e de indústria, a atribuir aos sócios da sociedade a incorporar ou das sociedades a fundir;

e) O projecto de alteração a introduzir no contrato da sociedade incorporante ou o projecto de contrato da nova sociedade;

f) A data a partir da qual as operações da sociedade incorporada ou das sociedades a fundir são consideradas, do ponto de vista contabilístico, como efectuadas por conta da sociedade incorporante ou da nova sociedade;

g) Os direitos assegurados pela sociedade incorporante ou pela nova sociedade a sócios da ou das sociedades incorporadas ou das sociedades a fundir que possuam direitos especiais;

h) As medidas de protecção dos direitos dos credores.

2 – O projecto de fusão deve ser aprovado pela assembleia geral de cada uma das sociedades por maioria de três quartos dos votos expressos.

3 – A deliberação só pode ser executada depois de obtido o consentimento dos sócios que, por força da fusão, percam direitos especiais de que sejam titulares.

SECÇÃO II
Cisão de sociedades

ARTIGO 41º
Noção e modalidades

1 – É permitida a cisão de sociedades de advogados.

2 – As sociedades de advogados podem:

a) Destacar parte do seu património para efeitos de constituição de outra sociedade de advogados;

b) Dissolver-se e dividir o seu património, sendo cada uma das partes resultantes destinada a constituir uma nova sociedade de advogados;

c) Destacar partes do seu património ou dissolver-se, dividindo o seu património em duas ou mais partes, para as fundir com sociedades de advogados já existentes ou com partes do património de outras sociedades de advogados, separadas por idênticos processos e com igual finalidade.

ARTIGO 42º
Projecto de cisão

1 – A administração de sociedade que pretenda cindir-se ou, tratando-se de cisão-fusão, as administrações das sociedades participantes devem elaborar, em conjunto, um projecto de cisão, donde constem, pelo menos, os seguintes elementos:

a) A modalidade, os motivos, as condições e os objectivos da cisão relativamente a todas as sociedades participantes;

b) A firma, a sede, o montante do capital e a data do registo na Ordem dos Advogados de cada uma das sociedades participantes;

c) A descrição e valor dos elementos do activo e do passivo a transmitir para as novas sociedades ou, no caso de cisão-fusão, para as sociedades incorporantes;

d) As participações, de indústria ou de capital e de indústria, a atribuir aos sócios das novas sociedades ou, no caso de cisão-fusão, das sociedades incorporantes;

e) O projecto de contrato das novas sociedades ou, no caso de cisão-fusão, o projecto de alteração a introduzir no contrato das sociedades incorporantes;

f) A data a partir da qual as operações da sociedade cindida ou, no caso de cisão-fusão, das sociedades incorporantes, são consideradas, do ponto de vista contabilístico, como efectuadas por conta da ou das sociedades resultantes da cisão;

g) Os direitos assegurados pelas sociedades resultantes da cisão ou, no caso de cisão-fusão, pelas sociedades incorporantes aos sócios da ou das sociedades cindidas ou aos sócios das sociedades incorporadas titulares de direitos especiais;

h) As medidas de protecção dos direitos dos credores.

2 – O projecto de cisão deve ser aprovado pela assembleia geral da sociedade cindida e, no caso de cisão-fusão, pelas assembleias gerais das sociedades participantes, por maioria de três quartos dos votos expressos.

3 – As deliberações só podem ser executadas depois de obtido o consentimento dos sócios que, por força da cisão, percam direitos especiais de que sejam titulares.

SECÇÃO III
Disposições comuns

ARTIGO 43º
Registo do projecto e aprovação do contrato

1 – O projecto de fusão ou de cisão deve ser registado na Ordem dos Advogados.

2 – O contrato de sociedade incluído no projecto de fusão ou de cisão deve ser submetido à aprovação da Ordem dos Advogados nos termos do artigo 8º.

ARTIGO 44º
Direito de exoneração dos sócios

O sócio ou sócios que votarem contra o projecto de fusão ou de cisão têm o direito de se exonerar da sociedade, com efeitos imediatos, equivalendo tal direito a justa causa de exoneração para os efeitos previstos no artigo 21º.

ARTIGO 45º
Outorga do contrato

Aprovada a fusão ou a cisão pelas assembleias gerais e decorrido o prazo de 30 dias a contar do registo referido no nº 1 do artigo 43º, compete à administração das sociedades participantes outorgar o respectivo contrato, o qual está sujeito à forma escrita, devendo ser celebrado por escritura pública se a fusão implicar transmissão de bens imóveis.

ARTIGO 46º
Registo

É aplicável ao registo da fusão e da cisão o disposto no artigo 9º.

ARTIGO 47º
Efeitos do registo

1 – Com o registo da fusão:

a) Extinguem-se as sociedades incorporadas ou, no caso de constituição de nova sociedade, todas as sociedades fundidas, transmitindo-se os seus direitos e obrigações para a sociedade incorporante ou para a nova sociedade;

b) Os sócios das sociedades extintas tornam-se sócios da sociedade incorporante ou da nova sociedade.

2 – Com o registo da cisão:

a) Transmitem-se os direitos e obrigações da sociedade cindida para a nova sociedade ou, no caso de cisão-fusão, para a sociedade incorporante;

b) No caso de cisão-dissolução, extingue-se a sociedade cindida;

c) Os sócios da sociedade cindida a quem sejam atribuídas participações de capital ou de capital e de indústria da sociedade incorporante ou da nova sociedade, tornam-se sócios das mesmas.

CAPÍTULO XII
Formas de associação

ARTIGO 48º
Consórcio de sociedades de advogados

1 – É admitido o consórcio entre duas ou mais sociedades de advogados para o exercício, em conjunto e por período limitado, da actividade profissional de advogado.

2 – O consórcio com sociedades de advogados estrangeiras só é permitido nos casos em que estas exerçam em exclusivo a actividade de advocacia.

ARTIGO 49º
Constituição

1 – O consórcio é constituído por contrato, o qual deve ser celebrado por escrito.

2 – Os termos e condições do contrato são livremente estabelecidos pelas partes, com respeito pelas normas deontológicas aplicáveis e pelos preceitos do presente diploma.

ARTIGO 50º
Registo do contrato de consórcio
É aplicável ao registo do contrato de consórcio, bem como às alterações subsequentes, o disposto no artigo 9º.

ARTIGO 51º
Agrupamento complementar de empresas (ACE)
1 – As sociedades de advogados podem agrupar-se entre si sob a forma de agrupamento complementar de empresas (ACE).
2 – O ACE é constituído nos termos e condições livremente estabelecidas pelas partes, com respeito pelas normas deontológicas aplicáveis, pelos preceitos do presente diploma e da legislação específica respectiva.
3 – Não são permitidos ACE com sociedades de advogados estrangeiras que não exerçam em exclusivo a actividade de advocacia.
4 – À aprovação e registo do contrato de ACE são aplicáveis as normas previstas nos artigos 8º e 9º.

ARTIGO 52º
Agrupamento europeu de interesse económico (AEIE)
1 – As sociedades de advogados podem agrupar-se entre si sob a forma de agrupamento europeu de interesse económico (AEIE).
2 – O AEIE é constituído nos termos e condições livremente estabelecidas pelas partes, com respeito pelas normas deontológicas aplicáveis, pelos preceitos do presente diploma e da legislação específica respectiva.
3 – Não são permitidos AEIE com sociedades de advogados estrangeiras que não exerçam em exclusivo a actividade de advocacia.
4 – À aprovação e registo do contrato de AEIE são aplicáveis as normas previstas nos artigos 8º e 9º.

ARTIGO 53º
Deliberação
A participação da sociedade de advogados em consórcios, agrupamentos complementares de empresas ou agrupamentos europeus de interesse económico depende de deliberação dos sócios, aprovada por maioria de três quartos dos votos expressos.

CAPÍTULO XIII
Dissolução, liquidação e partilha da sociedade

ARTIGO 54º
Dissolução imediata
1 – A sociedade dissolve-se nos casos previstos na lei, no contrato de sociedade e ainda:
a) Pelo decurso do prazo fixado no contrato de sociedade, se não ocorrer prorrogação;

b) Quando, no prazo de seis meses, não for reconstituída a pluralidade de sócios;
c) Por deliberação dos sócios, aprovada por unanimidade, salvo se diversamente convencionado no contrato de sociedade;
d) Por sentença que declare a insolvência da sociedade.

2 – No caso previsto na alínea *a)* do nº 1, podem os sócios deliberar, por maioria de três quartos dos votos expressos, o reconhecimento da dissolução e, bem assim, pode qualquer sócio, herdeiro de sócio, credor da sociedade ou credor de sócio promover a justificação notarial da dissolução.

3 – No caso previsto na alínea *b)* do nº 1, a dissolução deve ser decretada pelo conselho geral da Ordem dos Advogados, que promove o respectivo registo, notificando o sócio da decisão.

4 – Pode o sócio único, no prazo de 10 dias a contar da data da notificação, requerer ao conselho geral da Ordem dos Advogados que lhe seja concedido um prazo razoável para regularizar a situação, suspendendo-se entretanto a dissolução da sociedade.

5 – A dissolução da sociedade deve ser registada no prazo de 15 dias a contar da data do título em que é reconhecida.

6 – A dissolução da sociedade produz efeitos após o registo.

ARTIGO 55º
Dissolução por sentença judicial

1 – Pode ser requerida a dissolução judicial da sociedade com fundamento em facto previsto na lei ou no contrato e ainda:

a) Se, por força de decisão dos órgãos competentes da Ordem dos Advogados, a sociedade ficar impedida de exercer a sua actividade;
b) Se a sociedade não tiver exercido qualquer actividade durante dois anos consecutivos.

2 – Ocorrendo qualquer dos casos previstos no número anterior, podem os sócios, por maioria de três quartos dos votos expressos, em assembleia geral para o efeito convocada, dissolver a sociedade, mas, nesse caso, a dissolução só produz efeitos após o registo a promover nos termos do nº 5 do artigo anterior.

3 – A deliberação prevista no número anterior só pode ser tomada dentro dos seis meses seguintes à ocorrência da causa de dissolução.

ARTIGO 56º
Acção de dissolução judicial

1 – A acção de dissolução judicial da sociedade pode ser proposta por um sócio, por um credor da sociedade ou pela Ordem dos Advogados, representada pelo bastonário.

2 – A acção de dissolução judicial da sociedade deve ser proposta no prazo de seis meses a contar da data em que o requerente tomou conhecimento do facto que fundamenta a dissolução, mas não depois de decorridos dois anos sobre a sua verificação.

3 – Quando o requerente da dissolução for o bastonário, pode a acção ser proposta a todo o tempo.

ARTIGO 57º
Exercício da advocacia pelos sócios

Dissolvida a sociedade, é permitido aos sócios o exercício profissional de advocacia a título individual, ou noutra sociedade de advogados, ainda que não se encontre concluído o processo de liquidação e partilha.

ARTIGO 58º
Liquidação do património social

1 – Dissolvida a sociedade, deve proceder-se à liquidação do seu património.

2 – São liquidatários os administradores da sociedade, salvo cláusula do contrato de sociedade, deliberação social ou acordo escrito entre todos os sócios em contrário.

3 – Cabe aos liquidatários praticar os actos necessários à liquidação do património social, nomeadamente ultimar os negócios pendentes, cobrar os créditos da sociedade, alienar os bens da sociedade, pagar aos credores sociais e propor a forma de partilha do remanescente do activo social, se o houver.

4 – O pagamento do passivo ou a consignação das quantias necessárias a esse fim tem prioridade sobre a partilha dos bens sociais.

5 – Extintas as dívidas sociais, o activo remanescente é destinado ao reembolso das entradas de capital pelo valor que tinham à data da sua realização, se outro não resultar do contrato de sociedade, de deliberação social ou de acordo escrito entre todos os sócios.

6 – Após o reembolso das entradas de capital, procede-se à distribuição do activo restante pelos sócios na proporção da parte que lhes caiba nos lucros.

7 – Se à data da dissolução a sociedade não tiver dívidas, podem os sócios proceder imediatamente à partilha do activo social.

ARTIGO 59º
Insolvência da sociedade

1 – É aplicável à insolvência da sociedade de advogados o regime previsto no Código da Insolvência e da Recuperação de Empresas.

2 – A declaração de insolvência da sociedade de advogados obriga à correspondente comunicação nos processos judiciais em que exista mandato forense a favor de sócios da sociedade, designadamente para efeitos de eventual constituição de novo mandatário judicial, de prestação de contas e de liquidação de honorários.

3 – O administrador de insolvência deve constar da lista oficial e é designado, a solicitação do juiz do processo, pelo presidente do conselho distrital da Ordem dos Advogados com jurisdição na localidade onde a sociedade tem a sua sede.

CAPÍTULO XIV
Regras deontológicas

ARTIGO 60º
Conflitos de interesses

A sociedade de advogados, ainda que assegure internamente a criação de grupos de trabalho independentes, não pode patrocinar causas ou clientes quando tal facto consubstanciar uma situação de conflito de interesses nos termos legais.

ARTIGO 61º
Formação de estagiários

A sociedade de advogados e o advogado responsável pela direcção do estágio devem acompanhar e estimular a formação do estagiário, nomeadamente no patrocínio de processos e em diligências judiciais.

ARTIGO 62º
Planos de carreira

1 – A sociedade de advogados deve elaborar planos de carreira que detalhem as eventuais categorias e os critérios de progressão dos associados dentro da sociedade, bem como o modo do possível acesso à categoria de sócio de indústria, ou de capital e de indústria.

2 – Os planos de carreira devem ser depositados na Ordem dos Advogados três meses após o registo do contrato de sociedade.

CAPÍTULO XV
Disposições finais e transitórias

ARTIGO 63º
Regime transitório

As sociedades de advogados constituídas antes da entrada em vigor do presente diploma devem adoptar as regras estabelecidas no presente diploma no prazo de 180 dias a contar da data da sua entrada em vigor, sob pena de poder ser requerida a dissolução judicial.

ARTIGO 64º
Revogação

É revogado o Decreto-Lei nº 513-Q/79, de 26 de Dezembro, com as alterações introduzidas pelo Decreto-Lei nº 273/2001, de 30 de Agosto.

ARTIGO 65º
Entrada em vigor

O presente diploma entra em vigor 30 dias após a data da sua publicação.

25. Estatuto da Câmara dos Solicitadores[226]

25.1. NORMATIVO INTRODUTÓRIO

ARTIGO 1º
Objecto

É aprovado o Estatuto da Câmara dos Solicitadores, que se publica em anexo ao presente decreto-lei, do qual faz parte integrante.

ARTIGO 2º
Norma revogatória

É revogado o Estatuto da Câmara dos Solicitadores, aprovado pelo Decreto-Lei nº 8/99, de 8 de Janeiro.

ARTIGO 3º
Regime especial

1 – Aos solicitadores regularmente inscritos na Câmara à data da publicação do presente diploma é reconhecida a plena qualidade profissional, independentemente de possuírem ou não os requisitos curriculares e académicos exigidos pelo presente Estatuto.

2 – O disposto no número anterior aplica-se aos estagiários que tenham sido ou venham a ser considerados aptos nos estágios iniciados até 8 de Janeiro de 2002, nos termos do artigo 48º do Estatuto dos Solicitadores, aprovado pelo Decreto-Lei nº 483/76, de 19 de Junho, desde que requeiram a inscrição no prazo de cinco anos contados da data da publicação do presente diploma ou em igual prazo após obterem aquela classificação.

---

[226] Aprovado pelo Decreto-Lei nº 88/2003, de 10 de setembro, pelas Leis nºs 49/2004, de 24 de agosto, e 14/2006, de 26 de abril, e pelo Decreto-Lei nº 226/2008, de 20 de novembro.

ARTIGO 4º
Regime transitório

1 – No prazo máximo de 90 dias após a aprovação deste Estatuto, o presidente da assembleia geral, ouvidos os presidentes das mesas das assembleias regionais, determina as datas para a eleição do conselho superior e das secções regionais deontológicas, que se deverão realizar nos subsequentes 90 dias.

2 – Em Dezembro de 2004 realizam-se eleições gerais para um novo mandato para todos os órgãos da Câmara.

3 – Até à realização das respectivas eleições, as competências previstas no presente Estatuto são respectivamente assumidas:

a) As de presidente da Câmara, pelo presidente do conselho geral;
b) As do conselho superior, pelo conselho restrito do conselho geral;
c) As de segundo vice-presidente do conselho geral, por eleição de entre os actuais membros do conselho geral;
d) As de presidentes regionais, pelos presidentes de conselho regionais.

4 – O conselho e os delegados dos colégios de especialidade são eleitos em data a determinar pelo conselho geral.

5 – O conselho geral e os conselhos regionais mantêm a mesma composição até às eleições previstas no nº 2, passando a assistir às reuniões, com o estatuto de observadores e sem direito a voto, os representantes das secções regionais deontológicas e dos colégios de especialidade, logo que eleitos.

6 – Aos conselhos de instrução disciplinar existentes e ao conselho restrito do conselho geral compete instruir e decidir, respectivamente em primeira instância e em sede de recurso, todos os processos instaurados por força de factos ocorridos até à eleição referida no nº 1.

7 – Os processos de laudo requeridos até à eleição prevista no nº 1 são decididos pelos conselhos regionais com recurso para o conselho geral.

8 – Nas eleições previstas no nº 2 é já respeitada a nova divisão regional estabelecida no artigo 3º do Estatuto, sendo os processos individuais de solicitadores transferidos no prazo de 30 dias após as referidas eleições.

9 – Os processos disciplinares ou outros, pendentes ou instaurados antes da data da transferência referida no número anterior, mantêm-se na competência do respectivo conselho regional.

10 – Mantêm-se em vigor, pelo período estritamente necessário, as normas do Decreto-Lei nº 8/99, de 8 de Janeiro, necessárias ao cumprimento do presente regime transitório.

ARTIGO 5º
Entrada em vigor

O presente diploma entra em vigor no 30º dia após a sua publicação.

25.2. ARTICULADO

CAPÍTULO I
Disposições gerais

ARTIGO 1º
Natureza e sede

1 – A Câmara dos Solicitadores, abreviadamente designada por Câmara, é a associação pública representativa dos solicitadores, gozando de personalidade jurídica.
2 – A Câmara tem sede em Lisboa.

ARTIGO 2º
Selo e insígnia da Câmara

1 – A Câmara tem direito ao uso de selo e insígnia próprios.
2 – A insígnia é constituída pela figuração plana da esfera armilar com o escudo das armas nacionais, tendo sobreposta a balança da justiça e entrelaçada uma fita com a legenda Labor Improbus Omnia Vincit.

ARTIGO 3º
Âmbito

1 – A Câmara exerce as atribuições e competências conferidas por este Estatuto no território nacional e está internamente estruturada em duas regiões, Norte e Sul, e em delegações de círculo e de comarca.
2 – As atribuições e competências da Câmara são extensíveis à actividade dos solicitadores, qualquer que seja a sua especialização, e aos solicitadores estagiários.
3 – A região Norte tem sede no Porto e abrange a área correspondente aos distritos judiciais do Porto e de Coimbra.
4 – A região Sul tem sede em Lisboa e abrange a área correspondente aos distritos judiciais de Lisboa e de Évora.
5 – A assembleia geral, sob proposta do conselho geral, pode criar novos conselhos regionais, fazendo-os coincidir com a área dos distritos judiciais a partir do momento em que no respectivo distrito existam mais de 400 solicitadores, sendo as comissões instaladoras e as regras de transferência regulamentadas pelo conselho geral, ouvidos os conselhos regionais.
6 – As delegações da Câmara funcionam na sede dos círculos judiciais e das comarcas e abrangem as áreas correspondentes aos respectivos círculos e comarcas.

ARTIGO 4º
Atribuições

São atribuições da Câmara:
a) Colaborar na administração da justiça, propondo as medidas legislativas que considere adequadas ao seu bom funcionamento;
b) Atribuir o título profissional de solicitador e das respectivas especialidades;

c) Elaborar e aprovar os regulamentos internos de natureza associativa e profissional;
d) Emitir parecer sobre os projectos de diplomas legislativos relacionados com as suas atribuições;
e) Defender os direitos e interesses dos seus membros;
f) Promover o aperfeiçoamento profissional dos solicitadores;
g) Exercer o poder disciplinar sobre os seus membros;
h) Contribuir para o relacionamento com a Ordem dos Advogados e outros órgãos associativos de juristas ou profissionais liberais em Portugal e no estrangeiro.

ARTIGO 5º
Representação

A Câmara é representada, em juízo e fora dele, pelo presidente da Câmara ou pelos presidentes dos conselhos regionais, conforme se trate, respectivamente, do exercício das competências do conselho geral ou dos conselhos regionais.

ARTIGO 6º
Constituição como assistente e patrocínio

Para a defesa dos seus membros, no âmbito do exercício da profissão ou do desempenho de cargos nos seus órgãos, pode a Câmara constituir-se assistente ou assegurar o seu patrocínio.

ARTIGO 7º
Requisição de documentos

No exercício das suas atribuições podem os órgãos da Câmara requisitar cópias, certidões, informações e esclarecimentos, bem como requerer a confiança de processos.

ARTIGO 8º
Laudos sobre honorários

A Câmara, quando lhe for solicitado pelos tribunais, pelos solicitadores ou pelos seus constituintes emite laudos sobre honorários, devendo ouvir o responsável pelo pagamento.

ARTIGO 9º
Recursos

1 – Os actos dos órgãos da Câmara admitem recurso administrativo, nos termos do presente Estatuto.

2 – O prazo de interposição do recurso é de 10 dias, quando outro não esteja especialmente previsto.

3 – Dos actos e das deliberações dos órgãos da Câmara cabe recurso contencioso, nos termos da lei.

ARTIGO 10º
Regulamentação de publicação obrigatória

Toda a regulamentação emergente dos competentes órgãos da Câmara, atinente ao exercício da profissão de solicitador, deve ser publicada na 2ª série do *Diário da República*.

CAPÍTULO II
Organização

SECÇÃO I
Disposições gerais

ARTIGO 11º
Órgãos da Câmara

1 – A Câmara compreende órgãos nacionais, regionais, locais e os colégios da especialidade e respectivos órgãos.

2 – São órgãos nacionais:

a) A assembleia geral;
b) O presidente da Câmara;
c) O conselho geral;
d) O conselho superior;
e) O congresso;
f) A assembleia de delegados.

3 – São órgãos regionais:

a) As assembleias regionais;
b) Os presidentes regionais;
c) Os conselhos regionais;
d) As secções regionais deontológicas.

4 – São órgãos locais as delegações de círculo e de comarca.

5 – São órgãos dos colégios de especialidade a assembleia, o conselho, as assembleias regionais e as delegações regionais.

ARTIGO 12º
Requisitos de elegibilidade

1 – Só pode ser eleito como presidente da Câmara solicitador com inscrição em vigor há pelo menos 10 anos.

2 – Só podem ser eleitos para os órgãos nacionais, regionais e para os conselhos de especialidades solicitadores com inscrição em vigor há pelo menos cinco anos.

3 – Só podem ser eleitos para qualquer órgão solicitadores que não tenham sido disciplinarmente punidos com pena superior à de multa, salvo revisão ou reabilitação.

4 – Os membros que injustificadamente não tenham completado o mandato para que foram eleitos não podem candidatar-se para qualquer órgão nos cinco anos posteriores à cessação de funções.

ARTIGO 13º
Duração do mandato

1 – O mandato dos titulares dos órgãos da Câmara tem a duração de três anos, salvo retardamento no acto eleitoral ou eleições intercalares, e cessa com a posse dos novos membros eleitos.

2 – Em caso de eleições intercalares, os órgãos eleitos em substituição asseguram o mandato até à realização de novas eleições, nas datas previstas no presente Estatuto e em simultâneo com os restantes órgãos.

3 – O presidente da Câmara, o presidente do conselho, os presidentes regionais, os presidentes das secções regionais deontológicas e os presidentes dos conselhos de especialidade não podem ser reeleitos para terceiro mandato consecutivo, nem fazer parte dos respectivos conselhos, nos três anos subsequentes ao termo do segundo mandato consecutivo, salvo se algum deles tiver sido de duração inferior a um ano.

ARTIGO 14º
Apresentação de candidaturas

1 – O processo eleitoral para os órgãos nacionais e regionais da Câmara inicia-se com a apresentação de candidaturas perante os presidentes das mesas das respectivas assembleias.

2 – Os presidentes das assembleias anunciam com a antecedência de 30 dias a abertura do respectivo processo eleitoral e o prazo limite para apresentação de candidaturas.

3 – As listas de candidaturas para os órgãos nacionais e regionais são apresentadas:

a) No mês de Outubro do ano da realização das eleições previstas na alínea *c)* do artigo 34º e na alínea *c)* do artigo 55º;

b) Com 45 dias de antecedência relativamente à data da assembleia eleitoral, no caso de eleições intercalares ou extraordinárias.

4 – As listas para presidente da Câmara, mesa da assembleia geral, conselho geral e conselho superior são apresentadas em conjunto, são subscritas por um mínimo de um vigésimo dos solicitadores com inscrição em vigor e individualizam os respectivos cargos.

5 – Com as listas indicadas no número anterior, devem ser apresentadas as linhas gerais do respectivo programa.

6 – As listas para presidentes regionais, mesas das assembleias regionais, conselhos regionais e secções regionais deontológicas são apresentadas em conjunto, são subscritas por um mínimo de um décimo dos solicitadores com inscrição em vigor nos respectivos conselhos e individualizam os respectivos cargos.

7 – Das listas devem constar as declarações de aceitação de candidatura.

8 – Salvo se outro for expressamente indicado, considera-se como mandatário:

a) Das listas referidas no nº 4, o candidato a presidente da Câmara;

b) Das listas referidas no nº 6, os candidatos a presidentes regionais.

ARTIGO 15º
Decisão sobre a elegibilidade dos candidatos

1 – Findo o prazo de apresentação das candidaturas, os presidentes das mesas das respectivas assembleias pronunciam-se, em três dias úteis, sobre a elegibilidade dos candidatos.

2 – São rejeitadas as listas relativamente às quais se julguem inelegíveis o candidato a presidente da Câmara, a presidente das mesas, a presidente regional ou mais de metade dos restantes candidatos.

ARTIGO 16º
Afixação das listas admitidas e impugnação da decisão de rejeição

1 – Os presidentes das mesas da assembleia geral e das assembleias regionais comunicam aos respectivos mandatários a rejeição das listas apresentadas ou a exclusão de candidatos, que pode ser substituída nos três dias úteis seguintes.

2 – Verificada a elegibilidade dos novos candidatos, os presidentes das mesas fazem afixar na sede dos conselhos regionais as listas admitidas.

3 – Das decisões dos presidentes das mesas da assembleia geral e das assembleias regionais, sobre a inelegibilidade de candidatos ou rejeição de listas, cabe recurso para o conselho superior.

4 – É de cinco dias o prazo do recurso a que se refere o número anterior, sendo as decisões proferidas em igual prazo.

ARTIGO 17º
Apresentação de candidaturas em caso de rejeição

1 – Não havendo apresentação de candidaturas ou sendo rejeitadas todas elas, a respectiva mesa fixa e divulga novas datas para apresentação de candidaturas e para eleições, devendo estas ocorrer no prazo máximo de 60 dias.

2 – Nos casos previstos no número anterior, os órgãos em funções, se ultrapassarem o seu mandato, asseguram a gestão corrente.

3 – Os elementos das listas que venham a ser eleitos nos termos do número anterior asseguram o mandato até às novas eleições previstas nos termos deste Estatuto.

ARTIGO 18º
Do voto

1 – Têm direito de voto os solicitadores com inscrição em vigor na Câmara.

2 – O voto é secreto, pessoal e obrigatório, podendo ser exercido presencialmente, por correspondência ou por meios informáticos, competindo à assembleia geral aprovar a respectiva regulamentação, nos seguintes termos:

a) O voto por correspondência é efectuado em impresso fechado, do qual se retira um destacável contendo a identificação do solicitador e a sua assinatura autenticada pelo carimbo profissional ou por órgão da Câmara;

b) A regulamentação do voto por meios informáticos assegura a confidencialidade e a pessoalidade através de assinatura electrónica.

3 – O solicitador que deixar de votar sem motivo justificado paga multa de valor igual a duas vezes a quotização mensal.

4 – A justificação da falta deve ser apresentada pelo interessado, sem dependência de qualquer notificação, no prazo de 15 dias, em carta dirigida ao presidente do conselho superior, tratando-se de eleição de carácter nacional, ou ao presidente da secção regional de deontologia, tratando-se de eleição regional ou local.

5 – Na falta de justificação ou sendo esta considerada improcedente, a multa deve ser paga nos três dias imediatos à notificação, sob pena de serem aplicadas as disposições estatutárias para a falta de pagamento de multas em sede de processo disciplinar.

ARTIGO 19º
Exercício do cargo

1 – O exercício de cargos nos órgãos da Câmara não é remunerado, salvo se impedir o exercício normal da actividade profissional de um membro.

2 – A assembleia geral regulamenta os casos em que pode haver direito a uma compensação nos termos do número anterior.

3 – No caso de ter sido eleito para mais de um cargo, deve o solicitador ser notificado pelo presidente da assembleia geral ou da assembleia regional, consoante o caso, para declarar, no prazo de cinco dias, qual pretende ocupar.

4 – Na falta da declaração a que se refere o número anterior, considera-se como não eleito.

ARTIGO 20º
Escusa e renúncia do exercício do mandato

1 – Podem pedir escusa do cargo para que foram eleitos os solicitadores que fiquem impossibilitados do seu exercício normal, nomeadamente por motivo de doença ou por transferência do seu escritório para localidade mais distante da respectiva sede.

2 – É admitida a renúncia ao cargo, apresentada junto do conselho superior e comunicada aos restantes membros, salvo quanto aos delegados, que a apresentam ao conselho regional respectivo.

3 – A renúncia produz efeitos 30 dias após a apresentação das declarações previstas no número anterior, se a substituição não for anterior.

ARTIGO 21º
Perda do mandato

1 – Os membros dos órgãos da Câmara perdem o mandato:

  a) Quando for suspensa ou cancelada a sua inscrição;

  b) Quando faltarem injustificadamente a mais de três reuniões seguidas ou cinco reuniões interpoladas, durante o mandato do respectivo órgão;

  c) Quando sejam disciplinarmente punidos com pena superior à de multa ou com duas ou mais penas de multa ou de gravidade inferior.

2 – A qualificação da falta referida na alínea *b)* do número anterior é deliberada pelo respectivo órgão no início da reunião seguinte.

3 – A perda do mandato nos casos referidos nas alíneas *b*) e *c*) do n.º 1 é determinada pelo próprio órgão, mediante deliberação tomada por três quartos dos votos dos respectivos membros.

4 – A perda do mandato de delegado nos casos referidos nas alíneas *b*) e *c*) do n.º 1 depende de deliberação do conselho regional que o tenha designado, tomada por três quartos dos votos dos respectivos membros.

ARTIGO 22º
Substituição dos presidentes dos órgãos da Câmara

1 – Nos casos de escusa, renúncia, perda do mandato ou morte e ainda nos casos de impedimento permanente para o exercício do cargo de presidente da Câmara ou de presidentes regionais assumem as funções respectivamente os vice-presidentes do conselho geral e dos conselhos regionais.

2 – Se, nos termos da primeira parte do n.º 1, for necessário substituir o presidente de qualquer outro órgão da Câmara:

a) Havendo vice-presidente, este ocupa a presidência;
b) Não havendo vice-presidente, os restantes membros do órgão elegem de entre os seus membros novo presidente e, de entre os solicitadores elegíveis, designam o substituto para o lugar vago.

ARTIGO 23º
Substituição dos restantes membros dos órgãos da Câmara

1 – A substituição de outros membros dos órgãos, em situações como as previstas no n.º 1 do artigo anterior, é efectuada por cooptação entre os solicitadores elegíveis.

2 – No caso referido no número anterior, os membros em exercício podem consensualmente optar pela redistribuição entre si dos lugares em falta.

3 – No preenchimento de vagas no conselho geral observa-se o disposto no n.º 3 do artigo 40º.

4 – Não podem ser preenchidos os lugares em falta se as vagas forem superiores a metade dos membros do respectivo órgão.

5 – Na situação prevista no número anterior realizam-se eleições intercalares, exclusivamente para o órgão a substituir.

ARTIGO 24º
Impedimento temporário

1 – No caso de impedimento temporário de algum membro dos órgãos da Câmara, sem que esteja prevista a sua substituição, o órgão a que pertence o impedido delibera sobre as situações de impedimento e a necessidade de substituição temporária, a efectuar nos termos dos artigos anteriores.

2 – É aplicável o regime de impedimentos constante do Código do Procedimento Administrativo em tudo o que não contrarie o presente Estatuto.

ARTIGO 25º
Substituição dos delegados de círculo ou de comarca

A substituição temporária dos delegados é decidida pelos respectivos conselhos regionais.

ARTIGO 26º
Mandato dos substitutos

1 – Nas situações previstas nos artigos 22º e 23º, os membros designados em substituição exercem funções até ao termo do mandato do titular substituído.

2 – Nos casos de impedimento temporário, os substitutos exercem funções pelo tempo do impedimento.

ARTIGO 27º
Órgãos dos colégios de especialidade

1 – É aplicável o disposto nos artigos anteriores da presente secção aos órgãos dos colégios de especialidade, com as necessárias adaptações.

2 – Compete ao conselho geral regulamentar as eleições para os respectivos órgãos.

ARTIGO 28º
Títulos honoríficos e direito ao uso de insígnia

1 – O solicitador que tenha exercido cargos nos órgãos da Câmara conserva honorariamente a designação correspondente ao cargo mais elevado que haja ocupado.

2 – Os solicitadores que sejam ou tenham sido titulares de órgãos da Câmara, quando compareçam em actos de grande solenidade, podem usar sobre o trajo profissional insígnia de prata da Câmara, sendo de prata dourada a do presidente ou antigos presidentes da Câmara ou do conselho geral.

SECÇÃO II
Assembleia geral

ARTIGO 29º
Composição

A assembleia geral é constituída por todos os solicitadores inscritos.

ARTIGO 30º
Competência

1 – Compete à assembleia geral:

a) Eleger a mesa da assembleia geral, o presidente da Câmara, o conselho superior e o conselho geral;

b) Discutir e votar o orçamento, o relatório e as contas do conselho geral;

c) Aprovar o código deontológico;

d) Aprovar os regulamentos eleitorais, da caixa de compensações e dos funcionários dos solicitadores;

e) Regulamentar os modelos do trajo profissional e das insígnias, timbres e selos profissionais dos solicitadores, solicitadores honorários e solicitadores integrados em colégios de especialidade;

f) Aprovar outros regulamentos que lhe sejam submetidos pelo conselho geral;

g) Conceder a medalha de mérito profissional;

h) Conferir o título de solicitador honorário, desde que preenchidos os requisitos a estabelecer em regulamento próprio;
i) Exercer as demais competências não atribuídas a outros órgãos.

2 – As competências previstas nas alíneas *d)*, *e)* e *g)* podem ser delegadas no conselho geral ou na assembleia de delegados, no todo ou em parte.

3 – Os regulamentos aprovados em assembleia geral vinculam todos os órgãos da Câmara.

ARTIGO 31º
Mesa

1 – A mesa da assembleia geral é constituída pelo presidente e pelos primeiro e segundo-secretários.

2 – Em caso de falta ou impedimento, o presidente é substituído pelo primeiro-secretário e, na falta deste, pelo segundo-secretário.

3 – Na falta, total ou parcial, dos membros referidos nos números anteriores a assembleia geral escolhe de entre os solicitadores presentes os que devam constituir ou completar a mesa.

ARTIGO 32º
Competência do presidente e da mesa

1 – Compete ao presidente da mesa:

a) Coordenar com os presidentes das mesas regionais as datas das realizações das respectivas assembleias que se possam sobrepor, prevalecendo as reuniões nacionais sobre as restantes;
b) Convocar a assembleia;
c) Verificar o número de presenças;
d) Dirigir os trabalhos, ouvindo a mesa;
e) Rubricar e assinar as actas;
f) Dar posse aos novos órgãos nos 15 dias seguintes à sua eleição.

2 – Compete aos restantes membros da mesa da assembleia coadjuvar o presidente nas respectivas decisões e assegurar a elaboração das actas, do escrutínio e do registo de presenças.

ARTIGO 33º
Reuniões

1 – A assembleia geral reúne em Lisboa, em sessão ordinária ou extraordinária.

2 – A assembleia geral pode reunir extraordinariamente fora de Lisboa, no caso de a sua realização coincidir com o congresso ou a assembleia de delegados.

3 – A assembleia geral é convocada por aviso postal expedido com a antecedência mínima de 10 dias e por anúncio publicado em jornal diário publicado em Lisboa e Porto, com a indicação da ordem de trabalhos e dos documentos a apreciar.

4 – Os documentos referidos no número anterior devem estar patentes nas sedes do conselho geral e dos conselhos regionais e são enviados para as delegações de círculo.

5 – Não estando presente, à hora designada na convocatória, metade dos membros que constituem a assembleia esta reúne uma hora depois, sendo válidas as deliberações tomadas com qualquer número de presenças.

6 – Os avisos postais referidos no nº 3 podem ser substituídos por comunicação efectuada através de correio electrónico, para morada indicada pelo solicitador.

ARTIGO 34º
Assembleia geral ordinária

A assembleia geral ordinária reúne:

a) Em Dezembro de cada ano, para discutir e votar o orçamento do conselho geral para o ano seguinte;

b) Em Março de cada ano, para discutir e votar o relatório e as contas do conselho geral respeitantes ao exercício anterior;

c) Trienalmente, em Dezembro, para a realização das eleições mencionadas na alínea *a)* do nº 1 do artigo 30º.

ARTIGO 35º
Assembleia geral extraordinária

1 – A assembleia geral extraordinária reúne a requerimento do presidente da Câmara, do conselho geral ou de, pelo menos, um vigésimo dos solicitadores com inscrição em vigor.

2 – Do requerimento consta a ordem de trabalhos.

3 – O presidente da mesa convoca a assembleia no prazo de 10 dias, para reunir nos 20 dias seguintes.

4 – A assembleia pode ainda reunir por iniciativa do presidente da mesa.

ARTIGO 36º
Deliberações da assembleia geral extraordinária

1 – A assembleia geral extraordinária só pode deliberar sobre os assuntos constantes da ordem de trabalhos.

2 – Os solicitadores que pretendam submeter algum assunto à assembleia geral podem requerer ao presidente da mesa, até 10 dias antes da reunião, que o faça inscrever na ordem de trabalhos, devendo o requerimento ser subscrito por um vigésimo dos solicitadores com inscrição em vigor.

3 – O aditamento à ordem de trabalhos é obrigatório e deve ser levado ao conhecimento dos membros da assembleia nos três dias imediatos à apresentação do pedido de inscrição.

ARTIGO 37º
Assembleia de alteração do presente Estatuto

1 – A assembleia geral extraordinária convocada para apreciar propostas de alteração do presente Estatuto apresentadas pela Câmara só pode reunir estando presentes ou representados 10% dos solicitadores inscritos.

2 – A assembleia delibera por dois terços dos votos presentes.

3 – A representação só pode ser conferida a solicitador por carta com assinatura reconhecida.

4 – O mandatário não pode representar mais de cinco solicitadores.

SECÇÃO III
Presidente da Câmara

ARTIGO 38º
Presidente da Câmara

O presidente da Câmara é, por inerência, o presidente do congresso, do conselho geral e da assembleia de delegados.

ARTIGO 39º
Competência do presidente

1 – Ao presidente da Câmara compete:

a) Representar a Câmara perante os órgãos de soberania, em juízo e fora dele;
b) Convocar e presidir às reuniões do conselho geral e orientar os trabalhos;
c) Presidir ao congresso e à assembleia de delegados;
d) Presidir à comissão da caixa de compensações;
e) Dirigir os serviços do conselho geral e providenciar pelo seu bom funcionamento;
f) Promover a execução das deliberações da assembleia geral e do conselho geral;
g) Dispensar da obrigação de segredo profissional os solicitadores que sejam ou tenham sido membros de órgãos nacionais ou regionais ou do conselho de especialidade e decidir em sede de recurso sobre a dispensa de segredo profissional;
h) Dirigir a revista da Câmara;
i) Assinar o expediente;
j) Assistir, querendo, às reuniões de todos os órgãos colegiais da Câmara, podendo intervir e fazer comunicações, devendo para o efeito informar antecipadamente o presidente do respectivo órgão;
l) Recorrer, sempre que o entenda, para o conselho superior das decisões das secções regionais deontológicas;
m) Exercer as demais competências que lhe sejam atribuídas por lei ou por regulamento.

2 – O presidente é substituído pelo 1º vice-presidente do conselho geral nas suas faltas e impedimentos.

3 – O presidente pode delegar no todo ou em parte:

a) Nos vice-presidentes do conselho geral, as competências a que se referem as alíneas b), c), d), j) e l) do nº 1;
b) Em qualquer membro do conselho geral, as competências previstas nas alíneas e), f) e h) do nº 1.

4 – O presidente pode ainda delegar, em casos específicos, em quaisquer membros do conselho geral ou em delegados de círculo a competência a que se refere a alínea *a*) do nº 1.

SECÇÃO IV
Conselho geral

ARTIGO 40º
Composição

1 – O conselho geral é composto pelo presidente da Câmara, que preside, por dois vice-presidentes, secretário, tesoureiro e seis vogais, todos a eleger pela assembleia geral, e, por inerência, pelos presidentes dos conselhos regionais e presidentes dos colégios de especialidade.

2 – O presidente do conselho superior participa nas respectivas reuniões com o estatuto de observador, podendo intervir, mas sem direito a voto.

3 – As listas com os membros a eleger para o conselho geral têm de garantir a participação de, pelo menos, um membro proveniente da área de jurisdição de cada tribunal da relação.

4 – O conselho geral pode fazer-se assessorar por um secretário-geral, que cessa funções no termo do mandato do conselho.

ARTIGO 41º
Competência

1 – Ao conselho geral compete:

  a) Dirigir e coordenar a actividade da Câmara;
  b) Cumprir e fazer cumprir as disposições do presente Estatuto, as deliberações do congresso e da assembleia geral;
  c) Elaborar e submeter à apreciação da assembleia geral o orçamento, o relatório e as contas;
  d) Propor as medidas normativas e emitir parecer sobre os projectos legislativos referidos, respectivamente, nas alíneas *a*) e *d*) do artigo 4º;
  e) Aprovar os regulamentos da sua competência, nomeadamente os referentes à definição dos requisitos para a inscrição e às regras próprias a que ficam sujeitos os solicitadores integrados em colégios da especialidade;
  f) Elaborar propostas de regulamentos a submeter à assembleia geral;
  g) Organizar, regulamentar e orientar o estágio dos solicitadores estagiários;
  h) Aprovar os modelos de cédulas ou cartões profissionais;
  i) Exercer o poder disciplinar sobre os funcionários ao seu serviço;
  j) Regulamentar e organizar cursos de formação para os solicitadores e para os solicitadores integrados em colégios de especialidade;
  l) Elaborar e manter actualizado o registo geral dos solicitadores e das sociedades de solicitadores;
  m) Publicar a lista dos solicitadores e mantê-la actualizada em suporte informático público, nos termos do artigo 76º;

n) Propor à assembleia geral a concessão do título honorário de solicitador ou a atribuição de medalhas de mérito profissional;
o) Promover a edição, pelo menos anualmente, de uma revista ou boletim informativo;
p) Constituir comissões de trabalho, nomear os seus membros e atribuir-lhes as respectivas funções;
q) Emitir pareceres vinculativos sobre omissões ou lacunas do Estatuto e regulamentos;
r) Exercer as demais competências que lhe sejam atribuídas por lei ou por regulamento.

2 – As competências previstas no número anterior nas alíneas *i)*, *o)* e *q)* e nas alíneas *d)*, *l)*, *m)*, *o)* e *q)* podem ser, respectivamente, delegadas no presidente da Câmara ou em comissões constituídas nos termos da respectiva alínea *p)*.

ARTIGO 42º
Reuniões

1 – O conselho geral reúne, pelo menos, de dois em dois meses, sendo convocado pelo presidente ou a solicitação da maioria absoluta dos seus membros.

2 – As reuniões têm lugar, em regra, em Lisboa ou nas cidades em que se situe a sede dos conselhos regionais.

3 – O conselho geral só pode deliberar com a presença da maioria absoluta dos seus membros, tendo o presidente, ou quem ocupe a presidência, voto de qualidade.

SECÇÃO V
Conselho superior

ARTIGO 43º
Composição e funcionamento

1 – O conselho superior constitui o órgão superior da Câmara de fiscalização e controlo, sendo composto por um presidente, um vice-presidente, um secretário, seis vogais e pelos vice-presidentes dos conselhos dos colégios de especialidade.

2 – As listas com os membros a eleger para o conselho superior têm de garantir a participação de, pelo menos, um membro de cada distrito judicial.

3 – Os membros do conselho superior não podem ser titulares de quaisquer outros órgãos da Câmara ou agir em substituição daqueles.

4 – O conselho superior funciona na sede da Câmara, podendo reunir em qualquer local.

ARTIGO 44º
Competência

Compete ao conselho superior:
a) Velar pela legalidade da actividade exercida pela Câmara e seus órgãos;
b) Apreciar os recursos das decisões do conselho geral, dos presidentes das mesas das assembleias e das secções regionais deontológicas;

c) Instruir e julgar os processos disciplinares que digam respeito a dirigentes, actuais ou antigos, dos órgãos nacionais ou regionais ou dos conselhos dos colégios de especialidade;

d) Decidir os pedidos de escusa e tomar conhecimento dos pedidos de renúncia apresentados pelos titulares dos órgãos da Câmara, à excepção dos delegados;

e) Decidir sobre impedimentos e perda do cargo dos seus membros e suspendê-los preventivamente, em caso de falta disciplinar, no decurso do respectivo processo;

f) Decidir os recursos sobre deliberações de perda de mandato;

g) Decidir os pedidos de revisão e reabilitação;

h) Proferir laudos sobre honorários em sede de recurso e, em primeira instância, quando o objecto respeite a honorários de qualquer dirigente referido na alínea c);

i) Conhecer, oficiosamente ou mediante petição de qualquer solicitador, dos vícios das deliberações da assembleia geral, das assembleias regionais e das delegações;

j) Convocar assembleias gerais e assembleias regionais, quando tenha sido excedido o prazo para a respectiva convocação;

l) Resolver os conflitos eleitorais;

m) Resolver conflitos de competência entre órgãos nacionais, regionais e locais da Câmara ou com as secções regionais deontológicas;

n) Elaborar e aprovar regulamentação em matéria disciplinar.

SECÇÃO VI
Congresso dos solicitadores

ARTIGO 45º
Composição

1 – O congresso dos solicitadores representa todos os solicitadores com inscrição em vigor, os solicitadores honorários e os solicitadores cuja inscrição tenha sido cancelada por efeito de reforma.

2 – Podem ser convidados, como observadores, delegados de associações de juristas nacionais e estrangeiras.

3 – O congresso é composto pelos membros dos órgãos nacionais e regionais, pelos membros dos conselhos de especialidades e por delegados eleitos por cada círculo judicial segundo um sistema proporcional, de acordo com o método da média mais alta de Hondt.

4 – Os solicitadores que não sejam eleitos delegados, podem participar no congresso a título de observadores, podendo intervir sem direito de voto.

ARTIGO 46º
Realização e organização

1 – O congresso realiza-se ordinariamente de três em três anos e extraordinariamente por deliberação tomada por maioria qualificada de três quartos dos membros do conselho geral ou por requerimento de 400 solicitadores, que nele indiquem os temas que pretendem ver debatidos.

2 – O congresso é convocado pelo presidente da Câmara, segundo a forma fixada para a convocação da assembleia geral, com a antecedência mínima de:

a) Seis meses, caso reúna ordinariamente;
b) Um mês, caso reúna extraordinariamente.

3 – O congresso é organizado por uma comissão constituída para o efeito, nomeada pelo conselho geral.
4 – A comissão organizadora designa a comissão de honra e um secretariado.
5 – O secretariado submete à aprovação da comissão organizadora o programa e o regulamento do congresso, assegurando a sua execução.

ARTIGO 47º
Competência

Compete ao congresso pronunciar-se sobre o exercício da solicitadoria e sobre os problemas da ordem jurídica e as suas consequências sobre os direitos, liberdades e garantias dos cidadãos.

SECÇÃO VII
Assembleia de delegados

ARTIGO 48º
Composição e periodicidade das reuniões

1 – A assembleia de delegados consiste na reunião de todos os delegados de círculo com o conselho geral e os conselhos regionais.
2 – A assembleia é dirigida pelo presidente da Câmara e nela participa um representante de cada delegação de círculo.
3 – Podem ainda participar na assembleia, sempre que convidados, mas sem direito de voto, os restantes membros dos órgãos nacionais e regionais e dos conselhos dos colégios de especialidade.
4 – Excepto nos anos em que se realize congresso, a assembleia de delegados reúne obrigatoriamente todos os anos em local, na data e com a ordem de trabalhos definida em convocatória do presidente da Câmara.

ARTIGO 49º
Competência

Compete à assembleia de delegados:

a) Assumir as competências delegadas pela assembleia geral;
b) Pronunciar-se sobre o funcionamento das delegações;
c) Elaborar propostas de recomendação sobre os pontos da ordem de trabalhos.

SECÇÃO VIII
Assembleias regionais

ARTIGO 50º
Composição

Em cada região funciona uma assembleia regional, constituída por todos os solicitadores com domicílio profissional aí fixado e com inscrição em vigor.

ARTIGO 51º
Competência

Compete às assembleias regionais:

a) Eleger a mesa da assembleia regional, o presidente regional, os membros do conselho regional e da secção regional deontológica;
b) Discutir e votar o orçamento, o relatório e as contas dos conselhos regionais.

ARTIGO 52º
Mesa da assembleia regional

1 – A mesa da assembleia regional é constituída pelo presidente e pelo primeiro e segundo-secretários.

2 – Em caso de falta ou impedimento, o presidente é substituído pelo primeiro-secretário e, na falta deste, pelo segundo-secretário.

3 – Não sendo possível operar as substituições referidas nos números anteriores, a assembleia regional escolhe, de entre os solicitadores presentes, os que devam constituir ou completar a mesa.

ARTIGO 53º
Competência do presidente e das mesas de assembleia regionais

1 – Compete ao presidente da mesa da assembleia regional:

a) Coordenar com o presidente da mesa da assembleia geral as datas das realizações das respectivas assembleias que se possam sobrepor;
b) Convocar a assembleia regional;
c) Verificar o número de presenças;
d) Dirigir os trabalhos, ouvindo a mesa;
e) Rubricar e assinar as actas;
f) Dar posse aos novos órgãos regionais eleitos nos 15 dias seguintes à sua eleição.

2 – Compete aos restantes membros da mesa da assembleia regional assegurar a elaboração das actas, do escrutínio e do registo de presenças.

ARTIGO 54º
Reuniões

1 – As assembleias regionais reúnem em sessão ordinária ou extraordinária.

2 – As assembleias são convocadas pelo presidente da mesa da assembleia regional por aviso postal expedido com a antecedência mínima de 15 dias e por anúncio

publicado em jornal diário da sede da região, com indicação da ordem de trabalhos e dos documentos a apreciar, que devem estar patentes nas sedes dos respectivos conselhos regionais e ser remetidos para as delegações de círculo e de comarca.

3 – Não estando presente à hora designada metade dos membros que constituem a assembleia, esta reúne uma hora depois, sendo válidas as deliberações tomadas com qualquer número de presenças.

4 – Os avisos postais referidos no nº 2 podem ser substituídos por comunicação efectuada através de correio electrónico, para morada indicada pelo solicitador.

ARTIGO 55º
Assembleias regionais ordinárias

As assembleias regionais ordinárias reúnem:

a) Em Novembro de cada ano para discutir e votar o orçamento para o ano seguinte;

b) Em Fevereiro de cada ano para discutir e votar o relatório e as contas do conselho regional respeitantes ao exercício anterior;

c) Trienalmente em Dezembro para a realização das eleições previstas na alínea *a)* do artigo 51º.

ARTIGO 56º
Assembleias regionais extraordinárias

1 – As assembleias regionais extraordinárias reúnem a requerimento do respectivo presidente regional, do conselho regional, do conselho geral ou de, pelo menos, um décimo dos solicitadores com inscrição em vigor na respectiva região.

2 – É aplicável às reuniões das assembleias regionais extraordinárias o disposto nos nºs 2 a 4 do artigo 35º.

ARTIGO 57º
Deliberações das assembleias regionais extraordinárias

1 – Os solicitadores que pretendam introduzir alguma alteração à ordem de trabalhos podem requerer ao presidente da mesa da assembleia, até 10 dias antes da reunião, que o faça inscrever na ordem de trabalhos, devendo o requerimento ser subscrito por um décimo dos solicitadores com inscrição em vigor.

2 – É aplicável às deliberações das assembleias regionais extraordinárias o disposto nos nºs 2 e 3 do artigo 36º.

SECÇÃO IX
Presidentes regionais

ARTIGO 58º
Competência dos presidentes regionais

1 – Compete aos presidentes regionais:

a) Representar o conselho regional no âmbito das suas competências;

b) Convocar e presidir às reuniões do conselho regional e orientar os seus trabalhos;

c) Dirigir os serviços do conselho regional e providenciar pelo seu bom funcionamento, designadamente no que respeita aos processos de admissão de solicitadores;

d) Recorrer, sempre que o entenda, para o conselho superior das decisões da secção regional deontológica;

e) Dispensar os solicitadores da sua região da obrigação de segredo profissional;

f) Assistir, sempre que o entenda, às reuniões regionais dos órgãos do colégio de especialidade e dos órgãos locais da sua região, podendo intervir e fazer comunicações, devendo informar antecipadamente, para o efeito, o presidente do respectivo órgão;

g) Assinar o expediente.

2 – O presidente é substituído pelo vice-presidente do conselho regional nas suas faltas e impedimentos.

3 – O presidente pode delegar:

a) No vice-presidente do conselho regional, as competências referidas no nº 1;

b) Em qualquer dos membros do conselho regional, as competências previstas nas alíneas *a)* e *c)* do nº 1.

SECÇÃO X
Conselhos regionais

ARTIGO 59º
Composição

1 – Em cada região funciona um conselho regional, presidido pelo presidente regional e constituído por um vice-presidente, um secretário, um tesoureiro e dois vogais eleitos em assembleia regional.

2 – Fazem ainda parte do conselho regional, como vogais, um delegado de cada colégio de especialidade.

3 – O presidente da secção regional deontológica assiste e participa nas reuniões do conselho regional, com o estatuto de observador, sem direito de voto.

ARTIGO 60º
Competência

Aos conselhos regionais compete:

a) Representar a Câmara na respectiva área;

b) Colaborar com os demais órgãos da Câmara na prossecução das suas competências;

c) Cumprir e fazer cumprir as disposições do presente Estatuto e as deliberações das assembleias regionais;

d) Admitir solicitadores e reconhecer a sua especialidade;

e) Elaborar os mapas de distribuição dos serviços oficiosos, podendo delegar esta competência nos órgãos locais, garantindo a divulgação na lista informática referida no nº 2 do artigo 76º;

f) Suspender administrativamente os solicitadores que tenham dívidas à Câmara, nos termos do artigo 73º;

g) Exercer o poder disciplinar sobre os funcionários ao seu serviço;

h) Elaborar e submeter à apreciação da assembleia regional o orçamento, o relatório e as contas;

i) Gerir os fundos do conselho regional, procedendo à elaboração de um balancete trimestral;

j) Aprovar os orçamentos das delegações de círculo e a respectiva comparticipação;

l) Decidir sobre qualquer conflito de competência entre órgãos locais da respectiva região;

m) Decidir sobre a oportunidade de criação de delegações de círculo e comarca, na sede do respectivo círculo judicial;

n) Proceder à nomeação de representantes junto de autoridades jurisdicionais, no âmbito da região;

o) Organizar e convocar as eleições para os órgãos locais, delegações de círculo ou de comarca;

p) Nomear delegados de círculo ou de comarca, nos termos dos artigos 64º e 66º;

q) Constituir comissões de trabalho de âmbito regional, nomear os seus membros e atribuir-lhes as respectivas funções;

r) Enviar ao conselho geral a lista e estatísticas relativas a todos os solicitadores inscritos, com a discriminação das especialidades, comunicando de imediato as suspensões, cancelamento de inscrições e substituições;

s) Promover a realização de cursos, seminários e conferências;

t) Elaborar estatísticas respeitantes ao movimento do conselho e ao exercício da profissão;

u) Proceder ao registo dos funcionários dos solicitadores, nos termos de regulamento a aprovar em assembleia geral;

v) Exercer as demais competências que lhe sejam atribuídas por lei ou por regulamento.

ARTIGO 61º
Reuniões

1 – Os conselhos regionais reúnem pelo menos uma vez por mês.

2 – As reuniões dos conselhos regionais são convocadas pelo presidente ou a solicitação da maioria absoluta dos seus membros.

3 – Os conselhos regionais só podem deliberar com a presença da maioria absoluta dos seus membros, tendo o presidente, ou quem ocupe a presidência, voto de qualidade, em caso de empate.

4 – Os delegados de círculo judicial podem ser convidados, pelo presidente, a participar, sem direito a voto, na reunião do respectivo conselho, para tratar de assuntos relativos às suas delegações.

SECÇÃO XI
Secções regionais deontológicas

ARTIGO 62º
Composição

1 – A secção regional deontológica é composta por um presidente, um vice-presidente e três vogais, eleitos pelas assembleias regionais dos solicitadores de cada conselho regional, e por um vogal da delegação regional do colégio de especialidade.

2 – Os membros das secções regionais deontológicas não podem ser titulares de quaisquer outros órgãos da Câmara ou agir em substituição daqueles.

ARTIGO 63º
Competência

Compete à secção regional deontológica, relativamente aos solicitadores com domicílio profissional na área da respectiva região:

a) Instruir e julgar os processos disciplinares, com excepção dos previstos na alínea *c)* do artigo 44º;

b) Assegurar o cumprimento das normas de deontologia profissional, podendo oficiosamente conduzir inquéritos e convocar para declarações;

c) (Revogada.)

d) Dar conhecimento ao presidente da Câmara e ao presidente regional das decisões susceptíveis de recurso, nos termos da alínea *l)* do nº 1 do artigo 39º e da alínea *d)* do nº 1 do artigo 58º;

e) Proferir, em primeira instância, os laudos mencionados no artigo 8º, sem prejuízo do disposto na alínea *h)* do artigo 44º;

f) Comunicar as decisões disciplinares transitadas, bem como as de natureza cautelar, ao conselho geral, ao conselho regional, à delegação local e, sendo caso disso, ao colégio de especialidade;

g) Aplicar as multas resultantes da violação da obrigação de votar;

h) Aprovar as sociedades de solicitadores com sede na região, comunicando a sua deliberação ao conselho geral e regional;

i) Aprovar os relatórios relativos à substituição de solicitadores de execução;

j) Exercer as demais competências que lhe sejam atribuídas por lei ou regulamento.

SECÇÃO XII
Delegações de círculo e de comarca

ARTIGO 64º
Delegações de círculo

1 – As delegações de círculo estabelecem a ligação entre os solicitadores do círculo judicial e os demais órgãos da Câmara.

2 – Nos círculos judiciais com mais de 20 solicitadores e nas Regiões Autónomas dos Açores e da Madeira as delegações são compostas por 3 solicitadores, com a designação de presidente, secretário e tesoureiro.
3 – Nos círculos judiciais não incluídos no número anterior é eleito um só delegado.
4 – As delegações e os delegados são eleitos por sufrágio pessoal, directo e secreto, de entre todos os solicitadores com domicílio profissional no círculo judicial.
5 – As eleições decorrem no mês de Janeiro seguinte à assembleia geral referida na alínea c) do artigo 34º.
6 – Não se verificando a eleição, o respectivo conselho regional pode nomear um solicitador que exerça as respectivas funções.
7 – As delegações e os delegados asseguram o mandato até à sua substituição.

ARTIGO 65º
Competências das delegações de círculo

Compete às delegações e aos delegados de círculo:

a) Defender, junto dos órgãos da Câmara, os direitos e interesses dos solicitadores do círculo;

b) Apresentar ao respectivo conselho regional, até 15 de Setembro de cada ano, o orçamento e o plano de actividades para o ano seguinte;

c) Manter actualizados os quadros dos solicitadores do círculo judicial e diligenciar pela sua afixação nas respectivas repartições, em colaboração com os delegados de comarca;

d) Promover sessões de actualização profissional, em colaboração com os restantes conselhos da Câmara;

e) Colaborar com os órgãos da Câmara na instrução de processos disciplinares, de fiscalizações ou de combate à procuradoria ilícita;

f) Colaborar na organização do processo de eleições dos delegados ao congresso;

g) Comunicar aos órgãos competentes da Câmara qualquer situação anómala ou prejudicial ao funcionamento da justiça, à actividade e à dignidade da profissão;

h) Colaborar na organização do apoio judiciário e da assistência jurídica, no respectivo círculo judicial;

i) Diligenciar pela boa gestão das instalações próprias ou colocadas à disposição dos solicitadores;

j) Fomentar as relações com os órgãos locais de outros operadores judiciários.

ARTIGO 66º
Delegados de comarca

1 – Em todas as comarcas com mais de cinco solicitadores, que não sejam sede de círculo judicial, é eleito um delegado, aplicando-se o disposto no artigo 64º.

2 – Nas comarcas com menos de cinco solicitadores ou quando não seja possível a eleição, o conselho regional pode, ouvida a delegação de círculo, designar o delegado de entre os solicitadores da comarca ou, no seu impedimento, de entre os da comarca limítrofe.

3 – O delegado, sob coordenação do conselho regional e da delegação de círculo, assume as competências da delegação de círculo a nível da comarca.

SECÇÃO XIII
Colégios de especialidade

ARTIGO 67º
Disposições gerais

1 – Os colégios de especialidade são compostos pelos membros efectivos que exerçam uma especialidade na profissão de solicitador.

2 – São órgãos dos colégios de especialidade:

a) A assembleia;
b) O conselho;
c) As assembleias regionais;
d) As delegações regionais.

3 – Os órgãos referidos nas alíneas *a)* e *b)* do número anterior funcionam na sede da Câmara.

4 – Os órgãos referidos nas alíneas *c)* e *d)* do nº 2 funcionam nas sedes dos conselhos regionais.

5 – Incumbe aos colégios de especialidade:

a) Incentivar a valorização profissional e dar apoio formativo e documental aos membros do colégio;
b) Colaborar nas publicações da Câmara;
c) Apoiar os outros órgãos da Câmara, quando solicitados.

6 – *(Revogado.)*

ARTIGO 68º
Órgãos

1 – Os colégios são dirigidos por conselhos de especialidade, compostos por três membros eleitos em assembleia geral dos membros do colégio e pelos presidentes das delegações regionais da especialidade.

2 – As listas apresentadas a candidatura devem individualizar o presidente, o vice-presidente e o secretário.

3 – As assembleias regionais dos solicitadores da especialidade elegem a delegação regional do colégio de especialidade que é composta por um presidente e dois vogais.

4 – O 1º e 2º vogais dos conselhos dos colégios de especialidade são, por inerência, membros dos respectivos conselhos regionais e secções regionais deontológicas.

ARTIGO 69º
Competências dos conselhos de especialidade

São competências dos conselhos de especialidade:

a) Convocar e presidir às reuniões da assembleia geral dos membros do colégio;

b) Propor à assembleia geral dos membros do colégio e ao conselho geral acções e regulamentos ou deliberações relacionados com a respectiva especialidade;
c) Dar parecer sobre questões relacionadas com matérias da especialidade;
d) Colaborar na formação dos solicitadores da especialidade;
e) Propor ao conselho geral a aprovação de uma quotização suplementar para os seus membros;
f) Dar conhecimento aos órgãos com competência em matéria disciplinar de qualquer comportamento susceptível de sanção por parte dos membros do colégio.

ARTIGO 69º-A
Colégio de Especialidade de Agentes de Execução

1 – O Colégio de Especialidade de Agentes de Execução é composto pelos membros efectivos inscritos ou registados junto da Câmara dos Solicitadores como agentes de execução.

2 – Só podem ser eleitos para o Conselho de Especialidade de Agentes de Execução agentes de execução com inscrição ou registo em vigor há pelo menos dois anos.

3 – Têm direito de voto todos os agentes de execução com inscrição ou registo em vigor.

4 – Sem prejuízo do disposto nos números anteriores e nos artigos seguintes, aplica-se, com as necessárias adaptações, o disposto nos artigos 12º a 28º do presente Estatuto.

ARTIGO 69º-B
Comissão para a Eficácia das Execuções

A Comissão para a Eficácia das Execuções é o órgão independente da Câmara dos Solicitadores responsável em matéria de acesso e admissão a estágio, de avaliação dos agentes de execução estagiários e de disciplina dos agentes de execução.

ARTIGO 69º-C
Competências

Compete à Comissão para a Eficácia das Execuções:

a) Emitir recomendações sobre a formação dos agentes de execução e sobre a eficácia das execuções;
b) Definir o número de candidatos a admitir em cada estágio de agente de execução;
c) Escolher e designar a entidade externa responsável pela elaboração, definição dos critérios de avaliação e avaliação do exame de admissão a estágio de agente de execução;
d) Aprovar o relatório anual de actividade;
e) Instruir os processos disciplinares de agentes de execução;
f) Aplicar as penas disciplinares aos agentes de execução;
g) Proceder a inspecções e fiscalizações aos agentes de execução;
h) Decidir as questões relacionadas com os impedimentos e suspeições do agente de execução.

ARTIGO 69º-D
Composição da Comissão para a Eficácia das Execuções

1 – A Comissão para a Eficácia das Execuções é composta pelos seguintes membros:

a) Um vogal designado pelo Conselho Superior da Magistratura;
b) Um vogal designado pelo membro do Governo responsável pela área da justiça;
c) Um vogal designado pelo membro do Governo responsável pela área das finanças;
d) Um vogal designado pelo membro do Governo responsável pela área da segurança social;
e) Um vogal designado pelo presidente da Câmara dos Solicitadores;
f) Um vogal designado pelo bastonário da Ordem dos Advogados;
g) O presidente do Colégio de Especialidade dos Agentes de Execução;
h) Um vogal designado pelas associações representativas dos consumidores ou de utentes de serviços de justiça;
i) Dois vogais designados pelas confederações com assento na Comissão Permanente de Concertação Social do Conselho Económico e Social;
j) Um vogal cooptado por decisão maioritária dos vogais referidos nas alíneas anteriores, que preside.

2 – Os membros da Comissão para a Eficácia das Execuções são designados por um período de três anos, podendo, sempre que necessário, ser substituídos por iniciativa das entidades que os designaram.

3 – Os membros da Comissão para a Eficácia das Execuções não podem ser designados para mais de dois períodos sucessivos de três anos.

4 – Quando, na ordem de trabalhos das reuniões da Comissão, sejam incluídos assuntos da competência específica da jurisdição administrativa ou do Ministério Público participam no debate e na votação desses assuntos um vogal designado pelo Conselho Superior dos Tribunais Administrativos e Fiscais ou pelo Conselho Superior do Ministério Público, respectivamente.

5 – A Comissão para a Eficácia das Execuções pode solicitar a participação de representantes de outras entidades relevantes para a discussão e execução de tarefas específicas.[227]

ARTIGO 69º-E
Funcionamento

1 – A Comissão para a Eficácia das Execuções funciona em plenário e em grupo de gestão.

2 – O grupo de gestão é composto pelo presidente da Comissão, pelo presidente do Colégio de Especialidade dos Agentes de Execução e por três membros escolhidos pelo presidente da Comissão e votados favoravelmente por maioria simples do plenário.

---

[227] O Tribunal Constitucional, no Acórdão nº 25/2012, de 18 de janeiro de 2012, publicado no Diário da República, 2ª série, de 13 de fevereiro, declarou a não legalidade e a não inconstitucionalidade das normas das alíneas a) a j) do nº 1, deste artigo, na redação que lhe foi conferida pelo Decreto-Lei nº 226/2008, de 20 de novembro.

3 – O cargo de presidente é equiparado a cargo de direcção superior de 1º grau para efeitos de atribuição do correspondente estatuto remuneratório e ainda para os efeitos dos artigos 41º, 49º e 73º dos Estatutos das Carreiras do Pessoal Docente do Ensino Superior Politécnico, de Investigação Científica e Docente Universitária, respectivamente.

4 – Aos membros escolhidos pelo presidente é aplicável o estatuto remuneratório fixado para os cargos de direcção intermédia de 1º grau.

5 – O presidente e os membros do grupo de gestão escolhidos pelo presidente estão sujeitos ao regime de acumulação, incompatibilidades e impedimentos aplicável aos titulares de cargos dirigentes do mesmo nível e grau da Administração Pública.

6 – A participação dos restantes vogais no plenário confere-lhes o direito ao abono de senhas de presença, nos termos e condições a fixar por despacho conjunto dos membros do Governo responsáveis pelas áreas das finanças e da justiça.

ARTIGO 69º-F
Competências

1 – Compete ao plenário da Comissão para a Eficácia das Execuções:

a) Exercer as competências da Comissão para a Eficácia das Execuções referidas nas alíneas *a)* a *d)* do artigo 69º-C;

b) Decidir os recursos das decisões do grupo de gestão que apliquem penas de suspensão e de expulsão de agente de execução;

c) Exercer as demais competências atribuídas à Comissão para a Eficácia das Execuções.

2 – Compete ao Grupo de Gestão da Comissão para a Eficácia das Execuções:

a) Exercer as competências da Comissão para a Eficácia das Execuções referidas nas alíneas *e)* a *h)* do artigo 69º-C;

b) Preparar os documentos e realizar os procedimentos necessários ao exercício, pelo plenário, do referido nas alíneas *b)* a *d)* do artigo 69º-C;

c) Executar o que para tal seja incumbido pelo plenário da Comissão para a Eficácia das Execuções.

3 – No exercício das competências referidas nas alíneas *e)*, *f)* e *g)* do artigo 69º-C e na alínea *b)* do número anterior, o grupo de gestão pode ser assessorado por peritos ou técnicos por si escolhidos, a recrutar dentro da dotação máxima anual que for fixada por despacho conjunto dos membros do Governo responsáveis pelas áreas das finanças e da justiça.

4 – O grupo de gestão da Comissão para a Eficácia das Execuções pode delegar as competências referidas nas alíneas *e)* e *g)* do artigo 69º-C, nos seguintes termos:

a) Relativamente a agentes de execução que sejam, igualmente, solicitadores, na secção regional deontológica da Câmara dos Solicitadores com competência na área do domicílio profissional do agente de execução respectivo;

b) Relativamente a agentes de execução que sejam, igualmente, advogados, no Conselho Distrital de Deontologia com competência na área do domicílio profissional do agente de execução respectivo.

CAPÍTULO III
Regime financeiro

ARTIGO 70º
Receitas e sua afectação

1 – Constituem receitas da Câmara:

a) As liberalidades, dotações e subsídios;
b) As quantias provenientes de inscrições, quotas, serviços, multas, taxas e quaisquer outras receitas que venham a ser aprovadas ou atribuídas;
c) O rendimento dos bens da Câmara;
d) O produto da alienação de quaisquer bens;
e) As importâncias relativas à procuradoria.

2 – As receitas destinam-se a satisfazer os encargos da Câmara na realização dos objectivos estatutários.

3 – A caixa de compensações dos agentes de execução é sujeita a regulamentação autónoma.

ARTIGO 71º
Quotas

1 – A quota mensal corresponde a 7% do valor mais elevado do salário mínimo nacional em vigor no dia 31 de Dezembro do ano anterior.

2 – A cobrança das quotas compete aos conselhos regionais.

3 – A cobrança da quota é feita mensalmente, podendo o conselho geral, com o acordo dos conselhos regionais, determinar outra periodicidade.

4 – Têm direito à redução do valor da quota, em termos a regulamentar em assembleia geral:

a) Os novos solicitadores, nos primeiros três anos subsequentes à inscrição;
b) Os solicitadores reformados, desde que comprovem não ter auferido, por qualquer meio, no ano anterior, rendimento mensal equivalente ao triplo do salário mínimo nacional mais elevado;
c) Os solicitadores que procedam antecipadamente ao pagamento anual.

5 – O solicitador cuja inscrição seja cancelada não tem direito à restituição das quotas liquidadas até à data em que é notificado do cancelamento.

ARTIGO 72º
Administração das receitas e repartição dos encargos

1 – As receitas do conselho geral provêm:

a) Das liberalidades, das dotações, dos rendimentos e do produto da alienação de quaisquer bens ou serviços;
b) Das verbas recebidas por inscrições como solicitador ou sociedade de solicitadores, multas, taxas provenientes do estágio, inscrições, cancelamentos, suspensões e quotas, na proporção de 25%;
c) Das importâncias recebidas nos termos da alínea e) do nº 1 do artigo 70º, na proporção de 50%.

2 – As receitas dos conselhos regionais provêm:

a) Dos valores recebidos pelos serviços efectuados pelo conselho ou pelos órgãos regionais;
b) Dos valores recebidos por força da alínea b) do nº 1, na proporção de 75%;
c) Das importâncias recebidas nos termos da alínea e) do nº 1 do artigo 70º, na proporção de 50%.

3 – As receitas referidas na alínea c) do número anterior são divididas pelos conselhos regionais, na proporção do número de solicitadores inscritos.

4 – As importâncias recebidas nos termos da alínea e) do nº 1 do artigo 70º só podem ser utilizadas por qualquer dos conselhos para, no âmbito das respectivas competências, acorrer às despesas necessárias à prossecução das finalidades previstas na alínea f) do artigo 4º, na alínea j) do nº 1 do artigo 41º, na alínea s) do artigo 60º e no artigo 92º do presente Estatuto.

5 – O conselho geral gere o orçamento dos órgãos nacionais e os conselhos regionais os orçamentos dos respectivos órgãos regionais.

6 – Os conselhos regionais disponibilizam às delegações de círculo, mediante aprovação de prévio orçamento, um montante até 5% do valor das quotas dos respectivos solicitadores.

7 – Cada conselho efectua a sua contabilidade e expediente.

8 – As quantias recebidas por um conselho, mas destinadas a outro órgão, são a estes entregues até ao dia 25 do mês seguinte.

9 – As despesas dos órgãos nacionais ou regionais do colégio de especialidade são suportadas respectivamente, pelo conselho geral e conselhos regionais, sem prejuízo da previsão de uma participação nas receitas da Câmara.

ARTIGO 73º
Pagamentos à Câmara

1 – As quantias devidas por inscrições, serviços e quaisquer taxas são pagas no acto do pedido, sob pena de este não ser apreciado.

2 – Quaisquer outras importâncias devidas à Câmara devem ser pagas no prazo que vier a ser fixado pelo conselho competente, não inferior a 15 dias, cabendo ao respectivo tesoureiro notificar o devedor por carta registada, com aviso de recepção, para efectuar o pagamento no prazo estabelecido.

3 – Se o pagamento não for efectuado no prazo referido no número anterior, o conselho regional suspende administrativamente a inscrição, comunicando a deliberação ao interessado, ao conselho geral e à delegação ou delegado de círculo, devendo o tesoureiro extrair certidão da dívida, que constitui título executivo.

4 – A suspensão só cessa quando se mostrar paga a importância em dívida acrescida de 50%, sendo este acréscimo reduzido a metade se o pagamento se efectuar nos cinco dias posteriores ao termo do prazo a que se refere o nº 2.

5 – Se, decorridos 90 dias após a comunicação referida no nº 3, não tiver sido efectuado pagamento, nem apresentada justificação considerada satisfatória, o conselho regional comunica ao órgão competente para este instaurar o correspondente processo disciplinar.

ARTIGO 74º
Contabilidade e gestão financeira

1 – O exercício económico da Câmara coincide com o ano civil.

2 – As contas da Câmara são encerradas com referência a 31 de Dezembro de cada ano.

3 – A contabilidade da Câmara obedece a regras uniformes de acordo com a lei, observando-se também os procedimentos estabelecidos pelo conselho geral.

4 – Constituem instrumentos de controlo de gestão:

a) O orçamento;
b) O relatório e as contas do exercício com referência a 31 de Dezembro.

5 – As propostas de orçamento são apresentadas:

a) Aos conselhos regionais, pelas secções regionais deontológicas, delegações de círculo, delegações regionais dos colégios de especialidade, até 15 de Setembro;
b) Ao conselho geral, pelos conselhos regionais, conselho superior e conselhos dos colégios de especialidade, até 15 de Outubro;
c) À assembleia geral pelo conselho geral e às assembleias regionais pelos conselhos regionais.

6 – As contas de exercício são apresentadas:

a) Pelas delegações locais ao conselho regional, até 31 de Janeiro do ano seguinte;
b) Pelos conselhos regionais, sem prejuízo da aprovação em assembleia regional, ao conselho geral, até 28 de Fevereiro do ano seguinte;
c) Pelo conselho geral, para efeitos de aprovação em assembleia geral, até Março do ano seguinte.

7 – As contas da Câmara são objecto de certificação legal feita por revisor oficial de contas ou sociedade de revisores oficiais de contas, emitida no prazo de 30 dias.

CAPÍTULO IV
Solicitadores e solicitadores estagiários

SECÇÃO I
Solicitadores

SUBSECÇÃO I
Inscrição

ARTIGO 75º
Obrigatoriedade da inscrição e cédula profissional

1 – É obrigatória a inscrição na Câmara para o exercício da profissão de solicitador.

2 – A cada solicitador inscrito é passada a respectiva cédula profissional, que serve de prova da inscrição na Câmara e do direito ao uso do título de solicitador ou de solicitador especializado.

3 – As cédulas profissionais são emitidas pelos respectivos conselhos regionais, de acordo com modelo aprovado pelo conselho geral.

ARTIGO 76º
Lista dos solicitadores

1 – O conselho geral edita a lista dos solicitadores inscritos, devendo actualizá--la anualmente, indicando designadamente as inscrições em colégios de especialidade, as sociedades de solicitadores e os seus membros e a indicação dos solicitadores suspensos.

2 – A lista de solicitadores deve estar permanentemente actualizada em suporte informático público.

3 – *(Revogado.)*
4 – *(Revogado.)*

5 – Os conselhos regionais, por si ou através das delegações, devem enviar aos tribunais e aos serviços públicos relevantes as listas dos solicitadores com escritório no respectivo círculo judicial e comunicar às mesmas entidades as inscrições de novos solicitadores, bem como a suspensão e o cancelamento das inscrições.

ARTIGO 77º
Requisitos de inscrição na Câmara

1 – São requisitos necessários para a inscrição na Câmara, além da aprovação no estágio:

  a) Ser cidadão português ou da União Europeia;
  b) Possuir as habilitações referidas no nº 1 do artigo 93º.

2 – A inscrição de solicitadores nacionais de outros Estados membros e de Estados não pertencentes à União Europeia é feita nos termos e condições a definir em lei especial.

ARTIGO 78º
Restrições ao direito de inscrição

1 – É recusada a inscrição:

  a) Àquele que não possua idoneidade moral para o exercício da profissão, nomeadamente por ter sido condenado pela prática de crime desonroso para o exercício da profissão ou ter sido sujeito a pena disciplinar superior a multa no exercício das funções de funcionário público ou equiparado, advogado ou membro de qualquer associação pública;
  b) A quem esteja enquadrado nas incompatibilidades definidas no artigo 114º;
  c) A quem não esteja no pleno gozo dos seus direitos civis;
  d) A quem esteja declarado falido ou insolvente.

2 – Aos solicitadores ou solicitadores estagiários que se encontrem em qualquer das situações enumeradas no número anterior é suspensa ou cancelada a inscrição.

3 – A declaração de falta de idoneidade segue a tramitação prevista para o processo de inquérito disciplinar, com as necessárias adaptações, só podendo ser proferida mediante a obtenção de dois terços dos votos dos membros do conselho competente em efectividade de funções.

4 – Os condenados criminalmente que tenham obtido a reabilitação judicial podem obter a sua inscrição, desde que demonstrem idoneidade moral para o exercício da profissão e preencham os demais requisitos.

ARTIGO 79º
Formalidades do pedido de inscrição

1 – A inscrição é requerida ao presidente regional da área onde se pretende abrir escritório, com indicação do respectivo domicílio profissional.

2 – Com a apresentação do requerimento é paga a taxa devida pela inscrição, a devolver em caso de indeferimento.

3 – O requerimento é acompanhado dos documentos necessários a comprovar a regularidade da inscrição, segundo regulamento a aprovar pelo conselho geral, ouvidos os conselhos regionais.

ARTIGO 80º
Prazo para deliberação, registo de inscrição e inscrição única

1 – O conselho regional pronuncia-se sobre a inscrição requerida no prazo de 10 dias.

2 – No caso de admissão, lavra-se a inscrição no conselho regional competente, que deve comunicá-la ao conselho geral no prazo de 10 dias, para os fins da alínea *l*) do nº 1 do artigo 41º.

3 – Não é permitida a inscrição simultânea em mais do que um conselho regional.

4 – O solicitador que abra mais um escritório escolhe de entre eles o seu domicílio profissional.

5 – O domicílio profissional determina a participação do solicitador nos órgãos regionais e locais, bem como na escolha dos seus titulares.

ARTIGO 81º
Emissão do diploma e da cédula profissional

1 – Feita a inscrição, são emitidos diploma e cédula profissional, sendo aquele subscrito pelo presidente da Câmara e pelo presidente do conselho regional respectivo e esta assinada pelo presidente do mesmo conselho regional.

2 – O solicitador integrado em colégio de especialidade tem direito a diploma com características próprias, de modelo a aprovar pelo conselho geral.

3 – Os averbamentos nas cédulas profissionais destinam-se a actualizar os elementos constantes da inscrição e são assinados pelo respectivo presidente regional.

SUBSECÇÃO II
Suspensão da inscrição

ARTIGO 82º
Causas de suspensão da inscrição de solicitador

É suspensa a inscrição do solicitador quando:

a) For punido com pena disciplinar de suspensão;
b) For ordenada a suspensão preventiva em processo disciplinar;
c) Não houver pagamento das multas fixadas em processo disciplinar;
d) Desobedecer à notificação que lhe seja feita no decurso da instrução de processo disciplinar e não der cumprimento, no prazo fixado, à decisão no mesmo proferida;
e) Não possuir domicílio profissional ou não comunicar a sua alteração, nos termos da alínea *e)* do artigo 109º;
f) Não efectuar os pagamentos das dívidas que tenha para com a Câmara ou para com a Caixa de Previdência dos Advogados e Solicitadores;
g) For judicialmente declarado inabilitado;
h) For requerida pelo próprio, nos termos do artigo 84º.

ARTIGO 83º
Casos de cessação da suspensão

A suspensão da inscrição cessa quando:

a) Nos termos da alínea *a)* do artigo anterior, se encontrem cumpridas as penas de suspensão;
b) Nos termos da alínea *b)* do artigo anterior, o solicitador for absolvido ou condenado em pena que não implique o cancelamento da inscrição;
c) Nos termos das alíneas *c)* e *d)* do artigo anterior, for efectuado o pagamento ou cumprida a decisão;
d) Nos termos da alínea *e)* do artigo anterior, indicar o domicílio profissional;
e) Nos termos da alínea *f)* do artigo anterior, for cumprido o disposto no artigo 73º;
f) Nos termos da alínea *g)* do artigo anterior, for levantada a inabilitação;
g) Nos termos da alínea *h)* do artigo anterior, forem cumpridas as formalidades previstas nesta subsecção.

ARTIGO 84º
Suspensão por iniciativa própria

1 – Os solicitadores podem requerer ao presidente regional, em pedido fundamentado, a suspensão da sua inscrição.
2 – Simultaneamente com o pedido de suspensão, é paga a respectiva taxa e são entregues a cédula profissional e os selos profissionais do solicitador.
3 – A suspensão da inscrição só pode ser requerida depois de decorrido um ano de exercício da profissão, não se incluindo neste o tempo de estágio, salvo se se verificar incompatibilidade superveniente.

4 – Não se aplica o prazo previsto no número anterior, quando o requerente prove que, depois de inscrito, passou a estar abrangido por algum dos impedimentos para o exercício da profissão ou alegue outros motivos ponderosos, a serem apreciados pela secção regional deontológica.

5 – O solicitador suspenso, nos termos do presente artigo, tem:

a) O direito de receber as publicações da Câmara e de participar nos cursos, seminários e conferências organizados pela Câmara;

b) O dever de manter o seu endereço actualizado junto dos serviços da Câmara e continuar a pagar uma quotização, correspondente a dois duodécimos da estabelecida para os solicitadores em exercício.

ARTIGO 85º
Cessação da suspensão por iniciativa própria

1 – A suspensão da inscrição cessa a requerimento do interessado, do qual consta a declaração expressa de que não se encontra em situação de incompatibilidade.

2 – A declaração prevista no número anterior não prejudica a obtenção, por parte da Câmara, de outras informações ou documentos complementares.

3 – O pedido de cessação da suspensão da inscrição por iniciativa própria é dirigido ao presidente regional:

a) Antes do termo dos cinco anos referidos no nº 1 do artigo 86º;

b) Nos 30 dias seguintes ao envio da notificação prevista no nº 2 do artigo 86º, se posterior.

4 – Com o pedido é paga a respectiva taxa.

ARTIGO 86º
Cancelamento da inscrição por decurso do prazo de suspensão

1 – A suspensão da inscrição só pode durar cinco anos, prorrogáveis por outros cinco, findos os quais é a inscrição cancelada.

2 – O conselho regional deve informar, por carta registada a enviar para a última residência constante do respectivo processo, com a antecedência de 30 dias, a data em que a inscrição é cancelada.

ARTIGO 87º
Inibição do exercício da profissão por solicitadores com a inscrição suspensa

A suspensão da inscrição inibe o exercício da profissão e a invocação do título de solicitador.

ARTIGO 88º
Cancelamento da inscrição

É cancelada a inscrição:

a) Por falecimento ou interdição do solicitador;

b) Quando aplicada a pena de expulsão;

c) Quando requerida pelo interessado;
d) Pelo decurso do prazo máximo de suspensão, previsto no artigo 86º.

ARTIGO 89º
Nova inscrição

1 – Quem requeira nova inscrição na Câmara fica obrigado a cumprir os requisitos exigíveis para o exercício da actividade à data do novo pedido.

2 – Não estão abrangidos pelo previsto no número anterior aqueles que:

a) Tenham a sua inscrição cancelada há menos de 15 anos;
b) Tenham sido considerados aptos em estágio realizado há menos de 15 anos, embora não tenham inscrição.

3 – Em qualquer dos casos referidos no número anterior, devem os candidatos submeter-se a um exame de avaliação sobre a actualização dos seus conhecimentos jurídicos, éticos e deontológicos, em termos a regulamentar pela assembleia geral.

ARTIGO 90º
Cassação da cédula profissional

A Câmara providencia para que seja cassada a cédula e os selos profissionais ao solicitador que tenha sido suspenso ou a quem tenha sido cancelada a inscrição, notificando-o para proceder à sua entrega no prazo de 15 dias, sob pena de dar publicidade à suspensão ou ao cancelamento por anúncio nos jornais e junto dos tribunais e dos serviços, em que entenda conveniente, sem prejuízo do procedimento judicial adequado.

SECÇÃO II
Solicitadores estagiários

ARTIGO 91º
Regime aplicável

1 – As disposições deste Estatuto aplicam-se, com as necessárias adaptações, aos solicitadores estagiários, salvo no que se refere à capacidade eleitoral activa e passiva.

2 – A orientação geral do estágio compete à Câmara, através do conselho geral.

ARTIGO 92º
Serviços de estágio

1 – São criados nos conselhos regionais centros de estágio, aos quais compete a instrução dos processos de inscrição dos solicitadores estagiários e a sua tramitação.

2 – Por deliberação do conselho geral, ouvidos os conselhos regionais, podem ser criados em círculos judiciais ou comarcas serviços de estágio, sob a direcção dos respectivos conselhos regionais e com a colaboração dos órgãos locais.

3 – Os centros de estágio e os serviços de estágio, designados genericamente por serviços de estágio, são constituídos por solicitadores, podendo ainda ser integrados por outros profissionais designados pelo conselho geral, sob proposta dos conselhos regionais.

ARTIGO 93º
Inscrição, taxa e cartão

1 – Podem requerer a inscrição no estágio:

a) Os titulares de licenciatura em Direito, que não estejam inscritos na Ordem dos Advogados, e os que possuam licenciatura em Solicitadoria, ambos com diploma reconhecido, sem prejuízo da realização de provas, nos termos do regulamento de inscrição;

b) Os nacionais de outro Estado da União Europeia que sejam titulares das habilitações académicas e profissionais requeridas legalmente para o exercício da profissão no respectivo Estado de origem.

2 – O conselho geral, ouvidos os conselhos regionais, fixa a taxa de inscrição a vigorar em cada estágio.

3 – O estagiário deve fazer-se acompanhar de cartão identificativo dessa qualidade, emitido pelos conselhos regionais, segundo regras e modelo definidos pelo conselho geral.[228]

ARTIGO 94º
Estágio

1 – A duração do estágio é de 12 a 18 meses.

2 – O estágio inicia-se uma vez por ano, em data a fixar pelo conselho geral e segundo as disposições do Estatuto e de regulamento a aprovar pelo conselho geral.

3 – Os requerimentos para a inscrição e os documentos que o acompanham são apresentados pelos candidatos até 30 dias antes da data do início de cada estágio.

ARTIGO 95º
Período de estágio

1 – O estágio divide-se em dois períodos distintos, o primeiro com a duração mínima de 6 meses e o segundo com a duração máxima de 12 meses.

2 – O primeiro período de estágio destina-se a um aprofundamento técnico dos estudos ministrados nas escolas e ao relacionamento com as matérias directamente ligadas à prática da solicitadoria.

3 – O segundo período de estágio destina-se a integrar o solicitador estagiário no normal funcionamento de um escritório, dos tribunais e de outros serviços relacionados com a administração da justiça e com o exercício efectivo dos conhecimentos previamente adquiridos.

---

[228] O artigo 20º, nºs 1 a 3, do Decreto-Lei nº 226/2008, de 20 de novembro, reporta-se, além do mais, ao regime de inscrição como agente de execução, incluindo os que já estavam inscritos como solicitadores de execução.

4 – O estágio tem por fim proporcionar ao solicitador estagiário o conhecimento dos actos e termos mais usuais da prática forense e dos direitos e deveres dos solicitadores.

5 – O conselho geral poderá isentar da frequência obrigatória dos cursos previstos para o primeiro período de estágio e reduzir os períodos de duração de estágio a um mínimo de seis meses, relativamente aos candidatos que frequentem cursos superiores que, através de protocolo, garantam formação nas áreas específicas da competência dos solicitadores e o desenvolvimento da sua prática profissional.

ARTIGO 96º
Primeiro período de estágio

1 – Os serviços de estágio promovem, durante o primeiro período de estágio, a organização de cursos técnicos relacionados com as matérias directamente ligadas ao exercício da solicitadoria, podendo recorrer à participação de representantes de outras profissões e à colaboração de entidades ligadas à formação jurídica, designadamente centros de formação de magistrados e advogados.

2 – A comparência do solicitador estagiário nos cursos referidos no número anterior é obrigatória.

3 – Por decisão do conselho geral, ouvidos os conselhos regionais, pode ser exigida aos solicitadores estagiários a elaboração de trabalhos e relatórios sobre os temas desenvolvidos no primeiro período de estágio, de cuja apreciação pelos serviços de estágio, homologada pelo respectivo conselho regional, pode depender o acesso ou a continuidade no segundo período de estágio.

ARTIGO 97º
Segundo período de estágio

1 – No segundo período de estágio devem os solicitadores estagiários:

a) Desenvolver a sua formação, sob a direcção de um patrono com, pelo menos, cinco anos de exercício da profissão, livremente escolhido pelo estagiário ou, a pedido deste, nomeado pelo respectivo conselho regional;

b) Enviar mensalmente ao centro de estágio competente um trabalho de natureza profissional;

c) Comprovar a assistência a um mínimo de 10 julgamentos distribuídos pela área cível, penal e laboral, que podem ser utilizados para a elaboração dos relatórios referidos na alínea anterior;

d) Apresentar, pelos menos, um trabalho sobre deontologia profissional.

2 – No segundo período de estágio, o candidato pode exercer todas as funções permitidas por lei às pessoas referidas no nº 4 do artigo 161º do Código de Processo Civil, promover citações sob a orientação do seu patrono, efectuar serviços de apoio ao escritório e acompanhar o patrono em todas as diligências nos tribunais ou repartições.

3 – O patrono nomeado nos termos da alínea *a)* do nº 1 pode pedir escusa, desde que fundamentada.

4 – O pedido de escusa deve ser apresentado no prazo de cinco dias a contar da data em que lhe for comunicada a designação e é apreciado pelo respectivo conselho regional.

5 – É fundamento de escusa a circunstância de o patrono indicado ter três ou mais estagiários.

6 – Os conselhos regionais podem limitar o número máximo de estagiários por patrono.

ARTIGO 98º
Inscrição como solicitador

1 – A inscrição como solicitador depende:

a) Da boa informação no estágio, prestada pelo patrono e pelos centros de estágio;

b) Da aprovação em exame de carácter nacional, elaborado nos termos de regulamento a aprovar pelo conselho geral.

2 – Através do regulamento de estágio podem ser dispensados da frequência do estágio e ou do exame referido na alínea anterior profissionais jurídicos de reconhecido mérito que já tenham prestado provas públicas no exercício de outras funções.

CAPÍTULO V
Do exercício da solicitadoria

ARTIGO 99º
Exclusividade do exercício da solicitadoria

1 – Além dos advogados, apenas os solicitadores com inscrição em vigor na Câmara podem, em todo o território nacional e perante qualquer jurisdição, instância, autoridade ou entidade pública ou privada, praticar actos próprios da profissão, designadamente exercer o mandato judicial, nos termos da lei, em regime de profissão liberal remunerada.

2 – Só pode usar o título de solicitador quem estiver inscrito na Câmara.

3 – *(Revogado.)*

ARTIGO 100º
Direitos dos solicitadores

1 – Os solicitadores podem, no exercício da sua profissão, requerer, por escrito ou oralmente, em qualquer tribunal ou serviço público, o exame de processos, livros ou documentos que não tenham carácter reservado ou secreto, bem como a passagem de certidões, sem necessidade de exibir procuração.

2 – A recusa do exame ou da certidão a que se refere o número anterior deve ser justificada imediatamente e por escrito.

3 – Os solicitadores têm direito de comunicar, pessoal e reservadamente, com os seus constituintes, mesmo quando estes se encontrem detidos ou presos.

4 – Os solicitadores, no exercício da profissão, têm preferência no atendimento e direito de ingresso nas secretarias judiciais e outros serviços públicos, nos termos da lei.

ARTIGO 101º
Das garantias em geral

1 – Os magistrados, órgãos de polícia criminal e funcionários públicos devem assegurar aos solicitadores, quando no exercício da profissão, tratamento compatível com a dignidade da solicitadoria e condições adequadas ao cabal desempenho do mandato.

2 – Nas audiências de julgamento, os solicitadores dispõem de bancada.

ARTIGO 102º
Sociedade de solicitadores

1 – Os solicitadores podem constituir ou participar em sociedades com o objecto exclusivo do exercício da solicitadoria.

2 – Enquanto não for objecto de diploma próprio, à constituição de sociedades de solicitadores é aplicável, com as necessárias adaptações, o disposto para as sociedades de advogados.

3 – Compete ao conselho geral regulamentar o registo das sociedades de solicitadores.

ARTIGO 103º
Contrato de trabalho

O contrato de trabalho celebrado com o solicitador não pode afectar os seus deveres deontológicos e a sua isenção e autonomia técnica perante o empregador.

ARTIGO 104º
Usurpação de funções

(Revogado.)

ARTIGO 105º
Apreensão de documentos e buscas em escritório de solicitador

1 – A busca e apreensão em escritório de solicitador ou em qualquer outro local onde este faça arquivo é, sob pena de nulidade, presidida por um juiz, que avisa previamente o solicitador em causa e o presidente regional competente para que o mesmo, ou um seu delegado, possa estar presente.

2 – Não é permitida a apreensão de documentos abrangidos pelo segredo profissional, salvo se estes constituírem objecto ou elemento dos factos relacionados com a notificação judicial ou a investigação criminal.

CAPÍTULO VI
Direitos e deveres dos solicitadores

ARTIGO 106º
Direitos perante a Câmara

Os solicitadores têm direito a:

a) Requerer a intervenção dos órgãos da Câmara na defesa dos seus direitos e interesses profissionais;

b) Requerer a convocação das assembleias nos termos do presente Estatuto e nelas intervir;

c) Candidatar-se a quaisquer cargos nos órgãos da Câmara ou dos colégios de especialidade, ser eleitos como delegados e ser nomeados para comissões;

d) Apresentar propostas e formular consultas nas conferências de estudo e debate sobre quaisquer assuntos que interessem ao exercício da solicitadoria;

e) Examinar, no momento devido, as contas e livros de escrituração da Câmara;

f) Reclamar, perante o conselho geral ou os conselhos regionais respectivos e ainda junto das suas delegações, de actos lesivos dos seus direitos.

ARTIGO 107º
Trajo profissional

Os solicitadores têm direito ao uso de trajo profissional.

ARTIGO 108º
Medalha de mérito profissional

São galardoados com a medalha de mérito profissional os solicitadores que se distingam por uma conduta exemplar.

ARTIGO 109º
Deveres dos solicitadores

Sem prejuízo dos demais deveres consignados neste Estatuto, na lei, usos costumes, aos solicitadores cumpre:

a) Não solicitar contra lei expressa, não usar meios ou expedientes ilegais, nem promover diligências inúteis ou prejudiciais para a correcta aplicação do direito e descoberta da verdade;

b) Declarar no acto de inscrição, para efeito de verificação de incompatibilidade, qualquer cargo ou actividade profissional que exerça;

c) Requerer a suspensão da inscrição na Câmara quando ocorrer incompatibilidade superveniente;

d) Pagar as quantias devidas a título de inscrições, quotas, assinatura da revista, multas e taxas;

e) Ter domicílio profissional e comunicar ao respectivo conselho regional a sua alteração, no prazo de 15 dias;

f) Manter os seus funcionários registados na Câmara, nos termos do regulamento aprovado em assembleia geral;

g) Recusar mandato ou nomeação oficiosa para causa que seja conexa com outra em que representem ou tenham representado a parte contrária;

h) Actuar com zelo e diligência relativamente a todas as questões que lhe sejam confiadas e proceder com urbanidade para com os colegas, magistrados, advogados e funcionários;

i) Prestar as informações que lhe sejam pedidas pela parte, relativas ao estado das diligências que lhe foram cometidas, e comunicar-lhe prontamente a sua realização ou a respectiva frustração, com indicação das suas causas;

j) Aplicar devidamente as quantias e coisas que lhe sejam confiadas;

l) Diligenciar no sentido do pagamento dos honorários e demais quantias devidas aos colegas ou aos advogados que os antecederam no mandato que lhes venha a ser confiado;

m) Não contactar ou manter relações com a parte contrária ou contra-interessados, quando representados por solicitador ou advogado, salvo se por eles for previamente autorizado;

n) Não desenvolver publicidade fora dos limites previstos por regulamento aprovado em assembleia geral;

o) Não solicitar nem angariar clientes por si ou por interposta pessoa;

p) Usar o trajo profissional quando pleiteiem oralmente.

ARTIGO 110º
Segredo profissional

1 – O solicitador é obrigado a segredo profissional no que respeita:

a) A factos referentes a assuntos profissionais que lhe tenham sido revelados pelo cliente, por sua ordem ou comissão, ou conhecidos no exercício da profissão;

b) A factos que, por virtude de cargo desempenhado na Câmara, qualquer colega ou advogado, obrigado, quanto aos mesmos factos, a segredo profissional, lhe tenha comunicado;

c) A factos comunicados por co-autor, co-réu, co-interessado do cliente, pelo respectivo representante ou mandatário;

d) A factos de que a parte contrária do cliente ou o respectivo representante ou mandatário lhe tenha dado conhecimento durante negociações com vista a acordo.

2 – A obrigação do segredo profissional existe, independentemente de o serviço solicitado ou cometido envolver representação judicial ou extrajudicial e de dever ser remunerado, bem como de o solicitador ter aceite, desempenhado a representação ou prestado o serviço.

3 – Cessa a obrigação do segredo profissional em tudo quanto seja absolutamente necessário à defesa da dignidade, direitos e interesses legítimos do solicitador, do cliente ou seus representantes, mediante prévia autorização do presidente do conselho regional.

4 – No caso de a dispensa ser requerida por membro actual ou antigo de órgão nacional ou regional ou por membro dos órgãos de colégio de especialidade, a decisão compete ao presidente da Câmara.

5 – Da decisão referida nos nºs 3 e 4 pode ser interposto recurso, respectivamente, para o presidente da Câmara e para o conselho superior.

6 – Não fazem prova em juízo as declarações feitas com violação do segredo profissional.

ARTIGO 111º
Honorários

1 – Na fixação de honorários deve o solicitador proceder com moderação, atendendo ao tempo gasto, à dificuldade do assunto, à importância do serviço prestado, às posses dos interessados, aos resultados obtidos, ao esforço, à urgência do serviço, aos valores em causa, à praxe do foro e ao estilo da comarca.

2 – O solicitador pode exigir, a título de provisão, quantias por conta de honorários e despesas, podendo renunciar ao mandato se a exigência não for satisfeita.

3 – Sem prejuízo da possibilidade de ajuste prévio de honorários, não pode o solicitador exigir a título de honorários uma parte do objecto da dívida ou de outra pretensão ou estabelecer que o direito a honorários fique dependente do resultado da demanda ou negócio.

4 – O solicitador goza do direito de retenção de valores e objectos em seu poder até integral pagamento dos honorários e despesas a que tenha direito.

5 – Não se aplica o disposto no número anterior quando:

a) Estejam em causa coisas necessárias para a prova do direito do cliente;
b) A retenção possa causar prejuízos graves;
c) Seja prestada caução arbitrada pelo conselho regional.

6 – Sempre que lhe seja solicitado, pode o conselho geral, ouvidos os conselhos regionais, fixar tabelas de honorários de referência para certos actos ou tipos de serviço, a aplicar em uma ou mais comarcas.

7 – É proibido ao solicitador repartir honorários, salvo com solicitadores ou advogados que tenham prestado colaboração.

ARTIGO 112º
Conta-clientes

1 – As quantias detidas por solicitador por conta dos seus clientes ou de terceiros, que lhe sejam confiadas ou destinadas a despesas, devem ser depositadas em conta ou contas abertas em instituição de crédito em nome do solicitador e identificadas como conta-clientes.

2 – O solicitador deve manter um registo rigoroso dos movimentos efectuados na conta-clientes relativamente a cada cliente, o qual é disponibilizado ao cliente respectivo sempre que solicitado e é diferenciado dos efectuados com as quantias detidas pelo solicitador a outro título.

3 – Só não existe a obrigação de depósito na conta-clientes das quantias em relação às quais o respectivo cliente tenha autorizado afectação diferente e nas de montante até 5 unidades de conta.

4 – Presume-se para todos os efeitos legais que as quantias depositadas em conta-clientes não constituem património próprio do solicitador.

5 – No âmbito de processo disciplinar, o solicitador pode ser notificado para apresentar o registo das contas-clientes.

6 – No caso de o solicitador falecer ou ficar impedido de exercer a profissão por um período que se preveja superior a 90 dias, os herdeiros ou seus representantes legais designam solicitador que assuma a liquidação das respectivas contas-clientes e proceda aos correspondentes pagamentos, devendo requerer a intervenção do conselho regional sempre que lhes surjam fundadas dúvidas sobre os proprietários.

7 – Sendo o solicitador impedido de exercer a profissão por decisão disciplinar, o respectivo conselho regional designa oficiosamente solicitador que assuma a liquidação das respectivas contas-clientes e proceda aos correspondentes pagamentos, devendo requerer a intervenção do conselho regional sempre que lhe surjam fundadas dúvidas sobre os proprietários.

8 – O solicitador designado nos termos dos n.ºs 6 e 7 recebe toda a colaboração das instituições de crédito e do solicitador impedido ou dos seus legais representantes, sendo-lhe entregues os registos das contas-clientes a liquidar.

9 – O solicitador não pode utilizar as quantias que lhe foram entregues pelos clientes ou terceiros para um fim específico, nomeadamente para se pagar dos seus honorários, salvo se tiver instruções nesse sentido.

10 – As disposições anteriores aplicam-se, com as necessárias adaptações, às contas-clientes abertas em nome de sociedades de solicitadores.

11 – O conselho geral regulamenta as contas-clientes.

ARTIGO 113º
Segurança social

A segurança social dos solicitadores é assegurada pela Caixa de Previdência dos Advogados e dos Solicitadores, nos termos das disposições legais e regulamentares aplicáveis.

CAPÍTULO VII
Incompatibilidades e impedimentos

ARTIGO 114º
Incompatibilidades

1 – O exercício da solicitadoria é incompatível com as seguintes funções:

a) Titular ou membro de órgão de soberania, com excepção da Assembleia da República, assessor, membro e funcionário ou agente contratado do órgão ou respectivos gabinetes;

b) Titular ou membro do Governo Regional e assessor, funcionário ou agente contratado dos respectivos gabinetes;

c) Provedor de justiça, adjunto, assessor, funcionário ou agente contratado do serviço;

d) Magistrado judicial ou do Ministério Público, efectivo ou substituto, e funcionário de qualquer tribunal;

e) Juiz de paz e mediador nos julgados de paz;
f) Assessor dos tribunais judiciais;
g) Administrador dos tribunais;
h) Presidente e vereador das câmaras municipais, quando desempenhem funções em regime de permanência;
i) Conservador dos registos ou notário e funcionário ou agente dos respectivos serviços;
j) Governador civil, vice-governador civil, chefe de gabinete, adjunto, assessor e funcionário dos governos civis;
l) Funcionário de quaisquer serviços públicos de natureza central, regional ou local, ainda que personalizados, com excepção dos docentes de qualquer disciplina e em qualquer estabelecimento de ensino;
m) Membro das Forças Armadas ou militarizadas no activo;
n) Gestor público, nos termos do respectivo Estatuto;
o) Funcionário ou agente da segurança social e das casas do povo;
p) Advogado;
q) Mediador e leiloeiro;
r) Quaisquer outras funções e actividades que por lei sejam consideradas incompatíveis com o exercício da solicitadoria.

2 – As incompatibilidades referidas no número anterior verificam-se qualquer que seja o título de designação, natureza e espécie de provimento e modo de remuneração e, em geral, qualquer que seja o regime jurídico das referidas funções.

3 – As incompatibilidades não se aplicam:

a) Aos que estejam na situação de aposentados, de inactividade, de licença sem vencimento de longa duração ou de reserva;

b) Aos funcionários e agentes administrativos providos em cargo de solicitador, expressamente previstos nos quadros orgânicos do correspondente serviço e aos contratados para o mesmo efeito.

4 – Para efeitos de candidatura ou concurso público, a Câmara deve emitir certidão comprovativa de que o candidato reúne as condições para ser inscrito, tendo este no entanto que requerer a inscrição na Câmara no prazo de 10 dias após a nomeação.

ARTIGO 115º
Impedimentos

1 – Estão impedidos de exercer o mandato judicial:

a) Os deputados à Assembleia da República, como autores nas acções cíveis contra o Estado;

b) Os deputados às Assembleias Regionais, como autores nas acções cíveis contra as Regiões Autónomas;

c) Os vereadores, nas acções em que sejam partes os respectivos municípios;

d) Os funcionários ou agentes administrativos, na situação de aposentados, de inactividade, de licença ilimitada ou de reserva, em quaisquer assuntos em que estejam em causa os serviços públicos ou administrativos a que estiveram ligados, durante um período de três anos a contar da data em que tenham passado a estar numa daquelas referidas situações.

2 – O solicitador ou advogado que foi agente de execução está impedido de exercer mandato judicial, em representação do exequente ou do executado, durante três anos contados a partir da extinção da execução na qual tenha assumido as funções de agente de execução.

CAPÍTULO VIII
Agente de execução

SECÇÃO I
Exercício, inscrição, registo e sociedade de agente de execução

ARTIGO 116º
Exercício da actividade de agente de execução

As competências específicas de agente de execução e as demais funções que lhe forem atribuídas podem ser exercidas nos termos deste Estatuto e da lei e sob fiscalização da Comissão para a Eficácia das Execuções.

ARTIGO 117º
Requisitos de inscrição e registo

1 – Só pode exercer as funções de agente de execução o solicitador ou o advogado que:

a) (Revogada.)

b) Sendo solicitador, não esteja abrangido por qualquer das restrições previstas no artigo 78º;

c) Sendo advogado, não esteja abrangido por qualquer das restrições previstas no artigo 181º do Estatuto da Ordem dos Advogados;

d) Não tenha sido condenado em pena disciplinar superior a multa, enquanto solicitador ou enquanto advogado;

e) Tenha concluído, com aproveitamento, o estágio de agente de execução;

f) Tendo sido agente de execução, requeira, dentro dos cinco anos posteriores à cessação da inscrição ou registo anterior, a sua reinscrição ou novo registo instruído com parecer favorável da Comissão para a Eficácia das Execuções;

g) Tenha as estruturas e os meios informáticos mínimos, definidos por regulamento aprovado pela assembleia geral;

h) Requeira a inscrição ou registo até três anos após a conclusão do estágio com aproveitamento.[229]

---

[229] O disposto neste artigo não se aplica a todos os que tenham adquirido o direito de se inscrever como solicitadores de execução até à data da entrada em vigor do do Decreto-Lei nº 226/2008, de 20 de novembro, ou o venham a adquirir pelo cumprimento do requisito na alínea *a)* do seu nº 1 até 1 de novembro de 2010 (artigo 20º, nº 4).

2 – *(Revogado.)*
3 – *(Revogado.)*

ARTIGO 118º
Estágio de agente de execução

1 – A duração do estágio de agente de execução é de 10 meses.

2 – O estágio inicia-se pelo menos uma vez por ano, segundo as disposições do Estatuto e do regulamento de estágio a aprovar pelo Conselho Geral.

3 – São admitidos a estágio os candidatos melhor classificados em exame anónimo de admissão até ao número de candidatos a admitir, definido nos termos da alínea *b)* do artigo 69º-C.

4 – Não são admitidos a estágio os candidatos com classificação inferior a metade da escala de classificação utilizada.

5 – O exame de admissão a estágio referido no número anterior versa sobre o processo executivo, sendo a elaboração do exame, a definição dos critérios de avaliação e a avaliação efectuadas por entidade externa e independente em relação à Câmara dos Solicitadores e à Ordem dos Advogados, designada pela Comissão para a Eficácia das Execuções.

6 – O primeiro período de estágio tem a duração de três meses e compreende a frequência de um curso de formação destinado aos solicitadores ou advogados que estejam ou possam vir a estar em condições de se inscrever ou registar como agente de execução e que tenham sido admitidos a estágio nos termos do nº 3.

7 – O curso previsto no número anterior é organizado nos termos do regulamento de estágio devendo, num mínimo de 70% do tempo lectivo, versar sobre:

a) Direitos fundamentais;

b) Novas tecnologias de informação e de comunicação a utilizar no desempenho das funções de agente de execução;

c) Técnicas de resolução de conflitos, designadamente em situações de sobre-endividamento;

d) Fiscalidade e contabilidade do processo aplicada às funções de agente de execução.

8 – O segundo período de estágio inicia-se imediatamente após o final do curso previsto no número anterior e destina-se a proporcionar ao agente de execução estagiário o exercício dos conhecimentos adquiridos, dos direitos e deveres e das funções de agente de execução.

9 – O segundo período de estágio tem a duração de sete meses e decorre sob a direcção de um patrono, livremente escolhido pelo estagiário ou, a pedido deste, nomeado pelo Conselho Geral.

10 – Só pode aceitar a direcção do estágio, como orientador, o agente de execução com, pelo menos, dois anos de exercício efectivo de profissão, sem punição disciplinar superior à de multa.

11 – À nomeação de orientador é aplicável, com as devidas adaptações, o disposto nos nºs 3 a 6 do artigo 97º.

12 – Durante o segundo período de estágio e sob orientação de orientador, o agente de execução estagiário pode praticar todos os actos de natureza executiva em execuções de valor inferior à alçada dos tribunais de primeira instância.

13 – A conclusão do estágio com aproveitamento depende de avaliação positiva do trabalho desenvolvido pelo estagiário durante o estágio, efectuada pela entidade externa e independente designada nos termos do nº 5.

14 – Na avaliação prevista no número anterior deve ser tida em conta, designadamente:

a) A auto-avaliação do estagiário;
b) Uma discussão com o estagiário acerca dos processos em que teve intervenção e dos actos que praticou;
c) O grau de aplicação dos conhecimentos adquiridos na primeira parte do estágio, designadamente quanto aos aspectos referidos no nº 7;
d) A informação fornecida pelo orientador.

15 – Exclusivamente para os efeitos previstos no número anterior, a entidade referida no nº 13 pode aceder aos dados dos processos executivos em que o agente de execução estagiário teve intervenção, estando obrigada aos mesmos deveres de sigilo que o agente de execução.

16 – A entidade externa e independente referida nos nºs 5 e 13 não pode:

a) Ser designada para os efeitos previstos no nºs 5 a 13 por mais de três períodos de estágio consecutivos;
b) Ministrar cursos ou associar-se à organização de cursos de preparação para o exame de admissão a estágio de agente de execução durante o período para o qual for designada.

ARTIGO 119º
Inscrição e registo definitivos e início de funções

1 – Verificado o cumprimento dos requisitos de inscrição ou de registo, a cópia do processo do agente de execução estagiário é remetida ao Conselho Geral.

2 – O agente de execução só pode iniciar funções após a prestação de juramento solene perante o presidente regional da Câmara dos Solicitadores e o presidente do Conselho Distrital da Ordem dos Advogados em que assuma o compromisso de cumprir as funções de agente de execução nos termos da lei e deste Estatuto.

ARTIGO 119º-A
Sociedades de agentes de execução

1 – Os agentes de execução podem constituir ou participar em sociedades com o objecto exclusivo de exercício das competências específicas de agente de execução.

2 – Enquanto não for objecto de diploma próprio, à constituição de sociedades de agentes de execução é aplicável, com as necessárias adaptações, o disposto para as sociedades de solicitadores.

3 – Compete ao conselho geral regulamentar o registo das sociedades de agentes de execução.

ARTIGO 119º-B
Lista dos agentes de execução

1 – O conselho geral é responsável pelo tratamento dos dados constantes da lista dos agentes de execução, devendo registar os agentes de execução inscritos e registados, por comarca, devendo manter a lista permanentemente actualizada, indicando designadamente:

   a) As sociedades de agentes de execução e os seus membros; e
   b) Os agentes de execução suspensos.

2 – A lista de agentes de execução deve estar permanentemente disponível em suporte informático público nos termos a definir por portaria do membro do Go-verno responsável pela área da justiça, designadamente para dar a conhecer aos exequentes, aos tribunais e às pessoas colectivas e singulares a lista de agentes de exe-cução que podem exercer essas funções com escritório na comarca judicial respectiva.

3 – O agente de execução impossibilitado de exercer as suas funções é excluído da lista informática.

SECÇÃO II
Incompatibilidades e impedimentos

ARTIGO 120º
Incompatibilidades

1 – É incompatível com o exercício das funções de agente de execução:

   a) O exercício do mandato em qualquer execução;
   b) O exercício das funções próprias de agente de execução por conta da entidade empregadora, no âmbito de contrato de trabalho;
   c) O desenvolvimento no seu escritório de outra actividade para além das de solicitadoria e de advocacia.

2 – As incompatibilidades a que está sujeito o agente de execução estendem-se aos respectivos sócios e a agentes de execução com o mesmo domicílio profissional.

3 – São ainda aplicáveis subsidiariamente aos agentes de execução as incompatibilidades gerais inerentes à profissão de solicitador e de advogado.

ARTIGO 121º
Impedimentos e suspeições do agente de execução

1 – É aplicável ao agente de execução, com as necessárias adaptações, o regime estabelecido no Código de Processo Civil acerca dos impedimentos e suspeições dos funcionários da secretaria.

2 – Constituem ainda impedimentos do agente de execução:

   a) O exercício das funções de agente de execução quando haja participado na obtenção do título que serve de base à execução;
   b) A representação judicial de alguma das partes, ocorrida nos últimos dois anos.

3 – Os impedimentos a que está sujeito o agente de execução estendem-se aos respectivos sócios e a advogados ou solicitadores com o mesmo domicílio profissional.

4 – São ainda subsidiariamente aplicáveis aos agentes de execução os impedimentos gerais inerentes à profissão de solicitador e de advogado.

ARTIGO 122º
Pedido de escusa

1 – Os agentes de execução podem requerer à Comissão para a Eficácia das Execuções, em casos excepcionais e devidamente fundamentados, a suspensão de aceitar novos processos.

2 – Se a pretensão referida no número anterior for deferida, tal facto é imediatamente mencionado na lista a que se refere o artigo 119º-B.

3 – O agente de execução que haja aceite a designação pela parte só pode pedir escusa do exercício das suas funções:

a) Quando for membro de órgão nacional, regional ou dos colégios de especialidade da Câmara dos Solicitadores;

b) Quando for membro de órgão nacional ou distrital da Ordem dos Advogados;

c) Quando for membro da direcção da Caixa de Previdência de Advogados e Solicitadores;

d) Se ocorrer motivo de impedimento ou suspeição.

4 – A invocação do impedimento e o pedido de escusa são feitos por via electrónica, no prazo máximo de dois dias sobre o conhecimento do respectivo facto, perante a Comissão para a Eficácia das Execuções, e informando as secretarias dos tribunais respectivos, devendo ser apreciadas no prazo máximo de 10 dias.

5 – Se o motivo não for considerado justificado, o agente de execução tem de continuar a exercer as suas funções, sob pena de ser instaurado processo disciplinar.

ARTIGO 123º
Deveres do agente de execução

1 – Para além dos deveres a que estão sujeitos por estar inscrito como solicitador ou como advogado, e sem prejuízo do disposto nos artigos seguintes, são deveres do agente de execução:

a) Praticar diligentemente os actos processuais de que seja incumbido, com observância escrupulosa dos prazos legais ou judicialmente fixados e dos deveres deontológicos que sobre si impendem;

b) Submeter a decisão do juiz os actos que dependam de despacho ou autorização judicial e cumpri-los nos precisos termos fixados;

c) Prestar às partes os esclarecimentos que lhe forem solicitados sobre o andamento das diligências de que seja incumbido;

d) Prestar ao tribunal os esclarecimentos que lhe forem solicitados sobre o andamento das diligências de que seja incumbido;

e) Prestar contas da actividade realizada, entregando prontamente as quantias, objectos ou documentos de que seja detentor por causa da sua actuação como agente de execução;

f) Arquivar e conservar durante 10 anos todos os documentos relativos às execuções ou outros actos por si praticados no âmbito da sua função nos termos de regulamento a aprovar pelo Conselho Geral;

g) Ter contabilidade organizada de acordo com o modelo a aprovar pelo Conselho Geral;

h) Não exercer nem permitir o exercício de actividades não forenses no seu escritório;

i) Apresentar a cédula ou cartão profissional no exercício da sua actividade;

j) Utilizar os meios de identificação e de assinatura reconhecidos e regulamentados pela Câmara, designadamente assinatura electrónica;

l) Utilizar meios de comunicação electrónicos nas relações com outras entidades públicas e privadas, designadamente com o tribunal;

m) Ter um endereço electrónico nos termos regulamentados pela Câmara;

n) Contratar e manter seguro de responsabilidade civil profissional de montante não inferior a € 100 000;

o) Registar por via electrónica, junto da Câmara dos Solicitadores, o seu depósito de bens penhorados nos termos de portaria do membro do Governo responsável pela área da justiça;

p) Desempenhar diligentemente as funções de patrono no segundo período de estágio dos agentes de execução.

2 – Os actos processuais efectivamente praticados pelo agente de execução não estão sujeitos ao dever de sigilo profissional.

ARTIGO 124º
Contas-clientes do agente de execução

1 – Os agentes de execução estão sujeitos às disposições sobre conta-clientes previstas neste Estatuto, acrescidas das especificidades constantes dos números seguintes.

2 – O agente de execução deve ter em instituição de crédito duas contas-clientes à sua ordem, uma com a menção da circunstância de se tratar de uma conta-cliente dos exequentes e a outra com a menção de se tratar de uma conta-cliente dos executados.

3 – São obrigatoriamente depositadas:

a) Na conta-cliente dos exequentes, todas as quantias recebidas destinadas a preparos, despesas e honorários;

b) Na conta-cliente dos executados, todas as quantias recebidas e destinadas ao pagamento da quantia exequenda e demais encargos com o processo.

4 – É obrigatório o registo informático de todos os movimentos das contas-clientes do agente de execução efectuados no âmbito de cada processo, devendo ser observadas as demais normas e procedimentos definidos em regulamento aprovado pelo Conselho Geral.

5 – O registo informático de todos os movimentos das contas-clientes do agente de execução efectuados no âmbito de cada processo é disponibilizado ao exequente ou executado, respectivamente, preferencialmente por via electrónica, sempre que solicitado.

6 – O regulamento referido no nº 4 deve estabelecer a obrigatoriedade de serem apresentados, preferencialmente por via electrónica, relatórios periódicos da movimentação das contas-clientes ao Conselho Geral.

7 – Se forem creditados juros pelas instituições de crédito resultantes das quantias depositadas nas contas-clientes do agente de execução estes são entregues proporcionalmente aos terceiros que a eles tenham direito.

8 – Os suportes documentais e informáticos das contas-clientes são obrigatoriamente disponibilizados, pela instituição de crédito e pelos agentes de execução, à comissão de fiscalização prevista na presente secção, bem como ao instrutor de processo disciplinar.

9 – O agente de execução deve manter contas-clientes diferenciadas para serviços que não decorram dessa sua qualidade.

10 – Os movimentos a débito das contas-clientes são efectuados ou autorizados através de aplicação informática aprovada pelo Conselho Geral.

ARTIGO 125º
Falta de provisão ou irregularidade na conta-clientes

1 – É imediatamente instaurado processo disciplinar no caso de se verificar falta de provisão em qualquer conta-clientes ou se houver indícios de irregularidade na respectiva movimentação.

2 – No caso previsto no número anterior, se a irregularidade não for corrigida ou sanada nas quarenta e oito horas a contar da data em que o agente de execução se considerar notificado, o Grupo de Gestão da Comissão para a Eficácia das Execuções determina as medidas cautelares que considere necessárias, podendo ordenar a sua suspensão preventiva, designando outro agente de execução que assuma a responsabilidade das execuções em curso e a gestão das respectivas contas-clientes.

3 – A notificação prevista no número anterior é efectuada preferencialmente por meios electrónicos, por contacto pessoal ou por via postal, remetida sob registo para o domicílio profissional do agente de execução.

4 – O Fundo de Garantia dos Agentes de Execução previsto no artigo 127º-A é solidariamente responsável pelas obrigações do agente de execução resultantes do exercício da sua actividade se houver falta de provisão em qualquer das suas contas-clientes ou irregularidade na respectiva movimentação até ao valor máximo de € 100 000.

ARTIGO 126º
Tarifas

1 – O agente de execução é obrigado a aplicar, na remuneração dos seus serviços, as tarifas aprovadas por portaria do membro do Governo responsável pela área da justiça, ouvida a Câmara.

2 – As tarifas previstas no número anterior podem compreender uma parte fixa, estabelecida para determinados tipos de actividade processual, e uma parte variável,

dependente da consumação dos efeitos ou dos resultados pretendidos com a actuação do agente de execução.

3 – O agente de execução deve afixar no seu escritório as tarifas aplicáveis nas execuções e, sempre que solicitado, fornecer aos interessados uma previsão dos custos.

ARTIGO 127º
Caixa de compensações

1 – As receitas da caixa de compensações são constituídas por uma permilagem dos valores recebidos no âmbito das funções de agente de execução.

2 – A caixa destina-se a compensar as deslocações efectuadas por agente de execução, dentro da própria comarca ou para qualquer lugar, nos casos de designação oficiosa, quando os seus custos excedam o valor ou o valor máximo definido na portaria referida no artigo anterior.

3 – O saldo remanescente da caixa é utilizado nas acções de formação dos agentes de execução ou candidatos a esta especialidade, no desenvolvimento e manutenção das aplicações informáticas necessárias ao exercício da actividade de agente de execução, no apoio logístico à Comissão para a Eficácia das Execuções e no pagamento dos serviços de fiscalização.

4 – A permilagem referida no nº 1, a forma de cobrança e os valores de compensação a receber são definidos por portaria do membro do Governo responsável pela área da justiça, ouvida a Câmara.

5 – A caixa de compensações é gerida por um profissional especificamente designado para o efeito, nomeado pelo Conselho Geral.

6 – Para os efeitos do artigo 127º-A, são cativadas 10% das receitas anuais da caixa de compensações até ao montante de € 1 000 000.

ARTIGO 127º-A
Fundo de Garantia dos Agentes de Execução

1 – O Fundo de Garantia dos Agentes de Execução destina-se a garantir o cumprimento das obrigações assumidas ao abrigo do nº 4 do artigo 125º.

2 – O Fundo é constituído de acordo com o nº 6 do artigo anterior.

3 – O Fundo é gerido por um profissional especificamente designado para o efeito, nomeado pelo Conselho Geral.

ARTIGO 128º
Delegação

1 – O agente de execução pode delegar noutro agente de execução a competência para a prática de todos ou de determinados actos numa execução, comunicando prontamente tal facto à parte que o designou.

2 – A delegação de competência para a prática de todos os actos numa execução carece de consentimento do exequente, que pode indicar o agente de execução a quem pretende ver delegada a competência.

3 – Se a delegação for apenas para a prática de determinados actos numa execução, o agente de execução delegante mantém-se responsável a título solidário.

4 – Passa a ser titular da execução o agente de execução que aceite a delegação de competência para a prática de todos os actos nessa execução, cessando a responsabilidade do delegante no momento em que se efectivar a delegação de competência.

5 – À delegação prevista no presente artigo aplica-se ainda o Regulamento de Delegação de Execuções, aprovado pelo Conselho Geral da Câmara dos Solicitadores.[230]

ARTIGO 129º
Substituição do agente de execução

1 – No caso de morte ou incapacidade definitiva do agente de execução, bem como se este requerer a cessação das funções na especialidade, for suspenso por período superior a 10 dias ou expulso, o exequente designa substituto nos termos da lei de processo.

2 – Ao agente de execução substituto são obrigatoriamente entregues:

a) O arquivo das execuções pendentes para as quais tenha sido designado;

b) Os registos e suportes informáticos de contabilidade, das contas-clientes do agente de execução e das execuções para as quais tenha sido designado;

c) Os bens móveis de que o substituído era fiel depositário na qualidade de agente de execução penhorados à ordem das execuções para as quais tenha sido designado.

3 – São oficiosamente transferidos para o agente de execução substituto, mediante a apresentação de certidão emitida pela Comissão para a Eficácia das Execuções:

a) O saldo das contas-clientes referentes às execuções para as quais tenha sido designado, após liquidação das quantias devidas ao agente de execução substituído;

b) A qualidade de fiel depositário em execuções pendentes para as quais tenha sido designado.

4 – O agente de execução substituto deve apresentar à Comissão para a Eficácia das Execuções um relatório sobre a situação das execuções, com os respectivos acertos de contas.

5 – A Comissão para a Eficácia das Execuções instaura processo disciplinar sempre que o relatório referido no número anterior indicie a existência de irregularidades.

6 – *(Revogado.)*

7 – O disposto nos nºs 2, 4 e 5 aplica-se, com as necessárias adaptações, em caso de substituição voluntária do agente de execução pelo exequente, nos termos do nº 6 do artigo 808º do Código de Processo Civil.

8 – Nos casos referidos no número anterior, são oficiosamente transferidos pelo agente de execução substituído para o agente de execução substituto:

a O saldo das contas-clientes referentes à execução, após liquidação das quantias devidas ao agente de execução substituído;

b) A qualidade de fiel depositário na execução.

---

[230] Redação decorrente da Lei nº 14/2006, de 26 de abril.

ARTIGO 130º
Destituição judicial do solicitador de execução

(Revogado)

ARTIGO 131º
Fiscalização

1 – Sem prejuízo do disposto no artigo 69º-D, os agentes de execução são fiscalizados, pelo menos bienalmente, por uma comissão composta por um máximo de três agentes de execução nomeados ou por entidade externa designada para o efeito pelo Grupo de Gestão da Comissão para a Eficácia das Execuções, a quem apresentam um relatório no prazo de 15 dias após o termo da inspecção.

2 – A comissão referida no número anterior pode ser assessorada por profissionais especializados, sendo compensadas as despesas e perda de rendimentos profissionais, nos termos de regulamento a aprovar pelo conselho geral.

3 – O Grupo de Gestão da Comissão para a Eficácia das Execuções pode determinar nova inspecção por outra comissão, sempre que o considere necessário.

4 – *(Revogado.)*

SECÇÃO III
Infracções e penas disciplinares

ARTIGO 131º-A
Infracções disciplinares do agente de execução

1 – É aplicável ao agente de execução, com as necessárias adaptações, o regime a que estão sujeitos os solicitadores, no que diz respeito à acção disciplinar, designadamente aos deveres e à responsabilidade disciplinar.

2 – Constituem ainda infracção disciplinar do agente de execução:

a) A recusa, sem fundamento, do exercício das suas funções;
b) Não conservar durante o período estipulado na alínea *f)* do artigo 123º todos os documentos relativos às execuções ou outros actos por si praticados;
c) Impedir ou por qualquer forma obstruir a fiscalização;
d) Não entregar prontamente as quantias, os objectos ou documentos de que seja detentor, em consequência da sua actuação enquanto agente de execução;
e) Não ter contabilidade organizada, nem manter as contas-clientes segundo o presente Estatuto e o modelo e regras aprovados pela Câmara;
f) Praticar actos próprios da sua qualidade de agente de execução sem que para tal tenha sido designado, exceder o âmbito da sua competência ou usar meios ou expedientes ilegais ou desproporcionais no exercício das suas funções;
g) Prejudicar dolosamente o exequente ou o executado;
h) Não prestar atempadamente as informações ou esclarecimentos que lhe sejam pedidos pelas partes ou solicitados pelo tribunal ou não cumprir ou executar as decisões do juiz;

i) Não entregar ao cliente, à Câmara ou ao Estado as quantias a estes devidos, decorrentes da sua intervenção nas execuções;

j) Contratar ou manter funcionários ou colaboradores sem cumprir o regulamento específico aprovado pela assembleia-geral.

ARTIGO 131º-B
Penas disciplinares do agente de execução

1 – São aplicáveis ao agente de execução as penas disciplinares a que estão sujeitos os solicitadores, acrescidas das especificidades constantes dos números seguintes.

2 – A pena a que se refere a alínea *c)* do nº 1 do artigo 142º corresponde a pena disciplinar de exclusão da lista de solicitadores de execução, definitivamente ou por um período determinado.

3 – Cumulativamente com a pena de multa estabelecida na alínea *d)* do nº 1 do artigo 142º, pode ser imposta a sanção acessória de exclusão da lista de solicitadores de execução por um período de seis meses a um ano.

4 – A aplicação da pena de expulsão estabelecida na alínea *h)* do nº 1 do artigo 142º inviabiliza a manutenção da inscrição ou do registo do agente de execução e consiste no afastamento do exercício das funções de agente de execução.

5 – As multas aplicadas a agentes de execução constituem receita da caixa de compensações.

ARTIGO 131º-C
Publicidade das penas disciplinares do agente de execução

1 – É aplicável ao agente de execução o regime da publicidade das penas disciplinares a que estão sujeitos os solicitadores, acrescidas das especificidades constantes do número seguinte.

2 – Se for decidida suspensão preventiva ou aplicada pena de multa, de suspensão ou de expulsão, o Conselho Geral deve inserir a correspondente anotação na lista de agentes de execução divulgada por meios informáticos.[231]

---

[231] O artigo 104º foi revogado pela alínea *b)* do artigo 12º da Lei nº 49/2004, de 24 de agosto. A alteração dos artigos 70º, 93º, 115º a 129º, 131º, 142º e 165º decorreu do artigo 3º, e o aditamento dos artigos 69º-A a 69º-F, 119º-A e 119º-B, 127º-A e 131º-A a 131º-C derivou do artigo 4º, ambos do Decreto-Lei nº 226/2008, de 20 de novembro. A alínea *c)* do artigo 63º, o nº 6 do artigo 67º, os nºs 3 e 4 do artigo 76º, o nº 3 do artigo 99º, a alínea *a)* do nº 1 e os nºs 2 e 3 do artigo 117º, o nº 6 do artigo 129º, o artigo 130º, o nº 4 do artigo 131º e o artigo 134º foram revogados pelo artigo 21º, alínea *b)*, do Decreto-Lei nº 226/2008, de 20 de novembro. Estas alterações entraram em vigor no dia 31 de março de 2009, salvo o disposto nos artigos 119º-B, 123º, 126º e 127º, que entraram em vigor no dia 21 de novembro de 2008.

CAPÍTULO IX
Acção disciplinar

SECÇÃO I
Disposições gerais

ARTIGO 132º
Responsabilidade disciplinar

1 – Os solicitadores estão sujeitos ao poder disciplinar exclusivo dos órgãos da Câmara, nos termos previstos no presente Estatuto e nos respectivos regulamentos.

2 – Durante o tempo de suspensão da inscrição, o solicitador continua sujeito ao poder disciplinar da Câmara.

3 – O cancelamento da inscrição não faz cessar a responsabilidade disciplinar por infracções anteriormente praticadas.

ARTIGO 133º
Infracções disciplinares

1 – Constitui infracção disciplinar a violação, por acção ou omissão, dos deveres consagrados no presente Estatuto, nas demais disposições legais aplicáveis e nos regulamentos internos.

2 – Sem prejuízo do disposto na lei ou regulamentação da Câmara, as situações previstas no número anterior são puníveis por negligência.

ARTIGO 134º
Infracções disciplinares do solicitador de execução

(Revogado.)

ARTIGO 135º
Prescrição do procedimento disciplinar

1 – O procedimento disciplinar prescreve no prazo de três anos sobre o conhecimento, por órgão da Câmara, da prática da infracção.

2 – As infracções disciplinares que constituam simultaneamente ilícito penal prescrevem no mesmo prazo que o processo criminal, quando este for superior.

3 – O prazo de prescrição do processo disciplinar suspende-se durante o tempo em que:

a) O processo disciplinar estiver suspenso, a aguardar despacho de acusação ou de pronúncia em processo penal;

b) O processo disciplinar estiver pendente, a partir da notificação da acusação;

c) A decisão do processo não puder ser notificada ao arguido, por motivo que lhe seja imputável.

ARTIGO 136º
Desistência do procedimento disciplinar

A desistência do procedimento disciplinar pelo interessado extingue a responsabilidade disciplinar, salvo se a infracção imputada afectar a dignidade do solicitador visado ou o prestígio da Câmara ou da profissão.

ARTIGO 137º
Participação pelos tribunais e outras entidades

1 – Os tribunais e quaisquer autoridades devem dar conhecimento à Câmara da prática, por solicitadores, de factos susceptíveis de constituírem infracção disciplinar.

2 – Sem prejuízo do disposto na lei de processo penal acerca do segredo de justiça, o Ministério Público e os órgãos de polícia criminal remetem à Câmara certidão das denúncias, participações ou queixas apresentadas contra solicitadores.

ARTIGO 138º
Legitimidade procedimental

As pessoas com interesse directo, pessoal e legítimo relativamente aos factos participados podem intervir no processo, requerendo e alegando o que tiverem por conveniente.

ARTIGO 139º
Instauração do processo disciplinar

1 – Qualquer órgão da Câmara e dos colégios de especialidade, oficiosamente ou tendo por base queixa, denúncia ou participação apresentada por pessoa devidamente identificada, contendo factos susceptíveis de integrarem infracção disciplinar, comunica os factos ao órgão competente para a instauração de processo disciplinar.

2 – O presidente da Câmara e o conselho superior podem, independentemente de participação, ordenar a instauração de processo disciplinar.

3 – Quando se conclua que a participação é infundada, dá-se dela conhecimento ao solicitador visado e são-lhe passadas as certidões que o mesmo entenda necessárias para a tutela dos seus direitos e interesses legítimos.

ARTIGO 140º
Natureza secreta do processo disciplinar

1 – O processo é de natureza secreta até ao despacho de acusação.

2 – O instrutor pode, contudo, autorizar a consulta do processo pelo participante ou pelo participado, quando não haja inconveniente para a instrução.

3 – O instrutor pode, no interesse da instrução do processo, dar a conhecer ao participante ou ao participado elementos do processo para que estes se pronunciem.

4 – O participado ou interessado, quando solicitador, que não respeite a natureza secreta do processo incorre em responsabilidade disciplinar.

ARTIGO 141º
Direito subsidiário

Aplicam-se subsidiariamente ao exercício do poder disciplinar da Câmara as normas do Código Penal e do Código de Processo Penal, com as necessárias adaptações.

SECÇÃO II
Das penas

ARTIGO 142º
Penas disciplinares

1 – As penas disciplinares são as seguintes:

 a) Advertência;
 b) Censura;
 c) Exclusão da lista de solicitadores para a prestação de serviços oficiosos, definitivamente ou por um período determinado;
 d) Multa de € 500 a € 25 000;
 e) Suspensão até dois anos;
 f) Suspensão superior a dois e até cinco anos;
 g) Suspensão superior a 5 e até 10 anos;
 h) Expulsão.

2 – Cumulativamente com qualquer das penas previstas neste Estatuto, pode ser imposta a sanção acessória de restituição de quantias, documentos ou objectos e, conjunta ou separadamente, a perda de honorários.

3 – As multas aplicadas a solicitadores constituem receita do respectivo conselho regional.

ARTIGO 143º
Averbamento da condenação em processo criminal

A condenação de solicitador em processo criminal é comunicada à Câmara, para efeito de averbamento no respectivo processo individual.

ARTIGO 144º
Unidade e acumulação de infracções

Não pode aplicar-se ao mesmo solicitador mais de uma pena disciplinar:

 a) Por cada infracção cometida;
 b) Pelas infracções acumuladas que sejam apreciadas num único processo;
 c) Pelas infracções apreciadas em mais de um processo, quando apensados.

ARTIGO 145º
Medida e graduação da pena

1 – Na aplicação das penas deve atender-se aos antecedentes profissionais e disciplinares do solicitador, ao grau da culpa, às consequências da infracção e a todas as demais circunstâncias agravantes e atenuantes.

2 – A pena de advertência é aplicável a faltas leves no exercício da solicitadoria, com vista a evitar a sua repetição.

3 – A pena de censura é aplicável a faltas leves no exercício da solicitadoria e consiste num juízo de reprovação pela infracção disciplinar cometida.
4 – A pena de multa aplica-se nos casos de negligência.
5 – A pena de suspensão aplica-se nos casos de culpa grave, consistindo no afastamento total do exercício da solicitadoria durante o período de aplicação da pena.
6 – A pena de expulsão aplica-se às infracções disciplinares que afectem gravemente a dignidade e o prestígio profissionais, inviabilizando a manutenção da inscrição do solicitador, e consiste no seu afastamento do exercício da solicitadoria.

ARTIGO 146º
Circunstâncias atenuantes

São circunstâncias atenuantes:

a) O exercício efectivo da solicitadoria por um período superior a cinco anos, seguidos ou interpolados, sem qualquer sanção disciplinar;
b) A confissão espontânea da infracção ou infracções.

ARTIGO 147º
Circunstâncias agravantes

São circunstâncias agravantes:

a) A verificação de dolo, em qualquer das suas formas;
b) A premeditação, considerando-se como tal a vontade manifestada num período igual ou superior a dois dias antes da prática da infracção;
c) O conluio com outras pessoas;
d) A reincidência, sendo a mesma considerada como a prática de infracção antes de decorrido o prazo de um ano após o dia em que tiver findado o cumprimento da pena imposta por cometimento de infracção anterior;
e) A acumulação de infracções, sempre que duas ou mais infracções sejam cometidas no mesmo momento ou quando outra seja cometida antes de ter sido punida a anterior;
f) O facto de a infracção ou infracções serem cometidas durante o cumprimento de pena disciplinar ou no decurso do período de suspensão de pena disciplinar;
g) A produção de prejuízos de valor considerável, entendendo-se como tal sempre que exceda o valor de metade da alçada dos tribunais da relação.

ARTIGO 148º
Causas de exclusão da culpa

São causas de exclusão da culpa as previstas na lei penal.

ARTIGO 149º
Suspensão das penas

1 – Tendo em consideração o grau de culpa, o comportamento do arguido e as circunstâncias que rodearam a prática da infracção, as penas disciplinares inferiores à de expulsão podem ser suspensas por um período compreendido entre um e cinco anos.

2 – Cessa a suspensão da pena sempre que, relativamente ao solicitador punido, seja proferido despacho de acusação em novo processo disciplinar.

ARTIGO 150º
Aplicação das penas de suspensão e de expulsão

1 – As penas previstas na alínea *f)* do nº 1 do artigo 142º só podem ser aplicadas por deliberação que reúna a maioria qualificada de dois terços dos membros do órgão competente.

2 – As penas previstas nas alíneas *g)* e *h)* do nº 1 do artigo 142º só podem ser aplicadas por deliberação que reúna a maioria qualificada de dois terços dos membros do órgão competente e, tratando-se de decisão da secção regional deontológica, após ratificação do conselho superior, aprovada por maioria de dois terços dos membros em efectividade de funções.

3 – Sempre que não haja a ratificação prevista no número anterior, o conselho superior decide a pena que julgue adequada.

ARTIGO 151º
Prescrição

As penas disciplinares previstas no nº 1 do artigo 142º prescrevem nos seguintes prazos:

a) As das alíneas *a)*, *b)*, *c)* e *d)* em um ano;
b) A da alínea *e)* em dois anos;
c) As das alíneas *f)*, *g)* e *h)* em quatro anos.

ARTIGO 152º
Publicidade das penas

1 – Quando a pena aplicada for de suspensão efectiva ou de expulsão, e sempre que tal for determinado na deliberação que a aplique, deve ser-lhe dada publicidade através da revista da Câmara e de um dos jornais mais lidos na comarca onde o solicitador tenha domicílio profissional.

2 – Se for decidida suspensão preventiva ou aplicada pena de suspensão ou expulsão, o conselho geral deve inserir a correspondente anotação na lista permanente de solicitadores divulgada por meios informáticos.

SECÇÃO III
Do processo

SUBSECÇÃO I
Disposições gerais

ARTIGO 153º
Formas do processo

1 – O processo disciplinar é comum ou especial.
2 – Constitui processo disciplinar especial a revisão.

ARTIGO 154º
Dos actos processuais

1 – A forma dos actos processuais deve limitar-se ao indispensável e adequar-se ao fim a que se destina.

2 – O relator pode ordenar a realização das diligências reputadas como necessárias à descoberta da verdade.

ARTIGO 155º
Prazos

1 – Em todos os processos regulados neste capítulo, ao modo de contagem dos prazos aplicam-se as regras do Código de Processo Penal.

2 – Na falta de disposição especial, é de 10 dias o prazo para a prática de qualquer acto no âmbito do procedimento disciplinar.

ARTIGO 156º
Impedimentos, escusas e recusas

1 – Aos impedimentos, escusas e recusas do relator e demais membros do órgão com competência disciplinar são aplicáveis, com as necessárias adaptações, as regras constantes do Código do Processo Penal.

2 – O incidente é resolvido no prazo máximo de oito dias pelo conselho superior, o qual, se o julgar procedente, designará outro relator.

ARTIGO 157º
Cumprimento dos prazos

Não sendo cumpridos os prazos consagrados neste capítulo, será o processo redistribuído a outro relator nos mesmos termos e condições, devendo os factos ser comunicados ao conselho superior para efeito de procedimento disciplinar, a instaurar contra o relator faltoso.

ARTIGO 158º
Distribuição

No caso de iniciativa particular ou de entidades externas à Câmara, é efectuada a distribuição da participação a um dos membros do órgão competente para a sua apreciação liminar.

ARTIGO 159º
Apreciação liminar

1 – A apreciação liminar destina-se apenas à aferição da possibilidade de a conduta do solicitador participado poder constituir infracção disciplinar, na versão relatada na participação, e, em caso afirmativo, deve ser proposta pelo relator, ao órgão competente, a instauração de procedimento disciplinar.

2 – A apreciação liminar não comporta quaisquer diligências instrutórias, salvo o referido no número seguinte.

3 – A apreciação liminar pode, no entanto, comportar diligências instrutórias quando a participação apresentada não identifique claramente o solicitador visado.

4 – No caso previsto no número anterior, as diligências instrutórias devem cingir-se ao apuramento da identidade do participado.

SUBSECÇÃO II
Procedimento disciplinar comum

ARTIGO 160º
Distribuição do processo

1 – Instaurado o processo disciplinar, é efectuada pelo órgão competente a distribuição do processo.

2 – Procede-se a nova distribuição em caso de impedimento permanente do relator ou nos seus impedimentos temporários, sempre que as circunstâncias o justifiquem.

3 – Procede-se ainda a nova distribuição sempre que o conselho superior aceite escusa do relator.

ARTIGO 161º
Apensação de processos

1 – Estando pendentes vários processos disciplinares contra o mesmo arguido, ainda que em órgãos diferentes, são todos apensados ao mais antigo e proferida uma só decisão, excepto se da apensação resultar manifesto inconveniente.

2 – Estando pendentes vários processos disciplinares contra vários arguidos em simultâneo, serão extraídas as necessárias certidões, de modo a dar-se cumprimento ao disposto no número anterior.

ARTIGO 162º
Instrução do processo

1 – Compete ao relator regular o andamento da instrução do processo e manter a disciplina nos respectivos actos.

2 – A instrução não poderá ultrapassar o prazo de 120 dias contados a partir da data do despacho de designação do relator.

3 – Em casos de excepcional complexidade ou com base noutros motivos devidamente justificados, pode o relator solicitar ao órgão que o designou a prorrogação do prazo previsto no número anterior, não podendo, no entanto, a instrução ultrapassar o limite máximo de 180 dias.

4 – Na instrução do processo são admissíveis todos os meios de prova em direito permitidos.

5 – Na fase de instrução, o solicitador participado deve ser sempre ouvido sobre a matéria da participação.

6 – O interessado e o solicitador participado podem requerer ao relator as diligências de prova que considerem necessárias ao apuramento da verdade.

7 – Na fase de instrução, o interessado e o solicitador participado não podem indicar, cada um, mais de 3 testemunhas por facto e 10 testemunhas no total.

8 – Consideram-se não escritos os nomes das testemunhas que no rol ultrapassem o número definido no número anterior.

ARTIGO 163º
Termo da instrução

1 – Finda a instrução, o relator profere despacho de acusação ou emite parecer fundamentado em que conclua pelo arquivamento do processo.

2 – Não sendo proferido despacho de acusação, o relator apresenta o parecer na primeira sessão do órgão competente, a fim de ser deliberado o arquivamento do processo, o seu prosseguimento com realização de diligências complementares, ou o despacho de acusação, podendo ser designado novo relator de entre os membros que tenham votado a continuação do processo.

ARTIGO 164º
Despacho de acusação

1 – O despacho de acusação deve revestir a forma articulada e especificar o solicitador acusado, os factos imputados e as circunstâncias de tempo, modo e lugar em que os mesmos foram praticados e as normas legais e regulamentares infringidas, devendo ainda fazer-se alusão às penas aplicáveis em abstracto e ao prazo para a apresentação da defesa.

2 – Simultaneamente, é ordenada a junção aos autos do extracto do registo disciplinar do solicitador acusado.

ARTIGO 165º
Suspensão preventiva

1 – Após a audição do arguido, ou se este, notificado, não comparecer para ser ouvido, pode ser ordenada a sua suspensão preventiva, mediante deliberação tomada por maioria qualificada de dois terços dos membros em efectividade de funções do órgão competente.

2 – A suspensão a que se refere o número anterior só pode ser decretada nos casos em que à infracção disciplinar corresponda uma das sanções previstas nas alíneas *e*) a *h*) do nº 1 do artigo 142º.

3 – A suspensão preventiva não pode exceder três meses e é sempre descontada nas penas de suspensão.

4 – No caso dos agentes de execução, a decisão de suspensão preventiva pode ser renovada pelos órgãos competentes até à decisão final do processo, desde que limitados os seus efeitos à actividade de agente de execução.

ARTIGO 166º
Notificação da acusação

1 – As notificações são efectuadas pessoalmente ou por via postal.

2 – A notificação, quando feita por via postal, é remetida sob registo e com aviso de recepção, para o domicílio profissional ou para a residência do arguido, consoante a sua inscrição esteja ou não em vigor.

3 – Se o arguido estiver ausente do País ou for desconhecida a sua residência, é notificado por edital, com o resumo da acusação, a afixar nas instalações do conselho regional e na porta do seu domicílio profissional ou da última residência conhecida.

ARTIGO 167º
Exercício do direito de defesa

1 – O prazo para a defesa é de 20 dias.

2 – Se o solicitador participado for notificado no estrangeiro ou por edital, o prazo para a defesa é fixado pelo relator, não podendo ser inferior a 30 dias nem superior a 60 dias.

3 – O relator pode, em caso de justo impedimento em condições análogas às estatuídas no Código do Processo Penal, admitir a defesa apresentada extemporaneamente.

4 – O solicitador participado pode nomear em sua defesa solicitador ou advogado especialmente mandatado para esse efeito.

5 – Se o solicitador participado estiver impossibilitado de organizar a sua defesa por motivo de incapacidade mental, devidamente comprovada, o relator nomear-lhe-á imediatamente um tutor para esse efeito, preferindo a pessoa a quem competiria a tutela, em caso de interdição, nos termos da lei civil.

6 – O representante do solicitador participado, nomeado de acordo com o disposto no número anterior, pode usar de todos os meios que seriam facultados ao seu representado.

7 – O incidente de incapacidade mental pode ser suscitado pelo relator, pelo próprio ou por qualquer familiar deste.

8 – Durante o prazo para a apresentação da defesa, o processo pode ser consultado na secretaria.

ARTIGO 168º
Apresentação da defesa

1 – A defesa é feita por escrito e apresentada na secretaria do conselho regional respectivo, devendo expor clara e concisamente os factos e as razões que a fundamentam.

2 – Com a defesa, o solicitador participado deve apresentar o rol de testemunhas, não superior a 10 no total e a 3 por cada facto, juntar documentos e requerer quaisquer diligências, que podem ser recusadas quando sejam manifestamente impertinentes ou desnecessárias para o conhecimento dos factos e da responsabilidade do solicitador participado, bem como por constituírem repetição de diligências realizadas na fase de instrução.

3 – O solicitador participado deve indicar os factos sobre os quais incidirá a prova, sob pena de indeferimento na falta de indicação.

4 – O relator pode permitir que o número de testemunhas referido no nº 2 seja acrescido das que considerar necessárias para a descoberta da verdade.

ARTIGO 169º
Realização de novas diligências

1 – Além das requeridas pela defesa, o relator pode ordenar todas as diligências de prova que considere necessárias para o apuramento da verdade.

2 – O disposto no número anterior não deve ultrapassar o prazo de 60 dias, podendo a secção regional competente prorrogar o prazo por mais 30 dias, ocor-

rendo motivo justificado, nomeadamente em razão da excepcional complexidade do processo.

ARTIGO 170º
Relatório final

1 – Realizadas as diligências referidas no artigo anterior, o relator elabora, no prazo de 10 dias, um relatório fundamentado, onde constem os factos apurados, a sua qualificação e gravidade e a pena que entende dever ser aplicada ou a proposta de arquivamento do processo.

2 – Seguidamente, no prazo máximo de cinco dias, o processo é entregue no órgão competente para julgamento.

ARTIGO 171º
Julgamento

1 – O órgão competente julga o processo no prazo de 30 dias, reduzido a metade quando o solicitador participado estiver suspenso.

2 – O acórdão é notificado ao presidente regional, ao solicitador participado e aos interessados.

SECÇÃO IV
Recursos

ARTIGO 172º
Deliberações recorríveis

1 – Das deliberações das secções regionais deontológicas cabe recurso para o conselho superior.

2 – Não admitem recurso as decisões de mero expediente ou de disciplina dos trabalhos.

ARTIGO 173º
Legitimidade e prazo de interposição do recurso

1 – Têm legitimidade para interpor recurso o solicitador condenado, os interessados, o presidente da Câmara e o presidente regional.

2 – O prazo para a interposição dos recursos é de 10 dias a contar da notificação ou de 15 dias a contar da afixação do edital.

3 – O presidente da Câmara pode recorrer no prazo de 15 dias, mandando seguir o recurso mediante simples despacho.

ARTIGO 174º
Subida e efeitos do recurso

1 – Os recursos interpostos de despachos ou acórdãos interlocutórios sobem com o da decisão final.

2 – Têm efeito suspensivo os recursos interpostos pelo presidente da Câmara, bem como o das decisões finais em que a pena aplicada seja superior à de multa.

ARTIGO 175º
Alegações

1 – Admitido o recurso que subir imediatamente, são notificados o recorrente e o recorrido para apresentarem alegações em prazos sucessivos de 30 dias, sendo-lhes, para tanto, facultada a consulta do processo.

2 – Com as alegações pode qualquer das partes requerer outros meios de prova ou juntar os documentos que entenda convenientes, desde que os mesmos não pudessem ter sido requeridos ou apresentados até à decisão final objecto de recurso.

SECÇÃO V
Processo de revisão

ARTIGO 176º
Legitimidade

1 – O pedido de revisão das decisões é formulado em requerimento fundamentado pelo interessado, pelo arguido condenado ou, tendo este falecido, pelos seus descendentes, ascendentes, cônjuge ou irmãos.

2 – O requerimento indica as circunstâncias ou meios de prova não considerados no processo disciplinar e que ao requerente pareçam justificar a revisão, sendo instruído com os documentos e demais provas que o mesmo entender convenientes.

3 – A simples alegação de ilegalidade, formal ou substancial, do processo e decisão disciplinares não constitui fundamento para a revisão.

4 – O presidente da Câmara pode apresentar ao conselho superior proposta fundamentada da revisão das decisões.

ARTIGO 177º
Competência

A revisão das decisões disciplinares transitadas em julgado é da competência do conselho superior.

ARTIGO 178º
Condições da concessão da revisão

A revisão é admitida quando se verifiquem circunstâncias ou haja meios de prova susceptíveis de demonstrar a inexistência dos factos que determinaram a condenação e que não pudessem ter sido utilizados no processo disciplinar, designadamente:

a) Quando se tenham descoberto novos factos ou novas provas documentais susceptíveis de alterar a decisão proferida;

b) Quando uma decisão transitada em julgado declare falsos quaisquer elementos de prova susceptíveis de terem determinado a decisão revidenda;

c) Quando se mostre, por exame psiquiátrico ou outra diligência, que a falta de integridade mental do solicitador condenado poderia ter determinado a sua inimputabilidade.

ARTIGO 179º
Tramitação

1 – Apresentado pedido ou proposta de revisão é efectuada a distribuição e requisitado ao órgão que proferiu a decisão revidenda.

2 – A parte contrária é notificada para, no prazo de 20 dias, responder ao pedido de revisão.

3 – Com a resposta é oferecida toda a prova.

4 – Tratando-se de proposta do presidente da Câmara, são notificados os interessados e o arguido condenado ou absolvido, consoante os casos, para alegarem em prazos sucessivos de 20 dias, apresentando simultaneamente a sua prova.

ARTIGO 180º
Julgamento

1 – Realizadas as diligências requeridas e as que tiverem sido consideradas necessárias, o instrutor elabora o seu parecer, seguindo depois o processo com vista a cada um dos vogais do conselho e, por último, ao presidente.

2 – Findo o prazo de vista, o processo é submetido à deliberação do conselho, que, antes de decidir, pode ainda ordenar a realização de novas diligências.

3 – Sendo ordenadas novas diligências, é efectuada a redistribuição do processo a um dos vogais do conselho que tenha votado nesse sentido.

4 – A concessão da revisão tem de ser votada por maioria de dois terços dos membros do conselho em efectividade de funções e da deliberação cabe apenas impugnação judicial.

ARTIGO 181º
Apreciação do processo, averbamentos e publicidade

1 – Tendo sido concedida a revisão, o processo é instruído e julgado de novo pelo órgão responsável pela revisão revidenda.

2 – No caso de absolvição, são cancelados os averbamentos das decisões condenatórias.

3 – Ao acórdão proferido na sequência de novo julgamento em consequência da revisão será dada a publicidade devida, nos termos do artigo 152º deste Estatuto.

SECÇÃO VI
Execução de penas

ARTIGO 182º
Início de produção de efeitos das penas

1 – As penas disciplinares iniciam a produção dos seus efeitos legais no dia seguinte ao trânsito em julgado do acórdão.

2 – Quando, à data da notificação da pena, esteja suspensa ou cancelada a inscrição do arguido, o cumprimento da pena de suspensão tem início no dia imediato àquele em que tiver lugar o levantamento da suspensão ou a partir do termo de anterior pena de suspensão.

ARTIGO 183º
Prazo para pagamento da multa

1 – As multas aplicadas nos termos da alínea *d*) do nº 1 do artigo 142º devem ser pagas no prazo de 30 dias a contar da data do trânsito em julgado do acórdão.

2 – Ao solicitador que não pague a multa no prazo referido no número anterior é suspensa a sua inscrição, mediante deliberação da secção regional deontológica, que lhe é comunicada.

3 – A suspensão só pode ser levantada após o pagamento da importância em dívida.

ARTIGO 184º
Competência do presidente regional

Salvo disposição em contrário do presente Estatuto, compete ao presidente regional a execução das decisões proferidas nos processos em que sejam arguidos solicitadores com domicílio profissional na respectiva região.

SECÇÃO VII
Processo de reabilitação

ARTIGO 185º
Regime

1 – No caso de o cancelamento ter resultado de medida disciplinar não expulsiva, pode ser requerida a reabilitação após o cumprimento da pena.

2 – No caso de aplicação de pena de expulsão, o solicitador pode ser reabilitado, desde que se preencham cumulativamente os seguintes requisitos:

a) Tenham decorrido mais de 15 anos sobre o trânsito em julgado da decisão que aplicou a pena expulsiva;

b) O reabilitado tenha revelado boa conduta, podendo, para o demonstrar, utilizar quaisquer meios de prova.

3 – À reinscrição do reabilitado é aplicável o disposto no artigo 78º.

4 – É aplicável ao processo de reabilitação, com as necessárias adaptações, o disposto no nº 1 do artigo 179º e nos artigos 180º e 181º.

5 – Deliberada a reabilitação, o solicitador reabilitado recupera plenamente os seus direitos e é dada a publicidade devida, nos termos do artigo 152º, com as necessárias adaptações.

26. Regime dos Actos Próprios dos Advogados e dos Solicitadores[232]

ARTIGO 1º
Actos próprios dos advogados e dos solicitadores

1 – Apenas os licenciados em Direito com inscrição em vigor na Ordem dos Advogados e os solicitadores inscritos na Câmara dos Solicitadores podem praticar os actos próprios dos advogados e dos solicitadores.

2 – Podem ainda exercer consulta jurídica juristas de reconhecido mérito e os mestres e doutores em Direito cujo grau seja reconhecido em Portugal, inscritos para o efeito na Ordem dos Advogados nos termos de um processo especial a definir no Estatuto da Ordem dos Advogados.

3 – Exceptua-se do disposto no nº 1 a elaboração de pareceres escritos por docentes das faculdades de Direito.

4 – No âmbito da competência que resulta do artigo 173º-C do Estatuto da Ordem dos Advogados e do artigo 77º do Estatuto da Câmara dos Solicitadores, podem ser praticados actos próprios dos advogados e dos solicitadores por quem não seja licenciado em Direito.

5 – Sem prejuízo do disposto nas leis de processo, são actos próprios dos advogados e dos solicitadores:

a) O exercício do mandato forense;
b) A consulta jurídica.

6 – São ainda actos próprios dos advogados e dos solicitadores os seguintes:

a) A elaboração de contratos e a prática dos actos preparatórios tendentes à constituição, alteração ou extinção de negócios jurídicos, designadamente os praticados junto de conservatórias e cartórios notariais;

---

[232] Regime aprovado pela Lei nº 49/2004, de 24 de agosto. A Lei nº 9/2009, de 4 de março, e a Portaria nº 89/2012, de 30 de março, reportam-se ao reconhecimento das qualificações profissionais para o exercício das atividades da área da justiça por cidadãos de Estado-membro da União Europeia ou de Estado signatário do Acordo sobre o Espaço Económico Europeu e às autoridades nacionais competentes para esse reconhecimento, ou seja, a Ordem dos Advogados, o Instituto Nacional da Propriedade Industrial, IP, a Ordem dos Notários e a Câmara dos Solicitadores.

b) A negociação tendente à cobrança de créditos;
c) O exercício do mandato no âmbito de reclamação ou impugnação de actos administrativos ou tributários.

7 – Consideram-se actos próprios dos advogados e dos solicitadores os actos que, nos termos dos números anteriores, forem exercidos no interesse de terceiros e no âmbito de actividade profissional, sem prejuízo das competências próprias atribuídas às demais profissões ou actividades cujo acesso ou exercício é regulado por lei.

8 – Para os efeitos do disposto no número anterior, não se consideram praticados no interesse de terceiros os actos praticados pelos representantes legais, empregados, funcionários ou agentes de pessoas singulares ou colectivas, públicas ou privadas, nessa qualidade, salvo se, no caso da cobrança de dívidas, esta constituir o objecto ou actividade principal destas pessoas.

9 – São também actos próprios dos advogados todos aqueles que resultem do exercício do direito dos cidadãos a fazer-se acompanhar por advogado perante qualquer autoridade.

10 – Nos casos em que o processo penal determinar que o arguido seja assistido por defensor, esta função é obrigatoriamente exercida por advogado, nos termos da lei.

11 – O exercício do mandato forense e da consulta jurídica pelos solicitadores está sujeito aos limites do seu estatuto e da legislação processual.

ARTIGO 2º
Mandato forense

Considera-se mandato forense o mandato judicial conferido para ser exercido em qualquer tribunal, incluindo os tribunais ou comissões arbitrais e os julgados de paz.

ARTIGO 3º
Consulta jurídica

Considera-se consulta jurídica a actividade de aconselhamento jurídico que consiste na interpretação e aplicação de normas jurídicas mediante solicitação de terceiro.

ARTIGO 4º
Liberdade de exercício

Os advogados, advogados estagiários e solicitadores com inscrição em vigor não podem ser impedidos, por qualquer autoridade pública ou privada, de praticar actos próprios dos advogados e dos solicitadores.

ARTIGO 5º
Título profissional de advogado e solicitador

1 – O título profissional de advogado está exclusivamente reservado aos licenciados em Direito com inscrição em vigor na Ordem dos Advogados, bem como a quem, nos termos do respectivo estatuto, reúne as condições necessárias para o adquirir.

2 – O título profissional de solicitador está exclusivamente reservado a quem, nos termos do respectivo estatuto, reúne as condições necessárias para o adquirir.

3 – Os advogados e solicitadores honorários podem usar a denominação de advogado ou de solicitador, desde que seguidamente a esta façam indicação daquela qualidade.

ARTIGO 6º
Escritório de procuradoria ou de consulta jurídica

1 – Com excepção dos escritórios ou gabinetes compostos exclusivamente por advogados, por solicitadores ou por advogados e solicitadores, as sociedades de advogados, as sociedades de solicitadores e os gabinetes de consulta jurídica organizados pela Ordem dos Advogados e pela Câmara dos Solicitadores, é proibido o funcionamento de escritório ou gabinete, constituído sob qualquer forma jurídica, que preste a terceiros serviços que compreendam, ainda que isolada ou marginalmente, a prática de actos próprios dos advogados e dos solicitadores.

2 – A violação da proibição estabelecida no número anterior confere à Ordem dos Advogados ou à Câmara dos Solicitadores o direito de requererem junto das autoridades judiciais competentes o encerramento do escritório ou gabinete.

3 – Não são abrangidos pelo disposto nos números anteriores os sindicatos e as associações patronais, desde que os actos praticados o sejam para defesa exclusiva dos interesses comuns em causa e que estes sejam individualmente exercidos por advogado, advogado estagiário ou solicitador.

4 – Não são igualmente abrangidas pelo disposto nos números anteriores as entidades sem fins lucrativos que requeiram o estatuto de utilidade pública, desde que, nomeadamente:

a) No pedido de atribuição se submeta a autorização específica a prática de actos próprios dos advogados ou solicitadores;

b) Os actos praticados o sejam para defesa exclusiva dos interesses comuns em causa;

c) Estes sejam individualmente exercidos por advogado, advogado estagiário ou solicitador.

5 – A concessão da autorização específica referida no número anterior é precedida de consulta à Ordem dos Advogados e à Câmara dos Solicitadores.

ARTIGO 7º
Crime de procuradoria ilícita

1 – Quem em violação do disposto no artigo 1º:

a) Praticar actos próprios dos advogados e dos solicitadores;

b) Auxiliar ou colaborar na prática de actos próprios dos advogados e dos solicitadores; é punido com pena de prisão até 1 ano ou com pena de multa até 120 dias.

2 – O procedimento criminal depende de queixa.

3 – Além do lesado, são titulares do direito de queixa a Ordem dos Advogados e a Câmara dos Solicitadores.

4 – A Ordem dos Advogados e a Câmara dos Solicitadores têm legitimidade para se constituírem assistentes no procedimento criminal.

ARTIGO 8º
Contra-ordenações

1 – Constitui contra-ordenação a promoção, divulgação ou publicidade de actos próprios dos advogados ou dos solicitadores, quando efectuada por pessoas, singulares ou colectivas, não autorizadas a praticar os mesmos.

2 – As entidades referidas no número anterior incorrem numa coima de € 500 a € 2 500, no caso das pessoas singulars, e numa coima de € 1 250 a € 5 000, no caso das pessoas colectivas, ainda que irregularmente constituídas.

3 – As entidades reincidentes incorrem numa coima de € 5 000 a € 12 500, no caso das pessoas singulares, e numa coima de € 10 000 a € 25 000, no caso das pessoas colectivas, devendo para o efeito o Instituto do Consumidor elaborar um cadastro do qual constem todas as entidades que tiverem sido alvo de condenação.

4 – Os representantes legais das pessoas colectivas, ou os sócios das sociedades irregularmente constituídas, respondem solidariamente pelo pagamento das coimas e custas referidas nos números anteriores.

ARTIGO 9º
Processamento e aplicação das coimas

O processamento das contra-ordenações e a aplicação das coimas referidas no artigo anterior compete ao Instituto do Consumidor, mediante denúncia fundamentada do Conselho Distrital da Ordem dos Advogados ou do Conselho Regional da Câmara dos Solicitadores territorialmente competentes.

ARTIGO 10º
Produto das coimas

O produto das coimas é distribuído da seguinte forma:

a) 40% para o Instituto do Consumidor;
b) 60% para o Estado.

ARTIGO 11º
Responsabilidade civil

1 – Os actos praticados em violação do disposto no artigo 1º presumem-se culposos, para efeitos de responsabilidade civil.

2 – A Ordem dos Advogados e a Câmara dos Solicitadores têm legitimidade para intentar acções de responsabilidade civil, tendo em vista o ressarcimento de danos decorrentes da lesão dos interesses públicos que lhes cumpre, nos termos dos respectivos estatutos, assegurar e defender.

3 – As indemnizações previstas no número anterior revertem para um fundo destinado à promoção de acções de informação e implementação de mecanismos de prevenção e combate à procuradoria ilícita, gerido em termos a regulamentar em diploma próprio.

ARTIGO 12º
Norma revogatória

São revogados:

a) Os artigos 53º e 56º do Estatuto da Ordem dos Advogados, aprovado pelo Decreto-Lei nº 84/84, de 16 de Março, com as alterações introduzidas pela Lei nº 6/86, de 26 de Março, pelos Decretos-Lei nºs 119/86, de 28 de Maio, e 325/88, de 23 de Setembro, e pelas Leis nºs 33/94, de 6 de Setembro, 30-E/2000, de 20 de Dezembro, e 80/2001, de 20 de Julho;

b) O artigo 104º do Estatuto da Câmara dos Solicitadores, aprovado pelo Decreto-Lei nº 88/2003, de 26 de Abril.

27. Estrutura e Funcionamento do Centro de Estudos Judiciários[233]

27.1. Quadro básico

TÍTULO I
Objecto

ARTIGO 1º
Objecto

A presente lei define o regime de ingresso nas magistraturas, de formação inicial e contínua de magistrados e a natureza, estrutura e funcionamento do Centro de Estudos Judiciários, abreviadamente designado por CEJ.

TÍTULO II
Ingresso e actividades de formação

CAPÍTULO I
Disposições gerais

ARTIGO 2º
Formação profissional de magistrados

A formação profissional de magistrados para os tribunais judiciais e para os tribunais administrativos e fiscais abrange as actividades de formação inicial e de formação contínua, nos termos regulados nos capítulos seguintes.

ARTIGO 3º
Cooperação em actividades de formação

1 – As actividades de formação podem abranger também outros magistrados, candidatos à magistratura e profissionais que intervenham no âmbito da adminis-

---

[233] Aprovado pela Lei nº 2/2008, de 14 de janeiro.

tração da justiça, nacionais e estrangeiros, nos termos dos acordos de cooperação celebrados entre o CEJ e outras entidades, em especial no âmbito da União Europeia e da Comunidade dos Países de Língua Oficial Portuguesa.

2 – Os magistrados e os candidatos a magistrados estrangeiros têm o direito de participar nas actividades de formação em termos análogos aos estabelecidos para os auditores de justiça e nas condições fixadas no regulamento interno do CEJ, excepto quanto ao direito a bolsa de formação prevista no nº 5 do artigo 31º.

ARTIGO 4º
Plano e relatório anual de actividades

1 – O ano de actividades do CEJ tem início em 1 de Setembro e termina em 31 de Julho.

2 – As actividades de formação constam do plano anual de actividades que deve ser aprovado até ao dia 31 de Julho imediatamente anterior ao início do ano subsequente.

3 – O relatório anual de actividades é submetido à apreciação do Ministro da Justiça até 31 de Dezembro, após apreciação pelo conselho geral.

CAPÍTULO II
Procedimento de ingresso na formação inicial

SECÇÃO I
Disposições gerais

ARTIGO 5º
Requisitos de ingresso

São requisitos gerais de ingresso na formação inicial de magistrados e de admissão ao concurso:

a) Ser cidadão português ou cidadão dos Estados de língua portuguesa com residência permanente em Portugal a quem seja reconhecido, nos termos da lei e em condições de reciprocidade, o direito ao exercício das funções de magistrado;

b) Ser titular do grau de licenciado em Direito ou equivalente legal;

c) Ser titular do grau de mestre ou doutor ou equivalente legal, ou possuir experiência profissional na área forense ou em outras áreas conexas, relevante para o exercício das funções de magistrado, e de duração efectiva não inferior a cinco anos; e

d) Reunir os demais requisitos gerais de provimento em funções públicas.

ARTIGO 6º
Concurso

1 – O ingresso na formação inicial de magistrados efectua-se através de concurso público.

2 – O concurso pode ter como finalidade o preenchimento de vagas nas magistraturas judicial e do Ministério Público ou o preenchimento de vagas de juízes dos tribunais administrativos e fiscais.

3 – Ingressam na formação inicial os candidatos que, tendo sido aprovados no concurso, tenham ficado graduados em posição que se contenha dentro do número de vagas disponíveis, com respeito pelas quotas de ingresso fixadas.

ARTIGO 7º
Informação sobre as necessidades de magistrados

O Conselho Superior da Magistratura, o Conselho Superior dos Tribunais Administrativos e Fiscais e a Procuradoria-Geral da República transmitem anualmente ao Ministro da Justiça, até ao dia 15 de Julho, informação fundamentada quanto ao número previsível de magistrados necessários na respectiva magistratura, tendo em conta a duração da formação inicial.

ARTIGO 8º
Abertura do concurso

1 – Quando a necessidade de magistrados justificar a realização de um concurso de ingresso, o Ministro da Justiça autoriza a abertura de concurso.

2 – O despacho de autorização previsto no número anterior fixa o número de vagas a preencher em cada magistratura.

ARTIGO 9º
Quotas de ingresso

1 – No concurso para o preenchimento de vagas na magistratura judicial e do Ministério Público é reservada, relativamente a cada magistratura, uma quota de ingresso de 25% para cada uma das duas vias de admissão previstas na alínea c) do artigo 5º.

2 – No concurso para o preenchimento de vagas de juízes dos tribunais administrativos e fiscais é reservada uma quota de ingresso de 25% para cada uma das duas vias de admissão previstas na alínea c) do artigo 5º.

ARTIGO 10º
Aviso de abertura

1 – Compete ao director do CEJ fazer publicar no *Diário da República* o aviso de abertura do concurso, em prazo não superior a 30 dias a contar da data do despacho de autorização a que se refere o artigo 8º.

2 – Do aviso constam obrigatoriamente os seguintes elementos:

a) Requisitos de admissão ao concurso;
b) Métodos de selecção a utilizar e respectivas fases, com indicação do respectivo carácter eliminatório;
c) Matérias das provas e respectiva bibliografia de referência;
d) Sistema de classificação final a utilizar;
e) Entidade à qual deve ser apresentado o requerimento de candidatura, respectivo endereço, prazo de entrega, forma de apresentação, documentos a juntar, modo de pagamento da comparticipação referida no nº 5 do artigo seguinte e outras indicações necessárias para a formalização e instrução da candidatura;

f) Indicação de que a não apresentação dos documentos comprovativos dos requisitos exigíveis e indicados no aviso, salvo os que neste forem considerados temporariamente dispensáveis, determina a não admissão ao concurso;

g) Formas de publicitação da lista de candidatos admitidos e não admitidos e dos resultados da aplicação dos métodos de selecção e respectivas fases, bem como das listas de classificação final e de graduação.

ARTIGO 11º
Apresentação de candidatura

1 – A candidatura ao concurso é feita mediante requerimento dirigido ao director do CEJ, a apresentar no prazo de 15 dias a contar da data de publicação do aviso de abertura, acompanhado dos documentos exigidos para instrução do processo individual de candidatura.

2 – Sem prejuízo do disposto no número anterior, os candidatos possuidores do requisito referido na segunda parte da alínea *c)* do artigo 5º podem apresentar outros documentos que entendam relevantes para apreciação do seu currículo.

3 – O requerimento deve indicar expressamente qual a via de admissão de entre as duas previstas na alínea *c)* do artigo 5º ao abrigo da qual a candidatura é apresentada, não podendo ser admitida candidatura no mesmo concurso por ambas as vias.

4 – Os candidatos que concorram ao concurso para o preenchimento de vagas na magistratura judicial e do Ministério Público e ao concurso para o preenchimento de vagas de juízes dos tribunais administrativos e fiscais declaram, nos requerimentos, qual a sua opção no caso de ficarem habilitados, nos termos do nº 1 do artigo 29º, em ambos os concursos.

5 – Pela apresentação da candidatura é devido o pagamento de comparticipação no custo do procedimento, em montante a fixar anualmente por despacho do Ministro da Justiça.

6 – Aos candidatos que apresentem candidatura ao concurso para os tribunais judiciais e ao concurso para os tribunais administrativos e fiscais é exigido o pagamento de uma única comparticipação.

ARTIGO 12º
Lista de candidatos admitidos e não admitidos ao concurso

1 – Compete ao director do CEJ, depois de verificada a conformidade das candidaturas com os requisitos de admissão ao concurso, aprovar a lista dos candidatos admitidos, por via de admissão, e dos não admitidos, com indicação do respectivo motivo.

2 – No prazo de 15 dias a contar do termo do prazo fixado para a apresentação das candidaturas, a lista referida no número anterior é afixada na sede do CEJ e, na mesma data, publicitada no sítio do CEJ na Internet, com menção da data de afixação.

3 – Da lista cabe reclamação para o director do CEJ, no prazo de cinco dias a contar da data da sua afixação.

4 – Decididas as reclamações, no prazo de 15 dias a contar do termo do prazo fixado para a sua apresentação, ou não as havendo, a lista definitiva dos candida-

tos admitidos e não admitidos é afixada na sede do CEJ e publicitada no respectivo sítio na Internet, na data de publicação no *Diário da República* de aviso sobre a afixação.

ARTIGO 13º
Júris de selecção

1 – Compete ao director do CEJ fixar o número de júris de selecção em função do número de candidatos admitidos ao concurso.

2 – Os júris podem ser diferenciados em função da via de admissão, do método de selecção a aplicar e das respectivas fases.

3 – O júri da fase escrita das provas de conhecimentos é composto por, no mínimo, três membros, procurando respeitar-se, na medida do possível, a seguinte proporção:

a) Um magistrado judicial ou, nos concursos para o preenchimento de vagas de juízes dos tribunais administrativos e fiscais, um juiz da jurisdição administrativa e fiscal;
b) Um magistrado do Ministério Público;
c) Um jurista de reconhecido mérito ou uma personalidade de reconhecido mérito de outras áreas da ciência e da cultura.

4 – O júri da fase oral das provas de conhecimentos e o júri da avaliação curricular são compostos por cinco membros, respeitando a seguinte proporção:

a) Dois magistrados, sendo um magistrado judicial ou, nos concursos para o preenchimento de vagas de juízes dos tribunais administrativos e fiscais, um juiz da jurisdição administrativa e fiscal, e o outro magistrado do Ministério Público;
b) Três personalidades, nomeadamente advogados, pessoas de reconhecido mérito, na área jurídica ou em outras áreas da ciência e da cultura, ou representantes de outros sectores da sociedade civil.

5 – Os magistrados que compõem os júris são nomeados pelo respectivo Conselho Superior, sendo os restantes membros nomeados pelo Ministro da Justiça, sob proposta da Ordem dos Advogados, no caso da alínea *b)* do número anterior, ou do director do CEJ, nos restantes casos.

6 – O presidente de cada júri é nomeado pelo director do CEJ de entre juízes de tribunais superiores e procuradores-gerais-adjuntos ou, na falta destes, outros magistrados que o integrem.

7 – A composição dos júris consta de aviso a publicar no *Diário da República* e no sítio do CEJ na Internet, até 10 dias antes da aplicação do respectivo método de selecção.

8 – Quando, nos termos do nº 1, forem constituídos vários júris, o director do CEJ preside às reuniões dos presidentes dos júris.

SECÇÃO II
Métodos de selecção

ARTIGO 14º
Tipos

Os métodos de selecção a utilizar são os seguintes:

a) Provas de conhecimentos;
b) Avaliação curricular;
c) Exame psicológico de selecção.

ARTIGO 15º
Provas de conhecimentos

1 – As provas de conhecimentos incidem sobre as matérias constantes do aviso de abertura do concurso e são prestadas, sucessivamente, em duas fases eliminatórias:

a) Fase escrita;
b) Fase oral.

2 – No caso dos candidatos que concorram com base na segunda parte da alínea c) do artigo 5º, a fase oral é substituída pela avaliação curricular prevista no artigo 20º.

ARTIGO 16º
Fase escrita

1 – A fase escrita visa avaliar, designadamente, a qualidade da informação transmitida pelo candidato, a capacidade de aplicação do Direito ao caso, a pertinência do conteúdo das respostas, a capacidade de análise e de síntese, a simplicidade e clareza da exposição e o domínio da língua portuguesa.

2 – A fase escrita do concurso para os tribunais judiciais compreende a realização das seguintes provas de conhecimentos:

a) Uma prova de resolução de casos de direito civil e comercial e de direito processual civil;
b) Uma prova de resolução de casos de direito penal e de direito processual penal;
c) Uma prova de desenvolvimento de temas culturais, sociais ou económicos.

3 – Tratando-se de candidatos que concorram com base na segunda parte da alínea c) do artigo 5º, a prova da fase escrita no concurso referido no número anterior consiste na redacção de uma decisão mediante a disponibilização de um conjunto de peças relevantes que constem habitualmente de um processo judicial, em matéria cível ou penal, consoante a opção do candidato, a efectuar no requerimento de candidatura.

4 – A fase escrita do concurso para o preenchimento de vagas de juízes dos tribunais administrativos e fiscais compreende a realização de uma prova de resolução de casos de direito e processo administrativo e tributário e uma prova de desenvolvimento de temas culturais, sociais ou económicos.

5 – Tratando-se de candidatos que concorram com base na segunda parte da alínea c) do artigo 5º, a prova da fase escrita do concurso para o preenchimento de vagas de juízes dos tribunais administrativos e fiscais consiste na redacção de uma decisão mediante a disponibilização de um conjunto de peças relevantes que constem habitualmente de um processo judicial, em matéria administrativa ou tributária, consoante a opção do candidato.

6 – Compete ao director promover a concepção das provas de conhecimentos da fase escrita e respectivas grelhas de correcção.

7 – A fase escrita decorre sob o anonimato dos candidatos, implicando a sua quebra a anulação da respectiva prova pelo júri.

8 – As provas referidas nos nºs 2 e 4 são realizadas com um intervalo mínimo de três dias entre si.

9 – Cada prova de conhecimentos da fase escrita tem a duração de três horas, com excepção das previstas nos 3 e 5, que têm a duração de quatro horas.

10 – Os candidatos podem consultar, nos termos definidos o regulamento interno, legislação, jurisprudência e doutrina para a prestação das provas de conhecimentos da fase escrita, com excepção da prova referida na alínea c) do nº 2.

11 – Na data da afixação da pauta com as classificações da fase escrita é publicitada a grelha de correcção das respectivas provas por divulgação no sítio do CEJ na Internet e afixação na sede do CEJ.

12 – O júri respeita os critérios resultantes da grelha na correcção da prova, não podendo divergir da mesma em prejuízo do candidato.

13 – São admitidos à fase oral ou à avaliação curricular os candidatos que obtiverem classificação igual ou superior a 10 valores em cada uma das provas de conhecimentos que integram a fase escrita.

ARTIGO 17º
Pedido de revisão de prova da fase escrita

1 – É permitido o pedido de revisão de provas da fase escrita.

2 – O pedido é feito através de requerimento fundamentado nos termos do nº 3, dirigido ao director do CEJ.

3 – O pedido de revisão da prova deve indicar expressamente os vícios, de carácter técnico e científico, de aplicação dos critérios de correcção e de classificação ou outro vício ou erro processual relevantes, sob pena de rejeição do pedido.

4 – Para efeitos dos números anteriores, os candidatos podem requerer, no prazo de quarenta e oito horas a contar da data da afixação da pauta com as classificações das provas de conhecimentos da fase escrita, a entrega de fotocópia simples das provas de que pretendem pedir a revisão, devendo o pedido ser satisfeito dentro das vinte e quatro horas seguintes.

5 – O prazo para requerer a revisão de prova é de cinco dias contados a partir da data da entrega da cópia da prova.

6 – Pelo pedido de revisão é exigido o pagamento de comparticipação no custo do procedimento, em montante a fixar por despacho do Ministro da Justiça, sendo o montante restituído ao candidato em caso de decisão favorável.

7 – Se o pedido estiver em conformidade com o disposto nos nºs 2 e 5, o director designa júri, diferente do que corrigiu e classificou a prova, para proceder à revisão.

ARTIGO 18º
Revisão de prova da fase escrita

1 – A revisão de prova é feita pelo júri designado, mantendo-se o anonimato do candidato.

2 – A decisão sobre o pedido de revisão incide sobre as questões invocadas pelo recorrente e pode abranger outras, não expressamente invocadas por este, cuja reapreciação aquela decisão implique.

3 – A revisão de prova não suspende a prestação das provas da fase oral, nem pelo requerente nem por outros candidatos, se pedido tiver por objecto revisão de prova cuja classificação for igual ou superior a 10 valores.

4 – No caso de o pedido de revisão ter por objecto prova com classificação inferior a 10 valores e o requerente for admitido à fase oral em consequência da decisão sobre o pedido, será fixada data para a respectiva prestação das provas da fase oral.

5 – Não é admitido pedido de revisão quanto a prova já revista.

ARTIGO 19º
Fase oral

1 – A fase oral visa avaliar, designadamente, os conhecimentos jurídicos do candidato, a capacidade de crítica, de argumentação e de exposição, a expressão oral e o domínio da língua portuguesa.

2 – A fase oral compreende a realização das seguintes provas de conhecimentos:

a) Uma discussão sobre temas de direito constitucional, direito da União Europeia e organização judiciária;

b) Uma discussão sobre direito civil e direito processual civil e direito comercial;

c) Uma discussão sobre direito penal e direito processual penal;

d) Uma discussão sobre temas de direito administrativo, direito económico, direito da família e das crianças e direito do trabalho.

3 – No concurso para o preenchimento de vagas de juízes dos tribunais administrativos e fiscais, a fase oral compreende a realização das seguintes provas de conhecimentos:

a) Uma discussão sobre temas de direito constitucional, direito da União Europeia e organização judiciária;

b) Uma discussão sobre direito civil e direito processual civil;

c) Uma discussão sobre temas de direito administrativo e de direito tributário;

d) Uma discussão sobre procedimento e processo administrativo e tributário.

4 – Cada prova tem a duração máxima de trinta minutos.

5 – A determinação da área temática da prova a que se refere a alínea *d)* do nº 2 resulta de sorteio realizado com a antecedência de quarenta e oito horas.

6 – As provas são públicas, apenas não podendo assistir os candidatos que não as tenham ainda prestado.

7 – São admitidos a exame psicológico de selecção os candidatos que obtiverem classificação igual ou superior a 10 valores em todas as provas de conhecimentos que integram a fase oral.

ARTIGO 20º
Avaliação curricular

1 – A avaliação curricular é uma prova pública prestada pelo candidato, com o objectivo de, através da discussão do seu percurso e actividade curricular, avaliar e classificar a consistência e relevância da sua experiência profissional, na área forense ou em áreas conexas, para o exercício da magistratura.

2 – A prova de avaliação curricular inclui:

a) Uma discussão sobre o currículo e a experiência profissional do candidato;

b) Uma discussão sobre temas de direito, baseada na experiência do candidato, que pode assumir a forma de exposição e discussão de um caso prático.

3 – A prova tem a duração de sessenta minutos, podendo ser, excepcionalmente, prorrogada por um máximo de trinta minutos, a pedido do candidato ou por decisão do presidente do júri.

4 – Na avaliação curricular, o júri utiliza os seguintes critérios de ponderação:

a) O conjunto dos factores relacionados com a consistência e relevância da experiência profissional do candidato vale 60%;

b) O conjunto dos factores relacionados com a concepção, estrutura e apresentação material do currículo e com a qualidade da intervenção do candidato na discussão do currículo vale 20%;

c) O conjunto dos factores relacionados com a qualidade da intervenção na discussão de temas de direito vale 20%.

5 – São admitidos a exame psicológico de selecção os candidatos que obtiverem classificação igual ou superior a 10 valores na avaliação curricular.

ARTIGO 21º
Exame psicológico de selecção

1 – O exame psicológico de selecção consiste numa avaliação psicológica realizada por entidade competente e visa avaliar as capacidades e as características de personalidade dos candidatos para o exercício da magistratura, mediante a utilização de técnicas psicológicas.

2 – A avaliação psicológica tem a duração mínima de duas horas, sendo garantida a privacidade do exame.

3 – O resultado do exame psicológico é expresso através de parecer escrito, traduzido pelas menções de «favorável» ou de «não favorável» e é comunicado ao júri da fase oral ou da avaliação curricular.

4 – O parecer é anexo à acta elaborada pelo júri da fase oral ou da avaliação curricular e tem natureza confidencial.

5 – O candidato que tenha a menção de «não favorável» pode realizar um segundo exame psicológico com outro ou outros psicólogos indicados pela entidade referida no nº 1, a seu pedido ou por proposta do júri.

6 – No caso previsto no número anterior, sendo o pedido do candidato, o custo do exame é suportado por aquele.

7 – A coincidência de resultados entre o primeiro e segundo exames psicológicos vincula a decisão do júri.

8 – Havendo divergência entre o primeiro e o segundo exames psicológicos, o júri decide, fundamentadamente.

9 – A entidade que assegura a realização do exame psicológico de selecção é nomeada pelo Ministro da Justiça.

ARTIGO 22º
Formas da publicitação

1 – São publicitados no sítio do CEJ na Internet e afixados na sede do CEJ:

a) Os avisos de convocação dos candidatos para a aplicação de métodos de selecção, com menção da data e local respectivos, salvo quando indicados no aviso de abertura do concurso;

b) A pauta com as classificações das provas de conhecimentos da fase escrita;

c) A pauta com as classificações das provas da fase oral.

2 – As formas referidas no número anterior constituem as únicas formas oficiais de divulgação dos elementos e resultados, aí mencionados, aos candidatos.

ARTIGO 23º
Faltas

1 – É permitida a falta justificada a uma prova de conhecimentos em cada uma das respectivas fases.

2 – É permitido faltar justificadamente uma vez:

a) À prova de avaliação curricular;
b) Ao exame psicológico de selecção.

3 – O candidato pode requerer ao director do CEJ a justificação da falta a que se referem os nºs 1 e 2, no prazo de vinte e quatro horas a contar da hora fixada para o início da aplicação do método de selecção.

4 – Se a falta for considerada justificada, é designado novo dia para a aplicação do método de selecção.

5 – As faltas que não se enquadrem no disposto nos números anteriores são injustificadas.

SECÇÃO III
Classificação e graduação

ARTIGO 24º
Candidatos aprovados e excluídos

1 – São aprovados os candidatos que obtiverem a menção «favorável» no exame psicológico de selecção.

2 – São excluídos os candidatos admitidos que:

a) Faltarem injustificadamente, nos termos do nº 5 do artigo anterior;

b) Obtiverem classificação inferior a 10 valores em qualquer das provas de conhecimentos que integram a fase escrita e a fase oral;
c) Obtiverem a menção «não favorável» no exame psicológico de selecção;
d) Declarem, expressamente e por escrito, desistir do procedimento até ao último dia de aplicação do último método de selecção do concurso.

ARTIGO 25º
Classificação final

1 – A classificação final do candidato aprovado é o resultado da média aritmética simples da classificação obtida na fase escrita e da classificação obtida na fase oral das provas de conhecimentos, salvo o disposto no nº 2.

2 – A classificação final do candidato aprovado, tratando-se de candidatos que concorram com base na segunda parte da alínea *c*) do artigo 5º, é o resultado da média das classificações obtidas na avaliação curricular e nas provas de conhecimentos, com a seguinte ponderação:

a) A classificação da prova de avaliação curricular vale 70%;
b) A classificação obtida na fase escrita vale 30%.

3 – A classificação da fase escrita é o resultado da prova de conhecimentos que corresponde à fase escrita ou, nos casos em que se realize mais do que uma prova, da média aritmética simples da classificação obtida em cada uma das respectivas provas.

4 – A classificação das provas de conhecimentos, da avaliação curricular e a classificação final são expressas na escala de 0 a 20 valores, com arredondamento até às milésimas.

ARTIGO 26º
Lista de graduação dos candidatos aprovados e lista dos candidatos excluídos

1 – Em reunião do júri do último método de selecção aplicado ou, havendo mais do que um júri, dos presidentes dos júris, é elaborada a lista de graduação dos candidatos aprovados, por via de admissão, e a lista dos candidatos excluídos, com indicação do respectivo motivo.

2 – As listas referidas no número anterior são homologadas pelo director do CEJ, afixadas na sede deste e publicitadas no respectivo sítio na Internet, na data de publicação no *Diário da República* de aviso sobre a afixação.

ARTIGO 27º
Graduação

1 – A graduação dos candidatos aprovados é feita por ordem decrescente da respectiva classificação final.

2 – Em caso de igualdade na classificação final entre candidatos, considera-se para efeitos de graduação, sucessivamente, o maior grau académico, preferindo Direito, e a idade, preferindo os mais velhos.

ARTIGO 28º
Habilitação para a frequência do curso teórico-prático

1 – Ficam habilitados para a frequência do curso teórico-prático imediato os candidatos aprovados, por ordem de graduação, até ao preenchimento do total das vagas em concurso, com respeito pelas respectivas quotas de ingresso.

2 – Para efeitos do disposto no número anterior, a falta de candidatos aprovados para o preenchimento das vagas respeitantes a uma das quotas de ingresso não impede o preenchimento do total das vagas em concurso através do recurso aos candidatos aprovados por outra via de admissão.

3 – Com a afixação das listas de graduação previstas no artigo 26º são indicados os candidatos habilitados.

4 – Mediante requerimento, o candidato habilitado nos termos do disposto nos números anteriores pode, excepcionalmente, ser autorizado pelo director do CEJ a ingressar em curso teórico-prático posterior àquele a que o concurso dá ingresso, por motivos especiais e razoavelmente atendíveis, e por uma única vez.

5 – No caso referido no número anterior, é admitido à frequência do curso teórico-prático imediato o candidato seguinte, de acordo com a graduação, aplicando-se subsidiariamente, quando não exista outro candidato, o disposto no nº 2.

6 – Os candidatos aptos que não tenham ficado habilitados para a frequência do curso teórico-prático imediato, por falta de vagas, ficam dispensados de prestar provas no concurso imediatamente seguinte, ficando graduados conjuntamente com os candidatos que concorram a este.

ARTIGO 29º
Opção de magistratura

1 – Os candidatos habilitados para a frequência do curso de formação para as magistraturas nos tribunais judiciais declaram por escrito a sua opção pela magistratura judicial ou pela magistratura do Ministério Público, no prazo de cinco dias a contar da publicitação dos candidatos habilitados.

2 – As opções manifestadas nos termos do número anterior são consideradas por ordem de graduação, tendo em conta:

a) O conjunto de vagas a preencher quer na magistratura judicial quer na magistratura do Ministério Público;

b) Em cada conjunto, o número de vagas a preencher por quem possua cada um dos requisitos previstos na alínea *c*) do artigo 5º.

3 – Existindo desproporção entre as vagas disponíveis em cada magistratura, nos termos do número anterior, e as opções manifestadas, têm preferência os candidatos com maior graduação, de acordo com a lista respectiva.

4 – Os candidatos que, face à opção expressa, não tenham vaga segundo as regras definidas nos nºs 2 e 3, podem, no prazo de três dias a contar da afixação dessa informação, requerer a alteração da sua opção.

5 – Os candidatos que não disponham de vaga disponível para a opção expressa nem requeiram a subsequente alteração de opção ficam excluídos da frequência do curso.

6 – A alteração da opção de magistratura em momento posterior apenas pode ser requerida, fundamentadamente, no final de cada ciclo do curso de formação teórico-prática e depende sempre da existência de vaga na outra magistratura e de autorização do conselho pedagógico do CEJ.

7 – Quando seja autorizada a alteração da opção, nos termos do número anterior, o requerente realiza obrigatoriamente:

a) Os módulos do 1º ciclo específicos da magistratura escolhida;
b) A formação do 2º ciclo na magistratura escolhida, durante seis meses, no caso de já ter completado o 2º ciclo na outra magistratura.

CAPÍTULO III
Formação inicial

SECÇÃO I
Disposições gerais

ARTIGO 30º
Âmbito, local e regime

1 – A formação inicial de magistrados para os tribunais judiciais e para os tribunais administrativos e fiscais compreende, em cada caso, um curso de formação teórico-prática, organizado em dois ciclos sucessivos, e um estágio de ingresso.

2 – O 1º ciclo do curso de formação teórico-prática realiza-se na sede do CEJ, sem prejuízo de estágios intercalares de curta duração nos tribunais.

3 – O 2º ciclo do curso de formação teórico-prática e o estágio de ingresso decorrem nos tribunais, no âmbito da magistratura escolhida.

4 – Sob proposta dos conselhos superiores, devidamente fundamentada, o Governo pode reduzir, por decreto-lei, a duração do período de formação inicial referido no nº 1.[234]

ARTIGO 31º
Estatuto do auditor de justiça

1 – Os candidatos habilitados no concurso de ingresso frequentam o curso de formação teórico-prática com o estatuto de auditor de justiça e ficam sujeitos ao regime de direitos, deveres e incompatibilidades constantes da presente lei e do regulamento interno do CEJ e, subsidiariamente, ao regime dos funcionários da Administração Pública.

2 – O estatuto de auditor de justiça adquire-se com a celebração de contrato de formação entre o candidato habilitado no concurso e o CEJ, representado pelo director, ou nos termos do disposto no nº 4.

3 – O contrato referido no número anterior não conferem nenhum caso a qualidade de funcionário ou agente.

---

[234] O nº 4 deste artigo foi inserido pelo artigo único da Lei nº 60/2011, de 28 de novembro.

4 – Os candidatos habilitados que sejam funcionários ou agentes do Estado, de institutos públicos ou de entidades públicas empresariais têm direito a frequentar o curso de formação teórico-prática em regime de requisição, a qual não depende da autorização do organismo ou serviço de origem.

5 – A frequência do curso de formação teórico-prática confere ao auditor de justiça o direito a receber uma bolsa de formação, paga em 14 mensalidades, de valor mensal correspondente a 50% do índice 100 da escala indiciária para as magistraturas nos tribunais judiciais ou, em caso de requisição e por opção do auditor, à remuneração do cargo de origem, excluídos suplementos devidos pelo exercício efectivo das respectivas funções.

6 – As férias a que o auditor de justiça tem direito só podem ser gozadas no período das férias judiciais, fora dos períodos de formação.

7 – A desistência do curso de formação teórico-prática, a exclusão e a aplicação da pena de expulsão determinam a perda do estatuto de auditor de justiça, a extinção do contrato de formação ou a cessação da requisição, consoante o caso, e a extinção do direito à bolsa de formação.

8 – Nos casos referidos no número anterior, os auditores de justiça que se encontrem na situação prevista no nº 4 retomam os seus cargos ou funções, com desconto do tempo de frequência na antiguidade relativa ao cargo de origem, salvo se a desistência for considerada justificada por despacho do director do CEJ.

9 – Os efeitos referidos nos nºs 7 e 8 produzem-se no dia seguinte ao da notificação da deliberação de exclusão ou de expulsão ao auditor de justiça ou, no caso da desistência, do despacho do director do CEJ que a aceita.

10 – Em caso de recurso e de suspensão judicial dos efeitos da exclusão ou da expulsão, é suspenso até à decisão final o pagamento da bolsa de formação após o termo do curso de formação teórico-prática frequentado pelo auditor de justiça excluído ou expulso.

ARTIGO 32º
Magistrados em regime de estágio

Os auditores de justiça aprovados no curso de formação teórico-prática são nomeados, consoante os casos, juízes de direito e procuradores-adjuntos, em regime de estágio, nos termos estabelecidos no artigo 68º.

ARTIGO 33º
Dever de permanência na magistratura

Os magistrados que, sem justificação, foram exonerados a seu pedido antes de decorridos cinco anos sobre a nomeação como magistrados em regime de estágio ficam obrigados a reembolsar o Estado em montante correspondente ao valor da bolsa recebida.

SECÇÃO II
Curso de formação teórico-prática

SUBSECÇÃO I
Disposições comuns

ARTIGO 34º
Objectivos gerais

1 – O curso de formação teórico-prática tem como objectivos fundamentais proporcionar aos auditores de justiça o desenvolvimento de qualidades e a aquisição de competências técnicas para o exercício das funções de juiz nos tribunais judiciais e nos tribunais administrativos e fiscais e de magistrado do Ministério Público.

2 – No domínio do desenvolvimento de qualidades para o exercício das funções, a formação teórico-prática visa promover:

a) A compreensão do papel dos juízes e dos magistrados do Ministério Público na garantia e efectivação dos direitos fundamentais do cidadão;

b) A percepção integrada do sistema de justiça e da sua missão no quadro constitucional;

c) A compreensão da conflitualidade social e da multiculturalidade, sob uma perspectiva pluralista, na linha de aprofundamento dos direitos fundamentais;

d) O apuramento do espírito crítico e reflexivo e a atitude de abertura a outros saberes na análise das questões e no processo de decisão;

e) A identificação das exigências éticas da função e da deontologia profissional, na perspectiva da garantia dos direitos dos cidadãos;

f) Uma cultura de boas práticas em matéria de relações humanas, no quadro das relações profissionais, institucionais e com o cidadão em geral;

g) Uma cultura e prática de autoformação ao longo da vida.

3 – Na vertente da aquisição das competências técnicas, a formação teórico-prática visa proporcionar aos auditores de justiça:

a) A consolidação e o aprofundamento dos conhecimentos técnico jurídicos necessários à aplicação do direito;

b) O domínio do método jurídico e judiciário na abordagem, análise e resolução dos casos práticos;

c) A aquisição de conhecimentos e técnicas de áreas não jurídicas do saber, úteis para a compreensão judiciária das realidades da vida;

d) A compreensão e o domínio do processo de decisão mediante o apuramento da intuição prática e jurídica, o desenvolvimento da capacidade de análise, da técnica de argumentação e do poder de síntese, bem como o apelo à ponderação de interesses e às consequências práticas da decisão;

e) O domínio dos modos de gestão e da técnica do processo, numa perspectiva de agilizar os procedimentos orientada para a decisão final;

f) A aquisição de conhecimentos e o domínio das técnicas de comunicação com relevo para a intervenção judiciária, incluindo o recurso às tecnologias da informação e da comunicação;

g) A utilização das aplicações informáticas disponíveis para gerir o processo de forma electrónica e desmaterializada;

h) A aquisição de competências, no âmbito da organização e gestão de métodos de trabalho, adequadas ao contexto de exercício de cada magistratura.

ARTIGO 35º
Duração

1 – O 1º ciclo do curso de formação teórico-prática tem início no dia 15 de Setembro subsequente ao concurso de ingresso no CEJ e termina no dia 15 de Julho do ano seguinte.

2 – O 2º ciclo tem início no dia 1 de Setembro subsequente ao fim do 1º ciclo e termina no dia 15 de Julho do ano seguinte, salvo o disposto no nº 3.

3 – Para os auditores de justiça que ingressaram no curso ao abrigo do disposto na segunda parte da alínea c) do artigo 5º, o 2º ciclo termina no último dia útil de Fevereiro do ano seguinte, podendo ser prorrogado excepcionalmente, por deliberação do conselho pedagógico, sob proposta do director, em função do aproveitamento do auditor de justiça, até à data limite referida no nº 2.

SUBSECÇÃO II
1º ciclo

ARTIGO 36º
Objectivos específicos

1 – No desenvolvimento dos objectivos gerais da formação teórico-prática, o 1º ciclo tem por objectivos específicos, no domínio das qualidades para o exercício das funções:

a) Promover a formação sobre os temas respeitantes à administração da justiça;

b) Propiciar o conhecimento dos princípios da ética e da deontologia profissional, bem como dos direitos e deveres estatutários e deontológicos;

c) Proporcionar a diferenciação dos conteúdos funcionais e técnicos de cada magistratura.

2 – Em matéria de competências técnicas, o 1º ciclo visa, especificamente, proporcionar aos auditores de justiça:

a) A formação sobre a importância prática dos direitos fundamentais e o domínio dos respectivos meios de protecção judiciária;

b) A aquisição e o aprofundamento dos conhecimentos jurídicos, de natureza substantiva e processual, nos domínios relevantes para o exercício das magistraturas;

c) O desenvolvimento da capacidade de abordagem, de análise e do poder de síntese, na resolução de casos práticos, com base no estudo problemático da doutrina e da jurisprudência, mediante a aprendizagem do método jurídico e judiciário;

d) O exercício na tomada de decisão, fundado numa argumentação racional e na análise crítica da experiência, por forma a conferir autonomia às posições assumidas;

e) O domínio da técnica processual, privilegiando as perspectivas de agilização dos procedimentos, da valoração da prova e da fundamentação das decisões, com especial incidência na elaboração das peças processuais, no tratamento da matéria de facto, nos procedimentos de recolha e produção da prova, e na estruturação das decisões;

f) A aprendizagem dos modos de gestão judiciária e do processo, numa perspectiva de racionalização de tarefas por objectivos;

g) A aprendizagem das técnicas de pesquisa, tratamento, organização e exposição da informação, útil para a análise dos casos, incluindo o recurso às novas tecnologias;

h) A aquisição de saberes não jurídicos com relevo para a actividade judiciária, nomeadamente em matéria de medicina legal, psicologia judiciária, sociologia judiciária e contabilidade e gestão;

i) Possibilidade de aprendizagem de uma língua estrangeira, numa perspectiva de utilização técnico-jurídica;

j) A aprendizagem de técnicas da comunicação, verbais e não verbais, incluindo o recurso às tecnologias da comunicação;

l) A aprendizagem da utilização das aplicações informáticas disponíveis para gerir o processo de forma electrónica e desmaterializada;

m) A integração das competências que vão sendo adquiridas, através de breves períodos de estágio nos tribunais.

ARTIGO 37º
Componentes formativas

O 1º ciclo do curso de formação teórico-prática integra uma componente formativa geral, uma componente formativa de especialidade, uma componente profissional e uma área de investigação aplicada relevante para a actividade judiciária.

ARTIGO 38º
Componente formativa geral

O curso de formação teórico-prática compreende, na componente formativa geral comum, nomeadamente, as seguintes matérias:

a) Direitos Fundamentais e Direito Constitucional;
b) Ética e deontologia profissional;
c) Instituições e organização judiciárias;
d) Metodologia e discurso judiciários;
e) Organização e métodos e gestão do processo;
f) Línguas estrangeiras, numa perspectiva de utilização técnico-jurídica;
g) Tecnologias de informação e comunicação, com relevo para a prática judiciária.

ARTIGO 39º
Componentes do curso para ingresso nos tribunais judiciais

O curso de formação teórico-prática para ingresso nas magistraturas dos tribunais judiciais compreende ainda, nomeadamente, as seguintes matérias:

a) Na componente formativa de especialidade:
   i) Direito Europeu;
   ii) Direito Internacional, incluindo cooperação judiciária internacional;
   iii) Direito da Concorrência e de Regulação Económica;
   iv) Direito Administrativo substantivo e processual;
   v) Contabilidade e Gestão;
   vi) Psicologia Judiciária;
   vii) Sociologia Judiciária;
   viii) Medicina Legal e Ciências Forenses;
   ix) Investigação Criminal e Gestão do Inquérito;

b) Componente profissional, nas seguintes áreas:
   i) Direito Civil, Direito Comercial e Direito Processual Civil;
   ii) Direito Penal e Direito Processual Penal;
   iii) Direito Contra-ordenacional substantivo e processual;
   iv) Direito da Família e das Crianças;
   v) Direito substantivo e processual do Trabalho e Direito da Empresa.

ARTIGO 40º
Componentes do curso para ingresso nos tribunais administrativos e fiscais

1 – O curso de formação teórico-prática para ingresso os tribunais administrativos e fiscais inclui, nomeadamente:

a) Na componente de especialidade, as matérias de:
   i) Direito Europeu, incluindo Direito Administrativo Europeu, substantivo e processual;
   ii) Direito Internacional, incluindo cooperação judiciária internacional;
   iii) Organização administrativa;
   iv) Contabilidade e Gestão;
   v) Psicologia Judiciária;
   vi) Sociologia Judiciária;
   vii) Direito da Concorrência e da Regulação Económica;
   viii) Direito do Urbanismo e do Ambiente;
   ix) Contratação Pública;
   x) Contencioso Eleitoral;
   xi) Responsabilidade extracontratual do Estado;
   xii) Direito Contra-ordenacional substantivo e processual;
   xiii) Princípios de Contabilidade Financeira e Fiscal;
   xiv) Regimes jurídicos dos impostos;
   xv) Direito aduaneiro e contencioso aduaneiro;

b) Na componente profissional, as áreas de:
   i) Direito Administrativo substantivo e processual;
   ii) Direito Tributário substantivo e processual;
   iii) Direito Civil, nos domínios dos contratos e da responsabilidade civil;
   iv) Direito Processual Civil declarativo comum e executivo.

2 – Na componente formativa de especialidade, as matérias que sejam comuns ao curso para ingresso nos tribunais judiciais e ao curso para ingresso nos tribunais administrativos e fiscais são preferencialmente leccionadas conjuntamente aos auditores de justiça de ambos os cursos.

ARTIGO 41º
Planos de estudo

1 – Os cursos de formação teórico-prática referidos nos artigos 38º a 40º obedecem a planos de estudo próprios, que definem os objectivos e as linhas gerais da metodologia e da programação das actividades formativas, deles constando a distribuição das matérias por unidades lectivas, tendo em conta a diferenciação das funções de cada magistratura.

2 – Os planos de estudo prevêem, no âmbito das várias matérias, módulos comuns e módulos especificamente dirigidos a determinada magistratura.

3 – Os planos de estudo prevêem módulos de frequência obrigatória e módulos opcionais.

4 – Os planos de estudo, após a aprovação pelo conselho pedagógico, são integrados no plano anual de actividades.

5 – A elaboração dos planos de estudo compete ao director, nos termos do regulamento interno.

ARTIGO 42º
Organização das actividades formativas

1 – As actividades formativas realizam-se na sede do CEJ, sob a orientação de docentes e de formadores incumbidos de ministrar as matérias das diversas componentes formativas, e compreendem ainda um estágio intercalar de duração não superior a quatro semanas, junto dos tribunais, sob a orientação de magistrados formadores.

2 – As actividades formativas no CEJ incluem, nomeadamente:

a) Sessões regulares de grupos ou de conjuntos de grupos de auditores de justiça;

b) Ateliês, cursos especializados, colóquios, conferências, palestras e seminários.

3 – Nas actividades relativas à componente profissional, deve privilegiar-se o tratamento de temas e de casos com relevo para a prática judiciária, mediante o estudo e análise crítica de legislação, doutrina e jurisprudência, complementados por simulação de actos processuais, sob a forma escrita e oral, de modo a promover uma participação activa dos auditores de justiça.

4 – As actividades relativas às componentes formativa geral e de especialidade são orientadas para a aquisição e aprofundamento de conhecimentos teórico-práticos.

5 – Quando as actividades formativas envolvam matérias processuais, devem envolver a utilização das aplicações informáticas disponíveis para gerir o processo de forma electrónica e desmaterializada.

6 – O período de estágio intercalar junto dos tribunais pode ser seguido ou repartido ao longo do 1º ciclo, devendo o auditor ter contacto com, pelo menos, dois tribunais diferentes.

7 – Na colocação do auditor junto de um tribunal é atendida a opção de magistratura feita pelo auditor.

8 – Por cada período de estágio, o magistrado formador elabora uma informação sobre o desempenho do auditor, devendo as informações ser consideradas na avaliação do 1º ciclo.

ARTIGO 43º
Método de avaliação

1 – No 1º ciclo, os auditores de justiça são avaliados pelos docentes e formadores sobre a sua aptidão para o exercício das funções de magistrado.

2 – A aptidão é determinada em função da adequação e do aproveitamento de cada auditor de justiça, tomando-se em consideração, nomeadamente, a cultura jurídica e a cultura geral, a capacidade de investigação, de organização e de trabalho, a capacidade de ponderação e de decisão, a relação humana, a assiduidade e pontualidade, segundo factores de avaliação a fixar no regulamento interno.

3 – Na componente profissional, os auditores de justiça estão sujeitos ao regime de avaliação contínua.

4 – Nas componentes formativa geral e de especialidade, o aproveitamento dos auditores de justiça é aferido, preferencialmente, mediante a realização de provas de conhecimentos, nos termos que forem estabelecidos nos respectivos planos de estudo.

5 – As informações decorrentes da avaliação contínua referida no nº 3 são analisadas, periodicamente, em reunião de docentes, sob a orientação do director-adjunto a que se refere a alínea a) do nº 1 do artigo 95º, e devem constar de relatórios individuais, elaborados pelos docentes, no fim do 1º e do 2º trimestres e no fim do ciclo.

6 – Dos relatórios elaborados no fim do 1º e do 2º trimestres deve constar uma apreciação qualitativa e o relatório elaborado no fim do ciclo deve conter a classificação final mediante a atribuição, em cada área da componente profissional, de uma nota quantitativa, na escala de 0 a 20 valores.

7 – Os relatórios e os demais resultados da avaliação são dados a conhecer, individualmente, ao auditor de justiça a que respeitam e integram o respectivo processo individual.

ARTIGO 44º
Proposta de classificação e graduação

1 – No final do 1º ciclo, o director-adjunto a que se refere a alínea a) do nº 1 do artigo 95º elabora os projectos de classificação e de graduação dos auditores de justiça com base nos relatórios e demais resultados de avaliação referidos no artigo anterior.

2 – Os projectos são apresentados ao director para serem submetidos, sob a forma de proposta, ao conselho pedagógico.

ARTIGO 45º
Assiduidade

1 – O auditor de justiça que der cinco faltas injustificadas, seguidas ou interpoladas, durante o 1º ciclo pode ser excluído mediante processo disciplinar instaurado pelo director.

2 – A cumulação de faltas justificadas, seguidas ou interpoladas, correspondentes a um sexto da duração das actividades efectivamente realizadas no 1º ciclo pode implicar a exclusão do auditor de justiça, por perda de frequência, mediante deliberação do conselho pedagógico, sob proposta do director do CEJ, tendo em conta as suas consequências no aproveitamento.

3 – Em alternativa à hipótese prevista no número anterior, pode o conselho pedagógico, sob proposta do director, autorizar o auditor de justiça a frequentar o 1º ciclo do curso de formação subsequente.

ARTIGO 46º
Classificação do 1º ciclo

1 – No final do 1º ciclo, o conselho pedagógico aprecia as propostas de classificação e graduação apresentadas pelo director e delibera sobre a aptidão dos auditores de justiça, em função da sua adequação e aproveitamento para o exercício das funções de magistrado, com base, entre outros elementos, nos relatórios e demais resultados de avaliação a que se refere o artigo 43º.

2 – Têm aproveitamento os auditores de justiça que obtenham classificação igual ou superior a 10 valores no conjunto das componentes formativas, em conformidade com os critérios de ponderação estabelecidos para cada matéria ou área no respectivo plano de estudo.

3 – O conselho pedagógico pode deliberar sobre a inaptidão do auditor de justiça que, apesar de obter uma classificação igual ou superior a 10 valores no conjunto das componentes formativas, revele falta de aproveitamento em alguma matéria ou área ou falta de adequação.

4 – O conselho pedagógico, sob proposta do director, pode também deliberar, com base na avaliação intercalar obtida no fim do 2º trimestre, sobre a inaptidão do auditor de justiça que revele manifesta falta de aproveitamento ou de adequação para o exercício das funções de magistrado.

5 – Os auditores de justiça que forem considerados não aptos para o exercício das funções de magistrado ficam excluídos do curso de formação.

ARTIGO 47º
Graduação

1 – Os auditores de justiça considerados aptos são graduados segundo a respectiva classificação, atendendo-se, em caso de igualdade, sucessivamente, à maior classificação final no concurso de ingresso e à idade, preferindo os mais velhos.

2 – O conselho pedagógico faz publicar, em pauta afixada na sede do CEJ, os resultados da classificação obtida no fim do ciclo e, em lista, a respectiva graduação.

3 – A graduação é feita em listas separadas, em função da magistratura escolhida, para os efeitos previstos no artigo seguinte.

ARTIGO 48º
Colocação nos tribunais

1 – Até ao termo do 1º ciclo, são afixadas na sede do CEJ e publicitadas no sítio do CEJ na Internet as listas dos locais de formação no 2º ciclo, após aprovação do

Conselho Superior da Magistratura, do Conselho Superior dos Tribunais Administrativos e Fiscais e da Procuradoria-Geral da República.

2 – No prazo de três dias a contar da publicação das listas de graduação previstas no número anterior, os auditores de justiça indicam, por ordem decrescente de preferência, os tribunais onde pretendem ser colocados.

3 – Na colocação é considerada a graduação obtida no 1º ciclo, podendo ser também tida em conta a situação pessoal e familiar do auditor de justiça em função dos recursos disponíveis e sem prejuízo dos interesses da formação.

SUBSECÇÃO III
2º ciclo

ARTIGO 49º
Objectivos

1 – No desenvolvimento dos objectivos gerais da formação teórico-prática, o 2º ciclo tem por objectivos específicos, no domínio das qualidades para o exercício das funções:

a) Assegurar a consolidação das exigências deontológicas inerentes ao exercício de cada magistratura e a compreensão dos respectivos direitos e deveres estatutários;

b) Proporcionar a experimentação e a compreensão concreta dos conteúdos funcionais da respectiva magistratura e dos outros agentes do sistema de justiça, bem como o desenvolvimento de boas práticas no relacionamento com os demais agentes judiciários;

c) Apurar o espírito crítico e cultivar atitude de cooperação e de relativização do saber no debate das questões e no processo de decisão, com progressiva aquisição de autonomia e personalização na decisão;

d) Exercitar uma prática multidisciplinar no tratamento dos casos e de realização efectiva dos direitos fundamentais.

2 – No desenvolvimento dos objectivos gerais da formação teórico-prática, o 2º ciclo de actividades tem por objectivos específicos, no domínio das competências técnicas:

a) Prosseguir a consolidação e o aprofundamento dos conhecimentos técnico-jurídicos necessários à aplicação do direito, mediante intervenção concreta e simulada em actos processuais e outros da actividade judiciária apurando a técnica de elaboração de peças e agilizando os procedimentos processuais, com destaque para a recolha, produção e valoração da prova;

b) Proporcionar o conhecimento concreto da missão, actividade e capacidade de resposta das instâncias judiciárias e não judiciárias intervenientes na administração da justiça;

c) Apurar o domínio do processo de decisão, mediante o desenvolvimento das capacidades de análise e de síntese, do poder de argumentação e da ponderação de interesses e das consequências práticas da decisão;

d) Desenvolver as competências de organização e gestão de métodos de trabalho, com relevo para a gestão do tribunal, do processo, do tempo e da agenda e para a disciplina dos actos processuais;

e) Exercitar as técnicas de comunicação para uma boa prática judiciária, incluindo o recurso optimizado às tecnologias da informação e da comunicação disponíveis.

ARTIGO 50º
Formação nos tribunais

1 – O 2º ciclo decorre, consoante o caso, nos tribunais judiciais de 1ª instância ou nos tribunais administrativos de círculo e tribunais tributários.

2 – A formação no 2º ciclo é assegurada, consoante o caso, por magistrados formadores da magistratura escolhida ou por juízes formadores dos tribunais administrativos de círculo e dos tribunais tributários.

ARTIGO 51º
Organização das actividades

1 – O 2º ciclo compreende a participação dos auditores de justiça, segundo a orientação do respectivo formador, nas actividades respeitantes à magistratura escolhida, competindo-lhes, nomeadamente:

a) Elaborar projectos de peças processuais;
b) Intervir em actos preparatórios do processo;
c) Coadjuvar o formador nas tarefas de direcção e instrução do processo;
d) Assistir às diversas diligências processuais, em especial no domínio da produção de prova, da audição de pessoas e da realização de audiências;
e) Assistir às deliberações dos órgãos jurisdicionais.

2 – O 2º ciclo compreende estágios de curta duração junto de entidades e instituições não judiciárias, com actividade relevante para o exercício de cada magistratura.

3 – Os estágios previstos no número anterior têm uma duração mínima de três semanas e cada auditor de justiça frequenta, no mínimo, dois estágios, não devendo a soma dos estágios exceder quatro meses.

4 – Os auditores de justiça que ingressaram no curso ao abrigo do disposto na segunda parte da alínea *c)* do artigo 5º podem ser dispensados da frequência dos estágios previstos no nº 2, por deliberação do conselho pedagógico, sob proposta do director.

5 – O 2º ciclo pode compreender:

a) Acções específicas dirigidas à magistratura a que os auditores de justiça se candidatam;
b) Acções conjuntas destinadas aos auditores de justiça, advogados estagiários e formandos de outras profissões que intervêm na administração da justiça.

ARTIGO 52º
Avaliação

1 – Os auditores de justiça são avaliados, segundo o regime da avaliação contínua, pelo respectivo coordenador, sob orientação, consoante a magistratura, do director-adjunto referido na alínea *b)* do nº 1 do artigo 95º, quanto à sua aptidão para o exercício das funções de magistrado, na respectiva magistratura, aplicando-se o disposto no nº 2 do artigo 43º.

2 – A avaliação é feita com base nos elementos colhidos directamente pelo coordenador e nas informações de desempenho prestadas pelos formadores e consta de relatório elaborado por aquele.

3 – O relatório referido no número anterior é elaborado na sequência de reuniões periódicas de formadores com o coordenador, sob orientação do director-adjunto respectivo.

4 – As reuniões referidas no número anterior têm lugar em dois momentos, um intercalar e outro final, salvo se, quanto a algum dos auditores admitido com base na segunda parte da alínea c) do artigo 5º, for, excepcionalmente, prorrogado por período igual ou superior a três meses, caso em que se realizarão reuniões em dois momentos intercalares e um final.

5 – Dos relatórios intercalares consta uma apreciação qualitativa e no relatório final consta uma nota quantitativa na escala de 0 a 20 valores.

6 – Os relatórios são dados a conhecer, individualmente, ao auditor de justiça a que respeitam e integram o respectivo processo individual.

ARTIGO 53º
Proposta de classificação

1 – Consoante a magistratura, o director-adjunto a que se refere a alínea b) do nº 1 artigo 95º elabora projecto de classificação e de graduação dos auditores de justiça com base nos elementos por si recolhidos e nos relatórios dos coordenadores.

2 – O projecto de classificação referido no número anterior é apresentado ao director e submetido por este, sob a forma de proposta, ao conselho pedagógico.

ARTIGO 54º
Classificação do 2º ciclo

1 – No final do 2º ciclo, o conselho pedagógico delibera sobre a aptidão dos auditores de justiça, em função da sua adequação e aproveitamento para o exercício das funções de magistrado, com base, entre outros elementos, nos relatórios e demais resultados de avaliação a que se referem os nºs 2 e 3 do artigo 52º e nºs 1 e 2 do artigo anterior.

2 – Têm aproveitamento os auditores de justiça que obtenham classificação igual ou superior a 10 valores.

3 – O conselho pedagógico pode, porém, deliberar sobre a não aptidão do auditor de justiça que, embora obtenho uma classificação igual ou superior a 10 valores, revele falta de adequação para o exercício das funções de magistrado.

4 – O conselho pedagógico, sob proposta do director, pode igualmente deliberar sobre a não aptidão do auditor de justiça que revele manifesta falta de aproveitamento ou de adequação, com base nas avaliações intercalares do 2º ciclo, a que houver lugar.

5 – Os auditores de justiça que forem considerados não aptos para o exercício das funções de magistrado são excluídos do curso.

ARTIGO 55º
Classificação final do curso e graduação

1 – Para determinação da classificação final individual e graduação no curso de formação teórico-prática, considera-se a seguinte ponderação:

a) A classificação final do 1º ciclo vale 40%;
b) A classificação final do 2º ciclo vale 60%.

2 – Os auditores de justiça que sejam considerados aptos são graduados segundo a respectiva classificação final, atendendo-se, em caso de igualdade, sucessivamente, à maior classificação final no 2º ciclo, à maior classificação final no 1º ciclo, à maior classificação final no concurso de ingresso e à idade, preferindo os mais velhos.

3 – O conselho pedagógico faz publicar em pauta afixada na sede do CEJ os resultados da classificação obtida pelos auditores de justiça no fim do 2º ciclo e, em lista, a respectiva classificação final individual e a graduação, com vista ao ingresso na fase de estágio e à determinação do tribunal onde esta tem lugar.

ARTIGO 56º
Preferência por local de estágio

1 – Até ao termo do 2º ciclo, a lista dos locais de formação na fase de estágio é afixada na sede do CEJ, obtida a aprovação do Conselho Superior da Magistratura, do Conselho Superior dos Tribunais Administrativos e Fiscais e do Conselho Superior do Ministério Público.

2 – Os auditores de justiça indicam, por ordem decrescente de preferência, os tribunais onde pretendem realizar o estágio, no prazo de cinco dias a contar da data da afixação da lista referida no nº 3 do artigo anterior, em requerimento dirigido ao respectivo Conselho Superior, a apresentar no CEJ.

SUBSECÇÃO IV
Regime disciplinar dos auditores de justiça

ARTIGO 57º
Deveres e incompatibilidades

Os auditores de justiça estão sujeitos aos deveres e incompatibilidades inerentes ao seu estatuto.

ARTIGO 58º
Deveres do auditor de justiça

1 – São deveres do auditor de justiça:

a) O dever de assiduidade;
b) O dever de colaboração;
c) O dever de correcção;
d) O dever de obediência;
e) O dever de participação;
f) O dever de pontualidade;
g) O dever de reserva;
h) O dever de sigilo;
i) O dever de zelo.

2 – O dever de assiduidade consiste na obrigação de assistir regular e continuadamente às actividades que lhe estão destinadas.

3 – O dever de colaboração consiste na disponibilidade para integrar os órgãos de gestão do CEJ, onde a lei preveja a participação de auditores de justiça, bem como para desempenhar as funções de representação dos grupos de auditores de justiça, nos termos estabelecidos na lei e no regulamento.

4 – O dever de correcção consiste na obrigação de tratar com respeito e urbanidade todos os agentes da formação, colegas, funcionários e utilizadores dos serviços.

5 – O dever de obediência consiste na obrigação de cumprir as ordens e instruções emitidas pelos órgãos competentes do CEJ.

6 – O dever de participação consiste na obrigação de manter uma conduta activa, empenhada e colaborante nas actividades de formação.

7 – O dever de pontualidade consiste na obrigação de comparecer às actividades programadas no horário estabelecido.

8 – O dever de reserva consiste na obrigação de não fazer declarações ou comentários públicos sobre processos em curso, diligências processuais ou outras informações a que tenha tido acesso no âmbito das actividades de formação, salvo quando autorizados pelo director do CEJ, para defesa da honra ou para realização de outro interesse legítimo.

9 – O dever de sigilo consiste na obrigação de guardar segredo relativamente a factos e processos de que tenha conhecimento no âmbito das actividades de formação quando abrangidos pelo segredo de justiça ou pelo sigilo profissional.

10 – O dever de zelo consiste na obrigação de conhecer e observar as normas legais, regulamentares e instruções que disciplinam a formação e o funcionamento orgânico do CEJ.

ARTIGO 59º
Infracção disciplinar

Considera-se infracção disciplinar o facto, ainda que negligente, praticado pelo auditor de justiça, com violação dos deveres inerentes ao seu estatuto.

ARTIGO 60º
Incompatibilidades

1 – É incompatível com o estatuto de auditor de justiça o exercício de qualquer função pública ou privada de natureza profissional.

2 – É vedado aos auditores de justiça o exercício de actividades político-partidárias de carácter público.

ARTIGO 61º
Penas

Aos auditores de justiça são aplicáveis as seguintes penas:

a) Advertência;
b) Repreensão registada;
c) Suspensão de actividades até um mês;
d) Expulsão.

ARTIGO 62º
Processo disciplinar
A aplicação das penas das alíneas *b*), *c*) e *d*) do artigo anterior é sempre precedida de processo disciplinar.

ARTIGO 63º
Medida cautelar de suspensão preventiva
O director pode suspender preventivamente, até 15 dias, o auditor de justiça sujeito a procedimento disciplinar se a frequência das actividades de formação se revelar gravemente perturbadora da disciplina.

ARTIGO 64º
Competência para a aplicação das penas disciplinares
A aplicação das penas compete:
  a) Ao director, quanto às penas previstas nas alíneas *a*) e *b*) do artigo 61º;
  b) Ao conselho de disciplina, quanto às restantes penas.

ARTIGO 65º
Reclamação
Da decisão do director, em matéria disciplinar, cabe reclamação para o conselho de disciplina.

ARTIGO 66º
Efeitos especiais das penas
1 – A aplicação da pena de expulsão impede a admissão a concurso de ingresso na formação inicial pelo período de cinco anos, a contar da data da decisão que aplicar a pena.

2 – Quando o infractor for funcionário ou agente do Estado, de instituto público ou de entidades públicas empresariais, o CEJ comunica ao respectivo superior hierárquico a aplicação das penas previstas nas alíneas *c*) e *d*) do artigo 61º.

ARTIGO 67º
Direito subsidiário
Em tudo o que não se mostre regulado nesta lei é aplicável, com as devidas adaptações, o Estatuto Disciplinar dos Funcionários e Agentes da Administração Central, Regional e Local.

SECÇÃO III
Estágio de ingresso

ARTIGO 68º
Nomeação em regime de estágio
1 – Os auditores aprovados no curso de formação teórico-prática são nomeados juízes ou procuradores-adjuntos em regime de estágio pelo Conselho Superior da

Magistratura, pelo Conselho Superior dos Tribunais Administrativos e Fiscais ou pelo Conselho Superior do Ministério Público, conforme o caso.

2 – Enquanto não forem nomeados, os futuros juizes e procuradores-adjuntos em regime de estágio mantêm o estatuto de auditor de justiça.

ARTIGO 69º
Objectivos

A fase de estágio tem os objectivos seguintes:

a) A aplicação prática e o aprofundamento dos conhecimentos adquiridos no curso de formação teórico-prática;

b) O desenvolvimento do sentido de responsabilidade e da capacidade de ponderação na tomada de decisão e na avaliação das respectivas consequências práticas;

c) O apuramento do sentido crítico e o desenvolvimento da autonomia no processo de decisão;

d) O desenvolvimento das competências de organização e gestão de métodos de trabalho, com relevo para a gestão do tribunal, do processo, do tempo e da agenda, bem como para a disciplina dos actos processuais;

e) O desenvolvimento do sentido de responsabilidade nos termos exigíveis para o exercício das funções da respectiva magistratura;

f) A construção e afirmação de uma identidade profissional responsável e personalizada.

ARTIGO 70º
Organização

1 – A fase de estágio tem a duração de 18 meses, com início no dia 1 de Setembro subsequente à aprovação no curso de formação teórico-prática, excepto para os magistrados admitidos no curso de formação teórico-prática com base na segunda parte da alínea *c)* do artigo 5º, cuja fase de estágio tem a duração de 12 meses, a contar da data de nomeação, sem prejuízo do disposto no nº 6.

2 – Nos casos em que, de acordo com o disposto no artigo 35º, o 2º ciclo for prorrogado, a fase de estágio inicia-se 15 dias após a data de afixação da lista de graduação do curso de formação teórico-prática.

3 – O estágio é realizado segundo um plano individual homologado pelo Conselho Superior respectivo, competindo a sua elaboração e acompanhamento ao CEJ.

4 – A fase de estágio compreende:

a) Acções específicas dirigidas a cada magistratura;

b) Estágios de curta duração, obrigatórios ou facultativos, junto de entidades e instituições não judiciárias, com actividade relevante para ao exercício de cada magistratura;

c) Acções conjuntas destinadas aos estagiários das magistraturas, da advocacia e de outras profissões que intervêm na administração da justiça.

5 – As acções referidas nas alíneas *a)* e *b)* do número anterior são organizadas pelo CEJ, em articulação com o Conselho Superior respectivo, bem como com a Ordem dos Advogados, nos casos das acções referidas na alínea *c)*.

6 – O Conselho Superior respectivo pode, ouvido o conselho pedagógico do CEJ, prorrogar os estágios previstos no nº 1 por um período não superior a seis meses, havendo motivo justificado.

7 – O conselho pedagógico do CEJ pode apresentar, por sua iniciativa, ao Conselho Superior respectivo parecer fundamentado no sentido da prorrogação dos estágios, por proposta do director.

8 – Os juízes e os procuradores-adjuntos em regime de estágio podem, por motivo justificado, ser transferidos pelo Conselho Superior respectivo, ouvido o director do CEJ ou sob proposta deste.

ARTIGO 71º
Regime

1 – Os magistrados em regime de estágio exercem com a assistência de formadores, mas sob responsabilidade própria, as funções inerentes à respectiva magistratura, com os respectivos direitos, deveres e incompatibilidades.

2 – O estágio desenvolve-se progressivamente, com complexidade e volume de serviço crescentes.

3 – Os Conselhos Superiores da Magistratura, dos Tribunais Administrativos e Fiscais e do Ministério Público recolhem elementos sobre a idoneidade, o mérito e o desempenho do magistrado em regime de estágio, devendo o CEJ prestar-lhes, periodicamente, as informações adequadas.

4 – O Conselho Superior respectivo não procede à nomeação em regime de efectividade do magistrado em regime de estágio quando, de acordo com os elementos colhidos e ouvido o conselho pedagógico do CEJ, concluir pela sua falta de adequação para o exercício da função.

5 – Pode também o conselho pedagógico do CEJ, sob proposta do director, emitir parecer fundamentado no sentido da não nomeação em regime de efectividade do magistrado em regime de estágio quando, em resultado do acompanhamento previsto no nº 3 do artigo anterior, concluir pela sua falta de adequação para o exercício da função.

6 – O director do CEJ remete o parecer referido no número anterior ao Conselho Superior respectivo.

ARTIGO 72º
Nomeação

1 – Terminada a fase de estágio, não ocorrendo a situação prevista no nº 4 do artigo anterior, os magistrados são nomeados em regime de efectividade.

2 – Na falta de vagas e enquanto estas não existirem, os magistrados são nomeados como auxiliares.

CAPÍTULO IV
Formação contínua

ARTIGO 73º
Objectivos

A formação contínua visa o desenvolvimento das capacidades e competências adequadas ao desempenho profissional e à valorização pessoal, ao longo da carreira de magistrado, promovendo, nomeadamente:

a) A actualização, o aprofundamento e a especialização dos conhecimentos técnico-jurídicos relevantes para o exercício da função jurisdicional;

b) O desenvolvimento dos conhecimentos técnico-jurídicos em matéria de cooperação judiciária europeia e internacional;

c) O aprofundamento da compreensão das realidades da vida contemporânea, numa perspectiva multidisciplinar;

d) A sensibilização para novas realidades com relevo para a prática judiciária;

e) O aprofundamento da análise da função social dos magistrados e o seu papel no âmbito do sistema constitucional;

f) A compreensão do fenómeno da comunicação social, no contexto da sociedade de informação;

g) O exame de temas e questões de ética e deontologia profissionais, de forma a proporcionar a aproximação e o intercâmbio de experiências individuais entre os diversos agentes que interagem na administração da justiça e um eficiente relacionamento pessoal e interinstitucional;

h) Uma cultura judiciária de boas práticas.

ARTIGO 74º
Destinatários

1 – Os magistrados em exercício de funções têm o direito e o dever de participar em acções de formação contínua.

2 – A formação contínua tem como destinatários juízes dos tribunais judiciais, juízes dos tribunais administrativos e fiscais e magistrados do Ministério Público em exercício de funções.

3 – As acções de formação contínua podem ser de âmbito genérico ou especializado e podem ser especificamente dirigidas a determinada magistratura.

4 – Podem ser organizadas acções destinadas a magistrados nacionais e estrangeiros, designadamente em matéria de direito europeu e internacional.

5 – São também asseguradas acções conjuntas destinadas a magistrados, advogados e a outros profissionais que intervêm no âmbito da administração da justiça.

ARTIGO 75º
Organização das actividades

1 – O plano anual de formação contínua é concebido e planeado pelo CEJ, em articulação com os Conselhos Superiores da Magistratura, dos Tribunais Administrativos e Fiscais e do Ministério Público, tendo em conta as necessidades de desempenho verificadas no âmbito das actividades nos tribunais.

2 – O CEJ assegura o planeamento global e a organização das acções de formação contínua, observando os princípios de descentralização, de diversificação por áreas funcionais, especialização e de multidisciplinaridade temática.

3 – Na programação e realização das acções de formação contínua, o CEJ, por iniciativa própria ou a solicitação, articula-se com outras entidades, nomeadamente mediante protocolos e acordos de cooperação.

4 – As acções referidas no nº 4 do artigo anterior podem ser organizadas em cooperação com entidades estrangeiras responsáveis pela formação de magistrados.

5 – A formação é organizada através de cursos de pequena e média duração ou de colóquios, seminários, encontros, jornadas, conferências e palestras.

6 – As actividades de formação contínua incluem cursos de formação especializada com vista à afectação de magistrados aos tribunais de competência especializada.

7 – O CEJ organiza, quando se justifique, nomeadamente sempre que se verifiquem reformas legislativas relevantes, acções de formação especializada com vista à actualização dos conhecimentos dos magistrados.

ARTIGO 76º
Plano da formação contínua

1 – As actividades de formação contínua constam do plano de formação contínua que integra o plano anual de actividades.

2 – Na elaboração do plano da formação contínua são ouvidos os Conselhos Superiores da Magistratura, dos Tribunais Administrativos e Fiscais e do Ministério Público.

3 – A execução do plano de formação contínua consta do relatório anual de actividades do CEJ.

ARTIGO 77º
Divulgação do plano da formação contínua

1 – O plano de formação contínua é divulgado a todos os magistrados até ao dia 15 de Setembro.

2 – Os magistrados que pretendam participar nas actividades de formação requerem a respectiva autorização aos Conselhos Superiores da Magistratura, dos Tribunais Administrativos e Fiscais e do Ministério Público, até ao dia 30 de Setembro.

3 – Os Conselhos Superiores comunicam ao CEJ a relação dos interessados a quem concederam a autorização referida no número anterior.

4 – Nos 30 dias seguintes à comunicação a que se refere o número anterior, o CEJ dá conhecimento aos interessados das acções que estão autorizados a frequentar.

ARTIGO 78º
Certificação da frequência e do aproveitamento

1 – O CEJ, a pedido do interessado, certifica a frequência ou o aproveitamento dos participantes nas acções de formação contínua.

2 – O aproveitamento do magistrado nos cursos referidos nos n°s 5 e 6 do artigo 75º é avaliado segundo as modalidades e critérios que forem definidos no plano do respectivo curso.

3 – A participação do magistrado em acções de formação contínua, nos termos previstos no estatuto da magistratura respectiva, é tida em conta, em geral, na avaliação do desempenho profissional e, em especial, para efeitos de colocação nos tribunais de competência especializada ou específica e de progressão da carreira.

CAPÍTULO V
Agentes da formação

ARTIGO 79º
Agentes da formação

1 – As actividades de formação são asseguradas:

a) No 1º ciclo do curso de formação teórico-prática, por docentes e formadores no CEJ;

b) No 2º ciclo e na fase de estágio, por coordenadores distritais e regionais e por formadores nos tribunais.

2 – Nas actividades de formação contínua participam docentes, formadores e outros colaboradores, de entre magistrados, docentes universitários, advogados e outras personalidades de reconhecido mérito.

ARTIGO 80º
Regime de docentes

1 – Os docentes são recrutados de entre magistrados, docentes universitários, advogados e outras personalidades de reconhecido mérito.

2 – Os docentes são nomeados ou designados pelo Ministro da Justiça, sob proposta do director, ouvido o conselho pedagógico, por um período de três anos, renovável por igual período e por uma só vez, salvo, excepcionalmente, quando seja necessário assegurar o normal desenvolvimento de actividades particularmente relevantes, caso em que a renovação não está sujeita a este limite.

3 – Os docentes exercem funções em regime de tempo inteiro ou em regime de tempo parcial.

4 – Os docentes a tempo inteiro são nomeados em comissão de serviço.

5 – Os docentes a tempo parcial:

a) Se forem magistrados, funcionários ou agentes do Estado, de instituições públicas ou de entidades públicas empresariais, quando em efectividade de funções, são designados em regime de acumulação;

b) Fora dos casos previstos na alínea anterior, são nomeados em comissão de serviço.

6 – Quando a nomeação ou a designação recair em magistrado, é precedida de autorização do respectivo Conselho Superior.

7 – À nomeação de docentes nos termos do nº 4 é aplicável o disposto no nº 2 do artigo 94º se forem magistrados, funcionários ou agentes do Estado, de institutos públicos ou de entidades públicas empresariais.

ARTIGO 81º
Regime dos formadores no CEJ

1 – Os formadores no CEJ são escolhidos pelo director de entre:

a) Magistrados, docentes universitários, advogados, especialistas e outras personalidades de mérito, obtida a autorização da entidade competente, se for caso disso;

b) Especialistas indicados por entidades com as quais o CEJ estabeleça acordos no domínio da formação.

2 – Salvo no que se refere a magistrados, a prestação de serviço dos formadores referidos no número anterior é feita precedendo ajuste directo.

3 – Os magistrados formadores no CEJ têm direito a um suplemento remuneratório fixado por despacho conjunto dos Ministros da Justiça e das Finanças.

ARTIGO 82º
Funções dos docentes

1 – Compete aos docentes:

a) Participar na planificação das actividades de formação e na preparação dos planos de estudo;

b) Elaborar os programas e os sumários relativos às matérias e áreas das componentes formativas, em conformidade com os planos aprovados;

c) Organizar e dirigir as sessões de grupos de auditores de justiça e assegurar o respectivo acompanhamento pedagógico, durante o 1º ciclo do curso de formação teórico-prática;

d) Proceder à avaliação dos auditores de justiça, nos termos estabelecidos na presente lei;

e) Participar na preparação e intervir na realização de outras actividades de formação, de estudo e investigação, realizadas pelo CEJ, no âmbito da respectiva missão;

f) Exercer as funções nas estruturas do CEJ, quando estiver prevista a sua intervenção;

g) Emitir pareceres, no âmbito das matérias e áreas a que estão afectos, a solicitação do director ou dos directores-adjuntos;

h) Integrar comissões ou grupos de trabalho em que seja solicitada a intervenção do CEJ, por decisão do director;

i) Desempenhar as demais funções previstas na lei e no regulamento interno.

2 – O disposto no número anterior é aplicável aos docente a tempo parcial, com as necessárias adaptações.

ARTIGO 83º
Funções dos formadores no CEJ

Compete aos formadores no CEJ:

a) Organizar e desempenhar as actividades de formação que lhe forem especialmente confiadas;

b) Proceder à avaliação dos auditores de justiça no âmbito das matérias que lhes incumbe ministrar;

c) Colaborar com o director, directores-adjuntos e docentes em actividades de formação conexas com as funções referidas nas alíneas anteriores.

ARTIGO 84º
Coordenadores da formação nos tribunais

1 – O 2º ciclo do curso de formação teórico-prática e o acompanhamento pelo CEJ da fase de estágio organizam-se a nível de distrito judicial, quanto aos tribunais judiciais, e por área de jurisdição dos tribunais centrais, quanto aos tribunais administrativos e fiscais.

2 – Em cada distrito judicial ou área de jurisdição administrativa e fiscal, consoante o caso, a formação é coordenada por magistrados, designados coordenadores distritais e coordenadores regionais, respectivamente.

3 – Os coordenadores referidos no número anterior são nomeados em comissão de serviço ou designados, em regime de acumulação, com redução de serviço, pelo período de três anos, renovável, sob proposta do director, pelos Conselhos Superiores da Magistratura, dos Tribunais Administrativos e Fiscais e do Ministério Público, conforme o caso.

ARTIGO 85º
Competências dos coordenadores

Compete aos coordenadores:

a) Colaborar na preparação do plano e do relatório anuais de actividades na parte respeitante à formação inicial nos tribunais;

b) Orientar os estágios de curta duração dos auditores de justiça nos tribunais, no âmbito do 1º ciclo do curso de formação teórico-prática;

c) Orientar e acompanhar a execução das actividades de formação do 2º ciclo do curso de formação teórico-prática e da fase de estágio no respectivo distrito judicial ou na área de jurisdição do Tribunal Central Administrativo;

d) Colaborar na planificação e execução de estágios de curta duração em instituições não judiciárias, no âmbito do 2º ciclo do curso de formação teórico-prática e da fase de estágio;

e) Organizar e dirigir, sob a orientação do respectivo director-adjunto, no âmbito do 2º ciclo do curso de formação teórico-prática e da fase de estágio, seminários, colóquios e ciclos de estudos;

f) Colaborar nas acções de formação contínua na área do respectivo distrito judicial ou de jurisdição do Tribunal Central Administrativo;

g) Proceder, sob a orientação do director-adjunto respectivo, à avaliação dos auditores de justiça no 2º ciclo do curso de formação teórico-prática;

h) Prestar, periodicamente, ao director do CEJ, informação sobre o desempenho dos magistrados em regime de estágio;

i) Exercer as demais funções que lhes sejam cometidas pela lei e pelo director do CEJ.

ARTIGO 86º
Escolha e designação dos formadores nos tribunais

1 – Os formadores nos tribunais são designados, sob proposta do director do CEJ, pelos Conselhos Superiores da Magistratura, dos Tribunais Administrativos e Fiscais e do Ministério Público, de entre magistrados da respectiva magistratura.

2 – Na designação dos formadores tem-se em conta a qualidade do desempenho, a experiência profissional e a motivação.

3 – A designação é feita por período de três anos, renovável por iguais períodos.

4 – A designação e as respectivas renovações dependem da concordância do magistrado.

ARTIGO 87º
Redução de serviço

O Conselho Superior respectivo pode reduzir temporariamente o serviço ao magistrado formador, a pedido deste, ponderando o número de formandos que tem a seu cargo, o volume e complexidade do serviço e as funções a desempenhar.

ARTIGO 88º
Atribuições

1 – O magistrado formador participa na realização dos objectivos do 2º ciclo do curso de formação teórico-prática e da fase de estágio.

2 – Compete, em especial, aos formadores:

a) Orientar as actividades de formação, em conformidade com o respectivo plano de actividades e de acordo com as instruções dos respectivos coordenadores e directores-adjuntos;

b) Assistir os auditores de justiça e magistrados em regime de estágio, proporcionando um exercício efectivo e um desenvolvimento de qualidade das actividades de formação;

c) Colaborar com o conselho pedagógico, os directores-adjuntos e os coordenadores na avaliação, participando em reuniões e prestando as informações de desempenho e esclarecimentos necessários;

d) Colaborar nas actividades de formação referidas nos nºs 2 e 5 do artigo 51º, no nº 4 do artigo 70º, nos estágios de curta duração realizados no 1º ciclo do curso de formação teórico-prática, bem como nas demais actividades que se mostrem relevantes para a formação.

ARTIGO 89º
Formação de formadores

O CEJ assegura e promove a formação de docentes e formadores, com vista ao adequado exercício das suas funções.

TÍTULO III
Missão, estrutura e funcionamento do CEJ

CAPÍTULO I
Natureza e missão

ARTIGO 90º
Natureza

O CEJ é um estabelecimento dotado de personalidade jurídica e de autonomia administrativa, sob tutela do Ministro da Justiça.

ARTIGO 91º
Âmbito territorial e sede

1 – O CEJ é um estabelecimento central com jurisdição sobre todo o território nacional.

2 – O CEJ tem sede em Lisboa, podendo criar núcleos em instalações próprias ou que lhe sejam afectas, em cada distrito judicial ou área de jurisdição administrativa e fiscal, quando se revele necessário para assegurar a realização de actividades de formação inicial e contínua e a respectiva coordenação.

ARTIGO 92º
Missão e atribuições

1 – Constitui missão do CEJ:

a) Assegurar a formação de magistrados judiciais e do Ministério Público para os tribunais judiciais e administrativos e fiscais;

b) Assegurar acções de formação jurídica e judiciária dirigidas a advogados, solicitadores e agentes de outros sectores profissionais da justiça, bem como cooperar em acções organizadas por outras instituições;

c) Desenvolver actividades de investigação e estudo no âmbito judiciário.

2 – Constitui ainda missão do CEJ, no âmbito da formação de magistrados ou candidatos à magistratura de países estrangeiros, assegurar a execução de:

a) Actividades formativas no âmbito de redes ou outras organizações internacionais de formação em que se integre;

b) Protocolos de cooperação que estabeleça com entidades congéneres estrangeiras, em especial dos países de língua portuguesa;

c) Projectos internacionais de assistência e cooperação na formação de magistrados, por iniciativa própria ou em consórcio com outras entidades congéneres;

d) Acordos de cooperação técnica em matéria judiciária celebrados pelo Estado português.

CAPÍTULO II
Estrutura orgânica

SECÇÃO I
Órgãos

ARTIGO 93º
Órgãos

São órgãos do CEJ:

a) O director;
b) O conselho geral;
c) O conselho pedagógico;
d) O conselho de disciplina.

ARTIGO 94º
Director

1 – O director é nomeado de entre magistrados, professores universitários ou advogados, em comissão de serviço, pelo período de três anos, renovável, por despacho conjunto do Primeiro-Ministro e do Ministro da Justiça, ouvido o conselho geral.

2 – A comissão de serviço do director não determina abertura de vaga no lugar de origem ou naquele para que, entretanto, tenha sido nomeado, ainda que aquele lugar ou esta nomeação integrem comissão de serviço.

3 – O cargo de director do CEJ é equiparado ao de juiz do Supremo Tribunal de Justiça em matéria de remuneração e de suplementos remuneratórios.

4 – Compete ao director:

a) Dirigir, coordenar e fiscalizar as actividades formativas;
b) Celebrar protocolos, contratos de projecto e outros acordos com entidades públicas e privadas, nacionais e internacionais, no âmbito da missão do CEJ;
c) Emitir directivas em matérias da missão do CEJ que não sejam da competência de outros órgãos e determinar a aplicação de medidas para a inovação e qualidade na formação e de modernização administrativa;
d) Elaborar o regulamento interno e o plano anual de actividades;
e) Elaborar e submeter à apreciação do Ministro da Justiça o relatório anual de actividades;
f) Representar o CEJ em juízo e perante entidades públicas e privadas;
g) Propor a convocação do conselho geral, convocar e presidir às reuniões do conselho pedagógico e do conselho de disciplina;
h) Fixar o preço dos produtos e serviços, autorizar a venda de bens e equipamentos dispensáveis, obsoletos ou descontinuados e assegurar a arrecadação de receitas;
i) Cumprir e fazer cumprir as disposições legais e regulamentares relativas à organização e ao funcionamento do CEJ e as deliberações tomadas pelos respectivos órgãos;

j) Exercer as funções que lhe forem conferidas por lei ou pelo regulamento interno e os poderes que lhe forem delegados ou subdelegados.

5 – O director detém as competências dos directores-gerais em matéria de gestão do CEJ, nomeadamente quanto a instalações, equipamentos, pessoal e recursos financeiros deste.

ARTIGO 95º
Directores-adjuntos

1 – No exercício das suas funções, o director é especialmente coadjuvado por quatro directores-adjuntos:

a) Um director-adjunto para o 1º ciclo do curso de formação teórico-prática e para a formação contínua;
b) Dois directores-adjuntos para o 2º ciclo do curso de formação teórico-prática e para a fase de estágio de ingresso na magistratura;
c) Um director-adjunto na área de estudos e investigação judiciários.

2 – Os directores-adjuntos são nomeados, em comissão de serviço, pelo período de três anos, renovável, pelo Ministro da Justiça, ouvido o conselho geral.

3 – Os directores-adjuntos referidos nas alíneas *a)* e *c)* do nº 1 são nomeados de entre magistrados, docentes universitários, advogados ou personalidades de reconhecido mérito.

4 – Os directores-adjuntos referidos na alínea *b)* do nº 1 são nomeados de entre magistrados judiciais e do Ministério Público, um de cada magistratura.

5 – À comissão de serviço dos directores-adjuntos aplica-se o disposto no nº 2 do artigo 94º.

6 – O cargo de director-adjunto do CEJ é equiparado ao de juiz da Relação em matéria de remuneração e de suplementos remuneratórios, podendo o nomeado optar pela remuneração relativa ao lugar de origem.

7 – Os directores-adjuntos são substituídos, nas suas faltas e impedimentos, pelo director-adjunto designado pelo director.

ARTIGO 96º
Substituto legal do director

O director é substituído, nas suas faltas e impedimentos:

a) Pelo director-adjunto referido na alínea *a)* do nº 1 do artigo anterior;
b) Pelo director-adjunto com maior antiguidade no cargo de entre os referidos na alínea *b)* do nº 1 do artigo anterior, na falta ou impedimento do director-adjunto referido na alínea *a)*;
c) Pelo director-adjunto referido na alínea *c)* do nº 1 do artigo anterior, na falta ou impedimento de qualquer dos directores-adjuntos referidos na alínea *b)*.

ARTIGO 97º
Conselho geral

1 – O conselho geral é composto:

a) Pelo Presidente do Supremo Tribunal de Justiça, que preside;

b) Pelo Presidente do Supremo Tribunal Administrativo;
c) Pelo Procurador-Geral da República;
d) Pelo Bastonário da Ordem dos Advogados;
e) Pelo director do CEJ;
f) Por duas personalidades de reconhecido mérito, designadas pela Assembleia da República;
g) Por três professores das faculdades de Direito, designados por despacho conjunto dos Ministros da Justiça e do Ensino Superior;
h) Por um membro designado pelo Conselho Superior da Magistratura;
i) Por um membro designado pelo Conselho Superior dos Tribunais Administrativos e Fiscais;
j) Por um membro designado pelo Conselho Superior do Ministério Público;
l) Por dois auditores de justiça do 1º ciclo do curso teórico-prático de formação inicial, eleitos pelos seus pares.

2 – O presidente do conselho geral é substituído, nas suas faltas e impedimentos, sucessivamente, pelas personalidades referidas nas alíneas *b)* a *e)* do número anterior ou pelo respectivo substituto legal.

3 – O conselho geral reúne ordinariamente duas vezes por ano e extraordinariamente sempre que convocado pelo presidente, por iniciativa própria ou a solicitação do Ministro da Justiça ou do director do CEJ.

4 – Quando reunir fora do período de actividades do 1º ciclo de curso de formação teórico-prática, o conselho geral é constituído pelos membros referidos nas alíneas *a)* a *j)* do nº 1.

5 – Compete ao conselho geral:

a) Aprovar o plano anual de actividades e apreciar o relatório anual de actividades;
b) Aprovar o regulamento interno;
c) Pronunciar-se sobre a nomeação e a renovação das comissões de serviço do director e dos directores-adjuntos;
d) Deliberar sobre quaisquer questões relativas à organização ou ao funcionamento do CEJ que não sejam da competência de outros órgãos ou lhe sejam submetidas pelo Ministro da Justiça ou pelo director.

ARTIGO 98º
Conselho pedagógico

1 – O conselho pedagógico é composto por:

a) O director do CEJ, que preside;
b) Os directores-adjuntos;
c) Um membro designado pelo Conselho Superior da Magistratura;
d) Um membro designado pelo Conselho Superior dos Tribunais Administrativos e Fiscais;
e) Um membro designado pelo Conselho Superior do Ministério Público;
f) Dois docentes a eleger pelos seus pares de entre docentes em regime de tempo integral;

g) Um advogado designado pela Ordem dos Advogados;
h) Uma personalidade designada pelo conselho geral;
i) Uma personalidade designada pela Assembleia da República.

2 – O conselho pedagógico reúne quando convocado pelo presidente.

3 – Nas reuniões podem participar, quando convocados, sem direito de voto, docentes, coordenadores e formadores, bem como outros intervenientes nas actividades de formação que o conselho pedagógico considere conveniente ouvir.

4 – Compete ao conselho pedagógico:

a) Aprovar o plano do curso de formação teórico-prática;
b) Apreciar a adequação e o aproveitamento dos auditores de justiça e proceder à sua classificação final e graduação.

5 – Como órgão consultivo em matéria de inovação e qualidade da formação de magistrados, compete ainda ao conselho pedagógico:

a) Emitir parecer sobre questões respeitantes aos métodos de recrutamento e selecção e à formação;
b) Proceder, directamente ou através de entidades que designar, à avaliação sistemática da estrutura das provas de conhecimentos da fase escrita do concurso de ingresso, tendo em vista o aperfeiçoamento da sua organização e a sua melhor adequação aos objectivos da formação;
c) Pronunciar-se sobre as propostas de nomeação de docentes e de renovação da respectiva comissão de serviço;
d) Pronunciar-se sobre os resultados das actividades desenvolvidas em matéria de investigação e de estudo judiciários;
e) Emitir parecer sobre a prorrogação do estágio e sobre a não nomeação em regime de efectividade de magistrado em regime de estágio.

ARTIGO 99º
Conselho de disciplina

1 – O conselho de disciplina é composto:

a) Pelo director do CEJ, que preside;
b) Pelos directores-adjuntos;
c) Por um membro designado pelo Conselho Superior da Magistratura;
d) Por um membro designado pelo Conselho Superior dos Tribunais Administrativos e Fiscais;
e) Por um membro designado pelo Conselho Superior do Ministério Público;
f) Por duas personalidades designadas pelo conselho geral;
g) Por dois auditores de justiça, eleitos pelos seus pares.

2 – Quando funcionar fora dos períodos de actividades do curso teórico-prático, o conselho de disciplina é constituído pelos membros referidos nas alíneas *a)* a *f)* do número anterior.

3 – Com excepção do director e dos directores-adjuntos, os membros do conselho de disciplina não podem fazer parte de outros órgãos colectivos do CEJ.
4 – O conselho de disciplina reúne quando convocado pelo seu presidente.
5 – Compete ao conselho de disciplina o exercício das funções de natureza disciplinar previstas na alínea b) do artigo 64º e no artigo 65º.

ARTIGO 100º
Deliberações

1 – Para validade das deliberações exige-se a presença de, pelo menos, nove membros, no caso do conselho geral, e de sete membros, nos casos do conselho pedagógico e do conselho de disciplina.
2 – As deliberações dos órgãos referidos no nº 1 são tomadas por maioria, tendo o presidente voto de qualidade.

ARTIGO 101º
Senhas de presença

1 – Os membros do conselho geral, do conselho pedagógico e do conselho de disciplina têm direito a receber senhas de presença e têm direito ao abono de ajudas de custo e de transporte, nos termos da lei.
2 – O disposto no nº 1 quanto a senhas de presença não se aplica aos membros que desempenham funções no CEJ ou que são auditores de justiça.
3 – O montante das senhas de presença referidas no nº 1 é fixado por despacho conjunto dos membros do Governo responsáveis pelas áreas das Finanças e da Justiça.

ARTIGO 102º
Secretariado das reuniões dos órgãos

As reuniões do conselho geral, do conselho pedagógico e do conselho de disciplina são secretariadas pelo dirigente de nível intermédio que o director designar, competindo-lhe prestar o apoio necessário e elaborar as respectivas actas, sendo substituído, nas suas faltas e impedimentos, por funcionário designado pelo director.

SECÇÃO II
Organização interna

ARTIGO 103º
Organização interna

A organização interna do CEJ é a prevista nos respectivos estatutos, aprovados por portaria conjunta dos membros do Governo responsáveis pelas áreas das Finanças e da Administração Pública e da tutela.

CAPÍTULO III
Gestão e funcionamento do CEJ

ARTIGO 104º
Princípios e instrumentos de gestão

1 – O desenvolvimento da missão do CEJ está subordinado aos princípios do planeamento, da orçamentação, do controlo e da avaliação e orienta-se por programação, materializada, tanto quanto possível, em projectos geridos de forma integrada num quadro de estrutura matricial na área de estudos e investigação judiciários.

2 – Para a realização da sua missão e sem prejuízo de outros instrumentos previstos na lei ou que venham a ser adoptados, o CEJ utiliza os seguintes instrumentos de gestão, avaliação e controlo:

a) Plano anual de actividades;
b) Orçamento anual;
c) Relatório anual de actividades;
d) Balanço social.

ARTIGO 105º
Receitas

1 – O CEJ dispõe das receitas provenientes de dotações que lhe forem atribuídas no Orçamento do Estado.

2 – O CEJ dispõe ainda das seguintes receitas próprias:

a) As transferências do Instituto de Gestão Financeira e de Infra-Estruturas da Justiça, I. P.;

b) Os subsídios, subvenções, comparticipações, doações e legados concedidos por quaisquer entidades;

c) O produto da venda de publicações e outros materiais formativos;

d) As quantias cobradas por actividades ou serviços prestados no âmbito da sua missão, incluindo as resultantes da exploração da propriedade intelectual, bem como as que, nos termos da lei, devam ser cobradas a título de comparticipação em despesas de procedimento;

e) As quantias atribuídas, nos termos da alínea b), para o desenvolvimento de programas específicos;

f) O produto da venda, nos termos da lei, de bens e equipamentos obsoletos ou descontinuados, bem como os que se revelem desnecessários para o funcionamento do CEJ;

g) Os rendimentos de bens que, a qualquer título, se encontrem na sua posse;

h) Quaisquer outras receitas que lhe sejam atribuídas por lei, contrato ou outro título.

3 – As receitas próprias referidas nas alíneas b) a h) no número anterior são consignadas à realização de despesas do CEJ durante a execução do orçamento do ano a que respeitam, podendo os saldos não utilizados transitar para o ano seguinte.

ARTIGO 106º
Despesas

Constituem despesas do CEJ os encargos resultantes do seu funcionamento e do cumprimento da missão e atribuições que lhe estão legalmente cometidas.

ARTIGO 107º
Cargos de direcção superior

O quadro dos cargos de direcção superior do CEJ consta do mapa anexo à presente lei, da qual faz parte integrante.

ARTIGO 108º
Regime remuneratório

1 – O regime remuneratório dos docentes, coordenadores, formadores no CEJ e nos tribunais e membros dos júris do concurso de ingresso na formação inicial, incluindo a entidade competente para o exame psicológico de selecção, é fixado por despacho conjunto dos membros do Governo responsáveis pelas áreas das Finanças e da Administração Pública e da tutela.

2 – Os magistrados, funcionários ou agentes do Estado, de instituições públicas ou de entidades públicas empresariais que forem nomeados docentes a tempo inteiro auferem a remuneração correspondente ao lugar ou cargo de origem.

ARTIGO 109º
Regime de pessoal

1 – O pessoal ao serviço do CEJ rege-se pelo disposto na presente lei e pelo regime geral da função pública, sem prejuízo do disposto no número seguinte.

2 – Tratando-se de magistrados ou oficiais de justiça, aplica-se o disposto na presente lei e nos diplomas estatutários respectivos e, em tudo o que não for com eles incompatível, o regime geral da função pública.

ARTIGO 110º
Identificação

1 – Os dirigentes, coordenadores, docentes, demais pessoal do CEJ e os auditores de justiça têm direito ao uso de cartão de identidade, de modelo a aprovar por portaria do Ministro da Justiça.

2 – A cessação ou suspensão do exercício de funções ou da frequência do curso de formação teórico-prática determinam a obrigatoriedade da devolução imediata do cartão de identidade ao CEJ.

TÍTULO IV
Disposições transitórias e finais

CAPÍTULO I
Regime transitório

ARTIGO 111º
Regime transitório de ingresso

1 – Os titulares do grau de licenciado em Direito conferido ao abrigo de organização de estudos anterior ao estabelecido pelo Decreto-Lei nº 74/2006, de 24 de Março, ou equivalente legal podem concorrer com dispensa dos requisitos previstos na alínea *c*) do artigo 5º.

2 – Aos candidatos que optem por beneficiar da dispensa prevista no número anterior são aplicadas as regras de concurso, ingresso e formação previstas para os candidatos que concorram com base na primeira parte da alínea *c*) do artigo 5º.

3 – Ao primeiro concurso de ingresso aberto após a entrada em vigor da presente lei serão admitidos apenas candidatos que concorram ao abrigo do número anterior que sejam titulares do grau de licenciado em Direito há pelo menos um ano à data do termo do prazo fixado para a apresentação das candidaturas.

ARTIGO 112º
Regime transitório dos assessores

Os assessores que preencham os requisitos previstos no artigo 15º da Lei nº 2/98, de 8 de Janeiro, podem candidatar-se ao concurso de ingresso na formação inicial nos termos do regime aplicável aos candidatos a que se refere a segunda parte da alínea *c*) do artigo 5º.

ARTIGO 113º
Regime transitório de formação

1 – Sem prejuízo do disposto no artigo 119º, a presente lei não se aplica a candidatos admitidos ao concurso de ingresso na formação inicial aberto em 2007, nem aos auditores de justiça que tenham iniciado curso de formação antes da sua entrada em vigor, nem a magistrados que se encontrem em regime de estágio.

2 – Para efeito do disposto no número anterior, mantém-se em vigor a Lei nº 16/98, de 8 de Abril, com as alterações introduzidas pela Lei nº 3/2000, de 20 de Março, e pelo Decreto-Lei nº 11/2002, de 24 de Janeiro, em tudo o que se refere ao regime e efeitos da formação inicial.

3 – O disposto no nº 1 não aproveita a candidatos aprovados no concurso de 2007 ou anterior a quem tiver sido autorizada a frequência de curso seguinte àquele para o qual estavam habilitados.

ARTIGO 114º
Conselhos de gestão, pedagógico e de disciplina

1 – Mantêm-se em funções, com a actual constituição e funcionamento, o conselho de gestão, o conselho pedagógico e o conselho de disciplina até à data do início

de funções do conselho geral, do conselho pedagógico e do conselho de disciplina a que se referem os artigos 97º, 98º e 99º, aplicando-se, com as necessárias adaptações, o disposto no nº 2 do artigo anterior.
2 – O conselho geral inicia funções em 15 de Dezembro de 2007.
3 – O conselho pedagógico e o conselho de disciplina, com a composição estabelecida pela presente lei, iniciam funções respectivamente em 30 de Junho de 2008 e na data do início do primeiro curso de formação teórico-prática.

ARTIGO 115º
Regulamento interno

1 – O regulamento interno é apresentado pelo director ao conselho geral para aprovação, nos termos da alínea b) do nº 5 do artigo 97º, no prazo de 90 dias a contar da entrada em vigor da presente lei.
2 – O regulamento referido no número anterior, depois de aprovado, é publicado no *Diário da República* e disponibilizado no sítio do CEJ na Internet.
3 – Até à data da entrada em vigor do novo regulamento, mantém-se em vigor, com as necessárias adaptações, o actual regulamento interno.[235]

CAPÍTULO II
Disposições finais

ARTIGO 116º
Contagem de prazos

Salvo disposição em contrário, à contagem dos prazos referidos nesta lei aplica-se o disposto no Código do Procedimento Administrativo.

ARTIGO 118º
Norma revogatória

São revogados:
a) A Lei nº 16/98, de 8 de Abril, com as alterações introduzidas pela Lei nº 3//2000, de 20 de Março, e pelo Decreto-Lei nº 11/2002, de 24 de Janeiro, com excepção da secção II do capítulo I do título II e dos artigos 27º e 28º, que se mantêm transitoriamente em vigor até à entrada em vigor da portaria referida no artigo 103º;
b) Os artigos 60º e 73º da Lei nº 13/2002, de 19 de Fevereiro, que aprova o Estatuto dos Tribunais Administrativos e Fiscais, com as alterações introduzidas pelas Leis nºs 4-A/2003, de 19 de Fevereiro, e 107-D/2003, de 31 de Dezembro.

ARTIGO 119º
Entrada em vigor

A presente lei entra em vigor no dia seguinte ao da sua publicação.

---

[235] O Regulamento Interno do Centro de Estudos Judiciários consta da Deliberação nº 339/2009-307.09, publicada no *Diário da República*, 2ª série, nº 150, de 5 de agosto de 2009.

27.2. ESTATUTOS DO CENTRO DE ESTUDOS JUDICIÁRIOS[236]

ARTIGO 1º
Estrutura organizativa

Para a prossecução da sua missão e atribuições o Centro de Estudos Judiciários, adiante abreviadamente designado por CEJ, dispõe das seguintes unidades orgânicas nucleares:

a) O Departamento da Formação (DEF);
b) O Gabinete de Estudos Judiciários (GAEJ);
c) O Departamento das Relações Internacionais (DRI);
d) O Departamento de Apoio Geral (DAG).

ARTIGO 2º
Departamento da Formação

1 – O DEF é a unidade, na dependência directa do director, genericamente responsável pelo apoio na concepção e realização das actividades de formação inicial e de formação contínua de magistrados, bem como de outras acções de formação que é missão do CEJ assegurar.

2 – Compete, em especial, ao DEF:

a) Apresentar propostas e conceber programas, de acordo com o diagnóstico das necessidades, indicando os objectivos a atingir e os recursos necessários para as acções de formação a realizar;

b) Apoiar a organização, preparar a documentação de apoio, acompanhar o desenvolvimento e a execução prática das actividades de formação e participar na sua avaliação;

c) Promover ou apoiar, em articulação com o GAEJ, quando for caso disso, a organização e realização de congressos, colóquios, seminários, cursos de especialização, conferências, jornadas, encontros, debates e outras acções de formação que ao CEJ incumba organizar ou apoiar;

d) Dar execução às orientações relativas à formação de docentes e de formadores;

e) Estudar e apresentar propostas sobre a estratégia de divulgação externa da produção de materiais formativos.

3 – O DEF pode organizar-se por áreas e ciclos de formação, por despacho do director, para apoio especializado à formação inicial e à formação contínua.

4 – O DEF depende hierarquicamente do director e funcionalmente dos directores-adjuntos de acordo com as respectivas competências próprias, delegadas ou subdelegadas.

---

[236] Aprovados pela Portaria nº 965/2008, de 29 de agosto, que entrou em vigor no primeiro dia do mês seguinte ao da sua publicação. O Regulamento Interno de Funcionamento, Atendimento e Horário de Trabalho do Centro de Estudos Judiciários foi objeto do Despacho nº 7890/2011, publicado no Diário da República, 2ª série, nº 106, de 1 de junho de 2011, e de retificação pela Declaração nº 1034/2011, publicada no no Diário da República, 2ª série, nº 121, de 27 de junho de 2011.

5 – O DEF é dirigido por um coordenador, nomeado pelo director, em comissão de serviço, pelo período de três anos, renovável, de entre magistrados com perfil e experiência adequados.

6 – A nomeação do coordenador é precedida de autorização do conselho superior respectivo.

7 – Pode ser criada no âmbito do DEF uma unidade flexível com o nível de secção, por decisão do director.

ARTIGO 3º
Gabinete de Estudos Judiciários

1 – O GAEJ é a unidade, na dependência directa do director-adjunto referido na alínea *c*) do nº 1 do artigo 95º da Lei nº Lei nº 2/2008, de 14 de Janeiro, genericamente responsável pela investigação e estudo no âmbito judiciário que constituem missão do CEJ, competindo-lhe em especial:

a) Apoiar as actividades de formação do CEJ através do desenvolvimento de estudos e investigação, jurídica e judiciária, bem como em áreas e matérias de interesse para a actividade judiciária;

b) Promover ou apoiar, em articulação com o DEF, a realização de seminários, colóquios, conferências e cursos relativos às matérias referidas na alínea *a*);

c) Assegurar a publicação, difusão e comercialização de estudos efectuados pelo CEJ;

d) Cooperar com entidades nacionais, estrangeiras e internacionais em matéria de documentação e informação;

e) Coordenar e avaliar a aplicação de indicadores de gestão e de dados estatísticos sobre a actividade desenvolvida no CEJ.

2 – No âmbito do GAEJ funciona um centro de documentação ao qual compete:

a) Assegurar o apoio documental e informativo necessário à prossecução das competências do CEJ e à divulgação dos respectivos resultados;

b) Organizar e assegurar o tratamento e conservação do acervo documental e informativo do CEJ e a manutenção da respectiva base de dados;

c) Recolher e organizar dados para a apresentação de propostas de aquisição de novas espécies bibliográficas e documentais.

3 – O centro de documentação é dirigido por um chefe de divisão, cargo dirigente intermédio de 2º grau.

ARTIGO 4º
Departamento das Relações Internacionais

1 – O Departamento das Relações Internacionais é a unidade genericamente responsável pelo planeamento, coordenação, informação, acompanhamento e apoio técnico das actividades que se inscrevam na missão do CEJ, no âmbito das relações internacionais ou de actividades no estrangeiro para as quais seja requerida a intervenção deste, à qual compete em especial:

a) Acompanhar e dinamizar as relações institucionais do CEJ com os seus congéneres estrangeiros, incluindo as organizações internacionais de formação de magistrados, nomeadamente, a Rede Europeia de Formação Judiciária e a Rede Ibero-Americana de Escolas Judiciais;

b) Conceber, acompanhar e executar programas de formação, de natureza bilateral ou multilateral, nomeadamente, no âmbito da União Europeia, do Conselho da Europa ou da cooperação com os Países de Língua Portuguesa, dos quais o CEJ seja promotor, parceiro ou onde, por qualquer forma, tenha sido solicitada a sua participação;

c) Planear, organizar e acompanhar visitas efectuadas ao CEJ por representantes de entidades estrangeiras;

d) Colaborar com os directores-adjuntos referidos nas alíneas a) e b) do nº 1 do artigo 95º da Lei nº 2/2008, de 14 de Janeiro, no planeamento, organização e execução de actividades inseridas na formação inicial ou contínua que integrem uma componente europeia, internacional ou de cooperação;

e) Organizar estágios de magistrados ou de candidatos à magistratura estrangeiros, em Portugal, ou de magistrados ou auditores de justiça portugueses, no estrangeiro, em articulação com os directores-adjuntos referidos nas alíneas a) e b) do nº 1 do artigo 95º da Lei nº 2/2008, de 14 de Janeiro;

f) Assegurar a divulgação da informação relativa a eventos no estrangeiro abertos à presença ou participação de magistrados ou de auditores de justiça portugueses, bem como a realização das diligências necessárias para assegurar as deslocações e presenças que tenham sido autorizadas pelo director;

g) Assegurar a divulgação da informação relativa a acções de formação nacionais abertas a magistrados estrangeiros.

2 – O DRI funciona na dependência directa do director ou do director-adjunto por este designado e é dirigido por um coordenador, nomeado em comissão de serviço pelo período de três anos, renovável.

3 – A nomeação do coordenador do DRI é feita pelo director de entre magistrados com perfil e experiência adequados, e é precedida de autorização do conselho superior respectivo.

ARTIGO 5º
Departamento de Apoio Geral

1 – O DAG é a unidade genericamente responsável pela concepção, organização e manutenção do sistema de informação do CEJ, pelo apoio jurídico e pelo apoio, nas áreas da informática e multimédia e da gestão financeira, patrimonial e de recursos humanos, às actividades do CEJ, competindo-lhe, em especial:

a) Emitir pareceres, elaborar informações e proceder a estudos sobre assuntos que lhe sejam submetidos;

b) Preparar a intervenção do CEJ em processos judiciais, intervir nestes, acompanhar o seu andamento e organizar os respectivos processos administrativos;

c) Conceber o sistema de produção normativa do CEJ e coordenar o seu funcionamento;

d) Identificar necessidades de equipamentos, estudar e apresentar propostas tendentes à sua aquisição;

e) Apoiar a concepção, tratamento e actualização da informação referente ao CEJ na Internet e na intranet;

f) Assegurar a administração do subsistema informático;
g) Gerir a rede informática e de comunicações telefónicas e o correio electrónico;
h) Avaliar o desempenho dos serviços do CEJ na perspectiva económica e financeira;
i) Assegurar os procedimentos administrativos necessários ao desenvolvimento de processos de recrutamento, selecção, admissão e gestão de pessoal, de mobilidade e aposentação;
j) Manter o diagnóstico da situação dos recursos humanos do CEJ em função dos objectivos e dos indicadores de gestão e elaborar o balanço social;
l) Organizar e promover as tarefas respeitantes à recepção e encaminhamento de utentes e visitantes;
m) Assegurar a recepção, distribuição, expedição e arquivo de correspondência e outros documentos.

2 – O DAG é dirigido por um director de serviços, cargo de direcção intermédia de 1º grau.

3 – No âmbito do DAG, podem ser criadas por decisão do director:

a) Uma unidade orgânica flexível, denominada divisão, chefiada por um chefe de divisão, cargo de direcção intermédia de 2º grau;
b) Duas unidades flexíveis com o nível de secção.

ARTIGO 6º
Atribuições comuns às unidades orgânicas e núcleos

São atribuições comuns às unidades orgânicas e aos núcleos referidos no nº 2 do artigo 91º da Lei nº 2/2008, de 14 de Janeiro:

a) Participar na elaboração do plano e do relatório anuais de actividades;
b) Colaborar no desenvolvimento do sistema de informação do CEJ;
c) Participar na definição de indicadores de gestão;
d) Assegurar a produção de indicadores de gestão na respectiva área e de dados estatísticos sobre a actividade desenvolvida;
e) Proceder à avaliação do desempenho dos respectivos trabalhadores, de acordo com as normas legais e regulamentares aplicáveis.

ARTIGO 7º
Equipas multidisciplinares

1 – Nas áreas de investigação e estudos judiciários, podem ser criadas equipas multidisciplinares, para o desenvolvimento de acções determinadas, tendo em vista a realização de objectivos específicos e limitados temporalmente, até ao limite máximo de três.

2 – A criação das equipas multidisciplinares compete ao director, que define, no âmbito de cada equipa, mediante proposta do director-adjunto referido na alínea *c)* do nº 1 do artigo 95º da Lei nº 2/2008, de 14 de Janeiro, os respectivos objectivos, plano de trabalho, chefe de projecto, calendário e recursos humanos e financeiros afectos.

3 – Aos chefes das equipas multidisciplinares é atribuído um estatuto remuneratório equiparado a cargos de direcção intermédia de 1º ou de 2º grau, em função da natureza e complexidade das funções, não podendo o estatuto equiparado a director de serviços ser atribuído a mais de uma equipa em simultâneo, podendo os nomeados optar pela remuneração relativa ao lugar de origem.

ARTIGO 8º
Regime remuneratório dos coordenadores do DEF e do DRI

É aplicável aos coordenadores do DEF e do DRI o regime remuneratório previsto na Lei nº 2/2008, de 14 de Janeiro, para os coordenadores da formação nos tribunais.

ÍNDICE GERAL

I – À GUISA DE INTRODUÇÃO	5
II – LEGISLAÇÃO SOBRE A ORGANIZAÇÃO JUDICIÁRIA E OS ESTATUTOS PROFISSIONAIS FORENSES	7
1 – A CONSTITUIÇÃO DA REPÚBLICA PORTUGUESA E OS TRIBUNAIS	7
PARTE I Direitos e deveres fundamentais	7
TÍTULO I Princípios gerais	7
PARTE III Organização do poder político	8
TÍTULO V Tribunais	8
CAPÍTULO I Princípios gerais	8
CAPÍTULO II Organização dos Tribunais	9
CAPÍTULO III Estatuto dos juízes	11
CAPÍTULO IV Ministério Público	12
TÍTULO VI Tribunal Constitucional	13
2 – LEI DE ORGANIZAÇÃO E FUNCIONAMENTO DOS TRIBUNAIS JUDICIAIS DE 1999	15
CAPÍTULO I Disposições gerais	15
CAPÍTULO II Organização e competência dos tribunais judiciais	17
SECÇÃO I Organização judiciária	17
SECÇÃO II Competência	18
CAPÍTULO III Supremo Tribunal de Justiça	20
SECÇÃO I Disposições gerais	20
SECÇÃO II Organização e funcionamento	20
SECÇÃO III Competência	22
SECÇÃO IV Juízes do Supremo Tribunal de Justiça	23
SECÇÃO V Presidência	24
CAPÍTULO IV Tribunais da Relação	26
SECÇÃO I Disposições gerais	26

SECÇÃO II Organização e funcionamento   27
SECÇÃO III Competência   28
SECÇÃO IV Presidência   29
CAPÍTULO V Tribunais judiciais de 1ª instância   30
SECÇÃO I Disposições gerais   30
SECÇÃO II Tribunais de competência genérica   35
SECÇÃO III Tribunais e juízos de competênica especializada   35
SUBSECÇÃO I Espécies de tribunais   35
SUBSECÇÃO II Tribunais de instrução criminal   36
SUBSECÇÃO III Tribunais de família   36
SUBSECÇÃO IV Tribunais de menores   38
SUBSECÇÃO V Tribunais do trabalho   39
SUBSECÇÃO VI Tribunais de comércio   41
SUBSECÇÃO VII Tribunal da propriedade intelectual   42
SUBSECÇÃO VIII Tribunal da concorrência, regulação
e supervisão   42
SUBSECÇÃO IX Tribunais marítimos   43
SUBSECÇÃO X Tribunais de execução das penas   44
SUBSECÇÃO XI Espécies de juízos   46
SECÇÃO IV Tribunais de competência específica   47
SECÇÃO V Execução das decisões   49
SECÇÃO VI Tribunal singular, colectivo e do júri   49
SUBSECÇÃO I Tribunal singular   49
SUBSECÇÃO II Tribunal colectivo   49
SUBSECÇÃO III Tribunal do júri   51
SUBSECÇÃO IV Arrendamento rural   51
CAPÍTULO VI Ministério Público   51
CAPÍTULO VII Mandatários judiciais   52
CAPÍTULO VIII Instalação dos tribunais   52
CAPÍTULO IX Secretarias judiciais   53
SECÇÃO I Disposições gerais   53
SECÇÃO II Registo e arquivo   54
CAPÍTULO X Disposições finais e transitórias   55

3. REGULAMENTO DA LEI DE ORGANIZAÇÃO E FUNCIONAMENTO
DOS TRIBUNAIS JUDICIAIS DE 1999   61

3.1. ARTICULADO   61
SECÇÃO I Divisão judicial e quadros de magistrados   61
SECÇÃO II Exercício de funções dos juízes de direito   62
SECÇÃO III Secretarias judiciais   64
SECÇÃO IV Turnos   71
SECÇÃO V Criação, conversão e extinção de tribunais   74
SECÇÃO VI Disposições finais e transitórias   81

3.2. ARTICULADO DO DECRETO-LEI Nº 178/2000, DE 9 DE AGOSTO 85
3.3. ARTICULADO DO DECRETO-LEI Nº 246-A/2001, DE 14 DE SETEMBRO ... 89
3.4. ARTICULADO DO DECRETO-LEI Nº 148/2004, DE 21 DE JUNHO 89
3.5. ARTICULADO DO DECRETO-LEI Nº 250/2007, DE 29 DE JUNHO 90
3.6. ARTICULADO DO DECRETO-LEI Nº 113-A/2011, DE 29 DE NOVEMBRO .. 96
3.7. ARTICULADO DO DECRETO-LEI Nº 67/2012, DE 20 DE MARÇO 101

4. LEI DE ORGANIZAÇÃO E FUNCIONAMENTO DOS TRIBUNAIS JUDICIAIS DE 2008 105

    CAPÍTULO I Disposições gerais 105
    CAPÍTULO II Organização e competência dos tribunais judiciais 108
        SECÇÃO I Disposições comuns 108
        SECÇÃO II Organização judiciária 108
        SECÇÃO III Competência 109
    CAPÍTULO III Supremo Tribunal de Justiça 112
        SECÇÃO I Disposições gerais 112
        SECÇÃO II Organização e funcionamento 112
        SECÇÃO III Competência 113
        SECÇÃO IV Juízes do Supremo Tribunal de Justiça 115
        SECÇÃO V Presidência do Tribunal 116
    CAPÍTULO IV Tribunais da Relação 118
        SECÇÃO I Disposições gerais 118
        SECÇÃO II Organização e funcionamento 118
        SECÇÃO III Competência 120
        SECÇÃO IV Presidência 121
    CAPÍTULO V Tribunais de comarca 122
        SECÇÃO I Disposições gerais 122
        SECÇÃO II Organização e funcionamento 123
        SECÇÃO III Gestão dos tribunais de comarca 126
            SUBSECÇÃO I Presidente do tribunal de comarca 126
            SUBSECÇÃO II Administrador judiciário 131
            SUBSECÇÃO III Conselho de comarca 134
        SECÇÃO IV Juízes de competência genérica 135
        SECÇÃO V Juízes de competência especializada 136
            SUBSECÇÃO I Juízos de instrução criminal 136
            SUBSECÇÃO II Juízos de família e menores 137
            SUBSECÇÃO III Juízos do trabalho 139
            SUBSECÇÃO IV Juízos de comércio 141
            SUBSECÇÃO V Juízos de propriedade intelectual 142
            SUBSECÇÃO VI Juízos da concorrência, regulação e supervisão 142
            SUBSECÇÃO VII Juízos marítimos 143
            SUBSECÇÃO VIII Juízos de execução das penas 144
            SUBSECÇÃO IX Juízos de execução 146
        SECÇÃO VI Juízos de competência especializada em matéria cível e criminal 146

SUBSECÇÃO I Juízos de competência especializada cível 147
SUBSECÇÃO II Juízos de competência especializada criminal 148
SECÇÃO VII Execução das decisões 149
SECÇÃO VIII Tribunal singular, colectivo e do júri 149
   SUBSECÇÃO I Tribunal singular 149
   SUBSECÇÃO II Tribunal colectivo 149
   SUBSECÇÃO III Tribunal do júri 151
   SUBSECÇÃO IV Arrendamento rural 151
CAPÍTULO VI Ministério Público 151
CAPÍTULO VII Mandatários judiciais 152
CAPÍTULO VIII Instalação dos Tribunais 152
CAPÍTULO IX Secretarias Judiciais 153
   SECÇÃO I Disposições gerais 153
   SECÇÃO II Registo e arquivo 154
CAPÍTULO X Alterações legislativas 155
CAPÍTULO XI Disposições transitórias e finais 156
   SECÇÃO I Disposições transitórias 156
      SUBSECÇÃO I Regime experimental 156
      SUBSECÇÃO II Outras disposições transitórias 157
   SECÇÃO II Disposições finais 158

5. REGULAMENTO DA LEI DE ORGANIZAÇÃO E FUNCIONAMENTO DOS TRIBUNAIS JUDICIAIS DE 2008 167

CAPÍTULO I Disposições gerais 167
CAPÍTULO II Composição dos tribunais superiores 167
CAPÍTULO III Composição dos tribunais de comarca 168
   SECÇÃO I Regras gerais 168
   SECÇÃO II Juízos 168
   SECÇÃO III Tribunal colectivo 169
   SECÇÃO IV Magistrados judiciais 169
   SECÇÃO V Ministério Público 170
   SECÇÃO VI Gestão do tribunal de comarca 171
   SECÇÃO VII Gabinetes de apoio 172
CAPÍTULO IV Secretarias judiciais 174
   SECÇÃO I Composição 174
   SECÇÃO II Competência 174
   SECÇÃO III Organização 176
CAPÍTULO V Organização do serviço urgente 177
   SECÇÃO I Turnos 177
   SECÇÃO II Competência 179
   SECÇÃO III Organização 179
CAPÍTULO VI Disposições finais e transitórias 181
   SECÇÃO I Disposições transitórias 181
   SECÇÃO II Disposições finais 182

6. ORGANIZAÇÃO DAS COMARCAS PILOTO E ALTERAÇÃO DO ANTERIOR
REGULAMENTO DE 1999 — 183

   CAPÍTULO I Objecto e âmbito de aplicação — 183
   CAPÍTULO II Comarca do Alentejo Litoral — 184
      SECÇÃO I Tribunal de comarca — 184
      SECÇÃO II Conversão dos tribunais existentes — 184
      SECÇÃO III Criação de juízos — 185
      SECÇÃO IV Extinção — 185
      SECÇÃO V Processos pendentes — 185
      SECÇÃO VI Quadros de magistrados — 186
   CAPÍTULO III Comarca do Baixo Vouga — 187
      SECÇÃO I Tribunal de comarca — 187
      SECÇÃO II Conversão dos tribunais existentes — 188
      SECÇÃO III Criação de juízos — 189
      SECÇÃO IV Extinção — 189
      SECÇÃO V Processos pendentes — 190
      SECÇÃO VI Quadro de juízes — 191
      SECÇÃO VII Ministério Público — 192
      SECÇÃO VIII Turnos aos sábados e feriados — 192
   CAPÍTULO IV Comarca da Grande Lisboa-Noroeste — 192
      SECÇÃO I Tribunal de comarca — 192
      SECÇÃO II Conversão dos tribunais existentes — 193
      SECÇÃO III Criação de juízos — 194
      SECÇÃO IV Extinção — 194
      SECÇÃO V Processos pendentes — 194
      SECÇÃO VI Quadro de juízes — 196
      SECÇÃO VII Ministério Público — 196
   CAPÍTULO V Disposições comuns — 197
      SECÇÃO I Magistrados — 197
      SECÇÃO II Funcionários — 199
   CAPÍTULO VI Extinção e instalação de círculos, comarcas e tribunais — 200
      SECÇÃO I Extinção — 200
      SECÇÃO II Instalação — 200
   CAPÍTULO VII Alterações legislativas — 201
   CAPÍTULO VIII Disposições transitórias e finais — 203
      SECÇÃO I Disposições transitórias — 203
      SECÇÃO II Disposição final — 204

7. LEI DE ORGANIZAÇÃO, FUNCIONAMENTO E PROCESSO DO TRIBUNAL
CONSTITUCIONAL — 213

   TÍTULO I Disposições gerais — 213
   TÍTULO II Competência, organização e funcionamento — 214
      CAPÍTULO I Competência — 214
      CAPÍTULO II Organização — 216
         SECÇÃO I Composição e constituição do Tribunal — 216

SECÇÃO II Estatuto dos juízes 219
SECÇÃO III Organização interna 223
CAPÍTULO III Funcionamento 225
SECÇÃO I Funcionamento 225
SECÇÃO II Secretaria e serviços de apoio 226
CAPÍTULO IV Regime financeiro 227
TÍTULO III Processo 229
CAPÍTULO I Distribuição 229
CAPÍTULO II Processos de fiscalização da constitucionalidade e da legalidade 229
SUBCAPÍTULO I Processos de fiscalização abstracta 229
SECÇÃO I Disposições comuns 229
SECÇÃO II Processos de fiscalização preventiva 231
SECÇÃO III Processos de fiscalização sucessiva 232
SECÇÃO IV Processos de fiscalização da inconstitucionalidade por omissão 234
SUBCAPÍTULO II Processos de fiscalização concreta 234
CAPÍTULO III Outros processos 242
SUBCAPÍTULO I Processos relativos à morte, impossibilidade física permanente, impedimento temporário, perda de cargo e destituição do Presidente da República 242
SUBCAPÍTULO I-A Processos relativos ao contencioso da perda de mandato de Deputados 242
SUBCAPÍTULO II Processos eleitorais 244
SECÇÃO I Processo relativo à eleição do Presidente da República 245
SUBSECÇÃO I Candidaturas 245
SUBSECÇÃO II Desistência, morte e incapacidade de candidatos 246
SUBSECÇÃO III Apuramento geral da eleição e respectivo contencioso 246
SECÇÃO II Outros processos eleitorais 247
SUBCAPÍTULO III Processos relativos a partidos políticos, coligações e frentes 249
SUBCAPÍTULO IV Processos relativos a organizações que perfilhem a ideologia fascista 252
SUBCAPÍTULO V Processos relativos à realização de referendos e de consultas directas aos eleitores a nível local 252
SUBCAPÍTULO VI Processos relativos a declarações de rendimentos e património dos titulares de cargos políticos 253
SUBCAPÍTULO VII Processo relativo a declarações de incompatibilidades e a impedimentos de titulares de cargos políticos 254
TÍTULO IV Disposições finais e transitórias 255

8. ORGANIZAÇÃO, COMPETÊNCIA E FUNCIONAMENTO DOS JULGADOS DE PAZ 257

CAPÍTULO I Disposições gerais 257
CAPÍTULO II Competência 258

SECÇÃO I Disposições gerais	258
SECÇÃO II Da competência em razão do valor, da matéria e do território	259
CAPÍTULO III Organização e funcionamento dos julgados de paz	261
CAPÍTULO IV Dos juízes de paz e dos mediadores	262
SECÇÃO I Disposições gerais	262
SECÇÃO II Juízes de paz	262
SECÇÃO III Dos mediadores	264
CAPÍTULO V Das partes e sua representação	266
CAPÍTULO VI Do processo	266
SECÇÃO I Disposições gerais	266
SECÇÃO II Do requerimento inicial e contestação	267
SECÇÃO III Da pré-mediação e da mediação	268
CAPÍTULO VII Disposições finais e transitórias	272
8.1. CRIAÇÃO DE JULGADOS DE PAZ	273
8.2. REGULAMENTO DOS SERVIÇOS DE MEDIAÇÃO DOS JULGADOS DE PAZ	275
CAPÍTULO I Objecto, organização e funcionamento	275
CAPÍTULO II Acesso aos serviços de mediação	277
CAPÍTULO III Mediação de litígios excluídos da competência juridiscional dos julgados de paz	279
CAPÍTULO IV Actividade dos mediadores de conflitos	279
CAPÍTULO V Disposições finais	281
9. ESTATUTO DOS MAGISTRADOS JUDICIAIS	283
CAPÍTULO I Disposições gerais	283
CAPÍTULO II Deveres, incompatibilidades, direitos e regalias dos magistrados judiciais	284
CAPÍTULO III Classificações	294
CAPÍTULO IV Provimento	296
SECÇÃO I Disposições gerais	296
SECÇÃO II Nomeação de juízes de direito	296
SECÇÃO III Nomeação de juízes das relações	299
SECÇÃO IV Nomeação de juízes do Supremo Tribunal de Justiça	301
SECÇÃO V Comissões de serviço	303
SECÇÃO VI Posse	304
CAPÍTULO V Aposentação, cessação e suspensão de funções	305
SECÇÃO I Aposentação	305
SECÇÃO II Cessação e suspensão de funções	308
CAPÍTULO VI Antiguidade	308
CAPÍTULO VII Disponibilidade	310
CAPÍTULO VIII Procedimento disciplinar	311
SECÇÃO I Disposições gerais	311
SECÇÃO II Das penas	312
SUBSECÇÃO I Espécies de penas	312

SUBSECÇÃO II Aplicação das penas	313
SUBSECÇÃO III Efeitos das penas	315
SECÇÃO III Processo disciplinar	317
SUBSECÇÃO I Normas processuais	317
SUBSECÇÃO II Abandono do lugar	319
SECÇÃO IV Revisão das decisões disciplinares	320
SECÇÃO V Direito subsidiário	321
CAPÍTULO IX Inquéritos e sindicâncias	321
CAPÍTULO X Conselho Superior da Magistratura	322
SECÇÃO I Estrutura e organização do Conselho Superior da Magistratura	322
SECÇÃO II Competência e funcionamento	325
SECÇÃO III Serviços de inspecção	330
SECÇÃO IV Secretaria do Conselho Superior da Magistratura	331
CAPÍTULO XI Reclamações e recursos	331
SECÇÃO I Princípios gerais	331
SECÇÃO II Reclamações	331
SECÇÃO III Recursos	332
SECÇÃO IV Custas e preparos	335
CAPÍTULO XII Disposições finais e transitórias	335
10. NORMAS VIGENTES DA ANTERIOR VERSÃO DO ESTATUTO DOS MAGISTRADOS JUDICIAIS	**339**
11. ESTATUTO DOS JUÍZES MILITARES E DOS ASSESSORES MILITARES DO MINISTÉRIO PÚBLICO	**345**
CAPÍTULO I Disposição preambular	345
CAPÍTULO II Estatuto dos juízes militares	345
CAPÍTULO III Movimento de juízes militares	347
CAPÍTULO IV Assessoria militar	349
SECÇÃO I Estrutura e funções	349
SECÇÃO II Funções e regime de intervenção	350
SECÇÃO III Nomeação e estatuto	351
12. ESTATUTO DOS ASSISTENTES JUDICIAIS DA PRIMEIRA INSTÂNCIA	**353**
13. ESTATUTO DOS ASSESSORES JUDICIAIS DOS TRIBUNAIS SUPERIORES	**357**
13.1. REGULAMENTO DO CURSO DE FORMAÇÃO DE ASSESSORES DAS MAGISTRATURAS NAS RELAÇÕES E NA PRIMEIRA INSTÂNCIA	**361**
CAPÍTULO I Do ingresso no curso	361
CAPÍTULO II Do curso	363
SECÇÃO I Plano e organização do curso	363
SECÇÃO II Faltas	366
SECÇÃO III Regime disciplinar	367
CAPÍTULO III Disposições Finais	368

14. ESTATUTO DO MINISTÉRIO PÚBLICO — 369

PARTE I Do Ministério Público — 369
  TÍTULO I Estrutura, funções e regime de intervenção — 369
    CAPÍTULO I Estrutura e funções — 369
    CAPÍTULO II Regime de intervenção — 370
  TÍTULO II Órgãos e agentes do Ministério Público — 372
    CAPÍTULO I Disposições gerais — 372
    CAPÍTULO II Procurador-Geral da República — 372
      SECÇÃO I Estrutura e competência — 372
      SECÇÃO II Procurador-Geral da República — 373
      SECÇÃO III Conselho Superior do Ministério Público — 375
        SUBSECÇÃO I Organização e funcionamento — 375
        SUBSECÇÃO II Serviços de inspecção — 381
      SECÇÃO IV Conselho Consultivo da Procuradoria-Geral da República — 381
      SECÇÃO V Auditores jurídicos — 383
      SECÇÃO VI Departamento Central de Investigação e Acção Penal — 384
      SECÇÃO VII Gabinete de Documentação e de Direito Comparado — 386
      SECÇÃO VIII Núcleo de Assessoria Técnica — 386
      SECÇÃO IX Serviços de apoio técnico e administrativo da Procuradoria-Geral da República — 387
    CAPÍTULO III Contencioso do Estado — 387
    CAPÍTULO IV Acesso à informação — 388
    CAPÍTULO V Procuradorias-gerais distritais — 388
      SECÇÃO I Procuradoria-geral distrital — 388
      SECÇÃO II Procuradores-gerais distritais — 389
    CAPÍTULO VI Procuradorias da República — 390
      SECÇÃO I Procuradorias da República — 390
      SECÇÃO II Procuradores da República — 392
      SECÇÃO III Procuradores-adjunto — 393
    CAPÍTULO VII Departamentos de investigação e acção penal — 395
PARTE II Da magistratura do Ministério Público — 396
  TÍTULO ÚNICO Magistratura do Ministério Público — 396
    CAPÍTULO I Organização e estatuto — 396
    CAPÍTULO II Incompatibilidades, deveres e direitos dos magistrados — 398
    CAPÍTULO III Classificações — 408
    CAPÍTULO IV Provimentos — 409
      SECÇÃO I Recrutamento e acesso — 409
        SUBSECÇÃO I Disposições gerais — 409
        SUBSECÇÃO II Disposições especiais — 411
      SECÇÃO II Inspectores — 416
      SECÇÃO III Movimentos — 416
      SECÇÃO IV Comissões de serviço — 418
      SECÇÃO V Posse — 419
    CAPÍTULO V Aposentação, cessação e suspensão de funções — 420

SECÇÃO I Aposentação	420
SECÇÃO II Cessação e suspensão de funções	422
CAPÍTULO VI Antiguidade	423
CAPÍTULO VII Disponibilidade	425
CAPÍTULO VIII Procedimento disciplinar	425
SECÇÃO I Disposições gerais	425
SECÇÃO II Penas	426
SUBSECÇÃO I Espécies de penas	426
SUBSECÇÃO II Efeitos das penas	427
SUBSECÇÃO III Aplicação das penas	429
SUBSECÇÃO IV Prescrição das penas	431
SECÇÃO III Processo disciplinar	431
SUBSECÇÃO I Normas processuais	431
SUBSECÇÃO II Abandono do lugar	433
SECÇÃO IV Revisão de decisões disciplinares	434
CAPÍTULO IX Inquéritos e sindicâncias	434
CAPÍTULO X Órgãos auxiliares	435
CAPÍTULO XI Disposições finais e transitórias	436

15. NORMAS VIGENTES DA ANTERIOR VERSÃO DO ESTATUTO DO MINISTÉRIO PÚBLICO — 439

16. ESTATUTO DISCIPLINAR DOS TRABALHADORES DA FUNÇÃO PÚBLICA — 445

ANEXO	448
CAPÍTULO I Âmbito de aplicação	448
CAPÍTULO II Princípios fundamentais	449
CAPÍTULO III Penas disciplinares e seus efeitos	452
CAPÍTULO IV Competência disciplinar	453
CAPÍTULO V Factos a que são aplicáveis as penas	454
CAPÍTULO VI Procedimento disciplinar	458
SECÇÃO I Disposições gerais	458
SECÇÃO II Procedimento disciplinar comum	461
SUBSECÇÃO I Disposição geral	461
SUBSECÇÃO II Fase de instrução do processo	461
SUBSECÇÃO III Fase de defesa do arguido	464
SUBSECÇÃO IV Fase de relatório final	467
SUBSECÇÃO V Fase de decisão disciplinar e sua execução	467
SUBSECÇÃO VI Impugnações	469
SECÇÃO III Procedimento disciplinar especial	471
SUBSECÇÃO I Processos de inquérito e de sindicância	471
SUBSECÇÃO II Processo de averiguações	473
SUBSECÇÃO III Revisão do procedimento disciplinar	474
SECÇÃO IV Reabilitação	475
CAPÍTULO VII Multas	476

17. REGIME JURÍDICO DA GESTÃO ADMINISTRATIVA DOS TRIBUNAIS SUPERIORES — 479
17.1. ORGANIZAÇÃO DOS SERVIÇOS DO SUPREMO TRIBUNAL DE JUSTIÇA — 482
    CAPÍTULO I Organização dos serviços do Supremo Tribunal de Justiça — 482
        SECÇÃO I Disposições gerais — 482
    CAPÍTULO II Órgãos, serviços e competências — 482
        SECÇÃO I Estrutura geral — 482
        SECÇÃO II Órgãos — 483
        SECÇÃO III Serviços — 485
    CAPÍTULO III Do pessoal — 489
    CAPÍTULO IV Disposições finais e transitórias — 489

18. REGIME JURÍDICO DO ADMINISTRADOR DO TRIBUNAL — 491
18.1. REGULAMENTO DO CURSO DE FORMAÇÃO E ESTATUTO DO ADMINISTRADOR DO TRIBUNAL FORMANDO — 495

I – Regulamento do Curso de Formação — 495
    CAPÍTULO I Missão, objectivo e estrutura — 495
    CAPÍTULO II A formação — 496
II – Estatuto dos Formandos — 497

19. REGULAMENTO DOS CURSOS DE FORMAÇÃO DOS PRESIDENTES DOS TRIBUNAIS DE COMARCA E DE MAGISTRADOS COORDENADORES — 499
19.1. REGIME DOS CURSOS DE FORMAÇÃO — 500

20. ORGANIZAÇÃO E FUNCIONAMENTO DO CONSELHO SUPERIOR DA MAGISTRATURA — 503

    CAPÍTULO I Disposições gerais — 503
    CAPÍTULO II Da organização dos serviços — 505
    CAPÍTULO III Do pessoal — 514
    CAPÍTULO IV Disposições finais e transitórias — 515

21. ESTATUTO DOS FUNCIONÁRIOS DE JUSTIÇA — 517
21.1. ARTICULADO — 517

PARTE I Pessoal — 517
    CAPÍTULO I Funcionários de justiça — 517
    CAPÍTULO II Preenchimento de lugares das carreiras de oficial de justiça — 518
        SECÇÃO I Requisitos — 518
            SUBSECÇÃO I Requisitos de ingresso — 518
            SUBSECÇÃO II Requisitos de acesso — 519
            SUBSECÇÃO III Requisitos para transferência, transição e permuta — 520
        SECÇÃO II Recrutamento — 521
            SUBSECÇÃO I Recrutamento para provimento — 521
            SUBSECÇÃO II Recrutamento para ingresso — 522
            SUBSECÇÃO III Recrutamento para acesso — 525

SUBSECÇÃO IV Secretários de tribunal superior 526
SUBSECÇÃO V Secretários de justiça em secretarias-gerais 526
SECÇÃO III Provimento e investidura 527
SUBSECÇÃO I Provimento 527
SUBSECÇÃO II Investidura 529
SECÇÃO IV Substituição 530
SECÇÃO V Cessação de funções 530
CAPÍTULO III Disponibilidade, supranumerários e licenças 531
CAPÍTULO IV Comissão de serviço, requisição e destacamento 532
CAPÍTULO V Direitos, deveres e incompatibilidades 533
SECÇÃO I Direitos 533
SECÇÃO II Deveres 535
SECÇÃO III Incompatibilidades 536
CAPÍTULO VI Classificações 537
SECÇÃO I Disposição geral 537
SECÇÃO II Classificação dos oficiais de justiça 537
CAPÍTULO VII Antiguidade 538
PARTE II Estatuto remuneratório 540
PARTE III Estatuto disciplinar 542
CAPÍTULO I Disposições gerais 542
CAPÍTULO II Penas 543
CAPÍTULO III Procedimento disciplinar 543
PARTE IV Conselho dos Oficiais de Justiça 545
CAPÍTULO I Noção, estrutura e organização 545
CAPÍTULO II Competências e funcionamento 548
CAPÍTULO III Recursos 550
CAPÍTULO IV Serviços de inspecção 551
PARTE V Disposições finais e transitórias 552

21.2. SUPLEMENTO DE COMPENSAÇÃO DO TRABALHO DE RECUPERAÇÃO DOS ATRASOS PROCESSUAIS 558
21.3. REGULAMENTO DO CURSO DE HABILITAÇÃO PARA INGRESSO NAS CARREIRAS DO GRUPO DE OFICIAIS DE JUSTIÇA 560
21.4. REGULAMENTO DO PROCEDIMENTO DE ADMISSÃO PARA INGRESSO NAS CARREIRAS DO GRUPO DE PESSOAL OFICIAL DE JUSTIÇA 569

22. ESTATUTO DO ADMINISTRADOR DA INSOLVÊNCIA 575
CAPÍTULO I Disposições gerais 575
CAPÍTULO II Inscrição nas listas oficiais de administradores da insolvência 577
CAPÍTULO III Comissão 580
CAPÍTULO IV Deveres e regime sancionatório 581
CAPÍTULO V Remuneração e pagamento do administrador da insolvência 583
CAPÍTULO VI Disposições finais e transitórias 586

23. ESTATUTO DOS PERITOS AVALIADORES 589

24. ESTATUTO DA ORDEM DOS ADVOGADOS	599
24.1. ARTICULADO	599
TÍTULO I Ordem dos Advogados	599
CAPÍTULO I Disposições gerais	599
CAPÍTULO II Órgãos da Ordem dos Advogados	602
SECÇÃO I Disposições gerais	602
SECÇÃO II Congresso dos Advogados Portugueses	607
SECÇÃO III Assembleia Geral	609
SECÇÃO IV Bastonário	611
SECÇÃO V Presidente do Conselho Superior	612
SECÇÃO VI Conselho Superior	613
SECÇÃO VII Conselho Geral	614
SECÇÃO VIII Assembleias distritais	616
SECÇÃO IX Conselhos distritais	617
SECÇÃO X Presidentes dos conselhos distritais	619
SECÇÃO XI Conselhos de deontologia	620
SECÇÃO XII Presidentes dos conselhos de deontologia	621
SECÇÃO XIII Delegações	621
TÍTULO II Exercício da advocacia	624
CAPÍTULO I Disposições Gerais	624
CAPÍTULO II Incompatibilidades e impedimentos	628
TÍTULO III Deontologia profissional	631
CAPÍTULO I Princípios gerais	631
CAPÍTULO II Relações com os clientes	635
CAPÍTULO III Relações com os tribunais	639
CAPÍTULO IV Relações entre advogados	640
TÍTULO IV Acção disciplinar	641
CAPÍTULO I Disposições gerais	641
CAPÍTULO II Titulares dos órgãos jurisdicionais	644
CAPÍTULO III Penas, sua medida, graduação e execução	645
CAPÍTULO IV Processo	648
SECÇÃO I Disposições gerais	648
SECÇÃO II Processo	650
CAPÍTULO V Recursos ordinários	654
CAPÍTULO VI Recurso de revisão	656
CAPÍTULO VII Execução de penas	658
CAPÍTULO VIII Reabilitação do advogado expulso	658
CAPÍTULO IX Averiguação de inidoneidade para o exercício da profissão	659
TÍTULO V Receitas e despesas da Ordem dos Advogados	660
TÍTULO VI Advogados, advogados estagiários e sociedades de advogados	661
CAPÍTULO I Inscrição	661
CAPÍTULO II Estágio	664
CAPÍTULO III Formação contínua	665
CAPÍTULO IV Inscrição como advogado	666

CAPÍTULO V Advogados de outros Estados membros
da União Europeia 667
CAPÍTULO VI Sociedades de advogados 671
TÍTULO VII Disposições finais e transitórias 671

24.2. REGULAMENTO DE INSCRIÇÃO DOS ADVOGADOS E ADVOGADOS
ESTAGIÁRIOS 672

CAPÍTULO I Disposições comuns 672
CAPÍTULO II Inscrição de advogados e advogados estagiários
portugueses 674
   SECÇÃO I Advogado estagiário 674
   SECÇÃO II Inscrição de advogado 675
      SUBSECÇÃO I Inscrição precedida de estágio 675
      SUBSECÇÃO II Inscrição com dispensa de estágio ... 677
CAPÍTULO III Registo e inscrição de advogados estrangeiros 679
   SECÇÃO I Inscrição na Ordem dos Advogados em regime
de reciprocidade 679
      SUBSECÇÃO I Advogados de outros Estados 679
      SUBSECÇÃO II Inscrição de advogados brasileiros ... 680
   SECÇÃO II Inscrição de estrangeiros não abrangidos por regimes
de reciprocidade 682
   SECÇÃO III Registo e inscrição de advogados de outros Estados
Membros da União Europeia 684
      SUBSECÇÃO I Prestação ocasional e estabelecimento permanente 684
      SUBSECÇÃO II Inscrição de advogados da União Europeia 684
CAPÍTULO IV Da cédula profissional 692
CAPÍTULO V Obrigações decorrentes da inscrição 693
CAPÍTULO VI Alterações e averbamentos à inscrição 695
CAPÍTULO VII Das notificações e recursos 699
CAPÍTULO VIII Disposições finais 702

24.3. REGULAMENTO NACIONAL DE ESTÁGIO 703

CAPÍTULO I Princípios gerais 703
CAPÍTULO II Estrutura orgânica do estágio 704
CAPÍTULO III Do estágio 706
   SECÇÃO I Inscrição na Ordem dos Advogados 706
   SECÇÃO II Dos patronos 709
   SECÇÃO III Fase de formação inicial 710
   SECÇÃO IV Formação complementar 712
   SECÇÃO V Acesso ao exame final de avaliação e agregação 714
CAPÍTULO IV Exame final de avaliação e agregação 715
CAPÍTULO V Rede nacional e formação a distância 719
CAPÍTULO VI Dos Recursos 719
CAPÍTULO VII Disposições finais e transitórias 719

24.4. CRITÉRIOS DE CÁLCULO DOS HONORÁRIOS	720
24.5. REGULAMENTO DOS LAUDOS DE HONORÁRIOS	721
24.6. REGIME JURÍDICO DAS SOCIEDADES DE ADVOGADOS	728
CAPÍTULO I Disposições gerais	728
CAPÍTULO II Constituição e registo da sociedade	730
CAPÍTULO III Firma	731
CAPÍTULO IV Participações sociais, cessão, amortização e transmissão	732
CAPÍTULO V Exoneração e exclusão de sócios e impossibilidade temporária	735
CAPÍTULO VI Das deliberações dos sócios	737
CAPÍTULO VII Da administração da sociedade	738
CAPÍTULO VIII Das contas, remunerações e distribuição de lucros	739
CAPÍTULO IX Tipos de sociedade e regime de responsabilidade	740
CAPÍTULO X Alterações do contrato	741
CAPÍTULO XI Fusão e cisão de sociedades	741
SECÇÃO I Fusão de sociedades	741
SECÇÃO II Cisão de sociedades	742
SECÇÃO III Disposições comuns	743
CAPÍTULO XII Formas de associação	744
CAPÍTULO XIII Dissolução, liquidação e partilha da sociedade	745
CAPÍTULO XIV Regras deontológicas	748
CAPÍTULO XV Disposições finais e transitórias	748
25. ESTATUTO DA CÂMARA DOS SOLICITADORES	749
25.1. NORMATIVO INTRODUTÓRIO	749
25.2. ARTICULADO	751
CAPÍTULO I Disposições gerais	751
CAPÍTULO II Organização	753
SECÇÃO I Disposições gerais	753
SECÇÃO II Assembleia geral	758
SECÇÃO III Presidente da Câmara	761
SECÇÃO IV Conselho geral	762
SECÇÃO V Conselho superior	763
SECÇÃO VI Congresso dos solicitadores	764
SECÇÃO VII Assembleia de delegados	765
SECÇÃO VIII Assembleias regionais	766
SECÇÃO IX Presidentes regionais	767
SECÇÃO X Conselhos regionais	768
SECÇÃO XI Secções regionais deontológicas	770
SECÇÃO XII Delegações de círculo e de comarca	770
SECÇÃO XIII Colégios de especialidade	772
CAPÍTULO III Regime financeiro	776
CAPÍTULO IV Solicitadores e solicitadores estagiários	778
SECÇÃO I Solicitadores	778
SUBSECÇÃO I Inscrição	778

ORGANIZAÇÃO JUDICIÁRIA E ESTATUTOS PROFISSIONAIS FORENSES

SUBSECÇÃO II Suspensão da inscrição	781
SECÇÃO II Solicitadores estagiários	783
CAPÍTULO V Do exercício da solicitadoria	786
CAPÍTULO VI Direitos e deveres dos solicitadores	788
CAPÍTULO VII Incompatibilidades e impedimentos	791
CAPÍTULO VIII Agente de execução	793
SECÇÃO I Exercício, inscrição, registo e sociedade de agente de execução	793
SECÇÃO II Incompatibilidades e impedimentos	796
SECÇÃO III Infracções e penas disciplinares	802
CAPÍTULO IX Acção disciplinar	804
SECÇÃO I Disposições gerais	804
SECÇÃO II Das penas	806
SECÇÃO III Do processo	808
SUBSECÇÃO I Disposições gerais	808
SUBSECÇÃO II Procedimento disciplinar comum	810
SECÇÃO IV Recursos	813
SECÇÃO V Processo de revisão	814
SECÇÃO VI Execução de penas	815
SECÇÃO VII Processo de reabilitação	816
26. REGIME DOS ACTOS PRÓPRIOS DOS ADVOGADOS E DOS SOLICITADORES	**817**
27. ESTRUTURA E FUNCIONAMENTO DO CENTRO DE ESTUDOS JUDICIÁRIOS	**823**
27.1. QUADRO BÁSICO	**823**
TÍTULO I Objecto	823
TÍTULO II Ingresso e actividades de formação	823
CAPÍTULO I Disposições gerais	823
CAPÍTULO II Procedimento de ingresso na formação inicial	824
SECÇÃO I Disposições gerais	824
SECÇÃO II Métodos de selecção	828
SECÇÃO III Classificação e graduação	832
CAPÍTULO III Formação inicial	835
SECÇÃO I Disposições gerais	835
SECÇÃO II Curso de formação teórico-prática	837
SUBSECÇÃO I Disposições comuns	837
SUBSECÇÃO II 1º ciclo	838
SUBSECÇÃO III 2º ciclo	844
SUBSECÇÃO IV Regime disciplinar dos auditores de justiça	847
SECÇÃO III Estágio de ingresso	849
CAPÍTULO IV Formação contínua	852
CAPÍTULO V Agentes da formação	854
TÍTULO III Missão, estrutura e funcionamento do CEJ	585
CAPÍTULO I Natureza e missão	858
CAPÍTULO II Estrutura orgânica	859

SECÇÃO I Órgãos	859
SECÇÃO II Organização interna	863
CAPÍTULO III Gestão e funcionamento do CEJ	864
TÍTULO IV Disposições transitórias e finais	866
CAPÍTULO I Regime transitório	866
CAPÍTULO II Disposições finais	867
27.2. ESTATUTOS DO CENTRO DE ESTUDOS JUDICIÁRIOS	868